Les grands arrêts de la jurisprudence administrative

Les grands arrêts de la jurisprudence administrative

14e édition

2003

Marceau Long
ce-président honoraire
du Conseil d'État

Prosper Weil
Membre de l'Institut
Professeur émérite à l'Université
Panthéon-Assas (Paris II)

Guy Braibant
Président de section honoraire
au Conseil d'État

Pierre Delvolvé
Professeur à l'Université
Panthéon-Assas (Paris II)

Bruno Genevois
Président de la section
de l'intérieur du Conseil d'État

DALLOZ

DALLOZ

31-35, rue Froidevaux 75685 Paris cedex 14

Cet ouvrage est dû à l'initiative de René CASSIN, Vice-Président du Conseil d'État, et Marcel WALINE, Professeur à la Faculté de droit de Paris, comme le rappelle leur préface à la première édition, parue en 1956, ici reproduite.

PRÉFACE
de la première édition

L'ouvrage aujourd'hui soumis au lecteur est le premier d'une série portant le titre de « Collection de droit public », qui comprendra des études, demandées aux spécialistes les plus qualifiés, sur les principaux problèmes actuels dans le domaine du droit constitutionnel, du droit public général ou du droit administratif.

L'esprit dans lequel seront conçus les volumes de cette Collection est indiqué par la circonstance que ses deux fondateurs, tous deux universitaires, appartiennent, l'un au Conseil d'Etat, qu'il a l'honneur de présider, l'autre à la Faculté de Droit de Paris.

Ils ont voulu cette collaboration pour signifier qu'à leurs yeux, toute entreprise collective d'études sur le droit public doit, de notre temps, comporter le concours intime et confiant de la doctrine et de ceux qui élaborent la jurisprudence. De cette façon, doit se faire la synthèse de l'esprit théorique qui anime la Montagne Sainte-Geneviève, et des préoccupations de servir, dans le cadre des principes et des lois, les nécessicités du bien public, que chacun s'accorde à trouver sous-jacentes à l'œuvre de la juridiction administrative.

Notre vœu et notre intention sont que chacun des volumes de cette Collection réalise cette synthèse, et, sans créer une doctrine et encore moins un dogmatisme du droit public français, puisse donner l'impulsion à la formation d'une méthode d'approche des problèmes du droit public, qui se tienne également éloignée des déductions *a priori* et de l'empirisme pur.

Dans le cadre de cette Collection, aux monologues alternés du professeur qui risque de s'enfermer dans une tour d'ivoire, et du juge à qui les ensembles risquent d'être masqués par les particularités sans cesse changeantes des procès à lui soumis, devrait succéder un véritable dialogue, ou mieux, selon l'expression de M. Rivero (*Etudes et Documents,* fasc. 9, p. 36), un « chœur à deux voix ».

C'est dans cet esprit que nous avons confié la rédaction de ce premier volume à deux personnalités particulièrement brillantes des Facultés et du Conseil d'Etat.

M. Prosper Weil, élève, à Aix, de M. Trotabas, a soutenu à Paris, en 1952, une thèse remarquable, où il a renouvelé un sujet classique : « Les conséquences de l'annulation d'un acte administratif pour excès de pouvoir ». Il a su le renouveler, précisément parce qu'il a dépouillé avec un soin minutieux la jurisprudence du Conseil d'Etat, et a ainsi découvert des avenues nouvelles frayées par le Conseil et débouchant sur des problèmes insoupçonnés auparavant. Ainsi a-t-il fait la preuve que la jeune école du droit public est soucieuse au plus haut degré de rendre compte de la jurisprudence et de ses motifs profonds. Docteur en 1952, M. Prosper Weil était, dès la fin de la même année, reçu premier à son premier concours d'agrégation des Facultés de Droit, et enseigne maintenant à Aix et Nice.

M. Marceau Long, lui aussi brillant élève de la Faculté de Droit d'Aix et, plus tard, de l'Ecole Nationale d'Administration, est Auditeur de première classe au Conseil d'Etat. Il s'est déjà fait connaître par de nombreuses chroniques, des articles, et surtout par un excellent Cours sur les Marchés administratifs professé à l'Ecole Nationale de l'Aviation Civile. Il a été chargé, au Conseil d'Etat, d'organiser un service de documentation qui a déjà manifesté sa très grande utilité. Il vient d'être récemment appelé aux fonctions de Commissaire-adjoint du Gouvernement au Contentieux.

A eux s'est joint M. Guy Braibant, Auditeur de première classe, chargé actuellement du service de documentation, lui aussi un des jeunes espoirs du Conseil d'Etat.

Grâce à la réunion de ces trois noms, les lecteurs ont la garantie que ce livre est alimenté aux sources de documentation les plus sûres, et qu'il est fidèle à l'esprit de la haute juridiction administrative comme aux impératifs de la science juridique.

Quant au sujet de ce livre, est-il besoin d'en justifier le choix ? Depuis longtemps (notre collègue René David, maître de l'école comparatiste française, pourrait en témoigner), l'étranger nous demandait ce livre. On déplorait, dans bien des pays curieux de notre jurisprudence administrative, que n'ait pas été écrit, pour celle-ci, un ouvrage correspondant à celui de Henri Capitant sur « Les grands arrêts de la jurisprudence civile ».

En France même, un besoin semblable existait depuis longtemps. En effet, depuis la réunion en trois volumes des notes d'Hauriou sur les principaux arrêts rendus par le Tribunal des Conflits et le Conseil d'Etat de 1892 à 1928, aucune tentative n'avait plus été faite pour présenter une vue d'ensemble de la jurisprudence administrative. Encore les notes d'Hauriou étaient-elles consacrées à des arrêts d'inégale importance, et trop nombreux pour le dessein que nous avons poursuivi avec les auteurs de ce nouveau livre. Il fallait « actualiser » l'effort d'Hauriou, mettre la synthèse de la jurisprudence au courant des derniers progrès de celle-ci ; et il fallait aussi réduire à une centaine environ le nombre des arrêts retenus, afin d'éviter un éparpillement qui aurait nui à la vue de l'ensemble.

La publication de cet ouvrage s'est avérée encore plus urgente à la suite de deux événements, indépendants par leur origine, mais d'influence concordante.

Le premier est la réforme qui, depuis le 1er janvier 1954, a fait des Tribunaux administratifs de Paris et des grandes villes les juges de droit commun en matière administrative. Un grand nombre d'hommes de loi, et notamment les avocats des barreaux, ayant désormais la responsabilité de conseiller les justiciables dans un vaste domaine jusqu'alors réservé à une petite élite, la connaissance des principaux arrêts du Conseil d'Etat assortis de commentaires clairs de haute valeur scientifique leur rendra des services inappréciables.

D'autre part, la réforme des études de la licence en droit et la place faite par le décret de réforme aux travaux pratiques commandent impérieusement de mettre entre les mains des étudiants ce bréviaire indispensable à toute étude pratique du contentieux administratif. Notre vœu est que, chaque semaine, chaque étudiant réfléchisse et s'informe sur l'un des arrêts ou groupes d'arrêts reproduits et commentés dans ce livre.

Quant à l'esprit, enfin, dans lequel ont été réalisés le choix des arrêts d'une part, leur présentation d'autre part, nous avons deux remarques à présenter.

D'abord, les arrêts retenus et publiés dans l'ordre chronologique ne sont pas *nécessairement* ceux qui ont eu, à l'époque, le plus grand retentissement, ceux dont a parlé la presse d'information et dont le grand public a pu connaître les circonstances plus ou moins pittoresques, ce sont ceux qui ont déterminé un progrès, une évolution ou un revirement durable de la jurisprudence sur un point important ou au moins notable.

Quant à la présentation, nous l'avons voulue objective et utile. Nous avons invité les auteurs, qui s'y sont pliés avec bonne grâce, et même avec une certaine abnégation dont ils doivent être remerciés et félicités, à faire abstraction de leur sentiment personnel, à ne pas ajouter une « note d'arrêt » supplémentaire à toutes celles qu'avait déjà pu susciter la décision présentée. Ce que nous leur avons demandé, c'est, non seulement d'indiquer en quelles circonstances de fait chaque arrêt avait été rendu (si celui-ci ne l'indique pas suffisamment), mais encore de situer celui-ci dans les réalités administratives du moment ; de préciser en quels termes le ou les problèmes juridiques se posaient ; quelles conséquences entraîne la solution adoptée ; quelle répercussion celle-ci doit logiquement avoir sur des problèmes connexes ; comment il a été accueilli, et s'il a fait jurisprudence, dans quel sens ses solutions ont été modifiées par la suite.

Ce faisant les auteurs ont été amenés à analyser les méthodes de formation et de développement de la jurisprudence administrative et, à formuler notamment à propos de la responsabilité, des comparaisons utiles avec les arrêts correspondants de la jurisprudence civile.

Pour le lecteur attentif, ce livre reconstitue une véritable histoire de notre droit administratif, vu sous l'angle contentieux, au cours des trois derniers quarts de siècle. Il fournira un guide autorisé et commode à tous ceux qui participent soit à l'élaboration et à l'enseignement des règles administratives, soit à leur application concrète, soit aux litiges auxquels elles peuvent donner lieu.

Il montrera enfin à l'étranger, comme à l'étudiant français, de quelle façon, en alliant le sens de la tradition à l'esprit de progrès, un grand corps de l'Etat a su poursuivre sans défaillance son œuvre de consolidation de la primauté de la Loi, d'adaptation des principes constants du Droit aux nécessités sans cesse en évolution de la vie sociale et, enfin, de conciliation entre les droits de l'individu et ceux de la collectivité.

Ainsi espérons-nous qu'il pourra constituer un complément du grand *Livre jubilaire* du Conseil d'Etat publié en 1952 et le prolonger, par une mise à jour périodique soulignant les arrêts nouveaux les plus importants.

René CASSIN,
Vice-Président du Conseil d'Etat,
Membre de l'Institut.

Marcel WALINE,
Professeur de droit public
à la Faculté de Droit de Paris.

TABLE DES MATIÈRES

Avertissement XII

Liste des abréviations XIII

Arrêts commentés

1. Blanco, 8 févr. 1873 1
2. Pelletier, 30 juill. 1873 8
3. Prince Napoléon, 19 févr. 1875 16
4. Pariset, 26 nov. 1875 27
5. Cadot, 13 déc. 1889 36
6. Cames, 21 juin 1895 39
7. Association syndicale du canal de Gignac, 9 déc. 1899 45
8. Casanova, 29 mars 1901 51
9. Compagnie nouvelle du gaz de Deville-lès-Rouen, 10 janv. 1902 57
10. Commune de Néris-les-Bains, 18 avr. 1902 61
11. Société immobilière de Saint-Just, 2 déc. 1902 66
12. Terrier, 6 févr. 1903 72
13. Lot, 11 déc. 1903 76
14. Botta, 8 juill. 1904 81
15. Tomaso Grecco, 10 févr. 1905 86
16. Martin, 4 août 1905 92
17. Syndicat des propriétaires et contribuables du quartier Croix-de-Seguey-Tivoli, 21 déc. 1906 103
18. Syndicat des patrons-coiffeurs de Limoges, 28 déc. 1906 108
19. Compagnie des chemins de fer de l'Est et autres, 6 déc. 1907 114
20. Compagnie des Messageries Maritimes et autres, 29 janv. 1909 120
21. Abbé Olivier, 19 févr. 1909 127
22. Thérond, 4 mars 1910 131
23. Compagnie générale française des tramways, 11 mars 1910 135
24. Anguet, 3 févr. 1911 142
25. Lafage, 8 mars 1912 146
26. Abbé Bouteyre, 10 mai 1912 151
27. Société des granits porphyroïdes des Vosges, 31 juill. 1912 156
28. Boussuge, 29 nov. 1912 162
29. Téry, 20 juin 1913 166
30. Gomel, 4 avr. 1914 173
31. Camino, 14 janv. 1916 182
32. Compagnie générale d'éclairage de Bordeaux, 30 mars 1916 188
33. Heyriès, 28 juin 1918 197
34. Époux Lemonnier, 26 juill. 1918 205
35. Dames Dol et Laurent, 28 févr. 1919 214
36. Regnault-Desroziers, 28 mars 1919 217
37. Labonne, 8 août 1919 225
38. Société commerciale de l'Ouest africain, 22 janv. 1921 229
39. Commune de Monségur, 10 juin 1921 239

40. De Robert Lafrégeyre, 26 janv. 1923 242
41. Septfonds, 16 juin 1923 247
42. Couitéas, 30 nov. 1923 252
43. Rodière, 26 déc. 1925 260
44. Despujol, 10 janv. 1930 267
45. Chambre syndicale du commerce en détail de Nevers, 30 mai 1930 276
46. Société des autobus antibois, 29 janv. 1932 286
47. Deberles, 7 avr. 1933 291
48. Benjamin, 19 mai 1933 294
49. Thépaz, 14 janv. 1935 302
50. Action française, 8 avr. 1935 306
51. Jamart, 7 févr. 1936 313
52. Demoiselle Bobard et autres, 3 juill. 1936 317
53. Société anonyme des produits laitiers « La Fleurette », 14 janv. 1938 323
54. Caisse primaire « Aide et protection », 13 mai 1938 330
55. Monpeurt, 31 juill. 1942 336
56. Bouguen, 2 avr. 1943 346
57. Dame veuve Trompier-Gravier, 5 mai 1944 352
58. Moineau, 2 févr. 1945 358
59. Caisse départementale d'assurances sociales de Meurthe-et-Moselle, 29 mars 1946 368
60. Commune de Saint-Priest-la-Plaine, 22 nov. 1946 376
61. D'Aillières, 7 févr. 1947 385
62. Compagnie générale des eaux et Dame Veuve Aubry, 21 mars 1947 390
63. Société du journal « L'Aurore », 25 juin 1948 396
64. Consorts Lecomte, 24 juin 1949 403
65. Ministre de l'agriculture c/Dame Lamotte, 17 févr. 1950 410
66. Dehaene, 7 juill. 1950 414
67. Comité de défense des libertés professionnelles des experts-comptables brevetés par l'État, 29 juill. 1950 425
68. Société des concerts du Conservatoire, 9 mars 1951 431
69. Daudignac, 22 juin 1951 438
70. Laruelle et Delville, 28 juill. 1951 445
71. Préfet de la Guyane, 27 nov. 1952 456
72. Teissier, 13 mars 1953 465
73. Barel, 28 mai 1954 473
74. Effimieff, 28 mars 1955 480
75. Époux Bertin ; ministre de l'agriculture c. consorts Grimouard, 20 avr. 1956 486
76. Société « Le Béton », 19 oct. 1956 495
77. Trésor Public c. Giry, 23 nov. 1956 503
78. Rosan Girard, 31 mai 1957 512
79. Syndicat général des ingénieurs-conseils, 26 juin 1959 519
80. Société « Les Films Lutetia » et syndicat français des producteurs et exportateurs de films, 18 déc. 1959 528
81. Société Frampar et société France éditions et publications, 24 juin 1960 536
82. Ministre des travaux publics c. consorts Letisserand, 24 nov. 1961 . 543
83. Rubin de Servens et autres, 2 mars 1962 550
84. Canal, Robin et Godot, 19 oct. 1962 560
85. Société Entreprise Peyrot, 8 juill. 1963 567
86. Compagnie générale d'énergie radioélectrique, 30 mars 1966 578
87. Compagnie Air-France c. époux Barbier, 15 janv. 1968 585

88. Crédit Foncier de France c. Demoiselle Gaupillat et dame Ader, 11 déc. 1970 593
89. Ministre de l'équipement et du logement c. fédération de défense des personnes concernées par le projet actuellement dénommé « Ville Nouvelle-Est », 28 mai 1971 601
90. Société anonyme Librairie François Maspero, 2 nov. 1973 614
91. SAFER d'Auvergne et ministre de l'agriculture c. Bernette, 5 mai 1976 625
92. GISTI, CFDT et CGT, 8 déc. 1978 636
93. Ministre de l'intérieur c. Cohn-Bendit, 22 déc. 1978 648
94. Mme Menneret, 17 mai 1985 658
95. Conseil de la concurrence, 23 janv. 1987 668
96. Bureau de recherches géologiques et minières, 21 déc. 1987 678
97. Compagnie Alitalia, 3 févr. 1989 685
98. Nicolo, 20 oct. 1989 695
99. Compagnie financière et industrielle des autoroutes, 6 avr. 1990 706
100. GISTI, 29 juin 1990 714
101. Époux V., 10 avr. 1992 723
102. Royaume-Uni de Grande-Bretagne et d'Irlande du Nord et Gouverneur de la colonie royale de Hong Kong, 15 oct. 1993 733
103. Hardouin et Marie, 17 févr. 1995 741
104. Commune de Morsang-sur-Orge, 27 oct. 1995 748
105. Koné, 3 juill. 1996 757
106. Société Lambda, 6 déc. 1996 765
107. Société Million et Marais, 3 nov. 1997 774
108. Sarran, Levacher et autres, 30 oct. 1998 789
109. Président de l'Assemblée nationale, 5 mars 1999 797
110. Didier, 3 déc. 1999 807
111. Association ornithologique et mammalogique de Saône-et-Loire, 3 déc. 1999, deux décisions 821
112. GIP-HIS c. Mme Verdier, 14 févr. 2000 829
113. Commune de Venelles, 18 janv. 2001 et Saez, 5 mars 2001 836
114. 7 juin 2001, Kress c. France 856
115. 26 oct. 2001, Ternon 869
116. 30 nov. 2001, Ministre de la défense c. Diop 881
117. 12 avr. 2002, Papon 890
118. 18 déc. 2002, Mme Duvignères 902

Index des arrêts
— Juridictions administratives et Tribunal des conflits 913
— Avis et notes des formations administratives du Conseil d'État 946
— Juridictions judiciaires 946
— Conseil constitutionnel 947
— Juridictions communautaires 948
— Cour européenne des droits de l'Homme 948
— Juridictions étrangères 949
— Cour internationale de justice 949
— Comité des droits de l'Homme des Nations unies 949
Index alphabétique des matières 951

AVERTISSEMENT

Texte des arrêts. — Les motifs des arrêts commentés sont, en principe, cités intégralement. Exceptionnellement, lorsqu'ils étaient très longs, et que certains d'entre eux ne présentaient pas d'intérêt doctrinal, il n'en a été retenu que des extraits. Les passages les plus importants, ceux qui ont une valeur de principe ou confèrent à l'arrêt son importance, sont imprimés en italiques. Le dispositif est résumé entre parenthèses à la suite des motifs.

Références. — Les arrêts et décisions commentés ou cités dans les observations donnent toujours lieu à une référence dans le Recueil où ils sont publiés principalement. L'abréviation Rec. renvoie ainsi au Recueil propre à la juridiction qui a rendu l'arrêt ou la décision : pour les arrêts du Conseil d'État et les décisions du Tribunal des conflits, il s'agit du *Recueil Lebon,* pour les décisions du Conseil constitutionnel, du *Recueil des décisions du Conseil constitutionnel,* etc.

Il est fait référence aux autres publications lorsque l'arrêt y a été publié avec les conclusions du commissaire du gouvernement ou avec une note, ou lorsque, s'il n'y est pas accompagné de commentaires, il ne figure pas dans le Recueil.

Si un arrêt cité dans les observations fait par ailleurs l'objet d'un commentaire dans le présent ouvrage, il est indiqué par un astérisque : les références sont données en tête de l'arrêt reproduit. Pour les autres arrêts, les références sont données de manière complète dans le commentaire où ils trouvent principalement leur place. Lorsqu'ils sont cités dans un autre commentaire, celui-ci y renvoie : le premier chiffre correspond au numéro des arrêts reproduits et commentés, le second au numéro de paragraphe figurant en marge des commentaires.

Indications sur les formations de jugement du Conseil d'État. — Pour les arrêts du Conseil d'État, à partir de 1928, la formation de jugement peut être identifiée. L'abréviation Ass. indique que l'arrêt a été rendu par l'Assemblée du contentieux, l'abréviation Sect., par la Section du contentieux. En l'absence d'indications, l'arrêt émane de sous-sections.

La présente édition est à jour au 31 juillet 2003.

LISTE DES ABRÉVIATIONS

ACCP	Actualité de la commande publique.
AFDI	Annuaire français de droit international.
AJ..........	Actualité juridique-Droit administratif.
AJFP	Actualité juridique - Fonctions publiques.
AJPI........	Actualité juridique - Propriété immobilière.
Ann. Int. Just. Const..........	Annuaire international de justice constitutionnelle.
Ass.	Assemblée.
Av.	Avis.
Bull.........	Bulletin des arrêts de la Cour de cassation.
Bull. Jol.	Bulletin Joly.
BJCP	Bulletin juridique des contrats publics.
BJDU.......	Bulletin de jurisprudence du droit de l'urbanisme.
CA	Cour d'appel.
CAA........	Cour administrative d'appel.
Cah. CC.....	Cahiers du Conseil constitutionnel.
Cah. dr. eur...	Cahiers de droit européen.
Cass.	Cour de cassation ; Civ. : Chambre civile ; Com. : Chambre commerciale ; Crim. : Chambre criminelle ; Req. : Chambre des requêtes ; Soc. : Chambre sociale.
CC	Conseil constitutionnel.
CE	Conseil d'État.
CEDH	Cour européenne des droits de l'homme.
CFPA.......	Cahiers de la fonction publique et de l'administration.
CJA	Code de justice administrative
CJCE	Cour de justice des Communautés européennes.
CJEG	Cahiers juridiques de l'électricité et du gaz.
CMP........	Contrats et Marchés publics.
CTA-CAA ...	Code des tribunaux administratifs et des cours administratives d'appel.
CTI.........	Collectivités territoriales Intercommunalité.
Chr.	Chronique.
Comm.......	Commentaire.
Concl.	Conclusions.
Cons.	Considérant.
D...........	Recueil Dalloz (Dalloz-Sirey depuis 1965) ; IR : Informations rapides ; SC : Sommaires commentés.
DA	Droit administratif (a pris la suite de la Revue pratique de droit administratif en 1961).
Dép. et com. .	Départements et communes.
Dr. fisc.	Droit fiscal.
Dr. ouvr.	Droit ouvrier.
Dr. rur.......	Revue de droit rural.
Dr. soc.	Droit social.
EDCE	Études et documents du Conseil d'État.

GACEDH ...	Les grands arrêts de la Cour européenne des droits de l'homme (par F. Sudre, J.-P. Marguénaud, J. Andriantsimbazovina, M. Levinet), PUF, 2003.
GACJCE	Grands arrêts de la Cour de justice des Communautés européennes (t. 1, par J. Boulouis et R.M. Chevallier, Dalloz, 5e éd. 1994 ; t. 2, par J. Boulouis, R.M. Chevallier, D. Fasquelle et M. Blanquet, Dalloz, 5e éd. 2002).
G. av.	Les grands avis du Conseil d'État (par Y. Gaudemet, B. Stirn, T. Dal Farra, F. Rolin, Dalloz, 2e éd. 2002).
Gaz. Pal.	Gazette du Palais.
GD	Les grandes décisions du Conseil constitutionnel (par L. Favoreu et L. Philip, Dalloz, 11e éd. 2001).
JCP.	Jurisclasseur périodique (La Semaine juridique).
JCP A	Jurisclasseur périodique (La Semaine juridique) édition Administration et collectivités territoriales.
JDI	Journal de droit international.
JO.	Journal officiel.
LPA	Les Petites Affiches.
LQJ	Le Quotidien juridique.
Obs.	Observations.
Ord.	Ordonnance.
RA ou Rev. adm	Revue administrative.
RAE.	Revue des affaires européennes.
RDBB	Revue de droit bancaire et de la bourse.
RDP.	Revue du droit public et de la science politique.
RDR.	Revue de droit rural.
RFDA	Revue française de droit administratif.
RFDC	Revue française de droit constitutionnel.
RFDD	Revue française de la décentralisation.
RGCT	Revue générale des collectivités territoriales.
RGDIP.	Revue générale de droit international public.
R. Int. Dr. Comp.	Revue internationale de droit comparé.
RJPUF	Revue juridique et politique de l'Union française.
RPDA	Revue pratique de droit administratif.
RJE	Revue juridique de l'environnement.
Rec.	Recueil.
Rev.	Revue.
Rev. crit. dr. inter. pr.	Revue critique de droit international privé.
Rev. jur. fisc.	Revue de jurisprudence fiscale.
Rev. Marché commun.	Revue du Marché commun (devenue Revue du Marché commun et de l'Union européenne : RMCUE, puis Revue du droit de l'Union européenne : RDUE).
Rev. soc.	Revue des sociétés.
RRJ	Revue de recherche juridique et de droit prospectif.
RTD civ.	Revue trimestrielle de droit civil.
RTD com. ...	Revue trimestrielle de droit commercial.
RTDE.	Revue trimestrielle de droit européen.
RTDH.	Revue trimestrielle des droits de l'homme.
RTDSS.	Revue trimestrielle de droit sanitaire et social (devenue

	Revue de droit sanitaire et social : R D S S).
RUDH	Revue universelle des droits de l'homme.
S.	Sirey.
Sect.	Section.
TA	Tribunal administratif.
TC	Tribunal des conflits.
Trib. civ.	Tribunal civil.
Trib. corr. ...	Tribunal correctionnel.
TGI	Tribunal de grande instance.
TPI.........	Tribunal de première instance des Communautés européennes.
Vie jud.	La vie judiciaire.

1

COMPÉTENCE – RESPONSABILITÉ

TC 8 févr. 1873, BLANCO,
Rec. 1er supplt 61, concl. David

(D. 1873.3.20, concl. David ; S. 1873.3.153, concl. David)

Cons. que l'action intentée par le sieur Blanco contre le préfet du département de la Gironde, représentant l'État, a pour objet de faire déclarer l'État civilement responsable, par application des art. 1382, 1383 et 1384 du code civil, du dommage résultant de la blessure que sa fille aurait éprouvée par le fait d'ouvriers employés par l'administration des tabacs ;

Cons. que la responsabilité, qui peut incomber à l'État pour les dommages causés aux particuliers par le fait des personnes qu'il emploie dans le service public, ne peut être régie par les principes qui sont établis dans le code civil, pour les rapports de particulier à particulier ;

Que cette responsabilité n'est ni générale, ni absolue ; qu'elle a ses règles spéciales qui varient suivant les besoins du service et la nécessité de concilier les droits de l'État avec les droits privés ;

Que, dès lors, aux termes des lois ci-dessus visées, l'autorité administrative est seule compétente pour en connaître ;... (Arrêté de conflit confirmé).

OBSERVATIONS

1 Une enfant ayant été renversée et blessée par un wagonnet d'une manufacture de tabacs, exploitée en régie par l'État, son père avait saisi les tribunaux judiciaires d'une action en dommages-intérêts contre l'État comme civilement responsable des fautes commises par les ouvriers de la manufacture.

Le conflit ayant été élevé, le Tribunal des conflits devait résoudre la question de savoir, pour reprendre les termes des conclusions du commissaire du gouvernement David, « quelle est, des deux autorités administrative et judiciaire, celle qui a compétence générale pour connaître des actions en dommages-intérêts contre l'État ». L'arrêt rendu à cette occasion devait connaître une fortune singulière. On l'a considéré pendant longtemps comme l'arrêt de principe, la « pierre angulaire » du droit administratif tout entier ; aujourd'hui certains auteurs soutiennent qu'il est périmé, si tant est qu'il ait jamais eu l'importance qu'on lui a prêtée. Sans entrer dans ces controverses, il faut rechercher *l'apport* de cet arrêt et *ses limites*.

2 **I.** — *L'apport de l'arrêt* concerne autant la *compétence* de la juridiction administrative (1°) que le *contenu* même du droit administratif (2°) ; il établit un *lien* entre la première et le second (3°).

1. — En ce qui concerne la *compétence*, l'arrêt *Blanco* consacre tout d'abord l'abandon définitif du critère de délimitation des compétences fondé sur les textes en vertu desquels il n'appartiendrait qu'aux tribunaux administratifs de déclarer l'État débiteur (v. par ex. CE 6 déc. 1855, *Rotschild*, Rec. 707 – décision dans laquelle apparaissent déjà, à côté du critère traditionnel de « l'État débiteur », les principes, et les termes mêmes, de l'arrêt *Blanco*). Seule subsiste désormais la référence aux lois des 16-24 août 1790 et 16 fructidor an 3, qui interdisent aux tribunaux judiciaires de « troubler, de quelque manière que ce soit, les opérations des corps administratifs », de « connaître des actes d'administration, de quelque espèce qu'ils soient ».

Ces textes sont interprétés par le commissaire du gouvernement David en ce sens que les tribunaux judiciaires « sont radicalement incompétents pour connaître de toutes les demandes formées contre l'administration à raison des services publics, quel que soit leur objet, et alors même qu'elles tendraient, non pas à faire annuler, réformer ou interpréter par l'autorité judiciaire les actes de l'administration, mais simplement à faire prononcer contre elle des condamnations pécuniaires en réparation des dommages causés par ses opérations ».

Ainsi le service public apparaît désormais comme le critère de la compétence administrative.

Dans le contentieux de la responsabilité notamment, l'arrêt et les conclusions consacrent la compétence administrative exclusive de toute idée de gestion privée. Le commissaire du gouvernement écarte expressément la compétence judiciaire et l'application du droit civil, alors même qu'il s'agit dans l'espèce « d'une manufacture de tabacs qui a une grande ressemblance avec une industrie privée » et de « faits d'imprudence reprochés à de simples ouvriers qui sont en dehors de la hiérarchie administrative ».

Il en est ainsi « même si l'agent qui a causé le dommage dans l'accomplissement du service n'a pas la qualité de fonctionnaire mais est un employé auxiliaire ou un préposé de l'administration engagé par elle en vertu d'un contrat conclu dans les conditions du droit commun » (TC 20 janv. 1945, *Du Verne*, Rec. 274).

3 ***2.*** — En ce qui concerne *le fond* du droit, l'arrêt *Blanco* va bien au-delà de la question de la responsabilité de l'État : ses considérants valent pour le droit administratif dans son ensemble. D'une part, ils écartent les principes établis par le code civil, d'autre part, ils affirment le caractère spécial des règles applicables aux services publics.

On peut observer l'audace du juge dans le rejet d'un code établi par le législateur. La formule peut se prévaloir de toute une tradition historique. L'affirmation n'en est pas moins péremptoire et prétorienne.

Le caractère spécial des règles applicables aux services publics comporte lui-même deux aspects. L'un concerne l'autonomie du droit administratif, tenant non seulement à ce qu'il déroge au droit civil, mais aussi à ce qu'il constitue un système propre, avec sa logique et ses solutions. Celles-ci – et c'est l'autre aspect – sont justifiées par les besoins du service. Ainsi, le service public, qui est le critère de la compétence administrative, est en même temps le fondement du droit administratif. L'arrêt n'exclut pas toute idée de puissance, lorsqu'il souligne qu'on ne peut appliquer à l'État les règles valables « pour les rapports de particulier à particulier » et qu'il rappelle « les droits de l'État ». Néanmoins la considération du service public, de ses besoins, paraît prédominer.

C'est elle qui conduit le Tribunal à considérer que la responsabilité de l'État « n'est ni générale ni absolue ».

4 *3.* — Le principe de la *liaison de la compétence et du fond* est affirmé : aussi bien les conclusions que l'arrêt lui-même établissent un lien direct et réciproque entre l'application de règles autonomes, exorbitantes du droit privé, et la compétence de la juridiction administrative.

Ainsi l'arrêt *Blanco* a bien marqué un tournant dans la jurisprudence administrative, même s'il n'a fait que systématiser des solutions antérieures et si certaines de ses affirmations ont été partiellement remises en cause ultérieurement.

5 **II.** — Ses *limites* sont apparues en effet à raison de décisions législatives ou jurisprudentielles affectant chacun des apports que l'on vient de reconnaître.

1. — En ce qui concerne *la compétence*, le critère du service public n'est pas absolu, tant en jurisprudence qu'en législation.

a) La *jurisprudence* n'exclut pas d'autres critères pour justifier la compétence du juge administratif ; en particulier, l'exercice de la puissance publique, évoquée par le commissaire du gouvernement David dans ses conclusions sur l'arrêt *Blanco*, suffit à entraîner cette compétence (TC 10 juill. 1956, *Société Bourgogne-Bois*, Rec. 586), y compris en matière de responsabilité (cf conclusions Kahn sur CE Sect. 23 déc. 1970, *EDF c. Farsat*, AJ 1971.96).

Inversement le service public ne suffit pas toujours, à lui seul, à entraîner la compétence administrative : il peut être en cause dans un litige sans que pour autant celui-ci relève du juge administratif.

Il en est ainsi en cas de gestion privée d'un service public.

L'hypothèse avait été esquissée dans les conclusions sur l'arrêt *Blanco* (« L'État propriétaire », « l'État personne civile capable de s'obliger par des contrats dans les termes du droit commun ») ; elle allait être développée dans les conclusions du commissaire du gouvernement Romieu sur l'affaire *Terrier** (CE 6 févr. 1903) et consacrée dans l'arrêt du 31 juill. 1912, *Société des granits porphyroïdes des Vosges**, pour le contentieux contractuel.

Et, contrairement à ce que préconisait David en 1873, elle a été développée dans le contentieux de la responsabilité extra-contractuelle, notamment pour les services publics industriels et commerciaux, dont les litiges relèvent en principe des juridictions judiciaires (TC 22 janv. 1921, *Colonie de la Côte d'Ivoire c. Société commerciale de l'Ouest africain**). À cet égard, si le service des tabacs et allumettes constituait à l'origine un service public à caractère administratif (en ce sens CE Sect. 12 nov. 1937, *Dame Garnero*, Rec. 928 ; – Sect. 27 mai 1949, *Blanchard et Dachary*, Rec. 245), sa transformation en entreprise publique (sous forme d'établissement public industriel et commercial en 1959, de société en 1980) puis son transfert au secteur privé en 1995 n'ont plus permis de lui appliquer la solution de l'arrêt *Blanco*.

La gestion privée de services publics peut tenir non seulement à leur objet mais à leur attribution à des personnes privées : la présence d'un service public ne suffit pas à déterminer la compétence administrative pour connaître de leur contentieux extra-contractuel ou contractuel (sauf exceptions : TC 8 juill. 1963, *Entreprise Peyrot**) : pour que le juge administratif soit compétent pour statuer sur la réparation des dommages causés par ces personnes, il faut qu'ils résultent à la fois de l'accomplissement du service public et de l'exercice d'une prérogative de puissance publique (CE Sect. 13 oct. 1978, *Association départementale pour l'aménagement des structures agricoles du Rhône*, Rec. 368 ; RDP 1979.899, concl. Galabert et note J. Robert ; AJ 1979, n° 1, p. 22, chr. O. Dutheillet de Lamothe et Robineau ; D. 1978.IR.481, obs. P. Delvolvé ; D. 1979.249, note Amselek et J. Waline ; – TC 6 nov. 1978, *Bernardi c. Association hospitalière Sainte-Marie*, Rec. 652 ; mêmes références à l'AJ ; RTDSS 1979.91, note Moderne ; – CE 23 mars 1983, *SA Bureau Véritas*, Rec. 134 ; CJEG 1983.313, note Dupiellet ; D. 1984.IR.345, obs. Moderne et Bon).

6 *b)* Le *législateur* a lui-même dérogé aux règles de compétence dégagées par le Tribunal des conflits dans l'arrêt *Blanco*.

En particulier, la loi du 31 déc. 1957 a transféré aux tribunaux judiciaires, « par dérogation à l'art. 13 de la loi des 16-24 août 1790 », le contentieux des « dommages de toute nature causés par un véhicule quelconque », excepté ceux occasionnés au domaine public (art. 1er). La jurisprudence a donné, pour l'application de cette loi, l'interprétation la plus large de la notion de « véhicule », l'appliquant notamment à une drague fluviale (TC 14 nov. 1960,

Compagnie des bateaux à vapeur du Nord, Rec. 871 ; JCP 1960.II.11874, note R.L. ; RDP 1960.1198, note M. Waline ; AJ 1960.I.185, chr. Galabert et Gentot), à un chasse-neige (TC 20 nov. 1961. *Dame Kouyoumdjian*, Rec. 882 ; D.1962.759, note Blaevoet ; JCP 1961.II.12410, note R.L. ; AJ 1962.II.230, note de Laubadère), à un avion (CE 10 janv. 1962, *Ministre des Armées-Air c. Dame Veuve Coppier de Chanrond*, Rec. 16 ; AJ 1962.II.230, note de Laubadère), à un radeau (Cass. Civ. 8 janv. 1964, *Péri et Munoz c. consorts Bourdin*, Gaz. Pal. 1964.I.429), à un bac (TC 15 oct. 1973. *Barbou*, Rec. 848 ; D.1975.184, note Moderne ; JCP 1975.II.18045, note Lachaume ; AJ 1974.94, concl. Braibant), à une charrette à bras (CE 25 juin 1986, *Mme Curtol*, Rec. 177 ; LPA 9 déc. 1986, p. 22, concl. Lasserre ; AJ 1986.653, note J. Moreau). Compte tenu de ces décisions, il n'est guère douteux que le contentieux du dommage causé à la jeune Blanco par un wagonnet relèverait aujourd'hui de la compétence judiciaire au titre de la loi du 31 déc. 1957.

Celle-ci ne porte que sur la responsabilité extra-contractuelle découlant de l'intervention d'un véhicule. Elle ne s'applique ni aux litiges opposant les parties à un contrat administratif (CE Sect. 11 janv. 1978, *Compagnie Union et le Phénix Espagnol*, Rec. 6, concl. Genevois ; CJEG 1978.J.67, note Sablière ; D. 1978.IR.219, obs. P. Delvolvé), ni à la responsabilité d'une collectivité publique fondée sur une faute dans l'organisation et la surveillance d'un chantier ayant concouru à l'accident d'un véhicule (TC 2 déc. 1991, *Préfet de la Haute-Loire c. Tribunal correctionnel du Puy-en-Velay*, Rec. 481), ni aux questions étrangères à la responsabilité.

Le passage déjà cité des conclusions du commissaire du gouvernement David fait apparaître que, si la compétence administrative pouvait se discuter en matière d'indemnisation, la question ne se posait pas à propos de l'annulation ou de la réformation d'un acte de l'administration : la compétence administrative allait de soi.

On trouve un écho de ces conclusions dans les décisions du Conseil constitutionnel du *23 janv. 1987** et *n° 89-261 DC du 28 juill. 1989* (v. 95.10) qui ont précisément considéré que « relève en dernier ressort de la compétence de la juridiction administrative l'annulation ou la réformation des décisions prises » par les autorités administratives. Si l'arrêt *Blanco* est ainsi dépassé à certains égards, les conclusions rendues à son sujet ont des prolongements actuels.

7 ***2.*** — En ce qui concerne le *fond* du droit administratif, l'autonomie de celui-ci par rapport au droit civil n'est pas aussi marquée que l'arrêt *Blanco* pourrait le faire penser.

Tout d'abord il arrive aux juridictions administratives de faire expressément application soit d'articles du code civil (par ex. les articles 1153 et 1154 sur les intérêts moratoires et compensatoires et leur capitalisation : CE Sect. 6 mai 1983, *Société d'exploitation des établissements Roger Revellin*, Rec. 180, concl. Roux ; – Sect.

16 janv. 1987, *Ribot*, Rec. 9, concl. Roux ; RFDA 1987.441, concl. Roux ; AJ 1987.97, chr. Azibert et de Boisdeffre), soit des principes dont s'inspirent ces articles (par ex. art. 1792 et 2270 relatifs à la responsabilité des constructeurs : TC 12 juin 1961, *Dame Veuve Lannoy*, Rec. 870 ; JCP 1961.II.12225, concl. Lindon ; RDP 1961.118, note M. Waline ; – CE Ass. 2 févr. 1973, *Trannoy*, Rec. 95, concl. Rougevin-Baville ; AJ 1973.159, note Moderne; CJEG 1973.J.258, note Le Galcher-Baron). Mais, dans tous les cas, c'est le juge administratif qui décide s'il y a matière à appliquer le code civil ou ses principes. Il fait également application des dispositions du droit pénal, du droit de la concurrence, du droit de la consommation en tant qu'elles déterminent la légalité à laquelle l'administration est soumise (v. CE 6 déc. 1996, *Société Lambda** ; 3 nov. 1997, *Société Million et Marais**, et nos obs.).

En deuxième lieu, les jurisprudences administrative et judiciaire ont connu un rapprochement sur certains aspects du droit de la responsabilité (v. CE 26 juill. 1918, *Epoux Lemonnier** ; – 21 mars 1947, *Compagnie générale des eaux et Dame Vve Aubry** ; – 24 nov. 1961, *Ministre des travaux publics c. consorts Letisserand**).

Il n'en est pas résulté pour autant une identité entre responsabilité administrative et responsabilité civile. L'autonomie de la première subsiste. Mais elle a pris un sens nouveau ; si elle implique encore dans certains cas, conformément au sens primitif de la formule de l'arrêt *Blanco*, des règles moins favorables aux particuliers que celles qui auraient résulté de l'application du code civil (par ex. exigence d'une faute lourde dans certains cas : v. nos obs. sous CE 10 avr. 1992, *Époux V.**), elle entraîne aussi la reconnaissance de la responsabilité de l'administration dans des situations où le droit civil n'aurait par permis de donner satisfaction à la victime (CE 13 déc. 1957, *Trottier*, Rec. 681 ; AJ 1958.II.92, chr. Fournier et Braibant ; – cf. Cass. civ. 23 nov. 1956, *Trésor Public c. Giry**).

Cela fait apparaître enfin le caractère excessif de la formule selon laquelle la responsabilité de l'État « n'est ni générale ni absolue ». Certes l'administration ne répond pas sans conditions des dommages qu'elle cause. Mais ces conditions ont été aménagées de telle sorte que les administrés trouvent dans la responsabilité administrative une protection efficace contre l'Administration et ses agents – comme en témoigne notamment l'admission de la responsabilité de la première pour les fautes personnelles des seconds (CE 26 juill. 1918, *Lemonnier**) et le développement de la responsabilité sans faute (CE 21 juin 1895, *Cames** ; – 30 nov. 1923, *Couitéas** ; – 14 janv. 1938, *Société La Fleurette** ; – 22 nov. 1946, *Commune de Saint-Priest-la-Plaine** ; – 24 juin 1949, *Consorts Lecomte** ; – 30 mars 1966, *Compagnie générale d'énergie radio-électrique**).

8 ***3.*** — La liaison de *la compétence et du fond* n'est pas absolue.

Certes il a parfois suffi au législateur de modifier les règles de compétence pour déterminer par là-même le droit applicable aux litiges en cause (décret-loi du 17 juin 1938 donnant compétence aux juridictions administratives pour statuer sur le contentieux des contrats comportant occupation du domaine public ; loi du 31 déc. 1957 donnant compétence aux tribunaux judiciaires pour statuer sur le contentieux des accidents de véhicules).

Et la considération des principes de droit public à appliquer suffit à reconnaître la juridiction administrative seule compétente pour statuer sur un litige (TC 21 janv. 1985, *Hospice de Chateauneuf-du-Pape et Commune de Chateauneuf-du-Pape c. Jeune* ; RDP 1985.1356, note R. Drago ; RFDA 1985.716, obs. Denoix de Saint Marc).

Mais la dissociation de la compétence et du fond peut se réaliser : ainsi les tribunaux judiciaires, compétents pour connaître des actions mettant en cause le service public judiciaire, leur appliquent le droit administratif (Cass. civ. 23 nov. 1956, *Trésor public c. Giry**). La solution n'est-elle pas une confirmation de l'arrêt *Blanco* en ce qui concerne la spécificité du droit applicable au service public et, *a contrario*, en ce qui concerne la compétence administrative à l'égard du service public autre que judiciaire ?

Finalement, en dépit des nuances dont ils ont fait l'objet ultérieurement, les principes posés par l'arrêt *Blanco* ne sont pas fondamentalement remis en cause. Ainsi ses considérants peuvent encore être repris le cas échéant (TC 27 nov. 1933, *Verbanck*, Rec. 1248 ; D.1934.3.9, concl. Rouchon-Mazerat ; RDP 1933.620, concl. Rouchon-Mazerat ; S. 1934.3.33, note Alibert ; – CE 13 déc. 1957, *Trottier*, précité ; – Cass. crim. 25 janv. 1961, S. 1961.293, note Meurisse ; JCP 1961.II.12023 bis, note Maestre).

2

RESPONSABILITÉ
FAUTE PERSONNELLE ET FAUTE DE SERVICE
DISTINCTION

TC 30 juill. 1873, PELLETIER,
Rec. 1er supplt 117, concl. David

(D. 1874.3.5, concl. David)

Cons., en ce qui concerne l'interprétation donnée par le tribunal de Senlis au décret du 19 sept. 1870 ;

Que la loi des 16-24 août 1790, titre 2, art. 13, dispose : « Les fonctions judiciaires sont distinctes et demeureront toujours séparées des fonctions administratives. Les juges ne pourront, à peine de forfaiture, troubler, de quelque manière que ce soit, les opérations des corps administratifs, ni citer devant eux les administrateurs pour raison de leurs fonctions » ;

Que le décret du 16 fruct. an 3, ajoute : « Défenses itératives sont faites aux tribunaux de connaître des actes d'administration de quelque espèce qu'ils soient » ;

Que l'art. 75 de la Constitution de l'an 8, sans rien statuer sur la prohibition faite aux tribunaux civils de connaître des actes administratifs, et se référant exclusivement à la prohibition de citer devant les tribunaux civils les administrateurs pour raison de leurs fonctions, avait disposé : « Les agents du gouvernement, autres que les ministres, ne peuvent être poursuivis pour des faits relatifs à leurs fonctions qu'en vertu d'une décision du Conseil d'État ; en ce cas, la poursuite a lieu devant les tribunaux ordinaires » ;

Cons. que l'ensemble de ces textes établissait deux prohibitions distinctes qui, bien que dérivant l'une et l'autre du principe de la séparation des pouvoirs dont elles avaient pour but d'assurer l'exacte application, se référaient néanmoins à des objets divers et ne produisaient pas les mêmes conséquences au point de vue de la juridiction ;

Que la prohibition faite aux tribunaux judiciaires de connaître des actes d'administration de quelque espèce qu'ils soient, constituait une règle de compétence absolue et d'ordre public, destinée à protéger l'acte administratif, et qui trouvait sa sanction dans le droit conféré à l'autorité administrative de proposer le déclinatoire et d'élever le conflit d'attribution, lorsque, contrairement à cette prohibition, les tribunaux judiciaires étaient saisis de la connaissance d'un acte administratif ;

Que la prohibition de poursuivre des agents du Gouvernement sans autorisation préalable, destinée surtout à protéger les fonctionnaires publics contre des poursuites téméraires, ne constituait pas une règle de compétence, mais créait une fin de non-recevoir formant obstacle à toutes poursuites dirigées contre ces agents pour des faits relatifs à leurs fonctions, alors même que ces faits n'avaient pas un caractère administratif et constituaient des crimes ou délits de la compétence des tribunaux judiciaires ;

Que cette fin de non-recevoir ne relevait que des tribunaux judiciaires et ne pouvait jamais donner lieu, de la part de l'autorité administrative, à un conflit d'attribution ;

Cons. que le décret rendu par le Gouvernement de la Défense nationale, qui abroge l'art. 75 de la Constitution de l'an 8, ainsi que toutes les autres dispositions des lois générales et spéciales ayant pour objet d'entraver les poursuites dirigées contre les fonctionnaires publics de tout ordre, n'a eu d'autre effet que de supprimer la fin de non-recevoir résultant du défaut d'autorisation avec toutes ses conséquences légales et de rendre ainsi aux tribunaux judiciaires toute leur liberté d'action dans les limites de leur compétence ; mais qu'il n'a pu avoir également pour conséquence d'étendre les limites de leur juridiction, de supprimer la prohibition qui leur est faite, par d'autres dispositions que celles spécialement abrogées par le décret, de connaître des actes administratifs et d'interdire, dans ce cas, à l'autorité administrative le droit de proposer le déclinatoire et d'élever le conflit d'attribution ;

Qu'une telle interprétation serait inconciliable avec la loi du 24 mai 1872 qui, en instituant le Tribunal des conflits, consacre à nouveau le principe de la séparation des pouvoirs et les règles de compétence qui en découlent ;

Cons., d'autre part, qu'il y a lieu, dans l'espèce, de faire application de la législation spéciale sur l'état de siège ;

Cons., en effet, que l'action formée par le sieur Pelletier devant le tribunal de Senlis, contre M. le général de Ladmirault, commandant l'état de siège dans le département de l'Oise, M. Choppin, préfet de ce département, et M. Leudot, commissaire de police à Creil, a pour objet de faire déclarer arbitraire et illégale, par suite nulle et de nul effet, la saisie du journal que Pelletier se proposait de publier, opérée, le 18 janv. 1873, en vertu de la loi sur l'état de siège : en conséquence, de faire ordonner la restitution des exemplaires indûment saisis et de faire condamner les défendeurs solidairement, à 2 000 F à titre de dommages-intérêts ;

Cons. que l'interdiction et la saisie de ce journal, ordonnées par le général de Ladmirault, en sa qualité de commandant de l'état de siège dans le département de l'Oise, constituent une mesure préventive de haute police administrative prise par le général de Ladmirault, agissant comme représentant de la puissance publique, dans l'exercice et la limite des pouvoirs exceptionnels que lui conférait l'art. 9, n° 4, de la loi du 9 août 1849 sur l'état de siège, et dont la responsabilité remonte au Gouvernement qui lui a délégué ces pouvoirs ;

Cons. que la demande de Pelletier se fonde exclusivement sur cet acte de haute police administrative ; qu'en dehors de cet acte il n'impute aux défendeurs aucun fait personnel de nature à engager leur responsabilité particulière, et qu'en réalité la poursuite est dirigée contre cet acte lui-même, dans la personne des fonctionnaires qui l'ont ordonné ou qui y ont coopéré ;

Cons. qu'à tous ces points de vue le tribunal de Senlis était incompétent pour reconnaître de la demande du sieur Pelletier ;... (Arrêté de conflit confirmé).

OBSERVATIONS

1 L'autorité militaire ayant fait saisir, en vertu des pouvoirs qu'elle exerce en état de siège, le premier numéro d'un journal dont la

publication avait été entreprise par le sieur Pelletier, celui-ci assigna devant le tribunal civil le général commandant l'état de siège dans le département, le préfet de l'Oise et le commissaire de police en vue de faire prononcer la nullité de la saisie et ordonner la restitution des exemplaires saisis, et d'obtenir des dommages-intérêts. Le conflit ayant été élevé par le préfet, le Tribunal des conflits eut à déterminer les effets de l'abrogation, par le décret législatif du 19 septembre 1870, de l'article 75 de la Constitution de l'an 8 instituant « la garantie des fonctionnaires ». En vertu de ce dernier texte, un particulier ne pouvait poursuivre un fonctionnaire devant les tribunaux judiciaires qu'avec l'autorisation du Conseil d'État, qui n'était d'ailleurs accordée que très exceptionnellement. L'article 75 avait pour but d'éviter l'immixtion des juges dans le fonctionnement de l'administration, mais privait les particuliers de toute réparation, le principe de l'irresponsabilité de la puissance publique étant encore en vigueur. C'est pourquoi le gouvernement de la Défense nationale s'empressa d'abroger l'article 75, en ajoutant : « sont également abrogées toutes autres dispositions des lois générales ou spéciales ayant pour objet d'entraver les poursuites dirigées contre des fontionnaires publics de tout ordre ». Le décret du 19 septembre 1870 enlevait ainsi aux fonctionnaires toute « garantie » contre d'éventuelles poursuites et les soumettait au droit commun et aux tribunaux ordinaires, rapprochant ainsi leur situation de celle des fonctionnaires anglo-saxons. Les tribunaux judiciaires l'entendaient d'ailleurs ainsi.

Le Tribunal des conflits allait cependant donner à ce texte clair une interprétation très restrictive, en estimant que, loin de déroger aux lois révolutionnaires sur la séparation des autorités administrative et judiciaire, il devait être combiné avec elles. Le commissaire du gouvernement David soutint, en effet, que la doctrine des tribunaux judiciaires qui déniait à l'autorité administrative, en application du décret de 1870, le droit d'élever le conflit dans les instances à fin civile contre des fonctionnaires pour des faits relatifs à leurs fonctions même si ces faits constituaient des actes administratifs, anéantissait le principe même de la séparation des pouvoirs. Il montra que ce que l'on appelait communément la « garantie des fonctionnaires » couvrait deux notions très différentes. L'une est une « garantie personnelle aux fonctionnaires publics... pour les protéger contre les animosités ou l'esprit de parti, en soumettant la poursuite à l'autorisation préalable de l'autorité supérieure » ; c'était une simple règle de procédure, et c'est elle que le décret de 1870 avait entendu abroger. L'autre est une « garantie réelle, établie en faveur de l'administration, pour défendre contre l'ingérence des tribunaux les actes qui, revêtus de son caractère et de son autorité, lui appartiennent en propre » ; c'est une règle de compétence, dont la sanction est réservée au Tribunal des conflits, et que le décret de 1870 n'a pu abroger.

De cette interprétation découle la célèbre distinction entre la faute personnelle et la faute de service. Elle comporte deux aspects, l'un sur la *compétence* (I), l'autre sur le *fond* (II).

2 **I.** — En premier lieu, la solution de l'arrêt *Pelletier* se situe sur le plan de la *répartition des compétences* administrative et judiciaire. La faute personnelle est conçue comme celle qui se détache assez complètement du service pour que le juge judiciaire puisse en faire la constatation sans porter pour autant une appréciation sur la marche même de l'administration. La faute de service, au contraire, est le fait de l'agent qui est tellement lié au service que son appréciation par le juge judiciaire implique nécessairement une appréciation sur le fonctionnement du service. Cette conception, qui fait de la distintion des deux fautes un problème de compétence, a laissé de nombreuses traces en droit positif. C'est le Tribunal des conflits, juge suprême des compétences, qui va être amené à définir le contenu de la distinction à l'occasion de l'élévation du conflit par l'administration devant les tribunaux judiciaires saisis d'une poursuite contre un agent public pour un fait que l'administration considère comme non détachable du service.

L'administration est même tenue d'élever le conflit en ce cas ; si elle ne le fait pas, elle doit au moins couvrir l'agent des condamnations civiles prononcées contre lui à raison de la faute de service, comme l'imposent la loi (art. 11 de la loi du 13 juill. 1983 portant droits et obligations des fonctionnaires) et les principes généraux du droit (CE Sect. 26 avr. 1963, *Centre hospitalier de Besançon*, Rec. 243, concl. Chardeau ; S. 1963.338, avec une note). Mais il n'est pas toujours nécessaire d'aller jusque-là, soit que la victime, ayant elle-même considéré que la faute était une faute de service, ait saisi la juridiction administrative, soit que, la juridiction judiciaire ayant été saisie, celle-ci reconnaisse spontanément l'existence d'une faute de service, à l'égard de laquelle elle est incompétente (par ex. Cass. crim. 28 oct. 1981, *Dame Genod et Aubry*, Bull. Crim. 1981, n° 287).

3 Ainsi ont pu être reconnues comme des fautes de service, non détachables de l'accomplissement de celui-ci, et exclusives de toute faute personnelle, les fautes commises par le personnel médical et chirurgical lors d'une opération (TC 25 mars 1957, *Chilloux* et *Isaad Slimane*, deux arrêts, Rec. 710 ; D. 1957.395, concl. Chardeau ; S.1957.196, concl. Chardeau ; AJ 1957.II.187 chr. Fournier et Braibant ; JCP 1957.II.10004, note Savatier ; RA 1957.427, note Liet-Veaux ; – TC 19 févr. 1990, *Hervé*, Rec. 390 ; RFDA 1990.657, concl. Stirn ; AJ 1990.556, note Moreau ; JCP 1990.II.21532, note Chabas), les appréciations portées par des chefs de service sur des subordonnés à l'occasion de leur licenciement (TC 28 févr. 1977, *X. c. Jouvent et Fifis*, Rec. 664, concl. Morisot) et par des conservateurs

de musée sur les méthodes de reproduction de sculptures (TC 25 mai 1998, *Mme Paris c. M. Gaudichon, Mme Naturel*, Rec. 537).

4 Dans tous ces cas la juridiction judiciaire est incompétente, que l'action soit dirigée contre l'administration ou contre l'agent. Toutefois *deux exceptions* sont admises par la jurisprudence.

La première concerne la faute de service constitutive d'une voie de fait (celle-ci n'est pas nécessairement une faute personnelle : TC 8 avr. 1935, *Action française**) : la voie de fait a pour conséquence de dépouiller l'administration de son privilège de juridiction ; le système de l'arrêt *Pelletier* ne joue plus et la compétence du juge judiciaire redevient entière à l'égard de l'administration (TC 10 déc. 1956, *Randon et autres*, Rec. 592, concl. Guionin ; D. 1957.483, concl. Guionin ; JCP 1958.II.10350, concl. Guionin ; S. 1957.313, concl. Guionin ; AJ 1957.II.94, chr. Fournier et Braibant ; RDP 1957.883, note M. Waline ; RA 1958.29, note Liet-Veaux).

La seconde exception a été admise à propos d'une action dirigée contre un agent auquel ne pouvait être reproché qu'une faute de service. Le Tribunal des conflits, saisi dans le cadre de la procédure de prévention d'un conflit négatif, après avoir considéré que les faits reprochés à un agent n'étaient pas détachables de l'exercice de ses fonctions, a jugé que l'action, dirigée non contre l'administration mais contre l'agent « personnellement, relevait, quel qu'en soit le mérite, de la compétence du tribunal » judiciaire – celui-ci, devant seulement, en l'absence de faute personnelle de l'agent, rejeter la demande au fond (TC 13 févr. 1984, *Bousmaha Djalloul et Bousmaha ben Charkit c. Fourquet*, LPA 26 nov. 1984, 5, concl. Labetoulle ; RFDA 1985.391, note Abraham). La solution s'explique peut-être par la procédure en vertu de laquelle le Tribunal des conflits a été saisi. Elle déroge à celle de l'arrêt *Pelletier* en ce qui concerne la compétence, pour n'en retenir que la solution de fond.

5 **II.** — La distinction des deux fautes est apparue également sur le *fond* comme entraînant un *partage* des responsabilités entre la personne publique et son agent. La faute personnelle est celle qu'il convient, dans le cadre d'une bonne politique jurisprudentielle, de laisser à la charge de son auteur, la faute de service étant celle qu'il serait inopportun ou injuste de lui faire supporter personnellement. À ces préoccupations répondent les formules classiques de Laferrière : il y a faute de service « si l'acte dommageable est impersonnel, s'il révèle un administrateur plus ou moins sujet à erreur » ; il y a faute personnelle s'il révèle « l'homme avec ses faiblesses, ses passions, ses imprudences » ; « si... la personnalité de l'agent se révèle par des fautes de droit commun, par un dol, alors la faute est imputable au fonctionnaire, non à la fonction » (concl. sur TC 5 mai 1877, *Laumonnier-Carriol*, Rec. 437). C'est sur ce plan également que se situe toute l'évolution de la jurisprudence depuis 1873.

Elle est marquée par une dissociation entre la responsabilité personnelle des agents *vis-à-vis des victimes* (A) et leur responsabilité personnelle *vis-à-vis de l'administration* (B).

6 ***A.*** — En premier lieu, pour protéger à la fois la victime contre l'insolvabilité des agents publics et les agents eux-mêmes contre des poursuites abusives, la jurisprudence a restreint la notion même de faute personnelle et, conséquemment, la responsabilité personnelle des agents.

La faute personnelle est désormais :

• soit *la faute commise en dehors du service, matériellement* (CE 23 juin 1954, *Dame veuve Litzler*, Rec. 376 ; – 12 mars 1975, *Pothier*, Rec. 190 ; RA 1975.268, note Moderne : utilisation d'armes à feu par des militaires, policiers ou douaniers en dehors de toute mission ; – Sect. 5 nov. 1976, *Ministre des Armées c. Compagnie d'assurances « la Prévoyance » et Société des laboratoires Berthier-Derol*, Rec. 475 ; AJ 1977.365, chr. Nauwelaers et Fabius : utilisation de leur voiture personnelle par des agents en dehors de leurs fonctions), mais aussi *juridiquement* (CE 20 janv. 1989, *Biales*, Rec. 920 ; D. 1989.619, note Grellois : le commandant d'un port autonome ayant été désigné comme gardien d'un navire en sa qualité de personne privée et non comme agent de l'établissement public, dans les attributions duquel n'entre pas une telle fonction, les négligences qui lui sont reprochées constituent une faute personnelle dépourvue de tout lien avec le service),

• soit *la faute commise dans ou à l'occasion du service* mais comportant une intention de nuire ou présentant une gravité inadmissible – les deux hypothèses pouvant se combiner (TC 2 juin 1908, *Girodet c. Morizot*, Rec. 597, concl. Tardieu ; S. 1908.3.81, note M. Hauriou : propos blasphématoires et obscènes tenus par un instituteur devant ses élèves ; – TC 9 juill. 1953, *Dame veuve Bernadas c. Buisson*, Rec. 593 ; JCP 1953.II.7797, note Rivero : défaut de protection par la police d'une personne menacée de mort qui s'est réfugiée dans un commissariat ; – TC 21 déc. 1987, *Kessler*, Rec. 456 ; AJ 1988.364, obs. Prétot : « actes de violence, injustifiés au regard des pratiques administratives normales », exercées par un agent des postes sur un usager lors de la distribution du courrier, révélant « une attitude malveillante » du premier à l'égard du second ; – CE 17 déc. 1999, *Moine*, Rec. 425 ; JCP 2001.II.10508, note Piastra : « extrême gravité » de la faute commise par un officier en pratiquant un tir à balles réelles sur des appelés en dehors de tout exercice organisé par l'autorité supérieure) ; – CE 28 déc. 2001, *Valette*, AJ 2002.359, concl. Schwartz : « caractère inexcusable... au regard de la déontologie de la profession » du comportement d'un chef de service hospitalier qui a caché l'erreur médicale commise dans son service ; – CE Ass. 12 avr. 2002, *Papon** :

« comportement » d'un fonctionnaire ayant, entre 1942 et 1944, « prêté son concours actif à l'arrestation et à l'internement de personnes d'origine juive », qui « revêt, eu égard à la gravité exceptionnelle des faits et de leurs conséquences, un caractère inexcusable ».

7 En revanche, il n'y a pas de faute personnelle, même si les faits reprochés à l'agent sont graves, lorsqu'ils restent indissociables de l'activité du service : c'est le cas notamment des fautes commises par les médecins et chirurgiens dans leurs interventions (v. *supra*), des illégalités affectant les actes administratifs (CE Sect. 6 janv. 1989, *Société « Automobiles Citroën »*, Rec. 5 ; RFDA 1989.871, concl. Tuot : en refusant illégalement d'autoriser un licenciement, un inspecteur du travail, qui n'a ni « agi pour des motifs étrangers à l'intérêt général ni fait preuve de partialité à l'égard de » l'entreprise, n'a pas eu un comportement, « quelle que soit la gravité de la faute commise », ayant constitué une faute personnelle).

La faute lourde du service n'implique pas qu'il y ait faute personnelle de ses agents (v. CE Ass. 10 avr. 1992, *Époux V.**). Bien plus ni une infraction pénale ni même une voie de fait ne constituent dans tous les cas une faute personnelle (TC 14 janv. 1935, *Thépaz** ; – 8 avr. 1935, *Action française**).

8 La portée de la faute personnelle a, en outre, été considérablement réduite par la possibilité, de plus en plus largement admise, de mettre en jeu la responsabilité de l'administration elle-même en cas de faute personnelle, en vertu de la théorie dite du cumul, soit qu'une faute de service ait été commise en même temps qu'une faute personnelle (CE 3 févr. 1911, *Anguet**), soit que la faute personnelle ait été commise dans le service ou à l'occasion du service ou, plus simplement, ne soit pas dépourvue de tout lien avec le service (CE 26 juill. 1918, *Époux Lemonnier** ; – 19 nov. 1949, *Delle Mimeur*, Rec. 492- v. n° 34.5). Cette évolution risquait d'aboutir à une irresponsabilité totale des fonctionnaires du fait de leurs fautes.

9 ***B.*** — C'est pourquoi la jurisprudence a admis, par l'arrêt du 28 juill. 1951, *Laruelle*, la responsabilité personnelle des agents vis-à-vis de l'administration* lorsqu'elle-même a dû indemniser les victimes pour les fautes personnelles commises par eux. Elle a voulu obtenir cette « moralisation » de la fonction publique que la jurisprudence antérieure avait négligée au profit des intérêts des victimes et des agents publics ; mais, en passant du plan des relations entre l'administration et ses agents avec les victimes à celui des rapports entre la collectivité et ses agents, la distinction des deux fautes prend un sens nouveau par rapport à celui de la jurisprudence *Pelletier*.

D'une part, la faute personnelle que l'administration peut reprocher à son agent n'est plus nécessairement celle que la victime aurait pu invoquer ; elle peut apparaître, non dans les rapports de la victime et de l'agent, mais dans ceux de l'agent et de l'administration : seule, celle-ci peut s'en prévaloir contre l'agent (CE Sect. 22 mars 1957, *Jeannier*, Rec. 196, concl. Kahn – v. n° 70.4).

D'autre part, la juridiction compétente pour apprécier la faute personnelle de l'agent envers l'administration et, corrélativement, la responsabilité de l'un envers l'autre est, non pas la juridiction judiciaire, mais la juridiction administrative (TC 26 mai 1954, *Moritz*, Rec. 708 – v. n° 70.4).

Sur le fond comme sur la compétence, on est ici loin de l'arrêt *Pelletier*.

10 **III.** — Deux *précisions complémentaires* doivent être apportées.

La première tient aux textes législatifs dérogeant au système établi par l'arrêt *Pelletier*, aussi bien sur le plan de la répartition des compétences que sur celui du partage des responsabilités : art. 136 du code de procédure pénale (v. TC 27 mars 1952, *Dame de la Murette*, Rec. 626 – v. n° 50.5) ; loi du 5 avr. 1937 sur la responsabilité du fait des instituteurs (v. TC 31 mars 1950, *Delle Gavillet*, Rec. 658 ; D. 1950.331, concl. Dupuich ; S. 1950.3.85, note Galland ; JCP 1950.II.5579, note Vedel ; RA 1950.261, note Gervais) ; loi du 31 déc. 1957 relative aux dommages causés par des véhicules (v. les décisions citées à la fin de nos obs. sous l'arrêt *Blanco**), etc.

En second lieu, sur le strict terrain du droit privé, la Cour de cassation admet elle-même pour les agents de droit privé la distinction entre la faute de service et la faute personnelle : « n'engage pas sa responsabilité à l'égard des tiers le préposé qui agit sans excéder les limites de la mission qui lui a été impartie par le commettant » (Cass. ass. plén. 25 févr. 2000, *Castedoat c. Girard*, Bull. civ. AP n° 2 ; JCP 2000.II.10295, concl. Kessous, note Billiau ; JCP 2000.I.241, n° 16, chr. Viney ; D. 2000.467, obs. Delebecque, et 673, note Brun ; RTD civ. 2000.582, obs. Jourdain) ; « seule une faute personnelle assimilable à la faute personnelle détachable du service du droit public pouvait engager la responsabilité quasi délictuelle » du préposé (Cass. 2e civ. 18 mai 2000, *Clauzade c. Picard*, Bull. civ. II. n° 284 ; JCP 2000.I.280, n° 19, chr. Viney). Les solutions du droit privé s'inspirent ainsi expressément de celles du droit public, comme les secondes peuvent se rapprocher des premières (v. nos obs. sous *Blanco**, 1.7).

3

ACTES DE GOUVERNEMENT

CE 19 févr. 1875, PRINCE NAPOLÉON, Rec. 155, concl. David

(D. 1875.3.18, concl. David)

Cons. que pour demander l'annulation de la décision qui a refusé de rétablir son nom sur la liste des généraux de division publiée dans l'Annuaire militaire, le prince Napoléon-Joseph Bonaparte se fonde sur ce que le grade de général de division que l'Empereur, agissant en vertu des pouvoirs qu'il tenait de l'art. 6 du sénatus-consulte du 7 nov. 1852, lui avait conféré par le décret du 9 mars 1854, était un grade qui lui était garanti par l'art. 1er de la loi du 19 mai 1834 ;

Mais cons. que, si l'art. 6 du sénatus-consulte du 7 nov. 1852 donnait à l'Empereur le droit de fixer les titres et la condition des membres de sa famille et de régler leurs devoirs et leurs obligations, cet article disposait en même temps que l'Empereur avait pleine autorité sur tous les membres de sa famille ; que les situations qui pouvaient être faites aux princes de la famille impériale en vertu de l'art. 6 du sénatus-consulte du 7 nov. 1852, étaient donc toujours surbordonnées à la volonté de l'Empereur ; que, dès lors, la situation faite au prince Napoléon-Joseph Bonaparte par le décret du 9 mars 1854, ne constituait pas le grade dont la propriété définitive et irrévocable, ne pouvant être enlevée que dans des cas spécialement déterminés, est garantie par l'art. 1er de la loi du 19 mai 1834, et qui donne à l'officier qui en est pourvu le droit de figurer sur la liste d'ancienneté publiée chaque année dans l'Annuaire militaire ; que, dans ces conditions, le prince Napoléon-Joseph Bonaparte n'est pas fondé à se plaindre de ce que son nom a cessé d'être porté sur la liste de l'état-major général de l'armée ;... (Rejet).

OBSERVATIONS

I. — Le prince Napoléon-Joseph Bonaparte avait été nommé général de division en 1853 par Napoléon III, dont il était le cousin. L'Annuaire militaire, qui reparut pour la première fois, après la chute de l'Empire, en 1873, ne mentionna pas son nom sur la liste des généraux. Il demanda au ministre de la guerre s'il s'agissait là d'une inadvertance ou d'une omission volontaire. Le ministre lui répondit que son nom n'avait pu être porté sur l'Annuaire, parce que sa nomination, irrégulière au regard des textes, « se rattache aux conditions particulières d'un régime politique aujourd'hui disparu et dont elle subit nécessairement la caducité ». C'est cette décision refusant de rétablir son nom sur la liste des généraux que le prince Napoléon déféra au Conseil d'État.

1 Le ministre de la guerre opposa au recours le caractère politique de la mesure attaquée, qui en faisait, selon lui, un acte de gouvernement échappant au contrôle juridictionnel du Conseil d'État. Le commissaire du gouvernement David combattit cette thèse, en exposant ainsi la théorie des actes de gouvernement : « Il est, en effet, de principe, d'après la jurisprudence du Conseil, que, de même que les actes législatifs, les actes de gouvernement ne peuvent donner lieu à aucun recours contentieux, alors même qu'ils statuent sur des droits individuels. Mais si les actes qualifiés, dans la langue du droit, actes de gouvernement, sont discrétionnaires de leur nature, la sphère à laquelle appartient cette qualification ne saurait s'étendre arbitrairement au gré des gouvernants ; elle est naturellement limitée aux objets pour lesquels la loi a jugé nécessaire de confier au Gouvernement les pouvoirs généraux auxquels elle a virtuellement subordonné le droit particulier des citoyens dans l'intérêt supérieur de l'État. Tels sont les pouvoirs discrétionnaires que le Gouvernement tient en France, soit des lois constitutionnelles, quand elles existent, pour le règlement et l'exécution des conventions diplomatiques, soit des lois de police... Il suit de là que, *pour présenter le caractère exceptionnel qui le mette en dehors et au-dessus de tout contrôle juridictionnel, il ne suffit pas qu'un acte, émané du Gouvernement ou de l'un de ses représentants, ait été délibéré en conseil des ministres ou qu'il ait été dicté par un intérêt politique.* » Le Conseil d'État consacra implicitement cette théorie dans sa décision, en examinant le recours au fond.

Le commissaire du gouvernement affirma que cette doctrine pouvait être dégagée de la jurisprudence antérieure du Conseil d'État. En réalité cette jurisprudence était fondée sur la théorie traditionnelle du mobile politique comme critère des actes de gouvernement, c'est-à-dire des actes échappant à tout contrôle contentieux. Pour ne prendre que deux exemples, le Conseil d'État rejeta, sous la Restauration, le recours du banquier Laffitte qui demandait le paiement d'arrérages d'une rente que lui avait cédée la princesse Borghèse, membre de la famille Bonaparte, par le motif que « la réclamation du sieur Laffitte tient à une *question politique* dont la décision appartient exclusivement au Gouvernement » (CE 1er mai 1822, *Laffitte*, Rec. 1821-1825.202) ; de même, sous le Second Empire, la saisie d'un ouvrage du duc d'Aumale et le refus de restituer les exemplaires saisis furent considérés comme « des *actes politiques* qui ne sont pas de nature à nous être déférés pour excès de pouvoir en notre Conseil d'État par la voie contentieuse » (CE 9 mai 1867, *Duc d'Aumale et Michel Lévy*, Rec. 472, concl. Aucoc ; S. 1867.2.124, concl. Aucoc, note Choppin). Ce n'est donc que de l'arrêt *Prince Napoléon* que date l'abandon de la théorie du mobile politique.

2 **II.** — Cet arrêt marque ainsi une étape extrêmement importante dans l'extension du contrôle des actes administratifs par le Conseil d'État. Jusqu'alors, dans le cadre d'une justice administrative qui n'était encore que retenue, le Conseil d'État ne pouvait connaître d'un acte dès lors qu'il avait un caractère politique. Désormais, le Conseil d'État, qui exerce depuis la loi du 24 mai 1872 une justice déléguée, n'admet plus que la nature ou l'objet politique d'une décision la fasse échapper au contrôle contentieux. Au contraire le but politique sera bien souvent, par la suite, un motif d'annulation pour détournement de pouvoir ou erreur de droit, l'administration ne devant pas prendre ses décisions, en règle générale, en fonction de considérations de cette nature. C'est ainsi qu'en 1954, le commissaire du gouvernement Letourneur et le Conseil d'État devaient réaffirmer avec force qu'un candidat ne peut être exclu d'un concours donnant accès à la fonction publique en raison de ses opinions politiques (28 mai 1954, *Barel**).

La limitation plus étroite du domaine des actes de gouvernement s'insère dans le cadre d'une politique jurisprudentielle qui, à la même époque et dans la période suivante, accrut la portée et l'efficacité du recours pour excès de pouvoir et de l'action contentieuse du Conseil d'État : admission du détournement de pouvoir comme moyen d'annulation (CE 26 nov. 1875, *Pariset**) ; abandon de la théorie du ministre-juge (CE 13 déc. 1889, *Cadot**) ; élargissement de la notion d'intérêt pour agir (CE 29 mars 1901, *Casanova**) ; admission du recours contre les règlements d'administration publique (CE 6 déc. 1907, *Chemins de fer de l'Est**) ; contrôle, par le juge de l'excès de pouvoir, de la qualification juridique des faits (CE 4 avr. 1914, *Gomel**) et de leur exactitude matérielle (CE 14 janv. 1916, *Camino**).

Cependant, l'arrêt *Prince Napoléon* n'a pas supprimé complètement les actes de gouvernement ; il s'est borné à en éliminer le critère ancien, excessivement large, tiré du mobile politique. À la vérité, ce critère n'a pas été remplacé depuis lors, de telle sorte que les actes de gouvernement ne peuvent faire aujourd'hui l'objet d'une définition générale et théorique, mais seulement d'une liste établie d'après la jurisprudence. Sur cette liste figuraient les actes accomplis par le chef de l'État dans l'exercice du droit de grâce (CE 30 juin 1893, *Gugel*, Rec. 544 ; S. 1895.3.41, note Hauriou) ; mais cette jurisprudence a été abandonnée par l'arrêt *Gombert* du 28 mars 1947 (Rec. 138 ; S. 1947.3.89, concl. Célier ; RDP 1947.95, note M. Waline), qui écarte, certes, la compétence du Conseil d'État en la matière, mais en se fondant sur le caractère judiciaire de ces décisions, et non plus sur la théorie des actes de gouvernement.

III. — La liste des actes de gouvernement ne comprend plus, aujourd'hui, que deux séries de mesures : les actes concernant les rapports de l'exécutif avec le Parlement, et ceux qui se rattachent directement aux relations de la France avec les puissances étrangères ou les organismes internationaux.

1. — Les actes concernant les rapports de l'exécutif avec le Parlement

Le Conseil d'État refuse à ce titre de connaître :

3 *a)* des décisions prises par l'exécutif dans le cadre de sa participation à la fonction législative : refus de présenter au Parlement un projet de loi (CE Sect. 18 juill. 1930, *Rouché*, Rec. 771 ; – 29 nov. 1968, *Tallagrand*, Rec. 607 ; D. 1969.386, note Silvera ; RDP 1969.686, note M. Waline ; JDI 1969.382, note Ruzié), décision de le déposer ou de le retirer (CE Ass. 19 janv. 1934, *Compagnie marseillaise de navigation à vapeur Fraissinet*, Rec. 98 ; S. 1937.3.41, note Alibert), refus de faire les diligences nécessaires pour son adoption rapide (CE Sect. 25 juill. 1947, *Société l'Alfa*, Rec. 344), refus du Premier ministre de prendre l'initiative d'une révision constitutionnelle (CE 26 févr. 1992, *Allain*, Rec. 659), décret de promulgation d'une loi (CE Sect. 3 nov. 1933, *Desreumeaux*, Rec. 993 ; S. 1934.3.9, note Alibert ; D. 1933.3.36, note Gros ; RDP 1934.649, note Jèze) ; refus du Premier ministre d'invoquer l'urgence lors de la soumission au Conseil constitutionnel d'une loi organique (CE 9 oct. 2002 *Meyet et Bouget*, JCP A 2002 n° 1143, note Moreau).

4 *b)* des décisions du Président de la République qui affectent les relations entre les pouvoirs constitutionnels et l'exercice de la fonction législative : décision de recourir aux pouvoirs exceptionnels prévus par l'article 16 de la Constitution de 1958 (CE Ass. 2 mars 1962, *Rubin de Servens**) ; décret soumettant un projet de loi au référendum (CE Ass. 19 oct. 1962, *Brocas*, Rec. 553 ; S. 1962.307, D. 1962.701 et RDP 1962.1181, concl. M. Bernard ; AJ 1962.612, chr. de Laubadère) ; décret portant dissolution de l'Assemblée nationale (CE 20 févr. 1989, *Allain*, Rec. 60 ; RFDA 1989.868, concl. Frydman) ; nomination d'un membre du Conseil constitutionnel (CE Ass. 9 avril 1999, *Mme Ba*, Rec. 124 ; RFDA 1999. 566, concl. Salat-Baroux ; AJ 1999.409, chr. Raynaud et Fombeur ; RDP 1999.1573, note Camby ; Cah. CC n° 7.109, note Robert ; D. 2000.335, note Serrand) ; refus de déférer une loi votée et non encore promulguée au Conseil constitutionnel (CE ord. 7 nov 2001, *Tabaka*, RDP 2001.1645, note Jan ; LPA 22 mars 2002, note Curtil).

5 *c)* des décisions gouvernementales qui ne sont que le préliminaire d'une décision du Parlement, ce dernier pouvant dès lors exercer lui-même un contrôle sur ces décisions (CE Ass. 27 juin 1958,

Georger et Teivassigamany, Rec. 403 ; D. 1959.121, note Gilli ; AJ 1958.II.310, chr. Fournier et Combarnous : acte portant convocation d'une assemblée chargée de se prononcer sur le sort d'un territoire, et qui est le préliminaire obligatoire du vote d'une loi autorisant la ratification d'un traité).

Dans cette dernière catégorie pouvaient être rangées jusqu'en 1958 les décisions administratives constituant le préliminaire nécessaire des élections aux assemblées parlementaires : ces assemblées étant juges elles-mêmes, par la procédure de la vérification des pouvoirs, de la régularité des élections et de celle des actes administratifs qui les ont préparées, le Conseil d'État refusait de connaître de ces derniers. À ce titre étaient considérés comme des actes de gouvernement : le décret portant convocation des collèges électoraux pour une élection parlementaire (CE Ass. 8 juin 1951, *Hirschowitz*, Rec. 320 ; S. 1951.374, concl. J. Delvolvé ; D. 1951.529, note F.M.), les décrets organisant le régime des élections (CE Ass . 2 nov. 1951, *Tixier*, Rec. 512 ; D. 1952.39, note F.M. ; JCP 1952.II.6810, note Vedel).

Sous l'empire de la Constitution de 1958, le contentieux des élections parlementaires et le contrôle de la régularité de l'élection du Président de la République sont confiés au Conseil constitutionnel. L'incompétence du Conseil d'État en ces matières se justifie désormais, non plus par la notion d'acte de gouvernement mais par l'interprétation donnée des règles constitutionnelles, qui peut elle-même revêtir un caractère évolutif. Le Conseil d'État a ainsi refusé de connaître d'une demande de remboursement de cautionnement et de frais de propagande (CE Ass. 11 janv. 1963, *Rebeuf*, Rec. 18, concl. Henry ; D. 1963.443, note Philip ; AJ 1963.87, chr. Gentot et Fourré) ainsi que du décret de convocation des électeurs pour l'élection des députés (CE 3 juin 1981, *Delmas* Rec. 244 ; AJ 1981.357, note Goyard ; RA 1981.272, note Rials ; RDP 1982.186, concl. Labetoulle).

Cette dernière solution a paru mise en cause par l'acceptation du juge de statuer sur la légalité des décisions administratives ayant habilité les groupements à participer aux émissions de propagande pour les élections législatives des 21 et 28 mars 1993 (CE Ass. 12 mars 1993, *Union nationale écologiste*, Rec. 67, RFDC 1993.411, concl. Kessler ; AJ 1993.336, chr. Maugüé et Touvet, RDP 1993.1442, note J.M. Auby).

Mais ultérieurement, compte tenu de l'affirmation par le Conseil constitutionnel de sa compétence pour connaître des décrets portant convocation des électeurs pour l'élection des députés ou celle des sénateurs, le Conseil d'État, saisi aux mêmes fins, a opposé une irrecevabilité tirée de l'existence d'une voie de recours devant le Conseil constitutionnel (CE Sect. 14 sept. 2001, *Marini*, AJ 2001.858 chr. Guyomar et Collin ; RFDA 2001.1333).

6 L'attitude du Conseil d'État en matière de référendum a elle aussi subi des inflexions. Si la régularité des opérations elles-mêmes est contrôlée par le Conseil constitutionnel, les opérations préalables une fois le référendum décidé, demeurent des actes administratifs. À ce titre, elles relèvent normalement du juge administratif (CE Ass. 19 oct. 1962, *Brocas*, Rec. 553 ; S. 1962.307, D. 1962.701 et RDP 1962.1181, concl. M. Bernard, AJ 1962.612, chr. de Laubadère). Cette compétence de principe comporte cependant une double limite. L'une est traditionnelle : si les résultats d'un référendum sont devenus *définitifs*, le juge administratif décidera qu'il n'y a plus *lieu* pour lui de porter une appréciation sur les actes préliminaires à ce référendum (CE Ass. 27 oct. 1961, *Le Regroupement national*, Rec. 594 ; S. 1963.28, note L. Hamon ; D. 1962.23, note Leclercq ; AJ 1962.672, note J. Théry). L'autre limite est apparue plus récemment. Dans la mesure où à l'occasion du référendum du 25 sept. 2000 relatif à la réduction de la durée du mandat du Président de la République, le Conseil constitutionnel a admis sa compétence pour connaître de recours formés préalablement à la tenue du scrutin contre les décrets portant organisation du référendum et de la campagne référendaire, le Conseil d'État a estimé que cette voie de recours parallèle rendait irrecevable la contestation des mêmes actes devant lui (CE Ass. 1er sept. 2000, *Larrouturou*, Rec. 365, concl. Savoie ; RFDA 2000.989, concl. Savoie, note Ghevontian ; AJ 2000.803, chr. Guyomar et Collin ; DA 2000, n° 10, note Maligner).

Dans la ligne de l'affirmation de la compétence administrative, le Conseil d'État a estimé qu'était « détachable des rapports entre le pouvoir exécutif et le pouvoir législatif », le décret par lequel le Premier ministre charge un parlementaire d'une mission auprès d'une administration (CE sect. 25 sept. 1998, *Mégret*, RFDA 1999.254, concl. Maugüé ; AJ 1999.244, note Lemaire, et 409, chr. Raynaud et Fombeur ; RFDA 1999.345, note Baghestani-Perrey et Verpeaux).

Il a jugé également que le refus par le Premier Ministre de prendre un décret modifiant des dispositions de nature réglementaire figurant dans un texte de forme législative constituait une décision administrative susceptible de faire l'objet d'un recours pour excès de pouvoir (CE sect. 3 déc. 1999, *Association ornithologique et mammalogique de Saône et Loire, Rassemblement des opposants à la chasse**).

2. — Les actes mettant en cause les rapports du Gouvernement avec un État étranger ou un organisme international

Traditionnellement l'ensemble de l'activité diplomatique de la France échappe au contrôle des tribunaux français. La jurisprudence a cependant sensiblement atténué la portée de cette orientation et les limites de l'acte de gouvernement en cette matière sont assez délicates à déterminer.

7 *a)* Constituent des actes de gouvernement l'ensemble des actes se rattachant directement aux rapports internationaux de la France : protection des personnes et des biens français à l'étranger (CE 2 mars 1966, *Dame Cramencel*, Rec. 157 ; AJ 1966.349, chr. Puissochet et Lecat ; RGDIP 1966.791, note C. Rousseau ; – Sect. 28 juin 1967, *Société des transports en commun de la région d'Hanoï*, Rec. 279 ; JCP 1968.II.15.393, note Ruzié) ; refus de soumettre un litige à la Cour internationale de justice (CE 9 juin 1952, *Gény*, Rec. 19) ; mesure destinée à soustraire des biens à l'emprise ennemie pendant la guerre (Sect. 12 nov. 1949, *Sohr*, Rec. 473) ; ordre de brouiller les émissions d'un poste étranger, TC 2 févr. 1950, *Radiodiffusion française*), Rec. 652 ; S. 1950.3.73, concl. R. Odent ; RDP 1950.418, concl. R. Odent, note M. Waline ; JCP 1950.II.5542, note Rivero) ; création d'une zone de sécurité dans les eaux internationales pendant des essais nucléaires (CE Ass. 11 juil. 1975, *Paris de Bollardière*, Rec. 423 ; AJ 1975.455, chr. Franc et Boyon ; JDI 1976.126, note Ruzié) ; décision de reprise des essais nucléaires dans un contexte lié à la discussion d'un engagement international qui interdirait de tels essais (CE Ass. 29 sept. 1995, *Association greenpeace France*, AJ 1995.684, chr. Stahl et Chauvaux, RDP 1996.256, concl. Sanson, JCP 1996.II.22.582, note Moreau ; RFDA 1996.383, note Ruzié, RDP 1996.1162, note Sabète) ; décision d'engager des forces militaires en Yougoslavie en liaison avec les événements du Kosovo (CE 5 juill. 2000, *Mégret et Mekhantar*, Rec. 291 ; AJ 2001.95, note Gounin) ; décision d'autoriser les avions militaires américains et britanniques qui accomplissent des missions en Irak à emprunter l'espace aérien français (CE ord. du 10 avril 2003 – *Comité contre la guerre en Irak*).

Parmi les actes échappant à ce titre au contrôle juridictionnel une mention spéciale doit être faite des traités et accords internationaux. Le juge administratif refuse, en effet, de connaître de la légalité des conditions de signature de ces accords (CE Sect. 1er juin 1951, *Société des étains et wolfram du Tonkin*, Rec. 312 ; RJPUF 1951.584, note J.D.V.) ainsi qu'à la décision de ne pas procéder à la publication d'un traité (CE 4 nov. 1970, *de Malglaive*, Rec. 635). Une solution identique vaut pour les actes d'exécution des traités qui sont indissociables des rapports internationaux ou considérés comme tels : vote du ministre français au Conseil des communautés européennes, CE Ass. 23 nov. 1984, *Association « Les Verts »*, Rec. 382 ; décision de suspendre l'exécution d'un traité (CE Ass. 18 déc. 1992, *Préfet de la Gironde c. Mahmedi* ; Rec. 446, concl. Lamy ; AJ 1993.82, chr. Maugüé et Schwartz ; RFDA 1993.333, concl. Lamy, note Ruzié ; RGDIP 1993.429, concl. Lamy ; D. 1994.1, note Julien-Laferrière) ; décision de suspendre la coopération scientifique et technique avec l'Irak, pendant la guerre du Golfe, y compris l'interdiction d'inscription des étudiants irakiens dans les universités (CE 23 sept. 1992, *G.I.S.T.I.* Rec. 346 ; AJ 1992.752, concl. Kessler, obs. R.S. ; RRJ 1993.665, note Poli).

8 *b)* La théorie de l'acte de gouvernement connaît cependant une double limite.

D'une part, les traités internationaux constituent depuis 1946, en application de la Constitution, une source de la légalité nationale : les requérants sont donc recevables à invoquer leur violation par un acte administratif au même titre que la violation de la loi (CE Ass. 30 mai 1952, *Dame Kirkwood*, Rec. 291 ; RDP 1952.781, concl. Letourneur, note M. Waline ; S.1953.3.33, note Bouzat ; – Ass. 20 oct. 1989 *Nicolo**). Le juge administratif est par là-même conduit à exercer un contrôle sur les modalités d'introduction du traité dans l'ordre juridique interne. Limité pendant longtemps à la vérification de l'existence d'un acte de ratification ou d'approbation (CE Ass. 16 nov. 1956, *Villa*, Rec. 433, RDP 1957.123, concl. Laurent ; AJ 1956.II.487, chr. Fournier et Braibant) ainsi qu'à l'appréciation de la régularité de la publication (Ass. 13 juill. 1965, *Société Navigator*, Rec. 423, concl. Fournier ; AJ 1965.470, chr. Puybasset et Puissochet), le contrôle a été étendu au respect par l'exécutif des dispositions constitutionnelles qui exigent que pour certains traités, tels ceux qui modifient des dispositions législatives ou engagent les finances de l'État, la ratification soit autorisée par le Parlement (CE Ass. 18 déc. 1998, *SARL du parc d'activités de Blotzheim*. Rec. 483, concl. Bachelier ; RFDA 1999.315.concl. ; AJ 1999.127, chr. Raynaud et Fombeur). Ce contrôle ne porte pas cependant sur la constitutionnalité du contenu du traité (CE 8 juill. 2002, *Commune de Porta*, AJ 2002.1005, chr. Donnat et Casas). En cas de suspension d'un traité, le juge vérifie l'existence d'une décision prise en ce sens par une autorité ayant qualité en matière de relations internationales et de son opposabilité (Ass. 18 déc. 1992, *Préfet de la Gironde c. Mhamedi*, préc.).

De plus, par sa décision du 29 juin 1990, *G.I.S.T.I.**, le Conseil d'État a estimé que le juge administratif avait en principe compétence pour interpréter lui-même un traité sans être astreint à un renvoi préjudiciel au ministre des affaires étrangères comme l'exigeait sa jurisprudence antérieure (CE Ass. 3 juill. 1931, *Karl et Toto Samé*, Rec. 727 ; S. 1932.3.129, conc. Ettori, note C. Rousseau). La nouvelle solution n'est pas applicable au Traité de Rome, pour lequel la compétence préjudicielle de la Cour de justice des Communautés européennes est consacrée par ce traité (v. nos obs. sous CE 22 déc. 1978, *Ministre de l'intérieur c. Cohn-Bendit**).

9 D'autre part, dès avant la Constitution de 1946, le juge administratif a accepté de connaître des mesures qu'il considère comme détachables des relations diplomatiques ou des conventions internationales, c'est-à-dire des mesures qui peuvent être appréciées indépendamment de leurs origines ou de leurs incidences internationales (v. par ex., CE 5 févr. 1926, *Dame Caraco*, Rec. 125 ; D. 1927.3.1, note Devaux ; – Sect. 16 déc. 1955, *Époux Deltel*, Rec. 592 ; D. 1956.44, concl. Laurent ; RDP 1956.150, note M. Waline ; AJ

1956.II.243, note Copper-Royer ; – CE Sect. 22 déc. 1978, *Vo Thanh Nghia*, Rec. 523 ; AJ 1979.4.36, concl. Genevois).

C'est ainsi, en particulier, que les décrets d'extradition sont depuis 1937 des actes susceptibles d'être attaqués par la voie du recours pour excès de pouvoir (CE Ass. 28 mai 1937, *Decerf*, Rec. 534 ; S. 1937.3.73, note Laroque ; – Ass. 30 mai 1952, *Dame Kirkwood* préc.) et que le juge administratif contrôle depuis 1977 la qualification juridique des faits qui les ont motivés (CE Ass. 24 juin 1977, *Astudillo Calleja*, Rec. 290 ; D. 1977.695, concl. Genevois ; AJ 1977.490, chr. Nauwelaers et O. Dutheillet de Lamothe ; Gaz. Pal. 1977.640, note Ladhari ; RDP 1978.263, note Robert ; JDI 1978.71, note Ruzié ; – Ass. 7 juill. 1978, *Croissant*, Rec. 292 ; AJ 1978.559, chr. O. Dutheillet de Lamothe et Robineau ; Gaz. Pal. 1979.1.34, note Derouin ; JDI 1979.90, note Ruzié ; RGDIP 1979.848, note Prévost ; – Ass. 3 juill. 1996, *Koné**). Le Conseil d'État a également décidé que les demandes d'extradition adressées par le gouvernement français à un gouvernement étranger ne constituent pas des actes de gouvernement (CE Sect. 21 juill. 1972, *Legros*, Rec. 554 ; AJ 1974.259, note Blumann). De façon plus audacieuse encore, il a admis sa compétence pour connaître de la légalité d'une décision du gouvernement français rejetant une demande d'extradition formulée par un État étranger (CE Ass. 15 oct. 1993, *Royaume-Uni de Grande-Bretagne et d'Irlande du Nord et gouverneur de la colonie royale de Hong Kong**).

La tendance profonde de la jurisprudence est donc d'admettre de plus en plus largement qu'un acte ou des agissements sont détachables des relations internationales : mise en jeu de la responsabilité de l'État à raison d'une éventuelle insuffisance des mesures prises pour assurer la protection des membres d'une mission diplomatique (CE Sect. 29 avr. 1987, *Consorts Yener*, Rec. 152 ; AJ 1987.450, chr. Azibert et de Boisdeffre ; RFDA 1987.636, concl. Vigouroux) ; destruction par la marine nationale d'un navire abandonné en haute mer (CE Sect. 23 oct. 1987, *Société Nachfolger Navigation*, Rec. 319 ; AJ 1987.725, chr. Azibert et de Boisdeffre ; RFDA 1987.963, concl. Massot et 1988.345, note Ruzié ; RDP 1988.836, note J.M. Auby) ; décision arrêtée par les pouvoirs publics en ce qui concerne le site d'implantation du laboratoire européen de rayonnement « Synchrotron » (CE Ass. 8 janv. 1988, *Ministre chargé du plan et de l'aménagement du territoire c. Communauté urbaine de Strasbourg*, Rec. 2 ; AJ 1988.137, chr. Azibert et de Boisdeffre ; RFDA 1988.25, concl. Daël ; JCP 1988.II.21084, note R. Drago ; Rev. Adm. 1988.141, note Terneyre) ; répartition entre des banques et la compagnie française d'assurance pour le commerce extérieur du prix de la cession de créances relatives à la construction d'une papeterie dans un État étranger (TC 2 déc. 1991, *Préfet de Paris et COFACE c. Compagnie financière C.I.C.*, Rec. 478 ; D. 1992.479, concl. Abraham ; AJ 1992.622, note Teboul).

10 **IV.** — Traditionnellement, l'immunité de juridiction qui caractérise l'acte de gouvernement concernait à la fois le contentieux de la légalité et celui de l'indemnité ; on ne pouvait ni contester devant le juge la régularité de la décision ni demander réparation de ses conséquences dommageables. Cependant, de ce dernier point de vue, la jurisprudence a ouvert depuis un arrêt d'assemblée du 30 mars 1966, *Compagnie générale d'énergie radioélectrique**, une perspective intéressante en admettant que les dommages causés par une convention internationale régulièrement introduite dans l'ordre juridique interne pouvaient donner lieu à indemnisation sur le fondement du principe d'égalité devant les charges publiques. Pourquoi cette solution, dégagée à propos d'une catégorie particulière d'actes insusceptibles de recours pour excès de pouvoir, ne serait-elle pas étendue aux actes de gouvernement ?

V. — Certains auteurs se demandent si la théorie de l'acte de gouvernement correspond pleinement au droit positif. Les arrêts, sauf de rares exceptions (TC 24 juin 1954, *Barbaran*, Rec. 712 ; – CE Ass. 2 mars 1962, *Rubin de Servens**), n'emploient pas les termes d'« acte de gouvernement ». Le juge s'en tient à des périphrases qui ne font pas apparaître cette expression. Sur une longue période, la notion d'acte de gouvernement apparaît comme en régression. Une partie de la doctrine estime même que le refus du juge administratif de connaître des actes dits de gouvernement s'explique par le jeu normal des règles de compétence : selon les explications avancées, il s'agirait d'« actes mixtes » qui n'émanent pas exclusivement des autorités françaises, d'actes relevant de la fonction gouvernementale comme opposée à la fonction administrative, d'actes ressortissant au droit international ou d'actes participant à la fonction législative.

11 Ces diverses approches ont le mérite de cantonner une notion qui, en raison de l'immunité juridictionnelle qui lui est attachée, contraste avec le développement général de l'État de droit. Ainsi, après que le Conseil d'État eut estimé le 3 juin 1981 (cf. *Delmas* précité) ne pas devoir statuer sur la légalité du décret de convocation du corps électoral pour l'élection des députés, le Conseil constitutionnel reconnut sa compétence pour apprécier la régularité de cet acte (CC 11 juin 1981, *Delmas*, Rec. 97 ; AJ 1981.357, note Goyard et 481, note Feffer ; RDP 1981.1347, note Favoreu ; JCP 1982.II.1975, note Franck ; D. 1981.589, note F. Luchaire ; RA 1981.272, note Rials et 489, note de Villiers ; Gaz. Pal. 1981.2.709, note Turpin). De même, le juge constitutionnel apprécie la régularité du décret par lequel le Président de la République demande une nouvelle délibération d'une loi (CC *85-197 DC, 23 août 1985*, Rec. 70 ; AJ 1985.607, note L. Hamon ; D. 1986.45, note F. Luchaire ; RA 1986.395, note Etien).

Par ailleurs, alors que le Conseil d'État estimait que le décret par lequel le Président de la République décide de soumettre un projet de loi au référendum a le caractère d'un acte de gouvernement (CE Ass. 19 oct. 1962, *Brocas*, préc.) le Conseil constitutionnel a admis sa compétence pour en connaître (CC 25 juill. 2000, *Hauchemaille*, Rec. 117 ; LPA 2 août 2000 obs. Schoettl ; RDP 2001.3 obs. Camby).

Mais la compétence du Conseil constitutionnel ne s'étend pas au décret de dissolution de l'Assemblée nationale (CC 10 juill. 1997, *Abraham*, Rec. 157 ; AJ 1997.684, note Schoettl) ou à l'annulation d'un acte préparatoire à l'élection d'un député dès lors qu'il n'est pas susceptible de vicier le déroulement général des opérations électorales (CC 8 juin 1995, *Bayeurte*, Rec. 213 ; AJ. 1995.517, chr. Schrameck).

Aux États-Unis, on observe une grande retenue de la Cour suprême face aux décisions touchant aux relations internationales en raison de leur caractère politique par nature : ainsi elle a refusé en 1979 de connaître de la décision du Président Carter de dénoncer le traité de défense liant les États-Unis et Taiwan *(Carter v. Goldwater)*.

On comprend mieux dans ce contexte l'attitude du juge administratif français. La théorie des actes de gouvernement s'explique fondamentalement par le souci du Conseil d'État de ne s'immiscer ni dans les relations entre le pouvoir législatif et le pouvoir exécutif, ni dans l'action diplomatique considérée comme une prérogative exclusive et traditionnelle de l'exécutif. Ainsi, se retrouvent, sous une forme nouvelle et dans des limites plus étroites, les considérations de caractère politique qui sont à l'origine, historiquement, de la notion « d'acte de gouvernement ».

4

RECOURS POUR EXCÈS DE POUVOIR MOYENS D'ANNULATION DÉTOURNEMENT DE POUVOIR

CE 26 nov. 1875, PARISET, Rec. 934

Cons. qu'il est établi par l'instruction que le préfet, en ordonnant la fermeture de la fabrique d'allumettes du sieur Pariset, en vertu des pouvoirs de police qu'il tenait des lois et règlements sur les établissements dangereux, incommodes et insalubres, n'a pas eu pour but les intérêts que ces lois et règlements ont en vue de garantir ; qu'il a agi en exécution d'instructions émanées du ministre des finances à la suite de la loi du 2 août 1872 et dans l'intérêt d'un service financier de l'État ; *qu'il a ainsi usé des pouvoirs de police qui lui appartenaient sur les établissements dangereux, incommodes ou insalubres pour un objet autre que celui à raison desquels ils lui étaient conférés,* et que le sieur Pariset est fondé à demander l'annulation de l'arrêté attaqué par application des lois des 7-14 oct. 1790 et 24 mai 1872 ;... (Annulation).

OBSERVATIONS

1 En 1872, à la suite d'une loi qui établissait le monopole de la fabrication des allumettes chimiques et prononçait l'expropriation des fabriques existantes, le ministre des finances ne fit régler par le jury d'expropriation que les indemnités des industriels dont les usines avaient une existence légale incontestée. Il estima que les fabriques dont les autorisations limitées à une certaine durée n'avaient pas été renouvelées au moment de l'entrée en vigueur de la loi, n'ayant pas d'existence légale, n'avaient pas droit à une indemnité : il ne leur en offrit une qu'à titre gracieux ; plusieurs industriels la refusèrent. Le ministre des finances adressa alors aux préfets une circulaire leur demandant de prendre des arrêtés établissant l'existence illégale des fabriques dont l'autorisation n'avait pas été renouvelée et d'en requérir la fermeture par l'autorité judiciaire conformément aux lois et règlements relatifs aux établissements dangereux, incommodes et insalubres. Le sieur Pariset attaqua devant le Conseil d'État l'arrêté préfectoral déclarant que sa fabrique avait cessé d'avoir une existence légale. Un recours similaire, intenté dans les mêmes conditions par le sieur Laumonnier-Carriol, fit l'objet d'une décision identique rendue le même jour (CE 26 nov. 1875, *Laumonnier-Carriol*, Rec. 936).

Le Conseil d'État annula ces arrêtés, faisant application d'un nouveau cas d'ouverture du recours pour excès de pouvoir : le détournement de pouvoir, dont la création remontait à une décision prise par l'Empereur en son Conseil, le 25 févr. 1864 (*Lesbats*, Rec. 209, concl. L'Hôpital : les préfets ne peuvent « régler l'entrée, le stationnement et la circulation des voitures publiques ou particulières dans les cours dépendant des stations de chemins de fer », que « dans un intérêt de police et de service public » et non pour assurer l'exécution d'un contrat entre une compagnie de chemins de fer et un entrepreneur de voitures publiques).

Ce devait être le point de départ d'une jurisprudence admettant le détournement de pouvoir dans *un certain nombre de cas* (I), même si peuvent être observées *les limites* de ce chef d'annulation (II).

2 **I.** — Le détournement de pouvoir – souvent rapproché de la théorie civiliste de l'abus de droit et caractérisé par l'exercice d'un pouvoir pour un *but autre que celui en vue duquel il a été conféré* par la loi – est reconnu par la jurisprudence dans *trois grandes catégories de cas.*

A. — L'acte administratif est *étranger à tout intérêt public.*

Cette hypothèse la plus grave de détournement de pouvoir est particulièrement illustrée par des mesures concernant les agents publics, le maintien de l'ordre public, l'expropriation pour cause d'utilité publique et l'urbanisme.

À l'égard des agents publics, la censure du détournement de pouvoir a souvent joué pour des mesures d'éviction prises par pure vengeance personnelle ou pour des raisons politiques (CE 23 juill. 1909, *Fabrègue*, Rec. 727 ; S. 1911.3.121, note Hauriou : suspension d'un garde champêtre par dix arrêtés municipaux successifs, destinés à assouvir la vengeance du maire ; – 26 oct. 1960, *Rioux*, Rec. 558, concl. Chardeau : licenciement d'un agent sous prétexte d'insuffisance professionnelle, mais en réalité pour motifs politiques). Au-delà des agents publics, on trouve le cas des sportifs à l'égard desquels leurs fédérations prennent des mesures qui ne sont pas vraiment « sportives » (CE 25 mai 1998, *Fédération française d'haltérophilie, musculation et disciplines associées*, JCP 1999.II.10001, note Lapouble : refus de désigner un athlète parmi la sélection devant participer à un championnat, pour sanctionner ses déclarations publiques sur le comportement d'un dirigeant de la fédération). Le détournement de pouvoir peut s'attacher aussi à des mesures de pure faveur au profit des intéressés (CE 5 mars 1954, *Delle Soulier*, Rec. 139 ; RJPUF 1954.624, concl. Jacomet : création d'une école dans le seul intérêt du directeur que l'administration se propose d'engager ; – 13 janv. 1995, *Syndicat autonome des inspecteurs généraux et inspecteurs de l'administration*, Rec.

23 ; RDP 1995.1091, note Prétot : décret modifiant les conditions de nomination de certains fonctionnaires n'ayant d'autre objet que de permettre la nomination d'une personne déterminée).

L'utilisation des pouvoirs de police, non pour assurer le maintien de l'ordre public, mais pour protéger des intérêts particuliers est également censurée (CE 14 mars 1934, *Delle Rault*, Rec. 337 : réglementation des bals et dancings par un maire pour qu'ils ne fassent pas concurrence à sa propre auberge ; – Sect. 25 janv. 1991, *Brasseur*, Rec. 23, concl. Stirn ; RFDA 1991.587, concl. Stirn, note Douence ; AJ 1991.351, chr. Schwartz et Maugüé ; JCP 1991.II.21564, note Moreau : restriction de l'activité des marchands forains et ambulants destinée à protéger les commerçants de la localité).

L'expropriation pour cause d'utilité publique est détournée de sa finalité lorsqu'elle est destinée à favoriser des intérêts purement privés (CE 4 mars 1964, *Dame veuve Borderie*, Rec. 157 ; AJ 1964.624, note P.L. : expropriation d'une propriété dans le seul but d'y reloger un cercle hippique privé) ou à leur nuire (CE 16 févr. 1972, *Ministre de l'équipement et du logement c. Baron*, Rec. 139 : expropriation ayant pour but exclusif d'empêcher l'acquisition ou l'utilisation d'une propriété par un particulier).

Il en va de même en cas d'exercice du droit de préemption pour empêcher la cession d'un bien à des personnes extérieures à la commune (CE 1er févr. 1993, *M. et Mme Guillec*, Rec. 22 ; JCP 1993.II.22088, concl. Vigouroux), ou, à l'inverse, de modification d'un plan d'occupation des sols dans le seul but de permettre à un propriétaire d'édifier un bâtiment (CE 9 juill. 1997, *Ben Abdulaziz Al Saoud*, DA 1998, n° 38, obs. L.T.).

3 ***B.*** — L'acte administratif est pris dans un *intérêt public*, mais *qui n'est pas celui pour lequel les pouvoirs nécessaires* pour prendre l'acte ont été conférés à son auteur. Cette hypothèse de détournement de pouvoir est moins grave que la précédente, puisque le but poursuivi relève de l'intérêt public. Mais les pouvoirs attribués à l'administration ne lui permettent pas de poursuivre n'importe quel intérêt public.

En particulier, ils ne peuvent être utilisés indifféremment en vue de satisfaire ses intérêts financiers, ou de régler un litige, ou de revenir sur une décision de justice.

L'intérêt financier, pour légitime qu'il soit dans une bonne administration, est étranger à certaines de ses attributions. Tel était le cas dans les affaires *Pariset* et *Laumonnier-Carriol* : les préfets ne pouvaient utiliser leurs pouvoirs de police sur les établissements dangereux, incommodes ou insalubres pour éviter à l'État d'indemniser les industriels dont les usines étaient atteintes par l'institution du monopole de la fabrication des allumettes. De même une expropriation ne peut avoir pour seul objectif de faire faire une économie à l'État (CE 20 mars 1953, *Bluteau*, Rec. 691), ou de procurer des profits à une commune (CE 20 oct. 1961, *Consorts White*, Rec. 917). Un maire qui prend une mesure de police principalement dans le but d'éviter à la commune et à ses habitants d'entreprendre les dépenses nécessaires, commet un détournement de pouvoir (CE 24 juin 1987, *Bes*, Rec. 568).

À l'inverse des pouvoirs financiers ne peuvent être détournés de leurs fins : un ministre ne pouvait mettre en œuvre ses pouvoirs de tutelle financière sur une caisse semi-publique pour en provoquer la liquidation (CE 8 juill. 1955, *Caisse de compensation pour la décentralisation de l'industrie aéronautique*, Rec. 398 ; D. 1955.597, concl. Chardeau ; AJ 1955.II bis.18, chr. Long).

L'administration peut légitimement vouloir régler un litige qui l'oppose à un particulier, voire des litiges entre particuliers. Elle ne peut pour autant utiliser légalement à cette fin des pouvoirs qui n'ont pas été conçus pour cet usage. Ainsi un maire ne peut exercer ses pouvoirs de police pour évincer une association avec laquelle il a un différend (CE 19 janv. 1979, *Ville de Viry-Chatillon*, Rec. 613), un conseil municipal, ses pouvoirs de disposition des biens communaux, pour mettre fin à un litige d'ordre privé d'une manière opportune (CE 16 déc. 1970, *Dame Veuve Huc*, Rec. 767).

Cette dernière affaire rejoint les cas de détournement de pouvoir constitués par l'adoption de mesures destinées à faire échec à une décision de justice : l'illégalité tient à la fois à la méconnaissance de l'autorité de la chose jugée et à l'usage de pouvoirs dans un but qui leur est étranger. Tel est le cas d'un décret réglementaire modifiant le statut de l'administrateur de la Comédie française afin de permettre au gouvernement de prendre des mesures individuelles identiques à des décisions précédemment annulées par le Conseil d'État (CE Ass. 13 juill. 1962, *Bréart de Boisanger*, Rec. 484 ; D. 1962.664, concl. Henry ; S. 1962.331, concl. Henry ; AJ 1962.548, chr. Galabert et Gentot), de la prétendue réorganisation du service pour éviter les conséquences de l'annulation d'une mutation (CE 15 juill. 1964, *Dame Michel*, Rec. 403).

4 ***C.*** — De cette forme de détournement de pouvoir doit être rapproché le *détournement de procédure*, dans lequel l'administration, dissimulant le contenu réel d'un acte sous une fausse apparence, recourt à une procédure réservée par la loi à des fins autres que celle qu'elle poursuit, afin d'éluder certaines formalités ou de supprimer certaines garanties. C'est ainsi que l'administration n'avait pas le droit d'utiliser, pour infliger à une entreprise une sanction pour infraction à la législation économique, le procédé de la réquisition de marchandises (CE Sect. 21 févr. 1947, *Guillemet*, Rec. 66), ni de recourir à la réquisition des personnes « pour limiter, dans un intérêt de police, la liberté de ceux qui en sont l'objet », notamment pour les interner dans des camps (CE Ass. 3 févr. 1956, *Keddar*, Rec. 46). De même il y a eu détournement de procédure lorsqu'un préfet, au lieu d'utiliser ses pouvoirs de police, a utilisé l'article 30 du code de procédure pénale pour ordonner la saisie d'un journal (CE 24 juin 1960, *Société Frampar**), ou prononcé une déclaration d'utilité publique à seule fin de modifier les documents régissant un lotissement, sans qu'il y ait matière à expropriation (CE 16 janv. 1998, *Syndicat intercommunal à vocation multiple de canton d'Accous*, Rec. 717).

5 **II.** — Le nombre de cas dans lesquels la jurisprudence a admis la réalité du détournement de pouvoir, y compris récemment, ne permet pas de dire que ce chef d'annulation est résiduel ou en déclin. Sans doute a-t-on pu observer qu'il s'est particulièrement développé de 1910 à 1940. Il reste actuel en dépit des *limites* qu'il rencontre : celles-ci tiennent à la présomption, à l'élargissement et au déplacement du but poursuivi.

A. — *La présomption de la légalité du but poursuivi* n'est finalement aujourd'hui que l'application de la présomption de légalité en général dont bénéficie tout acte administratif.

Pendant un certain temps, la preuve du détournement de pouvoir a été plus difficile que celle d'autres illégalités. Jusque vers 1910, il fallait que le détournement de pouvoir résultât des termes mêmes de la décision. Une première atténuation a consisté à l'établir par les pièces du dossier, dans lesquelles le Conseil d'État accepta de le rechercher (CE 19 févr. 1909, *Abbé Olivier**). Puis furent retenues des présomptions suffisamment fortes et des indices suffisamment sérieux (CE Sect. 3 mars 1939, *Dame Laurent*, Rec. 138). Le Conseil d'État se contente enfin d'allégations suffisamment précises dès lors qu'elles ne sont contredites ni par les pièces du dossier ni par l'administration elle-même (CE 26 oct. 1960, *Rioux*, précité) ou lorsqu'elles lui permettent de constater l'existence de « présomptions sérieuses » (CE 22 mars 1961, *Enard*, Rec. 202). Les circonstances de l'affaire (CE Sect. 13 nov. 1970, *Lambert*, Rec. 665 ; AJ 1971.33, chr. Labetoulle et Cabanes), les conditions dans lesquelles la décision est intervenue (CE 13 janv. 1995, *Syndicat autonome des inspecteurs généraux et inspecteurs de l'administration*, précité) permettent de révéler le détournement de pouvoir. Ainsi l'établissement du détournement de pouvoir a fini par rejoindre le régime général de la preuve devant le juge administratif (CE 7 févr. 2001, *Adam*, RFDA 2001.531, à rapprocher de 28 mai 1954, *Barel**).

Toutefois, la présomption d'intérêt général et, plus particulièrement, de poursuite d'un but conforme à celui en vue duquel des pouvoirs ont été attribués à l'administration, bénéficie à celle-ci. Ainsi le Conseil d'État peut se contenter, pour rejeter le moyen tiré du détournement de pouvoir, d'observer que la décision attaquée n'a pas été prise « pour des fins étrangères à l'intérêt général » (CE Sect. 27 mai 1949, *Blanchard et Dachary*, Rec. 245 ; – Sect.

29 juin 1951, *Syndicat de la raffinerie de soufre française*, Rec. 377 ; S. 1952.3.33, concl. Barbet, note M.L. ; D. 1951.661, note M. Waline). On a souligné que cette présomption bénéficiait particulièrement aux services économiques et aux institutions professionnelles à un moment où l'extension de leurs interventions et de leurs prérogatives aurait justifié plus de rigueur de la part du juge. Pourtant celui-ci a censuré le détournement de pouvoir dans le domaine de l'interventionnisme économique et social lorsqu'il était particulièrement éclatant (CE Ass. 28 mars 1945, *Devouge*, Rec. 64 ; S. 1945.3.45, concl. Detton, note Brimo ; Gaz. Pal. 1945.1.123, concl. Detton).

6 ***B.*** — *L'élargissement du but poursuivi* peut expliquer aussi que le grief du détournement de pouvoir ne puisse prospérer dans un certain nombre de cas : même si l'administration a poursuivi en partie une fin distincte de celle qui devait normalement justifier son intervention, sa décision n'est pas entachée de détournement de pouvoir dès lors qu'elle visait aussi un but correspondant à ses pouvoirs.

L'intérêt général n'est pas incompatible avec les intérêts privés : la circonstance que les seconds soient favorisés par une décision n'empêche pas le premier d'être réel. La décision créant un organisme et fixant le statut de son directeur n'est pas nécessairement prise dans l'intérêt personnel de celui-ci, même s'il en bénéficie (CE 4 févr. 1955, *Ligue des contribuables de la Martinique et Benoit*, Rec. Penant 635, 1955.I.154, concl. Landron). L'augmentation d'une taxe à l'importation en vue de favoriser l'industrie locale n'est pas entachée de détournement de pouvoir même si une seule entreprise fabrique le produit en cause et si elle a demandé l'adoption de cette mesure (CE 3 févr. 1975, *Rabot*, Rec. 82 ; AJ 1975.467, note Sabiani). L'avantage tiré par une entreprise d'une opération de réaménagement d'un quartier ne suffit pas à retirer à celle-ci son caractère d'intérêt général (CE 9 nov. 1983, *Pandajopoulos*, Rec. 609).

En matière d'expropriation, deux affaires illustrent particulièrement l'imbrication de l'intérêt général et de l'intérêt privé. La première concerne la déviation d'une route qui séparait les usines de la Société Peugeot : « Si la déviation de la route en question procure à (cette) société un avantage direct et certain, il est conforme à l'intérêt général de satisfaire à la fois les besoins de la circulation publique et les exigences du développement d'un ensemble industriel qui joue un rôle important dans l'économie régionale » (CE 20 juill. 1971, *Ville de Sochaux*, Rec. 561 ; AJ 1972.227, note Homont). Dans la deuxième affaire, le Conseil d'État a eu successivement deux appréciations : dans un premier temps, il a considéré qu'en déclarant d'utilité publique la création d'un plan d'eau sur le territoire d'une commune, le préfet n'a eu pour but ni de favoriser le développement des activités de loisirs dans cette commune, ni de pourvoir à l'assainissement d'une zone présumée insalubre, mais seulement de faciliter l'exploitation par une société privée d'une carrière dans un site qui ne recevrait l'affectation prévue par le préfet qu'une fois cette exploitation terminée, et a ainsi commis un détournement de pouvoir (CE 3 oct. 1980, *Schwartz*, Rec. 353 ; AJ 1981.205, note Lemasurier ; D. 1981.I.R.330, obs. Bon) ; dans un second temps, sur tierce-opposition de la commune, le Conseil d'État a jugé que le conseil municipal avait le projet de réaliser un équipement public de loisirs nautiques et ne l'a jamais abandonné, qu'en confiant à une société l'exploitation des matériaux se trouvant dans le sous-sol des terrains choisis pour recevoir ledit équipement, sans différer pour autant les travaux d'aménagement nécessaires à la réalisation du projet jusqu'à la fin de cette exploitation, la commune a eu pour but de réaliser son objectif d'intérêt général au moindre coût, qu'ainsi il n'y avait pas détournement de pouvoir (CE 7 déc. 1983, *Commune de Lauterbourg*, Rec. 491 ; D. 1984.583, note Hostiou ; RA 1984.154, note Pacteau).

7 Ce dernier arrêt souligne en même temps que l'intérêt financier peut se combiner avec un autre aspect de l'intérêt général. Ainsi la présence de l'intérêt financier de l'administration dans une expropriation n'empêche pas celle-ci, compte tenu du but principal de l'opération, de correspondre à l'utilité publique (CE 11 janv. 1957, *Louvard*, Rec. 27 ; AJ 1957.II.89, chr. Fournier et Braibant). De même, l'objet et l'étendue des pouvoirs de police dont dispose le gouvernement pour réglementer la circulation sur l'ensemble du territoire, lui permettent de prendre légalement en considération les charges pesant sur l'approvisionnement du pays en produits pétroliers et la nécessité d'intérêt national de restreindre la consommation de ces produits, pour imposer des limitations de vitesse, ces mesures étant destinées à diminuer les risques d'accident et à en limiter les conséquences (CE Sect. 25 juin 1975, *Chaigneau*, Rec. 436 ; RDP 1976.342, note J.M. Auby).

Bien plus, l'intérêt financier d'une mesure ne peut révéler un détournement de pouvoir lorsque les pouvoirs exercés ont précisément un objet financier (CE 17 oct. 1986, *Commune de Saint-Léger-en-Yvelines*, Rec. 378 : suppression d'emploi par mesure d'économie).

8 **C.** — *Le déplacement du but poursuivi* tient enfin à ce que celui-ci peut servir à une annulation, non pour détournement de pouvoir, mais pour violation de la loi et spécialement pour erreur dans les motifs qui ont servi de base à la décision. Le résultat contentieux est le même. Mais sa justification est différente : la censure de l'administration est psychologiquement moins grave lorsque le juge affirme qu'elle a invoqué un motif qui n'était pas de nature à justifier la décision (contrôle objectif) que lorsqu'il constate qu'elle a poursuivi, dans l'exercice de ses pouvoirs, un but qui leur est étranger (contrôle subjectif).

La matière même de certaines décisions conduit à examiner leur relation avec l'intérêt général au titre des motifs. Par définition une déclaration d'utilité publique n'est légale que si cette utilité est réelle : son absence entache la déclaration d'illégalité non pour détournement de pouvoir mais pour défaut de motif (par ex. CE 3 avr. 1987, *Consorts Métayer et Époux Lacour*, Rec. 121 ; CJEG 1987.790, concl. Vigouroux ; AJ 1987.549, obs. Prétot ; RFDA 1987.531, note Pacteau : absence d'utilité publique parce que la commune disposait déjà des terrains nécessaires pour l'exécution de son projet ; – v. aussi CE 28 mai 1971, *Ville nouvelle Est** à propos du contrôle du « bilan »). L'application du principe d'égalité connaît des exceptions jutifiées par l'intérêt général (v. nos obs. sous CE 9 mars 1951, *Société des concerts du conservatoire**) : lorsque des discriminations sont sans rapport suffisant avec l'intérêt général, elles sont censurées, non au titre du détournement de pouvoir, mais à celui de la violation de la loi (CE 30 juin 1989, *Ville de Paris c. Lévy*, Rec. 157 ; RFDA 1990, 575, concl. Lévis ; Dr. soc. 1989.767, note Prétot : ne sont pas de nature à permettre l'instauration de différences de traitement entre résidents parisiens selon la nationalité de ceux-ci, les préoccupations invoquées par la ville de Paris relatives à la préservation de l'équilibre démographique de la cité et au désir de remédier à l'insuffisance de familles nombreuses françaises ; elles ne peuvent être regardées comme des nécessités d'intérêt général en rapport avec l'objet d'une allocation). On aurait aussi bien pu considérer de telles mesures comme prises dans un but autre que celui en vue duquel les autorités pouvaient exercer leurs pouvoirs.

9 Dans d'autres cas, la censure d'un acte à raison de ses motifs et non pour détournement de pouvoir paraît résulter d'un véritable choix du juge, préférant tempérer la rigueur de son contrôle.

Ainsi, lorsque, par une interprétation audacieuse de la loi, le Conseil d'État en a limité l'application à certaines fins, il a censuré leur méconnaissance pour erreur de droit. La loi du 16 nov. 1940 avait subordonné la validité des mutations immobilières à une autorisation préfectorale ; les préfets refusaient souvent ces autorisations lorsqu'un industriel voulait acheter un domaine agricole, estimant qu'il fallait laisser à des agriculteurs la possibilité d'acquérir de tels domaines ; le Conseil d'État décida par deux arrêts (Ass. 9 juill. 1943, *Tabouret et Laroche*, Rec. 182 ; – Ass. 28 juill. 1944, *Dame Constantin*, Rec. 219 ; D. 1945.163, note G. Morange), que « le législateur avait entendu éviter les spéculations et l'accaparement », et que le motif simplement tiré de ce que la demande d'achat émanait d'industriels « n'était pas au nombre de ceux qui peuvent justifier légalement le refus de l'autorisation prévue par la loi du 16 nov. 1940 ».

Dans l'arrêt *Barel** du 28 mai 1954, le Conseil d'État a préféré dire que le refus d'admettre à concourir un candidat pour ses opinions politiques reposait sur un motif entaché d'erreur de droit plutôt que d'affirmer que le ministre avait utilisé ses pouvoirs pour une fin étrangère à l'intérêt général.

Le développement du contrôle de l'erreur manifeste d'appréciation (CE 2 nov. 1973, *SA Librairie François Maspero**) a permis au juge de prononcer des annulations sur ce terrain plutôt que sur celui du détournement de pouvoir (par ex. CE Ass. 16 déc. 1988, *Bléton*, Rec. 451, concl. Vigouroux – v. n° 90.8 : annulation de la nomination d'un fonctionnaire au tour extérieur).

Enfin les nominations pour ordre – c'est-à-dire intervenues exclusivement dans l'intérêt personnel du bénéficiaire – sont sanctionnées, non par une annulation pour détournement de pouvoir, mais par la reconnaissance de leur inexistence (elles sont déclarées « nulles et non avenues » : CE Sect. 30 juin 1950, *Massonaud*, Rec. 400, concl. J. Delvolvé ; – 8 janv. 1971, *Association des magistrats de la Cour des comptes*, Rec. 26 ; AJ 1971.672, note V.S.) – ce qui est d'ailleurs beaucoup plus grave (v. nos obs. sous CE 31 mai 1957, *Rosan Girard**).

Ce glissement de la considération du but poursuivi d'un chef d'annulation à un autre, voire de son effet, n'a pas pourtant épuisé les cas de détournement de pouvoir : ceux-ci continuent à apparaître dans les domaines mêmes où le juge préfère parfois d'autres chefs de contrôle (*supra* I).

Ainsi la censure du détournement de pouvoir reste l'arme ultime du juge administratif lorsqu'il veut sanctionner des attitudes particulièrement scandaleuses de l'administration et qu'il n'existe pas d'autre titre de sanction (cf concl. Labetoulle sur CE Sect. 23 mars 1979, *Commune de Bouchemaine* Rec. 127).

5

COMPÉTENCE – CONSEIL D'ÉTAT JURIDICTION ADMINISTRATIVE DE DROIT COMMUN

CE 13 déc. 1889, CADOT, Rec. 1148, concl. Jagerschmidt

(D. 1891.3.41, concl. Jagerschmidt ; S. 1892.3.17, note Hauriou ; « Droits », n° 9, 1989.78, J. Chevallier « Réflexions sur l'arrêt Cadot »)

... Cons. que, du refus du maire et du conseil municipal de Marseille de faire droit à la réclamation du sieur Cadot, il est né entre les parties un litige dont il appartient au Conseil d'État de connaître...

OBSERVATIONS

La ville de Marseille ayant supprimé l'emploi d'ingénieur-directeur de la voirie et des eaux de la ville, le titulaire de cet emploi lui réclama des dommages-intérêts ; la municipalité ayant refusé de faire droit à cette réclamation, il en saisit les tribunaux judiciaires, qui, estimant que le contrat qui le liait à la ville n'avait pas le caractère d'un contrat civil de louage d'ouvrage, se déclarèrent incompétents ; il s'adressa ensuite au conseil de préfecture, qui se déclara incompétent à son tour, la demande n'étant pas fondée sur la rupture d'un contrat relatif à l'exécution de travaux publics. L'intéressé se retourna alors vers le ministre de l'intérieur ; celui-ci lui répondit que le conseil municipal de Marseille n'ayant pas accueilli sa demande en indemnité, il ne pouvait lui-même y donner d'autre suite. C'est ce refus que le sieur Cadot déféra au Conseil d'État.

Le Conseil d'État décida que le ministre avait eu raison de s'abstenir de statuer sur des questions « qui, en effet, n'étaient pas de sa compétence », et qu'il appartenait au Conseil d'État de connaître du litige né entre la ville de Marseille et le sieur Cadot. D'apparence anodine, dépourvu de grandes affirmations de principe, cet arrêt, éclairé par les conclusions du commissaire du gouvernement Jagerschmidt, a marqué en réalité une étape capitale dans l'évolution du contentieux administratif, en portant le coup de grâce à la théorie dite du ministre-juge et en faisant du Conseil d'État le juge de droit commun du contentieux administratif.

Les lois des 16-24 août 1790 et 16 fructidor an 3 avaient eu pour but de soustraire l'administration à tout juge. Mais peu à peu s'était développée une véritable juridiction administrative. Doté seulement, au début, d'un pouvoir consultatif, le Conseil d'État, créé par la Constitution de l'an 8, n'avait pas tardé, en effet, à devenir un organe juridictionnel.

Pendant longtemps il ne possédait que des pouvoirs de justice « retenue » et la décision appartenait encore en principe au chef de l'État ; ce dernier ayant pris l'habitude de suivre les avis du Conseil d'État, celui-ci reçut, par la loi du 24 mai 1872, le pouvoir de justice « déléguée » lui permettant de prendre des décisions en son propre nom.

Mais, de ces origines et du principe selon lequel l'administration ne devait pas avoir de juge, la juridiction administrative devait conserver, même après 1872, certaines « séquelles ». On estimait, en effet, que le Conseil d'État n'avait compétence que dans les cas expressément prévus par la loi : autrement dit, qu'il n'était qu'un juge d'attribution. Le juge de droit commun demeurait, comme au lendemain des lois de 1790 et de l'an 3, le ministre : toute requête d'un particulier devait être portée d'abord devant le ministre qui statuait en tant que juge et ensuite seulement, en appel, devant le Conseil d'État. Telle était la théorie du « ministre-juge ».

Cette survivance d'une époque où l'administration se jugeait elle-même n'était plus justifiée dès lors qu'il existait une véritable juridiction chargée de statuer sur les litiges opposant l'administration à des particuliers. Contestée par la doctrine, elle était progressivement abandonnée par la jurisprudence ; elle était exclue, notamment, du contentieux des actes pris par les autorités de l'État et elle ne s'appliquait pas aux recours pour excès de pouvoir. Le Conseil d'État l'a condamnée définitivement par l'arrêt *Cadot*, en l'écartant du contentieux de la responsabilité des collectivités locales, et en décidant que, d'une façon générale, tous les litiges d'ordre administratif pourraient désormais être portés directement devant lui, *omisso medio*, c'est-à-dire sans être soumis d'abord au ministre. Ce n'est que dans le cas où un texte le prévoit que le recours administratif préalable demeure obligatoire.

Pour reprendre les termes du commissaire du gouvernement Jagerschmidt, « partout où il existe une autorité ayant un pouvoir de décision propre, pouvant prendre des décisions administratives exécutoires, un débat contentieux peut naître et le Conseil d'État peut être directement saisi, – il suffit pour cela que le débat soit né par l'effet d'une décision de l'autorité administrative rendue sur le litige ». Ainsi les recours contentieux doivent-ils être, en règle générale, dirigés contre une décision administrative préalable ; mais l'administration a perdu sa fonction juridictionnelle. Par l'arrêt *Cadot* le Conseil d'État s'est reconnu le juge de droit commun en premier et dernier ressort des recours en annulation des actes administratifs et des recours en indemnité formés contre les collectivités publiques.

C'est grâce à l'arrêt *Cadot* qu'a pu s'épanouir la jurisprudence administrative tout entière. Sans doute depuis le décret du 30 sept. 1953 le Conseil d'État est-il à nouveau un juge d'attribution ; mais la juridiction de droit commun en premier ressort est confiée à des tribunaux administratifs, et non à l'administration elle-même.

Dans sa lettre l'arrêt *Cadot* est dépassé depuis que le Conseil d'État a cessé d'être, avec la réforme du 30 sept. 1953, juge de droit commun en matière administrative. Mais son apport théorique subsiste en ce qu'il distingue avec netteté la fonction administrative de la fonction juridictionnelle, ce qui a facilité l'épanouissement de cette dernière.

6

RESPONSABILITÉ – RISQUE

CE 21 juin 1895, CAMES, Rec. 509, concl. Romieu

(D. 1896.3.65, concl. Romieu ; S. 1897.3.33, concl. Romieu, note Hauriou)

Cons. que le sieur Cames, ouvrier à l'arsenal de Tarbes, a été blessé à la main gauche, le 8 juill. 1892, par un éclat de métal projeté sous le choc d'un marteau-pilon ; que, par suite de cet accident, le sieur Cames se trouve d'une manière définitive dans l'impossibilité absolue de se servir de sa main gauche et de pourvoir à sa subsistance ;

Cons. qu'il résulte de l'instruction et qu'il n'est pas contesté qu'aucune faute ne peut être reprochée au sieur Cames, et que l'accident n'est imputable ni à la négligence, ni à l'imprudence de cet ouvrier ; que, dans les circonstances où l'accident s'est produit, le ministre de la guerre n'est pas fondé à soutenir que l'État n'a encouru aucune responsabilité, et qu'il en sera fait une exacte appréciation en fixant l'indemnité due au sieur Cames à 600 F de rente viagère, dont les arrérages courront à dater du 12 déc. 1893, date à laquelle, il a cessé de recevoir son salaire quotidien ; que cette condamnation constituant une réparation suffisante, il y a lieu de rejeter les conclusions du sieur Cames tendant à faire déclarer cette rente réversible sur la tête de sa femme et de ses enfants ;... (Condamnation de l'État).

OBSERVATIONS

1 Le sieur Cames, ouvrier à l'arsenal de Tarbes, était occupé à forger un paquet de fer au marteau-pilon, lorsqu'il reçut un éclat de métal qui provoqua l'atrophie complète de sa main gauche. Le ministre de la guerre lui avait alloué une indemnité de 2 000 F. Le sieur Cames demanda au Conseil d'État une indemnité plus élevée. L'État défendait au pourvoi en arguant du caractère purement gracieux de l'indemnité qui avait été offerte au requérant.

La thèse de l'administration pouvait s'appuyer, fit remarquer le commissaire du gouvernement Romieu, sur la jurisprudence des tribunaux judiciaires : il n'y avait, en l'espèce, ni faute de l'ouvrier, ni faute du patron ; l'ouvrier, qui n'alléguait d'ailleurs aucune faute déterminée à la charge de l'État, ne pouvait, dans le cadre du droit traditionnel, prétendre à une indemnité. Mais les établissements travaillant pour la défense nationale constituent des services publics et la responsabilité de l'État du fait des dommages causés par les services publics n'est pas nécessairement soumise au droit commun (TC 8 févr. 1873, *Blanco**). « Il appartient au juge administratif, disait le commissaire du gouvernement, d'examiner directement, d'après ses propres lumières, d'après sa conscience, et conformément aux principes de l'équité, quels sont les droits et les obligations réciproques de l'État et de ses ouvriers dans l'exécution des services publics, et notamment si l'État doit garantir ses ouvriers contre le risque résultant des travaux qu'il leur fait exécuter ; ... si un accident se produit dans le travail et s'il n'y a pas faute de l'ouvrier, le service public est responsable et doit indemniser la victime. »

En consacrant ainsi – expressément dans les conclusions de son commissaire du gouvernement, implicitement dans son arrêt – la théorie du risque professionnel, le Conseil d'État précédait le législateur dans une voie où, depuis de nombreuses années, celui-ci hésitait à s'engager. Peu après la décision du Conseil d'État, la loi du 9 avr. 1898 sur les accidents du travail, remplacée par la loi du 30 oct. 1946 puis par le code de la sécurité sociale, étendait le bénéfice de ce système à tous les ouvriers. Par la suite, de nombreuses lois ont généralisé l'application de ce principe.

Désormais, la jurisprudence *Cames* n'a plus guère l'occasion de s'appliquer aux *collaborateurs permanents* de l'administration (I) ; elle n'en a pas moins des prolongements dans d'*autres cas de responsabilité pour risque* (II).

2 **I.** — Parmi les *collaborateurs permanents*, rares sont aujourd'hui ceux qui ne bénéficient pas d'une législation sur les pensions : il leur reste toujours la ressource de la jurisprudence *Cames*. Cette hypothèse, même si elle est exceptionnelle, peut encore se trouver. Elle a été rencontrée par les juridictions judiciaires à propos des mandataires-liquidateurs, à l'égard desquels elles exercent leur compétence en tant qu'ils sont auxiliaires du service public judiciaire (v. nos obs. sous Cass. civ. 23 nov. 1956, *Trésor public c/ Dr Giry**). Ainsi a été indemnisé l'un d'entre eux auquel la justice n'avait confié aucune affaire pendant dix ans, au motif « *que la victime d'un dommage en raison de sa qualité de collaborateur du service public peut, même en l'absence de faute, en demander réparation à l'État, dès lors que son préjudice est anormal, spécial et d'une certaine gravité* » (Cass. 1ère civ. 30 janv. 1996, *Morand c/ Agent judiciaire du Trésor*, v. nº 77.9). Même si l'indemnisation est accordée indépendamment d'une faute, son fondement relève plus du principe d'égalité devant les charges publiques (v. CE 14 janv. 1938, *Société La Fleurette**) que de la théorie du risque.

La législation sur les pensions militaires, n'ouvrant aucun droit à pension au profit des frères et sœurs des militaires décédés en service, ne fait pas obstacle à ce qu'ils obtiennent réparation de leur préjudice « *en l'absence même de toute faute de la collectivité publique* » (CE 27 juill. 1990, *Consorts Bridet*, Rec. 230, concl. Fornacciari ; AJ 1990.897, note Darcy ; D. 1991.SC. 288, note Bon et Terneyre ; RFDA 1991.141, note Bon).

3 Les collaborateurs permanents bénéficient normalement de « dispositions (qui) déterminent forfaitairement la réparation à laquelle un fonctionnaire victime d'un accident de service ou atteint d'une maladie professionnelle peut prétendre, au titre de l'atteinte qu'il a subie dans son intégrité physique, dans le cadre de l'obligation qui incombe aux collectivités publiques de garantir leurs agents contre les risques qu'ils peuvent courir dans l'exercice de leurs fonctions » (CE Ass. 4 juill. 2003, *Mme Moya-Caville*, RFDA 2003, n° 5, concl. Chauvaux, note Bon ; AJ 15 sept. 2003, chr. Donnat et Casas).

Pendant longtemps, le forfait de pension a exclu toute autre indemnité (CE Ass. 9 juill. 1976, *Gonfond*, Rec. 354 ; AJ 1976.588, chr. Nauwelaers et Fabius), y compris pour préjudice moral (CE 11 juill. 1983, *Ministre de la défense c. consorts Lacourcelle*, Rec. 868). Paradoxalement la protection particulière donnée aux fonctionnaires par la législation sur les pensions a fini par leur être moins favorable que le régime de responsabilité de droit commun.

La législation et la jurisprudence ont évolué pour éviter un tel résultat.

4 La loi elle-même renvoie parfois au droit commun. L'article L. 62 du code du service national a permis aux appelés d'« obtenir de l'État, lorsque sa responsabilité est engagée, une réparation complémentaire destinée à assurer l'indemnisation intégrale du dommage subi, calculée selon les règles du droit commun », à condition que le préjudice subi soit directement imputable au service (en ce sens CE Sect. 28 juill. 1993, *Ministre de la défense c. Stefani*, Rec. 232 ; AJ 1993.746, note Moreau ; D. 1994 SC 364, obs. Bon et Terneyre ; RFDA 1994. 575, note Bon). De même la loi a rendu les communes, les départements et les régions responsables des dommages résultant des accidents subis respectivement par les maires et adjoints, les présidents de conseil général et de conseil régional à l'occasion de l'exercice de leurs fonctions, et des accidents subis par les conseillers municipaux, généraux ou régionaux à l'occasion des séances de leur assemblée ou de ses commissions (art. L. 2123-31 et 33, L. 3123-26 et 27, L. 4135-26 et 27 du code général des collectivités territoriales — sur l'interprétation de ces dispositions v. CE 20 janv. 1989, *Guigonis*, Rec. 22 ; AJ 1989.400, obs. J.B. Auby). En l'absence de précisions, ces textes renvoient au régime de responsabilité pour risque établi par l'arrêt *Cames*.

5 La jurisprudence a elle-même admis que les fonctionnaires pouvaient obtenir une indemnité indépendamment du forfait de pension pour des dommages ne se rattachant pas directement au service qu'ils devaient assurer.

Dans certaines circonstances, les risques exceptionnels encourus par un agent public du fait de ses fonctions lui ouvrent droit à réparation des préjudices qui en sont résultés (CE Sect. 19 oct. 1962, *Perruche*, Rec. 55 ; AJ 1962. 668, chr. Gentot et Fourré : dommage subi par le consul de France à Séoul du fait du pillage de ses biens, alors qu'il avait reçu l'ordre de rester à son poste après le départ des autorités de Corée du sud auprès desquelles il était accrédité ; — Ass. 16 oct. 1970, *Époux Martin*, Rec. 593 ; JCP 1971. II.16577, concl. Braibant, note Ruzié : dommages subis au Laos par des coopérants invités par les autorités françaises à rester sur place malgré les troubles qui duraient depuis plusieurs mois). Ici encore, le principe d'égalité devant les charges publiques apparaît, explicitement ou implicitement. Le risque subi par les agents tient plus à la situation dangereuse dans laquelle les a mis l'administration qu'à leur qualité d'agents de celle-ci : la réparation du dommage se rattache autant aux solutions résultant de la jurisprudence *Regnault-Desroziers** (28 mars 1919) qu'à celles de la jurisprudence *Cames*.

Dans d'autres circonstances, non exceptionnelles, si des fonctionnaires ont été, en cours de service, victimes d'accidents donnant lieu à l'application du forfait de pension, celui-ci n'empêche pas l'indemnisation, selon le droit commun, des dommages subis à l'occasion des soins qui leur ont été prodigués.

Deux affaires jugées par le Conseil d'État (Sect.) le 15 déc. 2000, *Mme Bernard, M. Castanet* (Rec. 616 ; RFDA 2001.701, concl. Chauvaux ; AJ 2001.158, chr. Guyomar et Collin) l'ont montré. Il s'agissait, dans un cas, d'un agent hospitalier, dans l'autre, d'un militaire, victimes d'accidents dans l'exercice de leurs activités, et qui avaient été soignés, le premier, dans l'établissement qui l'employait, le second, dans un hôpital militaire. Ils demandaient réparation des préjudices résultant des soins qui leur avaient été dispensés à l'hôpital — distincts de ceux de l'accident lui-même (pour le militaire, il s'agissait d'un préjudice nosocomial). Si les intéressés avaient été de simples usagers du service hospitalier, ils auraient bénéficié sans difficulté du régime de responsabilité de droit commun (v. nos obs. sous CE 16 avr. 1992, *Époux V.**) L'application rigide du système du forfait de pension lié à leur qualité d'agent public aurait conduit à une solution moins favorable, et même injuste. C'est pourquoi le Conseil d'État a considéré *« que la circonstance que les conséquences dommageables des soins dispensés... à la suite d'un accident de service ne sont pas détachables de cet accident en ce qu'ils ouvrent droit à l'allocation temporaire d'invalidité »* (Mme Bernard) ou *« à la pension d'invalidité »* (M. Castanet) prévues par les textes, *« ne fait pas obstacle à ce que l'intéressé, s'il estime que les soins ont été dispensés dans des conditions de nature à engager, selon les règles de droit commun* *la responsabilité du service hospitalier* » (Mme Bernard) ou « *de l'administration* » (M. Castanet), « *exerce à l'encontre de l'établissement* » (Mme Bernard) ou « *de l'État* » (M. Castanet) « *une action en réparation tendant au versement complémentaire assurant la réparation intégrale de ce chef de préjudice* ».

6 Un nouveau pas a été franchi par l'arrêt précité du 4 juill. 2003, *Mme Moya-Caville*, admettant l'indemnisation de préjudices qui, résultant directement du service, ne sont pas couverts par le forfait de pension.

On peut lui trouver des précédents dans des cas très particuliers (*a contrario*, pour des dommages matériels : CE Sect. 3 janv. 1958, *Levrat*, Rec. 2 ; D. 1958. 99 et S. 1958. 113, concl. A. Dutheillet de Lamothe ; AJ 1958.II.93, chr. Fournier et Braibant, et 157, note Coulet ; pour des dommages corporels : CE Sect. 26 nov. 1976, *Dlle Dussol*, Rec. 518 ; AJ 1977.28, chr. Nauwelaers et Fabius).

L'arrêt *Mme Moya-Caville* adopte une solution de principe : les dispositions sur le forfait de pension « *ne font (pas) obstacle à ce que le fonctionnaire qui a enduré, du fait de l'accident ou de la maladie, des souffrances physiques ou morales et des préjudices esthétiques ou d'agrément, obtienne de la collectivité qui l'emploie, même en l'absence de faute de celle-ci, une indemnité complémentaire réparant ces chefs de préjudice, distincts de l'atteinte à l'intégrité physique* ».

Ainsi le forfait de pension ne couvre que l'atteinte à l'intégrité physique ; les souffrances physiques ou morales, les préjudices esthétiques ou d'agrément doivent être l'objet d'une indemnisation supplémentaire, évaluée selon le droit commun (v. nos obs. sous l'arrêt *Letisserand** du 24 nov. 1961). Le fondement de cette indemnisation reste le risque professionnel, comme dans l'arrêt *Cames*.

Mais l'arrêt *Mme Moya-Caville* dépasse aussi le cadre du risque, puisqu'il admet « *qu'une action de droit commun pouvant aboutir à la réparation intégrale de l'ensemble du dommage soit engagée contre la collectivité dans le cas notamment où l'accident ou la maladie serait imputable à une faute de nature à engager la responsabilité de cette collectivité ou à l'état d'un ouvrage public dont l'entretien incombait à celle-ci* ».

Se trouve ainsi renversée la jurisprudence qui excluait toute indemnité autre que la pension. Le fonctionnaire victime d'un accident de service ou d'une maladie professionnelle peut : – dans tous les cas, bénéficier, outre la pension, d'une indemnité pour ses souffrances et préjudices esthétiques ou d'agrément ; – en cas de faute de l'administration ou d'un défaut (présumé) d'entretien normal de l'ouvrage public, obtenir une indemnité couvrant (déduction faite de sa pension) l'intégralité de ses préjudices de toute sorte.

La différence du régime de responsabilité de l'administration à l'égard de ses collaborateurs permanents entre l'arrêt *Cames* et l'arrêt *Mme Moya-Caville* n'empêche pas la jurisprudence d'être animée par le même esprit : la recherche d'une protection équitable des fonctionnaires pour les préjudices dont ils sont victimes dans l'exercice de leurs fonctions.

7 **II.** — L'arrêt *Cames*, s'il est désormais d'application limitée pour les agents permanents de l'administration, n'en constitue pas moins l'origine de l'extension de la *responsabilité pour risque à d'autres hypothèses.*

La première est celle des *agents occasionnels*, requis, sollicités ou même spontanés, qui, n'étant couverts ni par la législation sur les pensions ni par celle des accidents du travail, trouvent encore dans la théorie du risque le fondement de l'indemnisation du préjudice subi à cette occasion (CE 22 nov. 1946, *Commune de Saint-Priest-la-Plaine** et nos obs.).

En deuxième lieu, l'administration doit répondre, à raison du risque créé, des dommages causés par ses *installations, activités et armes dangereuses* (CE 28 mars 1919, *Regnault-Desroziers** ; – 24 juin 1949, *Lecomte**) et même par *certains actes médicaux* (CE Ass. 9 avr. 1993, *Bianchi*, Rec. 127, concl. Daël ; v. nos obs. sous l'arrêt *Époux V.** du 10 avr. 1992, n° 101.4).

Enfin, les dommages causés aux *tiers* par les *accidents de travaux publics* doivent également être réparés sans faute, à raison du risque (par ex., à propos de la rupture du barrage de Malpasset, CE Ass. 28 mai 1971, *Département du Var c. Entreprise Bec frères*, Rec. 419 ; CJEG 1971.J.235, concl. J. Théry ; JCP 1972.II.17133, note Verrier ; – 22 oct. 1971, *Ville de Fréjus*, Rec. 630 ; RDP 1972.695, note M. Waline).

Si les dommages permanents causés aux tiers du fait de l'existence même des ouvrages publics peuvent également donner lieu à réparation sans faute, c'est moins en raison de la théorie du risque que du principe d'égalité devant les charges publiques (v. par ex. CE 2 oct. 1987, *Spire*, Rec. 302 ; CJEG 1987.898, concl. E. Guillaume, à propos d'une centrale nucléaire).

Toute idée de risque disparaît dans d'autres cas de responsabilité sans faute, fondés exclusivement sur la rupture de l'égalité devant les charges publiques (CE 30 nov. 1923, *Couitéas** : responsabilité du fait du refus légal d'apporter le concours de la force publique à l'exécution d'une décision de justice ; – 14 janv. 1938, *La Fleurette** : responsabilité du fait des lois ; – CE 30 mars 1966, *Compagnie générale d'énergie radio-électrique** : responsabilité du fait des conventions internationales).

7

ÉTABLISSEMENTS PUBLICS PRÉROGATIVES DE PUISSANCE PUBLIQUE

TC 9 déc. 1899, ASSOCIATION SYNDICALE DU CANAL DE GIGNAC, Rec. 731

(S. 1900.3.49, note Hauriou)

Cons. que l'association syndicale du canal de Gignac a été autorisée par arrêté préfectoral du 26 juill. 1879 ; que ses travaux ont été déclarés d'utilité publique par une loi du 13 juill. 1882 ; que des décisions ministérielles des 14 mars 1883 et 20 nov. 1891 ont approuvé le cahier des charges de l'entreprise et en ont déterminé le régime financier :

Cons. que, *par l'obligation imposée aux propriétaires compris dans le périmètre d'une association syndicale autorisée d'y adhérer sous peine d'avoir à délaisser leurs immeubles, par l'assimilation des taxes de ces associations aux contributions directes, par le pouvoir attribué aux préfets d'inscrire d'office à leur budget les dépenses obligatoires, et de modifier leurs taxes de manière à assurer l'acquit de ces charges, lesdites associations présentent les caractères essentiels d'établissements publics,* vis-à-vis desquels ne peuvent être suivies les voies d'exécution instituées par le code de procédure civile pour le recouvrement des créances sur des particuliers ; que c'était au préfet seul qu'il appartenait, en vertu des art. 58 et 61 du règlement d'administration publique du 9 mars 1894, de prescrire les mesures nécessaires pour assurer le paiement de la somme due aux consorts Ducornot ; que l'exécution du jugement du 24 juin 1891 qui les a déclarés créanciers de l'association syndicale de Gignac, ne pouvant relever que de l'autorité administrative, il n'était pas dans les attributions du tribunal civil de Lodève d'en connaître, et qu'en rejetant le déclinatoire élevé par le préfet, le jugement du 5 juill. 1899 a méconnu le principe de la séparation des pouvoirs ;... (Arrêté de conflit confirmé).

OBSERVATIONS

1 Une association syndicale autorisée avait été condamnée à payer une somme d'argent. Pour en obtenir le règlement, les créanciers avaient saisi une juridiction judiciaire afin de mettre en œuvre les voies d'exécution instituées par le code de procédure civile pour le recouvrement des créances sur des particuliers. Le conflit fut élevé. Le Tribunal des conflits a jugé que les associations syndicales autorisées constituent des établissements publics, à l'encontre desquels ne peuvent être exercées les voies d'exécution du droit

commun (à ce sujet v. Cass. civ. 21 déc. 1987, *BRGM**, avec nos obs.).

L'intérêt de cette décision provient surtout de ce qu'elle fait des *prérogatives de puissance publique* un élément essentiel de *l'identification de l'établissement public* (I) ; elles servent aussi à d'*autres notions du droit administratif* (II).

2 **I.** — Si le critère de la puissance publique a été déterminant dans l'affaire, il n'est pas exclusif (A). De plus, il peut ne pas suffire à reconnaître un établissement public (B).

A. — Pour admettre que les associations syndicales de propriétaires ont la qualité d'établissements publics, le Tribunal des conflits se fonde sur *plusieurs éléments exorbitants* du droit commun qui résultent de la loi du 21 juin 1865 : elles disposent de prérogatives de puissance publique leur permettant de forcer les propriétaires récalcitrants à y adhérer, de lever des taxes, d'exproprier des immeubles ; elles sont également soumises à des sujétions exorbitantes, puisqu'elles sont autorisées par arrêté préfectoral et que le préfet peut inscrire d'office à leurs budgets des dépenses obligatoires et établir les recettes correspondantes. Ainsi elles « présentent les caractères essentiels d'établissements publics ». Près d'un siècle plus tard, le Conseil constitutionnel a considéré que ce sont « non des associations de droit privé, mais des établissements publics à caractère administratif » (*n° 89-267 DC, 22 janv. 1990*, Rec. 27 ; RFDC 1990.329, note Favoreu).

La solution est d'autant plus remarquable qu'elles fonctionnent moins dans un but d'intérêt général que dans l'intérêt collectif mais privé des propriétaires : assèchement des marais, lutte contre les inondations et les incendies etc... Hauriou s'éleva avec vigueur contre cet « amalgame des intérêts économiques et de la chose publique » ; il voyait dans les associations syndicales ainsi qualifiées d'établissements publics « la première institution collectiviste » ; il se plaignait de ce que, par de telles décisions, « on nous change notre État ». La question de savoir si les associations syndicales de propriétaires gèrent un service public demeure controversée. Ce qui est sûr, c'est que, pour leur reconnaître la qualité de personnes publiques, soustraites aux voies d'exécution forcée, le Tribunal des conflits s'est uniquement fondé sur les prérogatives de puissance publique que la loi leur a conférées (dans le même sens CE 21 févr. 1958, *Guibert*, Rec. 117).

3 Ce critère peut encore servir. Il a été repris par le législateur lui-même à propos des associations syndicales de reconstruction (loi du 16 janvier 1948, cf. TC 28 mars 1955, *Effimieff**) et par la jurisprudence à propos de la Société nationale des entreprises de presse (Cass. com. 9 juill. 1951, v. n° 96.3).

Cette dernière décision fait toutefois référence à la mission de service public autant qu'aux prérogatives de puissance publique.

Celles-ci vont finir par ne plus être nécessaires. Il existe des établissements publics qui ne détiennent pas de prérogatives de puissance publique. Leur qualification peut résulter de dispositions législatives expresses (par ex. loi du 17 mai 1946 relative aux Charbonnages de France et aux Houillères de bassin) ou des seules attributions de service public qui leur sont conférées (par ex. CE 15 juill. 1958, *Dame Meyer*, Rec. 446 : école de médecine et de pharmacie ; – 8 nov. 1961, *Contarel*, Rec. 632 : centres d'apprentissage).

4 ***B.*** — Des organismes dotés de prérogatives de puissance publique et chargés d'une mission de service public peuvent *ne pas être des établissements publics*, mais soit des organismes de droit privé (CE 31 juill. 1942, *Monpeurt** ; – 20 déc. 1935, *Établissements Vézia*, Rec. 1212 ; v. n° 54.2 ; – 13 mai 1938, *Caisse primaire « Aide et Protection »** ; – 2 avr. 1943, *Bouguen**) soit des personnes publiques sui generis, tels les groupements d'intérêt public et la Banque de France (v. TC 14 févr. 2000, *Groupement d'intérêt public Habitat et interventions sociales pour les mal-logés et les sans-abris c. Mme Verdier** ; CE 22 mars 2000, *Syndicat national autonome du personnel de la Banque de France c/ Banque de France*, Rec. 125 ; AJ 2000.410, chr. Guyomar et Collin).

La répartition des personnes morales entre la catégorie des établissements publics et celle des organismes privés chargés de gérer un service public et dotés de prérogatives de puissance publique donne lieu, dans la pratique, à de sérieuses difficultés. Il convient de se référer, en principe, aux termes de la loi ou à l'intention du législateur ; mais les textes sont souvent ambigus ou laconiques, et l'intention de leurs auteurs n'apparaît pas toujours clairement ; il est alors nécessaire de mesurer le poids respectif des éléments de droit public et de droit privé, qui sont souvent étroitement mêlés, et qui peuvent concerner, notamment, le mode de création de l'organisme, le statut de son personnel, les prérogatives dont il jouit et les contrôles auxquels il est soumis. Dans les appréciations délicates auxquelles il doit ainsi procéder, le juge tient compte également de considérations d'opportunité, en recherchant s'il est souhaitable de reconnaître à l'organisme en cause un statut de droit public, avec toutes les conséquences juridiques, administratives et financières qui en découlent.

5 La jurisprudence offre plusieurs exemples de ces difficultés. C'est ainsi que la qualité d'établissement public a été reconnue à l'Institut national des appellations d'origine, après vingt-cinq années de discussions doctrinales et d'hésitations administratives (Sect. 13 nov. 1959, *Navizet*, Rec. 592 ; RDP 1960.1034, concl. Heumann). Le cas des centres régionaux de lutte contre le cancer a donné lieu également à de sérieuses incertitudes : sur renvoi du Conseil d'État en application du décret du 26 juill. 1960 (CE Ass. 9 juin 1961, *Centre régional de lutte contre le cancer « Eugène Marquis »*, Rec. 385, concl. Ordonneau ; AJ 1961.606, chr. Galabert et Gentot), le Tribunal des conflits a décidé que « si les centres régionaux de lutte contre le cancer assument une mission de service public et sont soumis par l'ordonnance du 1er oct. 1945 à un ensemble de règles d'organisation et de fonctionnement impliquant un contrôle étroit de l'administration sur divers aspects de leur activité, il résulte de l'ensemble des dispositions de cette ordonnance rapprochées des termes de l'exposé des motifs que le législateur a entendu conférer à ces centres le caractère d'établissements privés, qui était d'ailleurs celui de ce type d'établissements avant l'intervention des dispositions susrappelées » (TC 20 nov. 1961, *Centre régional de lutte contre le cancer « Eugène Marquis »*, Rec. 879 ; AJ 1962.17, chr. Galabert et Gentot ; D. 1962.389, note de Laubadère ; JCP 1962.II.12572, note J.M. Auby ; RDP 1962.964, note M.Waline ; RA 1961.621, note Liet-Veaux). Dans la ligne de cette jurisprudence, le Conseil d'État a jugé qu'il résulte de « l'ensemble des dispositions qui précisent l'organisation et le fonctionnement des fédérations de chasseurs » que le législateur, tout en appelant ces organismes à collaborer à l'exécution d'un service public et en les soumettant à un contrôle administratif étroit, a entendu leur conférer le caractère d'établissements privés (CE 4 avr. 1962, *Chevassier*, Rec. 244 ; D. 1962.327, concl. Braibant).

De même, si la Cour d'appel de Paris (15 févr. 1991, *Centre national des bureaux régionaux de fret*, AJ 1991.568, note Broussole ; Bull. Jol. 1991.427, note J.B. Auby) a considéré les bureaux régionaux de fret et leur centre national comme des établissements publics, le Conseil d'État, dans un avis de sa section des travaux publics du 13 mars 1990 (EDCE 1991, nº 42, 234), les avait tenus pour des personnes morales de droit privé.

6 **II.** — Si les prérogatives de puissance publique ne sont plus déterminantes pour l'identification de l'établissement public, elles jouent encore d'*autres rôles* en droit administratif : leur présence sert à reconnaître la nature administrative de certains *actes* (A) et la compétence de la juridiction administrative pour certains *litiges* (B).

A. — Elles permettent d'identifier les *actes administratifs*, unilatéraux ou contractuels.

Les actes *unilatéraux* sont administratifs, selon de nombreux arrêts, parce qu'ils sont adoptés en vertu de prérogatives de puissance publique, qu'ils émanent d'organismes de droit public (par ex. TC 10 juin 1963, *Werling c. Ministre de l'agriculture*, Rec. 783) ou d'organismes de droit privé : c'est surtout pour ces derniers que ce critère a été utilisé, soit seul (CE Sect. 6 oct. 1961, *Fédération nationale des huileries métropolitaines*, Rec. 544 ; AJ 1961.610, chr. Galabert et Gentot ; – Sect. 26 nov. 1976, *Fédération française de cyclisme*, Rec. 513 ; AJ 1977.139, concl. Galabert, note Moderne), soit, souvent, en liaison avec le critère du service public (CE Sect. 22 nov. 1974, *Fédération des industries françaises d'articles de sport*, Rec. 576, concl. J. Théry ; AJ 1975.19, chr. Franc et Boyon ; D. 1975.739, note Lachaume ; RDP 1975.1109, note M. Waline ; – TC 4 nov. 1996, *Société Datasport c/Ligue nationale de football*, Rec. 551 ; JCP 1997.II.22802, concl. Arrighi de Casanova ; AJ 1997.142, chr. Chauvaux et Girardot).

En revanche un acte pris par une personne privée chargée d'une mission de service public, qui « ne ressortit à l'exercice d'aucune prérogative de puissance publique par cette dernière », n'est pas un acte administratif (CE 17 févr. 1992, *Société Textron*, Rec. 66 ; AJ 1992.450, note Devès ; D. 1992.519, note A. Penneau ; JCP 1992.II.21961, note Icard ; RA 1992.523, note Redor et Fatôme).

7 Pour les *contrats*, le critère des clauses exorbitantes du droit commun a été considéré comme nécessaire par l'arrêt CE 31 juill. 1912, *Société des granits porphyroïdes des Vosges**. Si, depuis lors, l'arrêt *Bertin** du 20 avr. 1956 a restitué un rôle à la notion de service public en la matière, il n'a pas éliminé celui des clauses exorbitantes, élargi par la considération du régime exorbitant sous lequel le contrat est conclu (CE Sect. 19 janv. 1973, *Société d'exploitation électrique de la rivière du Sant*, Rec. 48 – v. n° 27.3).

8 *B.* — Pour déterminer si la *juridiction administrative* est *compétente* à propos d'un litige, l'exercice de prérogatives de puissance publique entre également en ligne de compte.

Elles peuvent jouer en liaison avec l'accomplissement d'une mission de service public, comme c'est le cas à propos de la responsabilité extra-contractuelle des organismes privés (CE 23 mars 1983, *SA Bureau Véritas*, Rec. 134 – v. n° 1.5).

Elles peuvent aussi bien déterminer, seules, la compétence de la juridiction administrative. Dans un arrêt du 10 juill. 1956, *Société Bourgogne-Bois*, Rec. 586 – v. n° 1.5, le Tribunal des conflits a considéré qu'une contribution, qui ne peut être rangée ni parmi les contributions directes, ni parmi les indirectes, « se rattache aux actes et opérations de puissance publique » et relève, à ce titre, de la juridiction administrative (dans le même sens CE Ass. 13 mai 1960, *Compagnie pour l'exploitation et l'achat de rondins*, Rec. 327 ; D. 1961.217, concl. M. Bernard).

Bien plus, dans sa décision du 23 janv. 1987*, le Conseil constitutionnel a considéré comme un principe fondamental reconnu par les lois de la République « celui selon lequel... relève en dernier ressort de la compétence de la juridiction administrative l'annulation ou la réformation des décisions prises, dans l'exercice des prérogatives de puissance publique, par les autorités exerçant le pouvoir exécutif... »

Ainsi, si la notion de puissance publique n'a pas toujours les effets que lui a reconnus l'arrêt *Canal de Gignac*, elle reste un élément irréductible du droit administratif.

8

RECOURS POUR EXCÈS DE POUVOIR INTÉRÊT POUR AGIR

CE 29 mars 1901, CASANOVA, Rec. 333

(S. 1901.3.73, note Hauriou)

Sur la fin de non-recevoir tirée du défaut d'intérêt des requérants, autres que le sieur Canazzi, médecin à Olmeto :

Cons. que la délibération attaquée a pour objet l'inscription d'une dépense au budget de la commune d'Olmeto ; *que les requérants, contribuables dans cette commune, ont intérêt, en cette qualité, à faire déclarer cette délibération nulle de droit* et qu'ils sont ainsi parties intéressées, dans le sens de l'art. 65 de la loi susvisée du 5 avr. 1884 ;

Au fond :

Cons. que la délibération attaquée n'a pas été prise en vue d'organiser l'assistance médicale gratuite des indigents, conformément à la loi du 15 juill. 1893 ; que si les conseils municipaux peuvent, dans des circonstances exceptionnelles, intervenir pour procurer des soins médicaux aux habitants qui en sont privés, il résulte de l'instruction qu'aucune circonstance de cette nature n'existait à Olmeto, où exerçaient deux médecins ; qu'il suit de là que le conseil municipal de ladite commune est sorti de ses attributions en allouant par la délibération attaquée, un traitement annuel de 2 000 F à un médecin communal chargé de soigner gratuitement tous les habitants pauvres ou riches indistinctement et que c'est à tort que le préfet a approuvé cette délibération ;... (La délibération est déclarée nulle de droit et, par voie de conséquence, l'arrêté du préfet de la Corse, du 15 nov. 1897, est annulé).

OBSERVATIONS

1 I. — Le conseil municipal d'Olmeto, en Corse, avait décidé de créer un poste de médecin communal, rémunéré sur le budget de la commune, ce médecin étant chargé de soigner gratuitement tous les habitants. L'un de ceux-ci, estimant illégale une décision qui obligeait les contribuables à rémunérer un médecin auquel certains pouvaient ne pas faire appel, forma contre elle un recours pour excès de pouvoir. La jurisprudence antérieure conduisait à déclarer ce recours irrecevable, le requérant ne pouvant arguer que de son intérêt de contribuable de la commune. Mais le Conseil d'État,

désireux d'élargir la recevabilité du recours pour excès de pouvoir, accueillit la requête. C'est sur ce point que l'arrêt *Casanova* est important (sur le fond, v. CE Sect. 30 mai 1930, *Chambre syndicale du commerce en détail de Nevers**) ; il est le premier d'une série de décisions rendues à la même époque, par lesquelles le Conseil d'État a délibérément élargi la notion d'intérêt nécessaire pour être recevable à former un recours pour excès de pouvoir ; c'est ainsi qu'a été admise la recevabilité du recours pour excès de pouvoir formé par un maire contre l'arrêté du préfet annulant un de ses actes (18 avr. 1902, *Commune de Néris-les-Bains**), par un membre d'une assemblée délibérante contre une décision de cette assemblée (1er mai 1903, *Bergeon*, Rec. 324 ; S. 1905.3.1, note Hauriou), par un électeur contre une opération de sectionnement électoral d'une commune (7 août 1903, *Chabot*, Rec. 619 ; S. 1904.3.1, note Hauriou), par le titulaire d'un diplôme contre la nomination à un emploi auquel ce diplôme donnait vocation (11 déc. 1903, *Lot**), par le propriétaire riverain d'une voie publique contre l'autorisation de poser des fils aériens de tramways sur cette voie (3 févr. 1905, *Storch*, Rec. 116 ; S. 1907.3.33, note Hauriou ; RDP 1905.346, note Jèze), par les usagers d'un service public contre le refus de mettre en demeure le concessionnaire d'exécuter le service dans les conditions prévues par le cahier des charges (21 déc. 1906, *Syndicat des propriétaires et contribuables du quartier Croix-de-Seguey-Tivoli**), par un fidèle contre la fermeture d'une église (8 févr. 1908, *Abbé Déliard*, Rec. 127, concl. Chardenet).

Par l'arrêt *Casanova*, le Conseil d'État a admis le principe que le contribuable d'une collectivité publique peut, à ce seul titre, attaquer les décisions ayant des répercussions sur les finances ou le patrimoine de cette collectivité ; la règle s'applique à des mesures telles que l'inscription au budget de dépenses irrégulières, ou une décision illégale relative à la gestion du domaine ; par contre, le contribuable n'étant pas lésé par des mesures génératrices d'économies, qui doivent avoir normalement pour effet de réduire le montant des impôts ou d'en éviter la hausse, n'est pas recevable à les attaquer devant la juridiction administrative (CE 19 oct. 1980, *Rémy*, Rec. 829).

Admis en 1901 pour le contribuable communal, le principe a été ensuite étendu au contribuable départemental (CE 27 janv. 1911, *Richemond*, Rec. 105, concl. Helbronner), puis au contribuable colonial (CE Sect. 24 juin 1932, *Galandou Diouf*, Rec. 626). Mais la seule qualité de contribuable de l'État ne donne pas un intérêt suffisant pour former un recours (CE 13 févr. 1930, *Dufour*, Rec. 176).

2 **II.** — Illogique en apparence, la distinction faite par la jurisprudence entre le contribuable de l'État et celui des collectivités territoriales s'explique par le souci du juge administratif d'élargir la

recevabilité du recours pour excès de pouvoir sans aller cependant jusqu'à faire de ce dernier une « action populaire ».

La jurisprudence relative à l'intérêt pour agir dans le recours pour excès de pouvoir est ainsi devenue très nuancée comme ont pu le relever plusieurs commissaires du gouvernement et en particulier, M. Ettori (concl. sur CE Sect. 18 déc. 1931, *Fenaille*, S. 1932.3.14), M. Chenot (concl. sur CE 10 févr. 1950, *Gicquel*, Rec. 100), M. Laurent, (concl. sur CE Sect. 2 avr. 1954, *Gaebelé*, Rec. Penant 1954.262) et M. Jacques Théry (concl. sur CE Sect. 28 mai 1971, *Damasio*, Rec. 391).

Sans doute, ainsi que le soulignait M. Théry, les principes directeurs qui inspirent la jurisprudence peuvent être aisément dégagés : « ouvrir aux administrés autant qu'il est possible l'accès de votre prétoire sans verser dans l'action populaire en permettant à n'importe qui d'attaquer n'importe quoi ; élargir le cercle des intérêts donnant qualité pour agir, sans méconnaître pour autant la hiérarchie naturelle des intérêts lésés, sans permettre en conséquence à des administrés qui ne seraient touchés que d'une façon très secondaire et très indirecte, de remettre rétroactivement en cause des situations acceptées par ceux qui étaient directement visés. Entre le trouble que constitue toute illégalité et le trouble que provoque toute annulation, votre jurisprudence sur l'intérêt est ainsi contrainte à des compromis difficiles ».

Mais, du fait de leur généralité, ces principes ne permettent pas de tirer des critères rigoureux de solution d'autant que la notion d'intérêt pour agir peut se présenter sous un jour particulier pour certaines catégories de requérants : les fonctionnaires en raison du principe de hiérarchie (cf. nos obs. sur l'arrêt *Lot**), les groupements eu égard à leur capacité limitée (cf. l'arrêt *Syndicat des patrons coiffeurs de Limoges**), les usagers des services publics dont les possibilités d'intervention sont largement admises (cf. l'arrêt *Syndicat des propriétaires et contribuables du quartier Croix-de-Seguey-Tivoli**). M. Théry n'en proposait pas moins d'admettre que « pour justifier d'un intérêt donnant qualité pour intenter un recours pour excès de pouvoir, le justiciable doit établir que l'acte attaqué l'affecte dans des conditions suffisamment spéciales, certaines et directes ».

1. — L'acte attaqué doit d'abord toucher le requérant dans des *conditions suffisamment spéciales*. Comme l'avait dit M. Chenot dans ses conclusions sur l'affaire Gicquel, cette exigence implique que les conséquences de l'acte attaqué « placent le requérant dans une catégorie nettement définie d'intéressés. Autrement dit, il n'est pas nécessaire que l'intérêt invoqué soit propre et spécial au requérant, mais il doit s'inscrire dans un cercle où la jurisprudence a admis des collectivités toujours plus vastes d'intéressés, sans l'agrandir toutefois jusqu'aux dimensions de la communauté nationale ».

3 *a)* Les contribuables de l'État (*Dufour*, précité ; – CE 23 nov. 1988, *Dumont*, Rec. 418), les citoyens (CE 23 sept. 1983, *Lepetit*, Rec. 372), les habitants d'un territoire d'outre-mer, dès lors qu'ils agissent en cette seule qualité (CE Sect. 2 avr. 1954, *Gaebelé*, Rec. 212 ; Rec. Penant, 1954.262, concl. Laurent, note de Soto) ne satisfont pas au critère de spécialité de l'intérêt. Il en va de même d'un particulier qui, pour contester des arrêtés interdisant une préparation pharmaceutique et portant classement sur la liste des substances vénéneuses se borne à invoquer de façon générale l'intérêt des consommateurs (CE 29 déc. 1995 *Beucher*, Rec. 480), d'un téléspectateur, se présentant comme soucieux de la protection de l'enfance, qui conteste le refus du Conseil supérieur de l'audiovisuel de toute prise de position sur la vidéomusique d'une chanson (CE janv. 2002, *Stiegler*, RFDA 2002.435) ou encore d'un conseiller régional qui, en cette qualité, entend critiquer des dispositions réglementaires sur le référé devant le tribunal de grande instance (CE 5 juill. 2000, *Tête*, Rec. 302).

4 *b)* En revanche, le Conseil d'État a admis implicitement dans l'arrêt Gicquel, que les sinistrés forment une catégorie assez nettement définie pour être recevables à attaquer les actes les concernant. Il a estimé également qu'un propriétaire de biens ruraux a qualité pour agir contre un décret relatif aux conditions d'exercice du droit de préemption reconnu par la loi aux sociétés d'aménagement foncier et d'établissement rural (CE Sect. 4 juin 1965, *Laudy*, Rec. 336 ; JCP 1966.II.14489, concl. Galmot, note Ourliac et de Juglart). Le Conseil d'État a même considéré qu'une société commerciale peut attaquer une disposition réglementaire du code pénal prise en application de l'article 37 de la Constitution de 1958 et punissant l'emploi de moyens de paiement autres que les signes monétaires ayant cours légal (CE Sect. 12 févr. 1960, *Société Eky*, Rec. 101 ; S. 1960.131, concl. Kahn ; D. 1960.236, note L'Huillier ; JCP 1960.II.11629 bis, note Vedel). Dans ce dernier cas, la requérante ne justifiait d'aucun intérêt qui ne soit commun à tous ceux qui habitent le territoire. Mais précisément, le Conseil d'État a eu le souci d'éviter qu'un acte pénalement sanctionné ne puisse être contesté par personne. Dans le même ordre d'idées, il suffit d'être électeur pour avoir intérêt à attaquer les actes relatifs à l'organisation d'un référendum (CE Ass. 19 oct. 1962, *Brocas*, Rec. 553 ; *supra* n° 3.4).

2. — L'acte attaqué doit également affecter le requérant de façon suffisamment directe et certaine.

5 *a)* Dans les domaines où les répercussions financières ou économiques des décisions administratives sont difficiles à appréhender, le Conseil d'État a été amené à considérer que l'intérêt invoqué ne donnait pas qualité pour former un recours pour excès de pouvoir :

irrecevabilité d'une requête formée par des greffiers contre un règlement relatif à la perception directe des amendes en matière de police de la circulation bien que ce mode de recouvrement ait pour effet de diminuer le nombre des amendes infligées par les tribunaux (CE Sect. 22 févr. 1957, *de Chardon*, Rec. 123) ; irrecevabilité d'une requête d'usagers de l'électricité contre un décret qui, sans affecter le prix de vente du courant qui reste déterminé par les cahiers des charges en vigueur, a pour effet d'accroître les charges d'Électricité de France (CE Sect. 16 nov. 1962, *Association nationale des usagers de l'électricité*, Rec. 610).

En matière de permis de construire le juge administratif, en partant de l'idée que la législation a pour finalité des impératifs d'urbanisme, a dénié à un agent immobilier un intérêt à déférer, en cette qualité, un permis accordé dans une commune à un professionnel concurrent (CE Sect. 5 oct. 1979, *S.C.I. Adal d'Arvor*, Rec. 365 ; « Droit et Ville », 1980.188, concl. Galabert). Il a adopté une solution identique pour le pourvoi exercé par une société exploitant des salles de cinéma à l'encontre d'un permis de construire délivré à une société concurrente (CE Sect. 13 mars 1987, *Société albigeoise de spectacles*, Rec. 97 ; AJ 1987.334, chr. Azibert et de Boisdeffre ; D. 1988.66, note Thouroude), pour le recours exercé par un notaire contre un certificat d'urbanisme délivré à l'un de ses clients (C.E 17 janv. 1990, *Trotel*, AJ 1990.576, obs. J.B. Auby ; JCP 1990.II.21511, note Gérard) et pour celui d'un conseil régional de l'ordre des architectes contre un permis de construire délivré sans intervention d'un architecte (CE Sect. 8 juin 1990, *Conseil régional de l'ordre des architectes de Picardie*, Rec. 153 ; RFDA 1991.647, concl. La Verpillière).

L'intérêt pour agir est, en ce domaine, apprécié en fonction de la proximité par rapport à la construction et de la nature de celle-ci ; s'agissant d'une installation nucléaire il a été admis au profit d'une personne publique étrangère (CE 27 mai 1991, *Ville de Genève*, Rec. 206 ; AJ 1991.733, chr. Maugüé et Schwartz).

6 *b)* En matière réglementaire, le Conseil d'État admet plus aisément l'existence d'un intérêt suffisamment direct et suffisamment certain. Il a considéré qu'un campeur est recevable à ce seul titre à attaquer un arrêté municipal réglementant le camping, même si cet arrêté ne lui a pas été encore personnellement opposé : il peut être en effet, un jour ou l'autre, amené à planter sa tente sur le territoire de cette commune (CE Sect. 14 févr. 1958, *Abisset*, Rec. 98, concl. Long ; AJ 1958.II.221, chr. Fournier et Combarnous). De même un hôtelier a intérêt à demander l'annulation d'un règlement relatif aux dates et à la durée des vacances scolaires (CE Sect. 28 mai 1971, *Damasio*, Rec. 391, concl. J. Théry ; AJ 1971.406, chr. Labetoulle et Cabanes), une journaliste judiciaire est recevable à contester un décret qui réduit la publicité des audiences (CE Ass. 4 oct. 1974, *Dame David*, Rec. 464, concl. Gentot ; AJ 1974.525, chr. Franc et

Boyon, D. 1975.369, note J.M. Auby ; JCP 1974.II.17967, note R. Drago), ou encore un ouvrier portugais a intérêt à contester une circulaire relative à la situation en France des travailleurs salariés étrangers (CE 13 janv. 1975, *Da Silva et Confédération française démocratique du travail*, Rec. 16 ; v. n° 92.5).

9

CONTRATS ADMINISTRATIFS MUTABILITÉ - EXÉCUTION

CE 10 janv. 1902, COMPAGNIE NOUVELLE DU GAZ DE DEVILLE-LÈS-ROUEN, Rec. 5

(S. 1902.3.17, note Hauriou)

Cons. que la commune de Deville-lès-Rouen soutient que si elle a concédé à la Compagnie requérante le privilège exclusif de l'éclairage par le gaz, ce privilège, dans le silence des traités de 1874 et de 1887, ne s'étend pas à l'éclairage par tout autre moyen et notamment par celui de l'électricité, la commune n'ayant pas renoncé au droit de faire profiter ses habitants de la découverte d'un nouveau mode d'éclairage ;

Cons. que le silence gardé sur ce point par les premières conventions de 1874 est facile à expliquer et doit être interprété en faveur de la Compagnie du gaz ; qu'il en est autrement du défaut de toute stipulation dans le traité de prorogation intervenu en 1887, époque où l'éclairage au moyen de l'électricité fonctionnait déjà dans des localités voisines ; qu'à cet égard les parties sont en faute de n'avoir pas manifesté expressément leur volonté, ce qui met le juge dans l'obligation d'interpréter leur silence et de rechercher quelle a été en 1887 leur commune intention :

Cons. qu'il sera fait droit à ce qu'il y a de fondé dans leurs prétentions contraires en reconnaissant à la Compagnie du gaz le privilège de l'éclairage par n'importe quel moyen et à la commune de Deville la faculté d'assurer ce service au moyen de l'électricité, en le concédant à un tiers dans le cas où la Compagnie requérante dûment mise en demeure refuserait de s'en charger aux conditions acceptées par ce dernier :

Cons., il est vrai, que la commune allègue que les longues négociations engagées sans résultat dès 1893 entre elle et la Compagnie et à la suite desquelles est intervenu le traité passé en janv. 1897 avec le sieur Lemoine constituent une mise en demeure suffisante pour rendre ce traité définitif ;

Mais cons. que ces négociations antérieures à la solution d'un litige qui porte sur l'étendue des obligations imposées à chacune des parties dans le traité de 1887 ne peuvent remplacer la mise en demeure préalable à l'exercice du droit de préférence reconnu par la présente décision en faveur de la Compagnie requérante ;... (Arrêté annulé ; dans le délai d'un mois à compter de la notification de la présente décision, la commune de Deville mettra la Compagnie du gaz en demeure de déclarer avant l'expiration du mois suivant si elle entend se charger du service de l'éclairage au moyen de l'électricité dans les conditions du traité passé avec le sieur Lemoine).

OBSERVATIONS

L'arrêt *Gaz de Deville-lès-Rouen* permet d'inciter les titulaires de contrats administratifs à *s'adapter* à l'évolution technique (I). Il a été suivi, quelques années plus tard, de l'arrêt *Deplanque*, permettant de les conduire à *respecter* leurs obligations (II).

1 **I.** — L'affaire *Gaz de Deville-lès-Rouen* illustre ce que l'on a appelé le conflit de l'électricité et du gaz. Une commune avait concédé, en 1874, le privilège exclusif de l'éclairage à une compagnie du gaz. L'éclairage électrique se répandit quelques années après, et la commune demanda à son concessionnaire d'assurer l'éclairage public et privé par l'électricité. Le concessionnaire du gaz n'acceptant pas, la commune s'adressa à une compagnie d'électricité à qui elle proposa la concession de l'éclairage électrique. La compagnie du gaz forma alors une demande d'indemnité à raison du préjudice résultant pour elle de l'autorisation donnée à la compagnie d'électricité de poser sur le territoire de la commune des fils pour l'éclairage électrique.

Le Conseil d'État avait d'abord donné du privilège des concessionnaires du gaz une interprétation extensive ; il avait jugé que la clause par laquelle les villes s'engageaient à ne pas favoriser les entreprises concurrentes s'appliquaient aux entreprises d'éclairage électrique et que les villes engageaient leur responsabilité en autorisant ces entreprises à poser des fils sur les voies urbaines (CE 26 nov. 1897, *Compagnie française d'éclairage et de chauffage par le gaz*, Rec. 718 ; – 24 déc. 1897, *Compagnie du gaz de Bordeaux*, Rec. 831 ; – 13 mai 1898, *Compagnie du gaz de Lens*, Rec. 377).

2 Cette jurisprudence rigoureuse constituait une entrave au progrès et le Conseil d'État cherchait depuis plusieurs années à l'assouplir, ainsi qu'en témoignent quelques arrêts rendus vers 1900 (22 juin 1900, *Commune de Maromme*, Rec. 415).

L'arrêt *Gaz de Deville-lès-Rouen* inaugure une nouvelle jurisprudence. Le Conseil d'État a tenu à placer sa nouvelle interprétation sous le signe de la commune intention des parties, dont il a même éprouvé le besoin de justifier la recherche à laquelle il se livre. Les parties, qui ont prorogé le traité de 1874 en 1887, époque à laquelle l'éclairage électrique existait déjà, sont en faute de n'avoir pas manifesté expressément leur volonté au sujet de la concession de cet éclairage. Le juge se trouve autorisé, par cette négligence, à donner au litige une solution d'équité : la compagnie du gaz se voit reconnaître le privilège d'assurer l'éclairage par n'importe quel moyen, mais la commune a la faculté d'assurer le service au moyen de l'électricité en le concédant à un tiers dans le cas où la compagnie du gaz, mise en demeure, refuse de s'en charger.

Cette jurisprudence a donc pour effet d'obliger le concessionnaire à adapter le service.

Elle devait déboucher sur la reconnaissance expresse du *pouvoir de modification unilatérale* au profit de l'administration contractante dans l'intérêt du service (CE 21 mars 1910, *Compagnie générale française des tramways**, avec nos obs.).

3 **II.** — C'est encore une concession d'éclairage public qui fournit un peu plus tard au Conseil d'État l'occasion de compléter sa jurisprudence sur les contrats administratifs à un autre sujet. L'affaire *Deplanque* (CE 31 mai 1907, Rec. 513, concl. Romieu ; D. 1907.3.81, concl. Romieu ; RDP 1907.678, note Jèze ; S. 1907.3.113, note Hauriou) l'amena à interpréter un contrat dans le même esprit et à prononcer une *sanction*, non prévue par le contrat, à l'encontre du concessionnaire défaillant.

Une commune se plaignait, en effet, de ce que le sieur Deplanque, à qui elle avait concédé l'éclairage de la ville, ne remplît pas les obligations imposées par le cahier des charges ; or les clauses du contrat ne prévoyaient pas de sanction pour de tels manquements. Le juge devait-il s'en tenir à la lettre du contrat et admettre la résiliation ou pouvait-il suppléer à son silence en introduisant de nouvelles sanctions ? Repoussant la jurisprudence en vigueur, selon laquelle le juge ne pouvait « interpréter » le contrat, le commissaire du gouvernement Romieu conclut sur cette affaire en affirmant que « si le contrat, tout en fixant les obligations des parties, a omis de spécifier les sanctions correspondantes, il n'en résulte pas qu'il n'y ait pas de sanction ; de même, si le contrat a prévu et fixé les sanctions pour certaines irrégularités graves dont il a tenu à spécialement s'occuper, mais n'a pas parlé de sanctions afférentes à d'autres irrégularités, il n'en résultera pas davantage que ces dernières resteront impunies. Toute obligation contractuelle comporte une sanction ; à défaut de règles particulières édictées par le contrat, c'est le droit commun qu'il faut appliquer ; pour qu'il en fût autrement, il faudrait une disposition explicite et formelle du contrat. Le droit commun, c'est ou la rupture du contrat ou la condamnation à des dommages-intérêts ».

Le Conseil d'État suivit son commissaire du gouvernement, inaugurant ainsi une nouvelle jurisprudence, confirmée depuis (cf. notamment CE 19 nov. 1926, *Société du gaz de La Ciotat*, Rec. 198 ; – 11 oct 1929, *Compagnie de navigation Sud-Atlantique*, Rec. 892).

La solution de l'arrêt *Deplanque*, comme le soulignait Romieu, ne concerne que l'hypothèse de l'inexécution d'une obligation contractuelle et permet au juge seul de prononcer soit la condamnation du cocontractant à réparer le dommage subi par l'autre partie soit la résiliation du contrat.

Depuis lors, la jurisprudence a doublement évolué.

4 D'une part, elle permet à l'administration elle-même, en vertu de son privilège du préalable, sous le contrôle du juge, d'infliger une sanction à son cocontractant. Bien plus, l'administration ne saurait demander au juge une sanction qu'elle peut prendre elle-même (CE Sect. 27 janv. 1933, *Le Loir*, Rec. 136 ; v. n° 94.2 ; – 21 mai 1982, *Société de protection intégrale du bâtiment*, Rec. 183). Cependant l'administration peut demander la condamnation de son contractant à réparer le dommage qu'elle a subi (CE Sect. 5 nov. 1982, *Soc. Propetrol*, Rec. 381 ; AJ 1983.259, concl. Labetoulle ; D. 1983.245, note Dubois ; JCP 1984.II.20168, note Paillet). Dans les contrats de concession, elle ne peut, sauf clause contraire, prononcer elle-même la déchéance du concessionnaire : elle doit s'adresser au juge (CE 20 janv. 1905, *Compagnie départementale des eaux*, Rec. 57, concl. Romieu ; – 21 nov. 1980, *Syndicat intercommunal d'organisation de la station de Peyresourde-Balestas*, Rec. 438). Et même si le contrat donne à l'administration le pouvoir de résilier la concession aux torts et griefs du concessionnaire, « il n'appartient qu'au juge du contrat de tirer les conséquences pécuniaires d'une résiliation prononcée dans ces conditions » (CE 20 janv. 1988, *Société d'études et de réalisation des applications du froid*, Rec. 29 ; RA 1988.238, note Terneyre).

5 D'autre part, les dommages-intérêts et la résiliation n'épuisent pas les sanctions qui peuvent être infligées au cocontractant même en l'absence de stipulations contractuelles. Certes, si le contrat a prévu des sanctions pour certains manquements, « on ne saurait y substituer une sanction autre que celles dont les parties sont convenues », comme l'affirmait Romieu dans l'affaire *Deplanque*. Mais si ces sanctions sont inadaptées, *a fortiori* si elles ne sont pas prévues, d'autres mesures peuvent être prises pour assurer l'exécution du contrat (notamment la mise en régie dans le marché de travaux, le séquestre dans la concession : CE 13 mars 1912, *Quintyn*, Rec. 362) ; elles résultent des « pouvoirs de coercition inhérents à tout contrat passé pour l'exécution du service public » (CE 6 mai 1985, *Office public d'HLM d'Avignon c. Guichard*, RDP 1985.1706).

Ainsi l'intérêt public est garanti à la fois dans l'exécution des contrats conclus par l'administration, grâce à la jurisprudence *Deplanque*, et dans l'évolution de ces contrats, grâce à la jurisprudence *Deville-lès-Rouen*.

10

COMMUNES - MAIRES POUVOIRS DE POLICE RECOURS POUR EXCÈS DE POUVOIR QUALITÉ POUR AGIR DES AUTORITÉS ADMINISTRATIVES

CE 18 avr. 1902, COMMUNE DE NÉRIS-LES-BAINS, Rec. 275

(S. 1902.3.81, note Hauriou ; Rev. gén. d'adm. 1902.2.297, note Legouix)

Cons. qu'il résulte des dispositions de l'art. 91 de la loi du 5 avr. 1884 que la police municipale appartient au maire et que les pouvoirs qui lui sont conférés en cette matière par l'art. 97 de la loi s'exercent, non sous l'autorité, mais sous la surveillance de l'administration supérieure ; *que, si l'art. 99 autorise le préfet à faire des règlements de police municipale pour toutes les communes du département ou pour plusieurs d'entre elles, aucune disposition n'interdit au maire d'une commune de prendre sur le même objet et pour sa commune, par des motifs propres à cette localité, des mesures plus rigoureuses ;*

Cons. que pour annuler l'arrêté du maire du 24 mai 1901, qui interdisait d'une manière absolue les jeux d'argent dans tous les lieux publics de la commune de Néris-les-Bains, le préfet du département de l'Allier s'est fondé sur ce que cet arrêté aurait été pris en violation d'un arrêté préfectoral du 8 août 1893, qui, tout en édictant pour toutes les communes du département la même prohibition, avait réservé toutefois au ministre de l'intérieur, le droit d'autoriser les jeux dans les stations thermales, par application de l'art. 4 du décret du 24 juin 1806 ;

Mais cons. que le décret du 24 juin 1806 a été abrogé dans son entier tant par le code pénal que par la loi du 18 juill. 1836, dont l'art. 10 dispose qu'à partir du 1er janv. 1838 les jeux publics sont prohibés ; que, dès lors, en prenant son arrêté du 5 juin 1901 pour réserver à l'administration supérieure un pouvoir qui ne lui appartient plus, et en annulant un arrêté pris par le maire pour assurer dans sa commune l'exécution de la loi, le préfet a excédé les pouvoirs de surveillance hiérarchique qui lui appartiennent ;... (Annulation).

OBSERVATIONS

1 **I.** — Le préfet de l'Allier avait, par arrêté, interdit les jeux d'argent dans les lieux publics, sauf dérogation accordée par le ministre de

l'intérieur pour les stations thermales. Cet arrêté de police était applicable à toutes les communes du département. Cependant le maire de l'une de ces communes édicta la même prohibition, mais de manière absolue et sans possibilité de dérogation. Le préfet, usant de son pouvoir de tutelle, annula l'arrêté du maire, en se fondant sur un décret qui n'était plus en vigueur. Le maire déféra la décision du préfet au Conseil d'État, qui lui donna satisfaction en admettant à la fois la recevabilité et le bien-fondé de son recours.

Cet arrêt est tout d'abord intéressant en ce qu'il pose le principe que le maire peut aggraver, pour sa commune, les mesures de police prises par le préfet pour toutes les communes du département : ce principe devait être consacré avec plus de force encore par l'arrêt *Labonne** du 8 août 1919, généralement considéré comme l'arrêt fondamental en cette matière. Mais la fortune de cet arrêt est due surtout à ce qu'*il a admis que le maire est recevable à attaquer, par la voie du recours pour excès de pouvoir, une décision prise par le préfet agissant en tant qu'autorité de tutelle et annulant un acte du requérant.* Comme l'a dit Hauriou dans sa note, il pose la question de savoir « jusqu'à quel point un acte accompli par une autorité, dans la mesure de ses attributions, est sa chose... et, par suite, jusqu'à quel point le fait qu'elle a accompli un acte et qu'ensuite cet acte est annulé par l'administration supérieure lui donne intérêt légitime à intenter le recours pour excès de pouvoir contre l'arrêté ou le décret d'annulation ».

II. — Plus largement encore, l'arrêt *Commune de Néris-les-Bains* se situe à l'origine de la jurisprudence relative à la recevabilité du recours pour excès de pouvoir intenté par une autorité administrative contre les actes d'une autre autorité administrative. Diverses hypothèses doivent être envisagées dans ce domaine.

2 ***A.*** — Recours d'un ministre contre la décision d'un autre ministre.

La possibilité d'un tel recours a été admise par le Conseil d'État dans des arrêts de section des 10 mars 1933, *Ministre des finances* (Rec. 307), et 2 nov. 1934, *Ministre de l'intérieur* (Rec. 996 ; S. 1935.3.105, note Alibert). Elle peut sembler étonnante à première vue, puisque aussi bien elle aboutit à un procès que l'État se fait à lui-même et qu'elle porte atteinte au principe de l'unité de l'État ; elle s'explique par l'idée que le recours pour excès de pouvoir est destiné, non seulement à protéger certains intérêts purement personnels, mais aussi et surtout à assurer le respect de la légalité par l'administration.

B. — Recours d'une autorité inférieure contre les actes d'une autorité supérieure.

Dans une administration centralisée et hiérarchisée, il semblerait normal que de tels recours fussent exclus. Le Conseil d'État, animé par le souci du respect de la légalité, a toutefois admis le recours pour excès de pouvoir dans certains cas. Des distinctions sont donc nécessaires :

3 – lorsqu'il s'agit *d'autorités hiérarchisées*, l'agent subordonné n'est jamais recevable à attaquer les décisions de son supérieur par la voie du recours pour excès de pouvoir. Ce faisant, il contesterait l'appréciation de l'intérêt public faite par son supérieur hiérarchique ; or, il est aujourd'hui admis que, si les agents publics peuvent attaquer les décisions portant atteinte à leur statut ou à leurs intérêts de carrière, ils ne sont en aucun cas recevables à attaquer les actes concernant l'organisation et le fonctionnement du service public (v. observations sous CE 11 déc. 1903, *Lot**) ;

4 – lorsqu'il s'agit *d'autorités décentralisées*, le recours est admis par le Conseil d'État contre les mesures de contrôle illégales prises par les autorités de tutelle, ainsi que contre les actes pris par ces dernières dans l'exercice de leur pouvoir de substitution (v. par ex. : CE Ass. 1er juin 1956, *Ville de Nîmes c. Pabion*, Rec. 218 ; RPDA 1956.121, concl. Laurent). Ce recours est accordé non seulement à la collectivité décentralisée en tant que personne morale, mais aux autorités locales elles-mêmes (maires, conseils municipaux, etc.) Tel a été l'apport essentiel de l'arrêt *Commune de Néris-les-Bains*, qui reconnaît une autonomie considérable aux autorités décentralisées, en permettant aux communes et à leurs agents de se défendre efficacement contre les mesures illégales de contrôle prises par les autorités centrales et contre toute atteinte illégale aux règles de décentralisation. Il est évident, cependant, que la recevabilité du recours est exclue lorsque l'agent décentralisé a agi comme autorité du pouvoir central, ainsi que le fait le maire agissant, au nom de l'État, « sous l'autorité de l'administration supérieure » (CE 21 juin 1961, *Maire de Thionville*, Rec. 422).

C. — Recours d'une autorité supérieure contre les actes d'une autorité inférieure.

Deux séries d'hypothèses doivent encore être envisagées.

5 Lorsqu'il s'agit *d'autorités hiérarchisées*, l'agent supérieur n'a, en principe, aucun besoin du recours contentieux contre la décision de son subordonné, car il peut normalement l'annuler administrativement par la voie du contrôle hiérarchique (CE – 3 janv. 1975, *S.C.I. Foncière Cannes-Benefiat et ministre de l'aménagement du territoire, de l'équipement, du logement et du tourisme*, Rec. 1 ; D. 1976. 7, note Petite ; AJPI 1975. concl. Labetoulle ; RDP 1975.1693, note M. Waline ; – Sect. 16 nov. 1992, *Ville de Paris*, Rec. 406 ; AJ 1993.54, concl. Legal ; RFDA 1993.602, note Morand-Deviller et Moreno). C'est au contraire la voie contentieuse qui est ouverte au ministre à l'égard des décisions prises par des organismes collégiaux dotés de pouvoirs propres et échappant à tout contrôle hiérarchique comme les anciennes commissions de la notoriété médicale (v. concl. Braibant sur CE Sect. 24 avr. 1964, *Delahaye, Villard et ministre du Travail c. Duflot*, Dr. soc. 1964.433) et les anciens conseils de révision (Sect. 6 déc. 1968, *Ministre des armées c. Ruffin*, p. 626 ; RDP 1969.700, concl. Rigaud ; AJ 1969.20, chr. Dewost et Denoix de Saint Marc). Cette dernière solution a été reprise par le Conseil constitutionnel dans sa décision n° 86.217 DC du 18 sept. 1986 concernant la loi relative à la liberté de communication qui fait état de la soumission de la Commission nationale de la communication et des libertés « à l'instar de toute autorité administrative » au contrôle de légalité « qui pourra être mis en œuvre tant par le gouvernement, qui est responsable devant le Parlement de l'activité des administrations de l'État, que par toute personne qui y aurait intérêt » (n° *86-217 DC, 18 sept. 86*, Rec. 141 ; AJ 1987.102, note Wachsmann).

6 S'agissant des actes d'une *autorité décentralisée*, la jurisprudence a posé des règles qui n'ont pas été fondamentalement remises en cause par la loi du 2 mars 1982 sur les droits et libertés des communes, des départements et des régions. Il est admis de longue date par le Conseil d'État que l'autorité de tutelle peut demander au juge administratif d'annuler les actes d'une collectivité territoriale à l'égard desquels elle ne dispose d'aucun pouvoir d'annulation par la voie de la tutelle administrative (CE 24 nov. 1911, *Commune de Saint-Blancard*, Rec. 1089 ; S. 1912.3.1, note Hauriou). Le recours pour excès de pouvoir peut être précédé d'un recours gracieux auprès de l'autorité décentralisée qui conserve le délai de recours contentieux (CE 16 mai 1984, *Commune de Vigneux-sur-Seine*, Rec. 182).

Depuis l'intervention de la loi du 2 mars 1982, il appartient au seul juge administratif, saisi par le représentant de l'État dans les deux mois suivant la réception par ce dernier d'un acte pris ou d'un contrat passé par une autorité décentralisée qu'il estime contraire à la légalité, de se prononcer sur cette éventuelle illégalité et, le cas échéant, d'annuler en tout ou en partie l'acte qui lui est ainsi déféré.

Dans la ligne de sa jurisprudence antérieure, le Conseil d'État a estimé que le préfet pouvait faire précéder la saisine du tribunal administratif d'un recours gracieux qui préserve le délai du recours contentieux sous réserve pour son auteur d'attaquer en temps utile le rejet implicite de son recours gracieux résultant du silence gardé sur ce dernier initialement pendant quatre mois et, depuis l'entrée en vigueur de la loi du 12 avril 2000, pendant deux mois (CE Sect. 6 déc. 1995, *Préfet des Deux-Sèvres c. Commune de Neuvy-Bouin*, Rec. 425 ; RFDD, n° 3, 113, concl. Touvet ; RFDA 1996.329, note Douence).

En raison de l'ampleur des pouvoirs conférés par la loi au préfet, le Conseil d'État a estimé qu'il était recevable à déférer au tribunal administratif des délibérations des collectivités territoriales, alors même qu'elles ne constituent que de simples actes préparatoires à de futures décisions (CE Ass. 15 avril 1996. *Syndicat CGT des Hospitaliers de Bédarieux*, Rec. 130 ; AJ 1996.366, chr. Stahl et Chauvaux). Quant aux actes que le représentant de l'État n'a pas la possibilité de déférer au tribunal sur le fondement de la loi du 2 mars 1982, ils sont passibles d'un recours pour excès de pouvoir de la part du préfet, comme de toute personne intéressée (CE Sect. 13 janv. 1988, *Mutuelle générale des personnels des collectivités locales*, Rec. 7, concl. Roux ; RFDA 1988.282, concl. Roux ; RDP 1988.853, note Llorens ; AJ 1988.143, chr. Azibert et de Boisdeffre ; D. 1989.66, note Négrin).

11

ACTES ADMINISTRATIFS EXÉCUTION FORCÉE

TC 2 déc. 1902, SOCIÉTÉ IMMOBILIÈRE DE SAINT-JUST, Rec. 713, concl. Romieu

(D. 1903.3.41, concl. Romieu ; S. 1904.3.17, concl. Romieu, note Hauriou)

Sur la recevabilité de l'arrêté de conflit : Cons. qu'aux termes de l'art. 8 de l'ordonnance du 1er juin 1828 le délai de quinzaine dans lequel doit être élevé le conflit court du jour de l'envoi fait au préfet du jugement rendu sur la compétence ;

Cons. que si, d'après l'extrait du registre de mouvement, la copie de l'arrêt du 13 août 1902, qui a rejeté le déclinatoire, a été adressée le 14 août par le procureur général, il n'en résulte pas que le préfet du Rhône n'ait pas eu connaissance de cet arrêt de la cour de Lyon lorsqu'à la date du 13 août il a pris l'arrêté de conflit qui vise la décision intervenue conformément à l'art. 9 de l'ordonnance du 1er juin 1828 ; que, dès lors, l'arrêté de conflit susvisé est recevable ;

Sur la validité de l'arrêté de conflit : Cons. que, par son arrêté en date du 26 juill. 1902, le préfet du Rhône a ordonné l'évacuation immédiate de l'établissement formé à Lyon, rue des Farges, no 22, par la congrégation des sœurs de Saint-Charles et prescrit l'apposition des scellés sur les portes et les fenêtres de l'immeuble ;

Cons. qu'en prenant cet arrêté d'après les ordres du ministre de l'intérieur et des cultes le préfet a agi dans le cercle de ses attributions, comme délégué du pouvoir exécutif, en vertu du décret du 25 juill. 1902 qui a prononcé la fermeture dudit établissement par application de l'art. 13, § 3, de la loi du 1er juill. 1901 :

Cons. qu'il ne saurait appartenir à l'autorité judiciaire d'annuler les effets et d'empêcher l'exécution de ces actes administratifs ; que l'apposition des scellés, ordonnés comme suite et complément de l'évacuation forcée des locaux, et le maintien temporaire desdits scellés ne constituent pas un acte de dépossession pouvant servir de base à une action devant l'autorité judiciaire ; que, par la suite, la demande formée au nom de la société propriétaire de l'immeuble dont il s'agit tendant à obtenir la levée des scellés apposés pour assurer l'exécution des décret et arrêté précités ne pouvait être portée que devant la juridiction administrative, seule compétente pour apprécier la légalité des actes d'administration et pour connaître des mesures qui en sont la conséquence ; que, de ce qui précède, il résulte que la cour d'appel de Lyon, en se déclarant compétente a violé le principe de la séparation des pouvoirs ;

Cons., d'autre part, qu'après avoir rejeté le déclinatoire la cour a, dans le même arrêt, passé outre au jugement au fond ; qu'elle a ainsi méconnu les prescriptions des art. 7 et 8 de l'ordonnance du 1er juin 1828 ;... (Arrêté de conflit confirmé).

OBSERVATIONS

1 Cet arrêt est devenu célèbre par les conclusions que le commissaire du gouvernement Romieu a données dans cette affaire et qui contiennent la doctrine consacrée depuis lors par la jurisprudence en matière d'exécution forcée des décisions administratives.

Les faits étaient les suivants. Un décret ayant ordonné la fermeture d'un établissement non autorisé d'une congrégation, le préfet du Rhône prescrivit l'évacuation immédiate de l'établissement ; le même jour le commissaire de police notifia l'arrêté préfectoral à la supérieure, fit évacuer l'immeuble par les sœurs et, après le départ de celles-ci, apposa les scellés. La société propriétaire de l'immeuble demanda aux tribunaux judiciaires la mainlevée des scellés ; le conflit ayant été élevé, la question se posait de savoir si l'apposition des scellés devait être considérée comme une mesure administrative ou comme un acte de dépossession pouvant fonder la compétence de l'autorité judiciaire. Le Tribunal des conflits se prononça en faveur de la première solution et confirma l'arrêté de conflit.

Pour expliquer cette solution, Romieu avait exposé la théorie générale de l'exécution d'office des actes administratifs. L'idée essentielle est que l'administration ne doit pas, en principe, exécuter de force ses propres décisions ; c'est l'emploi de sanctions pénales, prononcées par le juge répressif, avec toutes les garanties que comporte la procédure pénale, qui doit assurer normalement l'exécution des actes administratifs. Mais les sanctions pénales sont impossibles lorsqu'aucun texte législatif ne les a prévues. L'administration sera-t-elle alors obligée d'assister impassible à la désobéissance des administrés ? Cette solution ne peut évidemment pas être acceptée en France, « pays d'administration et de centralisation, pays du principe de la séparation des pouvoirs » : la loi – et l'administration agit en exécution de la loi – doit être obéie, et elle le sera par la force s'il n'y a aucun autre moyen possible. L'exécution forcée est selon Romieu « un moyen empirique justifié légalement, à défaut d'autre procédé, par la nécessité d'assurer l'obéissance à la loi ».

L'exécution forcée, encore appelée exécution d'office, est donc possible, mais elle ne doit être employée que si l'obéissance des administrés ne peut être obtenue autrement : elle a ainsi un caractère nettement subsidiaire. Le privilège d'exécution d'office n'existe donc, contrairement à ce que l'on croit souvent, que dans des cas assez exceptionnels et dans un domaine nettement circonscrit par la jurisprudence (I). Cette dernière a censuré énergiquement son emploi abusif (II).

I. — Conditions de l'exécution d'office

2 ***A.*** — L'exécution d'office est, tout d'abord, licite dans *deux hypothèses très générales :*

1°) lorsque *la loi* l'autorise expressément : selon la loi du 3 juill. 1877, art. 21, les réquisitions militaires peuvent être exécutées par la force si besoin ; différents textes relatifs à l'environnement permettent l'exécution d'office des mesures prescrites par l'autorité administrative (Code de l'environnement, art. L. 514-1 ; art. L. 581.29 ; Code forestier, art. L. 322-4) ; il en va de même de textes relatifs à la sécurité routière (Code de la route, art. L. 325-1) et à la sécurité civile (loi du 22 juill. 1987, art. 31, 47 et s. ; Code minier, art. 91 et 107), à l'entrée et au séjour des étrangers (ord. du 2 nov. 1945, art. 5, art. 26 bis) ; le Conseil constitutionnel a reconnu, à propos des dispositions relatives à cette dernière hypothèse, « que les décisions prises dans le cadre d'un régime de police administrative sont susceptibles d'être exécutées d'office » (CC n° 93-325 DC 13 août 1993, cons. 7, Rec. 224 - v. n° 92.2) ; le Tribunal des conflits en a tiré les conséquences (20 juin 1994, *Madaci et Youbi*, Rec. 603 - v. n° 50.4) ;

2°) lorsqu'il y a *urgence* : comme le dit Romieu, « il est de l'essence même du rôle de l'administration d'agir immédiatement et d'employer la force publique sans délai ni procédure, lorsque l'intérêt immédiat de la conservation publique l'exige ; quand la maison brûle, on ne va pas demander au juge l'autorisation d'y envoyer les pompiers ». L'existence de sanctions pénales ne modifie en rien cette conséquence de l'urgence. L'urgence valide ainsi, à elle seule, des mesures qui seraient autrement illégales. Elle a, en matière d'exécution forcée, les mêmes effets que les circonstances exceptionnelles (par ex. CE 4 juin 1947, *Entreprise Chemin*, Rec. 246) (v. nos obs. sous l'arrêt CE 28 juin 1918, *Heyriès**). Dans tous les cas, elle provoque « une sorte de renversement des valeurs juridiques » (Mestre). C'est pourquoi le juge examine chaque fois s'il y avait effectivement urgence ou péril immédiat (cf. CE Ass. 22 nov. 1946, *Mathian*, Rec. 278 ; S. 1947.3.41, note Mestre ; JCP 1947.II.3377, concl. Célier ; – TC 8 avr. 1935, *Action française** ; – 19 mai 1954, *Office publicitaire de France*, Rec. 703 – v. n° 50.7 ; – 21 juin 1993, *Préfet de la Corse, Préfet de la Corse du sud*, Rec. 402 ; D. 1994.37, note Muscatelli et Pastorel).

3 ***B.*** — *En l'absence de texte ou d'urgence*, l'exécution forcée des décisions administratives n'est licite que lorsque les quatre conditions suivantes sont réunies.

1°) Il faut avant tout qu'il n'y ait *aucune autre sanction* légale : cette condition, placée en troisième lieu seulement par Romieu est, en réalité, la condition essentielle de la légalité de l'exécution d'office. Comme l'a dit le commissaire du gouvernement Léon Blum dans ses conclusions sur l'affaire *Abbé Bouchon* (CE 17 mars 1911, Rec. 341, concl. Blum), « l'exécution administrative n'est justifiée en principe que par la nécessité d'assurer l'obéissance à la loi et l'impossibilité de l'assurer par tout autre procédé juridique ».

La sanction légale excluant l'exécution d'office est avant tout la sanction pénale. C'est à elle que pensait Romieu : « si la sanction pénale existe, l'exécution forcée administrative n'existe pas, en dehors des cas d'urgence, de sécurité, que tout le monde est d'accord pour réserver ». C'est parce que la loi du 1er juill. 1901 supprimant les congrégations ne comportait aucune sanction pénale que l'emploi de la contrainte fut jugé licite ; c'est parce que les règlements de police sont sanctionnés par l'art. R. 610-5 du code pénal que leur exécution forcée est en principe impossible. Le principe a trouvé des applications célèbres. L'exécution d'office des réquisitions civiles intervenues en vertu de la loi du 11 juill. 1938 sur l'organisation de la nation en temps de guerre a été jugée illégale, sauf le cas d'urgence, l'art. 31 de cette loi prévoyant des peines d'amende et de prison à l'encontre de ceux qui auront désobéi aux ordres de réquisition. Quant aux réquisitions de logement prévues par l'ordonnance du 11 oct. 1945, leur exécution forcée a été considérée pendant plusieurs années comme illégale et constituant – sauf cas d'urgence – une voie de fait justifiant la compétence judiciaire, la jurisprudence ayant estimé que les sanctions pénales de la loi du 11 juill. 1938 étaient applicables aux réquisitions effectuées en vertu de l'ordonnance de 1945 (TC 30 oct. 1947, *Barinstein*, Rec. 511 – v. n° 41.2) ; mais la Cour de cassation ayant pris une position contraire et estimé que les pénalités prévues par la loi du 11 juill. 1938 ne pouvaient, en raison du principe de l'interprétation étroite des textes en matière pénale, être appliquées à de telles réquisitions (Cass. Crim. 11 mai 1949, S. 1949.1.129, note P. de F.R. ; D. 1949.261, rapport Pépy), le Tribunal des conflits revint sur sa jurisprudence, et décida « qu'à défaut de toute sanction pénale les prescriptions de ladite ordonnance (du 11 oct. 1945) ne peuvent rester lettre morte ; que, dans ces conditions, l'administration a pu légalement procéder... à l'exécution forcée de l'ordre de réquisition »... (TC 12 mai 1949, *Dumont*, Rec. 596 – v. n° 50.3).

4 Allant plus loin que Romieu, la jurisprudence considère que ce n'est plus seulement l'existence d'une sanction pénale, mais la possibilité d'user de tout autre procédé légal pour obtenir l'obéissance du récalcitrant, qui exclut l'action d'office. Il en est ainsi de la possibilité d'exercer une action judiciaire quelconque ou d'obtenir le même résultat par des voies de droit différentes (CE 23 janv. 1925, *Anduran*, Rec. 82 ; D. 1925.3.43, concl. Josse : illégalité de l'apposition des scellés sur une minoterie alors que le résultat recherché aurait pu être obtenu par la suspension des livraisons de blé ou l'exercice du droit de réquisition). L'arrêt *Abbé Bouchon* du 17 mars 1911 (précité) résume cette jurisprudence par une formule particulièrement large couvrant « toute autre procédure pouvant être utilement employée ». *A contrario*, « l'Administration qui a usé auprès du juge compétent des voies de droit pour faire cesser l'occupation de... terrains, qu'elle estimait irrégulière, n'a pas commis, quel que soit le mérite de ses prétentions, une voie de fait en se croyant en droit d'utiliser les terrains » (TC 24 févr. 1992, *Couach*, Rec. 479 ; AJ 1992.327, chr. Maugüé et Schwartz ; JCP 1993.II.21984, note Lavialle).

Mais les voies de droit n'existent pas toujours : le Conseil d'État a ainsi considéré « que les dispositions du nouveau code de procédure civile et notamment les dispositions de l'article 31 dudit code relatives à l'intérêt pour agir, n'ont pas pour objet d'habiliter l'autorité administrative à agir au nom de l'État devant le juge civil aux fins de faire respecter la loi » (Ass. 21 oct. 1994, *Société Tapis Saint Maclou*, Rec. 451, concl. Bonichot ; Dr. Soc. 1995.139, concl. Bonichot ; RFDA 1995.689, concl. Bonichot ; AJ 1994.874, chr. Touvet et Stahl). Dès lors, « à défaut de toute action judiciaire pouvant être exercée par le représentant de l'autorité », il n'y a pas de voie de fait à recourir à l'exécution forcée (CE 12 mars 1909, *Commune de Triconville*, Rec. 275, concl. Chardenet).

5 *2°)* « Il faut que l'opération administrative pour laquelle l'exécution est nécessaire ait sa source dans un texte de loi précis », autrement dit que l'acte administratif à exécuter soit pris en *application d'un texte législatif précis.*

3°) « Il faut qu'il y ait lieu à exécution forcée », c'est-à-dire que l'exécution de l'acte se soit heurtée à une *résistance certaine* ou du moins à une « mauvaise volonté caractérisée » (concl. Célier précitées).

4°) « Il faut que les mesures d'exécution forcée tendent uniquement, dans leur objet immédiat, à la réalisation de l'opération prescrite par la loi », c'est-à-dire qu'elles ne doivent pas aller au-delà de *ce qui est strictement nécessaire* pour assurer l'obéissance à la loi : il ne faut pas que, sous prétexte d'assurer par la contrainte l'exécution d'une décision légale, l'administration aille en réalité au-delà de ses pouvoirs. Il y a là l'application d'une idée courante en matière de police : les décisions de police ne sont légales que dans la mesure où elles sont « indispensables pour assurer le maintien ou le rétablissement de l'ordre public » (TC 8 avr. 1935, *Action française**).

II. — Sanctions de l'emploi illégal de l'exécution d'office

Diverses hypothèses doivent être distinguées :

6 *1°)* Si l'administration procède à l'exécution forcée, dans des conditions régulières, d'un acte ultérieurement annulé pour excès de pouvoir, elle s'expose à des dommages et intérêts : ce principe que l'administration exécute ses décisions *à ses risques et périls* a été illustré par l'arrêt *Zimmermann* du 27 févr. 1903 (Rec. 180 ; S. 1905.3.17, note Hauriou).

2°) De même, l'administration engage sa *responsabilité* si elle procède à l'exécution forcée d'une décision, légale ou illégale, dans des conditions irrégulières ; l'action en indemnité relève de la compétence de la juridiction administrative si la mesure litigieuse n'a porté atteinte ni au droit de propriété ni à une liberté fondamentale (CE 21 juill. 1949, *Wolff*, Rec. 614 ; – Sect. 8 avr. 1961, *Dame Klein*, Rec. 216 ; D. 1961.587, concl. Henry et 621, note Weil ; AJ 1961.352, chr. Galabert et Gentot ; S. 1961.249, note Lassale) ; si au contraire le droit de propriété ou une liberté fondamentale sont en cause, l'administration commet une *voie de fait*, et les tribunaux judiciaires sont compétents (TC 30 juin 1949, *Aubert*, Rec. 602 ; – 27 nov. 1952, *Flavigny*, Rec. 647 – v. n° 50.3). Le Tribunal des conflits a précisé la portée de cette distinction, en considérant comme des voies de fait l'expulsion de l'occupant d'un immeuble administratif, qui porte atteinte à « l'inviolabilité du domicile privé », et l'exhumation de corps enterrés dans un cimetière, qui viole « le respect dû aux tombes des morts » (TC 25 nov. 1963, *Époux Pelé*, Rec. 795 et *Commune de Saint-Just-Chaleyssin*, Rec. 793, concl. Chardeau – v. n° 50.3) (pour les autres hypothèses de voie de fait, v. nos obs. sous TC 8 avr. 1935, *Action française**).

12

COMPÉTENCE DE LA JURIDICTION ADMINISTRATIVE SERVICE PUBLIC – CONTRATS

CE 6 févr. 1903, TERRIER, Rec. 94, concl. Romieu

(D. 1904.3.65, concl. Romieu ;
S. 1903.3.25, concl. Romieu, note Hauriou)

Sur la compétence : – Cons. que le sieur Terrier défère au Conseil d'État une note rédigée en chambre du conseil par laquelle le secrétaire-greffier lui fait connaître que la requête adressée par lui au conseil de préfecture du département de Saône-et-Loire à l'effet d'obtenir du département le paiement d'un certain nombre de primes allouées pour la destruction des animaux nuisibles aurait été soumise à ce conseil qui se serait déclaré incompétent ;

Cons. que la note dont s'agit ne constitue pas une décision de justice et ne peut à ce titre être déférée au Conseil d'État ;

Mais cons. que, dans son pourvoi, le requérant a pris, en vue de l'incompétence du conseil de préfecture, des conclusions directes devant le Conseil d'État pour être statué sur le bien-fondé de sa réclamation ;

Cons. qu'étant donné les termes dans lesquels a été prise la délibération du conseil général allouant des primes pour la destruction des animaux nuisibles et a été voté le crédit inscrit à cet effet au budget départemental de l'exercice 1900, le sieur Terrier peut être fondé à réclamer l'allocation d'une somme à ce titre ; que *du refus du préfet d'admettre la réclamation dont il l'a saisi il est né un litige dont il appartient au Conseil d'État de connaître* et dont ce Conseil est valablement saisi par les conclusions subsidiaires du requérant ;

Au fond : – Cons. que l'état de l'instruction ne permet pas d'apprécier dès à présent le bien-fondé de la réclamation du sieur Terrier et qu'il y a lieu, dès lors, de le renvoyer devant le préfet pour être procédé à la liquidation de la somme à laquelle il peut avoir droit ;... (Sieur Terrier renvoyé devant le préfet pour être procédé à la liquidation de la somme à laquelle il peut avoir droit).

OBSERVATIONS

1 Un conseil général avait pris une délibération aux termes de laquelle une prime serait allouée à tout individu qui justifierait avoir détruit une vipère ; le sieur Terrier s'étant vu refuser le paiement de la prime par le préfet, motif pris de ce que le crédit prévu était épuisé, demanda au

Conseil d'État de censurer la violation par le département du contrat qu'il avait conclu avec les chasseurs de vipères. Le Conseil d'État se reconnut compétent, car *« du refus du préfet d'admettre la réclamation dont il l'a saisi il est né entre les parties un litige dont il appartient au Conseil d'État de connaître »*. Par cette phrase laconique, la Haute assemblée a pris l'un des arrêts les plus importants du droit administratif (I), éclairé par les célèbres conclusions du commissaire du gouvernement Romieu (II).

2 **I.** — *Cet arrêt* parachève l'unification du contentieux des collectivités locales avec celui de l'État. Le Conseil d'État avait déjà eu l'occasion de statuer sur des litiges nés entre des collectivités locales et des particuliers. Ainsi l'arrêt *Cadot** du 13 déc. 1889 tranchait un conflit entre la ville de Marseille et l'un de ses agents. De même les travaux publics communaux relevaient de la compétence des conseils de préfecture. Mais l'idée était généralement admise que les contrats passés par les collectivités locales étaient, en quelque sorte par nature, des contrats de droit privé, dont le contentieux devait être examiné par les tribunaux judiciaires. D'une façon plus générale, le critère de compétence tiré de la distinction entre les actes d'autorité et de gestion, abandonné dès 1873 pour l'État par l'arrêt *Blanco**, avait été maintenu pour les départements et les communes. Le commissaire du gouvernement Romieu démontra que cette différence de traitement devait être abandonnée : *« qu'il s'agisse des intérêts nationaux ou des intérêts locaux, du moment où l'on est en présence de besoins collectifs auxquels les personnes publiques sont tenues de pourvoir, la gestion de ces intérêts ne saurait être considérée comme gouvernée nécessairement par les principes du droit civil »*.

Ainsi, par l'arrêt *Terrier*, le contentieux contractuel des collectivités locales fut incorporé définitivement au contentieux administratif (cf également l'arrêt *Thérond** du 4 mars 1910). Quelques années plus tard, le Tribunal des conflits devait confirmer le système adopté par le Conseil d'État, en l'étendant au contentieux de la responsabilité extracontractuelle (29 févr. 1908, *Feutry*, Rec. 208, concl. Teissier ; D. 1908.349, concl. Teissier ; S. 1908.397, concl. Teissier ; RDP 1908.206, note Jèze). Après l'arrêt *Blanco*, l'arrêt Terrier marque ainsi une étape décisive dans le développement de la compétence de la juridiction administrative.

3 **II.** — L'importance et la célébrité de cet arrêt ne viennent pas seulement de son contenu propre, mais aussi des *conclusions* dans lesquelles Romieu a systématisé, en des termes qui restent encore en grande partie valables aujourd'hui, les principes qui régissent, pour l'État comme pour les collectivités locales, la délimitation des compétences administrative et judiciaire. Sans doute n'est-ce pas

lui qui a « inventé » la distinction entre la gestion publique et la gestion privée en tant que critère de la répartition des compétences : dès 1873, le commissaire du gouvernement David avait dit, dans ses conclusions sur l'affaire *Blanco*, qu'il fallait distinguer entre « l'État puissance publique » et « l'État personne civile » considéré soit comme propriétaire, soit comme contractant ; la distinction se trouvait également dans les travaux de Hauriou. Mais c'est des conclusions de Romieu que date le développement de cette idée fondamentale que le droit administratif – et par conséquent la compétence administrative – ne s'applique que dans la mesure où l'administration utilise des procédés exorbitants du droit commun.

4 La distinction est présentée sous la forme d'un principe – la gestion publique – suivi d'une exception – la gestion privée.

Le *principe* est que « tout ce qui concerne l'organisation et le fonctionnement des services publics proprement dits, généraux ou locaux..., constitue *une opération administrative,* qui est, *par sa nature,* du domaine de la juridiction administrative... *Toutes les actions entre les personnes publiques et les tiers ou entre ces personnes publiques elles-mêmes, et fondées sur l'exécution, l'inexécution ou la mauvaise exécution d'un service public sont de la compétence administrative* ».

Mais – et c'est *l'exception* – « il demeure entendu qu'il faut réserver, pour les départements et les communes comme pour l'État, les circonstances où l'administration doit être réputée agir dans les mêmes conditions qu'un simple particulier et se trouve soumise aux mêmes règles comme aux mêmes juridictions. Cette distinction entre ce qu'on a proposé d'appeler la gestion publique et la gestion privée peut se faire, soit à raison de la nature du service qui est en cause, soit à raison de l'acte qu'il s'agit d'apprécier. Le service peut, en effet, tout en intéressant une personne publique, ne concerner que la gestion de son domaine privé : on considère dans ce cas que la personne publique agit comme une personne privée, comme un propriétaire, dans les conditions du droit commun... D'autre part, il peut se faire que l'administration, tout en agissant, non comme personne privée, mais comme personne publique, dans l'intérêt d'un service public proprement dit, n'invoque pas le bénéfice de sa situation de personne publique et se place volontairement dans les conditions d'un particulier – soit en passant un de ces contrats de droit commun, d'un type nettement déterminé par le code civil (location d'un immeuble, par exemple, pour y installer les bureaux d'une administration), qui ne suppose par lui-même l'application d'aucune règle spéciale au fonctionnement des services publics, – soit en effectuant une de ces opérations courantes que les particuliers font journellement, qui supposent des rapports contractuels de droit commun, et pour lesquelles l'administration est réputée entendre agir comme un simple particulier (commande verbale chez un fournisseur, salaire à un journalier, expédition par chemin de fer aux tarifs du public, etc.). *Il appartient à la jurispru-*

dence de déterminer, pour les personnes publiques locales, comme elle le fait pour l'État, *dans quels cas on se trouve en présence d'un service public fonctionnant avec ses règles propres et son caractère administratif, ou au contraire en face d'actes qui, tout en intéressant la communauté, empruntent la forme de la gestion privée et entendent se maintenir exclusivement sur le terrain des rapports de particulier à particulier, dans les conditions du droit privé ».*

5 Comme le souhaitait le commissaire du gouvernement Romieu, la distinction entre les deux modes de gestion fut précisée par la jurisprudence ultérieure. En matière de contrats, elle est – après l'objet du contrat – un élément de la distinction des contrats administratifs et des contrats de droit commun de l'administration (CE 31 juill. 1912, *Société des granits porphyroïdes des Vosges** ; – 20 avr. 1956, *Époux Bertin**) ; en particulier la possibilité, évoquée par Romieu, pour l'administration de passer des contrats de droit commun d'un type nettement déterminé par le code civil a été illustrée à propos de contrats aussi bien classiques comme la location d'immeubles (par ex. CE 12 oct. 1988, *Ministre des affaires sociales c. Société d'études, de réalisations, de gestion immobilière et de construction*, Rec. 338 ; CJEG 1990.119, chr. Fatôme ; LPA 19 juill. 1989, note Llorens) que nouveaux comme la vente en l'état futur d'achèvement (*a contrario* CE Sect. 8 févr. 1991, *Région Midi-Pyrénées c. Syndicat de l'architecture de la Haute-Garonne* (Rec. 41 ; RFDA 1992.48, concl. Pochard ; AJ 1991.579, obs. Delcros ; CJEG 1991.251, art. Llorens ; JCP 1991.II.21738, note Fatôme ; RDP 1991.1137, note J.M. Auby). Plus largement, la distinction des services publics administratifs et des services publics industriels et commerciaux (TC 22 janv. 1921, *Société commerciale de l'Ouest africain**) a étendu la notion de gestion privée à des services entiers.

13

RECOURS POUR EXCÈS DE POUVOIR INTÉRÊT POUR AGIR

CE 11 déc. 1903, LOT, Rec. 780

(S. 1904.3.113, note Hauriou)

Cons. que les dispositions de l'art. 7 du décret du 14 mai 1887, qui exigent qu'aux Archives nationales les titulaires des emplois autres que celui de commis soient pris parmi les archivistes-paléographes, confèrent à ces derniers un droit exclusif à l'obtention de ces emplois ; qu'ainsi le sieur Lot, en sa qualité d'archiviste-paléographe, a un intérêt personnel et est par suite recevable à demander l'annulation de toute nomination faite contrairement aux dispositions qui précèdent ;

Au fond : – Cons. que le sieur Dejean a été nommé par le décret attaqué directeur des Archives, ce titre ayant été substitué par l'art. 4 du décret du 23 févr. 1897 à celui de garde général mentionné dans le décret du 14 mai 1887 ; que cette fonction qu'il n'appartient qu'au chef de l'État de conférer ne constitue pas un emploi dans le sens de l'art. 7 de ce dernier décret ; qu'en effet les emplois dont il est fait mention en cet article sont définis par l'énumération du personnel des Archives, telle qu'elle est contenue en l'art. 4, et que les membres de ce personnel, placés d'après l'art. 11 sous l'autorité du garde général au point de vue disciplinaire, sont aux termes des art. 5 et 6 à la nomination soit du ministre de l'instruction publique, soit du garde général ; qu'il suit de là qu'aucune disposition en vigueur n'a limité le choix du président de la République en ce qui concerne le chef de service préposé à la conservation et à l'administration des Archives nationales et que le requérant n'est pas fondé à demander l'annulation du décret attaqué ;... (Rejet).

OBSERVATIONS

1 Le Conseil d'État décide par cet arrêt que, lorsque les textes réservent aux titulaires d'un certain diplôme (ici les archivistes-paléographes) l'accès à telle ou telle fonction (ici les emplois des Archives nationales), toute personne titulaire de ce diplôme est recevable à attaquer les nominations qu'elle prétend faites en violation de ces textes (cf dans le même sens, pour les agrégés des facultés de droit, CE Sect. 26 déc. 1930, *Chauveau*, Rec. 1119 ; D. 1931.3.27, concl. Ettori ; RDP 1931.127, concl. Ettori). Cette décision doit être rapprochée des autres arrêts de la même époque tendant à élargir la notion d'intérêt requis pour former

un recours pour excès de pouvoir (v. nos obs. sous CE 29 mars 1901, *Casanova**).

Si le Conseil d'État a admis largement l'intérêt pour agir des fonctionnaires ou de leurs groupements, ce dernier se heurte cependant à une limite inspirée par le principe de subordination hiérarchique.

1. — Cas où l'intérêt pour agir des fonctionnaires est admis

L'intérêt pour agir des fonctionnaires et, sous réserve des règles propres à l'action collective (v. CE 28 déc. 1906, *Syndicat des patrons coiffeurs de Limoges**) celui de leurs groupements, est admis par la jurisprudence dans trois séries d'hypothèses :

2 *a)* Pour les mesures qui les concernent personnellement. Tel est le cas pour les décisions relatives à leur carrière et notamment pour les mesures les évinçant du service ou de certaines fonctions (CE Sect. 18 oct. 1968, *Vacher-Desvernais*, Rec. 494 ; AJ 1969.169, note Durand-Prinborgne). Le fonctionnaire intéressé est recevable à attaquer, non seulement la mesure d'éviction le concernant, mais également la nomination de son successeur ;

3 *b)* Pour les décisions qui les lèsent en raison de la concurrence qui leur est faite. Selon une jurisprudence remontant à une décision du 22 mars 1918, *Rascol*, Rec. 318 : *« les fonctionnaires appartenant à une administration publique ont qualité pour déférer au Conseil d'État les nominations illégales faites dans cette administration, lorsqu'elles consistent en promotions soit à la classe dont ils font partie, soit à l'une des classes supérieures, lesdites promotions pouvant avoir pour effet soit de retarder irrégulièrement leur avancement, soit de leur donner d'ores et déjà pour cet avancement des concurrents ne satisfaisant pas aux règles exigées par les lois et règlements. »* Le Conseil d'État est resté fidèle à cette orientation (CE 26 déc. 1925, *Rodière** ; – Sect. 1er juillet 1955, *Charles*, Rec. 379 ; AJ 1955.II.302, concl. Laurent). Il a même considéré que l'intérêt pour agir devait être admis pour les nominations dans un corps dont les membres peuvent entrer en concurrence avec le requérant pour l'accès à un corps supérieur (CE 17 mai 1972, *Roty, Demaret et Beaune*, Rec. 373 ; AJ 1972.649, concl. Braibant) ;

4 *c)* Pour les décisions qui, bien que relatives à l'organisation du service, portent atteinte aux droits qu'ils tiennent de leur statut, aux prérogatives de leur corps (cf. l'arrêt *Lot**) ou plus simplement, aux prérogatives attachées à l'exercice de leurs fonctions (CE Sect. 7 déc. 1956, *Dame Delecluse-Dufresne*, Rec. 466). Sur ce fondement, le Conseil d'État a admis que des membres de l'inspection générale de l'administration pouvaient contester la création au sein de ce corps de « chargés de mission » (CE Ass. 5 mars 1948,

Vuillaume, Rec. 117), ou qu'un officier avait intérêt à lui déférer une décision prévoyant que les officiers de son corps pourraient être placés sous l'autorité d'un officier de rang moins élevé (CE 6 nov. 1964, *Monier*, Rec. 523).

Dans le cas des groupements de fonctionnaires, l'atteinte aux prérogatives s'apprécie par rapport aux droits qui leur sont reconnus par les lois et règlements, comme par exemple l'obligation de les consulter (CE Sect. 4 mai 1984, *Syndicat CFDT du Ministère des relations extérieures*, Rec. 164 ; LPA 26 nov. 1984, concl. Labetoulle).

5 Le critère tiré des prérogatives attachées à l'exercice de certaines fonctions a été entendu de façon très large pour deux catégories d'agents publics, les professeurs et les chefs de services hospitaliers, pour le motif évoqué par le commissaire du gouvernement J. Théry dans ses conclusions sur une décision de section du 18 avril 1975, *Syndicat national des personnels administratifs des lycées et établissements secondaires* (Rec. 242), qu'il y a dans le cas de l'enseignement et de la médecine hospitalière une adhérence exceptionnelle entre l'agent et la fonction, et qu'affleure là, « la très ancienne notion d'arts libéraux dans lesquels joue un rôle essentiel la personnalité de qui les exerce ».

Ainsi ont été jugés recevables, dans le domaine de l'enseignement, les recours formés par des membres de l'enseignement public pour défendre la prérogative que constitue pour eux le monopole de la collation des grades universitaires (CE, Ass. 25 juin 1969, *Syndicat autonome du personnel enseignant des facultés de droit et de sciences économiques de l'État*, Rec. 335 ; RDP 1969.965, concl. Braibant) ou par des chefs d'établissement contre une circulaire relative à la notation des professeurs (*Syndicat national des personnels administratifs des lycées et établissements secondaires,* précité). De même, un professeur d'université est recevable à attaquer, aussi bien une délibération du conseil d'université diminuant ses crédits de recherche et de fonctionnement (CE Sect. 26 avr. 1978, *Crumeyrolle*, Rec. 189 ; D. 1978.IR.360, obs. P. Delvolvé) qu'un décret modifiant les structures de son université (CE Sect. 10 nov. 1978, *Chevallier*, Rec. 438 ; AJ 1979.2.33, concl. Massot ; D. 1980.333, note Tedeschi). *A fortiori*, le doyen d'une faculté est recevable à déférer une nomination intervenue en méconnaissance de son pouvoir de présentation (CE Sect. 26 avr. 1978, *Doyen de la faculté de médecine de Clermont-Ferrand*, Rec. 190 ; RA 1979.278, note Moderne).

S'agissant du service public hospitalier, l'intérêt donnant qualité pour agir a été admis pour le chef de service de chirurgie qui conteste la légalité de la décision répartissant les malades entre les médecins du service (CE 9 nov. 1962, *Princeteau*, Rec. 604 ; AJ 1962.668, chr. Gentot et Fourré), ainsi que pour le chef de service de gynécologie-obstétrique à l'encontre d'une décision soustrayant à son service certains éléments pour constituer une unité spécialisée indépendante chargée des interruptions volontaires de grossesse (CE Sect. 8 janv. 1982, *Lambert*, Rec. 17 ; RTDSS 1982.450, concl. Genevois, obs. de Forges ; RDP 1982.457, note J. Robert).

2. — Cas où l'intérêt pour agir des fonctionnaires n'est pas admis

6 Les fonctionnaires ou leurs groupements sont irrecevables à attaquer les mesures qui, sans porter atteinte aux droits qu'ils tiennent de leur statut ou à leurs prérogatives, ne concernent que l'organisation du service (CE Ass. 26 oct. 1956, *Association générale des administrateurs civils*, Rec. 391 ; RDP 1956.1309, concl. Mosset ; AJ 1956.II.491, chr. Fournier et Braibant : irrecevabilité d'un recours dirigé contre un décret organisant le travail de divers corps d'inspection du ministère de l'agriculture ; – CE 9 nov. 1988, *Association des présidents de chambre régionale des comptes*, Rec. 396 : irrecevabilité de cette association à contester des dispositions relatives à la procédure d'évocation par la Cour des comptes de certains comptes d'établissements publics).

L'irrecevabilité est également opposée pour des mesures prises exclusivement dans l'intérêt du service (CE Ass. 17 févr. 1950, *Moehrlé*, Rec. 114 ; D. 1950.485, concl. Guionin : un fonctionnaire n'a pas qualité pour attaquer la décision retirant une carte de circulation à tarif réduit sur les lignes de chemin de fer aux agents de son cadre, l'octroi de telles réductions étant exclusivement consenti « dans l'intérêt du service public »). De même, un fonctionnaire est sans qualité pour attaquer les instructions ou les décisions de ses supérieurs (CE Sect. 8 mai 1942, *Andrade*, Rec. 147 ; S. 1943.3.5, note J.D.V. : décision du chef hiérarchique du requérant annulant une punition infligée par ce dernier à l'un de ses subordonnés), un enseignant est sans qualité à déférer au juge le refus d'un chef d'établissement de prononcer une sanction disciplinaire ou de déclencher une procédure disciplinaire à l'encontre d'un élève (CE Sect. 10 juill. 1995, *Mme Laplace*, Rec. 302 ; AJ 1995.849, obser. Mallol) et les syndicats de personnels d'un établissement public ne sont pas recevables à attaquer les mesures mettant fin aux fonctions du président-directeur général de l'établissement et nommant son successeur (CE Ass. 4 nov. 1977, *Syndicat national des journalistes, Section ORTF*, Rec. 428 ; AJ 1978.111, concl. Massot, note Barthélémy).

Pas davantage un syndicat de policiers ne justifie d'un intérêt lui donnant qualité pour attaquer une instruction relative à l'organisation du service de la gendarmerie (conditions du port de la tenue civile par les gendarmes pour l'exercice de fonctions de police judiciaire) au motif que la mesure incriminée ne porte atteinte ni aux droits que les fonctionnaires de police tiennent de leur statut ni aux prérogatives des corps auxquels ils appartiennent (CE Sect. 13 janv. 1993, *Syndicat national autonome des policiers en civil*, Rec. 13 ; JCP 1993.II.22 152, note Gautier).

Au total, la jurisprudence exprime une conception de la fonction publique selon laquelle les agents bénéficient de garanties statutaires tout en étant soumis au principe de hiérarchie.

14

RECOURS EN CASSATION AUTORITÉ DE LA CHOSE JUGÉE

CE 8 juill. 1904, BOTTA, Rec. 557, concl. Romieu

(D. 1906.3.33, concl. Romieu ; S. 1905.3.81, note Hauriou)

Sur les conclusions à fin d'annulation de l'arrêt attaqué :

Cons. qu'il résulte des termes mêmes de l'arrêt des 7 et 21 juill. 1902 (Rec. 844) que la Cour des comptes a refusé de comprendre dans la dépense allouée au requérant diverses sommes représentant des remises perçues par lui en 1894 et 1895 sur les recettes et les dépenses qu'il avait effectuées en sa qualité de receveur municipal de la commune de Koléa ;

Cons. que, par un précédent arrêt du 6 déc. 1899, la Cour avait enjoint au comptable de reverser lesdites sommes qu'elle estimait avoir été à tort ordonnancées à son profit, mais que, par la décision ci-dessus visée du 28 févr. 1902 (Rec. 150), le Conseil d'État, statuant sur le pourvoi formé par le sieur Botta contre l'arrêt du 6 déc. 1899, en a prononcé l'annulation par le motif que l'ordonnancement avait été régulier ; qu'ainsi l'arrêt des 7 et 21 juill. 1902 est en contradiction avec la décision du Conseil d'État sur l'interprétation et l'application des actes administratifs fixant les remises allouées aux receveurs des contributions diverses en Algérie pour la gestion des deniers communaux ;

Cons. que l'art. 17 de la loi du 16 sept. 1807 ouvre un recours en cassation devant le Conseil d'État contre les arrêts de la Cour des comptes pour violation des formes ou de la loi et que l'ordonnance royale du 1er sept. 1819 dispose qu'en cas de cassation l'affaire est renvoyée devant une chambre de la Cour autre que celle qui en a connu, pour être statué au fond sur le compte en litige ; qu'il résulte de ces dispositions *que la Cour des comptes est placée sous l'autorité souveraine du Conseil d'État statuant au contentieux pour l'interprétation de la loi et qu'elle est tenue de faire application de la décision du Conseil au jugement de l'affaire à l'occasion de laquelle les questions de légalité ont été définitivement résolues par le Conseil ; que cette interprétation de l'art. 17 de la loi du 16 sept. 1807 n'est contredite par aucun texte et que seule elle peut assurer la solution définitive des affaires, en faisant obstacle à des conflits, dont le législateur ne saurait être présumé avoir admis la possibilité ; qu'il résulte de ce qui précède que la Cour par l'arrêt attaqué a méconnu l'autorité de la chose jugée sur le point de droit et commis un excès de pouvoir ;*

Cons. d'autre part, que les comptes du sieur Botta pour les années 1894-1895 ont fait l'objet d'un arrêt de quitus délivré par la Cour le 15 mars 1900 et devenu définitif ; qu'il n'y a lieu dès lors de prononcer le renvoi à la Cour du jugement de ces comptes comme conséquence de l'annulation de l'arrêt attaqué ;

Sur les conclusions à fin de remboursement du montant des remises indûment reversées :

Cons. que si le sieur Botta est fondé à prétendre qu'il a le droit d'obtenir le remboursement des sommes qu'il a reversées en exécution d'un arrêt de la Cour des comptes annulé par le Conseil d'État, il n'appartient pas néanmoins au Conseil, saisi d'un pourvoi formé devant lui par application de l'art. 17 de la loi du 16 sept. 1807, de condamner la commune de Koléa à effectuer ce remboursement ;... (Annulation de l'arrêt de la Cour des comptes).

OBSERVATIONS

1 Un arrêt de la Cour des comptes du 6 déc. 1899, statuant sur les comptes, pour 1894 et 1895, du sieur Botta, receveur des contributions en Algérie et receveur municipal de la commune de Koléa, avait déclaré ce comptable débiteur envers la commune de diverses sommes représentant le montant des remises proportionnelles qu'il se serait payées indûment sur certaines dépenses faites par la commune au cours de ces deux années. La Cour estimait en effet que ces dépenses communales constituaient des « conversions de valeurs » et étaient, à ce titre, non passibles de remises proportionnelles au profit du comptable. Sur recours du sieur Botta, le Conseil d'État, par une décision du 28 févr. 1902 (Rec. 150), cassa cet arrêt, et renvoya l'affaire devant la Cour des comptes. Celle-ci, par un arrêt des 7-21 juill. 1902, reprit intégralement sa décision sans tenir compte de la condamnation en droit de sa doctrine par le Conseil d'État. Le sieur Botta se pourvut contre ce nouvel arrêt ; le Conseil d'État fit droit à son recours, en affirmant que la Cour était tenue de se conformer à la décision de renvoi, et n'avait pu en méconnaître les principes sans violer l'autorité de la chose jugée.

L'arrêt *Botta* doit retenir l'attention à un double titre, quant à *la portée d'un arrêt de cassation* (I) et quant à l'*autorité de la chose jugée* (II).

I. — La portée d'un arrêt de cassation

2 L'arrêt *Botta* pose le principe selon lequel, dans la procédure de la cassation administrative, contrairement à ce qui se passe dans la cassation judiciaire, *le juge de renvoi est tenu d'adopter la solution* donnée par le Conseil d'État statuant en tant que juge de cassation : cette règle était inévitable, car si l'on avait permis au juge de renvoi de statuer contrairement à la doctrine de l'arrêt de cassation, le débat aurait pu s'éterniser, en l'absence d'une procédure à deux degrés analogue à celle de la cassation judiciaire.

La portée de l'arrêt *Botta* est doublement affectée par la loi du 31 déc. 1987 portant réforme du contentieux administratif. D'un côté, cette loi, instituant des cours administratives d'appel dont les arrêts peuvent être déférés au Conseil d'État par la voie du recours en cassation (art. 10 – aujourd'hui art. L. 821-1 CJA), accroît le rôle du Conseil d'État en cassation et le nombre de ses arrêts bénéficiant de l'autorité de la chose jugée à ce titre. D'un autre côté, la loi, chargeant le Conseil d'État de statuer définitivement sur une affaire qui fait l'objet d'un deuxième pourvoi en cassation (art. 11 alinéa 3 – art. L. 821-2 CJA), lui permet d'assurer effectivement lui-même, au fond, l'autorité de la chose qu'il a jugée à l'occasion du premier pourvoi.

II. — L'autorité de la chose jugée

3 L'arrêt *Botta assimile la violation de la chose jugée à la violation de la loi* : la chose jugée devient ainsi, à côté de la loi, des règlements, des principes généraux du droit, etc., une source de la légalité. Les conclusions du commissaire du gouvernement Romieu sont formelles : « Nous attachons une grande importance à la décision que le Conseil d'État rendra dans l'affaire actuelle, car elle aura une portée générale, et la théorie en sera applicable à toutes les autorités qui relèvent de sa juridiction au point de vue de l'annulation, soit aux autorités juridictionnelles de toute nature, soit même aux autorités de l'administration active. Il faut qu'on sache bien que lorsqu'un acte ou un jugement a été annulé par le Conseil d'État pour violation de la loi, cet acte ne peut être recommencé immédiatement dans les mêmes conditions, ce jugement ne peut être reproduit dans l'instance avec les moyens de droit qui ont été condamnés, sous peine d'une annulation qui, cette fois, sera exclusivement fondée sur la violation de la chose jugée. »

A. — La solution dépasse le recours en cassation et vaut pour *tous les arrêts d'annulation*, rendus notamment sur recours pour excès de pouvoir : la chose jugée doit être scrupuleusement respectée par toute autorité publique (v. nos obs. sous l'arrêt CE 26 déc. 1925, *Rodière**). Elle s'attache non seulement au dispositif mais aussi au motif qui en constitue le soutien nécessaire (CE 28 déc. 2001, *Syndicat CNT des PTE de Paris*, AJ 2002.542, note Seiller). Sa méconnaissance est sanctionnée tant sur le plan de la légalité (v. notamment CE Sect. 29 déc. 1949, *Société anonyme des automobiles Berliet*, Rec. 368 ; S. 1951.3.1.2e esp., concl. Guionin, note Mathiot ; D. 1950.384, note Weil ; — Ass. 13 juill. 1962, *Bréart de Boisanger*. Rec. 484 – v. n° 4.3 ; — Sect. 7 déc. 1979, *Ministre de la défense c. Amar*, Rec. 455) que sur celui de la responsabilité (par ex. CE Sect. 21 févr. 1958, *Société nouvelle des établissements Gaumont*, Rec. 124 ; S. 1958.281, concl. Jouvin).

L'autorité de la chose jugée peut s'imposer aussi dans les contentieux autres que ceux de l'annulation (par ex. le contentieux de la réparation) et s'y trouve également sanctionnée (par ex. à propos du retard à l'exécution d'une condamnation au paiement d'une somme d'argent, CE 2 mai 1962, *Caucheteux et Desmonts*, Rec. 291 – v. n° 63.2).

Elle est garantie par les mécanismes qu'a institués la loi du 16 juill. 1980 et celle du 8 févr. 1995 (v. nos obs. sous l'arrêt CE 17 mai 1985, *Mme Menneret**).

4 ***B.*** — Elle s'impose autant au législateur qu'à l'administration. Naguère, devant une loi remettant expressément en cause la chose jugée, le Conseil d'État ne pouvait que s'incliner (par ex. CE Sect. 7 mars 1980, *Association de défense des intérêts des étudiants de l'Université de Paris XIII*, Rec. 128). Mais il interprétait restrictivement les lois de validation d'actes annulés (CE 25 mai 1979, *Sec. d'État aux Universités c. Mme Toledano-Abitbol*, Rec. 228 ; D. 1979.IR.388, obs. P.D.) et admettait qu'elles pouvaient engager la responsabilité de l'État au titre de la jurisprudence *La Fleurette** (CE Ass. 1er déc. 1961, *Lacombe*, Rec. 674 – v. n° 53.7).

5 Aujourd'hui les possibilités de validation d'actes administratifs se trouvent réduites par l'effet conjugué de la jurisprudence du Conseil constitutionnel et de la Cour européenne des droits de l'homme.

Le premier a dénié au législateur le pouvoir *« de censurer les décisions des juridictions »* et particulièrement de valider un acte annulé, tout en admettant qu'il a *« pour des raisons d'intérêt général la faculté d'user de son pouvoir de prendre des dispositions rétroactives afin de régler... les situations nées de l'annulation »* d'un acte (CC n° 80-119 DC 22 juill. 1980, Rec. 46 ; AJ 1980.602, note Carcassonne ; D. 1981.65, note Franck ; JCP 1981.II.19603, note Nguyen Quoc Dinh ; RA 1981.33, note de Villiers ; RDP 1980.1658, note Favoreu ; GD n° 29)

Des stipulations de l'article 6-1 de la Convention européenne des droits de l'homme et des libertés fondamentales, le Conseil d'État avait déduit *« que l'État ne peut, sans les méconnaître, porter atteinte au droit de toute personne à un procès équitable en prenant des mesures législatives à portée rétroactive dont la conséquence est une modification des règles que le juge doit appliquer pour statuer sur les litiges dans lesquels l'État est partie sauf lorsque l'intervention de ces mesures est justifiée par des motifs d'intérêt général »* (CE Ass. 5 déc. 1997, *Ministre de l'éducation nationale, de la recherche et de la technologie c/ O.G.E.C. de saint-Sauveur-le-Vicomte*, Rec. 464, concl. Touvet ; RFDA 1998.160, concl. Touvet ; AJ 1998.97, chr. Girardot et Raynaud) – dans le même sens Cass. Ass. plén. 24 janv. 2003, D. 2003.1648, note Paricard-Pioux ; RFDA 2003.470, art. Mathieu).

C'est exactement ce qu'a jugé la Cour européenne des droits de l'homme (28 oct. 1999, *Zielenski et autres c/ France*, Rec. 1999.VII ; AJ 2000.533, chr. Flauss ; RDP 2000.716, note Gonzalez ; RFDA 2000.289, art. Mathieu, et 1254, note Bolle ; RTD Civ. 2000.436, note Marguenaud ; GACEDH 219) : *« si, en principe, le pouvoir législatif n'est pas empêché de réglementer en matière civile, par de nouvelles dispositions à portée rétroactive, des droits découlant de lois en vigueur, le principe de la prééminence du droit et la notion de procès équitable consacrés par l'article 6 s'opposent, sauf pour d'impérieux motifs d'intérêt général, à l'ingérence du pouvoir législatif dans l'administration de la justice dans le but d'influer sur le dénouement judiciaire du litige ».* En conséquence, la France a été condamnée pour une loi de validation dont la conformité à la Constitution avait été admise par le Conseil constitutionnel (n° 93-332 DC 13 janv. 1994, Rec. 21).

6 Celui-ci a été conduit à resserrer son contrôle, en se fondant, non pas sur la Convention européenne des droits de l'homme, au regard de laquelle il ne peut apprécier la constitutionnalité d'une loi (CC 15 janv. 1975, Rec. 19 – v. n° 98.3), mais sur les normes constitutionnelles : *« si le législateur peut, dans un but d'intérêt général suffisant, valider un acte dont le juge administratif est saisi, afin de prévenir les difficultés qui pourraient naître de son annulation, c'est à la condition de définir strictement la portée de cette validation, eu égard à ses effets sur le contrôle de la juridiction saisie ; une telle validation ne saurait avoir pour effet, sous peine de méconnaître le principe de la séparation des pouvoirs et le droit à un recours juridictionnel effectif, qui découlent de l'article 16 de la Déclaration des droits de l'homme et du citoyen, d'interdire tout contrôle juridictionnel de l'acte validé quelle que soit l'illégalité invoquée par les requérants »* (CC n° 99-422 DC 21 déc. 1999, Rec. 143 ; dans le même sens n° 99-425 DC 29 déc. 1999, Rec. 168 ; AJDA 2000.43 et 48, chr. Schoettl ; RDP 2000.611, art. Camby ; RFDA 2000.289, art. Mathieu).

Le Conseil d'État a prolongé cette jurisprudence, notamment en examinant si une loi ratifiant un ordonnance de l'article 38 de la Constitution ne comportait pas une validation incompatible avec les stipulations de l'article 6 (8 déc. 2000, *Hoffer*, Rec. 584 ; RFDA 2001.454, concl. Maugué, AJ 2000.1065, chr. Guyomar et Collin ; DA 2001, n° 71, note C.M.), et en écartant, sur le fondement de l'article 1er du premier protocole additionnel proclamant le droit de toute personne au respect de ses biens, une loi destinée à faire échec à un arrêt du Conseil d'État qui avait reconnu le droit de militaires à des primes de qualification et de service (CE Ass. 11 juill. 2001, *Ministre de la défense c. Préaud*, RFDA 2001.1047, concl. Bergeal, v. n° 116.3).

Ainsi se rejoignent les limites des validations d'actes administratifs et les exigences du droit à recours (v. nos obs. sous CE 17 févr. 1950, *Ministre de l'agriculture c/ Dame Lamotte**) : les principes garantissant le respect de l'autorité de chose jugée s'étendent à celui du droit au jugement de la chose.

Ainsi également se combinent les jurisprudences administrative, constitutionnelle et européenne, dans un « *dialogue* » qui permet de faire progresser le principe de légalité.

15

RESPONSABILITÉ DE LA PUISSANCE PUBLIQUE SERVICES DE POLICE

CE 10 févr. 1905, TOMASO GRECCO, Rec. 139, concl. Romieu

(D. 1906.381, concl. Romieu ; S. 1905.3.113, note Hauriou)

Sur la fin de non-recevoir opposée par le ministre : – Cons. que la requête contient l'énoncé des faits invoqués par le sieur Grecco comme engageant la responsabilité de l'État ; que, dès lors, elle satisfait aux conditions exigées par l'art. 1er du décret du 22 juill. 1806 :

Au fond : – Cons. qu'il ne résulte pas de l'instruction que le coup de feu qui a atteint le sieur Grecco ait été tiré par le gendarme Mayrigue, ni que l'accident, dont le requérant a été victime, puisse être attribué à une faute du service public dont l'administration serait responsable ; que, dès lors, le sieur Grecco n'est pas fondé à demander l'annulation de la décision par laquelle le ministre de la guerre a refusé de lui allouer une indemnité ;... (Rejet).

OBSERVATIONS

1 Un taureau devenu furieux s'étant échappé à Souk-el-Arbas (Tunisie), la foule s'était lancée à sa poursuite ; un coup de feu fut tiré, blessant le sieur Tomaso Grecco à l'intérieur de sa maison. La victime demanda une réparation à l'État en alléguant que le coup de feu avait été tiré par un gendarme et que, de toute façon, le service de police avait commis une faute en n'assurant pas l'ordre de manière à éviter de tels incidents.

L'état de la jurisprudence antérieure à 1905 ne laissait guère de chances de succès au requérant. Le Conseil d'État décidait en effet que *« l'État n'est pas, en tant que puissance publique, et notamment en ce qui touche les mesures de police, responsable de la négligence de ses agents »* (CE 13 janv. 1899, *Lepreux*, Rec. 18 ; S. 1900.3.1, note Hauriou) ; pour les fautes commises par le service de police, le Conseil d'État maintenait donc l'ancien principe d'irresponsabilité de la puissance publique.

Le commissaire du gouvernement Romieu proposa d'étendre à ce service le principe d'après lequel la puissance publique doit être déclarée pécuniairement responsable des fautes de service commises par ses agents. Le Conseil d'État suivit cette suggestion : sans doute rejeta-t-il la demande d'indemnité présentée par le sieur Grecco, mais il le fit pour des raisons de fait tirées de l'espèce – absence de faute imputable à la police dans l'affaire qui lui était soumise – et n'invoqua plus le principe de l'irresponsabilité de l'État pour les services de police.

Le commissaire du gouvernement avait cependant ajouté que, pour les services de police comme pour tout autre service, la responsabilité de l'administration « n'est ni générale, ni absolue », selon les termes de l'arrêt *Blanco** (TC 8 févr. 1873) : « c'est pourquoi toute erreur, toute négligence, toute irrégularité... n'entraînera pas nécessairement la responsabilité pécuniaire de la personne publique. Il appartient au juge de déterminer, dans chaque espèce, s'il y a une faute caractérisée du service de nature à engager sa responsabilité, et de tenir compte, à cet effet, tout à la fois de la nature de ce service, des aléas et des difficultés qu'il comporte, de la part d'initiative et de liberté dont il a besoin, en même temps que de la nature des droits individuels intéressés, de leur importance, du degré de gêne qu'ils sont tenus de supporter, de la protection plus ou moins grande qu'ils méritent, et de la gravité de l'atteinte dont ils sont l'objet ». La jurisprudence ultérieure devait en effet préciser qu'en principe seule une faute lourde pouvait engager la responsabilité de la puissance publique pour les services de police, en raison tant de la difficulté particulière des tâches de la police que de la nécessité de ne pas « paralyser » ces services par la menace d'une responsabilité pécuniaire encourue pour toute faute, même légère. Le commissaire du gouvernement Rivet a exposé ces motifs en ces termes, dans ses conclusions sur l'affaire *Clef* (CE 13 mars 1925, RDP 1925.274) : « Pour s'acquitter de la lourde tâche de maintenir l'ordre dans la rue, les forces de police ne doivent pas voir leur action énervée par des menaces permanentes de complications contentieuses. »

La jurisprudence ne devait pourtant pas en rester là : si la *faute lourde* est encore nécessaire pour engager la responsabilité des services de police *en certains cas* (I), cette responsabilité peut être engagée sur des *fondements différents dans d'autres cas* (II).

2 **I.** — Une *faute lourde* n'est nécessaire que lorsque les services de police doivent accomplir leurs missions dans des conditions particulièrement difficiles (CE Ass. 27 déc. 1938, *Loyeux*, Rec. 985 ; D. 1939.3.27, concl. Josse, note A.H. ; – Ass. 22 janv. 1943, *Braut*, Rec. 19 ; S. 1944.3.41, note Mathiot ; D. 1944.87, note G.B.). Pendant longtemps, cela a paru être le cas de toutes les activités matérielles de police et d'elles seules. La jurisprudence est désormais plus nuancée.

A. — Certaines *opérations de maintien de l'ordre* sur le terrain, « dans le feu de l'action », présentent un caractère de difficulté certain. L'exigence de la faute lourde reste justifiée, aussi bien pour des comportements actifs (usage de la force pour disperser des manifestations : CE 16 mars 1956, *Époux Domenech*, Rec. 124, concl. Mosset – v. n° 64.2 ; – Ass. 12 févr. 1971, *Rebatel*, Rec. 123), que pour défaut d'intervention (refus de mettre en œuvre la force publique pour enlever des barrages sur le domaine public ou faire cesser une occupation d'usine : CE Sect. 27 mai 1977, *SA Victor Delforge*, Rec. 253 ; – 11 mai 1984, *Port autonome de Marseille*, Rec. 178 – v. n° 42.5 ; non-prévention d'agression ou d'attentats : CE Sect. 29 avr. 1987, *Consorts Yener*, Rec. 152 ; RFDA 1987.643, concl. Fornacciari ; AJ 1987.450, chr. Azibert et de Boisdeffre). Elle est rarement satisfaite (cependant CE 10 déc. 1986, *Robert*, Rec. 701 : éviction brutale d'un commissariat d'un jeune homme dont l'état appelait manifestement des précautions particulières ; – 14 mars 1979, *Ministre de l'intérieur c. Compagnie Air Inter*, Rec. 119 : suppression de tout dispositif de garde et de surveillance des installations et des pistes d'un aérodrome, sans que soient mises en place ni même étudiées les mesures nécessaires à la protection permanente des aéronefs, alors qu'il existait des risques de troubles pour la sécurité publique ; – 26 juin 1985, *Mme Garagnon*, Rec. 209 ; RA 1987.38, note Frayssinet : négligence des services de police de l'air et des frontières dans la consultation du fichier des oppositions à la sortie du territoire ; – 15 juin 1987, *Société navale des Chargeurs Delmas Vieljeux*, Rec. 217 : absence de mesures pour s'opposer à la formation de barrages à l'entrée d'un port).

En raison des difficultés rencontrées par l'autorité de police pour faire respecter une réglementation, une faute lourde est également nécessaire (CE Sect. 14 déc. 1962, *Doublet*, Rec. 680 ; D. 1963.117 et S. 1963.92, concl. Combarnous ; AJ 1963.85, chr. Gentot et Fourré, à propos du camping ; – 8 avr. 1987, *Mme Virmaux*, Rec. 140 ; LPA 1987, n° 123, p. 4, concl. Fornacciari, à propos de la prostitution).

3 ***B.*** — L'adoption de *mesures juridiques de police* peut également présenter des difficultés telles que seule une faute lourde commise à cette occasion puisse engager la responsabilité de l'administration.

Ainsi, après avoir rappelé les « difficultés que la police de la circulation rencontre à Paris », le Conseil d'État a jugé que l'insuffisance des dispositions prises pour « que les interdictions édictées soient observées et pour que le droit d'accès des riverains soit préservé » n'engage la responsabilité de l'administration que dans le cas de faute lourde aussi bien pour les mesures réglementaires, qui sont prises dans les bureaux, que pour les mesures d'exécution, qui sont prises sur le terrain (CE Ass. 20 oct. 1972, *Ville de Paris c. Marabout*, Rec. 664 ; AJ 1972.581, chr. Cabanes et Léger ; AJ 1972.625, concl.

G. Guillaume ; JCP 1973.II.17373, note B. Odent ; RDP 1973.832, note M. Waline ; Gaz. Pal. 1973.265, note Rougeaux).

Plus tard, devait être admise la faute lourde constituée par la carence des autorités de police générale pour faire cesser un dépôt d'ordures « sauvage » (CE Sect. 28 oct. 1977, *Commune de Merfy*, Rec. 406 ; JCP 1978.II.18814, concl. Galabert), pour adapter et faire respecter la réglementation relative à la présence et à l'activité d'« artistes » place du Tertre à Paris (CE 25 sept. 1992, *S.C.I. Le Panorama* Rec. 1160 ; D. 1994 SC 62, obs. Bon et Terneyre), pour interdire l'accès à des immeubles menacés par des avalanches (CAA Lyon 1er févr. 1990, *Consorts Pressigout*, Rec. 980).

Pour ces mesures de police, l'illégalité ne suffit pas à engager la responsabilité de l'administration. Même si une illégalité est toujours une faute, il faut que cette faute, c'est-à-dire l'illégalité elle-même, soit d'un degré de gravité élevé.

Ainsi l'exigence d'une faute lourde pour certains aspects des services de police apparaît comme un cas d'application du régime de responsabilité pour faute lourde de services fonctionnant dans des conditions difficiles (services pénitentiaires, service des aliénés, services fiscaux, services de tutelle et de contrôle : v. CE 29 mars 1946, *Caisse départementale d'assurances sociales de Meurthe-et-Moselle** et nos obs.). Mais elle a été abandonnée pour certains d'entre eux (activités médicales et chirurgicales : v. CE Ass. 10 avr. 1992, *Époux V.**, et nos obs.) et elle est limitée pour la police elle-même.

4 **II.** — La responsabilité des services de police peut en effet être engagée, *en dehors de la faute lourde*, pour faute simple ou sans faute.

A. — *La faute simple* était habituellement considérée comme suffisante pour les *mesures juridiques* de police (CE Ass. 13 févr. 1942, *Ville de Dôle*, Rec. 48). On vient de voir que ce n'est plus toujours le cas. Il n'en reste pas moins que l'adoption de décisions soit réglementaires soit individuelles ne se heurte pas normalement à des obstacles considérables : la faute simple suffit. Elle est réalisée par l'illégalité dont est entachée la décision : illégalité d'un arrêté municipal interdisant la projection d'un film (CE Sect. 25 mars 1966, *Société « Les Films Marceau »*, Rec. 240 – v. n° 80.6) ou d'une décision préfectorale interdisant l'exploitation d'appareils à jeu (CE Sect. 26 janv. 1973, *Ville de Paris c. Driancourt*, Rec. 78 ; AJ 1973.245, chr. Cabanes et Léger). L'abstention d'un maire à utiliser ses pouvoirs de police pour réglementer la circulation et le stationnement des nomades alors que leur présence était depuis plusieurs années la cause de troubles à l'ordre public et de dommages aux biens constitue une faute (simple) qui engage la responsabilité de la commune à l'égard des victimes (CE 20 déc. 2000, *Compagnie* *d'assurances Zurich International*, Rec. 632 ; AJ 2001.898, note E. Aubin).

La faute simple est également suffisante pour des *activités matérielles* de police ou la carence des autorités de police dans l'adoption de mesures matérielles, lorsqu'elles ne présentent pas de difficultés particulières. Ainsi, après avoir exigé une faute lourde au sujet des mesures de sécurité destinées à protéger les spectateurs d'un feu d'artifice (CE Sect. 21 févr. 1958, *Commune de Domme*, Rec. 118 ; AJ 1958.II.225, chr. Fournier et Combarnous), le Conseil d'État se contente désormais d'une faute simple (CE 30 mars 1979, *Moisan*, Rec. 143 ; D. 1979.552, note Richer). On observe la même évolution à propos des dispositifs de sécurité sur les plages (CE Sect. 23 mai 1958, *Consorts Amoudruz*, Rec. 301 ; AJ 1958.II.309, chr. Fournier et Combarnous, d'une part, et CE Sect. 13 mai 1983, *Mme Lefebvre*, Rec. 194 ; AJ 1983.476, concl. Boyon, d'autre part), ou en montagne (CE Sect. 28 avr. 1967, *Lafont*, Rec. 182 ; D. 1967.434, concl. Galabert ; AJ 1967.272, chr. Lecat et Massot ; JCP 1967.II.15296, note Rabinovitch ; – Sect. 12 déc. 1986, *Rebora*, Rec. 281 ; AJ 1987.354, concl. Bonichot ; RA 1987.34, note Terneyre). Une faute simple suffit également pour engager la responsabilité de l'Office national des forêts dans l'exercice de sa mission de protection, conservation et surveillance de la forêt (CE 25 mars 1994, *Commune de Kintzheim c. Office national des forêts*, Rec. 162 ; D. 1996 SC 48, obs. Moderne et Bon).

Les activités de secours et de lutte contre l'incendie, qui, portant sur la sécurité des personnes et des biens, relèvent de la police, ont pendant longtemps paru s'exercer dans des conditions difficiles justifiant qu'une faute lourde soit nécessaire pour que la responsabilité de l'administration soit reconnue. Il n'en est plus ainsi. Aujourd'hui une faute simple suffit (à propos des secours en mer : CE Sect. 13 mars 1998, *Améon*, Rec. 82 ; CJEG 1998.197, concl. Touvet ; AJ 1998.418, chr. Raynaud et Fombeur ; D. 1998.535, note Lebreton ; à propos d'un service de lutte contre l'incendie : 29 avr. 1998, *Commune de Hannapes*, Rec. 185 ; D. 1998.535, note Lebreton ; JCP 1999.II.10109, note Genovese ; RDP 1998.1001, note Prétot). Mais elle s'apprécie au regard des conditions dans lesquelles ces activités s'exercent.

5 ***B.*** — L'extension de la responsabilité pour faute simple n'est pas la seule manifestation de l'assouplissement de la jurisprudence au sujet de la responsabilité du fait de la police. Elle s'est prolongée par la reconnaissance de la *responsabilité sans faute*.

Tout d'abord, le Conseil d'État applique le régime de responsabilité pour risque en cas d'usage d'armes à feu (CE 24 juin 1949, *Consorts Lecomte**). Le Tribunal administratif de Grenoble (4 nov. 1991, *Mme Colombier c. Ministre de l'intérieur*, D. 1993.161, note Couzinet) l'a même admis pour l'activité du service chargé de la protection de hautes personnalités étrangères.

En second lieu, la responsabilité de l'administration est engagée, sur le fondement du principe d'égalité devant les charges publiques, pour les mesures de police, positives ou négatives, imposant à des administrés une charge spéciale et anormale (CE Sect. 22 févr. 1963, *Commune de Gavarnie*, Rec. 113 et 13 mai 1987, *Aldebert*, Rec. 924 – v. n° 42.7 : arrêtés municipaux réglementant la circulation ; – Sect. 15 févr. 1961, *Werquin*, Rec. 118 – v. n° 42.7 : réquisition de logement légalement prononcée par le maire en vertu de ses pouvoirs de police ; – Sect. 27 mai 1977, *SA Victor Delforge*, et 11 mai 1984, *Port autonome de Marseille*, précités : abstention de l'usage de la force publique pour faire dégager une voie navigable ou un port).

On est loin aujourd'hui de l'irresponsabilité de principe dont bénéficiait la puissance publique en matière de police avant l'arrêt *Tomaso Grecco* et auquel celui-ci a apporté une première brèche.

16

RECOURS POUR EXCÈS DE POUVOIR CONTRATS

CE 4 août 1905, MARTIN, Rec. 749, concl. Romieu

(D. 1907.3.49, concl. Romieu ; RDP 1906.249, note Jèze ; S. 1906.3.49, note Hauriou)

En ce qui touche les délibérations des mois d'août 1900, avril et août 1901-1902 :

Cons. que c'est seulement à la date du 9 sept. 1903, c'est-à-dire après l'expiration du délai de deux mois imparti par la loi du 13 avr. 1900, que le sieur Martin, conseiller général, a demandé l'annulation de ces délibérations auxquelles il a pris part ; que, dès lors, sa requête n'est pas recevable en ce qui les concerne :

En ce qui touche la délibération du 19 août 1903 :

Cons. que pour obtenir l'annulation de cette délibération le sieur Martin se fonde sur ce qu'elle aurait été prise alors que le conseil général n'avait pas reçu communication d'un rapport spécial du préfet dans les formes et délai prescrits par l'art. 56 de la loi du 10 août 1871 ;

Mais cons. que si, aux termes de l'article susvisé, le préfet doit présenter, huit jours au moins à l'avance, à la session d'août, un rapport spécial et détaillé sur la situation du département et l'état des différents services, et, à l'autre session ordinaire, un rapport sur les affaires qui doivent lui être soumises au cours de cette session, cette disposition ne fait pas obstacle à ce que le préfet saisisse le conseil général même au cours des sessions, soit de rapports complémentaires de ceux déjà présentés, soit même de rapports sur des affaires nouvelles, dont l'instruction n'aurait pu se faire ou être terminée avant l'ouverture des sessions ; qu'il suit de là qu'en tenant pour établi le fait invoqué par le sieur Martin, la délibération du 19 août 1903 n'a pas été prise en violation de la loi ;... (Rejet).

OBSERVATIONS

1 Le sieur Martin, conseiller général dans le Loir-et-Cher, forme un pourvoi contre plusieurs délibérations prises par le conseil général de ce département au sujet de concessions de tramways. Il se plaint des conditions dans lesquelles le conseil général a été appelé à délibérer et de la procédure suivie par le préfet qui, en ne distribuant pas huit jours à l'avance aux membres de cette assemblée un rapport imprimé sur la question, les aurait empêchés d'exercer

leur mandat en connaissance de cause, avec les garanties prescrites par la loi du 10 août 1871 sur l'organisation départementale.

L'administration soutient que les délibérations attaquées ayant abouti à la conclusion d'un contrat ne peuvent faire l'objet d'un recours pour excès de pouvoir et ne peuvent être déférées qu'au juge du contrat. Le Conseil d'État n'adopte pas cette thèse. Il admet au contraire implicitement la recevabilité du recours pour excès de pouvoir formé par le sieur Martin.

Traditionnellement les actes de nature contractuelle ne sauraient être attaqués par la voie du recours pour excès de pouvoir, non seulement parce qu'il s'agit d'actes bilatéraux et que le recours pour excès de pouvoir est, dans la conception traditionnelle, un procès fait à l'acte unilatéral d'une autorité administrative, mais aussi parce que l'existence d'un recours parallèle devant le juge du contrat fait obstacle à la recevabilité du recours pour excès de pouvoir.

Avant 1905 cette irrecevabilité concernait, outre le contrat lui-même, tous les actes administratifs, même unilatéraux, qui l'avaient préparé et rendu possible ; ces actes formaient, disait-on, un tout indivisible avec le contrat et ne pouvaient donc être attaqués qu'autant que ce dernier n'était pas devenu définitif. Cette jurisprudence présentant de graves inconvénients à l'égard des tiers, qui ne disposaient pas de l'action contractuelle, le commissaire du gouvernement Romieu proposa de déclarer recevables les recours dirigés par les tiers contre des actes administratifs détachables du contrat. Le Conseil d'État suivit cette proposition.

Il devait s'engager fort loin dans cette voie en admettant le recours pour excès de pouvoir *contre les actes détachables du contrat*, qu'ils soient *préalables* (I) ou *postérieurs* (II) à la conclusion de celui-ci, et même, dans certains cas, *contre le contrat lui-même* (III).

I. — Le recours pour excès de pouvoir contre les actes préalables au contrat

2 La conclusion du contrat est précédée d'actes par lesquels l'autorité administrative manifeste unilatéralement une volonté qui, si elle contribue à la formation du contrat, n'est pas enfermée dans celui-ci : ces actes peuvent donc faire l'objet d'un recours pour excès de pouvoir, intenté par tout intéressé pour illégalité.

La *recevabilité* de ce recours a été assez libéralement admise (A). La *nature* de ce recours en limite néanmoins la portée (B).

A. — Pour la *recevabilité*, tant en ce qui concerne l'identification des actes détachables (1°) que celle des requérants pouvant les attaquer (2°), la jurisprudence est allée s'élargissant.

1°) Les actes peuvent se détacher formellement du contrat. L'arrêt *Martin* en est une parfaite illustration, s'agissant de délibérations d'un conseil général précédant la conclusion d'un contrat. On en trouvait d'autres exemples dans les mesures d'approbation des contrats des collectivités locales par les autorités de tutelle avant la loi du 2 mars 1982 (CE Sect. 4 févr. 1955, *Ville de Saverne*, Rec. 73). Plus généralement est considéré comme acte détachable tout acte antérieur à la conclusion définitive du contrat, y compris l'acte par lequel l'autorité administrative décide ou refuse de passer ou d'approuver le contrat (CE Ass. 30 mars 1973, *Ministre de l'aménagement du territoire, de l'équipement, du logement et du tourisme* c. *Schwetzoff*, Rec. 264 ; RA 1973.521, concl. G. Guillaume, note Liet-Veaux ; AJ 1973.366, note Dufau ; JCP 1973.II.17528, note Bréchon-Moulènes : arrêté ministériel portant concession de la construction et de l'exploitation d'un port de plaisance et décision préfectorale portant concession du droit d'endigage ; – 16 avr. 1986, *Compagnie luxembourgeoise de télévision*, Rec. 96 ; RDP 1986.857, concl. O. Dutheillet de Lamothe ; AJ 1986.284, chr. Azibert et Fornacciari ; D. 1987.97, note Llorens ; JCP 1986.II.20617, note Guibal ; RFDA 1987.2, art. P. Delvolvé et Moderne : décret d'approbation d'un contrat de concession).

Le caractère détachable peut apparaître de façon non formelle : la décision de conclure un contrat est révélée par la conclusion même du contrat ; elle s'en détache intellectuellement et juridiquement et peut donc donner lieu à recours pour excès de pouvoir (CE Sect. 9 nov. 1934, *Chambre de commerce de Tamatave*, Rec. 1034 ; – Sect. 7 févr. 1936, *Département de la Creuse*, Rec. 171 ; D. 1937.3.23, note Blaevoet ; – Sect. 20 janv. 1978, *Syndicat national de l'enseignement technique agricole public*, Rec. 22 ; AJ 1979, nº 1, p. 37, concl. Denoix de Saint Marc : acte par lequel le ministre de l'agriculture a passé une convention relative à l'aide de l'État à l'enseignement agricole privé).

Les actes détachables peuvent concerner aussi bien des contrats de droit privé que des contrats administratifs, et être ainsi déférés au juge administratif par la voie du recours pour excès de pouvoir alors que le contentieux des relations contractuelles de droit privé relève du juge judiciaire (CE Sect. 26 nov. 1954, *Syndicat de la raffinerie de soufre française*, Rec. 620 ; RPDA 1955.7, concl. Mosset ; D. 1955.472, note Tixier : recours contre un arrêté accordant la garantie de l'État à des emprunts ; Sect. 10 mars 1995, *Commune de Digne*, Rec. 124 ; CJEG 1995.192, concl. Savoie : recours contre le refus de vente d'un terrain appartenant au domaine privé d'une commune).

3 *2°)* Le recours peut être intenté par tout intéressé.

Il peut s'agir de *tiers* au contrat. Par exemple tout contribuable d'une collectivité locale soutenant que le contrat alourdit les charges de celle-ci et donc les impôts locaux est recevable à contester les actes ayant concouru à sa formation (jurisprudence *Casanova** du 29 mars 1901 ; par ex. CE 19 nov. 1926, *Decuty*, Rec. 993 ; RDP 1927.54, concl. Cahen-Salvador). Les groupements, et particulièrement les syndicats professionnels, sont également recevables, pour la défense des intérêts dont ils ont la charge (jurisprudence *Syndicat des patrons-coiffeurs de Limoges** du 28 déc. 1906 : par ex. CE 20 janv. 1978, *Syndicat national de l'enseignement technique agricole public*, précité).

Parmi les tiers, il en est qui ont pu participer à la procédure de formation du contrat, mais n'ont pas eu satisfaction : membres de l'assemblée dont la délibération était nécessaire pour autoriser la conclusion du contrat, qui se plaignent notamment de la méconnaissance de leurs prérogatives, comme c'était le cas dans l'affaire *Martin* ; personnes et notamment entreprises qui étaient candidates à l'attribution du contrat et qui n'ont pas été retenues (CE 30 mars 1906, *Ballande*, Rec. 261, concl. Romieu ; – 16 avr. 1986, *Compagnie luxembourgeoise de télévision*, précité), même lorsque, dans une procédure d'appel d'offres, elles ont finalement renoncé à en présenter une (CE Sect. 6 déc. 1995, *Département de l'Aveyron et Société Jean-Claude Decaux*, Rec. 428 ; AJ 1996.120, chr. Stahl et Chauvaux).

Les *cocontractants* eux-mêmes sont recevables. L'exception de recours parallèle qui aurait pu leur être opposée, puisqu'ils disposent du contentieux contractuel, n'a pas été retenue : ils peuvent user du recours pour excès de pouvoir contre les actes préalables à la conclusion du contrat.

La restriction formulée à leur égard par l'arrêt du 26 nov. 1954, *Syndicat de la raffinerie de soufre française*, précité, contrairement à une jurisprudence ancienne (CE 11 déc. 1903, *Commune de Gorre*, S. 1906.3.49, note M. Hauriou ; – Sect. 7 févr. 1936, *Département de la Creuse*, précité) a été levée ultérieurement (CE Sect. 4 févr. 1955, *Ville de Saverne*, précité ; – Sect. 5 déc. 1958, *Secrétaire d'État à l'agriculture c. Union des pêcheurs à la ligne et au lancer de Grenoble et du département de l'Isère*, Rec. 620 ; AJ 1959.II.57, concl. Kahn).

4 ***B.*** — La *nature* du recours pour excès de pouvoir limite sa portée quant aux moyens pouvant être invoqués (1°) et quant aux effets qu'il peut produire (2°).

1°) Dans tous les cas, le recours pour excès de pouvoir ne peut être fondé que sur un *chef d'illégalité*.

Celle-ci ne soulève pas de difficulté lorsqu'elle concerne un vice propre de l'acte détachable : par ex. vice de forme ou de procédure (arrêt *Martin*).

Mais l'illégalité peut tenir au contrat lui-même, en ce qu'il contient des clauses méconnaissant une règle de droit (par ex. CE

Ass. 2 déc. 1983, *Confédération des syndicats médicaux français et Conseil départemental du Morbihan de l'Ordre des médecins*, Rec. 469), ou en ce qu'il porte dans son ensemble sur une matière qui ne pouvait donner lieu à contrat (CE 20 janv. 1978, *Syndicat national de l'enseignement technique agricole public*, précité ; – 8 mars 1985, *Association « les amis de la terre »*, Rec. 73 ; RFDA 1985.363, concl. Jeanneney).

Ainsi, le recours pour excès de pouvoir peut conduire à sanctionner le contenu du contrat, à défaut d'être dirigé contre le contrat lui-même.

5 *2°)* Le recours pour excès de pouvoir dirigé contre l'acte détachable du contrat ne peut entraîner, s'il est illégal, que l'annulation de l'acte détachable, non celle du contrat. Comme l'a écrit le président de la section du rapport et des études dans une réponse à une question ministérielle (EDCE 1990, n° 41, p. 127 ; CJEG 1991.115, chr. Pacteau), « l'annulation... d'un acte détachable du contrat n'a par elle-même aucun effet direct sur ce contrat : celui-ci demeure la loi des parties... »

Mais il peut éventuellement être remis en cause.

Des considérations contradictoires s'opposent à ce sujet. D'un côté, « le principe de légalité qui inspire l'action de l'administration » commande que soient tirées toutes les conséquences de l'annulation de l'acte détachable. Il faut distinguer selon que cette annulation tient à un vice propre de l'acte détachable (par ex. vice de procédure dans son adoption) ou à l'objet de l'acte détachable, c'est-à-dire le contrat lui-même (notamment parce que le contrat a été conclu dans une matière ne pouvant donner lieu à contrat) (TC 6 mai 2002, *M. et Mme Binet*, JCP éd. CI 2002.II.10170, concl. Duplat ; AJ 2003.1229, note Sablière ; CJEG 2002.646, note Genevois). La nullité du contrat s'impose dans le second cas, mais non nécessairement dans le premier. D'un autre côté, les nécessités du service public, les droits qui résultent du contrat pour le cocontractant de l'administration, la sécurité juridique peuvent militer pour le maintien du contrat. Les solutions sont nuancées. Il faut distinguer entre les rapports entre parties au contrat et les initiatives que doit prendre l'administration, spontanément ou à la demande de tiers.

Alors même qu'aucune procédure n'a été engagée par l'administration pour donner suite à l'annulation de l'acte détachable, cette annulation peut suffire à empêcher les parties d'invoquer le contrat. Dès lors que le contrat n'est plus « *susceptible d'aucune exécution* » (CE 1er mars 1954, *Société l'Énergie industrielle*, Rec. 667), elles ne peuvent s'en prévaloir (CE 1er oct. 1993, *Société « Le yacht-club international de Bormes-les Mimosas »*, Rec. 875 ; AJ 1993.810, concl. Pochard ; RFDA 1994.248, note Pacteau).

L'administration doit examiner les mesures à prendre. Elle peut décider, le cas échéant, de mener le contrat jusqu'à son terme,

« *compte tenu notamment de l'intérêt que cette exécution présente pour le service public, du degré d'exécution des prestations prévues au contrat, de l'urgence ou des conséquences financières d'une éventuelle interruption de ce contrat* » (lettre du président de la section du rapport et des études, précitée). De même, selon une autre réponse du président de cette section à une demande ministérielle (3 déc. 1997, AJ 1998.169, note Richer), « *dans l'hypothèse où les motifs de l'annulation de l'acte détachable n'impliquent pas nécessairement que le juge du contrat soit saisi ou qu'il soit procédé à la résiliation du contrat, il appartient alors à l'administration de prendre un nouvel acte se substituant à la décision annulée* ». Une régularisation peut être possible (TA Grenoble 19 nov. 1998, *Moreau*, AJ 1999.183).

Si elle ne l'est pas, il revient à l'administration de prendre les mesures remettant en cause le contrat, en saisissant le juge du contrat d'une action en nullité ou en résolution, ou en résiliant elle-même le contrat. Son inertie peut être palliée par de nouvelles actions des intéressés.

6 Ils peuvent attaquer par la voie du recours pour excès de pouvoir le refus de l'administration d'adopter les décisions nécessaires (CE 17 févr. 1992, *Mme Courtet c. commune de Guidel*, DA juin 1992, concl. Le Chatelier ; D. 1992. sc. 414, obs. Terneyre). Surtout ils peuvent désormais mettre en œuvre les procédures d'injonction ouvertes par la loi du 16 juill. 1980 puis par celle du 8 févr. 1995 (v. nos obs. sous l'arrêt *Mme Menneret** du 17 mai 1985) pour que le juge administratif contraigne l'administration à agir. Ainsi, à la suite de l'annulation d'une délibération d'un conseil municipal autorisant la vente d'un immeuble communal, le Conseil d'État a ordonné à la ville, sous astreinte, de saisir le juge du contrat (en l'espèce, le juge judiciaire puisqu'il s'agissait d'un contrat de droit privé) afin de lui en faire constater la nullité (CE Sect. 7 oct 1994, *Époux Lopez*, Rec. 430, concl. Schwartz ; RFDA 1994.1090, concl. Schwartz, note Pouyaud ; AJ 1994.914, chr. Touvet et Stahl) – laquelle n'a pas été admise sans réticences par les juridictions judiciaires (CA Riom 28 mars 1996, *Mme Henriques, commune de Moulins et Époux Lopez*, AJ 1998.167, note Fatôme et Leveneur ; RFDA 1997.355, note Pouyaud ; Cass. civ. 12 nov. 1998, *Commune de Moulins*, RFDA 1999.147 – v. note Pouyaud, BJCP 2002, n° 23, p. 264).

Bien plus, dans un arrêt du 26 mars 1999, *Société Hertz* (Rec. 96, concl. Stahl ; AJ 1999.427, concl. Stahl ; RFDA 1999.997, note Pouyaud), après avoir annulé, comme entachées d'incompétence, des décisions du directeur général d'*Aéroports de Paris* de passer des conventions d'occupation temporaire du domaine public avec des sociétés de location de voitures, et considéré « *que dans les circonstances de l'espèce et eu égard à la nature des contrats en cause et du vice dont sont entachées les décisions* » de les conclure, « *l'annulation de ces décisions implique nécessairement la résolution desdites conventions* », le Conseil d'État (Sect.), mettant en œuvre les dispositions de la loi du 8 févr. 1995, a enjoint à *Aéroports de Paris*, s'il ne peut obtenir des sociétés qu'elles acceptent cette résolution, « *de saisir le juge du contrat... aux fins de voir prononcer la résolution desdites conventions* ».

II. — Le recours pour excès de pouvoir contre les actes postérieurs au contrat

7 Postérieurement à la conclusion d'un contrat, l'autorité administrative peut encore être amenée à prendre des mesures unilatérales, concernant l'exécution, la modification ou la fin du contrat : leur importance apparaît notamment au regard des pouvoirs de modification unilatérale et de résiliation unilatérale que détient l'administration dans les contrats administratifs (v. nos obs. sous l'arrêt CE 11 mars 1910, *Compagnie générale française des tramways**). Ces actes ne peuvent pas tous être indifféremment attaqués par la voie du recours pour excès de pouvoir. La recevabilité de celui-ci est principalement fonction de *la qualité des requérants* (A) ; ses moyens ne peuvent normalement tenir à la *violation du contrat* (B).

A. — Contrairement aux solutions prévalant au sujet des actes préalables à la conclusion du contrat, *la distinction des tiers et des cocontractants* reste importante pour la recevabilité des recours contre les actes postérieurs, qui apparaissent détachables du contrat pour les uns, non pour les autres.

Le Conseil d'État admet les *tiers*, qui n'ont pas accès au contentieux contractuel, à intenter un recours pour excès de pouvoir contre :

– des actes concernant l'exécution du contrat, positivement (CE Sect. 9 déc. 1983, *Ville de Paris, Société des mobiliers urbains pour la publicité et l'information*, Rec. p. 499, concl. Genevois ; AJ 1984.82, chr. Lasserre et Delarue) ou négativement (refus de prendre les mesures nécessaires pour assurer l'exécution : CE 21 déc. 1906, *Syndicat des propriétaires et contribuables du quartier Croix-de-Seguey-Tivoli**) ; mais certaines mesures d'exécution peuvent ne pas être détachables du contrat et ne peuvent donc être attaquées (CE 19 mars 1997, *Commune de Soisy-sous-Montmorency*, Rec. 106) ;

– des actes concernant la fin du contrat : refus de le résilier (CE Sect. 24 avr. 1964, *SA de livraisons industrielles et commerciales*, Rec. 239 ; AJ 1964.308, concl. Combarnous et 293, chr. Fourré et Puybasset ; D. 1964.665, note Ch. Debbasch) ; décision de résiliation (CE Ass. 2 févr. 1987, *Société T.V.6.*, Rec. 29 ; RFDA 1987.29, concl. Fornacciari ; AJ 1987.314, chr. Azibert et de Boisdeffre).

8 En revanche les *cocontractants* ne peuvent en principe utiliser la même voie non seulement parce que, lorsque le contrat est de droit privé, les mesures s'y rapportant relèvent du juge judiciaire, mais parce que, lorsqu'il est administratif, les cocontractants disposent d'un recours de plein contentieux devant le juge administratif.

Ils ne peuvent donc intenter un recours pour excès de pouvoir contre les actes concernant l'exécution du contrat (Sect. 9 déc. 1983, *Ville de Paris et Société des mobiliers urbains*, précité, à propos des décisions fixant les modalités d'exécution des prestations prévues au contrat), contre les actes concernant la résiliation du contrat (Sect. 6 mai 1955, *Société des grands travaux de Marseille*, Rec. 244 ; AJ 1955.II.327, concl. Chardeau ; D. 1955.579, note J.M. Auby : refus de résiliation ; – 29 juin 1966, *Société pour le traitement industriel du bois et l'équipement de la montagne*, Rec. 423 ; AJ 1966.563, concl. Galabert et Ass. 2 févr. 1987, *Société France 5*, Rec. 28, et même références que *Société T.V.6*, précité : décision de résilier). La différence entre la situation des tiers et celle des cocontractants est d'autant plus nette que certains arrêts affirment à la fois la recevabilité du recours pour excès de pouvoir des premiers et l'irrecevabilité de celui des seconds.

Toutefois les cocontractants peuvent, dans certains cas, user du recours pour excès de pouvoir.

Cela tient d'abord au caractère réglementaire des mesures critiquées (CE 6 déc. 1907, *Compagnie des chemins de fer de l'Est** : règlement d'administration publique modifiant le cahier des charges des concessions de chemin de fer ; – Ass. 2 mai 1958, *Distillerie de Magnac-Laval*, Rec. 246 – v. n° 23.4 : décret réglementaire résiliant toute une catégorie de contrats), ensuite à la situation réglementaire dans laquelle sont placés des cocontractants, comme les agents publics contractuels (CE Sect. 25 mai 1979, *Mme Rabut*, Rec. 231, concl. Genevois ; D. 1979.IR.388, obs. P.D. : recours contre le refus de modifier le contrat conformément aux prescriptions en vigueur ; – Sect. 3 mai 1982, *Mme Vidy*, Rec. 166 : recours contre la résiliation du contrat), enfin à ce que la « convention » liant une entreprise à l'administration est plus une autorisation qu'un contrat (CE 25 nov. 1998, *Compagnie luxembourgeoise de télédiffusion*, Rec. 443 ; AJ 1999.54, concl. Chauvaux).

9 ***B.*** — Mais, dans tous les cas, les requérants, quels qu'ils soient, ne peuvent invoquer à l'appui de leur recours pour excès de pouvoir que des *moyens de légalité*, non la méconnaissance des clauses du contrat (CE Ass. 8 janv. 1988, *Ministre chargé du plan et de l'aménagement du territoire c. Communauté urbaine de Strasbourg*, Rec. 3 ; RFDA 1988.25, concl. Daël ; AJ 1988.137, chr. Azibert et de Boisdeffre ; JCP éd. CI 1988.II.21084, note R. Drago ; RA 1988.146, note Terneyre : « la méconnaissance des stipulations d'un contrat... ne peut être utilement invoquée comme moyen de légalité à l'appui d'un recours pour excès de pouvoir formé à l'encontre d'une décision administrative »). Toutefois, lorsque ces clauses ont elles-mêmes un caractère réglementaire, elles peuvent servir de fondement à un recours pour excès de pouvoir (CE 21 déc. 1906, *Syndicat des propriétaires et contribuables du quartier Croix-de-Seguey-Tivoli** ; – Sect. 23 févr. 1968, *Picard*, Rec. 131 ; AJ

1968.457, chr. Massot et Dewost ; – Sect. 18 mars 1977, *Chambre de commerce de la Rochelle*, Rec. 153, concl. Massot) et même être attaquées par la voie du recours pour excès de pouvoir.

III. — Le recours pour excès de pouvoir contre le contrat

10 Le recours pour excès de pouvoir reste *en principe irrecevable* contre un contrat (A). Ce principe connaît des *exceptions* (B).

A. — Le principe de l'irrecevabilité du recours pour excès de pouvoir contre un contrat de l'administration est lié à deux considérations : l'une est que ce recours ne peut être dirigé que contre des actes unilatéraux de l'administration, l'autre est qu'il a un caractère objectif. Le contrat, résultant de la rencontre de la volonté de deux ou plusieurs personnes, qui au surplus peuvent ne pas être toutes des personnes publiques, et faisant naître entre les parties des droits subjectifs, échappe logiquement au recours pour excès de pouvoir.

Le Conseil d'État a plusieurs fois marqué fermement cette irrecevabilité (16 avr. 1986, *Compagnie luxembourgeoise de télévision* précité ; 17 déc. 1986, *Syndicat de l'Armagnac et des vins du Gers*, Rec. 607 ; RFDA 1987.19, concl. Fornacciari : AJ 1987.80, chr. Azibert et Boisdeffre). Après avoir admis certaines exceptions, il en a clairement souligné les limites (CE 14 mars 1997, *Compagnie d'aménagement des côteaux de Gascogne*, RFDA 1997.349, note P. Delvolvé).

B. — Les exceptions sont de deux ordres.

11 *1°)* La première est constituée par le *déféré préfectoral* amenagé par la loi du 2 mars 1982 relative aux droits et libertés des communes, des départements et des régions : il peut être dirigé par les préfets contre les actes administratifs de ces collectivités et de leurs groupements, que ces actes soient unilatéraux ou contractuels.

Le Conseil d'État considère le déféré préfectoral comme un véritable recours pour excès de pouvoir (Sect. 26 juil. 1991, *Commune de Sainte-Marie*, Rec. 302 ; RFDA 1991.966, concl. Legal ; AJ 1991.693, chr. Maugüé et Schwartz). Il en admet la recevabilité non seulement contre les contrats (marchés, conventions de concession, d'affermage notamment) que la loi soumet expressément à l'obligation de transmission au préfet, mais aussi contre les autres (CE 4 nov. 1994, *Département de la Sarthe*, Rec. t. 1045 ; AJ 1994.898, concl. Maugüé, sous la seule réserve qu'ils aient un caractère administratif (CE Sect. 27 févr. 1987, *Commune de Grand-Bourg de Marie-Galante c. Mme Lancelot*, Rec. 79 ; RFDA 1987.212, concl. Stirn ; AJ 1987.418, obs. Prétot).

C'est la volonté du législateur, étendue au-delà de la lettre de la loi, qui a permis d'admettre la recevabilité, contre des contrats administratifs, du recours pour excès de pouvoir très particulier que constitue le déféré préfectoral.

12 *2°)* Le recours pour excès de pouvoir proprement dit a été accueilli par le Conseil d'État, indépendamment d'une disposition législative, contre certaines clauses de contrats et même contre certains contrats.

Certaines clauses de contrats, tels ceux qui confient au cocontractant l'exécution d'un service public au profit des usagers, ne régissent pas les rapports subjectifs de l'administration et de son cocontractant mais déterminent l'organisation et le fonctionnement du service public et établissent des droits et obligations à l'égard des administrés. Ce ne sont pas des stipulations contractuelles, mais des dispositions à caractère réglementaire, qui, se détachant du reste du contrat, peuvent être attaquées par la voie du recours pour excès de pouvoir. Telle est la solution admise par le Conseil d'État (Ass.) dans l'arrêt du 10 juill. 1996, *Cayzeele* (Rec. 274 ; AJ 1996.732, chr. Chauvaux et Girardot ; CJEG 1996.382, note Terneyre ; RFDA 1997.89, note P. Delvolvé ; – dans le même sens 15 janv. 1998, *Syndicat départemental Interco 35*, AJ 1999.164 note Petit, à propos de « *dispositions d'un contrat relatives à l'organisation d'un service public* » constituées par la convention créant un groupement d'intérêt public).

Elle est logiquement prolongée par la reconnaissance du caractère réglementaire du refus de modifier de telles clauses et donc par l'admission de la recevabilité du recours pour excès de pouvoir contre lui (CE 15 janv. 1999, *Sabaty*, DA 1999, n° 67). Elle ne vaut plus pour les autres clauses, qui, n'ayant pas de caractère réglementaire, ne peuvent pas plus faire l'objet d'un recours pour excès de pouvoir qu'elles ne peuvent être invoquées à l'appui d'un tel recours (CE 29 déc. 1997, *Mme Bessis*, Rec. 940).

Certains contrats, sans comporter de clause réglementaire, placent le cocontractant dans une situation réglementaire. C'est le cas des contrats de recrutement de certains agents publics, dont la situation n'est pas très différente de celle des fonctionnaires. Le Conseil d'État (Sect.), dans un arrêt du 30 oct. 1998, *Ville de Lisieux* (Rec. 375, concl. Stahl ; CJEG 1999.61, concl. Stahl ; RFDA 1999.128, concl. Stahl et note Pouyaud ; AJ 1998.969, chr. Raynaud et Fombeur ; JCP 1999.II.10045, note Haïm), a admis « *qu'eu égard à la nature particulière des liens qui s'établissent entre une collectivité publique et ses agents non titulaires, les contrats par lesquels il est procédé au recrutement de ces derniers sont au nombre des actes dont l'annulation peut être demandée au juge administratif par un tiers y ayant un intérêt suffisant* ». La solution est soigneusement délimitée. Elle a été sans doute influencée par un double rapprochement : d'une part, entre la nomination d'un fonctionnaire, acte unilatéral susceptible de recours pour excès de pouvoir, et le contrat de recrutement d'un agent non titulaire, qui n'est pas radicalement différent ; d'autre part, entre le déféré préfectoral, recevable contre un tel contrat (comme cela a été jugé dans un autre arrêt *Ville de Lisieux*, rendu le même jour) et le recours d'un tiers dont on aurait difficilement compris qu'il ne fût pas admis contre le même contrat.

La jurisprudence *Ville de Lisieux* de 1998 dépasse nettement la jurisprudence *Martin* de 1905. Elle amène à concevoir, sinon de nouveaux cas de recevabilité du recours pour excès de pouvoir contre les contrats, du moins peut-être un nouveau type de recours contre eux.

17

RECOURS POUR EXCÈS DE POUVOIR INTÉRÊT POUR AGIR

CE 21 déc. 1906, SYNDICAT DES PROPRIÉTAIRES ET CONTRIBUABLES DU QUARTIER CROIX-DE-SEGUEY-TIVOLI, Rec. 962, concl. Romieu

(D. 1907.3.41, concl. Romieu ; S. 1907.3.33, note Hauriou)

Sur la fin de non-recevoir tirée de ce que le syndicat requérant ne constituerait pas une association capable d'ester en justice :

Cons. que le syndicat des propriétaires et contribuables du quartier de la Croix-de-Seguey-Tivoli s'est constitué en vue de pourvoir à la défense des intérêts du quartier, d'y poursuivre toutes améliorations de voirie, d'assainissement et d'embellissement, que ces objets sont au nombre de ceux qui peuvent donner lieu à la formation d'une association aux termes de l'art. 1er de la loi du 1er juill. 1901 ; qu'ainsi, l'association requérante, qui s'est conformée aux prescriptions des art. 5 et suivants de la loi du 1er juill. 1901, a qualité pour ester en justice :

Sans qu'il soit besoin d'examiner les autres fins de non-recevoir opposées par la compagnie des tramways électriques au pourvoi du syndicat :

Cons. que le syndicat requérant a demandé au préfet d'user des pouvoirs qu'il tient des art. 21 et 39 de la loi du 11 juin 1880 pour assurer le fonctionnement du service des tramways afin d'obliger la compagnie des tramways électriques de Bordeaux à reprendre l'exploitation, qui aurait été indûment supprimée par elle, du tronçon de Tivoli de la ligne n° 5 ;

Cons. que, pour repousser la demande du syndicat, le préfet s'est fondé sur ce que le tronçon de ligne dont il s'agit n'était pas compris dans le réseau concédé par le décret du 19 août 1901 ; qu'en l'absence d'une décision rendue par la juridiction compétente et donnant au contrat de concession une interprétation différente de celle admise par le préfet, le syndicat n'est pas fondé à soutenir que le refus qui lui a été opposé par le préfet, dans les termes où il a été motivé, est entaché d'excès de pouvoir ;... (Rejet).

OBSERVATIONS

1 La compagnie concessionnaire du réseau des tramways de Bordeaux avait procédé, à la suite de la substitution en 1901 de la traction mécanique à la traction animale, à un remaniement de ses lignes et décidé, notamment, la suppression de la ligne desservant le quartier de la Croix de Seguey-Tivoli. Le doyen de la Faculté de droit de Bordeaux, Léon Duguit, prit l'initiative de grouper les

habitants du quartier en un syndicat de propriétaires et contribuables ; ce dernier demanda à l'autorité préfectorale de mettre la compagnie en demeure d'exécuter le service dans les conditions prescrites par le cahier des charges. Le préfet ayant refusé de faire droit à cette demande, le syndicat déféra son refus au Conseil d'État par la voie du recours pour excès de pouvoir. Après avoir déclaré ce recours recevable, le Conseil d'État le rejeta au fond.

Le problème qui se posait au Conseil d'État était moins celui de savoir si le refus du préfet était ou non valable – il s'agissait d'une question classique d'interprétation d'un cahier des charges – que celui de déterminer si le recours était recevable : les simples usagers d'un service public ont-ils un intérêt suffisant pour pouvoir attaquer par la voie du recours pour excès de pouvoir les décisions administratives refusant d'assurer un fonctionnement du service conforme aux textes en vigueur ? Le Conseil d'État résout cette question par l'affirmative, confirmant ainsi la tendance de l'époque vers l'élargissement de la recevabilité du recours pour excès de pouvoir (v. nos obs. sous l'arrêt *Casanova** du 20 mars 1901).

Cette jurisprudence ne s'est pas démentie depuis lors.

Elle reconnaît aux usagers des services publics, en cette qualité (I), un intérêt à attaquer par la voie du recours pour excès de pouvoir des actes administratifs concernant ces services (II) pour faire ainsi respecter leurs droits (III).

2 **I.** — La qualité d'usager d'un service public suffit à donner un intérêt pour contester les actes concernant le service, sans avoir à justifier plus particulièrement de cet intérêt.

Ainsi, l'arrêt *Croix-de-Seguey-Tivoli* étend la notion de qualité pour agir, déjà reconnue à propos des contribuables locaux (*Casanova**) et des membres d'un corps (CE 11 déc. 1903, *Lot**), et qui consiste dans « l'appartenance à une catégorie juridique déterminée » (Azibert et de Boisdeffre, AJ 1987.338).

Elle vaut aussi bien pour les usagers d'un service public industriel et commercial (CE 1er juill. 1936, *Veyre*, Rec. 713 ; S. 1937.3.105, note L'Huillier) que pour ceux d'un service administratif (CE Ass. 9 oct. 1996, *Mme Wajs et Monnier*, Rec. 387 ; CJEG 1997.52 et RFDA 1997.726, concl. Combrexelle ; AJ 1996.973, chr. Chauvaux et Girardot ; JCP 1997.II.22777, note Peyrical : usagers d'autoroutes), pour ceux d'un service public exploité en concession (*Croix-de-Seguey Tivoli — Wajs et Monnier*), que pour ceux d'un service exploité en règie, pour ceux d'un service public national (CE 19 déc. 1979, *Meyet*, Rec. 475 ; D. 1980.IR.124, obs. P.D. : usager du service des télécommunications attaquant un décret fixant le tarif du téléphone), que pour ceux d'un service public local (*Croix-de-Seguey-Tivoli*).

Toutefois la qualité d'usager du service public ne donne un intérêt à agir que dans la mesure où ce service est directement en cause : dans la négative, la qualité ne joue plus et l'intérêt disparaît. Ainsi, des étudiants peuvent attaquer les nominations de leurs professeurs (CE Sect. 29 oct. 1976, *Association des délégués et auditeurs du Conservatoire national des arts et métiers*, Rec. 460), non la décision nommant un inspecteur général et le chargeant des fonctions de chef de service dans le ministère dont relève leur unité pédagogique (du même jour, Sect. *Rouillon, Pommeret et Sion*, Rec. 453, concl. Massot ; AJ 1976.635, note J. Théry) ; les élèves d'une école peuvent contester sa réorganisation, non la création et l'organisation d'une autre école (CE Sect. 5 oct. 1979, *Lamar*, Rec. 365).

Les usagers peuvent contester des dépenses couvertes par les redevances qu'ils doivent payer (CE 9 oct. 1996, *Mme Wajs et Monnier*), non les charges dont la répercussion sur le tarif n'a qu'un caractère indirect et incertain (CE 8 déc. 2000, *Wajs*, DA 2001.48, note C.M.).

Il faut aussi que la mesure contestée puisse porter tort aux usagers : ils ne peuvent par exemple, attaquer une délibération qui a pour effet de réduire le montant de la somme qu'ils doivent acquitter (CE 28 déc. 1992, *Commune de Liffre c. Carlier*, Rec. 1195).

3 **II.** — Les usagers peuvent déférer au juge de l'excès de pouvoir tous *les actes qui se rapportent à l'organisation et au fonctionnement du service.*

Ces actes sont souvent réglementaires (par ex. CE 26 juil. 1985, *Association « Défense des intérêts des lecteurs de la Bibliothèque nationale »*, Rec. 478 : avis aux lecteurs et décision du conservateur du département des imprimés de la Bibliothèque nationale aménageant, dans des conditions restrictives, l'accès des lecteurs). Ils peuvent être extérieurs à un contrat de concession dont ils approuvent les clauses (CE 9 oct. 1996, *Mme Wajs et Monnier*, précité). Ils peuvent être constitués par les dispositions réglementaires figurant dans le contrat confiant le service à une entreprise (CE Ass. 1er juill. 1996, *Cayzeele*, Rec. 274 – v. nº 16.12).

Ils peuvent être individuels (par ex. interdiction d'accès au service : CE 7 févr. 1936, *Jamart** ; refus de rembourser un trop perçu : CE 19 juin 1991, *Meyet*, Rec. 250). Mais les mesures individuelles concernant les usagers des services publics industriels et commerciaux échappent à la compétence du juge administratif (par ex. CE 21 avr. 1961, *Dame Vve Agnesi*, Rec. 253 ; D. 1962.535, note F.B. ; – 20 janv. 1988, *S.C.I. La Colline*, Rec. 21 – v. nº 38.3) (v. nos obs. sous TC 22 janv. 1921 *Société commerciale de l'Ouest africain**).

Ces actes peuvent émaner de l'organisme chargé du service, mais aussi de la collectivité qui le contrôle : actes de l'autorité de tutelle (CE 1er juill. 1936, *Veyre*, précité) ou décisions par lesquelles l'autorité concédante refuse d'intervenir auprès du concessionnaire pour le contraindre à respecter le cahier des charges (*Croix-de-Seguey-Tivoli* ; – Sect. 7 nov. 1958, *Soc. « Electricité et Eaux de Madagascar »*, Rec. 530, concl. Heumann).

Le recours pour excès de pouvoir s'ajoute ainsi aux actions contractuelles que peuvent exercer devant les tribunaux judiciaires les particuliers avec lesquels l'exploitant du service public industriel et commercial a refusé de contracter, ou les abonnés qui se plaignent de la méconnaissance de leur contrat (CE Sect. 5 nov. 1937, *Soc. L'Union hydroélectrique ouest constantinois*, Rec. 896 ; S.1938.65, note P.L.). La technique des actes détachables du contrat bénéficie donc particulièrement aux usagers (v. nos obs. sous l'arrêt CE 4 août 1905, *Martin**).

4 **III.** — Cette jurisprudence leur permet ainsi de faire valoir *leurs droits.*

Ils peuvent faire assurer l'organisation et le fonctionnement corrects d'un service déjà créé, conformément aux dispositions qui le régissent. Celles-ci figurent non seulement dans les actes réglementaires adoptés unilatéralement par les autorités administratives, mais aussi dans les clauses réglementaires incluses dans les contrats de concession, et que les usagers peuvent soit invoquer soit attaquer (*Cayzeele*, *Mme Wajs et Monnier*, *Croix-de-Seguey-Tivoli*). Les usagers peuvent aussi faire respecter le principe d'égalité devant le service public (v. nos obs. sous l'arrêt CE 9 mars 1951, *Société des concerts du conservatoire** ; – 19 déc. 1979, *Meyet*, précité et 8 avr. 1987, *Association Études et consommation CFDT*, Rec. 128, à propos des tarifs du téléphone), et l'un de ses aspects, le principe de neutralité du service public (CE Ass. 21 oct. 1988 *Fédération des parents d'élèves de l'enseignement public*, Rec. 361 ; RFDA 1989.124, concl. Faugère), ainsi que le principe de continuité du service public (v. nos obs. sous l'arrêt CE 7 juill. 1950, *Dehaene** ; – CE 13 févr. 1987, *Touchebeuf et Mme Royer*, Rec. 45 : recours contre la fermeture d'un collège trois semaines avant la date prévue pour la fin de l'année scolaire).

Ils peuvent même faire écarter des clauses dont le caractère abusif s'apprécie non seulement au regard de ces clauses elles-mêmes mais aussi compte tenu de l'ensemble des stipulations du contrat et des caractéristiques particulières du service public sur lequel il porte (CE Sect. 11 juill. 2001, *Société des eaux du Nord*, v. n° 107.7).

Ils peuvent enfin revendiquer le maintien d'un service public existant voire la création d'un service nouveau. Mais leurs droits sont à cet égard plus limités. Même si des services publics correspondent à des exigences d'ordre constitutionnel (par ex. le service public de l'enseignement ou celui de la santé) ou d'ordre législatif (par ex. le service public du transport ou celui de la poste) voire réglementaire, l'autorité administrative garde un marge d'appréciation pour procéder aux aménagements qui lui paraissent convenables. Le Conseil d'État a plusieurs fois jugé qu'un service public pouvait être supprimé à toute époque (CE Sect. 27 janv. 1961,

Vannier, Rec. 60, concl. Kahn ; AJ 1961.74, chr. Galabert et Gentot ; Sect. 18 mars 1977, *Chambre de commerce de la Rochelle*, Rec. 153, concl. Massot). Comme dans d'autres hypothèses de pouvoir discrétionnaire (v. nos obs. sous CE 2 nov. 1973, *Librairie Maspero**), il réserve néanmoins l'erreur manifeste d'appréciation, autant pour un refus de créer un service public (CE 10 nov. 1997, *Poirrez*, Rec. 414) que pour sa suppression (CE 15 janv. 1997, *Fédération nationale des associations d'usagers des transports*, Rec. 1094).

Les usagers peuvent ainsi, grâce à la qualité pour agir que leur reconnaît l'arrêt *Croix-de-Seguey-Tivoli*, faire valoir leur droit non seulement au bon fonctionnement du service public mais à son existence.

18

RECOURS POUR EXCÈS DE POUVOIR INTÉRÊT POUR AGIR

CE 28 déc. 1906, SYNDICAT DES PATRONS-COIFFEURS DE LIMOGES, Rec. 977, concl. Romieu

(S. 1907.3.23, concl. Romieu ; RDP 1907.25, note Jèze)

Sur l'intervention de la chambre syndicale des ouvriers coiffeurs de Limoges :

Cons. que le mémoire en intervention a été présenté sur papier non timbré ; que, dès lors, il n'est pas recevable ;

Sur la requête du syndicat des patrons-coiffeurs de Limoges :

Cons. que si, aux termes du dernier paragraphe de l'art. 8 de la loi du 13 juill. 1906, l'autorisation accordée à un établissement doit être étendue à ceux qui, dans la même ville, font le même genre d'affaires et s'adressent à la même clientèle, l'art. 2 suppose nécessairement que la situation de tout établissement pour lequel l'autorisation est demandée fait l'objet d'un examen spécial de la part du préfet ;

Cons., d'autre part, que *s'il appartient aux syndicats professionnels de prendre en leur nom la défense des intérêts dont ils sont chargés aux termes de l'art. 3 de la loi du 21 mars 1884, ils ne peuvent intervenir au nom d'intérêts particuliers sans y être autorisés par un mandat spécial ;* que, par suite, le syndicat requérant ne pouvait adresser de demande au préfet que comme mandataire de chacun de ses membres pour lesquels la dérogation était sollicitée ;

Cons. que la demande collective présentée au préfet par le syndicat, et qui, d'ailleurs, ne contenait d'indication ni du nom des patrons-coiffeurs pour lesquels elle était formée, ni du siège de leurs établissements, n'était accompagnée d'aucun mandat ; que, dans ces conditions, cette demande n'était pas régulière et que, dès lors, la requête contre l'arrêté qui a refusé d'y faire droit doit être rejetée ;... (Rejet).

OBSERVATIONS

1 **I.** — La loi du 13 juill. 1906 instituant le repos hebdomadaire a donné lieu dès son entrée en application à un abondant contentieux, dû surtout au pouvoir qu'elle donnait au préfet de lui apporter des dérogations dans certaines hypothèses. C'est ainsi que la chambre syndicale des patrons coiffeurs de Limoges adressa au préfet de la

Haute-Vienne une demande générale de dérogation pour tous ses membres, et déféra au Conseil d'État le refus opposé à cette demande. La situation de chaque établissement pour lequel une autorisation de ce genre était demandée devant faire l'objet d'un examen spécial, le Conseil d'État estima que la dérogation avait un caractère individuel, et de ce fait ne pouvait être sollicitée ni de l'administration ni du juge par une organisation syndicale. Il rejeta donc comme irrecevable le recours du syndicat des coiffeurs.

Cette affaire permit au commissaire du gouvernement Romieu d'énoncer les règles déterminant la capacité des syndicats professionnels pour ester en justice. Il fut d'abord amené à distinguer l'action syndicale de l'action individuelle. « L'action syndicale est celle que le syndicat exerce en son nom propre comme personne civile chargée de la défense des intérêts collectifs dont elle a la garde... ; il faut, pour qu'elle puisse exister, qu'il s'agisse d'un intérêt professionnel collectif et que les conclusions ne contiennent rien ayant un caractère purement individuel... ; l'action individuelle, au contraire, tend à obtenir un avantage déterminé au profit d'un membre du syndicat nominativement désigné... Elle ne peut être exercée que par l'individu intéressé agissant lui-même ou par mandataire ; elle ne peut être intentée d'office par le syndicat prétendant exercer en son nom l'action syndicale dans l'intérêt de ses membres *ut singuli*... Si l'action syndicale n'est pas, dans ce cas, recevable, ce n'est nullement qu'il n'ait pas intérêt à la solution du litige... c'est que son action directe se trouve empêchée par l'application du principe : « Nul ne plaide par procureur » ;... si le syndicat ne peut exercer à titre d'action syndicale une action individuelle, rien ne s'oppose à ce qu'il soit choisi comme mandataire par l'individu intéressé pour exercer l'action individuelle au nom de ce dernier. »

L'action corporative présente cependant une originalité en matière de recours pour excès de pouvoir : « Si le recours tend à faire tomber un acte positif, individuel ou collectif, qui lèse l'association dans ses intérêts généraux, le syndicat est recevable à l'exercer... Si le recours tend à faire tomber un acte négatif, c'est-à-dire par lequel l'administration refuse de faire un acte, il faut y regarder de plus près... Au cas où il s'agirait d'un acte collectif (par exemple, le refus d'annuler un règlement), le recours du syndicat est recevable... Si au contraire, il s'agit d'un refus d'autorisation individuelle, l'action en annulation a elle-même un caractère nettement individuel... Peu importe que le gain du procès intéresse tous les autres membres du syndicat, qui pourront à leur tour former la même demande, l'action est individuelle et ne peut être exercée que par chaque intéressé direct ou en son nom... »

L'arrêt s'inspire des principes ainsi dégagés :

1. — les syndicats professionnels ne peuvent intervenir au nom d'intérêts individuels sans y être autorisés par mandat spécial ;

2. — un syndicat professionnel n'est pas recevable à déférer au Conseil d'État pour excès de pouvoir l'arrêté par lequel le préfet a refusé d'accorder à ses membres l'autorisation de donner le repos hebdomadaire à leurs ouvriers le lundi.

2 **II.** — Retenant dans ses grandes lignes le système proposé par le commissaire du gouvernement Romieu, la jurisprudence a eu depuis lors de nombreuses occasions de le préciser, et, sur certains points, de l'amender.

1. — Le Conseil d'État admet largement l'action des syndicats et des groupements contre des *mesures de caractère réglementaire ou collectif* portant atteinte aux intérêts moraux ou matériels de l'ensemble de leurs membres ou d'une partie d'entre eux.

a) Ainsi, s'agissant *d'actes réglementaires*, la ligue nationale contre l'alcoolisme est-elle recevable à attaquer une décision ministérielle favorisant les bouilleurs de cru (CE Sect. 27 avr. 1934, *Ligue nationale contre l'alcoolisme*, Rec. 493), une union de parents d'élèves à défendre la liberté de l'enseignement (CE 22 mars 1941, *Union nationale des parents d'élèves de l'enseignement libre*, Rec. 49), un syndicat ouvrier à contester les circulaires concernant la situation en France des travailleurs étrangers (CE 13 janv. 1975, *Da Silva et Confédération française démocratique du travail*, Rec. 16 ; v. n° 8.6), un syndicat d'avocats à déférer une réglementation relative à la détention d'étrangers en instance d'expulsion (Ass. 7 juill. 1978 *Syndicat des avocats de France*, Rec. 297 ; AJ 1979.1.28, chr. O. Dutheillet de Lamothe et Robineau ; D. 1978.I.R.486, obs. P. Delvolvé ; RDP 1979.263, concl. J.F. Théry). Des solutions identiques sont applicables aux recours formés par les syndicats de fonctionnaires (cf pour un recours dirigé contre des dispositions statutaires : CE Sect. 10 févr. 1933, *Association amicale du personnel de l'administration centrale du ministère de l'agriculture*, Rec. 193), sous réserve des règles particulières applicables aux mesures d'organisation du service (cf nos obs. sous l'arrêt *Lot**).

3 *b)* Les *actes collectifs* dont la portée est suffisamment générale peuvent également être soumis au juge de la légalité par le biais d'une action syndicale ou collective. Un groupement de propriétaires peut se pourvoir contre « des mesures générales de nature à porter atteinte aux droits des propriétaires » telles que des arrêtés portant renouvellement pour six ans de toutes les réquisitions de logement (CE Sect. 7 mai 1948, *Chambre syndicale de la propriété bâtie de la Baule*, Rec. 202). De même, le Conseil d'État a admis le comité central d'une entreprise publique à se pourvoir contre les décisions administratives qui sont de nature « à affecter les conditions d'emploi et de travail du personnel de l'entreprise » (CE Ass.

22 déc. 1982, *Comité central d'entreprise de la société française d'équipement pour la navigation aérienne*, Rec. 436 – v. n° 106.8).

4 *2.* — En ce qui concerne les *actes individuels*, une distinction doit être faite, qui correspond dans une certaine mesure à celle qu'avait dégagée le commissaire du gouvernement Romieu. Les groupements sont recevables à attaquer les actes positifs qui les lèsent dans leurs intérêts généraux ou qui portent atteinte aux droits d'une fraction ou de la totalité de leurs membres (CE Ass. 13 juill. 1948, *Société des amis de l'École polytechnique*, Rec. 330 : recours contre des décisions admettant des élèves à l'école). Par contre, les actes relatifs à la situation individuelle d'un de leurs membres ne peuvent être attaqués que par celui qui en est l'objet ; le groupement, irrecevable en pareil cas à agir à titre principal, peut toutefois former une intervention à l'appui du recours de l'intéressé (CE 21 mai 1953, *Chambre syndicale nationale des fabricants de spécialités chimiques destinées à l'horticulture*, Rec. 241 : recours contre le refus d'homologation d'un produit).

5 Ces règles trouvent des illustrations frappantes dans la matière de la fonction publique : un syndicat de fonctionnaires peut attaquer une mesure individuelle de nomination, d'intégration ou d'avancement qui lèse collectivement tous ceux de ses membres qui avaient vocation à en bénéficier (CE 11 déc. 1908, *Association des employés civils du ministère des colonies*, Rec. 1016, concl. Tardieu ; – Sect. 12 juin 1959, *Syndicat chrétien du ministère de l'industrie et du commerce*, Rec. 360 ; AJ 1960.II.62, concl. Mayras). Une organisation syndicale est également recevable à contester la légalité d'une décision portant affectation de fonctionnaires (CE Sect. 13 déc. 1991, *Syndicat C.G.T. des employés communaux de la mairie de Nîmes*, Rec. 443 ; AJ 1992.350, note Breton ; RFDA 1993.250, concl. Toutée).

En revanche, un syndicat est irrecevable à déférer un refus de nomination, une notation, une sanction disciplinaire ou une retenue sur traitement pour faits de grève, qui n'intéressent directement que celui qui a été l'objet de la mesure (v. par ex. CE 21 nov. 1923, *Association des fonctionnaires de l'administration centrale des postes et télégraphes*, Rec. 748 ; RDP 1923.582 concl. Corneille ; – Sect. 13 déc. 1991, *Syndicat Inter-Co-C.F.D.T. de la Vendée*, Rec. 444 ; AJ 1992.350, note Breton ; RFDA 1993.250, concl. Toutée). Cette dernière solution a prévalu dans le cas d'une décision négative qui était unie par un lien d'indivisibilité à une décision positive (Ass. 4 nov. 1977, *Syndicat national des journalistes Section O.R.T.F.*, Rec. 428 – v. n° 13.6).

Une telle jurisprudence se justifie par le désir d'éviter que les syndicats ne présentent des pourvois à l'insu ou même contre le gré du principal intéressé ; mais il est certain que, fréquemment, les fonctionnaires hésitent à former eux-mêmes un recours qui pourrait leur attirer l'animosité de leurs supérieurs, et qu'ils seraient mieux à même de défendre leurs droits si l'action syndicale était plus largement accueillie.

6 Aussi, en certaines circonstances, le Conseil d'État est-il conduit à assouplir sa jurisprudence relative aux actions syndicales contre des mesures individuelles : il a admis qu'un syndicat puisse attaquer une décision administrative autorisant le licenciement de salariés d'une entreprise privée (Sect. 23 juin 1972, *Syndicat des métaux C.F.D.T., C.F.TC, des Vosges et autres*, Rec. 474, concl. A. Bernard : AJ 1972.458, chr. Labetoulle et Cabanes) ou encore celle d'un inspecteur du travail autorisant le licenciement d'un délégué du personnel (Ass. 10 avr. 1992, *Société Montalev*, Rec. 170 ; RFDA 1993.261, concl. Hubert ; AJ 1992.482, chr. Maugüé et Schwartz).

III. — Les groupements et les fédérations de groupements ne peuvent en principe attaquer des mesures qui n'intéressent qu'une catégorie, professionnelle ou régionale, de leurs membres, qui est en fait, ou devrait être normalement, représentée par une organisation spéciale. La question de savoir si la catégorie en cause est assez distincte, a une autonomie et une originalité suffisantes pour que cette règle trouve son application, soulève parfois des difficultés et a donné lieu à une jurisprudence qui paraît traversée par un double courant.

7 *a)* Plusieurs décisions témoignent du souci du juge de ne pas faire preuve d'un formalisme excessif. C'est ainsi que le Conseil d'État a admis la recevabilité d'un pourvoi formé par une fédération de syndicats de fonctionnaires contre le décret portant statut des administrateurs civils ou par une union interfédérale de syndicats de policiers contre un statut particulier concernant « des personnels appartenant à plusieurs des syndicats qui la composent » (CE Ass. 7 janv. 1966, *Fédération générale des syndicats chrétiens de fonctionnaires*, Rec. 17 ; RA 1966.26, concl. Braibant ; – Ass. 21 juill. 1972, *Union interfédérale des syndicats de la préfecture de police et de la sûreté nationale*, Rec. 584 ; AJ 1972.458, chr. Labetoulle et Cabanes ; AJ 1973.125, concl. Morisot).

8 *b)* Mais il tend parfois à exiger une assez forte adéquation entre la décision attaquée et l'objet statutaire du groupement qui en conteste la légalité.

L'objet du groupement, quand il s'agit d'une association ne doit pas être défini de façon tellement large qu'elle lui permettrait en pratique d'attaquer toute mesure administrative. A été jugé irrecevable le recours d'une association ayant pour objet « de veiller au respect des règles propres à la fonction publique en vue, notamment, d'assurer le respect du principe d'égalité » (CE 13 mars 1998, *Association de défense des agents publics*, Rec. 77).

Même lorsque l'objet du groupement est limité, sa qualité pour agir peut être contestée. Une fédération nationale d'artisans du bâtiment qui regroupe des syndicats départementaux n'est pas recevable à déférer au juge une décision relative à l'édification de caveaux dans un cimetière communal, qui n'est susceptible d'intéresser que le syndicat départemental concerné (CE Sect. 9 juin 1995, *Confédération de l'artisanat et des petites entreprises du bâtiment*, Rec. 237).

Dans le droit de la fonction publique, le Conseil d'État a estimé qu'une organisation de fonctionnaires civils de l'État n'était recevable à contester la légalité d'un décret s'appliquant uniformément aux agents de l'État et à ceux des collectivités locales qu'en tant qu'il concernait les catégories d'agents qu'elle représentait (CE Ass. 11 juill. 1984, *Union des groupements de cadres supérieurs de la fonction publique*, Rec. 258, AJ 1984.627, concl. contr. Labetoulle ; 13 févr. 1987, *Syndicat autonome des enseignants de médecine*, Rec. 52 ; RFDA 1987.568, concl. Daël ; RDP 1987.455, note R. Drago).

9 **IV.** — En élaborant cette jurisprudence complexe et nuancée, le Conseil d'État a manifesté son souci de tenir compte, d'une part, de l'importance croissante des associations, syndicats et groupements de toute nature dans la vie sociale contemporaine, mais de les empêcher, d'autre part, de substituer systématiquement leur action à celle des individus et de violer, en débordant le cadre de leur objet, le principe de la spécialité des personnes morales (cf. CE Sect. 4 juin 1954, *École nationale d'administration*, Rec. 338, concl. Chardeau). On relèvera que le Conseil Constitutionnel s'est attaché de son côté à éviter que le pouvoir reconnu par la loi aux syndicats professionnels d'exercer en justice toutes actions qui naissent des dispositions légales ou conventionnelles régissant le licenciement pour motif économique et la rupture du contrat de travail ne soit mis en œuvre contre le gré du salarié intéressé (*n° 89-257 DC du 25 juill. 1989,* Rec. 59 ; AJ 1989.796, note Benoit-Rohmer ; Dr. soc. 1989.701, comm. Prétot).

19

RECOURS POUR EXCÈS DE POUVOIR RÈGLEMENTS D'ADMINISTRATION PUBLIQUE

CE 6 déc. 1907, COMPAGNIE DES CHEMINS DE FER DE L'EST ET AUTRES, Rec. 913, concl. Tardieu

(D. 1909.3.57, concl. Tardieu ; S. 1908.3.1, note Hauriou, concl. Tardieu ; RDP 1908.38, note Jèze)

Sur la fin de non-recevoir opposée par le ministre des travaux publics et tirée de ce que le décret du 1er mars 1901, étant un règlement d'administration publique, ne serait pas susceptible d'être attaqué par la voie du recours pour excès de pouvoir :

Cons. qu'aux termes des lois des 11 juin 1842 (art. 9) et 15 juill. 1845 (art. 21), des règlements d'administration publique déterminent les mesures et dispositions nécessaires pour garantir la police, la sûreté, la conservation, l'usage et l'exploitation des chemins de fer ; que les conclusions des Compagnies de chemins de fer tendent à faire décider que les dispositions édictées par le règlement d'administration publique du 1er mars 1901 excèdent les limites de la délégation donnée au Gouvernement par les lois précitées :

Cons. qu'aux termes de l'art. 9 de la loi du 24 mai 1872 le recours en annulation pour excès de pouvoir est ouvert contre les actes des diverses autorités administratives ;

Cons. que, si les actes du chef de l'État portant règlement d'administration publique sont accomplis en vertu d'une délégation législative et comportent en conséquence l'exercice dans toute leur plénitude des pouvoirs qui ont été conférés par le législateur au Gouvernement dans ce cas particulier, ils n'échappent pas néanmoins, et en raison de ce qu'ils émanent d'une autorité administrative, au recours prévu par l'art. 9 précité ; que, dès lors, il appartient au Conseil d'État statuant au contentieux d'examiner si les dispositions édictées par le règlement d'administration publique rentrent dans la limite de ces pouvoirs ;

Sur le moyen tiré de ce que, la promulgation de l'ordonnance du 15 nov. 1846 ayant épuisé la délégation donnée au chef de l'État par les lois du 11 juin 1842 (art. 9) et du 15 juill. 1845 (art. 21), le décret du 1er mars 1901 n'aurait pu, en l'absence d'une délégation nouvelle du législateur, modifier les dispositions de ladite ordonnance :

Cons. que, lorsque le chef de l'État est chargé par le législateur d'assurer l'exécution d'une loi par un règlement d'administration publique, ce mandat n'est pas en principe épuisé par le premier règlement fait en exécution de cette loi ; qu'en effet, à moins d'exception résultant de l'objet même de la délégation ou d'une disposition expresse de la loi, cette délégation comporte nécessairement le droit pour le Gouvernement d'ap-

porter au règlement primitif les modifications que l'expérience ou des circonstances nouvelles ont révélé comme nécessaires pour assurer l'exécution de la loi ;

....

(Rejet).

OBSERVATIONS

1 Les lois des 11 juin 1842 et 15 juill. 1845 ont donné délégation au gouvernement pour édicter, par règlement d'administration publique, les mesures destinées à garantir la police, la sûreté, la conservation, l'usage et l'exploitation des chemins de fer. Ces mesures furent inscrites dans une ordonnance du 15 nov. 1846, que vint modifier sur de nombreux points le décret du 1er mars 1901, rendu nécessaire par l'expansion économique et les progrès techniques des transports ferroviaires. Les grandes compagnies privées concessionnaires de chemins de fer formèrent des recours contre ce décret, en soutenant, d'une part, que le gouvernement n'avait pu le prendre légalement sans une nouvelle délégation du législateur, et d'autre part, qu'il modifiait unilatéralement le cahier des charges de leurs concessions, en leur imposant par voie d'autorité des obligations qui n'étaient pas prévues aux contrats. Le Conseil d'État rejeta ces recours au fond. Mais il dut au préalable se prononcer sur la fin de non-recevoir présentée par l'administration, selon laquelle un règlement d'administration publique n'était pas susceptible d'être attaqué par la voie du recours pour excès de pouvoir.

L'on considérait en effet que l'acte émanant d'une autorité déléguée avait le même caractère que s'il était fait par l'autorité délégante : or, les règlements d'administration publique étant pris en vertu d'une « délégation législative », ces actes participent, disait-on, du caractère général de la loi et constituent une sorte de législation secondaire.

Le commissaire du gouvernement Tardieu s'attacha à réfuter ces théories, défendues par des auteurs considérables (Aucoc, Batbie, Laferrière). « Il est à remarquer, dit-il, qu'à aucune époque, aucun texte n'est venu conférer expressément le caractère législatif aux règlements d'administration publique... Si on devait reconnaître le caractère législatif aux règlements d'administration publique, uniquement parce qu'ils sont faits en vertu d'une délégation directe du Parlement, cela conduirait à reconnaître le même caractère aux règlements édictés par d'autres autorités que le chef de l'État... Alors même qu'ils sont faits en vertu d'une délégation du pouvoir législatif, les règlements d'administration publique n'en sont pas moins l'œuvre d'une autorité administrative ».

Le Conseil d'État entérina ces conclusions. Il se fonda notamment sur la loi du 24 mai 1872 qui ouvrait le recours pour excès de pouvoir « contre les actes des diverses autorités administratives » : c'est donc l'organe dont émane l'acte qui lui confère son caractère administratif, duquel résulte la recevabilité du recours.

Ainsi prévaut le *critère organique* dans la détermination de la nature juridique des actes en droit public français (pour le rôle de ce même critère dans les contrats administratifs, v. nos obs. sous l'arrêt TC 8 juill. 1963, *Entreprise Peyrot**).

Il s'applique à tous les *actes unilatéraux* émanant d'une *autorité administrative* (I). Leur contrôle a permis au Conseil d'État de préciser *leur régime* (II).

2 **I.** — La décision *Compagnie des chemins de fer de l'Est* est une nouvelle étape sur la voie de l'extension du contrôle juridictionnel de l'administration.

Le commissaire du gouvernement Tardieu avait rappelé dans ses conclusions, comment s'était développé au cours du XIXe siècle le contrôle de la légalité des actes administratifs par le Conseil d'État : à l'origine, la Haute assemblée considérait comme irrecevable tout recours dirigé contre un acte de caractère réglementaire et général ; puis, vers le milieu du siècle, elle commença à accueillir les recours contre les actes réglementaires, à l'exception toutefois des décrets portant règlement d'administration publique ; enfin, à partir de 1872, elle accepta de vérifier la légalité de ces décrets à l'occasion des applications individuelles qui en étaient faites (CE 13 mai 1872, *Brac de la Perrière*, Rec. 299).

L'arrêt de 1907 admet qu'elle soit examinée directement grâce au recours pour excès de pouvoir.

Le mouvement ne devait pas s'arrêter là.

D'autres actes ont encore été reconnus administratifs (A). Seuls ceux qui émanent des autorités législatives ou judiciaires échappent au contrôle du juge administratif (B).

3 ***A.*** — La recevabilité du recours pour excès de pouvoir devait être encore admise à l'encontre d'autres actes, dont le caractère administratif découle de la nature administrative de leur auteur, même s'ils sont pris dans le domaine de la loi ou en vertu d'une habilitation de la loi :

– décrets pris avant 1958 par le Chef de l'État en matière coloniale (CE 29 mai 1908, *Colonie du Sénégal*, Rec. 578 ; S. 1909.3.26, note Girault ; – Sect. 22 déc. 1933, *Maurel*, Rec. 1226 ; S. 1934.3.57, note Roques ; D. 1936.3.17, note Gros : « en vertu de l'art. 18 du sénatus-consulte du 3 mai 1854, les colonies... sont régies par décret ; si le régime ainsi établi comporte le droit pour le Chef de l'État de régler des questions qui, dans la métropole, ressortissent au domaine de la loi, ces décrets n'en constituent pas moins des actes administratifs, susceptibles... d'être déférés au Conseil d'État par la voie du recours pour excès de pouvoir ») ;

– sous la IIIe République, décrets-lois (CE Ass. 25 juin 1937, *Union des véhicules industriels*, Rec. 619 ; RDP 1937.501, concl. Renaudin, note Jèze ; S. 1937.397, note P. de F.R. ; D. 1937.333, note Rolland).

– sous la IVe République, décrets pris en vertu de la loi du 17 août 1948 tendant au redressement économique et financier (CE Ass. 15 juill. 1954, *Société des Établissements Mulsant*, Rec. 481 ; AJ 1954.II.459, note Long) et décrets pris en vertu des lois d'habilitation spéciale (CE Ass. 16 mars 1956, *Garrigou*, Rec. 121 ; D. 1956.253, concl. Laurent ; AJ 1956.II.199, note J.A. ; AJ 1956.II.220, chr. Fournier et Braibant) ;

– sous la Ve République, ordonnances prises soit en vertu d'une loi parlementaire conformément à l'article 38 de la Constitution (CE Ass. 24 nov. 1961, *Fédération nationale des syndicats de police*, Rec. 658 ; AJ 1962.114, note J.T ; S. 1963.59, note L. Hamon ; D. 1962.424, note Fromont) soit en vertu d'une loi référendaire (CE 19 oct. 1962, *Canal**). Si, dans cette dernière hypothèse, le législateur a fait échec à la décision du Conseil d'État par l'article 50 de la loi du 15 janv. 1963 relative à la Cour de sûreté de l'État, selon lequel « les ordonnances prises en vertu de l'article 2 de la loi n° 64-421 du 13 avr. 1962 ont et conservent force de loi à compter de leur publication », il ne pourrait plus le faire aujourd'hui, car le Conseil constitutionnel exclut la validation d'actes annulés par une décision passée en force de chose jugée (nos obs. sous cet arrêt et sous CE 8 juill. 1904, *Botta**).

A fortiori sont des actes administratifs les mesures prises par le Gouvernement dans le cadre du pouvoir réglementaire autonome que lui reconnaît l'article 37 de la Constitution (cf. CE 26 juin 1959, *Syndicat général des ingénieurs-conseils**, et nos obs.), les décisions de caractère réglementaire prises par le Président de la République dans l'exercice des pouvoirs exceptionnels prévus par l'article 16 (CE 2 mars 1962, *Rubin de Servens**).

La même évolution a conduit le Conseil d'État à voir des actes administratifs dans les décisions adoptées par des organes d'un type nouveau institués notamment dans le domaine économique et professionnel (v. CE 31 juill. 1942, *Monpeurt** et 2 avr. 1943, *Bouguen**, et nos obs.).

C'est que, dans tous les cas, ils émanent d'autorités administratives et relèvent à ce titre du recours pour excès de pouvoir.

4 ***B.*** — Les actes législatifs ou judiciaires échappent logiquement au contrôle du juge administratif (1°), mais celui-ci peut se réintroduire par certains biais (2°).

1°) Les lois, émanant du Parlement ou de l'autorité investie à un moment donné du pouvoir législatif, ne peuvent être déférées au

Conseil d'État. Celui-ci s'est ainsi refusé à apprécier la constitutionnalité :

– des lois votées par le Parlement (Sect. 6 nov. 1936, *Arrighi*, Rec. 966 ; D. 1938.3.1 concl. R. Latournerie, note Eisenmann ; RDP 1936.671, concl. R. Latournerie ; S. 1937.3.33, concl. R. Latournerie, note Mestre ; – Ass. 20 oct. 1989, *Roujansky*, JCP 1989.II.21371, concl. Frydman ; RFDA 1989.993) ;

– des lois édictées par le Gouvernement de Vichy (22 mars 1944, *Vincent*, Rec. 417 ; S. 1945.353, concl. Detton, note Charlier) ;

– des ordonnances du Comité français de libération nationale et du Gouvernement provisoire de la République française (22 févr. 1946, *Botton*, Rec. 58 ; S. 1946.3.56, note P.H.) ;

– des ordonnances prises en vertu de l'article 92 de la Constitution du 4 oct. 1958 (Sect. 12 févr. 1960, *Société Eky*, Rec. 101 ; S. 1960.131, concl. Kahn ; D. 1960.236, note L'Huillier ; JCP 1960.II.11629 bis, note Vedel) ;

– des ordonnances prises par le gouvernement en vertu de l'article 38 de la Constitution qui ont été ratifiées explicitement ou implicitement par le Parlement (CC n° 72-73 L 29 févr. 1972, Rec. 31 ; AJ 1972.638, note Toulemonde ; – CE 7 févr. 1994, *Ghez*, Rec. 55 ; AJ 1994.412, note Guglielmi) ;

– des décisions de caractère législatif prises par le Président de la République en vertu de l'article 16 de la Constitution de 1958 (2 mars 1962, *Rubin de Servens**).

Les lois proprement dites ne sont susceptibles de faire l'objet d'un contrôle de constitutionnalité que par le Conseil constitutionnel.

Quant aux actes judiciaires, ils échappent au contrôle du juge administratif pour la raison même qu'ils émanent d'une autorité judiciaire dans l'exercice de sa fonction juridictionnelle (cf. nos obs. sous TC 27 nov. 1952, *Préfet de la Guyane**).

5 *2°)* Toutefois le contrôle du juge administratif peut se réintroduire soit indirectement soit directement à l'égard de mesures ayant un rapport avec l'ordre législatif ou l'ordre judiciaire. Tout d'abord, le juge administratif vérifie si les actes législatifs émanent bien de l'autorité habilitée à exercer le pouvoir législatif (CE Ass. 1er juill. 1960, *Fédération nationale des organismes de sécurité sociale et Fradin*, Rec. 441 ; D. 1960.690, concl. Braibant, note L'Huillier ; S. 1961.69, concl. Braibant ; AJ 1960.I.152, chr. Combarnous et Galabert). En deuxième lieu, il fait prévaloir sur eux les traités internationaux (CE Ass. 20 oct. 1989, *Nicolo**), sauf si une disposition constitutionnelle s'y oppose (CE Ass. 30 oct. 1998, *Sarran**). Enfin, certains actes émanant d'organes parlementaires (CE Ass. 5 mars 1999, *Président de l'Assemblée nationale**) ou judiciaires (cf. nos obs. sous *Préfet de Guyane**) peuvent être de véritables actes administratifs, dont peut connaître le juge administratif.

6 **II.** — La reconnaissance par l'arrêt *Chemins de fer de l'Est* du caractère administratif des règlements d'administration publique s'accompagne de précisions sur leur *régime*.

A. — *Formellement*, ils étaient adoptés non seulement sur l'invitation du législateur, mais après délibération de l'assemblée générale du Conseil d'État. Cette double caractéristique, de laquelle résultaient l'élargissement des pouvoirs du gouvernement et une garantie sérieuse de leur exercice, explique que l'annulation des règlements d'administration publique ait été plus rare que celle des décrets simples (cf. CE Ass. 12 déc. 1953, *Union nationale des associations familiales*, Rec. 545 ; S. 1954.3.45, note Tixier ; D. 1954.511, note Rossillion) et qu'ils aient eu une valeur supérieure à celle de ces derniers.

Cependant l'évolution du régime des décrets en Conseil d'État, notamment en vertu de l'article 37 alinéa 2 de la Constitution de 1958 et du décret du 30 juill. 1963 relatif à l'organisation et au fonctionnement du Conseil d'État, devait perturber la situation des règlements d'administration publique parmi les autres décrets. Le Conseil d'État n'en a pas moins maintenu leur prééminence (Ass. 7 mai 1971, *Joseph Rivière*, Rec. 331 ; AJ 1971.607, concl. Kahn et note Ferrari). Finalement, la formule du règlement d'administration publique a été supprimée par la loi du 7 juill. 1980, la loi organique du 21 juill. 1980 et le décret du 31 juill. 1980, qui l'ont remplacée dans tous les textes correspondants par celle du décret en Conseil d'État.

7 **B.** — *Matériellement,* la solution dégagée par l'arrêt *Chemins de fer de l'Est* pour les règlements d'administration publique vaut pour tout décret auquel la loi renvoie pour préciser son exécution : le gouvernement n'épuise pas ses pouvoirs en adoptant un premier règlement.

Il peut toujours le modifier ou l'abroger par un règlement ultérieur (CE 30 mars 1960, *Comptoir agricole et commercial*, Rec. 237) et répartir normalement en plusieurs règlements les mesures à prendre pour l'application de la loi (CE 20 nov. 1953, *Fédération nationale des déportés et internés résistants et patriotes*, Rec. 511).

Bien plus, lorsque le législateur charge le gouvernement de prendre des décrets d'application dans un délai qui n'est prescrit ni à peine de nullité ni comme une garantie pour les administrés, le gouvernement peut encore et même doit adopter ces mesures après l'expiration du délai (CE Ass. 23 oct. 1992, *Diemert, Union nationale des organisations syndicales des transporteurs routiers automobiles*, Rec. 374 et 375 ; D. 1992.511, concl. Legal ; AJ 1992.785, chr. Maugüé et Schwartz ; LPA 4 nov. 1992, note Massot ; Gaz. Pal. 3-4 mars 1993, note Couzinet).

20

CONTRATS ADMINISTRATIFS
FORCE MAJEURE

CE 29 janv. 1909,
COMPAGNIE DES MESSAGERIES MARITIMES et autres,
Rec. 111, concl. Tardieu

(D. 1910.3.89, concl. Tardieu)

I. *Compagnie des messageries maritimes*

Cons. qu'aux termes de l'art. 35 du cahier des charges annexé à la convention du 30 juin 1886 et maintenu par la convention du 5 nov. 1894 passée entre l'État et la Compagnie des messageries maritimes pour l'exécution des services maritimes postaux, tout retard au départ des paquebots rend la Compagnie passible d'une amende, sauf le cas de force majeure dûment constaté ;

Cons. que les grèves partielles ou générales, qui peuvent se produire au cours d'une entreprise, n'ont pas nécessairement, au point de vue de l'exécution du contrat qui lie l'entrepreneur au maître de l'ouvrage, le caractère d'événements de force majeure ; qu'il y a lieu, dans chaque espèce, par l'examen des faits de la cause, de rechercher si la grève a eu pour origine une faute grave de la part de l'entrepreneur, si elle pouvait être évitée ou arrêtée par lui, et si elle a constitué pour lui un obstacle insurmontable à l'accomplissement de ses obligations ;

Cons. qu'à la suite de réclamations formulées par les inscrits maritimes contre plusieurs officiers de la marine marchande employés par diverses compagnies de navigation et de mises à l'index ayant eu pour effet d'obtenir le débarquement de ces officiers, tous les états-majors des navires de commerce du port de Marseille ont décidé de se solidariser et de cesser le travail tant que les compagnies, qui avaient cédé aux menaces des inscrits maritimes, n'auraient pas réintégré dans leur emploi les officiers débarqués ;

Cons., d'une part, que la grève générale des états-majors de la marine marchande survenue dans ces circonstances, n'avait pas pour origine une faute de la Compagnie des messageries maritimes ; que cette Compagnie, qui était étrangère au conflit existant entre les inscrits maritimes et les états-majors, n'avait pas le pouvoir de la prévenir ni de l'arrêter, qu'il n'est nullement établi qu'elle ait cherché à la favoriser, et qu'il n'est relevé à sa charge aucun fait de nature à engager de ce chef sa responsabilité ; qu'ainsi la grève générale des états-majors a eu à l'égard de la Compagnie des messageries maritimes le caractère d'un événement indépendant de sa volonté, qu'elle était impuissante à empêcher ;

Cons., d'autre part, que la grève générale des états-majors avait pour conséquence de rendre impossible le départ des paquebots de la Compagnie et l'exécution du service postal qui lui était confié ; que l'État n'a, à aucun moment, offert à la Compagnie des messageries maritimes, ainsi qu'il l'a fait pour d'autres compagnies, le concours des officiers de la marine nationale ; qu'il s'agissait pour elle, non d'une simple gêne, mais d'un obstacle insurmontable ;

Cons. qu'il résulte de ce qui précède que la Compagnie des messageries maritimes est fondée à soutenir que la grève des états-majors a constitué pour elle le cas de force majeure prévu par l'art. 35 de son cahier des charges, et à demander à être exonérée des amendes mises à sa charge pour l'inexécution de son service ; qu'il y a lieu, dès lors, de condamner l'État à lui rembourser la somme de 64 900 F, représentant le montant de ces amendes, et à lui payer les intérêts de ladite somme à partir du jour où le prélèvement a été indûment effectué ;... (Annulation, condamnation de l'État).

II. *Compagnie générale transatlantique et Compagnie de navigation mixte*

Cons. qu'aux termes des art. 24 et 100 du cahier des charges annexé à la convention du 16 déc. 1896 passée entre l'État et les deux Compagnies *générale transatlantique* et *de navigation mixte* pour l'exécution des services maritimes postaux, tout retard au départ des paquebots rend les Compagnies passibles d'une amende, sauf les cas de force majeure dûment constatés ;

Cons. que la grève générale des états-majors de la marine marchande du port de Marseille n'a pas eu pour effet de rendre impossible pour les deux Compagnies l'exécution du service postal qui leur était confié entre la France d'une part, et, d'autre part, l'Algérie, la Tunisie, la Tripolitaine et le Maroc ; qu'en effet, dès le début de la grève, l'État leur a offert de mettre à leur disposition, pour assurer les services qui étaient menacés d'être interrompus, des officiers et des mécaniciens de la marine nationale en nombre suffisant pour combler les vides existants dans l'état-major des paquebots à la veille de partir ; que la Compagnie générale transatlantique a, en ce qui la concerne, opposé à l'offre de l'administration un refus formel ; qu'en ce qui touche la Compagnie de navigation mixte, la prétention émise par elle de faire supporter par l'État la responsabilité générale et absolue de toutes les conséquences pouvant résulter pour elle de la substitution des officiers de l'État à son propre personnel, sans aucune distinction entre les divers risques possibles, quelle qu'en fût la nature, avait pour effet de subordonner son adhésion à une condition inacceptable pour l'État, et devait la faire regarder comme équivalant, de la part de ladite Compagnie, à un refus ; que l'offre de l'État, tout en laissant subsister des difficultés sérieuses pour les deux Compagnies de navigation, n'en avait pas moins pour effet, étant donné la navigation à accomplir, de faire disparaître l'empêchement absolu qui s'opposait au départ des paquebots ; que, si les Compagnies ont cru devoir refuser cette offre en raison de la gêne et des responsabilités éventuelles qui pouvait en découler pour elles, elles l'ont fait à leurs risques et périls ; qu'elles ont perdu par là même le droit de soutenir que la grève des états-majors de la marine marchande a créé un obstacle insurmontable à l'exécution de leur service, et d'invoquer le cas de force majeure pour se soustraire à l'application des clauses pénales qu'elles ont encourues en exécution des art. 24 et 100 de leur cahier des charges ;... (Rejet).

OBSERVATIONS

1 L'État avait infligé, en application des cahiers des charges, des amendes pour interruption du service à la Compagnie des messageries maritimes, à la Compagnie générale transatlantique et à la Compagnie de navigation mixte, auxquelles il avait concédé des services maritimes postaux. Les compagnies soutenaient que cette interruption était due à la grève des états-majors, constituant un cas de force majeure les exonérant de toute responsabilité. Le Conseil d'État devait donc dire s'il en était bien ainsi.

Le commissaire du gouvernement Tardieu posa les principes suivants : la grève est un cas de force majeure :

– si elle est indépendante de la volonté du contractant ;

– si elle le met dans l'impossibilité absolue de remplir ses obligations ;

– s'il n'a pu la prévenir ou la faire cesser.

Puis il passa à l'examen des faits. En l'espèce, les états-majors s'étaient mis en grève pour protester contre des mises à l'index prononcées à l'encontre de certaines compagnies de navigation par le syndicat des inscrits maritimes en vue d'obtenir le débarquement de certains officiers. « Les états-majors luttent pour la défense de leur autorité ». On ne peut dire que leur grève « ait été vue d'un mauvais œil par les compagnies », puisqu'elle leur permettait de résister aux exigences du syndicat, mais on ne peut les accuser de l'avoir fomentée. Elles n'ont pas pu l'arrêter, car elles ne pouvaient forcer les officiers à accepter une situation qui aurait eu pour effet « de les mettre à la discrétion du syndicat des inscrits ».

Mais la grève « était-elle un obstacle insurmontable à l'exécution de leurs obligations » ? L'État avait offert à la *Compagnie générale transatlantique* et à la *Compagnie de navigation mixte* de mettre à leur disposition des officiers et des marins de la marine nationale. Elles avaient décliné cette offre. Le Conseil d'État, suivant son commissaire du gouvernement, estima que « que l'offre de l'État, tout en laissant subsister des difficultés sérieuses pour les deux compagnies de navigation, n'en avait pas moins pour effet, étant donné la navigation à accomplir, de faire disparaître l'empêchement absolu qui s'opposait au départ des paquebots ; que si les compagnies avaient cru devoir refuser cette offre en raison de la gêne qui pouvait en découler pour elles, elles l'ont fait à leurs risques et périls ; qu'elles ont perdu par là le droit de soutenir que la grève des états-majors de la marine marchande a créé un obstacle insurmontable à l'exécution de leur service et d'invoquer le cas de force majeure pour se soustraire à l'application des clauses pénales » qui leur ont été appliquées.

En revanche, le Conseil d'État jugea que la grève avait constitué un cas de force majeure pour *la Compagnie des messageries maritimes*, à laquelle l'État n'avait pas offert le concours de ses officiers et de ses marins.

Depuis lors, la jurisprudence a confirmé *le régime de la force majeure* exonérant un cocontractant de ses obligations (I).

Mais *la notion de force majeure* a connu aussi des *transformations*, lui faisant produire d'autres effets (II).

2 **I.** — La jurisprudence continue à être rigoureuse pour admettre l'*existence* d'un cas de force majeure (A) ; dans l'affirmative, elle en limite les *conséquences* (B).

A. — Les caractères de la *force majeure exonératoire* de la responsabilité contractuelle sont restés ceux que définissait le commissaire du gouvernement Tardieu :

– le fait invoqué doit être indépendant de la volonté du débiteur ;
– il doit n'avoir pu être ni prévu ni empêché ;
– il doit rendre impossible l'exécution du contrat.

La jurisprudence ne reconnaît qu'assez difficilement le cas de force majeure, qu'elle soit invoquée par le cocontractant de l'administration (1°) ou par celle-ci (2°).

1°) Dans la ligne des arrêts du 29 janv. 1909, une décision du 14 nov. 1947 (*Ministre de l'air c. Société d'études et entreprises générales de construction*, Rec. 422) rappelle qu'il appartient à l'entrepreneur de prouver que les grèves qu'il invoque ont constitué un cas de force majeure ayant fait obstacle à l'achèvement des travaux à la date prévue. Cette excuse est parfois admise (par ex. CE 10 déc. 1938, *Soc. Entreprise coopérative française*, Rec. 930), mais non lorsque le cocontractant a commis des agissements qui ont provoqué la grève ou l'ont prolongée (CE Sect. 5 mars 1943, *Ville de Nîmes c. Soc. fermière des tramways de Nîmes* Rec. 458 ; – 23 juin 1944, *Ville de Toulon*, Rec. 180 ; RDP 1945.101, concl. R. Odent, note Jèze).

Les difficultés résultant pour le cocontractant de l'accroissement des charges sociales ou de la hausse des prix sont rarement reconnues comme des cas de force majeure. Ainsi « si la hausse survenue à partir du mois de mai 1973 sur le marché international du fuel domestique était de nature... à rendre plus onéreuse l'exécution du marché, cette circonstance ne constituait pas un cas de force majeure mettant la société dans l'impossibilité d'effectuer les fournitures prévues au contrat » (CE Sect. 5 nov. 1982, *Société Propetrol*, Rec. 381 – v. n° 32.5).

3 Des intempéries sont des cas de force majeure lorsqu'elles ont une violence et une durée exceptionnelles, excédant les prévisions des parties (CE 27 nov. 1935, *Établissements Descours et Cabaud*, Rec. 1100 ; – 11 déc. 1991, *SARL niçoise pour l'extension de l'aéroport*, Rec. 430 ; D. 1992.SC.189, obs. Terneyre : affaissement brusque de la mer suivi d'un raz-de-marée, dû à un important effondrement du sol sous-marin au large de la côte), non quand elles se renouvellent périodiquement, quelle que soit leur gravité (CE 2 juill. 1931, *Nicolas*, Rec. 720).

Des attentats, des sabotages peuvent constituer un cas de force majeure (CE 13 févr. 1930, *Fettelian*, Rec. 173 : enlèvement par des rebelles, en Syrie, de soixante-dix chameaux d'une caravane assurant des transports pour le compte de l'armée ; – Sect. 5 déc. 1952, *Société Chapron frères*, Rec. 560 : sabotage de la pompe à eau d'une société chargée, en 1946, d'opérations de déminage dans la région de Berck).

Les événements de guerre, l'occupation étrangère peuvent donner lieu à l'application de la théorie de la force majeure lorsqu'ils sont réellement imprévisibles et insurmontables (CE 5 janv. 1924, *Compagnie du gaz de la Ferté-Milon*, Rec. 18 ; – 24 avr. 1968 *Compagnie de navigation Denis frères*, Rec. 257). Mais, comme le soulignait le commissaire du gouvernement Corneille dans ses conclusions sur l'arrêt du 20 nov. 1920, *Soc. d'électricité de Dives*, Rec. 936, le Conseil d'État a pu « ne pas considérer comme des cas de force majeure... tout ce qui était les difficultés de droit commun résultant de l'état de guerre, tout ce qui, en tenant compte de cet état de guerre et de la façon dont se déroulait la guerre, pouvait entrer dans les prévisions du fournisseur au moment où il a contracté » (par ex. CE Sect. 13 juill. 1968, *Société des Établissements Serfati*, Rec. I ; AJ 1968.582, concl. Bertrand ; RDP 1969.128, note M. Waline).

4 *2°)* Comme pour le cocontractant, la guerre n'exonère l'administration de sa responsabilité que si elle remplit les trois conditions de la force majeure. L'hypothèse se rencontre (CE 16 juill. 1952, *Électricité de France*, Rec. 379 ; – 2 mars 1956, *Hoang Van Ngoc*, Rec. 703 ; Rec. Penant 1956.1.301, concl. Long, note de Soto : les événements de guerre qui ont provoqué l'arrêt total de l'exploitation d'une concession d'énergie électrique dans une petite ville du Tonkin ne permettent pas de faire jouer les stipulations suivant lesquelles l'administration devait garantir le concessionnaire contre les dommages résultant de la guerre, des émeutes et des troubles, qui n'avaient pour objet que d'assurer la continuité de l'exploitation, puisque l'exploitation est devenue impossible à jamais). Mais il n'en est pas toujours ainsi : dans le cas d'un marché passé au cours des hostilités pour les besoins d'une armée en campagne, la retraite de juin 1940 ne présentait pas le caractère d'un événement de force majeure pouvant dégager l'administration de l'obligation de payer au fournisseur le prix des marchandises perdues car elle devait faire entrer dans ses prévisions les risques de perte pour faits de guerre, quels qu'ils puissent être (CE 28 nov. 1947, *Société Rol-Lister*, Rec. 442).

Jamais l'absence de crédits disponibles ne constitue un cas de force majeure pour l'administration (CE 15 avr. 1959, *Ville de Puteaux c. Schwab*, Rec. 236 ; – 8 nov. 1963, *Ville de Castelmoron-*

sur-Lot, Rec. 544) – même si elle résulte de l'inexécution des engagements financiers qu'une autre personne a contractés à son égard (CE 26 juill. 1947, *Bongert,* Rec. 351 : suppression de crédits alloués à un office public d'HLM).

5 ***B.*** — La force majeure entraîne l'*exonération du cocontractant* qu'elle a empêché d'exécuter ses obligations : sa responsabilité ne peut être engagée (CE 29 janv. 1958, *Bonabeau*, Rec. 50).

Cette exonération peut n'être que partielle, dans la mesure où la force majeure n'a elle-même contrarié qu'en partie l'exécution du contrat. L'hypothèse la plus courante est celle des retards : la force majeure exclut l'application des pénalités prévues à ce sujet au contrat ou toute autre forme d'indemnisation.

Lorsque les circonstances qui la constituent disparaissent, le contrat retrouve son empire et les cocontractants, leurs obligations ; ainsi le cocontractant de l'administration demeure lié par ses engagements dès lors que la destruction des installations n'empêche pas définitivement la reprise de l'exploitation : la force majeure ne produit effet que pendant le temps où elle se manifeste, et l'obligation d'exécuter reparaît au moment où elle cesse (CE Sect. 18 déc. 1959, *Ville de Nantes*, Rec. 696, concl. Mayras : exploitation d'un entrepôt frigorifique détruit pendant la guerre et reconstruit ultérieurement).

De même la force majeure, si elle fait obstacle à l'exécution de certaines prestations, peut ne pas entraver les autres : le cocontractant est tenu de les assurer.

Mais lorsque la force majeure rend définitivement impossible l'exécution de tout le contrat, elle devient un motif légitime de résiliation – non pour faute, puisque la force majeure exclut celle-ci (CE Sect. 5 déc. 1952 *Ministre de la reconstruction*, Rec. 560) – mais pour disparition de l'objet du contrat (par ex. CE 16 juill. 1952, *Électricité de France*, précité ; – 2 mars 1956, *Hoang Van Ngoc*, précité ; – 24 avr. 1968, *Compagnie de navigation Denis frères*, précité).

6 **II.** — C'est ce qui contribue à *modifier la notion de force majeure*. L'arrêt du 9 déc. 1932 *Tramways de Cherbourg* (Rec. 1050, concl. Josse – v. n° 32.7), rendu dans le prolongement de l'arrêt du 30 mars 1916, *Gaz de Bordeaux**, à propos de la théorie de l'imprévision, donne à la situation de force majeure un sens et des conséquences autres que la force majeure classique : lorsque, « contrairement aux prévisions essentielles du contrat », « le fonctionnement d'un service... a cessé d'être viable », « la situation nouvelle ainsi créée constitue un cas de force majeure et autorise à ce titre (les parties) à demander au juge la résiliation de la concession, avec indemnité s'il y a lieu... ».

7 Ainsi, d'une part, si la situation nouvelle résulte de circonstances imprévisibles et extérieures aux parties, elle n'est pas pourtant irrésistible : le contrat pourrait continuer à s'exécuter. La troisième condition de la force majeure « normale » fait défaut. Le Conseil d'État considère pourtant expressément que la situation nouvelle constitue un cas de force majeure.

C'est pour lui donner, d'autre part, un effet nouveau : il ne s'agit plus d'exonérer un des deux cocontractants de sa responsabilité, mais de permettre à l'un et à l'autre de demander la résiliation du contrat, le cas échéant avec une indemnité. Certes, comme avec la force majeure classique, les cocontractants seront déliés de leur engagement. Mais ce résultat n'est pas provoqué par la force majeure elle-même directement, il l'est par la résiliation qu'elle permet de demander au juge. Bien plus, alors que la force majeure, ordinairement, ne permet pas au créancier de réclamer au débiteur de l'obligation une réparation, ici, le débiteur de l'obligation peut réclamer une indemnité à son cocontractant.

Un nouveau glissement apparaît lorsque la force majeure n'est une cause ni d'exonération de responsabilité ni de résiliation, mais seulement d'indemnisation du cocontractant sur lequel elle fait peser des charges nouvelles. Cette solution résulte le plus souvent des clauses contractuelles (notamment les cahiers des clauses et conditions générales applicables aux marchés publics : par ex. CE 11 déc. 1991, *SARL niçoise pour l'extension de l'aéroport*, précité). Mais elle est également admise par le juge indépendamment des stipulations du contrat (par ex. CE 11 avr. 1924, *Magisson*, Rec. 400 ; – 10 déc. 1938, *Soc. Entreprise coopérative française*, précité).

La force majeure rejoint alors l'imprévision ; loin d'empêcher l'exécution du contrat, elle justifie des aménagements qui permettent de la poursuivre.

21

POLICE - CULTES

CE 19 févr. 1909, Abbé OLIVIER, Rec. 181

(S. 1909.3.34, concl. Chardenet ; D. 1910.3.121, concl. Chardenet ;
RDP 1910.69, note Jèze)

Cons. que l'arrêté attaqué distingue, d'une part « les processions, cortèges et toutes manifestations ou cérémonies extérieures se rapportant à une croyance ou à un culte », dont l'art. 1er prononce l'interdiction ; d'autre part, les convois funèbres qui sont réglementés par les art. 2 à 8 ;

En ce qui concerne l'art. 1er de l'arrêté :

Cons. qu'en interdisant par cet article, qui reproduit les dispositions d'arrêtés antérieurs toujours en vigueur, les manifestations extérieures du culte consistant en processions, cortèges et cérémonies, le maire n'a fait qu'user des pouvoirs de police, qui lui sont conférés, dans l'intérêt de l'ordre public, par l'art. 97 de la loi du 5 avr. 1884, auquel se réfère l'art. 27 de la loi du 9 déc. 1905 ;

En ce qui concerne les art. 2 à 8 de l'arrêté :

Cons. que, si le maire est chargé par l'art. 97 de la loi du 5 avr. 1884 du maintien de l'ordre dans la commune, il doit concilier l'accomplissement de sa mission avec le respect des libertés garanties par les lois ; qu'il appartient au Conseil d'État, saisi d'un recours pour excès de pouvoir contre un arrêté rendu par application de l'art. 97 précité, non seulement de rechercher si cet arrêté porte sur un objet compris dans les attributions de l'autorité municipale, mais encore d'apprécier, suivant les circonstances de la cause, si le maire n'a pas, dans l'espèce, fait de ses pouvoirs un usage non autorisé par la loi ;

Cons. que l'art. 1er de la loi du 9 déc. 1905 garantit la liberté de conscience et le libre exercice des cultes, sous les seules restrictions édictées dans l'intérêt de l'ordre public, et que l'art. 2 de la loi du 15 nov. 1887 interdit aux maires d'établir des prescriptions particulières applicables aux funérailles en distinguant d'après leur caractère civil ou religieux ; qu'il résulte des travaux préparatoires de la loi du 9 déc. 1905 et de ceux de la loi du 28 déc. 1904 sur les pompes funèbres que l'*intention manifeste du législateur a été, spécialement en ce qui concerne les funérailles, de respecter autant que possible les habitudes et les traditions locales et de n'y porter atteinte que dans la mesure strictement nécessaire au maintien de l'ordre ;*

Cons. qu'il résulte de l'instruction que, dans la ville de Sens, aucun motif tiré de la nécessité de maintenir l'ordre sur la voie publique ne pouvait être invoqué par le maire pour lui permettre de réglementer, dans les conditions fixées par son arrêté, les convois funèbres, et notamment d'interdire aux membres du clergé, revêtus de leurs habits sacerdotaux, d'accompagner à pied ces convois conformément à la tradition locale ; qu'il est au contraire établi par les pièces jointes au dossier, spécialement par la délibération du conseil municipal du 30 juin 1906 visée par l'arrêté attaqué, que les dispositions dont il s'agit ont été dictées par des considérations étrangères à l'objet en vue duquel l'autorité municipale a été chargée de régler le service des inhumations ; qu'ainsi lesdites dispositions sont entachées d'excès de pouvoir ;... (Annulation des art. 2 à 8 de l'arrêté attaqué).

OBSERVATIONS

1 I. — Le 1er sept. 1906, le maire de Sens avait pris un arrêté interdisant « toutes manifestations religieuses et notamment celles qui ont lieu sur la voie publique à l'occasion des enterrements ». L'abbé Olivier ayant contrevenu à cet arrêté, le juge de simple police ne l'avait pas condamné, estimant l'arrêté illégal, mais la Cour de cassation, se bornant à constater que le maire avait agi dans une matière de sa compétence, avait cassé le jugement. L'abbé Olivier avait, d'autre part, déféré l'arrêté du maire de Sens au Conseil d'État.

La Haute Assemblée avait déjà eu l'occasion de statuer sur la légalité d'arrêtés relatifs aux manifestations des cultes. Elle s'était efforcée, dans des décisions concernant les processions et les sonneries de cloches, de concilier le respect des libertés religieuses et les nécessités de l'ordre public (cf. par ex. CE 5 août 1908, *Morel et autres*, Rec. 858, concl. Saint-Paul). L'affaire de Sens devait lui donner l'occasion de préciser sa jurisprudence. Le commissaire du gouvernement Chardenet invita le Conseil d'État à examiner cette affaire dans un esprit très différent de celui de la Cour de cassation : « Vous qui êtes appelés à jouer un peu le rôle de supérieur hiérarchique des autorités administratives, vous devez examiner quelle est la limite des devoirs du maire et rechercher si les arrêtés de police ont été pris dans l'intérêt du maintien de l'ordre public. » Le climat de l'époque était tel cependant que le commissaire du gouvernement n'hésita pas à reconnaître la légalité des dispositions de l'arrêté interdisant « les processions, cortèges et toutes manifestations extérieures des cultes », mais il ne lui parut pas possible d'admettre celle des dispositions qui réglementaient les convois funèbres. Elles ne permettaient au clergé de précéder le convoi qu'en voiture fermée : l'ordre public exigeait-il que des usages immémoriaux, d'après lesquels le clergé se rendait à pied à la maison mortuaire, puis prenait la tête du convoi, fussent changés ? « Les habitants de Sens ont trop le sentiment du respect dû au défunt et de la douleur des parents pour se livrer à des manifestations sur le passage d'un convoi funèbre. » Aussi bien l'autorité municipale n'avait-elle pas été inspirée par le souci d'éviter les désordres, mais par l'idée que l'enterrement religieux s'impose à la vue de tous, peut blesser les opinions philosophiques d'autrui et détruit la neutralité de la rue.

Suivant son commissaire, le Conseil d'État déclara légale l'interdiction des processions, cortèges et cérémonies, mais annula la réglementation des convois funèbres. Sachant combien les passions étaient excitées, il a longuement et soigneusement motivé son arrêt, prenant même soin de le couvrir de l'autorité du législateur.

II. — Sur l'arrêt *Abbé Olivier* repose toute la jurisprudence protectrice des manifestations extérieures du culte. Bien qu'elles fussent la conséquence normale de la liberté de conscience et de la liberté des cultes que garantissait la République, les milieux dirigeants anticléricaux de la IIIe République d'avant 1914 firent leur possible pour les entraver, par réaction contre la tradition, un moment interrompue par la Révolution, mais reprise par Napoléon, qui associait les autorités civiles aux cérémonies religieuses.

2 Le Conseil d'État protégea d'abord les cérémonies traditionnelles : elles ne peuvent être interdites qu'en cas de menace précise et sérieuse pour l'ordre public (CE Sect. 2 mars 1934, *Prothée*, Rec. 1235). Le décret du 23 oct. 1935 qui soumet tous les cortèges sur la voie publique à l'obligation d'une déclaration préalable – sauf les cortèges conformes aux usages locaux – ne permet pas aux maires d'interdire les processions traditionnelles (CE 25 janv. 1939, *Abbé Marzy*, Rec. 709). Il a même été jugé que l'ancienneté de l'interdiction ne peut faire perdre à une procession son caractère traditionnel – alors même que la procession n'était plus célébrée depuis plusieurs dizaines d'années (CE 3 déc. 1954, *Rastouil*, Rec. 639 ; AJ 1955.II *bis*.1, chr. Long).

3 Si les processions et manifestations non traditionnelles ont été moins rigoureusement protégées à l'origine, le Conseil d'État n'a pas tardé à les faire bénéficier du contrôle général qu'il exerce sur toutes les interdictions de police et à annuler les interdictions trop générales ou ne reposant pas sur la nécessité de maintenir l'ordre public. Tenant compte de l'évolution générale de l'esprit public, il se montre exigeant quant à la nature et à la gravité de la menace alléguée par l'administration. Ainsi a-t-il jugé que le préfet de police n'avait pu, sans porter une atteinte illégale à la liberté des cultes, interdire toute cérémonie et tout office religieux organisés par des adeptes du culte krisnaïte dans l'ancien hôtel d'Argenson à l'intention, notamment, des personnes ayant leur résidence dans ce bâtiment (CE 14 mai 1982, *Association internationale pour la conscience de Krisna*, Rec. 179 ; D. 1982. 516, note Boinot et Dubouy). Mais le Conseil d'État juge légale l'interdiction de ces manifestations lorsque le danger pour l'ordre public est vraiment grave : tel est le cas notamment si une manifestation religieuse analogue a provoqué des troubles dans les communes limitrophes (CE 2 juill. 1947, *Guiller*, Rec. 293). De même, le Conseil d'État a-t-il maintenu à propos d'une procession religieuse, une interdiction prononcée par un maire – alors même que des dérogations avaient été accordées en faveur d'autres manifestations – motif pris de ce que, valable seulement sur certaines voies publiques, l'interdiction avait pour but de faciliter la circulation sur ces voies (CE 21 janv. 1966, *Legastelois*, Rec. 45 ; JCP 1966.II.14568, concl. Galmot ; AJ 1966.435, note J. Moreau).

4 **III.** — Les mêmes principes jurisprudentiels sont applicables aux cortèges et manifestations de caractère politique ou social. Mais dans cette matière, le Conseil d'État paraît admettre plus largement, même pour des défilés traditionnels, l'existence d'une menace pour l'ordre public de nature à justifier légalement l'interdiction de la manifestation (cf. Sect. 19 févr. 1954, *Union des syndicats ouvriers de la région parisienne C.G.T.*, Rec. 113).

Il n'est pas impossible cependant que cette dernière jurisprudence évolue dans la mesure où le Conseil constitutionnel, appelé à statuer sur une loi modifiant le décret du 23 oct. 1935, a rangé parmi les libertés constitutionnellement garanties le « droit d'expression collective des idées et des opinions » (n° 352 DC du 18 janv. 1995, Rec. 170, RFDC 1995, 362, note Favoreu ; JCP 1995.II.22525, note Lafay ; RDP 1995 577, comm. F. Luchaire).

Significative, de ce point de vue, est l'annulation d'un arrêté de préfet de police ayant interdit les manifestations prévues lors d'une visite du Président de la République populaire de Chine à Paris au motif que s'il appartenait à l'autorité de police « de prendre toutes mesures appropriées, notamment aux abords de l'ambassade de Chine, pour prévenir les risques de désordre », elle ne pouvait prendre un « arrêté d'interdiction générale qui excédait, dans les circonstances de l'espèce, les mesures qui auraient été justifiées par les nécessités du maintien de l'ordre public, à l'occasion de cette visite ». (CE 12 nov. 1997, *Ministre de l'Intérieur c. association « Communauté tibétaine en France et ses amis »*, Rec. 417).

22

COMPÉTENCE DE LA JURIDICTION ADMINISTRATIVE SERVICE PUBLIC – CONTRATS

CE 4 mars 1910, THÉROND, Rec. 193, concl. Pichat

(D. 1912.3.57, concl. Pichat ;
S. 1911.3.17, concl. Pichat, note Hauriou ;
RDP 1910.249, note Jèze)

Sur la compétence : Cons. que le marché passé entre la ville de Montpellier et le sieur Thérond avait pour objet la capture et la mise en fourrière des chiens errants et l'enlèvement des bêtes mortes ; qu'à raison de cet objet, ce contrat ne saurait être assimilé à un marché de travaux publics dont il aurait appartenu au conseil de préfecture de l'Hérault de connaître par application de l'art. 4 de la loi du 28 pluviôse an 8 ; que ce conseil était, par suite, incompétent pour statuer sur la demande du sieur Thérond et que son arrêté doit être annulé ;

Cons. qu'en traitant dans les conditions ci-dessus rappelées avec le sieur Thérond, la ville de Montpellier a agi en vue de l'hygiène et de la sécurité de la population et a eu, dès lors, pour but d'assurer un service public ; qu'ainsi les difficultés pouvant résulter de l'inexécution ou de la mauvaise exécution de ce service sont, à défaut d'un texte en attribuant la connaissance à une autre juridiction, de la compétence du Conseil d'État ;

Cons. qu'à l'appui de la demande d'indemnité dont il a saisi le maire de Montpellier, le sieur Thérond soutenait que la ville aurait porté atteinte au privilège qu'il prétend tenir de son contrat et lui aurait ainsi causé un préjudice dont il lui serait dû réparation ; que du refus du maire et du conseil municipal de faire droit à cette réclamation il est né entre les parties un litige dont le Conseil d'État, compétent comme il vient d'être dit, est valablement saisi par les conclusions prises devant lui et tendant à la résiliation du marché et à l'allocation d'une indemnité ;

Au fond : – Cons. qu'il résulte des dispositions combinées des art. 1er, 6 et 7 du cahier des charges de l'entreprise que la ville de Montpellier a concédé au sieur Thérond le privilège exclusif de la capture des chiens et de l'enlèvement tant des bêtes mortes dans les gares de chemins de fer, à l'abattoir, sur la voie publique ou au domicile des particuliers, qui n'auraient pas été réclamées par leurs propriétaires que celles qui auraient été reconnues malsaines par le service de l'inspection sanitaire ; que, dans l'un et l'autre cas, la chair des bêtes malsaines doit être dénaturée par les soins du concessionnaire ; que les dépouilles des bêtes mortes de maladies non contagieuses seront délivrées aux propriétaires qui les réclameront, moyennant le paiement de taxes prévues à l'art. 7 du marché, le concessionnaire gardant la disposition des dépouilles des bêtes mortes de maladies contagieuses et de celles qui ne seront pas réclamées par leurs propriétaires ; que ces taxes et la valeur de ces dépouilles constituent la rémunération qui est assurée par le marché au concessionnaire ;

Mais cons. que les dispositions ci-dessus rappelées établissent au profit du sieur Thérond un véritable monopole, en violation du principe de la liberté du commerce et de l'industrie, inscrit dans la loi du 17 mars 1791 ; qu'elles sont, en outre, contraires aux art. 27 et 42 de la loi susvisée du 21 juin 1898, qui autorisent les propriétaires de bêtes mortes à en opérer eux-mêmes la destruction par un des procédés énumérés à ces articles ; qu'il suit de là que la ville n'a pu légalement obliger les propriétaires de bêtes mortes à les faire enlever et dénaturer par les soins du concessionnaire et n'a pas pu, par suite, assurer à ce dernier les produits qu'il était en droit d'attendre de sa concession ; qu'elle est donc dans l'impossibilité de satisfaire à ses engagements ; que, dans ces conditions, il y a lieu, faisant droit aux conclusions de la requête, de prononcer la résiliation du marché au profit du sieur Thérond et de condamner la ville de Montpellier à l'indemniser des dommages résultant pour lui de la non-exécution du marché ;

Cons. que l'état de l'instruction ne permet pas d'apprécier l'étendue du préjudice qui a été causé au sieur Thérond et qu'il y a lieu d'ordonner une expertise à cet effet ;... (Annulation ; expertise ordonnée).

OBSERVATIONS

1 La ville de Montpellier avait concédé au sieur Thérond le privilège exclusif de la capture et de la mise en fourrière des chiens errants et de l'enlèvement des bêtes mortes qui n'auraient pas été réclamées par leurs propriétaires, ainsi que de celles qui auraient été reconnues malsaines par le service de l'inspection sanitaire ; la rémunération du concessionnaire était assurée par le paiement des taxes mises à la charge des propriétaires et par la valeur des dépouilles qui lui étaient abandonnées. Les stipulations de ce marché étant demeurées inexécutées en ce qui concerne l'enlèvement des animaux morts appartenant à des propriétaires connus, le sieur Thérond forma devant le conseil de préfecture de l'Hérault une demande en résiliation du marché, réclamant cent vingt mille francs à titre de dommages-intérêts. Le conseil de préfecture ayant rejeté ce recours, le sieur Thérond fit appel devant le Conseil d'État, qui décida, sur le fond, que le contrat instituait au profit du concessionnaire un véritable monopole contraire à la liberté du commerce et de l'industrie, et que, dans ces conditions, il devait être résilié, à charge pour la ville d'indemniser le concessionnaire des dommages résultant pour lui de l'inexécution du marché. Mais, avant de se prononcer sur le fond, le Conseil d'État dut se prononcer sur la compétence juridictionnelle : il estima, et c'est de cette affirmation que cet arrêt tire son importance, qu'en passant un tel contrat, *la ville* avait eu pour but d'assurer un *service public*, et qu'en conséquence le litige relevait de la *compétence administrative*.

2 **I.** — L'arrêt *Thérond* confirme ainsi l'*unification du contentieux local et du contentieux de l'État.* Pour les opérations qualifiées au XIXe siècle d'« actes de gestion », par opposition aux « actes d'autorité », le principe de la séparation des autorités administratives et judiciaires ne s'appliquait en effet, depuis l'arrêt *Blanco**, qu'à l'État ; les départements et les communes restaient régis, en ce qui concerne ces « actes de gestion », par les règles du code civil ; l'unification avait été réalisée sur le plan du contentieux contractuel par l'arrêt *Terrier** (CE 6 févr. 1903) et sur le plan du contentieux quasi-délictuel par l'arrêt *Feutry* (TC 29 févr. 1908, Rec. 208, concl. Teissier – v. n° 12.2).

L'arrêt *Thérond* applique aux contrats des communes le principe dégagé par l'arrêt *Terrier* en ce qui concerne les contrats des départements, de sorte que l'ensemble des contrats de l'administration sont désormais régis par les mêmes règles de compétence.

3 **II.** — Cette unification est réalisée sous le signe du *critère du service public* : tout acte fait dans un but d'intérêt général relève de la compétence administrative, en particulier, tous les contrats conclus par l'administration dans un tel but sont des contrats administratifs. En l'espèce, le contrat passé par le sieur Thérond avec la ville de Montpellier en vue de la capture et la mise en fourrière des chiens errants et de l'enlèvement des bêtes mortes, ne présentait aucune clause exorbitante du droit commun : dans ses conclusions, le commissaire du gouvernement Pichat indiquait expressément qu'il s'agissait d'un « contrat communal de louage de service » conclu d'après les art. 1710, 1779 et 1780 du code civil. S'il relevait néanmoins de la compétence administrative, c'est uniquement à cause du but poursuivi par le contrat. L'arrêt est formel sur ce point (« ...la ville de Montpellier a agi *en vue de l'hygiène et de la sécurité de la population et a eu dès lors pour but d'assurer un service public* ; ainsi les difficultés pouvant résulter de l'inexécution ou de la mauvaise exécution de ce service sont... de la compétence du Conseil d'État »). En adoptant cette position, le Conseil d'État rompait avec le critère antérieur de la séparation des autorités administratives et judiciaires. Comme l'avait fait le commissaire du gouvernement David en 1873 dans l'affaire *Blanco**, le commissaire du gouvernement Romieu avait, en 1903, dans l'affaire *Terrier**, expressément prévu la possibilité pour l'administration de conclure, « tout en agissant... dans l'intérêt du service public proprement dit... un de ces contrats de droit commun... qui ne suppose par lui-même l'application d'aucune règle spéciale au fonctionnement des services publics ». L'arrêt *Thérond* exclut au contraire toute possibilité de gestion privée dans les contrats de l'administration, puisque tout contrat conclu dans l'intérêt du service public y est considéré comme administratif.

4 Peu de temps après, la jurisprudence allait cependant revenir avec éclat à la distinction de la gestion publique et de la gestion privée, sous-jacente déjà aux conclusions David de 1873 et développée en 1903 par le commissaire du gouvernement Romieu dans ses conclusions sur l'arrêt *Terrier** : ce retour devait être effectué dès 1912 en matière contractuelle, et en 1921 dans le contentieux de la responsabilité (CE 31 juill. 1912, *Société des granits porphyroïdes des Vosges** ; – TC 22 janv. 1921, *Société commerciale de l'Ouest africain**).

L'on crut alors que l'arrêt *Thérond* n'avait été qu'un arrêt d'espèce, apportant, dans un cas un peu insolite, un élément hétérogène dans une jurisprudence qui évoluait dans l'ensemble régulièrement depuis l'arrêt *Blanco* et qui allait être confirmée par la décision *Société commerciale de l'Ouest africain*. Cependant le critère de compétence de l'arrêt *Thérond* – participation au service public entraînant par elle-même, et quelles que soient les clauses du contrat, la compétence administrative – n'était pas oublié. Sous-jacent à la jurisprudence, il ne manquait pas de réapparaître à la faveur de cas d'espèce (TC 6 avr. 1946, *Société franco-tunisienne d'armement*, Rec. 327 ; – CE 7 mars 1923, *Iossifoglu*, Rec. 222 ; 13 févr. 1948, *de la Grange*, Rec. 76 : arrêts considérant que le contrat ne fait pas participer le cocontractant lui-même à l'exécution d'un service public). De telles décisions devenaient cependant de moins en moins explicites, de plus en plus rares et espacées lorsqu'au point peut-être le plus profond de la désaffection doctrinale à l'égard du service public, les principes qui servaient de fondement à l'arrêt *Thérond* affirmèrent leur force et leur vitalité (CE 20 avr. 1956, *Epoux Bertin** ; – 20 avr. 1956, *Ministre de l'agriculture c. consorts Grimouard**).

23

CONTRATS ADMINISTRATIFS MUTABILITÉ – ÉQUATION FINANCIÈRE

CE 11 mars 1910, COMPAGNIE GÉNÉRALE FRANÇAISE DES TRAMWAYS, Rec. 216, concl. Blum

(D. 1912.3.49, concl. Blum ;
S. 1911.3.1, concl. Blum, note Hauriou ;
RDP 1910.270, note Jèze)

Sur la recevabilité : – Cons. que le litige dont la Compagnie générale française des tramways a saisi le conseil de préfecture des Bouches-du-Rhône portait sur l'interprétation du cahier des charges d'une concession accordée par l'État ; qu'il appartenait dès lors à l'État de défendre à l'instance et que c'est par suite à tort que le mémoire présenté en son nom devant le conseil de préfecture a été déclaré non recevable par l'arrêté attaqué ;

Au fond : – Cons. que, dans l'instance engagée par elle devant le conseil de préfecture, la Compagnie générale française des tramways a soutenu que l'arrêté du 23 juin 1903, par lequel le préfet des Bouches-du-Rhône a fixé l'horaire du service d'été, aurait été pris en violation de l'art. 11 de la convention et de l'art. 14 du cahier des charges, et que, faisant droit aux conclusions de la Compagnie, le conseil de préfecture a annulé ledit arrêté préfectoral ; que la Compagnie dans les observations qu'elle a présentées devant le Conseil d'État a conclu au rejet du recours du ministre des travaux publics par les motifs énoncés dans sa réclamation primitive ;

Cons. que l'arrêté du préfet des Bouches-du-Rhône a été pris dans la limite des pouvoirs qui lui sont conférés par l'art. 33 du règlement d'administration publique du 6 août 1881, pris en exécution des lois du 11 juin 1880 (art. 38) et du 15 juill. 1845 (art. 21), lesquels *impliquent pour l'administration le droit, non seulement d'approuver les horaires des trains au point de vue de la sécurité et de la commodité de la circulation, mais encore de prescrire les modifications et les additions nécessaires, pour assurer, dans l'intérêt du public, la marche normale du service ;* qu'ainsi la circonstance que le préfet aurait, comme le soutient la Compagnie des tramways, imposé à cette dernière un service différent de celui qui avait été prévu par les parties contractantes ne serait pas de nature à entraîner à elle seule, dans l'espèce, l'annulation de l'arrêté préfectoral du 23 juin 1903 ; que c'est par suite à tort que le conseil de préfecture a, par l'arrêté attaqué, prononcé cette annulation ; *qu'il appartiendrait seulement à la Compagnie, si elle s'y croyait fondée, de présenter une demande d'indemnité en réparation du préjudice qu'elle établirait lui avoir été causé par une aggravation ainsi apportée aux charges de l'exploitation ;...* (Annulation de l'arrêté du conseil de préfecture ; rejet de la réclamation de la Compagnie).

OBSERVATIONS

1 **I.** — Le préfet des Bouches-du-Rhône, fixant dans son département l'horaire du service d'été des tramways, avait imposé à la Compagnie générale française des tramways d'augmenter, pour satisfaire aux besoins accrus de la population, le nombre des rames en service. Les droits de l'État vis-à-vis des concessionnaires de tramways étaient fixés par l'art. 33 du décret du 6 août 1881, en vertu duquel : « le préfet détermine... sur proposition du concessionnaire... le tableau de service des trains ». La thèse du ministre des travaux publics était que l'expression « tableau de service » désignait non seulement l'horaire des trains mais leur nombre. Le concessionnaire soutenait, au contraire, qu'en insérant dans le cahier des charges une clause indiquant le minimum des trains dus par le concessionnaire, l'État avait fait passer la détermination de leur nombre dans le domaine contractuel et ne pouvait modifier ce nombre que par avenant, « tableau de service » ne désignant, selon cette argumentation, que l'horaire des trains.

L'argumentation de la Compagnie trouvait une base extrêmement forte dans l'arrêt du 23 janv. 1903, *Compagnie des chemins de fer économiques du Nord* (Rec. 61 ; S. 1904.3.49, note Hauriou) : « Considérant que si l'art. 33 du règlement d'administration publique du 6 août 1881 confère au préfet le droit de déterminer... le tableau de service des trains, cette disposition doit être conciliée avec l'art. 14 du cahier des charges ;... que le nombre de voyages fixé par cet art. 14 constitue donc un minimum contractuel qui ne peut être modifié que par l'accord réciproque des parties. »

Le commissaire du gouvernement Léon Blum proposa au Conseil d'État de revenir sur cette jurisprudence. Il formula à cette occasion une théorie générale des pouvoirs de la collectivité publique à l'égard du concessionnaire : « Il est évident que les besoins auxquels un service public de cette nature doit satisfaire, et, par suite, les nécessités de son exploitation, n'ont pas un caractère invariable... L'État ne peut pas se désintéresser du service public de transports une fois concédé. Il est concédé, sans doute, mais il n'en demeure pas moins un service public. La concession représente une délégation, c'est-à-dire qu'elle constitue un mode de gestion indirecte, elle n'équivaut pas à un abandon, à un délaissement. L'État interviendra donc nécessairement pour imposer, le cas échéant, au concessionnaire, une prestation supérieure à celle qui était prévue strictement, pour forcer l'un des termes de cette équation financière qu'est, en un sens, toute concession, en usant non plus des pouvoirs que lui confère la convention, mais du pouvoir qui lui appartient en tant que puissance publique. » Appliquant ces principes à l'espèce, le commissaire du gouvernement estima, en s'appuyant sur la réglementation des chemins de fer d'intérêt local et sur la doctrine de la section des travaux publics du Conseil d'État, que la fixation des barèmes des trains et du nombre des voyages relevait du pouvoir réglementaire et qu'en fixant dans le cahier des charges le minimum des trains dus par le concessionnaire, l'État n'avait pas renoncé contractuellement à ses droits réglementaires : « L'objet unique de ces précisions est de constituer, par leur corrélation équitable, par leur compensation présumée, l'unité financière du contrat. Elles ne peuvent limiter par leur simple énonciation, par leur simple existence, un droit de réglementation qui est indépendant du contrat, puisqu'il a pour objet final d'assurer, quoi qu'il en ait été convenu, quoi qu'il arrive, l'exécution normale du service public. »

Le commissaire du gouvernement énonçait ainsi de la manière la plus claire *le principe de la mutabilité du contrat administratif*, que le Conseil devait consacrer de façon non moins nette dans l'arrêt, en reconnaissant au préfet « le droit, non seulement d'approuver les horaires des trains... mais encore de prescrire les additions et modifications nécessaires pour assurer, dans l'intérêt du public, la marche normale du service ».

Mais ce principe ne doit pas donner au contrat, « par une sorte de caractère rétroactif, comme un caractère léonin ». Son application peut légitimer de la part du concessionnaire, une demande d'indemnité : « Si l'économie financière du contrat se trouve détruite, si, par l'usage que l'autorité concédante a fait de son pouvoir d'intervention, quelque chose se trouve faussé dans cet équilibre d'avantages et de charges, d'obligations et de droits que nous avons essayé de définir, rien n'empêchera le concessionnaire de saisir le juge du contrat. Il démontrera que l'intervention, bien que régulière en elle même, bien qu'obligatoire pour lui, lui a causé un dommage dont réparation lui est due. »

« L'esprit de cette jurisprudence, concluait le commissaire du gouvernement, c'est d'organiser en somme un double contentieux de la concession. Le contentieux de la légalité de la réglementation, dont la forme normale est le recours pour excès de pouvoir. Et le contentieux du contrat, lequel comprend nécessairement l'examen des répercussions que la réglementation peut exercer sur l'économie du contrat. Le double contentieux correspond au double aspect, à la double nature, de la concession qui est, en un sens, un agencement financier de forme certaine, en un autre sens le mode de gestion d'un service public à besoins variables. C'est pourquoi... tout en reconnaissant que telle ou telle mesure de réglementation est légale... vous réservez le droit des intéressés, s'ils estiment que les prévisions contractuelles se trouvent excédées de ce fait, à saisir le juge du contrat... Celui-ci pourra allouer une indemnité. Il pourra, si les modifications apportées au contrat en bouleversent complètement l'économie... prononcer la résiliation au profit du concessionnaire... »

Le Conseil d'État a pris soin, dans l'arrêt, de réserver de façon expresse *le droit à l'indemnité du concessionnaire* : « Il appartiendrait seulement à la Compagnie, si elle s'y croyait fondée, de présenter une demande d'indemnité en réparation du préjudice qu'elle établirait lui avoir été causé par une aggravation ainsi apportée aux charges de l'exploitation. »

Ainsi se trouvent affirmés à la fois le principe de *mutabilité* (II) du contrat administratif et le principe *d'équation financière* (III) dans ce même contrat.

2 **II.** — Le *principe de mutabilité* résultait déjà de l'arrêt *Gaz de Deville-lès-Rouen** du 10 janv. 1902, admettant la possibilité pour la collectivité concédante de demander à son concessionnaire la modification des conditions d'exécution du service concédé ; mais le Conseil d'État avait essentiellement recherché l'intention des parties, en interprétant leur silence.

A. — L'arrêt *Compagnie générale française des tramways* va plus loin en admettant le *pouvoir de modification unilatérale* indépendamment de l'intention des parties.

Il se fonde sur les dispositions d'un règlement d'administration publique relatif aux chemins de fer. Certains auteurs en ont inféré que le pouvoir de modification unilatérale ne peut être exercé qu'en vertu de textes spéciaux, extérieurs au contrat, ou qu'en vertu de clauses insérées par les parties dans le contrat : dans les deux cas, il n'est pas inhérent aux contrats administratifs (L'Huillier, D. 1953, chr. 87 ; Bénoit, JCP 1963.I 1775). S'il est exact que des arrêts se fondent sur les dispositions applicables au contrat pour admettre sa modification unilatérale par l'administration, d'autres reconnaissent ce pouvoir sans référence à aucun texte (CE Sect. 12 mai 1933, *Compagnie générale des eaux*, Rec. 508 ; – 9 févr. 1951, *Ville de Nice*, Rec. 80 – cf A. de Laubadère, RDP 1954.36).

Plus nettement encore, dans un arrêt du 2 févr. 1983, *Union des transports publics urbains et régionaux* (Rec. 33 ; RDP 1984.212, note J.M. Auby ; RFDA 1984, n° 0, p. 45, note Llorens), le Conseil d'État, saisi d'un recours contre un décret relatif aux modalités d'exploitation des services publics de transport d'intérêt local, permettant à l'autorité organisatrice d'« apporter unilatéralement des modifications à la consistance des services et à leurs modalités d'exploitation », a considéré que « les auteurs du décret attaqué se sont bornés à faire application des règles générales applicables aux contrats administratifs ». Ainsi le pouvoir de modification unilatérale constitue « un élément de la théorie générale des contrats administratifs » (B. Genevois, concl. sur CE Sect. 9 déc. 1983, *SA d'étude, de participation et de développement*, RFDA 1984, n° 0, p. 39).

3 Cela ne signifie pas qu'il puisse s'exercer sur n'importe quel objet. Son fondement détermine en même temps ses limites. L'arrêt de 1910 parle expressément de « l'intérêt public » ; Léon Blum invoquait les besoins du service public, que l'administration n'a pas abandonné en en confiant la gestion à un cocontractant. Son pouvoir de modification unilatérale est lié à son pouvoir d'organisation du service public, « pouvoir qui lui appartient en tant que puissance publique », et qu'elle ne peut aliéner.

C'est donc exclusivement sur les conditions du service que des modifications peuvent être imposées par l'administration à son cocontractant. Les clauses financières ne sauraient être touchées en elles-mêmes (CE 11 juill. 1941, *Hôpital-Hospice de Chauny*, Rec. 129). De plus, « les modifications ainsi apportées ne doivent pas être incompatibles avec le mode de gestion choisi » (*Union des transports publics urbains et régionaux*, précité) ni changer l'objet du contrat, sa « substance », son « essence » (CE 17 févr. 1978, *Soc. Compagnie française d'entreprise*, Rec. 88). S'il doit en être ainsi, c'est à une résiliation qu'il faut procéder.

4 ***B.*** — Le pouvoir de modification unilatérale débouche sur le *pouvoir de résiliation unilatérale* dans l'intérêt du service – à distinguer de la résiliation prononcée comme sanction d'une faute du cocontractant (cf. nos obs. sous l'arrêt *Gaz de Deville-lès-Rouen**).

Lorsque l'administration considère que le contrat ne correspond plus aux besoins du service public, elle peut y mettre fin de son propre chef. C'est encore un pouvoir qui lui appartient « en tout état de cause, en vertu des règles applicables aux contrats administratifs » (CE Ass. 2 mai 1958, *Distillerie de Magnac-Laval*, Rec. 246 ; AJ 1958.II.282, concl. Kahn ; D. 1958.730, note de Laubadère). Il peut être exercé par voie réglementaire, pour couvrir un ensemble de contrats (même arrêt et CE Sect. 15 juill. 1959, *Société des alcools du Vexin*, Rec. 451 ; RDP 1960.325, note M. Waline), aussi bien qu'isolément à l'égard d'un seul contrat (CE 3 juill. 1925, *de Mestral*, Rec. 639 ; D. 1926.3.17, concl. Cahen-Salvador, note Trotabas ; – 4 janv. 1957, *Ville de Paris c. Soc. H. Faure et Baffrey-Hennebique*, Rec. 11). Il ne peut être écarté par une clause du contrat (CE 6 mai 1985, *Association Eurolat Crédit Foncier de France*, Rec. 141 ; RFDA 1986.21, concl. Genevois ; AJ 1985.620, note Fatôme et Moreau ; LPA 23 oct. 1985, p. 4, note Llorens).

5 Ce pouvoir a reçu une triple confirmation. D'abord le Conseil d'État, à propos des concessions accordées en matière audiovisuelle, a considéré, en des termes qui dépassent cette hypothèse, qu'« il appartient à l'autorité concédante, en vertu des règles générales applicables aux contrats administratifs... de mettre fin avant terme à un contrat de concession... pour des motifs d'intérêt général justifiant, à la date à laquelle elle prend sa décision, que l'exploitation du service concédé doit être abandonnée ou établie sur des bases nouvelles » (CE Ass. 2 févr. 1987, *Société T.V.6*, Rec. 29 – v. n° 16.7) ; « elle peut user de cette faculté alors même qu'aucune disposition législative ou réglementaire, non plus qu'aucune stipulation contractuelle, n'en ont organisé l'exercice » (CE 22 avr. 1988,

Société France 5 et Association des fournisseurs de la cinq, Rec. 157 ; AJ 1988.540, note B.D. ; RA 1988.240, note Terneyre).

Le Tribunal des conflits a aussi rappelé le « pouvoir qui... appartient à l'autorité concédante, même en l'absence de stipulations contractuelles, de mettre fin au contrat de concession pour des motifs d'intérêt général » (TC 2 mars 1987, *Société d'aménagement et de développement de Briançon-Montgenèvre c. commune de Montgenèvre*, RFDA 1987.191, note F.M.).

Le Conseil constitutionnel lui-même a reconnu que le pouvoir de résiliation aménagé par le législateur pour les contrats d'association des écoles privées à l'enseignement public est « conforme aux principes applicables aux contrats administratifs » (CC 84-185 DC 18 janv. 1985, Rec. 36 ; RFDA 1985.624, note P. Delvolvé).

6 Comme le pouvoir de modification unilatérale, le pouvoir de résiliation unilatérale trouve son fondement et ses limites dans l'intérêt général (mêmes arrêts).

Des considérations étrangères à celui-ci entachent la résiliation d'illégalité (par ex. 2 févr. 1987, *Société TV 6* précité : résiliation fondée sur un projet de loi dont l'aboutissement n'était pas certain).

Mais l'intérêt général est apprécié assez largement. Il ne se limite pas aux « modifications dans les besoins et le fonctionnement du service public » (CE 23 mai 1962, *Ministre des finances c. Société financière d'exploitations industrielles*, Rec. 342), à sa réorganisation ou sa suppression (CE 26 févr. 1975, *Société du port de pêche de Lorient*, Rec. 155) ; il peut tenir aux inconvénients de la mésentente entre deux cocontractants de l'administration (CE 31 janv. 1968, *Office public d'HLM de la ville d'Alès c. Brasseau*, Rec. 79) ou entre les concessionnaires et les usagers (CE 26 févr. 1975, *Société du port de pêche de Lorient* précité), ou à la modification du capital social de la société contractante (CE 31 juill. 1996, *Société des téléphériques du massif du Mont-Blanc*, Rec. 334 ; JCP 1997.II.22790, concl. Delarue ; AJ 1996.788, note Gilli).

En outre l'exercice de ce pouvoir doit donner lieu à indemnisation.

7 **III.** — C'est le *principe d'équation financière*, mis en valeur par Léon Blum en 1910, qui s'applique à ce sujet : si l'administration peut remettre en cause certains aspects (modification) ou la totalité (résiliation) du contrat, elle doit, par l'octroi d'une indemnité, compenser les charges qu'elle fait peser sur son cocontractant, de telle sorte que soit rétabli l'équilibre financier que les parties avaient aménagé initialement. « Les principes jurisprudentiels de l'équilibre financier des contrats » sont rappelés tant dans les arrêts que dans les avis du Conseil d'État (par ex. avis de la Section des travaux publics du 24 sept. 1998, EDCE 1999, n° 50, p. 218). En refusant de rétablir l'équilibre financier du contrat en cas de modification unilatérale, l'administration commet une faute dont la gravité peut justifier la résiliation du contrat à ses torts (CE 12 mars 1999, *SA Méribel 92*, Rec. 61 ; BJCP 1999.444, concl. Bergeal).

Le préjudice qui doit être réparé dans sa totalité comprend à la fois la perte subie (*damnum emergens*) et le manque à gagner (*lucrum cessans*).

La solution vaut autant en cas de modification unilatérale que de résiliation unilatérale (dans le premier cas, par ex. CE Sect. 27 oct. 1978, *Ville de Saint-Malo*, Rec. 401 ; D.1979.366, note D. Joly ; dans le second, par ex. CE 31 juill. 1996, *Société des téléphériques du Mont-Blanc*, précité).

8 Encore faut-il qu'existe un préjudice : les circonstances peuvent faire apparaître ses limites (CE Sect. 22 janv. 1965, *Soc. Etablissements Michel Aubrun*, Rec. 50, en cas de sous-traitance) voire son absence (CE 18 nov. 1988, *Ville d'Amiens et Société d'exploitation du parc de stationnement de la gare routière d'Amiens*, Rec. 417 : la résiliation n'a pas entraîné de manque à gagner pour le concessionnaire, l'exploitation étant de toute façon déficitaire).

En outre, lorsque la résiliation, quoique prononcée unilatéralement par l'administration, est fondée sur des circonstances indépendantes de sa volonté (par ex. faits de guerre : CE 23 janv. 1952, *Secrétaire d'État aux forces armées c. Chambouvet*, Rec. 50) ou porte sur un contrat à durée indéterminée (CE 22 févr. 1910, *SA des sablières modernes d'Aressy*, Rec. 110), le Conseil d'État refuse de réparer le manque à gagner. La solution s'explique essentiellement par des considérations d'équité. Elle rejoint le refus de maintenir au profit du cocontractant une indemnité d'imprévision lorsque les circonstances rendent le contrat définitivement sans objet (CE 9 déc. 1932, *Tramways de Cherbourg*, Rec. 1050, concl. Josse – v. n° 32.7).

La jurisprudence administrative trouve un écho dans « la jurisprudence internationale, juridictionnelle ou arbitrale », qui « reconnaît d'ailleurs à tout État un pouvoir souverain pour modifier, voire résilier, moyennant compensation, un contrat conclu avec des particuliers » (CEDH 9 déc. 1994, *Raffineries grecques Stran et Stratis Andreadis c. Grèce*, § 74, Série A, vol. 301-B ; DA 1995.200).

24

RESPONSABILITÉ
FAUTE PERSONNELLE ET FAUTE DE SERVICE
CUMUL

CE 3 févr. 1911, ANGUET, Rec. 146

(S. 1911.3.137, note Hauriou)

Cons. qu'il résulte de l'instruction que la porte affectée au passage du public dans le bureau de poste établi au numéro 1 de la rue des Filles-du-Calvaire a été fermée, le 11 janv. 1908, avant l'heure réglementaire et avant que le sieur Anguet qui se trouvait à l'intérieur de ce bureau eût terminé ses opérations aux guichets ; que ce n'est que sur l'invitation d'un employé et à défaut d'autre issue que le sieur Anguet a effectué sa sortie par la partie du bureau réservée aux agents du service ; *que, dans ces conditions, l'accident dont le requérant a été victime, par suite de sa brutale expulsion de cette partie du bureau, doit être attribué, quelle que soit la responsabilité personnelle encourue par les agents, auteurs de l'expulsion, au mauvais fonctionnement du service public ;* que, dès lors, le sieur Anguet est fondé à demander à l'État réparation du préjudice qui lui a été causé par ledit accident ; que, dans les circonstances de l'affaire, il sera fait une équitable appréciation de ce préjudice en condamnant l'État à payer au sieur Anguet une somme de 20 000 F pour toute indemnité, tant en capital qu'en intérêts... (Annulation ; indemnité accordée).

OBSERVATIONS

1 **I.** — Le sieur Anguet était entré à 8 heures et demie du soir, le 11 janv. 1908, dans le bureau de poste de la rue des Filles-du-Calvaire à Paris pour y encaisser un mandat. Lorsqu'il voulut sortir, la porte normalement destinée au passage du public était fermée et, sur les indications d'un employé, il traversa les locaux réservés au personnel pour gagner une autre issue. Deux employés occupés à classer les valeurs postales, trouvant sans doute qu'il n'évacuait pas assez vite les lieux et le prenant peut-être pour un malfaiteur, le poussèrent si brutalement dans la rue qu'il se cassa la jambe.

A la demande d'indemnité formée par le requérant devant le Conseil d'État, le ministre des postes et télégraphes répliqua que, si les agents coupables des brutalités exercées sur le sieur Anguet avaient engagé à son égard leur responsabilité personnelle, les conséquences de leur faute ne devaient pas être mises à la charge de l'État.

La doctrine pensait à cette époque que « la responsabilité de l'administration et celle de l'agent ne se cumulent pas ; non seulement ils ne sont pas responsables solidairement, mais ils ne le sont pas en même temps et à raison du même fait » (Hauriou, *La jurisprudence administrative de 1892 à 1928*, t. 1, p. 630). L'arrêt *Anguet* apporte à ce principe une première entorse, encore timide, mais qui ouvre la voie à l'arrêt *Lemonnier** (CE 26 juill. 1918) et à la jurisprudence dite du « cumul des responsabilités ».

Le Conseil d'État admet en effet que si la cause *directe* et *matérielle* de l'accident était la *faute personnelle* des agents, cette faute n'avait été rendue possible que par une *faute du service* : le bureau avait été fermé avant l'heure réglementaire et avant que le sieur Anguet eût terminé ses opérations. L'existence de cette faute du service suffit à rendre l'administration responsable du dommage.

2 Du moins, dans l'espèce *Anguet*, la faute du service garde-t-elle quelque indépendance par rapport à la faute personnelle : le dommage est dû à deux faits distincts, dont l'un constitue une faute de service et l'autre une faute personnelle.

Bientôt la jurisprudence se bornera à subordonner la responsabilité du service au simple *défaut de surveillance* qui a permis la faute personnelle. Ainsi l'accident survenu à un soldat blessé par l'imprudence de l'un de ses camarades remonté dans la chambre avec un mousqueton armé engage la responsabilité de l'État parce que le maréchal des logis avait négligé d'observer le règlement militaire en laissant ce soldat quitter le poste de garde avec son arme chargée (CE 20 févr. 1914, *Martin-Justet*, Rec. 231). L'importance de la faute de service distincte ne cesse de diminuer.

L'aboutissement de cette évolution est le cumul des responsabilités résultant d'une seule et même faute. Le Conseil d'État y arrive dès 1916 (CE 23 juin 1916, *Thévenet*, Rec. 244 ; RDP 1916.378, concl. Corneille, note Jèze) à propos d'un accident de tir dans une fête foraine imputable au tenancier d'une baraque dont le rideau de protection était insuffisant, mais engageant cependant la responsabilité de la commune, qui aurait dû s'assurer que les mesures de sécurité nécessaires avaient été prises : la faute personnelle d'un agent ou d'un tiers fait *présumer* le fonctionnement défectueux du service. La voie était dès lors ouverte à l'arrêt *Lemonnier** et aux conclusions du commissaire du gouvernement Léon Blum, dont certaines suggestions n'ont été consacrées que tardivement par la jurisprudence, notamment par les arrêts *Mimeur* du 18 nov. 1949 (Rec. 492 – v. n° 34.5) et *Bernard* du 1er oct. 1954 (Sect., Rec. 505, concl. Laurent ; D. 1955.167, note Bénoit), déclarant engagée la responsabilité de l'État dès que la faute personnelle « n'est pas dépourvue de tout lien avec le service ».

3 **II.** — Le Conseil d'État continue cependant, même après l'arrêt *Lemonnier*, à se fonder de préférence, comme dans l'arrêt *Anguet*, pour engager la responsabilité administrative à l'occasion d'une faute personnelle, sur la coexistence de deux faits distincts – fait du service et fait personnel – plutôt que sur l'existence d'un fait unique dû à la fois à l'agent et au service. Ainsi, pour donner quelques exemples pris en des matières diverses et à des époques différentes, engagent la responsabilité de l'administration :

– le décès d'un individu admis dans un asile départemental, à la suite de sévices exercés par un infirmier, de tels sévices n'ayant pu être exercés que par suite d'un manque de surveillance (CE 22 janv. 1936, *Dame Duxent*, Rec. 101) ;

– l'accident provoqué par le conducteur d'une ambulance militaire, qui l'utilisait pour des fins personnelles, dès lors que cet accident n'a été rendu possible que par le défaut de surveillance exercé par l'administration militaire sur les conducteurs et le garage (CE 19 mai 1943, *Dame Simon*, Rec. 126) ;

– les agissements délictueux de militaires, qui refusent notamment de payer leurs places dans les tramways d'une ville, parce qu'ils sont dus à un défaut de surveillance (CE 10 juill. 1953, *Société des tramways Lille-Roubaix-Tourcoing*, Rec. 778) ;

– un détournement commis par l'employée d'une perception au détriment d'une personne qui lui a remis une somme d'argent en vue de l'achat de bons du trésor dès lors que ce détournement n'a été rendu possible que par l'autorisation accordée par le percepteur à l'employée de se rendre au domicile du souscripteur pendant les heures de service (CE 18 janv. 1957, *Consorts Lacroix*, Rec. 45) ;

– le meurtre d'un chauffeur de taxi par quatre militaires qui avaient irrégulièrement quitté le camp où ils étaient cantonnés, le crime ayant été rendu possible par la mauvaise organisation et la discipline insuffisante du camp (CE Sect. 13 déc. 1963, *Ministre des armées c. consorts Occelli*, Rec. 629, concl. Braibant ; AJ 1964.29, chr. Fourré et Puybasset) ;

– le larcin commis par de jeunes militaires qui, ayant quitté le lieu de stationnement de leur unité, s'en furent dérober des raisins chez un particulier dont les vignes étaient à proximité de leur camp, un tel forfait n'ayant été rendu possible que par un défaut de surveillance (CE 9 déc. 1966, *Mouton* ; RDP 1967.360, chr. de Soto).

Ces exemples montrent que le Conseil d'État accueille aujourd'hui largement les actions en responsabilité contre la puissance publique dans le cas de coexistence de fautes, sans avoir égard à la gravité de la faute personnelle, et en évitant de se montrer trop rigoureux dans l'exigence d'un lien de cause à effet entre la faute de service et le dommage.

4 La jurisprudence *Anguet* est donc toujours vivace, et ses principes continuent à être utilisés, parallèlement aux théories plus audacieuses et qui gardent une valeur subsidiaire, exprimées par les arrêts *Lemonnier* et *Mimeur*.

Elle a d'ailleurs trouvé, bien après l'arrêt *Anguet*, un nouveau champ d'application : la coexistence de deux faits distincts à l'origine d'un même dommage peut servir de fondement à la répartition, par le juge administratif, entre l'administration et son agent, de la charge de l'indemnité due à la victime (CE 28 juill. 1951, *Delville** : accident d'automobile dû à la fois à l'état d'ébriété du chauffeur du véhicule administratif – faute personnelle – et au mauvais état des freins de ce véhicule – faute de service – Ass. 12 avr. 2002, *Papon** : cumul, dans l'arrestation et l'internement de personnes d'origine juive, de la faute personnelle de l'agent et de la faute de service résultant des « actes ou agissements de l'administration française »).

25

RECOURS POUR EXCÈS DE POUVOIR ET RECOURS DE PLEIN CONTENTIEUX

CE 8 mars 1912, LAFAGE, Rec. 348, concl. Pichat

(D. 1914.3.49, concl. Pichat ;
S. 1913.3.1, concl. Pichat, note Hauriou ;
RDP 1912.266, note Jèze)

Cons. que le sieur Lafage se borne à soutenir que, par la décision susvisée du ministre des colonies, il a été privé du bénéfice d'avantages qui lui sont assurés, en sa qualité d'officier, par les règlements en vigueur ; que sa requête met ainsi en question la légalité d'un acte d'une autorité administrative ; que, par suite, le requérant est recevable à attaquer la décision dont s'agit par la voie du recours pour excès de pouvoir ;

Au fond : – Cons. que le tarif n°12, annexé au décret du 29 déc. 1903 et le tableau B annexé à la décision présidentielle du même jour prévoient l'allocation d'indemnités, pour frais de représentation aux colonies, aux sous-directeurs ou chefs de service de santé ;

Cons. que si l'art. 10 du règlement du 3 nov. 1909 sur le fonctionnement des services médicaux n'a pas maintenu l'emploi de sous-directeur, il prévoit expressément celui de chef du service de santé ;

Cons. qu'il n'est pas contesté que le requérant remplit les fonctions de chef du service de santé en Cochinchine ; qu'il est, par suite, fondé à demander l'annulation pour excès de pouvoir de la décision par laquelle le ministre des colonies l'a privé du bénéfice des allocations prévues en faveur des chefs du service de santé par le décret et la décision présidentielle précités du 29 déc. 1903, lesquels n'ont pas été modifiés sur ce point ;... (Annulation).

OBSERVATIONS

1 **I.** — Le sieur Lafage, médecin principal des troupes coloniales, déférait au Conseil d'État une décision ministérielle le privant de certains avantages pécuniaires qu'il estimait lui être dus en vertu des textes en vigueur. Le recours ayant été formé sans le ministère d'un avocat au Conseil d'État, la question se posait de savoir si, d'une manière générale, le recours pour excès de pouvoir était rece-

vable contre les décisions refusant des avantages pécuniaires aux agents publics.

En dépit d'une jurisprudence traditionnelle, qui considérait comme de pleine juridiction les recours ayant un objet pécuniaire, le commissaire du gouvernement Pichat fit valoir deux séries d'arguments en faveur de la recevabilité du recours. Les litiges relatifs aux traitements et soldes des fonctionnaires portent souvent sur des sommes minimes : si ces réclamations ne pouvaient être portées devant le Conseil d'État que par l'intermédiaire d'un avocat, « les frais de l'instance dépasseraient, dans bien des cas, le montant de l'allocation réclamée, et l'obligation du ministère d'avocat aboutirait, en enlevant tout intérêt à l'instance, à la suppression de fait du recours et à la consécration de décisions contraires au droit ». D'autre part, le recours pour excès de pouvoir doit être un « instrument mis à la portée de tous, pour la défense de la légalité méconnue » : dès lors qu'une décision administrative, eût-elle même une portée pécuniaire, viole la légalité, le recours pour excès de pouvoir doit être recevable.

Le commissaire du gouvernement proposait en conséquence d'admettre que lorsque le fonctionnaire se contente de demander l'annulation de la mesure en invoquant son illégalité, le recours pour excès de pouvoir est recevable.

En l'espèce, décide le Conseil d'État, « le sieur Lafage se borne à soutenir qu'... il a été privé du bénéfice d'avantages qui lui sont assurés, en sa qualité d'officier, par les règlements en vigueur ; sa requête met ainsi en question la légalité d'un acte d'une autorité administrative » : le recours pour excès de pouvoir est donc recevable.

2 **II.** — La solution dégagée par l'arrêt Lafage conserve sa valeur de principe. Elle est susceptible de s'appliquer, non seulement au contentieux des traitements et soldes, mais aussi à d'autres matières telles que le refus de subvention à une association privée. (CE Ass. 7 juill. 1950, *Oeuvre de Saint-Nicolas*, Rec. 422) ou les amendes administratives pour infraction à la législation économique lorsqu'un texte n'a pas prévu en la matière de recours de pleine juridiction (CE Ass. 1er mars 1991, *Le Cun*, Rec. 71 – v. nº 110.5).

Dans les cas où une option est ouverte au requérant entre le recours pour excès de pouvoir et le recours de pleine juridiction, la détermination du recours est fonction des conclusions, telles qu'elles résultent des termes mêmes des requêtes. Ainsi le Conseil d'État a considéré comme un recours pour excès de pouvoir le recours dirigé contre un refus d'échanger des billets de banque (CE 2 juill. 1948, *Jary*, Rec. 306) et comme un recours de pleine juridiction celui qui tend au remboursement des billets (CE 10 nov. 1950, *Fermaud*, Rec. 542). Pendant un temps, la jurisprudence exigeait pour qu'il y ait recours pour excès de pouvoir, non seulement que le requérant se borne à demander l'annulation de la décision lui refusant un avantage pécuniaire, mais aussi qu'il n'invoque que des moyens de pure légalité et non des moyens reposant sur une appréciation des faits et des responsabilités (arrêt *Schlemmer* du même jour que l'arrêt *Lafage*, 8 mars 1912, Rec. 354). Mais depuis 1954, la jurisprudence, tout en maintenant la condition tenant aux conclusions à fin d'annulation (CE Sect. 19 févr. 1954, *Société Marius Martin et société des Etablissements Botton*, Rec. 120 ; AJ 1954.II bis 9 chr. Gazier et Long : la requête tendant à l'annulation des décisions assujettissant une entreprise à la redevance obligatoire pour emploi insuffisant de mutilés est un recours pour excès de pouvoir, celle qui demande la décharge de la redevance est un recours de pleine juridiction), permet d'invoquer à l'appui d'un recours pour excès de pouvoir des moyens soulevant des questions de fait mêlées de questions de droit (CE 12 févr. 1954, *Bierge*, Rec. 99 ; AJ 1954.II bis 8, chr. Gazier et Long : droit au supplément familial de traitement d'un fonctionnaire qui prétendait supporter en fait la charge de plusieurs enfants).

III. — Si l'importance théorique de la jurisprudence *Lafage* est incontestable, sa portée pratique se trouve limitée de deux façons : par le rétrécissement du domaine où une option est ouverte au requérant ; par les aléas inhérents à l'exercice de l'option lorsque celle-ci subsiste.

3 *1°)* La distinction du recours de plein contentieux et du recours pour excès de pouvoir passe par un critère principal, qui est fondé sur les pouvoirs du juge, et ne fait intervenir qu'à titre subsidiaire le critère fondé sur l'objet des recours. Le critère principal repose sur l'idée que le juge administratif, pour certaines catégories de litiges, dispose uniquement du pouvoir d'annuler la décision administrative qui lui est déférée, alors que pour d'autres litiges, il dispose de pouvoirs plus étendus. Dans la plupart des cas où le juge est susceptible d'exercer de tels pouvoirs, il a tendance à considérer qu'il ne peut être valablement saisi qu'en tant que juge de plein contentieux (cf. concl. Genevois sur CE Sect. 8 janv. 1982, *Aldana-Barrena*, Rec. 9).

Ainsi, quel que soit le libellé des conclusions de la requête, ressortit au contentieux de pleine juridiction : le contentieux électoral (CE Sect. 16 déc. 1955, *Fédération nationale des syndicats de police de France et d'outre-mer*, Rec. 596 ; RPDA 1956.41, concl. Laurent), le contentieux des installations classées (CE Sect. 16 déc. 1955, *Société MORAI*, Rec. 595 ; RPDA 1956.3, concl. Laurent ; – Sect. 15 déc. 1989, *Ministre de l'environnement c. société SPECHINOR*, Rec. 254 ; RA 1990.45, note Terneyre ; CJEG 1990.136, concl. de la Verpillière), le contentieux de l'indemnité des réquisitions allemandes (CE Sect. 5 oct. 1960, *Compagnie d'assurances générales*, Rec. 517 ; AJ 1961.25, note J.M.G.).

4 Plus récemment, et dans le but de réaliser une unification des chefs de compétence des cours administratives d'appel instituées par la loi du 31 décembre 1987, le Conseil d'État a décidé que ressortissaient nécessairement au plein contentieux les recours en annulation aussi bien des états exécutoires (CE Sect. 27 avr. 1988, *Mbakam*, Rec. 172 ; AJ 1988.438, chr. Azibert et de Boisdeffre) que des ordres de versement ou de reversement (CE Sect. 23 déc. 1988, *Cadilhac*, Rec. 465 ; AJ 1989.254, concl. Fornacciari). La mise en œuvre de la loi du 31 déc. 1987 a également conduit le Conseil d'État à estimer qu'un requérant qui ne se borne pas à conclure à l'annulation d'une décision administrative lui imposant de reverser au Trésor une somme, mais présente, en outre, des conclusions à fin de décharge, donne par là même à l'ensemble de sa demande le caractère d'une demande de plein-contentieux (CE 8 sept. 1995, *SARL Promo Conseil International*, Rec. 966). L'extension ainsi conférée au contentieux de pleine juridiction réduit d'autant la portée de la jurisprudence *Lafage*. Celle-ci n'en subsiste pas moins comme l'atteste le rattachement au contentieux de l'excès de pouvoir de la contestation par un commissaire enquêteur de l'indemnité qui lui est allouée par le préfet (CE Sect. 8 mars 1991, *Secrétaire d'État auprès du Premier ministre, chargé de l'environnement c/Bodié*, Rec. 86 ; AJ 1991.463, concl. Fornacciari ; RFDA 1991.786, note Beyssac ; Rev. Adm. 1991.330, note Ruiz-Fabri ; D. 1992.S.C.381, obs. Bon).

5 *2°) Dans les cas où l'option reste ouverte au requérant, elle ne présente pas que des avantages.*

Sans doute à l'origine, il lui était loisible de former un recours pour excès de pouvoir en matière pécuniaire sans être privé de la possibilité d'un recours ultérieur de plein contentieux tendant à obtenir le paiement de la somme litigieuse. En effet, si l'intéressé avait négligé d'agir en excès de pouvoir dans les délais légaux, il pouvait en principe demander une indemnité fondée sur l'illégalité de la décision qui était devenue définitive (CE 31 mars 1911, *Blanc, Argaing et Bezié*, Rec. 407, 409 et 410 ; S. 1912.3.129, note Hauriou ; – 3 déc. 1952, *Dubois*, Rec. 555 ; JCP 1953.II.7353, note Vedel ; – Sect. 14 oct. 1960, *Laplace*, Rec. 541 ; AJ 1960.I.160, chr. Combarnous et Galabert). La combinaison de cette règle avec la jurisprudence *Lafage* donnait ainsi aux intéressés une double chance contentieuse : dans l'immédiat, le recours en annulation et, plus tard, après l'expiration du délai imparti pour ce recours, l'action en indemnité qui permet d'aboutir pratiquement au même résultat.

6 Mais le Conseil d'État a restreint cette faculté de cumul des recours. Il a jugé que lorsqu'une décision a un effet purement pécuniaire, comme une retenue sur un traitement ou le refus d'une subvention, et qu'elle est devenue définitive par expiration du délai de recours contentieux, le requérant ne peut plus présenter une demande tendant à l'allocation de la même somme et fondée exclusivement sur l'illégalité de la décision (Sect. 2 mai 1959, *Ministre des finances c. Lafon*, Rec. 282 ; AJ 1960.I.160, chr. Combarnous et Galabert). Il ne peut donc plus rattraper par la voie du plein contentieux l'erreur qu'il a commise en ne faisant pas, en temps utile, un recours pour excès de pouvoir. La jurisprudence *Lafage* peut ainsi se retourner contre ceux qu'elle entendait favoriser : elle leur permet d'échapper à l'obligation du ministère d'avocat, mais elle les contraint à agir dans un délai plus court.

7 Toutefois, le champ d'application de cette solution rigoureuse se trouve doublement cantonné : d'une part, elle ne peut s'appliquer qu'aux décisions définitives à objet exclusivement pécuniaire (CE Ass. 7 juill. 1989, *Ordonneau*, Rec. 161 ; AJ 1989.598 chr. Honorat et Baptiste) ; d'autre part, elle ne joue pas dans le cas des décisions implicites de rejet en raison des textes relatifs aux délais de recours (CE Sect. 5 janv. 1966, *Delle Gacon*, Rec. 4 ; D. 1966.362, note Sandevoir ; AJ 1966.39, chr. Puissochet et Lecat).

26

FONCTION PUBLIQUE – ACCÈS POUVOIR D'APPRÉCIATION

CE 10 mai 1912, Abbé BOUTEYRE, Rec. 553, concl. Helbronner

(S. 1912.3.145, note Hauriou ;
D. 1914.3.74, concl. Helbronner ;
RDP 1912.453, concl. Helbronner, note Jèze)

Cons. que le décret du 10 avr. 1852, dans son art. 7 relatif aux conditions exigées des candidats à l'agrégation de l'enseignement secondaire pour leur admission au concours, dispose qu'ils doivent produire une autorisation ministérielle ; que le réglement du 29 juill. 1885 sur les concours d'agrégation du même enseignement porte : « Art.4. Les aspirants se feront inscrire au moins deux mois avant le jour de l'ouverture du concours au secrétariat de l'Académie dans laquelle ils résident ; le recteur doit donner avis de cette inscription dans les huit jours au ministre de l'instruction publique, en y joignant ses observations. – Art.5. Les listes des candidats sont définitivement arrêtées par le ministre. Les candidats admis à prendre part aux épreuves de l'agrégation sont avertis quinze jours au moins avant l'ouverture du concours » ;

Cons. que l'agrégation a été instituée exclusivement en vue du recrutement des professeurs de l'enseignement secondaire public ; qu'elle ne confère pas aux agrégés un grade universitaire, mais un titre d'ordre professionnel, dont l'objet est d'assurer aux maîtres, qui l'ont obtenu après concours, des avantages particuliers dans la carrière de l'enseignement public ; *que les textes précités ont donc pu légalement, étant donné ce caractère de l'agrégation, ne pas la rendre accessible à tous, mais la réserver aux candidats agréés par le ministre, chef responsable du service de l'enseignement secondaire public, comme pouvant être éventuellement chargés des fonctions de professeur dans un lycée ou dans un collège ;* qu'en refusant, par la décision attaquée, d'admettre le requérant à prendre part au concours d'agrégation de philosophie, le ministre de l'instruction publique n'a fait qu'user à l'égard de ce candidat, dans l'intérêt du service placé sous son autorité, du droit d'appréciation qui lui a été réservé par le décret du 10 avr. 1852 et le règlement du 29 juill. 1885, et que ladite décision n'est par suite entachée ni d'excès, ni de détournement de pouvoir ;... (Rejet).

OBSERVATIONS

1 **I.** — L'abbé Bouteyre s'était inscrit, en 1911, sur la liste des candidats au concours d'agrégation de philosophie de l'enseignement

secondaire, mais le ministre de l'instruction publique l'avait informé que « l'état ecclésiastique auquel il s'était consacré s'oppose à ce qu'il soit admis dans le personnel de l'enseignement public, dont le caractère est la laïcité, et que, par suite, il n'y a pas lieu de l'autoriser à prendre part aux épreuves destinées à pourvoir au recrutement des lycées ». Estimant que cette décision frappait d'une véritable incapacité les ministres du culte, l'abbé Bouteyre en demanda l'annulation pour excès de pouvoir.

Le commissaire du gouvernement Helbronner montra que l'existence de règles légales concernant les conditions d'aptitude à une fonction publique (âge, durée de services, diplômes, etc...) ne fait pas obstacle à ce que le ministre écarte, dans l'intérêt du service, les candidats qu'il juge inaptes à remplir les fonctions auxquelles ils vont être appelés : « L'État a le droit... de s'assurer que le candidat à une fonction ne se trouve pas dans le cas de ne pas la remplir selon l'esprit et le but en vue desquels la loi l'a instituée. L'autorité qui fait la nomination a donc forcément, *dans l'intérêt du service* que la fonction a pour but d'assurer, à exercer un certain pouvoir d'appréciation sur les mérites des candidats ». Ce pouvoir d'appréciation, souvent qualifié de « discrétionnaire », appartient à l'administration, tantôt en vertu de textes exprès – c'était le cas de l'espèce, tantôt en vertu du principe général selon lequel le gouvernement est chargé d'assurer la bonne marche des services publics (sur ce point, cf. CE Sect. 7 févr. 1936, *Jamart**). Mais le commissaire du gouvernement ajoutait que ce pouvoir, restreint progressivement par la jurisprudence, s'exerce dans le cadre des lois et sous le contrôle du juge : « C'est un plein pouvoir d'appréciation pour celui qui en est investi, à condition qu'il l'exerce légalement et dans le but pour lequel il a été créé. Les conditions dans lesquelles il s'exerce échappent en principe au contrôle du juge, à moins qu'elles ne puissent constituer un détournement de pouvoir. »

Il ne faut pas non plus que le pouvoir ainsi attribué à l'administration l'entraîne à violer le principe de l'égale admission de tous aux emplois publics posé par la Déclaration des droits de l'homme. C'est pourquoi, dit le commissaire du gouvernement, il faut distinguer entre les opinions des candidats et certaines manifestations extérieures de ces opinions : « Sans doute... le ministre ne doit-il pas se baser sur les idées présumées, les opinions politiques ou religieuses des candidats. Les opinions, les idées des candidats échappent au contrôle de l'autorité qui doit faire les nominations, et reconnaître au ministre le droit d'exclure un candidat qui pratique telle ou telle religion – ou qui est supposé avoir telle ou telle opinion philosophique ou politique – serait une atteinte inadmissible à la liberté des citoyens... Si les idées, les opinions se manifestent ou se sont manifestées avant la candidature aux fonctions publiques, par un fait individuel, par un acte public, qui par sa nature serait incompatible avec l'exercice des fonctions sollicitées, il rentrera certainement dans les droits d'appréciation de l'autorité qui fait la nomination, d'écarter pour ce motif un candidat qui se sera livré à cette manifestation ou qui aura accompli un acte de cette nature... C'est donc, non pas telle ou telle catégorie de citoyens qu'il s'agit de frapper de déchéance, mais un individu auquel on pourra refuser l'entrée de certaines fonctions publiques, si un acte par lui accompli ne permet pas au ministre de les lui confier ».

Le ministre pouvait-il, dans ces conditions, refuser à un prêtre l'accès au concours de l'agrégation, lequel confère, non pas un grade universitaire, mais un titre professionnel constituant la « porte d'entrée d'une fonction publique » ? Il n'y a pas, pour l'enseignement secondaire public, un texte analogue à la loi du 30 oct. 1886 qui réserve l'enseignement primaire public à un personnel laïque. Néanmoins, dit le commissaire du gouvernement le ministre peut valablement estimer qu'en embrassant l'état ecclésiastique, un candidat à l'agrégation a manifesté, par un acte extérieur, qu'il ne serait pas apte à faire preuve, dans son enseignement, de l'impartialité et de la neutralité requises ; en écartant sa candidature, il ne frappe pas d'une sorte de déchéance les ministres du culte ; il estime seulement que, dans l'intérêt du service, les fonctions d'ecclésiastique ne sont pas compatibles avec celles de professeur de l'enseignement secondaire public. Toutefois ajoute le commissaire du gouvernement, une telle incompatibilité ne saurait jouer pour l'enseignement supérieur public : « la nature de l'enseignement donné, le caractère des personnes auxquelles il s'adresse, dispense en principe l'État de prendre... la responsabilité des doctrines qui sont enseignées. Les auditeurs, les élèves sont ici en âge de juger... L'incompatibilité entre cet enseignement, ou tout au moins certaines parties de cet enseignement, et l'état ecclésiastique n'a donc plus les mêmes raisons d'être ».

Conformément à ces conclusions, le Conseil d'État rejeta le recours de l'abbé Bouteyre.

2 **II.** — L'arrêt et les conclusions qui l'accompagnent ont eu un double prolongement dans la jurisprudence ultérieure. D'une part, le contrôle du juge sur les actes qualifiés de « discrétionnaires » a été élargi et porte aujourd'hui non seulement sur le détournement de pouvoir, mais aussi sur l'erreur de droit, l'exactitude matérielle des faits et l'erreur manifeste d'appréciation (v. CE Ass. 28 mai 1954, *Barel** ; – Ass. 2 nov. 1973, *SA « Librairie François Maspero**).

3 D'autre part, la distinction entre les opinions et leur manifestation, posée en 1912 pour l'accès à la fonction publique, a été étendue aux mesures concernant les agents publics déjà en fonctions (v. nos obs. sous l'arrêt du 13 mars 1953, *Teissier**).

4 **III.** — Comme le suggère une partie de la doctrine, il est douteux que la position adoptée par le Conseil d'État en 1912 soit toujours

représentative de l'état du droit en ce qui touche l'accès des ecclésiastiques à l'enseignement public. Le tribunal administratif de Paris a jugé qu'était illégal le refus d'admettre un ecclésiastique à participer au concours d'agrégation d'anglais (TA Paris, 7 juill. 1970 *Spagnol*, Rec. 851). De même, il ressort, non d'un arrêt de la Haute assemblée, mais d'un avis de son assemblée générale administrative que « si les dispositions constitutionnelles qui ont établi la laïcité de l'État et celle de l'enseignement imposent la neutralité de l'ensemble des services publics et en particulier la neutralité du service de l'enseignement à l'égard de toutes les religions, elles ne mettent pas obstacle par elles-mêmes à ce que des fonctions de ces services soient confiées à des membres du clergé » (avis du 21 sept. 1972).

IV. — Le principe de laïcité de l'enseignement public n'en demeure pas moins essentiel. Il n'est cependant pas entendu de la même façon à l'égard des enseignants et vis-à-vis des élèves.

5 ***A.*** — Pour le Conseil d'État, si les *agents du service de l'enseignement public* bénéficient comme tous les autres agents publics de la liberté de conscience qui interdit toute discrimination dans l'accès aux fonctions comme dans le déroulement de la carrière qui serait fondée sur leur religion, le principe de laïcité fait obstacle à ce qu'ils disposent, dans le cadre du service public, du droit de manifester leurs croyances religieuses, notamment en portant un signe destiné à marquer l'appartenance à une religion (CE Avis 3 mai 2000, *Mlle Marteaux*, Rec. 169 ; AJ 2000.673, chr. Guyomar et Collin ; D. 2000.747, note Koubi ; RFDA 2001.146, concl. Schwartz).

Dans le même ordre d'idées, la Cour européenne des droits de l'homme a jugé que poursuivait le but légitime du respect de la neutralité de l'enseignement primaire public, l'interdiction faite à un enseignant de porter le foulard islamique dans le cadre de son activité (CEDH 15 févr. 2001, *Mme Dahlab c/ Suisse* ; AJ 2001. 480, note Flauss ; RFDA 2003.536, note Chauvin).

B. — *Les élèves de l'enseignement public* sont placés dans une position différente de celle des enseignants du point de vue des implications du principe de laïcité.

6 Dans un avis adopté par son assemblée générale le 27 nov. 1989 (EDCE 1990.239 ; AJ 1990.39, note J.P.C ; RFDA 1990.1, note Rivero ; G. av. 225) le Conseil d'État a estimé que le port par les élèves de signes par lesquels ils entendent manifester leur appartenance à une religion n'est pas, par lui-même, incompatible avec le principe de laïcité. Il peut toutefois faire l'objet d'une réglementation dans le but notamment, d'éviter que ne soit perturbé le déroulement des activités d'enseignement.

Appelé à statuer au contentieux sur le même problème, le Conseil d'État a censuré des mesures d'interdiction à caractère général et absolu (CE 2 nov. 1992, *Kherouaa*, Rec. 389 ; RFDA 1993.112, concl. Kessler ; AJ 1992.790, chr. Maugüé et Schwartz ; RDP 1993.220, note Sabourin ; D. 1993.108, note Koubi ; Vie jud. 21-27 déc. 1992, note Tchikaya ; JCP 1993.II.21998, note Tedeschi ; LPA 24 mai 1993, note Lebreton, Gaz. Pal. 24 nov. 1993, note Mandesson). Il a jugé à l'inverse que n'était pas illégale l'exclusion d'un établissement d'élèves qui, lors d'un enseignement d'éducation physique, avaient refusé d'ôter le foulard qu'elles portaient en signe d'appartenance religieuse (CE 20 oct. 1999, *Ministre de l'Éducation nationale C/ M et Mme Ait Ahmad*, Rec. 776 ; D. 2000.251, concl. Schwartz ; AJ 2000.165, note De La Morena ; JCP 2000.II.10306, note Koubi).

N'est pas non plus illégale la sanction de l'exclusion infligée à des élèves qui ont participé à des mouvements de protestation ayant gravement troublé le fonctionnement normal de l'établissement et ont ainsi excédé les limites du droit d'exprimer et de manifester leurs croyances religieuses à l'intérieur des établissements scolaires (CE 27 nov. 1996, *Ligue Islamique du Nord*, Rec. 461 ; JCP 1997.II.22808, note Seiller ; RFDA 1997.151, comm. Durand-Prinborgne).

27

COMPÉTENCE DE LA JURIDICTION ADMINISTRATIVE RÉGIME EXORBITANT – CONTRATS

CE 31 juill. 1912, SOCIÉTÉ DES GRANITS PORPHYROÏDES DES VOSGES, Rec. 909, concl. Blum

(D. 1916.3.35, concl. Blum ; S. 1917.3.15, concl. Blum ; RDP 1914.145, note Jèze)

Cons. que la réclamation de la Société des granits porphyroïdes des Vosges tend à obtenir le paiement d'une somme de 3.436 fr 20, qui a été retenue à titre de pénalité par la ville de Lille, sur le montant du prix d'une fourniture de pavés, en raison des retards dans les livraisons ;

Cons. que le marché passé entre la ville et la Société était exclusif de tous travaux à exécuter par la Société et avait pour objet unique des fournitures à livrer selon les règles et conditions des contrats intervenus entre particuliers ; qu'ainsi ladite demande soulève une contestation dont il n'appartient pas à la juridiction administrative de connaître ; que, par suite, la requête de la Société n'est pas recevable... (Rejet).

OBSERVATIONS

1 Un litige s'étant élevé entre la ville de Lille et la Société des granits porphyroïdes des Vosges relativement à un marché portant sur la fourniture de pavés, le Conseil d'État déclare que la juridiction administrative est incompétente pour connaître d'un contrat qui « *avait pour objet unique des fournitures à livrer selon les règles et conditions des contrats intervenus entre particuliers* ».

Le commissaire du gouvernement Léon Blum avait rappelé qu'en vertu des arrêts *Blanco** (TC 8 févr. 1873) et *Feutry* (TC 29 févr. 1908, Rec. 208, concl. Teissier – v. n° 12.2), toutes les actions fondées sur le quasi-délit administratif, c'est-à-dire sur l'inexécution ou la mauvaise exécution d'un service public, étaient de la compétence administrative ; mais il ajoutait que la jurisprudence est beaucoup moins extensive lorsqu'il s'agit d'un contrat, puisque, selon les termes employés par Romieu dans ses conclusions sur l'arrêt du 6 févr. 1903, *Terrier**, l'administration peut, tout en agissant dans l'intérêt d'un service public, contracter *« dans les mêmes* *conditions qu'un simple particulier et se trouver soumise aux mêmes règles comme aux mêmes juridictions ».*

Ainsi se trouvait posé le principe que les contrats conclus dans l'intérêt d'un service public pouvaient être soit des contrats de droit commun, soit des contrats administratifs. Dans ses conclusions, Léon Blum indiquait les éléments et le critère de la distinction : *« Quand il s'agit de contrat, il faut rechercher, non pas en vue de quel objet ce contrat est passé, mais ce qu'est ce contrat de par sa nature même. Et, pour que le juge administratif soit compétent, il ne suffit pas que la fourniture qui est l'objet du contrat doive être ensuite utilisée pour un service public ; il faut que ce contrat par lui-même, et de par sa nature propre, soit de ceux qu'une personne publique peut seule passer, qu'il soit, par sa forme et sa contexture, un contrat administratif... Ce qu'il faut examiner, c'est la nature du contrat lui-même indépendamment de la personne qui l'a passé et de l'objet en vue duquel il a été conclu ».* Le commissaire du gouvernement considérait que le critère du contrat administratif était la présence de clauses exorbitantes du droit commun.

Ainsi se trouve nuancée la portée de l'arrêt *Thérond** du 4 mars 1910, qui pouvait conduire à voir un contrat administratif dans tout contrat conclu par une ville dans « le but d'assurer un service public ».

Depuis l'arrêt *Société des granits porphyroïdes des Vosges*, la jurisprudence a eu l'occasion de préciser *le critère de la clause exorbitante* (I) et *sa portée* (II).

2 **I.** — *Le critère de la clause exorbitante* n'est pas parfaitement clair. Certains arrêts y voient une clause qui n'est pas « usuelle » dans les rapports entre particuliers (TC 14 nov. 1960, *Société agricole de stockage de la région d'Ablis*, Rec. 867 ; AJ 1961.89, note A. de L.) ; d'autres la définissent comme la clause « ayant pour effet de conférer aux parties des droits ou de mettre à leur charge des obligations étrangères par leur nature à ceux qui sont susceptibles d'être librement consentis par quiconque dans le cadre des lois civiles et commerciales » (CE Sect. 20 octobre 1950, *Stein*, Rec. 505, et 26 févr. 1958, *Compagnie des mines de Falimé-Gambie*, Rec. 128) ; on a pu y voir également la clause fondée directement sur des motifs d'intérêt général (v. nos obs. sous CE 20 avr. 1956, *Époux Bertin**).

Parmi les exemples courants de clauses exorbitantes, on trouve celles qui permettent à l'administration contractante de résilier elle-même le contrat (TC 16 janv. 1967, *Société du vélodrome du parc des princes*, Rec. 652 ; D.1967.416, concl. Lindon ; JCP 1967.II.15246, note Charles ; – 17 nov. 1975, *Leclert*, Rec. 800 ; D. 1976.340, note Roche ; JCP 1976.II.18480, note Ourliac et de Juglart et 1977.II.18539, note Truchet), de diriger, surveiller ou contrôler son exécution (CE Sect. 10 mai

1963, *Soc. coopérative agricole « La Prospérité fermière »*, Rec. 289 ; RDP 1963.584, concl. Braibant).

En revanche, n'ont pas été considérées comme exorbitantes du droit commun une clause de résolution de plein droit en cas d'inexécution de certaines obligations (TC 15 juin 1970, *Commune de Comblanchien*, Rec. 889), ou la clause par laquelle une commune s'engage à lever les impôts nécessaires au remboursement d'un emprunt (CE 6 déc. 1989, *SA de crédit à l'industrie française (CALIF)*, Rec. 542 ; AJ 1990.484, obs. J.M., et Cass. civ. 1ère 18 févr. 1992, *Cie La Mondiale c/ Ville de Roubaix*, Bull. civ. I, no 59, p. 40).

Le cumul de clauses exorbitantes dans un même contrat est évidemment déterminant (par ex. CE Ass. 26 févr. 1965, *Société du vélodrome du parc des princes*, Rec. 133 ; RDP 1965.506, concl. Bertrand, et 1175, note M. Waline). Mais une seule clause exorbitante peut aussi bien suffire à imprimer un caractère administratif au contrat où elle se trouve (par ex. TC 16 janv. 1967, *Société du vélodrome du parc des princes*, précité : clause de résiliation d'office par l'administration).

3 Le critère de la clause exorbitante s'est élargi avec celui du *régime exorbitant* selon lequel le contrat est conclu : ainsi ont été considérés comme administratifs, les contrats par lesquels EDF achète aux producteurs autonomes d'électricité le courant produit par leurs installations, ces contrats étant conclus obligatoirement et leur contentieux donnant lieu à une intervention préalable du ministre (CE Sect. 19 janv. 1973, *Société d'exploitation électrique de la rivière du Sant*, Rec. 48 ; CJEG 1973.239, concl. Rougevin-Baville, note Carron ; AJ 1973.358, chr. Léger et Boyon ; JCP 1974.II.17629, note Pellet ; RA 1973.633, note Amselek). Mais de telles circonstances se rencontrent rarement (par ex. pour la négative : CE 1er mars 2000, *Commune de Morestel*, CJEG 2000.191, concl. Goulard, note Sablière).

4 La question du critère de la clause ou du critère exorbitants du droit commun s'est posée particulièrement pour les marchés publics, contrats par lesquels les personnes publiques chargent une entreprise de prestations (fournitures, travaux, services) moyennant une rémunération consistant dans le prix qu'elles lui paient. Tel était le cas dans l'affaire *Société des granits porphyroïdes des Vosges* où l'absence de clause exorbitante a conduit le Conseil d'État à dénier au marché un caractère administratif.

Depuis lors la question s'est posée pour les marchés, d'une part en ce qu'ils se bornaient à renvoyer à un cahier des charges, d'autre part en ce qu'ils étaient soumis seulement à la réglementation des marchés.

Dans le premier cas, la jurisprudence a fini par considérer que le renvoi à un cahier des charges n'imprimait au contrat un caractère administratif que si ce document contenait lui-même une ou des clauses exorbitantes du droit commun (TC 5 juill. 1999, *Union des groupements d'achats publics*, Rec. 465 ; AJ 1999.554, chr. Raynaud et Fombeur, et 2000.115, note Fardet ; CJEG 2000.169, note Béchillon et Terneyre).

Dans le second, elle a considéré que le régime particulier de passation des marchés publics ne suffisait pas à en faire des contrats administratifs (TC 5 juill. 1999, *Commune de Sauve*, Rec. 465 ; BJCP 1999.526 et RFDA 1999.1163, concl. Schwartz ; AJ 1999.554, chr. Raynaud et Fombeur ; CJEG 2000.169, note Béchillon et Terneyre ; RDP 2000.247, note Llorens).

La loi du 11 déc. 2001 (dite loi « MURCEF ») est revenue sur ces solutions, en disposant (art. 2) : « les marchés passés en application du code des marchés publics ont le caractère de contrats administratifs ». Il en est ainsi même s'ils sont conclus sans formalités préalables (CE Sect. av. 29 juill. 2002, *Société MAJ Blanchisseries de Pantin*, RFDA 2002.1010 ; BJCP 2002.427, concl. Piveteau ; AJ 2002.755, note J.-D. Dreyfus ; CJEG 2003.163, note Gourdou et Bourrel ; CMP 2002, n° 207, note Llorens). En revanche, les marchés que passent des personnes privées en appliquant spontanément le code des marchés publics alors qu'il ne s'impose pas restent des contrats de droit privé (TC 17 déc. 2001, *Société Rue Impériale de Lyon*, RFDA 2002.431 ; BJCP 2002.127, concl. Bachelier ; CMP 2002, n° 54, obs. Soler-Couteau).

Le cas des personnes publiques non soumises au code des marchés publics (tels les établissements publics industriels et commerciaux de l'État) n'est pas encore réglé : leurs marchés pour lesquels elles appliquent spontanément le code des marchés publics ne devraient être administratifs qu'en raison de leur objet (par exemple les travaux publics) ou de la présence de clauses exorbitantes du droit commun — conformément à la jurisprudence *Granits porphyroïdes des Vosges*, qui en dehors des contrats couverts par la loi « MURCEF » n'a pas perdu de son actualité.

5 **II.** — *La portée du critère de la clause exorbitante* et, plus généralement, du régime exorbitant n'est pourtant pas universelle.

Pour qu'elle puisse jouer, il faut d'abord que le contrat soit conclu par une personne publique (A). Même si tel est le cas, la clause ou le régime exorbitants ne sont pas toujours déterminants (B).

6 ***A.*** — La *présence d'une personne publique au contrat*, est une condition en principe nécessaire pour qu'il soit administratif (v. nos obs. sous TC 8 juill. 1963, *Société Entreprise Peyrot**).

Les contrats conclus par des *personnes privées*, même s'ils contiennent des clauses qui peuvent être considérées comme exorbitantes du droit commun, même s'ils font référence à un cahier des clauses administratives générales applicable aux marchés publics (CE 14 nov. 1973, *Société du canal de Provence*, Rec. 1030 ; — TC

26 mars 1990, *Association nationale pour la formation professionnelle des adultes c. Mme Vve Arend*, Rec. 858 ; D. 1991.SC.103, obs. Terneyre), même s'ils reproduisent les termes d'un accord conclu par une personne publique (TC 10 janv. 1983, *Centre d'action pharmaceutique c. Union des pharmaciens de la région parisienne*, Rec. 535 ; JCP 1983.II.19938, concl. Gulphe ; AJ 1983.359, note J. Moreau), même s'ils sont passés selon un régime exorbitant du droit commun (obligation de contracter par exemple), restent des contrats de droit privé, dont le contentieux appartient aux juridictions judiciaires — à moins d'être conclus pour le compte d'une personne publique (v. TC 8 juill. 1963, *Société Entreprise Peyrot** et nos obs.).

7 ***B.*** — *Lorsqu'un contrat est conclu par une personne publique*, le critère de la clause ou du régime exorbitant du droit commun est pleinement déterminant pour les services publics à *gestion publique*, c'est-à-dire les *services publics administratifs*. Pour eux, la solution n'a jamais fait de doute : si, dès l'arrêt *Terrier**, leur était réservée la possibilité de conclure des contrats de droit commun, qu'a confirmée l'arrêt *Société des granits prophyroïdes des Vosges*, le critère de la clause exorbitante du droit commun, lié à la notion même de gestion publique, a toujours déterminé le caractère administratif de leurs contrats.

Mais la portée du critère de la clause ou du régime exorbitants peut se trouver doublement limitée : pour les services à gestion privée, elle n'est pas toujours déterminante (1°) ; pour tous les services, elle n'est pas toujours nécessaire (2°).

8 *1°)* Le principe même de la *gestion privée* de laquelle relèvent certains services peut s'opposer à ce que leurs contrats soient considérés comme administratifs.

Tel a été le cas des contrats relatifs au *domaine privé*, longtemps considérés comme de droit privé par leur objet même, quelles que soient leurs clauses (CE Sect. 26 janv. 1951, *Société anonyme minière*, Rec. 49). Mais, désormais, ils sont reconnus administratifs s'ils comportent des clauses exorbitantes du droit commun (TC 17 nov. 1975, *Leclert*, précité ; — 17 oct. 1988, *Ministre de l'économie et des finances c. Mlle Jean*, Rec. 493 ; JCP 1990.II.21550, note Loy), à moins qu'une disposition législative particulière attribue compétence aux tribunaux judiciaires (par ex. les baux ruraux : TC 22 nov. 1965, *Calmette*, Rec. 819 ; JCP 1966.II.14483, concl. Lindon, note O.D. ; D. 1966.258, note Lenoir).

9 Quant aux *services publics industriels et commerciaux*, le principe de leur soumission au droit privé (TC 22 janv. 1921, *Société commerciale de l'Ouest africain**) n'empêche pas non plus que leurs contrats puissent être administratifs s'ils relèvent d'un régime exorbitant du droit commun par leurs clauses (CE Sect. 20 oct. 1950, *Stein*, précité ; TC 14 nov. 1960, *Société agricole de stockage* *de la région d'Ablis*, précité) ou les dispositions qui leur sont applicables (CE Sect. 19 janv. 1973, *Société d'exploitation électrique de la rivière du Sant*, précité).

Mais ni les contrats conclus avec leurs agents (sauf exception : cf nos obs. sous CE 26 janv. 1923, *Robert Lafrégeyre**) ni les contrats conclus avec leurs usagers ne peuvent être administratifs, même s'ils comportent des clauses exorbitantes du droit commun (CE Sect. 13 oct. 1961, *Établissements Campanon-Rey*, Rec. 567 ; AJ 1962.98, concl. Heumann, note de Laubadère ; CJEG 1963.17, note A.C. ; D. 1962.506, note Vergnaud ; — TC 17 déc. 1962, *Dame Bertrand*, Rec. 831, concl. Chardeau ; AJ 1963.88, chr. Gentot et Fourré ; CJEG 1963.114, note A.C. ; — Cass. civ. 1re 18 nov. 1992, *SA OTH International c. Coface*, Bull. civ. I, no 279, p. 182).

10 *2°)* Le critère de la clause exorbitante, qui a longtemps pu paraître exclusif à la suite de l'arrêt *Société des granits porphyroïdes des Vosges*, ne l'est pas : un contrat ne comportant pas une telle clause peut néanmoins être administratif en tant qu'il confie au contractant l'exécution du service public ou qu'il est lui-même une modalité d'exécution du service public, comme l'a reconnu la jurisprudence depuis l'arrêt *Époux Bertin** du 20 avr. 1956. Cette alternative est clairement mise en évidence dans les deux arrêts précités du Tribunal des conflits du 5 juill. 1999, *Commune de Sauve* et *Union des groupements d'achats publics*.

Ainsi le critère de la clause exorbitante n'est ni toujours suffisant ni toujours nécessaire.

Sous ces réserves, les principes dégagés par l'arrêt *Société des granits porphyroïdes des Vosges* demeurent valables.

28

RECOURS POUR EXCÈS DE POUVOIR
TIERCE OPPOSITION

CE 29 nov. 1912, BOUSSUGE, Rec. 1128, concl. Blum

(S. 1914.3.33, concl. Blum, note Hauriou ;
D. 1916.3.49, concl. Blum ;
RDP 1913.331, concl. Blum, note Jèze)

Cons. que si, en vertu de l'art. 37 du décret du 22 juill. 1806, toute personne qui n'a été ni appelée ni représentée dans l'instance peut former tierce opposition à une décision du Conseil d'État rendue en matière contentieuse, *cette voie de recours n'est ouverte, conformément à la règle générale posée par l'art. 474 du code de procédure civile, qu'à ceux qui se prévalent d'un droit, auquel la décision entreprise aurait préjudicié ;*

Cons. que l'art. 61 du règlement d'administration publique du 8 oct. 1907, tel qu'il avait été promulgué, portait que le carreau forain des Halles est réservé aux cultivateurs qui y amènent leurs produits pour les vendre eux-mêmes et aux approvisionneurs vendant des denrées dont ils sont propriétaires ;

Cons. que, par la décision ci-dessus visée, en date du 7 juill. 1911, le Conseil d'État a annulé ledit art. 61, en tant qu'il admet sur le carreau forain des Halles de Paris, concurremment avec les cultivateurs qui y amènent leurs produits, les « approvisionneurs vendant des denrées dont ils sont propriétaires » ;

Cons. que les requérants soutiennent qu'en leur qualité d'approvisionneurs, ils ont été personnellement privés, par la décision précitée, d'un droit qu'ils tenaient de la loi du 11 juin 1896 sur les Halles centrales de Paris et du décret du 8 oct. 1907 ; que, dès lors, leur requête en tierce opposition est recevable ;... (Requête en tierce opposition des sieurs Boussuge et autres déclarée recevable).

OBSERVATIONS

I. — Un règlement d'administration publique du 8 oct. 1907 avait été pris en exécution de la loi du 11 juin 1896 sur le régime des Halles. Un arrêt du Conseil d'État du 7 juill. 1911 (*Decugis*, Rec. 797, concl. Blum ; S.1914.3.36, concl. Blum) avait annulé l'article de ce règlement qui admettait des approvisionneurs sur le carreau forain, à côté des propriétaires cultivateurs vendant leurs produits.

Les approvisionneurs formèrent tierce opposition contre cet arrêt parce qu'il portait préjudice à leurs droits et qu'ils n'avaient pas été représentés à l'instance.

1 L'art. 37 du décret du 22 juill. 1806 prévoyant la procédure de tierce opposition devant le Conseil d'État s'appliquait-il au recours pour excès de pouvoir ?

Le Conseil d'État l'avait d'abord admis (28 avr. 1882, *Ville de Cannes*, Rec. 387), liant le droit de former tierce opposition au droit d'intervention. Puis un revirement de jurisprudence (8 déc. 1899, *Ville d'Avignon*, Rec. 719, concl. Jagerschmidt ; S. 1900.3.73, note Hauriou) avait exclu la tierce opposition en matière d'excès de pouvoir, par le motif que l'excès de pouvoir ne créait pas un litige entre parties.

Le commissaire du gouvernement Léon Blum constata dans ses conclusions que le caractère objectif du recours pour excès de pouvoir est fortement atténué lorsque le recours est dirigé contre des actes individuels : « En dépit de la forme extérieure du recours, bien que l'acte attaqué soit un acte de puissance publique, le débat porté devant vous, dans toutes les espèces de cette nature, est bien un litige entre des intérêts individuels ». Mais il estimait qu'il n'en est pas de même du recours dirigé contre les actes réglementaires : « Le requérant disparaît, et vous vous demandez simplement si l'acte réglementaire attaqué est légal. Les deux parties sont en réalité : le règlement, d'une part, la loi ou les principes généraux du droit de l'autre... Vis-à-vis d'actes de cette nature, quel pourrait être l'effet de la tierce opposition ? Elle tendrait à faire revivre un règlement que vous avez annulé, non parce qu'il méconnaissait des droits, mais parce qu'il violait le droit. Comment la justification d'un droit individuel pourrait-elle jamais vous faire revenir sur votre décision... ? ». Il concluait en faveur de la recevabilité de la tierce opposition contre les arrêts statuant sur des actes individuels, mais l'estimait impossible s'agissant d'arrêts statuant sur des actes réglementaires.

Il ne fut pas suivi, et le Conseil d'État a admis la recevabilité de la tierce opposition formée par le sieur Boussuge contre l'annulation d'un acte réglementaire.

La décision fit un certain bruit. « Il y a quelque chose de changé dans le contentieux administratif français – écrivait Hauriou – et le changement porte plus loin que la question spéciale de la tierce opposition et de sa recevabilité... Le changement, c'est que le recours pour excès de pouvoir pâlit, et s'efface de plus en plus devant le recours contentieux ordinaire... ». Cet arrêt entrait, en effet, pour lui dans le cadre de l'évolution historique qui emportait le caractère objectif du recours pour excès de pouvoir.

2 En réalité, le Conseil d'État n'a pas encore admis que, d'une façon générale, le contentieux de l'excès de pouvoir ait un caractère subjectif analogue à celui du contentieux de pleine juridiction et se déroule, comme celui-ci, entre des « parties » (CE Ass. 21 avr.

1944, *Société Dockès frères*, Rec. 120). Le recours pour excès de pouvoir demeure essentiellement un procès de légalité fait à un acte administratif ; et la décision de justice auquel il donne lieu a, en principe, une autorité absolue à l'égard de tous, et non pas seulement à l'égard du requérant (CE Sect. 13 juill. 1967, *Ministre de l'Education nationale c. Ecole privée de filles de Pradelles*, Rec. 339 ; AJ 1968.344, note O. Dupeyroux ; D. 1961.431, note Voisset ; RDP 1968.187, concl. Michel Bernard). Toutefois, lorsque des nécessités pratiques ou des raisons d'équité l'exigent, le Conseil d'État atténue la rigueur de ces principes.

Dans la question de la tierce opposition, le Conseil d'État paraît avoir été sensible au principe équitable d'après lequel les personnes qui seraient admises à intervenir pendant l'instance doivent pouvoir, si elles n'ont pas été prévenues à temps, attaquer la décision rendue en leur absence. L'inconvénient pratique de cette solution était que, si l'on ouvrait la tierce opposition à toutes les personnes intéressées, tous les arrêts d'annulation ou presque seraient l'objet de cette voie de recours, car il y a presque toujours des personnes intéressées au maintien d'un acte administratif. Pour y remédier, Laferrière avait suggéré de faire, conformément d'ailleurs au texte instituant la tierce opposition, une distinction entre la lésion d'un simple intérêt et celle d'un droit, et de ne l'admettre que dans le second cas. Ainsi, en l'espèce, l'arrêt *Decugis* de 1911 avait porté atteinte aux droits que les approvisionneurs tenaient des textes sur les halles de Paris.

3 **II.** — Depuis l'arrêt *Boussuge*, la tierce opposition est donc, une voie de recours absolument générale (CE 3 nov. 1972, *Dame de Talleyrand-Périgord*, Rec. 707), ouverte contre les décisions du Conseil d'État, dès lors que sont remplies deux conditions :

4 *1°)* elle doit émaner d'une partie qui n'a été ni mise en cause, ni représentée dans l'instance (CE Ass. 21 janv. 1938, *Compagnie des chemins de fer PLM*, Rec. 70, concl. Josse) ;

5 *2°)* elle doit être dirigée contre une décision contentieuse qui préjudicie aux droits du tiers opposant.

Considérée comme une règle générale de procédure, cette exigence était tirée de l'article 474 de l'ancien code de procédure civile (CE 15 mars 1939, *Berge*, Rec. 173). Elle a été maintenue bien que l'art. 583 du nouveau code de procédure civile exige simplement la lésion d'un intérêt. Le Conseil d'État en déduit l'irrecevabilité d'une tierce opposition dirigée contre un arrêt qui rejette une requête (CE 5 janv. 1951, *Dame Guiderdoni*, Rec. 5) ou dont les motifs seuls seraient critiqués par le tiers opposant (CE Ass. 29 nov. 1929, *Baumann*, Rec. 1061).

6 Toutefois, il entend largement la notion de droit en la matière. Il a ainsi admis la recevabilité de la tierce opposition formée par une ville contre un arrêt qui, en annulant une délibération de son conseil municipal, avait « préjudicié à son droit de réorganisation des services d'assistance » (CE Sect. 8 juill. 1955, *Ville de Vichy*, Rec. 396), celle de la tierce opposition formée par la personne qui avait obtenu un avis favorable du conseil de famille à la légitimation adoptive d'un enfant à elle confiée par l'Assistance publique, contre le jugement d'un tribunal administratif annulant l'inscription de cet enfant comme pupille de l'État (CE Ass. 29 oct. 1965, *Dame Béry*, Rec. 565 ; D.1966.105, concl. Rigaud ; RDP 1966.151, note M. Waline), celle d'une société à l'encontre d'une ordonnance prescrivant, dans le cadre d'une procédure d'urgence, une expertise à la suite de laquelle sa responsabilité pourrait être mise en jeu (CE Sect. 18 juin 1982, *SA Bureau Véritas*, Rec. 240, concl. Biancarelli ; – 27 mai 1991, *Soc. NERSA*, Rec. 1125 ; CJEG 1991.336, concl. Legal), celle encore d'une commune du fait de l'annulation d'un acte déclarant d'utilité publique des travaux dont elle était bénéficiaire (CE 7 déc. 1983, *Commune de Lauterbourg*, Rec. 491 – v. n° 4.6 ; cf. également 10 mai 1985, *Chambre de commerce d'Annecy*, Rec. 659 ; RFDA 1986.60, note Pacteau).

La tierce opposition peut être introduite sans condition de délai (CE 6 oct. 1961, *Fédération nationale des huileries métropolitaines*, Rec. 544), sauf si un texte en dispose autrement.

7 Si la tierce opposition est recevable, le Conseil d'État réexamine l'affaire. Lorsqu'il la rejette comme non fondée, les dispositions du code de justice administrative (art. R.832.5 et R.741.12) lui permettent de condamner à une amende la partie qui succombe. Cette disposition s'explique par le fait que la tierce opposition peut être utilisée par des plaideurs de mauvaise foi pour faire échec à la chose jugée (v. pour un cas d'application qui n'est d'ailleurs pas sans rapport avec l'affaire *Boussuge*, CE Sect. 29 juill. 1953, *Minart*, Rec. 408).

Dans les cas, extrêmement rares, où le Conseil d'État admet la tierce opposition au fond, il déclare « non avenu » l'arrêt initial d'annulation, qui disparaît ainsi rétroactivement (CE Sect. 14 oct. 1966, *Delle Boulanger*, Rec. 547 ; AJ 1967.53, concl. Galmot). En fonction des conclusions et moyens présentés, il peut se produire que l'arrêt ou le jugement ne soit déclaré non avenu que de façon partielle (CE 24 juill. 1987, *Huguet*, Rec. 682 ; LPA 30 oct. 1987.4, concl. Fouquet).

29

DROITS DE LA DÉFENSE

CE 20 juin 1913, TÉRY, Rec. 736, concl. Corneille

(S. 1920.3.13, concl. Corneille)

Cons. que pour demander l'annulation de la décision susvisée, le sieur Téry soutient, d'une part, que le conseil supérieur a statué au vu d'un dossier incomplet, et, d'autre part, que les droits de la défense n'ont pas été respectés ;

Sur le premier moyen : Cons. que le sieur Téry n'a fait connaître ni dans sa requête, ni dans son mémoire ampliatif devant le Conseil d'État, les pièces qui auraient fait défaut dans le dossier de la poursuite disciplinaire soumis au conseil supérieur et qu'il ne les a pas davantage indiquées dans ses observations en réplique à la défense du ministre ; qu'ainsi le premier moyen du recours doit être écarté comme dépourvu de toute justification ;

Sur le second moyen : Cons. que le conseil académique de Lille saisi de la poursuite disciplinaire dirigée contre le sieur Téry a, le 22 juin 1910, statué sur ladite poursuite par deux jugements séparés, le premier rejetant l'exception d'incompétence et le moyen tiré de la violation des formes soulevés par le sieur Téry dans sa défense, et le second révoquant le sieur Téry ;

Cons. que, dans l'appel qu'il a adressé le même jour au conseil supérieur, le sieur Téry a expressément déclaré qu'il ne lui déférait que le premier de ces jugements ; que, dans la séance du 7 juill. 1910, le conseil supérieur, estimant que l'appel en matière disciplinaire était indivisible, a rejeté l'appel du sieur Téry comme non recevable ; que la décision du conseil supérieur avait mis fin à l'instance alors portée devant lui ;

Cons. que, postérieurement à cette décision, alors que le délai pour déférer les jugements précités du conseil académique de Lille n'était pas encore expiré, le sieur Téry a fait, à la date du 9 juillet, appel conjoint de ces deux jugements devant le conseil supérieur ;

Cons. que la veille de l'audience le sieur Téry fit informer le secrétaire du conseil par son avocat qu'étant, par suite de maladie, hors d'état de se présenter devant le conseil supérieur auquel il désirait soumettre lui-même des observations orales, il demandait une remise ;

Cons. que le conseil supérieur, pour repousser dans la séance du 18 juillet la demande de remise, ne s'est pas fondé sur une inexactitude de la raison invoquée à l'appui de cette demande, dont il lui appartenait d'apprécier la valeur, mais sur le motif unique que dans la séance du 7 juillet le sieur Téry se serait déjà défendu sur le fond ;

Cons. que, même en admettant que les observations soumises par le sieur Téry au conseil supérieur le 7 juillet n'aient pas concerné seulement les question de compétence et de procédure tranchées par le premier jugement du conseil académique seul alors déféré, mais aient aussi porté sur les motifs de la poursuite disciplinaire, lesdites observations, présentées dans la première instance terminée par la décision du 7 juillet déclarant le premier appel non recevable, ne pouvaient dispenser le conseil supérieur d'entendre le requérant sur l'appel formé seulement par l'acte du 9 juillet contre le deuxième jugement du conseil académique qui l'avait révoqué ;

Cons. qu'alors surtout que les décisions des 7 et 18 juillet ayant omis de mentionner les noms des membres qui ont assisté aux débats et participé auxdites décisions, il ne peut être établi que tous ceux qui ont concouru à celle du 18 juillet aient entendu les observations présentées par le sieur Téry et son défenseur dans la séance du 7 précédent, *ledit sieur Téry est fondé à soutenir qu'il s'est trouvé privé du droit de défense accordé par les dispositions des art. 11, § 5, de la loi du 27 févr. 1880 et 11 du décret du 11 mars 1898 et à demander, pour ce motif, l'annulation de la décision attaquée ;...* (Annulation ; sieur Téry renvoyé devant le conseil supérieur de l'instruction publique pour être statué sur l'appel par lui formé, après que ce conseil l'aura entendu dans ses explications ou appelé pour les présenter).

OBSERVATIONS

Le sieur Téry, professeur de philosophie au lycée de Laon, avait été l'objet de poursuites disciplinaires devant les juridictions académiques. Le conseil académique de Lille l'ayant révoqué, il fit appel au conseil supérieur de l'instruction publique ; il déposa un premier appel sur la compétence, qui fut rejeté, puis un second sur le fond ; la veille de la séance au cours de laquelle ce dernier recours devait être examiné, le sieur Téry fit savoir par pneumatique au président du conseil supérieur qu'il était en traitement dans une maison de santé, que les médecins lui interdisaient tout déplacement et qu'il ne pouvait, dans ces conditions, se rendre à l'audience. Saisi de cette lettre, le conseil supérieur passa outre et refusa d'ajourner sa décision, en se fondant sur ce que « les faits, constants, suffisent à justifier la sentence des premiers juges », sans que les explications de l'intéressé, d'ailleurs déjà données au cours de la séance consacrée à l'examen du premier appel, « puissent en modifier le caractère » ; le conseil supérieur confirma, dès lors, le jugement qui lui était déféré. Le Conseil d'État censure cette attitude et annule cette décision, en constatant que les deux appels étaient distincts, que la défense présentée à l'occasion du premier ne pouvait valoir pour le second, et qu'en statuant sans entendre à nouveau le sieur Téry et sans examiner si le motif d'absence invoqué par celui-ci était justifié, le conseil supérieur n'avait pas respecté les droits de la défense, prévus en l'occurrence expressément par les textes.

1 **I.** — L'arrêt *Téry* constitue une étape importante dans le développement de la protection des droits de l'individu par le Conseil d'État, en consacrant *les droits de la défense devant les juridictions administratives* et en énonçant certaines des *règles de fonctionnement*

et de procédure qui doivent être respectées par ces juridictions. Les motifs et la nature de ces droits et de ces règles ont été remarquablement définis par les conclusions du commissaire du gouvernement Corneille :

« Le conseil supérieur est une juridiction disciplinaire... Il en résulte, d'une part, que vous avez compétence pour apprécier, non pas le fond de ses décisions, mais la légalité de ses décisions ; il en résulte, d'autre part, que, devant le conseil supérieur, il y a des règles de procédure à observer, car l'observation d'une procédure est le corollaire indispensable de l'instruction d'une juridiction. Mais quelle est cette procédure ?

« Quant aux juridictions disciplinaires les règles de procédure ne sont pas écrites dans un texte général, dans un code ; depuis longtemps il a été reconnu par la doctrine et la jurisprudence judiciaire ou administrative que, si les règles du code d'instruction criminelle ne devaient pas servir de base immuable à la procédure particulière dont il s'agit, tout au moins on devait appliquer à cette procédure « les règles essentielles des formes judiciaires » qui sont la garantie naturelle de tout particulier inculpé d'une infraction répréhensible. Et ces garanties de droit commun pour les justiciables, on les a cataloguées : c'est la citation en forme, c'est le délai de comparution, ce sont les droits de la défense. Or les droits de la défense exigent : 1° que tous les membres du tribunal professionnel aient assisté à toute la séance, ou à toutes les séances de l'affaire en cause, afin qu'aucun d'eux ne se forme une impression incomplète de l'ensemble des débats ; 2° que la décision contienne les noms de tous ceux avec le concours desquels elle a été rendue, car la défense a le droit de connaître la composition du tribunal pour en contester, le cas échéant, la régularité ; 3° que l'ordre logique des phases de la procédure ait été respecté, la défense devant se présenter après le rapport, après le développement de l'inculpation et avant le délibéré ; 4° que les décisions soient motivées, car l'énoncé des motifs permet à l'inculpé de voir si la sanction appliquée est étayée sur un texte, et lui permet encore de se rendre compte de l'observation par les juges d'un principe fondamental en matière répressive, et qui est que le juge ne doit se déterminer que sur les pièces produites, et par suite discutées, dans l'instance même sur laquelle il a été statué. Enfin, il est un dernier point, sur lequel nous insistons parce qu'il est essentiel à la garantie du justiciable : l'inculpé doit avoir été entendu, et l'absence d'audition ne peut se couvrir que par la justification (apportée dans la décision même) d'une exception au principe motivée par une faute de l'inculpé qui, mis à même de présenter sa défense, n'a pas comparu, bien que dûment convoqué, sans invoquer d'excuse, ou après avoir allégué une excuse reconnue non valable par le juge lui-même ».

2 **II.** — De nombreux arrêts ont fait application de ces principes. Selon une formule que l'on retrouve dans maintes décisions, une juridiction administrative doit : « même en l'absence de texte, observer toutes les règles générales de procédure dont l'application n'a pas été écartée par une disposition formelle ou n'est pas inconciliable avec son organisation ». (CE 10 août 1918, *Villes*, Rec. 841, concl. Berget).

3 ***A.*** — Une première exigence est celle du *caractère contradictoire* de la procédure. Il s'agit là d'un principe général du droit (CE Ass. 12 oct. 1979, *Rassemblement des nouveaux avocats de France*, Rec. 370 ; JCP 1980.II.19288, concl. Franc, note Boré ; D. 1979.606, note Bénabent ; Gaz. pal. 1980.I.61, note Julien ; AJ 1980.248, note Debouy).

Le principe du contradictoire implique en règle générale que les personnes intéressées soient informées lors du dépôt d'une requête (CE Sect. 11 mars 1960, *Société des travaux et carrières du Maine*, Rec. 195), que les parties soient avisées des différentes productions versées au dossier (CE Sect. 26 mars 1976, *Conseil régional de l'ordre des pharmaciens de la circonscription d'Aquitaine*, Rec. 182 ; AJ 1977.157, concl. Dondoux) pour autant que cette communication offre une utilité (CE Sect. 29 janv. 1993, *Association des riverains de l'Herrengrie*, Rec. 21 ; RFDA 1994.60, concl. Scanvic ; AJ 1993.510, obs. Richer ; RA 1993.222, note Sueur), qu'elles disposent d'un délai raisonnable pour présenter d'éventuelles observations (CE Sect. 31 déc. 1976, *Association des amis de l'Ile de Groix*, Rec. 585 ; JCP 1977.II.18.589, concl. Genevois, note Liet-Veaux) et qu'elles soient avisées en temps utile de la date d'audience (CE Ass. 23 déc. 1959, *Jaouen*, Rec. 707 ; S. 1961. 38, concl. Mayras).

4 ***B.*** — La *publicité des débats* procède d'un principe général du droit en ce qui concerne les débats devant le juge judiciaire (CE Ass. 4 oct. 1974, *Dame David*, Rec. 464, *supra* n° 8.6)

Devant les juridictions administratives de droit commun, c'est-à-dire les tribunaux administratifs, les cours administratives d'appel et le Conseil d'État, ainsi que pour certaines juridictions disciplinaires telles que celles de l'Ordre national des médecins, la publicité est prévue par les textes régissant leur activité.

Devant les juridictions administratives spécialisées, à défaut de texte de droit interne l'exigeant, la publicité a été imposée pour la plupart d'entre elles, par le biais de l'article 6 de la Convention européenne de sauvegarde des droits de l'homme et des libertés fondamentales. Ce texte, qui prescrit la publicité en cas de contestations portant sur des droits et obligations de caractère civil ou de l'examen du bien-fondé de toute accusation en matière pénale, a été interprété de façon extensive par la Cour européenne des droits de l'homme.

Sur le fondement de cette interprétation le Conseil d'État a jugé que la publicité des débats était obligatoire devant les juridictions de l'aide sociale (CE Sect. 29 juill. 1994, *Département de l'Indre*, Rec. 363 ; AJ 1994.691, chr. Touvet et Stahl ; D. 1994.593, note Prétot ; RFDA 1995.161 et RDSS 1995.324, concl. Bonichot ; en matière de discipline des avocats (CE Ass. 14 févr. 1996, *Maubleu*, Rec. 34 – v. n° 110.3), devant la Cour de discipline budgétaire et financière (CE Sect. 30 oct. 1998, *Lorenzi*, Rec. 374 ; RDP 1999.833, note Eckert ; RFDA 1999.1022, note Surrel) ainsi que devant les juridictions universitaires (CE 3 nov. 1999 *Zurmely*, Rec. 341 ; RFDA 2000.1079, concl. Roul).

Le Conseil d'État a même estimé que la publicité des débats s'impose, à l'instar du respect du contradictoire, dans le cadre de la procédure de référé précontractuel instituée par l'art. L. 22 du code des tribunaux administratifs et des cours administratives d'appel auquel a succédé l'art. L. 551-1 du code de justice administrative qui permet au président du tribunal, par voie d'injonction ou d'annulation, d'assurer le respect des règles de passation de certains marchés ou concessions (CE Ass. 10 juin 1994, *Commune de Cabourg*, Rec. 300, concl. Lasvignes ; RFDA 1994.728, concl. Lasvignes, AJ 1994.560, chr. Maugüé et Touvet ; LPA 20 janv. 1995, note Clément).

C. — La *composition des juridictions* doit être régulière.

5 Toute décision de justice doit faire par elle-même la preuve de sa régularité et comporter la mention du nom des juges qui ont siégé (CE Ass. 23 janv. 1948. *Bech*, Rec. 33).

Si le secrétaire de la juridiction peut assister au délibéré, il n'a pas le droit d'y participer (CE Sect. 15 oct. 1954, *Société financière de France*, Rec. 536 ; AJ 1954.II.461, concl. Laurent, note J.L. ; AJ 1954. II bis. 14, chr. Long). Les membres de la juridiction doivent être effectivement présents pendant toute la durée des séances au cours desquelles est examiné le litige (CE Sect. 13 janv. 1933, *Saussié*, Rec. 48).

6 L'exigence d'*impartialité* est inhérente à l'activité juridictionnelle. Pour le Conseil d'État, il s'agit là d'une règle générale que l'art. 6 de la convention européenne des droits de l'homme s'est bornée à rappeler (CE 7 janv. 1998. *Trany*, Rec. 1 ; AJ 1998.445, concl. Schwartz). Elle implique très certainement que l'auteur de la décision litigieuse ne puisse siéger au sein de la juridiction qui examine l'affaire (CE Sect. 2 mars 1973, *Delle Arbousset*, Rec. 190 ; RDP 1973.1066, concl. Braibant).

Néanmoins, il a été admis, contrairement aux conclusions du commissaire du gouvernement, qu'un président de tribunal administratif ayant précédemment donné un avis sur une décision administrative puisse siéger lors de l'audience au cours de laquelle la juridiction dont il est membre délibère sur la légalité de cette décision (CE Sect. 25 janv. 1980, *Gadiaga*, Rec. 44, concl. Rougevin-

Baville ; AJ 1980.283, chr. Robineau et Feffer ; D. 1980.270, note Peiser ; RA 1980.609, note Bienvenu et Rials).

Cette dernière solution qui apparaît difficilement compatible avec les règles posées par la Cour européenne des droits de l'homme au regard de l'exigence d'impartialité des juridictions telle qu'elle peut être appréhendée subjectivement par un justiciable (CEDH 28 sept. 1995, *Procola c. Luxembourg* ; D. 1996.301, note Benoit-Rohmer ; RFDA 1996.777, note Autin et Sudre ; RTDH, 1996.271, note Spielmann), n'a pas été réaffirmée par le Conseil d'État à propos de l'appréciation de la légalité des dispositions du code des tribunaux administratifs et des cours administratives d'appel qui confèrent un caractère collégial aux attributions consultatives des tribunaux administratifs. La Section du contentieux a estimé que ces règles ne portaient « par elles-mêmes » aucune atteinte aux principes généraux relatifs à la composition des juridictions (CE Sect. 5 avr. 1996, *Syndicat des avocats de France*), Rec. 118 ; RFDA 1996.1195, concl. Bonichot). Il importe cependant qu'un tribunal administratif siège dans une composition différente lorsqu'il donne un avis puis quand il rend un jugement. (CAA Paris 23 mars 1999, *Sarran*, AJ 1999.623, note Chauchat).

La jurisprudence la plus récente se montre très exigeante en matière d'impartialité que ce soit à l'égard de la Cour des comptes, dont le rapport annuel ne doit pas préjuger de la responsabilité encourue par des comptables de fait (CE Ass. 23 févr. 2000 *Société Labor Métal*, Rec. 83, concl. Seban ; RFDA 2000.435, concl. Seban ; AJ 2000.464, chr. Guyomar et Collin ; RDP 2000.323, note Prétot ; RA 2001.30, note Haudry), à l'égard des juridictions ordinales (CE 29 mai 2002, *Vaillant*, AJ 2002.1242, concl. Chauvaux ; Gaz. Pal. 16-17 oct. 2002, note Petit) ou d'autorités administratives indépendantes investies d'un pouvoir de sanction (CE Ass. 3 déc. 1999, *Didier**).

7 ***D.*** — Les jugements doivent être motivés (CE Ass. 23 déc. 1959, *Gliksmann*, Rec. 708 ; S. 1961.38, concl. Mayras ; D. 1961.256, note Jeanneau ; — Sect. 7 déc. 1960, *Milbergue*, Rec. 680).

La prétérition d'un moyen peut donner lieu à un recours en rectification d'erreur matérielle (CE Sect. 29 mars 2000, *Groupement d'intérêt économique du Groupe Victoire*, Rec. 144 ; AJ 2000.419, chr. Guyomar et Collin).

III. — Les « règles générales de procédure » applicables même sans texte aux juridictions ont été à l'origine d'une double évolution.

8 ***A.*** — D'une part, elles ont favorisé la reconnaissance dans le domaine des procédures administratives du principe des droits de la défense, qui est le pendant du principe du contradictoire.

La jurisprudence a fait dans cette voie un progrès décisif lorsque le Conseil d'État a érigé le respect des droits de la défense en principe général du droit, applicable même en l'absence de texte le consacrant expressément. Peu importe que la décision soit administrative ou juridictionnelle, qu'elle concerne ou non un fonctionnaire, dès lors qu'elle porte atteinte à une situation individuelle et qu'elle revêt le caractère d'une sanction, l'autorité qui la prend doit respecter les droits de la défense (v. nos obs. sous CE Sect. 5 mai 1944, *Dame Vve Trompier-Gravier**).

9 ***B.*** — D'autre part, les règles posées par la jurisprudence du Conseil d'État ont favorisé la consécration par le Conseil constitutionnel, au rang de principes de valeur constitutionnelle, tant du principe du respect des droits de la défense, par rattachement aux « principes fondamentaux reconnus par les lois de la République » (*n*° *76-70 DC du 2 déc. 1976*, Rec. 39 ; RDP 1978.817, comm. Favoreu), que du principe du contradictoire, considéré comme le corollaire du précédent (*n*° *89-268 DC du 29 déc. 1989*, Cons. 58, Rec. 110 ; RFDA 1990.143, note Genevois).

30

RECOURS POUR EXCÈS DE POUVOIR CONTRÔLE DE LA QUALIFICATION JURIDIQUE DES FAITS

CE 4 avr. 1914, GOMEL, Rec. 488

(S. 1917.3.25, note Hauriou)

Cons. qu'aux termes de l'art. 3 du décret du 26 mars 1852, « tout constructeur de maisons, avant de se mettre à l'œuvre, devra demander l'alignement et le nivellement de la voie publique au devant de son terrain et s'y conformer » ; que l'art. 4 du même décret, modifié par l'art. 118 de la loi du 13 juill. 1911, porte : « Il devra pareillement adresser à l'administration un plan et des coupes cotées des constructions qu'il projette, et se soumettre aux prescriptions qui lui seront faites dans l'intérêt de la sûreté publique, de la salubrité ainsi que de la conservation des perspectives monumentales et des sites, sauf recours au Conseil d'État par la voie contentieuse » ;

Cons. que ce dernier article ainsi complété par la loi du 13 juill. 1911 a eu pour but de conférer au préfet le droit de refuser, par voie de décision individuelle, le permis de construire, au cas où le projet présenté porterait atteinte à une perspective monumentale ; que les seules restrictions apportées au pouvoir du préfet, dont la loi n'a pas subordonné l'exercice à un classement préalable des perspectives monumentales, sont celles qui résultent de la nécessité de concilier la conservation desdites perspectives avec le respect dû au droit de propriété :

Mais cons. qu'il appartient au Conseil d'État de vérifier si l'emplacement de la construction projetée est compris dans une perspective monumentale existante et, dans le cas de l'affirmative, si cette construction, telle qu'elle est proposée, serait de nature à y porter atteinte ;

Cons. que la place Beauvau ne saurait être regardée dans son ensemble comme formant une perspective monumentale ; qu'ainsi, en refusant par la décision attaquée au requérant l'autorisation de construire, le préfet de la Seine a fait une fausse application de l'art. 118 de la loi précitée du 13 juill. 1911 ;... (Annulation).

OBSERVATIONS

1 L'article 118 de la loi du 13 juill. 1911 conférait au préfet le droit de refuser le permis de construire au cas où le projet présenté porterait atteinte à une perspective monumentale. Le sieur Gomel, s'étant vu refuser, en application de ce texte, un permis de

construire place Beauvau, à Paris, attaqua ce refus par la voie du recours pour excès de pouvoir.

Le Conseil d'État décida à cette occasion qu'il lui appartient « de vérifier si l'emplacement de la construction projetée est compris dans une perspective monumentale existante, et, dans le cas de l'affirmative, si cette construction, telle qu'elle est proposée, serait de nature à y porter atteinte ». Il s'est reconnu ainsi le pouvoir de contrôler deux appréciations : la première concerne la reconnaissance du caractère de perspective monumentale, la seconde, l'atteinte portée à cette perspective par le projet de construction. En l'espèce, le Conseil d'État ayant considéré que « la place ne saurait être regardée dans son ensemble comme une perspective monumentale », il n'était pas nécessaire d'examiner si le projet du requérant y portait atteinte. La première constatation suffisait pour annuler le refus de permis de construire comme non fondé en droit.

Le Conseil d'État a ainsi étendu son contrôle de l'excès de pouvoir en acceptant d'examiner des questions relatives à des faits. Jusqu'alors il ne l'avait admis que dans des cas exceptionnels (cf. CE 13 mai 1910, *Dessay*, Rec. 405 ; RDP 1911.286, note Jèze). Certains auteurs manifestaient le souhait que la Haute assemblée étende son contrôle du fait, par la démarche qui l'avait amenée quelques décennies auparavant à inclure le détournement de pouvoir parmi les moyens d'annulation des actes administratifs (CE 26 nov. 1875, *Pariset**). Le Conseil d'État s'est effectivement engagé dans cette voie par l'arrêt *Gomel,* qui constitue le point de départ de l'abondante jurisprudence relative au contrôle, par le juge de l'excès de pouvoir, de la *qualification juridique* des faits. Elle permet de déterminer *en quoi il consiste* (I) et *jusqu'où il s'étend* (II).

2 **I.** — Le contrôle de la qualification juridique des faits porte sur la question de savoir *si les faits*, tels qu'ils existent, *présentent les caractéristiques permettant de prendre la décision*, s'ils sont « de nature à » justifier celle-ci.

Il ne s'agit donc pas d'examiner si les faits invoqués par l'administration existent. Cette question ne concerne que l'exactitude matérielle des faits, que le Conseil d'État acceptera de contrôler près de deux ans plus tard, par l'arrêt *Camino** du 14 janv. 1916.

Il s'agit de reconnaître aux faits en cause une qualification. Celle-ci relève d'une appréciation qui, *a priori*, paraît appartenir à l'administration elle-même, et non pas à son juge. Placée en face de circonstances données, l'administration doit déterminer si elles justifient l'adoption de l'acte qu'elle a reçu le pouvoir de prendre. Ses pouvoirs lui sont accordés pour faire face, non pas à n'importe quelle circonstance mais à celles qui correspondent à une notion juridique. Ce n'est plus une question de fait, c'est une question de droit, sur laquelle a prise le contrôle du juge. Elle est liée aux *textes* définissant les pouvoirs de l'administration (A), parfois *précisés par le juge lui-même (B).*

3 ***A.*** — Chaque fois qu'*un texte* subordonne l'exercice d'un pouvoir de l'administration à des données de fait d'une certaine qualification, le juge de l'excès de pouvoir vérifie si ces conditions étaient effectivement remplies, et notamment si des faits présentaient un caractère de nature à justifier la décision prise.

Dans le prolongement de l'arrêt *Gomel,* le Conseil d'État examine ainsi si un monument (CE 29 juill. 2002, *Caisse d'allocations familiales de Paris*, LPA 2003, n° 28, concl. Maugüé ; AJ 2002.1023, note Frier) ou un site (CE Ass., 2 déc. 1983, *Ville de Paris*, Rec. 481 ; *LPA* 1984, n° 77, note Morand-Deviller) présente les caractéristiques justifiant son « classement » et si les constructions projetées sont de nature à lui porter atteinte (CE 29 janv. 1971, *SCI « La Charmille de Montsoult »*, Rec. 87 ; AJ 1971.234, concl. Gentot ; – Sect. 11 janv. 1978, *Association pour la défense et l'aménagement d'Auxerre*, Rec. 4 ; JCP 1979.II.19033, concl. Genevois ; – Ass. 3 mars 1993, *Ministre de l'équipement, du logement et des transports c. commune de Saint-Germain-en-Laye*, Rec. 60 ; CJEG 1993.360, concl. Sanson ; AJ1993. 340, chr. Maugüé et Touvet ; RFDA 1994.310, note Morand-Deviller). Les formations d'instruction se déplacent, le cas échéant, sur les lieux pour vérifier l'appréciation de l'administration (CE Ass. 2 mai 1975, *Dame Ebri et autres*, Rec. 280 : AJ 1975.311, concl. G. Guillaume, à propos du classement d'un site pittoresque au sens de l'article 4 de la loi du 2 mai 1930).

La répression administrative est aussi un des domaines d'élection du contrôle de la qualification juridique des faits car, pour qu'une sanction puisse être infligée, il faut qu'ait été commise une faute, c'est-à-dire des faits pouvant « légalement motiver l'application des sanctions prévues » par les textes (CE 14 janv. 1916, *Camino** ; – 13 mars 1953, *Teissier** et, parmi une jurisprudence très abondante, CE Sect. 18 mai 1973, *Massot*, Rec. 360 ; AJ 1973.353, chr. Léger et Boyon ; D. 1974.482, note Blumann ; à propos de l'épuration administrative à la Libération : CE Ass. 26 oct. 1945, *Aramu*, Rec. 213 – v. n° 57.2).

C'est encore en fonction des formules contenues dans les textes à appliquer que le juge vérifie la représentativité d'une organisation syndicale (CE Ass. 17 avr. 1970, *CFDT*, Rec. 263 ; D. 1970.368, concl. Morisot ; – Ass. 21 janv. 1977, *CFDT et CGT*, Rec. 39, concl. Denoix de Saint Marc ; AJ 1977.256, chr. Nauwelaers et Fabius), le caractère licencieux ou pornographique d'une publication (CE 5 déc. 1956, *Thibault*, Rec. 463 ; D. 1957.20, concl. Mosset ; AJ 1957.II.94, chr. Fournier et Braibant), d'un film (CE Sect. 30 juin 2000, *Association Promouvoir, M. et Mme Mazaudier*, v. n° 80.9), le caractère politique d'une demande d'extradition (CE Ass. 24 juin 1977, *Astudillo Calleja*, Rec. 290 – v. n° 3.9), la nature d'une opération pouvant justifier la création d'une zone d'aménagement concerté (CE Sect. 28 juill. 1993, *Commune de Chamonix-Mont-Blanc*, Rec. 251 ; RDP 1993.1452, concl. Lasvignes ; AJ 1993.688, chr. Maugüé et Touvet), les critères d'attribution d'une autorisation à une chaîne de radio (CE Sect. 13 déc. 2002, *Société Radio Monte-Carlo*, AJ 2003.135, concl. Chauvaux).

4 ***B.*** — Les textes sont parfois très généraux ou très vagues sur les caractères que doivent présenter certaines circonstances pour justifier une décision. *Le Conseil d'État les a précisés* lui-même et, ce faisant, peut examiner si les conditions ainsi posées sont satisfaites.

En matière de police, il dit en quoi consiste « le bon ordre, la sûreté, la sécurité et la salubrité publiques » que la loi municipale charge le maire d'assurer (v. CE 27 oct. 1995, *Commune de Morsang-sur-Orge** et nos obs.), et il contrôle si les atteintes à l'ordre public que celui-ci cherche à empêcher sont suffisantes pour justifier les restrictions à l'exercice des activités en cause (CE 19 mai 1933, *Benjamin** ; – 22 juin 1951, *Daudignac**).

L'expropriation peut seulement être réalisée pour une cause d'utilité publique qu'il revient à l'administration de déclarer, sans que les dispositions applicables précisent autrement sa consistance; le Conseil d'État n'en examine pas moins l'appréciation faite par l'administration de cette utilité en examinant le bilan des avantages et des inconvénients (CE 28 mai 1971, *Ville nouvelle Est** et nos obs.).

Il arrive que les textes soient parfois totalement muets sur les motifs de nature à justifier l'exercice des pouvoirs qu'ils attribuent à l'administration. Le juge comble ce silence par ses propres affirmations qui servent d'appui à son contrôle.

Ainsi, comme le souligne M. Massot dans ses conclusions sur l'arrêt CE Ass. 8 avr. 1987, *Ministre de l'intérieur et de la décentralisation c. Peltier*, Rec. 128, « la vérité est bien que ce n'est que dans (la) jurisprudence que l'on trouve exprimée l'idée selon laquelle le passeport peut être refusé lorsque le déplacement à l'étranger est de nature à compromettre la sûreté publique... Le critère est purement jurisprudentiel ». Si les motifs invoqués pour refuser la délivrance d'un passeport ne correspondent pas à ce critère, le refus est annulé (même arrêt). De même le Conseil d'État, après avoir reconnu le pouvoir d'un gouvernement démissionnaire d'expédier les affaires courantes, examine si les décisions prises par un tel gouvernement entrent dans cette catégorie (CE Ass. 4 avr. 1952, *Syndicat régional des quotidiens d'Algérie*, Rec. 210 ; GP 1952.1.261, concl. J. Delvolvé ; S. 1952.3.49, concl. J. Delvolvé ; JCP 1952.II.7138, note Vedel ; RDP 1952.1029, note M. Waline).

Il arrive même au juge d'exprimer des motifs qui, sans être contraires à la loi, en limitent étroitement l'application. Ainsi, la loi du 16 nov. 1940 ayant subordonné les mutations immobilières à une autorisation préfectorale, les préfets la refusaient souvent lorsqu'un industriel voulait acheter un domaine agricole, estimant qu'il fallait réserver cette acquisition aux agriculteurs. Le Conseil d'État a décidé que la loi avait seulement voulu éviter la spéculation et l'accaparement et qu'un motif tiré de ce que la demande émanait d'industriels n'était pas au nombre de ceux qui pouvaient légalement justifier son rejet (CE Ass. 9 juill. 1943, *Tabouret et Laroche*, Rec. 182 ; – Ass. 28 juill. 1944, *Dame Constantin*, Rec. 219 – v. n° 4.9).

5 Il n'est même plus nécessaire au juge, dans certains cas, d'exprimer, dans le silence des textes, les motifs permettant leur mise en œuvre. Il passe directement à l'appréciation des faits pour dire s'ils étaient de nature à justifier l'acte attaqué. Le contrôle des refus d'admission à concourir en est un bon exemple. Le Conseil d'État examine si le comportement antérieur d'un candidat était vraiment incompatible avec les fonctions qu'il postule (CE 18 mars 1983, *Mulsant*, Rec. 125 ; – Sect. 10 juin 1983, *Raoult*, Rec. 251 ; AJ 1983.527, chr. Lasserre et Delarue, et 552, concl. M. Laroque ; RA 1983.370, note Pacteau ; RDP 1983.1404, note J. Waline : dans le premier cas, « en estimant que la participation du requérant, plusieurs années avant le dépôt de sa candidature, à des manifestations d'étudiants de caractère véhément mais qui n'étaient accompagnées d'aucune violence, révélait l'inaptitude de l'intéressé à exercer les fonctions judiciaires avec la réserve et la pondération qui s'imposent aux magistrats, le Garde des sceaux, ministre de la justice, a fondé sa décision sur des faits qui n'étaient pas de nature à la justifier » ; dans le second cas au contraire, le Garde des sceaux avait fondé sa décision sur des faits de nature à la justifier, en prenant en considération la participation du requérant, pendant son service national, à la rédaction et à la diffusion parmi les jeunes appelés d'un journal d'un comité de soldats, dont certains passages étaient particulièrement violents).

Ainsi le contrôle de la qualification juridique des faits peut aboutir à substituer l'appréciation du juge à celle de l'administration.

6 **II.** — Il n'en comporte pas moins *des degrés* qui nuancent sa rigueur.

1°) Il est entendu tout d'abord que le contrôle de la qualification juridique des faits, même lorsqu'il s'exerce, ne peut jamais porter sur l'opportunité de l'acte. Le Conseil d'État devait le souligner moins de deux ans plus tard dans l'arrêt *Camino** du 14 janv. 1916. La formule reste toujours vraie (cf. nos obs. sous cet arrêt). Mais le contrôle de la qualification juridique des faits a pour conséquence de déplacer les frontières de l'opportunité et de la légalité. En disant qu'une mesure n'est légale que si les faits qui en sont le fondement présentent certaines caractéristiques et en examinant celles-ci, le juge fait entrer dans la légalité des considérations qui auraient pu ne relever que de l'opportunité.

7 *2°)* Certaines matières ne donnent pas prise au contrôle de la qualification juridique des faits. Le juge refuse de s'immiscer dans les appréciations de l'administration et d'examiner si les faits qu'elle a considérés sont de nature à justifier sa décision. Cette réserve se manifeste en particulier dans trois domaines.

Le premier est celui de *la technique*. Le juge ne s'estime pas armé pour contrôler les appréciations de l'administration à ce sujet (CE Ass. 27 avr. 1951, *Toni*, Rec. 236, à propos du caractère toxique d'un produit ; – 29 mai 1985, *Société Trans-Union*, Rec. 162 ; RFDA 1986.240, concl. Boyon, à propos des garanties financières d'une société de transport aérien et de la situation des marchés national et mondial du transport aérien).

En deuxième lieu, le juge ne contrôle pas les appréciations des *jurys* d'examen ou de concours sur la valeur des candidats et de leurs prestations (CE 20 mars 1987, *Gambus*, Rec. 100 ; AJ 1987.550, obs. Prétot) ni celles des arbitres et juges de compétition en matière sportive (CE Sect. 25 janv. 1991, *Vigier*, Rec. 29 ; AJ 1991.389, concl. Leroy ; D. 1991.611, note Doumbé-Billé).

Le troisième domaine était traditionnellement qualifié de « *haute police* » : il couvrait essentiellement la police des étrangers (CE Ass. 21 janv. 1977, *Ministre de l'intérieur c. Dridi*, Rec. 38 – v. n° 92.9, à propos d'expulsions ; – Ass. 16 nov. 1956, *Villa*, Rec. 433, à propos de la délivrance de la carte de commerçant étranger ; – Sect. 22 avr. 1955, *Association franco-russe dite Rousky-Dom*, Rec. 202 – v. n° 90.5, à propos du refus ou du retrait de l'autorisation d'une association étrangère ; – CE Ass. 2 nov. 1973, *Société Anonyme Librairie François Maspero**, avec nos obs., à propos de l'interdiction de publications étrangères). Mais le Conseil d'État a étendu son contrôle normal à certains aspects de la police des étrangers ressortissant d'abord d'un État de la Communauté européenne (24 oct. 1990, *Ragusi*, Rec. 290 ; AJ 1991.322, concl. Abraham) puis de tout pays (Ass. 19 avr. 1991, *Belgacem* et *Mme Babas*, Rec. 152, concl. Abraham – v. n° 92.14), ainsi qu'à l'interdiction de publications étrangères (CE Sect. 9 juill. 1997, *Association Ekin*, Rec. 300, v. n° 90.11).

Et même lorsqu'il se limite encore à un contrôle restreint, le Conseil d'État réserve dans la plupart des cas le contrôle de l'erreur manifeste (v. CE 2 nov. 1973 *SA Librairie François Maspero**).

8 *3°)* Dans d'autres matières, le juge contrôle si les faits retenus par l'administration étaient de nature à justifier une décision, sans examiner pour autant le contenu de celle-ci. Il contrôle les motifs, non le dispositif.

Le contentieux disciplinaire des agents publics en est le meilleur exemple. Comme on l'a vu, le juge examine si les faits reprochés à l'intéressé constituent une faute (contrôle des motifs) ; dès lors qu'une faute a été effectivement commise, il laisse à l'administration le choix de la sanction à infliger, dans l'échelle de celles que les textes prévoient (absence de contrôle du dispositif) – sauf erreur manifeste d'appréciation (CE Sect. 9 juin 1978, *Lebon*, Rec. 245

– v. n° 90.8 ; – 26 juill. 1978, *Vinolay*, Rec. 315 ; JCP 1980.II.19265, note Thouroude).

De même, si le juge contrôle la représentativité des organisations syndicales, nécessaire pour qu'elles puissent être désignées dans certains organismes, il laisse au gouvernement le soin d'en choisir une parmi celles qui répondent aux critères de représentativité (CE 11 avr. 1986, *Fédération générale agro-alimentaire*, Rec. 92 ; AJ 1987.91, chr. Azibert et de Boisdeffre), et, s'il en choisit plusieurs, le soin d'attribuer à chacune le nombre des sièges qui lui paraît adéquat (CE 11 avr. 1986, *Confédération française de l'encadrement CGC*, Rec. 675).

9 *4°)* Un pas de plus est franchi lorsque le contrôle porte non seulement sur les motifs mais sur le dispositif. La qualification des faits est alors examinée pour savoir s'ils permettaient à l'administration d'adopter non seulement *une* décision, mais *la* décision même qu'elle a prise. Elle concerne, au-delà des raisons de l'acte, son contenu.

Le contrôle du juge peut ici encore présenter un double degré.

Dans certains cas, le contenu de l'acte est prédéterminé par les textes. Ceux-ci précisent le type de décision à prendre dans telles circonstances. Le contrôle de la qualification juridique des faits porte encore essentiellement sur les motifs : dès lors que les motifs invoqués par l'administration sont bien ceux en raison desquels la décision pouvait ou même devait être prise, le contenu de celle-ci découle du texte à appliquer. Ainsi, lorsque les textes imposent ou permettent de refuser un permis de construire si le projet de construction ne remplit pas certaines conditions, le juge examine l'accomplissement de ces conditions : si cet examen est négatif, il s'ensuit nécessairement que le permis devait ou pouvait être refusé (par ex. CE 23 oct. 1987, *Albout*, Rec. 325). Lorsqu'une disposition permet à un jury de concours de se subdiviser, si nécessaire, en groupe d'examinateurs, le juge contrôle cette nécessité (les motifs) ; il n'a pas à examiner le contenu même de la décision, puisque si nécessité il y a, la seule solution est la subdivision (CE Sect. 27 mars 1987, *Mlle Espieu*, Rec. 109 ; RDP 1987.1364, concl. Daël ; AJ 1987.323, chr. Azibert et de Boisdeffre). Le refus d'un agrément en vue d'une adoption doit être annulé dès lors que, selon les constatations du juge, le demandeur présente toutes les garanties requises sur les plans familial, éducatif et psychologique pour accueillir un enfant ; il est légal dans le cas contraire (CE Sect. 4 nov. 1991. *époux H.* ; *Président du Conseil général des Yvelines c. Mlle L.* ; *époux C.*, Rec. 361, concl. Hubert ; AJ 92.65, concl. Hubert).

10 Dans d'autres cas, les textes sont muets sur le contenu des mesures à prendre dans certaines circonstances. Mais le juge lui-même considère qu'en face de circonstances données, ne peuvent être prises que des mesures qui leur sont exactement adaptées. Alors son contrôle s'exerce à la fois sur les motifs et sur le dispositif, sur la relation qui doit exister entre les premiers et le second.

Le contrôle des mesures de police est le meilleur exemple : il s'exerce sur l'adaptation des restrictions qu'elles imposent aux désordres qu'elles veulent éviter (CE 19 mai 1933, *Benjamin** ; – 22 juin 1951, *Daudignac**). La théorie des circonstances exceptionnelles est une autre illustration : le juge contrôle à la fois si des événements constituent de telles circonstances et, dans l'affirmative, si les mesures prises répondent à la situation (CE 28 juin 1918, *Heyriés** ; – 28 février 1919, *Dames Dol et Laurent**). Le contrôle de la création des services publics industriels et commerciaux est du même ordre (CE 30 mai 1930, *Chambre syndicale du commerce en détail de Nevers**). Celui du découpage cantonal porte également tant sur le dispositif que sur les motifs (CE Ass. 13 nov. 1991, *Département du Loir-et-Cher*, Rec. 442 ; RDP 1992.217, concl. Lamy ; AJ 1992.112, chr. Maugüé et Schwartz).

Dans le contentieux disciplinaire des élèves, le juge exerce un contrôle normal sur la gravité de la sanction prise à l'encontre de ceux qui ont excédé les limites du droit d'exprimer leurs croyances religieuses (CE 27 nov. 1996, *Ligue islamique du nord*, Rec. 461 ; JCP 1997.II.22808, note Seiller ; RFDA 1997.151, comm. Durand-Prinborgne).

11 *5°)* Ainsi le contrôle de la qualification juridique des faits n'est ni général ni uniforme.

Il peut évoluer. Deux bons exemples sont fournis à cet égard par le contrôle du juge sur les limitations apportées par le gouvernement à l'accès des femmes à la fonction publique (v. nos obs. sous l'arrêt *Delle Bobard** du 3 juill. 1936) ou sur l'utilité des opérations d'expropriation (v. nos obs. sous l'arrêt *Ville nouvelle Est** du 28 mai 1971).

Le Conseil d'État est encore passé du contrôle restreint au contrôle normal à propos de l'admission à concourir (CE Sect. 19 juill. 1953, *Lingois*, Rec. 413 ; D. 1954.99, note G. Morange ; – 18 mars 1983, *Mulsant*, et Sect. 10 juin 1983, *Raoult*, précités), de l'équivalence entre des emplois (CE Sect. 15 févr. 1961, *Lagrange*, Rec. 121 – v. n° 90.4 ; 29 avr. 1994, *Cougrand*, Rec. 219), de la délivrance de passeports (CE 19 février 1975, *Fouéré*, Rec. 1219 ; – Ass. 8 avril 1987, *Ministre de l'intérieur et de la décentralisation c. Peltier*, précité – v. n° 113.10), de l'autorisation des spectacles (CE Sect. 25 mars 1955, *Société Mayol Cinéma*, Rec. 181 ; – Sect. 11 juill. 1975, *Clément*, Rec. 426), de l'autorisation de licencier des salariés protégés (CE Ass. 29 mars 1968, *Manufacture française des pneumatiques Michelin*, Rec. 214, concl. Vught – v. n° 91.2 ; – 5 mai 1976, *SAFER d'Auvergne c. Bernette**), de la police des étrangers (v. *supra* 2°).

Après une jurisprudence fluctuante, hésitant entre contrôle restreint et contrôle normal, le Conseil d'État a décidé d'exercer un plein contrôle sur l'appréciation de l'aptitude physique d'une personne à piloter, quitte à ordonner une expertise à ce sujet (CE Sect. 3 avr. 1998, *Corderoy du Tiers*, Rec. 131).

Pour une même matière, certains aspects relèvent du contrôle normal, d'autres du contrôle restreint. Ainsi, à propos des usines hydroélectriques, le juge exerce un contrôle restreint sur la détermination par le préfet des dispositions à prendre en vertu du code rural pour la protection des poissons (CE 13 mars 1998, *Rémy*, Rec. 929), un contrôle normal sur les décisions du préfet concernant des mesures d'entretien que doit prendre l'exploitant en vertu de la loi du 16 oct. 1919 (CE 23 mars 1998, *SARL Hydroélectrique Menges*, Rec. 929). Pour les appellations d'origine contrôlée, le juge exerce un contrôle normal sur la définition des opérations de production, de transformation et d'élaboration d'un produit (CE 30 déc. 1998, *Syndicat des producteurs de miel de France*, Rec. 733), un contrôle restreint sur les caractéristiques que doit présenter le produit (du même jour, *Le Jan*, Rec. 733).

Le contrôle de la qualification juridique des faits est sans doute le meilleur exemple d'une politique jurisprudentielle cherchant des solutions « adaptées aux possibilités du juge et à ce que lui paraissent être les besoins du moment » (R. Odent).

31

RECOURS POUR EXCÈS DE POUVOIR CONTRÔLE DE L'EXACTITUDE MATÉRIELLE DES FAITS

CE 14 janv. 1916, CAMINO, Rec. 15

(RDP 1917.463, concl Corneille, note Jèze ; S. 1922.3.10, concl. Corneille)

Cons. que les deux requêtes susvisées présentent à juger la même question ; qu'il y a lieu, dès lors, de les joindre pour y statuer par une seule décision ;

Cons. qu'aux termes de la loi du 8 juill. 1908 relative à la procédure de suspension et de révocation des maires « les arrêtés de suspension et les décrets de révocation doivent être motivés » ;

Cons. que si le Conseil d'État ne peut apprécier l'opportunité des mesures qui lui sont déférées par la voie du recours pour excès de pouvoir, il lui appartient, d'une part, de vérifier la matérialité des faits qui ont motivé ces mesures, et, d'autre part, dans le cas où lesdits faits sont établis, de rechercher s'ils pouvaient légalement motiver l'application des sanctions prévues par la disposition précitée ;

Cons. que l'arrêté et le décret attaqués sont fondés sur deux motifs qui doivent être examinés séparément ;

Cons., d'une part, que le motif tiré de ce que le maire d'Hendaye aurait méconnu les obligations qui lui sont imposées par la loi du 5 avr. 1884, en ne veillant pas à la décence d'un convoi funèbre auquel il assistait, repose sur des faits et des allégations dont les pièces versées au dossier établissent l'inexactitude ;

Cons., d'autre part, que le motif tiré de prétendues vexations exercées par le requérant, à l'égard d'une ambulance privée, dite ambulance de la plage, relève de faits qui, outre qu'ils sont incomplètement établis, ne constitueraient pas des fautes commises par le requérant dans l'exercice de ses attributions et qui ne seraient pas, par eux-mêmes, de nature à rendre impossible le maintien du sieur Camino à la tête de l'administration municipale ; que, de tout ce qui précède, il résulte que l'arrêté et le décret attaqués sont entachés d'excès de pouvoir ;... (Annulation).

OBSERVATIONS

1 Le docteur Camino, maire d'Hendaye, avait été suspendu par arrêté préfectoral, puis révoqué par décret, d'une part pour ne pas avoir veillé à la décence d'un convoi funèbre auquel il assistait – on lui reprochait d'avoir fait introduire un cercueil par une brèche

ouverte dans le mur d'enceinte du cimetière et d'avoir fait creuser une fosse insuffisante pour marquer son mépris à l'égard du défunt –, d'autre part pour avoir exercé certaines vexations à l'égard d'une ambulance privée. Sur recours de l'intéressé, le Conseil d'État annula la suspension et la révocation, le premier grief étant matériellement inexact, le second reposant sur des faits qui ne constituent pas une faute disciplinaire.

Déjà dans l'arrêt *Gomel** du 4 avr. 1914, le Conseil d'État avait admis d'examiner si les faits, dont l'existence n'était pas contestée, étaient de nature à justifier l'acte attaqué. Et en l'espèce, il avait répondu par la négative.

L'arrêt *Camino* ne fait, sur ce point, que reprendre la solution de l'arrêt *Gomel* : il appartient au Conseil d'État, « dans le cas où les faits sont établis, de rechercher s'ils pouvaient légalement motiver l'application des sanctions prévues » par la loi. Il s'agit de dire si les faits constituent une faute. Il y a là une des illustrations les plus classiques du contrôle de la qualification juridique des faits (v. nos obs. sous l'arrêt *Gomel**).

L'arrêt *Camino*, marque un *nouveau progrès du contrôle* du juge de l'excès de pouvoir, passant de celui de la qualification juridique des faits à celui de *leur existence matérielle* (I), tout en excluant celui de *l'opportunité* (II).

2 **I.** — La nouveauté de l'arrêt *Camino* tient au contrôle de *l'exactitude matérielle des faits* : il appartient au Conseil d'État « de vérifier la matérialité des faits qui ont motivé (les) mesures » qui lui sont déférées. Ainsi s'étend *l'objet du contrôle* du juge de l'excès de pouvoir (A), pour lequel des *moyens de contrôle* (B) doivent être mis en œuvre.

A. — S'agissant de ce nouvel *objet de contrôle*, on peut être surpris qu'il ne soit apparu en jurisprudence qu'après la qualification juridique des faits. Car il est *a priori* plus facile de censurer un acte fondé sur un fait qui ne s'est pas produit que de l'annuler pour un fait qui, bien réel, ne présente pas les caractéristiques nécessaires. Dans le second cas, il faut émettre une appréciation qui peut comporter une part de subjectivité ; dans le premier cas, il faut examiner l'existence du fait à l'état pur.

Si la jurisprudence a pendant longtemps considéré que, « même en la tenant pour établie », l'erreur de fait « ne saurait constituer un excès de pouvoir » (CE 18 mars 1910, *Hubersen*, Rec. 259), c'est parce qu'elle considérait d'une part que l'administration était seule compétente pour examiner la matérialité des faits, le juge n'ayant pas à se substituer à elle dans cet examen, d'autre part, que la légalité englobait exclusivement des questions de droit, dans lesquelles l'existence des faits n'a aucun rôle.

Cette position devait tomber devant une double observation. Tout d'abord la compétence de l'administration n'exclut pas celle du juge. Ensuite, et surtout, les questions de fait ne sont pas extérieures à celles de droit : si une décision ne peut être juridiquement fondée que sur un fait, l'absence de ce fait empêche cette décision de correspondre au droit. C'est ce qui justifie que, pour statuer en droit, le juge de l'excès de pouvoir examine le fait.

Dans l'affaire *Camino*, les textes favorisaient un tel examen, puisqu'ils imposaient la motivation par l'administration des arrêtés de suspension et décrets de révocation des maires.

Le Conseil d'État devait étendre le principe dégagé par l'arrêt *Camino* à toute décision, indépendamment de toute obligation de la motiver, et quelle que soit l'étendue des pouvoirs de son auteur.

Quelques années plus tard, il annula comme fondée sur un fait inexact, et par suite sur une « cause juridique inexistante », une décision mettant un préfet en congé « sur sa demande », alors que l'intéressé n'avait présenté, en fait, aucune demande (20 janv. 1922, *Trépont*, Rec. 65 ; RDP 1922.81, concl. Rivet, note Jèze ; D. 1924.3.36, note R.M.). La solution est d'autant plus remarquable qu'elle concernait une décision prise dans l'exercice d'un pouvoir discrétionnaire du gouvernement. Mais si, en cas de pouvoir discrétionnaire, l'administration est libre de prendre la décision qui lui paraît convenable en face de circonstances de fait, elle n'est pas libre, même dans l'exercice d'un tel pouvoir, de se fonder sur des faits qui n'existent pas.

3 Le contrôle de l'exactitude matérielle des faits constitue ainsi, avec celui de l'erreur de droit, de l'erreur manifeste d'appréciation (sauf exception) et du détournement de pouvoir, le contrôle minimum qu'exerce le juge de l'excès de pouvoir, même à l'égard des actes pour lesquels l'administration détient un pouvoir discrétionnaire (par ex. CE 26 janv. 1977, *Ministre de la santé c. Prat*, Rec. 42 : annulation du refus d'autoriser l'installation d'un équipement dans une clinique fondé sur l'existence, inexacte, dans la région, d'un équipement semblable ; – 4 févr. 1981, *Konaté*, D. 1981.353, note Pacteau : annulation d'un arrêté d'expulsion d'un étranger en raison de violences dont la matérialité n'est pas corroborée par les pièces du dossier ; – Sect. 27 avr. 1988, *Soc. Revlon*, Rec. 169 ; AJ 1988.543, concl. Van Ruymbeke ; RDSS 1988.637, note Prétot : annulation, comme fondées sur des faits inexacts, d'attestations de licenciement pour motif économique, alors que les intéressés avaient été licenciés pour faute grave ; – 7 avr. 1993, *Ville de la Courneuve*, Rec. 100 : annulation de la décision délimitant des secteurs d'évaluation pour la détermination des bases des impôts locaux, reposant « sur des faits matériellement inexacts ayant conduit à une surévaluation de la valeur vénale moyenne (des) terrains à bâtir ».

4 ***B.*** — L'arrêt *Camino*, en admettant le contrôle de l'exactitude matérielle des faits, aborde la question de ses *moyens*, et, plus précisément, de la *preuve*.

Il considère que « les pièces versées au dossier établissent l'inexactitude » des faits et allégations sur lesquels repose un motif invoqué par l'administration et que l'autre motif « relève de faits qui... sont incomplètement établis ». Ainsi il admet déjà non seulement que la preuve ressort des pièces du dossier mais que la charge de la preuve peut être transférée du demandeur sur l'administration défenderesse. Cet aspect de l'arrêt n'a peut-être pas été assez souligné. Pourtant il contient en germe toute la jurisprudence ultérieure favorisant la tâche du requérant dans l'établissement de la preuve, et qui devait aboutir aux arrêts *Barel** du 28 mai 1954 et *Société Maison Genestal* du 26 janvier 1968 (Rec. 62, concl. Bertrand – v. n° 73.6). Sans aller jusqu'à exiger la production par l'administration de tous les documents susceptibles d'établir la conviction du juge *(Barel)* et *a fortiori* des raisons de fait ou de droit de sa décision *(Maison Genestal)*, il admet déjà que l'administration doit établir la réalité des faits sur lesquels elle s'est fondée.

Le Conseil d'État a pu exiger d'elle qu'elle apporte « la preuve qui lui incombe de l'exactitude matérielle des faits » (CE 3 févr. 1965, *Saboureau*, Rec. 64) ou au moins un commencement de preuve (CE 14 janvier 1948, *Canavaggia*, Rec. 18), ou encore que les pièces du dossier corroborent la matérialité des faits allégués (CE 4 févr. 1981, *Konaté*, précité).

Ainsi l'arrêt *Camino*, a contribué à développer doublement le contrôle du juge de l'excès de pouvoir sur les faits.

5 **II.** — Il n'en marque pas moins les limites : « le Conseil d'État *ne peut apprécier l'opportunité* des mesures qui lui sont déférées par la voie du recours pour excès de pouvoir ».

La formule est toujours d'actualité, quels qu'aient été les progrès du contrôle juridictionnel depuis lors : l'opportunité d'un acte demeure extérieure à sa légalité, donc échappe au contrôle juridictionnel.

La jurisprudence plus récente fait écho à l'arrêt *Camino* : à propos d'une route, « il n'appartient pas au Conseil d'État statuant au contentieux d'apprécier l'opportunité du tracé choisi » (CE Ass. 20 oct. 1972, *Société civile Sainte-Marie de l'Assomption*, Rec. 657, concl. Morisot – v. n° 89.5) ; pour décider le transfert d'un chef-lieu de département, « le gouvernement s'est livré à une appréciation d'opportunité qui n'est pas susceptible d'être discutée devant le Conseil d'État statuant au contentieux » (CE Ass. 26 nov. 1976, *Soldani*, Rec. 508 ; AJ 1977.26, chr. Fabius et Nauwelaers et 33, concl. M.A. Latournerie) ; en s'abstenant de modifier les limites régionales, il « s'est livré à une appréciation d'opportunité qui n'est pas susceptible d'être discutée au contentieux » (CE 9 nov. 1984, *Association Bretagne Europe*, Rec. 354 ; JCP 1985.II.20501, note C.S.) ; « il n'appartient pas au Conseil d'État d'apprécier l'opportunité du choix du concessionnaire fait par le gouvernement » (CE

17 déc. 1986, *Société Hit TV, Syndicat de l'Armagnac et des vins du Gers*, Rec. 676 ; RFDA 1987.19, concl. Fornacciari) ; en prenant la décision de faire publier un rapport parlementaire, le Premier ministre s'est livré à une appréciation d'opportunité qui n'est pas susceptible d'être discutée devant le juge de l'excès de pouvoir (CE Sect. 21 oct. 1988, *Église de scientologie de Paris*, Rec. 354, concl. Van Ruymbeke ; AJ 1988.719, chr. Azibert et de Boisdeffre).

Le contrôle du juge de l'excès de pouvoir sur les faits a pu s'approfondir par la voie du contrôle de la qualification (v. nos obs. sous l'arrêt *Gomel**) et du contrôle de l'erreur manifeste (v. nos obs. sous l'arrêt *Librairie François Maspero**). Les frontières de l'opportunité et de la légalité ont pu se déplacer par l'intégration dans la seconde d'éléments qui pouvaient relever antérieurement de la première. Le principe de l'arrêt *Camino* n'en est pas moins demeuré intangible : l'appréciation de l'opportunité échappe au contrôle de l'excès de pouvoir.

6 Elle peut également échapper à l'administration ; par voie de conséquence, le contrôle du juge peut se trouver lui-même limité.

L'hypothèse se rencontre lorsque l'administration est tenue, en présence de circonstances de fait, de prendre une décision donnée sans avoir à apprécier les faits : elle a compétence liée. Dans ce cas, les illégalités dont l'acte pourrait être entaché à d'autres égards sont sans portée : les moyens s'y rapportant sont inopérants. C'est ce qu'a jugé notamment le Conseil d'État (Sect.) dans l'arrêt du 3 févr. 1999, *Montaignac* (Rec. 7 ; AJ 1999.567, chr. Raynaud et Fombeur) à propos d'un arrêté par lequel un maire avait mis en demeure une personne de retirer un panneau publicitaire établi à moins de cent mètres d'un autre : *« pour ordonner la suppression dudit panneau, le maire s'est borné à constater la violation des dispositions du règlement municipal de publicité sans avoir à porter une appréciation sur les faits de l'espèce ; ... il était tenu, après avoir constaté cette violation, de mettre en demeure le requérant de retirer ce panneau ; ainsi, les moyens tirés de ce qu'il n'aurait pas mis M. Montaignac à même de présenter ses observations préalablement à l'intervention de l'arrêté..., et de ce que cet arrêté serait insuffisamment motivé, sont inopérants ».*

Dans ce cas, le juge vérifie l'exactitude des faits sur lesquels s'est fondé l'auteur de l'acte ; mais, dès lors que ces faits sont exacts, l'obligation dans laquelle les textes applicables mettent l'administration de prendre l'acte conduit le juge à ne pas examiner les autres aspects de la légalité.

Ce résultat pourrait paraître paradoxal : le contrôle de l'exactitude matérielle des faits, qui constitue un progrès avec l'arrêt *Camino*, conduit à limiter le contrôle de légalité.

Cela ne se produit qu'à une double condition. La première tient à la formulation d'un texte imposant à l'administration d'agir, la seconde au lien que ce texte établit entre la seule existence d'un fait et la décision qu'il commande. Lorsque l'administration doit apprécier les faits en cause, le juge peut contrôler non seulement leur exactitude selon la jurisprudence *Camino* et leur qualification juridique selon la jurisprudence *Gomel**, mais encore tous les autres chefs d'illégalité : le contrôle de légalité peut s'exercer dans toute sa plénitude.

32

CONTRATS ADMINISTRATIFS IMPRÉVISION

CE 30 mars 1916, COMPAGNIE GÉNÉRALE D'ÉCLAIRAGE DE BORDEAUX, Rec. 125, concl. Chardenet

(D. 1916.3.25, concl. Chardenet ;
RDP 1916.206 et 388, concl. Chardenet, note Jèze ;
S. 1916.3.17, concl. Chardenet, note Hauriou)

Sur les fins de non-recevoir opposées par la ville de Bordeaux :
Cons. que les conclusions de la Compagnie requérante tendaient devant le conseil de préfecture, comme elles tendent devant le Conseil d'État, à faire condamner la ville de Bordeaux à supporter l'aggravation des charges résultant de la hausse du prix du charbon ; que, dès lors, s'agissant d'une difficulté relative à l'exécution du contrat, c'est à bon droit que par application de la loi du 28 pluv. an 8, la Compagnie requérante a porté ces conclusions en première instance devant le conseil de préfecture et en appel devant le Conseil d'État ;

Au fond : Cons. qu'en principe le contrat de concession règle d'une façon définitive, jusqu'à son expiration, les obligations respectives du concessionnaire et du concédant ; que le concessionnaire est tenu d'exécuter le service prévu dans les conditions précisées au traité et se trouve rémunéré par la perception sur les usagers des taxes qui y sont stipulées ; que la variation du prix des matières premières à raison des circonstances économiques constitue un aléa du marché qui peut, suivant le cas, être favorable ou défavorable au concessionnaire et demeure à ses risques et périls, chaque partie étant réputée avoir tenu compte de cet aléa dans les calculs et prévisions qu'elle a faits avant de s'engager ;

Mais cons. que, par suite de l'occupation par l'ennemi de la plus grande partie des régions productrices de charbon dans l'Europe continentale, de la difficulté de plus en plus considérable des transports par mer à raison tant de la réquisition des navires que du caractère et de la durée de la guerre maritime, la hausse survenue au cours de la guerre actuelle, dans le prix du charbon, qui est la matière première de la fabrication du gaz, s'est trouvée atteindre une proportion telle que non seulement elle a un caractère exceptionnel dans le sens habituellement donné à ce terme, mais qu'elle entraîne dans le coût de la fabrication du gaz une augmentation qui, dans une mesure déjouant tous les calculs, dépasse certainement les limites extrêmes des majorations ayant pu être envisagées par les parties lors de la passation du contrat de concession ; que, par suite du concours des circonstances ci-dessus indiquées, l'économie du contrat se trouve absolument bouleversée ; que la Compagnie est donc fondée à soutenir qu'elle ne peut être tenue d'assurer, aux seules conditions prévues à l'origine, le fonctionnement du service tant que durera la situation anormale ci-dessus rappelée ;

Cons. qu'il résulte de ce qui précède que, si c'est à tort que la Compagnie prétend ne pouvoir être tenue de supporter aucune augmentation du prix du charbon au-delà de 28 F la tonne, ce chiffre ayant, d'après elle, été envisagé comme correspondant au prix maximum du gaz prévu au marché, il serait tout à fait excessif d'admettre qu'il y a lieu à l'application pure et simple du cahier des charges comme si l'on se trouvait en présence d'un aléa ordinaire de l'entreprise ; qu'il importe, au contraire, de rechercher, pour mettre fin à des difficultés temporaires, une solution qui tient compte tout à la fois de l'intérêt général, lequel exige la continuation du service par la Compagnie à l'aide de tous ses moyens de production, et des conditions spéciales qui ne permettent pas au contrat de recevoir son application normale ; qu'à cet effet, il convient de décider, d'une part, que la Compagnie est tenue d'assurer le service concédé et, d'autre part, qu'elle doit supporter seulement, au cours de cette période transitoire, la part des conséquences onéreuses de la situation de force majeure ci-dessus rappelée que l'interprétation raisonnable du contrat permet de laisser à sa charge ; qu'il y a lieu, en conséquence, en annulant l'arrêté attaqué, de renvoyer les parties devant le conseil de préfecture auquel il appartiendra, si elles ne parviennent pas à se mettre d'accord sur les conditions spéciales dans lesquelles la Compagnie pourra continuer le service, de déterminer, en tenant compte de tous les faits de la cause, le montant de l'indemnité à laquelle la Compagnie a droit à raison des circonstances extracontractuelles dans lesquelles elle aura à assurer le service pendant la période envisagée ;... (Annulation ; renvoi de la Compagnie générale d'éclairage de Bordeaux et de la ville de Bordeaux devant le conseil de préfecture pour être procédé, si elles ne s'entendent pas amiablement sur les conditions spéciales auxquelles la Compagnie continuera son service, à la fixation de l'indemnité à laquelle la Compagnie a droit à raison des circonstances extracontractuelles dans lesquelles elle aura dû assurer le service concédé).

OBSERVATIONS

1 La Compagnie générale d'éclairage de Bordeaux avait actionné la ville devant le conseil de préfecture de la Gironde afin de faire juger que le prix du gaz fixé par le contrat de concession devait être relevé, et pour obtenir une indemnité réparant la perte que lui avait fait subir la hausse du prix du charbon. La tonne de charbon était, en effet, passée de 35 F en janvier 1915 à 117 F en mars 1916 du fait des circonstances de la guerre, rappelées dans la décision du Conseil d'État (occupation par l'ennemi des grandes régions productrices de charbon sur le continent et difficultés des transports maritimes).

Après avoir défini les caractères essentiels du contrat de concession – « contrat qui charge un particulier ou une société d'exécuter un ouvrage public ou d'assurer un service public, à ses frais, avec ou sans subvention, avec ou sans garantie d'intérêt, et qui l'en rémunère en lui confiant l'exploitation de l'ouvrage public ou l'exécution du service public avec le droit de percevoir des redevances sur les usagers de l'ouvrage public ou sur ceux qui bénéficient du service public » – le commissaire du gouvernement Chardenet rappela les nombreuses décisions rendues en matière de travaux publics lorsque les entrepreneurs avaient rencontré des terrains d'une nature tout à fait imprévue, et notamment l'arrêt du 3 févr. 1905, *Ville de Paris c. Michon*, Rec. 105 (en l'espèce, l'entrepreneur ayant rencontré des nappes d'eau exceptionnellement importantes et l'administration ayant dû prescrire alors la pose de plus de douze kilomètres de drains, l'entrepreneur était fondé à réclamer une indemnité pour l'aggravation des sujétions initialement prévues). Le commissaire du gouvernement proposa d'appliquer les mêmes principes dans le cas du concessionnaire victime d'une hausse exceptionnelle et imprévisible des prix : « On se trouve en présence de charges dues à des événements que les parties contractantes ne pouvaient prévoir, et qui sont telles que, temporairement, le contrat ne peut plus être exécuté dans les conditions où il est intervenu. Le service public n'en doit pas moins être assuré – l'intérêt général l'exige – et le contrat doit subsister. La puissance publique, le concédant, aura à supporter les charges que nécessite le fonctionnement du service public et qui excèdent le maximum de ce que l'on pouvait admettre comme prévision possible et raisonnable par une saine interprétation du contrat ».

L'arrêt rappelle d'abord qu'en principe le contrat de concession règle de manière définitive les obligations des parties jusqu'à son expiration et que la variation du prix des matières premières n'est que l'un des aléas du contrat. Mais, confrontant ensuite la hausse prévisible du charbon – matière première de la fabrication du gaz – au moment de la signature du contrat (23-28 F) avec la hausse réelle (23-116 F), la Haute assemblée constate que l'augmentation a déjoué les prévisions des parties par son ampleur et qu'il n'y a pas lieu d'appliquer purement et simplement le cahier des charges comme si l'aléa était ordinaire. Elle donne alors une solution tenant compte « à la fois de l'intérêt général, lequel exige la continuation du service par la Compagnie à l'aide de tous ses moyens de production, et des conditions spéciales qui ne permettent pas au contrat de recevoir son application normale » : la Compagnie devra assurer le service, mais ne supportera que la part de déficit que l'interprétation raisonnable du contrat permet de laisser à sa charge : la ville lui versera une indemnité d'imprévision couvrant le reste du déficit. A défaut d'accord entre les parties, l'indemnité sera fixée par le juge.

Depuis lors, la jurisprudence a eu l'occasion d'appliquer la théorie de l'imprévision admise par l'arrêt *Gaz de Bordeaux* en précisant ses *conditions* (I) et ses *conséquences* (II). Elle a incité les parties à aménager les clauses des contrats (III).

2 **I.** — Les conditions d'application de la théorie de l'imprévision tiennent à la nature des contrats conclus par l'administration (A), aux événements qui surviennent (B), au bouleversement qu'ils entraînent (C).

A. — La théorie de l'imprévision ne s'applique qu'aux *contrats administratifs*, mais s'étend à tous ces contrats.

Son exclusion pour les contrats de droit commun conclus par l'administration tient simplement à ce que leur contentieux appartient aux tribunaux judiciaires, qui ont toujours refusé jusqu'à nouvel ordre d'admettre cette théorie. On peut se demander toutefois si l'attribution à l'ordre judiciaire du contentieux de certains contrats qui, au fond, sont administratifs, ne devrait pas conduire les juridictions judiciaires à leur appliquer le droit des contrats administratifs, dont fait partie la théorie de l'imprévision – de la même manière qu'elles appliquent le droit administratif à des services publics dont le contentieux leur revient (Cass. civ. 23 novembre 1956, *Trésor public c. Dr Giry**, avec nos obs.).

Parmi les contrats administratifs, la concession est le domaine principal de la théorie de l'imprévision. Celle-ci peut s'appliquer à d'autres contrats, comme les marchés de transport (CE 21 juill. 1917, *Compagnie générale des automobiles postales*, Rec. 586), de travaux publics (CE 30 oct. 1925, *Mas-Gayet*, Rec. 836), de fournitures (CE 8 févr. 1918, *Gaz de Poissy*, Rec. 122, concl. Corneille ; RDP 1918.237, concl. Corneille) ; mais elle ne peut jouer pour les marchés à livraison unique, comportant un bref délai d'exécution (CE 3 déc. 1920, *Fromassol*, Rec. p. 1036 ; RDP 1921.81, concl. Corneille), faute d'accomplissement des autres conditions de la théorie.

3 ***B.*** — Les *événements* affectant l'exécution du contrat doivent être imprévisibles et extérieurs aux parties.

Ont d'abord été retenues les circonstances d'ordre économique (hausse des prix du charbon dans l'affaire du *Gaz de Bordeaux*), puis des phénomènes naturels (CE Sect. 21 avr. 1944, *Compagnie française des câbles télégraphiques*, Rec. 119), enfin les mesures prises par les pouvoirs publics (CE 4 mai 1949, *Ville de Toulon*, Rec. p. 197 ; – 15 juill. 1949, *Ville d'Elbeuf*, Rec. 359 ; D. 1950.60, note Blaevoet ; S. 1950.3.61, note Mestre).

Ces événements doivent déjouer toutes les prévisions qu'avaient raisonnablement pu faire les parties lors de la conclusion du contrat. C'est la raison pour laquelle la théorie de l'imprévision ne peut jouer lorsque les délais d'exécution sont brefs (CE 3 déc. 1920, *Fromassol*, précité), lorsque la hausse des prix n'a pas dépassé la hausse due aux variations saisonnières (CE 1er févr. 1939, *Leostic*, Rec. 53), lorsqu'à l'époque à laquelle a été conclu le marché, la variation des prix était prévisible (CE 10 févr. 1943, *Aurran*, Rec. 36), lorsque dès la conclusion de la convention, la cause de bouleversement du contrat pouvait être prévue (CE Sect. 23 janv. 1959, *Commune d'Huez*, Rec. 67 ; AJ 1959.165, concl. Braibant : la désaffection des skieurs pour le remonte-pente reliant Huez et l'Alpe n'était pas imprévisible, du fait du meilleur équipement hôtelier et de la situation plus favorable de la station de l'Alpe), lorsque la clause de variation des prix a pu normalement jouer (CE 19 févr. 1992, *SA Dragages et travaux publics c. Escota*, Rec. 1109 ; D. 1992.SC.411, obs. Terneyre).

Mais une indemnité d'imprévision peut être accordée si les parties n'ont pu prévoir les conséquences financières d'un événement par lui-même prévisible ou d'une situation déjà existante à la date du contrat (CE 22 févr. 1963, *Ville d'Avignon*, Rec. 115 ; AJ 1963.210, chr. Gentot et Fourré ; RDP 1963.575, note M. Waline).

L'événement doit être étranger aux parties contractantes. Si la perte subie par l'entrepreneur est due au fait de l'administration contractante, c'est la jurisprudence du « fait du prince » qui s'applique ; si elle est due à une faute commise par le cocontractant lui-même, il n'a droit à aucune indemnité (CE 29 avr. 1949, *Ministre de la guerre*, Rec. 191 : « ...la prolongation de la durée d'exécution du marché litigieux au-delà du 1er décembre 1947 est uniquement imputable à l'entrepreneur qui n'avait pas mis à la disposition du chantier un nombre d'ouvriers suffisant pour que les travaux fussent terminés dans le délai qui lui était imparti »).

4 ***C.*** — Enfin l'événement doit entraîner un *bouleversement de l'économie du contrat.*

Il ne met pas obstacle à l'exécution du contrat. Dans ce cas il serait irrésistible : combiné avec ses caractères d'imprévisibilité et d'extériorité, il constituerait un cas de force majeure, exonérant le cocontractant de ses obligations (CE 9 janv. 1909, *Compagnie des messageries maritimes**) mais n'entraînerait pas l'application de la théorie de l'imprévision.

Le bouleversement de l'économie du contrat comporte deux éléments. Le premier est le dépassement du prix-limite que les parties avaient pu envisager au sujet de l'évolution des coûts, voire des recettes de l'exploitation (CE Sect. 3 janv. 1936, *Commune de Tursac*, Rec. 5) : cette condition rejoint celle d'imprévisibilité déjà évoquée. En second lieu, l'exécution du contrat doit comporter un déficit réellement important, et non un simple manque à gagner : ainsi l'augmentation de diverses charges sociales spécifiques à la Martinique représentant une charge supplémentaire de l'ordre de 2 % du montant définitif d'un marché ne « saurait être regardée comme ayant entraîné un bouleversement de l'équilibre financier du marché » (CE 2 juill. 1982, *Société routière Colas*, Rec. 261). La notion de déficit important est appréciée par le juge eu égard à l'ensemble des circonstances de la cause : la circonstance que la société ait pu distribuer des dividendes à ses actionnaires n'exclut pas nécessairement l'octroi d'une indemnité d'imprévision (CE

22 févr. 1963, *Ville d'Avignon*, précité) car les dividendes peuvent être puisés dans des réserves constituées lors d'exercices bénéficiaires antérieurs à la période d'imprévision.

5 **II.** — Les conséquences de la théorie de l'imprévision sont liées à son fondement : la nécessité d'assurer la continuité du service public. Pour pouvoir l'assurer (A), le cocontractant a droit à une aide (B), qui doit rester provisoire (C).

A. — Le cocontractant doit *poursuivre l'exécution de son contrat*, quelles que soient les difficultés financières qu'il rencontre. L'imprévision n'étant pas un cas de force majeure, le cocontractant ne peut s'en prévaloir pour interrompre ses prestations. S'il le fait, il commet une faute justifiant des sanctions et il se prive du bénéfice de la théorie de l'imprévision (CE Sect. 5 nov. 1982, *Soc. Propetrol*, Rec. 381 ; AJ 1983.259, concl. Labetoulle ; D. 1983.245, note Dubois ; JCP 1984.II.20168, note Paillet).

6 ***B.*** — En contrepartie, le cocontractant a droit à une *aide de l'administration*. Dans l'arrêt *Gaz de Bordeaux*, le Conseil d'État invite les parties « à se mettre d'accord sur les conditions spéciales dans lesquelles la Compagnie pourra continuer le service ». Un nouveau contrat peut être conclu, mais l'administration n'y est pas tenue (CE Sect. 5 nov. 1982, *Soc. Propetrol*, précité). A défaut d'entente entre les parties sur les modalités du concours apporté par l'une à l'autre, et notamment sur le montant de l'indemnité d'imprévision accordée au cocontractant, c'est au juge qu'il appartient de la fixer.

Il se détermine en fonction de plusieurs éléments :

1°) il recherche à *partir de quelle date* le contractant a droit à une indemnité ; il détermine, d'après les rapports d'expertise, les prix contractuels au regard de la situation existant au moment du contrat et apprécie les variations de prix qu'avaient pu prévoir les parties ;

2°) il calcule la *charge extracontractuelle*, c'est-à-dire le montant du déficit provoqué par l'exécution du contrat pendant la période au cours de laquelle celle-ci a été bouleversée par des circonstances imprévisibles ;

3°) il évalue le *montant de l'indemnité* : elle ne couvre jamais l'intégralité du préjudice subi par le contractant, mais la part qu'elle laisse à sa charge est très faible (5 à 10 % du montant de la charge extracontractuelle). Pour établir la proportion du préjudice mis à la charge du contractant, le juge tient compte de la situation financière de l'entreprise, des bénéfices réalisés dans le passé et des avantages escomptés pour l'avenir, du caractère plus ou moins précaire de l'exploitation, de la diligence apportée par le contractant pour surmonter les difficultés (cf. CE Sect. 21 avr. 1944, *Compagnie française des câbles télégraphiques*, précité).

L'indemnité peut être accordée même si le contrat a pris fin. Cette solution pourrait surprendre au regard du principe qui fonde la théorie de l'imprévision : la continuité du service public. Si le contrat a pris fin, il n'y a plus matière à permettre au cocontractant d'assurer le service. Cette vue trop simpliste méconnaît la réalité : la perspective d'obtenir une indemnité contribue à inciter le cocontractant à poursuivre l'exécution du contrat ; ses diligences doivent être compensées, pour ne pas dire récompensées, rétrospectivement. C'est pourquoi le Conseil d'État accorde l'indemnité d'imprévision, même si elle est demandée après l'arrivée du terme du contrat (CE 27 juill. 1951, *Commune de Montagnac*, Rec. 439 ; – Sect. 12 mars 1976, *Département des Hautes-Pyrénées c. Soc. Sofilia*, Rec. 155 ; AJ 1976.552, concl. Labetoulle).

7 *C.* — L'indemnité doit rester *provisoire*. Elle est en effet destinée à permettre au cocontractant de faire face aux charges exceptionnelles que momentanément des circonstances imprévisibles ont fait peser sur lui. Elle ne peut être assurée au cocontractant jusqu'à la fin du contrat. Deux cas peuvent se produire :

– celui du rétablissement de l'équilibre contractuel, soit (ce qui est rare) par disparition des circonstances imprévisibles, soit par de nouveaux arrangements entre parties (révision du contrat, relèvement des prix ou du tarif) ;

– celui du caractère définitif du bouleversement de l'économie du contrat ; il transforme l'imprévision en un cas de force majeure justifiant la résiliation du contrat.

C'est ce qu'a jugé le Conseil d'État (Ass.) dans l'arrêt du 9 déc. 1932, *Compagnie des tramways de Cherbourg* (Rec. 1050, concl. Josse ; D. 1933.3.17, concl. Josse, note Pelloux ; RDP 1933.117, concl. Josse, note Jèze ; S. 1933.3.9, concl. Josse, note P. Laroque) : *« dans le cas où les conditions économiques nouvelles ont créé une situation définitive qui ne permet plus au concessionnaire d'équilibrer ses dépenses avec les ressources dont il dispose, le concédant ne saurait être tenu d'assurer aux frais des contribuables, et contrairement aux prévisions essentielles du contrat, le fonctionnement d'un service qui a cessé d'être viable ; dans cette hypothèse, la situation nouvelle ainsi créée constitue un cas de force majeure et autorise à ce titre aussi bien le concessionnaire que le concédant, à défaut d'un accord amiable sur une orientation nouvelle à donner à l'exploitation, à demander au juge la résiliation de la concession, avec indemnité s'il y a lieu, et en tenant compte tant des stipulations du contrat que de toutes les circonstances de l'affaire. »*

La formule a été reprise presque à l'identique dans l'arrêt du 14 juin 2000, *Commune de Staffelfelden* (Rec. 227 ; BJCP 2000.435, concl. Bergeal ; CJEG 2000.473, concl. Bergeal) à propos d'un contrat de fourniture d'eau conclu pour vingt ans entre une commune et une entreprise : la source à partir de laquelle l'eau devait être fournie ayant été rendue inutilisable, pour au moins deux cents ans, par une pollution d'origine industrielle, l'entreprise avait dû chercher d'autres sources d'approvisionnement, à un coût supérieur d'abord de trois fois puis de deux fois au prix payé par la commune en application des stipulations contractuelles. *« Dans ces conditions, et compte tenu du refus de la commune de réviser la tarification de l'eau qui est distribuée sur son territoire, la poursuite... de l'exécution du contrat se heurtait à un obstacle insurmontable »*, justifiant la résiliation du contrat à la demande de la société. En outre celle-ci avait droit à une indemnité pour la charge extracontractuelle résultant du déficit d'exploitation qu'elle avait subi pendant la période antérieure à la résiliation, déduction faite de la part de 5 % qui devait lui incomber.

Ainsi se trouvent illustrées l'actualité de la théorie de l'imprévision, l'étendue de son champ d'application (qui ne se limite pas aux contrats de concession), et sa portée (qui n'est pas seulement l'indemnisation du cocontractant, mais la résiliation du contrat au titre de la force majeure).

8 **III.** — Outre les conséquences qu'elle a eues pour les contrats auxquels elle s'applique directement, la théorie de l'imprévision a conduit l'administration et ses cocontractants à stipuler dans leurs contrats des *clauses de variation ou de révision* aménageant l'évolution des rapports financiers en fonction de la situation économique et financière, vidant ainsi en partie la théorie de l'imprévision de ses effets propres (par ex. CE 28 oct. 1983, *Société auxiliaire d'entreprise*, Rec. 780).

9 Ces clauses n'ont pas pourtant éliminé toute difficulté.

Tout d'abord leur interprétation a prêté à contestation en cas de disparition des indices auxquelles elles se réfèrent. Le Conseil d'État a eu recours à sa méthode traditionnelle de recherche raisonnable de la volonté des parties (par ex. CE 28 nov. 1952, *Ville de Nice c. Société industrielle des travaux d'assainissement urbain*, Rec. 539 ; – 19 oct. 1960, *Soc. Entreprise Thireau-Morel*, Rec. 546).

En second lieu, les clauses de variation ou de révision n'ont pas épuisé la théorie de l'imprévision, soit qu'elles n'aient pas été stipulées, soit qu'elles aient été privées d'effets par des mesures de blocage autoritaire des prix (CE 15 juill. 1949 *Ville d'Elbeuf*, précité ; – 22 févr. 1963, *Ville d'Avignon*, précité), soit qu'elles n'aient pas couvert des événements qui sont ensuite survenus (CE 29 mai 1991, *Établissement public d'aménagement de la ville nouvelle de Saint-Quentin-en-Yvelines*, D. 1991.SC.376, obs. Terneyre). Si, par exemple, le contrat a prévu que la rémunération du cocontractant varierait en fonction de certains éléments et que ce soient des aléas non prévus par les parties qui viennent le bouleverser, l'entrepreneur peut prétendre à une indemnité d'imprévision. Cette jurisprudence inaugurée par deux arrêts de Section du 5 nov. 1937, *Département des Côtes-du-Nord* et *Ducos* (Rec. 900 et 902) a donné lieu depuis à plusieurs décisions (CE 11 juin 1947, *Ministre de la guerre c. Nadaud*, Rec. 255 ; – 2 févr. 1951, *Secrétaire d'État à la défense*, Rec. 67 : l'existence d'une clause de révision du forfait en raison de la hausse des matériaux, des salaires et des frais généraux ne s'oppose pas à l'allocation d'une indemnité pour charges extracontractuelles lorsqu'en fait cette clause n'a pas joué dans des conditions normales conformément à la commune intention des parties – v. également la décision précitée *Ville d'Avignon*).

10 Ainsi les principes posés par l'arrêt *Gaz de Bordeaux* conservent toute leur portée et toute leur valeur. Ils ont été transposés du domaine des contrats dans celui des règlements : le Conseil d'État a jugé qu'en matière économique, les intéressés peuvent demander la modification ou l'abrogation d'un règlement dans le cas où le changement des circonstances dans lesquelles la disposition litigieuse trouvait sa base légale a revêtu, pour des causes indépendantes de la volonté des intéressés, le caractère d'un bouleversement tel qu'il ne pouvait entrer dans les prévisions de l'auteur de la mesure et qu'il a eu pour effet de retirer à celle-ci son fondement juridique (CE Ass. 10 janv. 1964, *Ministre de l'agriculture c. Simonnet*, Rec. 19 – v. n° 44.3 ; v. nos obs. sous CE 10 janv. 1930, *Despujol**).

33

POUVOIRS DE GUERRE ET CIRCONSTANCES EXCEPTIONNELLES

CE 28 juin 1918, HEYRIÈS, Rec. 651

(S. 1922.3.49, note Hauriou)

Cons. que, pour demander l'annulation pour excès de pouvoir de la décision, en date du 22 oct. 1916, qui l'a révoqué de son emploi de dessinateur de deuxième classe du génie, le sieur Heyriès soutient, d'une part, qu'il avait droit à la communication des pièces de son dossier, en vertu de l'art 65 de la loi du 22 avr. 1905, dont l'application n'a pu être suspendue par le décret du 10 sept. 1914 ; d'autre part, que, en tout cas, les formalités prévues au décret du 16 sept. 1914 n'ont pas été observées ;

Sur le premier point : Cons. que, par l'art. 3 de la loi constitutionnelle du 25 févr. 1875, le président de la République est placé à la tête de l'administration française et chargé d'assurer l'exécution des lois ; qu'il lui incombe, dès lors, de veiller à ce qu'à toute époque, les services publics institués par les lois et règlements soient en état de fonctionner, et à ce que les difficultés résultant de la guerre n'en paralysent pas la marche ; qu'il lui appartenait, à la date du 10 sept. 1914, à laquelle est intervenu le décret dont la légalité est contestée, d'apprécier que la communication, prescrite par l'art. 65 de la loi du 22 avr. 1905, à tout fonctionnaire, de son dossier préalablement à toute sanction disciplinaire était, pendant la période des hostilités, de nature à empêcher dans un grand nombre de cas l'action disciplinaire de s'exercer et à entraver le fonctionnement des diverses administrations nécessaires à la vie nationale ; qu'à raison des conditions dans lesquelles s'exerçaient, en fait, à cette époque, les pouvoirs publics, il avait la mission d'édicter lui-même les mesures indispensables pour l'exécution des services publics placés sous son autorité ;

Cons. qu'en décidant, par le décret pris à la date sus-indiquée, que l'application de l'art. 65 serait suspendue provisoirement pendant la durée de la guerre, avec faculté pour les intéressés de se pourvoir, après la cessation des hostilités, en révision des décisions qui auraient été ainsi prises à leur égard, le président de la République n'a fait qu'user légalement des pouvoirs qu'il tient de l'art. 3 de la loi constitutionnelle du 25 févr. 1875, et qu'ainsi la décision du ministre de la guerre, rendue conformément aux dispositions dudit décret, n'est pas entachée d'excès de pouvoir ;

Sur le deuxième point : Cons. qu'il résulte de l'instruction que la décision attaquée a été rendue sur le vu d'un rapport du chef du génie de Nice, et à la suite d'un interrogatoire auquel a été soumis le sieur Heyriès et au cours duquel il lui était loisible de provoquer tout éclaircissement sur les griefs relevés contre lui et de produire ses explications et ses moyens de défense ; qu'ainsi, il a été satisfait aux prescriptions du décret du 16 sept. 1914 ;... (Rejet).

OBSERVATIONS

1 **I.** — Le gouvernement avait dû prendre, pendant les premières semaines de la guerre 1914-1918, un certain nombre de décrets qui excédaient ses pouvoirs normaux. La loi du 30 mars 1915 valida, après coup, un grand nombre de ces décrets, mais elle omit de valider le décret du 10 sept. 1914, qui avait suspendu l'application aux fonctionnaires civils de l'art. 65 de la loi du 22 avr. 1905 ordonnant la communication aux agents publics de leur dossier avant toute mesure disciplinaire. Le sieur Heyriès ayant été ainsi révoqué, sans avoir reçu préalablement communication de son dossier, il mit en cause, à propos de l'application qui lui en était faite, la légalité du décret du 10 sept. 1914.

La suspension par décret d'un texte de loi constitue une illégalité flagrante, et cependant le Conseil d'État a rejeté la requête. Il s'est fondé sur l'idée que le *principe de la continuité des services publics comportait des exigences exceptionnelles en temps de guerre, justifiant une extension exceptionnelle des pouvoirs du gouvernement et de l'administration*

Les commentateurs de la décision ont été frappés par le fait que le Conseil d'État avait invoqué l'art. 3 de la loi constitutionnelle du 25 févr. 1875 : « Le président de la République promulgue les lois ; il en surveille *et en assure l'exécution ;* il dispose de la force armée ; il nomme à tous les emplois civils et militaires. » Ce texte constitue la base constitutionnelle du principe de la continuité des services publics. Mais il n'aurait pu suffire à justifier la solution : c'est dans *les conditions dans lesquelles s'exercent en fait les pouvoirs publics pendant la période des hostilités que se trouve cette justification.* La jurisprudence antérieure à la guerre de 1914-1918 faisait déjà une large place à la notion *d'urgence* et subordonnait l'usage des pouvoirs de police par l'autorité civile aux circonstances, en particulier à la nature et à la gravité des troubles à prévenir. Telle manifestation extérieure du culte qui, en des circonstances normales, n'aurait pu être interdite, pouvait l'être légalement en des circonstances exceptionnelles de temps et de lieu (CE 19 févr. 1909, *Abbé Olivier**). L'urgence pouvait justifier l'exécution d'office (TC 2 déc. 1902, *Société immobilière de Saint-Just**). Le commissaire du gouvernement Helbronner avait déclaré, dans ses conclusions sur l'affaire *Syndicat national des chemins de fer de France et des colonies* (18 juill. 1913, Rec. 875, concl. Helbronner ; RDP 1913.506, concl. Helbronner, note Jèze) : « Dans les sociétés organisées, au-dessus des intérêts individuels les plus respectables, au-dessus des intérêts collectifs les plus sérieux, il y a l'intérêt général, le droit supérieur pour une nation d'assurer son existence, et de défendre son indépendance et sa sécurité », et il avait demandé à la Haute assemblée de juger qu'en présence d'une grève générale des agents des chemins de fer, le gouvernement avait le droit et le devoir d'assurer la continuité du service des transports par tous les moyens légaux dont il pouvait disposer, et, notamment, de convoquer ces agents pour une période militaire de vingt et un jours.

L'état de guerre a permis de pousser plus loin les conséquences de ces principes : le gouvernement peut alors assurer la continuité du service même par un moyen qui serait illégal à toute autre époque. Ainsi est reconnue, de la manière la plus éclatante, non seulement l'existence d'une légalité spéciale aux temps de crise, mais encore sa prééminence sur la légalité tout court.

D'autres décisions se fondèrent, à l'époque, en fait ou en principe, sur la même théorie (cf. *Dames Dol et Laurent**, 28 févr. 1919, et nos obs.). Le Conseil d'État devait faire de multiples applications de la jurisprudence *Heyriès* pendant la seconde guerre mondiale et la période qui l'a immédiatement suivie. L'ensemble de ces précédents constitue une véritable doctrine des pouvoirs de crise.

II. — Les circonstances exceptionnelles, dont le Conseil d'État apprécie souverainement l'existence, modifient les règles normales de compétence, de forme et d'objet des actes administratifs, mais ne sauraient avoir pour effet de valider un acte inutile ou un acte qui ne serait pas conforme au but dans lequel les pouvoirs exceptionnels sont reconnus.

1. — Les règles de compétence

2 *a)* Les règles de compétence sont assouplies au sein de l'administration : il faut agir vite, et le fonctionnaire qui est en situation d'agir doit le faire si l'intérêt supérieur de l'État l'exige. Ainsi, en temps de guerre, une autorité administrative peut déléguer ses pouvoirs en l'absence de toute disposition législative ou de tout décret autorisant de telles délégations (CE 1er août 1919, *Société des établissements Saupiquet*, Rec. 713, concl. Riboulet ; – 26 juin 1946, *Viguier*, Rec. 179).

3 *b)* L'administration peut faire des actes relevant normalement du domaine de la loi : par circulaire du 27 août 1944, le commissaire à la guerre du gouvernement provisoire de la République française a pu régulièrement placer en position de disponibilité tous les officiers de carrière n'appartenant pas aux forces armées du gouvernement provisoire, bien que seule la loi puisse, en principe, créer une position nouvelle pour les officiers ; le Conseil d'État a relevé le

fait que le gouvernement n'avait pu se réunir et qu'il avait été impossible de légiférer par voie d'ordonnance ; il a d'ailleurs ajouté qu'une telle mesure devait cesser de recevoir application du jour où une autorité législative pourrait exercer son pouvoir (Ass. 16 avr. 1948, *Laugier*, Rec. 161 ; S. 1948.3.36, concl. Letourneur).

4 *c)* Encore plus audacieuse est la jurisprudence du « fonctionnaire de fait », d'après laquelle, en des circonstances exceptionnelles, des personnes ou des organismes sans compétence administrative peuvent exercer, dans l'intérêt général, les pouvoirs de l'administration, et même du législateur : tel ce « comité local d'administration municipale de Fécamp » qui, en juin 1940, a rouvert les maisons de commerce abandonnées par leurs propriétaires, désigné des gérants, institué des taxes sur les ventes : « ... en raison de l'impossibilité de réunir le conseil municipal et de recueillir l'approbation du préfet, il appartenait au maire, chef de la commune, de prendre les mesures exigées par cette situation ; que, dans ces circonstances, et dès lors qu'aucune des ressources municipales prévues par la législation en vigueur ne permettait de faire face aux besoins extraordinaires nés des événements, le maire de Fécamp a pu légalement prescrire la perception temporaire d'une taxe sur les recettes effectuées dans les magasins des commerçants et industriels de la ville » (CE Ass. 7 janv. 1944, *Lecocq*, Rec. 5 ; R.P.D. 1944.331, concl. Léonard, note Jèze ; JCP 1944.II.2663, note Charlier).

Encore, en l'espèce, était-ce le maire qui avait pris l'initiative de ces mesures extraordinaires. Il arriva qu'elles fussent prescrites par de simples particuliers ; ainsi se forma, en mai 1940, à St-Valéry-sur-Somme, après le départ de la municipalité, un « Comité des intérêts valériens » qui assura l'administration de la ville et le ravitaillement de la population ; il réquisitionna les denrées stockées chez les commerçants et les vendit : « Cons. que ces actes n'étaient pas étrangers à la compétence légale des autorités municipales ; que, dans la mesure où les circonstances exceptionnelles nées de l'invasion leur conféraient un caractère de nécessité et d'urgence, ils devaient, bien qu'émanant de l'autorité de fait substituée auxdites autorités, être regardés comme administratifs » (CE Sect. 5 mars 1948, *Marion*, Rec. 113 ; D. 1949.147 et la note).

5 ***2. — Les règles de forme***

L'administration peut se dispenser, en temps de crise, de respecter les formes dont doit être normalement entouré l'acte administratif, même si ces formes donnent une garantie essentielle aux agents publics ou aux administrés.

Dans l'arrêt *Heyriès*, le Conseil d'État a admis la légalité de la suspension de l'art. 65 de la loi du 22 avr. 1905 relatif à la communication du dossier, et dans l'arrêt *Courrent* (16 mai 1941, Rec. 89), il a admis que « les circonstances exceptionnelles existant le

23 juill. 1940 dans la commune de Nérac autorisaient l'administration à prendre, à cette date, sans se conformer à l'art. 86 de la loi du 5 avril. 1884, toutes mesures provisoires nécessaires pour remplacer immédiatement le maire dans la direction des affaires de la commune de Nérac, en raison des difficultés que pouvait provoquer pour les autorités publiques l'apposition de l'affiche incriminée » (affiche de nature « à prêter à des commentaires défavorables aux pouvoirs publics et à gêner leur action, notamment au point de vue du ravitaillement »). De la même façon, alors que le Conseil d'État a jugé que la tentative d'accord préalable était nécessaire à la légalité des réquisitions opérées en vertu de la loi du 11 juill. 1938 (Sect. 10 nov. 1944, *Auvray*, Rec. 291), il a estimé que les circonstances exceptionnelles permettaient à l'administration de procéder à la réquisition sans effectuer cette tentative (28 mars 1947, *Crespin*, Rec. 142).

6 ***3. — Le contenu des actes***

L'urgence autorise l'administration à faire, sans excès de pouvoir, des actes qui, pris à toute autre époque, auraient été reconnus illégaux ou même qualifiés de voies de fait : création de taxes nouvelles (CE 7 janv. 1944, *Lecocq*, précité), réquisition de stocks ou de cargaisons (CE 5 mars 1948, *Marion*, précité), atteinte à la liberté individuelle (CE 28 févr. 1919, *Dames Dol et Laurent** ; – Ass. 10 déc. 1954, *Andréani* et *Desfont*, Rec. 656 ; RPDA 1955.30, concl. Chardeau ; RJPUF, 1955.210, note Plantey). Le Conseil d'État a jugé, par exemple, que « eu égard aux circonstances exceptionnelles de temps et de lieu » que constituait le risque d'explosion du volcan « La Soufrière » pendant l'été 1976, le préfet avait pu légalement interdire dans une zone délimitée la circulation et la navigation des navires de commerce et ordonner l'évacuation d'une partie de l'île de la Guadeloupe (CE 18 mai 1983, *Rodes*, Rec. 199 ; AJ 1984.44, note J. Moreau).

Les circonstances exceptionnelles enlèvent notamment le caractère de voie de fait à des agissements qui, normalement, revêtiraient ce caractère : c'est pourquoi les atteintes arbitraires à la liberté individuelle, qui constituent normalement des voies de fait, relèvent des tribunaux administratifs et des principes généraux qui gouvernent la responsabilité de la puissance publique lorsqu'elles ont été commises en des circonstances exceptionnelles (v. TC 27 mars 1952, *Dame de la Murette*, Rec. 626 – v. n° 50.5). Si le Conseil d'État s'est reconnu compétent dans les affaires *Alexis et Wolff* (Ass. 7 nov. 1947, Rec. 416 ; S. 1948.3.101, concl. Célier ; D. 1948.472, note Eisenmann : JCP 1947.II.4006, concl. Célier, note Mestre) alors qu'il s'agissait, dans les deux espèces, d'atteintes arbitraires à la liberté individuelle (arrestation et détention arbitraires lors de la Libération), c'est, selon M. J. Delvolvé (*EDCE*, 1950, p. 37), parce qu'« il n'y avait pas voie de fait, car l'action administrative se rattachait à un pouvoir exceptionnel de temps de crise ». Ces principes ont donné lieu, au lendemain de la guerre, à plusieurs centaines de décisions du Conseil d'État relatives à des arrestations et internements intervenus à la Libération.

Les circonstances exceptionnelles peuvent enfin conférer à l'exécution d'office le caractère d'urgence nécessaire pour qu'elle soit légale (cf. TC 19 mai 1954, *Office publicitaire de France*, Rec. 703 ; JCP 1954.II.8382, note Rivero).

7 ***4. — Les limites de la notion de circonstances exceptionnelles***

Ainsi que le déclarait le commissaire du gouvernement Letourneur dans ses conclusions sur l'espèce *Laugier* (16 avr. 1948, Rec. 161 ; S. 1948.3.36, concl. Letourneur), le Conseil d'État, conscient du danger de généraliser les circonstances exceptionnelles, « porte ouverte à la suppression de toute légalité », exige que soient réunies un certain nombre de conditions :

a) la survenance brutale d'événements graves et imprévus – ce qui distingue les circonstances exceptionnelles de la simple urgence (cf. les arrêts *Lecocq* et *Marion*, précités) ;

b) l'impossibilité pour l'autorité administrative d'agir légalement (cf *Laugier*, précité : « à la date du 27 août 1944, les circonstances exceptionnelles du moment, et notamment le fait que le gouvernement n'avait pu se réunir et qu'il était, dès lors, impossible de légiférer par voie d'ordonnance, autorisaient le commissaire à la guerre à prendre les mesures indispensables pour parer provisoirement à la situation ») ; par contre, le Haut-Commissaire de France en Indochine n'a pu instituer légalement un régime d'allocations familiales en sept. 1947, car il ne ressort pas des pièces du dossier qu'à cette date, « dans les circonstances nées de l'état de guerre qui existait en fait en Indochine », il « se soit trouvé dans l'obligation, pour faire face à la situation économique et sociale de l'époque, d'établir sans délai de sa propre initiative le régime contesté » (CE Sect. 31 janv. 1958, *Chambre syndicale du commerce d'importation en Indochine*, Rec. 63 ; AJ 1958.II.90, chr. Fournier et Braibant) ; de même les événements de mai et juin 1968 ont constitué des « circonstances particulières » qui pouvaient autoriser le gouvernement à se dispenser de certaines consultations prévues par les textes, mais ne permettaient ni au ministre de l'éducation nationale d'intervenir dans une matière où un décret était nécessaire (CE Ass. 12 juill. 1969, *Chambre de commerce et d'industrie de Saint-Étienne*, Rec. 379 ; AJ 1969.553, chr. Dewost et Denoix de Saint Marc) ; ni au jury du concours de l'agrégation des lettres de porter atteinte au principe d'égalité des candidats et de modifier les modalités des épreuves orales (CE 28 nov. 1973, *Bertrand*, Rec. 670 ; JCP 1974.II.17789, note Amson) ;

c) la persistance des circonstances exceptionnelles à la date de l'acte litigieux (cf. *Laugier*, précité « ... toutefois, ces décisions devaient lorsqu'elles portaient, comme en l'espèce, sur des questions relevant du législateur, cesser de recevoir application dès le jour où une autorité ayant pouvoir législatif s'est trouvée en mesure d'exercer ces pouvoirs » ; cf. également CE Sect. 7 janv. 1955, *Andriamisera*, Rec. 13 ; RDP 1955.709, note M. Waline ; RJPUF 1955.859, concl. Mosset : un arrêté justifié par des circonstances exceptionnelles ne peut plus recevoir application lorsque ces circonstances ont pris fin) ;

d) le caractère d'intérêt général de l'action effectuée, qui n'est admissible que « pour pourvoir aux nécessités du moment » (CE 4 juin 1947, *Entreprise Chemin*, Rec. 246).

III. — Création d'origine jurisprudentielle, la théorie des circonstances exceptionnelles coexiste avec des régimes juridiques destinés à pourvoir aux temps de crise qui ont leur fondement dans des dispositions constitutionnelles ou législatives. En dehors du régime de l'état de siège qui est défini par la loi tout en ayant une base constitutionnelle (art. 36 de la Constitution de 1958), il convient de mentionner, et le régime de l'état d'urgence (loi du 3 avril 1955), et les pouvoirs de crise du président de la République résultant de l'article 16 de la Constitution. Le contrôle juridictionnel de ces régimes de pouvoirs de crise est moins étendu qu'au titre de la théorie des circonstances exceptionnelles.

8 *a)* Si l'exercice des pouvoirs que le chef de l'État tient de l'article 16 est subordonné à l'accomplissement de certaines formalités préalables (consultation du premier ministre, des présidents des assemblées ainsi que du Conseil constitutionnel), il n'est soumis, en revanche, qu'à un contrôle juridictionnel très restreint. Le Conseil d'État a jugé en effet que la décision de recourir à la faculté ouverte par l'article 16 constitue un acte de gouvernement, dont il ne peut apprécier ni la validité, ni la durée d'application ; de plus, les mesures prises par le président de la République dans le domaine de la loi constituent des actes législatifs qui ne sont pas susceptibles de recours ; seuls les actes de nature réglementaire ou individuelle peuvent être déférés au juge de l'excès de pouvoir (CE Ass. 2 mars 1962, *Rubin de Servens**). Contrairement à la jurisprudence des circonstances exceptionnelles, le juge administratif ne peut ainsi contrôler ni l'existence d'une situation d'urgence, ni, sauf dans des hypothèses très limitées, l'adéquation des mesures prises aux exigences de la situation.

Il reste que les dispositions de l'article 16 n'ont pas fait disparaître de la jurisprudence la théorie des circonstances exceptionnelles. Le Conseil d'État en a fait application notamment lorsqu'il a annulé une ordonnance du président de la République en date du 1er juin 1962, prise en vertu de la loi référendaire du 13 avril 1962 et créant une Cour militaire de justice : selon le Conseil d'État, la création de cette juridiction, portant de graves atteintes aux principes généraux du droit pénal, n'était pas justifiée eu égard aux « circonstances de l'époque » (Ass. 19 oct. 1962, *Canal**). Les dispositions de l'article 16 et la théorie des circonstances exceptionnelles peuvent également être appliquées dans la même affaire comme le montre la décision d'assemblée *d'Oriano* du 23 oct. 1964 (Rec. 486 ; D. 1965. 9, note Ruzié ; RDP 1965. 282, concl. Michel Bernard ; AJ 1964. 684, chr. Puybasset et Puissochet). Une décision présidentielle prise sur le fondement de l'article 16 autorisait le gouvernement à placer les officiers en position de congé spécial ; le Conseil d'État a jugé que les mesures individuelles intervenues en application de cette décision, devaient être à peine de nullité précédées de la communication de leur dossier aux intéressés, dès lors qu'aucune circonstance exceptionnelle ne rendait impossible l'observation de cette formalité. Il a ainsi appliqué à nouveau, en retenant en l'espèce une solution opposée, les principes qu'il avait dégagés un demi-siècle auparavant dans l'arrêt *Heyriès*.

9 *b)* S'agissant de la mise en œuvre de l'état d'urgence, le Conseil d'État n'a pendant longtemps exercé qu'un contrôle très restreint sur les décisions prises par l'autorité administrative (CE Ass. 16 déc. 1955, *Dame Bourokba*, Rec. 596 ; D. 1956.392, note R. Drago ; RJPUF 1956. 347, concl. Chardeau). A l'occasion de l'application de la législation sur l'état d'urgence en Nouvelle-Calédonie, il a décidé d'étendre son contrôle sur les mesures de police prises au titre de cette législation (CE 25 juill. 1985, *Mme Dagostini*, Rec. 226 ; AJ 1985. 558. concl. Lasserre) conformément à l'orientation donnée par son arrêt, *Société anonyme « Librairie François Maspero »** du 2 nov. 1973.

Pour sa part, le Conseil constitutionnel a estimé qu'il ne lui appartenait pas, à l'occasion de l'examen d'une loi faisant application de la loi du 3 avril 1955, de contrôler la conformité de ce dernier texte à la Constitution (CC *85-187 DC, 25 janv. 1985,* Rec. 43 ; JCP 1985 II. 20356, note Franck ; D. 1985. 361, note F. Luchaire ; AJ 1985. 362, note Wachsmann).

34

RESPONSABILITÉ
FAUTE PERSONNELLE OU FAUTE DE SERVICE
CUMUL DE RESPONSABILITÉS

CE 26 juill. 1918, Époux LEMONNIER, Rec. 761, concl. Blum

(D. 1918.3.9, concl. Blum ;
RDP 1919.41, concl. Blum, note Jèze ;
S. 1918-1919.3.41, concl. Blum, note Hauriou)

Cons. que les époux Lemonnier ont tout d'abord assigné devant le tribunal civil, tout à la fois la commune de Roquecourbe et son maire, le sieur Laur, pris personnellement, pour s'entendre condamner à leur payer une indemnité à raison de l'accident dont la dame Lemonnier a été victime ; que la cour de Toulouse, par arrêt du 30 janv. 1913, tout en reconnaissant l'incompétence de l'autorité judiciaire sur les conclusions dirigées contre le maire, a déclaré ce dernier responsable personnellement et l'a condamné à payer aux époux Lemonnier une somme de 12 000 F pour réparation du préjudice par eux souffert ; qu'il a été formé par le sieur Laur contre cet arrêt un recours sur lequel il n'a pas encore été statué par la Cour de cassation :

Cons. que les époux Lemonnier ont, d'autre part, introduit deux pourvois devant le Conseil d'État, tendant, tous deux, à la condamnation de la commune de Roquecourbe à leur payer une indemnité de 15 000 F à raison du dommage résultant de l'accident précité et dirigés, le premier contre la décision du conseil municipal, en date du 15 juin 1912, rejetant leur demande d'indemnité, le deuxième, en tant que de besoin, contre la décision implicite de rejet résultant du silence du conseil municipal au cas où le Conseil d'État ne considérerait pas la délibération du 15 juin 1912 comme une décision susceptible de recours ;

Cons. que les deux requêtes susmentionnées, n°s 49.595 et 51.240, tendent l'une et l'autre aux mêmes fins ; qu'il y a donc lieu de les joindre et d'y statuer par une seule décision ;

Sur la fin de non-recevoir tirée de ce que les consorts Lemonnier se seraient pourvus tardivement contre les décisions leur refusant tout droit à indemnité : Cons. que les délibérations du conseil municipal de la commune de Roquecourbe, en date des 12 mars et 4 juin 1911, contestant aux requérants, à l'occasion de l'instance introduite par eux devant le tribunal civil contre le maire personnellement et contre la commune, le droit de réclamer à cette dernière la réparation du préjudice par eux subi, contiennent seulement l'énoncé des prétentions que la commune entendait soutenir au cours du procès et ne constituaient pas des décisions administratives de rejet des demandes d'indemnité des époux Lemonnier, pouvant faire courir le délai du recours au Conseil d'État ; que la première délibération du conseil municipal ayant ce caractère est celle du 15 juin 1912, antérieure de moins de deux mois à l'enregistrement de la requête, le 27 juill. 1912, au secrétariat du contentieux du Conseil d'État ; que, par suite, la commune n'est pas fondée à soutenir que cette requête ait été tardivement présentée ;

Sur la fin de non-recevoir tirée par la commune de ce que les époux Lemonnier, ayant obtenu des tribunaux civils, par la condamnation prononcée contre le maire, le sieur Laur, personnellement, la réparation intégrale du préjudice par eux subi, ne seraient pas recevables à poursuivre une seconde fois, par la voie d'une action devant le Conseil d'État contre la commune, la réparation du même préjudice : *Cons. que la circonstance que l'accident éprouvé serait la conséquence d'une faute d'un agent administratif préposé à l'exécution d'un service public, laquelle aurait le caractère d'un fait personnel de nature à entraîner la condamnation de cet agent par les tribunaux de l'ordre judiciaire à des dommages-intérêts, et que même cette condamnation aurait été effectivement prononcée, ne saurait avoir pour conséquence de priver la victime de l'accident du droit de poursuivre directement, contre la personne publique qui a la gestion du service incriminé, la réparation du préjudice souffert ; qu'il appartient seulement au juge administratif, s'il estime qu'il y a une faute de service de nature à engager la responsabilité de la personne publique, de prendre, en déterminant la quotité et la forme de l'indemnité par lui allouée, les mesures nécessaires, en vue d'empêcher que sa décision n'ait pour effet de procurer à la victime, par suite des indemnités qu'elle a pu ou qu'elle peut obtenir devant d'autres juridictions à raison du même accident, une réparation supérieure à la valeur totale du préjudice subi ;*

Au fond : Cons. qu'il résulte de l'instruction que la dame Lemonnier a été atteinte le 9 oct. 1910, alors qu'elle suivait la promenade qui longe la rive gauche de l'Agout, d'une balle provenant d'un tir installé sur la rive opposée avec buts flottants sur la rivière ; que l'autorité municipale chargée de veiller à la sécurité des voies publiques avait commis une faute grave en autorisant l'établissement de ce tir sans s'être assurée que les conditions de l'installation et l'emplacement offraient des garanties suffisantes pour cette sécurité ; qu'à raison de cette faute, la commune doit être déclarée responsable de l'accident ; qu'il sera fait une juste appréciation du dommage subi par les époux Lemonnier et dont la commune leur doit réparation intégrale en condamnant cette dernière à leur payer la somme de 12 000 F, sous réserve, toutefois, que le paiement en soit subordonné à la subrogation de la commune, par les époux Lemonnier, jusqu'à concurrence de ladite somme, aux droits qui résulteraient pour eux des condamnations qui auraient été ou qui seraient définitivement prononcées à leur profit, contre le maire, le sieur Laur, personnellement, à raison du même accident, par l'autorité judiciaire ;

Sur les intérêts et les intérêts des intérêts : Cons. que le point de départ des intérêts doit être fixé au 3 avr. 1911, date de l'assignation de la commune devant le tribunal civil de Castres, assignation qui est le premier acte équivalant à une sommation de payer dont il soit justifié par les époux Lemonnier ;

Cons. que les requérants ont demandé la capitalisation des intérêts les 6 déc. 1913, 13 mars 1915 et 5 déc. 1916 ; qu'à chacune de ces dates, il était dû plus d'une année d'intérêts ; qu'il y a lieu, par suite, de faire droit auxdites demandes ;... (Annulation ; indemnité de 12 000 F ; subrogation ; intérêts et intérêts des intérêts).

OBSERVATIONS

1 La commune de Roquecourbe (Tarn) tenait, le 9 oct. 1910, sa fête annuelle. Comme précédemment, l'une des attractions les plus recherchées était un tir sur des buts flottant sur la petite rivière de l'Agout. Or, depuis l'année précédente, une promenade plantée d'arbres avait été ouverte sur la rive opposée. Déjà, dans l'après-midi, des promeneurs s'étaient plaints des balles qui sifflaient à leurs oreilles ; prévenu, le maire de la commune, M. Laur, avait simplement fait modifier les conditions du tir, mais de manière insuffisante, puisque la dame Lemonnier qui se promenait avec son mari reçut dans la joue une balle qui vint se loger entre la colonne vertébrale et le pharynx ; le maire fit alors interrompre le tir.

Les époux Lemonnier, ignorant que depuis l'arrêt *Feutry* (TC 29 févr. 1908, Rec. 208, concl. Teissier ; v. n° 12.2) la responsabilité de toute collectivité publique (État ou autre) devait être mise en jeu devant la juridiction administrative, s'adressèrent au tribunal de Castres, qui se déclara incompétent, pour des motifs inexacts d'ailleurs, le 9 nov. 1911.

Le 4 mai 1912 les époux Lemonnier demandèrent des dommages-intérêts au conseil municipal de la commune ; leur demande ayant été rejetée, ils se pourvurent en Conseil d'État.

Mais, dans le même temps, l'appel du jugement du tribunal de Castres venait devant la Cour de Toulouse, et, si celle-ci confirmait ce jugement quant à la déclaration d'incompétence sur la responsabilité administrative, elle l'infirmait en reconnaissant une responsabilité personnelle du maire pour laquelle elle le condamnait à des dommages-intérêts.

C'est à ce moment que le pourvoi des époux Lemonnier, tendant à la réparation du préjudice subi du fait de l'administration, fut examiné par le Conseil d'État.

Ce fut l'occasion pour lui, sur les conclusions du commissaire du gouvernement Léon Blum, de faire progresser la responsabilité de l'administration pour les dommages commis par ses agents, grâce à une solution (I) qui devait connaître ultérieurement de nouveaux développements (II).

2 **I. — *A.*** — Avant l'arrêt *Lemonnier*, la jurisprudence avait d'abord reconnu que, si en cas de faute de service la responsabilité personnelle de l'agent ne pouvait être recherchée, en cas de faute personnelle lui seul était responsable (TC 30 juill. 1873, *Pelletier**).

Les faits ne permirent pas longtemps à la jurisprudence de se satisfaire de cette trop simple composition en diptyque. La distinction des deux fautes devient artificielle lorsqu'en réalité elles sont étroitement mêlées dans l'origine du dommage. De plus le fonctionnaire est fréquemment hors d'état de réparer le préjudice causé par sa faute alors que les moyens exorbitants de la puissance administrative sont rarement étrangers à l'étendue de ce préjudice ; inversement, en excluant la responsabilité personnelle en cas de responsabilité administrative, on risque de réduire le zèle apporté par l'agent à l'accomplissement de sa fonction.

Le Conseil d'État admit donc, dans l'arrêt *Anguet** du 3 févr. 1911, qu'*une faute personnelle pouvait se cumuler avec une faute de service* et que celle-ci était de nature à engager la responsabilité de l'administration.

L'arrêt *Lemonnier* franchit un nouveau pas en admettant qu'une *faute unique,* due essentiellement au fait personnel de l'agent, entraîne la responsabilité du service aussi bien que celle de l'agent. Il passe ainsi du *cumul de fautes* (entraînant déjà cumul de responsabilités) au *cumul de responsabilités* pour une seule faute.

3 ***B.*** — Dans le litige qui l'opposait aux époux Lemonnier, la commune de Roquecourbe soutenait que le dommage en cause avait été réparé par l'arrêt de la Cour de Toulouse condamnant personnellement le maire, et que la nouvelle demande, présentée au Conseil d'État, était de ce fait irrecevable. Le commissaire du gouvernement Léon Blum fut d'un avis différent : « La déclaration et la réparation par l'autorité judiciaire de la faute personnelle reprochée à l'individu, qui est en même temps l'agent d'un service public, ne fait nullement obstacle, à notre avis, à ce que l'autorité administrative recherche et déclare pour les mêmes faits la faute et la responsabilité du service ». En faveur de cette thèse, le commissaire du gouvernement invoqua l'autonomie de la décision judiciaire, puisque, selon la jurisprudence même du Tribunal des conflits, la recherche par l'autorité judiciaire de l'imputabilité d'une faute à un fonctionnaire ne doit pas entraîner d'examen critique des conditions de fonctionnement du service. En ce qui concerne la faute de service, il n'a pu y avoir de décision judiciaire (sinon le conflit eût dû être élevé) : l'autorité de la chose jugée ne peut donc être invoquée. Il faut ainsi admettre « la coexistence possible d'une faute que l'autorité judiciaire pourra considérer comme personnelle à l'agent et engageant sa responsabilité propre, avec une faute administrative que l'autorité administrative devra considérer comme faute du service engageant la responsabilité de l'administration ». Dès lors qu'existe cette faute de service, et bien souvent la faute de l'agent la fera présumer, la mise en cause possible de l'agent ne doit pas faire échapper l'administration à sa responsabilité propre. Comme l'a dit le commissaire du gouvernement, si la faute personnelle « a été commise dans le service, ou à l'occasion du service, si les moyens et les instruments de la faute ont été mis à la disposition du coupable par le service, si la victime n'a été mise en présence du coupable que par l'effet du jeu du service, si en un mot, le service a conditionné l'accomplissement de la faute ou la production de ses conséquences dommageables vis-à-vis d'un individu déterminé, le juge administratif, alors, pourra et devra dire : la faute se détache peut-être du service – c'est affaire aux tribunaux judiciaires d'en décider –, mais le service ne se détache pas de la faute. Alors même que le citoyen lésé possèderait une action contre l'agent coupable, alors même qu'il aurait exercé cette action, il possède et peut faire valoir une action contre le service, et aucune fin de non-recevoir ne peut être tirée contre la seconde action de la possibilité ou de l'existence de la première ».

Le Conseil, qui s'était déjà orienté dans ce sens avec un arrêt *Thévenet* du 23 juin 1916 (Rec. 244 ; RDP 1916.378, concl. Corneille, note Jèze), suivit son commissaire du gouvernement en admettant qu'en l'espèce l'établissement du tir dans des conditions d'insécurité constituait une faute dont la commune devait intégralement réparation à la victime. Il adopta en même temps le principe corrélatif du non-cumul des indemnités, le préjudice devant être réparé dans son intégralité, mais non au-delà, et l'administration devant ainsi être subrogée le cas échéant aux droits de la victime contre l'auteur du fait dommageable.

4 **II.** — La jurisprudence ultérieure, rejoignant les positions soutenues par Léon Blum en 1918, devait élargir le champ d'application de la théorie du cumul de responsabilités non seulement pour la faute personnelle dans le service (A), mais aussi pour la faute personnelle hors du service (B).

A. — Jusqu'en 1949 la commission de *la faute personnelle dans le service* sera exigée. Un arrêt *Librairie Hachette* du 28 janv. 1949 (Rec. 43) est encore dans ce sens. Cette exigence se justifiait, semble-t-il, par l'idée de *culpa in vigilando* du service à l'égard du fonctionnaire personnellement fautif et par le souci de ne pas aller jusqu'à admettre la responsabilité pour risque, reconnue pour le commettant du fait de son préposé par le droit privé contemporain.

Elle était le prolongement de l'arrêt *Anguet** du 3 févr. 1911 relatif au cumul de fautes. Elle s'est atténuée lorsque le Conseil d'État a considéré que le fait dommageable, tout en constituant une faute personnelle, « révèle un fonctionnement défectueux du service public » (CE 19 mai 1948, *Souchon*, Rec. 221).

La référence à la faute de service a fini par ne plus être qu'implicite. De la rédaction de nombreux arrêts, il résulte que la seule circonstance que la faute personnelle a été commise dans le service suffit pour que la responsabilité de l'administration soit engagée : tel est le cas d'un vol commis par une receveuse des postes dans l'exercice de ses fonctions (CE 21 avr. 1937, *Delle Quesnel*, Rec. 413).

D'autres arrêts considèrent aussi la faute personnelle commise « à l'occasion du service » comme engageant la responsabilité de celui-ci (CE 25 nov. 1955, *Dame veuve Paumier*, Rec. 564 : brutalités commises par des agents de police ; – Sect. 18 nov. 1960, *Tilhaud*, Rec. 636 ; AJ 1960.I.189, chr. Galabert et Gentot : pillages accomplis par des militaires).

L'idée de faute du service, même implicite, disparaît : la faute personnelle est exclusive de faute du service ; mais son accomplissement dans le service ou à l'occasion du service suffit à obliger le service à en répondre. La responsabilité de l'administration restait cependant exclue lorsque la faute personnelle était commise hors du service (CE Ass. 30 janv. 1948, *Dame Vve Buffevant*, Rec. 51).

5 ***B.*** — Un pas de plus a été franchi lorsque, pour la première fois, le Conseil d'État a reconnu la responsabilité de l'administration pour *une faute personnelle commise hors du service*, par les arrêts *Mimeur, Defaux* et *Besthelsemer* du 18 nov. 1949 (Rec. 492 ; JCP 1950.II.5286, concl. Gazier; D. 1950.667, note J.G. ; EDCE 1953.80, chr. Long ; Rev. adm. 1950.38, note Liet-Veaux ; RDP 1950.183, note M. Waline), rendus tous trois en matière d'accidents causés par des automobiles de l'administration utilisés par leurs conducteurs en dehors de leur affectation normale. Incontestablement la faute était commise en dehors du service. Le commissaire du gouvernement, M. Gazier, aurait pu soutenir qu'il y avait certes une faute personnelle, cause immédiate du fait dommageable, mais aussi, antérieurement, une faute du service (négligence, défaut de surveillance) qui avait rendu possible la faute personnelle. Un tel système aurait cependant méconnu les nécessités de l'action administrative : « on ne peut imposer à chaque chauffeur un contrôleur qui appellerait à son tour un gardien... ». L'application de la jurisprudence antérieure devait en pareil cas aboutir au rejet de la demande ; mais ce rejet, a déclaré le commissaire du gouvernement, « s'il satisfait la logique, heurte gravement l'équité ; la généralisation de plus en plus obligatoire des assurances et la jurisprudence judiciaire qui admet presque toujours la responsabilité du commettant dans les abus de fonction du préposé ont chassé cette iniquité du secteur privé ; il est très choquant qu'elle subsiste dans le secteur public ». Suivant les conclusions de M. Gazier, le Conseil d'État considéra que « l'accident litigieux survenu du fait d'un véhicule qui avait été confié au conducteur pour l'exécution d'un service public, ne saurait, dans les circonstances de l'affaire, être regardé comme dépourvu de tout lien avec le service » et jugea que la responsabilité administrative était engagée.

Ainsi est admise la responsabilité de l'administration pour des fautes personnelles commises hors du service, sans faute de service même présumée, dès lors que ces fautes personnelles ne sont pas dépourvues de tout lien avec le service. C'est un nouveau progrès du cumul des responsabilités.

6 S'agissant des accidents de véhicules, la loi du 31 décembre 1957 a tari cette source d'application de la responsabilité administrative pour faute personnelle non dépourvue de tout lien avec le

service, puisque les tribunaux judiciaires « sont seuls compétents pour statuer sur toute action en responsabilité tendant à la réparation des dommages de toute nature causés par un véhicule quelconque » et que « cette action sera jugée conformément aux règles du droit civil, la responsabilité de la personne morale de droit public étant à l'égard des tiers substituée à celle de son agent, auteur des dommages causés dans l'exercice de ses fonctions ». Toutefois les juridictions administratives, restant compétentes, en cas de difficulté sérieuse, sur la question préjudicielle de savoir si l'agent a causé les dommages dans l'exercice de ses fonctions, peuvent encore être amenées à dire si l'accident n'était pas dépourvu de tout lien avec le service de l'agent (TC 20 nov. 1961, *Compagnie la Providence et dame Grima*, Rec. 880 ; AJ 1962.231, note de Laubadère ; D. 1962.265, note Leclercq ; JCP 1961.II.12410, note R.C. ; – TC 25 nov. 1963, *Caruelle*, Rec. 791 ; AJ 1964.22, chr. Fourré et Puybasset ; JCP 1964.II.13473, note O.D.) ; dans l'affirmative, c'est l'administration qui doit en répondre – mais devant les tribunaux judiciaires, et conformément au droit civil.

Le Conseil d'État a appliqué les principes de l'arrêt *Mimeur* au cas de fautes personnelles commises par des policiers, militaires ou douaniers hors du service grâce aux moyens (notamment les armes) dont le service leur permet de disposer. Il a jugé que la mort accidentelle d'un gardien de la paix tué par un de ses collègues qui avait manipulé maladroitement dans leur chambre commune son pistolet de service « ne peut être regardée comme dépourvue de tout lien avec le service » (Ass. 26 oct. 1973, *Sadoudi*, Rec. 603 ; RDP 1974.936, concl. A. Bernard ; D. 1974.255, note J.M. Auby ; RDP 1974.554, note M. Waline ; JCP 1974.II.17596, note Franck ; AJ 1973.582, chr. Franc et Boyon). L'arrêt prend soin de relever deux circonstances particulières : d'une part, l'obligation faite aux policiers de conserver leur pistolet à leur domicile et, d'autre part, le caractère dangereux d'une arme à feu.

A également été considérée comme une faute personnelle non dépourvue de tout lien avec le service l'utilisation volontaire, à plusieurs reprises, d'une arme personnelle en dehors des heures de service par un gendarme, qui a accompli ses méfaits dans la circonscription même où il exerçait ses fonctions, participait aux enquêtes menées à leur sujet, était informé de leur progression et de leurs résultats, en sorte que son appartenance à la gendarmerie a contribué à lui permettre d'échapper aux recherches et de poursuivre ses activités criminelles pendant une période prolongée (CE 18 nov. 1988, *Ministre de la défense c. époux Raszewski*, Rec. 416 ; D. 1989.SC.346, obs. Moderne et Bon ; JCP 1989.II.21211, note Pacteau ; LPA 22 sept. 1989, note Paillet).

D'autres affaires ont encore permis au Conseil d'État d'affirmer que si les agissements d'un agent « ont revêtu le caractère d'une faute personnelle », ne pouvant « être regardés comme dépourvus de tout lien avec le service », « ils sont par suite de nature à engager la responsabilité » de l'administration « sans qu'il y ait lieu de rechercher si une faute de service a été commise dans l'organisation ou le contrôle » du service en cause (CE 25 janv. 1980, *Ministre des affaires étrangères c. époux Laurent*, Rec. 51 : faute personnelle d'un consul qui, en vertu de la réglementation applicable, ne pouvait recevoir de dépôts mais s'était fait donner procuration pour représenter les victimes d'un accident et ne leur avait reversé qu'une faible partie des indemnités perçues ; – 27 févr. 1981, *Commune de Chonville-Malaumont*, Rec. 116 ; D. 1981.IR.419, obs. Moderne et Bon : faute personnelle d'un pompier ayant jeté une cigarette allumée dans une grange, alors qu'il s'était légèrement écarté de son itinéraire normal à des fins personnelles).

7 Le progrès réalisé par l'arrêt *Mimeur* laisse subsister des *limites* : les conclusions de Léon Blum sur l'arrêt *Lemonnier* ne sont pas entièrement rejointes. La responsabilité du service n'est pas engagée, comme il le proposait, du seul fait que « les moyens et les instruments de la faute (personnelle) ont été mis à la dispositions du coupable par le service ». Un minimum de lien reste nécessaire.

C'est ainsi qu'avant comme après l'arrêt *Sadoudi* du 26 oct. 1973, le Conseil d'État a refusé d'admettre la responsabilité de l'administration pour l'usage d'armes à feu par ses agents hors du service, soit que ces armes leur aient été personnelles, soit qu'étant des armes de service, elles aient été utilisées intentionnellement, avec une volonté de nuire (CE 23 juin 1954, *Dame Vve Litzler*, Rec. 376 ; – 12 mars 1975, *Pothier*, Rec. 190 ; RA 1975.268, note Moderne).

On peut observer qu'il n'existe que de faibles nuances entre la faute personnelle non dépourvue de tout lien avec le service et celle qui en est dépourvue. Si la jurisprudence la plus récente n'offre pas d'exemple significatif d'arrêts ayant refusé d'admettre l'absence de ce lien, on ne saurait en inférer pour autant que l'exigence de ce lien ait disparu.

8 L'*extension de la responsabilité de l'administration pour faute de ses agents* depuis l'arrêt *Pelletier* du 30 juill. 1873 permet aujourd'hui de reconnaître cette responsabilité dans *quatre séries de cas* : soit en cas de faute de service de ses agents, soit en cas de faute personnelle cumulée avec une faute de service, soit en cas de faute personnelle commise dans le service ou à l'occasion du service, soit en cas de faute personnelle commise hors du service mais non dépourvue de tout lien avec le service.

Ainsi le juge administratif peut faire appel, selon les circonstances de chaque espèce, à l'une ou à l'autre de ces formules, en préférant, dans la mesure du possible, utiliser les plus traditionnelles, et en n'appliquant qu'à titre subsidiaire, quand il ne peut absolument pas faire autrement, les plus récentes, c'est-à-dire les plus audacieuses.

Cette construction jurisprudentielle est éminemment protectrice des droits des victimes, puisque l'agent fautif est fréquemment insolvable, alors que la collectivité publique a toujours les moyens de payer les indemnités auxquelles elle est condamnée. Elle peut avoir, par contre, l'inconvénient d'assurer aux coupables une impunité excessive et d'affaiblir chez les agents publics le sens de leurs responsabilités. Mais il ne faut pas oublier que, dans tous les cas de faute personnelle, l'administration condamnée est subrogée dans les droits et actions de la victime contre l'auteur du dommage, et qu'elle dispose en outre, depuis l'arrêt *Laruelle** (CE 28 juill. 1951), d'une action directe en indemnité contre l'agent coupable, exercée sous le contrôle du juge administratif.

35

POUVOIRS DE GUERRE ET CIRCONSTANCES EXCEPTIONNELLES

CE 28 févr. 1919, Dames DOL et LAURENT, Rec. 208

(S. 1918-1919.3.33, note Hauriou ;
RDP 1919.338, note Jèze)

Cons. que, par ses arrêtés en date des 9 avril, 13 mai et 24 juin 1916, le préfet maritime gouverneur du camp retranché de Toulon a interdit, d'une part, à tous propriétaires de cafés, bars et débits de boissons, de servir à boire à des filles tant isolées qu'accompagnées et de les recevoir dans leurs établissements ; d'autre part, à toute fille isolée de racoler en dehors du quartier réservé, et à toute femme ou fille de tenir un débit de boissons ou d'y être employée à un titre quelconque ; qu'il a prévu comme sanctions à ces arrêtés le dépôt au « violon » des filles par voie disciplinaire ainsi que leur expulsion du camp retranché de Toulon en cas de récidive et la fermeture au public des établissements où seraient constatées des infractions auxdits arrêtés ;

Cons. que les dames Dol et Laurent, se disant filles galantes, ont formé un recours tendant à l'annulation pour excès de pouvoir des mesures énumérées ci-dessus comme prises en dehors des pouvoirs qui appartenaient au préfet maritime ;

Cons. que les limites des pouvoirs de police dont l'autorité publique dispose pour le maintien de l'ordre et de la sécurité, tant en vertu de la législation municipale que de la loi du 9 août 1849, ne sauraient être les mêmes dans le temps de paix et pendant la période de guerre où les intérêts de la défense nationale donnent au principe de l'ordre public une extension plus grande et exigent pour la sécurité publique des mesures plus rigoureuses ; qu'il appartient au juge, sous le contrôle duquel s'exercent ces pouvoirs de police, de tenir compte, dans son appréciation, des nécessités provenant de l'état de guerre, selon les circonstances de temps et de lieu, la catégorie des individus visés et la nature des périls qu'il importe de prévenir ;

Cons. qu'au cours de l'année 1916 les conditions dans lesquelles les agissements des filles publiques se sont multipliés à Toulon ont, à raison tant de la situation militaire de cette place forte que du passage des troupes à destination ou en provenance de l'Orient, présenté un caractère particulier de gravité, dont l'autorité publique avait le devoir de se préoccuper au point de vue tout à la fois du maintien de l'ordre, de l'hygiène et de la salubrité, et aussi de la nécessité de prévenir le danger que présentaient pour la défense nationale la fréquentation d'un personnel suspect et les divulgations qui pouvaient en résulter ; qu'il est apparu que les mesures faisant l'objet du présent pourvoi s'imposaient pour sauvegarder d'une manière efficace tout à la fois la troupe et l'intérêt national ;

Cons. que si, dans ce but, certaines restrictions ont dû être apportées à la liberté individuelle, en ce qui concerne les filles, et à la liberté du commerce, en ce qui concerne les débitants qui les reçoivent, ces restrictions, dans les termes où elles sont formulées, n'excèdent pas la limite de celles que, dans les circonstances susrelatées, il appartenait au préfet maritime de prescrire ; qu'ainsi, en les édictant, le préfet maritime a fait un usage légitime des pouvoirs à lui conférés par la loi ;... (Rejet).

OBSERVATIONS

1 À Toulon, en 1916, la galanterie vénale sévissait avec une ampleur inquiétante. Les militaires qui partaient pour le front d'Orient ou qui en revenaient devaient être protégés contre la tentation d'acheter des plaisirs qui risquaient non seulement d'avoir des conséquences fâcheuses pour leur santé, mais encore de les transformer, par la voie des confidences d'alcôve, en agents inconscients de l'espionnage ennemi. C'est pourquoi le préfet maritime de Toulon décida d'interdire aux débitants de boissons de servir à boire à des filles publiques et de les recevoir dans leurs locaux, sous peine de fermeture de leurs établissements, et aux filles elles-mêmes de racoler en dehors du quartier réservé et de tenir un débit de boissons, sous peine d'internement ou d'expulsion du camp retranché. L'arrêté préfectoral fut déféré au Conseil d'État par deux personnes « se disant filles galantes ».

Le Conseil d'État avait déjà eu l'occasion de connaître de l'application de la loi du 9 août 1849 sur l'état de siège à propos de décisions prises par l'autorité militaire sur la base de l'article 9, § 4, de cette loi prononçant la fermeture de débits de boissons dans lesquels s'étaient produits des incidents, à la même époque. Or, la loi de 1849 n'ayant eu pour effet que de transférer à l'autorité militaire les pouvoirs exercés en temps normal par l'autorité civile, la fermeture de tels établissements ne pouvait être décidée, puisque la jurisprudence en refusait le droit à l'autorité civile, à moins que ces établissements ne fussent considérés comme des lieux de réunion, l'autorité militaire pouvant en effet, aux termes de la loi de 1849, supprimer le droit de réunion. Ainsi amené à interpréter la notion de « réunion » au sens de la loi du 9 août 1849, le Conseil d'État avait suivi le commissaire du gouvernement Corneille qui, contestant « formellement et très nettement » que l'on pût déterminer « l'étendue des pouvoirs exceptionnels conférés à l'autorité militaire... au moyen d'une simple référence à la législation du temps de paix, du temps normal », avait exposé dans ses conclusions que « la législation de l'état de siège... substitue à l'état de droit ordinaire un état exceptionnel s'adaptant aux nécessités de l'heure et aux circonstances anormales qui le provoquaient... L'expression « réunion » contenue dans le § 4 de l'art. 9 de la loi du 9 août

1849 doit donc, en principe, être interprétée avec son sens le plus large... Un débit de boissons est un lieu de réunion » (CE 6 août 1915, *Delmotte*, Rec. 275, concl. Corneille ; S. 1916.3.9, note Hauriou ; D. 1916.3.1, concl. Corneille ; RDP 1915.700, note Jèze ; – en sens inverse, v. Cass. crim. 13 juill. 1941, *Mazioux,* D. 1941.133).

2 Dans l'espèce *Dol et Laurent,* il ne s'agissait plus d'interpréter d'une manière large la loi du 9 août 1849. En effet, aucune disposition de cette loi n'autorisait expressément le préfet maritime à porter à la liberté individuelle et à la liberté du commerce et de l'industrie une atteinte aussi grave. Le préfet maritime s'était fondé sur l'art. 7 de cette loi, en vertu duquel « aussitôt l'état de siège déclaré, les pouvoirs dont l'autorité civile était revêtue pour le maintien de l'ordre et de la police passent tout entiers à l'autorité militaire ». L'autorité civile ne pouvait agir, en pareille matière, qu'en vertu de la loi du 5 avr. 1884, qui ne lui permettait pas d'interdire légalement aux propriétaires de débits de servir à boire à des filles, ni à ces filles de tenir un bar ou d'y être employées. Pour juger légal l'arrêté attaqué le Conseil d'État a dû reconnaître que les limites du pouvoir de police n'étaient pas les mêmes en temps de paix qu'en temps de guerre. L'idée était sous-jacente à l'arrêt *Delmotte* et avait été exprimée par le commissaire du gouvernement Corneille, mais elle n'était pas nettement formulée dans la décision, qui pouvait se justifier par simple référence aux textes en vigueur. Elle apparaît, par contre, avec la valeur d'une affirmation de principe dans la décision *Dames Dol et Laurent*.

Cette décision se rattache à la théorie générale, naissante à cette époque, et que venait d'illustrer quelques mois plus tôt l'arrêt *Heyriès**, des pouvoirs de guerre et des circonstances exceptionnelles. Elle emprunte cependant une terminologie différente de celle de sa devancière.

Alors que la décision *Heyriès* relève que le Président de la République n'a fait qu'user « légalement » des pouvoirs qu'il tient de la loi constitutionnelle du 25 février 1875, la décision commentée souligne que le préfet maritime a fait un usage « légitime » des pouvoirs à lui conférés par la loi.

36

RESPONSABILITÉ - RISQUE

CE 28 mars 1919, REGNAULT-DESROZIERS, Rec. 329

(RDP 1919.239, concl. Corneille, note Jèze ;
D. 1920.3.1, note Appleton ;
S. 1918-1919.3.25, note Hauriou)

Cons. qu'il résulte de l'instruction que, dès l'année 1915, l'autorité militaire avait accumulé une grande quantité de grenades dans les casemates du Fort de la Double-Couronne, situé à proximité des habitations d'une agglomération importante ; qu'elle procédait, en outre, constamment à la manutention de ces engins dangereux, en vue d'alimenter rapidement les armées en campagne ; *que ces opérations effectuées dans des conditions d'organisation sommaires, sous l'empire des nécessités militaires, comportaient des risques excédant les limites de ceux qui résultent normalement du voisinage, et que de tels risques étaient de nature, en cas d'accident survenu en dehors de tout fait de guerre, à engager, indépendamment de toute faute, la responsabilité de l'État ;*

Cons. qu'il n'est pas contesté que l'explosion du Fort de la Double-Couronne, survenue le 4 mars 1916, ait été la conséquence des opérations ci-dessus caractérisées ; que, par suite, le requérant est fondé à soutenir que l'État doit réparer les dommages causés par cet accident ;... (Annulation ; indemnité accordée).

OBSERVATIONS

1 Le 4 mars 1916, une formidable explosion se produisit au fort de la Double-Couronne, au nord de Saint-Denis. C'était un dépôt de grenades et de bombes incendiaires qui sautait, faisant de nombreuses victimes, et provoquant d'importants dégâts matériels : 14 soldats et 19 civils furent tués, 81 personnes furent blessées ; de nombreux immeubles furent ravagés. L'autorité militaire avait entassé dans ce fort des milliers d'explosifs destinés au front, sans prendre les précautions nécessaires pour éviter que ce dépôt de munitions constituât un danger pour le voisinage. Des recours à fin d'indemnité ayant été formés à la suite de cet accident, le commissaire du gouvernement Corneille proposa au Conseil d'État de les accueillir, en considérant que la responsabilité de l'État était engagée à raison des *fautes* commises par l'autorité militaire dans l'organisation du service. Le Conseil d'État ne le suivit pas : s'il

reconnut aux requérants droit à indemnité, c'est en raison du *risque* anormal de voisinage créé par l'accumulation d'une grande quantité de grenades à proximité d'une agglomération et la manutention constante de ces engins, dans des conditions d'organisation sommaires.

Jusqu'alors la théorie des risques anormaux de voisinage n'avait reçu d'application qu'en matière de responsabilité résultant des dommages causés par les travaux publics : les dommages permanents résultant pour les biens de la réalisation d'un travail public ou de la présence d'un ouvrage public et qui excèdent les inconvénients normaux du voisinage engagent en effet la responsabilité administrative, dès lors qu'est établi le lien de causalité entre le travail public et le préjudice (CE 31 janv. 1890, *Nicot*, Rec. 112 ; – 16 mars 1906, *de Ségur*, Rec. 242).

Mais jusqu'à l'arrêt *Regnault-Desroziers,* le Conseil d'État, dans des cas analogues, appliquait la responsabilité pour faute (CE 10 mai 1912, *Ambrosini*, Rec. 549 ; S. 1912.3.161, note Hauriou : explosion du cuirassé « Iéna ») ; désormais les victimes d'un risque exceptionnel allaient recevoir réparation sans avoir à prouver l'existence d'une faute. Le développement de la jurisprudence a conduit à admettre que ce risque peut résulter de *choses dangereuses* (I), d'*activités dangereuses* (II) ou de *situations dangereuses* (III).

2 **I.** — En ce qui concerne les *choses dangereuses,* les munitions entreposées dans un bâtiment ou dans un moyen de transport allaient encore donner lieu à l'application du principe posé par l'arrêt *Regnault-Desroziers* (CE 20 mai 1920, *Colas*, Rec. 532, explosion du cuirassé « Liberté » ; – Ass. 16 mars 1945, *SNCF*, Rec. 54 ; D. 1946.290. concl. Lefas, note M. Waline ; JCP 1945.II.2903, note Charlier, et Ass. 21 oct. 1966, *Ministre des armées c. SNCF*, Rec. 557 ; D. 1967.164, concl. Baudouin ; JCP 1967.II.15198, note Blaevoet ; AJ 1967.37, chr. Lecat et Massot : explosion de wagons de munitions) – sauf lorsque le législateur avait établi un régime forfaitaire de réparation (CE Ass. 15 févr. 1952, *Dame veuve Deveze*, Rec. 110) ou lorsque la victime était dans une situation contractuelle avec l'État (cas du transporteur : CE 5 janv. 1972, *Société Unitchadienne*, Rec. 4).

L'emploi d'armes à feu ouvre également droit à indemnité au profit des victimes sur la base du risque (CE 24 juin 1949, *Consorts Lecomte**).

Enfin, alors qu'en principe, les usagers d'un ouvrage public ne peuvent obtenir réparation du dommage subi du fait de cet ouvrage qu'en cas de défaut d'entretien normal, dont la présomption peut être renversée par la preuve contraire (par ex. CE Sect. 26 avr. 1968, *Ville de Cannes*, Rec. 268 ; JCP 1969.II.15870, concl. Galmot ; AJ 1968.652, note J. Moreau), le caractère exceptionnellement dangereux d'un ouvrage est de nature à engager la responsabilité du maître de l'ouvrage ou du maître d'œuvre à l'égard des usagers même en l'absence d'un vice de conception ou d'un défaut d'aménagement ou d'entretien normal (CE Ass. 6 juill. 1973, *Ministre de l'équipement et du logement c. Dalleau*, Rec. 482 ; AJ 1973.588, chr. Franc et Boyon ; D. 1973.740, note Moderne ; JCP 1974.II.17625, note Tedeschi : route exposée à des éboulements constants en raison de la configuration des lieux et de la nature du terrain). En revanche lorsque cet ouvrage n'a plus ou n'a pas de caractère dangereux, on retrouve le droit commun (responsabilité pour défaut d'entretien normal à l'égard des usagers : CE 11 juill. 1983, *Ministre des transports c. Kichenin*, Rec. 898 ; RA 1983.579, note Pacteau ; RDP 1983. 1389, note J. Waline, pour la même route que celle de l'arrêt *Dalleau* ; – Sect. 5 juin 1992, *Ministre de l'équipement, du logement, des transports et de la mer c. Époux Cala*, Rec. 225 ; RFDA 1993.67, concl. Le Chatelier ; AJ 1992.650, chr. Maugüé et Schwartz).

L'application du régime de la responsabilité sans faute aux usagers d'un ouvrage exceptionnellement dangereux prouve que c'est moins le risque de voisinage qui justifie ce type de responsabilité, comme le souligne l'arrêt *Regnault-Desroziers,* que le caractère dangereux de la chose en elle-même, quelle que soit la victime. Il se trouve que, le plus souvent, celle-ci est le voisin de la chose ; mais elle peut subir un dommage dans une situation autre que celle de voisinage : le danger exceptionnel qu'elle encourt du fait de cette chose suffit à entraîner la responsabilité sans faute de l'administration.

3 **II.** — Cette observation se confirme à propos des *activités dangereuses* entreprises par l'administration, dont le Conseil d'État a admis qu'elles engagent sans faute la responsabilité de celle-ci, en se fondant sur les textes qui les organisent (A) et en ne se limitant pas au voisinage (B).

A. — *Le législateur* a aménagé des méthodes modernes de rééducation, de réinsertion et de soins pour les délinquants ou malades mentaux, dont la mise en œuvre laisse aux bénéficiaires une liberté leur permettant d'accomplir des méfaits (violence, vol, incendie, etc.). Il fait ainsi courir aux administrés un risque qui, s'il se réalise, leur ouvre droit à être indemnisé du préjudice subi sans faute de l'administration.

Le Conseil d'État a, pour la première fois, adopté cette solution à propos des mineurs délinquants, pour lesquels une ordonnance du 2 févr. 1945 a substitué au régime antérieur d'incarcération un système plus libéral d'internat surveillé, auquel ils peuvent facilement échapper ; l'assouplissement des règles de discipline crée un risque spécial pour les tiers ; l'État doit donc répondre des dommages causés par les pensionnaires d'un établissement d'éducation surveillée (CE Sect. 3 févr. 1956, *Ministre de la justice c. Thouzellier*, Rec. 49 ; AJ 1956.II.96, chr. Gazier ; D. 1956.597, note J.M. Auby ; JCP 1956.II.9608, note Lévy ; RDP 1956.854, note M. Waline ; RPDA 1956.51, note Bénoit). La solution a été étendue des institutions publiques aux institutions privées pratiquant les mêmes méthodes de rééducation, qu'elles soient habilitées à recevoir des mineurs délinquants au titre du service public de l'éducation surveillée (CE Sect. 19 déc. 1969, *Établissements Delannoy*, Rec. 596 ; RDP 1970.787, concl. S. Grévisse et 1220, note M. Waline ; AJ 1970.99, chr. Denoix de Saint Marc et Labetoulle ; D. 1970.268, note Garrigou-Lagrange ; RTDSS 1970.64, note Lavagne et 178, note Moderne) ou qu'elles soient seulement reconnues « dignes de confiance » (CE Sect. 5 déc. 1997, *Garde des sceaux, ministre de la justice c. Pelle*, Rec. 481 ; RFDA 1998.569, concl. Bonichot 574, obs. Dietsch et 575, note Guettier ; D. 1999.SC.51, obs. Bonet et Béchillon). Mais elle ne se justifie plus lorsque les mineurs en cause sont remis à la garde de leurs parents (*Établissements Delannoy*). La jurisprudence *Thouzellier* a été étendue aussi par la CAA de Nantes au service départemental d'aide sociale à l'enfance lorsqu'il emploie des méthodes de rééducation « à l'instar » du régime de l'ord. du 2 févr. 1945 (25 avr. 2002, *M. et Mme Merdrignac, Mutuelle assurance des instituteurs*, AJ 2002.1077, note Ghebali-Bailly).

4 Ses principes ont été appliqués aux détenus bénéficiaires de permission de sortie (CE 2 déc. 1981, *Garde des sceaux, ministre de la justice c. Theys*, Rec. 456 ; D. 1982.550, note Tedeschi et IR. 447, obs. Moderne et Bon ; JCP 1982.II.19905, note Pacteau) ou de mesures de libération conditionnelle et de semi-liberté (CE Sect. 29 avr. 1987, *Garde des sceaux, ministre de la justice c. Banque populaire de la région économique de Strasbourg*, Rec. 158 ; RFDA 1987.831, concl. Vigouroux ; AJ 1987.454, chr. Azibert et de Boidesffre ; D. 1988.S.C.60, note Moderne et Bon).

Enfin « les sorties d'essai organisées par une circulaire ministérielle... font partie des traitements propres à assurer la réadaptation progressive des malades mentaux à des conditions normales de vie ; cette méthode thérapeutique crée un risque spécial pour les tiers, lesquels ne bénéficient plus des garanties inhérentes aux méthodes habituelles d'internement » et engage la responsabilité sans faute de l'administration (CE Sect. 13 juill. 1967, *Département de la Moselle*, Rec. 341 ; AJ 1968.419, note Moreau ; D. 1967.675 note Moderne ; RDP 1968.391, note M. Waline ; RTDSS 1968.108, note Imbert ; et, à propos du placement familial surveillé, qui fait partie des traitements propres à assurer la réadaptation progressive des malades mentaux à des conditions normales de vie : CE 13 mai 1987 *Mme Piollet, M. Anson*, Rec. 172 ; AJ 1987.459, chr. Azibert et de Boisdeffre ; D. 1988.S.C.163, obs. Moderne et Bon).

La Cour de cassation a adopté une solution comparable à la jurisprudence *Thouzellier* pour la responsabilité d'une association recevant des handicapés mentaux bénéficiant d'une totale liberté de circulation dans la journée (Ass. plén. 29 mars 1991, *Association des centres éducatifs du Limousin c. Blieck*, Bull. civ. AP n° 1, p. 1 ; JCP 1991.II.21673, concl. Dontenville, note Ghestin ; D. 1991.324, note Larroumet ; Gaz. Pal. 1992.2.513, obs. Chabas ; RFDA 1991.991, art. P. Bon).

5 La responsabilité pour risque n'est pas admise à propos de méthodes de rééducation ou de soins ne comportant pas de risque spécial, tels le régime de rééducation de mineurs non délinquants ne relevant pas de l'ordonnance du 2 févr. 1945 (CE 3 nov. 1976, *Ministre de la justice c. Société d'assurances modernes et Nemoz*, Rec. 471 ; RTDSS 1977.437, concl. Labetoulle ; – 14 juin 1978, *Garde des sceaux, ministre de la justice et ministre de la santé c. Société de construction et de fabrication pour le bâtiment, l'industrie et l'agriculture*, Rec. 259 ; RTDSS 1978.562, concl. Labetoulle ; AJ 1978.556, chr. O. Dutheillet de Lamothe et Robineau ; D. 1978.686 note Moderne), et celui de l'hôpital de nuit appliqué à certains malades mentaux (CE Sect. 30 juin 1978, *Hôpital psychiatrique départemental de Rennes c. Dame Clotault*, Rec. 289 ; RTDSS 1978.508, concl. Morisot).

Pour les pupilles de l'assistance publique faisant l'objet d'un placement, le Conseil d'État, s'il n'a pas admis la responsabilité pour risque (CE 30 juin 1986, *Mme Lallée*, Rec. 707), a adopté un système de présomption de faute : la victime n'a pas à prouver la faute de l'administration, mais celle-ci peut démontrer qu'elle n'en a pas commis (Sect. 19 oct. 1990, *Ingremeau*, Rec. 284 ; RDP 1990.1866, concl. La Verpillière ; AJ 1990.869, chr. Honorat et Baptiste).

Cette solution devra peut-être être réexaminée depuis que, de son côté, la Cour de cassation admet la responsabilité « de plein droit » des parents du fait de leurs enfants mineurs (Cass. 2e civ. 19 févr. 1997, *Bertrand c. Domingues*, Bull. civ. II n° 56, p. 32 ; JCP 1997.II.22848, concl. Kessous, note Viney ; D. 1997.265, note Jourdain et SC. 290, obs. D. Mazeaud), et des associations chargées de l'assistance éducative (Cass. 2e civ. 6 juin 2002, *GMF c. Association départementale de la sauvegarde de l'enfance et de l'adolescence ; AGF c. Association de la région havraise pour l'enfance et l'adolescence en difficultés*, Bull. civ. II, n° 120, p. 96 ; D.2002.2750, note Huyette ; JCP 2003.II.10068, notes Gouttenoire-Cornut et Roget).

6 Le Conseil d'État a fait une autre application de sa jurisprudence sur les activités dangereuses en considérant « qu'en vertu des dispositions de la loi du 21 juill. 1952 modifiée par la loi du 2 août 1961, les centres de transfusion sanguine ont le monopole des opérations de collecte de sang et ont pour mission d'assurer le contrôle médical des prélèvements, le traitement, le conditionnement et la fourniture aux utilisateurs, des produits sanguins ; que, eu égard tant à la mission qui leur est ainsi confiée par la loi qu'aux risques que présente la fourniture de produits sanguins, les centres de transfusion sont responsables, même en l'absence de faute, des conséquences dommageables de la mauvaise qualité des produits fournis » (Ass. 26 mai 1995, *Consorts Nguyen, Jouan, consorts Pavan*, Rec. 221 ; RFDA 1995.748, concl. Daël ; JCP 1995.748, concl. Daël ; AJ 1995.508, chr. Stahl et Chauvaux ; JCP 1995.II.22468, note Moreau ; RDP 1995.1609, note Lajartre). La Cour de cassation, elle, s'est fondée sur l'obligation de sécurité qui pèse sur les centres de transfusion sanguine (Cass. 1re civ. 12 avr. 1995, *Consorts Martial c. Centre régional de transfusion sanguin de Purpan*, Bull. civ. II, nº 180, p. 130 ; JCP 1995.II.22467, note Jourdain ; RDSS 1995.766, note Leroy ; – 9 mai 2001, Bull. civ. I, n° 130, p. 85 ; D. 2001.2149, rapport Sargos).

7 ***B.*** — Le bénéfice de la théorie du risque en cas de mise en œuvre de méthodes dangereuses de rééducation ou de soins a d'abord été accordé dans l'arrêt *Thouzellier,* précité, aux « tiers résidant dans *le voisinage* » de l'établissement pratiquant ces méthodes.

Puis le Conseil d'État a abandonné la notion de « voisinage », qui était d'ailleurs difficile à préciser, et se contente de faire état du « risque spécial pour les tiers » que les méthodes nouvelles comportent ; en revanche, et afin de ne pas étendre à l'infini la responsabilité de l'administration en ce domaine, il vérifie s'il existe un « lien direct de causalité » entre le fonctionnement de l'institution et le préjudice subi (CE 24 févr. 1965, *Caisse primaire centrale de sécurité sociale de la région parisienne*, Rec. 127 et 26 mars 1965, *Ministre de la justice c. Compagnie d'assurances La Zurich*, Rec. 1055 ; D. 1966.322, note Vincent et Prévault ; AJ 1965.339, chr. Puybasset et Puissochet ; – 9 mars 1966, *Ministre de la justice c. Trouillet*, Rec. 201 ; JCP 1966.II.14811, concl. Braibant, note Moderne ; AJ 1966.520, note A. de L.).

Si tous les tiers, victimes directes des activités dangereuses de rééducation, réinsertion des délinquants ou malades mentaux ainsi entreprises par l'administration, bénéficient du régime de la responsabilité pour risque, seuls ils peuvent l'invoquer. Les arrêts cités insistent sur cette qualité.

En revanche, les victimes de la mauvaise qualité de produits sanguins ne peuvent être que les « utilisateurs », comme le soulignent les arrêts précités du 26 mai 1995 : cela n'a pas empêché le Conseil d'État de les faire bénéficier d'un régime de responsabilité sans faute.

8 **III.** — Aux choses dangereuses de l'administration, aux activités dangereuses qu'elle exerce, le Conseil d'État a ajouté *les situations dangereuses* dans lesquelles elle met certaines personnes.

Ici les victimes ne sont plus, comme dans presque tous les cas précédents, nécessairement des tiers.

Les *agents* de l'administration, permanents (CE 21 juin 1895 *Cames**) ou occasionnels (CE 22 nov. 1946, *Commune de Saint-Priest-La-Plaine**), bénéficiaient déjà de la théorie du risque, en raison moins du danger spécial que leur fait courir leur collaboration au service public, que du profit que tire l'administration de cette collaboration, de laquelle elle doit supporter en contrepartie les dommages subis par eux dans l'accomplissement de leur tâche.

Dans certaines circonstances, des agents de l'administration subissent un préjudice non exactement dans l'exécution du service public mais dans la situation dangereuse où le service public les a mis par rapport à des tiers (on retrouve ici les tiers non comme victimes mais comme auteurs du dommage). Il en est ainsi pour des fonctionnaires en poste à l'étranger, auxquels leur administration donne l'ordre de rester sur place en dépit de troubles graves, et qui en sont victimes (pillages par exemple) : en raison des risques exceptionnels auxquels ils sont ainsi exposés, l'administration doit réparer le préjudice qu'ils subissent (CE Sect. 19 oct. 1962, *Perruche*, Rec. 55 – Ass. 16 oct. 1970, *Époux Martin*, Rec. 593 – v. n° 6.3).

Le Conseil d'État a également jugé que « dans le cas d'épidémie de rubéole, le fait, pour une institutrice en état de grossesse, d'être exposée en permanence aux dangers de la contagion comporte pour l'enfant à naître un risque spécial et anormal qui, lorsqu'il entraîne des dommages graves pour la victime, est de nature à engager au profit de celle-ci, la responsabilité de l'État » (CE Ass. 6 nov. 1968 *Ministre de l'éducation nationale c. Dame Saulze*, Rec. 550 ; RDP 1969.505, concl. Bertrand, note M. Waline ; AJ 1969.117, note J.B. et 287, chr. Dewost et Denoix de Saint Marc ; RA 1969.174, note Chaudet ; RTDSS 1969.298, note Doll). La principale victime, l'enfant, est en réalité un tiers par rapport au service ; mais il subit un risque du fait de la participation de sa mère au service. Les parents (aussi bien le père que la mère) ont également droit à être indemnisés pour risque du préjudice qu'ils subissent personnellement du fait des anomalies de leur enfant (CE Sect. 29 nov. 1974, *Époux Gevrey*, Rec. 600, concl. Bertrand ; JCP 1975.I.2723, chr. Boivin).

9 En revanche le Conseil d'État est réticent pour admettre la responsabilité pour risque au profit des *usagers* d'un service public que celui-ci met dans une situation dangereuse – bien qu'il l'ait admise au profit des usagers d'un ouvrage public dangereux (CE Ass. 6 juill. 1973, *Dalleau*, précité) et des usagers des centres de transfusion sanguine (CE Ass. 26 mai 1995, *Consorts Nguyen, Jouan, Consorts Pavan*, précités). Il a refusé d'étendre la théorie du risque au bénéfice des spectateurs d'un feu d'artifice (CE Sect. 21 févr. 1958, *Commune de Domme*, Rec. 118 ; – 30 mars 1979, *Moisan,* Rec. 143 – v. n° 15.4), des membres d'une équipe de rugby participant à une compétition de sport scolaire et universitaire (CE Sect. 2 févr. 1979, *Ministre de l'agriculture c. Gauthier*, Rec. 38 ; AJ nov. 1979, p. 48, concl. Dondoux ; D. 1980.6 note Rouault ;

Gaz. Pal. 1980.1.282, note Plouvin), des élèves en régime « d'auto-discipline » (CE Sect. 27 mai 1983, *Caisse primaire d'assurance maladie c. Soulard*, Rec. 221 ; AJ 1983.408, chr. Lasserre et Delarue), des personnes soumises à vaccination obligatoire (CE Ass. 7 mars 1958, *Secrétaire d'État à la santé publique c. Dejous*, Rec. 153 ; RDP 1958.1087, concl. Jouvin ; AJ 1958.II.225, chr. Fournier et Combarnous ; S. 1958.182, note Golléty) – alors que soit les tribunaux administratifs soit les commissaires du gouvernement avaient admis la responsabilité sans faute de l'administration dans ces cas. Peut-être le danger de ces services était-il insuffisant pour justifier que ceux qui en bénéficient puissent être indemnisés, sans faute, des préjudices subis à cette occasion.

10 Pour les vaccinations obligatoires, le législateur a renversé la jurisprudence en rendant l'État responsable de leurs conséquences dommageables, que ces vaccinations soient pratiquées dans un établissement public ou dans un établissement privé, voire à domicile (lois du 1er juillet 1964 et du 26 mai 1975 – art. L.3111-9 du nouveau code de la santé publique). L'État répare alors des dommages à la réalisation desquels ses services n'ont pas nécessairement contribué, mais qui résultent d'une activité imposée dans l'intérêt de la société. C'est le *risque social* qui fonde l'indemnisation. Seul le législateur peut décider sa prise en charge par l'État. D'autres lois font, pour des raisons analogues, peser sur l'État la réparation de dommages qu'il n'a pas lui-même causés (dommages de guerre, calamités nationales, attroupements et émeutes, actes de terrorisme). Les systèmes de réparation sans faute qu'elles aménagent ne sont plus assimilables à ceux que la jurisprudence administrative a admis pour risque, professionnel *(Cames*)*, occasionnel *(Saint-Priest-la-Plaine*)*, ou exceptionnel *(Regnault-Desroziers)*, lié à l'administration.

37

POUVOIR RÉGLEMENTAIRE – POLICE

CE 8 août 1919, LABONNE, Rec. 737

Cons. que, pour demander l'annulation de l'arrêté préfectoral qui lui a retiré le certificat de capacité pour la conduite des automobiles, le requérant se borne à contester la légalité du décret du 10 mars 1899, dont cet arrêté lui fait application ; qu'il soutient que ledit décret est entaché d'excès de pouvoir dans les dispositions de ses art. 11, 12 et 32 par lesquelles il a institué ce certificat et prévu la possibilité de son retrait ;

Cons. que, si les autorités départementales et municipales sont chargées par les lois, notamment par celle des 22 déc. 1789-8 janv. 1790 et celle du 5 avril 1884, de veiller à la conservation des voies publiques et à la sécurité de la circulation, *il appartient au chef de l'État, en dehors de toute délégation législative et en vertu de ses pouvoirs propres, de déterminer celles des mesures de police qui doivent en tout état de cause être appliquées dans l'ensemble du territoire,* étant bien entendu que les autorités susmentionnées conservent, chacune en ce qui la concerne, compétence pleine et entière pour ajouter à la réglementation générale édictée par le chef de l'État toutes les prescriptions réglementaires supplémentaires que l'intérêt public peut commander dans la localité ;

Cons., dès lors, que le décret du 10 mars 1899, à raison des dangers que présente la locomotion automobile, a pu valablement exiger que tout conducteur d'automobile fût porteur d'une autorisation de conduite, délivrée sous la forme d'un certificat de capacité ; que la faculté d'accorder ce certificat, remise par ledit décret à l'autorité administrative, comportait nécessairement, pour la même autorité, celle de retirer ledit certificat en cas de manquement grave aux dispositons réglementant la circulation ; qu'il suit de là que le décret du 10 mars 1899 et l'arrêté préfectoral du 4 déc. 1913 ne se trouvent point entachés d'illégalité ;... (Rejet).

OBSERVATIONS

1 Dès l'origine, la circulation des automobiles fut réglementée en raison des dangers particuliers qu'elle présente. Le décret du 10 mars 1899, qui est le premier « code de la route » moderne, institua notamment un « certificat de capacité pour la conduite des voitures automobiles », qui devait devenir par la suite le « permis de conduire », et autorisa l'autorité préfectorale à le retirer, si le titulaire avait subi dans l'année deux contraventions. Le sieur

Labonne, s'étant vu retirer son certificat dans ces conditions, demanda au Conseil de l'État d'annuler ce retrait, en soutenant que, les autorités départementales et municipales étant chargées par la loi de la conservation des voies publiques et de la police de la circulation, le chef de l'État ne pouvait intervenir en cette matière. Le Conseil d'État rejeta cette argumentation et reconnut au chef de l'État un pouvoir propre de réglementation.

L'arrêt *Labonne* concerne deux problèmes distincts : celui de la détermination des *autorités investies du pouvoir de police* (I), et celui de *la combinaison de leurs pouvoirs de police* (II).

2 **I.** — La police générale, c'est-à-dire celle qui peut s'exercer à l'égard de n'importe quel genre d'activité des particuliers, est confiée par la loi à deux autorités : le maire et le préfet. En ce qui concerne le maire, l'art. 97 de la loi du 5 avr. 1884, repris aujourd'hui à l'article L.2212-2 du code général des collectivités territoriales, disposait que « la police municipale a pour objet d'assurer le bon ordre, la sûreté et la salubrité publiques ». Quant au préfet, son pouvoir propre de police était inscrit, comme le rappelle le Conseil d'État, dans la loi des 22 déc. 1789-8 janv. 1790 ; selon la section 3, art. 2, « les administrateurs de départements seront encore chargés... du maintien de la salubrité, de la sûreté et de la tranquillité publiques » ; l'art. 99, al. 1er, de la loi du 5 avr. 1884 n'a fait que confirmer ce pouvoir propre du préfet lorsqu'il indique que « les pouvoirs qui appartiennent au maire... ne font pas obstacle au droit du préfet de prendre, pour toutes les communes du département ou plusieurs d'entre elles, et dans les cas où il n'y aurait pas été pourvu par les autorités municipales, toutes mesures relatives au maintien de la salubrité, de la sûreté et de la tranquillité publiques » (cette formule est reprise aujourd'hui à l'article L.2215-1 du code général des collectivités territoriales).

La loi n'ayant ainsi confié le pouvoir de police générale qu'au maire et au préfet, la question se posait de savoir si le chef de l'État avait pu valablement instituer par décret un certificat de capacité pour la conduite des voitures automobiles et prévoir le retrait de ce certificat après deux contraventions subies dans la même année. Cette question, le Conseil d'État l'a résolue par l'affirmative, en estimant que le chef de l'État avait un pouvoir propre de police sur l'ensemble du territoire.

L'arrêt *Labonne* doit être rapproché de l'arrêt *Heyriès**, du 28 juin 1918, par lequel le Conseil d'État a décidé que la mission générale d'exécution des lois conférée au président de la République autorisait la suspension par décret d'un texte législatif lorsque les circonstances l'exigeaient. De même qu'il appartient au chef de l'exécutif d'assurer le bon ordre sur l'ensemble du territoire, en l'absence même de toute disposition législative expresse, de même il lui incombe de « veiller à ce qu'à toute époque les services publics institués par les lois et règlements soient en état de fonctionnement ». Ces deux arrêts lui confèrent ainsi les pouvoirs les plus vastes, aussi bien en matière de police administrative qu'en matière d'organisation et de fonctionnement des services publics. Ils lui donnent *un pouvoir propre de réglementation, indépendant de toute délégation législative* (en ce qui concerne le pouvoir réglementaire des ministres, v. CE 7 févr. 1936, *Jamart**).

Les principes ainsi dégagés sont toujours valables (cf. CE Ass. 13 mai 1960, *SARL « Restaurant Nicolas »*, Rec. 324 ; – 2 mai 1973, *Association cultuelle des Israélites nord-africains de Paris*, Rec. 313 : « si la police des abattoirs ressortit, d'une manière générale, à la compétence des communes sur le territoire desquelles ces établissements sont installés, il appartient au Premier ministre, en vertu de ses pouvoirs propres, d'édicter des mesures de police applicables à l'ensemble du territoire »).

3 Ils n'ont pas été remis en cause par la Constitution de 1958, et notamment ses articles 34 et 37.

Le Conseil d'État a d'abord considéré à ce sujet « qu'il appartient au gouvernement, en vertu des dispositions des articles 21 et 37 de la Constitution, de prendre des mesures de police applicables à l'ensemble du territoire, et notamment celles qui ont pour objet la sécurité des conducteurs de voitures automobiles et des personnes transportées » (4 juin 1975, *Bouvet de la Maisonneuve et Millet*, Rec. 330). Puis il a jugé, plus généralement, que « l'article 34 de la Constitution n'a pas retiré au chef du gouvernement les pouvoirs de police générale qu'il exerçait antérieurement ; qu'il appartient, dès lors, au Premier ministre de pourvoir, par des précautions convenables, à la sécurité des usagers des voies publiques sur l'ensemble du territoire » (17 févr. 1978, *Association dite Comité pour léguer l'esprit de la Résistance*, Rec. 82 ; – Sect. 22 déc. 1978, *Union des chambres syndicales d'affichage et de publicité extérieure*, Rec. 530 ; D. 1979. IR. obs. P.D.).

Le Conseil constitutionnel considère de même « que l'article 34 de la Constitution ne prive pas le chef du gouvernement des attributions de police générale qu'il exerce en vertu de ses pouvoirs propres et en dehors de toute habilitation législative » (CC n° 2000-434 DC 20 juill. 2000, Rec. 107 ; LPA 24 juill. 2000, note Schoettl ; RDP 2000.1542, note F. Luchaire).

4 **II.** — L'arrêt *Labonne* apporte également des précisions sur *la combinaison des pouvoirs de police* de l'autorité centrale avec ceux que la loi a expressément conférés au maire et au préfet. Il consacre le principe que le maire et le préfet conservent, chacun en ce qui le concerne, compétence pleine et entière pour ajouter à la réglementation générale édictée par le chef de l'État (aujourd'hui le Président de la République ou le Premier ministre) toutes les prescriptions réglementaires supplémentaires que l'intérêt public peut commander dans la localité (cf. CE 18 avr. 1902, *Commune de Néris-les-Bains**). Autrement dit, l'autorité inférieure peut aggraver les mesures édictées par l'autorité supérieure lorsque les circonstances locales exigent une telle aggravation, mais elle ne peut les réduire ni, bien entendu, les modifier. Ce principe a été depuis lors codifié en ce qui concerne la police de la circulation à l'article R.225 du code de la route qui est ainsi rédigé : « Les dispositions du présent code ne font pas obstacle au droit, conféré par les lois et règlements aux préfets, aux présidents de conseil général et aux maires de prescrire dans la limite de leurs pouvoirs des mesures plus rigoureuses dès lors que la sécurité de la circulation routière l'exige. Pour ce qui les concerne, les préfets et les maires peuvent également fonder leurs décisions sur l'intérêt de l'ordre public ».

Ces règles concernent les pouvoirs de police générale. La combinaison de la police générale et des polices spéciales ou des polices spéciales entre elles soulève des problèmes beaucoup plus complexes (cf CE 18 déc. 1959, *Société les Films Lutétia**).

38

COMPÉTENCE – SERVICES PUBLICS INDUSTRIELS ET COMMERCIAUX

TC 22 janv. 1921, SOCIÉTÉ COMMERCIALE DE L'OUEST AFRICAIN, Rec. 91

(D. 1921.3.1, concl. Matter ; S. 1924.3.34, concl. Matter)

Sur la régularité de l'arrêté de conflit :

Cons. que, si le lieutenant-gouverneur de la Côte d'Ivoire a, par un télégramme du 2 oct. 1920, sans observer les formalités prévues par l'ordonnance du 1er juin 1828, déclaré élever le conflit, il a pris, le 13 oct. 1920, un arrêté satisfaisant aux prescriptions de l'art. 9 de ladite ordonnance ; que cet arrêté a été déposé au greffe dans le délai légal : qu'ainsi le Tribunal des conflits est régulièrement saisi :

Sur la compétence :

Cons. que, par exploit du 30 sept. 1920, la Société commerciale de l'Ouest africain, se fondant sur le préjudice qui lui aurait été causé par un accident survenu au bac d'Eloka, a assigné la colonie de la Côte d'Ivoire devant le président du tribunal de Grand-Bassam, en audience des référés, à fin de nomination d'un expert pour examiner ce bac ;

Cons., d'une part, que le bac d'Eloka ne constitue pas un ouvrage public ; d'autre part, qu'*en effectuant, moyennant rémunération, les opérations de passage des piétons et des voitures d'une rive à l'autre de la lagune, la colonie de la Côte d'Ivoire exploite un service de transport dans les mêmes conditions qu'un industriel ordinaire ; que, par suite, en l'absence d'un texte spécial attribuant compétence à la juridiction administrative, il n'appartient qu'à l'autorité judiciaire de connaître des conséquences dommageables de l'accident invoqué,* que celui-ci ait eu pour cause, suivant les prétentions de la Société de l'Ouest africain, une faute commise dans l'exploitation ou un mauvais entretien du bac ; que, – si donc c'est à tort qu'au vu du déclinatoire adressé par le lieutenant-gouverneur, le président du tribunal ne s'est pas borné à statuer sur le déclinatoire, mais a, par la même ordonnance désigné un expert contrairement aux art. 7 et 8 de l'ordonnance du 1er juin 1828, – c'est à bon droit qu'il a retenu la connaissance du litige ;... (Arrêté de conflit annulé).

OBSERVATIONS

1 Le commissaire du gouvernement Matter rapporta ainsi les faits qui furent à l'origine de cette affaire : « Le littoral de la Côte d'Ivoire est parsemé de lagunes qui rendent la circulation difficile ;

la colonie a eu l'heureuse idée de les couper de bacs. C'est ainsi que sur la lagune Ébrié, elle en a établi un, dit bac d'Éloka, qu'elle exploite directement et personnellement par le service du wharf de Bassam. Dans la nuit du 5 au 6 sept. 1920, le bac traversait la lagune, chargé de dix-huit personnes et de quatre automobiles, lorsqu'il coula brusquement : un indigène fut noyé, les automobiles allèrent au fond, et ne furent retirées que gravement endommagées ». La Société commerciale de l'Ouest africain, propriétaire de l'une de ces automobiles, assigna la colonie devant le tribunal de Grand-Bassam ; le lieutenant-gouverneur de la colonie ayant élevé le conflit, le Tribunal des conflits décida que le litige relevait de la compétence des tribunaux judiciaires.

Par cet arrêt célèbre, plus connu sous le nom d'arrêt du *Bac d'Éloka*, le Tribunal des conflits a ainsi décidé que l'autorité judiciaire était compétente pour connaître des actions intentées par des particuliers en réparation des conséquences dommageables de l'exploitation d'un service public industriel et commercial, c'est-à-dire d'un service fonctionnant dans les mêmes conditions qu'une entreprise privée.

Sans doute était-il reconnu depuis longtemps que l'administration pouvait, dans certaines de ses activités, agir comme le ferait un simple particulier et ne pas user de ses prérogatives de puissance publique : la notion de gestion privée, esquissée dès 1873 par le commissaire du gouvernement David dans ses conclusions sur l'arrêt *Blanco**, avait été développée dans les célèbres conclusions du commissaire du gouvernement Romieu sur l'arrêt du 6 févr. 1903, *Terrier**, et avait reçu une application éclatante en matière contractuelle dans l'arrêt du 31 juill. 1912, *Société des granits porphyroïdes des Vosges**. Mais avant 1921 cette notion demeurait limitée à des opérations isolées, telles la gestion du domaine privé ou la conclusion de certains contrats : nul n'aurait admis alors que des services entiers pussent être considérés comme fonctionnant sous le régime de la gestion privée. L'innovation fondamentale de l'arrêt *Société commerciale de l'Ouest africain* consiste précisément dans l'application de la notion de gestion privée à des services publics pris dans leur ensemble ; on parlera alors de « services publics industriels et commerciaux » pour les opposer, dans une terminologie habituelle bien que peu satisfaisante, aux « services publics administratifs » (ou « services publics proprement dits »).

Cette jurisprudence est marquée par la volonté d'aligner les services publics industriels et commerciaux sur les entreprises privées (I). Elle a été limitée par la prise en considération du rôle propre des personnes publiques (II). Elle trouve un renouveau dans les données actuelles de leurs interventions.

2 **I.** — *L'alignement des services publics industriels et commerciaux sur les entreprises privées* résulte d'un double mouvement, portant sur leur identification (A) et sur leur régime (B). C'est parce qu'ils ressemblent aux entreprises privées qu'ils sont soumis aux mêmes règles qu'elles.

A. — *Leur identification* était liée à l'origine à une conception limitée du rôle de l'État et des autres personnes publiques, dont l'intervention dans le domaine industriel et commercial paraissait une anomalie. C'est ce que considérait le commissaire du gouvernement dans l'affaire du *Bac d'Eloka :* « Certains services sont de la nature, de l'essence même de l'État ou de l'administration publique ; il est nécessaire que le principe de la séparation des pouvoirs en garantisse le plein exercice, et leur contentieux sera de la compétence administrative. D'autres services, au contraire, sont de nature privée, et s'ils sont entrepris par l'État, ce n'est qu'occasionnellement, accidentellement, parce que nul particulier ne s'en est chargé, et qu'il importe de les assurer dans un intérêt général ; les contestations que soulève leur exploitation ressortissent naturellement de la juridiction de droit commun ».

Cette conception apparaît la même année dans un arrêt du Conseil d'État relatif au service des assurances maritimes contre les risques de guerre (CE 23 déc. 1921, *Société Générale d'armement*, Rec. 1109 ; RDP 1922.74, concl. Rivet).

Elle se retrouve dans la jurisprudence limitant, à la même époque, des initiatives publiques concurrençant l'initiative privée (CE 30 mai 1930, *Chambre syndicale du commerce en détail de Nevers**, et nos obs.).

Lorsque des activités industrielles et commerciales des collectivités publiques n'ont plus été considérées comme anormales, la jurisprudence a néanmoins continué à dégager des critères permettant de les reconnaître parmi les autres services, puisque leur régime reste dérogatoire au droit commun administratif.

3 Ces critères sont, le plus souvent associés et combinés, *l'objet du service*, l'*origine de ses ressources*, les *modalités de son organisation et de son fonctionnement* : lorsqu'ils révèlent une véritable entreprise, le service a un caractère industriel et commercial (concl. Laurent sur CE Ass. 16 nov. 1956, *Union syndicale des industries aéronautiques*, D. 1956.759 et S. 1957.38 — v. aussi AJ 1956.II.489, chr. Fournier et Braibant ; JCP 1957.II.9968, note Blaevoët).

Ils révèlent l'*intention de l'auteur du texte* qui a créé le service (loi ou règlement selon les cas), lorsqu'elle ne ressort pas des termes employés ou de l'économie générale du dispositif ou enfin des travaux préparatoires (CE Sect. 8 mars 1957, *Jalenques de Labeau*, Rec. 158 – v. n° 40.1 ; Cass. soc. 7 oct. 1992, *Lazareff c. commune de Soulac*, Bull. civ. V, n° 499, p. 316 ; JCP 1992.II.21973, rapport Waquet, à propos de la reprise en régie directe de services d'eau et d'assainissement).

Ainsi été reconnu le caractère industriel et commercial de services exploités soit par l'État (service des monnaies et médailles : CE 9 janv. 1981, *Bouvet*, Rec. 4 ; D. 1981.IR. 111, obs. P.D.), soit par des collectivités locales (CE 20 janv. 1988, *S.C.I. La Colline*, Rec. 21 ; RFDA 1988.880, concl. La Verpillière ; AJ 1988.407, note J.B. Auby : service d'assainissement, financé par une redevance assise sur la consommation d'eau de l'usager ; Sect. avis, 10 avr. 1992, *SARL Hofmiller*, Rec. 159 ; AJ 1992.688, note Prétot ; CJEG 1992.479, chr. Lachaume : service d'enlèvement des ordures, financé par une redevance calculée en fonction de l'importance du service rendu), soit par des établissements publics administratifs, telles les chambres de commerce (TC 17 nov. 1975, *Gamba*, Rec. 801 ; AJ 1976.82, chr. Boyon et Nauwelaers ; JCP 1977.II. 18575, note Moderne : exploitation du garage d'un aéroport).

Ces mêmes critères sont appliqués à des services publics à objet social. Un arrêt du Tribunal des conflits du 22 janv. 1955, *Naliato* (Rec. 694 ; RPDA 1955.53, concl. Chardeau ; D. 1956.58, note Eisenmann ; RDP 1955.716, note M. Waline) a pu faire croire que, comme les services publics industriels et commerciaux, ils constituent une catégorie homogène, relevant de la gestion privée et d'un bloc de compétence au profit du juge judiciaire. Cette solution n'a pas prévalu : c'est seulement au regard de critères analogues à ceux des services publics industriels et commerciaux que les services publics sociaux peuvent être reconnus comme soumis au droit commun (en ce sens, a contrario TC 4 juill. 1983, *Gambini*, Rec. 540 ; JCP 1984.II. 20275, concl. Labetoulle ; RDSS 1984.553, concl. Labetoulle ; RDP 1983.1481, note J.M. Auby).

4 ***B.*** — L'application d'un *régime de droit privé* et, en cas de litige, *la compétence judiciaire* ont été, à l'origine, une sorte de sanction à l'encontre des interventions publiques hors d'un domaine qui leur serait propre. Désormais elles apparaissent seulement comme une application aux activités industrielles et commerciales des personnes publiques, de règles qui sont plus adaptées que celles du droit public.

C'est pour les usagers et le personnel que la solution est la plus générale.

Les relations des services publics industriels et commerciaux avec leurs *usagers* relèvent toujours du droit privé. Les contrats qu'ils concluent avec eux sont des contrats de droit commun, quelles que soient leurs clauses (CE Sect. 13 oct. 1961, *Établissements Campanon-Rey*, Rec. 567 ; AJ 1962.98, concl. Heumann, note de Laubadère ; CJEG 1963.17, note A.C. ; D. 1962.506, note Vergnaud — TC 17 déc. 1962, *Dame Bertrand*, Rec. 831, concl. Chardeau ; AJ 1963.88, chr. Gentot et Fourré ; CJEG 1963.114, note A.C.). Même en l'absence de contrat, ne serait-ce qu'en cas de refus de desservir une personne voulant user du service, le droit privé et la compétence judiciaire prévalent (par ex. CE 20 janv. 1988, *SCI La Col-*

line, précité). Il en est de même si, dans la réalisation du dommage subi par l'usager, des travaux publics ou un ouvrage public ont joué un rôle (TC 17 oct. 1966, *Dame Vve Canasse c. SNCF*, Rec. 834 ; JCP 1966.II.14899, concl. A. Dutheillet de Lamothe ; D. 1967.252, note Durupty).

Les *agents* des services public industriels et commerciaux sont normalement des agents de droit privé, les litiges qui les opposent au service relèvent du juge judiciaire, même si s'applique un statut valable aussi pour des agents administratifs (CE Sect. 15 déc. 1967, *Level*, Rec. 501 – v. nº 40.2).

Les rapports des services publics industriels et commerciaux avec les *tiers*, et notamment la responsabilité extra-contractuelle qu'ils peuvent encourir à leur égard, sont encore régis par le droit privé et appréciés par les juridictions judiciaires. Ce qui a été jugé depuis longtemps à l'occasion d'accidents (TC 11 juill. 1933, *dame Mélinette*, Rec. 1237, note Rouchon-Mazerat ; D. 1933.3. 65, concl. Rouchon-Mazerat, note Blaevoët ; RDP 1933.426, concl. Rouchon-Mazerat, note Jèze ; S. 1933.397, note Alibert) est particulièrement illustré de nos jours à propos de la concurrence entre ces services et les entreprises privées (TC 19 janv. 1998, *Union française de l'Express c. La Poste*, Rec. 434 ; D. 1998.329, concl. Arrighi de Casanova ; RFDA 1999.189, note Seiller).

5 Plus généralement, aujourd'hui, le développement du droit de la concurrence contribue à un renouvellement des rapports entre l'initiative publique et l'initiative privée. Il n'interdit pas aux personnes publiques d'exercer des activités industrielles et commerciales, mais il impose qu'elles le fassent à égalité avec les personnes privées (v. nos obs. sous CE 30 mai 1930, *Chambre syndicale du commerce en détail de Nevers**). En particulier, les dispositions de l'ordonnance du 1er déc. 1986 relative à la liberté des prix et de la concurrence sont, selon son article 53 (art. L. 410-1 du nouveau code de commerce), applicables *« à toutes les activités de production, de distribution et de services, y compris celles qui sont le fait de personnes publiques »*. Elles vont plus loin que les seules activités industrielles et commerciales, puisque des prestations fournies dans le cadre d'un service public administratif peuvent éventuellement constituer des activités de production, de distribution ou de service. Elles emportent d'autant plus la soumission des services publics industriels et commerciaux au droit commun de l'industrie et du commerce.

Elles ne peuvent empêcher cependant le maintien de solutions relevant du droit public.

6 **II.** — Celui-ci tient au *rôle propre des personnes publiques*, qui commande le caractère administratif de certains services publics (A) et qui, même pour ceux auxquels peut être reconnu un caractère

industriel et commercial, maintient en partie l'application d'un régime administratif (B).

A. — *Le caractère administratif* de certains services publics est lié d'abord à *leur objet*, qui se rattache aux fonctions essentielles de l'État et des autres personnes publiques. Il a été reconnu en dépit des qualifications données par les textes aux organismes les remplissant.

Certaines fonctions concernent la réalisation d'un certain ordre et relèvent ainsi de la notion de *police* au sens large, même si elles portent sur un objet économique. Ainsi, l'Office national de la navigation, à côté de ses activités, industrielles et commerciales, de traction et de remorquage, assurait des fonctions de régulation du trafic fluvial, qui ne peuvent être qu'administratives (TC 10 févr. 1949, *Guis*, Rec. 590). Le Fonds d'organisation et de régularisation des marchés agricoles (FORMA), qualifié d'établissement public industriel et commercial par le décret qui l'instituait, exerçait *« en réalité une action purement administrative »*, car il avait pour mission *« de préparer les décisions gouvernementales relatives aux interventions de l'État sur les marchés agricoles et de les exécuter »* (TC 24 juin 1968, *Société d'approvisionnement alimentaire* et *Société « Distilleries Bretonnes »*, Rec. 801 – v. n° 75.4). L'Office national interprofessionnel des céréales (ONIC), chargé d'organiser et de diriger le marché des céréales en vue d'assurer l'équilibre entre les disponibilités et les besoins, présente le caractère d'un établissement public administratif de l'État ; le fait que certaines des activités auxquelles l'office est habilité à se livrer pour l'exécution de sa mission revêtent un caractère industriel et commercial n'a pas pour conséquence de modifier, à lui seul, la nature de cet établissement public (CE Ass. 20 déc. 1985, *Syndicat national des industriels de l'alimentation animale*, Rec. 381 ; RDP 1987.787, concl. P.F. Racine ; AJ 1986.80, chr. Hubac et Azibert — il a fallu une disposition législative pour modifier cette solution). L'Office national des forêts (ONF), s'il exerce une activité de service public à caractère industriel et commercial pour la gestion et l'équipement de la forêt, exerce une mission de service public administratif dans son activité de protection, conservation et surveillance de la forêt (TC 9 juin 1986, *Commune de Kintzheim c. Office national des forêts*, Rec. 448 ; RDP 1987.492, note Y. Gaudemet). Les services contribuant à la sécurité du trafic aérien exercent une mission administrative (TC 23 févr. 1981, *Crouzel et Chambre de commerce et d'industrie de Périgueux c. Consorts Boisseau*, Rec. 631 ; AJ 1981.603, concl. Galabert).

7 Les attributions confiées à l'établissement français du sang relèvent d'*« une mission de santé publique (qui) se rattache par son objet au service public administratif »*, alors même qu'une part importante de ses ressources est tirée de la cession de produits et que son régime administratif, financier et comptable fait application de règles adaptées à la nature particulière de ses missions, pouvant être semblables à celles généralement appliquées aux établissements publics industriels et commerciaux (CE 20 oct. 2000, *Mme Torrent*, AJ 2001.394, concl. Chauvaux ; RFDA 2000.1373).

D'autres fonctions portent sur la réalisation et l'exploitation *d'ouvrages publics nécessaires à la circulation* (qui ne sont d'ailleurs pas sans rapport avec la garantie de l'ordre public et la liberté d'aller et de venir). C'est ce qui justifie la reconnaissance du caractère administratif des services d'aménagement et d'entretien des ouvrages portuaires (CE Sect. 17 avr. 1959, *Abadie*, Rec. 239, concl. Henry) et aéroportuaires (TC 13 déc. 1976, *Époux Zaoui*, Rec. 706 ; AJ 1977.439, note Dufau ; D. 1977.434, note Moderne ; JCP 1978.II.18786, note Plouvin), des ouvrages routiers, tels que les ponts (CE 2 oct. 1985, *Jeissou*, Rec. 544 ; AJ 1986.40, concl. Jeanneney) et, plus généralement, les autoroutes (CE, avis, 6 juill. 1994, *Société des autoroutes du Nord et de l'Est de la France*, Rec. 349). Cette qualification est d'autant plus remarquable qu'elle s'impose quel que soit le mode d'exploitation, et notamment si ces ouvrages font l'objet d'une concession accordée à une société de droit privé.

Des activités qui relèvent moins fondamentalement des missions des personnes publiques sont exercées néanmoins par elles dans des conditions qui ne sont pas comparables à celles des entreprises privées : une organisation et un fonctionnement, un financement, qui restent marqués par le droit public, entraînent une qualification de service public administratif.

Il en a été ainsi notamment pour la Caisse de compensation de l'industrie aéronautique (CE 16 nov. 1956, *Union syndicale des industries aéronautiques*, précité), le Centre national du commerce extérieur (CE 4 juill. 1986, *Berger*, Rec. 564 ; D. 1988.90, note Fatôme et Moreau), l'Institut national de la consommation (TC 19 févr. 1990, *Espie c. Institut national de la consommation*, AJ 1990.468, concl. Stirn), des services publics sociaux (CE 27 janv. 1971, *Caisse des écoles de la Courneuve*, Rec. 70 ; D. 1973.521, note Lachaume ; — TC 4 juill. 1983, *Gambini*, précité).

Le financement de services d'assainissement ou de ramassage des ordures par une taxe, et non par une redevance, révèle encore un service administratif (CE Sect. avis, 10 avr. 1992, *SARL Hofmiller*, précité).

8 Les variations de l'organisation, du fonctionnement ou du financement d'un service expliquent qu'il puisse successivement recevoir deux qualifications différentes. Ainsi le service des assurances maritimes contre les risques de guerre a été reconnu comme administratif à la suite des changements intervenus dans sa réglementation et son organisation (CE 23 mai 1924, *Société « Les affréteurs réunis »*, Rec. 498).

Le service des bacs a connu semblable évolution. Le Conseil d'État et la Cour de cassation ont considéré à plusieurs reprises les bacs comme des ouvrages publics dont le contentieux relève de la juridiction administrative (par exemple CE Sect. 19 juin 1936, *Département de l'Eure*, Rec. 672, concl. Josse). Un demi-siècle après l'affaire du bac d'Éloka, un nouvel accident survenu en Côte-d'Ivoire, qui avait entre temps accédé à l'indépendance, a donné à la Chambre administrative de la Cour suprême de ce pays l'occasion de prendre le contrepied de la décision *Société commerciale de l'Ouest africain*, en précisant « qu'un bac constitue comme les sections de route qu'il relie et dont il est l'accessoire nécessaire un ouvrage public » et que « son exploitation présente le caractère d'un service public administratif » (14 juin 1970, *Société des Centaures routiers*, AJ 1970.560, rapport M. Bernard). Sans dénier au bac le caractère d'ouvrage public, le Tribunal des conflits a adopté une solution différente en ce qui concerne la compétence : il a considéré que les bacs sont des véhicules et que les dommages qu'ils causent doivent être, pour ce motif, soumis à l'examen des tribunaux judiciaires en application de la loi du 31 déc. 1957 (TC 15 oct. 1973, *Barbou, Rec. 848* ; AJ 1974.94, concl. Braibant ; D. 1975.184, note Moderne ; JCP 1975.II.18046, note Lachaume). Ces tribunaux demeurent donc compétents pour connaître des dommages causés par les bacs ; mais c'est pour un motif tout différent de celui que le Tribunal des conflits avait retenu en 1921. Enfin, le Conseil d'État a jugé à son tour que l'exploitation d'un bac constitue un service public administratif (CE Sect. 10 mai 1974, *Denoyez et Chorques*, Rec. 274 — v. n° 68.3).

A l'inverse, la poste et les télécommunications, initialement gérées dans les conditions d'un service public administratif (TC 24 juin 1968, *Ursot*, Rec. 798 ; JCP 1968.II. 15646, concl. Gégout, note Dufau ; AJ 1969.139, chr. Lemasurier ; D. 1969.416, note Gaudusson), ont revêtu un caractère industriel et commercial depuis que la loi du 2 juill. 1990 les a transformées en *« exploitants publics »*.

On peut ainsi mesurer l'évolution des idées relatives aux missions de l'administration.

Non plus successivement, mais dans un même temps, un organisme peut exercer à la fois des missions de service public l'une, administrative et l'autre, industrielle et commerciale. La qualification qui lui est donnée ne commande pas nécessairement celle de son activité : un établissement public industriel et commercial, une société peuvent exercer, en tout ou en partie, des services publics administratifs ; une collectivité publique, un établissement public administratif, des services publics industriels et commerciaux.

9 ***B.*** — *Le régime* déterminé par ces qualifications n'est pas d'un seul bloc.

De même que les services publics administratifs peuvent comporter des ilôts de gestion privée, des services publics industriels et commerciaux peuvent relever du droit administratif et de la compétence administrative pour une part qui s'est élargie de certains aspects de leur activité à leur organisation.

Les *contrats* passés par des personnes publiques gérant un service public industriel et commercial avec les personnes autres que les usagers sont administratifs dès lors qu'ils répondent aux critères ordinaires des contrats administratifs, déterminés par la loi (contrats portant sur des travaux publics : CE 7 oct. 1966, *Ville de Bordeaux*, Rec. 526 ; CJEG 1967.256, concl. Braibant ; D. 1967.537, note Blaevoët ; JCP 1967.II. 15053, note Dufau ; contrats comportant occupation du domaine public : CE 24 janv. 1973, *Spiteri et époux Krehl*, Rec. 64 ; AJ 1973.496, note Dufau) ou par la jurisprudence (contrats confiant au cocontractant l'exécution même du service public : TC 24 avr. 1978, *Société Boulangerie de Kourou*, Rec. 645 – v. n° 75.5 ; contrats comportant des clauses exorbitantes du droit commun : TC 14 nov. 1960, *Société agricole de stockage de la région d'Ablis*, Rec. 867 – v. n° 27.2 ; contrats conclus selon un régime exorbitant du droit commun : CE Sect. 19 janv. 1973, *Société d'exploitation électrique de la rivière du Sant*, Rec. 48 – v. n° 27.3).

La *responsabilité extra-contractuelle* des services publics industriels et commerciaux relève aussi du régime administratif et de la compétence administrative lorsqu'elle est engagée du fait de leurs travaux et ouvrages publics (CE Sect. 25 avr. 1958, *Dame Vve Barbaza*, Rec. 228 ; AJ 1958.II.272, chr. Fournier et Combarnous ; TC 1er juill. 2002, *Mlle Labrosse c. Gaz de France*, AJ 2002.689, note Biget).

Le *personnel* des services publics industriels et commerciaux est composé d'agents publics dans deux séries de cas. La première, déterminée par la jurisprudence, est limitée au directeur du service et au comptable public (v. CE 26 janv. 1923, *de Robert Lafrégevre** et nos obs.). La seconde résulte de textes laissant à toute une catégorie de personnel la qualité d'agents publics, et même de fonctionnaires (CE Ass. 29 janv. 1965, *L'Herbier*, Rec. 60 ; AJ 1965.93, chr. Puybasset et Puissochet et 103, concl. Rigaud ; D. 1965.826, note Debbasch ; JCP 1966.II. 14824, note Blaevoët ; TC 24 oct. 1994, *Préfet de la région d'Île-de-France, Préfet de Paris c. Fédération syndicale SUD PTT*, Rec. 608 ; AJ 1995.165, note Salon).

Même pour les agents qui gardent la qualité de salariés de droit privé, les actes de portée générale qui les régissent ont un caractère administratif, qu'ils émanent de l'autorité exerçant la tutelle du service (CE Ass. 13 janv. 1967, *Syndicat unifié des techniciens de la Radiodiffusion Télévision française et autres*, Rec. 10 ; Dr. soc. 1967.363, concl. Galabert ; AJ 1967.270, chr. Lecat et Massot, et 296, note V.S.) ou des organes du service, y compris s'ils ont un statut de droit privé (TC 15 janv. 1968, *Compagnie Air France c. Époux Barbier**, et nos obs.).

10 C'est qu'ils touchent à l'*organisation du service public*.

De manière générale, celle-ci relève du rôle propre des pouvoirs publics ; les actes qui s'y rapportent ont toujours un caractère administratif ; leur contentieux appartient donc à la juridiction administrative.

La jurisprudence l'a reconnu à propos de mesures affectant les usagers (CE 26 juin 1989, *Association « Études et consommation CFDT »*, Rec. 544 ; CJEG 1990.180, note Lachaume : tarifs de la SNCF ; — 14 janv. 1998, *Commune de Toulon et Compagnie des eaux et de l'ozone*, Rec. 8 ; CJEG 1999.148, note Matysen : refus du maire d'enjoindre à la compagnie fermière du service public de distribution d'eau potable, de respecter les clauses du règlement annexé au contrat d'affermage ; Cass. com. 26 févr. 2002, *Commune de Breurey c. Mme Hervo* : Bull. civ. IV, n° 45, p. 45 ; AJ 2002.922, note S. Petit : l'appréciation de la légalité de l'acte de nature réglementaire par lequel un conseil municipal a établi le tarif de la redevance d'enlèvement des ordures ménagères relève de la compétence de la juridiction administrative).

C'est exactement dans la même ligne qu'après le transfert à la Cour d'appel de Paris, du contentieux des décisions du Conseil de la concurrence prises en application de l'ordonnance du 1er déc. 1986, le Tribunal des conflits a considéré que continue à relever de la juridiction administrative le contentieux des actes relatifs à l'organisation du service public, telle sa dévolution à un entreprise délégataire (6 juin 1989, *Ville de Pamiers*, Rec. 293 – v. n° 95.7). Cela ne veut pas dire que ces actes ne puissent être contrôlés au regard des dispositions de l'ordonnance et qu'ils échappent eux-mêmes au droit de la concurrence (CE 3 nov. 1997, *Société Million et Marais**).

Pour les services publics industriels et commerciaux, ce droit peut donc être mis en œuvre autant au niveau de leur organisation, par les juridictions administratives, qu'à celui de leur gestion, par les juridictions judiciaires.

Ainsi se trouve prolongée aujourd'hui, dans une perspective nouvelle, la solution de l'arrêt *Bac d'Eloka.*

39

TRAVAUX PUBLICS – DÉFINITION

CE 10 juin 1921, COMMUNE DE MONSÉGUR, Rec. 573

(D. 1922.3.26, concl. Corneille ;
RDP 1921.361, concl. Corneille, note Jèze ;
S. 1921.3.49, concl. Corneille, note Hauriou)

En ce qui concerne la compétence du conseil de préfecture : Cons. que la réclamation formée au nom du mineur Brousse contre la commune de Monségur était fondée sur ce que l'accident survenu au requérant dans l'église de ladite commune serait dû à un défaut d'entretien de l'église ; qu'il n'est pas contesté que l'église appartient à la commune de Monségur ; que, d'autre part, *si, depuis la loi du 9 déc. 1905 sur la séparation des Églises et de l'État, le service du culte ne constitue plus un service public, l'art. 5 de la loi du 2 janv. 1907 porte que les édifices affectés à l'exercice du culte continueront, sauf désaffectation dans les cas prévus par la loi du 9 déc. 1905, à être laissés à la disposition des fidèles et des ministres du culte pour la pratique de leur religion ; qu'il suit de là que les travaux exécutés dans une église pour le compte d'une personne publique, dans un but d'utilité générale, conservent le caractère de travaux publics et que les actions dirigées contre les communes à raison des dommages provenant du défaut d'entretien des églises rentrent dans la compétence du conseil de préfecture comme se rattachant à l'exécution ou à l'inexécution d'un travail public ;*

Au fond : Cons. qu'il résulte de l'instruction que le jeune Brousse a été blessé, dans l'église de Monségur, par la chute d'un bénitier qu'il avait provoquée en se suspendant à son rebord avec deux de ses camarades ; que, dans l'ensemble des faits de la cause, tel qu'il est établi par les pièces jointes au dossier, il ne peut être relevé aucune circonstance de nature à engager la responsabilité de la commune ; que, par suite, c'est à tort que le conseil de préfecture l'a condamnée à la réparation du dommage subi par le jeune Brousse du fait de l'accident ; qu'il y a lieu, dans ces conditions, de mettre à la charge de ce dernier, représenté par le sieur et la dame Lalanne, les frais d'expertise et les dépens exposés devant le conseil de préfecture ;... (Arrêté annulé ; réclamation du mineur Brousse rejetée).

OBSERVATIONS

1 **I.** — En 1908, donc après la promulgation des lois de séparation, un accident s'était produit dans l'église de Monségur (Gironde) :

trois enfants s'étant suspendus à la vasque du bénitier, ce dernier avait été renversé et un morceau de marbre avait sectionné la jambe du jeune Brousse à la hauteur de la cheville. Les parents de la victime obtinrent du conseil de préfecture la condamnation de la commune, responsable de l'entretien de l'église, à une indemnité de 10 000 F. Sur appel de la commune, le Conseil d'État décida : d'une part, que « les actions dirigées contre les communes à raison des dommages provenant du défaut d'entretien des églises rentrent dans la compétence du conseil de préfecture, comme se rattachant à l'exécution ou à l'inexécution d'un travail public » ; d'autre part, qu'en l'espèce la commune ne s'était rendue coupable d'aucun défaut d'entretien, les bénitiers n'étant pas destinés à des exercices de gymnastique et la cause de l'accident incombant aux seules victimes.

L'arrêt *Commune de Monségur* apporte une contribution décisive à la notion de travaux publics. Il définit comme tels « les travaux exécutés pour le compte d'une personne publique dans un but d'utilité générale ». Si l'on ajoute qu'il s'agit de travaux effectués sur des immeubles, on se trouve en présence de la définition la plus communément admise, jusqu'en 1955, pour les travaux publics. La notion retenue par le Conseil d'État est, comme le soulignait le commissaire du gouvernement Corneille dans ses conclusions, plus large que celle de service public ou que celle de domaine public. Elle est plus large, d'abord, que celle de service public : depuis les lois de séparation, le service du culte ne constitue plus un service public ; mais, les églises étant laissées par la loi du 9 déc. 1905 à la disposition des fidèles et des ministres du culte pour la pratique de leur religion, les travaux que les communes propriétaires y font effectuer sont exécutés « dans un but d'utilité générale » et constituent donc des travaux publics. La notion de travail public est indépendante, d'autre part, de celle de domaine public. Le Conseil d'État ne se demande pas si les églises font partie ou non du domaine public ; le Tribunal des conflits décide de même que les travaux effectués sur un palais de justice constituent des travaux publics « sans qu'il soit besoin de déterminer si ce palais faisait partie du domaine public ou privé » (TC 24 oct. 1942, *Préfet des Bouches-du-Rhône*, S. 1945.3.10) ; la Cour de cassation adopte la même attitude à l'égard des travaux d'entretien des mairies (Cass. civ. 8 mars 1950, S. 1950.1.139).

2 **II.** — Dans le cadre de cette conception traditionnelle, la notion de travaux publics englobe des travaux effectués sur des parcelles du domaine privé, dès lors qu'ils présentent un intérêt général distinct de la gestion proprement dite du domaine privé : consolidation de rochers risquant de gêner la circulation publique (CE 8 juin 1949, *Contamine*, Rec. 272) ; travaux effectués pour relier deux hameaux (TC 8 févr. 1965, *Martin*, Rec. 811) : aménagement d'une route

forestière affectée à la circulation générale, notamment pour permettre à la population estivale d'accéder à la côte maritime (CE 28 sept. 1988. *Office national des forêts c/Mlle Dupouy* Rec. 318 ; JCP 1989.II. 21-234, note Davignon, AJ 1989. 47, obs. J.B. Auby). Répondent pareillement à un but d'intérêt général des travaux exécutés par l'administration sur une propriété privée pour parer à un péril imminent résultant d'un éboulement (CE Sect. 29 avr. 1949, *Consorts Dastrevigne*, Rec. 185).

3 En sens inverse, ne présentent pas un but d'intérêt général : des travaux exécutés pour la gestion du domaine privé forestier (TC 25 juin 1973, *Office national des forêts c. Béraud et entreprise Machiari*, Rec. 847 ; D. 1975.350, note Comte ; AJ 1974.30, note Moderne ; CJEG 1973.229, note J.V. ; — CE Sect. 28 nov. 1975, *Office national des forêts c. Abamonte*, Rec. 602 ; AJ 1976.148, note Julien-Laferrière ; D. 1976.355, note J.M. Auby ; RA 1976.36, note Moderne ; JCP 1976.II.18476, note Boivin ; RDP 1976.1051, note M. Waline) ; des travaux effectués pour le compte de l'Office national des forêts sur une route forestière ouverte à la circulation du public mais non affectée à la circulation générale (TC 5 juill. 1999, *Mme Menu et SA des établissements Gurdebeke et Office national des forêts*, Rec. 458).

4 **III.** — Dans la ligne du critère dégagé par l'arrêt *Commune de Monségur*, la jurisprudence a continué d'écarter jusqu'en 1955, l'application de la notion de travaux publics à des travaux exécutés pour le compte de particuliers (CE Sect. 16 nov. 1928, *Mezgier*, Rec. 1192 ; RDP 1929.97, concl. Ettori). Elle ne l'admettait que lorsque de tels travaux étaient *l'accessoire* d'un travail public (CE 21 janv. 1927, *Compagnie générale des eaux c. Dame Veuve Berluque*, Rec. 94 ; D. 1928.3.57, note Blaevoet : construction de canalisations privées reliant un immeuble à des canalisations publiques).

Depuis 1955, la jurisprudence reconnaît le caractère de travaux publics à des travaux effectués pour le compte de particuliers dès lors qu'ils se rattachent à une mission de service public accomplie dans le cadre d'un régime de droit public (TC 28 mars 1955, *Effimieff**).

40

COMPÉTENCE SERVICES PUBLICS INDUSTRIELS ET COMMERCIAUX AGENTS CONTRACTUELS

CE 26 janv. 1923, de ROBERT LAFRÉGEYRE, Rec. 67

(RDP 1923.237, concl. Rivet)

Cons. que le sieur de Robert Lafrégeyre demande au Conseil d'État de lui allouer, pour la rupture du contrat qui le liait à la colonie de Madagascar, une indemnité plus élevée que celle que lui a accordée l'arrêté attaqué ; que cette colonie conclut au rejet de la requête, et, par la voie du recours incident, à la réformation dudit arrêté, en tant qu'il l'a condamnée à payer au sieur de Robert Lafrégeyre des dommages-intérêts qu'elle estime ne pas lui être dus, ainsi qu'à la condamnation du sieur de Robert Lafrégeyre à lui rembourser la somme de 5 903,33 F payée en vertu de la décision du conseil du contentieux administratif ; qu'enfin le sieur de Robert Lafrégeyre a opposé au recours incident une fin de non-recevoir tirée de l'acquiescement qu'aurait donné la colonie à l'arrêté qu'elle critique aujourd'hui devant le Conseil d'État ;

Sur la compétence : Cons. que, eu égard au caractère des fonctions de direction auxquelles le sieur de Robert Lafrégeyre a été appelé par arrêté du gouverneur général de la colonie de Madagascar, les difficultés soulevées entre la colonie et le requérant touchant les droits résultant pour ce dernier du contrat qui le liait à la colonie sont de celles pour lesquelles il appartient à la juridiction administrative de statuer et que, s'agissant de fonctions publiques coloniales, le conseil du contentieux administratif de Madagascar était compétent pour en connaître ;

....

OBSERVATIONS

Le sieur de Robert Lafrégeyre avait été engagé par la colonie de Madagascar pour exercer les fonctions de chef de service aux chemins de fer de la colonie. Des difficultés s'étant élevées entre la colonie et lui, il demanda à cette dernière des dommages et intérêts pour rupture du contrat d'engagement. Statuant en appel du conseil du contentieux administratif de Madagascar, le Conseil d'État décida que, « eu égard au caractère des fonctions de direction » exercées par l'intéressé, le litige relevait de la compétence administrative.

L'arrêt est intéressant à un double titre.

1 **I.** — Il inaugure, en premier lieu, l'abondante jurisprudence relative au *personnel des services publics industriels et commerciaux* : selon cette jurisprudence, seuls ont la qualité d'agents publics les agents qui exercent des fonctions de direction, les agents subalternes se trouvant au contraire dans la condition juridique de salariés de droit privé (cf. CE Ass. 14 déc. 1928, *Billiard*, Rec. 1316 ; RDP 1929.107, concl. Rivet). La distinction a été reprise dans les arrêts postérieurs au statut général des fonctionnaires (CE 20 avr. 1951, *Fauquier*, Rec. 204 : prospecteur au commissariat de l'énergie atomique ; – Sect. 25 janv. 1952, *Boglione*, Rec. 55 : personnel du service d'exploitation et outillage géré par la Chambre de commerce de Marseille ; – 26 févr. 1954, *Attane*, Rec. 129 : personnel de la Régie autonome des pétroles).

La notion d'emploi de direction a été entendue de façon de plus en plus restrictive. Alors qu'elle englobait les chefs de service en 1923, ceux-ci en étaient exclus en 1952 (CE Sect. 25 janv. 1952, *Boglione*, précité). Le commissaire du gouvernement Chardeau y inscrivait encore, en 1954, aux côtés du directeur général, le secrétaire général et l'agent comptable (concl. sur CE Sect. 4 juin 1954, *Vingtain et Affortit*, Rec. 342). L'évolution a été achevée en 1957 par l'arrêt *Jalenques de Labeau* (CE Sect. 8 mars 1957, Rec. 158 ; S. 1957.276, concl. Mosset ; D. 1957.378, concl. Mosset, note de Laubadère ; JCP 1957.II.9987, note Dufau ; AJ 1957.II.184, chr. Fournier et Braibant) : *« il n'appartient qu'aux tribunaux judiciaires de se prononcer sur les litiges individuels concernant les agents »* d'un établissement public industriel et commercial, *« à l'exception de celui desdits agents qui est chargé de la direction de l'ensemble des services de l'établissement, ainsi que du chef de la comptabilité, lorsque ce dernier possède la qualité de comptable public »*. Ainsi relèvent seuls, aujourd'hui, de la compétence administrative et du droit public, le chef de l'établissement et l'agent comptable.

2 La jurisprudence récente reste fidèle à ces solutions (TC 15 mars 1999, *Faulcon*, Rec. 442 ; Dr. soc. 1999.673, concl. Sainte-Rose : AJFP 2000.11, note Chanlair, — 3 juill. 2000, *Fiat*, DA 2000.229, obs. R.S.)

« Seule une disposition édictée ou autorisée par le législateur peut y déroger » (CE Sect. 15 déc. 1967, *Level*, Rec. 501 ; AJ 1968.228, chr. Massot et Dewost, et 230, concl. Braibant ; D. 1968.387, note Leclercq). Ainsi la loi peut appliquer expressément un statut de droit privé au directeur et à l'agent comptable d'un service public industriel et commercial (CE Sect. 22 janv. 1954, *Wittwer*, Rec. 42). À l'inverse, tout ou partie du personnel d'un service qui, administratif à l'origine, est devenu industriel et

commercial, peut garder la qualité d'agent public et même de fonctionnaire (CE Ass. 29 janv. 1965, *L'Herbier*, Rec. 60 ; TC 24 oct. 1994, *Préfet de la région d'Ile-de-France, Préfet de Paris c. Fédération syndicale SUD PTT*, Rec. 608, v. n° 38.9).

3 **II.** — L'arrêt *Robert Lafrégeyre* fait, en second lieu, référence à la notion de *fonctionnaire contractuel.*

Celle-ci apparaissait déjà dans l'arrêt *Winkell* du 7 août 1909, Rec. 826, v. n° 66.2), mais a été abandonnée ultérieurement pour les fonctionnaires proprement dits (CE Sect. 22 oct. 1937, *Dlle Minaire et autres*, Rec. 843, concl. Lagrange, S. 1940.3.13, concl. Lagrange ; D. 1938.3.49, concl. Lagrange, note Eisenmann, RDP 1938.121, concl. Lagrange, note Jèze) : nommés par un acte unilatéral, ils sont, *« vis-à-vis de l'administration, dans une situation statutaire et réglementaire »*, exclusive de tout contrat (en ce sens notamment art. 4 de la loi du 13 juill. 1983 portant droits et obligations des fonctionnaires).

4 D'autres agents peuvent encore être recrutés par contrat. La question se pose alors de savoir si ce sont des agents de droit privé ou de droit public.

Pour les agents des services publics industriels et commerciaux, la réponse est donnée par la jurisprudence *Robert Lafrégeyre* : sauf les exceptions concernant le directeur et l'agent comptable et celles qui résultent de textes, ces agents sont des agents de droit privé. Mais, dans certaines entreprises, dites *« à statut »*, ils sont soumis à des dispositions adoptées par voie unilatérale. Les règlements qui les régissent sont des actes administratifs dès lors qu'ils touchent à l'organisation du service (TC 15 janv. 1968, *Compagnie Air France c. Époux Barbier**). Se trouve ainsi limitée, pour les agents concernés, la portée à la fois du caractère contractuel et de la soumission au droit privé de leur situation.

5 Pour les agents des services publics administratifs, la qualification du contrat les unissant à la personne qui les emploie résulte de l'application des critères des contrats administratifs, tels qu'ils ont été dégagés par la jurisprudence et, le cas échéant, par la législation.

Organiquement, il est nécessaire que le contrat soit passé avec une personne publique. Les agents des personnes privées chargées d'un service public administratif restent des agents de droit privé (CE 4 avr. 1962, *Chevassier*, v. 7.5 ; — TC 4 mai 1987, *du Puy de Clinchamps*, Rec. 640 ; AJ 1987.446, chr. Azibert et de Boisdeffre ; JCP 1988.II.20955, note Plouvin). Le critère de l'affectation de l'agent à un service public administratif ne peut jouer que lorsque ce service est *« géré par une personne publique »* (TC 3 juin 1996, *Gagnant*, Rec. 542). Seule la loi pourrait déroger à cette condition.

6 Elle peut également écarter les critères matériels du contrat administratif dégagés par la jurisprudence. C'est ainsi que les contrats emploi-solidarité conclus en application de la loi du 19 déc. 1989 favorisant le retour à l'emploi (art. L. 322-4-8 du code du travail) sont toujours des contrats de droit privé (TC 7 juin 1999, *Préfet de l'Essonne*, Rec. 451 ; D. 2001.266, note Mahinga ; — 3 juill. 2000, *Franchini*, DA 2000.230, et 2001.17, note Laurent). À l'inverse, la loi peut conférer expressément la qualité de contractuels de droit public à d'autres agents, tels les adjoints de sécurité (art. 10 de la loi du 16 oct. 1997 relative au développement d'activités pour l'emploi des jeunes) (v. TC 3 juill. 2000, *Préfet des Hauts-de-Seine c. Conseil de prud'hommes de Boulogne-Billancourt*, RFDA 2001.512). Elle peut d'ailleurs reprendre à ce sujet une qualification qui serait résultée de la jurisprudence.

7 Celle-ci a progressivement abouti à une solution générale.

Pendant longtemps, elle a appliqué aux contrats des agents recrutés par les personnes publiques pour leurs services publics administratifs le critère des clauses exorbitantes, dont la présence était nécessaire pour qu'ils fussent des contrats de droit public (v. CE 31 juill. 1912, *Société des granits porphyroïdes des Vosges**, et nos obs.).

Puis, avant même l'arrêt *Époux Bertin* du 20 avr. 1956*, elle a retenu le critère du service public, en reconnaissant un caractère administratif aux contrats conclus avec des agents dès lors qu'ils les font *« participer directement à l'exécution du service »* (CE Sect. 4 juin 1954, *Vingtain* et *Affortit* (v. n° 75.3). Selon les termes employés par le commissaire du gouvernement Chardeau, « relèvent du droit public tous les agents — quelles que soient les clauses de leur contrat — qui ont pour mission d'assurer le fonctionnement du service public administratif dont ils font partie, qui collaborent au but poursuivi par ce service ». Posé par le juge administratif, ce critère a été repris aussi bien par le Tribunal des conflits (TC 13 janv. 1958, *Chardon*, Rec. 789 ; D. 1958.412, note Blaevoet) que par la Cour de cassation (Cass. civ. 15 févr. 1961, JCP 1961.II.12077, note R.L.). Il a été entendu dans un sens extensif comme le montre la reconnaissance de la qualité d'agent public aux personnels les plus divers : concierge d'un groupe d'immeubles d'un office public d'HLM (CE Sect. 10 mars 1959 *Lauthier*, Rec. 198 ; RDP 1959.770, concl. Michel Bernard ; AJ 1959.I.68, chr. Combarnous et Galabert ; D. 1960.280, note de Laubadère) ; vétérinaire chargé de l'inspection des abattoirs municipaux (CE Sect. 23 avr. 1971, *Ministre de l'agriculture c. Mornet*, Rec. 289 ; AJ 1971.363, note J.P.C. ; RA 1971.280, concl. Gentot) ; artistes engagés par un théâtre municipal (TC 15 janv. 1979, *Dame Le Cachey*, Rec. 561, concl. Morisot) ; agent de bureau recruté par l'Office universitaire et culturel pour l'Algérie (CE Sect. 25 mai 1979, *Dame Rabut*, v. n° 16.8).

L'extension n'était pourtant pas générale ; elle n'englobait pas les agents n'exerçant que des fonctions accessoires, (par ex. serveuses des restaurants universitaires : TC 19 avr. 1982, *Mme Robert c. CROUS de Rennes*, Rec. 561 ; D. 1982.546, note Imbert ; Gaz.

Pal. 1983.1.318, note Bonneau ; JCP 1983.II.19959, note Saint-Jours).

Il en résultait des solutions byzantines, non seulement entre les agents d'un même service, mais pour un même agent, selon les emplois successifs qu'il occupait (TC 25 nov. 1963, *Dame Vve Mazerand*, Rec. 792 ; JCP 1964.II.13466, note R.L.).

Le Tribunal des conflits y a mis fin par l'arrêt du 25 mars 1996, *Berkani* (Rec. 535, concl. Martin ; RFDA 1996.819, concl. Martin ; AJ 1996.354, chr. Stahl et Chauvaux ; D. 1996.598, note Saint-Jours ; Dr. soc. 1996.735, obs. Prétot ; CJEG 1997.35, note Lachaume ; Gaz. Pal. 10-11 juill. 1996, note Petit ; JCP 1996.II.22664, note Moudoudou ; RRJ 1997.745, note Monjat), à l'occasion d'un litige concernant un cuisinier employé par un centre régional d'œuvres universitaires, en posant le principe que *« les personnels non statutaires travaillant pour le compte d'un service public à caractère administratif sont des agents contractuels de droit public, quel que soit leur emploi »*.

8 Le caractère contractuel de la situation de ces agents doit être relativisé. La conclusion de leur contrat entraîne souvent l'application d'un statut. Le Conseil d'État a tenu compte de ce rapprochement de la situation des contractuels et des fonctionnaires en admettant la recevabilité du recours pour excès de pouvoir dirigé non seulement par les agents contre les mesures méconnaissant leur contrat (CE Sect. 25 mai 1979, *Mme Rabut*, v. n° 16.8), mais par les tiers contre ce contrat lui-même (CE 30 oct. 1998, *Ville de Lisieux*, v. n° 16.12).

La notion de fonctionnaire contractuel sous-jacente à l'arrêt *de Robert Lafrégeyre* réapparaît ainsi sous un nouveau jour.

41

COMPÉTENCE – INTERPRÉTATION DES ACTES ADMINISTRATIFS

TC 16 juin 1923, SEPTFONDS, Rec. 498

(S. 1923.3.49, note Hauriou ; D. 1924.3.41, concl. Matter)

Cons. que le tribunal de commerce de la Seine a été saisi d'une demande de dommages-intérêts formée par le sieur Septfonds contre la Compagnie des chemins de fer du Midi à raison de la perte de marchandises expédiées sous le régime de l'arrêté interministériel du 31 mars 1915 ; que, ce litige portant ainsi au fond sur la responsabilité pouvant incomber à cette compagnie et dérivant du contrat de transport intervenu entre elle et le sieur Septfonds, l'autorité judiciaire était compétente pour en connaître ; que le tribunal, interprétant l'art. 7 dudit arrêté qui règle les formes et les délais à observer pour les réclamations, en cas de perte ou d'avaries, a décidé que, cette disposition n'étant pas d'ordre public, des réserves acceptées, même tacitement, par le transporteur, constituaient pour ce dernier une renonciation à se prévaloir de la forclusion tirée de cet article ; que la cour de Paris a confirmé ce jugement, après avoir rejeté le déclinatoire présenté par le préfet de la Seine, et s'est déclarée compétente pour statuer tant sur le fond que sur l'interprétation de l'arrêté interministériel susmentionné en se fondant, en ce qui concerne ce dernier point, sur ce que cet arrêté constituait, non un acte administratif spécial et individuel, dont l'interprétation aurait échappé à la compétence des tribunaux judiciaires, mais un règlement administratif, dont les dispositions générales, rendues en vertu des pouvoirs conférés aux ministres qui l'ont édicté, participent du caractère de la loi :

Cons. que l'art. 22 de la loi du 13 mars 1875, modifié par la loi du 28 déc. 1888, dispose qu'en temps de guerre le service des chemins de fer relève de l'autorité militaire ; qu'aux termes de l'art. 19 du règlement sur les transports stratégiques, approuvé par le décret du 8 déc. 1913, le ministre de la guerre autorise, lorsqu'il le juge utile, la reprise partielle ou totale des transports commerciaux, et que, d'après le décret du 29 oct. 1914, les conditions de délai et de responsabilité dans lesquelles sont effectués les transports commerciaux, y compris les transports de colis postaux, autorisés en vertu de l'art. 19 précité du règlement sur les transports stratégiques, seront arrêtées par le ministre de la guerre, sur chaque réseau ; que l'arrêté du 31 mars 1915 a été pris par le ministre de la guerre, de concert avec le ministre des travaux publics, en vertu de ces textes : *que, s'il constitue un acte administratif en raison du caractère des organes dont il émane et si dès lors, à ce titre, il appartient à la juridiction administrative seule d'en contrôler la légalité, il participe également du caractère de l'acte législatif, puisqu'il contient des dispositions d'ordre général et réglemen-*

taire, et qu'à ce dernier titre, les tribunaux judiciaires chargés de l'appliquer sont compétents pour en fixer le sens, s'il se présente une difficulté d'interprétation au cours d'un litige dont ils sont compétemment saisis ; que, par suite, en se bornant à déterminer la portée de cet arrêté, l'arrêt de la cour de Paris n'a pas violé le principe de la séparation des pouvoirs : ... (Arrêté de conflit annulé).

OBSERVATIONS

1 **I.** — Le sieur Septfonds avait expédié par chemin de fer, de Toulouse à Espalion, quarante-trois sacs de sucre, qui furent perdus. Il forma devant le tribunal de commerce de la Seine une demande de dommages-intérêts contre le transporteur. Les marchandises ayant été expédiées sous le régime prévu par un arrêté interministériel du 31 mars 1915, le juge avait, à l'occasion de ce litige, à interpréter l'art. 7 de cet arrêté, relatif aux délais et aux formes à observer pour les réclamations en cas de pertes ou d'avaries. Le conflit ayant été élevé par le préfet de la Seine, le Tribunal des conflits jugea que le juge judiciaire avait le pouvoir d'interpréter un acte administratif de caractère réglementaire.

Ainsi était posée la règle que, si les tribunaux judiciaires, statuant en matière civile, ne peuvent apprécier, dans les affaires dont ils sont compétemment saisis, la légalité des règlements administratifs, ils peuvent les interpréter.

Les pouvoirs du juge judiciaire en la matière mettaient en conflit, d'une part le principe suivant lequel le juge de l'action est juge de l'exception, d'autre part le principe de la séparation des autorités administratives et judiciaires. Dès 1810, le procureur général Merlin avait, dans des conclusions célèbres, proposé la distinction entre les actes réglementaires et individuels : si le juge judiciaire devait s'abstenir de toute prise de position à l'égard des actes individuels, il pouvait au contraire interpréter les actes réglementaires et même apprécier leur légalité lorsque cette question se posait accessoirement à un litige dont il était saisi. Au cours du XIXe siècle, les tribunaux judiciaires affirmèrent leur compétence pour interpréter les règlements administratifs et même pour apprécier leur validité (Cass. 24 oct. 1917, S. 1918.1.193, note Duguit). L'arrêt *Septfonds* exprima la doctrine du Tribunal des conflits, en fixant ainsi les pouvoirs du juge judiciaire statuant en matière civile, pouvoirs qui sont moins larges que ceux du même juge statuant en matière répressive.

1°) l'interprétation lui est permise en ce qui concerne les actes réglementaires, mais celle des actes individuels – à moins qu'ils ne soient parfaitement clairs – constitue une question préjudicielle de la compétence de la juridiction administrative ;

2°) l'appréciation de la légalité des actes administratifs par voie d'exception n'est pas, en principe, de la compétence du juge civil.

2 Toutefois, la dernière de ces règles ne s'applique pas dans un domaine précis : le Tribunal des conflits lui a en effet apporté une exception remarquable par un arrêt *Barinstein* (30 oct. 1947, Rec. 511 ; S. 1948.3.1, note Mestre ; D. 1947.476, note P.L.J. ; RDP 1948.86, note M. Waline ; JCP 1947.II.3966, note Fréjaville), lorsque l'acte en question porte gravement atteinte au droit de propriété ou à la liberté individuelle. Cet arrêt, rendu à propos de l'exécution d'office d'un ordre de réquisition de logement prononcé sur la base de l'ordonnance du 11 oct. 1945, déclare notamment que « si, en règle générale, les tribunaux de l'ordre judiciaire ne peuvent, sauf dans certains cas déterminés, se prononcer sur la légalité des actes administratifs, même ayant le caractère réglementaire, ils sont, par exception à ce principe, compétents pour apprécier la validité des dispositions du décret du 16 janv. 1947 [relatif aux réquisitions de logement] à raison de la nature des mesures prévues par lesdites dispositions et de l'atteinte grave qu'elles portent à l'inviolabilité du domicile privé et, par suite, à la liberté individuelle ainsi qu'au respect dû au droit de propriété ». Il y a là une application remarquable du principe traditionnel en vertu duquel l'autorité judiciaire est la gardienne de la liberté individuelle et du droit de propriété et sur lequel se fondent également les théories de l'emprise (v. TC 17 mars 1949, *Société Hôtel du Vieux Beffroi*, Rec. 592 ; S. 1950.31, concl. J. Delvolvé, note Mathiot ; D. 1949.209, concl. J. Delvolvé, note P.L.J.) et de la voie de fait (v. TC 2 déc. 1902, *Société immobilière de Saint-Just** : – 8 avr. 1935, *Action Française**). La solution consacrée par l'arrêt *Barinstein* avait d'ailleurs été déjà proposée par le commissaire du gouvernement Matter dans ses conclusions sur l'arrêt *Septfonds*. Elle a été confirmée par la Cour de cassation à propos de l'application d'un règlement illégal permettant à l'État de retenir des œuvres d'art importées et constituant ainsi une atteinte au droit de propriété (Cass. civ., 15 janv. 1973, *Société Elido World Corporation,* D. 1975.671, note R. Drago).

La distinction entre l'interprétation et l'appréciation de la légalité a été ainsi justifiée par le commissaire du gouvernement Matter : « L'interprétation ne trouble pas, car elle suit, se conforme, applique. La déclaration d'illégalité refuse cette application, elle écarte le règlement, elle trouble l'opération du corps administratif ». Quant à la distinction entre les pouvoirs du juge selon qu'il s'agit d'actes réglementaires ou d'actes individuels, elle est traditionnelle, puisqu'elle remonte à Merlin, mais n'a guère pu être expliquée d'une manière satisfaisante. L'explication tirée de la nature du règlement qui, tout en étant un acte d'origine administrative, participe, de par sa généralité, du caractère de la loi – explication dont l'arrêt *Septfonds* se fait encore l'écho – a été abandonnée aujourd'hui par la doctrine et par le juge lui-même, ainsi qu'en témoigne la rédaction de l'arrêt *Barinstein*. Cette explication s'accordait mal, en effet, avec le caractère purement formel, et non pas matériel, du critère de l'acte législatif en droit français.

3 **II.** — En matière répressive, la compétence du juge judiciaire a toujours été entendue plus largement. Le Tribunal des conflits a ainsi considéré « qu'il résulte de la nature de la mission assignée au juge pénal que celui-ci a, en principe, plénitude de juridiction sur tous les points d'où dépend l'application ou la non-application des peines ». Cette compétence de principe ne connaissait de limite qu'en ce qui concerne l'appréciation de la légalité des actes administratifs non réglementaires qui relevait des seules juridictions administratives (TC 5 juill. 1951, *Avranches et Desmarets*, Rec. 638 ; S. 1952.3.1, note J.M. Auby ; D. 1952.271, note Blaevoet ; JCP 1951.II.6623, note Homont ; RA 1951.492, note Liet-Veaux).

La restriction de la compétence du juge répressif à l'égard des actes administratifs individuels a disparu depuis que l'art. 111-5 du nouveau code pénal, entré en vigueur le 1er mars 1994, dispose que : « Les juridictions pénales sont compétentes pour interpréter les actes administratifs réglementaires ou individuels et pour en apprécier la légalité, lorsque, de cet examen, dépend la solution du procès pénal qui leur est soumis ».

4 **III.** — Vis-à-vis du juge civil les règles posées à la suite de l'arrêt Septfonds conservent au contraire toute leur valeur et sont maintenues avec fermeté par le Tribunal des conflits (TC 3 déc. 1979, *Fentrouci*, Rec. 579 ; D. 1980.I.R.124, obs. P. Delvolvé ; 17 juin 1991, *Madhaoui*, Rec. 466).

Le juge judiciaire s'y conforme comme le montrent des décisions rendues en matière de droit des étrangers (Cass. civ. 2e, 9 févr. 1994, *Bayemy*, Bull. civ. II, no 53 ; D. 1994. Som. Com. 254, obs. Julien-Laferrière) ou de droit du travail (Cass. soc. 14 mai 1987, Bull. civ. V, no 311 ; Cass. soc. 4 févr. 1988, Bull. civ. V, no 89). Cependant la chambre commerciale de la Cour de Cassation a estimé qu'elle avait le pouvoir d'écarter l'application d'un règlement administratif dès lors qu'il est contraire au droit communautaire (Cass. com. 6 mai 1996, *France Télécom c. Communication média services* ; AJ 1996.1033, note Bazex ; RFDA 1996.1161, note Seiller).

5 Par ailleurs, la Cour de cassation s'attache à limiter les risques d'alourdissement des procédures résultant du mécanisme des questions préjudicielles. D'une part, elle a posé en principe que l'incompétence des tribunaux judiciaires pour apprécier la validité des actes administratifs individuels ne peut être invoquée devant elle si elle ne l'a d'abord été devant les juges du fond (Cass. civ., 20 juill. 1976, *Préfet de Paris,* JCP 1977.II.18581, note Bétant-Robert). Par

ce biais, il est fait échec à des procédures dilatoires. D'autre part, revenant sur une jurisprudence antérieure contraire qui limitait la portée de la déclaration d'illégalité d'un acte administratif aux parties à l'instance (Ass. plén. 25 févr. 1966, Gaz. Pal. 1966.I.365, note B.D.) –, la Cour de cassation estime désormais que « toute déclaration d'illégalité d'un texte réglementaire par le juge administratif, fût-elle décidée à l'occasion d'une autre instance, s'impose au juge civil qui ne peut plus faire application du texte illégal » (Cass. civ. 1re, 19 juin 1985, D. 1985.427, rapport Sargos ; Cass. soc. 7 déc. 1993, JCP 1994.II.22.245, note Waquet, Cass. com. 26 avril 2000, Bull. civ. IV, n° 85, p. 75). Cette solution évite la multiplication de questions préjudicielles inutiles. Un souci identique se manifeste en matière de droit communautaire lorsque la Cour de justice est amenée à constater, par la voie de l'exception, l'illégalité d'un règlement du Conseil ou de la Commission des Communautés européennes (CJCE 13 mai 1981, *International Chemical Corporation,* aff. 60/80, Rec. 1191).

42

RESPONSABILITÉ RUPTURE DE L'ÉGALITÉ DEVANT LES CHARGES PUBLIQUES

CE 30 nov. 1923, COUITÉAS, Rec. 789

(D. 1923.3.59, concl. Rivet ;
RDP 1924.75 et 208, concl. Rivet, note Jèze ;
S. 1923.3.57, note Hauriou, concl. Rivet)

....

Cons. qu'il résulte de l'instruction que, par jugement en date du 13 févr. 1908, le tribunal de Sousse a ordonné « le maintien en possession du sieur Couitéas des parcelles de terres du domaine de Tabia-el-Houbira dont la possession lui avait été reconnue par l'État » et lui a conféré « le droit d'en faire expulser tous les occupants » ; que le requérant a demandé, à plusieurs reprises, aux autorités compétentes l'exécution de cette décision ; mais que le gouvernement français lui a toujours refusé le concours de la force militaire d'occupation, reconnu indispensable pour réaliser cette opération de justice, en raison des troubles graves que susciterait l'expulsion de nombreux indigènes de terres dont ils s'estiment légitimes occupants depuis un temps immémorial ;

Cons. qu'en prenant, pour les motifs et dans les circonstances ci-dessus rappelées, la décision dont se plaint le sieur Couitéas, *le gouvernement n'a fait qu'user des pouvoirs qui lui sont conférés en vue du maintien de l'ordre et de la sécurité publique dans un pays de protectorat :*

Mais cons. que le justiciable nanti d'une sentence judiciaire dûment revêtue de la formule exécutoire est en droit de compter sur la force publique pour l'exécution du titre qui lui a été ainsi délivré ; que si, comme il a été dit ci-dessus, le gouvernement a le devoir d'apprécier les conditions de cette exécution et le droit de refuser le concours de la force armée, tant qu'il estime qu'il y a danger pour l'ordre et la sécurité, le préjudice qui résulte de ce refus ne saurait, s'il excède une certaine durée, être une charge incombant normalement à l'intéressé, et qu'il appartient au juge de déterminer la limite à partir de laquelle il doit être supporté par la collectivité ;

Cons. que la privation de jouissance totale et sans limitation de durée résultant, pour le requérant, de la mesure prise à son égard, lui a imposé, dans l'intérêt général, un préjudice pour lequel il est fondé à demander une réparation pécuniaire ; que, dès lors, c'est à tort que le ministre des affaires étrangères lui a dénié tout droit à indemnité : qu'il y a lieu de le renvoyer devant ledit ministre pour y être procédé, à défaut d'accord amiable, et en tenant compte de toutes les circonstances de droit et de fait, à la fixation des dommages-intérêts qui lui sont dus : ... (Annulation ; indemnité accordée).

OBSERVATIONS

1 Les faits très complexes qui ont donné lieu à cet arrêt ont été minutieusement exposés par le commissaire du gouvernement Rivet dans ses conclusions. Retenons seulement que le sieur Couitéas ne pouvait obtenir du gouvernement l'exécution d'un jugement ordonnant l'expulsion de tribus autochtones occupant un domaine de 38 000 hectares dont il avait été reconnu par l'autorité judiciaire propriétaire en Tunisie.

Le commissaire du gouvernement rappela d'abord que, cinquante ans auparavant, le Conseil d'État n'eût pas manqué de déclarer qu'un tel acte, inspiré par un mobile politique, constituait un acte de gouvernement. N'entrait-il pas, par ailleurs, dans la catégorie des actes relatifs à l'exercice du protectorat, et donc aux obligations internationales du gouvernement ? Il ne le semblait pas : l'acte attaqué était uniquement le refus de faire exécuter un jugement rendu par un tribunal français au bénéfice d'un ressortissant français. Le Conseil d'État était donc compétent. Mais la responsabilité de l'État était-elle engagée ? L'exécution du jugement rendu en faveur du sieur Couitéas nécessitait l'organisation d'une véritable expédition militaire : 8 000 autochtones occupaient ses domaines. D'impérieuses nécessités politiques expliquent le refus opposé, dans ces conditions, par le gouvernement. Mais il n'est pas douteux, d'un autre côté, qu'un jugement devenu définitif doit recevoir exécution. Ainsi le refus du gouvernement porte gravement atteinte aux droits individuels du sieur Couitéas, mais dans un intérêt général. Or le législateur reconnaît presque toujours au particulier sacrifié à l'intérêt public le droit à une compensation pécuniaire : les lois sur les dommages de guerre sont une manifestation éclatante de cette tendance, qui dérive du principe de l'égalité devant les charges publiques inscrit dans la Déclaration de 1789. L'espèce *Couitéas* donna au juge administratif l'occasion de faire application de la théorie du « risque social » pour indemniser un justiciable qui n'obtient pas l'exécution d'un jugement, sans que, dans les circonstances exceptionnelles de l'affaire, le refus du concours de la force publique puisse être considéré comme un excès de pouvoir.

Le Conseil d'État adopta la doctrine que lui proposait son commissaire, et qui s'exprime en un considérant devenu classique : « ... le justiciable nanti d'une sentence judiciaire... est en droit de compter sur la force publique pour l'exécution du titre qui lui a été ainsi délivré ;... si le gouvernement a le devoir d'apprécier les conditions de cette exécution et le droit de refuser le concours de la force armée tant qu'il estime qu'il y a danger pour l'ordre et la sécurité, le préjudice qui résulte de ce refus ne saurait, s'il excède une certaine durée, être une charge incombant normalement à l'intéressé... ».

L'arrêt devait être le point de départ d'une jurisprudence admettant la responsabilité sans faute des personnes publiques pour rupture de l'égalité devant les charges publiques, non seulement *pour défaut d'intervention* (I), mais aussi *en cas d'adoption de certaines mesures* (II).

2 **I.** — La responsabilité de l'administration est engagée sans faute lorsque, pour des motifs d'intérêt général, *elle ne prend pas les dispositions* qu'elle devrait normalement adopter. Il en est ainsi dans trois hypothèses : le défaut d'exécution d'une décision de justice (A), le défaut de rétablissement de l'ordre public (B), le défaut d'application d'une décision administrative (C).

A. — L'arrêt *Couitéas* concerne le défaut d'exécution d'une décision de justice ou, plus précisément, *le défaut du concours de la force publique pour assurer l'exécution d'une telle décision.*

Normalement l'administration doit non seulement respecter les jugements et arrêts rendus contre elle, mais prêter son concours à l'exécution de ceux qui ont été rendus contre des personnes privées. La formule exécutoire dont ils sont assortis lui en fait obligation. Même si le rôle qu'elle lui attribue se situe dans le prolongement d'une décision judiciaire, il se détache de celle-ci et conserve, contrairement à ce qui a pu être jugé (CE Sect. 11 mai 1934, *Soyer*, Rec. 552), un caractère administratif : le contentieux de l'exécution des décisions de justice par l'administration relève donc de la juridiction administrative (CE Sect. 3 juin 1959, *Dame Vve Sablayrolles*, Rec. 425, concl. Jouvin). Le refus de ce concours au-delà du délai raisonnable dont dispose l'administration pour agir constitue une faute de nature à engager sa responsabilité.

Cependant lorsque le concours de la force publique risque d'entraîner des troubles plus graves que celui que fait naître l'inexécution de la décision de justice, l'administration est en droit de le refuser. Hauriou eût voulu limiter la solution de l'arrêt *Couitéas* aux pays de protectorat et la classer dans la jurisprudence relative aux circonstances exceptionnelles (v. nos obs. sous l'arrêt *Heyriès** du 28 juin 1918). Cette interprétation a paru exacte pendant une quinzaine d'années. Mais, sous la pression des circonstances, le Conseil d'État a admis que les motifs tirés des nécessités du maintien de l'ordre public permettaient à l'administration de différer son intervention pour l'exécution d'un jugement, non seulement lorsque celle-ci impliquait une véritable expédition militaire, comme dans l'affaire *Couitéas* (pour des cas analogues, CE Sect. 23 mars 1945, *Époux de Richemont*, Rec. 60) mais aussi une action de police qui, pour être difficile, est moins importante, comme l'expulsion de grévistes occupant une usine (CE Ass. 2 juin 1938, *Société La cartonnerie et l'imprimerie Saint-Charles*, Rec. 521, concl. Dayras ; Dr. soc. 1938.241, concl. Dayras ; S. 1939.3.9, concl. Dayras ; D. 1938.3.65, note Appleton ; JCP 1938.II.834, note Mihura ; RDP 1938.375, note Jèze) ou de locataires occupant un appartement (CE

Ass. 22 janv. 1943, *Braut*, Rec. 19 – v. n° 15.2). Du moins appartient-il à l'administration d'établir que l'exécution de la décision de justice en cause risque effectivement de troubler gravement l'ordre public ; et les termes « ordre public » sont pris ici strictement, au sens d'« ordre dans la rue », à l'exclusion de toute notion d'ordre social et de toute considération de nature humanitaire (CE 16 avr. 1946, *Soc. an. des logements économiques*, Rec. 117).

Lorsque le refus du concours de la force publique est fondé, le bénéficiaire du jugement ou de l'arrêt (si du moins il en a demandé lui-même l'exécution : CE 30 sept. 1983, *Maillard*, Rec. 858 ; JCP 1984.II.20258, note Debouy et Plaisant) est en droit d'obtenir indemnisation de la charge qu'il subit ainsi pour des motifs d'intérêt général. Cette charge est évidemment spéciale : elle pèse sur lui en sa seule qualité de bénéficiaire d'une décision de justice qui lui est propre. Elle est anormale, puisque normalement les décisions de justice exécutoires doivent être exécutées. Toutefois l'administration, saisie d'une demande d'exécution, dispose d'un délai pour réfléchir et agir (qui est en général de deux mois). Ce n'est qu'à l'expiration de ce délai qu'apparaît un préjudice dont l'intéressé doit être indemnisé (CE 26 juin 1968, *Aimé et Louis Martinod*, Rec. 399).

3 La jurisprudence *Couitéas* a reçu une confirmation par la loi du 9 juillet 1991 portant réforme des procédures civiles d'exécution, dont l'article 16 dispose : « L'État est tenu de prêter son concours à l'exécution des jugements et des autres titres exécutoires. Le refus de l'État de prêter son concours ouvre droit à réparation ». Elle n'est fondamentalement remise en cause ni par la Cour européenne des droits de l'homme, affirmant que « l'exécution d'un jugement ou arrêt, de quelque juridiction que ce soit » relève du droit à un procès équitable et doit être assurée par les autorités compétentes (CEDH 19 mars 1997, *Hornsby c. Grèce* – v. n° 94.7), ni par le Conseil constitutionnel, rappelant « que toute décision de justice est exécutoire..., la force publique devant, si elle y est requise, prêter main-forte à cette exécution » (CC 98-403 DC 29 juill. 1998, Rec. 276 ; AJ 1998.705, chr. Schoettl ; RFDC 1998.765, note Trémeau), car « dans des circonstances exceptionnelles tenant à la sauvegarde de l'ordre public, l'autorité administrative peut... ne pas prêter son concours » (CC, même décision).

4 ***B.*** — La jurisprudence *Couitéas* a été étendue à *l'abstention des autorités de police en cas de perturbation de l'ordre public.*

Normalement il leur revient de prendre les dispositions juridiques et matérielles nécessaires au rétablissement de l'ordre : leur carence est fautive.

La Cour de justice des communautés européennes, si elle n'a pas exclu « que la menace de troubles graves à l'ordre public puisse, le cas échéant, justifier une absence d'intervention des forces de l'ordre... dans un cas précis », ne l'admet pas de manière globale, et considère que la prise en charge par l'État des dommages causés aux victimes ne lui permet pas de s'affranchir de ses obligations au titre du droit communautaire, notamment pour assurer la libre circulation des marchandises (CJCE 9 déc. 1997, *Commission c. France,* aff. C. 265/95, Rec.I.6959 ; RFDA 1998.120, art. Dubouis ; DA oct. 1998, art. Andriantsimbazovina). Cela peut limiter la portée de la jurisprudence *Couitéas.*

Le refus d'intervenir peut néanmoins être justifié tant en droit communautaire qu'en droit interne : l'intervention des forces de police, loin de rétablir l'ordre, peut aggraver les désordres. Mais leur abstention, si justifiée qu'elle soit par des considérations d'intérêt général, peut priver les particuliers d'une protection à laquelle ils ont droit.

5 La charge qui en résulte pour eux doit être réparée par l'administration (CE Sect. 27 mai 1977, *SA Victor Delforge*, Rec. 253 ; JCP 1978.II.18778, note Pacteau ; RA 1977.489, note Darcy ; – 11 mai 1984, *Port autonome de Marseille*, Rec. 178 ; AJ 1984.708, note J. Moreau, à propos de l'abstention des autorités administratives compétentes pour faire rompre les barrages de bateaux établis sur un canal ou à l'entrée d'un port). Encore faut-il que soient satisfaites les conditions que doit remplir le préjudice dans la responsabilité pour rupture de l'égalité devant les charges publiques : la spécialité et l'anormalité.

La spécialité est plus difficile à établir qu'en cas d'inexécution d'une décision de justice, car la gêne résultant de troubles auxquels les autorités compétentes n'ont pas voulu réagir peut atteindre un assez grand nombre de personnes. Le Conseil d'État n'en admet pas moins que le préjudice est spécial lorsque l'activité particulière d'une personne a été atteinte plus que d'autres (CE 22 juin 1984, *Secrétaire d'État auprès du ministre des transports chargé de la mer c. Société Sealink U.K. limited,* et *c. Société « Jokelson et Handstaen »*, deux arrêts, Rec. 246 et 247 ; – du même jour, *Société Townsend car ferries*, JCP 1985.II.20444, note Pacteau ; – 6 nov. 1985, *Ministre d'État, ministre des transports c. Compagnie Touraine Air Transport* et *Société Condor Flugdienst*, deux arrêts, Rec. 312 et 313 ; AJ 1986.84, chr. Hubac et Azibert ; D. 1986.584, note Rainaud).

L'anormalité du dommage n'est réalisée qu'à partir du moment où l'inaction des autorités compétentes dépasse une certaine durée : comme pour l'exécution des décisions de justice, elles disposent d'un certain temps pour agir (en ce sens *SA Victor Delforge, Port autonome de Marseille, Société Sealink U.K. Limited*) ; l'anormalité inclut la gravité du dommage (en ce sens notamment, *Compagnie Touraine Air Transport, Société Condor Flugdienst*) ; elle s'apprécie en fonction des circonstances dans lesquelles l'activité en cause s'est réalisée : ainsi lorsque l'immobilisation de bateaux est résultée du recours à la grève par les agents du service des canaux dans le respect des lois et des décisions réglementaires qui fixent les modalités d'exercice de ce droit, le préjudice qui en est résulté n'a pas revêtu un caractère anormal (CE 17 janv. 1986, *Ville de Paris c. Duvinage*, Rec. 10 ; RFDA 1986.824, concl. Stirn ; AJ 1986.88, chr. Hubac et Azibert ; D. 1986.IR.461, obs. Moderne et Bon ; JCP 1987.II.20772, note Maublanc).

6 ***C.*** — Les mêmes solutions ont été admises par le Conseil d'État dans des *cas où des décisions administratives n'ont pas été suivies d'effet*. L'exemple le plus caractéristique est le défaut d'application d'une réglementation. Normalement il constitue une faute, et la responsabilité de l'administration se trouve engagée de ce fait (par ex. CE Sect. 14 déc. 1962, *Doublet*, Rec. 680 – v. n° 15.2). Le Conseil d'État a cependant admis que, même si l'on ne pouvait observer de carence systématique constituant une faute de nature à engager la responsabilité de l'administration, le « défaut d'application d'une réglementation a pu causer... un préjudice certain et particulier ; que ce préjudice, en raison de son caractère spécial, ne saurait, dans la mesure où il présenterait une gravité suffisante, être regardé comme une charge incombant normalement aux intéressés... » (CE Ass. 7 mai 1971, *Ministre de l'économie et des finances et Ville de Bordeaux c. Sastre*, Rec. 334, concl. Gentot ; JCP 1971.I.2446, chr. Loschak ; RDP 1972.443, note M. Waline ; – dans le même sens CE 4 févr. 1976, *Société Établissements Omer Decugis*, Rec. 79 ; AJ 1976.373, note Daval ; RDP 1976.1509, note M. Waline). De même, si en présence d'une construction édifiée sans permis de construire et en méconnaissance des servitudes d'urbanisme, l'administration n'a pas commis de faute en refusant de faire cesser l'infraction constatée, « ce défaut d'application d'une législation et d'une réglementation » n'en a pas moins causé au propriétaire voisin « un préjudice qui, en raison de son caractère spécial et anormal, ne saurait être regardé comme une charge incombant à l'intéressé et qui, par suite, est de nature à lui ouvrir droit à réparation » (CE Ass. 20 mars 1974, *Ministre de l'aménagement du territoire, de l'équipement et du logement*, Rec. 200, concl. Rougevin-Baville ; AJ 1974.303, chr. Franc et Boyon ; D. 1974.480, note Gilli ; JCP 1974.II.17752, note Liet-Veaux ; RDP 1974.924 note de Soto).

Le cas de l'abandon d'une procédure d'expropriation est plus particulier. On ne peut pas parler du défaut d'application d'une décision administrative : la déclaration d'utilité publique permet à l'administration d'agir ; elle ne l'oblige pas à le faire. Il n'en reste pas moins que le propriétaire d'un immeuble visé par une déclaration d'utilité publique, dans l'impossibilité d'entreprendre certains travaux avant le transfert de propriété, peut en être gêné si l'administration renonce ensuite à poursuivre ce transfert : il « a droit à réparation du préjudice particulier qu'il a pu subir dans un intérêt général et qui, en raison de son caractère spécial et de sa gravité, ne saurait être regardé comme une charge lui incombant normalement » (CE Sect. 23 déc. 1970, *EDF c. Farsat*, Rec. 790 ; AJ 1971.96, concl. Kahn ; JCP 1971.II. 16820, note Beaugrève).

Le Conseil d'État a étendu cette solution au cas d'abandon par une ville, du fait de difficultés financières et techniques, de la réalisation d'une voie publique, dont le projet avait déterminé une entreprise à effectuer d'importants investissements, désormais inutiles : cet abandon lui a causé un préjudice particulier ; « eu égard au rôle que jouait cette société dans la réalisation de ce projet de rénovation urbaine, ce préjudice présente un caractère spécial et... en raison de sa gravité, un tel préjudice ne saurait être regardé comme une charge (lui) incombant normalement » (CE 17 mars 1989, *Ville de Paris c. Société Sodevam*, Rec. 96 ; AJ 1989.472, concl. Stirn ; D. 1990.SC.295, obs. Bon et Terneyre).

7 **II.** — La responsabilité de la puissance publique se trouve encore engagée lorsque, *positivement*, sont adoptées en toute légalité des *mesures entraînant des conséquences dommageables* : celles-ci constituent des charges pesant sur les intéressés ; lorsqu'elles ont un caractère spécial et anormal, elles doivent être réparées sur le fondement du principe d'égalité devant les charges publiques. Il en est ainsi non seulement pour des *décisions administratives* (A) mais encore pour les *lois et conventions internationales* (B).

A. — La solution a d'abord été admise par le Conseil d'État à propos de mesures *individuelles* : refus d'autoriser le licenciement de personnels, à raison de la « perturbation grave dans la vie économique locale » qui en serait résultée (CE Sect. 28 oct. 1949, *Société des Ateliers du Cap Janet*, Rec. 450 ; JCP 1950.II.5861, concl. J. Delvolvé) ; réquisition d'un bâtiment en vue d'assurer le relogement de personnes évacuées d'un immeuble menaçant ruine (CE Sect. 15 févr. 1961, *Werquin*, Rec. 118 ; RDP 1961.321, concl. Braibant ; AJ 1961.197, chr. Galabert et Gentot ; D. 1961.611, note P. Weil ; JCP 1961.II.12259, note J.M. Auby) ; interdiction à un navire d'entrer dans un port, compte tenu des manifestations que son arrivée devait provoquer (CE Sect. 7 déc. 1979, *Soc. « Les fils de Henri Ramel »*, Rec. 457 ; D. 1980.303, concl. Genevois ; JCP 1981.II.19500, note Pacteau ; – 12 oct. 1988 *Société Vinalmar*, Rec. 340 ; D. 1989. S.C.349, obs. Moderne et Bon) ; ces dernières affaires rejoignent les hypothèses de blocage des ports par des manifestants, auquel ne réagissent pas les autorités compétentes (*supra* I.B).

Elles rejoignent aussi les cas des décisions *réglementaires*, dans la mesure où l'interdiction d'accès vise, de manière générale et impersonnelle, les navires de toutes nationalités et de toutes provenances.

Ces décisions, elles aussi, peuvent entraîner des préjudices qui, dans la mesure où ils présentent un caractère spécial et anormal, doivent être réparés par la collectivité qui les a causés. C'est ce qu'a admis le Conseil d'État à propos de règlements de police interdisant le passage de piétons (CE Sect. 22 févr. 1963, *Commune de Gavarnie*, Rec. 113 ; AJ 1963.208, chr. Gentot et Fourré ; RDP 1963.1019, note M. Waline) ou de camions (CE 13 mai 1987 *Aldebert*, Rec. 924 ; JCP 1988.II.20960, note Pacteau ; RFDA 1988.950, note Rihal) sur des voies où étaient établis des commerçants tirant l'essentiel de leur activité de cette circulation. La même solution a bénéficié à un pharmacien qui avait perdu sa clientèle par suite de la décision de fermeture de dix tours d'habitations appartenant à un office d'HLM (CE Sect. 31 mars 1995, *Lavaud*, Rec. 155 ; LPA 5 juill. 1995 concl. Bonichot ; AJ 1995.384, chr. Touvet et Stahl).

Toutefois, lorsque des règlements font directement application d'une loi, la responsabilité du fait de leurs conséquences dommageables s'apprécie plus généralement au titre de la responsabilité du fait des lois.

8 ***B.*** — Des *lois et conventions internationales* peuvent en effet donner lieu à la reconnaissance, par le juge administratif, de la responsabilité de l'État sur le fondement du principe d'égalité devant les charges publiques.

La compétence du juge administratif se justifie parce qu'il n'a à examiner que la réparation de dommages, en vertu de considérations d'ordre administratif, sans apprécier la régularité des mesures qui les ont causés.

Mais la nature et l'autorité particulières de celles-ci justifient que soit prise en considération la volonté de leurs auteurs pour refuser éventuellement l'octroi d'une indemnité, outre les conditions découlant du principe d'égalité devant les charges publiques.

Ainsi doivent être examinées à part la responsabilité du fait des lois (CE 14 janv. 1938, *La Fleurette**) et la responsabilité du fait des conventions internationales (CE 30 mars 1966, *Compagnie générale d'énergie radio-électrique**).

Elles n'en constituent pas moins des prolongements de la jurisprudence *Couitéas.*

Celle-ci a ainsi ouvert un deuxième volet de la responsabilité sans faute : celui de la responsabilité pour rupture de l'égalité devant les charges publiques à côté de celui de la responsabilité pour risque, déjà ouvert par les arrêts *Cames** du 21 juin 1895 et *Regnault-Desroziers** du 28 mars 1919.

43

RECOURS POUR EXCÈS DE POUVOIR EFFET DES ANNULATIONS CONTENTIEUSES

CE 26 déc. 1925, RODIÈRE, Rec. 1065

(RDP 1926.32, concl. Cahen-Salvador ;
S. 1925.3.49, note Hauriou)

Sur la fin de non-recevoir opposée par le ministre et tirée de ce que le requérant serait sans intérêt pour critiquer les actes fixant la situation des sieurs Pinal et Jocard : Cons. que les fonctionnaires appartenant à une administration publique ont qualité pour déférer au Conseil d'État les nominations illégales faites dans cette administration lorsque ces nominations sont de nature à leur porter préjudice en retardant irrégulièrement leur avancement ou en leur donnant d'ores et déjà pour cet avancement des concurrents ne satisfaisant pas aux règles exigées par les lois et règlements ; qu'il suit de là que les fonctionnaires ont intérêt à poursuivre l'annulation des nominations lorsqu'elles consistent en promotions soit à l'un des grades supérieurs, soit aux classes supérieures du même grade, soit à la classe dont ils font partie :

Cons. qu'ils peuvent même contester les nominations à l'une des classes inférieures dans le cas particulier où ces promotions à une classe inférieure auraient pour effet de leur donner des concurrents pour leur avancement ultérieur ; qu'il en est notamment ainsi dans l'espèce ; qu'en effet, en vertu des dispositions réglementaires qui fixent le statut des fonctionnaires de l'administration centrale des régions libérées, les chefs de bureau, quelle que soit la classe à laquelle ils appartiennent, ont vocation pour accéder directement au grade supérieur, c'est-à-dire à celui de directeur ; que, par suite, le sieur Rodière, chef de bureau de 1re classe a intérêt à poursuivre l'annulation des promotions des sieurs Pinal et Jocard comme chefs de bureau de 3e et de 2e classes, puisque ces promotions ont pour effet de conférer à ces fonctionnaires qui avaient déjà, comme chefs de bureau de 4e classe, vocation au grade de directeur, des titres plus importants pour leur promotion éventuelle à ce grade ;

En ce qui concerne la légalité des arrêtés attaqués : Cons. que par sa décision rendue le 13 mars 1925, le Conseil d'État a, sur le pourvoi du sieur Rodière, annulé d'une part la décision du ministre des régions libérées en date du 31 déc. 1921, arrêtant le tableau complémentaire d'avancement pour 1921, dans celles de ses dispositions relatives aux chefs de bureau Pic, Pinal et Jocard, lesquels étaient proposés pour un avancement de classe, et d'autre part et par voie de conséquence, les arrêtés des 10 janv. 1922 et 7 août 1923, qui avaient promu le sieur Pic à la 2e classe de son grade et les sieurs Pinal et Jocard à la 3e puis à la 2e classe ; que, sur le vu de la décision du Conseil d'État, le ministre des régions libérées, après avoir rapporté tous les actes intervenus depuis 1923 en faveur des sieurs Pic, Pinal et Jocard et dont le maintien était inconciliable avec la décision du Conseil d'État, a, par ses arrêtés du 8 avr. 1925 : 1° décidé que les sieurs Pinal et Jocard inscrits aux tableaux d'avancement de 1923 et de 1925 pour le grade de chefs de bureau de 2e et de 1re classes, devaient être regardés comme maintenus auxdits tableaux mais seulement pour la 3e et la 2e classe, et, en conséquence, nommé lesdits sieurs Pinal et Jocard chefs de bureau de 3e classe à compter du 1er janv. 1923 et de 2e classe à partir du 1er janv. 1925 ; 2° rectifié l'ancienneté du sieur Pic comme chef de bureau de 3e, 2e et 1re classe et l'a inscrit au tableau de 1925 en vue de sa promotion comme chef de bureau hors classe ;

Cons. que le sieur Rodière conteste la légalité des mesures ainsi prises par les motifs qu'elles seraient intervenues sur une procédure irrégulière ; que le ministre, en ne se bornant pas à remettre les intéressés dans la situation où ils se trouvaient à l'époque où avait été arrêté le tableau d'avancement illégal, et en les rétablissant rétroactivement dans les diverses situations qu'ils auraient occupées s'ils n'avaient pas figuré sur un tableau irrégulier, aurait méconnu l'autorité de la chose jugée ; qu'enfin le sieur Pic ne remplissait pas les conditions requises pour accéder au grade de chef de bureau hors classe ;

Sur les moyens tirés de ce que les arrêtés attaqués auraient un caractère rétroactif et porteraient atteinte à la chose jugée par le Conseil d'État : Cons. que, s'il est de principe que les règlements et les décisions de l'autorité administrative, à moins qu'ils ne soient pris pour l'exécution d'une loi ayant un effet rétroactif, ne peuvent statuer que pour l'avenir, cette règle comporte évidemment une exception lorsque ces décisions sont prises en exécution d'un arrêt du Conseil d'État, lequel, par les annulations qu'il prononce, entraîne nécessairement certains effets dans le passé, à raison même de ce fait que les actes annulés pour excès de pouvoir sont réputés n'être jamais intervenus ; qu'à la suite de décisions prononçant l'annulation de nominations, promotions, mises à la retraite, révocations de fonctionnaires, l'administration qui, pendant toute la durée de l'instruction du pourvoi, a pu accorder des avancements successifs aux fonctionnaires irrégulièrement nommés, ou a pourvu au remplacement des agents irrégulièrement privés de leur emploi, doit pouvoir réviser la situation de ces fonctionnaires et agents pour la période qui a suivi les actes annulés ; qu'elle est tenue de restituer l'avancement à l'ancienneté dans les conditions prévues par les règlements ; que, pour l'avancement au choix, elle doit pouvoir procurer aux intéressés en remplacement d'avancements entachés d'illégalité, un avancement compatible tant avec la chose jugée par le Conseil qu'avec les autres droits individuels ; qu'il incombe en effet au ministre de rechercher les moyens d'assurer à chaque fonctionnaire placé sous son autorité la continuité de sa carrière avec le développement normal qu'elle comporte et les chances d'avancement sur lesquelles, dans ses rapports avec les autres fonctionnaires, il peut légitimement compter d'après la réglementation en vigueur ; *qu'il appartient à l'administration de procéder à un examen d'ensemble de la situation du personnel touché, directement ou indirectement, par l'arrêt du Conseil d'État et de prononcer, dans les formes régulières et sous le contrôle dudit Conseil statuant au contentieux, tous reclassements utiles pour reconstituer la carrière du fonctionnaire dans les conditions où elle peut être réputée avoir dû normalement se poursuivre si aucune irrégularité n'avait été commise ;* que si les intéressés, qui peuvent prétendre à une compensation pour la perte de leur avancement au choix, ne sont pas en droit d'exiger que cette compensation leur soit donnée par voie de mesure de reclassement, c'est, pour le ministre, une faculté dont il peut légitimement user pour le bien du service ;

Cons. que le Conseil d'État, après avoir annulé le tableau complémentaire d'avancement dressé en 1921, à raison de ce que ledit tableau avait été irrégulièrement établi, devait nécessairement annuler, par voie de conséquence, les promotions accordées sur le vu dudit tableau, ainsi que les promotions ultérieures qui ne pouvaient plus intervenir aux dates auxquelles elles étaient faites ; mais que le Conseil d'État n'a nullement entendu dénier à l'administration le droit d'accorder de l'avancement aux sieurs Pic, Pinal et Jocard, pendant toute la période comprise entre l'établissement du tableau illégal et la date de la notification de la décision du Conseil ; que l'administration, à qui il incombait de prendre les mesures que comportait l'exécution de la décision rendue le 13 mars 1925, pouvait rectifier la situation des sieurs Pic, Pinal et Jocard, en respectant la chose jugée par le Conseil, c'est-à-dire l'impossibilité où se trouvaient ces fonctionnaires de figurer au tableau de 1921 et de bénéficier, par suite, de promotions au cours de cette même année ; qu'il résulte de l'instruction que le ministre des régions libérées s'est borné, en prenant les arrêtés attaqués, à rétablir les sieurs Pic, Pinal et Jocard dans les situations où ils se seraient trouvés s'ils n'avaient pas été illégalement inscrits au tableau complémentaire d'avancement de 1921 et si leur carrière s'était poursuivie dans des conditions normales ; que, dans ces circonstances, le ministre a fait un usage légitime des pouvoirs qu'il tient de la loi pour assurer l'exécution de la décision rendue par le Conseil d'État ;

....

OBSERVATIONS

1 **I.** — Le sieur Rodière avait déféré au Conseil d'État un tableau d'avancement établi en 1921 pour certains agents du ministère des régions libérées ; le Conseil d'État lui donna satisfaction en annulant ce tableau, par un arrêt du 13 mars 1925 (Rec. 265). A la suite de cet arrêt, le ministre ne se borna pas à replacer ceux qui avaient été inscrits sur ce tableau dans leur situation administrative de 1921 : il reconstitua fictivement leur carrière en substituant des avancements réguliers aux avancements irréguliers dont ils avaient bénéficié tout d'abord. Le sieur Rodière attaqua ces nouvelles décisions. Le Conseil d'État saisit cette occasion pour fixer, dans des motifs de principe qui, contrairement à sa méthode habituelle, débordent largement l'espèce et ont l'allure doctrinale d'un arrêt de règlement, les pouvoirs et les devoirs de l'administration à la suite d'une annulation contentieuse intervenue en matière de fonction publique. Cet arrêt constitue ainsi une véritable théorie de la reconstitution de carrière.

2 **II.** — Cette reconstitution doit permettre de placer l'agent dans la position exacte qu'il occuperait s'il n'avait fait l'objet de la mesure annulée. Elle exige donc qu'une portée rétroactive soit donnée aux mesures d'exécution de l'arrêt annulant la décision irrégulière : comme l'a dit le commissaire du gouvernement, « la rétroactivité des mesures d'exécution est nécessaire pour rétablir l'avancement moyen, le rythme normal et coutumier ». Par là même le Conseil d'État a consacré l'idée que tout fonctionnaire avait droit au développement normal de sa carrière et qu'une mesure ultérieurement annulée ne devait pas compromettre ce droit.

a) En ce qui concerne l'agent intéressé, l'administration doit lui assurer « la continuité de sa carrière et le développement normal qu'elle comporte ».

– Pour les avancements à l'ancienneté, il n'y a guère de difficultés : l'administration doit les « restituer... dans les conditions prévues par les règlements ».

– Pour la délicate question des avancements au choix, l'arrêt *Rodière* indique que l'intéressé a droit à « un avancement compatible tant avec la chose jugée par le Conseil qu'avec les autres droits individuels » et que l'administration doit lui assurer « les chances d'avancement sur lesquelles, dans ses rapports avec les autres fonctionnaires, il peut légitimement compter d'après la réglementation en vigueur ». L'ordonnance du 29 nov. 1944 (art. 8), relative à la réparation des préjudices de carrière subis pendant la guerre, fournit une bonne interprétation de ce principe, en indiquant que l'administration doit retenir « comme base d'appréciation la moyenne des avancements obtenus par les fonctionnaires demeurés dans l'administration... et de grade ou d'échelon et d'ancienneté égaux à ceux des fonctionnaires évincés lors de la sanction prononcée contre eux ».

– Quant aux avancements sur concours, la jurisprudence a évolué : pendant longtemps, le Conseil d'État a refusé de les prendre en considération, en raison des difficultés d'appréciation qu'ils soulèvent (CE 18 janv. 1950, *Arfi*, Rec. 34) ; il admettait seulement, le cas échéant, la substitution, au profit des agents ayant droit au rétablissement de leur carrière, d'un concours sur titres à un concours sur épreuves (CE Sect. 25 juin 1948, *Salvi et Couchoud*, Rec. 297) ; mais il a renversé sa jurisprudence sur ce point, et il considère aujourd'hui que les intéressés ont droit, en principe, dans le cadre de la reconstitution de leur carrière aux avancements sur concours (CE Sect. 13 juill. 1956, *Barbier*, Rec. 338 ; AJ 1956.II.397, chr. Fournier et Braibant).

3 *b)* Une reconstitution de carrière a nécessairement des répercussions sur les autres agents du même cadre ; aussi le Conseil d'État a-t-il précisé que l'avancement restitué à l'intéressé doit être « compatible... avec les autres droits individuels ». D'une part, la reconstitution de carrière ne doit pas favoriser l'agent par rapport à ses collègues. D'autre part, si elle porte atteinte à des droits acquis par des tiers, des compensations doivent être offertes à ces derniers (CE Sect. 29 juill. 1932, *Association des fonctionnaires de la marine*, Rec. 825 : « en admettant que l'administration se trouve dans l'impossibilité absolue de procéder aux nouvelles révisions et aux nouveaux reclassements résultant de la présente décision sans porter atteinte aux droits de certains intéressés, il appartiendrait à ladite administration de leur accorder telle compensation que de droit, ou même de provoquer l'intervention du législateur »). Ainsi, si elle aboutit à porter l'intéressé à un poste supérieur à celui qu'il occupait lors de son éviction illégale, il ne saurait être question d'évincer l'agent régulièrement nommé à ce poste ; l'intéressé doit attendre une vacance ou se contenter d'une compensation que le Conseil d'État invite parfois le législateur à lui trouver. La reconstitution de la carrière d'un fonctionnaire entraîne enfin, dans certains cas exceptionnels, tel le calcul des rappels et bonifications d'ancienneté et l'établissement des tableaux d'avancement, l'obligation de « procéder à un examen d'ensemble de la situation du personnel touché, directement ou indirectement, par l'arrêt du Conseil d'État » (CE Sect. 26 janv. 1934, *Glon*, Rec. 134 ; – Sect. 4 févr. 1955, *Marcotte*, Rec. 70).

Dans cette matière, la jurisprudence du Conseil d'État oscille entre le souci d'assurer à la chose jugée une autorité absolue, et celui de respecter autant que possible les droits acquis par des tiers. C'est ainsi que dans un arrêt *Caussidéry*, du 3 déc. 1954 (Rec. 640 ; D. 1955.204, note Weil), le Conseil d'État a jugé que l'annulation de la décision fixant l'ancienneté d'un agent, prise sur la base d'un décret illégal, n'autorisait pas l'administration à retirer d'autres arrêtés pris sur la base du même décret et non attaqués pour excès de pouvoir, et que l'administration ne pouvait procéder à la révision de la situation des autres agents, cette révision n'ayant pas été rendue nécessaire par la reconstitution de carrière de celui qui avait bénéficié d'une annulation contentieuse. De même, si l'agent a omis d'attaquer dans les délais le refus opposé par l'administration à sa demande de réintégration, ce refus devient définitif et crée un droit au profit des collègues de l'intéressé (CE Sect. 4 févr. 1955, *Rodde*, Rec. 72). De même encore, l'annulation de dispositions statutaires ne permet pas de rapporter les mesures individuelles d'application qui sont, en l'absence de recours formé à leur encontre, devenues définitives (CE *Caussidéry*, précité ; – Sect. 1er avr. 1960, *Quériaud*, Rec. 245, concl. Henry).

4 *c)* Quant au point de savoir si l'agent illégalement évincé a droit à réintégration dans le poste qu'il occupait, la jurisprudence a opéré une distinction suivant la nature de l'emploi. Il a été jugé à propos d'un inspecteur d'académie « qu'un fonctionnaire ayant fait l'objet d'une mesure d'éviction annulée par la juridiction administrative ne peut, en principe, prétendre, en exécution de la décision d'annulation, qu'à un emploi de son grade dans son cadre mais non à sa réintégration dans l'emploi même qu'il occupait ; que la nature propre des fonctions d'inspecteur d'académie ne saurait ouvrir aux titulaires de ces fonctions des droits particuliers à cet égard » (Sect. 16 oct. 1959, *Guille*, Rec. 316).

Le principe ainsi posé connaît cependant des exceptions. Il en va ainsi pour les magistrats du siège en raison de la règle d'inamovibilité. Lorsque l'un d'entre eux a été illégalement privé de son emploi, il doit être réintégré dans ce dernier, au besoin, en l'absence de poste vacant, après retrait de la désignation de son successeur (CE Ass. 27 mai 1949, *Véron-Réville*, Rec. 246 ; S. 1949.3.81, note Delpech ; D. 1950.95, note Rollant ; Gaz. Pal. 1949.2.34, concl. R. Odent ; Rev. Adm. 1949.372, note Liet-Veaux) – L'exception semble devoir jouer également pour les fonctionnaires occupant un emploi unique (CE 1er déc. 1961, *Bréart de Boisanger*, Rec. 676 : administrateur de la Comédie-Française). En outre, si aucun emploi identique à celui qu'il occupait avant son éviction n'est vacant, le fonctionnaire doit être réintégré « dans l'emploi même qu'il occupait, au besoin après retrait de l'acte portant nomination du fonctionnaire irrégulièrement désigné pour le remplacer » (CE 10 nov. 1967, *Ministre de l'éducation nationale c. Delle Rabdeau*, Rec. 424 ; AJ 1968.410, note V.S.).

Par ailleurs, dans le cas particulier de l'annulation d'un déplacement d'office, l'exécution de la chose jugée comporte en principe l'obligation pour l'administration de réintégrer l'intéressé « dans le poste même dont il avait été illégalement privé » (CE 14 oct. 1960, *Guichon*, Rec. 539).

5 *d)* Le Conseil d'État a également décidé qu'en raison de leur caractère nécessairement rétroactif, ces mesures de reconstitution de carrière doivent être prises en application des textes en vigueur à la date à laquelle elles doivent prendre effet et après accomplissement des procédures prescrites par ces textes (CE Sect. 11 juill. 1958, *Fontaine*, Rec. 433 ; RDP 1958.1081, note M. Waline). Toutefois, il a apporté un tempérament à cette obligation dans un souci de réalisme. Initiée par une décision de 1965 (CE Sect. 13 juill. 1965, *Ministre des postes et télécommunications c. Merkling*, Rec. 424 ; AJ 1966.II.182, note V.S. ; RA 1966.146, concl. Braibant) cette orientation a été précisée et complétée par l'arrêt de section du 14 févr. 1997, *Colonna* (Rec. 38 ; RDP 1997.1.149, concl. Pécresse ; AJ 1997.479, chr. Chauvaux et Girardot) qui énonce que « lorsque la reconstitution de carrière est soumise à l'avis d'un organisme consultatif de caractère permanent dont les membres ont changé, il appartient à l'administration de saisir de l'affaire l'organisme consultatif qui, au moment où il y a lieu de procéder à l'examen de la situation du fonctionnaire, est compétent pour se prononcer sur des mesures de même nature ne présentant pas un caractère rétroactif ». En outre, « dans les cas où les règles de composition de l'organisme consultatif initialement saisi ont été modifiées, il appartient également à l'administration de saisir l'organisme consultatif dans sa nouvelle composition si celle-ci présente des garanties équivalentes pour les intéressés ».

6 *e)* On relèvera enfin que l'annulation pour excès de pouvoir d'un tableau d'avancement autorise l'administration à procéder à une réfection rétroactive du ou des tableaux annulés dans la mesure nécessaire à l'exécution de la chose jugée (Ass. 5 juin 1970, *Puisoye*, Rec. 385 ; AJ 1970.489, chr. Denoix de Saint Marc et Labetoulle). Faute d'y pourvoir en temps utile, elle s'expose à ce que les tableaux qu'elle a établis au vu d'un tableau annulé ainsi que les nominations intervenues sur cette base soient annulés en conséquence de l'illégalité initiale (Ass. 10 déc. 1954, *Cru*, Rec. 659 ; D. 1955.198, concl. Jacomet, note Weil ; – 21 mars 1986, *Kalck*, Rec. 77 ; AJ 1986.449, concl. Daël).

44

ACTES RÉGLEMENTAIRES CHANGEMENT DE CIRCONSTANCES

CE Sect. 10 janv. 1930, DESPUJOL, Rec. 30

(D. 1930.3.16, note P.L.J. ;
S. 1930.3.41, note Alibert)

En ce qui concerne la requête nº 97.623 :

Cons. qu'il appartient à tout intéressé, dans le cas où les circonstances qui ont pu motiver légalement un règlement municipal ont disparu, de saisir à toute époque le maire d'une demande tendant à la modification ou à la suppression de ce règlement et de se pourvoir, le cas échéant, devant le Conseil d'État contre le refus ou le silence du maire ; mais que, s'il entend former devant ledit Conseil un recours direct tendant à l'annulation pour excès de pouvoir du règlement lui-même, il doit présenter ce recours dans le délai de deux mois à partir de la publication soit de l'arrêté attaqué, soit de la loi qui serait venue ultérieurement créer une situation juridique nouvelle ;

Cons. que les conclusions du sieur Despujol, qui, bien que n'étant pas habitant de la commune, a qualité pour contester la légalité de l'arrêté du maire à raison du procès-verbal dressé contre lui pour infraction audit arrêté, tendent à l'annulation pour excès de pouvoir de cet acte réglementaire ; que ce recours rentre, dès lors, dans la dernière catégorie des réclamations susmentionnées et est soumis, par suite, aux conditions de délai y relatives ;

Cons. qu'ayant été enregistrée au Conseil d'État le 5 oct. 1926, alors que les deux arrêtés attaqués ont été publiés le 22 mai 1926, il a été formé en dehors du délai fixé par la loi du 13 avr. 1900 (art. 24) ; que si le requérant invoque les dispositions de la loi du 13 août 1926 comme ayant créé une situation juridique nouvelle et ayant, par suite, ouvert un nouveau délai au recours pour excès de pouvoir, ladite loi ne vise ni les pouvoirs conférés au maire par l'art. 98 de la loi du 5 avr. 1884, ni ceux que l'art. 133, § 7, de la même loi attribue au conseil municipal ; que, dès lors, étant sans application dans l'espèce, elle n'a pu ouvrir ce nouveau délai : qu'ainsi, la requête nº 97.623 doit être rejetée comme non recevable ;

En ce qui concerne la requête nº 5.822 :

Cons. que si, à la date du 1er juill. 1929, le conseil municipal de Chaumont-sur-Loire a décidé qu'il ne serait plus perçu de taxes de stationnement sur les voitures automobiles, il n'a pas rapporté sa délibération en date du 15 mai 1926, et n'a renoncé à ladite taxe que pour l'avenir seulement ; que, dès lors, il y a lieu pour le Conseil d'État de statuer sur la requête ;

Cons. qu'il appartient au conseil municipal d'établir, par l'application de l'article 133, § 7, de la loi du 5 avr. 1884, une taxe de stationnement sur les occupations de la voie publique excédant l'usage normal de ce domaine, à la condition que la taxe ainsi créée vise indistinctement toutes occupations de même nature ; qu'aux termes de la délibération du conseil municipal de Chaumont-sur-Loire, en date du 15 mai 1926, la taxe créée par ledit conseil vise toutes les voitures de tourisme séjournant plus d'un quart d'heure sur les lieux de stationnement ;

Cons. qu'il résulte de l'instruction, que, eu égard à l'afflux des touristes venant visiter le château de Chaumont-sur-Loire et à la largeur insuffisante des voies d'accès, la réglementation du stationnement aux abords du château est nécessaire pour assurer la liberté de la circulation sur les voies publiques ; que l'obligation de ne stationner qu'en certains endroits déterminés a pu, dès lors, être légalement imposée aux véhicules n'ayant à desservir spécialement aucune maison d'habitation ou de commerce de la localité, lesdits véhicules, dans les conditions particulières des difficultés de la circulation à Chaumont-sur-Loire, étant représentés par les voitures automobiles qui amènent les touristes pour visiter le château ; que, en raison du nombre et de la durée prolongée des stationnements effectués par ces voitures, lesdits stationnements excèdent l'usage normal de ce domaine ; que, dès lors, le conseil municipal a pu régulièrement établir la taxe susvisée, qui s'applique indistinctement aux véhicules dont le stationnement présente en fait le même caractère exceptionnel ; ... (Rejet).

OBSERVATIONS

1 En mai 1926, le maire et le conseil municipal de Chaumont-sur-Loire ont décidé de réglementer et de taxer le stationnement des voitures automobiles dans l'agglomération : les voitures des touristes venus pour visiter le château devaient être garées dans des lieux déterminés et faisaient l'objet d'une taxe si elles y séjournaient plus d'un quart d'heure. Quelques mois plus tard, un procès-verbal fut dressé à l'encontre d'un automobiliste, le sieur Despujol, pour infraction à ces dispositions réglementaires. L'intéressé forma alors devant le Conseil d'État deux requêtes, qui étaient dirigées, l'une contre les arrêtés du maire, l'autre contre la délibération du conseil municipal.

Ces deux requêtes ont fait l'objet d'une même décision ; la seconde était recevable, le délai de recours ayant été conservé par un recours administratif au préfet ; le Conseil l'a rejetée au fond, en considérant qu'en raison de leur nombre et de leur durée, les stationnements des voitures des touristes excédaient l'usage normal de la voie publique, et que le conseil municipal de Chaumont avait pu ainsi légalement les soumettre à la perception d'une taxe. Mais c'est le rejet de la première requête pour forclusion qui a donné à l'arrêt son importance et sa valeur de principe.

Le requérant avait attaqué les arrêtés du maire plus de deux mois après leur publication. Or les actes administratifs ne peuvent l'être pour excès de pouvoir que dans un délai de deux mois à compter de leur publication ou de leur notification. Passé ce délai, les intéressés n'ont pas la possibilité d'en demander l'annulation, et l'administration n'a en principe pas le droit de les rapporter (v. nos obs.

sous l'arrêt CE 26 oct. 2001, *Ternon**). Cette règle a pour objet d'assurer la sécurité des relations juridiques et la sauvegarde des droits acquis ; dans le cas des actes réglementaires, toutefois, son application rigoureuse peut présenter de sérieux inconvénients : il serait fâcheux, en effet, qu'un règlement, illégal dès l'origine, ou devenu illégal en raison d'une circonstance nouvelle, puisse demeurer indéfiniment en vigueur, et s'imposer sans restriction aux administrés, dès lors qu'il n'a pas été attaqué dans les deux mois suivant sa publication.

En l'espèce le sieur Despujol soutenait qu'une loi avait créé une situation juridique nouvelle lui ouvrant un nouveau délai de recours. Le Conseil d'État répond que, le champ d'application de cette loi ne couvrant pas les arrêtés contestés, elle n'a pu rouvrir le délai de recours contre eux. Mais, par un considérant de principe, il admet que les circonstances nouvelles permettent de demander l'abrogation ou la modification d'un règlement contre lequel le délai de recours est expiré, et, en cas de refus, d'attaquer celui-ci dans le nouveau délai de recours qu'il ouvre.

L'arrêt *Despujol* est le point de départ d'une jurisprudence mettant en œuvre la théorie du changement de circonstances dans les actes unilatéraux comme elle a pu l'être pour les contrats (10 janv. 1902, *Compagnie nouvelle du gaz de Deville-lès-Rouen** ; 30 mars 1916, *Compagnie du gaz de Bordeaux** ; 9 déc. 1932, *Compagnie des tramways de Cherbourg*, Rec. 1050, concl. Josse – v. n° 32.7).

Cette jurisprudence détermine *quelles circonstances nouvelles* peuvent conduire à remettre en cause un acte antérieur (I) et *quelle portée* peut leur être reconnue (II).

I. — La nature des circonstances nouvelles

2 Les circonstances dont le changement peut justifier qu'un acte administratif soit écarté peuvent être des *circonstances de fait* (A) autant que des *circonstances de droit* (B) ; – la différence entre les deux types de circonstances devant parfois être exactement établie (CE Sect. 2 juin 1999, *Meyet*, Rec. 160 – v. n° 98.12).

A. — Ce sont les *circonstances de fait* que considère le début de l'arrêt *Despujol*, à propos de celles « qui ont pu motiver légalement un règlement municipal » et auxquelles celui-ci, s'agissant de police, doit être exactement adapté (cf. nos obs. sous l'arrêt *Benjamin** du 19 mai 1933).

La matière des règlements de police a été pendant longtemps le principal terrain d'application des principes régissant les changements dans les circonstances de fait. Ces règlements ne peuvent porter aux libertés individuelles que les atteintes justifiées par les exigences de l'ordre public ; ces exigences sont contingentes ; elles dépendent étroitement des circonstances de temps et de lieu, de l'état des mœurs et de l'opinion, de la situation politique ; aussi l'évolution des circonstances peut-elle rendre inutile, et par suite illégale, une réglementation qui, à l'origine, était justifiée. C'est ce qu'a jugé le Conseil d'État, à propos d'arrêtés municipaux qui interdisaient les processions ou réglementaient les convois funèbres sur la voie publique ; ces arrêtés, pris en général au début du siècle, avaient pu être justifiés à l'origine, en raison des passions soulevées à l'époque par les problèmes de la religion et de la laïcité (v. CE 19 févr. 1909, *Abbé Olivier** et nos obs.) ; leur maintien devenait au contraire illégal à partir du moment où, les risques de trouble et de désordre ayant disparu, ces arrêtés n'étaient plus justifiés par les nécessités de l'ordre public (CE 25 janv. 1933, *Abbé Coiffier*, Rec. 100).

La jurisprudence *Despujol* a été appliquée également aux arrêtés préfectoraux fixant le jour de fermeture hebdomadaire des magasins : la validité de ces arrêtés est subordonnée à l'existence d'un accord intersyndical exprimant l'opinion de la majorité des intéressés ; si l'accord est ultérieurement dénoncé, ou si l'opinion de la majorité se modifie, le préfet est tenu de prendre un nouvel arrêté (CE 1er avr. 1936, *Syndicat des épiciers détaillants de Toulon*, Rec. 435).

3 Ces quelques applications pouvaient paraître constituer un maigre bilan. Un premier arrêt rendu le 10 janv. 1964 a montré que la source n'était pas tarie (Ass., *Ministre de l'agriculture c. Simonnet*, Rec. 19 ; RDP 1964.182, concl. Braibant et 455, note M. Waline ; AJ 1964.150, chr. Fourré et Puybasset ; D. 1964.414, note Touscoz ; JCP 1964.II.13574, note Blaevoet ; S. 1964.234, note J.M. Auby). En 1933, un décret avait réparti un contingent de production de rhum entre les sucreries de la Guadeloupe en fonction de leur activité au cours des années antérieures ; en 1956, ce décret était toujours en vigueur, alors qu'entre temps la production globale de sucre de l'île avait triplé et que l'activité des diverses entreprises avait évolué de façon très variable ; un industriel demanda que les règles de répartition du contingent soient modifiées en conséquence ; il déféra le refus du ministre de l'agriculture au tribunal administratif de Basse-Terre, qui lui donna satisfaction en appliquant la jurisprudence *Despujol* ; le ministre ayant fait appel, le Conseil d'État eut ainsi l'occasion de préciser les contours de cette jurisprudence.

Conformément aux conclusions du commissaire du gouvernement, l'arrêt étend l'obligation d'adapter les règlements à l'évolution des circonstances au domaine économique ; toutefois, comme, dans ce domaine, le gouvernement dispose de pouvoirs discrétionnaires, et que les situations de fait ne conditionnent pas étroitement et directement la validité des actes réglementaires, le Conseil a assorti le principe général de restrictions particulières ; allant plus loin dans ce sens que son commissaire du gouvernement, qui avait proposé de tenir compte de tout « changement important », il a posé l'exigence d'un véritable bouleversement, dans des termes qui rappellent ceux de l'arrêt du *Gaz de Bordeaux* : « en matière économique », la faculté ouverte par la jurisprudence *Despujol* est limitée « au cas où le changement des circonstances dans lesquelles la disposition litigieuse trouvait sa base légale a revêtu, pour des causes indépendantes de la volonté des intéressés, le caractère d'un bouleversement tel qu'il ne pouvait entrer dans les prévisions de l'auteur de la mesure et qu'il a eu pour effet de retirer à celle-ci son fondement juridique ». Ainsi la théorie de l'imprévision est en quelque sorte transposée du domaine des contrats dans celui des règlements. En l'espèce, le Conseil a jugé que les conditions qu'il posait n'étaient pas remplies, et il a admis en conséquence la validité du refus de modifier le règlement initial. L'arrêt, même s'il ouvre des perspectives nouvelles à la jurisprudence *Despujol*, apparaît ainsi comme assez restrictif.

Il a été confirmé par un arrêt du 26 avr. 1985, *Entreprises maritimes Léon Vincent* (Rec. 126 ; LPA 30 juill. 1986, note Moderne ; RA 1986.46, note Pacteau), non seulement « en matière économique », mais « plus généralement dans les matières où l'administration dispose de pouvoirs étendus pour adapter son action à l'évolution des circonstances de fait », et par un arrêt du 30 janv. 1987, *Gestin*, Rec. 22, « en matière fiscale ». Si un arrêt du 26 mars 1997, *Association française des banques*, (Rec. 110), ne parle pas de bouleversement, la formule se retrouve dans un arrêt du 12 juin 1998, *SARL Compagnie téléphonique* (Rec. 712 ; LPA 28 déc. 1999, concl. Maugüé).

L'arrêt du 2 juin 1999, *Meyet*, relève que le changement d'une situation de fait ne saurait empêcher d'appliquer la loi mais peut seulement conduire le législateur à la modifier. Il n'exclut pas qu'elles puissent éventuellement rendre la loi incompatible avec une convention internationale et donc conduire à l'écarter (en ce sens Cass. crim. 4 sept. 2001, *Amaury*, Bull. crim. n° 170, v. n° 98.12).

4 ***B.*** — Alors il y a un changement dans les *circonstances de droit*. C'est de celles-là que l'arrêt *Despujol* parle à propos de « la loi qui serait venue ultérieurement créer une situation juridique nouvelle », et qui ouvrirait un nouveau délai de recours pour excès de pouvoir – ce qu'il n'a pas admis en l'espèce.

Dans des arrêts ultérieurs, le Conseil d'État a encore rejeté les recours pour le motif que les textes invoqués n'avaient eu ni pour objet ni pour effet d'imposer une modification de la réglementation ou de priver cette dernière de sa base légale (par ex. 12 févr. 1954, *Soc. Roger Grima*, Rec. 97 ; – 3 juill. 1959, *Fédération des syndicats de marins*, Rec. 433) – ce qui paraissait donner à l'arrêt *Despujol* un destin plus limité encore pour les circonstances de droit que pour les circonstances de fait.

Le second arrêt du 10 janv. 1964 (Ass., *Syndicat national des cadres des bibliothèques*, Rec. 17 ; RDP 1964.459, concl. Questiaux) est venu démentir cette impression en reconnaissant pour la première fois positivement une situation juridique nouvelle créée par une nouvelle loi et en en tirant les conséquences. La loi du 19 oct. 1946 portant statut général des fonctionnaires imposait, pour le recrutement de certaines catégories d'emplois, l'organisation de concours distincts réservés « aux candidats fonctionnaires ayant accompli un certaine durée de services publics » ; dans la mesure où il méconnaissait ce principe, le décret du 16 mai 1952 portant statut particulier des bibliothécaires était illégal ; mais il était devenu définitif, faute d'avoir été attaqué dans le délai contentieux. L'ordonnance du 4 févr. 1959 a repris les dispositions de la loi de 1946, en les modifiant légèrement : le concours spécial doit être ouvert désormais « aux candidats fonctionnaires ou aux agents en fonctions » ; le Conseil d'État a estimé que l'adjonction de ces derniers mots avait créé une situation juridique nouvelle, permettant aux intéressés de demander la modification du décret de 1952.

Un autre exemple de situation juridique nouvelle née de l'adoption d'une loi a été donné par l'institution du pacte civil de solidarité : le pouvoir réglementaire doit en tirer toutes les conséquences, avec « les exigences inhérentes à la hiérarchie des normes et, en particulier, aux principes généraux du droit tels que le principe d'égalité » (CE Ass. 28 juin 2002, *Villemain*, RFDA 2002.723, concl. Boissard ; AJ 2002.586, chr. Donnat et Casas ; RDP 2003.447, note Guettier).

5 La reconnaissance nouvelle de la portée d'un principe général du droit peut à elle seule constituer un changement dans les circonstances de droit. Tel est l'un des apports de deux arrêts d'Assemblée du 22 janv. 1982, *Butin* (Rec. 27) et *Ah won* (Rec. 33 ; RDP 1982.816, note R. Drago et 822, concl. Bacquet ; AJ 1982.440, chr. Tiberghien et Lasserre ; D. 1983.IR.235, obs. P.D. ; JCP 1983.II.19968, note Barthélémy ; RA 1982.390, note Pacteau). Dans ces affaires le Conseil d'État était saisi, sur renvoi du juge judiciaire, de deux recours en appréciation de légalité de certaines dispositions du décret du 21 nov. 1933 fixant les règles de la procédure judiciaire en Océanie, décret pris par le président de la République sur le fondement de l'article 18 du sénatus-consulte du 3 mai 1854 qui lui permettait d'exercer le pouvoir législatif dans les colonies. Un des articles de ce règlement réservait aux seuls notables le droit d'être assesseurs de la Cour criminelle et en excluait les « domestiques » et « les serviteurs à gage ». Le Conseil d'État a jugé qu'aucune nécessité propre au territoire de la Polynésie française n'autorisait, depuis l'institution outre-mer d'un nouveau régime juridique par la Constitution du 27 octobre 1946, le maintien en vigueur dans ce territoire « de dispositions réglementaires qui dérogent aux principes généraux d'égalité devant la loi et d'égal accès aux fonctions publiques » et a déclaré illégaux les articles en cause du décret.

Ce faisant, il a aussi admis une nouvelle possibilité de mettre en œuvre la théorie du changement de circonstances.

II. — La portée des circonstances nouvelles

6 Les circonstances nouvelles ont des conséquences qui dépendent du *caractère des actes* auxquels elles se rapportent (A) et qui peuvent être tirées selon certaines *modalités* (B).

A. — L'arrêt *Despujol* considère uniquement le cas des *règlements*. Ce sont eux qui ont principalement fait l'objet de la jurisprudence ultérieure. Les règlements pouvant être modifiés à toute époque, les circonstances nouvelles survenues depuis leur adoption justifient logiquement leur modification.

Cette modification peut ne pas être immédiate mais doit intervenir dans un délai raisonnable : le changement de circonstances peut ne pas entraîner instantanément l'illégalité des règlements pris sur leur fondement ; mais le pouvoir réglementaire doit prendre en temps utile les mesures assurant la conformité des règlements aux nouvelles données. Ainsi, « dans le cas du pacte civil de solidarité, cette obligation impose au pouvoir réglementaire de mettre à jour l'ensemble des textes qui ouvrent des droits, créent des avantages ou, plus généralement, fixent une règle en se fondant sur la qualité de célibataire, de concubin, ou de conjoint, de manière à rapprocher, en fonction de l'objet de chacun de ces textes, la situation du signataire d'un pacte civil de solidarité de celle applicable à l'une des trois catégories énumérées ci-dessus » ; en appliquant encore pendant un certain temps les règlements en vigueur, l'administration ne commet pas d'illégalité ; mais « l'abstention du pouvoir réglementaire, si elle se prolongeait au-delà (d'un) délai raisonnable serait entachée d'illégalité » (CE 26 juin 2002, *Villemain*, précité).

Le cas des *actes non réglementaires* est différent, notamment en ce qu'ils sont susceptibles de créer des droits. C'est cette considération qui détermine le régime de leur abrogation et de leur retrait (v. nos obs. sous l'arrêt *Ternon** du 26 oct. 2001). C'est elle aussi qui commande les effets que peuvent avoir sur eux des circonstances nouvelles.

Elles ne peuvent concerner les actes non réglementaires *créateurs de droits*. Par exemple une nomination prononcée dans les conditions prévues par un texte ne peut être remise en cause si un nouveau texte modifie les conditions de nomination.

En revanche, pour les actes non réglementaires *non créateurs de droits*, la théorie du changement de circonstances peut jouer. Le Conseil d'État l'a admise pour des actes particuliers qui, n'étant ni réglementaires ni individuels, ne peuvent créer de droits, comme c'est le cas des déclarations d'utilité publique (CE Sect. 25 mai 1979, *Mme Bayret*, Rec. 239 ; JCP 1980.II.19277, concl. Genevois). Il considère, pour eux, que des changements dans les circonstances de droit ou de fait permettent à l'administration de revenir sur sa décision (CE Ass. 8 janv. 1971, *Union pour le recouvrement des cotisations de sécurité sociale et d'allocations familiales des Alpes-maritimes*, Rec. 11, concl. Vught ; AJ 1971.161, note Ferrari) et même l'y obligent si les intéressés le demandent (CE Sect. 30 nov. 1990, *Association « Les Verts »*, Rec. 339 – v. n° 97.7).

7 ***B.*** — Il ouvre ainsi aux administrés des *modalités* permettant de surmonter l'irrecevabilité résultant de l'expiration du délai de recours contre l'acte qui avait été adopté sous l'empire de circonstances antérieures. Les nouvelles circonstances leur permettent de le remettre en cause par voie d'*action* (1°) et aussi par voie d'*exception* (2°).

1°) L'arrêt *Despujol* n'envisage que le *recours contre l'acte* affecté par les circonstances nouvelles. Il admet que l'intervention d'une nouvelle loi permet à tout intéressé, dans un délai de deux mois à compter de celle-ci, d'attaquer le règlement initial. L'arrêt *Syndicat national des cadres des bibliothèques* du 10 janv. 1964, précité, a nuancé cette solution. Il considère que l'intervention de la loi nouvelle donne aux intéressés la faculté de demander non pas l'annulation du règlement lui-même, mais seulement sa modification pour l'avenir ; cette solution, qui avait déjà été amorcée dans certaines décisions antérieures, est logique : la légalité d'un acte doit en effet s'apprécier à la date à laquelle il a été pris, et des circonstances postérieures, qu'elles soient de droit ou de fait, ne peuvent affecter rétroactivement sa validité initiale. La demande, selon l'arrêt *Despujol*, n'est recevable et fondée que si elle est présentée dans un délai de deux mois à partir de la publication d'une loi créant une situation juridique nouvelle.

Cette exigence est aujourd'hui dépassée, au moins pour les règlements. D'une part, l'arrêt *Villemain* révèle que la loi créant une situation juridique nouvelle n'entraîne pas immédiatement l'illégalité des règlements en vigueur mais peut laisser courir un délai raisonnable dont l'issue n'est pas exactement déterminable ; et les circonstances de fait ne peuvent faire, par elles-mêmes, courir de délai dans lequel devrait être demandée l'abrogation de l'acte contesté.

D'autre part, selon l'arrêt *Compagnie Alitalia** du 3 févr. 1989, les intéressés peuvent à toute époque demander l'abrogation d'un règlement illégal soit dès l'origine soit par suite d'un changement de circonstances : ce changement ne peut faire courir un délai pour demander l'abrogation du règlement qu'il a rendu illégal.

8 *2°)* L'*exception d'illégalité* permet également d'écarter un acte à l'occasion de son application, alors qu'il n'a pas été lui-même attaqué dans le délai de recours.

Elle a depuis longtemps été admise à l'encontre des règlements illégaux dès leur origine (CE 29 mai 1908, *Poulin*, Rec. 580) : à toute époque, il reste possible de se prévaloir de leur illégalité pour contester les mesures auxquelles ils servent de fondement.

La solution était moins évidente pour les règlements qui, légaux au moment de leur adoption, n'apparaissent illégaux qu'à la suite de circonstances de droit ou de fait nouvelles. On aurait pu considérer qu'ils ne pouvaient être écartés que par une abrogation prononcée par l'administration soit de sa propre initiative soit à la demande d'un administré.

Dans les arrêts du 22 janv. 1982, *Butin* et *Ah Won*, précités, le Conseil d'État a admis que cela n'est pas nécessaire : un règlement devenu illégal par suite d'un changement de circonstances peut faire l'objet d'une exception d'illégalité. Cela permet de ne pas l'appliquer, même s'il n'est pas expressément abrogé.

Un avis contentieux (Sect. du 23 avr. 1997, *Préfet de la Manche c. Société Nouvelle Entreprise Henry*, Rec. 153 ; DA 1997, n° 201, obs. Lavialle), sans parler d'illégalité, considère que des dispositions réglementaires devenues « incompatibles avec les dispositions » d'une loi nouvelle « ne peuvent plus recevoir application à compter de l'entrée en vigueur de celles-ci ».

C'est encore une illustration de la théorie du changement de circonstances.

45

LIBERTÉ DU COMMERCE ET DE L'INDUSTRIE CONCURRENCE ENTRE PERSONNES PUBLIQUES ET ENTREPRISES PRIVÉES

CE Sect. 30 mai 1930, CHAMBRE SYNDICALE DU COMMERCE EN DÉTAIL DE NEVERS, Rec. 583

(RDP 1930.530, concl. Josse ;
S. 1931.3.73, concl. Josse, note Alibert)

Cons. que si, en vertu de l'art. 1er de la loi du 3 août 1926, qui l'autorisait à apporter tant aux services de l'État qu'à ceux des collectivités locales, toutes réformes nécessaires à la réalisation d'économies, le président de la République a pu légalement réglementer, dans les conditions qui lui ont paru les plus conformes à l'intérêt des finances communales, l'organisation et le fonctionnement des régies municipales, les décrets des 5 nov. et 28 déc. 1926, par lesquels il a réalisé ces réformes, n'ont eu ni pour objet, ni pour effet, d'étendre en matière de créations de services publics communaux, les attributions conférées aux conseils municipaux par la législation antérieure ; *que les entreprises ayant un caractère commercial restent, en règle générale, réservées à l'initiative privée et que les conseils municipaux ne peuvent ériger des entreprises de cette nature en services publics communaux que si, en raison de circonstances particulières de temps et de lieu, un intérêt public justifie leur intervention en cette matière ;*

Cons. que l'institution d'un service de ravitaillement destiné à la vente directe au public constitue une entreprise commerciale et qu'aucune circonstance particulière à la ville de Nevers ne justifiait la création en 1923 et le maintien au cours des années suivantes d'un service municipal de cette nature dans ladite ville ; que le sieur Guin est dès lors fondé à soutenir qu'en refusant de déclarer nulles de droit les délibérations par lesquelles le conseil municipal de Nevers a organisé ce service, le préfet de la Nièvre a excédé ses pouvoirs ;... (Annulation).

OBSERVATIONS

1 Par plusieurs délibérations prises en 1925, 1926 et 1927, le conseil municipal de Nevers avait autorisé le maire à créer un service municipal de ravitaillement en denrées de toutes sortes. Cette entreprise avait été concédée. La municipalité espérait ainsi enrayer la montée du coût de la vie. Saisi des plaintes des commer-

çants, le préfet avait refusé de déclarer nulles de droit les délibérations du conseil municipal. Son refus fut déféré au Conseil d'État.

La jurisprudence n'avait admis jusqu'alors l'érection en service public par les collectivités locales de certaines activités commerciales ou industrielles que s'il n'y avait aucun autre moyen de satisfaire les besoins de la population.

Or deux textes de 1926 manifestaient le désir du gouvernement de favoriser à l'avenir les interventions économiques des communes. Le décret du 28 déc. 1926, notamment, disposait que « les communes et les syndicats de communes peuvent être autorisés à exploiter directement des services d'intérêt public à caractère industriel et commercial » et que « sont considérées comme industrielles et commerciales les exploitations susceptibles d'être gérées par des entreprises privées... par application de la loi du 2-17 mars 1791 ».

Il n'était pas douteux que les auteurs des textes de 1926 aient voulu développer les interventions communales. Quelques extraits des rapports au président de la République levaient toute hésitation à ce sujet. Le commissaire du gouvernement Josse cita même un passage du rapport précédant le décret du 28 déc. 1926 d'après lequel la jurisprudence « en dépit de son évolution » demeurait encore « en arrière des nécessités actuelles ». La façon dont il écarta l'argument que constituaient en faveur de la position de l'administration les travaux préparatoires, est assez caractéristique des méthodes d'interprétation du Conseil d'État : « D'une part l'idée que les auteurs du décret se sont fait de votre jurisprudence n'était peut-être pas très exacte... D'autre part et surtout, quels que soient les désirs des rédacteurs du décret, les textes ne permettent pas de conclure à une modification profonde des principes déjà posés par vous... L'expression « services d'intérêt public » est la confirmation éclatante de l'œuvre jurisprudentielle. Donc, d'après le texte même, dans tous les domaines énumérés par les décrets, l'intervention municipale ne sera légale que si un intérêt public la rend légitime... Que l'intérêt public puisse être entendu plus largement qu'autrefois, d'accord, mais nous sommes fondés à conclure que les décrets de 1926 ne dérogent pas aux principes ».

Le Conseil d'État appliqua effectivement aux faits de l'espèce les principes qui régissaient sa jurisprudence avant la publication des décrets, et, constatant que la ville de Nevers n'invoquait aucune circonstance particulière (coalition, spéculation...) mais seulement la lutte contre la vie chère, il annula les délibérations attaquées. La même solution fut appliquée peu après à une délibération par laquelle le conseil municipal de Draguignan avait organisé et concédé un service de représentations cinématographiques, parce qu'« il n'existait aucune circonstance particulière pouvant faire regarder l'exploitation d'un cinématographe comme ayant un caractère d'intérêt public municipal » (27 févr. 1931, *Giaccardi*, Rec. 225 ; S. 1931.3.73, note Alibert).

Cette jurisprudence est très marquée par le contexte économique et social dans lequel elle a été rendue.

Depuis lors, l'évolution de la société a comporté un double mouvement : elle a d'abord été favorable à une extension des initiatives publiques dans le domaine industriel et commercial ; mais aussi elle a permis de les admettre à condition qu'elles s'exercent à égalité avec les initiatives privées.

En schématisant, on peut dire qu'on est passé de l'interdiction à la liberté (I) et de la liberté à l'égalité (II).

I. — De l'interdiction à la liberté

2 L'interdiction des initiatives publiques dans des domaines où s'exercent des activités privées tient principalement, outre les risques financiers qu'elles font courir aux collectivités publiques, au principe de liberté du commerce et de l'industrie dont bénéficient les entreprises privées, et à sa variante, le principe de liberté de concurrence. En intervenant dans des domaines relevant normalement de l'initiative privée, les personnes publiques limitent d'autant les possibilités de celles-ci ; elles leur prennent des parts de marché ; elles réduisent leur activité.

Le principe de liberté du commerce et de l'industrie, qui interdit aux pouvoirs publics de limiter les activités industrielles et commerciales des personnes privées par voie de prescriptions (v. CE 22 juin 1951, *Daudignac** et nos obs.) leur interdit aussi de les limiter par des prestations venant les concurrencer. La liberté pour les personnes privées a pour corollaire l'interdiction pour les personnes publiques.

Ainsi ont été censurées aussi bien l'exploitation d'activités industrielles et commerciales par l'État (CE Sect. 13 nov. 1953, *Chambre syndicale des industries et du commerce des armes, munitions et articles de chasse*, Rec. 487 ; D. 1954. 553, note Reuter), ou les collectivités locales (CE 4 juill. 1984, *Département de la Meuse c/ Poilera*, RDP 1985. 199, note de Soto ; RFDA 1985. 58, note Douence), que les aides publiques accordées à des professionnels pour l'exercice de leur activité (CE 29 mars 1901, *Casanova** : traitement accordé par une commune à un médecin pour soigner gratuitement les habitants ; 6 mars 1914, *Syndicat de la boucherie de la ville de Châteauroux*, Rec. 308 : « subventions sur les fonds communaux à une entreprise privée pour la favoriser dans la concurrence qu'elle soutient contre les autres commerçants de la localité ».

Cette rigueur a cédé devant la nécessité d'agir dans certaines circonstances (A) et même la possibilité d'agir en toutes circonstances (B).

3 ***A.*** — Pour admettre la création d'un service public en un domaine relevant normalement de l'initiative privée en raison de *certaines* *circonstances*, la jurisprudence n'avait retenu dans l'arrêt *Casanova**, du 29 mars 1901, que *« des circonstances exceptionnelles »* — formule qui renvoie à des événements aussi graves que la guerre (v. CE 28 juin 1918, *Hevriès** ; 28 févr. 1919, *Dames Dol et Laurent**, et nos obs.)

L'arrêt *Chambre syndicale du commerce en détail du Nevers* constitue un premier assouplissement puisqu'il se contente *« de circonstances particulières de temps et de lieu »* — formule que l'on retrouve à propos des mesures de police (v. CE 19 mai 1933, *Benjamin** ; 22 juin 1951, *Daudignac**, et nos obs.).

4 *1°)* Il s'agit principalement de l'*absence ou de l'insuffisance*, quantitative ou qualitative, *de l'initiative privée* pour répondre à des besoins de la population. Mais la condition de carence de l'initiative privée et la conception des besoins à satisfaire ont été assouplies et élargies. Elles ne couvrent plus seulement, comme dans les années 1930, les commerces d'alimentation ou la constitution de sociétés de gestion immobilière chargées de la construction et de l'exploitation d'immeubles pour combattre la crise du logement (CE Sect. 22 nov. 1935, *Chouard et autres*, Rec. 1080 ; S. 1936. 3. 9, note Bonnard).

En matière de spectacles, le Conseil d'État a admis la création de théâtres municipaux, en vue d'« assurer un service permanent de représentations théâtrales de qualité, d'après un répertoire établi avec le souci de choisir et de varier les spectacles, en faisant prédominer les intérêts artistiques sur les intérêts commerciaux de l'exploitation » (21 janv. 1944, *Léoni*, Rec. 26), ou même pour « mettre à la disposition de la population de larges possibilités de distraction en plein air » (Sect. 12 juin 1959, *Syndicat des exploitants de cinématographes de l'Oranie*, Rec. 363 ; D. 1960. 402, note Robert ; AJ 1960.II.85, concl. Mayras). De même ont été admises la création d'un terrain de camping dans une station balnéaire (Sect. 17 avr. 1964, *Commune de Merville-Franceville*, Rec. 251 ; AJ 1964. 288, chr. Fourré et Puybasset ; RA 1965. 31, note Liet-Veaux), l'ouverture d'un cabinet dentaire municipal (Sect. 20 nov. 1964, *Ville de Nanterre*, Rec. 563 ; AJ 1964.686, chr. Puybasset et Puissochet ; RA 1965.31, note Liet-Veaux), la réalisation d'une piscine municipale pour « améliorer l'équipement en piscine de la ville » (CE Sect. 23 juin 1972, *Société La plage de la forêt*, Rec. 477 ; RDP 1972.1259, concl. A. Bernard ; AJ 1972.452. chr. Labetoulle et Cabanes), la construction d'un bâtiment à usage de commerce d'alimentation, bar, restaurant, ce qui permettait « l'organisation des repas collectifs et des réunions que comportait normalement la vie administrative et sociale de ce chef-lieu de canton et de contribuer à l'animation de la vie locale », en palliant les défaillances dues au mauvais état d'entretien et les interruptions de fonctionnement de l'unique hôtel-café-restaurant existant (CE 25 juill. 1986, *Commune de Mercœur c. Morand*, DA 1986, n° 489).

5 *2°)* Un service public industriel et commercial peut être aussi exploité par une collectivité publique dans la mesure où il constitue le *prolongement, temporel ou matériel, d'un service existant.*

La recherche de l'équilibre financier a pu justifier le maintien, au moins pendant le temps nécessaire pour amortir les frais d'établissement, d'un service économique dont la création avait été justifiée par des « circonstances particulières », alors même que ces circonstances avaient disparu : tel fut le cas du maintien des boucheries municipales créées à Millau en 1927 pour lutter contre une hausse excessive des prix (23 juin 1933, *Lavabre*, Rec. 677 ; S. 1933. 3. 81, concl. Rivet, note Alibert ; RDP 1934. 280, concl. Rivet). Dans le même sens, l'arrêt d'Assemblée *Zénard* (24 nov. 1933, Rec. 1100 ; S. 1934. 3. 105, concl. Detton, note Mestre ; D. 1936.3.33, concl. Detton, note P.L.J.) a été plus net encore. A. Mestre observait très justement à ce sujet que l'intérêt public avait absorbé l'intérêt économique.

D'un prolongement temporel, on passe à un prolongement permanent pour des activités s'ajoutant utilement à celles dont l'exploitation par les personnes publiques est justifiée à titre principal.

Les communes pouvaient ainsi, au-delà du monopole des pompes funèbres que leur attribuait la loi, assurer des prestations funéraires complémentaires (CE Sect. 10 févr. 1988, *Mézy*, Rec. 53 ; D. 1988. SC. 263 obs. Llorens). Elles peuvent compléter un parc de stationnement par une station-service (CE Sect. 18 déc. 1959, *Delansorme*, Rec. 692 ; AJ 1960. II. 213, concl. Mayras, D. 1960. 371, note Lesage), un commerce d'alimentation par un bar-restaurant (CE 25 juill. 1986, *Commune de Mercœur c. Morand*, précité).

Les mêmes solutions se retrouvent pour les autres personnes publiques (CE Ass. 27 févr. 1942, *Mollet*, Rec. 64 ; S. 1942.3.41, note P.L. : création de la cité universitaire de Paris, qui constitue « le complément du service public de l'enseignement » ; — Sect. 14 oct. 1955, *Association des concerts Colonne et autres*, Rec. 483 ; AJ 1955. 426, concl. Heumann ; AJ 1955. II bis. 23, chr. Long : exploitation de l'orchestre national par la radiodiffusion française, en dehors des émissions radiophoniques, en concert public ; — 23 juin 1965, *Société aérienne de recherches minières*, Rec. 380 : location de matériel de photographie aérienne par l'Institut géographique national ; — 4 juill. 1973, *Syndicat national des entreprises de diffusion*, Rec. 462 ; D. 1973. 743, note G.W. ; Gaz. Pal. 1974. I. 61, note Moderne : extension des activités de la poste au transport et à la distribution d'objets n'entrant pas dans le monopole postal).

6 La question de l'extension des activités publiques se pose pour les entreprises publiques : créées par la loi pour un objet donné, peuvent-elles aller au-delà ? Ce n'est pas seulement au regard du principe de liberté du commerce et de l'industrie mais aussi en considération du principe de spécialité que la réponse doit être donnée. Le Conseil d'État a considéré, dans un avis du 7 juill.

1994, à propos d'EDF-GDF (EDCE 1994, n° 46, p. 409 ; RFDA 1994. 1156, note Rodrigues ; G. Av. n° 31), que « ... *la personne morale, dont la création a été justifiée par la mission qui lui a été confiée, n'a pas de compétence générale au-delà de cette mission. Il n'appartient pas à l'établissement d'entreprendre des activités extérieures à cette mission ou de s'immiscer dans de telles activités* ». Cela n'interdit pas à l'établissement public « *d'exercer des activités qui sont le complément de sa mission et qui présentent un intérêt direct pour l'amélioration des conditions d'exercice de celles-ci* » (avis rendu à propos de la RATP le 15 juill. 1992 EDCE 1992, n° 44, p. 435). Il peut se livrer à d'autres activités économiques à condition qu'elles « *soient techniquement et commercialement le complément normal de sa mission statutaire principale* » et qu'elles « *soient à la fois d'intérêt général et directement utiles à l'établissement public* » (7 juill. 1994, précité).

7 ***B.*** — L'intérêt public peut également justifier des initiatives publiques *en toutes circonstances*. Il n'est plus nécessaire alors de constater la carence de l'initiative privée ; l'existence de celle-ci ne saurait empêcher l'intervention publique.

1°) Les pouvoirs publics doivent être à même d'intervenir sur les objets inhérents à leur rôle.

Il peut être lié à la police. C'est à cette considération que se rattache la jurisprudence admettant l'ouverture, par les communes, de bains-douches et de lavoirs pour améliorer « le fonctionnement du service public de l'hygiène » (CE Ass. 19 mai 1933, *Blanc*, Rec. 540 ; S. 1933. 3. 81, note Alibert ; — Ass. 12 juill. 1939, *Chambre syndicale des maîtres buandiers de Saint-Étienne*, Rec. 478 ; D. 1940. 3. 1., note Josse), de restaurants économiques au titre de l'assistance aux indigents (CE Ass. 19 févr. 1943, *Ricordel*, Rec. 43), des parcs de stationnement dans l'intérêt de la circulation (CE Sect. 18 déc. 1959, *Delansorme*, précité).

D'autres interventions sont justifiées, indépendamment de toute idée de police, par leur nature proprement administrative. Le principe de liberté du commerce ou de l'industrie ne peut s'y opposer. C'est ce qui a été jugé notamment pour l'ouverture d'un service de consultations juridiques gratuites (CE Sect. 23 déc. 1970, *Préfet du Val d'Oise et ministre de l'intérieur c. commune de Montmagny*, Rec. 788 ; RDP 1971. 248, concl. Kahn ; AJ 1971. 153, chr. Labetoulle et Cabanes), pour la réalisation d'un lotissement destiné à pourvoir aux besoins de logement de la population, (27 oct. 1971, *Delle Degraix*, Rec. 632).

De même, dès lors « *que la mise à disposition et la diffusion de textes, décisions et documents juridiques..., dans des conditions adaptées à l'état des techniques, s'appliquant, sans exclusive ni distinction, à l'ensemble de ces textes, décisions et documents — et notamment de ceux dont la diffusion ne serait pas économiquement viable — et répondant aux exigences d'égalité d'accès, de neutralité et d'objectivité découlant du caractère de ces textes, constituent, par nature, une mission de service public au bon accomplissement de laquelle il appartient à l'État de veiller »*, le gouvernement a pu par décret *« organiser le service public des bases de données juridiques ainsi défini »* (CE 17 déc. 1997, *Ordre des avocats à la Cour de Paris*, Rec. 491 ; AJ 1998. 362 concl. Combrexelle, et 369, note Nouël ; CJEG 1998. 105, concl. Combrexelle ; D. 1998. 591, note Jorion). L'arrêt prend soin de relever que *« le décret attaqué ne fait pas obstacle à la création et à la diffusion, à des fins commerciales, de bases de données juridiques »*, pour en déduire *« qu'il n'est, dès lors, pas intervenu en méconnaissance de la liberté du commerce et de l'industrie »*.

8 *2°)* Au-delà de la particularité de l'objet de certains services, les collectivités publiques peuvent encore directement concurrencer les entreprises privées à deux titres.

Elles ont toujours pu produire pour elles-mêmes les prestations dont elles ont besoin, sans recourir au marché (au sens économique) ni passer de marché (au sens juridique) (CE Sect. 27 juin 1930, *Bourrageas et Moullot*, Rec. 659 : une commune peut instituer un service spécial chargé de grouper les achats de papier et de fournitures de bureau dont elle a besoin et faire procéder par ses propres agents aux travaux d'imprimerie nécessaires au fonctionnement de ses services ; — 29 avr. 1970, *Société Unipain*, Rec. 280 ; AJ 1970. 340, concl. Braibant ; RDP 1970. 423, note M. Waline : une boulangerie militaire peut fournir du pain à des établissements pénitentiaires). La Cour de justice des communautés européennes admet, dans le même sens, qu'une collectivité publique peut, sans observer les règles d'attribution des marchés publics, passer commande à une personne sur laquelle elle exerce un contrôle analogue à celui qu'elle exerce sur ses propres services et qui réalise l'essentiel de son activité pour elle (18 nov. 1999, *Teckal Srl c/ Comune de Viano*, aff C-107/98, Rec. I. 8121 ; BJCP 2000. 43, concl. Cosmas), formule qui a inspiré celle de l'article 3-1er du nouveau code des marchés publics. Si les collectivités publiques font ici concurrence aux entreprises privées, c'est seulement en agissant pour elles-mêmes.

9 Elles peuvent aussi agir pour d'autres collectivités publiques, en se portant candidates à l'attribution de leurs contrats (marchés ou conventions de délégation de service public), comme les entreprises privées et en concurrence avec elles.

Le Conseil d'État a d'abord considéré que ne devaient être observées que les règles de mise en compétition imposées par le droit communautaire des marchés publics (Sect. 20 mai 1998, *Communauté de communes du Piémont-de-Barr, Service des eaux et de l'assainissement du Bas-Rhin*, Rec. 202, concl. Savoie – v. n° 93.11)

Plus généralement il a admis *« que le principe de la liberté du commerce et de l'industrie ne fait pas obstacle, par lui-même, à ce qu'un établissement public se porte candidat à l'obtention d'une délégation de service public proposée par une collectivité territoriale* (16 oct. 2000, *Compagnie méditerranéenne d'exploitation des services d'eau*, Rec. 422 ; BJCP 2001. 105 et RFDA 2001. 106, concl. Bergeal ; AJ 2001. 662, note Treppoz) ; « *aucun texte ni aucun principe n'interdit en raison de sa nature, à une personne publique, de se porter candidate à l'attribution d'un marché public ou d'un contrat de délégation de service public* » (Sect., avis contentieux, 8 nov. 2000, *Société Jean-Louis Bernard Consultants*, Rec. 492, BJCP 2001. 111 et RFDA 2001. 112, concl. Bergeal ; AJ 2000. 987, chr. Guyomar et Collin ; CJEG 2001. 58, note Degoffe et Dreyfus ; CMP 2001, nº 2, p. 4, comm. Eckert ; CTI janv. 2001, comm. Célérier ; DA 2001, nº 4, chr. Laidié).

La possibilité pour les personnes publiques de prendre de telles initiatives les met à égalité avec les entreprises privées.

II. — De la liberté à l'égalité

10 L'interdiction qui, pendant longtemps, a pesé sur les personnes publiques, d'exercer ou de soutenir des activités industrielles et commerciales, était liée autant à l'inégalité que leur statut risque d'introduire à leur profit au détriment des entreprises, qu'à la délimitation de la sphère publique : les avantages de la puissance publique, en faussant la concurrence, défavorisent l'initiative privée.

Mais, si les personnes publiques y renoncent, la concurrence se trouve rétablie.

C'est donc en raison de *l'égalité des conditions d'intervention* des collectivités publiques que celles-ci peuvent concurrencer les entreprises privées (A). C'est même pour rétablir l'égalité qu'elles peuvent aussi obtenir ou accorder certaines aides (B).

A. — La considération de *l'égalité des conditions* dans lesquelles les collectivités publiques interviennent par rapport aux entreprises privées a contribué à la reconnaissance de la légalité de certains services. La jurisprudence a relevé, non seulement qu'ils répondaient à des besoins, mais qu'ils étaient rendus à des tarifs comparables à ceux de sociétés privées ayant les mêmes activités (CE 23 juin 1965, *Société aérienne de recherches minières*, précité).

Plus nettement encore, cette égalité est devenue une condition même de la légalité des interventions publiques concurrençant l'initiative privée.

Elle a été affirmée par des textes. L'ordonnance du 1er déc. 1986 relative à la liberté des prix et de la concurrence dispose, dans son article 53 (repris par l'article L. 410-1 du nouveau code de commerce), qu'elle s'applique à « *toutes les activités de production, de distribution et de services, y compris celles qui sont le fait de personnes publiques, notamment dans le cadre de conventions de* *délégation de service public »* (v. nos obs. sous CE 3 nov. 1997, *Société Million et Marais**). L'article 90-2 du traité de Rome (devenu art. 86-2 depuis le traité d'Amsterdam) stipule que *« les entreprises chargées de la gestion de services d'intérêt économique général... sont soumises aux règles du présent traité, notamment aux règles de concurrence... »*, l'article 92-1 (devenu 87-1) déclare *« incompatibles avec le marché commun, dans la mesure où elles affectent les échanges entre États membres, les aides accordées par les États ou au moyen de ressources d'État sous quelque forme que ce soit qui faussent ou qui menacent de fausser la concurrence en favorisant certaines entreprises ou certaines conditions »*.

La jurisprudence veille au respect de l'égalité de concurrence par les opérateurs publics (ainsi à propos de la continuation de la distribution de produits d'assurances par les agents du Trésor : CE 28 mars 2001, *Fédération nationale des syndicats d'agents généraux d'assurances*, D. 2002.630, note Charbit). En même temps qu'il a expressément admis la possibilité pour une personne publique d'être candidate à l'attribution d'un contrat public (8 nov. 2000, *Société Jean-Louis Bernard Consultants*, précité), le Conseil d'État a observé que les obligations fiscales et sociales auxquelles elle est soumise dans cette hypothèse sont comparables à celles des entreprises privées. Plus généralement, *« pour que soient respectés tant les exigences de l'égal accès aux marchés publics que le principe de liberté de la concurrence qui découle notamment de l'ordonnance du 1er décembre 1986, l'attribution d'un marché public ou d'une délégation de service public à un établissement public administratif suppose, d'une part, que le prix proposé par cet établissement public administratif soit déterminé en prenant en compte l'ensemble des coûts directs et indirects concourant à la formation du prix de la prestation objet du contrat, d'autre part, que cet établissement public n'ait pas bénéficié, pour déterminer le prix qu'il a proposé, d'un avantage découlant des ressources ou des moyens qui lui sont attribués au titre de sa mission de service public et enfin qu'il puisse, si nécessaire, en justifier par ses documents comptables ou tout autre moyen d'information »*. Tel a bien été le cas dans l'espèce (TA Dijon 20 févr. 2003, AJ 2003 ; DA 2003, n° 102, note Bazex et Blazy).

11 ***B.*** — Certaines aides peuvent être destinées à *rétablir l'égalité.*

Des textes en permettent l'octroi dans des conditions liées à l'intérêt général (loi du 2 mars 1982, reprise aux articles L. 1511-1 et s., L. 2251-1 et s., L. 3231-1 et s., L. 4523-1 et s. du code général des collectivités territoriales ; art. 93, alinéa 3 du traité de Rome, devenu art. 88 al. 3).

La jurisprudence veille à leur respect (par ex. CE Sect. 3 nov. 1997, *Commune de Fougerolles*, Rec. 391 ; CJEG 1998. 16 et RFDA 1998. 12, concl. Touvet ; AJ 1997. 1010, note Richer ; D. 1998. 131, note Davignon ; DA 1997, n° 222, obs. R.S. ; JCP 1998 éd. G.

II. 10007, note Piastra ; éd. E, n° 7-8, p. 270, note Chouvel ; éd. N., n° 3, p. 64, note Bardon).

Les contraintes pesant spécialement sur les services publics, et que ne subissent pas les entreprises privées, peuvent être compensées.

La jurisprudence communautaire a ainsi admis que La Poste bénéficie d'un abattement égal à 85 % de ses bases d'imposition *« en raison des contraintes de desserte de l'ensemble du territoire national et de participation à l'aménagement du territoire qui s'impose à cet exploitant »* : l'avantage fiscal n'est que la contrepartie des surcoûts pesant sur elle. Loin d'être contraire aux règles de la concurrence, il permet de rétablir l'égalité de concurrence avec les entreprises privées qui ne subissent pas les mêmes contraintes (TPI 27 févr. 1997, *Fédération française des sociétés d'assurances*, aff. T. 106-95, Rec. II. 229 ; CJCE 25 mars 1998, aff. C-174/97, Rec. I. 1303).

La Cour de justice admet l'attribution de droits exclusifs à des entreprises chargées de la gestion de services d'intérêt économique général : ainsi le service des postes, *« service d'intérêt économique général consistant dans l'obligation d'assurer la collecte, le transport et la distribution, au profit de tous les usagers, sur l'ensemble du territoire concerné, à des tarifs uniformes et à des conditions de qualité similaire, sans égard aux situations particulières et au degré de rentabilité économique de chaque opération individuelle »*, peut bénéficier de droits exclusifs limitant voire excluant la concurrence d'autres entreprises (CJCE 19 mai 1993, *Corbeau*, aff. C-320/91, Rec. 2533 ; AJ 1993. 865, note Hamon). Il en va de même pour une entreprise devant *« assurer la fourniture ininterrompue d'énergie électrique, sur l'intégralité du territoire concédé, à tous les consommateurs, distributeurs locaux ou utilisateurs finals, dans les quantités demandées à tout moment, à des tarifs uniformes et à des conditions qui ne peuvent varier que selon les critères objectifs applicables à tous les clients »* (CJCE 27 avr. 1994, *Commune d'Almelo*, aff. C-393/92, Rec. 483 ; CJEG 1994. 623, concl. Darmon, note Figuet ; AJ 1994. 637, note Hamon). C'est ce qui a permis de justifier les droits exclusifs d'importation et d'exportation accordés en France à EDF et GDF (CJCE 23 oct. 1997, *Commission c. France*, aff. C-159/94, Rec. I. 5815 AJ 1997. 991, note Hamon ; CJEG 1998. 43, notes Lombart et Blanchard). Mais l'exclusion de la concurrence ne se justifie plus pour des services dissociables du service d'intérêt économique général et ne mettant pas en cause l'équilibre économique de celui-ci *(Corbeau)*.

Au principe de non-concurrence des entreprises privées par les personnes publiques retenu par l'arrêt *Chambre de commerce en détail de Nevers**, l'évolution législative et jurisprudentielle, tant en droit administratif qu'en droit communautaire, aboutit à substituer aujourd'hui celui de l'égale concurrence entre personnes publiques et entreprises privées.

46

DOMAINE PUBLIC - UTILISATION

CE Sect. 29 janv. 1932, SOCIÉTÉ DES AUTOBUS ANTIBOIS, Rec. 117

(S. 1932.3.65, note P.L. ;
D. 1932.3.60, concl. R. Latournerie, note Blaevoet ;
RDP 1932.505, concl. R. Latournerie)

Sur la légalité de l'arrêté attaqué – Sans qu'il soit besoin de statuer sur les autres moyens de la requête : – Cons. qu'aux termes de l'arrêté du maire de Cannes du 14 févr. 1927, il est interdit à toute voiture de transports en commun de stationner ainsi que de s'arrêter ou même de ralentir en cours de route pour prendre ou laisser des voyageurs dans l'agglomération de Cannes sans autorisation du maire ; qu'il résulte des termes mêmes de cet arrêté, dont le sens d'ailleurs est précisé par les observations présentées au nom de la ville de Cannes, que le maire ne s'est pas borné à spécifier que les entrepreneurs de transports en commun recevraient sur leur demande une autorisation qui déterminerait les points d'arrêt ou de stationnement de leurs voitures, mais qu'il a entendu interdire d'une façon générale auxdits entrepreneurs, sauf autorisation qu'il se réserve d'accorder ou de refuser discrétionnairement, de prendre ou laisser des voyageurs dans l'agglomération ;

Cons. qu'en raison de la généralité de ses dispositions, ledit arrêté concerne non seulement les entreprises de transports en commun assurant leur service à l'intérieur de l'agglomération, mais encore celles qui, comme la société requérante, effectuent des transports de ville à ville en passant par Cannes :

Cons. que, pour toute entreprise de transports en commun, il appartient au maire de subordonner à la délivrance d'une autorisation l'exploitation d'un service fonctionnant à l'intérieur de l'agglomération urbaine ;

Mais cons. que, en ce qui concerne les entreprises de transports en commun reliant plusieurs communes entre elles, s'il appartenait au maire de leur interdire d'effectuer tout trafic de voyageurs à l'intérieur de l'agglomération de façon à empêcher la concurrence de ces entreprises avec la société concessionnaire des transports en commun dans ladite agglomération, et s'il était en droit, dans l'intérêt de la commodité de la circulation et de la sécurité des voies publiques, de prescrire des itinéraires spéciaux pour la traversée de la ville, d'interdire la montée ou la descente des voyageurs en dehors du ou des points où il estimerait que la circulation ne subirait de ce fait aucun inconvénient appréciable, et, d'une façon générale, d'aménager dans la commune au mieux de l'intérêt public les conditions de circulation des voitures de transports en commun assurant un service intercommunal, il ne pouvait, comme il l'a fait, ordonner aux dites entreprises de traverser la ville sans y effectuer un seul arrêt pour prendre ou déposer des voyageurs en provenance ou à destination de la ville de Cannes, une pareille prohibition ayant pour effet, dans les circonstances de l'espèce, d'interdire d'une façon absolue le service des transports en commun automobiles entre ladite ville et les autres communes ; que, dès lors, la société requérante est fondée à soutenir qu'à ce point de vue l'arrêté attaqué du maire de Cannes est entaché d'excès de pouvoir ;... (Annulation de l'arrêté en tant qu'il concerne les services intercommunaux).

OBSERVATIONS

1 Par un arrêté de 1927 le maire de Cannes avait interdit à toute voiture de transports en commun, non seulement de stationner sur les voies publiques, mais encore « de s'arrêter ou même de ralentir en cours de route pour prendre ou laisser des voyageurs dans l'agglomération de Cannes, sans une autorisation du maire ». La Société des autobus antibois, qui exploitait un service régulier entre Antibes et Cannes, s'étant ainsi vue dans l'impossibilité de continuer son exploitation, demanda l'annulation de l'arrêté du maire de Cannes, lequel n'avait d'autre but, en réalité, que de réserver un monopole de fait à la Compagnie des tramways de Cannes, concessionnaire de la ville.

Conformément aux conclusions du commissaire du gouvernement Roger Latournerie, le Conseil d'État fit une distinction entre les transports à l'intérieur de l'agglomération et les transports interurbains. En ce qui concerne les premiers, « il appartient au maire de subordonner à la délivrance d'une autorisation l'exploitation d'un service fonctionnant à l'intérieur de l'agglomération urbaine » : comme le soulignait M. Latournerie, « la commodité et la sécurité de la circulation exigent... que le nombre des voitures publiques... puisse être à l'occasion limité, ce qui peut conduire, en certains cas, jusqu'à la limitation du nombre des entreprises qui assurent l'exploitation de ces voitures et, le cas échéant, jusqu'au monopole ». Quant aux services interurbains, le Conseil d'État reconnaît au maire la faculté de protéger l'entreprise concessionnaire de la commune contre la concurrence d'autres entreprises en fixant à celles-ci des points d'arrêts obligatoires ou des itinéraires spéciaux ; l'arrêté du maire de Cannes est cependant annulé parce qu'en interdisant tout arrêt à Cannes il rendait abolument impossible à la société requérante l'exploitation de son service entre Antibes et Cannes.

2 L'arrêt *Société des autobus antibois* est le plus marquant d'une jurisprudence assez abondante qui, aux environs de 1930, a bouleversé certaines notions traditionnelles en matière d'utilisation du domaine public (v. aussi CE Sect. 6 mai 1932, *Delle Taillandier*, Rec. 467 ; S. 1932.3.65, note P.L. ; D. 1934.3.18, concl. Rousselier, note Duclos ; – Sect. 13 janv. 1933, *Mironneau*, Rec. 50 ; S. 1933.3.41, note Laroque ; – Ass. 11 juill. 1934, *Beaumont et Meley*,

Rec. 809 ; S. 1935.3.33, concl. Andrieux, note P.L.J.) et qui devait trouver son plein épanouissement avec l'arrêt *Société Le Béton** (CE Sect. 19 oct. 1956).

3 *1°)* Alors que le domaine public affecté à l'usage du public ne pouvait auparavant faire l'objet d'une réglementation que dans un but de stricte police, le Conseil d'État admet depuis ces arrêts qu'il constitue une richesse collective que l'administration peut et doit exploiter au mieux des intérêts, même matériels, de la collectivité. Il appartient à l'autorité chargée de la gestion du domaine public de « fixer, tant dans l'intérêt du domaine et de son affectation que dans l'intérêt général, les conditions auxquelles elle entend subordonner les permissions d'occupation » (CE Sect. 20 déc. 1957, *Société nationale d'éditions cinématographiques*, Rec. 702 ; S. 1958.73, concl. Guldner). Les communes et les départements peuvent notamment soumettre les entreprises privées de transports en commun à un régime d'autorisations en vue de protéger contre leur concurrence leurs propres services de transports en commun (*Société des autobus antibois) ;* ils peuvent également fixer les conditions de l'affichage sur leurs immeubles et sur les palissades privées établies temporairement sur le domaine public et concéder l'affichage sur ces emplacements en se fondant sur des motifs d'ordre esthétique ou financier (CE 2 mai 1969, *Société d'affichage Giraudy*, Rec. 238 ; AJ 1970.110 note de Laubadère ; – 7 janv. 1987, *Ville de Bordeaux*, Rec. 1 ; AJ 1987.428, obs. Prétot ; LQJ 23 juin 1987, concl. Bonichot). De plus, le retrait d'une autorisation d'occupation privative du domaine public, effectué en vue d'obtenir une augmentation des redevances est considéré comme prononcé « dans l'intérêt général » (*Delle Taillandier*). De même l'administration peut, moyennant une redevance spéciale, accorder certaines facilités aux entreprises occupant le domaine public lorsqu'elle estime qu'elles peuvent constituer un complément utile à un service public (CE Sect. 2 nov. 1956, *Biberon*, Rec. 403, concl. Mosset : autorisation accordée à une société privée d'habiller les cuirs et peaux dans l'enceinte des abattoirs).

4 *2°)* Le principe de la liberté et de la gratuité de l'utilisation des voies publiques est également battu en brèche. Il l'est d'abord pour des motifs tirés de la police de la circulation (réglementation du stationnement et création de parcs de stationnement, même payants : CE 18 mai 1928, *Laurens*, Rec. 645 ; S. 1929.3.57, concl. Rivet ; D. 1928.3.65, note M. Waline ; – Sect. 10 janv. 1930, *Despujol** ; – 22 févr. 1974, *Idée*, Rec. 141 ; Gaz. Pal. 1975.2.454, note Moderne ; réglementation de la circulation et du stationnement des taxis : Sect. 11 janv. 1957, *Delprat*, Rec. 25 ; réservation de certaines parties des voies publiques à la circulation des transports en commun, taxis et véhicules prioritaires : 15 mars 1968, *Syndicat national des automobilistes*, Rec. 188 ; AJ 1968.355, note J.D.).

Mais il l'est surtout par la faculté conférée à l'administration de subordonner l'autorisation qu'elle donne à des entreprises faisant du domaine public le siège principal de leur activité (transports en commun, par ex.) à des obligations de service public (horaires, tarifs, itinéraires, conditions techniques, etc.) : la réglementation de l'utilisation du domaine et l'octroi des permissions de voirie deviennent ainsi des procédés d'organisation d'un service public (v. CE Sect. 5 mai 1944, *Compagnie maritime de l'Afrique orientale*, Rec. 129 ; S. 1945.3.15 et D. 1944.164, concl. Chenot ; RDP 1944.236, concl. Chenot, note Jèze ; – Sect. 6 févr. 1948, *Société française Radio Atlantique* et *Compagnie carcassonnaise de transports en commun*, Rec. 65 et 69 ; RDP 1948.244, concl. Chenot, note Jèze).

L'administration peut même réserver l'utilisation du domaine public à une seule entreprise dans l'intérêt du bon fonctionnement du service public qui y a été aménagé, sans avoir le droit toutefois d'instituer un monopole non prévu par la loi ni exigé par les conditions techniques d'exploitation du service (CE Ass. 16 nov. 1956, *Société Desaveine* et *Société des Grandes Tuileries Perrusson et Desfontaines*, Rec. 440 et 441 ; RDP 1957.529, note M. Waline ; RPDA 1957.1, concl. Laurent). Ces principes dégagés à propos de la traction sur les voies navigables ont été également appliqués aux ports maritimes dans les termes suivants : « le service du pilotage dans les ports constitue un service public qui s'exerce sur le domaine public de l'État ; il appartient à l'autorité administrative d'organiser ce service en vue d'assurer la meilleure utilisation du domaine ; à cette fin, elle est en droit, lorsqu'une concurrence serait de nature à compromettre l'efficacité de ce service, de n'en confier la gestion qu'à une seule entreprise » (CE Sect. 2 juin 1972, *Fédération française des syndicats professionnels des pilotes maritimes*, Rec. 407 ; AJ 1972.647, concl. Rougevin-Baville).

5 Mais la règle selon laquelle l'autorité administrative ne peut établir un monopole soit au profit de l'État, d'une collectivité locale ou d'un établissement public, soit au profit d'une personne privée qui gère un service public, si ce monopole n'a pas été consacré par la loi, demeure applicable lorsque le siège du service dépasse le cadre du domaine public. C'est ainsi que le Conseil d'État a jugé que la chambre de commerce et d'industrie de Toulon et du Var n'avait pu légalement consentir à une entreprise chargée d'un service public de transport maritime l'exclusivité de l'accès aux installations portuaires pour assurer la liaison entre le continent et l'île de Porquerolles. La mer reste en effet une « chose commune » au sens de l'article 714 du Code civil ; l'autorité portuaire peut réglementer l'usage des installations pour répondre aux nécessités du fonctionnement du port mais non pour protéger de la concurrence un service public de transport maritime (CE Sect. 9 oct. 1981 *Chambre de commerce et d'industrie de Toulon et du Var*, Rec. 366 ; AJ 1981.579, chr. Tiberghien et Lasserre).

L'octroi de droits privatifs à des utilisateurs du domaine public doit prendre en compte également les exigences inhérentes au droit de la concurrence. Appelé à statuer sur la légalité des conditions d'occupation du domaine pour l'exploitation de points de location de voitures sans chauffeur sur les aéroports d'Orly et de Roissy-Charles de Gaulle, le Conseil d'État a posé en principe que « s'il appartient à l'autorité administrative affectataire de dépendances du domaine public de gérer celles-ci tant dans l'intérêt du domaine et de son affectation que dans l'intérêt général, il lui incombe en outre lorsque, conformément à l'affectation de ces dépendances, celles-ci sont le siège d'activités de production, de distribution ou de services, de prendre en considération les diverses règles telles que le principe de la liberté du commerce et de l'industrie ou l'ordonnance du 1er décembre 1986, dans le cadre desquelles s'exercent ces activités ». En outre, il entre dans la mission du juge de l'excès de pouvoir, « à qui il revient d'apprécier la légalité des actes juridiques de gestion du domaine public, de s'assurer que ces actes ont été pris compte tenu de l'ensemble de ces principes et de ces règles et qu'ils en ont fait, en les combinant, une exacte application » (CE Sect. 26 mars 1999, *Société EDA*, Rec. 107 ; v. n° 107.11).

6 *3°)* L'arrêt *Autobus antibois* peut enfin être considéré comme un antécédent direct de la jurisprudence reconnaissant la qualité de service public à des activités gérées par des organismes privés, puisque c'est à raison de leur caractère de service public que les transports en commun peuvent être soumis à une telle réglementation administrative (v. CE Ass. 20 déc. 1935, *Établissements Vézia*, Rec. 1212 – v. n° 54.2 ; Ass. 13 mai 1938, *Caisse primaire « Aide et protection »**).

47

FONCTION PUBLIQUE RÉPARATIONS PÉCUNIAIRES

CE Ass. 7 avr. 1933, DEBERLES, Rec. 439

(S. 1933.3.68, concl. Parodi ;
R.D.P 1933.624, concl. Parodi)

....

Sur les conclusions à fin d'allocation de traitement et d'indemnité : – Cons. que si l'arrêté du maire d'Haillicourt du 25 mai 1925, prononçant la révocation du sieur Deberles, a été annulé par décision du Conseil d'État le 20 juill. 1927, et si l'arrêté du 17 déc. 1928, prononçant à nouveau cette révocation, est annulé par la présente décision, *le requérant, en l'absence de service fait, ne peut prétendre au rappel de son traitement ; mais qu'il est fondé à demander à la commune d'Haillicourt la réparation du préjudice qu'il a réellement subi du fait de la sanction disciplinaire prise à son encontre dans des conditions irrégulières ; qu'il convient, pour fixer l'indemnité à laquelle le requérant a droit, de tenir compte notamment de l'importance respective des irrégularités entachant les arrêtés annulés et des fautes relevées* à la charge du sieur Deberles, telles qu'elles résultent de l'instruction ; qu'il sera fait une exacte appréciation des circonstances de la cause en condamnant la commune d'Haillicourt à payer au sieur Deberles une indemnité de 10 000 F pour le préjudice subi jusqu'à la date de la présente décision ; ... (Annulation ; indemnité accordée)

OBSERVATIONS

1 Le sieur Deberles avait été révoqué de son emploi à la commune d'Haillicourt (Pas-de-Calais) par une mesure que le Conseil d'État avait annulé par le motif qu'elle avait été prise sans la consultation préalable du conseil de discipline. Il demanda, à la suite de cette annulation, une réparation pécuniaire égale au *traitement* qu'il aurait dû percevoir durant son éviction du service. Mais le Conseil d'État ne lui alloua qu'une *indemnité* qu'il calcula en tenant compte de la gravité des fautes qui avaient provoqué la révocation du requérant et des émoluments perçus par lui durant la période litigieuse. Il suivit, en prenant cette décision, son commissaire du gouvernement, qui lui avait demandé « d'abandonner la théorie que nous appellerons, pour simplifier, *la théorie du traitement*, et d'appliquer à tous les fonctionnaires, aussi bien aux fonctionnaires de l'État qu'aux

employés communaux, la théorie que nous appellerons *la théorie de l'indemnité* ».

Jusqu'en 1933, en effet, le Conseil d'État décidait, avec des nuances il est vrai (v. l'historique dans les conclusions de M. Parodi), que le fonctionnaire dont la désinvestiture venait à être annulée pour excès de pouvoir avait droit au rappel intégral du traitement et des indemnités accessoires dont il avait été privé du fait de la mesure illégale qui l'avait frappé. Il y avait là une conséquence du principe selon lequel un acte annulé est censé n'être jamais intervenu : de même que le fonctionnaire dont la révocation est annulée doit être réintégré dans son emploi à la date même à laquelle il en a été évincé (CE Ass. 27 mai 1949, *Véron-Réville*, v. n° 43.4), de même il est censé n'avoir jamais quitté ce poste et doit percevoir le rappel de son traitement.

Comme l'a dit le commissaire du gouvernement Parodi, ce système « faisait une part tout à fait excessive... à une déduction purement logique, initialement fondée sur une fiction ». L'annulation de la mesure de désinvestiture ne supprime pas la réalité matérielle qui est l'absence de service fait ; or le droit au traitement est attaché, non à la qualité d'agent public, mais au service fait (D. 31 mai 1862, art. 10).

L'arrêt *Deberles* substitue ainsi au rappel du traitement le versement d'une indemnité destinée à couvrir le préjudice réellement subi par l'agent du fait de la sanction qui l'a irrégulièrement frappé. L'arrêt précise que, pour fixer cette indemnité, il faut en outre « tenir compte notamment de l'importance respective des irrégularités entachant les arrêtés annulés et des fautes relevées » à la charge de l'intéressé.

Les éléments qui doivent être pris en considération dans le calcul de l'indemnité sont donc au nombre de trois.

2 *a) Préjudice effectivement subi par l'agent* : le juge tiendra compte d'abord de la privation des émoluments ; il majorera l'indemnité lorsque, par exemple, la mesure illégale a privé l'intéressé de chances d'avancement (CE Sect. 16 oct. 1959, *Guille*, Rec. 561) ou a porté atteinte à sa réputation (CE Ass. 27 mai 1949, *Véron-Réville*, v. n° 43.4) ou, plus généralement, à ses conditions d'existence (*Guille*, précité) ; il la diminuera lorsque l'agent a trouvé entre temps un nouvel emploi rétribué, que cet emploi soit public ou privé (CE 28 oct. 1949, *Cochenet*, Rec. 446 ; – 15 juill. 1960, *Pedoussaut*, Rec. 485) ; il ne tiendra pas compte des indemnités représentatives de frais réels que l'intéressé n'aura pas eu à exposer durant son éviction du service (CE Ass. 5 juin 1959, *Augé*, Rec. 348), ni des primes de rendement qui, selon les termes de la décision du 7 nov. 1969, *Vidal*, (Rec. 481) « doivent être réputées liées à l'exercice effectif des fonctions ».

3 b) *Fautes commises par l'administration* : l'indemnité sera plus importante lorsque la mesure a été annulée pour un vice de fond que si elle l'a été pour un simple vice de forme (CE 28 juill. 1952, *Liénart*, Rec. 413 : faute particulièrement grave entraînant une indemnité égale au plein traitement ; – Sect. 14 juin 1946, *Ville de Marseille*, Rec. 164 et Sect. 26 janv. 1962. *Guichon*, Rec. 68 : éviction annulée pour vice de forme, indemnité refusée) ;

4 c) *Fautes commises par l'agent*, qui justifient l'allocation d'une indemnité réduite, ou même le refus de toute indemnité (*Cochenet* précité ; – Sect. 6 mai 1955, *Haut-Commissaire de France en Indochine c. Hauger*, Rec. 242 ; – Sect. 9 janv. 1959, *Dumas*, Rec. 31 ; – 16 juin 1986, *Dame Krier*, Rec. 166 ; D. 1987. 193, note Pacteau ; LPA 21 nov. 1986, note Terneyre).

5 Dans la mesure où l'indemnité correspond à la compensation de la perte d'émoluments, elle constitue un revenu, qui est comme tel soumis à l'impôt (CE 21 juin 1955, *Sieur V...*, Rec. 345 ; Dr. fiscal 1955.10, concl. Lasry) ; si l'impôt devait être normalement perçu par voie de précompte pendant la période d'éviction, les sommes qui auraient été retenues à ce titre sur le traitement doivent être déduites de l'indemnité (CE Sect. 29 mars 1957, *Aublant*, Rec. 227) ; dans le cas où l'impôt est perçu par voie de rôle, il sera calculé après le versement de l'indemnité, selon le régime fiscal en vigueur à la date de ce versement et compte tenu de l'ensemble des ressources et des charges de l'intéressé (CE Sect. 9 nov. 1966, *Helouis*, Rec. 594 ; Dr. fiscal 1957, 3 févr., concl. Braibant).

6 Ces règles ont été, depuis l'arrêt *Deberles*, appliquées par la jurisprudence à la réparation de tous les préjudices de carrière illégalement causés à des agents publics – par exemple mutation d'office entraînant une diminution de traitement (CE 27 déc. 1950, *Dame Baudrand*, Rec. 646), nomination à des fonctions inférieures à celles pour lesquelles l'intéressé avait été engagé (CE 27 juin 1956, *Commune de Houilles*, Rec. 271), ou relèvement de fonctions d'un agent occupant un emploi à la discrétion du gouvernement (CE Sect. 29 mars 1957, *Lévêque*, Rec. 226).

48

POLICE – LIBERTÉ DE RÉUNION

CE 19 mai 1933, BENJAMIN, Rec. 541

(S. 1934.3.1, concl. Michel, note Mestre ;
D. 1933.3.354, concl. Michel)

Cons. que les requêtes susvisées, dirigées contre deux arrêtés du maire de Nevers interdisant deux conférences, présentent à juger les mêmes questions ; qu'il y a lieu de les joindre pour y être statué par une seule décision :

En ce qui concerne l'intervention de la Société des gens de lettres : – Cons. que la Société des gens de lettres a intérêt à l'annulation des arrêtés attaqués ; que dès lors son intervention est recevable ;

Sur la légalité des décisions attaquées ; – Cons. que s'il incombe au maire, en vertu de l'art. 97 de la loi du 5 avr. 1884, de prendre les mesures qu'exige le maintien de l'ordre, il doit concilier l'exercice de ses pouvoirs avec le respect de la liberté de réunion garantie par les lois du 30 juin 1881 et du 20 mars 1907 ;

Cons. que pour interdire les conférences du sieur René Benjamin figurant au programme des galas littéraires organisés par le syndicat d'initiative de Nevers, qui présentaient toutes deux le caractère de conférences publiques, le maire s'est fondé sur ce que la venue du sieur Benjamin à Nevers était de nature à troubler l'ordre public ;

Cons. qu'il résulte de l'instruction que l'éventualité de troubles, alléguée par le maire de Nevers, ne présentait pas un degré de gravité tel qu'il n'ait pu, sans interdire la conférence, maintenir l'ordre en édictant les mesures de police qu'il lui appartenait de prendre ; que, dès lors, sans qu'il y ait lieu de statuer sur le moyen tiré du détournement de pouvoir, les requérants sont fondés à soutenir que les arrêtés attaqués sont entachés d'excès de pouvoir ; ... (Annulation).

OBSERVATIONS

1 I. — René Benjamin devait donner à Nevers une conférence littéraire : « Deux auteurs comiques : Courteline et Sacha Guitry ». Les instituteurs syndiqués firent savoir au maire qu'ils s'opposeraient par tous les moyens à ce qu'ait lieu la conférence d'un homme « qui avait sali dans ses écrits le personnel de l'enseignement laïque ». Par la presse, les tracts et les affiches, ils convièrent à une contre-manifestation les défenseurs de l'école publique, les syndi-

cats, les groupements de gauche. Le maire de Nevers prit, à la suite de cette campagne, un arrêté interdisant la conférence de René Benjamin. Le syndicat d'initiative fit alors paraître dans la presse un communiqué annonçant la substitution à la conférence publique d'une conférence privée. Le maire l'interdit encore. René Benjamin déféra au Conseil d'État les deux arrêtés d'interdiction, invoquant à la fois la violation des lois du 30 juin 1881 et du 28 mars 1907 sur la liberté de réunion, et le détournement de pouvoir.

L'examen du premier moyen supposait que fût préalablement définie la « réunion publique ». Le commissaire du gouvernement Michel la distingua de la manifestation, de l'association, de la conférence et du spectacle, et la définit comme « un groupement momentané de personnes formé en vue d'entendre l'exposé d'idées ou d'opinions, ou de se concerter pour la défense d'idées ou d'intérêts ». Il n'était dès lors pas douteux que la conférence littéraire de René Benjamin fût juridiquement une réunion publique, qu'elle fût ou non déguisée sous le nom de conférence privée.

Or la liberté de réunion est l'une des mieux garanties par la loi : la loi du 30 juin 1881 se borne à exiger des organisateurs une simple déclaration, et la loi du 28 mars 1907 a même supprimé cette exigence. Le législateur a donc expressément exclu toute mesure de police préventive qui pût être de nature à entraver la liberté de réunion. Il faut cependant concilier le respect des textes garantissant la liberté de réunion avec le devoir qui incombe à l'autorité municipale, en vertu de l'art. 97 de la loi du 5 avr. 1884 devenu l'art. L. 2212-2 du code général des collectivités territoriales, de maintenir l'ordre public. Il en résulte que si l'autorité municipale ne dispose véritablement, pour assurer le maintien de l'ordre, d'aucun autre moyen efficace que l'interdiction préventive, celle-ci sera licite, mais il faudra que la menace pour l'ordre public soit exceptionnellement grave, et que le maire ne dispose pas des forces de police nécessaires pour permettre à la réunion de se tenir tout en assurant le maintien de l'ordre.

Or, en l'espèce, le maire aurait pu, en faisant appel à la gendarmerie et à la garde mobile, éviter tout désordre, tout en laissant René Benjamin donner sa conférence. C'est pourquoi le Conseil d'État annula les décisions attaquées, réservant la question que soulevait le requérant en arguant du détournement de pouvoir et en soutenant que le maire avait été plus inspiré par le désir de satisfaire ses amis politiques que par celui de maintenir l'ordre. Le Conseil d'État a ensuite jugé que le maire avait commis une faute lourde en interdisant la réunion et que sa décision engageait la responsabilité de la ville (Sect. 3 avr. 1936, *Syndicat d'initiative de Nevers et Benjamin*, Rec. 453 ; S. 1936.III.108, concl. Detton).

Le Conseil d'État devait faire preuve du même libéralisme, résumé par la formule souvent répétée par les commissaires du gouvernement : « la liberté est la règle, la restriction de police l'exception », dans l'arrêt *Bujadoux* (5 févr. 1937, Rec. 153 ;

D. 1938.3.19, concl. Lagrange) : à la suite des événements du 6 févr. 1934 s'étaient formés à côté des partis politiques, et collaborant avec eux, des groupements ayant le caractère d'organisations de combat ; la loi du 10 janv. 1936 permettait au gouvernement de les dissoudre par décret pris en conseil des ministres ; ainsi, le décret du 13 févr. 1936 prononça-t-il la dissolution des ligues d'Action française. Quelques jours plus tard, la presse monarchiste de Lyon annonçait le banquet du Groupement médical corporatif de Lyon que devait présider Charles Maurras ; le maire de Lyon l'interdit par un arrêté du 17 févr. 1936, qui fut déféré au Conseil d'État. Le banquet ne constituait pas une réunion privée quoi qu'aient pu dire les organisateurs : les inscriptions étaient très largement ouvertes et une large publicité lui avait été faite par la presse ; c'était donc une réunion publique. On ne pouvait d'autre part y voir une manifestation organisée par les ligues dissoutes, puisque le décret de dissolution avait laissé subsister l'Union des corporations de France. Le Conseil d'État devait donc appliquer et préciser la doctrine de l'arrêt *Benjamin* ; le commissaire du gouvernement observa qu'en lui-même ce banquet politico-professionnel ne présentait pas de danger, mais cela ne lui suffit pas ; il se demanda si, dans le climat de l'époque, le banquet ne pouvait apparaître comme une provocation ; mais, même dans l'hypothèse où une contre-manifestation eût été à redouter, le préfet du Rhône eût disposé des forces de police suffisantes pour maintenir l'ordre. Le Conseil d'État annula donc l'arrêté. Il se montra encore une fois aussi libéral, dans un cas assez voisin (2 févr. 1938, *Xavier Vallat*, Rec. 117).

2 Mais les passions politiques s'exacerbaient ; l'ordre public était sans cesse plus menacé ; les décrets-lois commençaient à restreindre les libertés publiques. Le Conseil d'État ne pouvait rester insensible à cette transformation de l'ambiance politique et tendit à abandonner une jurisprudence élaborée en des temps plus pacifiques pour faire prévaloir les nécessités du maintien de l'ordre. L'arrêt *Bucard* (Ass. 23 déc. 1936, Rec. 1151) annonce l'évolution : le Conseil d'État rejette le recours formé contre un arrêté préfectoral interdisant même des *réunions privées*, données en des points très disséminés d'un département frontière, alors que le préfet n'avait pas les forces de police suffisantes pour assurer le maintien de l'ordre partout où il eût pu être menacé. Dans la même ligne, s'inscrivent les arrêts *Beha* et *Masson* du 9 mars 1938 (Rec. 246), qui, par opposition aux annulations intervenues le même jour dans les affaires *Bouchez* et *Blum (ibid.)*, donnent une idée précise de l'attitude du Conseil d'État. Sous l'occupation, celui-ci en vient à considérer comme légale l'interdiction, dès que la réunion « risque de troubler sérieusement l'ordre public » (17 avril 1942, *Wodel*, Rec. 122).

3 Le Conseil d'État est revenu, après la guerre, au libéralisme de la jurisprudence *Benjamin* dans l'arrêt de Section *Naud* du 23 janv.

1953 (Rec. 32) : « Cons. que, s'il appartient au préfet de police de prendre les dispositions qu'exige le maintien de l'ordre, il lui incombe, dans l'exercice de ses pouvoirs, de concilier son action avec le respect de la liberté de réunion garantie par les lois des 30 juin 1881 et 28 mars 1907 ; cons. qu'il ne ressort pas de l'instruction que la conférence projetée par le sieur Naud pour le 25 févr. 1949 au Théâtre Marigny fût de nature à menacer l'ordre public dans des conditions telles qu'il ne pût être paré au danger par des mesures de police appropriées, lesquelles pouvaient être prises dans l'espèce ; que, dès lors, le requérant est fondé à soutenir que l'arrêté attaqué portant interdiction de la réunion susvisée est entaché d'excès de pouvoir ».

L'arrêt *Houphouët-Boigny* du 19 juin 1953 également rendu en Section (Rec. 298) consacre les mêmes principes et ne rejette le recours qu'en raison de la menace de troubles graves que faisait peser sur l'ordre public la réunion d'un congrès en territoire africain.

Les termes de l'arrêt *Benjamin* étaient d'ailleurs confirmés moins de deux mois après : l'interdiction de réunions organisées contre la guerre d'Indochine à la fin de 1946 et au début de 1947 par le parti communiste internationaliste est illégale, car il ne ressort pas de l'instruction qu'elle était de nature à menacer l'ordre public dans des conditions telles qu'il ne pouvait être paré au danger par les mesures de police qui auraient pu être prises (29 juill. 1953, *Damazière et autres*, Rec. 407).

La rigueur du contrôle exercé en ce domaine par le juge administratif ne peut qu'inciter l'autorité de police à la prudence. – Le Conseil d'État a ainsi confirmé l'annulation par le tribunal administratif de Rennes d'un arrêté du maire de cette ville qui était revenu sur une décision antérieure permettant la tenue, salle de la Cité, d'une réunion publique à l'occasion de la venue du Délégué général du Front National. Le Conseil a estimé qu'« il ne ressort pas des pièces du dossier que cette réunion ait été de nature à menacer l'ordre public dans des conditions telles qu'il ne pouvait être paré à tout danger par des mesures de police appropriées » (CE 29 déc. 1997, *Maugendre*, Rec. 826).

4 **II.** — Le juge exerce dans cette matière un contrôle particulièrement poussé ; il vérifie en effet non seulement s'il existait dans les circonstances de l'espèce une menace de trouble de l'ordre public susceptible de justifier une mesure de police, mais encore si cette mesure était appropriée par sa nature et sa gravité à l'importance de la menace ; il contrôle ainsi l'adéquation de la mesure aux faits qui l'ont motivée (v. par ex. CE Sect. 26 avr. 1968, *Morel et Rivière*, Rec. 264, à propos des mesures de police prises pour réglementer les rapports entre propriétaires et locataires dans les « bidonvilles » de La Réunion, et Sect. 4 mai 1984, *Préfet de police*

c. Guez, Rec. 164 ; AJ 1984.393, concl. O. Dutheillet de Lamothe, à propos de l'interdiction par le préfet de police à Paris des activités musicales et des attractions de bateleurs dans la plupart des rues et places de la capitale réservées aux piétons).

Le juge administratif s'efforce, par cette jurisprudence, comme il le fait par ses décisions sur les processions et les manifestations (CE 19 févr. 1909, *Abbé Olivier**) ou par sa théorie des circonstances exceptionnelles (CE 28 juin 1918, *Heyriès** ; – 28 févr. 1919, *Dames Dol et Laurent**), de concilier les exigences parfois contradictoires de l'ordre et de la liberté, en tenant compte des circonstances de l'espèce, du rapport des forces en présence et du climat politique du moment. On en trouve une illustration avec le contrôle exercé par le Conseil d'État sur l'interdiction d'écrits périodiques (v. par exemple : CE Sect. 23 nov. 1951, *Société nouvelle d'imprimerie d'édition et de publicité*, Rec. 553 ; v. n° 50.1 ; – Sect. 22 avr. 1966, *Société Union africaine de presse*, Rec. 576 ; v. n° 87.7 ; – 10 janv. 1968, *Association Enbata*, Rec. 28), sur la dissolution d'associations (CE Ass. 12 juill. 1956, *M'Paye, N'Gom et Moumie*, Rec. 331 ; RJPUF 1956.814, concl. Heumann ; Rec. Penant 1957.322, note Lampué ; – Ass. 21 juill. 1970, *Boussel dit Lambert*, Rec. 504 ; AJ 1970.607 chr. Labetoulle et Cabanes ; D. 1970.633, note Broutin ; JCP 1971.II.16 672, note Loschak ; – 13 févr. 1985, *Debizet*, Rec. 481 ; AJ 1985.278. concl. Genevois ; RA 1985.147, note Pacteau ; D. 1986.270 note C.S.), sur l'interdiction de l'organisation d'un référendum (C.E 26 oct. 1956, *Association des combattants de la paix et de la liberté*, Rec. 391 ; RDP 1957.540, concl. Heumann ; AJ 1956.II.490, chr. Fournier et Braibant) ou sur la police du stationnement des nomades (CE 2 déc. 1983, *Ville de Lille c. Ackermann*, Rec. 470 ; D. 1985.388, note Romi).

5 La portée de son intervention ne doit être ni méconnue, ni exagérée. En rappelant aux autorités de police, chaque fois qu'il en a l'occasion, que seules des circonstances anormalement graves leur permettent de porter atteinte aux libertés fondamentales et en exerçant un contrôle étroit sur les mesures qu'elles prennent, le juge administratif contribue à la protection nécessaire des droits de l'homme. Mais ses décisions d'annulation perdent une grande partie de leur valeur, lorsqu'elles interviennent plusieurs années après la mesure d'interdiction : la situation peut avoir profondément évolué entre temps et le préjudice politique et moral subi par les organisateurs de la réunion n'est guère atténué par l'annulation ou par l'octroi d'une indemnité (CE Sect. 3 avr. 1936, *Syndicat d'initiative de Nevers et Benjamin*, précité). Seule une décision du juge ordonnant qu'il soit sursis à l'exécution de la décision attaquée est à même de renforcer efficacement le contrôle de la légalité.

Depuis la loi du 2 mars 1982 relative aux droits et libertés des communes, des départements et des régions, le président du tribunal administratif ou son délégué, peut dans les 48 heures de sa saisine par le préfet, ordonner le sursis à exécution de l'acte d'une autorité locale qui « est de nature à compromettre l'exercice d'une liberté publique ou individuelle ». Sur ce fondement, le président du tribunal administratif d'Orléans a, par une ordonnance rendue le 3 octobre 1985 à 10 h 30, ordonné le sursis à l'exécution d'un arrêté du maire de Dreux du 1er octobre 1985 qui avait interdit pendant toute la durée de la foire de Dreux (du 3 au 7 octobre) toute installation de stand fixe de caractère politique ou parapolitique (TA Orléans, 3 oct. 1985, *Commissaire de la République du département d'Eure-et-Loir*, RFDA 1987.201, note Melleray).

À cette voie de recours ouverte uniquement au préfet, s'ajoutent les procédures de référé administratif instituées par la loi du 30 juin 2000 et qui peuvent être mises en œuvre par toute partie intéressée. Particulièrement significative à cet égard est une ordonnance du 19 août 2002 du juge des référés du Conseil d'État, prise sur le fondement de l'article L. 521.2 du code de justice administrative (cf. nos observ. sous l'arrêt *Commune de Venelles** du 18 janv. 2001), suspendant les effets d'une décision du 29 juill. 2002 du maire d'Annecy qui avait pour effet d'interdire la tenue dans cette commune du 26 au 30 août de l'université d'été du Front national, au motif, qu'il était porté à la liberté de réunion dont bénéficient les partis politiques légalement constitués, une atteinte grave et manifestement illégale (CE ord. 19 août 2002, *Front national, Institut de formation des élus locaux* ; AJ 2992.1017, note X. Braud).

III. — Le contrôle très poussé que le juge administratif exerce sur une mesure de police administrative en recherchant si cette mesure est adaptée aux faits qui l'ont motivée et aux finalités poursuivies par son auteur a connu dans la période récente une double extension.

6 *1°)* Le Conseil constitutionnel lorsqu'il est appelé à connaître avant leur promulgation de lois restreignant l'exercice d'une liberté publique recherche, dans la ligne de la jurisprudence *Benjamin*, si les dispositions arrêtées par le législateur sont proportionnées à l'objectif à atteindre, c'est-à-dire à la nécessité d'assurer la sauvegarde de l'ordre public. Ainsi, par sa décision *n° 76-75 DC du 12 janvier 1977* (Rec. 33 ; AJ 1978.215, note Rivero ; D. 1978.173 note Hamon et Léauté ; RDP 1978.821, note Favoreu), il a déclaré contraire à la Constitution une loi qui autorisait les officiers de police judiciaire à procéder à la fouille des véhicules au motif qu'« en raison de l'étendue des pouvoirs... conférés aux officiers de police judiciaire et à leurs agents, du caractère très général des cas dans lesquels ces pouvoirs pourraient s'exercer et de l'imprécision de la portée des contrôles auxquels ils seraient susceptibles de donner lieu », le texte « porte atteinte aux principes essentiels sur lesquels repose la protection de la liberté individuelle ».

Un contrôle du même ordre a été exercé par le juge constitutionnel sur des dispositions législatives modifiant le décret du 23 oct. 1935 relatif aux manifestations sur la voie publique (nº 94-352 DC 18 janv. 1995, Rec. 170 ; RFDC 1995.362, note Favoreu ; JCP 1995.II.22 525, note Lafay ; RDP 1995.577, comm. F. Luchaire).

7 *2°)* Le contrôle de l'adéquation de la mesure restrictive d'une liberté fondamentale aux nécessités du maintien de l'ordre a été transposé par le Conseil d'État en ce qui concerne l'examen de la légalité du règlement intérieur d'une entreprise, depuis une décision de section du 1er févr. 1980, *Ministre du travail c. Société « Peintures Corona »* (Rec. 59 ; Dr. Soc. 1980.310. concl. Bacquet ; AJ 1980.407, chr. Robineau et Feffer). En application des articles L. 122.37 et R. 122.15 du code du travail, dans leur rédaction initiale, le règlement intérieur d'une entreprise doit être adressé à l'inspecteur du travail qui peut exiger le retrait ou la modification des dispositions de ce règlement contraires aux lois ou règlements. Sur ce fondement un inspecteur du travail avait exigé d'une entreprise le retrait d'un article de son règlement intérieur ainsi rédigé : « Il est interdit de pénétrer ou de séjourner dans l'établissement en état d'ébriété. La direction se réserve de faire soumettre les cas douteux à l'épreuve de l'alcootest. Le refus de se soumettre à cette épreuve vaudra refus d'obéissance et reconnaissance implicite de l'état d'ébriété. » Le Conseil d'État a estimé que c'était à bon droit que l'inspecteur du travail avait exigé une modification de cette clause du règlement : il a relevé que si le code du travail, en son article L. 232.2, interdit aux chefs d'entreprise de laisser entrer ou séjourner dans l'établissement des personnes en état d'ivresse, il n'autorise aucun contrôle de cet état. Il a estimé en conséquence que les clauses du règlement qui autorisaient la direction à soumettre les employés à l'épreuve de l'alcootest « ne pourraient être justifiées, eu égard à l'atteinte qu'elles portent aux droits de la personne, qu'en ce qui concerne les salariés occupés à l'exécution de certains travaux ou à la conduite de certaines machines » et que les dispositions en cause excédaient ainsi « par leur généralité, l'étendue des sujétions que l'employeur pouvait légalement imposer en l'espèce en vue d'assurer la sécurité dans son entreprise ». Le Conseil d'État a ainsi recherché si l'atteinte apportée à la liberté des salariés de l'entreprise était justifiée au regard des finalités légitimes d'un règlement intérieur en faisant un raisonnement très proche de celui qui avait été adopté dans l'affaire Benjamin (cf dans le même sens : CE 25 janv. 1989, *Société industrielle Teinture et Apprêts*, Dr. soc. 1990.201. concl. de Clausade).

Le législateur, avec la loi du 4 août 1982, a repris à son compte la jurisprudence du Conseil d'État en posant en principe que le règlement intérieur « ne peut apporter aux droits des personnes et aux libertés individuelles et collectives des restrictions qui ne seraient pas justifiées par la nature de la tâche à accomplir ni *proportionnées* au but recherché ». Le juge administratif veille au respect de ces prescriptions (CE 12 juin 1987, *Société Gantois*, Rec. 208 ; AJ 1987.462, chr. Azibert et de Boisdeffre).

Il a ainsi admis que le règlement intérieur d'un établissement d'enseignement privé puisse comporter des dispositions relatives au respect du caractère propre de l'établissement à la condition qu'il ne soit pas porté atteinte à la liberté de conscience des intéressés (CE 20 juill. 1990, *Association familiale de l'externat Saint-Joseph*, Rec. 223 ; Dr. soc. 1990.862, concl. Pochard ; D. 1992.SC.153, obs. Chelle et Prétot).

49

RESPONSABILITÉ – COMPÉTENCE FAUTE PÉNALE

TC 14 janv. 1935, THÉPAZ, Rec. 224

(S. 1935.3.17, note Alibert)

Cons. qu'un convoi de camions militaires, allant à la vitesse de 20 kilomètres à l'heure, sous les ordres d'un gradé, a dépassé, sur la route, un cycliste, le sieur Thépaz, et que la remorque d'un de ces camions, à la suite d'un coup de volant donné par son conducteur, le soldat Mirabel, en vue d'éviter le choc du camion précédent, qui avait brusquement ralenti son allure, a renversé et blessé le cycliste ;

Cons. qu'à raison de cet accident, l'action publique a été mise en mouvement, en vertu de l'art. 320 du code pénal, à la requête du ministère public, contre Mirabel, lequel a été condamné par le tribunal correctionnel, puis la cour d'appel de Chambéry, à 25 F d'amende et au paiement à Thépaz, partie civile, d'une provision de 7 000 F en attendant qu'il soit statué sur les dommages-intérêts ; que, devant la cour d'appel, l'État, qui n'avait pas été mis en cause par la partie civile, est intervenu pour décliner la compétence de l'autorité judiciaire, aux fins de faire substituer sa responsabilité civile à celle du soldat ;

Cons. que, dans les conditions où il s'est présenté, le fait imputable à ce militaire, dans l'accomplissement d'un service commandé, n'est pas constitutif d'une faute se détachant de l'exercice de ses fonctions ; que, d'autre part, la circonstance que ce fait a été poursuivi devant la juridiction correctionnelle, en vertu des dispositions du nouveau code de justice militaire sur la compétence, et puni par application de l'art. 320 du code pénal ne saurait, en ce qui concerne les réparations pécuniaires, eu égard aux conditions dans lesquelles il a été commis, justifier la compétence de l'autorité judiciaire, saisie d'une poursuite civile exercée accessoirement à l'action publique ;... (Arrêté de conflit confirmé).

OBSERVATIONS

Le conducteur d'un camion militaire provoque un accident : il est condamné à une amende par les tribunaux répressifs ; peut-il être également condamné aux réparations pécuniaires réclamées par la victime ? ou l'accident n'engage-t-il, sur le plan civil, que la responsabilité de l'État ? En d'autres termes, la faute qu'il a commise est-elle personnelle, ou s'agit-il d'une faute de service ? Le Tribunal des conflits opta pour la seconde solution par l'arrêt

Thépaz, qui apporte une contribution importante à l'identification de *la faute de service* (I) ainsi qu'à la détermination de la *juridiction compétente* pour apprécier la responsabilité de l'administration lorsqu'elle est mise en cause devant un tribunal répressif (II).

2 **I.** — Avant l'arrêt du Tribunal des conflits, *la faute d'un fonctionnaire*, lorsqu'elle était *constitutive d'un crime ou d'un délit*, était toujours considérée comme une faute personnelle : l'exécution du service public excluait, par hypothèse, la possibilité d'une infraction pénale. Toutefois, le Tribunal des conflits avait déjà admis qu'en l'absence de toute instance pénale, de « simples faits d'excès de vitesse et d'inobservation du droit de priorité... ne constitueraient pas, s'ils étaient établis, une faute se détachant de l'exercice des fonctions » (TC 16 avr. 1929, *Claire*, Rec. 389).

Allant plus loin dans cette voie, et marquant nettement l'abandon des conceptions traditionnelles, l'arrêt *Thépaz* consacre le principe que, de même qu'il est des fautes personnelles qui ne constituent pas un délit pénal, de même il est des délits pénaux qui ne constituent pas la faute personnelle, telle que l'avait définie Laferrière – celle qui fait apparaître chez le fonctionnaire « l'homme avec ses faiblesses, ses passions, ses imprudences » : il en est ainsi d'un coup de volant malheureux.

La Cour de cassation elle-même, contrairement à sa position antérieure (Crim. 28 mars 1930, D. 1930.1.161, note Appleton ; S. 1930.1.313, note Bonnard) a finalement admis qu'une infraction pénale puisse constituer une faute de service (Cass. crim. 23 avr. 1942, *Leroutier*, D. 1942.137, note M. Waline ; JCP 1942.II.1953, note Brouchot ; 25 janv. 1961, JCP 1961.II.12032 bis, note Maestre ; S. 1961.293, note Meurisse ; 30 sept. 1998, *Consorts Antunes* ; AJ 1999.259, note S. Petit).

3 Les applications de l'arrêt *Thépaz* sont nombreuses. Citons seulement deux arrêts du Tribunal des conflits, coulés dans le même moule, et d'après lesquels les fautes commises par des conducteurs de véhicules administratifs condamnés pour blessures involontaires ne constituent pas des fautes se détachant de l'exercice de leurs fonctions (TC 30 juin 1949, *Vernet* et *Arnoux*, Rec. 605 et 606). Toutefois, en substituant dans tous les cas, à l'égard des tiers, la responsabilité de la personne morale de droit public à celle de son agent dans le contentieux des accidents de véhicules, la loi du 31 déc. 1957 a privé la jurisprudence *Thépaz* de son application la plus fréquente : les fautes pénales dans la conduite de véhicules, volontaires ou involontaires, engagent toujours la responsabilité de l'administration à l'égard de la victime.

Mais cette jurisprudence continue à s'appliquer en d'autres domaines (TC 9 déc. 1948, *Delle Urban c. Mouche et État*, Rec. 521 : utilisation accidentelle d'une arme à feu ; – 6 juill. 1957, *Préfet de Tarn-et-Garonne c. Gineste*, Rec. 820 : blessures par imprudence lors d'un accident de travaux publics ; – 19 oct. 1998, *Préfet du Tarn c. Cour d'appel de Toulouse*, JCP 1999.II.10225, concl. Sainte Rose, note du Cheyron ; D. 1999.127, note Gohin : falsification d'un plan d'occupation des sols pour permettre la délivrance d'un permis de construire).

Comme ce dernier arrêt l'implique, la jurisprudence *Thépaz* ne joue pas seulement en cas d'infractions involontaires, même si elles sont l'exemple-type de fautes pénales ne constituant pas des fautes personnelles.

4 Le développement des incriminations relatives aux « maladresse, imprudence, inattention, négligence ou manquement à une obligation de sécurité ou de prudence imposée par la loi ou les règlements » (art. 221-6 et 222-19 c. pén.) et à l'omission de porter secours (art. 223-6 et 7) ainsi que l'accroissement du nombre des poursuites contre les agents publics du chef de ces incriminations sont de nature à donner à la jurisprudence *Thépaz* un regain d'actualité. Car, le plus souvent, les comportements reprochés à ces agents, s'ils peuvent être répréhensibles pénalement, ne sont pas détachables du service qu'ils accomplissent et ne constituent pas une faute personnelle sur le terrain civil (Cass. crim. 4 juin 2002, Bull. crim. n° 27, D. 2003.95, note S. Petit).

Bien entendu, lorsque la faute pénale est commise hors du service ou que, commise dans le service ou à l'occasion du service, elle comporte une intention de nuire ou présente une gravité inadmissible au regard du service, elle constitue une faute personnelle engageant la responsabilité personnelle de son auteur (par ex., dans un arrêt rendu le même jour que les arrêts *Vernet* et *Arnoux*, cités plus haut, le Tribunal des conflits reconnaît qu'un gardien de la paix, en poursuivant en dehors de ses heures de service un individu qu'il soupçonnait d'avoir voulu pénétrer de nuit par effraction dans sa maison, et en le blessant mortellement d'un coup de feu, avait commis une faute personnelle : TC 30 juin 1949, *Dame Vve Chulliat*, Rec. 606).

Les juridictions judiciaires, à propos de fautes pénales commises par les préposés de personnes privées, font également la distinction, sur le terrain civil, entre celles qui engagent ou non la responsabilité personnelle du préposé (Cass. Ass. plén. 14 déc. 2001, Bull. AP n° 17, p. 35 ; D. 2002.1230, note Julien ; JCP 2002.II.10026, note Billiau).

5 **II.** — La possibilité de joindre devant les juridictions pénales l'action civile en dommages-intérêts à l'action publique répressive soulève la question de *compétence* : dans quelle mesure le juge répressif peut-il à la fois statuer sur l'action publique dirigée contre un agent public et condamner à des dommages-intérêts soit l'agent auteur de la faute constitutive d'une infraction pénale, soit l'administration en tant que civilement responsable de son agent.

Les tribunaux répressifs sont, tout d'abord, et sauf dérogation législative, exclusivement compétents pour connaître de l'*action publique* dirigée contre l'agent.

Quant à l'*action civile*, le juge répressif n'est compétent pour en connaître que dans la mesure où elle est dirigée contre l'agent auteur d'une faute personnelle (TC 9 juill. 1953, *Delaître c. Bouquet*, Rec. 592 ; JCP 1953.II.7797, note Rivero – pour une application v. CE Ass. 12 avr. 2002, *Papon**, et nos obs.) ; sa compétence disparaît lorsque l'action civile est dirigée soit contre l'agent auteur d'une faute de service (hypothèse de l'arrêt *Thépaz* et des arrêts TC 26 mai 1924, *Dame Vve Limetti c. Ville de Paris*, Rec. 502 ; S. 1924.3.49, note Hauriou ; TC 19 oct. 1998, *Préfet du Tarn*, précité), soit contre l'administration prise comme civilement responsable de son agent – en particulier quand la faute pénale est une faute personnelle commise dans le service ou à l'occasion du service ou n'est pas dépourvue de tout lien avec le service (CE 18 nov. 1949, *Delle Mimeur*, v. n° 34.5). La juridiction administrative est également compétente pour statuer sur l'action récursoire, contre l'administration, de l'agent qui a été condamné personnellement à la fois sur le plan pénal et sur le plan civil (*Papon**).

6 La loi est intervenue dans certains cas pour permettre aux tribunaux judiciaires de se prononcer soit à la fois sur la demande en dommages-intérêts dirigée contre l'agent pour sa faute personnelle et sur celle dirigée contre l'administration civilement responsable (article 136 C. proc. pén. pour les atteintes à la liberté individuelle) soit sur la responsabilité de l'administration, substituée à celle de son agent à l'égard de la victime (loi du 31 déc. 1957 relative aux accidents causés par les véhicules).

En outre, le Tribunal des conflits lui-même a décidé, dans un arrêt de principe du 13 juin 1960, *Douieb c. Stokos* (Rec. 865 ; S. 1960.272, concl. Chardeau ; D. 1960.576, concl. Chardeau, note Josse ; CJEG 1961. chr. 21, note Carron ; JCP 1960.II.11727, note Pépy ; RA 1960.276, note Liet-Veaux) que, lorsque l'exécution défectueuse d'un *travail public* par un *entrepreneur* ou par son *préposé* constitue un délit pénal, la victime peut, à son gré, demander réparation du préjudice subi par elle à la juridiction administrative en vertu de la théorie des dommages de travaux publics, ou se constituer partie civile devant le tribunal répressif, qui pourra condamner à des dommages et intérêts non seulement l'auteur du dommage mais également son employeur. Mais l'option ainsi ouverte à la victime ne joue que si est recherchée la responsabilité d'un entrepreneur ou de son préposé – qui sont des *personnes privées*. Elle ne joue pas lorsque la victime recherche la responsabilité d'une *personne publique* : les solutions de la jurisprudence *Thépaz* doivent alors s'appliquer.

50

COMPÉTENCE – VOIE DE FAIT

TC 8 avr. 1935, ACTION FRANÇAISE, Rec. 1226, concl. Josse

(S. 1935.3.76, concl. Josse ;
D. 1935.3.25, concl. Josse, note M. Waline ;
RDP 1935.309, concl. Josse, note Jèze)

Cons. que l'instance engagée par la société du journal *L'Action française* contre Bonnefoy-Sibour devant la justice de paix du canton nord de Versailles a pour but la réparation du préjudice causé par la saisie du journal *L'Action française*, opérée dans la matinée du 7 févr. 1934 sur les ordres du préfet de police chez les dépositaires de ce journal à Paris et dans le département de la Seine ;

Cons. que la saisie des journaux est réglée par la loi du 29 juill. 1881 ; *que, s'il appartient aux maires et à Paris au préfet de police de prendre les mesures nécessaires pour assurer le maintien du bon ordre et la sûreté publique, ces attributions ne comportent pas le pouvoir de pratiquer, par voie de mesures préventives, la saisie d'un journal sans qu'il soit justifié que cette saisie, ordonnée d'une façon aussi générale que celle qui résulte du dossier partout où le journal sera mis en vente, tant à Paris qu'en banlieue, ait été indispensable pour assurer le maintien ou le rétablissement de l'ordre public ; que la mesure incriminée n'a ainsi constitué dans l'espèce qu'une voie de fait* entraînant pour l'instance actuellement pendante devant le tribunal de Versailles la compétence de l'autorité judiciaire ;

Cons., toutefois, que le tribunal n'a pu sans excès de pouvoir condamner le préfet aux dépens en raison du rejet de son déclinatoire, ce fonctionnaire ayant agi non comme partie en cause, mais comme représentant de la puissance publique ;... (Arrêté de conflit annulé).

OBSERVATIONS

Le préfet de police avait fait saisir, au matin du 7 févr. 1934, le journal *L'Action française* chez tous les dépositaires de ce périodique à Paris et dans le département de la Seine. La société du journal ayant engagé une instance devant les tribunaux judiciaires contre le préfet de police, le conflit avait été élevé. Le Tribunal des conflits considéra que la mesure incriminée constituait une voie de fait et que les tribunaux judiciaires étaient donc seuls compétents pour statuer sur cette affaire.

L'arrêt, rendu conformément aux conclusions du commissaire du gouvernement Josse, est important à divers titres.

1 **I.** — Cet arrêt rappelle, tout d'abord, les limites du *pouvoir de police*. Ce pouvoir existe certes même à l'égard des libertés publiques les plus fortement organisées par la loi, telles la liberté de la presse ou la liberté de réunion. Mais son exercice ne doit pas aller au-delà de ce qui est « indispensable pour assurer le maintien ou le rétablissement de l'ordre public ». Les circonstances tragiques du mois de février 1934 autorisaient peut-être, comme l'indiquait M. Josse, l'interdiction de la vente d'un journal comme *L'Action française* « dans tous les endroits où cette vente était de nature à aggraver le désordre : grandes artères, points sensibles de la défense des rues, etc. ». Mais elles n'autorisaient pas une mesure aussi générale, qui frappait le journal tant à Paris qu'en banlieue, sans distinction entre la voie publique ou les dépôts quelconques (sur la question de la limite des pouvoirs de police, v. CE 19 mai 1933, *Benjamin** ; – Ass. 22 juin 1951, *Daudignac** ; – Sect. 23 nov. 1951, *Société nouvelle d'imprimerie, d'édition et de publicité*, Rec. 553 ; RDP 1951.1098, concl. Letourneur, note M. Waline).

2 **II.** — L'arrêt *Action française* fournit en deuxième lieu une excellente illustration des deux variétés de la voie de fait. D'après la jurisprudence, il y a en effet voie de fait dans deux séries de cas : d'une part, lorsqu'une décision administrative portant atteinte à la liberté ou à la propriété privée est en elle-même, et indépendamment des conditions dans lesquelles elle est exécutée, manifestement insusceptible d'être rattachée à l'exécution d'un texte législatif ou réglementaire ou, plus généralement, à un pouvoir appartenant à l'administration (cf par exemple : TC 25 janv. 1988, *Fondation Cousteau*, Rec. 484 ; RFDA 1990.191, concl. M. Laroque ; D. 1988.205, note Didier ; Gaz. Pal. 1988.2.503, note Poujade ; – 4 juill. 1991, *Gaudino*, Rec. 469 ; AJ 1991.697, chr. Maugüé et Schwartz ; LPA 1992.11, note Rouault), d'autre part, lorsque l'administration a passé, dans des conditions irrégulières, à l'exécution d'une décision, même régulière, portant atteinte au droit de propriété ou à une liberté fondamentale (sur les conditions de l'exécution d'office, v. TC 2 déc. 1902, *Société immobilière de Saint-Just**, et nos obs.).

Cette dualité de la notion de voie de fait se trouve très bien mise en lumière dans les arrêts du Tribunal des conflits : le juge judiciaire est incompétent hormis le cas « où l'administration, soit a procédé à l'exécution forcée, dans des conditions irrégulières, d'une décision, même régulière, portant une atteinte grave au droit de propriété ou à une liberté fondamentale, soit a pris une décision ayant l'un ou l'autre de ces effets à la condition toutefois que cette dernière décision soit-elle même manifestement insusceptible d'être rattachée à un pouvoir appartenant à l'autorité administrative » (TC

23 oct. 2000, *Boussadar*, AJ 2001.143, chr. Guyomar et Collin, D. 2001.2332, concl. Sainte-Rose).

1. — Cas où il y a voie de fait

3 *a)* Le cas le plus fréquent est celui résultant d'une *exécution forcée irrégulière.* La jurisprudence sur les réquisitions de logement est à cet égard significative. L'exécution forcée d'une réquisition prononcée en vertu de la loi du 11 juill. 1938 constitue une voie de fait, cette loi prévoyant des sanctions pénales (TC 27 nov. 1952, *Flavigny* Rec. 643 ; S. 1953.3.37, concl. Letourneur ; JCP 1953.II.7438, concl. note Blaevoet), alors que l'exécution forcée d'une réquisition de logement prononcée en vertu de l'ordonnance du 11 oct. 1945 ne constitue pas une voie de fait, ce texte ne prévoyant aucune sanction pénale (TC 12 mai 1949, *Dumont*, Rec. 596 ; RDP 1949.371, note M. Waline ; JCP 1949.II.4908, note Fréjaville).

Constituent également des voies de fait : l'expulsion d'office d'un fonctionnaire de son logement de fonctions alors que l'autorité administrative disposait d'une procédure juridictionnelle pour ce faire et qu'il n'y avait pas urgence (TC 25 nov. 1963, *Époux Pelé*, Rec. 795 ; JCP 1964.II.13493, note J.M. Auby) ; l'exhumation d'office de corps enterrés dans un cimetière, en l'absence de toute urgence et alors que la contravention alléguée par l'autorité administrative était passible de sanctions pénales (TC 25 nov. 1963. *Commune de Saint-Just-Chaleyssin*, Rec. 793, concl. Chardeau ; AJ 1964.24, chr. Fourré et Puybasset) ; la prise de possession par l'administration, sans aucun titre, d'un bien appartenant à un particulier (TC 24 juin 1954, *Société Trystram*, Rec. 716), et *a fortiori* sa destruction (TC 4 juill. 1991, *Association maison des jeunes et de la culture Boris Vian*, Rec. 468 ; Gaz. Pal. 20-21 mai 1992, concl. de Saint-Pulgent ; AJ 1991.697, chr. Schwartz et Maugüé ; – TC 22 juin 1998, *Préfet de la Guadeloupe*, Rec-542 ; JCP 1998.II.10169, concl. Sainte-Rose).

Cependant, il n'y a pas voie de fait en cas d'implantation de barrières sur la voie publique même si cela affecte le libre usage par un particulier de biens lui appartenant (TC 26 nov. 1973, *Commune de Rueil-Malmaison*, Rec. 849 ; D. 1974.373, note Cristini ; JCP 1974.II.17759, note Marchand ; AJ 1974.314, note Moulin).

4 Le Tribunal des conflits n'a pas non plus retenu la qualification de voie de fait à propos de mesures relatives à l'éloignement d'étrangers du territoire au motif qu'elles trouvaient un fondement dans la loi. N'est pas une voie de fait l'exécution forcée d'un arrêté d'expulsion dès lors que cette mesure est prise sur la base des dispositions de l'art. 26 bis de l'ordonnance du 2 nov. 1945 et ceci alors même que cette exécution serait intervenue en violation des dispositions de la Convention européenne de sauvegarde des droits de l'homme relatives au droit à un procès équitable (TC 20 juin 1994, *Madaci et Youbi*, Rec. 603 ; Gaz. Pal. 24-25 août 1994, p. 22

concl. Abraham, note Petit ; AJ 1994.496, Chr. Maugüé et Touvet ; D. 1995.193, note Didier). De même, le juge des conflits a estimé que les éléments constitutifs d'une voie de fait n'étaient pas réunis dans le cas de la rétention des étrangers au dépôt de la préfecture de police et qu'en conséquence les litiges relatifs aux conditions matérielles d'exécution de cette rétention prévue par l'art. 35 bis de l'ordonnance du 2 nov. 1995, ressortissaient à la compétence des juridictions administratives (TC 25 avril 1994, *Préfet de police c. Tribunal de grande instance de Paris et Dulangi*, Rec. 597 ; Gaz. Pal. 24 août 1994 p. 9, concl. Abraham ; D. 1994.389, concl. Abraham, note Didier ; D. 1994, Somm. Com. 253 ; obs. Julien Laferrière ; AJ 1994.496, chr. Maugüé et Touvet). Sur partage du garde des sceaux, le Tribunal des conflits a jugé que la consignation à bord d'un navire d'un étranger qui n'est pas autorisé à entrer sur le territoire français n'est pas constitutive d'une voie de fait (TC 12 mai 1997, *Préfet de police de Paris c. Tribunal de grande instance de Paris*, Rec. 528 ; RFDA 1997.514, concl. Arrighi de Casanova ; Gaz. Pal. 27-28 juin 1997, note Petit, et 19/20 déc. 1997, rapp. Sargos ; AJ 1997.635, note Chauvaux et Girardot ; D. 1997.567, note Legrand). En effet, si une telle mesure est illégale (CE 29 juill. 1998, *Ministre de l'Intérieur c. Mwinyl*, Rec. 945 ; AJ 1998.936, concl. Abraham ; JCP 1998.II.2223, note Lambert ; D. 1999.155, note Legrand), elle n'est pas pour autant manifestement insusceptible de se rattacher à un pouvoir dont dispose l'administration en vertu de l'ordonnance du 2 novembre 1945 sur l'entrée et le séjour en France des étrangers.

5 Par ailleurs, lorsqu'il y a urgence ou circonstances exceptionnelles, l'exécution d'office, même si les autres conditions n'en sont pas réunies, cesse d'être une voie de fait et redevient une activité administrative relevant de la compétence des juridictions administratives (cf. TC 27 mars 1952, *Dame de la Murette*, Rec. 626 ; D.1954.221, note Eisenmann ; JCP 1952.II.7158, note Blaevoet ; RDP 1952.757, note M. Waline ; RA 1952.268, note Liet-Veaux ; S. 1952. 381, note Grawitz).

6 *b)* Les exemples de *voie de fait résultant d'une décision* sont plus rares. Le plus souvent les arrêts relèvent que les vices entachant la décision incriminée ne sont pas d'une gravité telle qu'ils lui confèrent le caractère d'une voie de fait justifiant la compétence de l'autorité judiciaire (par ex : TC 10 juill. 1956, *Delle de Vion de Gaillon*, Rec. 588). Dans la période récente néanmoins, la voie de fait a connu un certain développement à propos du refus de délivrance ou de renouvellement d'un passeport opposé à un citoyen pour le motif qu'il est débiteur du Trésor. La Cour de cassation a jugé qu'en l'absence de dispositions légales, il y avait là une voie de fait (Cass. civ. 28 nov. 1984, Bull. civ. I. n° 321 ; RA 1985.145, note Pacteau ; RFDA 1985.760, concl. Sadon ; D. 1985.313, note Gavalda ; Rev. crit. dr. intern. pr. 1985.506, note Peiser ; JCP 1986.II.20600, note Lombard). Pour le Tribunal des conflits, l'ordre de retirer son passeport à une personne au motif qu'elle est redevable de lourdes impositions et n'offre pas de garanties de solvabilité, sans découler ni de poursuites pénales ni de la mise à exécution d'une contrainte par corps, porte atteinte à la liberté d'aller et de venir, est manifestement insusceptible de se rattacher à l'exercice d'un pouvoir conféré par la loi à l'administration pour assurer le recouvrement d'impôts directs et constitue une voie de fait (TC 9 juin 1986, *Commissaire de la République de la région Alsace et autres*, Rec. 301 ; AJ 1986.428, chr. Azibert et de Boisdeffre ; D. 1986.493, note Gavalda ; RFDA 1987.33, concl. M.A. Latournerie ; JCP 1987.II.20746, note Pacteau ; JDI 1987.75, note Julien-Laferrière ; RDP 1987.1082, note Robert). En revanche, n'est pas constitutif d'une voie de fait : le retrait d'un passeport à une personne condamnée pour fraude fiscale et déclarée, en outre, solidairement tenue avec d'autres, au besoin par corps, au paiement d'une importante somme au Trésor (TC 12 janv. 1987, *Grizivatz*, Rec. 443 ; LPA 15 avril 1987, note Morand-Deviller ; AJ 1987.425, obs. Prétot) ; le refus de renouveler un passeport fondé sur le fait que l'intéressé avait à plusieurs reprises perdu ses papiers d'identité dans des conditions suspectes et ne pouvait fournir de précisions sur son ou ses pays de destination (CE 15 avr. 1988, *Michelix*, Rec. 142 ; AJ 1988.555, obs. Prétot ; RDP 1989.922, note J.M. Auby).

7 *c)* Il arrive que la voie de fait résulte et de la décision elle-même et de son exécution forcée irrégulière. L'arrêt *Action française* fournit un exemple remarquable de cette catégorie mixte. La saisie du journal a été considérée comme une voie de fait à la fois parce que la décision de saisie était en elle-même, par son caractère largement exagéré, insusceptible de se rattacher au pouvoir de police de l'administration, et parce que la saisie par voie d'action d'office n'était pas, en l'espèce, justifiée par l'urgence : la comparaison avec l'arrêt TC 19 mai 1954, *Office publicitaire de France* (Rec. 703 ; JCP 1954. II.8382, note Rivero) est, à cet égard, éloquente. De même constituent une voie de fait, tant par le contenu propre de la décision que par les conditions de leur exécution, la saisie de plaques photographiques effectuée par un agent de police sur un particulier photographiant la cathédrale de Chartres (CE Ass. 18 nov. 1949, *Carlier*, Rec. 490 ; S. 1950.3.49, note R. Drago ; RDP 1950.172, concl. Gazier, note M. Waline ; JCP 1950.II.5535, note G.V.) ou la rétention dans un bureau de poste, sur ordre du préfet, des exemplaires d'une affiche pliée sous bandes et critiquant l'inéligibilité des anciens parlementaires qui avaient voté les pleins pouvoirs au maréchal Pétain en juillet 1940 (TC 10 déc. 1956, *Randon et autres*, Rec. 592, concl. Guionin ; S. 1957.313, concl. Guionin ; D. 1957.483, concl. Guionin ; JCP 1958.II.10350, concl. Guionin ; RDP 1957.883, note M. Waline ; AJ 1957.II.94, chr. Fournier et Braibant ; RA 1958.29, note Liet-Veaux), ou encore la mise sous scellés et le transfert dans un local administratif de documents personnels trouvés au domicile d'un amiral lors de son décès (CE Sect. 10 oct. 1969, *Consorts Muselier*, Rec. 432 ; D. 1969.669, note F.G. Bertrand ; D. 1970, chr. 29, chr. Bockel ; JCP 1969.II.16098, note P.L. ; JCP 1970.I.2337, chr. de Lanversin ; RDP 1970.774, note M. Waline ; AJ 1969.686, chr. Denoix de Saint Marc et Labetoulle ; RA 1970.29, concl. Braibant).

L'existence d'une voie de fait résulte également de la non restitution de son passeport à une personne ayant fait l'objet d'un contrôle à son entrée sur le territoire par la police de l'air et des frontières au motif qu'elle était suspectée d'avoir falsifié son identité sans que, à l'issue des vérifications opérées, ce contrôle ait débouché sur des poursuites pénales ou une décision de refus d'entrée (TC 19 nov. 2001, *Mlle Mohamed c. Ministre de l'Intérieur* ; D. 2002.1446, concl. Bachelier ; AJ 2002.234, note Petit ; Gaz. Pal. 22-23 fév. 2002, note Petit).

2. — Conséquences de la voie de fait

Elles ne sont pas identiques selon que la voie de fait résulte d'une décision ou d'un agissement.

8 *a)* Lorsque la voie de fait résulte d'une décision les deux ordres de juridiction disposent de compétences parallèles. Suivant le Tribunal des conflits, la nullité de décisions qui ont le caractère de voies de fait peut être constatée aussi bien par la juridiction judiciaire que par la juridiction administrative (TC 27 juin 1966, *Guigon*, Rec. 830 ; D. 1968.7. note Douence ; JCP 1967.II.15135, concl. Lindon ; AJ 1966.547, note de Laubadère).

9 *b)* Dans tous les autres cas de voie de fait la compétence des tribunaux judiciaires est exclusive (cf. p. ex. pour une voie de fait résultant d'un internement psychiatrique sans base légale : CE 18 oct. 1989, *Mme B.*, Rec. 545 ; AJ 1990.54, concl. Stirn.).

Il est vrai que, contrairement à la solution adoptée par le Tribunal des conflits dans l'arrêt *Action française*, le Conseil d'État s'est reconnu, en une circonstance, compétent pour allouer une indemnité en réparation du préjudice causé par une saisie de journaux qui était intervenue en dehors de toute urgence (CE Sect. 4 nov. 1966, *Ministre de l'intérieur c. Société « Le Témoignage chrétien »* Rec. 584 ; AJ 1967.40, concl. Questiaux, et 32, chr. Lecat et Massot ; JCP 1967.II.14914, note R. Drago). Pour considérer que cette saisie n'était pas constitutive d'une voie de fait, le Conseil d'État, dont la décision est implicite sur ce point, s'est sans doute fondé sur le fait qu'elle pouvait se rattacher, au moins de façon indirecte, à un texte.

10 **III.** — L'arrêt *Action française* montre enfin qu'une voie de fait ne constitue pas nécessairement une *faute personnelle*. Comme l'a indiqué le commissaire du gouvernement Josse dans ses conclusions, la mesure incriminée émanait « non de l'homme, mais du fonctionnaire, du préfet de police... : celui-ci a usé des pouvoirs de police qu'il avait ou qu'il croyait avoir, à tort ou à raison, légalement ou illégalement... ; sa responsabilité personnelle ne peut être mise en cause devant les tribunaux judiciaires ». Dans ses conclusions sur l'arrêt *Randon* (précité), M. Guionin avait également insisté sur cette différence entre les notions de voie de fait et de faute personnelle : le juge judiciaire, appelé à connaître de la voie de fait, « aura toute latitude pour admettre, atténuer ou exclure la responsabilité de l'agent ;... il partagera la responsabilité, le cas échéant et comme il l'entendra, entre cet agent et le service pour le compte duquel l'acte a été exécuté ». L'État a été ainsi fréquemment condamné par les tribunaux judiciaires en application du code civil à la suite de la voie de fait commise par un de ses agents : ce fut notamment le cas, au lendemain de la seconde guerre mondiale, de la plupart des voies de fait provenant d'exécutions forcées irrégulières d'ordres de réquisition. Il y a là un exemple particulièrement frappant du caractère restrictif attaché par la jurisprudence à la notion de faute personnelle (v. aussi TC 14 janv. 1935, *Thépaz**).

51

POUVOIR RÉGLEMENTAIRE DES MINISTRES

CE Sect. 7 févr. 1936, JAMART, Rec. 172

(S. 1937.3.113, note Rivero)

Cons. que si, même dans le cas où les ministres ne tiennent d'aucune disposition législative un pouvoir réglementaire, il leur appartient, comme à tout chef de service, de prendre les mesures nécessaires au bon fonctionnement de l'administration placée sous leur autorité, et s'ils peuvent notamment, dans la mesure où l'exige l'intérêt du service, interdire l'accès des locaux qui y sont affectés aux personnes dont la présence serait susceptible de troubler le fonctionnement régulier dudit service, ils ne sauraient cependant, sauf dans des conditions exceptionnelles, prononcer, par une décision nominative, une interdiction de cette nature contre les personnes qui sont appelées à pénétrer dans les locaux affectés au service pour l'exercice de leur profession ;

Cons. qu'il résulte de l'instruction que les lettres adressées par le sieur Jamart au ministre des pensions, quel qu'ait été leur caractère regrettable, ne contenaient pas de menace précise de nature à troubler le fonctionnement du centre de réforme de Paris où le requérant, docteur en médecine, était appelé à pénétrer pour assister, en vertu de l'art. 9, § 5 de la loi du 31 mars 1919, les anciens militaires bénéficiaires de ladite loi ; que, par suite, en lui interdisant, d'ailleurs sans limitation de durée, l'accès de tous les centres de réforme, le ministre des pensions a excédé ses pouvoirs ;... (Annulation).

OBSERVATIONS

1 A la suite de divers incidents, le ministre des pensions avait interdit au docteur Jamart l'accès des centres de réforme où il était appelé à pénétrer pour assister les anciens militaires titulaires de pensions lors des examens médicaux périodiques qu'ils devaient subir pour pouvoir continuer à bénéficier de leur pension. Sur recours de l'intéressé, le Conseil d'État annula cette mesure comme entachée d'excès de pouvoir.

L'intérêt de l'arrêt provient moins de l'annulation de la décision attaquée – annulation prononcée pour des raisons tirées des circonstances de l'espèce – que du considérant de principe relatif au pouvoir des ministres et des chefs de service.

Ni les lois constitutionnelles de 1875 ni la Constitution de 1946 ni celle de 1958 ne confèrent de pouvoir réglementaire aux ministres.

En principe, les ministres ne peuvent donc prendre de mesures générales par voie d'arrêtés réglementaires que lorsqu'une loi ou un décret les y autorise ; la jurisprudence donne d'ailleurs parfois de ces autorisations, dans un souci de réalisme administratif, une interprétation extrêmement large ; elle a par exemple admis que les dispositions de la loi du 15 juill. 1845 et du décret du 22 mars 1942 sur la police des chemins de fer permettent au ministre des travaux publics et des transports de réglementer l'exercice du droit de grève par le personnel de la SNCF (CE Ass. 23 oct. 1964, *Fédération des syndicats chrétiens de cheminots*, Rec. 484 – v. n° 66.7), ou qu'un texte autorisant le ministre de l'agriculture à consentir des avances pour faciliter le financement d'un régime d'assurances sociales lui confère le pouvoir de réglementer les conditions d'octroi de ces avances (CE Sect. 6 nov. 1964, *Réunion des assureurs maladie des exploitants agricoles*, Rec. 521 ; AJ 1964.692, chr. Puybasset et Puissochet).

Le Conseil d'État estime aussi dans l'arrêt *Jamart* que, « même dans le cas où les ministres ne tiennent d'aucune disposition législative un pouvoir réglementaire, il leur appartient, comme à tout chef de service, de prendre *les mesures nécessaires au bon fonctionnement de l'administration* placée sous leur autorité ».

Ce pouvoir est reconnu à *tout chef de service* (I) mais doit s'exercer dans *certaines limites* (II).

2 **I.** — La qualité de chef de service permettant d'adopter des mesures réglementaires à l'égard de celui-ci n'appartient pas seulement aux ministres (ni même à tous les ministres : ceux qui n'ont pas de « portefeuille » et donc pas de service n'ont pas à l'exercer). Elle est reconnue aux autorités placées à la tête d'une administration : directeur d'un service de l'État (CE 13 nov. 1992, *Syndicat national des ingénieurs des études et de l'exploitation civile*, AJ 1993.221, note Mathieu : directeur général de l'aviation civile), maire (CE 25 juin 1975, *Riscarrat et Rouquairol*, Rec. 898), directeur d'un établissement public (CE 4 févr. 1976, *Section syndicale CFDT du Centre psychothérapeutique de Thuir*, Rec. 970 ; AJ 1978.50, note F.H.).

Ce pouvoir est fondé sur la nécessité d'un « fonctionnement régulier » des services publics et sur l'idée que toute autorité doit naturellement disposer des moyens nécessaires à l'accomplissement de sa mission.

Il s'exerce par voie d'arrêté ou de circulaire.

3 Il permet de fixer les modalités d'organisation et de fonctionnement du service en lui-même. Ces modalités peuvent concerner la création du service (par exemple celle des aumôneries dans les

lycées : CE Ass. 1er avr. 1949, *Chaveneau*, Rec. 161 ; S. 1949.349, note Delpech ; D. 1949.531, concl. Gazier, note Rolland), celle d'un organisme consultatif (CE 11 mai 1979, *Syndicat CFDT du ministère des affaires étrangères*, Rec. 204, concl. Galabert ; — Sect. 29 déc. 1995, *Syndicat national des personnels de préfecture CGT-FO*, DA févr. 1996, n° 57 ; CFPA juin 1996, p. 19, concl. Maugüé), et même l'interruption du service (CE Sect. 27 janv. 1961, *Vannier*, Rec. 60, concl. Kahn, v. n° 17.4 ; interruption des émissions d'une station de télévision).

De même un ministre est « compétent en vertu de ses pouvoirs généraux pour réglementer la situation des agents placés sous ses ordres » (CE Sect. 24 avr. 1964, *Syndicat national des médecins des établissements pénitentiaires*, Rec. 242) ; il peut, notamment, prendre à l'égard de ces agents des mesures de caractère général relatives à leur rémunération (même décision), à leur recrutement (CE 10 janv. 1986, *Fédération nationale des travailleurs de l'État CGT*, Rec. 5 ; RA 1986.250, note Terneyre) ou à l'exercice du droit de grève (CE 7 juill. 1950, *Dehaene**).

La réglementation du service peut atteindre les personnes qui sont en relation avec lui, et notamment les usagers, par exemple en établissant la liste des renseignements à fournir à l'appui de demandes de subventions (CE 29 janv. 1954, *Institution Notre-Dame du Kreisker*, Rec. 64 ; v. 118.1). Pour les usagers un peu particuliers que sont les détenus des établissements pénitentiaires, le ministre de la justice a, « en sa qualité de chef de service, le pouvoir de déterminer certaines des conditions dans lesquelles (leurs) fouilles... seraient effectuées » en application du code de procédure pénale (CE 8 déc. 2000, *Frerot, Mouesca*, LPA 8 févr. 2001, concl Schwartz ; DA 2001, n° 32, obs. R.S.).

4 **II.** — Mais le pouvoir ainsi reconnu aux ministres et autres chefs de service rencontre des *limites* : il ne peut « s'exercer que dans la mesure où les nécessités du service l'exigent, et envers les seules personnes qui se trouvent en relation avec le service, soit qu'elles y collaborent, soit qu'elles l'utilisent » (concl. M. Bernard sur CE 6 oct. 1961, *UNAPEL*, RDP 1961.1279). Il ne leur permet pas, en dehors de ces nécessités, d'imposer des obligations ou d'accorder des avantages (même arrêt) ou de fixer des règles statutaires concernant le personnel (CE Sect. 4 nov. 1977, *Dame Si Moussa*, Rec. 417, concl. Massot, pour une circulaire du ministre des affaires étrangères ; — 17 juin 1983, *Syndicat national CFDT de l'ANIFOM*, Rec. 260, pour une mesure prise par le directeur général d'un établissement public).

C'est ainsi que plus de cinquante ans après l'arrêt *Jamart*, dans des circonstances rappelant celles de cette affaire, le Conseil d'État a considéré que « le ministre de l'intérieur ne tenait d'aucun texte le pouvoir d'interdire par une mesure générale et impersonnelle l'accès aux réunions syndicales de tous représentants des syndicats de policiers ayant perdu du fait de leur révocation la qualité de fonctionnaire » (CE Sect. 28 juill. 1989, *Halbwax*, Rec. 174 ; RFDA 1990.43, concl. Tuot ; AJ 1989.600, chr. Honorat et Baptiste).

Ne peuvent être prises non plus les mesures d'organisation ou de fonctionnement pour l'adoption desquelles un texte de loi ou de décret impose une formalité particulière (CE Sect. 8 janv. 1982, *SARL Chocolat de régime Dardenne*, Rec. 1 ; D. 1982.261, concl. Genevois ; RA 1982.624, note Pacteau). Un service dont un texte semblable prévoit le fonctionnement pendant un certain temps ou à certaines dates et heures ne peut être interrompu voire supprimé sur simple décision de son chef.

L'arrêt (Ass.) du 30 juin 2000, *Association « Choisir la vie » et autres* (Rec. 249 ; AJ 2000.729, concl. Boissard ; D. 2001.2224, note Legrand ; JCP 2000. II. 10423, note Peigné ; RFDA 2000. 1282, note Canedo, et 1305, note Dubouis), illustre bien le fondement et les limites du pouvoir réglementaire des ministres : *« s'il appartient au ministre de l'éducation nationale, ou le cas échéant au ministre délégué auprès de lui, chargé... de promouvoir la santé des enfants et des adolescents en milieu scolaire, d'adresser aux infirmières scolaires placées sous son autorité les instructions nécessaires à l'accomplissement de leur mission, il ne peut faire usage de ce pouvoir que sous réserve des compétences attribuées à d'autres autorités par des textes législatifs et réglementaires en vigueur et dans le respect des lois et règlements qui régissent les activités qu'il entend confier à ces agents »* (en l'espèce, le ministre a méconnu les dispositions législatives en confiant le rôle de prescription et de délivrance du *« Norlevo »* aux infirmières scolaires).

5 Lorsque l'organisation ou le fonctionnement du service n'est plus en cause et qu'aucune disposition n'habilite le ministre à prendre un règlement, il ne peut en édicter. C'est ce qui a conduit le Conseil d'État à dénier au ministre des finances le pouvoir de fixer les critères d'octroi des agréments fiscaux (Sect. 23 mai 1969, *Société « Distillerie Brabant et Cie »*, Rec. 264, concl. Questiaux ; AJ 1969.640, concl. Questiaux, note Tournié ; RDP 1969.1127, concl. Questiaux ; D. 1970.770, note Fromont). Mais, à défaut d'un pouvoir général de réglementation, le Conseil d'État a reconnu aux administrateurs le droit de « définir des orientations générales par voie de directives » (11 déc. 1970, *Crédit foncier de France c. Delle Gaupillat et Dame Ader**).

52

FONCTION PUBLIQUE - ÉGALITÉ DES SEXES

CE Ass. 3 juill. 1936, Demoiselle BOBARD et autres, Rec. 721

(D. 1937.3.38, concl. R. Latournerie ;
RDP 1937.684, concl. R. Latournerie)

Cons. que les deux requêtes susvisées sont dirigées contre le même décret et que leurs conclusions à fin d'annulation sont fondées sur des moyens de droit semblables ; qu'il y a lieu de les joindre pour y statuer par une seule décision ;

Cons. que, si les femmes ont l'aptitude légale aux emplois dépendant des administrations centrales des ministères, il appartient au gouvernement, en vertu de l'art. 16 de la loi du 29 déc. 1882 modifié par l'art. 35 de la loi du 13 avr. 1900, *de fixer par des règlements d'administration publique les règles relatives au recrutement et à l'avancement du personnel de ces administrations, et de décider, en conséquence, à cette occasion, si des raisons de service nécessitent, dans un ministère, des restrictions à l'admission et à l'avancement du personnel féminin ;*

Cons., par suite, que le gouvernement a pu légalement, par le décret du 15 août 1934, modifiant la réglementation antérieure, réserver pour l'avenir au personnel masculin les emplois de rédacteur et ceux d'un grade supérieur à l'administration centrale du ministère de la guerre, en vue de satisfaire aux exigences spéciales du service dans ce ministère ; qu'il n'est pas établi par les requérants que le décret dont il s'agit ait été motivé par d'autres considérations ;

Cons. qu'il résulte de ce qui précède que la demoiselle Bobard et autres, d'une part, la demoiselle Bertrand et autres, d'autre part, ne sont pas fondées à demander l'annulation du décret ; ... (Rejet).

OBSERVATIONS

1 **I.** — Un décret du 15 août 1934 ayant réservé au personnel masculin l'accès aux échelons élevés de la hiérarchie de l'administration centrale du ministère de la guerre, la demoiselle Bobard et une quarantaine de ses collègues de cette administration attaquèrent ce texte en soutenant qu'il violait le principe de l'égale admission de tous aux emplois publics. Le Conseil d'État décida :

1°) que « les femmes ont l'aptitude légale aux emplois dépendant des administrations centrales des ministères » ;

2°) mais qu'il appartient au gouvernement de décider « si des raisons de service nécessitent, dans un ministère, des restrictions à l'admission et à l'avancement du personnel féminin », le juge se réservant de contrôler si la mesure prise n'a pas été « motivée par d'autres considérations », c'est-à-dire si elle n'est pas entachée de détournement de pouvoir.

En l'espèce « les exigences spéciales du service » au ministère de la guerre permettaient de réserver aux hommes l'accès aux emplois supérieurs : la requête fut donc rejetée.

Anticipant sur l'évolution ultérieure du droit, le commissaire du gouvernement avait proposé d'aller plus loin encore et de reconnaître aux femmes un véritable droit d'accès à la fonction publique, auquel il ne pourrait être apporté que les limitations indispensables, sous un contrôle juridictionnel analogue à celui qui s'exerce sur les mesures de police : « cette aptitude aurait alors le caractère d'un droit individuel en tous points analogue à ceux que lèsent les mesures de police. Et l'exclusion des femmes, en pareil cas, de tel ou tel emploi par voie de mesure réglementaire, ne saurait être regardée comme justifiée que si cette exclusion est motivée par les nécessités spéciales des emplois en question ».

Sans suivre entièrement son commissaire du gouvernement, le Conseil d'État, par l'arrêt qu'il rendit, reconnut, dès avant la seconde guerre mondiale, l'aptitude légale des femmes aux emplois publics ; mais cette affirmation voyait sa portée immédiatement réduite par la possibilité reconnue au gouvernement d'édicter des restrictions à l'admission et à l'avancement du personnel féminin, pour des raisons tirées de l'intérêt du service et sans contrôle juridictionnel autre que celui du détournement de pouvoir.

II. — Après la guerre, le principe de l'égale admission des femmes aux emplois publics a été progressivement consacré tant par les textes que par la jurisprudence.

2 *a)* En 1946, le principe d'égalité fut affirmé tout à la fois, en ce qui concerne l'accès à la magistrature, par la loi du 11 avril 1946, par le statut général de la fonction publique (article 7 de la loi du 19 octobre 1946 qui dispose qu'« aucune distinction, pour l'application du présent statut, n'est faite entre les deux sexes, sous réserve des dispositions spéciales qu'il prévoit »), et enfin, par le troisième alinéa du Préambule de la Constitution du 27 oct. 1946 aux termes duquel « la loi garantit à la femme, dans tous les domaines, des droits égaux à ceux de l'homme ». En présence de ces textes, le Conseil d'État n'a pu que renforcer la portée du principe posé dans l'arrêt *Bobard.* C'est ainsi qu'ont été annulées des décisions refusant à une femme le droit de prendre part à l'examen professionnel de la magistrature coloniale (CE Ass. 3 déc. 1948, *Dame Louys*, Rec. 451 ; D. 1949.553, note Rolland ; RJPUF 1949.63 concl. Gazier), ou rejetant la demande de nomination d'une femme reçue à cet examen (CE 13 janv. 1956, *Dame Defix, épouse Gaillard* Rec. 14 ; JCP 1956.II.9110, note Sauvageot ; AJ 1956.II.95, chr. Gazier ; RJPUF 1956.613 concl. Fougère). Au prix d'un important effort d'interprétation des textes, le Conseil d'État a jugé applicable à une veuve ayant des enfants à charge une dispositon reculant l'âge limite d'admission à un emploi public « d'un an par enfant à charge des candidats pères de famille mariés ou veufs » (CE Ass. 20 oct. 1950, *Dame Vve Oster*, Rec. 508 ; S. 1951.3.21, concl. Barbet).

L'arrêt d'Assemblée du 6 janvier 1956, *Syndicat national autonome du cadre d'administration générale des colonies* (Rec. 4 ; RDP 1956.1295, note M. Waline ; AJ 1956.II.95, chr. Gazier ; RA 1956.33, concl. Laurent ; RJPUF 1956.605, concl. Laurent ; Rec. Penant 1956.I.297, note de Soto) montre clairement la différence entre le système défini par la jurisprudence *Delle Bobard* et la situation juridique résultant du statut général des fonctionnaires et du préambule de la Constitution. Avant la loi du 19 oct. 1946 le gouvernement pouvait restreindre l'accès du personnel féminin à un cadre pour des raisons de service, « sans que cette appréciation d'opportunité pût être discutée devant le juge administratif » ; depuis le statut de 1946, il ne peut apporter de dérogations au principe de l'égalité des sexes que « dans le cas où la nature des fonctions exercées ou les conditions d'exercice de ces fonctions exigent de telles dérogations » et « sous le contrôle du juge » ; en l'espèce, il a été décidé que l'exclusion des femmes des fonctions de rédacteur du cadre d'administration générale de la France d'outre-mer était justifiée. Le Conseil d'État a en revanche annulé : le refus de promouvoir une femme à un poste d'inspecteur d'un bureau mixte des PTT (CE Sect. 2 mai 1959, *Dame Viauroux*, Rec. 280 ; Dr. Soc. 1960.1 concl. Chardeau ; AJ 1959.II.209, note V.S.) ; l'établissement d'une sorte de numerus clausus pour l'avancement dans le corps des contrôleurs des PTT car les promotions doivent être fondées sur l'appréciation de l'aptitude individuelle des agents intéressés (CE Ass. 22 avr. 1960, *Dame Legrand*, Rec. 261 ; AJ 1960.I.99, chr. Combarnous et Galabert) ; l'exclusion de principe des femmes mariées des emplois de la ville de Strasbourg (CE Sect. 11 mars 1960, *Ville de Strasbourg*, Rec. 194 ; Dr. soc. 1966.416, concl. A. Bernard ; AJ 1960.I.99, chr. Combarnous et Galabert).

3 *b)* Le second statut général des fonctionnaires s'est inspiré des formules jurisprudentielles en prévoyant que le principe d'égalité des sexes s'applique en matière de fonction publique sous réserve des mesures exceptionnelles prévues dans les statuts particuliers et commandées par la nature des fonctions (cf. ord. du 4 févr. 1959, art. 7) ou leurs conditions d'exercice (loi du 10 juillet 1975).

Le Conseil d'État a fait application de ces dispositions, en maintenant sa jurisprudence antérieure, aux personnels de la police : il a jugé que « la nature des fonctions exercées dans les services actifs de la police nationale et les conditions d'exercice de ces fonctions » étaient de nature à justifier l'exclusion des candidats de sexe féminin de l'accès à ces fonctions (Ass. 28 janv. 1972, *Fédération générale des syndicats de la police CGT*, Rec. 90 ; AJ 1972.405, note V.S. ; RA 1972.25, note Liet-Veaux) ; il a en revanche annulé une disposition instituant pour les candidats des deux sexes des conditions différentes de recrutement et de service pour l'accès aux concours de recrutement des officiers de police adjoints, cette discrimination n'étant pas « exigée par la nature des fonctions ou les conditions d'exercice de celles-ci » (Ass. 21 avril 1972, *Syndicat chrétien du corps des officiers de police*, Rec. 300 ; RDP 1973.240, note M. Waline ; AJ 1973.43, note V.S.), ou encore les résultats d'un concours pour le recrutement de secrétaire de mairie présidé par un maire qui avait manifesté son refus de nommer une femme à cet emploi (CE 9 nov. 1966, *Commune de Clohars-Carnoët*, Rec. 591 ; D. 1967.92, concl. Braibant ; AJ 1967.34, chr. Lecat et Massot ; RDP 1967.334, note M. Waline).

La légalité de l'institution de concours de recrutement distincts, pour les instituteurs, d'une part, et pour les institutrices, d'autre part, a été admise par le Conseil d'État, d'abord par référence aux conditions d'exercice des fonctions des intéressées (CE Ass 9 juin 1978, *Ministre de l'éducation c. Delle Bachelier*, Rec. 239 ; AJ 1978.448, chr. O. Dutheillet de Lamothe et Robineau), puis en considération de la nature de la fonction éducative (CE 24 nov. 1982, *CFDT*, Rec. 393).

Le Conseil d'État a eu également l'occasion de juger que le principe d'égalité interdit aussi les discriminations au profit des femmes et que l'administration ne peut, par exemple, leur réserver certains emplois d'avancement (CE Sect. 23 févr. 1968, *Michel*, Rec. 132).

4 *c)* Dans son dernier état, le statut général affirme le principe de l'égalité des sexes, sous la seule réserve de la possibilité d'édicter des règles de recrutement distinctes pour les hommes ou les femmes lorsque « l'appartenance à l'un ou à l'autre sexe constitue une condition déterminante pour l'exercice des fonctions » (loi du 7 mai 1982, dont le contenu a été repris par l'art. 6 de la loi du 13 juillet 1983 et par l'art. 21 de la loi du 11 janvier 1984).

Faisant application de ces nouvelles dispositions, le Conseil d'État a admis la légalité de recrutements distincts pour le corps des instituteurs et des institutrices, pour les professeurs d'éducation physique et sportive, pour les personnels de services extérieurs de l'administration pénitentiaire ainsi que pour certains corps de la police nationale (CE 16 avr. 1986, *CFDT*, Rec. 104, concl. Boyon ; AJ 1986.431, chr. Azibert et de Boisdeffre). Toutefois, par un arrêt du 30 juin 1988 (*Commission c. France* aff. 318/86. Rec. 3559) la Cour de justice des Communautés européennes a jugé que « la République française, en maintenant en vigueur des systèmes de recrutements distincts en fonction du sexe, non justifiés par la directive n° 76/207 du Conseil du 9 février 1976, relative à la mise en œuvre du principe de l'égalité de traitement entre hommes et femmes en ce qui concerne l'accès à l'emploi, à la formation et à la promotion professionnelles, et les conditions de travail, aux fins de la nomination dans les corps du personnel de direction et du personnel technique et de formation professionnelle des services extérieurs de l'administration pénitentiaire, ainsi que dans l'ensemble des cinq corps de la police nationale, a manqué aux obligations qui lui incombent en vertu du traité » (RFDA 1988.976, note Bonichot ; Gaz. Pal. 10 avr. 1989, note C. Pettiti ; LPA 21 avr. 1989, note Flauss ; Rev. Marché Commun. 1990.39, note Labayle).

Compte tenu notamment de la jurisprudence communautaire, le Conseil d'État a annulé le refus opposé à la candidature d'une femme à une affectation dans un emploi d'enseignant spécialisé dans une maison d'arrêt (CE 7 déc. 1990, *Ministre de l'éducation nationale c. Mme Buret*, Rec. 556 ; AJ 1991.405, obs. Salon).

Il a également déclaré illégales des dispositions statutaires qui instauraient une discrimination non justifiée par la nature des fonctions ou leurs conditions d'exercice, entre les élèves masculins et féminins de l'École de l'air, pour l'accès au corps des officiers de l'air (CE 29 déc. 1993, *Mlle Martel*, Rec. 377 ; AJ 1994.407, observ. Salon) ou qui limitaient à 20 p. 100 le recrutement des femmes dans le corps du commissariat de l'armée de terre (CE 11 mai 1998, *Melle Aldige*, REC. 708 ; RFDA 1998.1011, concl. Savoie).

5 **III.** — En dehors des conditions d'accès aux emplois publics, le principe d'égalité des sexes est appliqué par le juge administratif à l'effet de promouvoir :

– l'égalité de rémunération (CE Sect. 11 juin 1982, *Mme Diebolt*, Rec. 227 ; Dr. soc. 1984.138, concl. Genevois ; – Sect. 6 nov. 1992, *Mme Perrault*, Rec. 398 ; JCP 1993.II.22055, concl. Lasvignes) ;

– l'égalité au sein des organes représentatifs (CE 26 juin 1989, *Fédération des syndicats généraux de l'éducation nationale et de la recherche*, Rec. 152 ; RA 1989.424, note Terneyre ; AJ 1989.725, obs. Prétot) ;

– l'égalité dans la durée d'exercice des fonctions (CE Sect. 6 févr. 1981 *Melle Baudet* Rec. 53 ; AJ 1981.489, concl. Dondoux ; D. 1981.I.R.289 obs. P. Delvolvé) ;

– et même l'égalité dans l'exercice des activités sportives (CE 27 juin 1986, *Époux Lezzerio*, Rec. 368 ; AJ 1986.431, chr. Azibert et de Boisdeffre ; Gaz. Pal. 1987.1.62, note Houver ; Rev. jur. et écon. du sport, n° 1, 1987.87, obs. J. Morange).

6 **IV.** — On notera enfin que le traité de Rome proclame dans son article 119, devenu à la suite du traité d'Amsterdam l'article 141, le principe de l'égalité des rémunérations entre travailleurs masculins et travailleurs féminins pour un même travail. — Ces dispositions ont une valeur supérieure à celle de la loi interne, même postérieure (cf. nos obs. sous l'arrêt *Nicolo**) — À la suite de renvois préjudiciels, la Cour de justice des communautés européennes a jugé contraire au principe d'égalité de rémunération posé par le traité, d'une part, l'exclusion des hommes du bénéfice des bonifications d'ancienneté allouées aux fonctionnaires mères retraitées, si les pères font la preuve de l'éducation de leurs enfants (CJCE 29 nov. 2001, aff. C.366/99, *Griesmar*, du Soc. 2002.178, note Fitte-Duval ; AJFP 2002.1, p. 11, note Boutelat ; JCP 2002.II.10102, note Moniolle) d'autre part, l'exclusion des fonctionnaires de sexe masculin du droit à une pension de retraite à jouissance immédiate quand le conjoint est atteint d'une infirmité ou d'une maladie incurable le plaçant dans l'impossibilité d'exercer une profession quelconque (CJCE 13 déc. 2001, aff. C.206/00, *Mouflin*).

Le Conseil d'État a tiré les conséquences de la chose jugée par la Cour de justice (CE 29 juill. 2002, *Griesmar*, AJ 2002.823, concl. Lamy, Dr. Soc. 2002.1131, note Prétot) et plus généralement de l'interprétation donnée par elle du traité de Rome (CE 18 déc. 2002, *Syndicat CFDT chimie énergie Lorraine*, AJ 2003.61, obs. de Montecler : illégalité du régime de retraite d'EDF-GDF en ce qu'il maintient des avantages spécifiques aux mères de famille en en excluant les pères).

53

RESPONSABILITÉ DU FAIT DES LOIS

CE Ass. 14 janv. 1938, SOCIÉTÉ ANONYME DES PRODUITS LAITIERS « LA FLEURETTE », Rec. 25

(S. 1938.3.25, concl. Roujou, note P. Laroque ; D. 1938.3.41, concl. Roujou, note Rolland ; RDP 1938.87, concl. Roujou, note Jèze)

Cons. qu'aux termes de l'art. 1er de la loi du 29 juin 1934 relative à la protection des produits laitiers : « Il est interdit de fabriquer, d'exposer, de mettre en vente ou de vendre, d'importer, d'exporter ou de transiter : 1°) sous la dénomination de « crème » suivie ou non d'un qualificatif ou sous une dénomination de fantaisie quelconque, un produit représentant l'aspect de la crème, destiné aux mêmes usages, ne provenant pas exclusivement du lait, l'addition de matières grasses étrangères étant notamment interdite » ;

Cons. que l'interdiction ainsi édictée en faveur de l'industrie laitière a mis la société requérante dans l'obligation de cesser la fabrication du produit qu'elle exploitait antérieurement sous le nom de « Gradine », lequel entrait dans la définition donnée par l'article de loi précité et dont il n'est pas allégué qu'il présentât un danger pour la santé publique ; *que rien, ni dans le texte même de la loi ou dans ses travaux préparatoires, ni dans l'ensemble des circonstances de l'affaire, ne permet de penser que le législateur a entendu faire supporter à l'intéressée une charge qui ne lui incombe pas normalement ; que cette charge, créée dans un intérêt général, doit être supportée par la collectivité ;* qu'il suit de là que la société La Fleurette est fondée à demander que l'État soit condamné à lui payer une indemnité en réparation du préjudice par elle subi ;

Mais cons. que l'état de l'instruction ne permet pas de déterminer l'étendue de ce préjudice ; qu'il y a lieu de renvoyer le requérant devant le ministre de l'agriculture pour qu'il y soit procédé à la liquidation, en capital et intérêts, de l'indemnité qui lui est due ; ... (Annulation ; renvoi de la société devant le ministre de l'agriculture pour liquidation de l'indemnité).

OBSERVATIONS

1 **I.** — En 1838, un siècle avant l'arrêt *La Fleurette*, le Conseil d'État, dans un arrêt de principe, l'arrêt *Duchâtelet*, avait conclu à l'irresponsabilité totale de l'État législateur. Le sieur Duchâtelet

était fabricant de tabac factice. Une loi du 12 févr. 1835 avait interdit la fabrication, la circulation et la vente du tabac factice – uniquement pour mieux garantir le monopole fiscal des tabacs et sans alléguer contre les fabricants le caractère nuisible pour la santé publique du tabac factice – et n'avait pas prévu d'indemnité pour ceux dont cette interdiction léserait les intérêts. Le Conseil d'État ne s'était pas reconnu le pouvoir, dans le silence de la loi, d'accorder une telle indemnité (CE 11 janv. 1838, *Duchâtelet*, Rec. 7). Il s'était prononcé dans le même sens à propos de l'établissement du monopole des allumettes par la loi du 2 août 1872 (5 févr. 1875, *Moroge*, Rec. 89 : *« Cons. que l'État ne saurait être responsable des conséquences des lois qui, dans un intérêt général, prohibent l'exercice d'une industrie, à moins que des dispositions spéciales ne soient intervenues dans ce sens »).*

Cette jurisprudence se comprenait fort bien à une époque où la responsabilité de l'État administrateur n'était pas encore entièrement reconnue. La doctrine l'expliquait en arguant de la généralité des actes législatifs et de la souveraineté du législateur. « La loi est un acte de souveraineté et le propre de la souveraineté est de s'imposer à tous sans qu'on puisse réclamer d'elle aucune compensation. Le législateur peut seul apprécier, d'après la nature et la gravité du dommage, d'après les nécessités et les ressources de l'État, s'il doit accorder cette compensation. *Les juridictions ne peuvent l'allouer à sa place* » (Laferrière).

Cependant dès le dernier quart du XIXe siècle, l'irresponsabilité de l'État législateur, suivant l'évolution de la responsabilité de l'administration, ne s'est plus imposée avec la même évidence.

Le droit à l'indemnité fut reconnu aux cocontractants de l'État qui, du fait de dispositions législatives nouvelles, subissaient des charges nouvelles et imprévues (CE 27 juill. 1906, *Compagnie PLM*, Rec. 702, concl. Teissier ; – 2 mars 1932, *Société Mines de Joudreville*, Rec. 246 : arrêts reconnaissant à des sociétés minières concessionnaires de l'État le droit d'être indemnisées du préjudice par elles subi en raison des pouvoirs donnés par la loi du 27 juin 1880 aux préfets d'interdire les travaux souterrains à proximité d'une ligne de chemins de fer).

En dehors de ce cas particulier, le Conseil d'État continuait à refuser d'accorder une indemnité aux requérants qui se plaignaient d'avoir été lésés par une loi ; mais il ne se fondait plus sur des motifs aussi généraux et absolus que par le passé.

C'est ainsi qu'en 1921, la Société Premier et Henry, fabricant d'absinthe, demanda réparation pour le préjudice qu'elle avait subi du fait de la loi du 16 mars 1915 interdisant la fabrication de l'absinthe. Le Conseil d'État rejeta la requête, en ne se fondant pas, comme dans l'arrêt *Duchâtelet*, sur le *silence* du législateur, mais sur la *volonté* de ce même législateur. Autrement dit, le Conseil d'État ne se bornait plus à appliquer la lettre des actes législatifs, mais aussi leur esprit. Dans l'espèce *Premier et Henry*, le Conseil d'État, considérant que la loi du 16 mars 1915 était une mesure générale prise exclusivement en vue d'empêcher la fabrication de produits dangereux pour la santé publique et qui n'avait « prévu aucune indemnité », conclut à la volonté du législateur de ne pas indemniser les requérants (CE 29 avr. 1921, *Société Premier et Henry*, Rec. 424 ; S. 1923.3.14, note Hauriou).

De même, le Conseil d'État a refusé toute indemnité pour la réparation des conséquences dommageables pour certains commerçants de la loi du 16 oct. 1919 « qui, par mesure générale et *en vue exclusivement de mettre fin à des abus constatés depuis longtemps,* a frappé des peines prononcées au § 1er de l'art. 411 du code pénal ceux qui avaient acheté ou vendu habituellement des récépissés de nantissement des monts-de-Piété ou caisses de crédit municipal » (14 nov. 1923, *Chambre syndicale des marchands de reconnaissance du Mont-de-Piété*, Rec. 726).

Il fallait déduire de ces formules que, si les dispositions législatives en cause n'avaient pas eu pour objet de mettre fin à des situations ou à des activités critiquables, la responsabilité de l'État législateur aurait pu être engagée.

II. — La Société des produits laitiers La Fleurette, à la suite du vote de la loi du 9 juin 1934 relative à la protection des produits laitiers qui interdisait la fabrication et le commerce de tous les produits destinés aux mêmes usages que la crème et ne provenant pas exclusivement du lait, avait été obligée d'interrompre la fabrication du produit dénommé « Gradine », composé de lait, d'huile d'arachide et de jaunes d'œufs.

2 Comme dans les arrêts précédents, le Conseil d'État analyse la volonté du législateur, non seulement dans le texte de la loi, mais aussi dans les travaux préparatoires, mais contrairement aux arrêts précédents et contrairement aussi à l'avis de son commissaire du gouvernement, il conclut que le législateur n'a pas voulu faire supporter par le requérant la charge qu'il a créée. Comme dans les arrêts précédents, le Conseil d'État recherche si l'activité de la société n'a pas un caractère répréhensible ou nuisible pour la société, mais en l'espèce, il conclut par la négative. Il accorde donc une indemnité en invoquant l'entorse faite au principe de l'égalité de tous devant les charges publiques. La charge subie par la société La Fleurette est si importante, si grave (la société étant obligée d'arrêter son activité), si particulière (la société semble avoir été la seule touchée par l'art. 1er de la loi sur les produits laitiers), qu'elle atteint le principe de l'égalité devant les charges publiques et qu'elle doit donc « être supportée par la collectivité ».

Avec l'arrêt *La Fleurette,* qui systématise et développe la jurisprudence antérieure, il apparaît clairement que le préjudice causé par des dispositions législatives peut donner droit à réparation, même dans le silence du législateur :

– lorsqu'il ressort de la loi ou des travaux préparatoires que le législateur n'a pas voulu faire supporter le préjudice par les victimes de la loi, et notamment lorsque l'activité de celles-ci n'avait pas un caractère répréhensible, contraire aux bonnes mœurs ou à l'ordre public ;

– lorsque la charge incombant aux intéressés est particulièrement grave, importante et spéciale.

3 Le Conseil d'État a étendu ces principes aux décrets coloniaux (Ass. 14 janv. 1938, *Compagnie générale de grande pêche*, Rec. 23 ; S. 1938.3.25, note Laroque ; D. 1938.3.41, note Rolland), aux décrets-lois (Ass. 22 oct. 1943, *Société des Établissements Lacaussade*, Rec. 231), aux règlements légalement édictés (Sect. 27 janv. 1961, *Vannier*, Rec. 60, concl. Kahn ; AJ 1961.74, chr. Galabert et Gentot ; – Sect. 22 févr. 1963, *Commune de Gavarnie*, Rec. 113 – v. nº 42.7) et aux mesures individuelles d'application d'une loi (Sect. 28 oct. 1949, *Société des Ateliers du Cap Janet*, Rec. 450 – v. nº 43.7 ; – Sect. 25 janv. 1963, *Ministre de l'intérieur c. Bovero*, Rec. 53 ; JCP 1963.II.13326, note Vedel ; AJ 1963.94, chr. Gentot et Fourré), enfin aux conventions internationales régulièrement incorporées dans l'ordre juridique interne (CE Ass. 30 mars 1966, *Compagnie générale d'énergie radioélectrique**).

III. — L'arrêt *La Fleurette,* précisé par la jurisprudence ultérieure, subordonne la responsabilité de l'État du fait de la loi à deux conditions.

1. — Conditions tenant à la volonté du législateur

4 La responsabilité de l'État législateur n'est admise que si le texte même de la loi et ses travaux préparatoires ne permettent pas de penser que le législateur a entendu exclure toute indemnisation (CE Sect. 22 nov. 1957, *Compagnie de navigation Fraissinet*, Rec. 635).

Le Conseil d'État a ainsi déduit des travaux préparatoires d'une loi du 12 juill. 1983 interdisant dans des lieux publics certains jeux de hasard, la volonté du législateur d'exclure toute indemnisation du préjudice résultant des prescriptions légales (CE 11 juill. 1990, *Société Stambouli Frères*, Rec. 963 ; D. 1991.S.C.286, obs. Bon et Terneyre).

La tendance de la jurisprudence est de considérer que toute loi intervenue dans un intérêt général et prééminent contient implicitement une telle exclusion. Cette notion d'intérêt général est elle-même interprétée de manière de plus en plus large.

La réparation est refusée tout d'abord lorsque la loi a cherché à réprimer des activités frauduleuses ou répréhensibles (CE Ass. 14 janv. 1938, *Compagnie générale de grande pêche*, précité : exportation frauduleuse d'alcool ; – 1er mars 1940, *Société Chardon et Cie*, Rec. 82 : répression de fraudes alimentaires), ou à mettre fin à une activité dangereuse ou nuisible à la santé publique (CE 6 janv. 1956, *Manufacture française d'armes et de cycles*, Rec. 3 : contrôle de la fabrication des armes à feu établi en vue de protéger les utilisateurs de ces armes contre les dangers d'une fabrication défectueuse ; – Ass. 8 janv. 1965, *Société des Établissements Aupinel*, Rec. 15 : contrôle du transport et de la commercialisation des spiritueux en vue de lutter contre la fraude sur les alcools et de contribuer ainsi à la sauvegarde de la santé publique).

5 L'éventualité d'une réparation est écartée également lorsque la loi a été prise dans un intérêt économique et social d'ordre général. Ainsi la responsabilité de l'État législateur n'a pas été reconnue à l'occasion de l'application des lois intervenues pour lutter contre la hausse des prix (CE 15 juill. 1949, *Ville d'Elbeuf*, Rec. 359 : blocage du prix du gaz ; – Sect. 14 mars 1975, *Société civile immobilière de la vallée de Chevreuse*, Rec. 197, concl. Dondoux ; JCP 1975.II.18077, note Homont, AJ 1975.224, chr. Franc et Boyon : modalités de calcul des indemnités d'expropriation), pour assurer une répartition équitable ou une diminution de la consommation de denrées essentielles (CE 23 janv. 1952, *Compagnie des transports électriques de Limoges*, Rec. 478), pour régulariser un marché ou organiser une production (CE 7 juin 1940, *Syndicat du commerce des blés, seigles, avoines et orges*, Rec. 193 : interdiction de la cotation des blés dans les bourses de commerce, destinée à « soustraire le marché du blé aux caprices des cotations spéculatives » ; – 21 juin 1957, *Société d'exploitation des Établissements Pathé-Cinéma*, Rec. 415 : interdiction de fabriquer des films de certains formats édictée en vue « d'organiser la production cinématographique, notamment au point de vue du rendement, de la qualité et du coût des produits »).

6 La jurisprudence se montre très stricte en écartant toute possibilité de réparation en raison de l'application de la loi du 29 oct. 1974 interdisant certaines formes de publicité dans un but d'économie d'énergie (CE 24 oct. 1984, *Société Claude Publicité*, Rec. 338 ; CJEG 1985.51 note Dupiellet ; RA 1985.45, note Pacteau ; D. 1986. I.R. 249, obs. Bon et Moderne), de la loi du 23 juin 1941 interdisant l'exportation d'objets d'art (CE 7 oct. 1987, *Ministre de la culture c. Genty*. Rec. 304 ; RFDA 1988.858, concl. Van Ruymbeke ; AJ 1987.720, chr. Azibert et de Boisdeffre ; LPA 18 déc. 1987, note Moderne ; D. 1988.269, note Laveissière) de l'article 3 de la loi du 28 déc. 1968 en ce qu'il permet à l'administration de réglementer les relations financières avec l'étranger (CE 23 déc. 1988, *Martin*, Rec. 470 ; D. 1989.267, note Moulin ; D. 1989. S.C. 345, obs. Bon et Moderne), ou encore de la loi du 11 juill. 1985 qui a mis fin au monopole d'État de commercialisation de l'alcool éthylique dans le but de rationaliser le marché des alcools (CE 8 avril 1994, *SA Établissements Charbonneaux-Brabant*, Rec. 187).

Dans la ligne de cette jurisprudence rigoureuse le Conseil d'État a estimé que la responsabilité sans faute de l'État n'était pas engagée du fait de l'édiction de mesures de protection d'espèces animales prises sur le fondement de l'art. 1er de la loi du 10 juill. 1976 relative à la protection de la nature (cf. à propos des dégâts occasionnés par les flamants roses : CE 21 janv. 1998. *Ministre de l'environnement c. M. Plan*, Rec. 19, RFDA 1998.568, note Bon). Mais il a infléchi cette jurisprudence, s'agissant du moins des préjudices causés aux tiers par une mesure de protection, dans un litige où des pisciculteurs se plaignaient du dommage grave et spécial causé par des décisions protégeant les grands cormorans (CE Sect. 30 juill. 2003, *Association pour le développement de l'aquaculture en région Centre*).

Par ailleurs, le Conseil d'État présume que le législateur a entendu exclure tout autre forme d'indemnisation lorsqu'il a organisé lui-même un système de compensation des conséquences dommageables de la loi, sous forme, par exemple, de pensions ou d'indemnités de licenciement (CE 7 oct. 1966, *Asope*, Rec. 523).

7 Dans d'autres affaires le Conseil d'État a certes reconnu que ni les dispositions de la loi ni ses travaux préparatoires n'excluaient en principe la possibilité d'une indemnisation (CE Ass. 1er déc. 1961, *Lacombe*, Rec. 674 ; D. 1962.89, concl. A. Dutheillet de Lamothe ; AJ 1962.24, chr. Galabert et Gentot – pour une loi validant des actes annulés pour excès de pouvoir ; – Sect. 26 oct. 1962, *Consorts Olivier*, Rec. 569 ; RDP 1963.79, concl. Heumann – pour une réglementation économique) ; mais il a rejeté les demandes d'indemnité sur un autre terrain, en se fondant sur des considérations relatives à la nature du préjudice.

2. — Conditions tenant aux caractères du préjudice

8 Le préjudice doit naturellement répondre aux conditions habituelles posées par la jurisprudence générale sur la responsabilité de la puissance publique ; il n'est indemnisable notamment, que s'il a un caractère direct et certain (v. *Lacombe*, précité ; – Sect. 21 janv. 1983, *Ville de Bastia*, Rec. 22, concl. Bissara). Mais, pour la mise en jeu de la responsabilité du fait des lois, la jurisprudence impose des conditions supplémentaires.

9 *a)* Il faut que le préjudice dont il est demandé réparation soit *spécial* au requérant. N'est pas spécial, en raison de la généralité du champ d'application du texte, le préjudice résultant de la législation sursoyant à toute mesure d'expulsion d'occupants de logements pendant l'hiver (CE Ass. 10 févr. 1961, *Ministre de l'intérieur c. consorts Chauche*, Rec. 108). Tel n'est pas le cas en revanche du dommage causé à un propriétaire par l'application d'une ordonnance interdisant l'expulsion de leur logement des familles de militaires servant en Algérie (CE Sect. 25 janv. 1963, *Ministre de l'intérieur c. Bovero*, précité).

10 *b)* Le préjudice doit, d'autre part, être *anormalement grave*, faute de quoi il demeure à la charge de la victime (CE Ass. 22 oct. 1943, *Société des Établissements Lacaussade*, précité n° 54.3 ; CE Sect. 27 janv. 1961, *Vannier*, précité n° 53.3).

11 **IV.** — La jurisprudence *La Fleurette* doit être rapprochée de la jurisprudence *Couitéas** qui, dans le cas de mesures individuelles ne constituant pas l'application directe et immédiate d'une loi ou d'agissements administratifs, permet également aux particuliers d'obtenir réparation sur le terrain de la responsabilité sans faute. Ces deux jurisprudences ont le même fondement – le principe de l'égalité devant les charges publiques, et des limites qui sont pour partie identiques – l'exigence d'un préjudice anormalement grave et spécial. Toutefois, en matière de responsabilité du fait des lois, l'intention du législateur joue un rôle essentiel. Son pouvoir d'appréciation sur ce point peut cependant être restreint en raison de la valeur constitutionnelle du principe d'égalité devant les charges publiques, comme cela ressort de la jurisprudence du Conseil constitutionnel (*n° 84-182 DC du 18 janv. 1985,* Rec. 27 ; D. 1986.425, note Renoux ; Ann. Int. Just. Const. 1985.425, comm. Genevois ; – *n° 2000-440 DC du 10 janv. 2001*, Rec. 39, LPA 16 févr. 2001, obs. Schoettl).

54

ORGANISMES PRIVÉS GÉRANT UN SERVICE PUBLIC

CE Ass. 13 mai 1938, CAISSE PRIMAIRE « AIDE ET PROTECTION », Rec. 417

(D. 1939.3.65, concl. R. Latournerie, note Pépy ; RDP 1938.830, concl. R. Latournerie)

Cons. qu'aux termes du dernier alinéa de l'art. 1er de la loi du 20 juin 1936, « seront supprimés les cumuls de retraites, de rémunérations quelconques et de fonctions contraires à la bonne gestion administrative et financière du pays » ;

Cons. qu'il résulte tant des termes de la loi que de ses travaux préparatoires que cette disposition vise tous les agents ressortissant à *un organisme chargé de l'exécution d'un service public, même si cet organisme a le caractère d'un « établissement privé » ;*

Cons. que le service des assurances sociales est un service public ; que sa gestion est confiée notamment à des caisses dites primaires ; que, par suite, et nonobstant la circonstance que, d'après l'art. 28, § 1er, du décret du 30 oct. 1935, celles-ci sont instituées et administrées conformément aux prescriptions de la loi du 1er avr. 1898 et constituent ainsi des organismes privés, leurs agents ont pu légalement être compris parmi ceux auxquels il est interdit d'exercer un autre emploi ;

Cons., d'autre part, qu'aucune obligation n'incombait au gouvernement d'édicter, pour le cas de cumul d'un emploi dépendant d'un service public et d'un emploi privé, des dispositions analogues à celles qu'il a prévues pour atténuer la prohibition de cumul entre emplois publics ; ... (Rejet).

OBSERVATIONS

1 L'institution des assurances sociales entre les deux guerres a posé de nombreux problèmes juridiques et administratifs. Il s'agissait notamment de savoir si elles seraient régies par le droit privé ou par le droit public, et si leur gestion serait confiée à des institutions privées ou à des organismes publics. D'une part, le système des assurances s'appliquait essentiellement aux salariés et aux entreprises privées et couvrait un secteur d'activité, celui de l'assurance, jusque-là réservé à l'initiative privée ; mais d'autre part, il se caractérisait par un ensemble de règles et d'obligations s'imposant de façon générale aux bénéficiaires et aux cotisants, eux-mêmes définis

par la loi, et visait à garantir des catégories défavorisées de citoyens contre des risques sociaux. La combinaison de ces caractéristiques divergentes devait aboutir à un système complexe où s'enchevêtrent les règles traditionnelles du droit privé et du droit public. C'est ainsi que le contentieux relatif aux caisses chargées de la gestion des assurances sociales était tantôt judiciaire (élections aux conseils d'administration des caisses, par exemple), et tantôt administratif (contrôle exercé par l'administration sur les caisses, par exemple).

Dans ces conditions, la question devait finalement se poser de savoir quelle était la nature juridique de ces caisses. Cette question n'était pas purement théorique, car de nombreux textes ne sont applicables, expressément ou implicitement, qu'aux services publics, ou plus exactement aux organismes chargés de la gestion d'un service public : tel était le cas d'une loi du 20 juin 1936 relative aux cumuls d'emplois et de rémunérations. La caisse « Aide et protection » déféra au Conseil d'État un décret du 29 oct. 1936 pris en application de cette loi, qui en étendait le dispositif au personnel des caisses d'assurances sociales.

Le commissaire du gouvernement R. Latournerie a montré que les caisses d'assurances sociales, instituées et administrées conformément aux dispositions de la loi du 1er avr. 1898 sur les sociétés de secours mutuels, étaient certes des organismes privés, mais que le législateur avait voulu les soumettre partiellement, à raison du caractère d'intérêt général de leur activité, à un régime de droit public. Le droit français, qui reconnaissait déjà la possibilité d'une gestion privée des personnes publiques (v. 6 févr. 1903, *Terrier** ; – 31 juill. 1912, *Soc. des granits porphyroïdes des Vosges** ; – 22 janv. 1921, *Soc. commerciale de l'Ouest africain**), allait connaitre désormais ce que l'on pourrait appeler une gestion publique des personnes privées. Une double conséquence allait en découler. D'une part, comme le dit M. Latournerie, « l'aspect que notre droit offre à présent... n'est pas celui d'une séparation absolue et tranchée entre le domaine du droit public et celui du droit privé, mais celui d'une gradation, d'une hiérarchie des services, où, d'échelon en échelon, les deux droits se combinent et s'entrepénètrent... ». D'autre part, la notion même de service public, conçue jusque-là dans son sens organique d'entreprise de l'administration – c'est dans ce sens que l'expression est employée dans l'arrêt *Blanco** – acquiert la signification purement matérielle d'activité exercée dans l'intérêt général et soumise à ce titre, au moins partiellement, à un régime de droit public.

Conformément aux conclusions, le Conseil d'État rejeta le recours en déclarant que la loi sur les cumuls était applicable « à tous les agents ressortissant à un organisme chargé de l'exécution d'un service public, même si cet organisme a le caractère d'un établissement privé », et en définissant le service des assurances sociales comme un service public.

2 Déjà, dans l'arrêt du 20 déc. 1935, *Établissements Vézia* (Rec. 1212 ; RDP 1936.119, concl. R. Latournerie), le Conseil d'État

(Ass.) avait amorcé la dissociation entre le service public entendu comme *institution*, comme *organe* administratif, et le service public entendu comme *mission*, comme *fonction* : il avait admis que les sociétés de prévoyance, de secours et de prêts mutuels agricoles groupant obligatoirement les cultivateurs et éleveurs de statut indigène en Afrique occidentale française réalisaient des opérations présentant un « caractère d'intérêt public » justifiant le recours à l'expropriation à leur profit.

L'arrêt *Caisse primaire « Aide et Protection »* va plus loin en introduisant dans le droit administratif français la notion d'organisme privé assurant la gestion d'un service public.

Ses principes devaient rapidement être étendus à d'autres domaines (v. les arrêts des 31 juill. 1942, *Monpeurt** ; – 2 avr. 1943, *Bouguen** ; – Sect. 5 mai 1944, *Compagnie maritime de l'Afrique orientale*, Rec. 129 – v. n° 47.4). Cette extension a permis de préciser *les critères* permettant de reconnaître les organismes privés chargés d'une mission de service public (I) et *le régime* qui leur est applicable (II).

3 **I.** — Les organismes privés chargés d'une mission de servive public selon la jurisprudence *Aide et Protection* ne doivent pas être confondus avec les entreprises privées tenant d'un contrat conclu avec une personne publique une mission de service public. La solution existait bien avant l'arrêt *Caisse primaire « Aide et Protection »* avec le système de la concession de service public, qui avait donné lieu à des arrêts importants (CE 10 janv. 1902, *Compagnie nouvelle du gaz de Deville-lès-Rouen** ; – 11 mars 1910, *Compagnie générale française des tramways** ; – 30 mars 1916, *Compagnie générale d'éclairage de Bordeaux**). L'arrêt *Bertin** du 20 avr. 1956 devait illustrer plus tard d'autres modes contractuels d'attribution à des personnes privées de l'exécution même du service. Le législateur lui-même reconnaît et encadre les « conventions de délégation de service public » (loi du 29 janv. 1993).

L'une des innovations de l'arrêt *Caisse primaire « Aide et Protection »* tient à ce qu'il reconnaît qu'un *organisme privé peut être chargé d'un service public en dehors d'un système contractuel*, en vertu de dispositions législatives et réglementaires aménageant le statut et les fonctions de l'organisme. Mais les textes précisent rarement que de tels organismes ont une personnalité de droit privé, ni qu'ils assurent un service public. Sur ces deux points la jurisprudence a dû donner des *critères*.

Il faut d'abord *distinguer les organismes privés des établissements publics* voire d'autres personnes publiques spécialisées comme les groupements d'intérêt public. La présence de prérogatives de puissance publique, celle d'une mission de service public peuvent permettre de reconnaître un établissement public ou une autre personne publique, mais elles ne sont pas toujours déterminantes : elles n'empêchent pas un organisme de conserver un statut de droit privé (v. nos obs. sous TC 9 déc. 1899, *Association syndicale du Canal de Gignac** et 14 févr. 2000, *GIP Habitat... c. Mme Verdier**).

4 Il faut encore savoir *en quoi il est chargé d'une mission de service public*. Un arrêt du Conseil d'État (Sect. 28 juin 1963, *Narcy*, Rec. 401 ; AJ 1964.91, note A. de Laubadère ; RDP 1963.1186, note M. Waline) relatif, comme l'arrêt *Caisse primaire « Aide et Protection »*, à l'application de la réglementation sur les cumuls d'emplois dans les services publics aux centres techniques industriels, permet de mieux cerner les critères applicables.

Trois éléments entrent ainsi en ligne de compte :

– la mission d'intérêt général confiée à l'organisme ;

– les prérogatives de puissance publique qui lui sont attribuées à cette fin ;

– le contrôle que l'administration exerce sur lui.

La mission d'intérêt général comporte elle-même deux aspects. Tout d'abord, elle doit être attribuée par les pouvoirs publics à l'organisme. Pour qu'il en soit ainsi, il faut une investiture, qui peut résulter soit de dispositions générales ou impersonnelles régissant l'organisme, soit d'une mesure particulière prise à son sujet (agrément, autorisation, habilitation). En second lieu, l'activité en cause doit présenter un intérêt général : la notion est imprécise ; en définitive, l'intérêt général résulte d'une reconnaissance officielle. Si un organisme exerce une activité d'intérêt général sans en être chargé par les pouvoirs publics, ou s'il tient d'eux une mission qui ne correspond pas à l'intérêt général, il n'assure pas de service public.

L'attribution de prérogatives de puissance publique paraît être aussi une condition de l'existence d'un service public lorsqu'il est confié à un organisme privé. Ces prérogatives consistent essentiellement dans le pouvoir d'imposer des obligations aux administrés (obligation d'adhérer, obligation de verser certaines contributions, édiction de prescriptions, monopole). Elles pouvaient être suffisantes pour permettre de reconnaître un établissement public (TC 9 déc. 1899, *Association syndicale du canal de Gignac**). Ici elles paraissent nécessaires pour reconnaître un service public. Elles jouent en amont, pour caractériser l'organisme et l'activité qui lui est confiée ; elles pourront encore jouer en aval pour déterminer le régime qui leur est applicable (*infra* III).

Le contrôle dont fait l'objet l'organisme peut porter sur sa constitution (agrément p. ex.), sur son organisation (désignation de certains membres), sur son fonctionnement (intervention d'un commissaire du gouvernement, approbation de certaines mesures, droit de veto). Il confirme l'intérêt que les pouvoirs publics attachent à l'activité de l'organisme et à la mission qu'ils lui confient. Par l'intermédiaire de cet organisme, la fonction exercée relève de la personne publique qui le contrôle : c'est bien un service public.

5 Ainsi ont encore été reconnus comme organismes privés chargés d'une mission de service public, pour ne citer que quelques exemples :

— les centres régionaux de lutte contre le cancer (TC 20 nov. 1961. *Centre régional de lutte contre le cancer « Eugène Marquis »*, Rec. 879 – v. n° 7.5).

— les groupements de défense contre les ennemis des cultures (CE Sect. 13 janv. 1961, *Magnier*, Rec. 33 ; RDP 1961.155, concl. Fournier ; AJ 1961.142, note C.P. ; Dr. soc. 1961.335, note Teitgen) ;

— les organismes sportifs chargés d'organiser des compétitions nationales ou régionales par l'ordonnance du 28 août 1945 (CE Sect. 22 nov. 1974, *Fédération des industries françaises d'articles de sport*, Rec. 577, concl. J. Théry, – v. n° 7.6), puis par la loi du 29 oct. 1975 (TC 7 juill. 1980, *Peschaud c. Groupement de football professionnel*, Rec. 510 ; RDP 1981.483, concl. Galabert ; D. 1981.296, note Plouvin ; JCP 1982.II.19784, note Pacteau), enfin par la loi du 16 juill. 1984 et celles qui l'ont modifiée (13 juill. 1992, 6 déc. 1993) (CE Ass. 16 juin 1989 *Bunoz*, Rec. 144 ; AJ 1989.426, chr. Honorat et Baptiste ; — Sect. 15 mai 1991, *Association « Girondins de Bordeaux Football club »*, Rec. 180, concl. Pochard, – v. n° 85.11).

6 En revanche, des organismes peuvent exercer une mission d'intérêt général et être soumis à certains contrôles administratifs : faute de prérogatives de puissance publique, ils ne sont pas chargés d'une mission de service public. Tel est le cas des comités agricoles économiques régionaux (CE Sect. 21 mai 1976, *GIE Brousse-Cardell*, Rec. 268 ; AJ 1977.42, concl. S. Grévisse ; Gaz. Pal. 1977.1.172, note Moderne). *À fortiori* ne sont pas chargés d'une mission de service public les organismes qui, même soumis à certains contrôles, ne poursuivent pas de but d'intérêt général (CE Sect. 27 oct. 1999, *Rolin*, Rec. 327, concl. Daussun ; CJEG 2000.24, concl. Daussun ; RDP 1999.1845, concl. Daussun et 2000.269, note Eckert, et 390, obs. Guettier ; AJ 1999.1008, chr. Fombeur et Guyomar ; JCP 2000.II.10365, note Corneloup : « La Française des jeux », à laquelle ont été confiées l'organisation et l'exploitation de la loterie nationale, n'est pas investie d'une mission de service public ; CE 29 juill. 2002, *SARL Delplanque*, AJ 2002.1287, note Cliquennois : un « comité de concertation local gaz » créé en vertu d'une convention conclue entre les distributeurs de gaz naturel (dont Gaz de France) et des organisations professionnelles d'entreprises spécialisées dans l'installation et l'entretien d'appareils fonctionnant au gaz, qui n'est pas une personne morale de droit public, n'exerce ni mission de service public ni prérogatives de puissance publique, même si son rôle contribue au développement de la sécurité et allège les contrôles dont sont l'objet les entreprises).

7 **II.** — La reconnaissance du caractère d'organismes privés chargés d'une mission de service public entraîne *un régime* comportant dans une certaine mesure l'*application du droit public*, et, en cas de litige, *la compétence du juge administratif.*

L'arrêt *Caisse primaire « Aide et Protection »* en donne une particulière illustration : parce que cette caisse gère un service public, son personnel est soumis aux règles sur les cumuls d'emplois dans les services publics. De même la législation et la jurisprudence sur la grève dans les services publics s'appliquent à ce type d'organismes (v. nos obs. sous l'arrêt CE 7 juill. 1950 *Dehaene**).

Toutefois le droit administratif ne s'applique pas entièrement à eux, la juridiction administrative n'est pas toujours compétente à leur égard : l'un et l'autre n'interviennent *que dans la mesure* où le *service public* qu'elles assurent et les prérogatives de *puissance publique* qu'elles exercent sont en cause.

Leurs *actes unilatéraux* ne sont administratifs et ne peuvent être appréciés par le juge administratif que s'ils sont pris en vertu de ces prérogatives dans l'accomplissement du service public (cf nos obs. sous l'arrêt CE 31 juill. 1942, *Monpeurt** et l'arrêt TC 15 janv. 1968, *Compagnie Air France c. Époux Barbier**).

Leurs *contrats* avec d'autres personnes privées ne sont pas administratifs, faute de comporter parmi les cocontractants une personne publique, dont la présence est en principe nécessaire à la qualification de contrat administratif (cf. nos obs. sous l'arrêt TC 8 juill. 1963, *Entreprise Peyrot**).

Leur *responsabilité extra-contractuelle* ne relève du droit administratif et n'est appréciée par la juridiction administrative que si elle est engagée par l'exercice de leurs prérogatives de puissance publique (CE 23 mars 1983, *SA Bureau Véritas*, Rec. 134 – v. n° 1.5). En l'absence de l'utilisation de ces pouvoirs, elle relève du droit privé et de la compétence judiciaire, alors même que l'activité en cause se rapporte au service public dont elles sont chargées (v. nos obs. sous l'arrêt *Monpeurt**).

8 Plus généralement tout ce qui concerne l'organisation et le fonctionnement internes de ces institutions reste placé sous l'emprise du droit privé. Leur personnel, même si, comme le souligne l'arrêt *Aide et Protection*, il doit respecter certaines règles de droit public, reste composé d'agents de droit privé : les litiges le concernant continuent à relever du juge judiciaire (v. également nos obs. sous l'arrêt *Monpeurt**).

Ainsi l'attirance vers le droit public et le juge administratif des organismes de droit privé chargés d'un service public, dans la mesure du service qu'ils assurent et des prérogatives qu'ils exercent, n'a pas supprimé leur soumission au droit privé et à la compétence judiciaire dans la mesure de leur personnalité de droit privé.

55

COMPÉTENCE ADMINISTRATIVE ORGANISMES CHARGÉS D'UN SERVICE PUBLIC ACTES ADMINISTRATIFS

CE Ass. 31 juill. 1942, MONPEURT, Rec. 239

(D. 1942.138, concl. Ségalat, note P.C. ;
JCP 1942.II.2046, concl. Ségalat, note P. Laroque ;
RDP 1943.57, concl. Ségalat, note Bonnard ; S. 1942.3.37, concl. Ségalat)

Sur la compétence : Cons. que la requête susvisée tend à l'annulation d'une décision du 10 juin 1941 par laquelle le secrétaire d'État à la production industrielle a rejeté le recours formé par le sieur Monpeurt contre une décision du Comité d'organisation des industries du verre et des commerces s'y rattachant, en date du 25 avr. 1941, déterminant les entreprises autorisées à fabriquer les tubes en verre neutre ou ordinaire pour ampoules en leur imposant de livrer à une usine, dont la demande de mise à feu du four n'avait pas été admise, un tonnage mensuel de verre à titre de compensation ;

Cons. qu'en raison des circonstances qui nécessitaient impérieusement l'intervention de la puissance publique dans le domaine économique, la loi du 16 août 1940 a aménagé une organisation provisoire de la production industrielle afin d'assurer la meilleure utilisation possible des ressources réduites existantes, préalablement recouvrées, tant au point de vue du rendement que de la qualité et du coût des produits, et d'améliorer l'emploi de la main-d'œuvre dans l'intérêt commun des entreprises et des salariés ; qu'il résulte de l'ensemble de ses dispositions que ladite loi a entendu instituer à cet effet un service public ; que, pour gérer le service en attendant que l'organisation professionnelle ait reçu sa forme définitive, elle a prévu la création de comités auxquels elle a confié, sous l'autorité du secrétaire d'État, le pouvoir d'arrêter les programmes de production et de fabrication, de fixer les règles à imposer aux entreprises en ce qui concerne les conditions générales de leur activité, de proposer aux autorités compétentes le prix des produits et services ; *qu'ainsi, les comités d'organisation, bien que le législateur n'en ait pas fait des établissements publics, sont chargés de participer à l'exécution d'un service public, et que les décisions qu'ils sont amenés à prendre dans la sphère de ces attributions, soit par voie de règlement, soit par des dispositions d'ordre individuel, constituent des actes administratifs ;* que le Conseil d'État est, dès lors, compétent pour connaître des recours auxquels ces actes peuvent donner lieu ;

Sur la légalité de la décision attaquée : Cons. que, par sa décision, en date du 25 avr. 1941, le directeur responsable du Comité d'organisation des industries du verre et des commerces s'y rattachant a mis en application, en raison de la pénurie de matières premières et de combustibles, un plan de fabrication intéressant l'industrie des tubes en verre neutre pour ampoules ; que le plan comportait, d'une part, le chômage d'une usine, d'autre part, un régime de compensation en nature au bénéfice de cette usine et à la charge de celles qui étaient autorisées à continuer leur activité, au nombre desquelles se trouvait l'entreprise dont le requérant est propriétaire ; qu'un tel plan entre dans le cadre des attributions données aux comités d'organisation par l'art. 2 de la loi du 16 août 1940, notamment en ses §§ 2 et 4 ; qu'en s'inspirant pour l'établir de considérations tirées de la nécessité d'une judicieuse utilisation des matières premières, le directeur responsable n'a pas empiété sur les pouvoirs dévolus à l'Office central de répartition et aux sections dudit office par la loi du 10 sept. 1940, alors qu'il n'est même pas allégué qu'il ne se soit pas conformé aux règles édictées par ces organismes ;

Cons. qu'aucune disposition législative ou réglementaire n'oblige les comités à régler l'activité des entreprises, lors de l'établissement des programmes de fabrication, suivant une référence à une période antérieure déterminée ; qu'il leur appartient de tenir compte de tous les éléments de la situation du secteur industriel dont ils ont la charge, à l'époque de la décision, et, en particulier, de la capacité des entreprises qui demandent à continuer ou à reprendre leur production ; que le sieur Monpeurt n'est donc pas fondé à arguer de la situation des Établissements Boralex antérieurement au 1er sept 1935 pour contester la légitimité de la compensation en nature prescrite au profit de cette société ; que le requérant ne justifie pas que le directeur responsable des industries du verre ait fait une appréciation erronée des moyens dont disposait la Société Boralex à l'époque où son activité industrielle s'est trouvée arrêtée par la décision du 25 avr. 1941 ; que, d'autre part, il n'est pas fondé à soutenir que la compensation dont elle bénéficie en vertu de cette décision constitue un enrichissement sans cause ;

Cons. qu'il ne ressort pas des pièces du dossier que la décision attaquée ait été prise par le directeur responsable pour un but autre que celui en vue duquel ses pouvoirs lui ont été conférés tant par l'art. 2 de la loi du 16 août 1940 que par l'art. 12 du décret du 11 déc. 1940 constituant un Comité d'organisation des industries du verre et des commerces s'y rattachant ;... (Rejet).

OBSERVATIONS

1 La loi du 16 août 1940 créa les comités d'organisation, institutions de caractère corporatif chargées de l'organisation de la production industrielle ; ces comités avaient notamment pour tâche, dans le cadre des textes en vigueur, de contribuer à limiter ou à atténuer les effets de la pénurie sévissant à l'époque. C'est ainsi que, pour parer aux conséquences de la pénurie de charbon, le Comité d'organisation de l'industrie du verre s'efforça, au début de 1941, de provoquer des ententes volontaires qui permettraient aux entreprises de répartir entre elles les possibilités de production au mieux de leurs intérêts respectifs. Mais, craignant sans doute que cette politique ne s'avérât insuffisante, il alla plus loin encore et s'engagea sur la voie des ententes obligatoires ; son directeur prit notamment,

le 25 avril 1941, une décision concernant le secteur particulier des tubes en verre neutre ou ordinaire, dont la fabrication était assurée par trois entreprises : les Établissements Boralex, les Cristalleries et verreries réunies de Choisy-le-Roi et la Verrerie et cristallerie d'Alfortville ; cette décision, qui rejetait une demande d'autorisation de mise à feu présentée par les Établissements Boralex, imposait en compensation aux deux autres entreprises l'obligation de lui livrer vingt tonnes de tubes par mois avec un rabais de 20 % sur le tarif normal. Saisi par le directeur de l'une de ces deux entreprises d'un recours contre cette décision, le Conseil d'État dut examiner la question de savoir s'il était compétent pour y statuer ; il était une nouvelle fois en présence d'un problème né des transformations de l'intervention des pouvoirs publics. La jurisprudence avait déjà eu l'occasion de tirer les conséquences juridiques et contentieuses de l'exploitation d'activités industrielles et commerciales par les personnes publiques, en les soumettant en principe au droit privé et à la compétence judiciaire (TC 22 janv. 1921, *Société commerciale de l'Ouest africain**). Elle avait aussi reconnu, dans le domaine social, que des personnes privées se trouvaient chargées d'une mission de service public et étaient donc soumises au régime de celui-ci (CE Ass. 13 mai 1938, *Caisse primaire « Aide et protection »**). Il fallait ici déterminer si des organismes créés par les pouvoirs publics, sans en préciser la nature, pour administrer l'économie avec le concours des professionnels, remplissaient, comme les autorités administratives classiques, un rôle relevant du contrôle de la juridiction administrative. Le Conseil d'État répondit par l'affirmative, en se fondant essentiellement sur la constatation que les comités d'organisation « sont chargés de participer à l'exécution d'un service public », et que les décisions qu'ils prennent dans la sphère de leurs pouvoirs d'intervention économique constituent des actes administratifs.

Ainsi est évoqué le *statut de ces organismes* (I) et précisé celui de *leurs décisions* (II).

2 **I.** — *Le statut de ces organismes* est essentiellement caractérisé par *leurs fonctions* (A) ; il est resté longtemps incertain quant *à la nature de leur personnalité* (B).

A. — Le commissaire du gouvernement Ségalat montra d'abord que la mission dévolue aux comités d'organisation constituait un *service public* : « l'intérêt général qui s'attache à la bonne marche de la production dans les circonstances présentes, la nature et l'étendue de la mission que la loi assigne aux comités d'organisation, les prérogatives de puissance publique qu'elle consacre, ce sont là des éléments que la jurisprudence retient pour définir et caractériser le service public ».

Ainsi se trouvent confirmés des éléments d'identification du service public que la jurisprudence antérieure avait déjà permis de dégager et que la jurisprudence ultérieure devait confirmer (v. nos obs. sous l'arrêt CE 13 mai 1938, *Caisse primaire « Aide et protection »**).

3 ***B.*** — Ces organismes, auxquels l'État a confié la gestion du service public de l'organisation de la production, quelle est leur *nature juridique* ? Le commissaire du gouvernement indiqua d'abord qu'ils possèdent sans aucun doute la personnalité morale mais qu'il est impossible de déterminer avec précision si ce sont des personnes morales de droit public ou de droit privé. Il pensait qu'il s'agissait d'une institution entièrement nouvelle ne pouvant être intégrée dans les cadres juridiques anciens. Il y voyait « des organismes professionnels, se plaçant à la frontière du droit public et du droit privé, retenant du premier ses prérogatives de puissance publique, empruntant au second ses modes de gestion, affirmant en définitive la tendance au développement d'un droit professionnel ».

Le Conseil d'État suivit son commissaire du gouvernement en considérant que le législateur n'a pas fait des comités d'organisation des établissements publics, alors qu'ils sont chargés de participer à l'exécution d'un service public.

La solution entraîne deux conséquences, mais laisse planer une incertitude.

4 Son premier effet est de faire perdre définitivement à la notion de *service public* sa signification organique. La gestion des services publics peut désormais être confiée, non plus seulement aux personnes publiques classiques, – État, départements, communes et établissements publics –, mais encore à des organismes qui ne constituent pas des « services administratifs détachés de l'administration générale de l'État » (CE Ass. 16 mars 1956, *Garnett*, Rec. 125 ; RA 1956.380, note R.E.C.), ou même à des personnes purement privées (v. CE 13 mai 1938, *Caisse primaire « Aide et protection »** ; – Sect. 5 mai 1944, *Compagnie maritime de l'Afrique orientale*, Rec. 129 – v. n° 46.4).

L'arrêt *Monpeurt*, en second lieu, fait perdre à *l'établissement public* sa définition traditionnelle de service public doté de la personnalité morale ou de personne morale dotée de prérogatives de puissance publique (v. nos obs. sous l'arrêt TC 9 déc. 1899, *Association syndicale du canal de Gignac**) : il existe maintenant des services publics personnalisés, ainsi que des personnes dotées de prérogatives de puissance publique, auxquels le Conseil d'État dénie expressément la qualité d'établissements publics.

5 Sont-ils des personnes de droit public ou de droit privé ?

Le commissaire du gouvernement paraissait voir dans les comités d'organisation le premier exemple d'une nouvelle catégorie de personnes morales, celle des personnes de droit professionnel. Ni l'arrêt *Monpeurt* ni la jurisprudence ultérieure n'ont confirmé ce point de vue, et la *summa divisio* demeure celle des personnes publiques et des personnes privées.

Le Conseil d'État a expressément considéré que les organismes professionnels de même type que les comités d'organisation de l'arrêt *Monpeurt* sont des personnes de droit privé. Outre l'arrêt *Magnier* (Sect. 13 janv. 1961, Rec. 33 – v. n° 54.5), un arrêt du 7 déc. 1984, *Centre d'études marines avancées* (Rec. 413 ; RFDA 1985.381, concl. O. Dutheillet de Lamothe, note Moderne ; AJ 1985.274, note Godfrin) est particulièrement net : le Conseil d'État y juge d'une part, que l'Institut français du pétrole, « créé sous la forme d'établissement professionnel en vertu des dispositions de la loi du 17 nov. 1943 sur la gestion des intérêts professionnels, ne présente pas le caractère d'un établissement public », d'autre part, qu'il est une « personne morale de droit privé ».

Désormais, il n'y a plus d'ambiguïté : les organismes professionnels constituent des personnes privées. Ils s'insèrent dans l'ensemble plus général des organismes de droit privé chargés d'une mission de service public (v. nos obs. sous l'arrêt *Caisse primaire « Aide et protection »**).

Cela n'empêche pas leurs actes de pouvoir être administratifs.

6 **II.** — Après avoir considéré le rôle de ces organismes, l'arrêt *Monpeurt* détermine *le statut de leurs décisions :* il y voit de véritables *actes administratifs* (A) dont le contentieux relève de la *juridiction administrative* (B).

A. — Les comités d'organisation étant « chargés de participer à l'exécution d'un service public », « les décisions qu'ils sont amenés à prendre dans la sphère de ces attributions, soit par voie de règlement, soit par des décisions d'ordre individuel, constituent des actes administratifs ». Ainsi la *nature administrative d'un acte* est dissociée de la nature de son auteur (1°) ; elle est au contraire associée aux attributions de celui-ci (2°).

7 *1°)* Traditionnellement la notion d'acte administratif s'entendait d'acte émané de l'administration et, plus précisément, d'une personne publique (collectivité publique ou établissement public). Désormais un acte administratif peut émaner d'une autre autorité. L'ambiguïté que laissait subsister l'arrêt *Monpeurt* au sujet de la nature juridique des comités d'organisation (cf I.B.) permettait de penser que leurs actes émanaient d'une personne publique d'un type nouveau. Cette position n'est plus tenable depuis que la jurisprudence a considéré non seulement que les organismes professionnels sont des personnes de droit privé mais que d'autres organismes incontestablement de droit privé peuvent adopter des actes administratifs unilatéraux. Ainsi :

– des actes adoptés par des organismes professionnels ou économiques (outre l'arrêt *Magnier*, précité, CE Sect. 28 juin 1946, *Morand*, Rec. 183 ; S. 1947.3.19, note P.M. ; – Sect. 6 oct. 1961, *Fédération nationale des huileries métropolitaines*, Rec. 544 – v. n° 7.6 ; – Ass. 30 mars 1962, *Association nationale de la meunerie*, Rec. 233 ; D 1962.630, concl. M. Bernard ; S. 1962.178, concl. M. Bernard ; AJ 1962.286, chr. Galabert et Gentot) ;

– des actes adoptés par des organismes sociaux (TC 22 avr. 1974, *Directeur régional de la sécurité sociale d'Orléans c. Blanchet*, Rec. 791 ; Dr. soc. 1974.495, concl. Blondeau ; D. 1975.107, note Lachaume ; JCP 1974.II.17856, note Saint-Jours ; – CE 4 mars 1983, *Association familiale rurale de circuit et de transport des élèves de la région de Meslay-du-Maine*, Rec. 91 ; JCP 1984.II.20211, note Debouy) ;

– des actes adoptés par des organismes sportifs (CE Sect. 22 nov. 1974, *Fédération des industries françaises d'articles de sport*, Rec. 577, concl. J. Théry – v. n° 7.6 ; – Sect. 15 mai 1991, *Association « Girondins de Bordeaux Football Club »*, Rec. 180, concl. Pochard – v. n° 85.11) ;

– des actes adoptés par des organismes de chasse (CE Sect. 7 juill. 1978, *Ministre de la qualité de la vie c. Vauxmoret*, Rec. 295 ; – TC 24 sept. 2001, *Bouchot-Plainchant c. Fédération départementale des chasseurs de l'Allier*, AJ 2002.155, concl. Arrighi de Casanova ; RFDA 2002.425) ;

– des actes de la Fondation pour la cité universitaire (CE 15 oct. 1982, *Mlle Mardirossian*, Rec. 348) ;

– des actes d'une entreprise publique (TC 15 janv. 1968, *Compagnie Air France c. Époux Barbier**).

8 *2°)* La nature administrative des actes des comités d'organisation résulte, selon l'arrêt *Monpeurt*, de ce qu'ils sont pris « dans la sphère (des) attributions » des comités, « chargés de participer à l'exécution d'un service public ».

Le critère du service public est donc à lui seul déterminant pour reconnaître un acte administratif, que l'acte soit réglementaire ou individuel. L'arrêt *Monpeurt* confirme ainsi l'importance de la notion de service public en droit administratif, dans le prolongement des arrêts TC 8 févr. 1873, *Blanco**, CE 6 févr. 1903, *Terrier**, CE 4 mars 1910, *Thérond**.

D'autres arrêts rendus à propos d'organismes privés mettent encore l'accent sur la relation de leurs actes avec le service public, soit qu'ils contribuent à son exécution (*Morand, Association nationale de la meunerie, Directeur régional de la sécurité sociale d'Orléans c. Blanchet*, précités) soit qu'ils touchent à son organisation (*Compagnie Air France c. Époux Barbier*, Association familiale... de Meslay-du-Maine*, précités) soit, plus généralement, qu'ils soient « accomplis dans l'exercice d'une mission de service public ».

A fortiori des actes adoptés par des organismes publics au titre du service public sont, de ce seul chef, administratifs (par ex. CE

Ass. 13 juill. 1967, *Allegretto*, Rec. 315 ; D 1968.47, concl. Galabert ; AJ 1967.534, chr. Massot et Dewost ; – TC 22 avr. 1974, *Directeur régional de la sécurité sociale de Nancy c. Dame Léotier*, Rec. 792 ; Dr. soc. 1974.493, concl. Braibant ; D. 1974.773, note Lachaume ; JCP 1974.II.17856, note Saint-Jours).

9 Pourtant, quel que soit le rôle du critère du service public dans l'identification de l'acte administratif, il n'exclut pas celui de prérogatives de puissance publique, indirectement ou directement.

Tout d'abord la présence de prérogatives de puissance publique permet de reconnaître un service public dans une activité d'intérêt général confiée par les pouvoirs publics à un organisme (v. nos obs. sous l'arrêt *Caisse primaire « Aide et protection »**). Elle a été expressément relevée par M. Ségalat dans ses conclusions sur l'arrêt *Monpeurt* : si un acte est administratif comme pris dans la sphère des attributions de service public dont est chargé cet organisme, ces attributions comportent elles-mêmes des prérogatives de puissance publique.

En second lieu, le critère de la puissance publique peut s'ajouter voire se substituer à celui du service public pour reconnaître à un acte une nature administrative. Certains arrêts ne se contentent pas de considérer qu'une mesure est prise pour l'exécution d'un service public ; ils ajoutent qu'elle l'est en vertu des prérogatives de puissance publique attribuées à l'organisme (*Magnier, Fédération des industries françaises d'articles de sport, Mardirossian*, précités). D'autres ne mentionnent même que la présence de prérogatives de puissance publique, sans faire mention du service public (*Fédération nationale des huileries métropolitaines*). D'autres enfin, tout en reconnaissant qu'un organisme privé est chargé d'une mission de service public, refusent de voir un acte administratif dans une mesure qui « ne ressortit à l'exercice d'aucune prérogative de puissance publique » (CE 17 févr. 1992, *Société Textron*, Rec. 66 – v. n° 7.6).

La jurisprudence récente confirme qu'un acte adopté par un organisme de droit privé n'est administratif que par le cumul de deux conditions : la mission de service public dans le cadre duquel il est pris, l'exercice d'une prérogative de puissance publique (TC 24 sept. 2001, *Bouchot-Plaisant c. Fédération départementale des chasseurs de l'Allier*, précité ; – CE 29 juill. 2002, *SARL Delplanque* – v. n° 54.6).

Ainsi l'acte administratif reste autant un acte de puissance publique qu'un acte de service public.

L'arrêt *Monpeurt,* dès lors qu'est admise la nature administrative des actes des comités d'organisation, ne fait pas de distinction selon qu'ils ont un caractère réglementaire ou individuel : dans les deux cas, ils sont également administratifs.

A ce sujet la jurisprudence ultérieure devait apporter des précisions fondées sur le caractère du service public à la réalisation duquel contribuent les actes.

Si le service public a un caractère administratif, la solution de l'arrêt *Monpeurt* reste toujours valable : toutes les décisions unilatérales, réglementaires ou non, sont des actes administratifs.

En revanche, si le service public est industriel et commercial, seuls ses actes réglementaires sont administratifs, non les autres (v. nos obs. sous TC 15 janv. 1968, *Compagnie Air France c. Époux Barbier**).

10 *B.* — La reconnaissance de la nature administrative des décisions des organismes privés entraîne *la compétence de la juridiction administrative* pour statuer sur les recours dirigés contre eux (1°) ; cette compétence ne s'exerce pas pour autant sur tout le contentieux de ces organismes (2°).

1°) Le principal intérêt de l'identification d'un acte administratif est de permettre de le contester devant la juridiction administrative, notamment par la voie du recours pour excès de pouvoir.

En admettant que les actes d'organismes privés sont des actes administratifs, le Conseil d'État a permis de les attaquer devant la juridiction administrative.

La solution a un intérêt à la fois pratique et théorique.

D'une part, elle permet d'assurer le contrôle du juge administratif sur des décisions qui, si elles lui avaient échappé, n'auraient pu sans doute être soumises au respect de la légalité avec toute la rigueur désirable.

D'autre part, elle fait apparaître la qualité d'autorité administrative des organismes en cause. L'article 9 de la loi du 24 mai 1872, encore en vigueur lors de l'arrêt *Monpeurt* disposait : « le Conseil d'État statue souverainement... sur les demandes d'annulation pour excès de pouvoir formées contre les actes des diverses autorités administratives ». Si les actes d'organismes de droit privé sont susceptibles de recours pour excès de pouvoir, c'est qu'ils émanent d'autorités administratives.

La légalité de ces actes peut être également mise en cause devant le juge administratif à l'occasion d'actions en responsabilité.

Dans ses conclusions sur l'arrêt *Monpeurt,* M. Ségalat avait reconnu « la juridiction administrative compétente tant pour en apprécier la légalité que pour se prononcer sur leurs conséquences dommageables ».

La seconde hypothèse ne devait être effectivement confirmée qu'une quarantaine d'années plus tard (CE 23 mars 1983, *SA Bureau Véritas*, Rec. 134 – v. n° 1.5) : « la société anonyme Bureau Véritas doit être regardée comme participant à l'exécution du service public de la sécurité aérienne ; ...elle se trouvait investie de prérogatives de puissance publique ; ...la juridiction administrative est compétente pour connaître des litiges relatifs aux dommages causés par cette société dans l'exercice des prérogatives de puissance publique qui lui ont été conférées pour l'exécution de la mission de service public dont elle est investie ».

11 *2°)* La compétence du juge administratif à l'égard des organismes privés chargés d'une mission de service public se trouve limitée.

Elle peut l'être par l'effet d'une disposition législative, comme c'est le cas pour les sociétés d'aménagement foncier et d'établissement rural (SAFER) créées en vertu de la loi d'orientation agricole du 5 août 1960, et disposant dans certaines conditions d'un droit de préemption sur les fonds agricoles ; le Conseil d'État a estimé que la décision d'exercer le droit de préemption est un acte administratif, susceptible de recours pour excès de pouvoir, parce qu'elle se rattache à la gestion d'un service public administratif et qu'elle constitue une prérogative de puissance publique (CE Sect. 13 juill. 1968, *Capus*, Rec. II ; D. 1968.674, concl. Bertrand ; JCP 1969.II.15719, note Ourliac et de Juglart ; AJ 1968.577, note J.D.M.). Saisie de la même question, la Cour de cassation l'a renvoyée au Tribunal des conflits qui s'est prononcé dans deux décisions rendues après partage, sous la présidence du garde des sceaux ; en se fondant sur les termes de l'article 7-III de la loi du 8 août 1962, il a considéré, contrairement au Conseil d'État, que l'appréciation de la régularité des décisions de préemption relève de la compétence judiciaire, la compétence de la juridiction administrative se limitant aux actes de tutelle par lesquels les commissaires du gouvernement institués auprès de ces sociétés ou les ministres qu'ils représentent approuvent ces décisions (TC 8 déc. 1969, *Arcival et autres c. SAFALT* et *SAFER de Bourgogne c. époux Soyer et Valla*, Rec. 695, concl. Kahn et Schmelck ; RDP 1970.187, concl. Kahn et Schmelck ; JCP 1970.II.16285, note Fleuriet et Y. Gaudemet ; D. 1970. chr. 9, chr. Sabourin ; AJ 1970.92, chr. Denoix de Saint Marc et Labetoulle ; CJEG 1970.45, note A.C. ; AJPI 1970.226, note Mégret).

12 La jurisprudence elle-même dénie compétence à la juridiction administrative pour d'autres contentieux.

Dans ses conclusions sur l'arrêt *Monpeurt,* M. Ségalat avait affirmé : « le fonctionnement interne du comité, ses rapports avec le personnel, les actes de la vie civile qu'il accomplit... relèvent du droit privé et rentrent, par suite, dans la compétence des tribunaux judiciaires ».

Les arrêts ultérieurs devaient confirmer cette opinion :

– à propos du fonctionnement interne (CE Sect. 26 juin 1946, *Morand*, précité ; – 19 déc. 1984, *Automobile Club de Monaco*, Rec. 426 ; RFDA 1985.257, concl. Denoix de Saint Marc) et spécialement des actes unilatéraux que ces organismes ne prennent pas pour l'accomplissement de leur mission de service public ni en vertu de prérogatives de puissance publique (CE 19 déc. 1988, *Mme Pascau*, Rec. 459 ; G.P. 1989.2.589, concl. Vigouroux ; AJ 1989.271, note J. Moreau ; D. 1990.SC.280, obs. Dudognon) ;

– à propos des rapports avec le personnel (CE 4 avr. 1962, *Chevassier*, Rec. 244 – v. n° 7.5 ; – TC 4 mai 1987, *Mlle Egloff*, Rec. 448 ; AJ 1987.446, chr. Azibert et de Boisdeffre ; JCP 1988.II.20955, note Plouvin) ;

– à propos des contrats conclus avec d'autres personnes privées (v. nos obs. sous l'arrêt TC 8 juill. 1963, *Entreprise Peyrot**) ;

– à propos de la responsabilité extra-contractuelle, lorsque l'activité dommageable ne comporte pas l'exercice de prérogatives de puissance publique (CE Sect. 13 oct. 1978, *Association départementale pour l'aménagement des structures agricoles du Rhône*, Rec. 368 – v. n° 1.5 ; – TC 25 juill. 1982, *Dame Cailloux*, Rec. 449, concl. Labetoulle ; AJ 1982.720, note Pécheul ; RDP 1983.819, note de Soto).

En définitive, la solution et les virtualités de l'arrêt *Monpeurt* ont été confirmées par la suite. Si les circonstances dans lesquelles le Conseil d'État a statué ont disparu, les principes qu'il a posés restent inchangés.

56

COMPÉTENCE
ORDRES PROFESSIONNELS

CE Ass. 2 avr. 1943, BOUGUEN, Rec. 86

(D. 1944.52, concl. Lagrange, note Jacques Donnedieu de Vabres ; S. 1944.3.1, concl. Lagrange, note Mestre ; JCP 1944.II.2565, note Célier)

Sur la compétence : Cons. qu'il résulte de l'ensemble des dispositions de la loi du 7 oct. 1940, en vigueur à la date de la décision attaquée, et notamment de celles qui prévoient que les réclamations contre les décisions du Conseil supérieur de l'Ordre des médecins prises en matière disciplinaire et en matière d'inscription au tableau seront portées devant le Conseil d'État par la voie du recours pour excès de pouvoir, que *le législateur a entendu faire de l'organisation et du contrôle de l'exercice de la profession médicale un service public ; que, si le Conseil supérieur de l'Ordre des médecins ne constitue par un établissement public, il concourt au fonctionnement dudit service ;* qu'il appartient au Conseil d'État de connaître des recours formés contre les décisions qu'il est appelé à prendre en cette qualité et notamment contre celles intervenues en application de l'art. 4 de la loi précitée, qui lui confère la charge d'assurer le respect des lois et règlements en matière médicale ; que, par suite, le docteur Bouguen est recevable à déférer au Conseil d'État une décision par laquelle le Conseil supérieur a confirmé l'interdiction qui lui avait été faite de tenir des cabinets multiples et lui a ordonné de fermer son cabinet de Pontrieux ;

Sur la légalité de la décision attaquée : Sans qu'il soit besoin de statuer sur les autres moyens de la requête : – Cons. que les dispositions de l'art. 27, alin. 2, du code de déontologie arrêté par le Conseil supérieur de l'Ordre des médecins, en vertu desquelles il est interdit à un médecin installé dans une commune d'établir une consultation dans une autre commune, ont pour objet de déterminer l'une des règles générales applicables à la répartition géographique des cabinets médicaux ; qu'elles excèdent ainsi les limites des attributions conférées au Conseil supérieur de l'Ordre par l'art. 4 de la loi précitée du 7 oct. 1940 qui le charge seulement d'édicter tous règlements d'ordre intérieur nécessaires pour atteindre les buts qui lui sont fixés ; que, par suite, en se fondant exclusivement, pour ordonner la fermeture du cabinet de consultations tenu à Pontrieux par le docteur Bouguen, médecin oto-rhino-laryngologiste, sur ledit texte et sur les instructions émises pour son application, sans examiner d'ailleurs, ainsi que l'y invitaient expressément les dispositions mêmes de l'article précité, si la situation particulière dudit cabinet n'était pas de nature à justifier son maintien, le Conseil départemental de l'Ordre des médecins des Côtes-du-Nord a pris une décision qui manque de base légale ; que, dès lors, le docteur Bouguen est fondé à soutenir qu'en confirmant ladite décision le Conseil supérieur a commis lui-même un excès de pouvoir ; ... (Annulation).

OBSERVATIONS

1 L'arrêt Bouguen étend à l'Ordre des médecins les principes dégagés par l'arrêt *Monpeurt** du 31 juill. 1942 à propos des comités d'organisation.

La question posée était de savoir si le Conseil d'État était compétent pour connaître d'un litige soulevé par la décision du Conseil supérieur de l'Ordre des médecins refusant à un médecin de maintenir un cabinet secondaire dans une commune autre que celle où il était installé. Le commissaire du gouvernement Lagrange montra que l'Ordre des médecins, en dépit de son caractère corporatif, exécutait un véritable service public : sa mission ne concerne pas seulement la défense des intérêts professionnels, mais avant tout l'organisation et la discipline de la profession dans un but d'intérêt général ; le législateur « a entendu faire de l'organisation et du contrôle de cette profession un service public qui confère aux décisions prises par les organismes professionnels, dans toute la mesure où ils participent à l'exécution du service, le caractère d'actes administratifs ». La compétence de la juridiction administrative s'impose donc, sans qu'ils soit besoin « de rechercher si l'organisme duquel émane la décision attaquée... constitue un établissement public ou une institution privée ».

Le sens profond de la question est souligné par le commissaire du gouvernement : « Le pays qui a su soumettre la puissance publique elle-même au contrôle juridictionnel ne saurait tolérer qu'y échappent tels ou tels organismes investis du pouvoir de créer, d'appliquer ou de sanctionner des règlements, sous le prétexte qu'on serait en présence d'un droit autonome ou d'un droit *sui generis* ». Il faut soumettre le « pouvoir professionnel » à des modes de contrôle qui ont fait leur preuve dans le cas de la puissance publique et assurer la survivance du principe selon lequel « toute règle doit être assortie d'une sanction et sa violation permettre à la victime de trouver un juge ».

L'arrêt *Bouguen* a été rendu en ce sens ; comme il l'avait fait dans l'arrêt *Monpeurt* pour les comités d'organisation, le Conseil d'État considère d'une part que, si les ordres professionnels ne constituent pas des établissements publics, ils participent au service public institué par le législateur, d'autre part que les décisions qu'ils prennent à ce titre sont des actes administratifs susceptibles d'être attaqués devant le juge administratif par la voie du recours pour excès de pouvoir (v. nos obs. sous l'arrêt *Monpeurt**).

Si, sur le fond, l'arrêt *Bouguen* est dépassé comme l'est l'arrêt *Monpeurt*, compte tenu des modifications ultérieures de la législation, la solution de principe n'en reste pas moins actuelle en ce qui concerne tant *la compétence du juge administratif* à l'égard des ordres professionnels (I) que *le contrôle* exercé sur leurs actes et leurs activités (II).

2 **I.** — La *compétence* de la juridiction administrative à l'égard des ordres professionnels est indépendante de leur qualification juridique : s'il est certain que ce ne sont pas des établissements publics, il n'a jamais été affirmé explicitement que ce sont des personnes privées. Pourtant la jurisprudence qui, à propos d'autres organismes professionnels, a parlé explicitement de personnes de droit privé (v. nos obs. sous l'arrêt *Monpeurt**), conduit à faire pencher plutôt en ce sens la qualification des ordres professionnels.

Cela n'empêche pas leur contentieux de relever du juge administratif en ce qui concerne leurs *actes unilatéraux* (A), leurs *décisions juridictionnelles* (B) et leur *responsabilité* (C).

A. — Tout d'abord, peuvent être déférés à la juridiction administrative leurs *actes administratifs unilatéraux*, c'est-à-dire ceux qu'ils prennent dans l'accomplissement de la mission de service public dont les a chargés le législateur.

Il peut s'agir d'actes individuels, notamment concernant l'inscription au tableau de l'ordre (CE Ass. 12 déc. 1953, *de Bayo*, Rec. 544 ; RPDA 1954.3, concl. Chardeau ; AJ 1954.II.138, note de Soto et II bis, chr. Gazier et Long) ou la cessation d'une activité (CE 9 juill. 1958, *Eon*, Rec. 427 ; D. 1958.697, concl. Guldner).

Les actes réglementaires des ordres professionnels relèvent *a fortiori* de la compétence du juge administratif (par ex. CE 31 janv. 1969, *Union nationale des grandes pharmacies de France*, Rec. 54 ; AJ 1969.161, chr. Dewost et Denoix de Saint Marc ; D. 1969.360, note Guibal ; Dr. soc. 1970.137, note Bazex ; RTDSS 1969.187, note J.M. Auby ; – Sect. 14 févr. 1969 *Association syndicale nationale des médecins exerçant en groupe ou en équipe*, Rec. 96 ; JCP 1969.II.15849, note Savatier ; Dr. soc. 1969.273, concl. Baudouin ; RTDSS 1969.177, concl. Baudouin ; AJ 1969.161, chr. Dewost et Denoix de Saint Marc).

Tous ces actes peuvent faire l'objet soit de recours pour excès de pouvoir soit d'exception d'illégalité.

3 ***B.*** — D'autres décisions ont une *nature juridictionnelle*. Leur identification est parfois délicate (v. l'arrêt *de Bayo*, précité ; Sect. 24 mai 1974, *Diot*, Rec. 306). Elle est liée au pouvoir disciplinaire que le législateur a attribué aux ordres professionnels. Ils l'exercent dans des formations qui sont de véritables juridictions administratives. Les sanctions qu'ils infligent en dernier ressort relèvent, conformément au principe établi par l'arrêt *d'Aillières** du 7 févr. 1947, du Conseil d'État par la voie du recours en cassation (par ex. Ass. 2 juill. 1993, *Milhaud*, Rec. 194, concl. Kessler – v. n° 104.2).

4 **C.** — Enfin la *responsabilité* de l'ordre (ou plus exactement de ses organes ayant la personnalité juridique) peut être engagée devant la juridiction administrative (CE Sect. 5 déc. 1947, *Froustey*, Rec. 464 ; S. 1948.3.9., note M.L. ; – Sect. 1er oct. 1954, *Delle Costier*, Rec. 504 ; Dr. soc. 1955.81, concl. Laurent ; JCP 1954.II.8446, note R. Savatier ; AJ 1954.II.442. note Dubisson ; – 12 juin 1987, *Preyval*, Rec. 210 ; D. 1988. SC. 165, obs. Moderne et Bon).

5 **II.** — La compétence du Conseil d'État permet d'exercer un *contrôle approfondi*, de censurer notamment les atteintes abusives portées à la liberté des membres de la profession et de protéger les tiers contre certaines tendances conservatrices et particularistes des ordres tant sur le terrain de la *légalité* (A) que sur celui de la *responsabilité* (B).

A. — La *légalité* des actes des ordres professionnels a pu ainsi être garantie dans le cadre tant du recours pour excès de pouvoir que du recours en cassation.

Les codes de déontologie et autres règles professionnelles élaborés soit par le gouvernement avec ou sans le concours des ordres soit par les ordres eux-mêmes ont donné lieu à plusieurs annulations, notamment pour incompétence (par ex. CE 31 janv. 1969, *Union nationale des grandes pharmacies*, précité : incompétence de l'ordre ; – 16 mars 1988, *Lasry*, Rec. 122 : incompétence du ministre) et violation des principes généraux du droit (CE Ass. 29 juill. 1950, *Comité de défense des libertés professionnelles des experts-comptables brevetés par l'État**).

Il en a été de même pour les règlements intérieurs des ordres (par ex. CE 17 nov. 1961, *Marmagne*, Rec. 646) et les délibérations fixant le montant des cotisations (CE Sect. 23 oct. 1981, *Sagherian*, Rec. 386 ; AJ 1981.598, chr. Tiberghien et Lasserre).

Les refus d'inscription à l'ordre (par ex. CE Ass. 22 janv. 1982, *Conseil régional de Paris de l'Ordre des experts-comptables*, Rec. 28 ; AJ 1982.402, concl. Franc), les refus d'autorisation (par ex. CE Sect. 3 mai 1982, *Conseil départemental de l'Ordre des médecins de l'Essonne*, Rec. 167, à propos de l'ouverture d'un cabinet secondaire), les refus d'approbation (CE 21 févr. 1973, *Cottes*, Rec. 163, à propos des clauses d'un contrat de présentation de clientèle), les mises en demeure de cesser une activité (même arrêt), les mesures de suspension (CE Sect. 24 mai 1974, *Diot*, précité) ont donné lieu à un contentieux abondant, dans lequel le juge exerce un contrôle normal. Il se limite plus rarement au seul contrôle de l'erreur manifeste (par ex. CE 28 mai 1971, *Langlais*, Rec. 415 – v. nos obs. sous l'arrêt CE 2 mai 1973, *Librairie Maspero**).

6 En ce qui concerne les mesures disciplinaires, le Conseil d'État exerce un contrôle poussé sur le caractère fautif des agissements incriminés (Ass. 12 avr. 1957, *Dévé*, Rec. 266 ; S. 1957.241, concl.

Gazier ; D. 1957.336, concl. Gazier ; AJ 1957.II.275, chr. Fournier et Braibant et II.317, concl. Gazier ; – à propos d'une expérimentation sur un sujet après sa mort : CE, Ass. 2 juill. 1993, *Milhaud*, précité). Il est amené à rechercher, pour l'application des lois d'amnistie, si ces agissements sont contraires à l'honneur ou à la probité (4 déc. 1956, *Dame Baudin*, Rec. 478 ; AJ 1957.II.99, chr. Fournier et Braibant ; – Sect. 28 janv. 1994, *Cohen*, Rec. 35 ; RFDA 1994.443, concl. Bonichot).

Il contrôle également la régularité de la procédure suivie devant les juridictions disciplinaires (Sect. 18 févr. 1955, *Offner*, Rec. 101 ; RPDA 1955.80, concl. Laurent) et la motivation de leurs décisions (CE 7 déc. 1993, *Mme Barbotin*, Rec. 998 ; JCP 1994.II.22247, concl. Schwartz).

Le contentieux des sanctions disciplinaires infligées par les ordres professionnels est une particulière illustration du degré de contrôle du Conseil d'État comme juge de cassation (v. nos obs. sous l'arrêt CE 2 févr. 1945, *Moineau**).

A ces différents titres, le Conseil d'État a ainsi été amené à censurer l'hostilité de l'ordre des médecins à l'égard des sociétés mutualistes. Il a notamment dénié à l'ordre le droit de refuser l'inscription au tableau ou d'infliger une sanction disciplinaire à un médecin par le seul motif qu'il aurait passé un contrat avec une clinique mutualiste, de même qu'il a imposé à l'ordre l'obligation d'homologuer de tels contrats (CE Ass. 16 mai 1947, *Teyssier*, Rec. 205 ; – Ass. 27 avr. 1951, *Privat*, Rec. 230 ; Dr. soc. 1954.489, concl. J. Delvolvé ; D. 1951.365, note P.L.J. ; – Ass. 29 janv. 1954, *Chaigneau*, Rec. 67 ; Dr. soc. 1954.489, concl. J. Donnedieu de Vabres).

7 ***B.*** — Le Conseil d'État a également censuré ces comportements sur le terrain de la *responsabilité*.

A ce sujet l'exercice de fonctions administratives ne soulève pas de difficulté particulière. Elles donnent lieu à indemnisation pour faute simple ; les condamnations sont parfois lourdes (CE 5 déc. 1947, *Froustey*, précité ; – 1er oct. 1954, *Delle Costier*, précité ; – 12 juin 1987, *Preyval*, précité).

En revanche, les sanctions disciplinaires ne sauraient, en raison de leur caractère juridictionnel, engager la responsabilité des ordres professionnels (CE Ass. 4 janv. 1952, *Pourcelet*, Rec. 4 ; D. 1952.304, concl. J. Delvolvé ; JCP 1952.II.7126, note Rivero ; – Sect. 15 févr. 1963, *Conseil national de l'Ordre des médecins c. Grunberg*, Rec. 93 ; AJ 1963. 215, chr. Gentot et Fourré). Mais pour les actes et activités distincts des actes juridictionnels proprement dits, « en vertu des principes généraux régissant la responsabilité de la puissance publique », l'exercice de la fonction juridictionnelle par une juridiction administrative est susceptible d'ouvrir droit à indemnité non seulement pour faute lourde (CE Ass. 29 déc. 1978, *Darmont*, Rec. 542 – v. no 101.7) mais aussi pour faute simple (CE Ass. 28 juin 2002, *Garde des sceaux, Ministre de la justice c. Magiera* – v. n° 101.7).

8 Le juge administratif exerce les mêmes contrôles sur les organisations qui, sans être érigées en ordre, ont un pouvoir professionnel portant sur l'accès à la profession ou sur des sanctions, pouvant aller jusqu'à l'interdiction (CE Sect. 26 nov. 1976, *Fédération française de cyclisme*, Rec. 513 – v. n° 7.6 ; – Sect. 18 mars 1977, *Dame Meaux*, Rec. 158 ; AJ 1977.46, concl. Massot).

La haute assemblée a été par là même amenée à défendre les droits et libertés des individus contre l'arbitraire des institutions professionnelles comme elle les défend depuis longtemps contre l'arbitraire de l'État.

Elle n'est en revanche pas compétente à propos d'organismes qui n'ont qu'un rôle de gestion d'une profession et n'exercent aucun pouvoir sur ses membres, tant en ce qui concerne leur inscription qu'en matière disciplinaire (TC 13 févr. 1984, *Cordier*, Rec. 447 ; LPA 14 nov. 1984, concl. Labetoulle ; RDP 1994.1139, note R. Drago ; RA 1984.588, note Pacteau ; – 16 mai 1994, *Guez c. Chambre nationale de discipline des commissaires aux comptes*, Rec. 601).

57

PRINCIPES GÉNÉRAUX DU DROIT DROITS DE LA DÉFENSE

CE Sect. 5 mai 1944, Dame Veuve TROMPIER-GRAVIER, Rec. 133

(D. 1945.110, concl. Chenot, note de Soto ; RDP 1944.256, concl. Chenot, note Jèze)

Cons. qu'il est constant que la décision attaquée, par laquelle le préfet de la Seine a retiré à la dame veuve Trompier-Gravier l'autorisation qui lui avait été accordée de vendre des journaux dans un kiosque sis boulevard Saint-Denis à Paris, a eu pour motif une faute dont la requérante se serait rendue coupable ;

Cons. qu'eu égard au caractère que présentait, dans les circonstances susmentionnées, le retrait de l'autorisation et à la gravité de cette sanction, *une telle mesure ne pouvait légalement intervenir sans que la dame veuve Trompier-Gravier eût été mise à même de discuter les griefs formulés contre elle ;* que la requérante, n'ayant pas été préalablement invitée à présenter ses moyens de défense, est fondée à soutenir que la décision attaquée a été prise dans des conditions irrégulières par le préfet de la Seine et est, dès lors, entachée d'excès de pouvoir ; ... (Annulation).

OBSERVATIONS

1 **I.** — Par cet arrêt, le Conseil d'État a consacré expressément un principe que des décisions antérieures avaient déjà esquissé et qui allait connaître une grande fortune dans la jurisprudence ultérieure : « lorsqu'une décision administrative prend le caractère d'une sanction et qu'elle porte une atteinte assez grave à une situation individuelle, la jurisprudence exige que l'intéressé ait été mis en mesure de discuter les motifs de la mesure qui le frappe » (concl. Chenot). Cette extension aux décisions administratives d'une règle de procédure fondamentale en matière juridictionnelle (v. CE 20 juin 1913, *Téry**), facilitée par les dispositions législatives relatives à la discipline des fonctionnaires, constitue l'une des applications les plus remarquables de la théorie des principes généraux du droit (v. nos obs. sous l'arrêt du 9 mars 1951, *Société des concerts du Conservatoire**).

Le respect des « droits de la défense » n'est d'ailleurs exigé, en l'absence de texte, que lorsque la mesure présente le caractère d'une sanction et que cette sanction est suffisamment grave. En l'espèce, la dame Trompier-Gravier, qui bénéficiait de l'autorisation de vendre des journaux dans un kiosque du boulevard Saint-Denis, s'était vu retirer celle-ci, pour avoir voulu extorquer des fonds à son gérant ; la mesure étant motivée, non par l'intérêt de la voirie, mais par une faute alléguée à l'encontre de l'intéressée, elle aurait dû être préalablement mise en mesure de discuter les griefs formulés contre elle.

II. — Le domaine d'intervention du principe des droits de la défense en matière administrative a été en s'élargissant sous l'action de la jurisprudence prolongée elle-même, dans le cas des mesures de police, par l'évolution des textes.

1. — Dans la perspective dégagée par le commissaire du gouvernement Chenot le principe doit recevoir application à des mesures présentant le caractère de sanction. Mais tout en restant fidèle à cette orientation initiale, la jurisprudence n'a pas limité la portée des droits de la défense à cette seule hypothèse.

2 *a)* Entrent tout naturellement dans le champ d'application du principe les mesures d'éviction ou de licenciement qui constituent des sanctions ou sont prises en considération de la personne qui en est l'objet. Le Conseil d'État l'a jugé dans les domaines les plus divers : épuration administrative (CE Ass. 26 oct. 1945, *Aramu*, Rec. 213 ; S. 1946.3.1., concl. R Odent ; D. 1946.158, note G. Morange ; EDCE 1947.48, concl. R. Odent) ; éviction d'un agent public d'un emploi à la discrétion du gouvernement en raison de la personne de l'intéressé (CE Sect. 20 janv. 1956, *Nègre*, Rec. 24 ; D. 1957.319. concl. Guionin) ; mesures de mise en congé spécial d'office (CE Ass. 23 oct. 1964, *d'Oriano*, Rec. 486 : v. n° 33.8) ; licenciement d'un agent auxiliaire prononcé en fonction de la personne de l'intéressé (CE Sect. 9 déc. 1955, *Ministre des P.T.T. c. Garysas*, Rec. 585) ; licenciement d'un agent public pour inaptitude physique (CE Sect. 26 oct. 1984, *Centre hospitalier général de Firminy c. Mme Chapuis*, Rec. 342 ; RDP 1985.209, concl. Labetoulle).

3 *b)* Le respect du principe s'impose également à l'administration lorsqu'elle entend opérer le retrait d'une qualité ou d'un avantage en considération de la personne du bénéficiaire. Tel est le cas pour les décisions administratives individuelles entravant l'exercice d'une activité professionnelle (Sect. 8 janv. 1960, *Ministre de l'intérieur c. Rohmer et Faist*, Rec. 12 ; RDP 1960.333, concl. Braibant ; – Sect. 8 nov. 1963, *Ministre de l'agriculture c. société coopérative d'insémination artificielle de la Vienne*, Rec. 532 ; D. 1964.492, note Maestre ; AJ 1964.28 chr. Fourré et Puybasset ; – Ass. 13 juillet 1967, *Allegretto*, Rec. 315 ; D. 1968.47, concl. Galabert) ; pour le retrait de la reconnaissance d'utilité publique d'un groupement (CE Ass. 31 oct. 1952, *Ligue pour la protection des mères abandonnées* Rec. 480) ; pour le retrait de l'autorisation accordée à une fondation de placer des enfants (CE Sect. 19 mai 1950, *Fondation d'Heucqueville*, Rec. 293), ou encore pour le retrait d'un agrément fiscal accordé à une entreprise (CE Sect. 25 oct. 1985, *Société des plastiques d'Alsace*, Rec. 300 ; Rev. Jur. Fisc. 1985.797 concl. Chahid-Nouraï ; D. 1986.I.R.146, obs. Llorens).

4 *c)* Si, pendant longtemps le Conseil d'État a estimé que les décisions par lesquelles l'administration refuse une autorisation ou un avantage ne sont pas, sauf texte contraire, soumises au principe (CE Sect. 16 mars 1979, *Ministre du travail c. Stephan*, Rec. 120 ; AJ 1979, n° 12, p. 46, concl. Galabert), la jurisprudence impose cependant son respect lorsqu'une décision refusant l'agrément d'un agent public (CE 6 avril 1992, *Procureur de la République c. Pirozelli*, Rec. 150) ou rejetant une demande d'exercice d'une profession réglementée est prise en considération de la personne de l'intéressé et repose sur des faits qui ne sont pas mentionnés dans sa demande (CE 25 nov. 1994, *Palem*, Rec. 753).

5 *d)* Ainsi dès lors que la décision revêt un caractère de gravité suffisante et qu'elle est prise en fonction du comportement de la personne concernée ou de ses activités, l'administration doit respecter le principe.

En dehors du droit de la fonction publique, le Conseil d'État a exigé le respect des droits de la défense préalablement à la résiliation d'un contrat (CE Sect. 19 mars 1976, *Ministre de l'économie et des finances c. Bonnebaigt*, Rec. 167), à la dissolution d'un organisme d'HLM (CE 24 avr. 1964. *Société anonyme coopérative d'habitation à bon marché de Vichy*, Rec. 244),au déclassement d'un vin d'appellation (CE Sect. 9 mai 1980, *Société des Établissements Cruse*, Rec. 217 ; AJ 1980.482, concl. Genevois ; Gaz. Pal. 1980.2.749, note Rozier et Thévenin ; D. 1980.I.R.557, obs. P. Delvolvé) ou encore à l'édiction d'une mesure privant un distributeur de bière de la possibilité de se porter acquéreur d'entrepôts (CE Sect. 9 avril 1999, *Société Interbrew France*, Rec. 117 ; CJEG 1999.214, concl. Stahl).

Atténuant quelque peu l'exigence tirée du comportement de la personne concernée ou de ses activités, le Conseil d'État impose le respect des droits de la défense lorsqu'une réglementation prévoit qu'un prélèvement est assis sur la base d'éléments qui doivent être déclarés par le redevable et que l'administration fixe le montant de ce prélèvement en retenant des éléments autres que ceux ressortant de la déclaration de l'intéressé (CE Sect. 7 déc. 2001 *Société anonyme Ferme de Rumont*, RFDA 2002.46, concl. Seners).

Dans le droit de la fonction publique, le Conseil d'État considère, en s'inspirant des termes de l'article 65 de la loi du 22 avril 1905, que les droits de la défense doivent être respectés pour la plupart des mesures prises en considération de la personne des intéressés : mutation d'un officier décidée en considération de faits personnels (CE Ass. 21 juin 1974, *Gribelhauer*, Rec. 356, concl. Braibant ; AJ 1974.429, chr. Franc et Boyon) ; placement d'office et par anticipation d'un officier général dans la 2e section (CE 26 avr. 1967, *Ploix*, Rec. 176) ; mise en disponibilité non disciplinaire d'un officier général (CE Sect. 23 juin 1967, *Mirambeau*, Rec. 213) ; radiation d'un magistrat de la liste d'aptitude (CE Sect. 5 nov. 1976, *Zervudacki*, Rec. 477).

2. — La jurisprudence a cependant posé deux limites à l'application du principe, qui ont été partiellement remises en cause par le décret du 28 nov. 1983 puis par la loi du 12 avril 2000.

6 *a)* Le principe ne s'applique pas, sauf texte contraire, lorsqu'est prise une mesure de police au motif que celle-ci revêt un caractère préventif sans constituer pour autant une sanction. Dans le silence des textes, n'étaient donc pas soumises au principe des droits de la défense les mesures prises dans l'intérêt de l'ordre, de la santé ou de la sécurité publique. Il en allait ainsi par exemple du retrait du visa des spécialités pharmaceutiques décidé dans l'intérêt de la sauvegarde de la santé publique (CE Sect. 25 avr. 1958, *Société « Laboratoires Geigy »*, Rec. 236, concl. Heumann ; AJ 1958.II.227, chr. Fournier et Combarnous) ainsi que des mesures de police prises dans l'intérêt de l'ordre public : fermeture d'un débit de boissons (CE 11 déc. 1946, *Dames Hubert et Crépelle*, Rec. 300) ; mesures de police prises en vertu de l'état d'urgence institué par la loi du 3 avril 1955 (CE Ass. 16 déc. 1955 *Dame Bourokba*, Rec. 590 ; v. n° 33.9) ; dissolution d'une association sur le fondement de la loi du 10 janvier 1936 (Ass. 21 juill. 1970, *Krivine*, Rec. 499 ; AJ 1970.607, chr. Labetoulle et Cabanes ; D. 1970.633, note Broutin ; JCP 1971.II.16672, note Loschak) ; interdiction d'une publication étrangère (CE Ass. 30 janv. 1980, *Ministre de l'intérieur c. société anonyme « Librairie François Maspero »*, Rec. 53 ; AJ 1980.242 concl. Genevois, note Jordan ; Gaz. Pal. 1980.2.586 note Julien-Laferrière).

7 Toutefois, en vertu de l'article 8 du décret du 28 nov. 1983, applicable aux administrations de l'État, et de l'art. 24 de la loi du 12 avril 2000, de portée générale, ne peuvent légalement intervenir qu'après que l'intéressé a été mis à même de présenter ses observations, les décisions administratives qui doivent être motivées sur le fondement de la loi du 11 juill. 1979, ce qui englobe notamment les mesures de police. L'article 8 du décret ainsi que l'art. 24 de la loi réservent les cas d'urgence, de circonstances exceptionnelles ainsi que les nécessités de l'ordre public et de la conduite des relations internationales. C'est dans le cadre de ces nouvelles dispositions que le Conseil d'État a été conduit à faire application à certaines mesures de police du principe des droits de la défense : dissolution d'une association (CE 26 juin 1987, *Fédération d'action nationale et européenne*, Rec. 235 ; LPA 31 juillet 1987, note Pacteau ; AJ 1987.679 obs. Prétot ; D. 1989.168 note C.S.) ; interdiction de vente aux mineurs et d'exposition de publications (CE 19 janv. 1990, *Société française des revues SFR*, Rec. 553 ; AJ 1990.93, chr. Honorat et Baptiste).

8 *b)* Le respect du principe n'est pas non plus exigé dans les hypothèses où l'administration ne porte aucune appréciation sur le comportement d'un administré ou d'un agent public et se borne à tirer les conséquences juridiques d'une situation à caractère objectif. Il en va ainsi de l'éviction d'un agent nécessairement impliquée par son échec à un examen (CE 26 mars 1982, *Delle Sarrabay*, Rec. 521 ; RA 1982.389, note Pacteau), de la rétrogradation d'un club de football consécutive à la mise en règlement judiciaire de la personne morale qui en est le support (CE Sect. 12 juill. 1991, *Ministre de la Jeunesse et des Sports et association nouvelle des Girondins de Bordeaux*, Rec. 285, concl. Pochard ; RFDA 1992.203, note Simon) ou de la constatation de la caducité d'une autorisation administrative (CE Sect. 22 mars 1996, *Société NRJ, SA*, Rec. 91 ; RDP 1996.1762, concl. Fratacci).

Un raisonnement identique avait été adopté à propos du retrait d'un acte administratif opéré pour des motifs de légalité (CE Sect. 20 févr. 1953, *Dame Cozic-Savoure*, Rec. 86). Mais cette solution a été infléchie depuis qu'en vertu des dispositions conjuguées de l'art. 8 du décret du 28 nov. 1983 et de la loi du 11 juill. 1979, le retrait d'un acte créateur de droits, qui doit être motivé en la forme, ne peut intervenir sans que la personne concernée ait été mise à même de présenter ses observations (CE 28 janv. 1991, *Ministre des Affaires sociales et de l'emploi c. Mlle Lopez*, Rec. 672).

9 **III.** — Les droits de la défense comportent essentiellement trois aspects. En premier lieu, l'intéressé doit être informé qu'une procédure est engagée contre lui et doit recevoir communication des griefs invoqués à son encontre ; cette information, qui doit le mettre en mesure de présenter utilement sa défense, doit intervenir dans un délai raisonnable avant l'édiction de la sanction ou de la mesure le concernant, c'est-à-dire ni trop tôt (CE Sect. 8 nov. 1963, *Ministre de l'agriculture c. coopérative d'insémination artificielle de la Vienne*, précité n° 57.3), ni trop tard (CE Sect. 20 janv. 1956, *Nègre*, précité n° 57.2). En deuxième lieu, en vertu des textes relatifs à la profession d'avocat, l'intéressé a, en matière disciplinaire, droit à l'assistance d'un avocat sauf lorsque celle-ci est incompatible avec le fonctionnement de l'organisme en cause ou est exclue par les dispositions statutaires régissant les personnes intéressées

(CE Sect. 4 mai 1962, *Lacombe*, Rec. 300 ; AJ 1962.289, chr. Galabert et Gentot ; – Sect. 8 nov. 1963, *Ministre de l'agriculture c. Latour*, Rec. 532 ; AJ 1964.28, chr. Fourré et Mme Puybasset). Enfin, lorsque le texte applicable prévoit que l'intéressé a droit à la communication de son dossier personnel, cette communication doit être intégrale.

10 **IV.** — La fermeté et la constance dans l'application par le juge administratif du principe des droits de la défense ne sont pas étrangères à la reconnaissance de ce principe par le Conseil constitutionnel en tant que principe fondamental reconnu par les lois de la République, et ceci, aussi bien en matière pénale *(n° 76-70 DC du 2 déc. 1976*, Rec. 39 ; RDP 1978.817, comm. Favoreu) qu'en matière administrative (*n° 77-83 DC du 20 juillet 1977*, Rec. 39 ; RDP 1978.827, comm. Favoreu ; D. 1979.297, note L. Hamon ; AJ 1977.599, comm. Denoix de Saint Marc ; RA 1977.509, note Plouvin).

Certaines applications concrètes du principe faites par le Conseil d'État (cf. *Société des Établissements Cruse*, précité) ont même leur équivalent dans la jurisprudence constitutionnelle étrangère (cf. Cour constit. italienne, 26 sept. 1990, n° 434).

58

RECOURS EN CASSATION

CE Sect. 2 févr. 1945, MOINEAU, Rec. 27

(D. 1945.269, note Colliard ;
S. 1946.3.9, note L'Huillier)

Cons. qu'il ne ressort pas des pièces du dossier au vu duquel a statué la chambre de discipline de l'Ordre national des médecins que sa décision soit fondée sur des faits matériellement inexacts ;

Cons., d'autre part, que l'appréciation que la chambre de discipline a faite de la valeur de certaines méthodes pratiquées par le sieur Moineau échappe au contrôle du juge de cassation ;

Cons. enfin que, compte tenu de cette appréciation souveraine, les actes reprochés au requérant étaient de nature à motiver le refus de son inscription au tableau de l'Ordre des médecins ;... (Rejet).

OBSERVATIONS

1 Le sieur Moineau avait, sous l'empire des lois de Vichy réservant l'exercice des professions médicales aux membres de l'Ordre des médecins institué par la loi du 7 oct. 1940, sollicité son inscription au tableau de cet ordre. Le conseil régional refusa de l'inscrire, estimant qu'il ne remplissait pas les conditions de moralité professionnelle qui devaient être exigées ; le refus fut confirmé par la chambre de discipline du conseil national de l'Ordre. Le sieur Moineau attaqua cette décision devant le Conseil d'État, conformément à l'art. 38 de la loi du 10 sept. 1942. Le Conseil d'État avait déjà été appelé à se prononcer sur des recours formés contre des décisions émanant du conseil supérieur de l'Ordre des médecins et les avait traités comme des recours pour excès de pouvoir (2 avr. 1943, *Bouguen**). Les modifications apportées par la loi du 10 sept. 1942, chargeant de l'inscription des médecins les conseils régionaux et, en appel, la chambre de discipline de l'Ordre national, non seulement composée de médecins, mais présidée par un conseiller d'État et statuant selon une procédure contradictoire garantissant les droits de la défense, ont conduit le Conseil d'État à voir dans cet organisme une juridiction statuant en dernier ressort, dont les décisions relèvent de son contrôle par la voie du recours en cassation (cf nos obs. sous l'arrêt d'*Aillières**, 7 févr. 1947). Par la suite est

intervenu un arrêt *de Bayo* du 12 déc. 1953 (Rec. 544 – v. n° 56.2), qui fait relever du recours pour excès de pouvoir toutes les décisions prises en matière d'inscription au tableau. Mais l'arrêt *Moineau* demeure important, parce que dans ses trois paragraphes d'une brièveté et d'une clarté remarquables *le Conseil d'État a défini la nature et l'étendue de ses pouvoirs de juge de cassation.*

En effet, la chambre de discipline s'était fondée sur les méthodes suivies par le docteur Moineau en matière de diagnostic pour refuser de l'inscrire au tableau de l'Ordre.

Le Conseil d'État a d'abord accepté de vérifier, d'après les pièces du dossier, la matérialité des faits retenus à l'encontre du docteur Moineau. En revanche, il ne s'est pas reconnu le pouvoir de contrôler l'appréciation donnée de ces faits par les juges du fond.

Mais, partant de cette appréciation souveraine, il a estimé devoir vérifier si les faits ainsi appréciés par le juge du fond étaient de nature à motiver la décision attaquée.

Ainsi le Conseil d'État exerce un double contrôle, sur l'existence matérielle des faits et sur leur aptitude légale à justifier l'acte, mais se refuse à vérifier l'appréciation portée sur eux par le juge du fond.

Depuis l'arrêt *Moineau*, le recours en cassation revêt une importance pratique considérable avec les réformes du contentieux administratif réalisées par le décret du 30 sept. 1953 et surtout par la loi du 31 déc. 1987 : désormais en dehors du contentieux restant de la compétence du Conseil d'État en premier et dernier ressort, de celui qui, confié aux tribunaux administratifs en premier ressort, est porté en appel au Conseil d'État (appréciation de la légalité, élections municipales et cantonales), le Conseil d'État apparaît comme étant normalement un juge de cassation. En effet, s'il n'en est pas disposé autrement, le contentieux administratif relève des tribunaux administratifs et en appel des cours administratives d'appel : les arrêts de celles-ci ne peuvent être déférés au Conseil d'État que par la voie du recours en cassation (art. 10 de la loi du 31 déc. 1987 – art. L.821-1 CJA).

Le recours en cassation, loin de connaître l'agonie qu'avait pu, un temps, annoncer la doctrine, bénéficie d'un renouveau.

Les arrêts rendus à son sujet depuis le 1er janv. 1989 ont prolongé les éléments de la jurisprudence antérieure sur *l'étendue du contrôle de cassation.*

Comme celui de l'excès de pouvoir, il peut être analysé en considérant les aspects *externes* (I) et *internes* (II) de la décision contestée.

2 **I.** — En ce qui concerne les aspects *externes*, *l'incompétence* ne peut guère soulever de difficultés que lorsque la juridiction se compose de plusieurs sections spécialisées (v. par ex. CE Sect. 6 déc. 1957, *Conseil central des pharmaciens d'officine (Section A)*, Rec. 664).

Le vice de forme tient au contraire une place très importante parmi les cas d'ouverture du recours en cassation, notamment au double point de vue de la violation des droits de la défense et de l'insuffisance des motifs de la décision attaquée.

La procédure juridictionnelle doit être *contradictoire*, et les arrêts qui annulent les décisions juridictionnelles pour violation des droits de la défense sont nombreux (CE 20 juin 1913, *Téry** ; – 7 févr. 1947, *d'Aillières** ; – Sect. 11 mars 1960 *Société des travaux et carrières du Maine*, Rec. 195 ; D. 1960.433, note F.B. ; AJ 1960.I.95, chr. Combarnous et Galabert).

Le Conseil d'État, comme la Cour de cassation (22 déc. 1922, S. 1924.I.235), exerce un contrôle sévère sur la *motivation* des décisions qui lui sont déférées.

Ce contrôle porte tout d'abord sur l'*existence* même de la motivation : l'obligation de motiver s'impose pour toutes les décisions de justice (CE 23 nov. 1979, *Landsmann*, Rec. 430).

Il porte en second lieu sur le contenu de la motivation. Deux aspects peuvent être relevés à ce sujet.

L'un concerne l'obligation pour le juge du fond de se prononcer sur toutes les conclusions et sur tous les moyens soulevés, à l'exception des moyens inopérants (CE Sect. 25 mars 1960, *Boileau*, Rec. 234 ; AJ 1960.I.95, chr. Combarnous et Galabert).

L'autre concerne la qualité de la motivation : elle doit être suffisante pour justifier le dispositif de la décision et « mettre le juge de cassation à même d'exercer le contrôle de légalité qui lui appartient » (CE Ass. 20 févr. 1948, *Dubois*, Rec. 87 ; D. 1948.557, note P.L.J.). Cette obligation elle-même se dédouble.

3 Elle impose d'établir que les circonstances retenues sont de celles qui permettent d'appliquer ou d'écarter les dispositions en cause. Il en est ainsi notamment en matière de sanction (CE Ass. 20 févr. 1948, *Dubois*, précité). La même exigence se retrouve en d'autres domaines (par ex. refus de la qualité de réfugié : CE 4 déc. 1987, *Urtiaga Martinez*, Rec. 398 ; AJ 1988.154. chr. Azibert et de Boisdeffre). Dans le prolongement des solutions applicables à l'ancien sursis à exécution des décisions administratives, (v. nos obs. sous CE 18 janv. 2001, *Commune de Venelles**, et 5 mars 2001, *Saez**), le juge du référé-suspension doit indiquer, d'une part, le moyen propre à créer, en l'état de l'instruction, un doute sérieux quant à la légalité de la décision (CE 14 mars 2001, *Ministre de l'intérieur c/ Massamba* – cpr Sect. 5 nov. 1993, *Commune de Saint-Quay-Portrieux*, Rec. 306 ; RFDA 1994.43, concl. Schwartz ; AJ 1993.844, chr. Maugüé et Touvet), d'autre part, « les raisons de droit ou de fait pour lesquelles soit il considère que l'urgence justifie la suspension de l'acte attaqué soit il estime qu'elle ne la justifie pas » (CE Sect. 25 avr. 2001, *Association des habitants du littoral du Morbihan*, RFDA 2001.849, concl. Lamy).

La motivation doit permettre aussi d'établir, dans le cas où le juge du fond a le choix entre plusieurs solutions (notamment plusieurs sanctions), la relation entre les circonstances considérées et le contenu de la décision (CE 29 avr. 1988, *Cuaz*, Rec. 176 ; AJ 1988.400, concl. Daël) : ainsi le juge de cassation peut contrôler au titre de la motivation (vice de forme) ce qu'il ne peut contrôler au titre de la violation de la loi.

Sont également censurées d'autres irrégularités comme l'absence de publicité des audiences (CE Sect. 9 juill. 1994, *Département de l'Indre*, Rec. 363 — v. n° 110.3), la violation du secret du délibéré (CE 30 nov. 1994, *SARL « Étude Ravalement Constructions »*, Rec. 1150), l'aggravation en appel de la situation de l'appelant (CE Sect. 6 janv. 1995, *Gouazé*, Rec. 13 ; AJ 1995.116, chr. Touvet et Stahl).

4 **II.** — Le contrôle de la *légalité interne* de la décision attaquée est plus délicat, car le juge de cassation, tout en devant veiller au respect de la règle de droit par le juge du fond, ne doit pas devenir un troisième degré de juridiction.

L'attitude du Conseil d'État depuis 1989 tend à laisser aux cours administratives d'appel une liberté d'appréciation conforme à leur statut et à leur rôle, tout en garantissant le maintien de l'unité du droit. Cette nécessité est bien marquée par l'arrêt (Sect.) du 27 mars 1998, *Société d'assurances La Nantaise et l'Angevine réunies* (Rec. 109 ; RFDA 1998.732, concl. Bergeal, note Bourrel), à propos d'un cahier des clauses administratives générales : si « les stipulations de celui-ci ne s'appliquent qu'aux marchés qui s'y réfèrent expressément, ces stipulations sont, en raison des conditions de leur élaboration, de leur portée et de leur approbation par l'autorité administrative, appelées à s'appliquer à un grand nombre de marchés sur l'ensemble du territoire national ; il appartient, dès lors, au juge de cassation, qui a pour mission d'assurer l'application uniforme de la règle de droit, de contrôler l'interprétation que les juges du fond ont donnée des stipulations dudit cahier ».

Le même équilibre est recherché dans le contentieux de l'excès de pouvoir, à l'égard duquel le rôle du Conseil d'État en cassation n'a pu commencer à se développer que depuis l'attribution aux cours administratives d'appel, complètement depuis la loi du 8 févr. 1995, des appels contre les jugements des tribunaux administratifs rendus en cette matière.

On peut distinguer théoriquement trois objets du contrôle de la légalité interne : la violation directe de la règle de droit, l'erreur de droit, les erreurs relatives aux faits. Avant de reprendre chacun de ces éléments, on doit observer que leur distinction est elle-même relative : entre la méconnaissance directe de la règle de droit et l'erreur de droit, entre l'erreur de droit et l'erreur dans la qualification juridique des faits, il peut exister seulement des nuances que les formules des arrêts ne permettent pas toujours de relever.

5 ***1.*** — *La violation directe de la règle de droit* est sanctionnée très normalement par le juge de cassation puisque son rôle est essentiellement de veiller au respect du droit par les juges du fond. On en a une illustration ancienne avec la méconnaissance de l'autorité de la chose jugée (CE 8 juill. 1904, *Botta**).

2. — *L'erreur de droit* comporte principalement trois formes : — méconnaissance par le juge du fond de ses propres pouvoirs : ainsi, lorsqu'il méconnait « les pouvoirs du juge des contrats, qui ne peut prononcer la déchéance d'un concessionnaire que si celui-ci a commis une faute d'une particulière gravité » (CE 12 mars 1999, *SA Méribel 92*, Rec. 61 — v. nº 23.7) ; — application d'un texte ou d'une règle qui ne s'appliquait pas (par ex. en matière de responsabilité, exigence d'une faute lourde, alors qu'une faute simple suffisait : CE Ass. 9 avr. 1993, *D.*, Rec. 110, concl. Legal ; v. nº 101.2 ; exigence d'une faute alors que la responsabilité de l'administration est engagée sans faute : CE Ass. 26 mai 1995, *Consorts Nguyen, Jouan et consorts Pavan*, Rec. 221 ; v. nº 36.6), ou au contraire inapplication d'un texte ou d'une règle qui devait s'appliquer (CE 29 janv. 1993, *Société d'économie mixte d'aménagement de la ville de Martigues*, Rec. 20 ; AJ 1993.301, note Guglielmi), ou encore mauvaise interprétation (par ex. CE 25 nov. 1994, *Société Aticam*, Rec. 514 : interprétation d'un règlement d'exploitation d'un port autonome) ; — prise en considération d'éléments sans incidence sur l'affaire (CE Sect. 17 janv. 1992, *Université de Dijon c. Mmes Picard et Brachet*, Rec. 24) ou au contraire absence d'examen de ceux qui étaient nécessaires pour adopter la décision (CE Sect. 28 juill. 1993, *Ministre de la défense c. Stefani*, Rec. 231 — v. nº 6.4).

À l'égard des ordonnances rendues par le juge des référés, « eu égard à l'office » que les articles L. 511.1 et L. 521.1 CJA attribuent à celui-ci, le contrôle exercé en cassation sur l'erreur de droit se limite aux hypothèses d'une lourde erreur (CE Sect. 29 nov. 2002, *Communauté d'agglomération Saint-Étienne Métropole*, AJ 2003.278, chr. Donnat et Casas ; RFDA 2003.179).

6 ***3.*** — C'est à propos des *faits* que le juge de cassation doit être le plus attentif à ne pas se transformer en juge du fond. Il n'en examine pas moins leur matérialité, leur qualification juridique. Il ne contrôle pas leur appréciation, sous réserve de leur dénaturation.

a) Selon l'arrêt *Moineau*, le Conseil d'État contrôle la *matérialité* des faits, c'est-à-dire si les faits relevés par le juge du fond existaient matériellement, à l'instar du contrôle effectué dans le recours pour excès de pouvoir (CE 4 avr. 1916, *Camino**) et à la différence de celui qu'exerce la Cour de cassation. Mais l'erreur matérielle doit exclusivement ressortir des pièces du dossier ; elle ne peut être décelée par de nouvelles investigations du juge de cassation (CE

28 juill. 1993, *Consorts Dubouloz*, Rec. 250 ; RFDA 1994.36, concl. Bonichot ; AJ 1993.685, chr. Maugüé et Touvet).

7 *b)* Le contrôle de la qualification juridique des faits peut également être comparé à celui qui est entrepris dans le recours pour excès de pouvoir (CE 14 janv. 1914, *Gomel**) tout en distinguant selon que le recours en cassation porte sur des jugements ou arrêts rendus hors recours pour excès de pouvoir ou sur ceux qui l'ont été sur recours pour excès de pouvoir.

Dans les contentieux autres que celui de l'excès de pouvoir, le Conseil d'État considère par exemple qu'en matière de responsabilité, relèvent de la qualification juridique le caractère fautif d'un comportement de l'administration (CE 9 avr. 1993, *D.*, précité), le caractère exceptionnellement dangereux d'un ouvrage public (CE 5 juin 1992, *Ministre de l'équipement, du logement et de la mer c. Époux Cala*, Rec. 225 ; RFDA 1993.68, concl. Le Chatelier ; AJ 1992.650, chr. Maugüé et Schwartz), le caractère direct du lien entre les faits constatés et le préjudice (CE 26 nov. 1993, *S.C.I. Les jardins de Bibemus*, Rec. 327). Le même type de contrôle se retrouve en matière de responsabilité contractuelle. Il se prolonge en matière de garantie décennale des entrepreneurs sur la question de l'imputabilité des désordres affectant un ouvrage mal conçu (CE Sect. 19 avr. 1991, *SARL Cartigny*, Rec. 164 ; RFDA 1991.957, concl. Le Chatelier ; AJ 1992.169, obs. Goulard ; D. 1991.SC.379, obs. Terneyre).

Le contentieux disciplinaire conduit, dans le recours en cassation comme dans le recours pour excès de pouvoir, à examiner si les faits retenus sont de nature à justifier une sanction (CE Sect. 14 mars 1975, *Rousseau*, Rec. 194 ; RDP 1975.823, concl. Dondoux ; AJ 1975.350, chr. Franc et Boyon ; JCP 1976.II.18423, note Nérac — et, à propos d'un médecin, comme dans l'affaire *Moineau* : CE Sect. 21 déc. 2001, *Dio*, AJ 2002.641, note Guettier).

Dans le contentieux de l'excès de pouvoir, le Conseil d'État considère qu'il lui appartient de contrôler en cassation la qualification d'un équipement au regard de la législation d'urbanisme (CE 29 oct. 1997, *Commune de Toulouges*, Rec. 380), celle d'un bien au sens du code civil et de la législation sur les monuments historiques (CE 24 févr. 1999, *Société Transurba*, Rec. 33), comme il le fait lorsqu'il est lui-même saisi d'un recours pour excès de pouvoir (v. CE 4 avr. 1914, *Gomel**).

Le rapprochement du contrôle de cassation exercé par le Conseil d'État dans le contentieux de l'excès de pouvoir et de celui qu'il exerce lorsqu'il est lui-même saisi comme juge de l'excès de pouvoir est marqué dans des contentieux où la légalité d'une décision est commandée par sa proportionnalité. C'est ainsi que le Conseil d'État vérifie en cassation la qualification de l'utilité publique d'une opération (CE Sect. 3 juill. 1998, *Mme Salva-Coudert*, Rec. p. 297 ; AJ 1998.792, chr. Raynaud et Fombeur ; D.1999.101, note Hostiou

— v. CE 28 mai 1971, *Ville Nouvelle Est**), le degré d'atteinte au droit d'un étranger au respect de sa vie familiale (CE Sect. 11 juin 1999, *Ministre de l'intérieur c/ El Mouhaden*, Rec. 176 ; *Cheurfa*, Rec. 177 ; AJ 1999.789, chr. Fombeur et Guyomar — v. CE 8 déc. 1978, *GISTI**), et, pour le licenciement d'un salarié protégé, selon trois arrêts de Section également du 11 juin 1999 (*Prouvost, Mme Chicard, Société « Les Grands Moulins de Strasbourg »*, Rec. 180 et s., concl. Bachelier ; AJ 1999.789, chr. Fombeur et Guyomar), la réalité du motif économique, le degré de faute ainsi que la nature des responsabilités dans l'entreprise, pouvant le justifier (v. CE 5 mai 1976, *SAFER d'Auvergne c. Bernette**).

Le contrôle de la qualification juridique des faits est guidé par la volonté d'éviter des incertitudes et des contradictions dans l'application du droit par les juges du fond : il s'agit d'assurer la cohérence du droit, au regard de la généralité d'une règle. Lorsque les faits d'une espèce sont prédominants, ils ne relèvent que d'une appréciation.

8 *c)* L'*appréciation des faits* par les juges du fond est *souveraine* : elle échappe au contrôle du juge de cassation. L'arrêt *Moineau* le dit expressément. Une jurisprudence abondante le confirme.

Pour reprendre des domaines dans lesquels on a constaté plus haut un contrôle de la qualification juridique des faits, relèvent notamment de l'appréciation souveraine des faits :

— en matière de responsabilité, la preuve de l'entretien normal de l'ouvrage public, la détermination de la part de responsabilité incombant à la collectivité, le montant des indemnités (CE Sect. 26 juin 1992, *Commune de Béthoncourt c. Consorts Barbier*, Rec. 269, concl. Le Chatelier ; RFDA 1993.68, concl. Le Chatelier ; AJ 1992.650, chr. Maugüé et Schwartz), le caractère éventuel d'un préjudice (CE 26 nov. 1993, *SCI Les jardins de Bibemus*, précité) ;

— en matière contractuelle, l'interprétation des clauses d'un contrat (CE Sect. 10 avr. 1992, *SNCF c. Ville de Paris*, Rec. 168 ; RFDA 1992.79, concl. Tabuteau) autres que celles tirées d'un CCAG (*Société d'assurances la Nantaise et l'Angevine réunies*, précité), le caractère apparent des désordres lors de la réception de l'ouvrage, l'étendue de leurs conséquences, la compétence technique de l'entrepreneur (CE 19 avr. 1991, *SARL Cartigny*, précité), sa propre reconnaissance de responsabilité (CE 29 janv. 1993, *Synd. intercommunal des eaux de la Dhuy*, Rec. 19 ; RFDA 1993.748, note Legal ; AJ 1993.301, note Guglielmi ; D. 1994.SC.84, obs. Terneyre) ;

— en matière disciplinaire, la détermination de la sanction à infliger (CE Sect. 3 mars 1989, *Falola*, Rec. 68 ; RFDA 1989.950, concl. Daël).

— au sujet de l'expulsion d'un étranger, le caractère suffisant de sa motivation et de l'examen de la situation par l'administration (*Cheurfa*) ;

— au sujet du licenciement des salariés protégés, l'examen de la proposition de reclassement faite par l'employeur (*Prouvost*).

Pour la suspension d'une décision en référé, si le juge du fond doit indiquer le moyen propre à créer un doute sérieux qu'il retient (*supra*), il apprécie souverainement à la fois si ce moyen est effectivement sérieux et s'il y a urgence (CE Sect. 29 nov. 2002, *Communauté d'agglomération de Saint-Étienne Métropole*, précité).

Enfin, en excès de pouvoir, l'appréciation émise par les juges du fond sur l'existence ou l'absence d'erreur manifeste d'appréciation (CE Sect. 18 nov. 1994, *Société Clichy Dépannage*, Rec. 505 ; RFDA 1995.679, concl. du Marais ; AJ 1995.109, chr. Touvet et Stahl) ou d'un détournement de pouvoir (CE Sect. 3 juill. 1998, *Mme Salva-Couderc*, précité) ou même sur des éléments proches de la qualification, tel le maintien du caractère naturel d'une plage malgré l'existence d'un lotissement à l'arrière de la plage et de quelques bâtiments sur la plage elle-même (CE 13 nov. 2002, *Commune de Ramatuelle*, BJDU 2002.344, concl. Piveteau ; AJ 2003.337, note Morand-Deviller), ne donnent pas prise au contrôle du juge de cassation.

9 *d)* Il n'en va autrement qu'en cas de *dénaturation*. Celle-ci peut porter tant sur *les faits de la cause* (CE Ass. 4 janv. 1952, *Simon*, Rec. 13, concl. Letourneur) et notamment, dans la procédure de référé, sur l'urgence (CE Sect. 22 févr. 2002, *Société des pétroles Shell-Berre*, CJEG 2002.454, concl. Lamy ; RDP 2003.467, note Gucttier) que sur *les actes en cause* dans le litige, tels les mémoires des parties (CE 10 mai 1996, *Société des autoroutes Paris-Rhin-Rhône*, Rec. 172) ou les actes qui font l'objet du litige : la dénaturation peut concerner notamment l'interprétation des clauses d'un contrat ou de la commune intention des parties (CE 10 avr. 1992, *SNCF c. Ville de Paris*, précité ; – 10 mai 1995, *Centre hospitalier du Faucigny*, JCP 1995.II.22454, concl. Aguila), l'interprétation d'un jugement judiciaire (CE 26 nov. 1993, *SCI Les jardins de Bibemus*, précité).

Le juge de cassation peut ainsi censurer des erreurs grossières du juge du fond dans les domaines où celui-ci dispose d'un pouvoir « souverain ». Le contrôle de la dénaturation en cassation s'apparente ainsi à celui de l'erreur manifeste d'appréciation en excès de pouvoir (v. CE 2 nov. 1973, *Librairie Maspero** et nos obs.).

*
* *

10 Lorsqu'il censure la décision du juge du fond, le juge de cassation ne prononce pas pour autant nécessairement son annulation ni le renvoi de l'affaire pour être de nouveau jugée.

La cassation est évitée lorsque, la décision étant entachée d'une erreur de droit, le Conseil d'État peut procéder à une substitution de motif, voire à une substitution de base légale. Dans le premier cas, on trouve l'exemple d'un moyen qui avait été rejeté au fond par la cour administrative d'appel alors qu'il était inopérant (CE 20 mai 1994, *Gouelo*, Rec. 252). Le second cas est particulièrement illustré par l'arrêt CE Ass. 2 juill. 1993, *Milhaud*, Rec. 194, concl. Kessler – v. n° 104.2 : pour sanctionner un médecin qui avait pratiqué des expérimentations sur un mort, la section disciplinaire du conseil national de l'ordre des médecins s'est fondée à tort sur des dispositions du code de déontologie qui ne peuvent s'appliquer qu'à des personnes vivantes, mais les principes déontologiques fondamentaux relatifs au respect de la personne humaine, interdisant des expérimentations sur un sujet après sa mort, la sanction reste justifiée).

Même lorsqu'une décision est cassée, le renvoi de l'affaire au juge du fond ne s'ensuit pas nécessairement. Deux hypothèses doivent être distinguées.

L'une tient à ce qu'il n'y a pas matière à renvoyer, faute de question à rejuger ou de l'impossibilité pour la juridiction, compte tenu des conditions dans lesquelles elle a statué, de statuer à nouveau sur l'affaire (par ex. CE Sect. 20 oct. 2000, *Société Habib Bank*, Rec. 433, concl. Lamy – v. n° 110.9).

L'autre résulte de l'article 11 de la loi du 31 déc. 1987 (art. L. 821-2 CJA), qui permet au Conseil d'État « de régler l'affaire au fond si l'intérêt d'une bonne administration de la justice le justifie ». Le Conseil d'État a d'abord fait une utilisation modérée de cette possibilité, pour éviter de se transformer en troisième degré de juridiction. Les exemples les plus célèbres se rapportent à l'indemnisation des victimes du SIDA par suite de transfusion sanguine : après avoir jugé que la cour administrative d'appel avait commis une erreur de droit en exigeant, dans un cas, une faute lourde alors qu'une faute simple suffisait (CE 9 avr. 1993, *D.*, précité), dans l'autre, une faute alors que devait s'appliquer un régime de responsabilité sans faute (CE 26 mai 1995, *Consorts Nguyen, Jouan et Consorts Pavan*, précités), le Conseil d'État a lui-même accordé réparation aux victimes.

Aujourd'hui, pour éviter d'allonger les délais de jugement devant les cours administratives d'appel, dont le rôle est très chargé, le Conseil d'État statue plus souvent au fond dans les affaires où il a cassé leurs arrêts.

Lorsque, après cassation d'une décision, l'affaire est renvoyée, elle l'est devant une autre juridiction de même nature ou, le cas échéant, devant la même juridiction statuant dans une autre formation sauf impossibilité tenant à sa nature, comme c'est le cas de la section disciplinaire du conseil national d'un ordre professionnel (CE Sect. 5 juill. 2000, *Mme Rochard*, Rec. 298 ; AJ 2000.613, chr. Guyomar et Collin ; RDP 2001.403, note Guettier).

Si un second pourvoi en cassation est formé contre la décision rendue par la juridiction de renvoi et que le Conseil d'État y fait droit à nouveau, il statue définitivement sur l'affaire, comme le prévoit encore l'art. 11 de la loi du 31 déc. 1987 (par ex. CE 27 oct. 1997, *Delmas*, Rec. 374).

Le pourvoi en cassation, auquel la loi de 1987 a donné un nouvel essor depuis l'arrêt *Moineau*, se trouve désormais plus nettement précisé.

59

RESPONSABILITÉ AUTORITÉS DE TUTELLE OU DE CONTRÔLE

CE Ass. 29 mars 1946, CAISSE DÉPARTEMENTALE D'ASSURANCES SOCIALES DE MEURTHE-ET-MOSELLE c. ÉTAT, Rec. 100

(RDP 1946.490, concl. Lefas, note Jèze ;
S. 1947.3.73, note Mathiot)

Cons. que le préjudice dont la Caisse départementale d'assurances sociales de Meurthe-et-Moselle demande réparation à l'État résulte du non-remboursement par la caisse du Crédit municipal de Bayonne d'un bon à ordre qu'elle avait souscrit et qui paraissait émis pour assurer le fonctionnement de cet établissement public communal : qu'il est constant que ce titre, dont la nullité n'est pas contestée, provient d'émissions frauduleuses réalisées par le sieur Stavisky avec la complicité de l'appréciateur et du directeur-caissier du crédit municipal ; que la caisse requérante soutient qu'elle est en droit de réclamer directement à l'État la réparation du préjudice subi, par les motifs, d'une part, que le ministre du travail aurait favorisé le placement des bons dont s'agit et, d'autre part, que les autorités de tutelle auraient gravement méconnu les obligations qui leur incombaient ;

Cons. que les lettres du ministre du travail et du directeur général des assurances sociales, critiquées par la requérante, se bornaient à indiquer que les bons émis par des caisses de crédit municipal étaient rangés par la loi au nombre des valeurs susceptibles de servir de placement aux caisses d'assurances sociales pour les fonds dont elles ont la gestion ; que, dès lors, elles ne sont pas de nature par elles-mêmes à justifier la demande d'indemnité formée par la Caisse départementale d'assurances sociales de Meurthe-et-Moselle ;

Mais cons. que les agissements criminels du sieur Stavisky et de ses complices n'ont été rendus possibles que par la *faute lourde* commise par le préfet des Basses-Pyrénées dans le choix du personnel dirigeant du Crédit municipal de Bayonne lors de sa création en 1931 et dans le maintien en fonctions de ce personnel, ainsi que par la négligence prolongée des différents services de l'État qui sont chargés du contrôle de ces établissements publics communaux et qui n'ont procédé que tardivement aux investigations de toute nature que l'ampleur anormale des opérations du Crédit municipal de Bayonne leur commandait de faire ; que la caisse requérante est fondée à soutenir que ces fautes sont de nature à engager la responsabilité de l'État ;

Cons. qu'il sera fait une exacte appréciation de la part de responsabilité incombant à ce dernier, compte tenu, d'une part, de l'imprudence commise par la caisse requérante, qui aurait dû montrer plus de circonspection dans l'acquisition du bon litigieux, ainsi que des conditions irrégulières dans lesquelles elle a décidé cette acquisition, d'autre part, des fautes commises par la ville de Bayonne, telles qu'elles ont été reconnues par une décision du Conseil d'État en date de ce jour, en condamnant l'État à payer à la caisse départementale d'assurances sociales de Meurthe-et-Moselle une indemnité correspondant au quart du montant du bon litigieux et s'élevant, par suite, à 250 000 F ;

Sur les intérêts : Cons. que ladite somme doit porter intérêts à compter du 26 mars 1934, date de la réception de la demande d'indemnité par le ministre des finances ;

Sur les intérêts des intérêts : Cons. que la caisse requérante a demandé la capitalisation des intérêts le 1er déc. 1937 ; qu'à cette date il était dû au moins une année d'intérêts ; qu'il y a donc lieu, par application de l'art. 1154 c. civ., de faire droit à ses conclusions ; ... (Décision en ce sens).

OBSERVATIONS

1 Cet arrêt est l'une des nombreuses décisions de justice relatives à la célèbre affaire Stavisky. La Caisse de crédit municipal de Bayonne (familièrement, Mont-de-Piété) s'était procuré par voie d'emprunt, sous la forme d'émissions de bons à ordre, de très importants fonds de roulement. Or ces émissions étaient frauduleuses (sur le détail de l'opération, v. les concl. du commissaire du gouvernement Lefas). Elles avaient été réalisées par Stavisky avec la complicité d'agents municipaux et grâce à la négligence de la municipalité de Bayonne, chargée par la loi d'exercer une surveillance étroite sur la gestion financière de la caisse de crédit municipal, ainsi qu'à celle du préfet et des divers services de l'État investis d'un pouvoir de contrôle à l'égard de la caisse. Les souscripteurs de bons, dont l'émission atteignait plusieurs centaines de millions de francs, ne pouvant espérer obtenir une réparation des coupables eux-mêmes en raison de leur insolvabilité, s'adressèrent à l'État et à la ville de Bayonne en invoquant les fautes commises par leurs services dans l'exercice de leurs pouvoirs de contrôle sur la caisse de crédit municipal. C'est sur le recours formé contre l'État par une caisse d'assurances sociales qui avait souscrit à des bons, que statue l'arrêt rapporté ; une décision du même jour apporte une solution semblable pour le recours dirigé par le même organisme contre la ville de Bayonne.

Dans les deux cas, a été admise la responsabilité des autorités de tutelle *à l'égard des tiers* (I) ; elle devait l'être ultérieurement *à l'égard des organismes soumis à tutelle* (II).

I. — L'autonomie reconnue à des personnes distinctes de l'État est compensée par les pouvoirs reconnus à celui-ci sur elles. Pendant longtemps, on a parlé à ce sujet de tutelle ; la loi du 2 mars 1982 sur les droits et libertés des communes, des départements et des régions a remplacé ce mot par celui de contrôle et en a sensiblement allégé les modalités. *Le problème de la responsabilité, à l'égard des tiers*, des organes de tutelle ou de contrôle dans l'exercice de cette activité n'en subsiste pas moins encore, tant à propos des collectivités locales que d'autres personnes publiques (notamment les établissements publics, comme c'est le cas des caisses de crédit municipal) ou de personnes privées.

Dans tous les cas, la reconnaissance de cette responsabilité se heurte au rôle propre que joue l'institution sous tutelle ou sous contrôle : d'une part, il peut gêner l'exercice de la tutelle ou du contrôle (A) ; d'autre part, il soulève la question de la collectivité responsable (B).

2 ***A.*** — Les *difficultés* rencontrées par les organes de tutelle ou de contrôle ont conduit le Conseil d'État à n'admettre initialement leur responsabilité qu'en cas de faute lourde. C'est une solution rencontrée, en raison de la même considération, dans d'autres domaines, par exemple celui de la police (v. nos obs. sous CE 10 févr. 1905, *Tomaso Grecco**). Elle concernait le plus souvent l'abstention ou l'inertie des autorités de tutelle ou de contrôle dans l'accomplissement de leurs missions. Ainsi, dans l'arrêt *Caisse de Meurthe-et-Moselle*, le Conseil d'État a relevé que l'escroquerie de Stavisky et de ses complices n'a été rendue possible que par la faute lourde commise par le préfet dans le choix du personnel dirigeant du Mont-de-Piété de Bayonne ainsi que « par la négligence prolongée des différents services de l'État qui sont chargés du contrôle de ces établissements publics communaux ». Compte tenu des autres fautes intervenues dans l'affaire, l'État a été condamné à une indemnité correspondant au quart du préjudice subi par la requérante. Une décision analogue a été prise en ce qui concerne les fautes lourdes commises par la ville de Bayonne (cf. CE 22 oct. 1954, *Ganiayre*, Rec. 552).

La jurisprudence s'est appliquée dans le même sens au contrôle des organismes privés. La responsabilité de l'État pour les dommages causés aux tiers dans cette activité n'a également été engagée qu'en cas de faute lourde (CE 23 févr. 1977, *Verheyde*, Rec. 112 : tutelle des caisses de sécurité sociale ; – Sect. 2 févr. 1960, *Kampmann*, Rec. 107 ; AJ 1960.I.47, chr. Combarnous et Galabert ; – Sect. 24 janv. 1964, *Ministre des finances c. Achard*, Rec. 43 ; AJ 1964.I.58, chr. Fourré et Puybasset : contrôle des banques ; – 19 oct. 1988, *Époux Veillard*, Rec. 347 : contrôle et surveillance des travaux d'extraction dans le lit des cours d'eau domaniaux). Les juridictions judiciaires ont appliqué la même solution à propos de la responsabilité des organes de contrôle dont le contentieux leur a été transféré (cas de la Commission des opérations de bourse : CA Paris 6 avr. 1994,

D. 1994.511, note Decoopman — v. nos obs. sous Cass. 23 nov. 1956, *Trésor public c. Dr Giry**).

3 Toutefois, on constate, dans ce domaine comme dans d'autres (police : v. nos obs. sous l'arrêt *Tomaso Grecco** du 10 févr. 1905 (CE) ; activités médicales : 10 avr. 1992, *Époux V.**), un mouvement tendant à limiter l'exigence de la faute lourde.

Le Conseil d'État s'est contenté d'abord de la faute simple lorsque la collectivité secondaire « est restée complètement étrangère » aux décisions illégales qui ont provoqué le dommage litigieux (CE Sect. 14 nov. 1958, *Delle Bosshard*, Rec. 557 ; AJ 1959.I.37, chr. Combarnous et Galabert : retrait d'agrément prononcé par le recteur, qui a entraîné l'éviction d'un agent municipal).

Puis la faute simple a été jugée suffisante dans des hypothèses de contrôle d'activités privées (autorisation de licencier des salariés protégés : CE Sect. 9 juin 1995, *Ministre des affaires sociales et de l'emploi c. Lesprit*, Rec. 239 ; AJ 1995.745, concl. Arrighi de Casanova ; contrôle de sécurité d'un navire : CE Sect. 13 mars 1998, *Améon*, Rec. 82 – v. 15.4).

Malgré la tendance générale, le Conseil d'État a maintenu l'exigence d'un faute lourde pour que soit engagée la responsabilité de l'État : – du fait du contrôle de légalité exercé par le préfet sur les actes des collectivités locales (21 juin 2000, *Ministre de l'équipement, des transports et du logement c. Commune de Roquebrune-Cap Martin*, Rec. 236 ; RDP 2000.1257, concl. Touvet ; RFDA 2000.1096, note Bon ; – 6 oct. 2000, *Ministre de l'intérieur c. Commune de Saint-Florent*, Rec. 395 ; CTI déc. 2000, concl. Touvet ; AJ 2001.201, note Cliquennois ; JCP 2001.II.10516, note Rouault ; RFDA 2001.152, obs. Bon) ; – pour les fautes commises par la Commission bancaire dans l'exercice de sa mission de surveillance et de contrôle des établissements de crédit (Ass. 30 nov. 2001, *Ministre de l'économie, des finances et de l'industrie c. Kechichian*, RFDA 2002.742, concl. Seban, note Moderne ; CJEG 2002.380, concl. Seban ; AJ 2002.133, chr. Guyomar et Collin ; JCP 2002.II.10042, note Menuret). Ce dernier arrêt explique pourquoi est maintenue la condition de la faute lourde : la responsabilité de l'État « ne se substitue pas » à celle des établissements qu'il doit contrôler ; « dès lors, et eu égard à la nature des pouvoirs qui sont dévolus à la Commission bancaire, la responsabilité que peut encourir l'État pour les dommages causés par les insuffisances ou carences de celle-ci dans l'exercice de sa mission ne peut être engagée qu'en cas de faute lourde ».

4 **B.** — *En raison des attributions propres de l'institution contrôlée,* le dommage est d'abord causé par elle ; c'est elle qui doit en répondre, même si elle est soumise à tutelle ou contrôle.

Néanmoins les autorités de tutelle ou de contrôle remplissent une mission qui leur est propre ; elles se distinguent organiquement et fonctionnellement des institutions qu'elles surveillent. Elles doivent donc répondre des conséquences dommageables que la tutelle ou le contrôle ont par eux-mêmes entraînées. C'est l'État qui est normalement responsable des fautes commises dans le contrôle (cf. les arrêts cités plus haut).

Le cas particulier du *pouvoir de substitution* amène une autre solution. Il permet en effet à l'autorité de tutelle ou de contrôle d'accomplir des actes à la place de l'organe contrôlé, soit en cas de défaillance de celui-ci (par ex. en matière de police municipale, art. L. 2215-3 du code général des collectivités territoriales), soit même directement, en l'absence de défaillance (par ex. ord. du 29 nov. 1944, art. 3, qui attribuait aux préfets la réintégration des employés municipaux évincés sous l'occupation). Le Conseil d'État considère que dans ce cas, l'autorité de tutelle agit pour le compte de la collectivité décentralisée (CE Ass. 1er avr. 1938, *Sous-préfet de Pontoise*, Rec. 338) et il en déduit qu'elle engage, par ses actes, la responsabilité de celle-ci ; le préfet, dans l'exercice de ce pouvoir, « agit non comme représentant de l'État, mais comme représentant de la commune ou de l'établissement public intéressé ; par suite, si les décisions prises par le préfet dans ces conditions causent des dommages ouvrant droit à réparation, la réparation en incombe aux personnes morales à l'égard desquelles s'exerce le pouvoir de substitution » (CE Ass. 24 juin 1949, *Commune de Saint-Servan*, Rec. 310 ; RA 1949.465, note Liet-Veaux).

Cette jurisprudence a été confirmée par un arrêt dans lequel le Conseil d'État a admis que la responsabilité d'une commune était engagée par un refus illégal de réintégration opposé par le préfet à un agent municipal en application de l'ord. du 29 novembre 1944 (CE Ass. 1er juin 1956, *Ville de Nîmes c. Pabion*, Rec. 218 ; RPDA 1956.121, concl. Laurent). Il a encore jugé ultérieurement que la victime devait, pour obtenir une indemnité, s'adresser à la collectivité sous tutelle (CE 8 mars 1961, *Leblanc*, Rec. 310).

5 Toutefois cette jurisprudence rencontre *trois limites.*

La première concerne le *défaut d'exercice* du pouvoir de substitution. L'inertie de l'autorité de tutelle ou de contrôle n'engage la responsabilité que de celle-ci (CE Sect. 14 déc. 1962, *Doublet*, Rec. 680 ; D. 1963.117, concl. Combarnous ; AJ 1963.85, chr. Gentot et Fourré ; – 29 avr. 1987, *Ministre de l'intérieur et de la décentralisation et ministre de l'éducation nationale c. École Notre-Dame de Kernitron*, Rec. 161 ; RFDA 1987.989, concl. Roux) ; mais la responsabilité de la personne sous contrôle ou sous tutelle peut être engagée par la faute propre qu'elle a commise.

La deuxième limite concerne l'*illégalité de l'exercice* du pouvoir de substitution : la collectivité contrôlée ne peut se voir imputer les conséquences dommageables d'une faute commise par l'autorité de tutelle ou de contrôle en se substituant à elle. Le législateur a d'ailleurs prévu dans l'article 16 de la loi du 7 janv. 1983 relative à la répartition des compétences entre les communes, les départements, les régions et l'État, modifié par la loi du 22 juill. 1983, que « la commune ou le département voit sa responsabilité supprimée ou atténuée lorsqu'une autorité relevant de l'État s'est substituée, dans des hypothèses ou selon des modalités non prévues par la loi, au maire ou au président du conseil général pour mettre en œuvre des mesures de police » (ces dispositions sont reprises aujourd'hui par les articles L. 2216-1 et L. 3143-1 du code général des collectivités territoriales).

Enfin la jurisprudence est revenue sur les *conséquences excessives* qu'elle avait attachées aux principes de la substitution d'action à propos de l'épuration par l'État des agents des collectivités locales ou d'entreprises publiques ou privées. Le Conseil d'État a d'abord jugé qu'en cas de décisions illégales susceptibles d'ouvrir droit à réparation aux intéressés, ceux-ci devaient réclamer une indemnité non pas à l'État, qui a commis la faute en fait, mais à la collectivité ou à l'entreprise dont ils relevaient, et à qui cette faute était, selon ce système, imputable en droit (CE Sect. 28 mars 1952, *Codos*, Rec. 191, concl. Donnedieu de Vabres ; D. 1952.523, note J.D.V. ; RDP 1952.771, note M. Waline ; JCP 1952.II.7126, note Rivero). Le Conseil d'État avait même fait de cette théorie de la substitution un critère de répartition des compétences entre les autorités administratives et judiciaires, en décidant que des décisions prises pour le compte d'institutions de droit privé ne présentaient pas le caractère d'actes administratifs (CE Sect. 23 janv. 1953, *Audouin*, Rec. 40 ; JCP 1954.II.7916, note Vedel).

Le Tribunal des conflits a condamné ces conceptions, qui avaient été critiquées par la doctrine et contestées par les tribunaux judiciaires. Sur le plan de la responsabilité, il a, statuant au fond en vertu de la loi du 20 avr. 1932 sur les contrariétés de jugement conduisant à un déni de justice, décidé que la procédure d'épuration ayant été instituée dans un but d'intérêt général, les sanctions sont prises par les autorités administratives au nom et pour le compte de l'État, dont elles engagent la responsabilité (TC 12 déc. 1955, *Thomasson*, Rec. 626 ; JCP 1956.II.9198, concl. Lemoine, note Rivero ; RDP 1956.337, note M. Waline ; AJ 1956.I.13, chr. Langavant). Sur le plan de la compétence, saisi d'un conflit négatif dans l'affaire Audouin, il a décidé que le litige relevait de la juridiction administrative (TC 10 déc. 1956, *Audouin*, Rec. 595 ; D. 1957.712, concl. Guionin ; AJ 1957.II.93, chr. Fournier et Braibant).

6 **II.** — Une fois admise à l'égard des tiers, *la responsabilité des services de tutelle* n'allait pas tarder à l'être *également à l'égard de la personne morale contrôlée elle-même*. Cette extension, qui consacre le principe de l'indépendance juridique de la collectivité contrôlée à l'égard de la personne publique investie du pouvoir de tutelle (à ce sujet, v. aussi CE 18 avr. 1902, *Commune de Néris-les-Bains**), a été réalisée par un arrêt d'Ass. du 27 déc. 1948, *Commune de Champigny-sur-Marne* (Rec. 493 ; D. 1949.408, concl. Guionin). La ville de Champigny-sur-Marne a obtenu, par cet arrêt,

la condamnation de l'État à lui rembourser le quart du préjudice que lui avaient causé d'importants détournements du receveur municipal rendus possibles par la carence de l'administration des finances. Mais, pour que la responsabilité de l'autorité de tutelle soit engagée à l'égard de la collectivité sous tutelle, le Conseil d'État exige que l'étendue des pouvoirs de la première entraîne une véritable participation de ses agents à la gestion de la seconde *« de telle sorte que les actes ou les abstentions desdits agents concourent directement et nécessairement à la production du dommage »* que peut éprouver la personne morale sous tutelle. Le juge reconnaîtra donc plus difficilement la responsabilité de l'autorité de tutelle à l'égard des personnes morales contrôlées qu'à l'égard des tiers.

Si elle peut être admise dans toutes les hypothèses où la personne contrôlée a subi un *préjudice* qui lui est propre (A), elle ne peut l'être qu'à raison de la *faute* commise (B).

7 ***A.*** — Le *préjudice subi par la personne contrôlée* peut apparaître directement dans ses relations avec l'organe de tutelle ou de contrôle ou à la suite d'une condamnation au bénéfice de tiers.

Le comportement des organes de tutelle ou de contrôle peut n'avoir nui qu'à la personne placée sous cette tutelle ou sous ce contrôle, sans avoir atteint autrui. Elle seule peut s'en plaindre et en demander réparation. Il n'y a évidemment aucun obstacle à ce qu'elle le fasse : selon le droit commun de la responsabilité, l'auteur du préjudice doit en répondre à l'égard de la victime. C'est cette hypothèse qui était en cause dans l'arrêt *Commune de Champigny-sur-Marne*, et que l'on retrouve dans d'autres arrêts concernant tant des collectivités publiques (CE 20 juin 1973, *Commune de Chateau-neuf-sur-Loire*, Rec. 428 ; AJ 1973.545, concl. Rougevin-Baville) que des organismes privés (CE 17 janv. 1969, *Bagot*, Rec. 28).

Le préjudice subi par la personne contrôlée peut résulter aussi de sa propre condamnation à indemniser un tiers par suite des fautes commises par l'autorité de tutelle ou de contrôle agissant en son nom. Comme le commissaire du gouvernement Laurent l'a souligné dans ses conclusions sur l'arrêt *Ville de Nîmes c. Pabion*, précité, la personne condamnée dans un premier temps peut se retourner ensuite vers la collectivité qui a exercé le contrôle ou la tutelle (CE Sect. 5 déc. 1958, *Commune de Dourgne*, Rec. 606, concl. Guldner ; RDP 1959.950, note M. Waline ; AJ 1959.I.37, chr. Combarnous et Galabert).

8 ***B.*** — Encore faut-il, dans un cas comme dans l'autre, que l'autorité de tutelle ou de contrôle ait commis une *faute*. La condition de la faute lourde posée à propos de sa responsabilité à l'égard des tiers s'est retrouvée à propos de sa responsabilité à l'égard de la personne contrôlée. Cela explique la fréquence des arrêts refusant d'admettre la responsabilité de l'autorité de contrôle à l'égard de l'organe contrôlé.

La limitation de l'exigence de la faute lourde à l'égard des tiers devrait se retrouver pour la responsabilité des autorités de contrôle à l'égard des personnes soumises à contrôle. De toute façon, la responsabilité paraît dépendre plus du *lien de causalité* entre la faute et le dommage que de la gravité de la faute.

Trois hypothèses doivent être distinguées.

La première concerne l'inertie des autorités de tutelle ou de contrôle, l'inutilisation de leurs pouvoirs à l'égard de la personne contrôlée. Autant les tiers peuvent s'en plaindre, autant il paraît difficile d'admettre que la personne contrôlée puisse le faire. De la même manière qu'un agent, auteur d'une faute personnelle, ne peut invoquer contre son administration l'insuffisante surveillance dont il fait l'objet (CE 28 juill. 1951, *Laruelle**), une collectivité ne peut invoquer contre l'autorité chargée de la contrôler le défaut de contrôle. Dans ce cas, si l'organe de tutelle ou de contrôle n'a pas à réparer les conséquences dommageables de son inaction vis-à-vis de la personne contrôlée, c'est moins parce qu'elle n'a pas commis de faute lourde que parce que le préjudice subi par la personne contrôlée résulte d'abord de l'activité de celle-ci, et non pas du défaut de contrôle. L'auteur d'une faute ne peut reprocher à une autre personne la faute qu'elle a commise en ne l'ayant pas empêché de commettre cette faute (en ce sens, pour des fautes de surveillance de la part des autorités de police : CE Sect. 7 mars 1980, *SARL Cinq-sept*, Rec. 129, concl. Massot ; – pour des fautes de surveillance de l'architecte à l'égard des entrepreneurs : CE Sect. 21 oct. 1966, *Benne*, Rec. 562 ; AJ 1967.110, concl. Baudouin). L'abstention des organes de tutelle ou de contrôle ne peut engager leur responsabilité à l'égard de la personne contrôlée que si elle a entraîné pour celle-ci un dommage dans la réalisation duquel elle n'a eu aucune part (cf. l'arrêt *Commune de Champigny-sur-Marne*, précité).

Dans une deuxième hypothèse, l'organe de tutelle ou de contrôle, s'il agit effectivement et prend une mesure positive, ne fait qu'ajouter sa décision à celle qui a déjà été prise ou qui sera prise par la personne contrôlée : cas de l'approbation, de l'autorisation. Ici encore la personne contrôlée, qui a l'initiative de la mesure approuvée ou autorisée, ne peut se plaindre de la faute que comporte cette approbation ou cette autorisation. C'est elle qui a voulu cette mesure ; elle ne peut reprocher à l'organe de tutelle ou de contrôle de l'avoir approuvée ou autorisée.

Reste la troisième hypothèse, dans laquelle l'organe de tutelle ou de contrôle non seulement prend effectivement une décision, mais le fait à la place de l'organe qu'il contrôle (substitution). Dans ce cas, l'un, non seulement a agi à la place de l'autre, mais a forcé sa volonté. Dès lors le comportement de l'organe contrôlé ne doit plus pouvoir être invoqué pour s'opposer à la mise en cause de l'organe de tutelle ou de contrôle : la faute de celui-ci a, en elle-même, causé le dommage subi par la personne contrôlée ; elle justifie la condamnation de la collectivité de tutelle ou de contrôle.

60

RESPONSABILITÉ COLLABORATEURS OCCASIONNELS DES SERVICES PUBLICS

CE Ass. 22 nov. 1946, COMMUNE DE SAINT-PRIEST-LA-PLAINE, Rec. 279

(D. 1947.375, note Blaevoet ; S. 1947.3.105, note F.P.B.)

Sur la recevabilité des requêtes : Cons. que le maire de la commune de Saint-Priest-la-Plaine a produit un extrait d'une délibération du conseil municipal, en date du 9 déc. 1945, l'autorisant à interjeter appel devant le Conseil d'État des arrêtés susvisés du Conseil de préfecture de Limoges ; qu'ainsi, les pourvois formés pour la commune contre lesdits arrêtés sont recevables ;

Sur la responsabilité de la commune : Cons. qu'il est constant que les sieurs Rance et Nicaud, qui avaient accepté bénévolement, à la demande du maire de Saint-Priest-la-Plaine, de tirer un feu d'artifice à l'occasion de la fête locale du 26 juill. 1936, ont été blessés, au cours de cette fête, par suite de l'explosion prématurée d'un engin, sans qu'aucune imprudence puisse leur être reprochée ; que la charge du dommage qu'ils ont subi, alors qu'ils assuraient l'exécution du service public dans l'intérêt de la collectivité locale et conformément à la mission qui leur avait été confiée par le maire, incombe à la commune ; que, dès lors, celle-ci n'est pas fondée à soutenir que c'est à tort que le conseil de préfecture l'a condamnée à réparer le préjudice éprouvé par les intéressés ;

Sur le recours incident des ayants droit du sieur Rance : Cons., d'une part, qu'il résulte de ce qui précède que la commune est entièrement responsable du dommage subi par le sieur Rance ; qu'ainsi, c'est à tort que le conseil de préfecture a limité aux deux tiers sa part de responsabilité ; que la commune ne conteste pas l'évaluation qui a été faite par les premiers juges du montant du dommage ; que, dès lors, il y a lieu de faire droit aux conclusions du recours incident tendant à ce que l'indemnité soit portée à 22 500 F ;

Cons., d'autre part, que les héritiers du sieur Rance ont droit aux intérêts de la somme susmentionnée à compter du 8 juill. 1937, date de l'introduction de la demande devant le conseil de préfecture ;

Cons. enfin que, dans les circonstances de l'affaire, les dépens de première instance afférents à la réclamation du sieur Rance doivent être mis entièrement à la charge de la commune ; ... (Décision en ce sens).

OBSERVATIONS

1 Deux habitants d'une petite ville, qui avaient accepté bénévolement, à la demande du maire, de tirer un feu d'artifice à l'occasion d'une fête locale, avaient été blessés par l'explosion prématurée d'un engin dans des conditions telles qu'aucune faute ne pouvait être relevée ni à leur charge ni à la charge des autorités communales. Ils se retournèrent néanmoins contre la commune et obtinrent satisfaction devant le conseil de préfecture de Limoges. Sur appel de la commune, le Conseil d'État confirme la décision de première instance : « les sieurs R. et N., qui avaient accepté bénévolement, à la demande du maire..., de tirer un feu d'artifice... ont été blessés... sans qu'aucune imprudence puisse leur être reprochée ; la charge du dommage qu'ils ont subi, alors qu'ils assuraient l'exécution du service public dans l'intérêt de la collectivité locale et conformément à la mission qui leur avait été confiée par le maire, incombe à la commune... »

Cet arrêt est le point d'aboutissement d'une longue évolution tendant à accorder aux collaborateurs des services publics le droit d'obtenir réparation des préjudices subis par eux au cours de l'accomplissement de leur mission, alors même qu'aucune faute ne peut être reprochée à l'administration. Cette application remarquable de la notion de socialisation des risques avait été inaugurée par l'arrêt *Cames** du 21 juin 1895, qui accordait une indemnité à un ouvrier de l'État victime d'un accident du travail non imputable à une faute de l'administration. Privée de la plupart de ses effets pratiques, en ce qui concerne les collaborateurs permanents des services publics, par la législation sur les pensions d'invalidité et les accidents du travail, la jurisprudence *Cames* a été peu à peu appliquée par le Conseil d'État aux collaborateurs purement occasionnels de l'administration. Pendant un certain temps seuls les requis pouvaient en bénéficier (CE Sect. 5 mars 1943, *Chavat*, Rec. 62 : le requérant avait été blessé alors qu'il avait été requis par la gendarmerie pour lutter contre un incendie) ; les collaborateurs volontaires et bénévoles ne pouvaient, au contraire, obtenir une indemnité qu'en prouvant une faute de l'administration (Ass. 22 oct. 1943, *Sarda*, Rec. 232 : conseiller municipal blessé alors qu'il avait bénévolement accepté de tirer un feu d'artifice, considéré par la jurisprudence comme un service public communal). Par la suite la notion de réquisition devait être entendue de plus en plus largement : obtinrent ainsi une indemnité le particulier blessé en luttant contre un incendie, alors que, sans avoir été requis, il « avait été alerté par le tocsin, dont la sonnerie présente le caractère d'un appel à l'ensemble des habitants » (CE Ass. 30 nov. 1945, *Faure*, Rec. 245 ; S. 1946.3.37, note Bénoit), et la personne à laquelle des agents de police ont demandé de leur prêter main-forte pour empêcher une tentative de suicide (CE Sect. 15 févr. 1946, *Ville de Senlis*, Rec. 50). L'arrêt *Commune de Saint-Priest-la-Plaine* achève cette évolution, en admettant la responsabilité de la commune à l'égard d'un collaborateur bénévole dans une affaire identique à celle qui avait donné lieu, en 1943, à une décision en sens contraire (22 oct. 1943, *Sarda*, précité).

La jurisprudence ultérieure devait confirmer la solution de l'arrêt *Commune de Saint-Priest-la-Plaine* tout en précisant les conditions de la responsabilité pour risque des personnes publiques à l'égard des collaborateurs occasionnels du service public : elles tiennent à *l'existence d'un service public* (I), à *la collaboration* de la victime à ce service (II), à *l'origine* de cette collaboration (III).

2 **I.** — Il faut d'abord que l'activité à laquelle la victime a participé constitue un *véritable service public*, relevant de la personne publique dont la responsabilité est recherchée.

Dans certains cas, l'*existence d'un service public* n'est pas douteuse : on est en présence d'une activité d'intérêt général spécialement organisée par une personne publique. Il en est ainsi par exemple du service communal de lutte contre l'incendie (CE Sect. 19 janv. 1962, *Ministre de l'agriculture c. Barcons et Commune de Vernet-les-Bains*, Rec. 52), des services hospitaliers (CE 13 déc. 1957, *Hôpital-hospice de Vernon*, Rec. 680), des fêtes communales traditionnelles (CE 24 oct. 1958, *Commune de Clermont-l'Hérault c. Begnes*, Rec. 502), du service des douanes (CE 24 juin 1966, *Ministre des finances c. Lemaire*, Rec. 416 ; AJ 1966.637, concl. Bertrand ; D. 1967.343, note Lavroff).

Des activités peuvent en revanche être entreprises par des personnes publiques sans constituer pour autant un service public, car il y manque soit la finalité d'intérêt général soit la particularité du régime nécessaire à caractériser un tel service. Ainsi les fêtes non traditionnelles organisées par les communes ne correspondent pas à un service public (CE 12 avr. 1972, *Chatelier*, Rec. 262 ; D. 1973.545, note Duprat).

L'existence d'un service public peut être admise sans que, matériellement, une personne publique ait pris les dispositions nécessaires pour l'organiser. Il suffit que l'activité en cause relève de ses attributions pour qu'un service public soit reconnu : les particuliers qui y participent sont alors des collaborateurs du service public. Il en est ainsi notamment du « soin de prévenir, par des précautions convenables, et de faire cesser, par la distribution des secours nécessaires, les accidents et les fléaux calamiteux..., de pourvoir d'urgence à toutes les mesures d'assistance et de secours... » qui est confié au maire au titre de la police municipale (aujourd'hui art. L. 2212-2-5° du code général des collectivités territoriales) ; même si l'administration n'a concrètement organisé aucun service de secours, l'activité de secours aux victimes d'accidents relève d'un service public dont est chargé le maire pour le compte de la commune (CE Sect. 22 mars 1957, *Commune de*

Grigny, Rec. 524 ; RDP 1958.306, concl. Kahn et 298, note M. Waline ; AJ 1957.II.499, chr. Fournier et Braibant ; D. 1958.768, note Lucchini ; – Sect. 25 sept. 1970, *Commune de Batz-sur-Mer et Dame veuve Tesson*, Rec. 540 ; D. 1971.55, concl. Morisot ; AJ 1971.37, chr. Labetoulle et Cabanes ; JCP 1970.II.16525, note X ; R T.D S S 1971.294, note Dubouis ; – Sect. 9 oct. 1970, *Gaillard*, Rec. 565, concl. Rougevin-Baville ; RDP 1970.1431, concl. Rougevin-Baville).

Enfin une activité d'intérêt général organisée par des personnes privées, sans qu'intervienne une collectivité publique et sans que la loi la range dans ses attributions, ne peut être un service public (CE 13 juill. 1966, *Leygues*, Rec. 475 : la commune n'ayant pris aucune part à l'organisation d'une fête, au cours de laquelle a été tiré un feu d'artifice, « nonobstant son caractère traditionnel, cette fête locale ne présentait pas le caractère d'un service public » ; par suite une personne qui a fourni son concours pour la mise à feu des pièces d'artifice et a été blessée à cette occasion, n'avait pas la qualité de collaborateur d'un service public communal, et ne pouvait rechercher à ce titre la responsabilité de la commune pour risque). En revanche, une activité exercée par une association entièrement contrôlée par une collectivité publique peut correspondre à une mission de service public : le collaborateur occasionnel doit être indemnisé du préjudice subi en lui prêtant son concours (CE Sect. 13 janv. 1993, *Mme Galtié*, Rec. 11 ; D. 1994.SC.59, obs. Bon et Terneyre ; RFDA 1994.91, note Bon : accident subi par une personne sollicitée par le proviseur du lycée franco-hellénique pour encadrer une sortie à Delphes organisée dans le cadre des activités scolaires pour des élèves de cet établissement).

3 **II.** — Même s'il existe un service public, la responsabilité pour risque ne peut bénéficier qu'aux *personnes ayant collaboré* à son exécution (A) *de manière effective* (B).

A. — Cette *collaboration* peut prendre diverses formes. Dans les affaires *Commune de Grigny*, *Commune de Batz-sur-mer*, *Gaillard*, précitées, elle consistait en un secours apporté à des victimes d'accidents. Dans les fêtes locales, elle porte sur l'organisation même de la manifestation (tir du feu d'artifice : *Commune de Saint-Priest-la-Plaine* ; *Commune de Clermont l'Hérault*, précités ; – participation de musiciens amateurs à l'animation de la fête : CE 2 juin 1972, *Commune de la Hérie*, Rec. 1220 ; D. 1973.545, note Duprat). Il peut s'agir également de la réalisation en nature des prestations dues par un particulier à une personne publique (CE Sect. 23 oct. 1959, *Commune de Montaut*, Rec. 539 : exécution en nature des prestations vicinales), de don du sang à un service de transfusion sanguine (CAA Nantes, 11 juin 1992, *Delhommeau*, Rec. 539 ; JCP 1993.II.22094, note Rouault). Le Conseil d'État a interprété largement la notion de participation à un service public : il a jugé qu'en reconduisant en automobile à la gare, sur leur demande, des douaniers qui venaient de procéder à une perquisition et à une saisie de marchandises chez un particulier, celui-ci avait apporté son concours au fonctionnement du service des douanes (CE Sect. 24 juin 1966, *Ministre des finances c. Lemaire*, précité).

Dans la plupart des cas, la collaboration est bénévole. Son caractère onéreux n'exclut pas pour autant la responsabilité pour risque. Le collaborateur permanent, payé par l'administration, a pu depuis longtemps bénéficier du régime de responsabilité pour risque (CE 21 juin 1895, *Cames**) ; le collaborateur occasionnel rémunéré doit être indemnisé du préjudice subi du fait de sa participation autant que le collaborateur permanent rémunéré et le collaborateur occasionnel bénévole (CE Sect. 26 févr. 1971, *Aragon*, Rec. 172 ; AJ 1971.156, chr. Labetoulle et Cabanes : l'expert judiciaire, qui, en cette qualité, a « participé au fonctionnement du service public de la justice administrative », a droit, au titre de sa collaboration, à l'indemnisation par l'État du préjudice subi du fait de l'insolvabilité de la partie qui lui doit des honoraires ; en revanche, les avocats, même s'ils sont des « auxiliaires de justice », ne sont pas considérés comme des collaborateurs du service public : Cass. 1ère civ. 13 oct. 1998, Bull. civ. I, n° 294, p. 204 ; D. 2000. 576, note Lemaire).

4 ***B.*** — Il faut que la collaboration soit *effective*. Cette condition se dédouble.

D'une part, il faut que l'intéressé participe *réellement* au service public. L'intention d'y participer et même les dispositions prises en vue d'y participer ne suffisent pas. Un commencement d'exécution est au moins nécessaire (CE Sect. 22 mars 1957, *Compagnie d'assurances l'Urbaine et la Seine*, Rec. 200 ; AJ 1957.II.185, chr. Fournier et Braibant : un particulier qui se rendait, à l'appel du tocsin, sur les lieux où sévissait un incendie pour se mettre à la disposition du service de lutte contre le sinistre ne peut être considéré comme un collaborateur de la commune avant toute participation effective aux opérations d'extinction sous la direction du service).

5 D'autre part, il faut que l'intéressé, même s'il intervient réellement dans le service, le fasse comme collaborateur *direct* de celui-ci.

Tel n'est pas le cas de l'usager du service public : sa participation au service public a pour objet d'en bénéficier ; même s'il apporte un concours au service public à cette occasion, il n'en est pas le collaborateur, au moins en ce qui concerne la contribution qui peut être normalement due par l'usager en contrepartie des avantages que lui apporte le service public (CE 27 oct. 1961, *Caisse primaire de sécurité sociale de Mulhouse et Kormann*, Rec. 602 : élève victime d'une chute alors que, présente sur le stade pour y subir les épreuves physiques du baccalauréat, elle ramassait à la demande des examinateurs, les balles lancées par les autres candidats ; – CE 23 juin 1971, *Commune de Saint-Germain-Langot*, Rec. 468 : élève victime d'un accident au cours d'un exercice scolaire de gymnastique pour lequel il avait été chargé de tenir une corde élastique). C'est ce qui explique que les personnes participant aux compétitions et jeux organisés au cours des fêtes locales ne puissent prétendre, même lorsque ces fêtes correspondent à un service public, à la qualité de collaborateur du service (CE Sect. 30 oct. 1953, *Bossuyt*, Rec. 466 ; JCP 1953.I.1142, chr. Gazier et Long ; RDP 1954.178, note M. Waline : personne participant à une course de chevaux ; – Sect. 10 févr. 1984, *Launey*, Rec. 65 ; AJ 1984.405, note J. Moreau ; JCP 1984.II.20227, note Moderne : membre d'une équipe locale de rugby blessé au cours d'un jeu organisé dans le cadre d'une fête communale de caractère traditionnel), alors que, comme on l'a vu plus haut, les personnes participant à l'organisation de ces fêtes sont des collaboratrices du service public.

Il n'y a pas non plus collaboration directe au service lorsque l'intéressé y participe comme membre d'un organisme auquel le service a été confié. Ce peut être le cas d'un agent d'une collectivité publique que celle-ci met à la disposition d'une autre (CE Ass. 9 juill. 1976, *Gonfond*, Rec. 354 – v. n° 6.5 : soldat du contingent mis, avec d'autres éléments de l'armée, par son chef de corps, à la disposition d'un maire pour lutter contre un incendie). C'est aussi le cas de l'employé d'une entreprise liée par contrat à une collectivité publique, et qui est blessé au cours de l'exécution de ce contrat (CE 12 mai 1967, *Époux Capaci*, Rec. 215).

Un arrêt de la Cour administrative d'appel de Lyon du 10 oct. 1990, *Commune de Saint-Rémy-de-Provence*, Rec. 470 ; AJ 1991.127, chr. Jouguelet et Loloum ; RFDA 1991.464, chr. Mescheriakoff, a pourtant admis qu'une cavalière, victime d'un accident au cours d'un défilé auquel elle participait avec son club hippique à l'occasion de la fête locale, était une collaboratrice du service public dès lors qu'elle n'était pas une simple concurrente à une compétition sportive et qu'elle devait être considérée comme visée personnellement par l'invitation adressée à son club de participer à la fête.

6 La situation particulière de la victime ne l'empêche pas de contribuer objectivement au service public.

La question s'est posée essentiellement pour les sauveteurs bénévoles se portant au secours d'un membre de leur famille en un lieu public où doit s'exercer le service public de secours aux victimes d'accidents. Le Conseil d'État a jugé, contrairement aux conclusions de son commissaire du gouvernement, qu'un homme s'étant noyé en tentant de porter secours à un baigneur en difficulté, cousin de sa femme, avait participé au service public communal (CE Sect. 1er juill. 1977, *Commune de Coggia*, Rec. 301 ; AJ 1978.286, concl. Morisot ; RDP 1978.1141, note M. Waline). La même solution a été reprise à propos d'un homme qui avait traversé les flammes d'un incendie pour sauver son fils et sa sœur (CE 22 juin 1984, *Mme Nicolaï*, Rec. 729) et d'une mère d'élève, blessée à l'occasion d'une sortie pédagogique (CE Sect. 13 janv. 1993, *Mme Galtié*, précité).

On est ici à la limite de la jurisprudence sur les collaborateurs bénévoles. Elle ne s'appliquerait sans doute pas aux accidents et secours dépourvus de tout caractère public.

7 **III.** — La condition relative à *l'origine de la collaboration* illustre la souplesse et l'évolution de la jurisprudence, qui est passée *des collaborateurs obligés* (A) aux *collaborateurs spontanés* (B).

A. — Le bénéfice de la responsabilité pour risque n'a d'abord été accordé qu'aux personnes *obligées*, en vertu d'une réquisition (CE Sect. 5 mars 1943, *Chavat*, précité ; – 2 février 1944, *Commune de Saint-Nom-la-Bretèche*, Rec. 40), ou d'autres mesures (CE 12 mars 1975, *Ministre de l'éducation nationale c. Mazuel*, Rec. 189), d'apporter leur concours au service public.

Il a été étendu aux collaborateurs dont l'aide avait été *demandée*, sans être imposée, par l'autorité publique. La demande peut être adressée individuellement à certaines personnes *(Commune de Saint-Priest-la-Plaine)*. Elle peut l'être généralement à un nombre indéterminé et indifférencié (CE Ass. 30 nov. 1945, *Faure*, précité : appel du tocsin). Elle émane le plus souvent d'une autorité administrative (par exemple le maire). Elle peut venir aussi d'une personne que cette autorité a elle-même chargée d'agir (CE Sect. 16 nov. 1960, *Commune de Gouloux*, Rec. 628 ; D. 1961.353, note Salomon : en chargeant deux habitants de la commune d'organiser une battue au loup, le maire les a par là même autorisés à solliciter le concours d'autres chasseurs et rabatteurs).

Un nouveau pas a été franchi en admettant le cas des personnes dont le concours, sans avoir été demandé, a été *accepté* par la collectivité publique (CE Ass. 27 nov. 1970, *Appert-Collin*, Rec. 708 ; AJ 1971. 37, chr. Labetoulle et Cabanes ; D. 1971.270, note Moderne : le maire d'une petite commune accidenté alors qu'il effectuait bénévolement à son initiative sur un terrain municipal des travaux de nivellement destinés à l'aménager en terrain de sport, ainsi qu'il le faisait fréquemment en accord avec le conseil municipal, collaborait à un service communal).

8 ***B.*** — Ce dernier arrêt rejoint la jurisprudence admettant qu'en cas d'urgence et en l'absence de demande ou même seulement d'acceptation de l'autorité publique, une personne se portant *spontanément* au secours de la victime d'une agression ou d'un accident soit considérée comme un collaborateur du service public (CE Sect. 17 avr. 1953, *Pinguet*, Rec. 177 ; S. 1954.3.69, note G. Robert ;

D. 1954.7, note G. Morange : passant blessé par un malfaiteur à la poursuite duquel il s'était spontanément lancé ; – *Commune de Grigny*, précité : médecin blessé par une explosion, alors qu'il portait secours, à la demande de voisins, aux victimes d'une intoxication par le gaz ; – *Commune de Batz-sur-mer et Dame veuve Tesson, Commune de Coggia*, précités : personnes s'étant portées au secours de baigneurs en difficulté et s'étant elles-mêmes noyées ; – *Gaillard*, précité : personne ayant répondu aux appels au secours d'une femme tombée dans une fosse).

Ces décisions manifestent un certain assouplissement des conditions de mise en jeu de la responsabilité pour risque ; elles traduisent le souci du Conseil d'État de dédommager ceux qui se portent courageusement à l'aide de personnes en danger, comme y incitent d'ailleurs l'article 63 de l'ancien code pénal et les articles 223-6 et 7 du nouveau, ou qui donnent volontairement et gratuitement une partie de leur temps et de leurs forces à une collectivité publique.

Il n'en reste pas moins que, sauf le cas d'urgence, une manifestation de volonté, plus ou moins explicite, de la part des autorités responsables du service reste nécessaire. Une personne qui, sans intervention d'aucune sorte de l'autorité publique, intervient dans l'exécution du service public, ne peut bénéficier de la protection accordée au collaborateur du service public (CE 31 mai 1989, *Pantaloni*, Rec. 144 ; AJ 1989.611, chr. Honorat et Baptiste ; D. 1990.S.C.296, obs. Bon et Terneyre : un particulier avait fait prendre la mer à un bateau lui appartenant en vue de procurer à des résidents du Vanuatu, dont la sécurité apparaissait menacée, la possibilité de quitter ce territoire, et son bateau avait été saisi par une puissance agissant pour le compte du Vanuatu ; l'intéressé, qui n'avait été ni requis ni même invité par une autorité de l'État français à intervenir de cette manière, alors que la France disposait sur place d'une représentation diplomatique et de moyens appropriés lui permettant d'intervenir à bref délai, ne pouvait soutenir « qu'il avait, compte tenu de l'urgence d'une intervention, la qualité de collaborateur occasionnel et bénévole du service public »).

La jurisprudence sur les collaborateurs occasionnels est ainsi empreinte de réalisme : dans son souci de protéger les victimes, elle n'en a pas moins marqué des limites destinées à éviter les abus.

9 Elle a été étendue au-delà des dommages subis par les collaborateurs de services publics administratifs.

D'une part, elle s'applique aux dommages causés par ces collaborateurs. De la même manière que l'administration répond des fautes de service ou de fautes personnelles non dépourvues de tout lien avec le service commises par ses agents permanents (TC 30 juill. 1873, *Pelletier** ; CE 3 févr. 1911, *Anguet** ; 26 juill. 1918, *Époux Lemonnier** ; 18 nov. 1949, *Delle Mimeur*, Rec. 492 – v. n° 34.5), elle répond de celles commises par ses collaborateurs occasionnels

– si, du moins, ils ont bien cette qualité (CE Sect. 22 mars 1957, *Compagnie d'assurances l'Urbaine et la Seine*, précité ; – 24 juin 1966, *Ministre des finances c. Lemaire*, précité).

D'autre part, les juridictions judiciaires appliquent aux collaborateurs occasionnels du service public judiciaire les principes dégagés par la jurisprudence administrative : ils bénéficient également du régime de responsabilité pour risque (Cass. civ. 23 nov. 1956, *Trésor public c. Giry** ; 1re Civ. 30 janv. 1996, *Morand c. Agent judiciaire du Trésor*, v. n° 77.9).

61

JURIDICTIONS ADMINISTRATIVES
DÉFINITION

CE Ass. 7 févr. 1947, D'AILLIÈRES, Rec. 50

(RDP 1947.68, concl. R. Odent, note M. Waline ;
JCP 1947.II.3508, note G. Morange)

Sur la compétence : Cons. qu'il résulte de l'ensemble des prescriptions législatives relatives au jury d'honneur et notamment de celles qui concernent tant sa composition et ses pouvoirs que les recours en révision dont il peut être saisi, que cet organisme a le caractère d'une juridiction qui, par la nature des affaires sur lesquelles elle se prononce, appartient à l'ordre administratif et relève à ce titre du contrôle du Conseil d'État statuant au contentieux ;

Cons. à la vérité qu'aux termes du 3e al. de l'art. 18 bis ajouté à l'ordonnance du 21 avr. 1944 par celle du 6 avr. 1945, qui était en vigueur au moment de l'introduction de la requête et dont la modification ultérieure par l'ordonnance du 13 sept. 1945 n'a d'ailleurs eu ni pour but ni pour effet de changer sur ce point la signification, la décision du jury d'honneur « n'est susceptible d'aucun recours » :

Mais cons. que l'expression dont a usé le législateur ne peut être interprétée, en l'absence d'une volonté contraire clairement manifestée par les auteurs de cette disposition, comme excluant le recours en cassation devant le Conseil d'État ;

Sur la légalité de la décision attaquée : Cons. qu'en raison du caractère juridictionnel ci-dessus reconnu à ses décisions, le jury d'honneur est tenu, même en l'absence de texte, d'observer les règles de procédure dont l'application n'est pas écartée par une disposition législative formelle, ou n'est pas incompatible avec l'organisation même de cette juridiction ;

Cons. qu'en admettant que le jury d'honneur ait eu la faculté de se saisir d'office du cas du requérant dans les conditions prévues par l'ordonnance du 6 avr. 1945, alors en vigueur, il ne pouvait, dans cette hypothèse, statuer valablement sans aviser l'intéressé de la procédure suivie à son égard et sans le mettre ainsi en mesure de présenter devant le jury d'honneur telles observations que de droit ;

Cons. qu'il est constant que le sieur d'Aillières, qui n'avait pas présenté de demande en vue d'être relevé de l'inéligibilité, n'a à aucun moment été informé par le jury d'honneur de l'instance pendante devant cette juridiction ; que, dès lors, la décision attaquée a été rendue sur une procédure irrégulière et que, par suite, sans qu'il soit besoin d'examiner les autres moyens, le requérant est fondé à en demander l'annulation ;

Cons. qu'en l'état de la législation en vigueur, telle qu'elle résulte du nouvel art. 18 *bis* de l'ordonnance du 21 avr. 1944 modifiée par l'ordonnance du 13 sept. 1945, « le jury d'honneur est saisi d'office du cas des intéressés » ; qu'il y a lieu dans ces conditions de renvoyer l'affaire devant le jury pour y être statué sur l'inéligibilité du requérant ; ... (Annulation et renvoi).

OBSERVATIONS

Le Comité français de Libération nationale avait, dès avant la Libération, déchu du droit d'appartenir aux futures assemblées départementales ou communales les parlementaires qui avaient voté en faveur de Pétain au cours de la séance de l'Assemblée nationale du 10 juill. 1940. L'inéligibilité fut étendue en 1945 et en 1946 à l'Assemblée constituante et aux assemblées prévues par la Constitution du 27 oct. 1946. Mais il était possible aux parlementaires visés par cette inéligibilité de s'en faire relever par un jury d'honneur spécialement institué à cet effet. Un ancien sénateur et quatre anciens députés ayant voté le 10 juill. 1940 la délégation du pouvoir constituant à Pétain déférèrent au Conseil d'État cinq décisions du jury d'honneur refusant de les relever de l'inéligibilité. Ces décisions ont donné lieu aux arrêts du 7 févr. 1947, *d'Aillières, Robert, Fauchon, Baréty, de Grandmaison.*

1 **I.** — Le premier problème qui se posait au Conseil d'État était celui de savoir si les décisions du jury d'honneur étaient ou non juridictionnelles. Si elles l'étaient, le contrôle du Conseil d'État n'était en effet que le contrôle qu'il exerce comme juge de cassation ; si elles étaient de simples décisions administratives, le contrôle s'exerçant sur elles était celui du juge de l'excès de pouvoir.

Les critères auxquels se reconnaît une juridiction sont classés en deux groupes : les critères matériels d'une part, les critères organiques et formels d'autre part. Le critère matériel est celui qui saisit l'acte en lui-même et le définit par ses qualités intrinsèques, sans rechercher la qualité de son auteur, ni le caractère de ses formes : l'acte juridictionnel est alors celui qui tranche définitivement une contestation conformément au droit. Les critères organiques et formels définissent au contraire l'acte par son origine et par ses formes.

Le Conseil d'État n'a jamais pris ouvertement parti en faveur de l'une ou de l'autre de ces constructions doctrinales. Dans l'arrêt *Téry** du 20 juin 1913, il avait reconnu au Conseil supérieur de l'instruction publique le caractère d'une juridiction, mais sans en donner les raisons. Le commissaire du gouvernement Corneille invoquait dans ses conclusions (Rec. 736 ; S. 1920.3.13) l'expression « jugement » employée par la loi du 27 févr. 1880 pour qualifier les décisions de ce conseil : il en déduisait qu'il s'agissait d'une juridiction. De même, le Conseil d'État a dénié le caractère de juridiction aux commissions départementales des bénéfices de guerre : « Cons. que la commission... n'est qu'un organe de taxation ; que ses décisions n'ont pas le caractère de décisions de justice », tout en reconnaissant le caractère d'une juridiction à la commission supérieure des bénéfices de guerre, qui statuait sur les recours formés contre les décisions des commissions départementales (CE 10 août 1918, *Villes*, Rec. 841, concl. Berget) ; pour en décider ainsi, le Conseil d'État, qui s'est fondé notamment sur les travaux préparatoires de la loi du 1er juill. 1916 instituant ces organismes, a renoncé à faire appel à des critères matériels. Dans l'arrêt de section *Leroux* (CE 12 juill. 1929, Rec. 710) le Conseil d'État s'attache en outre au caractère de la procédure : « Cons. que la décision attaquée émane de la chambre du contentieux administratif de l'Office supérieur des assurances de la Moselle qui, en vertu de la loi du 19 mai 1911, est un organe administratif ; que ladite chambre statue d'autre part selon une procédure juridictionnelle ; qu'elle constitue, dès lors, une juridiction administrative... ». L'arrêt d'assemblée *Bugnet* du 19 févr. 1943 (Rec. 46 ; Dr. soc. 1943.173, concl. Léonard) se situe dans la même ligne : le caractère juridictionnel a été reconnu à la chambre de discipline de la compagnie des commissaires aux comptes agréés par la Cour d'appel de Paris ; le commissaire du gouvernement Léonard avait souligné son indépendance, le caractère contradictoire de la procédure, la motivation obligatoire des décisions. Par l'arrêt *Moineau** (CE Sect. 2 févr. 1945) le Conseil d'État a reconnu le caractère juridictionnel à la chambre de discipline du Conseil supérieur de l'Ordre national des médecins. L'arrêt n'en donne pas les raisons, mais il constitue un revirement de jurisprudence assez éloquent. En effet, le 2 avr. 1943, dans l'arrêt *Bouguen**, le Conseil d'État avait reconnu un caractère administratif aux décisions du même organisme dans une espèce tout à fait analogue. Mais l'arrêt *Bouguen* avait été pris sur la base de la loi du 7 oct. 1940, sous l'empire de laquelle le Conseil supérieur de l'Ordre n'était astreint en ces matières à aucune règle légale de procédure, tandis que l'arrêt *Moineau* est intervenu en application de la loi du 10 sept. 1942, qui plaçait l'organisme en cause sous la présidence d'un conseiller d'État et soumettait sa décision à l'observation d'une procédure contradictoire.

2 Le commissaire du gouvernement Odent se référa à l'ensemble de ces critères pour établir le caractère juridictionnel du jury d'honneur ; l'appellation même de « jury », sa présidence confiée au vice-président du Conseil d'État, la forme de ses décisions comportant des visas, des considérants et un dispositif, le recours en révision organisé contre ses décisions – autant de signes du caractère juridictionnel du jury d'honneur. Le Conseil d'État a confirmé ces conclusions en jugeant qu'il résultait tant de sa composition et de ses pouvoirs que des recours en révision dont il peut être saisi que le jury d'honneur a le caractère d'une juridiction.

3 Restait à savoir si cette juridiction appartenait à l'ordre administratif. Sur ce second point, le Conseil d'État ne suivit pas les conclusions de son commissaire du gouvernement qui avait estimé que le jury d'honneur ayant pour unique attribution de relever certains citoyens d'une déchéance électorale appartenait à l'ordre juridictionnel politique, au même titre par exemple que la Haute Cour de Justice, et ne relevait donc pas du contrôle du Conseil d'État.

L'arrêt *d'Aillières* est révélateur de l'utilisation par le Conseil d'État d'un faisceau d'indices lui permettant de déceler la volonté du législateur : composition de l'organisme, indépendance de ses membres, caractère de la procédure, recours prévus par la loi, nature des litiges dont il est saisi.

4 **II.** — Postérieurement à l'arrêt *d'Aillères* le Conseil d'État, tout en cherchant toujours à dégager la volonté du législateur, a davantage pris en compte dans la définition de la notion de juridiction les éléments matériels et, en particulier, la nature de la mission confiée à l'organisme et l'objet des litiges qu'il est appelé à trancher. L'orientation en ce sens de sa jurisprudence résulte de la décision d'assemblée du 12 déc. 1953, *de Bayo* (Rec. 544 ; RPDA 1954.3. concl. Chardeau ; AJ 1954.II.138, note de Soto ; AJ 1954.II bis.2, chr. Gazier et Long), dont il ressort que bien qu'émanées du même organisme, les décisions des ordres professionnels sont administratives lorsqu'elles concernent l'inscription au tableau et juridictionnelles lorsqu'elles interviennent en matière disciplinaire.

a) En application des critères retenus par le juge administratif, un caractère juridictionnel a été reconnu aux organismes collégiaux investis par la loi d'une mission de répression disciplinaire (CE Sect. 12 oct. 1956, *Desseaux*, Rec. 364 ; D. 1956.758, note R. Drago ; RDP 1957.114 concl. Lasry : commission de contrôle des banques statuant en matière disciplinaire ; – Sect. 30 juin 1967, *Caisse de compensation de l'O.R.G.A.N.I.C.*, Rec. 286) et en particulier au Conseil supérieur de la magistrature statuant en tant que conseil de discipline des magistrats du siège (CE Ass. 12 juill. 1969, *L'Étang*, Rec. 388 ; RDP 1970.387, note M. Waline ; AJ 1969.559, chr. Dewost et Denoix de Saint Marc). Toutefois, afin d'éviter de priver un organisme disciplinaire qui n'a pas été créé par une loi ou sur le fondement d'une loi de toute existence légale, le Conseil d'État peut, pour ce motif, lui dénier un caractère juridictionnel (CE Sect. 19 déc. 1980, *Hechter*, Rec. 488 ; D. 1981.296 note Plouvin et 431, note G. Simon ; Gaz. Pal. 1981.2.544, concl. Genevois ; JCP 1982.II.19784, note Pacteau ; – 16 nov. 1984, *Woetglin*, Rec. 373 ; D. 1985.58, concl. Stirn).

En dehors du domaine disciplinaire, ont été considérés comme étant de nature juridictionnelle, les conseils de révision avant l'intervention de la loi du 9 juill. 1965 qui leur a substitué des commissions administratives (CE Sect. 31 janv. 1958, *Brunet*, Rec. 54 ; RDP 1958.752, concl. Tricot ; AJ 1958.II.91, chr. Fournier et Braibant), la commission des recours instituée par la loi du 25 juill. 1952 lorsqu'elle se prononce sur la qualité de réfugiés des étrangers (CE Sect. 29 mars 1957, *Paya Monzo*, Rec. 225) ainsi que l'instance arbitrale instituée par la loi du 2 janv. 1978, relative à l'indemnisation des rapatriés (CE Ass. 6 févr. 1981, *Melle Balzano*, Rec. 68 ; AJ 1981.267 note Peiser).

5 *b)* A l'inverse, ont simplement un caractère administratif : le Conseil supérieur de l'électricité et du gaz (Ass. 27 mai 1955, *Électricité de France*, Rec. 298 ; D. 1956. 45, chr. de Soto ; D. 1956.J.308, note L'Huillier ; RDP 1955.721, note M. Waline ; CJEG 1955.44, concl. Chardeau) ; la décision prise par un organisme juridictionnel lorsqu'il édicte une règle générale sans avoir été saisi par une partie (CE Sect. 3 nov. 1961, *Association des instituts spécialisés de l'ouest et École technique Saint-Joseph*, Rec. 608 et 609 ; RDP 1962.730, note M. Waline ; AJ 1961.603, chr. Galabert et Gentot ; D. 1962.516, note J.D.) ; la commission de la concurrence (Ass. 13 mars 1981, *Ordre des avocats à la Cour d'appel de Paris et autres*, Rec. 135 ; JCP 1981.II.19580, concl. Hagelsteen ; D. 1981.418, note Gavalda ; RDP 1981.1428, note Y. Gaudemet ; Gaz. Pal. 1981.1.280 note Gohin). Il en va de même, en vertu de l'ord. du 1er déc. 1986, du Conseil de la concurrence (*CC 23 janvier 1987**).

6 **III.** — L'autre intérêt que présente l'arrêt *d'Aillères* est d'avoir posé en principe que le recours en cassation est toujours possible contre les décisions des juridictions administratives statuant en dernier ressort : il en est ainsi, non seulement en l'absence d'un texte le prévoyant expressément, mais aussi alors même que la loi a prévu que la décision ne serait « susceptible d'aucun recours », une telle disposition ne pouvant être interprétée comme excluant le recours en cassation. Ce dernier constitue ainsi un recours de droit commun au même titre que le recours pour excès de pouvoir (v. CE Ass. 17 févr. 1950, *Ministre de l'agriculture c. Dame Lamotte**).

62

RESPONSABILITÉ ÉVALUATION DU PRÉJUDICE

CE Ass. 21 mars 1947, COMPAGNIE GÉNÉRALE DES EAUX et Dame Veuve AUBRY, Rec. 122

(D. 1947.225, note P.L.J. ; RDP 1947.198, note Jèze ; S. 1947.3.85, note D.P.)

I. *Compagnie générale des eaux*

Cons. que l'évaluation des dégâts subis par l'immeuble de la dame veuve Pascal, du fait de la rupture d'une conduite de la Compagnie générale des eaux, devait être faite à la date où, leur cause ayant pris fin et leur étendue étant connue, il pouvait être procédé aux travaux destinés à les réparer ; que les premiers juges ont exactement apprécié les circonstances de l'affaire en estimant que cette date devait être fixée au 10 févr. 1942 ; *que le sieur Pascal n'apporte pas la preuve que les travaux aient été retardés par l'impossibilité soit d'en assurer le financement soit de se procurer les matériaux nécessaires à leur exécution ;* que, dans ces conditions, c'est à bon droit que le conseil de préfecture de Versailles s'est placé à la date susindiquée du 10 févr. 1942 pour évaluer le montant de l'indemnité qui était due ;

Cons., d'autre part, que la Compagnie générale des eaux n'établit pas que le conseil de préfecture ait fait une appréciation exagérée du coût des travaux d'étaiement en le fixant à 32 000 F ;

En ce qui concerne les intérêts :

Cons. qu'en décidant que l'indemnité de 138 000 F qu'il allouait au sieur Pascal porterait intérêt à compter du 12 août 1942, date de la demande introductive d'instance, le conseil de préfecture n'a pas entendu dire que les sommes qui avaient pu être déjà versées par la Compagnie générale des eaux à la dame veuve Pascal ou au sieur Pascal, son héritier, à titre de provision, continueraient à produire intérêt après leur paiement ; que les conclusions de la Compagnie générale des eaux tendant à ce que le cours des intérêts soit arrêté au 4 juill. 1944, date de l'arrêté définitif du conseil de préfecture, ne sont assorties d'aucun motif :

Sur les dépens de première instance ;

Cons. que, dans les circonstances de l'affaire, c'est à bon droit que le conseil de préfecture a mis à la charge de la Compagnie générale des eaux la totalité des dépens de première instance, y compris les frais d'expertise ;... (Rejet de la requête et du recours incident).

II. *Dame Veuve Aubry*

Sur le montant de l'indemnité :

Cons. que, si le droit à la réparation du dommage personnel s'ouvre à la date de l'accident, il appartient à l'autorité qui fixe l'indemnité et notamment au juge saisi de conclusions pécuniaires de faire du dommage une évaluation telle qu'elle assure à la victime, à la date où intervient la décision, l'entière réparation du préjudice, en compensant la perte effective de revenu éprouvée par elle du fait de l'accident ; que, toutefois, il doit être tenu compte, dans cette évaluation, de la responsabilité qui peut incomber à l'intéressé dans le retard apporté à la réparation du dommage ; que, dans ce cas, le préjudice doit être évalué en faisant état des circonstances existant à l'époque où la décision aurait dû normalement intervenir :

Cons. qu'il résulte de l'instruction que, du fait de l'accident dont s'agit la dame veuve Aubry a dû être hospitalisée durant cent vingt jours, pendant lesquels elle a été privée de son salaire, et qu'elle est atteinte d'une incapacité permanente partielle de travail de 46 % ; que compte tenu, d'une part, des modifications survenues dans le taux des salaires depuis la date de l'accident et, d'autre part, du retard apporté par la requérante à la présentation de sa demande d'indemnité, il sera fait une juste appréciation de l'indemnité due à la dame veuve Aubry, en condamnant l'État à lui verser la somme de 150 000 F, y compris tous intérêts échus au jour de la présente décision, en compensation des frais médicaux supportés par elle, des salaires non perçus durant son hospitalisation et du préjudice correspondant à l'incapacité permanente partielle dont elle est atteinte ;... (Annulation et indemnité).

OBSERVATIONS

1 Une conduite d'eau s'est rompue, causant des dégâts à un immeuble. Le dommage date du 10 févr. 1942 ; le conseil de préfecture statue le 4 juill. 1944 ; le Conseil d'État, saisi en appel, examine l'affaire en mars 1947.

Le même jour, le Conseil d'État devait statuer sur la requête de la veuve Aubry, renversée le 28 avril 1941 par une automobile du service des Chantiers de jeunesse.

A quelle date le juge va-t-il se placer pour évaluer le préjudice ? La question était capitale en période de dépréciation de la monnaie.

Jusqu'alors, le Conseil d'État adoptait des solutions différentes selon que les dommages étaient causés aux biens ou aux personnes, et qui différaient elles-mêmes des juridictions judiciaires.

Sans s'aligner exactement sur la jurisprudence judiciaire, et sans retenir les mêmes solutions pour les *dommages matériels* (I) et les *dommages corporels* (II), les deux arrêts du 21 mars 1947 réalisent un progrès dans la réparation des uns et des autres.

I. — Les dommages matériels

En ce qui concerne les *dommages matériels,* pendant longtemps, la date d'évaluation a été en principe celle de leur réalisation (CE 12 avr. 1940, *Association syndicale de Meilhan*, Rec. 142). Mais le Conseil d'État admettait, depuis plusieurs années, que dans certains cas leur évaluation devait se faire au jour où il pouvait être procédé à la réparation effective du dommage, et non à la date du dommage lui-même (CE 6 juill. 1932, *Lethairon*, Rec. 681 ; – Sect. 23 déc. 1942, *Compagnie française des automobiles de place*, Rec. 361). Toutefois seuls des motifs juridiques et techniques pouvaient, d'après la jurisprudence, légitimer l'écoulement d'un certain délai entre l'accident et sa réparation, par exemple, la nécessité de faire constater par les experts l'étendue et la gravité du dommage (cf. *Lethairon*, précité) ou l'impossibilité de réparer due à une pénurie des matériaux nécessaires (CE 27 nov. 1946, *Consorts Goubert*, Rec. 282).

Mais dans l'affaire de la *Compagnie générale des eaux,* la cause du retard mis par le requérant à la réparation n'était ni juridique, ni technique, mais financière : il soutenait qu'il n'avait pu assurer le financement des travaux. Le Conseil d'État saisit l'occasion :

1°) de définir plus nettement qu'il ne l'avait jamais fait les principes de sa jurisprudence : « l'évaluation des dégâts... devait être faite à la date où, leur cause ayant pris fin et leur étendue étant connue, il pouvait être procédé aux travaux destinés à les réparer » ;

2°) de rendre sa jurisprudence plus libérale en réservant la possibilité de reporter l'évaluation à une date postérieure à celle du dommage lorsque la victime s'est trouvée dans l'impossibilité de le réparer immédiatement, non seulement pour des raisons juridiques ou techniques, mais aussi financières.

La jurisprudence ultérieure devait confirmer ces solutions, tout en apportant certaines précisions.

2 Elle donne des illustrations des difficultés justifiant le report de la date d'évaluation :

– difficultés juridiques : CE 2 mai 1962, *Caucheteux et Desmonts*, Rec. 291 ; RDP 1963.279, note M. Waline (usine obligée de cesser ses fabrications de 1935 à 1940 et n'ayant pu reprendre une activité avant 1945 : évaluation au 31 oct. 1945) ;

– difficultés techniques : CE 8 mai 1968, *Association syndicale de reconstruction de Dunkerque*, Rec. 286 (impossibilité d'entreprendre utilement les travaux de réfection d'un immeuble atteint par des infiltrations d'eau consécutives à la rupture des canalisations d'un groupe scolaire avant la remise en état de ces canalisations) ;

– difficultés financières : CE 13 avr. 1951, *Ouzeneau*, Rec. 188

(impossibilité de financer l'achat de terrains et la construction de bâtiments d'importance analogue à celle des immeubles sinistrés).

Les difficultés tiennent souvent à l'impossibilité d'évaluer exactement le dommage lorsqu'il s'est produit : c'est la date à laquelle les dommages peuvent être exactement évalués qui doit être retenue ; si l'évaluation dépend d'une expertise ordonnée en appel, la victime peut réajuster sa demande d'indemnité à ce stade (CE Sect. 8 juill. 1998, *Département de l'Isère*, Rec. 308 ; AJ 1998.797, chr. Raynaud et Fombeur).

Lorsqu'il n'existe pas de difficultés particulières et que la réparation du dommage est possible immédiatement, la date d'évaluation coïncide encore avec celle de la réalisation du dommage. C'est souvent le cas pour la destruction ou la détérioration de biens mobiliers (CE 23 nov. 1949, *Guiol*, Rec. 503) ; ce peut être aussi celui de l'endommagement de biens immobiliers (CE 16 nov. 1992, *SA « Entreprise Razel frères »*, Rec. 407 ; DA, janv. 1993, concl. Saint-Pulgent ; AJ 1993.223, note Le Mire : « date où les désordres étaient connus dans toute leur ampleur et où il pouvait être utilement procédé à leur réparation »).

3 Le Conseil d'État manifeste une certaine exigence quant à la réalité des difficultés rencontrées par la victime.

Celle-ci doit les prouver, mais ce n'est que l'application du droit commun (CE 30 juillet 1997, *Mme Mendès*, Rec.t.1073 ; DA 1997, n° 305, obs. D.P. : « la cour administrative d'appel n'a pas commis d'erreur de droit en retenant la date du dommage pour apprécier le montant de la valeur vénale d'un immeuble détruit lors d'une explosion de gaz, dès lors qu'il n'est pas prouvé, ni même allégué, par le requérant qu'il aurait été dans l'incapacité de financer le rachat d'un autre immeuble d'une valeur analogue à celle qu'il possédait »).

Les difficultés invoquées doivent rendre réellement impossible la réparation du bien (CE Sect. 28 nov. 1975, *Ville de Douai*, Rec. 604, concl. Aubin : « si la ville de Douai fait valoir qu'elle aurait été dans l'impossibilité absolue de financer (les) travaux sur ses fonds libres, dès le 31 oct. 1967, elle ne justifie pas avoir fait les diligences requises pour se procurer, le cas échéant par un emprunt, les fonds nécessaires ou s'être heurtée sur ce plan à des difficultés insurmontables ; elle ne justifie pas davantage s'être trouvée en présence de difficultés techniques majeures pour faire ces travaux... »).

L'indemnité ne peut être supérieure à la valeur vénale du bien à la date où le dommage a pu être évalué (8 déc. 1971, *Société des établissements Pernod*, Rec. 753). Mais, d'une part, elle peut être complétée pour couvrir des frais que la victime a dû supporter à la suite de la perte de son bien (CE 30 juill. 1997, *Mme Mendès*, précité : frais de logement en attendant la reconstruction de l'immeuble), d'autre part, elle peut être diminuée voire refusée si des circonstances ultérieures ont fait disparaître le dommage (CE Sect.

21 oct. 1966, *Société D.M.S. Préfontaine*, Rec. 565 ; AJ 1965.37, chr. Lecat et Massot). En revanche, on ne peut déduire la plus-value que l'exécution des travaux peut donner au bien par rapport à son état antérieur (CE 1er oct. 1976 *Ministre de l'équipement c. Société des Établissements Rière-Remolins*, Rec. 389).

II. — Les dommages corporels

4 En ce qui concerne les *dommages corporels,* jusqu'à l'arrêt *Dame veuve Aubry* le préjudice était évalué au jour de sa réalisation, et la jurisprudence n'avait pas assoupli ce principe des mêmes tempéraments qu'en matière de dommages matériels. La différence était choquante dans son principe et la dépréciation de la monnaie lui faisait produire des conséquences pratiques qui devenaient inadmissibles. Aussi le Conseil d'État modifia-t-il de façon profonde son ancienne jurisprudence en admettant que l'évaluation du préjudice corporel doit être faite au jour de la décision en tenant compte de tous les éléments survenus à cette date sauf si la victime a, par sa faute, différé la demande en réparation. Ainsi d'abord l'autorité administrative, puis le juge lorsqu'il est saisi d'un recours contentieux contre la décision administrative, doivent tenir compte, pour évaluer l'indemnité, de toutes les modifications intervenues dans le montant des salaires, traitements, pensions, indemnités et revenus de toute nature, entre la date de l'accident et celle de la décision (CE Sect. 4 nov. 1966, *Département de la Vendée c. consorts Alonzo Hoffmann*, Rec. 587 – v. n° 82.7 ; – 30 déc. 1998, *Caisse primaire d'assurance maladie de l'Essonne* – ce qui peut éventuellement conduire à diminuer, et non à accroître l'indemnité, si les événements nouveaux font apparaître un préjudice moindre).

Les retards imputables à une faute de la victime ne sauraient cependant aggraver la charge de la personne responsable : « dans ce cas, le préjudice doit être évalué en faisant état des circonstances existant à l'époque où la décision aurait dû normalement intervenir », selon la formule de l'arrêt *Dame veuve Aubry* (dans le même sens CE Sect. 29 juill. 1953, *Dame veuve Lebourg*, Rec. 428).

5 Les principes qui viennent d'être rappelés – et qui couvrent « aussi bien l'invalidité et les différents troubles dont est atteinte personnellement la victime d'un accident non mortel que le préjudice causé à l'entourage de la victime d'un accident mortel » (Lecat et Massot, chr. AJ 1967.35) – ne valent que pour la *première décision* qui intervient exactement sur la demande d'indemnité. Autrement dit, si l'autorité administrative a pris, pour évaluer le dommage, une *décision justifiée,* la victime ne peut demander ensuite au juge de réévaluer l'indemnité au jour de sa décision : l'indemnité était juste, la victime devait l'accepter (CE Sect. 3 déc. 1948, *Bucciero*, Rec. 457). En revanche, si en appel l'indemnité allouée par les premiers juges est jugée insuffisante, l'ensemble du

préjudice est réévalué au jour de la décision d'appel (CE 11 mars 1955, *Guillemot*, Rec. 151 ; AJ 1955.II *bis*.11, note Long). En cas d'aggravation du préjudice lui-même, il peut y avoir lieu, après la décision définitive de la juridiction administrative, à une réévaluation de l'indemnité accordée (CE 27 mai 1955, *Dame veuve Martin*, Rec. 306).

6 Les solutions adoptées par le Conseil d'État rejoignent celles de la jurisprudence judiciaire. La Cour de cassation considère, de manière générale, que « l'indemnité nécessaire pour compenser le préjudice doit être calculée sur l'importance du dommage au jour du jugement ou de l'arrêt » (Cass. Req. 24 mars 1942, D. 1942.118 ; JCP 1942.II.1973, 1re espèce). En toute hypothèse, « les dommages-intérêts doivent être calculés sur le montant du dommage au jour du jugement ou de l'arrêt » (Cass. 1re Civ. 27 janv. 1964, JCP 1964.II.13636, note P.E.) Particulièrement, si le droit pour la victime d'un accident d'obtenir la réparation du préjudice subi existe dès que le dommage a été causé, « l'évaluation de ce dommage doit être faite par le juge au moment où il statue » (Cass. 2e Civ. 11 janv. 1979, Bull. civ. II. nº 18, p. 13 ; D. 1979.I.R.436, obs. Larroumet). Pour les dommages matériels, dont la victime a assuré elle-même la réparation, le cas échéant par remplacement de la chose détériorée, le juge doit se placer au jour de la réparation ou du remplacement (Cass. Civ. 16 févr. 1948, S. 1949.169, note Jambu-Merlin).

La Cour de cassation a admis l'indexation des rentes allouées aux victimes (Cass. Ch. mixte 6 nov. 1974, JCP 1975.II.17978, concl. Gégout, note R. Savatier ; RTD Civ. 1975, 114 et 549, obs. Durry).

Le Conseil d'État a fait de même : « aucune disposition législative n'interdit au juge, qui est tenu d'assurer une réparation intégrale du préjudice quelles que soient les circonstances économiques, d'indexer les rentes qu'il accorde » (CE Sect. 12 juin 1981, *Centre hospitalier de Lisieux c. Harel*, Rec. 262, concl. Y. Moreau ; AJ 1981.488, chr. Tiberghien et Lasserre). Cette décision complète heureusement la jurisprudence *Dame Vve Aubry,* en permettant de tenir compte de la dépréciation monétaire postérieure à la date à laquelle le juge statue.

63

ACTES ADMINISTRATIFS – RÉTROACTIVITÉ

CE Ass. 25 juin 1948, SOCIÉTÉ DU JOURNAL « L'AURORE », Rec. 289

(Gaz. Pal. 1948.2.7, concl. Letourneur ; S. 1948.3.69, concl. Letourneur ; D. 1948.437, note M. Waline ; JCP 1948.II.4427, note Mestre)

Sur la fin de non-recevoir opposée par le ministre de l'industrie et du commerce :

Cons. que le ministre de l'industrie et du commerce, se fondant sur les stipulations de l'avenant n° 5, en date du 7 juin 1939, à la convention conclue le 5 sept. 1907 entre la ville de Paris et la Compagnie parisienne de distribution d'électricité à laquelle est substituée, par l'effet de la loi du 8 avr. 1946, l'Électricité de France, soutient que ledit avenant entraîne pour la société requérante les mêmes obligations que l'arrêté attaqué et qu'ainsi ladite société est sans intérêt à se pourvoir contre cet arrêté ;

Cons. que, comme il sera indiqué ci-après, la disposition critiquée par la requête fait par elle-même grief à la société « L'Aurore », qui est, par suite, recevable à en demander l'annulation ;

Sur la légalité de l'art. 4 de l'arrêté du 30 déc. 1947 :

Cons. qu'aux termes de cet article les majorations du prix de vente de l'énergie électrique « sont applicables pour l'ensemble des départements métropolitains à toutes les consommations qui doivent normalement figurer dans le premier relevé postérieur à la date de publication du présent arrêté, c'est-à-dire au 1er janv. 1948 » ;

Cons. qu'il est constant qu'en raison de l'intervalle de temps qui sépare deux relevés successifs de compteur le premier relevé postérieur au 1er janv. 1948 comprend, pour une part plus ou moins importante selon la date à laquelle il intervient, des consommations antérieures au 1er janvier ; qu'en décidant que ces consommations seront facturées au tarif majoré, l'arrêté attaqué viole tant *le principe en vertu duquel les règlements ne disposent que pour l'avenir* que la règle posée dans les art. 29 et suivants de l'ordonnance du 30 juin 1945 d'après laquelle le public doit être avisé, avant même qu'ils soient applicables, des prix de tous les produits et services arrêtés par l'autorité publique ; qu'en outre la disposition contestée a pour conséquence de faire payer à des tarifs différents le courant consommé dans les dernières semaines de l'année 1947 par les usagers, selon que leurs compteurs sont relevés avant ou après le 1er janv. 1948 ; qu'il méconnaît ainsi *le principe de l'égalité entre les usagers du service public* ; qu'il était loisible aux auteurs de l'arrêté attaqué de soustraire celui-ci à toute critique d'illégalité en prenant toutes mesures appropriées en vue de distinguer, fût-ce même forfaitairement, les consommations respectivement afférentes à la période antérieure au 1er janv. 1948 et à la période postérieure à cette date, et en ne faisant application qu'à ces dernières du tarif majoré ;

Cons., il est vrai, que, pour affirmer la légalité de l'arrêté attaqué, le ministre de l'industrie et du commerce tire d'une part argument de la date à laquelle la vente du courant à l'abonné serait réalisée et oppose d'autre part à la société requérante les stipulations de l'avenant n° 5 à la convention susmentionnée du 5 sept. 1907 ;

Cons., sur le premier point, que le ministre allègue en vain que la vente du courant ne serait parfaite qu'à la date du relevé du compteur et qu'ainsi le nouveau tarif ne s'appliquerait, aux termes mêmes de la disposition critiquée, qu'à des ventes postérieures au 1er janv. 1948 ; qu'en effet, il résulte clairement des stipulations des contrats d'abonnement que la vente de l'électricité résulte de la fourniture même du courant à l'usager, qu'elle est parfaite à la date où cette fourniture est faite et que le relevé du compteur qui intervient ultérieurement constitue une simple opération matérielle destinée à constater la quantité de courant consommée ;

Cons., sur le second point, qu'aux termes de l'avenant n° 5 « pour la basse tension il sera fait application de l'index économique pour les consommations relevées à partir du premier jour du mois suivant la date d'homologation dudit index » ; que le ministre soutient que la société requérante, usagère à Paris de l'énergie électrique à basse tension, se trouvait ainsi obligée, par le contrat d'abonnement même qu'elle a souscrit et qui se réfère au contrat de concession, de supporter l'application du nouveau tarif aux consommations relevées après le 1er janv. 1948, c'est-à-dire dans des conditions semblables à celles qu'elle critique ;

Cons. qu'il résulte des dispositions de l'art. 1er de l'ordonnance du 30 juin 1945 que les prix de tous produits et services sont fixés par voie d'autorité, notamment par des arrêtés ministériels, et qu'aux termes de l'art. 19 de ladite ordonnance « sauf autorisation expresse accordée par des arrêtés pris en application de l'art. 1er est suspendue, nonobstant toutes stipulations contraires, l'application des clauses contractuelles qui prévoient la détermination d'un prix au moyen de formules à variation automatique » ;

Cons. que l'arrêté attaqué a été pris dans le cadre de l'ordonnance du 30 juin 1945 qu'il vise expressément, et n'autorise pas le maintien des clauses contractuelles qui prévoient la détermination du prix du courant électrique au moyen de formules à variation automatique ; que ledit arrêté consacre ainsi un régime autonome de fixation du prix du courant électrique, conforme aux principes de la législation nouvelle et différent du système de révision automatique et périodique qui résulte du contrat ; que d'ailleurs, il détermine lui-même les conditions dans lesquelles il doit recevoir application, suivant des modalités différentes de celles prévues au contrat de concession ; que, dès lors, et sans qu'il y ait lieu pour le juge de l'excès de pouvoir de rechercher si le système contractuel pouvait encourir le reproche de rétroactivité, le ministre n'est pas fondé à opposer à la société requérante une clause contractuelle avec laquelle le nouveau mode de fixation du prix du courant est inconciliable ;

Cons. qu'il résulte de tout ce qui précède que la société « L'Aurore » est recevable et fondée à demander l'annulation de la disposition contestée ;... (Annulation de la disposition attaquée en tant qu'elle a effet rétroactif).

OBSERVATIONS

1 Un arrêté du 30 déc. 1947 majorait le prix de vente de l'électricité pour toutes les consommations qui devaient figurer dans le

premier relevé postérieur au 1er janv. 1948, date de la publication dudit arrêté. Sur recours de la société du journal *l'Aurore,* le Conseil d'État annule cet arrêté en tant qu'il concerne les consommations antérieures au 1er janv. 1948, et cela pour un double motif :

– « en raison de l'intervalle de temps qui sépare deux relevés successifs de compteur, le premier relevé postérieur au 1er janv. 1948 comprend, pour une part plus ou moins importante selon la date à laquelle il intervient, des consommations antérieures au 1er janvier ; en décidant que ces consommations seront facturées au tarif majoré, l'arrêté attaqué viole... *le principe en vertu duquel les règlements ne disposent que pour l'avenir...* » ;

– « en outre la disposition contestée a pour conséquence de faire payer à des tarifs différents le courant consommé dans les dernières semaines de l'année 1947 par les usagers, selon que leurs compteurs sont relevés avant ou après le 1er janv. 1948 » : l'arrêté attaqué « méconnaît ainsi *le principe de l'égalité entre les usagers du service public...* ».

Le Conseil d'État fait ainsi appel à deux « principes généraux du droit » : l'égalité entre les usagers d'un service public (v. nos obs. sous l'arrêt du 9 mars 1951, *Société des concerts du Conservatoire**) et la non-rétroactivité des actes administratifs.

Ce second principe est fermement établi (I) même s'il peut, dans certains cas, donner lieu à des atténuations (II).

2 **I.** — En vertu d'*une jurisprudence constante,* une décision administrative est applicable au plus tôt, si elle est réglementaire à compter du jour de sa publication, si elle est individuelle à compter du jour de sa notification à l'intéressé. Toute décision qui prévoit une date d'application antérieure est illégale en tant qu'elle est rétroactive.

A. — La *justification* de cette règle est la même que celle de l'art. 2 du code civil aux termes duquel : « la loi ne dispose que pour l'avenir ; elle n'a point d'effet rétroactif ». Il serait illogique d'appliquer une règle juridique à une époque où, par hypothèse, elle ne pouvait encore être connue ; il serait contraire à la fonction fondamentale du droit, qui est d'assurer la *sécurité,* de remettre en cause des actes ou des situations conformes au droit en vigueur à l'époque où ils ont été établis ou de majorer rétroactivement des prix ou des tarifs dont les particuliers ont tenu compte dans leurs calculs économiques. A quoi s'ajoute l'idée que les auteurs d'une décision rétroactive empiètent sur la compétence de leurs prédécesseurs et violent ainsi ce que l'on a appelé le principe de la compétence *ratione temporis* (Teissier, concl. sur CE 17 mai 1907, *Le Bigot*, Rec. 460).

Le principe de non-rétroactivité des actes administratifs est appliqué par la jurisprudence depuis le XIXe siècle, mais les arrêts n'indiquaient pas son fondement juridique. Le « principe en vertu duquel les règlements ne disposent que pour l'avenir » a été invoqué expressément, pour la première fois, dans un arrêt du 28 févr. 1947, *Ville de Lisieux*, Rec. 83, relatif à des tarifs rétroactifs, et étendu ensuite à toutes les décisions administratives, réglementaires ou individuelles. L'arrêt *L'Aurore* le confirme dans une hypothèse où la décision attaquée pouvait se justifier par des considérations d'opportunité : le commissaire du gouvernement avait demandé cette solution « comme un acte de foi dans la suprématie du droit ». Le Conseil d'État indique d'ailleurs à l'administration qu'elle peut échapper au grief de rétroactivité dans de pareilles affaires, en distinguant, « fût-ce même forfaitairement », entre les consommations antérieures à la date de publication de l'arrêté majorant les tarifs et celles qui sont postérieures à cette date. Mais il a confirmé depuis lors la rigueur de sa jurisprudence : la solution dégagée par l'arrêt *L'Aurore* pour les arrêtés réglementaires de fixation des prix a été ensuite étendue aux clauses insérées dans les cahiers des charges-types des concessions et destinées à figurer dans les contrats de concession et dans les polices d'abonnement (CE Ass. 5 mai 1961, *Ville de Lyon*, Rec. 294 ; CJEG 1961.175, concl. Braibant, note Teste et Chaudouard).

3 La jurisprudence sur la rétroactivité est abondante. Le Conseil d'État a censuré notamment à plusieurs reprises la rétroactivité de textes fiscaux (par ex. Ass. 16 mars 1956, *Garrigou*, Rec. 121 – v. n° 19.3 ; – Ass. 14 mai 1965, *Secrétaire d'État aux finances et ministre des finances et affaires économiques c. Jacquier*, Rec. 278 ; RDP 1966.164, concl. Lavondès), ou de règlements relatifs au statut et à la rémunération des fonctionnaires (par ex. Sect. 14 févr. 1958, *Chamley et Perret*, Rec. 99 ; RDP 1958.991, concl. Long ; – Ass. 11 juill. 1984, *Union des groupements de cadres supérieurs de la fonction publique*, Rec. 258 ; AJ 1984.627, concl. Labetoulle), ou encore de textes faisant courir un délai ou donnant effet à une déchéance avant leur entrée en vigueur (CE Ass. 30 juin 1959, *Metge*, Rec. 89 ; D. 1959.92, concl. Fournier).

4 ***B.*** — La jurisprudence a pu préciser *en quoi consiste* la rétroactivité et de quoi elle résulte.

Elle comporte non seulement l'application d'une mesure nouvelle dans le passé (par ex. une nomination, une radiation : CE Sect. 25 mars 1983, *Conseil de la région parisienne des experts-comptables et comptables agréés*, Rec. 137, concl. Franc), mais encore la remise en cause de situations définitivement fixées dans le passé (par ex. l'application d'un nouvel impôt à des exercices clos : *Garrigou*, précité).

Elle est réalisée lorsque l'acte prévoit lui-même son application antérieurement soit à son adoption (*Garrigou*), soit à la publicité dont il doit faire l'objet (19 juin 1985, *Commune de Saintes*, Rec. 191 ; RFDA 1985.657, concl. Roux ; AJ 1985.402, chr. Hubac et Schoettl, à propos d'une décision préfectorale mettant à la charge d'une commune les dépenses de fonctionnement d'une école privée bénéficiant d'un contrat d'association, à une date antérieure à la notification de cette décision).

Les actes des collectivités locales dont le caractère exécutoire est subordonné, selon la loi du 2 mars 1982 relative aux droits et libertés des communes, des départements et régions, à la fois à leur transmission au représentant de l'État et à leur publication ou leur notification, sont entachés de rétroactivité lorsqu'ils prévoient leur entrée en vigueur à une date antérieure à l'accomplissement de ces deux sortes de formalités (CE Sect. 30 sept. 1988, *Ville de Nemours c. Mme Marquis*, Rec. 320 ; AJ 1988.739, concl. Y. Moreau).

5 **II.** — En dépit de sa rigueur, le principe de non rétroactivité connaît des *aménagements*, et même des *exceptions*.

A. — Tout d'abord, les liens que les actes administratifs peuvent avoir avec des situations passées ne suffisent pas à les entacher de rétroactivité.

Les autorités administratives peuvent se fonder sur des circonstances passées pour déterminer des solutions qui s'appliqueront dans l'avenir (CE Sect. 19 juin 1959, *Villard*, Rec. 373, concl. Braibant). En particulier, elles peuvent, sans enfreindre le principe de non-rétroactivité, fixer de nouvelles règles en tenant compte de résultats antérieurs (CE Ass. 9 nov. 1988, *Fourcade*, Rec. 399 ; AJ 1989.173, concl. M. de Saint Pulgent, note Rouquette ; RFDA 1989.738, note Louit).

Elles peuvent aussi appliquer immédiatement des dispositions nouvelles à des situations qui, ayant leur origine dans le passé, ne sont pas définitivement acquises.

Des mesures fiscales peuvent ainsi s'appliquer à des exercices non clos, en couvrant éventuellement les revenus ou bénéfices réalisés avant qu'elles interviennent (CE 8 janv. 1959, *Union de la propriété bâtie de France*, Rec. 13). Une réglementation de la commercialisation de produits agricoles qui ne s'applique qu'aux opérations de commercialisation effectuées postérieurement à son entrée en vigueur n'est pas entachée de rétroactivité même si elle porte sur des produits récoltés antérieurement (CE 27 mai 1987, *Syndicat national de producteurs et sélectionneurs de greffes d'asperges*, Rec. 181). Les autorités de police peuvent, dans l'exercice de pouvoirs qui leur appartiennent en vue d'assurer la sécurité des personnes, prescrire l'application de nouvelles dispositions à des immeubles déjà construits, dans les limites n'excédant pas les charges nécessitées par la sécurité (CE Sect. 26 oct. 1984, *SCI du Chemin vert*, Rec. 342 ; JCP 1985.II.20424, concl. O. Dutheillet de Lamothe).

6 ***B.*** — La rétroactivité proprement dite est admise par le Conseil d'État non seulement en vertu d'une loi, mais aussi dans certains cas sans base législative.

Une disposition rétroactive, si elle « échappe au pouvoir réglementaire » (CC nº 69-57 L, 24 oct. 1969, Rec. 32), peut éventuellement être édictée par une loi, le principe de non-rétroactivité n'ayant pas de manière générale une valeur constitutionnelle (en ce sens CC nº 79-109 DC 9 janv. 1980, Rec. 29 ; D. 1980.249, note J.B. Auby ; RDP 1980.1361, note Favoreu).

Toutefois la rétroactivité d'une disposition législative se heurte à trois limites.

La première concerne la matière répressive, pour laquelle le principe de non-rétroactivité retrouve une valeur constitutionnelle, et qui couvre autant les sanctions administratives que les sanctions pénales (CC nº 82-155 DC 30 déc. 1982, Rec. 88 ; RA 1983.142, note M. de Villiers ; RDP 1983.333, note Favoreu ; — nº 87-237 DC 30 déc. 1987, Rec. 63 ; RFDA 1988.350, note Genevois ; RA 1988.136, note Lambert).

En deuxième lieu, même en matière non répressive, la rétroactivité peut être exclue par d'autres exigences constitutionnelles. Ainsi, « si le législateur a la faculté d'adopter des dispositions fiscales rétroactives, il ne peut le faire qu'en considération d'un motif d'intérêt général suffisant et sous réserve de ne pas priver de garanties légales des exigences constitutionnelles » : ainsi a été déclarée contraire à la Constitution une disposition modifiant rétroactivement l'assiette, le taux et les modalités de recouvrement d'une imposition, alors que celle-ci avait un caractère exceptionnel, qu'elle a été recouvrée depuis deux ans et que le législateur pouvait prendre d'autres mesures pour pallier les conséquences d'une décision de justice ayant censuré le mode de calcul de son assiette (CC nº 98-404 DC 18 déc. 1998, Rec. 315 ; AJ 1999.22, chr. Schoettl ; RFDA 1999.89, art. Mathieu).

Enfin la validation par une loi, ayant à cette fin une portée rétroactive, d'actes administratifs faisant l'objet d'une contestation contentieuse, peut être exclue tant par le principe de séparation des pouvoirs et le droit à un recours juridictionnel effectif, découlant de l'article 16 de la Déclaration de 1789, que par le droit à un procès équitable, reconnu par l'article 6 de la Convention européenne de sauvegarde des droits de l'homme et des libertés fondamentales (v. nos obs. sous CE 8 juill. 1904, *Botta**).

Lorsque, en dehors de ces hypothèses, la loi prévoit la rétroactivité, soit expressément (CE Sect. 30 déc. 1998, *Entreprise Chagnaud*, AJ 1998.96), soit même implicitement (CE Sect. 12 janv. 1951, *Association professionnelle des banques*, Rec. 21 ; RDP 1951.895, note M. Waline), un acte administratif peut et même parfois doit être rétroactif. La même solution peut résulter d'une convention internationale (CE Ass. 8 avr. 1987, *Procopio*, Rec. 136 ; AJ 1987.472, concl. Schrameck).

7 En dehors des cas prévus par une loi ou une convention internationale, un acte administratif peut comporter un effet rétroactif dans trois séries de cas, dans lesquels la sécurité juridique n'est pas remise en cause.

La première concerne la régularisation de mesures antérieures, soit pour tirer les conséquences d'une annulation pour excès de pouvoir (CE 26 déc. 1925, *Rodière**, avec nos obs.), soit pour procéder au retrait d'une décision illégale (CE 26 oct. 2001, *Ternon**, avec nos obs.).

La rétroactivité est admise aussi pour des actes venant s'ajouter à des mesures antérieures dont ils conditionnent l'application.

C'était le cas des mesures d'approbation prises par les autorités de tutelle à l'égard des collectivités locales : elles rétroagissaient à la date d'effet de la décision approuvée (CE Sect. 17 juin 1960, *Contessoto*, Rec. 406 ; RA 1960.497, note Liet-Veaux ; Dép. et com. 1960.61, note Hourticq ; – Sect. 19 mars 1965, *Jean-Louis, Sévère et Caraman*, Rec. 181 ; D. 1966.162, concl. Galabert ; AJ 1965.469, chr. Puybasset et Puissochet). La même solution peut encore se retrouver (CE 9 déc. 1994, *Assemblée des présidents des conseils généraux de France*, Rec. 772 : rétroactivité légale de l'agrément d'une convention à la date de signature de celle-ci).

De même lorsqu'un premier acte prévoit que ses mesures d'application rétroagiront au jour de son entrée en vigueur, ces mesures peuvent rétroagir sans illégalité (CE Sect. 30 sept. 1955, *Société Roger Grima*, Rec. 451). Un décret a pu prévoir la titularisation de fonctionnaires, après une période de stage, à la date de leur nomination, eu égard à la nature juridique du stage et de la titularisation (CE Ass. 8 nov. 1974, *Association des élèves de l'École nationale d'administration*, Rec. 541 ; RA 1975.32, concl. G. Guillaume). La sécurité juridique n'est pas affectée par cette rétroactivité car, dès l'origine, les intéressés en sont informés.

Enfin le Conseil d'État admet la rétroactivité d'actes sans lesquels des situations ne peuvent être réglées. Ainsi le règlement d'une campagne de production adopté en cours de campagne en l'absence de dispositions antérieures effectives peut rétroagir au début de cette campagne (CE Ass. 21 oct. 1966, *Société Graciet*, Rec. 560 ; AJ 1967.275, concl. Baudouin ; – Ass. 8 juin 1979, *Confédération générale des planteurs de betteraves*, Rec. 269 ; D. 1979.I.R.382, obs. P. Delvolvé). Peut également rétroagir une décision prise en cours d'année qui doit couvrir toute l'année (CE 21 déc. 1956, *Union nationale des caisses d'allocations familiales*, Rec. 493). La continuité du service public justifie encore la rétroactivité d'un décret nécessaire pour déterminer les droits à rémunération de professeurs nommés antérieurement (CE 7 févr. 1979, *Association des professeurs agrégés des disciplines artistiques*, Rec. 41 ; RDP 1980.523, note M. Waline).

Ces exceptions ne remettent pas en cause la fermeté du principe exprimé par l'arrêt *Journal l'Aurore*, et rappelé chaque année à plusieurs reprises par le Conseil d'État.

64

RESPONSABILITÉ
RISQUE – POLICE

CE Ass. 24 juin 1949, CONSORTS LECOMTE, Rec. 307

(S. 1949.3.61, concl. Barbet ;
JCP 1949.II.5092, concl. Barbet, note George ;
D. 1950.5, chr. Berlia et Morange ;
RDP 1949.583, note M. Waline)

Sur les conclusions dirigées contre la Ville de Paris :

Cons. qu'il est établi par l'instruction que le coup de feu qui a entraîné la mort du sieur Lecomte a été tiré par un gardien de la paix au cours d'une opération de police en vue d'arrêter une voiture automobile signalée comme occupée par des personnes suspectes ; que, dans ces circonstances, la Ville de Paris ne saurait être tenue pour responsable de cet accident dont la réparation ne pourrait éventuellement être assurée que par l'État, et que c'est par suite à bon droit que le conseil de préfecture, après avoir implicitement rejeté la demande en tant que dirigée contre la ville, s'est déclaré incompétent pour connaître de ladite demande en tant qu'elle aurait mis en cause la responsabilité de l'État ;

Sur les conclusions dirigées contre l'État :

Cons. que si, en principe, le service de police ne peut être tenu pour responsable que des dommages imputables à une faute lourde commise par ses agents dans l'exercice de leurs fonctions, la responsabilité de la puissance publique se trouve engagée même en l'absence d'une telle faute dans le cas où le personnel de la police fait usage d'armes ou d'engins comportant des risques exceptionnels pour les personnes et les biens et où les dommages subis dans de telles circonstances excèdent, par leur gravité, les charges qui doivent normalement être supportées par les particuliers en contrepartie des avantages résultant de l'existence de ce service public ;

Cons., d'autre part, qu'il ressort des pièces du dossier qu'aucune imprudence ou négligence ne peut être reprochée au sieur Lecomte, mortellement atteint par un coup de feu tiré par un gardien de la paix dans les conditions ci-dessus relatées ; que, dès lors, même en admettant que sa mort ne soit pas imputable à une faute lourde du service de police, la responsabilité de l'État est engagée dans cet accident ;

Cons. que l'état de l'instruction ne permet pas d'apprécier les éléments du préjudice subi par les consorts Lecomte et de déterminer le montant des indemnités auxquelles ils seraient fondés à prétendre ; qu'il y a lieu de les renvoyer devant le ministre de l'intérieur ; ... (Annulation et renvoi).

OBSERVATIONS

1 L'arrêt *Lecomte* rapporté ci-dessus, ainsi que l'arrêt *Franquette et Daramy* rendu le même jour dans une espèce similaire, et dont la rédaction comporte les mêmes formules, marquent une évolution de la jurisprudence du Conseil d'État relative à la responsabilité des services de police.

Le 27 juin 1943, vers 20 heures, une altercation se produisit dans une rue de Bordeaux, entre trois individus et un chauffeur de taxi ; le chauffeur fut blessé d'un coup de couteau. Un gardien de la paix, poursuivant l'un de ses agresseurs en fuite, tira, après les sommations, plusieurs balles sur le délinquant. L'une d'elles blessa mortellement la dame Daramy, à l'instant où elle débouchait d'une rue transversale.

Le 10 févr. 1945, vers 22 heures, les agents chargés d'arrêter à Paris, au coin de l'avenue de Versailles et du boulevard Exelmans, une voiture qui leur avait été signalée, firent des signes pour l'inviter à s'arrêter. Comme, malgré les coups de sifflet, elle franchissait le barrage, l'un des agents tira, avec sa mitraillette, sur la chaussée, vers le bas de la voiture. Une balle, ricochant sur les pavés, frappa mortellement le sieur Lecomte, qui était assis à la porte de son bar.

Les conditions dans lesquelles les accidents de cette nature peuvent engager la responsabilité de l'administration étaient posées par une abondante jurisprudence. Le 10 févr. 1905, l'arrêt *Tomaso Grecco** consacrait la responsabilité de l'administration du fait de l'activité des services de police, et subordonnait cette responsabilité à l'existence d'une faute du service. Ces principes furent confirmés par la suite, mais la jurisprudence, tenant compte des difficultés particulières du service, y apporta cette restriction que seule une faute grave, ou lourde, peut engager la responsabilité des services de police (cf. la jurisprudence citée dans nos obs. sous l'arrêt *Tomaso Grecco**).

Le commissaire du gouvernement Barbet observa que les deux espèces présentaient des analogies avec les précédents dans lesquels le Conseil d'État avait reconnu l'existence d'une faute lourde de l'administration. L'agent qui avait tué la dame Daramy avait mal tiré et s'était servi d'une arme nouvelle, de modèle délicat, sans avoir effectué des tirs d'entraînement. Quant aux agents responsables de la mort du sieur Lecomte, ils auraient pu utiliser, pour arrêter la voiture suspecte, des barrières qu'ils auraient posées en travers de la chaussée.

Les deux espèces constituaient cependant des cas limites, surtout l'affaire *Daramy* dans laquelle il était difficile de déclarer que la police avait commis une faute lourde. Or la stricte exigence de la faute lourde est une condition bien sévère pour les victimes toujours plus nombreuses de l'activité d'une police qui utilise des armes d'un maniement délicat et d'une puissance exceptionnelle. Il existe une théorie de la responsabilité faite précisément pour de telles situations, c'est celle du risque. Le Conseil d'État a suivi son commissaire du gouvernement en admettant *la responsabilité sans faute de l'État en cas d'usage d'armes à feu* (I). Cet usage étant fréquemment le fait *des services de police judiciaire*, la solution a été reprise par la Cour de cassation (II).

2 **I.** — *La responsabilité de l'État pour l'usage d'armes à feu* est conditionnée dans l'arrêt *Lecomte* par le *danger* que présentent ces armes (A), la *gravité des dommages* qu'elles causent (B) ; la jurisprudence ultérieure y a ajouté une condition supplémentaire, relative à *la situation de la victime* (C).

A. — Dans ses conclusions, M. Barbet avait réservé l'application de la théorie du risque à l'existence d'un dommage « causé par l'utilisation d'engins présentant un *danger particulier* ». L'arrêt reprend cette condition en considérant « le cas où le personnel de la police fait usage d'armes ou d'engins comportant des risques exceptionnels pour les personnes et les biens ».

Le Conseil d'État a élargi ultérieurement la notion d'arme ou engin particulièrement dangereux. Certes le commissaire du gouvernement avait déjà déclaré dans les affaires *Lecomte* et *Daramy* : « Nous pensons que l'usage de leurs armes par les agents chargés d'assurer le maintien de l'ordre fait courir aux particuliers un risque anormal qui leur ouvre droit à indemnité s'il se réalise » ; il n'en reste pas moins qu'il avait insisté sur la puissance de la mitraillette utilisée par l'agent qui avait tué M. Lecomte et sur le caractère nouveau et le maniement délicat de l'arme confiée au gardien de la paix qui blessa mortellement Mme Daramy. Les deux arrêts faisaient mention d'armes et d'engins présentant des risques exceptionnels. Le Conseil continue à employer la même formule, mais l'applique à un simple pistolet qui est un engin dangereux, non un engin exceptionnel (CE 1er juin 1951, *Jung*, Rec. 312 ; – 27 avr. 1953, *Nicol*, JCP 1953.I.1113, chr. Gazier).

En revanche, la nouvelle jurisprudence n'a été étendue ni aux grenades lacrymogènes, l'emploi de ces engins au cours d'une manifestation « ne comportant pas de dangers exceptionnels » (CE 16 mars 1956, *Époux Domenech*, Rec. 124, concl. Mosset ; AJ 1956.II.226, chr. Fournier et Braibant), ni aux matraques (CE Sect. 8 juill. 1960, *Petit*, Rec. 463 ; AJ 1960.I.157, chr. Combarnous et Galabert).

3 ***B.*** — Le commissaire du gouvernement Barbet proposait également d'exiger « *un préjudice excédant les limites* de ceux qui doivent être normalement subis du fait de la mise en jeu des forces de police ». Le Conseil d'État l'a suivi en limitant la responsabilité sans faute du service de police aux cas « où les dommages subis

dans de telles circonstances excèdent, par leur gravité, les charges qui doivent normalement être supportées par les particuliers en contrepartie des avantages résultant de l'existence de ce service public ».

Cette condition appelle trois observations.

La première est que l'anormalité du dommage est ici exigée à propos de la théorie du risque, alors qu'elle est plutôt liée en général à la responsabilité pour rupture de l'égalité devant les charges publiques (v. nos obs. sous les arrêts CE 30 nov. 1923, *Couitéas**, 14 janv. 1938, *Société La Fleurette**, 30 mars 1966, *Compagnie générale d'énergie radio-électrique**). Dans les deux cas, il s'agit de responsabilité sans faute, mais le fondement et la mise en œuvre ne sont pas identiques. Du moins l'idée d'anormalité apparaît-elle dans toute la responsabilité sans faute.

En deuxième lieu, l'anormalité du préjudice est caractérisée ici par sa gravité. Ce n'est pas toujours le cas : comme l'a souligné M. Rougevin-Baville dans ses conclusions sur l'arrêt CE Sect. 2 juin 1972, *Société des bateaux de la Côte d'Émeraude*, D. 1974.260, « certains préjudices sont anormaux par leur nature, quelle que soit leur gravité : c'est le cas des dommages corporels, ainsi que des dommages matériels *stricto sensu*, c'est-à-dire qui se traduisent par la destruction ou la détérioration de biens mobiliers ou immobiliers » ; « il existe des cas où le préjudice n'est pas indemnisable, quelle que soit sa gravité » (situation précaire par exemple) ; « dans la plupart des autres cas, le préjudice devra revêtir une certaine intensité pour être anormal ».

Enfin on peut se demander si la condition de l'anormalité du dommage, caractérisée par sa gravité, a lieu d'être maintenue à propos de l'usage d'armes à feu. Dès lors que celles-ci présentent un risque exceptionnel, la réalisation de ce risque justifie la réparation du préjudice qui en résulte, sans condition supplémentaire, comme c'est le cas pour d'autres choses, activités ou situations dangereuses (v. nos obs. sous l'arrêt CE 28 mars 1919, *Regnault-Desroziers**). Pourrait-on admettre que l'usage d'armes à feu n'ouvre droit à aucune réparation à la victime d'une blessure légère ? La légèreté de la blessure justifierait le faible montant de la réparation, non l'absence de réparation.

4 ***C.*** — La jurisprudence ultérieure a limité le bénéfice de la responsabilité pour risque *aux tiers* par rapport à l'opération ayant donné lieu à l'usage d'armes à feu.

Lorsque les victimes de l'utilisation de ces armes sont des personnes visées par l'opération de la police, la responsabilité de l'administration n'est engagée que si elle a commis une faute : mais il suffit alors d'une faute simple (CE Sect. 27 juill. 1951, *Dame Aubergé et Dumont*, Rec. 447 ; D. 1952.108, concl. Gazier, note G. Morange ; – 5 oct. 1960, *Ministre de l'intérieur c. Époux Rigollet*, Rec. 515 ; AJ 1960.I.157, chr. Combarnous et Galabert) ; les mêmes principes ont été appliqués dans un cas où un gendarme avait blessé mortellement d'un coup de feu un déserteur qu'il était venu arrêter au domicile de ses parents et qui cherchait à s'enfuir (CE Sect. 29 nov. 1963, *Époux Marchon*, Rec. 581 ; AJ 1964.27, chr. Fourré et Puybasset). En l'absence de faute, la responsabilité de l'État n'est pas engagée (par ex. CE 13 oct. 1982, *Berrandou*, Rec. 340, à propos de la blessure causée par un policier ayant tiré vers le sol, après sommations, devant l'attitude menaçante d'un groupe de jeunes gens armés de pieux et de barres de fer).

5 **II.** — L'usage d'armes à feu est souvent le fait de services participant à une opération de *police judiciaire*. Cela pose le problème de la *juridiction compétente* pour connaître de l'action en réparation des dommages causés (A) et du *droit qui lui est applicable* (B).

A. — Dans l'affaire *Lecomte*, comme dans l'affaire *Daramy*, les victimes avaient été tuées par des agents de police qui poursuivaient les auteurs d'une infraction (l'une avait franchi un barrage de police, l'autre venait de commettre une agression). Le Conseil d'État ne s'est pas arrêté à ces circonstances pour décliner sa compétence.

Or il s'agissait d'opérations de police judiciaire, comme allait le reconnaître la jurisprudence ultérieurement.

A partir de l'arrêt *Consorts Baud* du 11 mai 1951 (Sect., Rec. 265 ; S. 1952.3.13, concl. J. Delvolvé, note R. Drago), le Conseil d'État a reconnu une activité de police judiciaire dans toute opération de recherche des infractions et de poursuite de leurs auteurs. Dans l'affaire *Baud* comme dans l'affaire *Daramy*, les policiers recherchaient, en vue de les appréhender, « des individus signalés comme faisant partie d'une bande de malfaiteurs ; cette opération relevait de la police judiciaire ; les litiges relatifs aux dommages que peuvent causer les agents du service public dans de telles circonstances ressortissent aux tribunaux de l'ordre judiciaire ». La même solution a été retenue par le Conseil d'État et le Tribunal des conflits dans des circonstances analogues (CE Sect. 8 mars 1963 *Masetti*, Rec. 148 ; RDP 1963.288, concl. Heumann ; JCP 1963.II.13268, note Moreau : coups de feu tirés par des agents qui tentaient d'appréhender un individu soupçonné d'avoir pris part à un cambriolage ; – TC 15 janv. 1968, *Consorts Tayeb*, Rec. 791 ; D. 1968.417, concl. Schmelck : coups de feu tirés par un officier de paix sur un suspect dont la fuite lui a fait croire qu'il s'agissait d'un délinquant ; – TC 5 déc. 1977, *Motsch*, Rec. 671 : coups de feu contre une voiture dont le conducteur avait forcé un barrage de police pour échapper à toute vérification.)

En revanche relèvent de la police administrative, et en cas de contentieux, de la compétence de la juridiction administrative, les opérations menées dans le cadre d'« une mission de contrôle ou de surveillance », ou encore de prévention, sans rechercher des infractions ou leurs auteurs (TC 5 juin 1951, *Consorts Noualek*, Rec. 636, concl. J. Delvolvé : coup de feu tiré au cours d'une visite domiciliaire ayant pour but d'assurer l'ordre public en une période de troubles ; – CE 13 oct. 1982, *Berrandou*, précité : coup de feu tiré au cours d'une intervention de la police pour contenir des jeunes gens menaçant la sécurité publique) (v. nos obs. sous TC 27 nov. 1952, *Préfet de la Guyane**).

Au regard des solutions arrêtées par la jurisprudence à partir de l'arrêt *Baud*, il n'est pas douteux que les circonstances des affaires *Lecomte* ou *Daramy* relevaient d'une opération de police judiciaire, dont le contentieux appartiendrait aujourd'hui aux juridictions de l'ordre judiciaire.

Si le Conseil d'État ne s'est pas déclaré incompétent, c'est peut-être parce que le critère de distinction de la police judiciaire et de la police administrative n'était pas encore clairement établi, ou que les victimes étaient des tiers à l'opération et non pas l'objet même de l'opération comme dans les affaires ultérieures, ou encore parce que les tribunaux judiciaires n'auraient pas reconnu la responsabilité du service.

Aucune de ces raisons n'est aujourd'hui valable : le critère de distinction est bien au point ; la qualité de tiers de la victime ne retire pas à l'opération de police la qualification qu'elle tient de son but ; les tribunaux judiciaires admettent désormais la responsabilité de l'État du fait de la police judiciaire.

6 ***B.*** — Ils le font en appliquant « *les règles du droit public* », conformément à la solution adoptée par la Cour de cassation dans son arrêt du 23 nov. 1956, *Giry**.

Ainsi le régime de responsabilité de l'État pour usage d'armes dangereuses dégagé par le Conseil d'État dans les arrêts *Lecomte* et *Daramy* a été transposé par les juridictions judiciaires en cas d'utilisation de ces armes au cours d'opérations de police judiciaire.

Dans l'affaire *Baud*, après maintes péripéties, la responsabilité de l'État a été reconnue à l'égard des ayants droit de la victime, qui faisait l'objet de l'opération de police (Trib. civ. Lyon 20 nov. 1961, JCP 1962.II.12560, note G. Vedel ; CA Lyon 28 nov. 1962, Gaz. Pal. 1963.II.195 – sur l'ensemble de l'affaire v. Bryan, *De la responsabilité civile de l'État du fait du fonctionnement du service judiciaire* Gaz. Pal. 1963.II.51).

En ce qui concerne la responsabilité de l'État à l'égard des tiers, la Cour de cassation est allée encore plus loin que le Conseil d'État dans l'arrêt *Lecomte* : elle a admis que la responsabilité de l'État était engagée pour risque en cas d'usage d'arme à feu non seulement par la police mais par le malfaiteur qu'elle recherche. Dans un arrêt du 10 juin 1986 (1re Civ. *Consorts Pourcel c. Pénier et Agent judiciaire du Trésor public*, Bull. civ. I. n° 160, p. 161 ; JCP 1986.II.20683, rapport Sargos ; RFDA 1987.92, note Buisson), après avoir visé « les principes régissant la responsabilité de la puissance publique et, notamment, le principe constitutionnel de l'égalité devant les charges publiques », la Cour a considéré « que si la responsabilité de l'État à raison des dommages survenus à l'occasion de l'exécution d'une opération de police judiciaire n'est engagée qu'en cas de faute lourde des agents de la force publique, cette responsabilité se trouve engagée, même en l'absence d'une telle faute, lorsque la victime n'était pas concernée par l'opération de police judiciaire et que cette opération, du fait de l'usage d'armes par le personnel de police ou par la personne recherchée, comporte des risques et provoque des dommages excédant par leur gravité les charges qui doivent être normalement supportées par les particuliers en contrepartie des avantages résultant de l'intervention de la police judiciaire ».

Cet arrêt est peut-être à ranger au nombre des « surprises de la jurisprudence *Giry* » (P. Weil, *Mélanges Eisenmann*, 1975, p. 379).

En tout cas, il va au-delà de la jurisprudence *Lecomte*.

L'arrêt *Lecomte* est lui-même dépassé sur la compétence, puisque l'affaire qu'il a réglée relèverait aujourd'hui des juridictions judiciaires. Sur le fond, il n'est plus exact qu'« en principe, le service de police ne peut être tenu pour responsable que des dommages imputables à une faute lourde », car sa responsabilité peut également être retenue, selon les cas, pour faute simple, pour risque, pour rupture de l'égalité devant les charges publiques (v. nos obs. sous l'arrêt *Tomaso Grecco**).

65

RECOURS POUR EXCÈS DE POUVOIR ÉTENDUE

CE Ass. 17 févr. 1950, MINISTRE DE L'AGRICULTURE c. Dame LAMOTTE, Rec. 110

(RDP 1951.478, concl. J. Delvolvé, note M. Waline)

Cons. que, par un arrêté du 29 janv. 1941 pris en exécution de la loi du 27 août 1940, le préfet de l'Ain a concédé « pour une durée de neuf années entières et consécutives qui commenceront à courir le 1er févr. 1941 » au sieur de Testa le domaine de Sauberthier (commune de Montluel), appartenant à la dame Lamotte, née Vial ; que, par une décision du 24 juill. 1942, le Conseil d'État a annulé cette concession par le motif que ce domaine « n'était pas abandonné et inculte depuis plus de deux ans » ; que, par une décision ultérieure du 9 avr. 1943, le Conseil d'État a annulé, par voie de conséquence, un second arrêté du préfet de l'Ain, du 20 août 1941, concédant au sieur de Testa trois nouvelles parcelles de terre, attenantes au domaine ;

Cons. enfin que, par une décision du 29 déc. 1944, le Conseil d'État a annulé comme entaché de détournement de pouvoir un troisième arrêté, en date du 2 nov. 1943, par lequel le préfet de l'Ain, « en vue de retarder l'exécution des deux décisions précitées du 24 juill. 1942 et 9 avr. 1943 », avait réquisitionné au profit du même sieur de Testa le domaine de Sauberthier ;

Cons. que le ministre de l'agriculture défère au Conseil d'État l'arrêté en date du 4 oct. 1946, par lequel le conseil de préfecture interdépartemental de Lyon, saisi d'une réclamation formée par la dame Lamotte contre un quatrième arrêté du préfet de l'Ain, du 10 août 1944, concédant une fois de plus au sieur de Testa le domaine de Sauberthier, a prononcé l'annulation de ladite concession : que le ministre soutient que le conseil de préfecture aurait dû rejeter cette réclamation comme non recevable en vertu de l'art. 4 de la loi du 23 mai 1943 ;

Cons. que l'art. 4, alin. 2 de l'acte dit loi du 23 mai 1943 dispose : « L'octroi de la concession ne peut faire l'objet d'aucun recours administratif ou judiciaire » ; que, si cette disposition, tant que sa nullité n'aura pas été constatée conformément à l'ordonnance du 9 août 1944 relative au rétablissement de la légalité républicaine, a pour effet de supprimer le recours qui avait été ouvert au propriétaire par l'art. 29 de la loi du 19 févr. 1942 devant le conseil de préfecture pour lui permettre de contester, notamment, la régularité de la concession, elle n'a pas exclu *le recours pour excès de pouvoir devant le Conseil d'État contre l'acte de concession, recours qui est ouvert même sans texte contre tout acte administratif, et qui a pour effet d'assurer, conformément aux principes généraux du droit, le respect de la légalité ;* qu'il suit de là, d'une part, que le ministre de l'agriculture est fondé à demander l'annulation de l'arrêté susvisé du conseil de préfecture de Lyon du 4 oct. 1946, mais qu'il y a lieu, d'autre part, pour le Conseil d'État, de statuer comme juge de l'excès de pouvoir sur la demande en annulation de l'arrêté du préfet de l'Ain du 10 août 1944 formée par la dame Lamotte ;

Cons. qu'il est établi par les pièces du dossier que ledit arrêté, maintenant purement et simplement la concession antérieure, faite au profit du sieur de Testa, pour une durée de neuf ans, « à compter du 1er févr. 1941 » ainsi qu'il a été dit ci-dessus, n'a eu d'autre but que de faire délibérément échec aux décisions susmentionnées du Conseil d'État statuant au contentieux, et qu'ainsi, il est entaché de détournement de pouvoir ;... (Annulation).

OBSERVATIONS

1 **I.** — La loi du 27 août 1940 prescrivait aux maires de dresser la liste des exploitations abandonnées ou incultes depuis plus de deux années, et permettait au préfet de concéder, sans même attendre les résultats de cet inventaire, pour mise en culture immédiate, toute parcelle abandonnée ou inculte depuis plus de deux ans. C'est l'application de cette loi qui a donné lieu au litige *Ministre de l'agriculture c. Dame Lamotte.* Le Conseil d'État avait dû annuler le 24 juill. 1942 et le 9 avr. 1943 deux concessions de terres appartenant à la dame Lamotte, faites par le préfet de l'Ain au sieur de Testa. Le préfet réquisitionna alors le domaine et le Conseil d'État annula la réquisition. Nullement découragé, le préfet prit le 10 août 1944 un nouvel arrêté de concession, mais entre-temps la loi du 23 mai 1943, pour briser la résistance des juges, avait supprimé toute possibilité de recours contre les actes de concession.

Le rappel de la législation et de ces faits était nécessaire, car le caractère exorbitant du droit commun de la législation sur les concessions, le conflit auquel elle a donné lieu entre l'administration et les juges, la violation par l'administration de la chose jugée par le Conseil d'État, la suppression par voie législative de tout recours juridictionnel créent le climat de l'affaire et expliquent la solution, à première vue surprenante, donnée par le Conseil d'État dans cet arrêt.

En l'espèce, la volonté du législateur ne pouvait faire aucun doute, puisque l'art. 4 de la loi du 23 mai 1943 disposait : « l'octroi de la concession ne peut faire l'objet d'aucun recours administratif ou judiciaire ». La Haute juridiction n'en a pas moins considéré que ce texte ne pouvait avoir pour effet d'exclure le recours pour excès de pouvoir, destiné à « assurer, conformément aux principes généraux du droit, le respect de la légalité ». Cette jurisprudence hardie, qui fait de ce recours un instrument général du contrôle de la légalité, a été confirmée plusieurs fois depuis lors (CE Ass.

17 avr. 1953, *Falco et Vidaillac*, Rec. 175, D. 1953.683, note Eisenmann ; RDP 1953.448, concl. Donnedieu de Vabres, note M. Waline ; JCP 1953.II.7598, note Vedel ; à propos des décisions du bureau de vote du Conseil supérieur de la magistrature ; – Sect. 16 déc. 1955, *Époux Deltel*, Rec. 592 ; D. 1956.44, concl. Laurent ; RDP 1956.150, note M. Waline, à propos des décisions de la commission de répartition de l'indemnité des nationalisation yougoslaves ; – Sect. 17 mai 1957, *Simonet*, Rec. 314, concl. Heumann ; S. 1957.351, concl. Heumann ; D. 1957.580, note Jeanneau ; AJ 1957.II.270, chr. Fournier et Braibant, à propos des décisions de la commission chargée de statuer sur l'éligibilité des membres du Conseil économique et sur la régularité de leur désignation). Il en résulte, notamment, que le gouvernement ne peut, ni dans l'exercice du pouvoir réglementaire autonome qu'il tient de l'art. 37 de la Constitution, ni dans celui du pouvoir de prendre des ordonnances qu'il tient de l'art. 38, soustraire certains de ces actes à tout contrôle juridictionnel, soit en écartant le recours pour excès de pouvoir, soit en prononçant la validation de certaines décisions administratives (CE Ass. 24 nov. 1961, *Fédération nationale des syndicats de police*, Rec. 658 ; S. 1963.59, note L. Hamon ; D. 1962.424, note Fromont ; AJ 1962.114, note J.T.). La jurisprudence *Dame Lamotte* se révèle ainsi être une sauvegarde du contrôle de la légalité contre la tentation que pourrait avoir le gouvernement de limiter ce contrôle grâce à son pouvoir réglementaire élargi.

II. — Sous la double influence de la place grandissante des conventions internationales dans l'ordre interne et de l'extension du contrôle de constitutionnalité des lois exercé par le Conseil constitutionnel, il semble possible d'affirmer qu'une disposition législative qui viendrait à soustraire un acte administratif à tout contrôle juridictionnel heurterait aussi bien la norme internationale que la norme constitutionnelle.

2 *1°)* S'agissant d'une contradiction avec les traités, on se référera à l'art. 13 de la Convention européenne de sauvegarde des droits de l'homme et des libertés fondamentales aux termes duquel « toute personne dont les droits et libertés reconnus dans la présente Convention ont été violés a droit à l'octroi d'un recours effectif devant une instance nationale, alors même que la violation aurait été commise par des personnes agissant dans l'exercice de leurs fonctions officielles ». Doit être mentionnée dans le même sens la reconnaissance par la Cour de justice des Communautés européennes du contrôle juridictionnel en tant qu'expression « d'un principe général du droit qui se trouve à la base des traditions constitutionnelles communes aux États membres » (CJCE 15 mai 1986, *Marguerite Johnston*, aff. 222/84, Rec. 1651 ; RFDA 1988.691, note Dubouis).

3 *2°)* Mais surtout, il est revenu au juge constitutionnel, comme l'y invitait une partie de la doctrine, de rattacher l'exercice du droit de recours aux dispositions de l'art. 16 de la Déclaration des droits de l'homme et du citoyen relatives à la « garantie des droits ». Annoncée par la décision *n° 93 335 DC du 21 janv. 1994* (Rec. 40 ; Rev. Ad. 1994.75, note Morand-Deviller ; RFDC 1994.364, note Melin-Soucramanien ; RFDA 1995.7, note Hocréteire) cette solution a été explicitée par la décision *n° 96 373 DC du 9 avril 1996* (Rec. 43 ; AJ 1996.371, note Schrameck) qui déduit de l'art. 16 de la Déclaration, « qu'en principe il ne doit pas être porté d'atteintes substantielles au droit des personnes intéressées d'exercer un recours effectif devant une juridiction ». Une semblable approche a trouvé un écho dans la jurisprudence administrative (CE 21 déc. 2001, *M. et Mme Hofmann*, RFDA 2002.176).

Le droit au recours déborde ainsi le cas de la juridiction administrative. Pour celle-ci, il englobe non seulement l'exigence du recours pour excès de pouvoir mais aussi la possibilité de former un recours en cassation devant le Conseil d'État contre les décisions des juridictions administratives rendues en dernier ressort.

4 **III.** — Il existe en effet une analogie entre l'arrêt *Dame Lamotte* et la solution adoptée par le Conseil d'État pour le recours en cassation. On a vu qu'à propos d'une loi qui disposait que la décision de la juridiction administrative en cause (jury d'honneur) n'était « susceptible d'aucun recours », le juge administratif a estimé que « l'expression dont a usé le législateur ne peut être interprétée, en l'absence d'une volonté contraire clairement manifestée par les auteurs de cette disposition, comme excluant le recours en cassation devant le Conseil d'État » (Ass. 7 févr. 1947, *d'Aillières**). Le même raisonnement a été fait à propos des décisions du Conseil supérieur de la magistrature statuant en tant que conseil de discipline des magistrats du siège (CE Ass. 12 juill. 1969, *L'Etang*, Rec. 388 ; v. n° 61.4). En matière pénale, le Conseil d'État a annulé une ordonnance prise en vertu d'une loi d'habilitation et instituant une cour militaire de justice, pour le motif notamment qu'elle excluait toute possibilité de recours en cassation (Ass. 19 oct. 1962, *Canal**).

Le Conseil d'État statue en ces matières, sinon *contra legem*, du moins *praeter legem*. Sauf dans le cas où l'auteur du texte a exprimé formellement, en termes exprès sa volonté d'exclure tout recours, le juge administratif tient peu compte de l'« intention » – au sens psychologique du terme – du législateur : lorsqu'un texte est clair par lui-même, le Conseil d'État se borne à l'appliquer ; s'il laisse place à un doute, il recherchera l'intention du législateur telle qu'elle se déduit des travaux préparatoires. Mais dans cette recherche il présuppose que le législateur n'a pas entendu se soustraire au respect des principes généraux du droit. En fonction de ces prémisses, il peut arriver que le Conseil d'État détermine lui-même « l'intention du législateur ».

66

GRÈVE DANS LES SERVICES PUBLICS

CE Ass. 7 juill. 1950, DEHAENE, Rec. 426

(RDP 1950.691, concl. Gazier, note M. Waline ;
JCP 1950.II.5681, concl. Gazier ;
Rev. Adm. 1950.366, concl Gazier, note Liet-Veaux ;
Dr. Soc. 1950.317, concl. Gazier ;
S. 1950.3.109, note J.D.V. ; D. 1950.538, note Gervais)

En ce qui concerne le blâme :

Cons. que le sieur Dehaene soutient que cette sanction a été prise en méconnaissance du droit de grève reconnu par la Constitution ;

Cons. qu'en indiquant dans le préambule de la Constitution que « le droit de grève s'exerce dans le cadre des lois qui le réglementent », l'Assemblée constituante a entendu inviter le législateur à opérer la conciliation nécessaire entre la défense des intérêts professionnels dont la grève constitue une modalité et la sauvegarde de l'intérêt général auquel elle peut être de nature à porter atteinte ;

Cons. que les lois des 27 déc. 1947 et 28 sept. 1948, qui se sont bornées à soumettre les personnels des compagnies républicaines de sécurité et de la police à un statut spécial et à les priver, en cas de cessation concertée du service, des garanties disciplinaires, ne sauraient être regardées, à elles seules, comme constituant, en ce qui concerne les services publics, la réglementation du droit de grève annoncée par la Constitution ;

Cons. qu'en l'absence de cette réglementation la reconnaissance du droit de grève ne saurait avoir pour conséquence d'exclure les limitations qui doivent être apportées à ce droit comme à tout autre en vue d'en éviter un usage abusif ou contraire aux nécessités de l'ordre public ; qu'en l'état actuel de la législation, il appartient au Gouvernement, responsable du bon fonctionnement des services publics, de fixer lui-même, sous le contrôle du juge, en ce qui concerne ces services, la nature et l'étendue desdites limitations ;

Cons. qu'une grève qui, quel qu'en soit le motif, aurait pour effet de compromettre dans ses attributions essentielles l'exercice de la fonction préfectorale porterait une atteinte grave à l'ordre public ; que, dès lors, le gouvernement a pu légalement faire interdire et réprimer la participation des chefs de bureau de préfecture à la grève de juillet 1948 ;

Cons. qu'il est constant que le sieur Dehaene, chef de bureau à la préfecture d'Indre-et-Loire a, nonobstant cette interdiction, fait grève du 13 au 20 juill. 1948 ; qu'il résulte de ce qui précède que cette attitude, si elle a été inspirée par un souci de solidarité, n'en a pas moins constitué une faute de nature à justifier une sanction disciplinaire ; qu'ainsi le requérant n'est pas fondé à soutenir qu'en lui infligeant un blâme le préfet d'Indre-et-Loire a excédé ses pouvoirs ;... (Rejet).

OBSERVATIONS

1 **I.** — Le 13 juillet 1948, un mouvement de grève à l'origine duquel se trouvaient des revendications d'ordre professionnel se déclenchait parmi les fonctionnaires des préfectures. Le ministre de l'intérieur fit savoir, le jour même, que tous les agents d'autorité – plus précisément les agents d'un grade égal ou supérieur à celui de chef de bureau – qui se mettraient en grève devaient être immédiatement suspendus. La majorité des agents ainsi visés cessa néanmoins le travail, et ne le reprit qu'une semaine plus tard, lorsque leur syndicat leur en eut donné l'ordre. Les préfets prononcèrent, le 13 juillet, la suspension des chefs de bureau en grève ; lors de la reprise du travail, la suspension fut remplacée par un blâme.

Six chefs de bureau de la préfecture d'Indre-et-Loire formèrent un recours contre la sanction dont ils étaient frappés, soutenant que l'exercice du droit de grève reconnu par le préambule de la Constitution ne pouvait constituer une faute de nature à justifier une sanction disciplinaire.

2 **II.** — La législation française est demeurée longtemps muette au sujet de la grève des fonctionnaires. Un seul texte pouvait être considéré comme régissant cette matière : c'est l'art. 123 du code pénal aux termes duquel « Tout concert de mesures contraires aux lois pratiqué soit par la réunion d'individus ou de corps dépositaires de quelque partie de l'autorité publique, soit par députation ou correspondance entre eux, sera puni d'un emprisonnement... ». Jèze observait en 1909 (RDP 1909.500) que ce texte, qui n'avait jamais été appliqué sous les régimes monarchiques et sous l'Empire, ne le serait jamais sous la IIIe République. Il ne se trompait que de fort peu, l'art. 123 n'ayant été appliqué qu'une seule fois (Trib. corr. de la Seine, 4 déc. 1934, D. 1935.2.57, note M. Waline). C'est donc à la jurisprudence administrative qu'il revint d'élaborer les règles de droit relatives à la grève des agents publics. Elle adopta une attitude rigoureuse, en considérant que l'agent qui se mettait en grève s'excluait par là même du service et, par voie de conséquence, du bénéfice des garanties disciplinaires (CE 7 août 1909 *Winkell*, Rec. 826 et 1296, concl. Tardieu ; S.1909.3.145, concl. Tardieu, note Hauriou ; RDP 1909.494, note Jèze).

Cette jurisprudence sévère pour les grévistes appelait tout naturellement une jurisprudence favorable aux mesures prises par les pouvoirs publics pour briser les grèves de fonctionnaires ou d'agents des services concédés. Ainsi le Conseil d'État jugeait que le rappel des cheminots pour une période militaire ne constituait pas un détournement de pouvoir alors même que cette mesure était prise dans le but de briser une grève (18 juill. 1913, *Syndicat national des chemins de fer de France et des colonies*, Rec. 882 ; RDP 1913.506, concl. Helbronner, note Jèze) et estimait légale la réquisition par décret des agents et ouvriers des services publics concédés, en vue de briser une grève (5 déc. 1941, *Sellier*, Rec. 208 ; S. 1942.3.25, note Mestre).

La jurisprudence devint la loi avec le statut des fonctionnaires du 14 sept. 1941, dont l'art. 17 disposait : « Tout acte d'un fonctionnaire portant atteinte à la continuité indispensable à la marche normale du service public qu'il a reçu mission d'assurer constitue le manquement le plus grave à ses devoirs essentiels. Lorsqu'un acte de cette nature résulte d'une action collective ou concertée, il a pour effet de priver le fonctionnaire des garanties prévues par le présent statut en matière disciplinaire. » Mais cette loi a été déclarée nulle par l'ordonnance du 9 août 1944 portant rétablissement de la légalité républicaine.

3 **III.** — Les données juridiques du problème furent modifiées par le Préambule de la Constitution du 27 oct. 1946, d'après lequel : « Le droit de grève s'exerce dans le cadre des lois qui le réglementent. » Or la loi du 19 oct. 1946 relative au statut des fonctionnaires leur reconnaissait le droit syndical, mais restait muette sur l'exercice du droit de grève. Deux lois seulement étaient venues réglementer ce droit : la loi du 27 déc. 1947 sur les compagnies républicaines de sécurité qui le retirait à leurs membres et assimilait la grève à l'abandon de poste, et la loi du 28 sept. 1948 relative à la police qui disposait que « toute cessation concertée du service pourra être sanctionnée en dehors des garanties disciplinaires ». Le commissaire du gouvernement Gazier n'eut guère de peine à convaincre le Conseil d'État que ces lois ne pouvaient constituer la réglementation d'ensemble du droit de grève.

Il restait alors à apprécier la valeur juridique du préambule de la Constitution. La doctrine lui assignait, en général, la valeur de règle de droit positif, tout au moins à l'égard du pouvoir exécutif et du juge. Elle était plus partagée sur la question de savoir si la formule du préambule était assez précise pour s'appliquer : les auteurs admettaient cependant, à peu près unanimement, que le préambule réservait la matière à la loi.

Le commissaire du gouvernement Gazier soutint au contraire que le préambule n'exprimait que des principes fondamentaux du droit et que le principe du droit de grève devait être concilié avec d'autres principes non moins respectables, notamment celui de la continuité du service public : « Admettre sans restriction la grève des fonctionnaires, ce serait ouvrir des parenthèses dans la vie constitutionnelle et, comme on l'a dit, consacrer officiellement la notion d'un État à éclipses. Une telle solution est radicalement contraire aux principes les plus fondamentaux de notre droit public. » Le maintien de l'ancienne jurisprudence n'était cependant plus possible : outre qu'elle ne cadrait plus avec le préambule, elle était en divorce complet avec les faits ; elle opposait radicalement les agents des services publics et les salariés de droit commun, dont la condition ne cessait de se rapprocher ; d'autre part « la ligne de démarcation entre les activités professionnelles qui ne peuvent être interrompues sans atteinte profonde à la vie nationale et celles qui peuvent s'accommoder de la grève ne coïncide pas avec celle qui oppose les agents des services publics aux salariés de droit privé... La grève des boulangers et celle des laitiers affecte plus la vie de la nation que celle des gardiens de musée ou des conservateurs des hypothèques ». Il vaut donc mieux admettre que la grève n'est plus nécessairement illicite, mais que, dans l'attente des lois la réglementant, le gouvernement peut limiter son exercice si l'ordre public l'exige.

Le Conseil d'État a admis le raisonnement de son commissaire et s'est, depuis lors, tenu à la jurisprudence *Dehaene*, malgré les critiques d'une partie de la doctrine qui estima que la matière était réservée par la Constitution au pouvoir législatif.

4 **IV.** — La Constitution de 1958 et la législation qui a suivi n'ont pas changé les données du problème. Le préambule de l'actuelle Constitution a confirmé celui de 1946. L'ordonnance du 4 février 1959 sur le statut des fonctionnaires était tout aussi muette sur le droit de grève que la loi du 19 oct. 1946. La loi du 31 juill. 1963 relative à certaines modalités de la grève dans les services publics, qui interdit les grèves « surprise » et les grèves « tournantes », n'a pas été regardée, en raison de son caractère très partiel, comme pouvant « constituer à elle seule l'ensemble de la réglementation du droit de grève annoncée par la Constitution » (CE Ass. 4 févr. 1966, *Syndicat unifié des techniciens de la RTF*, Rec. 81 ; D. 1966.720, note Gilli ; JCP 1966.II.14802, note C. Debbasch ; RDP 1966.324 et CJEG 1966.121, concl. Bertrand). Quant à la loi du 13 juill. 1983 relative aux droits et obligations des fonctionnaires, elle réaffirme que les « fonctionnaires exercent le droit de grève dans le cadre des lois qui le réglementent ».

Par rapport à l'état de la législation à l'époque de l'arrêt *Dehaene*, on doit relever simplement que de nouvelles catégories d'agents publics se sont vu refuser le droit de grève par la loi (ord. du 6 août 1958, pour les agents des services extérieurs de l'administration pénitentaire ; ord. du 22 déc. 1958, pour les magistrats ; loi du 31 juill. 1968, pour les agents du service des transmissions du ministère de l'Intérieur ; loi du 13 juill. 1972, pour les militaires).

L'accent mis par le Conseil constitutionnel sur les responsabilités du législateur en matière de réglementation du droit de grève (*n° 79-105 DC du 25 juill. 1979*, Rec. 33 ; RDP 1979.1705, comm. Favoreu ; D. 1980.101, note Paillet ; AJ 1980.191, note Legrand ; RA

Est France, nº 18.77, note Jarnevic ; Dr. soc. 1980.7, note Leymarie ; JCP 1981.II.19547, note Béguin) a conduit une partie de la doctrine à mettre en doute la pérennité de la jurisprudence *Dehaene** en tant qu'elle reconnaît au gouvernement des possibilités d'intervention. Le Conseil d'État n'en est pas moins resté fidèle à sa jurisprudence, faute pour le législateur d'avoir édicté une réglementation d'ensemble (CE Sect. 17 mars 1997, *Fédération nationale des syndicats du personnel des industries de l'énergie électrique, nucléaire et gazière* ; Rec. 90 ; du même jour, *Hotz* ; AJ 1997.533, note Bellanger et Darcy), Ainsi, pour la plupart des agents des services publics, c'est la jurisprudence *Dehaene*, complétée et précisée depuis lors par de nombreux arrêts, qui demeure applicable.

5 Bien que l'entreprise soit téméraire, il n'est pas sans intérêt d'essayer d'énoncer les quelques principes qui régissent à l'heure actuelle la grève dans la fonction publique.

1°) La grève des agents publics est en principe licite.

2°) Mais elle n'est licite que « pour la défense des intérêts professionnels » ; la formule est dans l'arrêt *Dehaene* : la grève politique n'est donc pas légitime (CE 8 févr. 1961, *Rousset*, Rec. 85, concl. Braibant ; Dr. ouvr. 1961.380, concl. Braibant). Mais le gouvernement n'est pas obligé de « prévoir une réglementation différente selon la nature des objectifs visés par les grévistes » (CE Sect. 28 nov. 1958, *Lepouse*, Rec. 596 ; D. 1959.263, note Quermonne ; RDP 1959.306, note M. Waline ; AJ 1958.I.128. chr. Combarnous et Galabert).

3°) Le droit de grève doit se concilier avec le devoir de réserve qui s'impose à tout agent public (CE 12 oct. 1956, *Delle Coquand*, Rec. 362 : l'incitation par voie de tracts et de harangues, même en dehors du service, à une grève politique, constitue une faute disciplinaire).

6 *4°)* Même lorsque la grève est licite, le gouvernement peut prendre les mesures propres à « en éviter un usage abusif ou contraire aux nécessités de l'ordre public ». Cette compétence n'est reconnue « qu'en l'état actuel de la législation » et n'a donc qu'un caractère supplétif par rapport au législateur. Elle peut s'exercer par voie de circulaires ministérielles (CE 18 mars 1956, *Hublin*, Rec. 117 ; AJ 1956.II.222, chr. Fournier et Braibant ; RPDA 1956.84 . chr. P.M. Gaudemet) ou de décisions de chefs de service (CE Sect. 19 janv. 1962, *Bernadet*, Rec. 49 ; D. 1962.202, note Leclercq ; – Ass. 4 févr. 1966, *Syndicat unifié des techniciens de la RTF*, précité). Il y a là une application remarquable de la jurisprudence issue de l'arrêt *Jamart** (CE Sect. 7 févr. 1936). Il en résulte une appréciation au cas par cas des exigences de la continuité du service

(CE 30 nov. 1998, *Mme Rosenblatt*, Rec. 901 : détermination de l'effectif minimum nécessaire dans les salles de réveil des blocs opératoires d'un centre hospitalier).

7 *5°)* Les contours du pouvoir reconnu à l'autorité administrative ont été progressivement précisés par le Conseil d'État depuis l'arrêt *Dehaene*. La jurisprudence paraît s'inspirer de deux considérations. D'une part, l'ordre public doit être assuré en priorité ; c'est pourquoi, généralisant la formule de l'arrêt *Dehaene*, l'arrêt *Lepouse* (précité) décide qu'« une grève, qui aurait pour effet de compromettre dans ses éléments essentiels l'action gouvernementale, porterait une atteinte grave à l'ordre public » et doit donc être évitée. D'autre part, seules doivent être apportées au droit de grève les limites indispensables à la sauvegarde de l'ordre public ou destinées à en éviter un usage abusif. Le juge administratif exerce en la matière un contrôle très serré aussi bien sur la nécessité d'assurer en tout état de cause telle ou telle activité que sur la désignation du personnel nécessaire au maintien de cette activité. Comme l'a dit le commissaire du gouvernement Gand dans ses conclusions sur l'affaire *Lepouse*, « nous sommes dans un domaine où une interdiction a d'autant plus de chance d'être respectée – ce qui est l'essentiel – qu'elle est limitée, précise et ne prête pas le flanc à la critique ».

En application de ces principes, le Conseil d'État a considéré comme légales l'interdiction de la grève faite aux personnels des PTT indispensables à la sécurité des personnes, à la conservation du matériel et au fonctionnement des liaisons indispensables à l'action gouvernementale (28 nov. 1958, *Lepouse*, précité), ou celle faite aux agents occupant des emplois indispensables au fonctionnement normal des services de sécurité aérienne (26 oct. 1960, *Syndicat général de la navigation aérienne*, Rec. 567 ; Dr soc. 1961.100, concl. Fournier ; Dr ouvr. 1961.38, concl. Fournier, note Piquemal : ce dernier arrêt va même jusqu'à admettre la légalité de l'exigence d'un préavis individuel de cinq jours pour la grève de certains agents). Il a considéré comme valable le refus du droit de grève aux gardiens de passages à niveau et l'interdiction des grèves tournantes aux agents de la SNCF, les autres grèves devant être précédées d'un préavis de cinq jours (Ass. 23 oct. 1964, *Fédération des syndicats chrétiens de cheminots*, Rec. 484 ; JCP 1965.II.14721, note G. Belorgey ; AJ 1964.682, chr. Puybasset et Puissochet ; RDP 1965.700, note M. Waline ; RDP 1964.1210, concl. Bertrand). Il a estimé que le gouvernement avait valablement pu désigner par circulaire le personnel nécessaire pour assurer la continuité du fonctionnement des services du groupement des contrôles radioélectriques (Ass. 4 févr. 1966, *Syndicat national des fonctionnaires et agents du groupement des contrôles radio-électriques*, Rec. 80 ; D. 1966.720, note Gilli ; JCP 1966. II.14802, note C. Debbasch ; RDP 1966.324, concl. Bertrand ; CJEG 1966.J.121, concl. Bertrand). De même c'est à bon droit que le droit de grève a été refusé par le ministre de l'intérieur à certains fonctionnaires supérieurs des préfectures et aux fonctionnaires de tous grades affectés au cabinet du préfet (Sect. 16 déc. 1966, *Syndicat national des fonctionnaires et agents des préfectures et sous-préfectures de France et d'outre-mer CGT-FO,* Rec. 662 ; D. 1967.105, note Gilli ; JCP 1967.II.15058, note Sinay, AJ 1967.99, concl. Bertrand ; RDP 1967.555, note M. Waline ; Rev. Adm. 1967.30, note Liet-Veaux ; Dr. ouvr. 1967.34, note Piquemal) ; la même solution a été adoptée pour les « personnels d'autorité ou ayant des responsabilités importantes des services extérieurs des douanes » (21 oct. 1970, *Syndicat général des fonctionnaires des impôts FO et syndicat national des agents de direction, de contrôle et de perception des douanes de France et d'outre-Mer*, Rec. 596 ; AJ 1971.365, note V.S.). Toutefois, dans ces deux derniers arrêts, les décisions attaquées ont été annulées en tant qu'elles refusaient le droit de grève, d'une part, à la totalité des fonctionnaires de tous grades affectés au secrétariat du secrétaire général, au bureau du cabinet et au bureau du courrier et de la coordination et, d'autre part, à tous les inspecteurs principaux des douanes.

Le Conseil d'État a également annulé une interdiction permanente et absolue de la grève des agents publics chargés de la manœuvre des écluses de la section internationale de la Moselle en relevant d'une part qu'aucune stipulation de la convention du 27 oct. 1956 sur la canalisation de la Moselle ne faisait obligation aux États signataires d'interdire le droit de grève aux personnels assurant le maniement des installations nécessaires à la navigation sur ce fleuve et d'autre part qu'une grève « ne mettrait pas nécessairement en péril, quels qu'en soient les motifs, la date et la durée, soit la conservation des installations et des matériels, soit le fonctionnement d'un service dont la continuité est indispensable à l'action gouvernementale ou à l'ordre public » (CE 4 févr. 1981, *Fédération CFTC des personnels de l'environnement, de l'équipement et du logement, des transports et du tourisme*, Rec. 45 ; AJ 1981.543, note Salon ; D. 1981.I.R.286, obs. P. Delvolvé ; Dr. soc. 1981.412, concl. Genevois).

8 En ce qui concerne les personnels de la radiodiffusion et de la télévision, le Conseil d'État a tout d'abord considéré comme légale l'interdiction faite aux agents de la RTF nécessaires, à tous les échelons de la hiérarchie, pour assurer le fonctionnement des services d'information (18 mars 1956, *Hublin*, précité n° 66-6) ; il a ensuite admis que le ministre de l'information avait valablement imposé un service minimum à la télévision en cas de grève (CE Sect. 13 juill. 1968, *Syndicat unifié des techniciens de l'ORTF*, Rec. 444-III ; AJ 1968.571, chr. Dewost et Denoix de Saint Marc ; RDP 1968.1094, concl. Bertrand), tout en annulant dans la première de ces décisions l'obligation faite aux agents de la télévision de diffuser un film de 20 h 30 à 22 h 30 en cas de grève. Depuis 1972, la définition du service minimum à la radio et à la télévision résulte de la loi et de mesures réglementaires d'application. Il revient au Conseil constitutionnel, s'il est saisi, d'apprécier la conformité à la Constitution des dispositions arrêtées par le législateur (*n° 79-105 DC du 25 juill. 1979*, précité n° 66-4 ; *n° 86.217 DC du 18 sept. 1986*, cons. n° 78, Rec. 141 ; AJ 1987.102, note Wachsmann) et au Conseil d'État de se prononcer sur la légalité des dispositions de nature réglementaire (CE 12 nov. 1976, *Syndicat unifié de radio et de télévision CFDT*, Rec. 484 ; Dr. soc. 1977.261, concl. Massot ; – 1er juill. 1983, même requérant, Rec. 293), pour autant qu'elles fassent grief (CE 31 juill. 1996, *Syndicat national de radiodiffusion et de télévision*, Rec. 320 ; JCP 1996.II.22735, concl. Stahl).

9 *6°)* Toute irrégularité dans le déclenchement d'une grève n'est pas nécessairement fautive ; tel est le cas pour un préavis déposé par une organisation syndicale insuffisamment représentative sans que l'attention des intéressés ait été appelée sur ce point : CE 8 janv. 1992, *Ciejka*, Rec. 5 ; Dr. Soc. 1992.469, concl. Pochard. Si une sanction disciplinaire pour faits de grève est encourue, elle ne peut être infligée qu'après communication du dossier (CE Sect. 25 mars 1955, *Rousset*, Rec. 179 ; v. n° 66-3), même en cas de grève politique (CE 1er févr. 1963, *Ministre des armées c. Audibert*, Rec. 66).

10 *7°)* Les grévistes n'ont pas le droit d'occuper les locaux administratifs, c'est-à-dire de faire la grève « sur le tas » (CE Sect. 11 févr. 1966, *Legrand*, Rec. 110).

11 *8°)* En l'absence de service fait, l'agent public n'a pas droit à la rémunération correspondant à la durée de l'interruption de travail (CE 9 avr. 1954, *Caubel*, Rec. 225). Dans le silence des textes, le Conseil d'État a jugé que les retenues opérées sur la rémunération des grévistes devaient être proportionnelles à la durée de la grève (CE Sect. 13 mars 1959, *Syndicat national « Force ouvrière » du ministère de la reconstruction et de l'urbanisme*, Rec. 178 ; RDP 1959.766, note M. Waline).

Sous l'empire de la loi du 29 juill. 1961, abrogée par la loi du 19 oct. 1982, puis partiellement remise en vigueur par l'article 89 de la loi du 28 juill. 1987, la retenue pratiquée est, dans le cas des fonctionnaires de l'État, égale à la journée, en application de la règle de la comptabilité publique dite du trentième indivisible, même si la cessation de travail a été d'une durée moindre. Le calcul du montant de la retenue a soulevé des difficultés d'application dans le cas des agents dont les obligations de service chevauchent deux journées (CE Ass. 15 févr. 1980, *Faure*, Rec. 93 ; AJ 1980.282 chr. Robineau et Feffer ; D. 1980.I.R.301, obs. P. Delvolvé : l'agent est réputé avoir fait grève pendant deux journées entières) ainsi que pour les personnels enseignants (CE 6 mai 1988, *Delage* et *Tinel*, Rec. 183 et 184 ; AJ 1988.585, chr. Azibert et de Boisdeffre :

eu égard aux conditions particulières d'exercice de leurs fonctions, ils sont tenus pour grévistes s'ils ont déclaré s'associer au mouvement de grève alors même qu'ils n'avaient pas d'heures de cours à assurer).

12 *9°)* Les principes de l'arrêt Dehaene ne s'appliquent pas seulement aux fonctionnaires et agents de l'État, mais aussi au personnel communal (CE 9 juill. 1965, *Pouzenc*, Rec. 421 ; D. 1966.720, note Gilli), à celui des établissements publics tels que l'aéroport de Paris (CE 20 avr. 1977, *Syndicat des cadres et agents de maîtrise de l'aéroport de Paris CGC*, Rec. 175 ; AJ 1978.49, note F.H. ; Quot. jur. 24 nov. 1977, note Plouvin) et à celui des services publics industriels et commerciaux, quelle que soit leur forme juridique (Cass. soc. 27 janv. 1956, D. 1956.481, note Gervais et CE Ass. 23 oct. 1964, *Fédération des syndicats chrétiens de cheminots*, précité n° 66-7, pour la SNCF ; – CE Ass. 4 févr. 1966, *Syndicat unifié des techniciens de la RTF*, précité, n° 66-4 et CE Sect. 13 juill. 1968, *Syndicat unifié des techniciens de l'ORTF*, précité n° 66-8, pour la radiodiffusion-télévision).

Dans le premier cas, le pouvoir de réglementation appartient au maire ; en ce qui concerne les services publics dotés de la personnalité morale, ce sont en principe les organes dirigeants de l'établissement qui sont compétents (CE 14 oct. 1977, *Syndicat général CGT du personnel des affaires sociales et union syndicale CFDT des affaires sociales*, Rec. 383 ; AJDA 1978.228, note Plouvin). La règlementation édictée dans la mesure où elle se rattache à l'organisation du service public présente un caractère réglementaire et administratif, comme l'a jugé le Tribunal des conflits à propos d'Électricité de France (TC 22 juin 1992, *Abella*, Rec. 488 ; CJEG 1993.481, note Lachaume). Il arrive cependant que des textes particuliers attribuent le pouvoir de réglementation, en totalité ou en partie, au ministre de tutelle (CE 12 nov. 1976, *Syndicat unifié de radio et de télévision CFDT*, précité n° 66-8).

V. — Si, depuis l'arrêt *Dehaene*, sa jurisprudence est plus libérale que par le passé en ce qui concerne les droits reconnus aux fonctionnaires qui ont fait grève, le Conseil d'État admet que le gouvernement puisse user de certains de ses pouvoirs pour faire échec à une grève ou pallier ses conséquences.

13 *1°)* Le recours au droit de réquisition est possible tout en étant soumis au contrôle du juge. Les tribunaux judiciaires saisis par la voie de l'exception d'illégalité, n'ont guère exercé, jusqu'à présent, qu'un contrôle de régularité formelle ; la Cour de cassation estime en effet « qu'il appartient à l'administration, seule responsable de la bonne marche des services publics, de déterminer, lorsqu'elle procède à une réquisition, les catégories de personnels indispensables à la satisfaction des besoins essentiels du public », et qu'il ne saurait appartenir au juge répressif de substituer son appréciation à celle de l'autorité administrative (Crim. 2 févr. 1956, *Gros*, D. 1956.678, note Maynier). En revanche, le juge administratif, saisi par la voie du recours pour excès de pouvoir, exerce son contrôle sur les appréciations faites par le gouvernement et interdit ainsi à ce dernier de supprimer complètement en pratique, par la voie de la réquisition, un droit reconnu par la Constitution. C'est ainsi qu'à la suite de la réquisition du personnel de la Régie autonome des transports de la ville de Marseille, le Conseil d'État a jugé qu'« il ne ressort pas des pièces du dossier que les perturbations qui sont résultées (de la grève tournante) aient eu pour effet de porter, soit à la continuité du service des transports, soit à la satisfaction des besoins de la population, une atteinte suffisamment grave pour justifier légalement la réquisition du personnel de cette régie » (CE Sect. 24 févr. 1961, *Isnardon*, Rec. 150 ; J. 1961.I.204, chr. Galabert et Gentot ; Dr. soc. 1961.357, note J. Savatier). En revanche, à la suite de la grève déclenchée au sein de la Compagnie Air France par la totalité du personnel navigant sur les appareils Boeing, le Conseil d'État a jugé que la « poursuite de cette grève était, eu égard à l'importance des liaisons aériennes interrompues et aux risques graves que son extension éventuelle pouvait comporter pour le fonctionnement de l'ensemble du service des transports aériens, de nature à porter à la satisfaction des besoins du pays une atteinte suffisamment grave pour justifier légalement le décret attaqué autorisant la réquisition de l'ensemble du personnel navigant de la Compagnie nationale Air France » (CE 26 oct. 1962, *Le Moult et Syndicat « Union des navigants de ligne »*, Rec. 580 ; AJ 1962.671, chr. Gentot et Fourré ; Dr. soc. 1963.224 note J. Savatier). De même a été considérée comme valable la réquisition des personnels assurant la sécurité aérienne (CE 9 févr. 1966, *Fédération nationale de l'aviation civile*, Rec. 101 ; D. 1966.720, note Gilli ; Dr. soc. 1966.565, note Courvoisier).

14 *2°)* Le Conseil d'État a admis que l'administration, tenue d'assurer la continuité du service public, peut à cette fin embaucher du personnel d'appoint, pour une durée limitée, en cas de grève des agents publics. Toutefois, s'agissant de l'exécution du service public administratif, elle doit, sauf impossibilité résultant de circonstances exceptionnelles, recruter des agents publics à titre temporaire, dans le cadre de la loi (aujourd'hui loi du 11 janv. 1984, art. 6 al. 2 ; loi du 26 janv. 1984, art. 3 al. 2) et non du personnel fourni par un entrepreneur privé de travail temporaire (CE Ass. 18 janv. 1980, *Syndicat CFDT des postes et télécommunications du Haut-Rhin*, Rec. 31 ; AJ 1980.89, chr. Robineau et Feffer ; D. 1980.I.R.302, obs. P. Delvolvé ; JCP 1980.II.19450, note Zoller ; RA 1980.606, obs. Bienvenu et Rials). La Cour de cassation a adopté une attitude beaucoup plus restrictive (Cass. soc. 19 mai 1998, *La Poste c/Syndicat départemental CGT-PTT ;* AJFP nov.-déc. 1998, p. 27, note Petit).

15 *3°)* La mise en demeure à des agents grévistes d'avoir à reprendre leur travail a été jugée légale dans un cas où le directeur de la comptabilité publique avait enjoint à des agents des services du Trésor d'un département, en grève depuis dix-huit jours, d'avoir à se mettre à la disposition du Trésorier-payeur général pour assurer le versement des traitements et pensions des personnels (CE 25 sept. 1996, *Ministre du budget c. Mme Emard*, Rec. 351).

16 **VI.** — Il ne faut évidemment pas trop attendre de ces textes nombreux et divers et de cette jurisprudence fort nuancée. La fréquence, l'ampleur et le succès des mouvements de grève dépendent essentiellement des conditions de fait et des rapports de force, et échappent dans une large mesure à l'emprise des limitations juridiques ; l'échec de la réquisition des mineurs en 1963, la multiplication des grèves sans préavis ou avec occupation des locaux, montrent que, dans la pratique, les autorités gouvernementales et administratives ne sont pas toujours en mesure d'user des pouvoirs que leur donnent le législateur et le juge.

67

ORDRES PROFESSIONNELS

CE Ass. 29 juill. 1950, COMITÉ DE DÉFENSE DES LIBERTÉS PROFESSIONNELLES DES EXPERTS-COMPTABLES BREVETÉS PAR L'ÉTAT, Rec. 492

(RDP 1951.212, concl. R. Odent, note M. Waline ; Dr. Soc. 1950.391, note Rivero ; R.A. 1950.471, note Liet-Veaux)

Cons. qu'il résulte des diverses prescriptions de l'ordonnance du 19 sept. 1945, et notamment de ses art. 1, 31 et 37, que les signataires de ladite ordonnance, qui a confié aux autorités de l'ordre des experts-comptables et comptables agréés la mission d'assurer la défense de l'honneur et de l'indépendance des professions qu'il représente, ont entendu *attribuer auxdites autorités l'ensemble des pouvoirs nécessaires à l'accomplissement de cette mission ; mais que ces pouvoirs trouvent une limite dans les libertés individuelles qui appartiennent aux membres de l'ordre comme à la généralité des citoyens ; que dès lors, les sujétions imposées par lui à ses membres ne peuvent être tenues pour légales que dans le cas et dans la mesure où les restrictions qu'elles assignent à ces libertés dérivent nécessairement des obligations qui incombent à l'ordre et des mesures qu'impliquent ces obligations ;* que, par suite, les règles impératives tracées à ses membres par le code des devoirs professionnels, telles qu'elles ont été édictées par l'acte revêtu de l'approbation des ministres intéressés les 7 et 21 août 1946, n'ont une base légale que lorsque les restrictions auxquelles elles soumettent les libertés individuelles des membres de l'ordre ont un rapport direct avec les fins assignées à son activité et répondent, d'autre part, aux besoins de son fonctionnement normal ;

Cons. qu'aux termes de l'art. 20, § C, du code des devoirs professionnels, « les réclamations et démarches des membres de l'ordre relatives à des faits professionnels, de quelque nature qu'ils soient, autres que les recours réglementaires, doivent être adressées au conseil régional compétent et, faute de réponse, au Conseil supérieur. Toute démarche concernant des questions ou des faits de nature professionnelle faite par un membre de l'ordre auprès d'une autorité non qualifiée ou toute initiative prise par lui par la voie de la presse, sous quelque forme que ce soit, directement ou par un intermédiaire, constitue une faute professionnelle. Il en est de même de toute allégation, insinuation et, d'une manière générale, de toute manœuvre susceptible de nuire directement ou indirectement à l'ordre » ;

Cons. que la conception qui préside à l'institution de l'ordre s'oppose à ce qu'un membre de celui-ci puisse, sans se mettre dans le cas d'être l'objet d'une poursuite disciplinaire, accomplir des actes ou tenir des propos ayant pour but ou pouvant avoir pour effet de porter atteinte aux intérêts de l'ordre, mais qu'il n'a pas été dans les intentions du législateur, qui a prévu la désignation des membres des conseils par l'élection, de priver les membres de l'ordre de la faculté d'émettre verbalement ou de toute autre façon, et même par la voie de la presse, leur appréciation sur la gestion desdits conseils ou sur un point quelconque du fonctionnement de l'ordre, sous réserve que leurs critiques ne présentent pas des faits allégués une version matériellement inexacte et qu'elles ne contreviennent pas à la bonne foi ou à la correction qu'il est dans la fonction même de l'ordre d'instituer et de maintenir dans les rapports entre ses ressortissants ;

Cons. que le droit ci-dessus reconnu à tout membre de la profession se double de celui d'exercer, dans le cadre des prescriptions législatives ou réglementaires, toute démarche qu'il croit devoir entreprendre pour faire en sorte que l'organisation et le fonctionnement de l'ordre ne s'écartent pas des règles qui le régissent et, le cas échéant, pour y introduire, par les voies régulières, tous amendements qu'il estime justifiés ;

Cons. qu'il résulte de ce qui précède qu'en prononçant, à la seule exception des « recours réglementaires », une interdiction générale et absolue de prendre aucune initiative et de faire aucune démarche ou réclamation concernant des faits professionnels par toute autre voie que les conseils de l'ordre, les dispositions litigieuses ont excédé les limites des sujétions que le Conseil supérieur de l'ordre peut légalement imposer à ses membres en vertu des pouvoirs qu'il tient de l'art. 37-11° de l'ordonnance précitée ;

Cons. qu'il ressort de l'ensemble des prescriptions du paragraphe contesté que le deuxième alinéa dudit paragraphe est inséparable du précédent ; ... (Annulation).

OBSERVATIONS

1 Le Comité de défense des libertés professionnelles des experts-comptables, qui groupait une minorité d'experts-comptables volontiers récalcitrants aux directives émanant des représentants officiels de l'ordre, déférait au Conseil d'État le refus du ministre de l'économie nationale d'annuler certaines dispositions du code des devoirs professionnels des experts-comptables. Ce code avait été élaboré par le Conseil supérieur de l'ordre, en vertu de l'ordonnance du 13 sept. 1945, et approuvé par les ministres compétents ; la jurisprudence considère que constituent des actes administratifs non seulement les codes de déontologie prenant la forme d'un décret, tel le code de déontologie médicale, mais aussi ceux qu'ont élaborés les organismes professionnels eux-mêmes, lorsque la loi leur confère ce pouvoir (CE Ass. 9 juin 1950, *Chambre syndicale des experts en objets d'art*, Rec. 355) ; le Comité de défense aurait donc pu attaquer directement le code des experts-comptables ; mais, en l'espèce, il dirigea son recours contre le refus du ministre d'abroger les dispositions contestées.

Déjà, en 1943, dans ses conclusions sur l'arrêt *Bouguen**, le commissaire du gouvernement Lagrange avait affirmé :

« Le pays qui a su soumettre la puissance publique elle-même au contrôle juridictionnel ne saurait tolérer qu'y échappent tels ou tels organismes investis du pouvoir de créer, d'appliquer ou de sanctionner des règlements, sous le prétexte qu'on serait en présence d'un droit autonome ou *sui generis* ». Cette idée allait conduire le Conseil d'État à exercer un contrôle très serré sur l'exercice par les organismes professionnels des pouvoirs souvent considérables que la loi leur a accordés. Le principe même de ce contrôle avait été affirmé par les arrêts *Monpeurt** (CE 31 juill. 1942) et *Bouguen**, puis confirmé et précisé en 1945 par l'arrêt *Devouge* (CE Ass. 28 mars 1945, Rec. 64 ; S. 1945.3.45, concl. Detton, note Brimo ; Gaz. Pal. 1945.1.123, concl. Detton). Mais c'est l'arrêt *Comité de défense...* qui constitue l'expression la plus achevée et la manifestation la plus solennelle de la volonté du Conseil d'État de soumettre l'activité des organismes professionnels, et notamment celle des ordres des professions libérales, aux principes généraux régissant l'exercice par la puissance publique de ses pouvoirs à l'égard des particuliers. Le commissaire du gouvernement Odent a particulièrement insisté, dans ses conclusions, sur le fait que « les conceptions du droit public classique sont parfaitement compatibles avec les exigences de l'organisation professionnelle ».

Elles commandent tant *les codes de déontologie* (I) que les *autres mesures* (II) prises par les ordres professionnels.

I. — Le contenu des *codes de déontologie* a été délimité non seulement par le présent arrêt (A) mais aussi par des arrêts ultérieurs (B).

2 ***A.*** — L'arrêt commence par poser le problème de la conciliation des pouvoirs des organismes professionnels avec la liberté individuelle des membres de l'ordre, en transposant en ce domaine nouveau des formules empruntées au droit administratif classique. Il est tout d'abord certain que la création d'un ordre professionnel en vue de faciliter aux membres de la profession la défense de leurs intérêts communs et de donner aux tiers la garantie d'un contrôle officiel de capacité et de moralité professionnelles entraîne certaines limitations de liberté : les autorités professionnelles doivent donc disposer de *« l'ensemble des pouvoirs nécessaires à l'accomplissement de cette mission »*. Mais, ajoute le Conseil d'État, *« ces pouvoirs trouvent une limite dans les libertés individuelles qui appartiennent aux membres de l'ordre comme à la généralité des citoyens »* : qu'il soit isolé ou membre d'un groupe, qu'il soit simple particulier ou agent public, le citoyen français conserve une part irréductible de liberté. La conciliation entre ces deux exigences se fait en ce sens que *« les sujétions imposées par l'ordre à ses membres ne peuvent être tenues pour légales que dans le cas et dans la mesure où les restrictions qu'elles assignent à ces libertés dérivent nécessairement des obligations qui incombent à l'ordre et des mesures qu'impliquent ces obligations »*, ou encore, selon une autre formule de l'arrêt, lorsqu'elles ont un *« rapport direct avec*

les fins assignées à son activité et répondent, d'autre part, aux besoins de son fonctionnement normal ».

L'application concrète de ces principes a exigé de la part du Conseil d'État une analyse minutieuse des dispositions contestées. Celles-ci étaient rédigées de la manière suivante : « les réclamations et démarches des membres de l'ordre relatives à des faits professionnels, de quelque nature qu'ils soient, autres que les recours réglementaires, doivent être adressées au conseil régional compétent et, faute de réponse, au Conseil supérieur. Toute démarche concernant des questions ou des faits de nature professionnelle faite par un membre de l'ordre auprès d'une autorité non qualifiée ou toute initiative prise par lui par la voie de la presse, sous quelque forme que ce soit, directement ou par un intermédiaire, constitue une faute professionnelle. Il en est de même de toute allégation, insinuation et, d'une manière générale, de toute manœuvre susceptible de nuire directement ou indirectement à l'ordre ». Le Conseil d'État admet certes que « la conception même qui préside à l'institution de l'ordre s'oppose à ce qu'un membre de celui-ci puisse... accomplir des actes ou tenir des propos ayant pour but ou pouvant avoir pour effet de porter atteinte aux intérêts de l'ordre » ; l'ordre serait donc en droit de sanctionner les « critiques qui présentent des faits allégués une version matériellement inexacte ou qui contreviennent à la bonne foi ou à la correction » qui doit régner entre les membres de la profession. Mais la disposition attaquée allait au-delà de ces pouvoirs « nécessaires » en interdisant toute critique publique des conseils de l'ordre et de leurs membres élus. Le commissaire du gouvernement Odent s'élevait contre une conception aussi « peu démocratique et même spécifiquement totalitaire » consistant à « protéger la doctrine officielle, les méthodes officielles, l'orthodoxie officielle, ainsi d'ailleurs – et peut-être surtout – que les représentants officiels de l'ordre contre toute critique d'experts-comptables non conformistes ». Cette tentative de l'ordre de supprimer toute démocratie parmi ses membres était évidemment illégale, compte tenu des principes généraux consacrés par l'arrêt. Quant à la disposition tendant à imposer l'intervention obligatoire des conseils de l'ordre dans le règlement des différends professionnels, elle conduisait à la création d'un préliminaire obligatoire de conciliation, que seule une loi pouvait instituer (cf. CE Ass. 28 mars 1945, *Devouge*, précité n° 67-1).

3 ***B.*** — Le Conseil d'État eut l'occasion de préciser davantage encore sa pensée dans un arrêt du 15 juill. 1954, rendu en assemblée sur la requête du même *Comité de défense des libertés professionnelles des experts-comptables* (Rec. 488 ; Dr. soc. 1955.73, concl. F. Grévisse ; AJ 1954.II.bis.14, chr. Gazier et Long). Le Comité s'efforçait de démontrer l'illégalité de plusieurs dispositions du même code des devoirs professionnels.

1°) « Tout membre de l'ordre doit s'abstenir même en dehors de l'exercice de sa profession de tout agissement de nature à la déconsidérer. »

Le Conseil d'État a jugé que la mission incombant à l'ordre « de veiller à l'honneur de la profession implique le pouvoir d'interdire tout fait ou tout acte de nature à porter atteinte à la considération de celle-ci... non seulement dans l'exercice même de la profession, mais encore dans la vie privée des membres de l'ordre ». Cette exigence correspond à la dignité et à la réserve que, dans un domaine voisin, l'administration est en droit d'exiger de ses fonctionnaires dans leur vie privée.

2°) « Tout membre de l'ordre qui a acquis la preuve qu'un confrère a commis une faute grave contre les règles de la profession a le devoir de rompre toute relation professionnelle avec lui. »

Le Conseil a jugé que si une telle prescription était défendable en cas de faute d'une gravité exceptionnelle, la disposition attaquée « excède par sa généralité la limite des sujétions que le Conseil supérieur de l'ordre est en droit d'imposer dans l'intérêt de la discipline et de la dignité de l'ordre ».

3°) « Les membres de l'ordre sont déliés du secret professionnel dans les cas d'information ou de poursuites... »

Le Conseil d'État a estimé que l'ordre avait pu valablement imposer à ses membres de « ne pas garder le secret sur des faits concernant une infraction au code de déontologie qui sont parvenus à leur connaissance, lorsqu'ils en sont régulièrement requis par les autorités de l'ordre au cours d'une procédure disciplinaire engagée contre l'un de ses membres... »

A été ultérieurement admise la légalité d'une disposition selon laquelle le secret professionnel n'est pas opposable aux membres de l'ordre chargés du *contrôle interne* de la profession. Le Conseil d'État a pris soin cependant de relever que les contrôleurs « sont eux-mêmes astreints au secret professionnel » et qu'ils ne peuvent avoir communication des dossiers de la clientèle que « dans la seule mesure nécessaire » à l'accomplissement de leur mission (CE Sect. 31 mars 2003 – *Société fiduciaire nationale d'expertise comptable Fiducial*).

4°) « Lorsqu'un client quitte un expert pour s'adresser à un de ses confrères sans être d'accord sur le règlement des honoraires dus au premier, le second expert doit s'efforcer d'amener le client à accepter l'arbitrage de l'ordre... et suspendre son concours au cas où le client n'exécuterait pas la sentence arbitrale. »

Le Conseil d'État a vu dans cette disposition une tentative pour organiser une juridiction professionnelle portant atteinte à l'organisation judiciaire de droit commun, et il l'a annulée, comme il l'avait fait des tentatives analogues de certains comités d'organisation (Ass. 28 mars 1945, *Devouge*, précité n° 67-1).

4 **II.** — Le contrôle exercé par le juge administratif sur les organismes professionnels ne se limite pas à la légalité des dispositions des codes de déontologie. Il s'étend aux *autres mesures* de portée réglementaire prises par les ordres (CE 31 janv. 1969, *Union nationale des grandes pharmacies de France*, Rec. 54 ; D. 1969.360, note Guibal ; Dr. soc. 1970.137, note Bazex ; AJ 1969.131, chr. Dewost et Denoix de Saint Marc ; RTDSS 1969.187, note J.M. Auby ; – Sect. 14 févr. 1969, *Association syndicale nationale des médecins exerçant en groupe ou en équipe*, Rec. 96 ; JCP 1969.II.15849, note Savatier ; AJ 1969.161, chr. Dewost et Denoix de Saint Marc ; Dr. soc. 1969.273, concl. Baudouin, note Dubouis.) Il s'applique aussi à leurs décisions individuelles ; par la voie du recours en cassation, le Conseil d'État contrôle la régularité des sanctions infligées aux membres des ordres professionnels en précisant au besoin le contenu des principes déontologiques fondamentaux s'imposant aux intéressés (CE Ass. 2 juill. 1993, *Milhaud,* Rec. 194, concl. Kessler – v. n° 104.2) ; par la voie du recours pour excès de pouvoir, le juge administratif contrôle la régularité des mesures prises en matière d'inscription au tableau ; par la voie du recours de pleine juridiction, enfin, il condamne les ordres professionnels à réparer les dommages qu'ils ont pu causer (v. nos obs. sous CE 2 avr. 1943, *Bouguen**).

5 La jurisprudence adoptée par le Conseil d'État est à rapprocher de l'interprétation donnée de l'article 10 de la Convention de sauvegarde des droits de l'homme et des libertés fondamentales relatif à la liberté d'expression, aussi bien par la Commission que par la Cour européenne des droits de l'homme. De la même manière que le juge administratif français, la Commission de Strasbourg a considéré qu'un groupement ne peut limiter d'une manière excessive la liberté d'expression d'un de ses membres (rapport du 15 mars 1985 sur la requête 9267/81 ; AFDI 1985.437. comm. Cohen-Jonathan et Jacqué). De son côté, la Cour européenne des droits de l'homme a défini le rôle des ordres professionnels dans des termes voisins de ceux qu'employait le commissaire du gouvernement Odent en 1950 (CEDH 23 juin 1981, *Le Compte, Van Leuwen et de Meyere*, série A, n° 43, paragraphes 64 et 65 ; Gaz. Pal. 1981.2.775, note Delamarre ; Gaz. Pal. 1982.1.338. comm. Flauss ; Journal des Trib. 1981.625, note Lambert ; RTDSS 1982.57, note Dubouis ; C. Dr. Eur. 1982.201, comm. Cohen-Jonathan ; AFDI 1982.495, comm. Pelloux).

68

PRINCIPES GÉNÉRAUX DU DROIT

CE Sect. 9 mars 1951, SOCIÉTÉ DES CONCERTS DU CONSERVATOIRE, Rec. 151

(S. 1951.3.81, note C.H. ;
Dr. Soc. 1951.168, concl. Letourneur, note Rivero)

Cons. qu'il résulte de l'instruction qu'à la suite de la sanction infligée par le comité de direction de la société des concerts du Conservatoire, conformément aux statuts de celle-ci, à deux membres de cette association qui, au lieu d'assurer leur service dans son orchestre, ont malgré la défense qui leur en avait été faite, prêté leurs concours à un concert organisé à la Radiodiffusion française le 15 janv. 1947, l'administration de la Radiodiffusion française a décidé de suspendre toute retransmission radiophonique des concerts de la société requérante jusqu'à ce que le ministre chargé des Beaux-Arts se soit prononcé sur la demande de sanction qu'elle formulait contre le secrétaire général de ladite société ;

Cons. qu'en frappant la société requérante d'une mesure d'exclusion à raison des incidents susrelatés sans qu'aucun motif tiré de l'intérêt général pût justifier cette décision, *l'administration de la Radiodiffusion française a usé de ses pouvoirs pour un autre but que celui en vue duquel ils lui sont conférés et a méconnu le principe d'égalité qui régit le fonctionnement des services publics* et qui donnait à la société requérante, traitée jusqu'alors comme les autres grandes sociétés philharmoniques, vocation à être appelée, le cas échéant, à prêter son concours aux émissions de la radiodiffusion ; que cette faute engage la responsabilité de l'État ; que, compte tenu des éléments de préjudice dont la justification est apportée par la société requérante, il sera fait une juste appréciation des circonstances de la cause en condamnant l'État à payer à la société des concerts du Conservatoire une indemnité de 50 000 F avec intérêts au taux légal à compter du 24 févr. 1947, date de la réception de sa demande de dommages-intérêts par le président du conseil des ministres ;... (Annulation ; indemnité).

OBSERVATIONS

1 **I.** — Des sanctions ayant été prises contre des membres de l'orchestre de la société du Conservatoire parce qu'ils avaient prêté leur concours à un concert organisé par la Radiodiffusion française au lieu d'assurer leur service, l'administration de la radiodiffusion,

en guise de représailles, refusa momentanément ses antennes à cette société. Saisi de cette affaire par la voie d'un recours en indemnité, le Conseil d'État condamna l'administration, en considérant qu'elle avait commis un détournement de pouvoir et méconnu le « principe d'égalité qui régit le fonctionnement des services publics ».

Cet arrêt et les conclusions sur lesquelles il a été rendu consacrent la théorie des « principes généraux du droit », dont la jurisprudence antérieure s'était souvent inspiré sans la nommer expressément, sauf en de rares occasions (cf. CE Ass. 26 oct. 1945, *Aramu*, Rec. 213 ; v. n° 57.2 ; – Sect. 29 avr. 1949, *Bourdeaux*, Rec. 188). Selon la définition du président Bouffandeau, les principes généraux du droit sont « des règles de droit non écrites, ayant valeur législative, et qui, par suite, s'imposent au pouvoir réglementaire et à l'autorité administrative, tant qu'elles n'ont pas été contredites par une disposition de loi positive ;... mais ces règles ne peuvent pas être regardées comme faisant partie d'un droit public coutumier, car, pour la plupart, la constatation de leur existence par le juge administratif est relativement récente. En réalité, il s'agit d'une œuvre constructive de la jurisprudence, réalisée pour des motifs supérieurs d'équité, afin d'assurer la sauvegarde des droits individuels des citoyens » (cité in : Letourneur, *Les « principes généraux du droit » dans la jurisprudence du Conseil d'État*, EDCE 1951.19). Il s'agit au fond d'une méthode d'interprétation qui tend à présumer chez le législateur la volonté de respecter les libertés essentielles de l'individu.

Comme le déclarait le commissaire du gouvernement Letourneur, la jurisprudence admet aujourd'hui « qu'à côté des lois écrites existent de grands principes dont la reconnaissance comme règles de droit est indispensable pour compléter le cadre juridique dans lequel doit évoluer la nation, étant données les institutions politiques et économiques qui sont les siennes, et dont la violation a les mêmes conséquences que la violation de la loi écrite, c'est-à-dire l'annulation de l'acte intervenu en leur méconnaissance et la constatation d'une faute à la charge de l'autorité ayant pris cet acte » (sur la nature juridique des principes généraux du droit, v. nos obs. sous l'arrêt du 26 juin 1959, *Syndicat général des ingénieurs-conseils**).

II. — L'arrêt *Société des concerts du Conservatoire* consacre le « principe d'égalité qui régit le fonctionnement des services publics ».

2 ***A.*** — Le principe d'égalité implique que toutes les personnes se trouvant placées dans une situation identique à l'égard du service public doivent être régies par les mêmes règles. Le Conseil d'État a ainsi consacré le principe de l'égalité des citoyens devant les charges publiques (30 nov. 1923, *Couitéas** ; – Ass. 14 janv. 1938, *Société anonyme des produits laitiers La Fleurette** ; – Ass. 4 nov.

1960, *Syndicat du personnel de l'Assemblée de l'Union française*, Rec. 596, concl. M. Bernard ; AJ 1960.I.188, chr. Galabert et Gentot ; Rec. Penant, 1961.61, concl. M. Bernard, consult. Vedel) ; celui de l'égalité devant l'impôt (Sect. 4 févr. 1944, *Guieysse*, Rec. 45 ; RDP 1944.158, concl. Chenot, note Jèze ; – Ass. 22 févr. 1974, *Association des maires de France*, Rec. 136 ; D. 1974.520, note Durupty ; CJEG 1974.J.77, concl. Gentot ; AJ 1974.269, note Moulié) ; qui peut d'ailleurs conjuguer ses effets avec l'égalité devant les charges publiques (CE Ass. 30 juin 1995, *Gouvernement du territoire de la Polynésie française*, Rec. 279 ; AJ 1995.688, chr. Stahl et Chauvaux ; RFDA 1995, p. 1241, note Favoreu et p. 1243, note L. Philip) ; celui de l'égalité des usagers du service public (Ass. 1er avr. 1938, *Société L'Alcool dénaturé*, Rec. 337 ; RDP 1939.487, concl. R. Latournerie ; 13 oct. 1999, *Compagnie nationale Air France*, Rec. 303 ; AJ 2000.86, concl. Arrighi de Casanova) ou du domaine public (Sect. 2 nov. 1956, *Biberon*, Rec. 403, concl. Mosset) ; celui de l'égalité devant la réglementation économique (26 oct. 1949, *Ansar*, Rec. 433 ; – 22 mars 1950, *Société des ciments français*, Rec. 175) ; celui de l'égalité entre les candidats à un concours (19 oct. 1960, *Beaufort*, Rec. 545, concl. Braibant) ou à un grade universitaire (Sect. 28 sept. 1962, *Jourde et Maleville*, Rec. 508 ; S. 1963.25 et D. 1963.62, concl. Braibant ; RDP 1963.75, note M. Waline ; AJ 1962.547, chr. Galabert et Gentot) ; celui de l'égalité entre les fonctionnaires appartenant à un même corps (Ass. 21 juill. 1972, *Union interfédérale des syndicats de la préfecture de police et de la sûreté nationale*, Rec. 584 ; AJ 1972.456, chr. Labetoulle et Cabanes ; AJ 1973.125, concl. Morisot) ; celui de l'égalité des sexes (Ass. 3 juill. 1936, *Delle Bobard**), etc.

3 ***B.*** — Le principe d'égalité n'interdit cependant pas à l'administration de traiter différemment des personnes à la condition que la différence de traitement soit en rapport avec la différence de situation ou qu'elle tienne à des considérations d'intérêt général liées au fonctionnement même du service public (CE Ass. 13 juill. 1962, *Conseil national de l'Ordre des médecins*, Rec. 479 ; RDP 1962.739, concl. Braibant : différence des remboursements versés aux assurés sociaux selon que leur médecin est conventionné ou non ; – Sect. 24 avr. 1964, *Société anonyme de livraisons industrielles et commerciales*, Rec. 239 ; AJ 1964.308, concl. Combarnous ; AJ 1964.293, chr. Fourré et Puybasset : convention particulière conclue par l'administration des Postes et Télécommunications avec la société SVP ; – Ass. 13 déc. 1968, *Fédération nationale des élus républicains*, Rec. 644 ; AJ 1969.22, chr. Dewost et Denoix de Saint Marc ; AJ 1969.33, concl. Kahn : majoration de subventions pour les communes fusionnées ou groupées ; – Sect. 2 mars 1973, *Syndicat national du commerce en gros des équipements, pièces pour véhicules et outillages*, Rec. 181 ; AJ 1973.323,

concl. Braibant, note Vier ; Gaz. Pal. 23-24 mai 1973, note Moderne : réglementation différente des prix pour les concessionnaires d'automobiles d'une part et les détaillants ou mécaniciens-réparateurs d'autre part ; – Sect. 10 mai 1974, *Denoyez et Chorques*, Rec. 274 ; D. 1975.393, note Tedeschi ; AJ 1974.298, chr. Franc et Boyon ; RDP 1974.467, note M. Waline ; RA 1974.440, note Moderne : tarif d'un service de bacs différencié selon la résidence des usagers ; – 7 mai 1975, *Comité de défense des riverains de l'aéroport Paris-Nord et autres*, Rec. 284 ; D. 1976.587, note Moderne ; AJ 1977.49, note Thévenin : régime des aides accordées aux riverains d'un aéroport en vue de réduire les nuisances qu'ils subissent, variant en fonction de la situation des immeubles, de leurs dimensions et de la date de leur acquisition ; – 19 juin 1992, *Département du Puy-de-Dôme c/ Bouchon*, Rec. 237 ; AJ 1992.479, chr. Maugüé et Schwartz, RFDA 1993.689, concl. Pochard : les élèves qui fréquentent un établissement d'enseignement situé hors du secteur de ramassage scolaire dont ils dépendent ne se trouvent pas, à l'égard du service public des transports scolaires, dans la même situation que les élèves qui fréquentent un établissement situé dans ce secteur).

L'existence de situations de fait différentes ne crée cependant pas l'obligation d'édicter des règles différenciées. C'est ce qu'a souligné l'arrêt d'assemblée du 28 mars 1997, *Société Baxter* (Rec. 115 ; RFDA 1997.450, concl. Bonichot, note Melin-Soucramanien).

C. — L'application de ces critères ne va pas sans soulever des difficultés.

4 *1°)* Selon l'objet de la réglementation ou la nature du service public une différence de situation pourra ou non justifier une différence de traitement. Le Conseil d'État a jugé par exemple, que la situation particulière des départements d'outre-mer peut justifier dans ces départements l'application d'un régime de prix des matériaux de construction différent de celui appliqué en métropole (CE 1er juill. 1981, *Centre patronal d'études et d'actions professionnelles*, req. n° 18.184) ou l'adoption momentanée de modalités particulières du droit de vote ne portant pas atteinte à la substance de ce droit (CE 9 févr. 1983, *Esdras et autres*, Rec. 48 ; RDP 1983.830, concl. Labetoulle) mais n'autorise pas l'administration à édicter pour le concours de recrutement d'inspecteurs élèves des douanes, un régime des épreuves d'admission différent de celui applicable en métropole (CE 14 déc. 1981, *Huet*, Rec. 466).

5 *2°)* Plus fondamentalement, l'appréciation de l'adéquation entre une différence de situation et une différence de traitement peut ne pas aller de soi et ceci quel que soit le domaine d'intervention de la réglementation en cause.

a) Pour la définition des catégories de véhicules pouvant bénéficier d'une dérogation au dispositif dit de « mesure de circulation alternée » prévu en cas de lutte contre la pollution de l'air, le Conseil d'État a admis qu'au titre des mesures dérogatoires justifiées par l'exercice d'une profession, le préfet de police avait pu ne pas faire bénéficier d'un régime favorable les véhicules des avocats (CE 28 févr. 2000, *Petit-Perrin*, AJ 2000.601, concl. Chauvaux), mais qu'il avait au contraire méconnu le principe d'égalité en n'incluant pas dans le régime dérogatoire les utilisateurs de véhicules des établissements d'enseignement de la conduite automobile (CE 28 févr. 2000, *Union nationale intersyndicale des enseignants de la conduite*, Rec. 104, AJ 2000.601, concl. Chauvaux).

b) Dans un ordre d'idée tout différent, l'Assemblée du contentieux a jugé qu'un décret instituant une « mesure de réparation » pour les orphelins de personnes déportées à partir de la France dans le cadre de persécutions antisémites et qui sont mortes en déportation, avait pu, sans méconnaître le principe d'égalité, limiter le bénéfice d'une telle mesure à cette catégorie d'orphelins de personnes mortes en déportation (CE Ass. 6 avril 2001, *Pelletier et autres*, RFDA 2001. 712, concl. Austry ; AJ 2001.444, chr. Guyomar et Collin).

c) Le Conseil d'État vérifie s'il n'y a pas de disproportion manifeste entre la différence de traitement et la différence de situation. Ont ainsi été jugées contraires au principe d'égalité des dispositions réglementaires incluant l'intégralité de l'aide personnalisée au logement dans les ressources à prendre en compte pour apprécier le droit au bénéfice de l'aide juridictionnelle. En effet, il en résulte une différence de traitement manifestement disproportionnée par rapport aux différences de situation des demandeurs de l'aide juridictionnelle selon qu'ils bénéficient de l'aide personnalisée au logement ou de l'allocation de logement familiale (CE Sect. 18 déc. 2002, *Mme Duvignères**).

6 ***D.*** — S'agissant des services publics communaux, le Conseil d'État a fait application du principe d'égalité en fonction aussi bien de différences de situation objectives que de la finalité sociale plus ou moins accentuée du service. Si le service public municipal ne revêt pas de caractère obligatoire, comme c'est le cas pour une école de musique, *l'accès* à ce service peut être réservé aux personnes ayant un lien avec la commune. Mais ce lien ne saurait être défini uniquement par la résidence des intéressés dans la commune, en excluant par là même les personnes qui y travaillent ou celles dont les enfants sont scolarisés dans la commune (CE Sect. 13 mai 1994, *Commune de Dreux*, Rec. 233, AJ 1994.652, obs. Hécquard-Théron ; RFDA 1994.711, concl. Daël). Pour ce qui est de la *tarification* des services communaux le conseil a admis la légalité de tarifs de cantine scolaire plus élevés pour les élèves

domiciliés hors de la commune que pour les élèves domiciliés dans la commune dès lors que les tarifs les plus élevés n'excèdent pas le prix de revient du repas (CE Sect. 5 oct. 1984, *Commissaire de la République de l'Ariège*, Rec. 315, concl. Delon : RFDA 1985.241, concl. Delon ; AJ 1984.675, chr. Hubac et Schoettl ; RA 1985.39 note Morand-Deviller et Pellat ; D. 1985.592, note F. Hamon). Sous réserve que les tarifs les plus élevés demeurent inférieurs au coût de fonctionnement du service, il n'a pas jugé contraire au principe d'égalité le fait que les tarifs d'une crèche soient fonction des ressources des familles des enfants fréquentant la crèche et du nombre de personnes vivant au foyer (CE 20 janv. 1989, *Centre communal d'action sociale de la Rochelle*, Rec. 8 ; AJ 1989.398, obs. Prétot). De même, et revenant en cela sur une jurisprudence antérieure contraire, le Conseil d'État a jugé que les tarifs d'une école de musique municipale peuvent varier en fonction du niveau des ressources de la famille de l'élève (CE Sect. 29 déc. 1997, *Commune de Gennevilliers*, Rec. 499 ; RFDA 1998.539, concl. Stahl ; AJ 1998.168, chr. Girardot et Raynaud ; RDP 1998.899, note Borgetto). En revanche, a été jugée discriminatoire une différence des droits d'inscription applicables respectivement aux « anciens » élèves d'une école de musique et aux « nouveaux » (CE 2 déc. 1987, *Commune de Romainville*, Rec. 556 ; RFDA 1988.414, concl. Massot ; AJDA 1988.359, obs. Prétot).

7 **III.** — En dehors du principe de l'égalité des citoyens, le Conseil d'État a consacré nombre d'autres principes généraux du droit : non-rétroactivité des actes administratifs (Ass. 25 juin 1948, *Société du journal l'Aurore**) ; liberté de conscience (Ass. 1er avr. 1949, *Chaveneau*, Rec. 161 ; S. 1949.3.49, note Delpech ; D. 1949.531, concl. Gazier, note Rolland) ; droits de la défense (Sect. 5 mai 1944, *Dame Vve Trompier-Gravier**) ; possibilité d'attaquer tout acte administratif par la voie du recours pour excès de pouvoir (Ass. 17 févr. 1950, *Ministre de l'agriculture c. Dame Lamotte**) ; maintien aux membres d'une profession organisée des libertés essentielles du citoyen (Ass. 29 juill. 1950, *Comité de défense des libertés professionnelles des experts-comptables brevetés par l'État**) ; principe du caractère contradictoire de la procédure (CE Sect. 12 mai 1961, *Société La Huta*, Rec. 313) ; obligation pour les collectivités publiques de couvrir leurs agents des condamnations civiles prononcées contre eux alors qu'aucune faute personnelle ne leur est imputable (Sect. 26 avr. 1963, *Centre hospitalier de Besançon*, Rec. 243, concl. Chardeau ; D. 1963.597, note Lindon ; S. 1963.338, note), etc.

En outre, la jurisprudence du Conseil d'État tend à reconnaître la valeur de principes généraux du droit aux dispositions contenues dans le préambule de la Constitution (cf. Ass. 7 juill. 1950, *Dehaene**, pour le droit de grève ; Ass. 28 mai 1954, *Barel**, pour l'égal accès de tous les citoyens aux fonctions publiques). Certains arrêts mentionnent même explicitement « les principes généraux du droit tels qu'ils résultent, notamment, du préambule de la Constitution » (CE 25 janv. 1957, *Syndicat fédéral des fonctionnaires malgaches et assimilés*, Rec. 65 ; – v. aussi 26 juin 1959, *Syndicat général des ingénieurs-conseils**).

La notion de principes généraux a été étendue à des secteurs nouveaux. Tel est le cas tout d'abord pour le service public de la justice ; le Conseil d'État a reconnu notamment deux principes intéressant son fonctionnement : la faculté pour le juge de prononcer des astreintes (Ass. 10 mai 1974, *Barre et Honnet*, Rec. 276 ; AJ 1975.525, chr. Franc et Boyon) et la publicité des débats judiciaires (CE Ass. 4 oct. 1974, *Dame David*, Rec. 464, concl. Gentot ; AJ 1974.525, chr. Franc et Boyon ; JCP 1975.II.17967, note R. Drago ; D. 1975.369, note J.M. Auby). Des principes généraux ont été dégagés également en matière sociale (v. nos obs. sous l'arrêt *G.I.S.T.I.** du 8 déc. 1978) ainsi qu'en ce qui concerne le droit de l'extradition et la situation des réfugiés politiques (v. nos obs. sous l'arrêt *Koné** du 3 juill. 1996).

Le Conseil constitutionnel reconnaît de son côté et sanctionne l'existence de principes de valeur constitutionnelle (cf nos obs. sous l'arrêt *Syndicat général des ingénieurs conseils** du 26 juin 1959).

69

LIBERTÉ DU COMMERCE ET DE L'INDUSTRIE – POLICE

CE Ass. 22 juin 1951, DAUDIGNAC, Rec. 362

(D. 1951.589, concl. Gazier, note J.C.)

Sur la légalité de l'arrêté du maire de Montauban en date du 2 mars 1949 :

Cons. que, par cet arrêté, le maire a soumis à une autorisation, dont les conditions étaient fixées par l'acte attaqué, l'exercice, même temporaire, de la profession de photographe sur la voie publique ; qu'il est constant qu'il a entendu viser ainsi notamment la profession dite de photographe-filmeur ;

Cons. que les opérations réalisées par ces photographes n'ont pas le caractère de ventes au déballage, soumises à autorisation spéciale du maire par la loi du 30 déc. 1906 ; qu'en admettant même qu'elles soient faites par des personnes ayant la qualité de marchand ambulant au sens de l'art. 1er de la loi du 16 juill. 1912, le maire, qui tient de l'art. 97 de la loi du 5 avr. 1884, le pouvoir de prendre les mesures nécessaires pour remédier aux inconvénients que ce mode d'exercice de la profession de photographe peut présenter pour la circulation et l'ordre public, – notamment en défendant à ceux qui s'y livrent de photographier les passants contre leur volonté ou en interdisant, en cas de nécessité, l'exercice de cette profession dans certaines rues ou à certaines heures, – *ne saurait, sans méconnaître la loi précitée du 16 juill. 1912 et porter atteinte à la liberté de l'industrie et du commerce garantie par la loi, subordonner l'exercice de ladite profession à la délivrance d'une autorisation* ; que dès lors, le sieur Daudignac est fondé à soutenir que l'arrêté attaqué est entaché d'excès de pouvoir ;... (Annulation).

OBSERVATIONS

1 Le photographe-filmeur qui prend par surprise, dans la rue, les passants qui lui paraissent photogéniques, avait remplacé, comme le déclarait spirituellement le commissaire du gouvernement Gazier, « le photographe à barbiche, caché sous son voile noir, derrière son trépied, pour « tirer leur portrait » dans les squares aux militaires et aux bonnes d'enfants ». Cette profession nouvelle s'était rapidement développée et heurtée à l'hostilité des photographes en boutique, ainsi qu'à celle des promeneurs et passants estimant que personne n'a le droit de les photographier et de reproduire leur effigie sans

leur consentement préalable. Un assez grand nombre de municipalités, sensibles à ces protestations, ont interdit ou réglementé l'exercice de cette activité. Ainsi le maire de Montauban l'avait soumise à une autorisation préalable assortie de multiples conditions : autorisation annuelle, personnelle, révocable, onéreuse, unique par famille, réservée aux personnes sans profession, accordée dans les limites d'un maximum... Les photographes-filmeurs furent bientôt en contravention avec l'arrêté municipal. L'un d'eux, le sieur Daudignac, déjà relaxé d'ailleurs par le juge de simple police qui avait estimé illégale la réglementation édictée par le maire, forma un recours devant le Conseil d'État afin d'obtenir l'annulation qui le mettrait à l'abri de telles mesures administratives.

Le maire avait donné trois fondements juridiques à son arrêté :

1°) La loi du 30 déc. 1906 qui soumet à une autorisation spéciale les ventes au déballage ; le commissaire du gouvernement n'eut aucune peine à démontrer que l'activité des photographes-filmeurs n'avait rien de commun avec les ventes au déballage ;

2°) La loi du 16 juill. 1912 sur l'exercice des professions ambulantes ; le commissaire du gouvernement estimait que les photographes-filmeurs ne répondent pas à la définition que donne cette loi de la profession ambulante ; l'arrêt n'a pas résolu cette question, car elle ne modifiait pas la solution à donner au cas d'espèce ;

3°) L'article 97 de la loi du 5 avr. 1984, devenu l'article L.2212-2 du code général des collectivités territoriales, d'après lequel le maire doit maintenir l'ordre dans la rue ; ce texte fournissait à l'arrêté municipal sa base la plus solide et plaçait le juge administratif en face d'un problème qui lui est familier : la conciliation de l'exercice d'une liberté avec l'obligation qui incombe à l'autorité publique de maintenir l'ordre (v. nos obs. sous CE 19 mai 1933, *Benjamin**). Mais la liberté dont se prévalaient les photographes-filmeurs était celle du commerce et de l'industrie, et l'on pouvait se demander si les atteintes nombreuses qui lui avaient été portées depuis 1939 n'avaient pas fait disparaître le principe même de cette liberté.

Le Conseil d'État a reconnu qu'*il subsistait toujours* (I), tout en précisant *ses limites* (II).

I. — L'affirmation du principe de liberté du commerce et de l'industrie

2 Avant la guerre, une jurisprudence fort nombreuse censurait des arrêtés réglementant d'une manière trop sévère, par rapport aux exigences réelles du maintien de l'ordre, l'exercice d'un commerce (CE 30 nov. 1928, *Penicaud*, Rec. 1227 ; S. 1929.3.1, note Hauriou).

Ultérieurement le Conseil d'État ne cessa de se référer au principe traditionnel, le plus souvent implicitement, et parfois en parlant expressément de « liberté du commerce et de l'industrie » (CE 30 janv. 1948, *Syndicat départemental des industriels en lentilles de la Haute-Loire*, Rec. 42), ou de « droits des professionnels » (CE 8 déc. 1948, *Syndicat général des patrons laitiers de la ville de Lyon*, Rec. 462).

Dans ses conclusions sur l'affaire *Daudignac*, le commissaire du gouvernement Gazier affirma que « là où aucune loi n'est intervenue, le principe subsiste toujours, qui demeure le droit commun de l'activité industrielle en France » et que la loi des 2-17 mars 1791 proclamant la liberté du commerce et de l'industrie restait applicable. L'arrêt énonce fermement « la liberté de l'industrie et du commerce garantie par la loi », et la loi des 2-17 mars 1791 est citée dans les visas.

Le Conseil d'État a d'ailleurs fait, depuis lors, des applications remarquables de ce principe. Dans l'arrêt *Daudignac*, il a décidé que le maire ne pouvait subordonner à autorisation l'exercice d'une profession non réglementée par la loi. Dans un arrêt de Section du 29 juill. 1953, *Société générale des travaux cinématographiques* (Rec. 430), il est allé encore plus loin. Dans cette affaire, il était en présence d'une loi subordonnant l'exercice d'une activité à l'obtention d'une autorisation précaire et révocable ; il a considéré que « si le directeur général du centre national de la cinématographie a compétence pour accorder, refuser ou retirer l'autorisation et peut subordonner celle-ci à certaines conditions, le pouvoir qui lui est ainsi reconnu est toutefois limité par le respect dû à la liberté du commerce et de l'industrie, dans la mesure où la loi ne lui a pas porté atteinte », et annulé en conséquence une autorisation subordonnée à la désignation d'un commissaire du gouvernement ayant le droit d'assister à toutes les séances des organes de la société requérante, pouvant obtenir communication de tout document et possédant le droit de suspendre l'exécution de toute décision : « ces dispositions constituent des atteintes à la liberté du commerce et de l'industrie et ne pourraient être valablement édictées qu'en application d'une disposition législative expresse ».

3 Sous l'empire de la Constitution de 1958, le Conseil d'État considère que la liberté du commerce et de l'industrie figure parmi les libertés publiques placées par l'article 34 de la Constitution sous la sauvegarde du législateur (Sect. 28 oct. 1960, *de Laboulaye*, Rec. 570 ; AJ 1961.20, concl. Heumann ; Dr. soc. 1961.141, concl. Heumann, note Teitgen) et que le gouvernement ne peut porter atteinte au « libre accès à l'exercice par les citoyens de toute activité professionnelle n'ayant fait l'objet d'aucune limitation légale » (Ass. 22 juin 1963, *Syndicat du personnel soignant de la Guadeloupe*, Rec. 386 ; AJ 1963.460, chr. Gentot et Fourré : annulation d'un décret limitant l'accès à une profession antérieurement libre ; – Ass. 16 déc. 1988, *Association des pêcheurs aux filets et engins,*

Garonne, Isle et Dordogne maritimes, Rec. 448 ; RDP 1989.521, concl. E. Guillaume ; AJ 1989.82, chr. Azibert et de Boisdeffre ; D. 1990.201, note Llorens et Soler-Couteaux : annulation des dispositions d'un décret imposant des conditions de majorité et de capacité pour l'exercice de la profession de pêcheur).

D'autres arrêts continuent à viser la loi des 2-17 mars 1791 et à parler du « principe de la liberté du commerce et de l'industrie » (CE 9 nov. 1988, *Territoire de la Polynésie française*, Rec. 406 ; RDP 1989.242, concl. E. Guillaume ; D. 1990.201, note Llorens et Soler-Couteaux, à propos d'un arrêté réglementant l'importation de ciments en Polynésie).

La jurisprudence récente souligne la nécessité pour les autorités de police de tenir compte de la liberté du commerce et de l'industrie : « dès lors que l'exercice de pouvoirs de police est susceptible d'affecter des activités de production, de distribution ou de services, la circonstance que les mesures de police ont pour objectif la protection de l'ordre public ou, dans certain cas, la sauvegarde des intérêts spéciaux que l'administration a pour mission de protéger ou de garantir n'exonère pas l'autorité investie de ces pouvoirs de police de l'obligation de prendre en compte également la liberté du commerce et de l'industrie et les règles de concurrence » (CE Sect., av., 22 nov. 2000, *Société L et P Publicité*, Rec. 526, concl. Austry ; RFDA 2001.872, concl. Austry ; D. 2001.2110, note Albert ; RDP 2001.393, note Guettier). La formule fait implicitement référence à l'ordonnance du 1er déc. 1986 (v. nos obs. sous CE 3 nov. 1997, *Société Million et Marais**). Mais elle est plus large que celle-ci. Elle « valorise » la liberté du commerce et de l'industrie au regard des pouvoirs de police.

Le Conseil constitutionnel a lui-même reconnu, au-delà du « libre exercice de l'activité professionnelle » (CC n° 76-87 L, 3 mars 1976, Rec. 49), « la liberté d'entreprendre », en se fondant sur la Déclaration de 1789 (CC n° 81-132 DC, 16 janvier 1982, Rec. 18 ; AJ 1982.377, note Rivero ; D. 1983.169, note L. Hamon ; JCP 1982.II.19788, note Nguyen Quoc Vinh et Franck ; RA 1982.153, note de Villiers ; RDP 1982.377, note Favoreu ; GD n° 31).

Dans le cadre de la procédure du référé-liberté (v. nos obs. sous CE 18 janv. 2001, *Commune de Venelles** et 5 mars 2001, *Saez**), le Conseil d'État a considéré que « la liberté du commerce et de l'industrie... est une composante de la liberté fondamentale d'entreprendre » (12 nov. 2001, *Commune de Montreuil-Bellay* – v. n° 113.10).

II. — Les limites de la liberté du commerce et de l'industrie

4 La liberté du commerce et de l'industrie n'est pas illimitée. Des dispositions législatives (A), les nécessités de l'ordre public (B), voire d'autres considérations publiques (C) permettent de l'encadrer.

A. — Elle peut trouver des limitations soit dans *la loi* elle-même, soit dans des dispositions que la loi permet à l'administration de prendre (par ex. CE 19 nov. 1986, *Société Smanor*, Rec. 260 – v. n° 98.2, relatif à un décret réglementant les yaourts : « à supposer même que les dispositions du décret attaqué restreignent la liberté du commerce et de l'industrie, elles trouvent, en tout état de cause, une base légale dans la loi du 1er août 1905... qui confie au gouvernement le soin de fixer la définition, la composition et la dénomination des marchandises de toute nature »). Le Conseil d'État considère que « la liberté du commerce... ne s'exerce que dans les limites fixées par la loi » (Sect. 23 oct. 1981, *Ministre de l'économie c. Société Sagmar*, Rec. 385 ; AJ 1982.162, concl. J.M. Pauti).

Le Conseil constitutionnel considère de même que « la liberté d'entreprendre, qui n'est ni générale ni absolue, s'exerce dans le cadre d'une réglementation instituée par la loi » (nº 85-200 DC, 16 janv. 1986, Rec. 9 ; Dr. soc. 1986.372, note Y. Gaudemet ; RTDSS 1986.347, note Prétot) ; « il est loisible au législateur d'y apporter des limitations exigées par l'intérêt général à la condition que celles-ci n'aient pas pour conséquence d'en dénaturer la portée » (nº 89-254 DC, 4 juill. 1989, Rec. 41).

Ainsi le principe de la liberté du commerce et de l'industrie ne peut être utilement invoqué à l'égard de professions dont la loi elle-même subordonne l'exercice à une autorisation ou une concession de l'administration (CE Ass. 12 déc. 1953, *Syndicat national des transporteurs aériens*, Rec. 547 ; – Ass. 21 nov. 1958, *Syndicat national des transporteurs aériens*, Rec. 578 – ord. 10 févr. 2003, *Société d'exploitation AOM Air Liberté*, v. nº 113-10). C'est en vertu de cette idée que le Conseil d'État a pu considérer que la loi du 30 mars 1928 conférait au gouvernement, « dans l'intérêt de la défense et de l'économie nationale, un contrôle étroit sur l'activité des entreprises qui se livrent à l'importation de produits pétroliers en France », et autorisait le gouvernement à soumettre à un régime restrictif, non seulement les opérations d'importation directement visées par la loi, mais aussi les opérations de distribution, et notamment la création et l'extension des stations-service (CE Ass. 19 juin 1964, *Société des pétroles Shell-Berre et autres*, Rec. 344 ; RDP 1964.1019, concl. Questiaux ; AJ 1964.438, note de Laubadère).

5 ***B.*** — Les nécessités de l'*ordre public* permettent aussi aux autorités de police de réglementer l'exercice des professions dans la mesure où il risque d'y porter atteinte. Il s'agit d'ailleurs là d'une application particulière des principes généraux régissant la police municipale (v. CE 19 mai 1933, *Benjamin**).

Dans l'affaire des photographes-filmeurs, le commissaire du gouvernement a reconnu le danger que des passants soient photographiés contre leur volonté, que des incidents se produisent entre eux et les photographes-filmeurs ou qu'un usage indiscret soit fait des photographies ainsi prises, et de ce fait la légalité d'une réglementation limitée de la profession. Le Conseil d'État a suivi ces suggestions. Il est ainsi conduit à exercer un contrôle étroit sur l'action des autorités de police ; par exemple, il a confirmé l'annulation d'un arrêté du maire de Rouen qui interdisait l'exercice de la profession de photographe-filmeur dans une zone comportant « l'ensemble des voies les plus favorables » à cette activité, et à l'intérieur de laquelle « la circulation s'effectue dans des conditions d'intensité et de difficulté très inégales », tout en réservant la possibilité d'interdire cette activité « dans certaines rues ou à certaines heures où la circulation est particulièrement intense et difficile » (CE 26 févr. 1960, *Ville de Rouen*, Rec. 154 ; – dans le même sens, pour Paris, Sect. 15 oct. 1965, *Préfet de police c. Alcaraz*, Rec. 516 ; AJ 1965.663, concl. Kahn). En revanche, il a considéré comme valable l'interdiction de l'activité des photographes-filmeurs pendant la saison touristique sur toute la portion de la route nationale conduisant au Mont-Saint-Michel ainsi que sur les aires de stationnement aménagées de part et d'autre de cette route (13 mars 1968, *Ministre de l'intérieur c. Époux Leroy*, Rec. 179 ; AJ 1968.221, chr. Massot et Dewost).

6 Le Conseil d'État a appliqué la même jurisprudence à d'autres professions (CE Sect. 2 avr. 1954, *Pétronelli*, Rec. 208 ; RPDA 1954.98, concl. Laurent ; AJ 1954.II. bis.9, chr. Long : la circulation de véhicules publicitaires dans les rues d'une ville peut être réglementée par le maire, mais non pas interdite ou soumise à autorisation ; – Sect. 2 nov. 1956, *Biberon*, Rec. 403, concl. Mosset : un maire peut, sans porter atteinte à la liberté du commerce et de l'industrie, interdire de procéder dans l'enceinte des abattoirs à l'habillage des cuirs et peaux, cette opération présentant des dangers de contamination pour les viandes ; – Sect. 5 janv. 1968, *Préfet de police c. Chambre syndicale patronale des enseignants de la conduite des véhicules à moteur*, Rec. 14 ; RDP 1968.905, concl. Fournier ; AJ 1968.221, chr. Massot et Dewost ; JCP 1968.II.15529, note Vincent : le préfet de police a pu imposer à tout exploitant d'une « auto-école » de disposer d'un local ou d'un terrain pour recevoir ses voitures, sans porter à la liberté du commerce et de l'industrie « une atteinte qui ne soit pas justifiée par la nécessité d'assurer, dans des conditions satisfaisantes, la circulation automobile dans la ville de Paris » ; – Sect. 13 mai 1994, *Président de l'Assemblée territoriale de la Polynésie française*, Rec. 234 – v. n° 79.7 : l'obligation imposée aux titulaires d'une licence de taxi d'exercer leur fonction personnellement et l'interdiction de détenir plus d'une licence de taxi ou d'exercer une autre activité de transport terrestre portent une atteinte excessive à la liberté du commerce et de l'industrie ; en revanche, eu égard aux caractères géographiques et économiques du territoire de la Polynésie française, est légale la limitation à une seule île du lieu d'exercice de l'activité d'entrepreneur de taxi).

Une jurisprudence abondante a encore été rendue à propos de la réglementation des ventes ambulantes sur les plages et les voies publiques (CE Sect. 25 janv. 1980, *Gadiaga*, Rec. 44, concl. Rougevin-Baville – v. n° 29.6), des ventes en magasin, notamment de boissons alcoolisées (CE 3 mars 1993, *SA Carmag*, Rec. 52), des soldes (CE 17 mars 1989, *Soc. Bouchara c. Ville de Strasbourg*, D. 1989.358, concl. Stirn), de la publicité commerciale (CE 16 nov. 1984, *Soc. Eurybia*, Rec. 371 ; RFDA 1985.738, note Lombard ; RJE 1985.45, concl. Genevois).

7 Statuant en application de la jurisprudence *Avranches et Desmarets* (TC 5 juill. 1951 – v. n° 41.3), la Chambre criminelle de la Cour de cassation a consacré de son côté des principes identiques (Cass. crim. – 7 nov. 1956 ; Bull. crim., n° 721, p. 1274 ; 30 janv. 1991, Bull. crim. n° 53, p. 130 : réglementation des marchands ambulants ; 8 avr. 1992, Bull. crim. n° 153, p. 398 : « raccolage commercial » sur la voie publique, etc.).

8 ***C.*** — La liberté du commerce et de l'industrie peut néanmoins encore être limitée par les principes qui régissent l'utilisation par les particuliers du *domaine public* (v. CE 29 janv. 1932, *Société des autobus antibois** et 5 mai 1944, *Compagnie maritime de l'Afrique orientale*, Rec. 129 – v. 46.4), ou l'organisation dans l'intérêt du public, des services concédés (CE 6 mai 1955, *Chambre syndicale des entrepreneurs concessionnaires des services des pompes funèbres*, Rec. 240). Mais, dans ces hypothèses aussi, elle est peut-être plus protégée aujourd'hui que naguère (v. nos obs. sous CE 3 nov. 1997, *Million et Marais**).

Sur le principe de la liberté du commerce et de l'industrie repose également la jurisprudence relative aux interventions économiques des collectivités publiques (v. nos obs. sous l'arrêt du 30 mai 1930, *Chambre syndicale du commerce en détail de Nevers**).

70

RESPONSABILITÉ – COMPÉTENCE FAUTE PERSONNELLE ET FAUTE DE SERVICE ACTIONS RÉCURSOIRES

CE Ass. 28 juill. 1951, LARUELLE et DELVILLE, Rec. 464

(D. 1951.620, note Nguyen Do ; JCP 1951.II.6532, note J.J.R. ; JCP 1952.II.6734, note Eisenmann ; RDP 1951.1087, note M. Waline ; S. 1952.3.25, note Mathiot ; S. 1953.3.57, note Meurisse)

I. *Laruelle*

Sur la responsabilité encourue par le sieur Laruelle :

Cons. que, si les fonctionnaires et agents des collectivités publiques ne sont pas pécuniairement responsables envers lesdites collectivités des conséquences dommageables de leurs fautes de service, il ne saurait en être ainsi quand le préjudice qu'ils ont causé à ces collectivités est imputable à des fautes personnelles, détachables de l'exercice de leurs fonctions ;

Cons. qu'il résulte de l'instruction que le sieur Laruelle, sous-officier du corps des assimilés spéciaux de rapatriement, lorsqu'il a renversé, le 15 juin 1945, la dame Marchand sans qu'aucune faute puisse être relevée à la charge de la victime, utilisait en dehors du service, pour des fins personnelles, la voiture militaire dont il était le conducteur ; qu'il a ainsi commis une faute personnelle de nature à engager envers l'État sa responsabilité pécuniaire ;

Cons. que la décision qui a été rendue par le Conseil d'État le 12 mars 1948 sur l'action intentée contre l'État par la dame Marchand et qui mentionne d'ailleurs les faits susrelatés, n'a pas effet de chose jugée en ce qui concerne le litige qui s'est élevé ultérieurement entre l'État et le sieur Laruelle ;

Cons. enfin que, si, comme l'a constaté la décision du Conseil d'État du 12 mars 1948, l'autorité militaire n'avait pas pris des mesures suffisantes pour assurer le contrôle de la sortie des voitures gardées dans le garage et si le Conseil, a pour ce motif, condamné l'État a réparer entièrement le préjudice subi par la dame Marchand, il ressort des pièces versées au dossier que la faute du service public a été provoquée par les manœuvres auxquelles s'est livré le requérant afin d'induire en erreur le gardien des véhicules de l'armée ; que, dans les circonstances de l'affaire, le sieur Laruelle ne saurait se prévaloir de l'existence de la faute du service public, engageant la responsabilité de l'État envers la victime, pour soutenir que la responsabilité pécuniaire qu'il a personnellement encourue à l'égard de l'État se trouve atténuée ;

Sur le montant de la somme due à l'État par le requérant :

Cons. que la somme de 140 773 F mise à la charge du sieur Laruelle par l'arrêté attaqué correspond à l'indemnité payée par l'État à la dame Marchand en exécution de la décision précitée du Conseil d'État et aux dépens exposés lors de cette instance ; que par suite le ministre des anciens combattants et victimes de la guerre était fondé à demander au sieur Laruelle le remboursement de la totalité de ladite somme ;... (Rejet).

II. *Delville*

Cons. que, si au cas où un dommage a été causé à un tiers par les effets conjugués de la faute d'un service public et de la faute personnelle d'un agent de ce service, la victime peut demander à être indemnisée de la totalité du préjudice subi soit à l'administration, devant les juridictions administratives, soit à l'agent responsable, devant les tribunaux judiciaires, la contribution finale de l'administration et de l'agent à la charge des réparations doit être réglée par le juge administratif compte tenu de l'existence et de la gravité des fautes respectives constatées dans chaque espèce :

Cons. que le sieur Delville, employé au ministère de la reconstruction et de l'urbanisme en qualité de chauffeur, a été condamné définitivement par les tribunaux judiciaires à payer la somme de 170 771,40 F au sieur Caron en réparation de l'intégralité des dommages subis par ce dernier du fait d'un accident causé le 20 févr. 1947 par un camion de l'administration, que conduisait le requérant ;

Cons. qu'il résulte de l'instruction que cet accident est imputable tout à la fois et dans une égale mesure, d'une part, à l'état d'ébriété du sieur Delville, faute qui dans les circonstances de l'affaire constituait une faute personnelle caractérisée, et d'autre part au mauvais état des freins du camion, constituant une faute à la charge de l'État ; que dès lors le sieur Delville est fondé à demander à l'État le remboursement de la moitié des indemnités dont il est débiteur envers le sieur Caron, soit d'une somme de 85 385,70 F, avec intérêts au taux légal à compter du jour de la réception de sa demande d'indemnité par le ministre de la reconstruction et de l'urbanisme ;

Cons. qu'il résulte de l'instruction que le refus du ministre de payer ladite indemnité au sieur Delville n'est pas le fait d'une mauvaise volonté systématique ; qu'ainsi le sieur Delville n'est pas fondé à réclamer des dommages-intérêts compensatoires ;

Cons. enfin que, s'étant rendu coupable d'une faute personnelle, ainsi qu'il a été dit ci-dessus, le requérant n'est pas fondé à demander à l'État le remboursement de tout ou partie des frais qu'il a exposés devant les tribunaux judiciaires pour défendre à l'action du sieur Caron ;... (Décision en ce sens).

OBSERVATIONS

1 Le sieur Laruelle, sous-officier, avait causé un accident, en utilisant, en dehors du service, à des fins personnelles, la voiture militaire dont il était le conducteur. La victime avait obtenu la condamnation de l'administration pour la faute de service qu'elle avait commise en ne prenant pas les mesures suffisantes pour assurer le contrôle de la sortie de ses voitures. L'administration demandait la condamnation de son agent à lui rembourser les sommes qu'elle avait dû verser à la victime.

Le sieur Delville, chauffeur du ministère de la reconstruction et de l'urbanisme, avait été condamné par les tribunaux judiciaires à réparer l'intégralité des conséquences dommageables d'un accident qu'il avait causé en conduisant, en état d'ébriété, un camion de l'administration. Il demandait à celle-ci de le rembourser des sommes qu'il avait dû verser à la victime, parce que l'accident était imputable, au moins pour partie, au mauvais état des freins du camion.

Dans le premier arrêt, le Conseil d'État admet l'action récursoire de l'administration, condamnée pour une faute de service, contre l'agent à raison de sa faute personnelle, dans le second, l'action récursoire de l'agent, condamné pour une faute personnelle, contre l'administration à raison de sa faute de service.

Les arrêts *Laruelle* et *Delville* s'insèrent dans toute une *évolution jurisprudentielle* (I). Ils permettent de déterminer le *régime des actions récursoires* (II).

2 **I.** — Dans l'*évolution jurisprudentielle*, ils constituent un *point d'aboutissement* (A) et un *point de départ* (B).

A. — L'arrêt du Tribunal des conflits du 30 juill. 1873, *Pelletier** avait créé un système distinguant, pour déterminer tant la personne responsable (collectivité publique ou agent) que la juridiction compétente, entre la faute de service et la faute personnelle. La jurisprudence ultérieure avait restreint progressivement la responsabilité personnelle des agents publics : la notion même de faute personnelle avait été conçue de manière de plus en plus étroite (v. notamment TC 14 janv. 1935, *Thépaz** et 8 avr. 1935, *Action française**) ; dans des cas de plus en plus fréquents une faute personnelle pouvait engager, à l'égard de la victime, la responsabilité de la collectivité publique (CE 3 févr. 1911, *Anguet** ; – 26 juill. 1918, *Époux Lemonnier** ; – 19 nov. 1949, *Delle Mimeur*, Rec. 492 – v. n° 34.5).

Destinée avant tout à protéger les victimes contre l'insolvabilité éventuelle des agents publics, cette jurisprudence avait en fait conduit à une véritable irresponsabilité des fonctionnaires pour les fautes, même personnelles, qu'ils pouvaient commettre ; cette irresponsabilité était encore accentuée par l'impossibilité dans laquelle la jurisprudence *Poursines* (CE 28 mars 1924, Rec. 357 ; D. 1924.3.49, note Appleton ; RDP 1924.601, note Jèze ; S. 1926.3.17, note Hauriou) mettait l'administration de se retourner contre l'agent fautif : irresponsables envers les victimes de leurs agissements, les agents publics n'étaient pas davantage responsables envers l'administration qui avait indemnisé la victime des conséquences de leurs fautes personnelles. Sans doute le Conseil d'État subordonnait-il le paiement de l'indemnité par la collectivité à la victime à la subrogation de la collectivité dans le titre que celle-ci avait pu déjà obtenir, ou pouvait obtenir à l'avenir, contre l'agent fautif (v. par ex. 26 juill. 1918, *Lemonnier**) ; cette subrogation avait pour objet d'empêcher la victime de cumuler deux indemnités, non de permettre à l'administration de récupérer sur son agent les sommes qu'elle avait été condamnée à verser.

Ainsi, si les victimes étaient efficacement protégées, l'administration, elle, l'était infiniment moins ; l'intérêt général souffrait de l'irresponsabilité presque totale des agents publics. Il fallait, par une modification de la jurisprudence, « moraliser » la fonction publique en rendant aux agents le sentiment de leur responsabilité personnelle, sans pour autant priver les victimes des avantages que leur avait apportés la jurisprudence sur le cumul des fautes et des responsabilités. Tel est le sens des deux arrêts du 28 juill. 1951.

3 L'arrêt *Delville* confirme la protection apportée à la victime par la jurisprudence antérieure : « Au cas où un dommage a été causé à un tiers par les effets conjugués de la faute d'un service public et de la faute personnelle d'un agent de ce service, la victime peut demander à être indemnisée de la totalité du préjudice soit à l'administration, devant les juridictions administratives, soit à l'agent responsable, devant les tribunaux judiciaires ». Mais, de cette *obligation* à la dette, l'arrêt distingue aussitôt la *contribution* à la dette : en effet, « la contribution finale de l'administration et de l'agent doit être réglée par le juge administratif compte tenu de l'existence et de la gravité des fautes respectives constatées dans chaque espèce ». Ainsi l'agent qui a indemnisé la victime de la totalité du préjudice peut se retourner contre l'administration devant les tribunaux administratifs pour récupérer tout ou partie de l'indemnité. Cette solution devait trouver une illustration particulière dans l'arrêt du 12 avr. 2002, *Papon**.

De la même façon, l'administration qui a indemnisé la victime de l'intégralité du préjudice doit pouvoir se retourner contre son agent. Pour rendre possible une telle action, interdite jusque-là par l'arrêt *Poursines*, un revirement de la jurisprudence était nécessaire. Il est réalisé par l'arrêt *Laruelle* : « si les fonctionnaires et agents des collectivités publiques ne sont pas pécuniairement responsables envers lesdites collectivités des conséquences dommageables de leurs fautes de service, il ne saurait en être ainsi quand le préjudice qu'ils ont causé à ces collectivités est imputable à des fautes personnelles, détachables de l'exercice de leurs fonctions ». L'État n'agit pas contre l'agent aux lieu et place de la victime ; il ne demande pas à l'agent l'indemnité que celui-ci aurait dû verser à la victime si elle l'avait poursuivi pour sa faute personnelle ; il demande réparation du préjudice qu'il a subi directement du fait qu'il a été tenu d'indemniser la victime. Il exerce un droit d'action directe, indépendant de toute subrogation et pouvant d'ailleurs coexister avec celle-ci, comme l'a admis le Conseil d'État dans un arrêt du 25 nov. 1955, *Dame veuve Paumier* (Rec. 564). Cette jurisprudence peut être rapprochée de celle de la Cour de cassation qui admet dans certains cas le recours de l'employeur contre son salarié pour sa faute propre (cas du médecin d'une clinique privée, « en raison de l'indépendance professionnelle intangible dont (il) bénéficie... », même salarié, dans l'exercice de son art. : Cass. 1re Civ. 13 nov. 2002, Bull. civ. I, nº 263, p. 205 ; D. 2003.459, obs. Jourdain, et 580, note Deis-Beauquesne ; JCP 2003.II.10096, note Billiau.).

4 ***B.*** — Destinées primitivement à couronner l'édifice jurisprudentiel dont l'arrêt *Pelletier* constituait la base, les décisions *Laruelle* et *Delville* ont constitué *le point de départ* d'une nouvelle évolution jurisprudentielle : au contentieux de la responsabilité de l'administration et de ses agents envers les tiers s'est ajouté celui de la responsabilité des agents publics envers leur administration.

Le droit de la fonction publique s'est du même coup enrichi d'un chapitre nouveau, auquel la jurisprudence a, depuis lors, apporté d'importantes précisions, notamment dans plusieurs arrêts du Tribunal des conflits et du Conseil d'État intervenus dans l'affaire *Jeannier-Moritz*. Le soldat Jeannier avait profité de sa fonction de chauffeur du colonel pour sortir un véhicule de la caserne, en compagnie d'un caporal dont la présence pouvait faire croire qu'il s'agissait d'une mission officielle. Une fois sortis de la caserne, ils firent monter quatre de leurs camarades, et le chauffeur attitré passa le volant à l'un d'eux. Celui-ci blessa mortellement un cycliste en effectuant un dépassement irrégulier. Saisi d'une demande d'indemnité par les ayants-droit de la victime, l'État leur donna satisfaction. Puis il se retourna contre les six militaires en leur adressant des états exécutoires les constituant solidairement débiteurs de cette somme envers le Trésor. Deux d'entre eux formèrent des pourvois contre ces décisions, l'un devant les tribunaux judiciaires, l'autre devant le Conseil d'État. Le conflit ayant été élevé devant les tribunaux judiciaires, le Tribunal des conflits eut à trancher les problèmes de compétence, et le Conseil d'État les problèmes de fond, soulevés par la jurisprudence *Laruelle* et *Delville* (TC 26 mai 1954, *Moritz*, Rec. 708 ; S. 1954.385, concl. Letourneur ; D. 1955.385, note Chapus ; JCP 1954.II.8334, note Vedel ; – CE Sect. 22 mars 1957, *Jeannier*, Rec. 196, concl. Kahn ; D. 1957.748, concl. Kahn, note Weil ; S. 1958.32, concl. Kahn ; AJ 1957.II.186, chr. Fournier et Braibant ; JCP 1957.II.10303 *bis*, note Louis-Lucas ; – Sect. 19 juin 1959, *Moritz*, Rec. 377 ; S. 1960.59, concl. Braibant ; AJ 1959.II.304, note R. Drago).

5 **II.** — Ainsi a pu être déterminé *le régime des actions récursoires*, tant pour la *compétence* (A) que sur le *fond* (B).

A. — En ce qui concerne *la compétence*, il n'y a pas de difficulté pour *l'action récursoire de l'agent contre l'administration* : celle-ci étant mise en cause pour sa faute de service, la juridiction administrative est très normalement compétente pour en connaître.

Les deux ordres de juridiction pouvant être successivement appelés à statuer sur la responsabilité dans une même affaire – les tribunaux judiciaires sur celle de l'agent pour sa faute personnelle, les juridictions administratives sur celle de l'administration pour sa faute de service – se pose la question de l'autorité de la chose jugée dans un premier temps par les tribunaux judiciaires : mais l'action de l'agent devant la juridiction administrative étant dirigée contre une personne publique, absente de l'instance précédente, portant sur un autre objet (réparation du préjudice subi par l'agent, et non de celui qu'a subi la victime initiale), étant fondée sur une autre cause (la faute de service, et non la faute personnelle), les conditions de l'autorité de chose jugée (identité de parties, d'objet, de cause) ne sont pas remplies (v. nos obs. sous l'arrêt *Papon** du 12 avr. 2002).

L'action récursoire de l'administration contre son agent étant dirigée contre une personne privée pour sa faute personnelle, on aurait pu penser que, comme dans d'autres hypothèses (CE Sect. 30 oct. 1964, *Commune d'Ussel*, Rec. 501 ; AJ 1964.689, chr. Puybasset et Puissochet et 706, concl. Fournier), en l'absence d'une disposition législative spéciale, il n'appartenait pas à la juridiction administrative de statuer sur la responsabilité d'une personne privée à l'égard d'une personne publique.

Telle n'est pas la solution de l'arrêt *Moritz* du 26 mai 1954 : *« s'agissant des rapports entre l'État et un de ses agents, le litige qui s'est élevé au sujet de tels rapports ne peut trouver sa solution que dans les principes du droit public et la juridiction administrative a seule qualité pour en connaître »*.

Cette solution était contenue déjà, implicitement du moins, dans les arrêts du Conseil d'État du 28 juill. 1951 : l'arrêt *Delville* décidait, de manière très générale, que « la contribution finale de l'administration et de l'agent à la charge des réparations doit être réglée *par le juge administratif* » ; et l'arrêt *Laruelle* se prononçait, sans fournir d'ailleurs aucune explication sur la question de compétence, sur la responsabilité personnelle du sieur Laruelle envers l'État.

C'est la considération du droit applicable à cette action récursoire – le droit administratif – qui détermine la compétence administrative. On trouve ici une illustration du principe de la liaison de la compétence et du fond, déjà exprimé dans l'arrêt *Blanco** du 8 févr. 1873.

6 On en rencontre une autre lorsque l'administration recherche directement la responsabilité de son agent, sans avoir été elle-même

condamnée auparavant à indemniser un tiers. La juridiction administrative est compétente pour la seule raison que cette responsabilité est régie par les principes du droit public : la solution de compétence établie par l'arrêt *Moritz* du 26 mai 1954 déborde le cas des actions récursoires pour couvrir toute action des personnes publiques contre leurs agents pour les fautes personnelles qu'ils ont commises à leur égard (TC 21 janv. 1985, *Hospice de Chateauneuf-du-Pape et Commune de Chateauneuf-du-Pape c. Jeune*, Rec. 519 ; RDP 1985.1356, note R. Drago ; RFDA 1985.716, obs. Denoix de Saint Marc : action d'une commune et de l'hospice communal contre l'ancien maire en raison du comportement de celui-ci dans l'exercice de ses fonctions ; – CE 15 juill. 1964, *Hôpital-Hospice d'Aulnay-sur-Odon*, Rec. 410 ; AJ 1964.555, chr. Fourré et Puybasset ; RDP 1964.1010, note M. Waline : action d'un hôpital contre son chirurgien qui avait « liquidé » son service et quitté ses fonctions).

Normalement tout le contentieux de la responsabilité des agents publics (fonctionnaires ou autres) envers les personnes publiques est attribué à la juridiction administrative.

Cette solution présente d'indéniables avantages pratiques. Non seulement aucune distinction n'est faite entre la compétence contentieuse sur l'action récursoire selon que cette dernière émane de l'agent *(Delville)* ou de l'administration *(Laruelle)*, mais encore c'est un seul et même juge – le juge administratif – qui va connaître des diverses responsabilités encourues dans une même affaire : il va, d'abord, condamner l'administration envers la victime, puis répartir la charge de l'indemnité envers l'État et les agents coupables *(Laruelle)* et enfin, le cas échéant, effectuer une sous-répartition entre les agents coauteurs de la faute *(Jeannier)*.

7 Toutefois la loi du 31 déc. 1957 sur les accidents de véhicules (v. nos obs. sous l'arrêt *Blanco**) a limité l'avantage de l'unité de juridiction que l'on vient de relever : elle attribue compétence aux tribunaux judiciaires pour connaître des actions en indemnité formées contre l'administration par les victimes d'accidents causés par ses véhicules. La juridiction administrative n'en reste pas moins compétente pour statuer sur l'action récursoire de l'administration contre son agent (TC 22 nov. 1965, *Collin*, Rec. 820 ; D. 1966.195, concl. Lindon : AJ 1966.304, note J. Moreau). Ainsi, dans la matière qui donne le plus souvent lieu à l'application de la jurisprudence *Laruelle*, le contentieux se trouve dissocié entre la juridiction judiciaire, qui statue sur l'action de la victime contre l'administration, et la juridiction administrative, qui statue sur l'action récursoire de l'administration contre son agent.

8 ***B.*** — L'originalité des *règles de fond* qui déterminent la compétence administrative tient à *l'autonomie des actions récursoires*, marquée particulièrement par *l'autonomie des fautes* qui peuvent être invoquées.

1°) L'autonomie des actions récursoires tient à ce que tant la responsabilité des agents publics envers l'administration que celle de l'administration envers les agents publics met en jeu exclusivement le fonctionnement interne des services publics et leurs relations avec le personnel.

Le Conseil d'État ne tranche pas ces litiges sur la base des règles classiques de la responsabilité quasi délictuelle ; il prend en considération, notamment, l'organisation du service et les nécessités d'une bonne administration ; il donne à ce contentieux une coloration disciplinaire.

Certes un tel caractère n'apparaît pas lorsqu'un agent demande à son administration de le couvrir des condamnations prononcées contre lui par une juridiction judiciaire, alors qu'il n'a pas commis une faute personnelle détachable de l'exercice de ses fonctions (art. 11 de la loi du 13 juill. 1983 ; CE Sect. 26 avr. 1963, *Centre hospitalier de Besançon*, Rec. 243, concl. Chardeau – v. n° 68.7).

Mais il se trouve dans le jeu des actions récursoires prévues par les arrêts *Delville* et *Laruelle* en vue de régler « la contribution finale de l'administration et de l'agent à la charge des réparations », soit en cas de cumul de fautes soit, *a fortiori*, en cas de faute personnelle liée au service ou non dépourvue de tout lien avec lui.

L'esprit même de la jurisprudence *Laruelle* le montre : c'est pour « moraliser » la fonction publique en faisant peser sur les fonctionnaires la menace d'une sanction pécuniaire que le Conseil d'État a effectué le revirement de 1951, prolongé par l'arrêt *Jeannier* de 1957. L'arrêt *Moine* du 17 déc. 1999 (Rec. 425 ; JCP 2001.II.10508, note Piastra) illustre cet esprit en soulignant que le tir à balles réelles pratiqué par un officier sur des appelés « en dehors de tout exercice organisé par l'autorité supérieure » était d'une « extrême gravité », justifiant ainsi qu'outre la sanction disciplinaire infligée à l'intéressé, soit engagée sa responsabilité pécuniaire.

9 Mais une responsabilité pécuniaire trop étendue peut risquer, en s'ajoutant aux sanctions disciplinaires classiques, de paralyser toute initiative dans les services publics. Un autre danger, fortement souligné par M. Kahn dans ses conclusions sur l'arrêt *Jeannier*, est l'injustice : la mise en œuvre de la responsabilité des agents étant laissée à l'initiative des chefs de service, « il est à craindre que cette responsabilité ne soit d'autant plus aisément recherchée que l'agent est plus éloigné du sommet de la hiérarchie, pour ne rien dire de l'éventualité dans laquelle l'état exécutoire deviendrait, tantôt une sanction déguisée prononcée sans aucune garantie, tantôt un moyen de pression particulièrement odieux ». Enfin, la distinction de la faute et de la fonction n'est guère possible qu'aux échelons inférieurs, de sorte que la faute personnelle risque fort d'être « une faute de subalterne ».

Il appartient à l'administration, sous le contrôle du juge administratif, de réaliser un équilibre entre la nécessité d'une certaine responsabilité pécuniaire des fonctionnaires envers l'administration et les dangers d'une responsabilité trop accentuée. Ces considérations ont conduit le Conseil d'État à décider, pour éviter d'imposer une charge trop lourde aux agents publics, que, s'ils « sont pécuniairement responsables envers (les) collectivités du préjudice qu'ils ont causé par leurs fautes personnelles, il doit être, dans la détermination de ce préjudice, tenu compte de la nature des liens existant entre les fonctionnaires et agents incriminés et la collectivité dont ils dépendent » (CE Ass. 6 mai 1966, *Chedru*, Rec. 310 ; D. 1967.48, concl. Questiaux). C'est une confirmation de la spécificité des actions récursoires.

10 *2°)* Celle-ci est prolongée par *l'autonomie des fautes* que peuvent se reprocher mutuellement l'administration et ses agents par rapport à celles qu'ont pu leur reprocher les administrés dans leurs actions dirigées contre eux.

En ce qui concerne la *faute personnelle*, l'agent peut être reconnu responsable envers l'administration d'un agissement qui n'aurait pas été considéré comme tel par le juge judiciaire saisi d'une action de la victime. Ainsi, dans l'affaire *Jeannier*, la seule faute susceptible d'engager une responsabilité envers la victime ou ses ayants droit était la faute de conduite commise par le soldat qui tenait le volant ; les autres passagers de la voiture n'avaient commis aucune faute au sens du droit civil. Le Conseil d'État considéra néanmoins qu'envers l'État ils avaient engagé leur responsabilité pécuniaire ; la faute personnelle que chacun d'eux avait commise était d'avoir « utilisé sciemment un véhicule de l'armée à des fins étrangères au service », c'est-à-dire une infraction au règlement militaire, une faute disciplinaire qui avait eu des conséquences pécuniaires.

Il en résulte que les coauteurs d'une faute personnelle ne sont pas responsables solidairement envers l'État, comme le seraient des codébiteurs en droit civil. Il ne s'agit pas de protéger l'État contre l'insolvabilité de l'un de ses débiteurs ou de lui éviter des actions multiples, mais de proportionner la sanction pécuniaire à la gravité des fautes commises. Le juge administratif est conduit à des appréciations précises et complexes de la part de responsabilité de chacun, compte tenu de la nature de ses fonctions, de son rang dans la hiérarchie, de ses obligations de service et du rôle qu'il a joué dans l'opération dommageable. Dans les arrêts *Jeannier* et *Moritz*, le Conseil d'État, après avoir considéré « que les militaires impliqués dans l'affaire ne sont responsables envers l'État que des fautes qu'ils ont personnellement commises ; que leur part de responsabilité doit être appréciée en raison de la gravité des fautes imputables à chacun d'eux », a imputé le quart de l'indemnité versée à la victime au soldat Jeannier, qui avait la garde et la conduite de la voiture, puis seulement le douzième au soldat Moritz, dont le seul tort avait été de participer à l'escapade. Dans l'arrêt *Moine*, le Conseil d'État a jugé « qu'en raison de son extrême gravité, (la) faute justifie qu'ait été mise à la charge (de l'officier) la totalité des conséquences dommageables qui en sont résultées ».

La transposition de la notion de faute personnelle, des relations entre l'agent et la victime aux rapports entre l'agent et l'État, s'est accompagnée d'un changement dans sa signification : la faute personnelle de l'arrêt *Laruelle* n'est plus la faute civile qu'elle était dans le système de l'arrêt *Pelletier*, mais la faute disciplinaire ayant eu pour l'État des conséquences pécuniaires.

11 La *faute de service* dont peut se prévaloir la victime contre l'administration n'est pas non plus nécessairement celle que peut invoquer l'agent dans ses relations avec l'administration.

Déjà lorsque la faute de service, non seulement se cumule avec une faute personnelle, mais s'en distingue nettement, l'agent n'ayant contribué qu'à la seconde, non à la première (comme dans l'arrêt *Anguet**), la répartition définitive entre l'administration et l'agent est faite par le juge administratif « compte tenu de l'existence et de la gravité des fautes respectives constatées dans chaque espèce » (et non pas, comme en droit civil, selon le rapport de causalité entre l'acte dommageable et le préjudice causé). Dans l'affaire *Delville*, le conducteur du camion du ministère de la reconstruction, condamné à réparer l'intégralité des dommages subis par la victime, a obtenu du Conseil d'État la condamnation de l'État au remboursement de la moitié de l'indemnité : l'accident était dû, en effet, tout à la fois et dans une égale mesure, à l'état d'ébriété du chauffeur (faute personnelle) et au mauvais état des freins du véhicule (faute de service). L'arrêt *Papon** procède également à un partage par moitié entre l'agent et l'État.

Lorsque l'agent a contribué à la réalisation de la faute de service, il ne peut s'en prévaloir pour s'exonérer de sa responsabilité envers l'administration en cas d'action récursoire de celle-ci, ou pour rechercher la responsabilité de l'administration par une action récursoire exercée contre elle.

Ainsi, dans l'arrêt *Laruelle*, le Conseil d'État a condamné le chauffeur militaire à rembourser à l'État l'intégralité de la somme que celui-ci avait dû verser à la victime, en soulignant que la faute que l'on pouvait imputer à l'État dans la garde des véhicules avait été « provoquée par les manœuvres auxquelles s'était livré le requérant afin d'induire en erreur le gardien des véhicules de l'armée », et il a refusé au sieur Laruelle le droit de se prévaloir d'une négligence qu'il avait lui-même provoquée. Dans ses conclusions sur l'arrêt *Jeannier*, M. Kahn suggérait néanmoins d'admettre en règle générale un partage entre l'administration et l'agent. Sans rejeter expressément le principe du partage, le Conseil d'État ne l'a pas admis en l'espèce.

Outre le dédoublement de la notion de faute personnelle, les arrêts de 1951 ont provoqué un dédoublement de la notion de faute de service. A côté de la faute de service proprement dite, qui tient à une mauvaise organisation du service, et qui existe soit seule soit accompagnée d'une faute personnelle (cumul de fautes), il y a aujourd'hui une faute de service qui n'a d'effet qu'à l'égard de la victime, pour laquelle elle constitue en quelque sorte une garantie ou une assurance, mais qui disparaît dans les rapports entre l'administration et son agent.

On mesure ainsi les profonds bouleversements apportés au système de l'arrêt *Pelletier* par les deux arrêts du 28 juill. 1951.

71

COMPÉTENCE
SERVICE PUBLIC DE LA JUSTICE

TC 27 nov. 1952, PRÉFET DE LA GUYANE, Rec. 642

(JCP 1953.II.7598, note Vedel)

Cons. que l'action engagée par les officiers ministériels de Cayenne devant le tribunal civil de Cayenne et portée par eux en appel devant la Chambre d'appel détachée à Cayenne de la Cour d'appel de Fort-de-France, tend à obtenir la condamnation de l'État au paiement de dommages et intérêts en réparation du préjudice que leur aurait causé l'arrêt, pendant une certaine période, du fonctionnement des juridictions auprès desquelles ils exerçaient leurs fonctions en Guyane ;

Cons. que les actes incriminés sont relatifs, non à l'exercice de la fonction juridictionnelle, mais à l'organisation même du service public de la justice ; que l'action des requérants a pour cause le défaut de constitution des tribunaux de première instance et d'appel dans le ressort de la Guyane, résultant du fait que le gouvernement n'a pas pourvu effectivement ces juridictions des magistrats qu'elles comportaient normalement ; qu'elle met en jeu la responsabilité du service public indépendamment de toute appréciation à porter sur la marche même des services judiciaires ; qu'il appartient dès lors à la juridiction administrative d'en connaître et que c'est à bon droit que le préfet a élevé le conflit dans l'instance ;... (Arrêté de conflit confirmé).

OBSERVATIONS

Certaines juridictions de la Guyane ne purent fonctionner pendant un certain temps parce que les magistrats nécessaires à leur constitution n'avaient pas été nommés en temps utile. Lésés par cette situation, les officiers ministériels de Cayenne intentèrent une action en indemnité contre l'État devant les juridictions civiles. Le préfet éleva le conflit. Le Tribunal des conflits décida que les actes incriminés, étant « relatifs non à l'exercice de la fonction juridictionnelle, mais à l'organisation même du service public de la justice », relevaient de la compétence de la juridiction administrative.

Cet arrêt, rédigé dans les termes d'un arrêt de principe, contient ainsi une définition de la frontière qui sépare la compétence des deux ordres de juridictions en ce qui concerne le contrôle juridictionnel des actes du service public de la justice. Mais si le principe est clair, son application ne laisse pas de poser des problèmes fort délicats. Deux questions doivent être examinées : d'une part, celle de la distinction entre l'organisation et le fonctionnement du service judiciaire en ce qui concerne l'étendue de la compétence administrative ; d'autre part, celle de la portée exacte de la compétence des tribunaux judiciaires en ce qui concerne le fonctionnement proprement dit de ce service.

1 **I.** — S'agissant d'un service de l'État, le service public de la justice aurait pu relever, pour le contrôle juridictionnel de son activité, des juridictions administratives. Mais un double facteur s'est traditionnellement opposé à cette compétence.

D'une part, la séparation des autorités administrative et judiciaire, établie par les lois révolutionnaires, entraîne non seulement une distinction des compétences respectives de chacune d'elles, mais également une indépendance de l'une par rapport à l'autre, en ce sens que, si l'autorité judiciaire ne doit pas « troubler les opérations des corps administratifs » (lois des 16-24 août 1790 et 16 fructidor an 3), l'administration – et il faut entendre par là aussi bien l'administration active que la juridiction administrative – ne doit pas davantage « s'immiscer dans les objets dépendant de l'ordre judiciaire » (Constitution de l'an 3, art. 189). D'autre part, le « service public de la justice » ne saurait être assimilé purement et simplement aux autres services publics : ces derniers dépendent du pouvoir exécutif et c'est à ce titre que leur activité relève de la juridiction administrative ; le « service public de la justice » constitue au contraire un « pouvoir judiciaire », ou plus exactement selon la Constitution de 1958, une « autorité judiciaire » indépendante dans une large mesure du pouvoir exécutif, et cette indépendance a été singulièrement renforcée par la création, en 1946, d'un Conseil supérieur de la magistrature.

En l'état de la législation en vigueur à la date d'intervention de la décision du Tribunal des conflits, le « service public de la justice » pouvait être rapproché du « service public de la législation ». Pour ce dernier, et dans le silence des textes, le juge administratif déclinait sa compétence tant à l'égard de l'activité législative proprement dite que pour les actes émanant des services administratifs des assemblées parlementaires. Dans cette perspective, l'ensemble des actes du service public judiciaire aurait pu échapper au contrôle de la juridiction administrative.

Mais l'application de ce principe est loin d'être simple. A la tête de l'appareil judiciaire se trouve en effet le ministre de la justice, garde des sceaux, qui est également un organe purement administratif, gouvernemental, exécutif, dont on ne voit pas pourquoi les décisions ne seraient pas soumises au contrôle de la juridiction administrative. Or, avant 1946, l'organisation du service judiciaire relevait presque entièrement de l'autorité gouvernementale : garde des sceaux, conseil des ministres, Président de la République. Aussi le Conseil d'État avait-il tout naturellement tendu à se reconnaître compétent pour les actes relatifs à l'organisation du service et à ne décliner sa compétence que pour ceux concernant son fonctionnement. La Constitution de 1946 ayant créé un Conseil supérieur de la magistrature, indépendant de l'exécutif et chargé d'assurer, conformément à la loi, « la discipline des magistrats, leur indépendance et l'administration des tribunaux judiciaires » (art. 84), on pouvait se demander si le Conseil d'État n'abandonnerait pas la distinction classique entre l'organisation et le fonctionnement du service au profit d'une distinction fondée sur l'organe dont émane l'acte incriminé : il se serait alors reconnu compétent pour les seuls actes émanés encore du gouvernement (nomination des magistrats, effectuée par le Président de la République avec le contreseing du garde des sceaux et sur la « présentation » du Conseil supérieur de la magistrature) et aurait décliné sa compétence pour tous les actes, quel que soit leur objet, émanés soit du Conseil supérieur de la magistrature, soit des organes judiciaires proprement dits. L'arrêt *Préfet de la Guyane* montre qu'il n'en est rien : le Tribunal des conflits maintient l'ancienne distinction entre l'organisation et le fonctionnement du service. Le Conseil d'État s'est prononcé dans le même sens par son arrêt d'assemblée du 17 avril 1953 *Falco et Vidaillac* (Rec. 175 ; v. n° 65.1). La Constitution de 1958 n'a pas entraîné de modification sur ce point, même si, depuis la loi constitutionnelle du 27 juill. 1993, les attributions du Conseil supérieur de la magistrature ont été étendues.

2 Le juge administratif est incompétent pour connaître de toute décision, même émanée d'un organe exécutif, dès lors qu'elle a trait à l'exercice même de la fonction juridictionnelle. Par contre il est compétent pour connaître de toute décision, même émanée d'un organe judiciaire, dès lors qu'elle est relative à l'organisation du service public de la justice. Cette substitution d'un critère matériel à un critère organique s'éloigne du fondement primitif de l'incompétence du Conseil d'État, juge de l'exécutif, pour tout ce qui concerne la marche de l'appareil judiciaire, et se rattache à la jurisprudence qui tend à faire du service public entendu au sens matériel le critère de la compétence administrative (cf. CE 31 juill. 1942, *Monpeurt** ; – 2 avr. 1943, *Bouguen** ; – 20 avr. 1956, *Ministre de l'agriculture c. consorts Grimouard** et *Époux Bertin**). Les solutions adoptées sont fort nuancées, – et parfois contradictoires, – et l'on ne peut guère rendre compte de la jurisprudence en la matière qu'en recourant à l'énumération des principales applications de la distinction entre l'organisation du service et son fonctionnement.

3 *1.* — « La création des tribunaux, leur répartition sur le territoire, leur organisation générale, la nomination des magistrats et tout ce qui concerne l'organisation de leur carrière, leur rémunération, leur avancement, et, sauf le cas d'une mesure disciplinaire intéressant les magistrats du siège, leur cessation de fonctions, toutes ces questions ne sont point l'exercice même de la fonction judiciaire. Elles constituent les éléments d'une organisation du service public de la justice dont les pouvoirs publics ont la responsabilité et dont le Conseil d'État a le contrôle juridictionnel » (concl. Jean Donnedieu de Vabres sur l'affaire *Falco et Vidaillac*, Rec. 175, v. n° 65.1). La jurisprudence ne fait aucune distinction à cet égard entre les décisions émanant d'un organe exécutif et celles prises par un organe judiciaire investi d'une mission d'organisation du service public de la justice judiciaire (concl. précitées) : cette assimilation a soulevé de vives critiques de la part de la doctrine, mais elle est certaine en jurisprudence.

La juridiction administrative est ainsi compétente pour statuer sur la responsabilité de l'État du fait d'un arrêt temporaire du fonctionnement de certains tribunaux *(Préfet de la Guyane)* ou sur la légalité d'un décret supprimant un tribunal (CE Sect. 23 mai 1952, *Ville de Saint-Dié*, Rec. 278).

Elle a surtout admis de plus en plus largement sa compétence en ce qui concerne le statut des magistrats : elle se prononce aujourd'hui sur toutes les mesures relatives à son application quels qu'en soient la nature, l'auteur et les motifs. C'est ainsi que le Conseil d'État a examiné la validité d'une décision prise par le bureau de vote chargé de vérifier le résultat des élections de certains membres du Conseil supérieur de la magistrature (CE Ass. 17 avr. 1953, *Falco et Vidaillac* préc.). Le juge administratif statue également sur la légalité des mesures relatives à la nomination et à la réintégration des magistrats (CE Ass. 27 mai 1949, *Véron-Réville*, v. n° 43.4), à leur avancement (CE Ass. 5 nov. 1976, *Lyon-Caen*, Rec. 472 ; AJ 1977 1977.29, chr. Nauwelaers et Fabius ; Sect. 29 juill. 1994, *Ribault et Clouet*, Rec. 399 ; AJ 1994.738, concl. Sanson) à leur notation (CE Ass. 31 janv. 1975, *Volff et Exertier*, Rec. 70 et 74 ; JCP 1975.II.18099, note Albertini ; RDP 1975.811, note Robert ; AJ 1975.124, chr. Franc et Boyon).

De même les sanctions infligées aux magistrats relèvent de la compétence administrative (CE Sect. 1er déc. 1972, *Delle Obrégo*, Rec. 751 ; D. 1973.190, note Robert ; JCP 1973.II.17324, note Blin ; RDP 1973.516, concl. S. Grévisse ; AJ 1973.31, chr. Cabanes et Léger ; AJ 1973.37 et Dr. soc. 1973.346, concl. ; Gaz. Pal. 1973. Doct. 211, note F. Dreyfus). Cette compétence s'étend aux mesures prises par le Conseil supérieur de la magistrature qui est considéré comme une juridiction lorsqu'il statue en matière disciplinaire (CE Ass. 12 juill. 1969, *L'Étang*, Rec. 388 ; v. n° 61.4).

Alors qu'il s'était, dans un premier état de sa jurisprudence, refusé à exercer un contrôle sur la qualification juridique des faits lorsqu'ils étaient relatifs à l'exercice de la fonction judiciaire (CE Ass. 26 juin 1953, *Dorly*, Rec. 326 ; S. 1954.3.1, note de Laubadère ; RDP 1954.173, chr. Gazier et Long ; JCP 1953.II.7810, note

Cartou ; « Le pouvoir judiciaire » oct. 1953, note Vedel), le Conseil d'État a supprimé cet obstacle à l'exercice d'un contrôle effectif de sa part, en matière disciplinaire (CE Sect. 14 mars 1975, *Rousseau*, Rec. 194 ; JCP 1976.II.18423, note Nérac ; RDP 1975.823, concl. Dondoux ; AJ 1975.350, chr. Franc et Boyon) comme dans le contentieux de la notation des magistrats (CE Sect. 13 mars 1987, *Bauhain*, Rec. 95 ; AJ 1987.402, concl. Marimbert ; D. 1987.523, note Doumbé-Billé).

2. — Dès lors qu'on quitte le domaine de la création des juridictions et les questions se rapportant à la carrière des magistrats, la ligne de partage entre l'organisation et le fonctionnement est parfois malaisée à tracer.

4 *a)* Tout ce qui se rattache à l'activité juridictionnelle des tribunaux judiciaires échappe à la compétence des juridictions administratives. Il en va ainsi des actes juridictionnels eux-mêmes et des actes préparatoires aux décisions judiciaires proprement dites : mise en mouvement de l'action publique et mesures qui en sont le préalable nécessaire (TC 19 déc. 1988, *Rey*, Rec. 496 ; Gaz. Pal. 18-20 juin 1989, concl. M. Laroque) ; décret de renvoi d'un inculpé devant une juridiction d'exception CE Sect. 11 mai 1962, *Salan*, Rec. 317 ; RDP 1962.542, concl. Henry) ; saisies administratives suivies de transmission au parquet à fin de poursuites pénales (CE Sect. 10 févr. 1984, *Ministre de l'agriculture c. Société « Les Fils de Henri Ramel »*, Rec. 54 v. n° 81.5) ; apposition de scellés, perquisitions et généralement tous actes de police judiciaire (v. par ex. CE Sect. 11 mai 1951, *Consorts Baud*, Rec. 205 ; S. 1952.3.13, concl. J. Delvolvé, note R. Drago : accident mortel causé par des inspecteurs à la recherche d'une bande de malfaiteurs ; – Sect. 8 mars 1963, *Masetti*, Rec. 148 ; RDP 1963.288, concl. Heumann ; JCP 1963.II.13268, note J. Moreau : dommages causés par un individu blessé au volant de son véhicule par des coups de feu tirés par des agents qui tentaient de l'appréhender comme soupçonné d'avoir pris part à un cambriolage ; – TC 15 janv. 1968, *Consorts Tayeb*, Rec. 791 ; D. 1968.417, concl. Schmelck : coups de feu tirés par un officier de paix sur un suspect dont la fuite lui a fait croire qu'il s'agissait d'un délinquant ; – CE 13 janv. 1992, *Grasset*, Rec. 16 ; RDP 1992.1470, note J.M. Auby : mise en fourrière d'un véhicule dans le cadre d'une opération de police judiciaire).

Il appartient toutefois au juge de donner ou de restituer à l'acte litigieux sa véritable qualification, en tenant compte essentiellement de son objet. C'est ainsi que le Tribunal des conflits a jugé qu'une opération intervenue « en dehors de tout ordre ou intervention de l'autorité judiciaire » se rattachait à la police administrative et que ses conséquences relevaient pour ce motif de la compétence de la juridiction administrative (TC 7 juin 1951, *Consorts Noualek*, Rec. 636, concl. J. Delvolvé). De même a-t-il considéré que la juridiction administrative était compétente pour se prononcer sur les conséquences dommageables résultant de la carence des services de police lors d'une opération de transfert de fonds (TC 12 juin 1978, *Société « Le Profil » c. ministre de l'intérieur*, Rec. 649, concl. Morisot ; AJ 1978.444, chr. O. Dutheillet de Lamothe et Robineau ; D. 1978.626, note Moulin). Allant plus loin dans cette voie, le Conseil d'État s'est reconnu compétent pour statuer sur la validité d'une saisie de journaux ordonnée par un arrêté préfectoral visant l'article 10 c. instr. crim., parce qu'il résultait « manifestement de l'ensemble des circonstances de l'affaire », que, sous cette apparence de police judiciaire, l'opération constituait en réalité une mesure de police administrative (CE Ass. 24 juin 1960, *Société Frampar**).

5 *b)* Les actes d'exécution des jugements rendus par les juridictions de l'ordre judiciaire ne ressortissent pas non plus à la compétence administrative : décisions du chef de l'État en matière de grâce (CE 28 mars 1947, *Gombert*, Rec. 138 ; S. 1947.3.89, concl. Célier ; RDP 1947.95, note M. Waline) ; mesures d'exécution des peines dont l'examen impliquerait une appréciation sur le fonctionnement des juridictions judiciaires (CE Sect. 18 mai 1951, *Dame Vve Moulis*, Rec. 277 ; S. 1952.3.19, note R. Drago : exécution d'un individu condamné à mort par une cour martiale illégale dont le jugement a été ultérieurement cassé par la Cour de cassation dans l'intérêt de la loi et du condamné ; – Sect. 3 janv. 1958, *Consorts Touron*, Rec. 4 ; RDP 1958.748, note M. Waline : exécution d'un individu condamné par une cour martiale qui avait été dissoute avant le prononcé du verdict).

A été assimilée à un acte d'exécution d'un jugement, la décision du juge de l'application des peines d'accorder une réduction d'une peine privative de liberté (CE Sect. 9 nov 1990, *Théron*, Rec. 313 ; AJ 1991.546, note Belloubet-Frier ; RFDA 1991.671, note Pradel ; D. 1991.390, note Plouvin).

Plus généralement, il n'appartient pas à la juridiction administrative de connaître des litiges relatifs à la nature et aux limites d'une peine infligée par une juridiction judiciaire et dont l'exécution est poursuivie à la diligence du ministère public comme c'est le cas, pour l'octroi ou la révocation d'une mesure de libération conditionnelle d'un détenu (CE Sect. 4 nov. 1994, *Korber*, Rec. 489 ; LPA 23 janv. 1995, concl. Bonichot ; LPA 12 avril 1995, note Pacteau ; RFDA 1995.817, note Pradel ; JCP 1995.II.22422, note Lemaire) ou pour l'octroi ou le refus d'une permission de sortir (CE 9 févr. 2001, *Malbeau*, RFDA 2001.534).

Le Conseil d'État accepte cependant de se prononcer sur la légalité des décrets individuels d'amnistie au motif qu'il s'agit « d'actes émanant d'une autorité administrative » (CE Ass. 24 nov. 1961, *Électricité de Strasbourg c. Schaub*, Rec. 660 ; RDP 1962.339, concl. Heumann ; AJ 1962.18, chr. Galabert et Gentot ; – Sect.

22 nov. 1963, *Dalmas de Polignac*, Rec. 565 ; D. 1964.161, note C. Debbasch ; RDP 1964.692, concl. Henry ; AJ 1964.23, chr. Fourré et Puybasset). Il se reconnaît compétent pour apprécier la légalité d'un arrêté par lequel le ministre de l'intérieur fixe la liste des lieux où s'applique une interdiction de séjour (CE Ass. 2 mars 1979, *Linné*, Rec. 89 ; AJ 1979.5.74, chr. O. Dutheillet de Lamothe et Robineau ; D. 1979.IR.261, obs. P. Delvolvé). Les litiges relatifs à l'octroi ou au refus du concours de la force publique pour l'exécution des jugements relèvent de la compétence administrative (CE 30 nov. 1923, *Couitéas** ; – Sect. 3 juill. 1959, *Dame veuve Sablayrolles*, Rec. 425, concl. Jouvin). Il en va pareillement des litiges qui se rattachent au fonctionnement administratif du service pénitentiaire (CE Sect. 25 janv. 1952, *Vacqué*, Rec. 60 ; D. 1952.581, note G. Morange ; – CE Ass. 27 janv. 1984, *Caillol*, Rec. 28 ; AJ 1984.72, chr. Lasserre et Delarue ; RDP 1984.483, concl. Genevois ; RFDA 1984.187, note Moderne : placement d'un prévenu dans un quartier de haute sécurité).

6 *c)* Les actes relatifs à la désignation et à la discipline des auxiliaires de la justice ainsi que les conséquences de leur activité ressortissent en principe à la compétence judiciaire (21 nov. 1941, *Raux*, Rec. 195 : discipline individuelle des avocats ; – 11 mai 1953, *Roffé*, Rec. 211 ; S. 1954.3.1, note de Laubadère : révocation d'un curateur aux successions vacantes ; – 7 déc. 1960, *Jardin*, Rec. 681 ; AJ 1961.429, note A. de L. : décision du parquet relative aux droits et obligations d'un greffier ; – Sect. 13 juill. 1961, *Jobard*, Rec. 489, concl. Kahn ; D. 1962.275, note C. Debbasch ; AJ 1961.471, chr. Galabert et Gentot : établissement par la cour d'appel de la liste des syndics et administrateurs judiciaires ; – Sect. 5 nov. 1976, *Hénin et autres*, Rec. 474, concl. Franc et TC 2 mai 1977, *Hénin et autres*, Rec. 666 ; RDP 1977.1063, note J.M. Auby : instructions adressées par le premier président d'une cour d'appel aux greffiers pour assurer le respect du monopole des avocats).

La juridiction administrative a toutefois été déclarée compétente pour connaître de la légalité d'une décision du garde des sceaux relative à l'exercice des fonctions de bâtonnier de l'ordre des avocats d'Alger, qui avait pour fondement les pouvoirs exceptionnels conférés au gouvernement par la loi du 16 mars 1956 en vue du rétablissement de l'ordre en Algérie (TC 16 janv. 1967, *Laquière*, Rec. 651 ; – CE Sect. 23 juin 1967, *Laquière*, Rec. 273 ; RDP 1967.1218, concl. Bertrand).

A été également reconnue la compétence du juge administratif s'agissant de l'appréciation de la légalité des décisions par lesquelles le Conseil national des barreaux prend des mesures d'ordre déontologique relatives à l'exercice sur le plan national de la profession d'avocat (TC 18 juin 2001, *Ordre des avocats au barreau de Tours*, LPA 30 juill. 2001, concl. Schwartz ; AJ 2001.847, chr. Guyomar et Collin ; JCP 2001.II.10586, note Martin).

7 *d)* Échappent totalement à la compétence administrative les actes se rapportant à l'aménagement interne des juridictions : décisions relatives au rang des magistrats (CE Sect. 14 févr. 1936, *Darracq*, Rec. 203) ; décisions sur l'intérim des magistrats (CE 5 juill. 1933, *Lara*, Rec. 738 ; – 30 nov. 1938, *Garrigues*, Rec. 897).

Ces derniers exemples sont, on le constate, au moins aussi proches de « l'organisation » que du « fonctionnement » du service : les deux notions ne sont pas aussi distinctes qu'on pourrait le penser : l'organisation d'un service est toujours la condition de son fonctionnement. D'une manière générale, l'évolution de la jurisprudence semble tendre vers la reconnaissance de plus en plus large de la compétence administrative alors même que seraient en cause des faits que l'on pourrait considérer comme relevant du fonctionnement du service judiciaire.

8 **II.** — Si le fonctionnnement des services judiciaires ne relève pas de la compétence de la juridiction administrative, relève-t-il au moins de celle des tribunaux judiciaires ?

La réponse doit être nuancée. Dans la plupart des cas, les plaideurs ne trouveront pas devant les tribunaux judiciaires l'équivalent du recours pour excès de pouvoir et ne pourront obtenir l'annulation des décisions litigieuses. En ce qui concerne les réparations pécuniaires, les tribunaux ont longtemps refusé d'admettre que la responsabilité de l'État puisse, en l'absence de texte, être engagée par le fonctionnement des services judiciaires ; mais un arrêt important de la Cour de cassation a amorcé une évolution de jurisprudence, en étendant les principes généraux de la responsabilité de la puissance publique aux collaborateurs occasionnels de la police judiciaire (Cass. civ. 23 nov. 1956, *Trésor public c. Giry**). En outre deux lois ont étendu dans des hypothèses encore limitées le principe de la responsabilité de la puissance publique dans le domaine du service public judiciaire : la loi du 17 juill. 1970 (art. 149 et s. du code de procédure pénale) qui prévoit la possibilité d'une indemnisation à raison d'une détention préventive, lorsque le préjudice est manifestement anormal et d'une particulière gravité ; et la loi du 5 juill. 1972 dont l'art. 11 prévoit que « l'État est tenu de réparer le dommage causé par le fonctionnement défectueux du service de la justice » en cas de faute lourde ou de déni de justice (v. n° 77.8).

9 **III.** — On relèvera enfin que la distinction entre l'organisation et le fonctionnement d'une institution a trouvé à s'exprimer lorsque le Conseil d'État a été invité à contrôler le règlement par lequel le Conseil constitutionnel a fixé le régime particulier d'accès à ses archives, lesquelles comprennent notamment une recension des débats de la Haute Instance. Les règles d'accès aux archives affectent par là même *le fonctionnement* interne du Conseil constitutionnel. Le Conseil d'État a en conséquence décliné sa compétence pour en connaître, contrairement aux conclusions de son commissaire du gouvernement (CE Ass. 25 oct. 2002. *Brouant*, RFDA 2003.1, concl. Goulard, note Favoreu ; 14, note Gonod et Jouanjan ; AJ 2002.1332, chr. Donnat et Casas ; D. 2002.3034, note Moutouh ; RDP 2002.1855, note Camby ; JCP 2003.II.10008, note Chaminade).

72

FONCTIONNAIRES
DISCIPLINE – LIBERTÉ D'OPINION

CE Ass. 13 mars 1953, TEISSIER, Rec. 133

(D. 1953.735, concl. Jean Donnedieu de Vabres)

Cons., d'une part, que, d'après l'art. 22 du décret, en date du 11 juin 1949, portant réorganisation du Centre national de la recherche scientifique, le directeur du Centre est nommé par décret sur le rapport du ministre de l'éducation nationale ; que l'autorité investie du pouvoir de nomination a compétence pour prononcer la cessation des fonctions ; qu'aucune disposition législative ou réglementaire n'a prévu que le conseil d'administration et le directeur du Centre national de la recherche scientifique doivent émettre un avis sur la cessation des fonctions du directeur du Centre ; qu'en l'absence de disposition législative imposant l'accomplissement de ces formalités, le décret du 11 juin 1949 a pu valablement, sur ce point, ne prévoir aucune consultation desdits organismes ; que, dès lors, le sieur Teissier n'est pas fondé à soutenir que le conseil d'administration et le directeur du Centre national de la recherche scientifique auraient dû être consultés avant qu'il soit mis fin à ses fonctions ;

Cons., d'autre part, qu'il résulte de l'instruction que la mesure prise à l'encontre du sieur Teissier a été motivée par l'attitude de ce fonctionnaire après la réception par le ministre de l'éducation nationale d'une lettre ouverte, diffusée dans la presse, par laquelle l'Union française universitaire, dont le requérant est président d'honneur, se livrait à des attaques violentes et injurieuses contre le gouvernement français ; que, si le sieur Teissier n'a pas participé à l'élaboration de ladite résolution et ne l'a pas signée, son nom figurait sur la lettre parmi ceux des présidents d'honneur de l'Union française universitaire ; que le requérant, auquel le ministre de l'éducation nationale avait demandé des explications, a refusé de désavouer les termes de la lettre dont s'agit ; qu'il doit ainsi être regardé comme s'étant solidarisé avec les signataires de la résolution ; que le grief tiré par le gouvernement de l'attitude adoptée, dans les circonstances susindiquées, par le directeur du Centre national de la recherche scientifique a pu être légalement retenu à la charge de ce fonctionnaire ; que, dès lors, le sieur Teissier n'est fondé ni à soutenir que le décret attaqué manque de base légale, ni à alléguer que ledit acte est entaché de détournement de pouvoir ;... (Rejet).

OBSERVATIONS

1 **I.** — M. Teissier, directeur du Centre national de la recherche scientifique, était en même temps l'un des présidents d'honneur de l'Union française universitaire. Cette organisation fit circuler, à la fin de 1949, une résolution qui s'élevait, en les qualifiant, tour à tour de scandaleuses, d'odieuses et d'inqualifiables, contre de récentes mesures d'expulsion prises à l'encontre de professeurs polonais enseignant en France.

Le ministre de l'éducation nationale demanda aux hauts fonctionnaires dont le nom figurait sur le papier à en-tête qui portait ce texte s'ils étaient effectivement solidaires de cette manifestation. M. Teissier, pour sa part, répondit que, s'il n'avait pas pris part personnellement à l'élaboration du document, son opinion sur celui-ci ne relevait que de sa conscience. Le ministre ne fut pas satisfait de cette réponse, et mit fin aux fonctions de M. Teissier, qui se pourvut contre cette décision.

Le commissaire du gouvernement Jean Donnedieu de Vabres montra d'abord que le poste de directeur du CNRS était l'un de ces emplois supérieurs qui sont à la discrétion du gouvernement, la liste donnée de ces emplois par le décret du 20 juill. 1949 (préfets, directeurs d'administration centrale, recteurs, etc.) n'étant pas limitative. Le gouvernement aurait donc pu mettre fin aux fonctions de M. Teissier pour simple convenance politique et en dehors de toute considération disciplinaire (cf. pour un directeur de ministère : 10 déc. 1948, *Lavaud*, Rec. 467 ; – pour le directeur de l'Agence France-Presse : Sect. 24 juin 1949, *Nègre*, Rec. 304 ; D. 1949.570, note J.G. ; – pour le directeur de l'Office national d'études et de recherches aéronautiques : 13 nov. 1952, *Jugeau*, Rec. 506).

Mais, en l'occurrence, le ministre avait fondé sa décision sur une faute qu'aurait commise M. Teissier et s'était donc placé sur le terrain disciplinaire. La question se posait de savoir si le requérant avait commis une faute disciplinaire en refusant de désavouer des attaques violentes et injurieuses contre le gouvernement : ainsi était soulevé l'ensemble du problème de la liberté d'opinion et du loyalisme des fonctionnaires.

Le commissaire du gouvernement déclara, à propos de la lettre du professeur Teissier qui avait motivé la sanction prise à son égard, que l'on y retrouvait « ce souci d'indépendance et de dignité qui sont dans les traditions de l'Université française ». Mais il estima que, compte tenu de son rang et de ses responsabilités, le directeur du Centre national de la recherche scientifique était tenu à une réserve particulière à l'égard du gouvernement et qu'il avait commis une faute disciplinaire en refusant de désapprouver un texte qui constituait une manifestation publique et violente contre le gouvernement. Suivant son commissaire du gouvernement, le Conseil d'État rejeta la requête.

2 Deux affaires importantes ont, l'année suivante, posé à nouveau devant le Conseil d'État le problème de la liberté d'opinion des fonctionnaires. Dans l'affaire *Barel*, la Haute assemblée rappela que le principe de l'égal accès de tous les citoyens aux emplois publics interdit au gouvernement d'exclure des candidats du concours de l'École nationale d'administration pour des motifs tirés de leurs opinions (CE Ass. 28 mai 1954, *Barel**). Dans l'affaire *Guille*, le Conseil d'État annula une mesure de relèvement de fonctions prise à l'encontre de l'inspecteur d'académie de la Haute-Marne, qui était en même temps conseiller municipal communiste de Chaumont, en se fondant sur le motif que l'emploi d'inspecteur d'académie n'est pas, contrairement à ce que croyait le ministre, à la discrétion du gouvernement ; le commissaire du gouvernement Laurent fit, à cette occasion, le point de la jurisprudence relative à la liberté d'opinion des agents publics (CE Sect. 1er oct. 1954, *Guille*, Rec. 496 ; D. 1955.431, note Braibant ; RA 1954.512, concl. Laurent).

II. — Compte tenu de ces arrêts et des conclusions qui les accompagnent, les règles actuelles sur le loyalisme des fonctionnaires peuvent être résumées comme suit.

3 ***A.*** — *La liberté de conscience* est en principe absolue. Les convictions religieuses ou politiques d'un fonctionnaire ne sauraient justifier ni un rejet de candidature (*Barel**) ni une mesure disciplinaire (*Guille*). Ce principe n'est que l'application aux fonctionnaires de l'alinéa 5 du préambule de la Constitution de 1946, selon lequel « nul ne peut être lésé, dans son travail ou son emploi, en raison de ses origines, de ses opinions et de ses croyances ». L'article 6 de la loi du 13 juill. 1983 portant droits et obligations des fonctionnaires dispose à cet égard que « la liberté d'opinion est garantie aux fonctionnaires » et l'article 18 précise en outre qu'il ne peut être fait état dans le dossier d'un fonctionnaire, de même que dans tout document administratif, « des opinions ou des activités politiques, syndicales, religieuses ou philosophiques de l'intéressé ».

B. — *La liberté d'expression* est reconnue aux fonctionnaires avec plus de réserves.

4 *a)* « *Dans l'exécution du service*, l'État peut exiger du fonctionnaire qu'il s'abstienne de tout acte propre à faire douter, non seulement de sa neutralité, mais de son loyalisme envers les institutions, voire, compte tenu de l'obéissance hiérarchique, envers le gouvernement » (concl. Laurent ; cf. CE Sect. 3 mars 1950, *Delle Jamet*, Rec. 247 : « devoir de stricte neutralité qui s'impose à tout agent collaborant à un service public »).

5 *b) En dehors du service*, la liberté d'expression constitue le principe. Le fonctionnaire peut être inscrit à un parti politique, militer activement dans un groupement d'opposition, parler et écrire librement, se présenter aux élections (v. par ex. CE 3 janv. 1962, *Ministre des armées c. Hocdé*, Rec. 3 ; Droit ouvrier 1962.43, concl. Kahn). L'appartenance à un parti légalement formé, fût-il d'opposition, ne constitue pas une faute disciplinaire. L'exercice de la liberté d'expression ne saurait pas davantage justifier une mesure « dans l'intérêt du service ».

Le Conseil d'État a même censuré comme portant une atteinte excessive à la liberté d'expression une circulaire du ministre du travail qui exigeait de façon générale qu'un agent, même si sa qualité de fonctionnaire n'y apparaît pas, soumette ses articles ou ouvrages préalablement à leur publication à son supérieur hiérarchique « si les sujets abordés touchent aux fonctions qu'il exerce ou s'il risque de manifester son opposition ou ses critiques à l'égard de l'action du gouvernement » (CE. 29 déc. 2000 *Syndicat Sud Travail*), Dr. Soc. 2001.263, concl. Fombeur). La jurisprudence administrative française est sur ce point plus protectrice de la liberté d'expression que ne l'est celle de la Cour de justice des Communautés européennes qui a estimé que l'obligation faite aux fonctionnaires de demander une autorisation préalable pour la publication d'ouvrages se rattachant à l'activité des Communautés n'était pas, par elle-même, contraire à la liberté d'expression (CJCE 6 mars 2001, aff. C.274/99 *Connoly c./ Commission*, D. 2002.690, note Rideau ; RTDH 2002.325, note Larralde).

C. — Ces principes comportent cependant une double exception.

6 *1°)* La première vise le cas des emplois supérieurs qui sont à la discrétion du gouvernement. Ces emplois sont énumérés par un décret (décret du 21 mars 1959 modifié), lequel n'a d'ailleurs pas de caractère limitatif.

Ont été rangés parmi les emplois de ce type : celui de directeur général des hospices civils de Lyon (CE 14 mai 1986, *Rochaix*, Rec. 574 ; JCP 1987.II.20715, note Gabolde) ; celui de président de l'office national pour les rapatriés (CE Ass. 22 déc. 1989, *Morin*, Rec. 279 ; AJ 1990.90, chr. Honorat et Baptiste) ; celui de chef du service de l'Inspection générale de la police nationale (CE 17 juin 1992, *Leclerc*, Rec. 687 ; RDP 1992.1830, note R. Drago). Il est généralement admis que ces emplois supérieurs exigent un véritable loyalisme envers le gouvernement, et que leurs titulaires peuvent être révoqués pour des motifs de simple convenance politique, sous la réserve toutefois que, lorsque la mesure est prise « en considération de la personne » de l'intéressé, celui-ci doit recevoir communication de son dossier de manière à pouvoir présenter ses observations sur la mesure envisagée (CE Sect. 20 janv. 1956, *Nègre*, Rec. 24 ; D. 1957.319, concl. Guionin). Mais si le gouvernement peut ainsi relever de leurs fonctions les titulaires des emplois supérieurs pour des raisons de convenance, il doit établir l'existence d'une faute disciplinaire lorsqu'il invoque un grief précis à l'encontre de l'intéressé (arrêt *Teissier*).

La notion d'emploi supérieur à la discrétion de l'exécutif ne s'étend pas à des fonctions comme celles de directeur d'une école d'architecture (CE Sect. 29 mars 1991, *Fraisse*, Rec. 112 ; RFDA 1992.104, concl. de Montgolfier), de chef de bureau d'une administation centrale (CE 5 avr. 1991, *Mme Imbert-Quaretta*, Rec. 987 ; AJ 1991.509, chr. Schwartz et Maugüé), non plus qu'à une nomination d'un magistrat du parquet à un poste hors hiérarchie en raison du souci du juge administatif d'assurer le respect de l'indépendance de l'autorité judiciaire (CE Sect. 19 avr. 1991, *Monnet*, Rec. 150 ; AJ 1991.509, chr. Schwartz et Maugüé et p. 557, concl. Lamy).

7 *2°)* Tous les agents, supérieurs ou subalternes, peuvent, dans la manifestation de leurs opinions, commettre une faute contre le service en manquant à la réserve qui s'impose à eux, et s'exposer ainsi à des sanctions disciplinaires. La jurisprudence estime que les devoirs des agents en dehors du service doivent être appréciés « à la mesure des responsabilités qu'ils assument dans la vie sociale, en raison de leur rang dans la hiérarchie et de la nature de leurs fonctions » (concl. Laurent). C'est ainsi que le devoir de réserve et de retenue est plus strict pour les titulaires de hautes fonctions administratives d'autorité qui sont associés étroitement aux responsabilités du gouvernement (arrêt *Teissier*) que pour les agents occupant un rang subalterne. L'appréciation du caractère fautif d'un acte est évidemment faite sous le contrôle du juge, qui se prononce en tenant compte des circonstances et du climat de l'affaire, des caractères de la manifestation d'opinion et de la nature des fonctions de l'agent.

Ainsi ont été considérés comme ayant commis des fautes disciplinaires : un secrétaire de mairie qui s'est livré à de violentes attaques contre son maire dans la presse locale (CE 11 juill. 1939, *Ville d'Armentières*, Rec. 468) ; un policier qui, en civil et en dehors du service, a distribué à proximité de son commissariat des tracts critiquant l'action de la police au cours d'une grève (CE 20 févr. 1952, *Magnin*, Rec. 117) ; un agent de bureau du cadre complémentaire des P.T.T. qui a participé, en dehors des heures de service, à une manifestation interdite par le gouvernement (CE Ass. 27 mai 1955, *Dame Kowalewski*, Rec. 297 ; D. 1955.687, concl. Mosset, note G. Morange ; AJ 1955.II.281, note Long) ; un agent des chèques postaux qui a, devant la porte d'entrée des locaux de service, mais en dehors de ses heures de service, distribué des tracts et harangué ses collègues pour les inciter à participer à une grève politique (CE 12 oct. 1956, *Delle Coquand*, Rec. 362) ; un inspecteur d'académie, détaché auprès de l'Institut national pédagogique, qui a fait, au cours d'un séjour à Alger en 1963, des déclarations hostiles à la politique gouvernementale en Martinique, en acceptant qu'elles soient enregistrées, et sans prendre les précautions nécessaires pour en éviter la publication dans un journal algérien (CE Sect. 8 mars 1968, *Plenel*, Rec. 168 ; AJ 1968.223, chr. Massot et Dewost) ; un haut fonctionnaire qui a pris publiquement à partie la gestion de son ministre lors d'une campagne électorale sans être d'ailleurs ni candidat ni électeur inscrit dans la circonscription (CE 10 mars 1971, *Jannès*, Rec. 203 ; D. 1972.735, note Guibal ; AJ 1971.622, note V.S. ; Dr. ouvr. 1971.70, note X).

En revanche, n'a pas été considéré comme ayant manqué au devoir de réserve un inspecteur des douanes en coopération technique au Maroc, qui a signé en 1959, avec d'autres ressortissants français établis dans le même pays, une motion demandant au Président de la République d'ouvrir une négociation pour mettre fin à la guerre d'Algérie, et qui n'est pas à l'origine de la publication de cette motion dans la presse (CE 23 juill. 1966, *Ministre des finances c. Leblanc*, Rec. 476).

Dégagée par la jurisprudence (cf. CE Sect. 11 janv. 1935, *Bouzanquet*, Rec. 44), la règle de l'obligation de réserve a été consacrée par des textes pour les magistrats (art. 10 de l'ordonnance organique du 22 déc. 1958), les membres du Conseil d'État (art. 4 du décret du 30 juill. 1963), les militaires (art. 7 et s. de la loi du 13 juill. 1972) et les personnels de la police nationale (art. 11 du décret du 18 mars 1986).

8 ***D.*** — Les mêmes principes s'appliquent dans des conditions particulières aux agents investis de fonctions syndicales, en raison de la liberté d'expression que postule la nature même de leurs fonctions. Le Conseil d'État a décidé que n'avait commis aucune faute disciplinaire le secrétaire général d'un syndicat de fonctionnaires qui avait protesté en cette qualité, dans une lettre véhémente adressée à son ministre, contre la mesure disciplinaire prise à l'encontre d'un agent du ministère ; comme l'avait souligné le commissaire du gouvernement Heumann, les obligations de réserve et de déférence exigées des fonctionnaires sont « la traduction d'un principe de subordination », alors que « le syndicalisme, dont l'arme principale est la grève, signifie combat », et il en avait conclu que, dès lors qu'il s'agit bien, non pas d'une manœuvre politique, mais d'une défense des intérêts professionnels des adhérents du syndicat, « le dirigeant d'un syndicat de fonctionnaires échappe dans une large mesure aux obligations dont il est tenu en qualité de fonctionnaire » (CE 18 mai 1956, *Boddaert*, Rec. 213 ; RPDA 1956.105, concl. Heumann). De même, le Conseil d'État a annulé la révocation du secrétaire général de la fédération syndicale des personnels de police, qui avait transmis à la presse, en vue de leur publication, des communiqués de cette organisation protestant contre l'éventualité d'une sanction envisagée à son encontre, puis contre la mise à pied de cinq jours qui lui a été infligée (CE 25 mai 1966, *Rouve*,

Rec. 361 ; D. 1967.6, concl. Rigaud), ou encore les décisions procédant à l'abaissement des notes attribuées à des magistrats qui étaient fondées sur leurs activités syndicales, notamment à l'occasion de déclarations à la presse (CE Ass. 31 janv. 1975, *Volff* et *Exertier*, Rec. 70 et 74 – v. n° 74.3).

9 En revanche, le Conseil d'État a jugé qu'en signant un accord passé entre son syndicat et un syndicat étranger, le secrétaire général de la fédération nationale des travailleurs des PTT a, compte tenu des termes de cet accord et de son caractère politique, commis une faute disciplinaire, « nonosbstant sa qualité de dirigeant d'un syndicat de fonctionnaires » (CE Sect. 8 juin 1962, *Ministre des postes et télécommunications c. Frischmann*, Rec. 382 ; D. 1962.492, note Dubouis ; AJ 1962.I.418, chr. Galabert et Gentot). Il a également considéré qu'en participant à la diffusion d'une protestation qui critiquait une décision du tribunal relative à la nomination du juge taxateur, un magistrat a manqué au devoir de réserve, alors même qu'il aurait agi en tant que membre d'une section syndicale ; cette décision, rendue contrairement aux conclusions du commissaire du gouvernement, fait de l'obligation de réserve une limite qui ne s'applique pas seulement aux actions individuelles des agents publics mais aussi à leurs actions syndicales (CE Sect. 1er déc. 1972, *Delle Obrégo*, Rec. 751 ; v. n° 71.3).

De façon moins controversée, le Conseil d'État a estimé que le fait pour un avocat général à la Cour de cassation d'avoir publié un article critique à l'encontre d'un de ses collègues magistrat, comportant un calembour antisémite, était constitutif d'une faute disciplinaire, alors même que l'article incriminé a été publié dans une revue syndicale (CE 18 oct. 2000 *Terrail*, Rec. 430 ; AJ 2001. 288, note Rouault ; JCP II.10011, note Lanoy).

Ainsi l'appréciation des manquements à l'obligation de réserve est fonction dans chaque cas des circonstances.

10 **III.** — En dehors du droit de la fonction publique, la liberté d'opinion est particulièrement protégée par le juge administratif. Le Conseil d'État a posé en principe que l'exercice d'une activité politique licite ne pouvait légalement justifier une opposition à l'acquisition par l'intéressée de la nationalité française par mariage (CE Ass. 28 avr. 1978, *Dame Weisgal*, Rec. 196 ; AJ 1979.1.26, chr. O. Dutheillet de Lamothe et Robineau ; D. 1979.265, concl. Genevois ; J. Dr. Int. 1978.878, note Ruzié).

Eu égard à la liberté d'expression des partis politiques, il a censuré une décision par laquelle le Conseil supérieur de l'audiovisuel s'était opposé à ce que, dans le cadre de la campagne en vue des élections législatives, un groupement politique mentionne la tenue d'une réunion postérieure au scrutin (CE Sect. 26 mars 1993, *Parti des travailleurs*, Rec. 87 ; RFDA 1993.506, concl. Bonichot ; AJ 1993.336, chr. Maugüé et Touvet).

Dans un domaine différent, le Conseil d'État a estimé que ne commettait aucune faute disciplinaire le dirigeant d'une fédération sportive qui avait répondu par voie de presse aux attaques publiques dont il avait été lui-même l'objet de la part de la fédération (CE 11 mai 1984, *Pébeyre*, Rec. 756 ; AJ 1984.531, chr. Schoettl et Hubac ; D. 1985.65, note Karaquilo).

73

FONCTIONNAIRES – LIBERTÉ D'OPINION ÉGALITÉ D'ACCÈS À LA FONCTION PUBLIQUE

CE Ass. 28 mai 1954, BAREL, Rec. 308, concl. Letourneur

(RDP 1954.509, concl. Letourneur, note M. Waline ; RPDA 1954.149, concl. Letourneur, note Eisenmann ; RA 1954.393, concl. Letourneur, note Liet-Veaux ; AJ 1954.II.396, note Long ; D. 1954.594, note G. Morange ; S. 1954.3.97, note Mathiot)

Sur la légalité des décisions attaquées :

Sans qu'il soit besoin d'examiner les autres moyens des pourvois :

Cons. qu'aux termes de l'art. 1er du décret du 13 janv. 1950, modifiant le décret du 9 oct. 1945 relatif à l'École nationale d'administration, « les conditions générales d'admission au concours, le nombre des places mises au concours, la date d'ouverture des épreuves et la liste des candidats admis à y prendre part sont fixés par arrêtés du président du conseil » ; que, par décret du 18 juill. 1953, le secrétaire d'État à la présidence du conseil a été chargé d'exercer les attributions conférées au président du conseil par les décrets susvisés des 9 oct. 1945 et 13 janv. 1950 ;

Cons. que, s'il appartient au secrétaire d'État, chargé par les textes précités d'arrêter la liste des candidats admis à concourir, d'apprécier dans l'intérêt du service, si les candidats présentent les garanties requises pour l'exercice des fonctions auxquelles donnent accès les études poursuivies à l'École nationale d'administration et s'il peut, à cet égard, tenir compte de faits et manifestations contraires à la réserve que doivent observer ces candidats, il ne saurait, sans méconnaître le principe de l'égalité de l'accès de tous les Français aux emplois et fonctions publics, écarter de ladite liste un candidat en se fondant exclusivement sur ses opinions politiques ;

Cons. que les requérants, auxquels le secrétaire d'État à la présidence du conseil a, par les décisions attaquées, refusé l'autorisation de prendre part au concours ouvert en 1953 pour l'admission à l'École nationale d'administration, soutiennent qu'ils n'ont été éliminés de la liste des candidats arrêtée par ledit secrétaire d'État qu'à raison des opinions politiques qui leur ont été imputées ; qu'ils se prévalent à l'appui de leur allégation de circonstances et de faits précis constituant des présomptions sérieuses ; que, néanmoins, le secrétaire d'État, dans ses observations sur les pourvois, s'il a contesté la portée des circonstances et faits sus-mentionnés, s'est borné à indiquer, en outre, qu'il appartenait au Conseil d'État de rechercher parmi les pièces versées aux dossiers celles qui lui permettraient de dégager les motifs des décisions prises et s'est ainsi abstenu de faire connaître le motif de ses décisions ; *qu'en cet état de la procédure la section du contentieux, chargée de l'instruction des requêtes, usant du pouvoir qui appartient au Conseil d'État d'exiger de l'administration compétente la production de tous documents susceptibles d'établir la conviction du juge* et de permettre la vérification des allégations des requérants a, par délibération du 19 mars 1954, demandé au secrétaire d'État la production des dossiers constitués au sujet de la candidature de chacun des requérants ; qu'en ce qui concerne les sieurs Barel et Bedjaoui, aucune suite n'a été donnée par le secrétaire d'État à cette demande ; que, s'agissant des sieurs Guyader, Fortuné et Lingois, la section du contentieux a, en réponse à une lettre du secrétaire d'État en date du 13 mai 1954 concernant ces trois candidats, précisé que les dossiers dont le Conseil d'État réclamait la communication comprennent l'ensemble des pièces, rapports et documents au vu desquels les décisions attaquées ont été prises ; qu'il n'a pas été satisfait à cette dernière demande par les productions faites le 25 mai 1954 ; qu'il ressort de l'ensemble des circonstances susrelatées de l'affaire que le motif allégué par les auteurs des pourvois doit être regardé comme établi ; que, dès lors, les requérants sont fondés à soutenir que les décisions déférées au Conseil d'État reposent sur un motif entaché d'erreur de droit et, par suite, à en demander l'annulation pour excès de pouvoir ;... (Annulation).

OBSERVATIONS

1 **I.** — L'intérêt de l'arrêt *Barel* n'est pas moins grand au point de vue juridique qu'au point de vue politique. Sur le plan juridique, il définit avec netteté les limites du *pouvoir discrétionnaire*, et il précise d'autre part les *règles relatives à la charge de la preuve* et les *pouvoirs d'instruction* du juge administratif. Sur le plan politique, il donne toute sa portée au principe de la liberté d'opinion des fonctionnaires.

Par décisions des 3 et 7 août 1953, le secrétaire d'État à la présidence du conseil refusait les candidatures au concours d'entrée de l'École nationale d'administration des sieurs Barel, Guyader, Fortuné, Lingois et Bedjaoui. Quelques jours après, le journal *Le Monde* publiait un communiqué d'après lequel un membre du cabinet du secrétaire d'État avait déclaré que le gouvernement était décidé à n'accepter aucun candidat communiste à l'E.N.A. Le communiqué provoqua une grande émotion, mais ne fut pas démenti. Cependant, le 4 puis le 14 nov. 1953, le secrétaire d'État, interpellé à l'Assemblée, affirma qu'aucun candidat n'avait été exclu du concours pour des motifs politiques et que les déclarations faites au journal *Le Monde* émanaient d'un « irresponsable non identifié ». Entre-temps, le directeur de l'École avait d'ailleurs déclaré à l'un des candidats qu'il avait été exclu parce qu'il était communiste. Les candidats estimèrent, malgré les dénégations du ministre, avoir assez de preuves de l'illégalité du refus qui leur avait été opposé pour le déférer au Conseil d'État, qui l'a annulé moins d'un an après en avoir été saisi. La brièveté du délai de jugement est bien explicable. D'une part, le débat à l'Assemblée et l'ordre du jour du 14 nov. étaient une invitation à régler rapidement le litige ; d'autre part, le dossier n'étant pas en état lors de l'entrée en vigueur de la réforme du contentieux, eût dû être envoyé au tribunal administratif de Paris, si le Conseil d'État ne l'avait conservé par la mise en demeure prévue par l'art. 4 du décret du 30 sept. 1953 : cette mise en demeure engageait moralement le Conseil d'État à juger rapidement la requête ; enfin il était souhaitable que l'affaire fût jugée avant le concours suivant, afin que le gouvernement et les candidats sachent à quoi s'en tenir.

L'affaire fut encore corsée par le refus du ministre de produire les pièces qui devaient permettre au Conseil d'État de se faire une opinion sur les motifs réels de la décision attaquée : ainsi la décision devait-elle prendre une importance capitale du point de vue juridique puisque le Conseil d'État était amené à préciser l'étendue de son contrôle et les moyens dont il dispose pour l'exercer.

2 **II. — *A.* —** Ainsi que l'exposa le commissaire du gouvernement Letourneur, lorsqu'aucun texte législatif ou réglementaire ne limite le droit d'action qui appartient normalement à l'administration, le juge ne peut que vérifier, d'une part *si l'acte est fondé sur un motif de droit erroné ou sur des faits matériellement inexacts*, d'autre part *s'il est entaché de détournement de pouvoir*. Or la jurisprudence a toujours considéré que les candidats, même remplissant les conditions législatives et réglementaires, n'avaient pas de droit à concourir, mais qu'il appartenait au ministre d'écarter, dans l'intérêt du service, ceux qu'il estimait incapables de remplir la fonction « selon l'esprit et le but en vue desquels la loi l'a instituée ». Le ministre dispose, à cet égard, d'un pouvoir d'appréciation très large sur les faits de nature à justifier une décision de refus, tels que les propos ou attitudes incompatibles avec la réserve que doit observer tout candidat à un emploi public : encore ce pouvoir est-il soumis au contrôle minimum de l'erreur de droit dans les motifs, de l'inexactitude matérielle des faits et du détournement de pouvoir (CE 10 mai 1912, *Abbé Bouteyre** ; – 8 déc. 1948, *Delle Pasteau*, Rec. 464 ; S. 1949.3.41, note Rivero ; – Sect. 29 juill. 1953, *Lingois*, Rec. 413 ; D. 1954.99, note G. Morange). L'existence de ce contrôle implique la possibilité pour le juge de l'exercer. Or le juge administratif dirige l'instruction : il ne met pas la preuve à la charge du demandeur. Il lui demande seulement de se montrer précis et de réunir, à l'appui de ses allégations, tous les moyens de preuve dont il peut disposer (cf. CE Sect. 23 déc. 1955, *Lévy*, Rec. 608 ; D. 1956.27, concl. Lasry ; – 27 oct. 1965, *Ministre de l'éducation nationale c. Sudaka et Lamas*, Rec. 557 ; D. 1966.145, note Gilli) : si la requête est vague ou imprécise, elle sera rejetée parce que le requérant n'établit pas la véracité de ses dires (CE 9 juill. 1954,

Cordelet, Rec. 439 ; AJ 1954.II.396, note Long) ; si au contraire elle comporte un ensemble de présomptions sérieuses, le juge se doit de compléter le dossier par des mesures d'instruction. C'est ce qu'a fait, en l'espèce, la section du contentieux, chargée de l'instruction de l'affaire. En quoi allaient consister les mesures d'instruction ainsi ordonnées ? Les conclusions du commissaire ne reflètent pas exactement, sur ce point, la doctrine de l'assemblée : le Conseil d'État n'a pas demandé au ministre *les motifs* d'une décision, mais *l'ensemble des documents* au vu desquels elle a été prise.

3 Une telle méthode d'instruction n'était pas nouvelle ; mais elle n'avait été utilisée jusque là qu'en de rares occasions (v. par ex. CE Sect. 1er mai 1936, *Couespel du Mesnil*, Rec. 485) ; depuis l'arrêt *Barel*, la juridiction administrative y recourt plus fréquemment ; elle l'a mise en œuvre, notamment, à propos d'un arrêté d'assignation à résidence qui, selon le requérant, était fondé sur des faits matériellement inexacts, et à propos d'une mesure de licenciement prise pour des motifs d'ordre politique ; dans les deux cas, la mesure d'instruction s'est heurtée à la carence de l'administration et a ainsi abouti à l'annulation de la décision attaquée (CE Ass. 30 juin 1959, *Grange*, Rec. 85, concl. Chardeau ; AJ 1959.2.23, chr. Combarnous et Galabert ; – 26 oct. 1960, *Rioux*, Rec. 558, concl. Chardeau ; AJ 1961.169, note V.S. ; – voir également Ass. 11 mai 1973, *Sanglier*, Rec. 344 ; AJ 1973.428, note Larger ; RDP 1973.1747, note M. Waline). Si, d'autre part, le pouvoir de demander communication des pièces à l'administration ne s'étend pas aux documents dont la divulgation est exclue par les nécessités de la défense nationale, le juge peut, même dans cette hypothèse, tenir compte, après avoir demandé éventuellement des explications complémentaires, du silence ou de la mauvaise volonté de l'administration (CE Ass. 11 mars 1955, *Secrétaire d'État à la guerre c. Coulon*, Rec. 150 ; D. 1955.555, note de Soto et Léauté ; RDP 1955.995, concl. F. Grévisse ; AJ 1955.II.181, chr. Long ; – sur l'application de ces principes, v. également CE Sect. 11 mai 1962, *Foucher-Créteau*, Rec. 519, concl. Braibant ; Ass. 6 nov. 2002, *Moon Sun Myung*, AJ 2002.1337, chr. Donnat et Casas ; RDP 2003.430, note Guettier).

4 Le Conseil d'État a précisé sa jurisprudence à propos des documents couverts par le secret médical : il a posé en principe « qu'il appartient au juge administratif, pour l'instruction d'une affaire dont il est saisi, de requérir des administrations compétentes la production de tous documents qu'il juge de nature à permettre la vérification des allégations des parties en cause à la seule exception de ceux de ces documents dont la communication contreviendrait à une disposition législative » ; il en a déduit que le juge ne peut prescrire la communication de documents d'ordre médical qu'à l'intéressé lui-même, qui pourra décider de les lui transmettre ou de lui en révéler le contenu (CE Sect. 24 oct. 1969, *Ministre de l'équi-*

pement et du logement c. Gougeon, Rec. 457 ; D. 1969.732, concl. G. Guillaume ; JCP 1970.II.16569, note Morand ; RDP 1970.394, note M. Waline ; AJ 1969.689, chr. Denoix de Saint Marc et Labetoulle ; – 12 nov. 1969, *Pasquier*, Rec. 494 ; – 20 juill. 1971, *Pasquier*, Rec. 563 ; AJ 1971.529, chr. Labetoulle et Cabanes).

5 ***B.*** — Si libéral qu'il soit, ce système risque de ne pas donner une garantie absolue aux requérants ; en ce qui concerne notamment les admissions à concourir, il pourra être difficile aux candidats, dans des affaires qui auront un moindre retentissement que l'affaire *Barel*, d'apporter des commencements de preuve suffisamment sérieux et précis. Toutefois, la jurisprudence tend à être, à cet égard, moins exigeante. Dans un litige analogue à l'affaire *Barel*, le tribunal administratif de Paris a ordonné la production du dossier, alors que le requérant n'avait apporté aucune présomption particulière à l'appui de ses allégations ; sur le refus de l'administration de répondre à cette injonction, le tribunal a annulé la décision attaquée, et le Conseil d'État a confirmé ce jugement en appel (TA Paris 6 mai 1959, *Vicat-Blanc*, AJ 1959.II.360, concl. Sauzet, note V.S. ; – CE 21 déc. 1960, *Premier ministre c. Vicat-Blanc*, Rec. 1093 ; D. 1961.421, note Chapus ; AJ 1961.167, note V.S.).

6 En étendant au contentieux économique les principes qu'il avait mis en œuvre dans l'affaire *Barel*, le Conseil d'État a encore accentué le caractère inquisitoire de ses pouvoirs d'instruction ; il en a usé sur la base de « l'argumentation développée par la société requérante », sans exiger que celle-ci fournisse des présomptions sérieuses, précises et concordantes ; et se conformant cette fois à la lettre aux conclusions développées quinze ans plus tôt par le commissaire du gouvernement Letourneur, il a reconnu au juge administratif le pouvoir de demander au ministre intéressé « les raisons de fait et de droit » de sa décision (CE Sect. 26 janv. 1968, *Société « Maison Genestal »*, Rec. 62, concl. Bertrand ; AJ 1968.102, chr Massot et Dewost ; Dr. soc. 1968.295, note Besson ; JCP 1968.I.2203, chr. Colson ; JCP 1968.II.15.581, note Blancher ; D. 1969.456, note Fromont).

7 Une étape supplémentaire a été franchie depuis que le Conseil d'État exerce non plus seulement un contrôle restreint sur les décisions de refus d'admission à concourir, mais un contrôle normal, ce qui implique la censure éventuelle de toute erreur dans la qualification juridique des faits (CE 18 mars 1983, *Mulsant*, Rec. 125 ; – Sect. 10 juin 1983, *Raoult*, Rec. 251 – v. n° 30.5). Le Conseil d'État peut être ainsi conduit à procéder à des appréciations délicates : s'il a estimé que des faits d'éthylisme anciens ne font pas obstacle à l'accès aux fonctions d'élève surveillant de prison (CE 10 juin 1991, *Garde des sceaux, ministre de la justice c/ Vizier*, Rec. 229 ; AJ 1991.504, chr. Maugüé et Schwartz), il a jugé que l'accès aux concours d'inspecteur de police pouvait être refusé à un candidat qui avait participé à plusieurs manifestations publiques à l'occasion desquelles il avait été interpellé ou blessé (CE 27 janv. 1992, *Ministre de l'intérieur c/ Castellan*, Rec. 1003 ; LPA 6 mai 1992, note Pacteau).

8 **III.** — Mais dans l'affaire *Barel*, le gouvernement, qui refusa de communiquer au Conseil d'État les dossiers que celui-ci lui réclamait, renonçait en quelque sorte à se placer sur le terrain des faits relatifs à chaque candidat et posait au juge la question de la légalité de motifs tenant uniquement à l'opinion politique des candidats. Il espérait sans doute obtenir une décision de principe du Conseil d'État interdisant l'accès, sinon de la fonction publique, du moins de l'École nationale d'administration, aux candidats communistes.

Le commissaire du gouvernement posa la question de la façon suivante : l'exclusion d'un candidat en raison de ses opinions politiques est-elle fondée sur un motif juridiquement valable ? La réponse ne pouvait qu'être négative : la Déclaration des droits de 1789, le préambule de la Constitution de 1946 posent le principe de l'égalité des citoyens pour l'accès aux fonctions publiques, sans distinction d'origines, d'opinions ou de croyances. Or ces textes ont valeur de principes généraux du droit supérieure à celle de tout acte de l'exécutif (cf. CE Ass. 7 juill. 1950, *Dehaene**).

A vrai dire, en posant la question sous cette forme, le commissaire du gouvernement a fait un choix, car elle pouvait être posée autrement : l'opinion communiste n'est-elle pas différente des autres, et l'appartenance au parti communiste n'est-elle pas incompatible avec l'exercice de la fonction publique ? Des pays comme les États-Unis, l'Angleterre, la Suisse, l'Allemagne fédérale écartent ouvertement les communistes de certaines fonctions publiques ; mais il est vrai qu'aucun texte législatif ne leur fait en France une situation d'exception. C'est pourquoi le commissaire n'a pas fait à l'opinion communiste une place particulière. Il ne suffisait d'ailleurs pas de constater l'absence de texte législatif : dans sa décision *Dehaene* précitée, l'absence de texte législatif n'a pas empêché le Conseil d'État de tirer du principe général de la continuité du service public une limitation du droit de grève. Mais le Conseil d'État s'est précisément refusé à jouer dans l'arrêt *Barel* le rôle de législateur secondaire qu'il avait joué dans l'arrêt *Dehaene*. La différence des attitudes éclaire d'ailleurs la nature des principes généraux du droit : le Conseil d'État ne les crée pas ; il les dégage, il les constate dans un certain climat juridique résultant à la fois de notre tradition et de la situation actuelle au point de vue politique, social, institutionnel.

Suivant la formule du doyen Vedel « les principes généraux sont dans une certaine mesure l'œuvre du juge qui les dégage de la gangue du milieu juridique ; ils ne sont pas une œuvre arbitraire car ils sont extraits du droit positif existant à un moment donné » (note sous CE Ass. 4 avr. 1952, *Syndicat régional des quotidiens d'Algérie*, JCP 1952.II.7138).

Le Conseil d'État n'a donc pas trouvé de principe permettant de faire une situation d'exception à une certaine catégorie de Français. Une décision en sens contraire eût étrangement rappelé les lois d'exception de la période 1940-1944, et le gouvernement n'avait d'ailleurs jamais déposé le projet de loi un moment envisagé, interdisant aux communistes l'accès à la fonction publique. Par l'arrêt *Barel* le Conseil d'État a ainsi confirmé avec éclat sa jurisprudence classique sur la liberté d'opinion des fonctionnaires (v. nos obs. sous l'arrêt *Teissier**). En ces matières, sa jurisprudence offre des garanties plus fortes que celles résultant de l'interprétation donnée par la Cour européenne des droits de l'homme de l'art. 10 de la Convention relatif à la liberté d'expression. La Cour, après avoir nié que l'art. 10 puisse être invoqué s'agissant de l'accès à la fonction publique (CEDH 28 août 1986, *Glasenapp c. RFA*, série A, n° 104) a ultérieurement décidé, par un arrêt rendu par dix voix contre neuf, qu'une mesure d'exclusion de la fonction publique d'une enseignante, en raison de son appartenance au parti communiste, était contraire à l'art. 10 de la Convention ainsi qu'à son art. 11 sur la liberté d'association (CEDH 26 sept. 1995, *Vogt c. Allemagne*, RTDH 1996.389, note Sudre).

74

TRAVAUX PUBLICS
DÉFINITION

TC 28 mars 1955, EFFIMIEFF, Rec. 617

(AJ 1955.II.332, note J.A. ; JCP 1955.II.8786, note Blaevoet ; RA 1955.285, note Liet-Veaux)

Cons. que le litige qui oppose le sieur Effimieff à l'Association syndicale de reconstruction de Pont-du-Las porte sur l'exécution d'un marché de travaux, passé par celle-ci avec cet entrepreneur de maçonnerie ; que l'art. 17 de la loi du 6 juin 1948 a attribué aux associations syndicales de reconstruction le caractère d'établissements publics ; *que le législateur a ainsi expressément manifesté son intention d'assigner à ces organismes, dans l'œuvre de la reconstruction immobilière, une mission de service public, dans les conditions définies et pour les fins d'intérêt national visées par la loi et le règlement et, corrélativement, de les soumettre, qu'il s'agisse des prérogatives de puissance publique attachées à cette qualité ou des sujétions qu'elle entraîne, à l'ensemble des règles de droit public correspondant à cette mission ; qu'il suit de là que, nonobstant le fait que les immeubles reconstruits ne sont pas la propriété de ces associations qui, aux termes de l'art. 39 de la loi du 16 juin 1948, « sont maîtres de l'œuvre jusqu'à réception définitive des travaux », les opérations de reconstruction qui ont lieu par leur intermédiaire, qu'elles intéressent des immeubles appartenant à des particuliers ou des biens de collectivités publiques, constituent des opérations de travail public ;* qu'elles sont notamment réglementées, à ce titre, par les prescriptions du décret du 2 août 1949, pris en exécution du décret du 12 nov. 1938, lesquelles ont édicté, pour les marchés relatifs à ces opérations, des dispositions inspirées de celles du décret du 6 avr. 1942, modifié par le décret du 1er avr. 1948, qui régissent les marchés de l'État ; qu'il résulte de ce qui précède que les litiges soulevés par l'exécution de tels marchés relèvent de la compétence du juge des travaux publics ; qu'ainsi c'est à bon droit que le préfet du Var a, par l'arrêté susvisé, revendiqué la connaissance du présent litige pour la juridiction administrative ;... (Arrêté de conflit confirmé).

OBSERVATIONS

1 **I.** — Afin d'accélérer et de coordonner la reconstruction des immeubles sinistrés par fait de guerre, le législateur a institué, par

une loi du 16 juin 1948, deux catégories de groupements : les sociétés coopératives de reconstruction, qui sont des organismes de droit privé, et les associations syndicales de reconstruction, qui sont, aux termes mêmes de la loi, des établissements publics. Ces groupements ont eu pour mission de faire exécuter les travaux de reconstruction pour le compte de leurs membres.

Ces travaux ont donné naissance à de nombreux litiges, opposant les groupements de reconstruction aux entrepreneurs avec lesquels ils avaient traité ou aux sinistrés dont ils sont les mandataires. La question s'est alors posée de savoir si les travaux exécutés par les associations syndicales de reconstruction, c'est-à-dire par des personnes morales de droit public, pour le compte de particuliers, avaient le caractère de travaux publics ou de travaux privés. Cette question, qui intéressait plusieurs centaines d'associations syndicales groupant au total près de cent mille sinistrés, avait une très grande importance pratique : elle commandait en effet à la fois la détermination de la juridiction compétente – administrative ou judiciaire – et celle des règles de fond applicables – droit public ou droit privé.

Dans leur majorité, les tribunaux judiciaires ont admis leur compétence, en estimant que ces travaux avaient un caractère privé (v. notamment AJ 1954.II.267, note Liet-Veaux, et AJ 1955.II.331, note J.A.). Les tribunaux administratifs avaient au contraire tendance à adopter la solution inverse. Toutefois, ni la Cour de cassation ni le Conseil d'État n'avaient encore eu l'occasion de se prononcer sur cette question avant que le Tribunal des conflits ne la tranchât dans le sens de la compétence administrative par la décision *Effimieff*.

2 **II.** — La solution retenue par les tribunaux judiciaires était conforme à la définition classique des travaux publics, qui exigeait la réunion de trois conditions : travaux immobiliers – exécutés pour le compte d'une personne publique – dans un but d'utilité générale (cf. CE 10 juin 1921, *Commune de Monségur**, et nos obs.). En l'espèce, les travaux avaient évidemment un caractère immobilier ; mais ils avaient pour objet la reconstruction d'immeubles appartenant à des propriétaires privés ; l'on pouvait ainsi se demander s'ils répondaient à un but d'intérêt général, et, en tout cas, l'on pouvait affirmer qu'ils n'étaient pas exécutés pour le compte d'une personne publique.

Jusqu'alors, la jurisprudence n'avait reconnu un caractère public à des travaux exécutés pour des particuliers que de façon tout à fait exceptionnelle, lorsqu'ils étaient l'accessoire d'un travail public (CE 21 janv. 1927, *Compagnie générale des eaux*, Rec. 94 ; D. 1928.3.57, note Blaevoet). En dehors de ce cas, les travaux faits sur des immeubles privés n'étaient regardés comme des travaux publics que dans la mesure où ils avaient été exécutés en réalité pour le compte, non de leur propriétaire, mais de la collectivité publique (CE 26 nov. 1948, *Chardon*, Rec. 446 : démolition d'immeubles sinistrés ; – Sect. 29 avr. 1949, *Consorts Dastrevigne*, Rec. 185 : travaux ordonnés par le maire pour parer à un danger grave et imminent). La jurisprudence traditionnelle conduisait donc à dénier aux travaux exécutés par les associations syndicales de reconstruction pour des sinistrés privés le caractère de travaux publics.

Mais le Tribunal des conflits ne s'est pas arrêté à ces notions traditionnelles. Il a estimé que le législateur, en attribuant aux associations syndicales de reconstruction le caractère d'établissements publics, avait ainsi manifesté son intention de leur assigner une « mission de service public », pour « des fins d'intérêt national », et de les soumettre en conséquence « aux règles de droit public correspondant à cette mission » ; il en a déduit que leurs travaux, quel qu'en soit le destinataire, sont des travaux publics.

3 **III.** — Le Tribunal des conflits a dégagé ainsi une définition nouvelle et singulièrement extensive de la notion de travaux publics. Cette définition n'est pas incompatible avec la précédente, et elle ne s'y substitue pas : les deux conceptions coexistent dans la jurisprudence actuelle. Constituent donc, désormais, des travaux publics :

– soit les travaux exécutés pour une personne publique dans un but d'utilité générale (jurisprudence *Commune de Monségur*) ;

– soit les travaux exécutés par une personne publique dans le cadre d'une mission de service public (jurisprudence *Effimieff*).

Ainsi l'accent est mis tantôt sur la destination des travaux, tantôt sur leurs modalités d'exécution. Mais, dans l'un et l'autre cas, deux conditions fondamentales doivent être réunies, qui donnent à la notion de travaux publics son unité fondamentale : il faut que les travaux correspondent à *une fin d'intérêt général* et qu'ils comportent, à un stade quelconque, en qualité d'intermédiaire ou de bénéficiaire, de maître d'œuvre ou de maître de l'ouvrage, *l'intervention d'une personne publique* (TC 18 déc. 2000, *Mutuelle assurance des commerçants et indutriels de France c./ Syndicat des copropriétaires du centre commercial de la Lézarde* ; RFDA 2001.514).

Si l'une de ces deux conditions fait défaut, les travaux ont un caractère privé, quelle que soit d'ailleurs leur utilité, et même s'ils bénéficient de procédés juridiques exorbitants du droit commun : tel est le cas des constructions exécutées pour leur propre compte par les sociétés d'habitations à loyers modérés (CE Sect. 7 nov. 1958, *Entreprise Eugène Revert*, Rec. 541 ; RDP 1959.596, concl. Heumann ; AJ 1959.II.196, note Gardies ; – TC 6 nov. 1967, *Société coopérative d'habitation à loyer modéré « Notre Cottage »*, Rec. 657 ; AJ 1968.262, note Laporte), ou des travaux exécutés pour le compte de particuliers par les coopératives de reconstruction qui, à la différence des associations syndicales de reconstruction, sont des organismes de droit privé (CE 18 mai 1960, *Époux Grenet*, Rec. 340), mais de tels travaux revêtent le caractère de travaux publics à partir du moment où la coopérative de reconstruction, personne privée, est transformée en établissement public, personne publique (TC 25 nov. 1963, *Rauby*, Rec. 789 ; JCP 1964.II.13479, note R.L. ; AJ 1964.116, notes Moreau et Montmerle). De même n'ont pas le caractère de travaux publics les travaux exécutés sur une portion de la voie publique par un particulier, titulaire d'une permission de voirie, pour son propre compte (CE Sect. 11 mai 1962, *Dame Ymain*, Rec. 316 ; S. 1962.243 et D. 1962.556, concl. Combarnous ; AJ 1962.424, chr. Galabert et Gentot : remise en état de la chaussée par un particulier à la suite de la pose d'un branchement d'égout desservant son immeuble).

IV. — Depuis 1955, la jurisprudence a fait application, parallèlement, de la définition classique et de la définition nouvelle des travaux publics.

4 Conformément à la première, le caractère de travaux publics a été reconnu, par exemple, à la construction, pour le compte du département du Var, du barrage de Malpasset (TC 14 nov. 1960, *Pourcin*, Rec. 1152 ; RA 1960.609, note Liet-Veaux), à la reconstruction d'une église par une société coopérative de reconstruction pour le compte d'une commune (CE Sect. 2 juin 1961, *Leduc*, Rec. 365 ; AJ 1961.345, concl. Braibant), à l'établissement d'un barrage sur un torrent, par une commune, en vue de son alimentation en eau potable (TC 21 mars 1966, *Commune de Soultz*, Rec. 828 ; JCP 1966.II.14687, note Dufau ; AJ 1966.306, note Gautron). La même jurisprudence s'applique aux travaux des services publics industriels et commerciaux, lorsque ces derniers sont gérés par un établissement public comme EDF ou lorsqu'ils sont concédés à une personne de droit privé comme l'était la SNCF (CE 19 févr. 1969, *EDF c. Entreprise « Pignetta et Repetti »*, Rec. 107 ; – TC 17 févr. 1972, *SNCF c. Solon et Barrault*, Rec. 944 – v. n° 85.10).

5 D'autre part, le Conseil d'État a appliqué la jurisprudence *Effimieff* aux travaux de reboisement exécutés par l'État pour le compte de particuliers (Sect. 20 avr. 1956, *Ministre de l'agriculture c. consorts Grimouard**), aux travaux effecutés d'office par une commune, afin d'assurer la sécurité publique, sur un immeuble privé qui menace ruine (Sect. 12 avr. 1957, *Mimouni*, Rec. 262 – v. n° 75.7 ; – Sect. 21 déc. 1962, *Ville de Thiais*, Rec. 701 ; AJ 1963.89, chr. Gentot et Fourré) ou sur un immeuble insalubre (CE 30 mai 1962, *Poplin*, Rec. 359). Il en va de même des travaux de curage d'un cours d'eau non navigable ni flottable exécutés d'office par l'administration (CE Sect. 1er oct. 1966, *Bachimont*, Rec. 510). S'agissant des travaux exécutés sur des immeubles classés monuments historiques la jurisprudence, après les avoir considérés comme des travaux privés (CE Ass. 13 févr. 1942, *Commune de Sarlat*, Rec. 49 ; D. 1942.167, note P.L.J. ; RDP 1943.349, concl. Léonard, note R.B.) opère une distinction entre les travaux effectués de son plein gré par un propriétaire, qui ont un caractère privé (TC 28 avr. 1980, *Prunet c. Le Bras*, Rec.. 507 ; AJ 1980.605, note Moderne), et ceux qui sont exécutés d'office par l'État en application de l'article 9 de la loi du 31 déc. 1913, qui ont le caractère de travaux publics (Sect. 5 mars 1982, *Guetre*, Rec. 100 ; Gaz. Pal. 1982.2.651, concl. Genevois).

6 Les deux définitions se recouvrent d'ailleurs lorsque les travaux ont été effectués par une personne publique, dans un but d'intérêt général ou de service public, et pour son propre compte : tel est le cas, notamment, de l'ensemble des travaux exécutés par les collectivités publiques sur leurs voies publiques.

7 La décision *Effimieff*, en mettant l'accent sur la mission de service public dévolue aux associations syndicales de reconstruction, s'inscrit dans la ligne d'une série d'arrêts qui ont eu pour objet de redonner à la notion de service public un rôle essentiel dans la délimitation entre les compétences administrative et judiciaire et dans la définition du droit public. Avec les arrêts *Effimieff* et *Grimouard*, la mission de service public est devenue l'un des éléments fondamentaux de la notion de travaux publics ; selon la décision *Époux Bertin**, du 20 avr. 1956, l'exécution du service public constitue l'un des critères des contrats administratifs ; dans la décision *Société « Le Béton »** du 19 oct. 1956, l'affectation au service public sert à définir le champ d'application du régime de la domanialité publique.

La définition de l'ouvrage public se situe dans la même ligne, en combinant celles des travaux publics et du domaine public ; elle a été formulée par le commissaire du gouvernement, à propos d'une école, dans les termes suivants : « immeuble appartenant à une personne publique et affecté soit à l'usage du public, soit à un service public ou du moins... à un but d'utilité générale » (CE Sect. 13 juill. 1965, *Arbez-Gindre*, Rec. 442 ; D. 1966.88, concl. Braibant ; – v. également Sect. 10 mars 1978, *Office public d'habitation à loyers modérés de Nancy*, Rec. 121 ; AJ 1978.401, concl. Labetoulle).

8 **V.** — La notion juridique de travaux publics a connu une nouvelle extension en 1963 : le Tribunal des conflits a jugé que la construction des routes nationales appartient « par nature à l'État », que les personnes morales de droit privé auxquelles elle peut être confiée agissent nécessairement pour le compte de l'État, et qu'elle a ainsi, quel que soit le maître de l'ouvrage, le caractère de travaux publics (TC 10 juill. 1963, *Société Entreprise Peyrot**). Cette solution se rattache sans doute, dans ses termes, à la définition traditionnelle : mais elle en fait une application nouvelle en considérant que certains travaux sont, en raison de leur nature et quelles que soient leurs modalités, exécutés pour le compte d'une personne publique.

Le domaine des marchés de travaux publics demeure toutefois moins étendu que celui des travaux publics eux-mêmes : lorsque des marchés qui ont pour objet l'exécution de tels travaux sont passés par une personne de droit privé, ils constituent en règle générale des contrats de droit privé (*SNCF c. Solon et Barrault*, précité ; – v. nos obs. sous les arrêts *Grimouard** et *Peyrot**).

75

COMPÉTENCE DE LA JURIDICTION ADMINISTRATIVE SERVICE PUBLIC CONTRATS – TRAVAUX PUBLICS

CE Sect. 20 avr. 1956, Époux BERTIN ; MINISTRE DE L'AGRICULTURE c. CONSORTS GRIMOUARD, Rec. 167 et 168

I. *Époux Bertin*

(AJ 1956.II.272. concl. Long et 221, chr. Fournier et Braibant ;
RDP 1956.869, concl. Long, note M. Waline ;
D. 1956.433, note de Laubadère ;
RA 1956.496, note Liet-Veaux)

Sur la compétence :

Cons. qu'il résulte de l'instruction que, par un contrat verbal passé avec l'administration le 24 nov. 1944, les époux Bertin s'étaient engagés, pour une somme forfaitaire de 30 francs par homme et par jour, à assurer la nourriture des ressortissants soviétiques hébergés au centre de rapatriement de Meaux en attendant leur retour en Russie ; *que ledit contrat a eu pour objet de confier, à cet égard, aux intéressés l'exécution même du service public alors chargé d'assurer le rapatriement des réfugiés de nationalité étrangère se trouvant sur le territoire français ; que cette circonstance suffit, à elle seule, à imprimer au contrat dont s'agit le caractère d'un contrat administratif ;* qu'il suit de là que, sans qu'il soit besoin de rechercher si ledit contrat comportait des clauses exorbitantes du droit commun, le litige portant sur l'existence d'un engagement complémentaire à ce contrat, par lequel l'administration aurait alloué aux époux Bertin une prime supplémentaire de 7,50 francs par homme et par jour en échange de l'inclusion de nouvelles denrées dans les rations servies, relève de la compétence de la juridiction administrative ;

Au fond :

Cons. que les époux Bertin n'apportent pas la preuve de l'existence de l'engagement complémentaire susmentionné ; que, dans ces conditions, ils ne sont pas fondés à demander l'annulation de la décision, en date du 1er juin 1949, par laquelle le ministre des anciens combattants et victimes de la guerre a refusé de leur verser le montant des primes supplémentaires qui auraient été prévues audit engagement ;... (Rejet avec dépens).

II. *Ministre de l'agriculture c. Consorts Grimouard*

(AJ 1956.II.187, concl. Long et 221, chr. Fournier et Braibant ; D. 1956.429, concl. Long, note P.L.J. ; RDP 1956.1058, concl. Long, note M. Waline ; RA 1956.496, note Liet-Veaux)

Cons. que, par des contrats en date des 26 avr. et 11 mai 1951, l'État français s'est engagé, dans le cadre des dispositions du décret du 3 mars 1947, portant règlement d'administration publique pour l'application de la loi du 30 sept. 1946, à effectuer des travaux de reboisement sur des terrains appartenant aux dames de la Chauvelais et de la Villemarqué et situés sur le territoire des communes de Chènevelles, Monthoiron, et Senillé (Vienne) ; que, le 5 juill. 1952, à la suite d'un retour de flamme survenu dans le tuyau d'échappement d'un tracteur appartenant au sieur Fumeron, entrepreneur chargé des travaux, un incendie s'est allumé et a ravagé non seulement des terrains visés aux contrats susmentionnés, mais encore des bois appartenant tant aux dames de la Chauvelais et de la Villemarqué qu'à d'autres propriétaires ; que le recours du ministre de l'agriculture tend à l'annulation du jugement, en date du 29 sept. 1954, par lequel le tribunal administratif de Poitiers a déclaré l'État et l'entrepreneur solidairement responsables des dommages causés par ledit incendie ;

Sur la compétence :

Cons. qu'aux termes de l'art. 1er de la loi du 30 sept. 1946 « le ministre de l'agriculture est chargé de la reconstitution de la forêt française, selon les modalités fixées par des règlements d'administration publique, en vue de l'organisation des travaux de boisement et de reboisement, de la mise en valeur et de la conservation des terrains boisés, de la meilleure utilisation des produits de la forêt, et, en général, de tout ce qui a pour but d'accroître les ressources forestières, de faciliter l'écoulement des produits forestiers et de mieux satisfaire les besoins de la population » ; qu'il résulte tant de ces prescriptions que de l'ensemble des dispositions de ladite loi et, notamment, de la faculté qu'elle a donnée aux règlements d'administration publique prévus pour son application d'imposer aux propriétaires certaines obligations pour leur exécution, ainsi que de la création d'un fonds forestier national alimenté par des taxes, que *le législateur a entendu créer, pour les fins ci-dessus mentionnées, un service public, préposé tant à la conservation, au développement et à la mise en valeur de la forêt française qu'à l'utilisation et à l'écoulement de ses produits dans les conditions les plus conformes à l'intérêt national ; que les opérations de boisement ou de reboisement entreprises par l'administration des eaux et forêts sur des terrains privés, en vertu de contrats passés par elle avec les propriétaires de ces terrains, telles qu'elles sont prévues par les art. 5, 8 et suivants du règlement d'administration publique du 3 mars 1947, qui soumet les terrains en question au régime forestier jusqu'au remboursement complet du montant des dépenses engagées, constituent l'une des modalités de l'exécution même de ce service ; qu'il suit de là que, malgré la circonstance que les terrains où s'effectuent ces opérations ne sont pas destinés à devenir la propriété de l'État et que les dépenses engagées par lui sont récupérées sur le produit de l'exploitation, lesdites opérations ont le caractère de travaux publics et que, quelle que puisse être la nature des stipulations incluses dans les contrats dont il s'agit, ceux-ci tiennent de leur objet même le caractère de contrats administratifs ;* qu'ainsi le ministre de l'agriculture n'est pas fondé à soutenir que c'est à tort que le tribunal administratif s'est reconnu compétent en la cause pour statuer sur les demandes d'indemnité présentées contre l'État, en sa qualité de maître de l'œuvre, ainsi que contre l'entrepreneur chargé par lui des travaux, tant par les signataires des contrats ci-dessus mentionnés que par d'autres propriétaires ;

Sur le droit à indemnité :

Cons. qu'en ce qui concerne lesdits propriétaires, qui ne se trouvent pas, à l'égard de l'État, dans une situation contractuelle et qui ont ainsi la qualité de tiers par rapport aux travaux publics litigieux, la responsabilité de l'État se trouve engagée envers eux sans qu'ils aient à faire d'autre preuve que celle de la relation de cause à effet entre le travail public dont s'agit et le préjudice invoqué ; qu'il résulte des affirmations des propriétaires intéressés, confirmées ou non contestées par l'administration, qu'au moment où l'incendie qui a causé le préjudice a pris naissance, le tracteur du sieur Fumeron se trouvait sur le chemin rural desservant les terrains à reboiser, en bordure desdits terrains ; que ledit sieur Fumeron lui-même parcourait ces terrains afin de déterminer les conditions d'exécution du travail de débroussaillage qu'il s'apprêtait à entreprendre ; qu'il suit de là que le préjudice dont s'agit se rattache à la réalisation des opérations de reboisement ; qu'il en est de même en ce qui concerne le préjudice causé aux signataires des contrats ci-dessus indiqués, quant aux terrains qui ne faisaient pas l'objet des travaux de reboisement en cours ;

Cons., en ce qui concerne les terrains faisant l'objet desdits travaux, qu'il résulte de l'instruction que les dommages litigieux sont uniquement dus au fait qu'aucune des mesures de sécurité exigées notamment par la saison où s'exécutait le reboisement n'a été prescrite par l'administration ou prise par le sieur Fumeron ; que ce fait constitue un manquement aux obligations résultant des contrats susmentionnés ;

Cons. que, de tout ce qui précède, il résulte que c'est à bon droit que le tribunal administratif a déclaré l'État solidairement responsable des dommages causés tant à ses co-contractants qu'aux autres propriétaires par l'incendie susmentionné ;... (Rejet avec dépens).

OBSERVATIONS

1 Dans la première affaire, les ressortissants soviétiques qui se trouvaient en France au moment de la Libération avaient été hébergés dans des centres de rapatriement placés sous l'autorité du ministre des anciens combattants. Le 22 nov. 1944, les époux Bertin s'étaient engagés à les héberger par un contrat verbal passé avec le chef du centre. Le 1er déc. 1944 le chef du centre leur demanda de servir un supplément de nourriture, mais le ministre des anciens combattants refusa de payer le montant d'une prime pour ce supplément. L'affaire fut portée devant le Conseil d'État, dont le ministre déclina la compétence. Suivant les conclusions du commissaire du gouvernement Long, le Conseil d'État admit que le contrat, qui confiait à un particulier *« l'exécution même d'un service public »* est nécessairement un contrat administratif.

Dans la seconde affaire, l'administration des eaux et forêts avait entrepris des opérations de reboisement sur des terrains privés, en vertu de contrats passés avec les propriétaires, suivant la procédure fixée par la loi du 30 sept. 1946 et le règlement d'application du 3 mars 1947. L'arrêt considère que l'exécution de ces opérations constitue l'une des *« modalités de l'exécution »* même *« du service public préposé tant à la conservation qu'au développement et à la mise en valeur de la forêt française »* ; il s'ensuit que ces opérations *« ont le caractère de travaux publics et que, quelle que puisse être la nature des stipulations incluses dans les contrats, ceux-ci tiennent de leur objet même le caractère de contrats administratifs ».*

Les deux arrêts, par une référence commune *à l'exécution du service public*, apportent une contribution essentielle à la définition des *contrats administratifs* (I) et des *travaux publics* (II) et, au-delà, au rôle de la *notion de service public*, comme fondement, sinon unique, du moins majeur, de toutes les théories du droit administratif et du droit public (III).

2 **I.** — En ce qui concerne les *contrats administratifs*, l'arrêt *Époux Bertin* résout le conflit, au moins latent, qui existait entre les jurisprudences *Thérond** et *Société des granits porphyroïdes des Vosges**).

L'espèce était assez insolite puisque l'accord passé entre l'administration et les époux Bertin était *verbal*. Il ne contenait manifestement aucune clause exorbitante du droit commun. Le commissaire du gouvernement invita en termes pressants le Conseil d'État à réexaminer le fondement de sa jurisprudence.

« Allez-vous juger que le contrat est de droit privé ? Vous y êtes conduit si votre jurisprudence exige... la juxtaposition de deux conditions – chacune nécessaire et chacune insuffisante – pour qu'un contrat soit administratif : la participation au service public ; l'existence de clauses exorbitantes du droit commun. La seconde de ces conditions – celle qui tend à être considérée actuellement comme la condition essentielle – manque incontestablement en l'espèce. Cependant, la solution en face de laquelle vous vous trouvez n'est pas admissible pour le juge administratif. Le rapatriement des ressortissants étrangers, leur hébergement avant leur départ, entre dans les attributions les plus traditionnelles, les moins discutables de l'État. C'est une mission qui peut même engager sa responsabilité internationale : l'on connaît bien la sensibilité des opinions publiques nationales à cet égard. Si la détermination des activités de service public de l'État peut parfois prêter à discussion, nous sommes ici incontestablement en présence d'une *mission de service public*, et nous dirions même si c'était nécessaire, de *puissance publique*... Nous ne pouvons en tout cas pas laisser l'administration confier à un simple particulier *l'exécution d'une mission de service public*, et se dépouiller, en même temps, des droits et prérogatives que lui assure le *régime de droit public*. Dès lors, nous devons nous demander si, *lorsque l'objet d'un contrat est l'exécu-*

tion d'une mission de service publique, cela suffit-il à le rendre adm f ?

tion même du service public, cet objet ne suffit pas à le rendre administratif, même s'il ne contient pas de clauses exorbitantes du droit commun ».

La réponse du Conseil d'État a été positive.

3 Ce n'était pas une innovation totale. Un certain nombre d'arrêts intervenus après la fin de la première guerre mondiale, avaient appliqué la solution de l'arrêt *Thérond** (par ex. CE 29 avr. 1931, *Société lyonnaise des eaux et de l'éclairage c. commune de Talence*, Rec. 450). Notamment, pour les contrats de transports maritimes, lorsque l'armateur exécutait lui-même le service, le contrat était déclaré administratif ; lorsqu'il se bornait à fournir les moyens nécessaires à son accomplissement, le contrat était de droit privé (CE 7 mars 1923, *Iossifoglu*, Rec. 222 ; – 13 févr. 1948, *de la Grange*, Rec. 76). Cette jurisprudence, toutefois, paraissait contredite par d'autres décisions. Elle ne s'était véritablement imposée, après des retournements et des arrêts précurseurs (CE 8 déc. 1948, *Delle Pasteau*, Rec. 464 ; RDP 1949.73, note M. Waline ; S. 1949.3.43, note Rivero), que dans le domaine des contrats de louage de services : il résultait des arrêts (Sect.) du 4 juin 1954, *Vingtain* et *Affortit* (Rec. 342, concl. Chardeau ; AJ 1954.II bis 6, chr. Gazier et Long) que l'exercice de fonctions correspondant à l'objet du service public détermine par lui-même l'application du régime de droit public. Le Conseil d'État a, le 20 avr. 1956, donné à cette solution une portée beaucoup plus large, puisqu'il a étendu à l'ensemble des contrats passés par l'administration le critère tiré de l'exécution du service public par le cocontractant.

4 La jurisprudence a, *depuis lors*, confirmé et précisé cette solution, notamment pour les contrats de louage de service (cf. nos obs. sous l'arrêt CE 26 janv. 1923, *Robert Lafreygère**).

Pour les autres catégories de contrats, le critère du service public apparaît dans la jurisprudence sous deux formes principales. Un contrat est administratif en effet, quelles que soient ses clauses :

– s'il confie au cocontractant « l'exécution directe et immédiate d'une mission de service public » (TC 6 nov. 1967, *Compagnie Fabre et Société générale de transports maritimes*, Rec. 657 ; JCP 1968.II.15495 bis, concl. Gégout ; – CE 6 mai 1985, *Association Eurolat* et *Crédit Foncier de France*, Rec. 141 ; RFDA 1986.21, concl. Genevois ; AJ 1985.620, note Fatôme et Moreau ; LPA 23 oct. 1985, p. 4, note Llorens), ou même s'il a été passé « pour les besoins du service public du ravitaillement à l'exécution duquel les entreprises contractantes se trouvaient étroitement associées » (CE 25 mai 1957, *Artaud*, Rec. 350) ;

– si, sans charger le cocontractant d'une mission de service public, il a pour objet « l'exécution même du service public » assuré par l'autorité administrative contractante (TC 24 juin 1968, *Société « Distilleries Bretonnes »* et *Société d'approvisionnements alimen-*

taires, Rec. 801, concl. Gégout ; D. 1969.116, note Chevallier ; JCP 1969.II.15764, concl. Gégout, note Dufau ; AJ 1969.311, note de Laubadère ; – CE 26 juin 1974, *Société « La Maison des Isolants-France »*, Rec. 365 ; RDP 1974.1486, note J.M. Auby ; – TC 18 déc. 2000, *Préfet de l'Essonne c/ TGI d'Evry*, RFDA 2001.515 : convention qui « a pour objet l'exécution même du service public de formation continue assurée par l'Université ») ou encore s'il constitue une « modalité d'exécution du service public » (CE Sect. 14 nov. 1958, *Ministre des affaires économiques c. Union meunière de la Gironde*, Rec. 554 ; JCP 1958.II.10895, note Liet-Veaux) – et aussi, selon une solution plus récente, s'il est relatif à la coordination des missions de service public dont les cocontractants sont respectivement chargés en vertu de titres extérieurs à ce contrat (TC 16 janv. 1995, *Compagnie nationale du Rhône c. EDF*, Rec. 489 ; CJEG 1995.259, concl. Ph. Martin, note Delpirou).

5 Si le critère du service public ne joue pas, un contrat peut néanmoins être administratif dès lors qu'il comporte des clauses exorbitantes ou relève d'un régime exorbitant du droit commun (cf nos obs. sous CE 31 juill. 1912, *Société des granits porphyroïdes des Vosges**). En l'absence de ces critères, et sauf disposition législative particulière, les contrats de l'administration restent des contrats de droit privé (par ex. CE Sect. 11 mai 1956, *Société française des transports Gondrand frères*, Rec. 202 ; AJ 1956.II.427, concl. Long ; D. 1956.433, note Laubadère ; RA 1956.495, note Liet-Veaux ; RDP 1975.101, note M. Waline ; – CE Sect. 24 févr. 1967, *Gonthier*, Rec. 92 ; JCP 1968.II.15647, concl. Rigaud ; – TC 24 avr. 1978, *Société Boulangerie de Kourou*, Rec. 645 ; D. 1978.585, note P. Delvolvé).

6 **II.** — En ce qui concerne les *travaux publics*, la décision *Ministre de l'agriculture c. consorts Grimouard* confirme l'évolution que venait de réaliser le Tribunal des conflits.

Pour qu'il y ait travail public l'on exigeait traditionnellement la réunion de trois conditions : travail effectué sur un immeuble, dans un intérêt général, pour le compte d'une collectivité publique (v. CE 10 juin 1921, *Commune de Monségur** et nos obs.).

Mais, comme l'a indiqué le commissaire du gouvernement, le rôle de l'État s'est transformé : « pendant très longtemps, il a fait appel à des particuliers pour construire des ouvrages appelés à tomber dans le domaine public lorsque les entrepreneurs auraient tiré leur rémunération de la disposition de l'ouvrage pendant un certain nombre d'années. De nos jours, c'est souvent l'État qui offre ou impose ses services d'entrepreneur ou de maître d'œuvre aux particuliers et leur confie, après s'être payé, le fruit de ses travaux ». C'est de cette évolution que le Conseil d'État a tenu compte, après le Tribunal des conflits.

Dans l'arrêt *Effimieff**, du 28 mars 1955, ce dernier avait en effet admis que les travaux effectués par les associations syndicales de reconstruction, bien que portant sur des immeubles privés et accomplis grâce à des fonds privés, constituaient, en raison de la mission de service public confiée à ces établissements publics, des travaux publics. Le problème se posait dans les mêmes termes pour le reboisement : l'État s'engage à reboiser une propriété privée ; il est le maître d'œuvre ; mais il ne conserve pas la propriété de la plantation ; et s'il fait l'avance des fonds nécessaires aux travaux, il se rembourse ensuite sur le produit de l'exploitation ; néanmoins le travail est public, car il constitue l'objet même du service public de reboisement.

7 La portée de la jurisprudence *Effimieff* et *Consorts Grimouard* a été précisée. C'est ainsi que le Conseil d'État a décidé, contrairement à sa jurisprudence antérieure et aux conclusions du commissaire du gouvernement Tricot, que constituent des travaux publics les travaux effectués d'office, afin d'assurer la sécurité publique, sur un immeuble menaçant ruine, en vertu d'un arrêté de péril du maire ou d'un jugement du tribunal administratif : en exécutant de tels travaux sur des immeubles appartenant à des particuliers et aux frais de leurs propriétaires, la commune remplit en effet une mission de service public (CE Ass. 12 avr. 1957, *Mimouni*, Rec. 262 ; S. 1957.284, concl. Tricot ; D. 1957.413, concl. Tricot, note P.L.J. ; AJ 1957.II.272, chr. Fournier et Braibant ; RA 1957.369, note Brichet). Comme le signalait le commissaire du gouvernement, la solution de l'arrêt *Mimouni* dépasse le cas particulier des immeubles menaçant ruine et a été logiquement étendue à une série de travaux analogues (v. nos obs. sous l'arrêt *Effimieff**, précité).

En revanche, des travaux exécutés pour la gestion des biens faisant partie du domaine privé des collectivités publiques, comme, par exemple, l'ouverture d'une route forestière dans les forêts domaniales, ne sont pas des travaux publics (TC 25 juin 1973, *Office national des forêts c. Béraud et entreprise Machari*, Rec. 847 – v. n° 39.3 ; – 5 juill. 1999, *Mme Menu et S. A des établissements Gurdebeke et Office nationale des forêts*, Rec. 458), à moins qu'elle permette aussi la circulation générale (CE 28 sept. 1988, *Office national des forêts c. Delle Dupouy*, Rec. 317 – v. n° 31.2).

8 **III.** — Ces décisions ont contribué à *revitaliser la notion de service public* (A) et à en *relativiser d'autres* (B).

A. — S'agissant de la *notion de service public*, elles ont alimenté une vaste controverse doctrinale. Bien accueillies par les tenants de l'école du service public, elles ont pu apparaître comme dépassées à ceux qui, au lendemain des arrêts du Tribunal des conflits *Naliato* (22 janv. 1955, Rec. 614 ; RPDA 1955.53, concl. Chardeau ;

D. 1956.58, note Eisenman ; RDP 1955.716, note M. Waline) et *Confédération générale des petites et moyennes entreprises* (28 mars 1955, Rec. 616 ; JCP 1955.II.8971, note Rivero), avaient cru pouvoir affirmer que la notion de service public avait perdu sa valeur explicative du droit administratif. Il est cependant une inquiétude commune à presque tous les commentateurs : l'incertitude qui pèse sur la notion qui sert de fondement à la solution, celle de service public.

Sur la notion de service public, la décision *Ministre de l'agriculture* est assez explicite. Le service public y est défini par la conjonction de trois éléments : *une mission d'intérêt général* (en l'espèce la reconstitution de la forêt française) ; *un organe* chargé de la mettre en œuvre (administration des eaux et forêts) ; *des prérogatives spéciales* conférées à cet organisme (obligations pouvant être imposées aux propriétaires par le règlement d'administration publique et perception de taxes pour alimenter le fonds forestier national). Ainsi se trouvent réunies, au sein de ce qu'un commentateur a appelé un « climat juridique de droit public », les deux notions fondamentales du but de service public et des procédés exorbitants du droit commun.

9 Quant à la notion d'exécution directe de l'objet même du service, la décision *Époux Bertin* aide à la préciser. Le ministre des anciens combattants avait pris en charge l'hébergement des sujets alliés en instance de rapatriement et créé à Meaux un centre pour les ressortissants soviétiques. Il aurait pu en conserver la direction totale et faire appel, pour le ravitaillement des hébergés, d'une part à des fournisseurs qui auraient assuré l'approvisionnement en produits alimentaires et d'autre part à des salariés qui auraient préparé la nourriture : les contrats passés avec les uns et les autres auraient sans doute eu un caractère privé. Il préféra se décharger partiellement de sa mission en confiant aux époux Bertin, en contrepartie d'une rémunération forfaitaire, l'ensemble de ces tâches. Ainsi leur confiait-il, non seulement le soin de procurer au service les moyens nécessaires à son accomplissement, mais encore la mission de coordination et de direction dont il était investi et qui constitue l'essence même du service public.

La distinction entre l'exécution du service et la simple participation au service apparaît encore mieux à la confrontation de l'arrêt *Époux Bertin* et de l'arrêt *Société française des transports Gondrand frères*, rendu quelques jours plus tard (précité). Du contrat passé par l'État avec une entreprise de transport, et qui ne fut pas considéré comme administratif, le commissaire du gouvernement avait pu dire : « il répond à un intérêt public, mais ne confie nullement à la société l'exécution directe et immédiate du service public ; la société assure une fois pour toutes le déchargement, le dédouanement et le transport aux gares d'une certaine quantité de marchandises, mais son rôle s'arrête là ».

10 ***B.*** — Le rapprochement des arrêts *Époux Bertin* et *Société Gondrand*, éclairé par les conclusions prononcées sur ces deux affaires, montre que la « clause exorbitante du droit commun » n'est pas le critère incontestable du régime de droit public que certains ont voulu y voir : « Le droit public – déclarait M. Long dans l'affaire *Gondrand* – n'a pas le monopole des contrats fondés sur l'inégalité des droits des cocontractants. On en trouve en droit privé, qu'il s'agisse de contrats d'adhésion ou de contrats passés entre firmes de dimensions inégales. L'on y trouve aussi bien des ingérences unilatérales que des renvois à des formules type d'indexation des prix, à des conditions générales de paiement et à des clauses de responsabilité arrêtées par les syndicats professionnels. L'ampleur de ces transformations est seulement dissimulée par le fait qu'un grand nombre de litiges relatifs à ces contrats sont réglés par la voie arbitrale, au sein même de la profession. Ce qui différencie de telles clauses de celles que l'on trouve en droit public, c'est d'abord le fait qu'elles ne sont pas la règle... c'est plus encore que leur fondement est tout à fait étranger au but d'intérêt général qui les explique et les justifie en droit public. »

On doit noter enfin que l'arrêt *Ministre de l'agriculture* fait, en ce qui concerne la responsabilité de l'État à l'égard des propriétaires sinistrés, suivant qu'ils étaient liés à lui ou non par un contrat de reboisement, une application assez remarquable de la priorité de la responsabilité contractuelle sur la responsabilité quasi délictuelle (v. CE Sect. 28 juill. 1952, *Compagnie d'assurances Rhin et Moselle*, Rec. 424 ; S. 1953.3.21, note AJ ; – 13 déc. 1972 *Compagnie d'assurances maritimes, aériennes et terrestres*, Rec. 805 ; JCP 1974.II.17686, note Moderne), priorité qui tient même en échec la responsabilité pour dommages de travaux publics, si attractive par ailleurs (TC 24 juin 1954, *Dame Galland, Guyomar et Salel*, Rec. 717 et 718 ; D. 1955.544, note J.M. Auby ; – 17 nov. 1975, *Gamba*, Rec. 801 ; AJ 1976.82, chr. Boyon et Nauwelaers ; JCP 1977.II.18575, note Moderne).

76

DOMAINE PUBLIC

CE Sect. 19 oct. 1956, SOCIÉTÉ « LE BÉTON », Rec. 375

(D. 1956.681, concl. Long ; RDP 1957.310, concl. Long ; AJ 1956.II.472, concl. Long et 488, chr. Fournier et Braibant ; JCP 1957.II.9765, note Blaevoet ; RA 1956.617, et 1957.131, notes Liet-Veaux et Morice)

Cons. qu'il ressort des pièces du dossier que, par décret en date du 4 févr. 1932, ont été concédés à l'Office national de la navigation, préposé, en sa qualité d'établissement public, à la gestion du service public désigné par son titre même : « 1° l'exploitation de l'outillage du port de transbordement et de stockage de Bonneuil-sur-Marne ; 2° l'extension des installations actuelles du port ; 3° l'aménagement d'un port local dans le voisinage immédiat du précédent ; 4° l'aménagement éventuel d'un port industriel dans le voisinage du port actuel, en utilisant les terrains dépendant du port qui sont ou seront raccordés aux voies de terre existantes et à la voie ferrée » ; qu'aux termes de l'article 19 *ter* du cahier des charges annexé à ce décret, « les terrains compris dans la concession pourront être loués à des particuliers pour être affectés à des usages industriels », dans les conditions définies par ledit article ; qu'il est notamment précisé, aux alinéas 3 et 4 de celui-ci, d'une part que « les conditions de ces locations feront l'objet de contrats spéciaux qui devront, en tout cas, soit obliger le locataire en fin de bail à la remise des lieux en l'état où ils se trouvaient avant la location, soit prévoir l'abandon à l'État des constructions édifiées sur le terrain », d'autre part, que « ne pourront bénéficier des locations de terrains desservis par voie d'eau que les établissements commerciaux ou industriels utilisant habituellement la navigation fluviale pour la réception ou pour l'expédition des marchandises faisant l'objet de leur trafic ou de leur fabrication sur les terrains en cause »,

Cons., d'une part, qu'à supposer même qu'ainsi que la société requérante le prétend, dans un bail consenti en 1926 à la société dont elle a pris la place, le terrain litigieux ait été déclaré faire partie du domaine privé de l'État, il est constant que le contrat de location qui a donné lieu à la présente instance a été conclu par l'Office national de la navigation avec la société « Le Béton » les 24 juin et 29 juill. 1937, c'est-à-dire à une date postérieure à la concession susindiquée et sous le régime de cette concession ; que, par suite, c'est par rapport à ce régime que doit être actuellement apprécié le caractère juridique du terrain ;

Cons., d'autre part, qu'il résulte des dispositions du décret du 4 févr. 1932 et du cahier des charges y annexé, notamment de celles précitées, que, sous le régime de ce décret, *la partie des terrains que groupe le « port industriel » constitue l'un des éléments de l'organisation d'ensemble qui forme le port de Bonneuil-sur-Marne ; qu'elle est, dès lors, au même titre que les autres parties de ce port, affectée à l'objet d'utilité générale qui a déterminé la concession à l'Office national de la navigation de la totalité de ces terrains et en raison duquel ceux-ci se sont trouvés incorporés, du fait de cette concession, dans le domaine public de l'État ;* que la circonstance qu'à la différence des autres terrains aménagés en vue d'une utilisation commune par les usagers de ce port, les terrains dont s'agit font l'objet de contrats d'utilisation privative, au profit de particuliers ou de sociétés exerçant des activités purement privées, ne saurait avoir pour conséquence de les soustraire au régime de la domanialité publique, dès lors qu'il est dans leur nature même de ne concourir que sous cette forme au fonctionnement de l'ensemble du port et qu'il résulte, d'autre part, de l'instruction que lesdits terrains ont fait l'objet d'installations destinées à les rendre propres à cet usage par leur raccordement aux voies fluviales, ferrées ou routières dont l'aménagement et la liaison constituent le port ;

Cons. qu'il résulte de ce qui précède que le contrat litigieux, dénommé « bail de location d'un terrain industriel » compris dans les limites de la concession, comportait occupation du domaine public ; qu'en se déclarant compétent pour statuer sur le litige soulevé par l'application des stipulations de ce contrat, le conseil de préfecture de la Seine a fait, dès lors, une exacte application des dispositions du décret du 17 juin 1938 ;... (Rejet).

OBSERVATIONS

Concessionnaire du port fluvial de Bonneuil-sur-Marne, l'Office national de la navigation a été chargé, par le décret de concession du 4 févr. 1932, d'aménager dans le voisinage un port industriel, étant précisé qu'il pouvait, dans ce but, louer à des particuliers des terrains dépendant du port. Tel fut l'objet d'un bail consenti à une société qui aménagea une cimenterie sur le terrain loué. Un litige s'étant élevé entre les parties, la détermination de l'ordre de juridiction compétent – et par voie de conséquence les règles de fond applicables – dépendait de la question de savoir si le terrain faisait ou non partie du domaine public.

1 **I.** — Pour résoudre ce problème, le Conseil d'État devait préciser la définition du domaine public. Ainsi que devait le déclarer le commissaire du gouvernement Long : « La richesse des antécédents historiques, les solutions partielles et disparates données par la loi, les formules prudentes et évolutives de la jurisprudence, l'intérêt juridique du problème lié à l'une des pièces fondamentales et les plus élaborées du droit privé – la propriété – tout devait faire du critère de la domanialité publique le problème d'élection des constructions doctrinales, et il est bien connu que chacun des maîtres du droit public a laissé son nom à une conception du domaine, ou, au besoin, à une théorie déniant toute utilité à cette notion ».

a) « La doctrine estime à peu près unanimement aujourd'hui, a rappelé le commissaire du gouvernement, que font partie du domaine public les biens affectés à l'usage public ou spécialement aménagés pour l'exploitation d'un service public. L'exigence d'un aménagement spécial a paru nécessaire pour ne pas faire entrer dans le domaine l'ensemble des biens affectés au service public, et c'est précisément sur la portée de cette limitation que les auteurs se séparent, les uns exigeant des biens qu'ils soient essentiels, irremplaçables pour le service, les autres se contentant d'un simple aménagement, ou ne le réclamant même que pour les biens meubles.

« La Cour de cassation a consacré, dans ses grandes lignes, la position doctrinale par l'arrêt de sa chambre civile du 7 nov. 1950 (Cass. civ. 7 nov. 1950 ; S. 1952.1.173, note G. Tixier) qui a suivi, presqu'à la lettre, la définition adoptée le 6 nov. 1947 par la commission de réforme du code civil, et d'après laquelle : « sauf dispositions contraires de la loi, les biens des collectivités administratives et des établissements publics ne sont compris dans le domaine public qu'à la condition :

– soit d'être mis ou placés à la disposition du public usager ;

– soit d'être affectés à un service public, pourvu qu'en ce cas ils soient – par nature ou par des aménagements particuliers – adaptés exclusivement ou essentiellement aux besoins particuliers de ces services... ».

2 *b)* La jurisprudence du Conseil d'État n'avait pas encore pris parti aussi nettement malgré l'invitation déjà ancienne du commissaire du gouvernement R. Latournerie concluant sur l'affaire *Marécar* (CE Sect. 28 juin 1935, Rec. 734 ; S. 1937.3.43, concl. R. Latournerie ; D. 1936.3.20, concl. R. Latournerie, note M. Waline ; RDP 1935.590, concl. R. Latournerie, note G.J.) : « Les biens du domaine public sont, parmi les propriétés domaniales, celles qui, affectées à un service public, sont telles que leur emploi, leur mise en œuvre constituent l'objet même du service, à l'exclusion de celles qui sont seulement l'un des moyens par lesquels le service accomplit sa mission... ». Mais l'arrêt, bien qu'adoptant la solution proposée, l'avait fait par des motifs plus discrets et plus classiques, relevant notamment le fait que les cimetières sont affectés à l'usage du public.

La jurisprudence témoignait cependant d'un élargissement et d'une évolution. Elle avait refusé la domanialité publique à des terrains dépendant du port autonome de Bordeaux pour le motif qu'ils n'avaient jamais reçu d'affectation publique (CE 30 mai 1951, *Sempé*, Rec. 297), formule large et vague, trahissant peut-être des hésitations et réservant en tout cas l'avenir. La section du contentieux devait bientôt se montrer plus précise en refusant encore la domanialité à un terrain acquis par la SNCF par le motif qu'il n'avait pas été aménagé en vue du service public (CE Sect. 30 oct. 1953, *SNCF*, Rec. 463). Enfin elle avait admis que les colonnes d'affichage installées sur la voie publique font partie du domaine public (CE Sect. 20 avr. 1956, *Ville de Nice*, Rec. 162 ; RDP 1956.582, concl. Long ; AJ 1956.II.266, note P. Weil), mais la solution s'explique surtout par le fait que ces colonnes, bien qu'utilisées par les afficheurs, sont l'accessoire de la voirie urbaine dans son aspect moderne.

Il ressortait d'autre part des décisions du Conseil d'État que l'affectation comporte un élément formel et un élément de fait. L'élément formel, appelé aussi classement, est l'acte juridique « qui prononce officiellement la destination d'un bien à tel ou tel but d'utilité publique » (M. Waline). Mais cet acte ne produit par lui-même aucun effet s'il n'est pas effectivement suivi de l'affectation en fait à ce but (CE 15 juin 1932, *Dame Lafitte*, Rec. 587). L'affectation – au sens formel – n'est pas un acte solennel ; elle peut être implicite, c'est-à-dire résulter indirectement d'un acte administratif dont elle n'est pas l'objet unique, ni direct – d'un contrat par exemple (CE 24 mars 1905, *Commune de Saint-Géréon*, Rec. 300). « Ainsi le classement et l'affectation ne sont-ils que les deux aspects d'une même réalité ; par le premier l'administration détermine le but assigné à un bien, et par la seconde elle poursuit la réalisation de ce but » (concl. Long).

3 *c)* Le Conseil d'État, suivant les conclusions de son commissaire, s'est rallié de la manière la plus nette et la plus expresse à la définition du domaine contenue dans le projet de réforme du code civil, et adoptée par la Cour de cassation : après avoir relevé que l'O.N.N. était investi d'une mission de service public, comportant l'aménagement d'un port industriel, il a constaté que le terrain loué à la société avait fait l'objet d'installations destinées à le rendre propre à cet usage et en a déduit son appartenance au domaine public.

II. — Importante par son caractère de principe, cette décision l'est aussi par les précisions qu'elle donne aux deux éléments – service public et aménagement spécial – du critère adopté :

4 *1°)* Le service public s'y présente de façon originale puisqu'il consiste à permettre l'installation et le fonctionnement d'un port industriel et que les terrains loués sont affectés à la réalisation de cet objet. Peu importe dès lors qu'ils soient le lieu d'exercice d'une activité privée, puisqu'ils ne peuvent concourir que sous cette forme à l'organisation du port. La domanialité publique n'est nullement incompatible avec l'exercice d'une industrie, car, loin d'exclure, elle appelle parfois l'utilisation privative d'une parcelle du domaine, ainsi que le prouve l'exemple des titulaires des droits de place dans les halles et les marchés. Le Conseil d'État a même jugé que l'occupation du domaine public peut être conciliée avec le contrat de concession funéraire qui cependant – ainsi que le note la décision – « n'a pas le caractère précaire et révocable qui s'attache, en général, aux occupations du domaine public » (CE Ass. 21 oct. 1955, *Delle Méline*, Rec. 491 ; S. 1956.111, concl. Guionin ; D. 1956.543, concl. Guionin).

5 *2°)* Quant à l'aménagement spécial, il n'est requis que pour éviter que la domanialité publique ait un contenu exagérément développé (CE 8 août 1990, *Ministre de l'urbanisme, du logement et des transports c/ Ville de Paris*, Rec. 247 ; CJEG 1991.15, concl. Frydman). Cet aménagement peut être aussi bien naturel qu'artificiel : dans l'affaire *Le Béton*, c'est surtout la situation des terrains loués – au point de jonction des diverses voies de communication – qui les rend irremplaçables et permet d'affirmer leur appartenance au domaine public.

6 **III.** — Cette décision, rendue sur un cas-limite, et lourde de conséquences juridiques et pratiques, a donné lieu à une intéressante controverse doctrinale (cf RA 1956.617 et 1957.131). Il a été reproché au Conseil d'État d'avoir adopté une conception trop lâche à la fois du service public et de l'aménagement spécial – et d'avoir ainsi consacré la notion *d'affectation virtuelle à l'usage public* qui restreint considérablement le champ de la domanialité privée.

Il n'est pas contestable que la décision *Société Le Béton* s'inscrit dans la ligne des arrêts *Époux Bertin** et *Ministre de l'agriculture c. Grimouard** du 20 avr. 1956 qui, concernant respectivement les contrats et les travaux des collectivités publiques, ont réaffirmé le rôle éminent joué par la notion de service public dans la détermination de la compétence administrative. La jurisprudence future dira si cette notion demeurera, conformément au vœu exprimé par le commissaire du gouvernement Long, « le dénominateur commun des critères des contrats, des travaux et du domaine public... » ; car « sans suffire à rendre compte aujourd'hui du champ d'application du droit administratif, elle est la seule à pouvoir produire des effets déterminants sur le fond des litiges et à justifier l'application d'un régime de droit public ».

Pour l'instant, en tout cas, le Conseil d'État applique fidèlement le critère tiré de l'affectation au service public et de l'aménagement spécial du bien. Il a ainsi jugé que font partie du domaine public :

– l'allée des Alyscamps qui, appartenant à la ville d'Arles, « est affectée à un service public de caractère culturel et touristique et a fait l'objet d'aménagements spéciaux en vue de cet usage » (CE Ass. 11 mai 1959, *Dauphin*, Rec. 294 ; S. 1959.117, concl. Mayras ; D. 1959.314, concl. Mayras ; JCP 1959.II.11269, note de Lanversin ; AJ 1959.II.113, chr. Combarnous et Galabert ; AJ 1959.II.228, note Dufau) ;

– le stade municipal de Toulouse, « édifié en vue de permettre le développement d'activités sportives et d'éducation physique présentant un caractère d'utilité générale » (CE 13 juill. 1961, *Ville de Toulouse*, Rec. 513 ; AJ 1961.467, chr. Galabert et Gentot) ; en revanche pour le « Parc des Princes » de Paris, la jurisprudence s'est fondée, pour admettre la compétence administrative, sur l'existence de clauses exorbitantes dans le contrat de bail, réservant ainsi la question de savoir si ce stade, utilisé surtout pour l'organisation de spectacles sportifs, appartient au domaine public (CE Ass. 26 févr. 1965, *Société du vélodrome du Parc des Princes*, Rec. 133 ; RDP 1965.506, concl. Bertrand ; RDP 1965.1175, note M. Waline ; CJEG 1966.32, note A.C. ; – TC 16 janv. 1967, *Société du vélodrome du Parc des Princes*, Rec. 652 ; D. 1967.416, concl. Lindon ; JCP 1967.II.15246, note Charles ; JCP 1968.I.2173, chr. Batailler-Demichel) ;

– les eaux captées par une ville afin d'assurer l'alimentation en eau de sa population, ainsi que les ouvrages destinés à les recueillir, considérés comme des éléments du domaine public communal « à raison de leur affectation et de leurs aménagements », et à la différence des eaux non captées (CE Sect. 16 nov. 1962, *Ville de Grenoble*, Rec. 611 ; JCP 1963.II.13395, note Dufau) ;

– le dépôt d'autobus de Saint-Ouen affecté « au service public des transports en commun de la région parisienne » et « spécialement adapté à l'exploitation » de ce service public « par son emplacement et ses dimensions » (CE 6 mars 1963, *Ville de Saint-Ouen*, Rec. 141) ;

– le garage souterrain de l'hôtel Terminus de la gare de Lyon-Perrache qui, servant de parking aux voyageurs, est affecté au service public des chemins de fer, et qui est considéré comme spécialement aménagé à cette fin du fait qu'il est situé à proximité immédiate de la gare (CE Sect. 5 févr. 1965, *Société lyonnaise des transports*, Rec. 76 ; RDP 1965.493, concl. Galmot ; CJEG 196.31, note A.C.), de même que le parc public de stationnement souterrain de l'avenue Foch à Paris et ses locaux annexes (CE 24 janv. 1973, *Spiteri et époux Krehl*, Rec. 64 ; AJ 1973.496, note Dufau) et le garage d'un aéroport (TC 17 nov. 1975, *Gamba*, Rec. 800 ; AJ 1976.82, chr. Boyon et Nauwelaers) ;

– l'hôtel de ville de Saint-Étienne, « spécialement aménagé en vue du groupement des services publics municipaux auxquels il est affecté » (CE Sect. 17 mars 1967, *Ranchon*, Rec. 131 ; D. 1968.247, note Leclercq ; RDP 1968.180, note M. Waline ; AJ 1967.415, note Dufau) ;

– le Palais de Justice de Paris (CE 23 oct. 1968, *Époux Brun*, Rec. 503) ;

– la dalle centrale du quartier de la Défense dans la banlieue parisienne, bien qu'elle soit la propriété d'un établissement public et non d'une collectivité publique (CE 21 mars 1984, *Mansuy*, Rec. 616 ; RFDA 1984.54, note A.A. ; D. 1984.510, note Moderne ; JCP

1985.II.20393, note Hervouet ; RDP 1984.1059, note Y. Gaudemet ; CJEG 1984. J. 258, note Sablière et p. 274, concl. Dondoux) ;

– les biens appartenant au Muséum national d'histoire naturelle (CE 23 juin 1986, *Thomas*, Rec. 167 ; AJ 1986.550, chr. Azibert et de Boisdeffre ; RFDA 1987.194, concl. Stirn) ;

– un immeuble communal affecté à la bourse du travail (CE 30 oct. 1987, *Commune de Levallois-Perret*, Rec. 335 ; AJ 1988.43, concl. Hubac).

La même solution d'appartenance au domaine public a été retenue pour des halles que le conseil municipal avait pourtant classées dans le domaine privé ; cela confirme que la définition du domaine public est fondée sur un critère matériel et non formel (CE Sect. 22 avr. 1977, *Michaud*, Rec. 185 ; AJ 1977.441, concl. Franc, note de Laubadère ; RA 1977.376, obs. Darcy).

7 Par ailleurs, mettant fin à des controverses et à des hésitations qui duraient depuis plus d'un siècle, le Conseil d'État a inclus dans le domaine public les promenades publiques « affectées en cette qualité à l'usage du public et aménagées à cette fin » (Ass. 22 avr. 1960, *Berthier*, Rec. 264 ; RDP 1960.1213, concl. Henry ; AJ 1960.I.78, chr. Combarnous et Galabert ; AJ 1960.I.140, note Vergnaud : place aménagée en jardin public ; – Sect. 13 juill. 1961, *Dame Lauriau*, Rec. 486 ; RDP 1962.524, note M. Waline ; AJ 1961.469, chr. Galabert et Gentot : parc municipal ; – Sect. 13 juill. 1961, *Compagnie fermière du casino municipal de Constantine*, Rec. 487 ; RDP 1961.1087, concl. A. Bernard ; AJ 1961.469, chr. Galabert et Gentot : square). En vertu de cette jurisprudence, le bois de Vincennes a été considéré comme appartenant au domaine public (CE 14 juin 1972, *Eidel*, Rec. 442 ; AJ 1973.495, note Dufau), de même que la plage de Bonnegrâce à Six-Fours (Var), qui « est affectée à l'usage du public et fait l'objet d'un entretien dans des conditions telles qu'elle doit être regardée comme bénéficiant d'un aménagement spécial à cet effet » (CE Sect. 30 mai 1975, *Dame Gozzoli*, Rec. 325 ; AJ 1975.348, chr. Franc et Boyon). Cette dernière décision montre que la notion d'aménagement spécial est entendue largement, puisque cet aménagement ne consistait en l'espèce que dans l'obligation contractuelle de nettoyer et de rincer la plage.

8 En revanche, s'agissant d'une église appartenant à une commune et ayant été antérieurement désaffectée et déclassée, le Conseil d'État a jugé que la mise à disposition de l'édifice à une association n'entraînait pas son affectation à l'usage direct du public (CE Sect. 19 oct. 1990, *Association Saint Pie V et Saint Pie X de l'Orléanais*, Rec. 285 ; RDP 1990.1874 et AJ 1991.46, concl. de la Verpillière ; JCP 1991.II.21.649, note Davignon ; CJEG 1991.179, note C. Mestre).

Par ailleurs, le domaine public n'a pas été étendu à des ensembles aussi vastes que les massifs forestiers, tels que la forêt de Fontainebleau (CE Sect. 20 juill. 1971, *Consorts Bolusset*, Rec.

547 ; AJ 1971.527, chr. Labetoulle et Cabanes), même lorsqu'ils sont ouverts au public et aménagés spécialement à cette fin (CE Sect. 28 nov. 1975, *Office national des forêts c. Abamonte*, Rec. 602 ; D. 1976.355, note J.M. Auby ; JCP 1976.18467, note Boivin ; AJ 1976.149, note Julien-Laferrière ; RDP 1976.1051, note M. Waline ; RA 1976.36, note Moderne).

9 En ce qui concerne les ouvrages affectés à la circulation, l'exigence d'un aménagement spécial n'est pas toujours expressément formulée ; mais elle n'est pas abandonnée pour autant, car ces ouvrages ont nécessairement fait l'objet d'un tel aménagement pour répondre à leur objet (CE 14 juin 1972, *Elkoubi*, Rec. 436, pour la place d'armes de Versailles « affectée à la circulation générale » ; – 14 juin 1972, *Bollecker*, Rec. 446, pour l'aérodrome de Strasbourg-Neuhof, « ouvert à la circulation aérienne publique »).

La définition jurisprudentielle donnée par l'arrêt *Le Béton* a été reprise par le législateur : selon l'article 20 de la loi d'orientation des transports intérieurs du 30 déc. 1982, « les biens immobiliers affectés au service public du transport ferroviaire et aménagés spécialement à cet effet ont le caractère de domaine public ».

10 **IV.** — Capital pour la détermination du critère de la domanialité, l'arrêt est également intéressant par la confirmation qu'il apporte de la transformation de la domanialité publique (v. à cet égard CE Sect. 5 mars 1944, *Compagnie maritime de l'Afrique orientale*, Rec. 129 – v. n° 46.4). Il constitue la meilleure illustration d'un thème souvent développé tant par le président Laroque (cf. note, S. 1932.3.65) que par le commissaire du gouvernement Chenot (concl. précitées) suivant lequel : « Le domaine public n'est plus seulement un objet de la police administrative, c'est l'assiette d'un nombre toujours croissant de services d'intérêt général et c'est un bien dont l'administration doit assurer, dans l'intérêt collectif, la meilleure exploitation ». Les circonstances de l'affaire *Société Le Béton* montrent bien comment l'évolution de la domanialité a été assez souple et assez profonde pour pouvoir s'harmoniser avec la conception moderne du port considéré comme l'ensemble des terrains qui, bien situés au nœud des communications maritimes ou fluviales, ferroviaires et routières, et desservis en énergie, constituent le siège idéal pour l'exploitation d'installations industrielles.

77

SERVICES JUDICIAIRES COMPÉTENCE-RESPONSABILITÉ

Cass. civ. 23 nov. 1956, TRÉSOR PUBLIC c. GIRY, Bull.II.407

(D. 1957.34, concl. Lemoine ; AJ 1957.II.91, chr. Fournier et Braibant ; JCP 1956.II.9681, note Esmein ; RDP 1958.298, note M. Waline)

Sur le premier moyen : – Attendu qu'il résulte de l'arrêt attaqué que les époux Duhamel, hôteliers, ont été découverts, dans leur chambre, asphyxiés par une émanation de gaz, qui incommoda deux de leurs clients occupant une pièce voisine ; que le commissaire de police se transporta sur les lieux, accompagné du docteur Giry ; qu'une explosion, dont la cause est demeurée inconnue, détruisit l'immeuble ; que le docteur Giry fut blessé, ainsi que plusieurs autres personnes ; – Attendu que le docteur Giry intenta contre le ministre de la justice et contre l'agent judiciaire du Trésor une action, tendant à la réparation du préjudice par lui subi ; – Attendu qu'il est précisé par les juges du second degré que le docteur Giry, accessoirement appelé à donner ses soins aux personnes intoxiquées, a été requis, dans les conditions prévues par les art. 43 et 44 c. instr. crim., par un commissaire de police agissant, dans une instance pénale, en qualité d'auxiliaire du procureur de la République ; qu'ils ont déduit à bon droit de ces énonciations que l'événement générateur du dommage s'était produit au cours d'une opération de police judiciaire ; – Attendu qu'il est fait grief à l'arrêt attaqué d'avoir fondé la condamnation des défendeurs sur l'art. 1384, al. 1er, c. civ., aux termes duquel le gardien d'une chose inanimée est, de plein droit, responsable du dommage qu'elle a causé ; – Attendu que ce grief est justifié ; – Attendu, en effet, que le gardien d'une chose inanimée est celui qui en a l'usage et qui détient le pouvoir de la surveiller et de la contrôler ; – Attendu que les éléments de la cause ne permettaient pas d'attribuer à la police judiciaire la qualité de gardien de l'immeuble sinistré, au sens qui vient d'être rappelé du texte précité ; – Mais *attendu que la juridiction de l'ordre judiciaire, régulièrement saisie en vertu des principes de la séparation des pouvoirs et de l'indépendance du pouvoir judiciaire, était appelée à se prononcer, au fond, sur un litige mettant en cause la responsabilité de la puissance publique, dont l'exercice du pouvoir judiciaire constitue, au premier chef, une manifestation ; – Attendu que la Cour d'appel s'est appuyée, à tort, sur les dispositions de droit privé relatives aux délits et quasi-délits, qui ne peuvent être invoquées pour fonder la responsabilité de l'État ; qu'elle avait, en revanche, le pouvoir et le devoir de se référer, en l'espèce, aux règles du droit public* ; – Attendu qu'il ressort de l'arrêt attaqué qu'à l'instant où il fut blessé, le docteur Giry, requis par le représentant d'un service public, était devenu le collaborateur occasionnel de ce service ; – Attendu que la victime d'un dommage subi dans de telles conditions n'a pas à le supporter ; que la réparation de ce dommage – toute recherche d'une faute étant exclue – incombe à la collectivité dans l'intérêt de laquelle le service intéressé a fonctionné ; – Attendu que, par ces motifs de pur droit, tirés des constatations des juges du fait et substitués d'office à ceux de l'arrêt attaqué, la décision dudit arrêt se trouve légalement justifiée ;

Sur le second moyen pris en sa première branche : – Attendu qu'à la date à laquelle est intervenu l'arrêt attaqué, aucun texte n'interdisait le maintien en la cause du ministre de la justice ; que la loi du 3 avr. 1955, qui confère à l'agent judiciaire du Trésor le monopole de la représentation de l'État en justice, n'a pas d'effet rétroactif ;

Sur le second moyen pris en ses deuxième et troisième branches : – Attendu, nonobstant tout motif surabondant, que l'arrêt attaqué a confirmé le jugement de première instance ; que ledit jugement condamnait le Trésor public et le ministre de la justice, autrement dit l'État, en la personne du ministre intéressé, au versement de la provision allouée au sieur Giry ; d'où il suit que le moyen n'est pas fondé en sa première branche et qu'il manque, par le fait qui lui sert de base, en ses deuxième et troisième branches ;... (Rejet).

OBSERVATIONS

1 Un matin du mois de décembre 1949, des pêcheurs venus se restaurer à la « Bonne Auberge », à Grigny, trouvent les patrons de l'hôtel axphyxiés, dans leur chambre, par le gaz d'éclairage. Ils appellent un médecin, le docteur Perrier, et ils alertent la police.

Le docteur Perrier, après avoir constaté le décès des hôteliers et donné ses soins à deux autres victimes, rencontre, au moment de quitter les lieux, un de ses confrères, le docteur Giry, qui avait été requis par le commissaire de police pour faire un rapport sur les causes de l'asphyxie et l'état des victimes ; il retourne alors dans l'immeuble, en compagnie de ce praticien ; à ce moment se produit une violente explosion ; une trentaine de personnes, dont les deux médecins, sont gravement blessés. Les causes des émanations de gaz et de l'explosion sont demeurées inconnues.

Le docteur Perrier a demandé une indemnité à la commune de Grigny ; le tribunal administratif de Versailles lui a donné satisfaction, par des jugements que le Conseil d'État a confirmés en appel ; la jurisprudence administrative avait déjà admis, en effet, que les collaborateurs occasionnels des services publics ont le droit d'obtenir réparation des dommages qu'ils ont subis lors de l'accomplissement de leur mission, même si aucune faute ne peut être reprochée à l'administration (v. CE 22 nov. 1946, *Commune de Saint-Priest-la-Plaine**, et nos obs.) ; la circonstance que le concours n'avait pas été sollicité par l'autorité municipale ne pouvait faire obstacle à l'application de cette jurisprudence, dès lors que l'intervention du docteur Perrier était motivée par l'urgence (CE Sect. 11 oct. 1957, *Commune de Grigny*, Rec. 524 – v. n° 60.2).

Le docteur Giry, qui avait été requis par l'autorité de police en vue de participer à une enquête pénale, demanda de son côté une indemnité à l'État, devant les tribunaux judiciaires. Saisi de cette instance, le tribunal de la Seine estima que les textes du code civil, notamment l'art. 1984 sur le mandat et l'art. 1384 sur la responsabilité des commettants, ne permettaient pas de donner satisfaction au requérant, parce qu'ils ne concernent que les relations entre particuliers ; mais il se réfèra aux « principes généraux du droit qui commandent tout à la fois le droit public et le droit civil, autrefois réunis sous le terme de *jus civile* », et dont « l'application n'est pas le monopole d'une juridiction déterminée » ; il range au nombre de ces principes la règle d'équité selon laquelle « le préjudice subi par un particulier, au cours d'une opération indispensable exécutée dans l'intérêt d'un service public, par conséquent général, doit être supporté par la collectivité et non par la seule victime » ; faisant ainsi application des principes de la jurisprudence administrative sur les collaborateurs occasionnels du service public, il admit que l'État devait réparer intégralement les dommages subis par le docteur Giry (Trib. civ. Seine 28 nov. 1952, JCP 1953.II.7371, note Vedel).

Cette solution, approuvée sans réserve par le Doyen Vedel, fut censurée par la Cour de Paris, sur appel de l'administration. La Cour estima en effet que les tribunaux de l'ordre judiciaire doivent appuyer leurs décisions sur des textes, et qu'aucun texte n'alloue d'indemnité aux requis en cas d'accident ; toutefois, elle confirma la condamnation de l'État, par le motif que l'art. 1384 du code civil crée une présomption de responsabilité à la charge du gardien de la chose inanimée qui a causé le dommage, et qu'en l'espèce la garde de l'immeuble appartenait au moment de l'accident, à la police judiciaire (CA Paris 2 févr. 1955, JCP 1955.II.8619, note Esmein ; Gaz. Pal. 1955.1.169, concl. Dupin).

Le pourvoi formé contre cet arrêt par l'administration donna à la Cour de cassation l'occasion de rendre une décision de principe aussi importante par ses fondements doctrinaux que par ses conséquences pratiques. Après avoir écarté l'art. 1384, – la police judiciaire ne pouvant être regardée comme le gardien d'un immeuble dans lequel elle n'avait pénétré que pour rechercher les causes d'un accident, non pour en acquérir l'usage et en assurer la surveillance, – la Cour de cassation reprend la solution adoptée par le tribunal de la Seine : le litige met en cause la responsabilité de la puissance publique à l'occasion du fonctionnement du service public de la justice ; les tribunaux judiciaires ont, en pareil cas, « le pouvoir et le devoir de se référer aux règles du droit public » ; ils doivent, en l'espèce, appliquer le principe selon lequel la responsabilité de l'administration est engagée sans faute à l'égard de ses collaborateurs occasionnels, qu'ils soient bénévoles ou requis.

2 Bien qu'elle ait été admise sans hésitation par les juges de première instance, d'appel et de cassation, et qu'elle ait été généralement approuvée par les commentateurs, la compétence des tribunaux judiciaires pour connaître du litige peut, dans le cas de l'espèce, prêter à discussion. Il est exact que ces tribunaux connaissent, en vertu du principe de la séparation des pouvoirs, des affaires

intéressant le fonctionnement des services de police judiciaire (v. nos obs. sous TC 27 nov. 1952, *Préfet de la Guyane**) ; mais cette compétence est limitée aux dommages causés soit aux personnes recherchées ou poursuivies soit aux tiers ; elle ne s'étend pas normalement aux préjudices subis, dans l'accomplissement de leur mission, par les agents permanents du service, auxquels sont assimilés les collaborateurs occasionnels : c'est ainsi que le Conseil d'État s'était reconnu compétent pour statuer sur le pourvoi d'un passant blessé par un malfaiteur à la poursuite duquel il s'était lancé (Sect. 17 avr. 1953, *Pinguet*, Rec. 177 – v. n° 60.8) ; cette solution, adoptée dans le cas d'une collaboration bénévole et spontanée, devrait s'appliquer à plus forte raison aux requis ; la situation de ces derniers en effet se rattache plus à l'organisation même de la police judiciaire, qui relève de la compétence de la juridiction administrative, qu'à son fonctionnement, qui est seul soumis au contrôle des tribunaux judiciaires.

Ces réserves sur la question de compétence ne diminuent en rien l'importance de l'arrêt, qui, sur le fond, apporte une réponse à deux questions :

– les tribunaux de l'ordre judiciaire peuvent-ils appliquer les règles du droit public ? (I)

– l'action des services judiciaires peut-elle engager la responsabilité de l'État ? (II)

I. — L'application du droit administratif par les juridictions judiciaires

3 En principe, le droit administratif est appliqué par le juge administratif (A). Mais il peut l'être, dans certains cas, par le juge judiciaire (B).

A. — Dans le système français de la séparation des juridictions administrative et judiciaire, *la compétence et le fond sont étroitement liés*. L'arrêt *Blanco** exprime ce principe fondamental : c'est parce que la responsabilité de la puissance publique est soustraite à l'application des règles établies par le code civil que son contentieux est confié au juge administratif.

Lorsque des situations sont régies par des rapports de droit public, leur contentieux relève de la juridiction administrative (par ex. les recours des personnes publiques contre leurs agents : v. nos obs. sous CE 28 juill. 1951, *Laruelle* et *Delville**). A l'inverse, lorsque l'action administrative s'exerce dans les mêmes conditions que celles d'une personne privée, elle est à la fois régie par le droit privé et soumise à la compétence judiciaire (par ex. les contrats de droit commun conclus par l'administration : CE 31 juill. 1912, *Société des granits porphyroïdes des Vosges** ; les services publics industriels et commerciaux : TC 22 janv. 1921, *Société commerciale de l'Ouest africain**).

Cette conception, qui domine toute la jurisprudence relative à la répartition des compétences, se retrouve également dans les textes ; fréquemment, les lois qui confient aux tribunaux judiciaires le contentieux de certaines activités administratives disposent en même temps que ces activités seront jugées selon les règles du droit civil : tel est le cas par exemple de la loi du 5 avr. 1937 sur les dommages causés ou subis par les élèves des écoles publiques, ou encore de la loi du 31 déc. 1957 sur les accidents causés par les véhicules administratifs ; en sens contraire, le décret-loi du 17 juin 1938, qui a reconnu à la juridiction administrative la compétence pour les litiges relatifs aux contrats comportant occupation du domaine public, avait pour objet, et a eu pour effet, de soumettre ces contrats aux règles du droit public.

Le principe de la liaison de la compétence et du fond n'a pas empêché le Conseil d'État de recourir le cas échéant à des dispositions du code civil (art. 1153 et 1154 sur les intérêts moratoires et compensatoires et sur leur capitalisation), ou aux principes dont elles s'inspirent (art. 1792 et 2270 du code civil sur la responsabilité décennale) ou à des articles de l'ancien code de procédure civile (art. 541, relatif à l'irrévocabilité des décomptes contractuels, sauf exceptions). On a même pu noter un rapprochement entre certaines solutions du droit administratif et celles du droit privé, notamment dans le domaine de la responsabilité (v. nos obs. sous l'arrêt *Blanco**).

Il n'en reste pas moins, d'une part, que le Conseil d'État garde toujours la maîtrise de l'utilisation de textes de droit privé et de l'adoption de solutions inspirées par celui-ci, d'autre part, que les tribunaux judiciaires se refusent généralement à faire directement application des règles de droit administratif.

4 ***B.*** — L'arrêt *Giry** leur en fait au contraire une obligation quand ils ont à connaître d'un contentieux qui, parce qu'il concerne un *service judiciaire*, relève de leur compétence, mais aussi, parce qu'il concerne un service public, relève, au fond, du *droit public*.

La Cour de cassation adopte, en effet, dans cet arrêt, une solution qui, loin de s'appuyer sur des textes de droit civil, se borne à transposer les principes dégagés par le Conseil d'État dans le domaine de la responsabilité de l'administration à l'égard de ses collaborateurs occasionnels. En effet, la compétence de l'autorité judiciaire ne se justifie pas, en l'espèce, par le souci de soumettre au droit privé une activité de service public ; lorsque l'État exerce sa mission de police judiciaire, il ne se comporte pas comme un particulier ; il se manifeste, au contraire, en tant que puissance publique ; il doit, dès lors, être soumis au régime de la responsabilité de la puissance publique, quel que soit le juge compétent. Il serait anormal, contraire à la logique et au bon sens, que la police administrative et la police judiciaire, qui sont souvent exercées par les mêmes personnes, et qui comportent la mise en œuvre des mêmes moyens matériels, soient régies par des systèmes de responsabilité différents, pour le seul motif qu'elles sont jugées par des juridictions différentes.

En décidant de dissocier, en pareil cas, la compétence et le fond, la Cour de cassation a fait prévaloir la nature de l'activité jugée sur celle de l'organe de jugement ; et, en reprenant purement et simplement des règles dégagées par le juge normal de la puissance publique, elle a consacré, au-dessus de la dualité des autorités contentieuses, l'unité fondamentale des principes juridiques.

5 La jurisprudence *Dr Giry* a également des prolongements au-delà des services judiciaires, dans des contentieux que le législateur a transférés aux juridictions judiciaires alors qu'ils portent sur des questions d'ordre administratif (v. nos obs. sous CC 23 janv. 1987, *Conseil de la concurrence**).

Le transfert de compétence n'a eu ni pour objet ni pour effet de changer la nature des litiges et du droit applicable : les juridictions judiciaires appliquent des solutions de droit public.

Ainsi, la Cour d'appel de Paris a statué sur les recours contre certaines décisions de la Commission des opérations de bourse tantôt comme un juge de l'excès de pouvoir (CA Paris 12 juill. 1989, Bull. Jol. 1989.829 ; Cass. com. 26 oct. 1993, Bull. IV. n° 352, p. 254 ; D. 1993.237, note Decoopman) tantôt comme juge de pleine juridiction (CA Paris 12 janv. 1994, RDBB 1994.37, note Germain et Frison-Roche ; Bull. Jol. Bourse 1994.120, note Decoopman ; 16 mars 1994, JCP 1994 éd. E. 1994.II.605, note Forsbach et Leloup).

Quant au fond, elle applique les règles du droit administratif, telles celles qui imposent la motivation des actes administratifs (CA Paris 13 juill. 1988, D. 1989.160, note Le Cannu) ou qui exigent une faute lourde pour que soit engagée la responsabilité des organes de contrôle (CA Paris 6 avr. 1994, D. 1994.511, note Decoopman), exactement comme le faisait précédemment le Conseil d'État (CE 22 juin 1984, *Société « Pierre et Cristal »*, Rec. 736 ; Rev. Soc. 1985.634, note Daigre).

En outre, le juge judiciaire répressif, qui a pleine compétence pour apprécier la légalité des actes administratifs, réglementaires ou non, servant de fondement aux poursuites ou à la défense (v. nos obs. sous TC 16 juin 1923, *Septfonds**), le fait en appliquant les mêmes normes et en exerçant le même contrôle que le juge administratif.

Ainsi des actes et des activités à caractère administratif restent régis par le droit administratif alors même que les juridictions judiciaires sont appelées à en connaître.

Cette jurisprudence n'abolit pas la règle de la liaison de la compétence et du fond ; elle conduit seulement à l'écarter dans les cas où son application est dépourvue de toute justification logique et risque d'aboutir à des résultats inéquitables.

II. — La responsabilité de l'État du fait des services judiciaires

6 Le second mérite de l'arrêt *Giry* est d'avoir marqué les limites de l'irresponsabilité de l'État en raison de l'activité des services judiciaires.

Jusqu'à cet arrêt, les tribunaux se refusaient, en l'absence de texte, à admettre que cette activité engage la responsabilité de l'administration ; les plaideurs n'avaient alors, en pratique, à leur disposition, en dehors de la révision des erreurs judiciaires, que la procédure de la prise à partie, qui est difficile à mettre en œuvre et dont le champ d'application est limité aux fautes graves des magistrats et fonctionnaires qui leur sont assimilés par la jurisprudence (membres du parquet, officiers de police judiciaire, commissaires de police...).

Il était dès lors communément admis que toute déclaration d'incompétence du juge administratif aboutissait en fait dans cette matière à un déni de justice.

Cette situation n'était ni conforme à l'équité, ni fondée en droit. Dans ses conclusions sur l'affaire *Baud* (CE 11 mai 1951, S. 1952.3.13), le commissaire du gouvernement J. Delvolvé avait montré que l'irresponsabilité de l'État trouve à la fois son fondement et sa limite dans l'autorité des décisions de justice : ces décisions, qui ont force de vérité légale, ne peuvent être critiquées par la voie d'une action en indemnité ; mais « cette règle ne vaut que pour l'acte de juridiction lui-même... et non pour les actes et opérations qui concourent à sa préparation ». Cette doctrine est entrée dans le droit positif avec l'arrêt *Giry*, par lequel la Cour de cassation admet que la responsabilité de l'État est engagée sans faute, sur le terrain du risque, en application des principes généraux du droit public, à l'égard des collaborateurs occasionnels du service public judiciaire.

7 ***A.*** — *La police judiciaire* a été le principal domaine d'application de la jurisprudence *Giry*.

L'usage d'armes à feu a donné lieu à la mise en œuvre, voire à l'extension, du régime de responsabilité pour risque adopté par le Conseil d'État dans l'arrêt du 24 juin 1949 *Lecomte** (v. nos obs. à ce sujet).

Les arrestations (affaire *Issartier* : Cass. civ. 13 nov. 1968, Bull. civ. II, nº 266, p. 186 ; RTD Civ. 1969.575, obs. Durry ; – Cass. civ. 16 mars 1972, Bull. civ. III, nº 82, p. 63 ; – affaire *Vavon* : TGI Paris 13 mai 1970, AJ 1970.508, note G. Dreyfus), et les saisies (CA Douai, 3 janv. 1962, *Lenfant*, JCP 1962.II.15260, note Vedel : saisie d'une voiture), notamment de livres ou de journaux sous le couvert de l'ancien art. 30. c. proc. pén. (CA Paris 3 juin 1964, *Papon et Agent judiciaire du Trésor c. Société Fermière « Libération »*, D. 1965.98, note Maestre ; JCP 1964.II.13833, note Ch. Debbasch ; – CA Orléans 15 juin 1966, *Société « Le Nouvel Observateur »*, JCP 1967.II.15104, note Ch. Debbasch), ont donné l'occasion aux tribunaux judiciaires de faire application de diverses règles de la responsabilité de la puissance publique : distinction de la faute personnelle et de la faute de service, technique du cumul des responsabilités, exigence de la faute lourde, responsabilité sans faute à l'égard des collaborateurs occasionnels du service. La complexité des règles du droit administratif et l'insuffisante expérience de magistrats à manier des concepts qui leur sont peu familiers peuvent d'ailleurs conduire à certaines distorsions dans l'application du droit public par les tribunaux judiciaires, y compris la Cour de cassation (v. P. Weil, « A propos de l'application par les tribunaux judiciaires des règles du droit public, ou les surprises de la jurisprudence *Giry* », Mél. Eisenmann, 1975, p. 379).

8 ***B.*** — Le service public judiciaire ne se limite pas à la police judiciaire. Il couvre aussi, et même surtout, l'*activité juridictionnelle* à proprement parler, qui consiste à rendre la justice.

Or, à ce sujet, on se heurte à une difficulté majeure : la force de vérité légale dont bénéficie la décision de justice ne permet de la considérer ni comme fautive ni même comme cause d'un préjudice pouvant donner lieu, avec ou sans faute, à réparation.

Ces obstacles ne sont pas insurmontables : l'activité juridictionnelle ne comporte pas que des décisions investies de l'autorité de la chose jugée ; elle peut causer de véritables préjudices dont la réparation peut être fondée sur les principes de droit public.

Tel est le cas pour les mesures de détention préventive ordonnées par un juge d'instruction dans la recherche de la vérité, mais qui causent à ceux qui en font l'objet un préjudice spécial et anormal dont le principe d'égalité devant les charges publiques justifie l'indemnisation. Devant la timidité des juridictions judiciaires (par ex. TGI Seine 9 mars 1970, *Parcevaux* JCP 1971.II.16840, note G. Burdeau), le législateur a lui-même aménagé, par la loi du 17 juill. 1970, les conditions de l'indemnisation du préjudice causé par une détention provisoire ; il a supprimé, par la loi du 30 déc. 1996, la condition établie en 1970, du caractère manifestement anormal et d'une particulière gravité que devait avoir le préjudice subi.

Plus généralement, la loi du 5 juill. 1972 (art. 11) (art. L.781-1 du code de l'organisation judiciaire), après avoir affirmé que « l'État est tenu de réparer le dommage causé par le fonctionnement défectueux du service de la justice », ajoute : « cette responsabilité n'est engagée que par une faute lourde ou par un déni de justice ». Les juridictions judiciaires ont eu l'occasion d'apprécier si une telle faute a été commise (par ex. Cass. 1re Civ. 9 mars 1999, *Malaurie c/Agent judiciaire du Trésor*, Bull. civ. I, n° 84, p. 56 ; JCP 1999.II.10069, rapport Sargos ; D. 2000.398, note Matsopoulou, à propos de la divulgation d'informations permettant d'identifier les personnes mises en cause à l'occasion d'une enquête ; Cass. Ass. plén. 23 févr. 2001, *Mme Bolle, Vve Laroche*, Bull. civ. AP n° 7 ; GP 2001.2.1119, concl. de Gouttes, note Collomp ; AJ 2001.788, note S. Petit ; D.2001.1752, note C. Debbasch ; JCP 2001.II.10583, note Menuret, à propos de la malheureuse affaire Grégory Villemin : « constitue une faute lourde toute déficience caractérisée par un fait ou une série de faits traduisant l'inaptitude du service public de la justice à remplir la mission dont il est investi ») (pour la justice administrative, v. n° 101.7).

9 La formule de la loi de 1972 conduit à se demander si la responsabilité du fait de la justice peut aussi se trouver engagée sans faute. Une réponse négative serait paradoxale : le législateur a voulu étendre la responsabilité de l'État ; son texte l'aurait limitée à l'hypothèse de la faute lourde, alors que la responsabilité sans faute fait partie du droit commun de la responsabilité de la puissance publique. Aussi faut-il considérer que la loi de 1972 n'a pas voulu écarter cette responsabilité sans faute, et qu'elle laisse la possibilité de la reconnaître, pour risque ou pour rupture de l'égalité devant les charges publiques : l'arrêt de la Cour de cassation du 10 juin 1986, *Consorts Pourcel c. Pinier et Agent judiciaire du Trésor* (v. n° 64.6) l'admet à propos de la police judiciaire ; il n'y a pas de raison de ne pas l'admettre à propos de l'ensemble des services judiciaires.

Tel est le cas pour leurs collaborateurs. La Cour de cassation a fait bénéficier du régime de la responsabilité sans faute un mandataire judiciaire à la liquidation des entreprises (Cass. Civ. 1re 30 janv. 1996, *Morand c/ Agent judiciaire du Trésor*, Bull. civ. I, n° 51, p. 32 ; JCP 1996.II.22608, rapport Sargos ; D. 1997.83, note Legrand ; RDP 1997.235, note J.M. Auby ; RFDA 1997.1301, note Bon), prolongeant ainsi non seulement l'arrêt *Dr Giry*, mais la jurisprudence du Conseil d'État appliquant le même régime à un expert judiciaire ayant « participé au fonctionnement du service public de la justice administrative » (CE Sect. 26 févr. 1971, *Aragon*, Rec. 172 – v. n° 60.3).

78

ACTES ADMINISTRATIFS INEXISTENCE

CE Ass. 31 mai 1957, ROSAN GIRARD, Rec. 355, concl. Gazier

(AJ 1957.II.273, chr. Fournier et Braibant ;
D. 1958.152, note P.W.)

Cons. que le document enregistré sous le n° 26.188 au secrétariat du contentieux du Conseil d'État ne constitue pas une requête dirigée contre le décret du 2 mai 1953, mais seulement une demande tendant à ce qu'il fût statué d'urgence par ledit conseil sur le pourvoi que le sieur Rosan Girard devait former contre le décret sus-mentionné :

Sur la requête du sieur Rosan Girard :

Cons. qu'aux termes de l'article 44 de la loi du 5 avr. 1884, « lorsqu'un conseil municipal ne peut être constitué, une délégation spéciale en remplit les fonctions » ; que le décret attaqué, qui a institué une délégation spéciale dans la commune du Moule (Guadeloupe), a été pris en application de cet article :

Cons. qu'il ressort des pièces versées au dossier qu'un procès-verbal de recensement général des votes, qui mentionne la proclamation de l'élection de vingt-sept conseillers municipaux et qui, d'après ses indications, a été dressé le 26 avr. 1953 à 24 heures, a été établi par le président et les membres du 1er bureau, chargé des fonctions du bureau centralisateur, à la suite des opérations électorales auxquelles il avait été procédé ledit jour dans la commune du Moule pour le renouvellement du conseil municipal ; que, si le ministre de l'intérieur soutient, dans ses observations sur le pourvoi, qu'aucune proclamation n'aurait été faite publiquement et que le procès-verbal susmentionné constituerait un document purement fictif, aucune pièce versée au dossier n'apporte un commencement de preuve à l'appui de ces allégations, expressément démenties par le requérant qui avait présidé le bureau centralisateur ; que ni la circonstance que des incidents s'étaient produits pendant le scrutin, ni le fait qu'en raison de la saisie par la gendarmerie de l'urne du 2e bureau et de son transfert à la préfecture en vue de son dépouillement par le conseil de préfecture, siégeant en bureau électoral en vertu d'un arrêté préfectoral du 26 avr. 1953, d'ailleurs rapporté le lendemain, le recensement général, opéré par le bureau centralisateur, n'avait porté que sur les résultats de trois bureaux sur quatre, ne sauraient faire regarder comme inexistante la proclamation faite par ledit bureau ; que les vices qui entachaient cette proclamation étaient seulement de nature à justifier l'annulation des opérations électorales par le juge de l'élection, régulièrement saisi à cette fin par un déféré du préfet ou par une protestation d'un électeur ; que, dès lors, le préfet de la Guadeloupe, en prétendant constater, par son arrêté n° 53-618 du 27 avr. 1953, l'inexistence des opérations électorales effectuées le jour précédent dans la ville du Moule, est intervenu dans une matière réservée par la loi à la juridiction administrative ; *qu'eu égard à la gravité de l'atteinte ainsi portée par l'autorité administrative aux attributions du juge de l'élection, ledit arrêté doit être regardé comme un acte nul et non avenu ;* que, par suite, bien qu'il n'ait pas été déféré au juge compétent en premier ressort pour en déclarer la nullité, il ne saurait faire obstacle aux effets de la proclamation faite par le bureau centralisateur ;

Cons. que, si le conseil de préfecture, siégeant comme bureau électoral, a constaté, le 29 avr. 1953, qu'il n'y avait lieu à proclamation, il ressort de ce qui a été dit ci-dessus qu'en l'état de l'instruction la proclamation de l'élection de vingt-sept conseillers municipaux doit être regardée comme ayant été faite le 26 avr. 1953 par le bureau centralisateur ; que cette proclamation, qui n'a pas été attaquée devant le conseil de préfecture, est devenue définitive ;

Cons. qu'il résulte de tout ce qui précède que les dispositions sus-reproduites de l'article 44 de la loi du 5 avr. 1884, ne pouvaient recevoir légalement application en l'espèce ; que, dès lors, le sieur Rosan Girard est fondé à soutenir que le décret attaqué, instituant une délégation spéciale au Moule en exécution de cet article, est entaché d'excès de pouvoir ;... (Décret annulé).

OBSERVATIONS

1 Des élections municipales eurent lieu dans la commune du Moule (Guadeloupe) le 26 avr. 1953. Des incidents se produisirent pendant le scrutin et lors du dépouillement. Le soir, la gendarmerie saisit l'une des quatre urnes et le préfet enjoignit au docteur Rosan Girard, député communiste, maire sortant et président du bureau centralisateur, de faire porter à la préfecture les procès-verbaux de recensement des trois autres bureaux de vote, afin que le conseil de préfecture, siégeant en bureau électoral, procédât au dépouillement de l'urne saisie et à l'établissement du procès-verbal général. Le docteur Rosan Girard refusa de tenir compte de ces instructions ; le bureau centralisateur proclama élue, à minuit, la liste communiste, sur la base des résultats qui étaient en sa possession.

Au lieu de déférer ces résultats au conseil de préfecture selon la procédure habituelle, le préfet prit le 27 avr. un arrêté constatant l'inexistence des opérations électorales. Une délégation spéciale fut alors instituée par un décret du 2 mai 1953, pris en vertu de l'art. 44 de la loi du 5 avr. 1884 ; de nouvelles élections eurent lieu, le 5 juill. suivant ; elles donnèrent la majorité aux listes non communistes. Le docteur Rosan Girard et ses amis attaquèrent à la fois les actes administratifs intervenus et les nouvelles opérations électorales. Après avoir rejeté certains de leurs recours comme tardifs ou portés devant une juridiction incompétente, le Conseil d'État leur donna satisfaction au fond par deux arrêts d'assemblée du 31 mai 1957.

Le Conseil d'État déclare : que l'arrêté du préfet constatant l'inexistence des opérations électorales du 26 avr. 1953, est lui-même inexistant ; qu'ainsi, et bien qu'il n'ait pas été déféré en temps utile au juge compétent, il ne peut servir de base légale au décret qui a institué la délégation spéciale ; que, d'autre part, la proclamation des résultats de ces élections par le bureau centralisateur est, elle, devenue définitive faute d'avoir été attaquée. En conséquence, il annule le décret instituant une délégation spéciale (décision *Rosan Girard),* et les élections du 5 juill. 1953 (décision CE Ass. 31 mai 1957, *Lansier et Herem*, Rec. 359).

L'affaire n'était pas terminée pour autant. Se refusant à tirer les conséquences de la chose jugée, le gouvernement, au lieu de faire procéder à l'installation du conseil municipal élu le 26 avr. 1953 et illégalement évincé de la mairie depuis quatre ans, prononça sa dissolution par décret du 4 juill. 1957 et institua une nouvelle délégation spéciale. Ce décret fut annulé à son tour, sur un nouveau pourvoi du sieur Rosan Girard, par une décision du 9 nov. 1959 (Rec. 584 ; D. 1960.83, note M.A.). Entre-temps, de nouvelles élections avaient eu lieu le 1er sept. 1957 : la liste communiste avait emporté vingt sièges sur vingt-sept.

Sur le plan juridique, l'arrêt *Rosan Girard* est important par l'application qu'il fait de la théorie de l'inexistence en droit administratif. Le Conseil d'État y qualifie, en effet, l'arrêté préfectoral du 27 avr. 1953 de « nul et non avenu », et cette expression signifie qu'il le considère comme inexistant.

La notion d'inexistence juridique a fait l'objet, depuis Laferrière, de nombreuses études et controverses doctrinales. Mais elle apparaît rarement dans la jurisprudence, et il est difficile de tirer du droit positif une théorie générale. Les arrêts ne donnent que des indications fragmentaires sur ses *conditions* (I) et sur ses *effets* (II).

2 **I.** — *Les conditions de l'inexistence* sont plus faciles à définir pour l'inexistence matérielle (A) que pour l'inexistence juridique (B).

A. — Un acte peut ne pas exister *matériellement* ; c'est-à-dire qu'il n'a, en fait, jamais été pris (CE Sect. 26 janv. 1951, *Galy*, Rec. 46 ; S. 1951.3.52, concl. Odent : acte dont aucune trace n'a pu être retrouvée dans les archives de l'administration ; – 28 févr. 1947, *Mégevand*, Rec. 85 ; S. 1948.3.41, note J.M. Auby : prétendue délibération du conseil municipal qui n'était qu'une motion adoptée par un certain nombre de conseillers ; – 28 févr. 1986, *Commissaire de la République des Landes*, Rec. 50 ; AJ 1986.326, note J. Moreau ; RDP 1986.1468, note J.M. Auby ; RFDA 1987.219, note Douence : de « prétendues délibérations, qui émanent en réalité du maire et qui n'ont jamais été adoptées par le conseil municipal, doivent donc être regardées comme des actes nuls et de nul effet » ; – 9 mai 1990, *Commune de Lavaur c. Lozar*, Rec. 115 ; D.1991.SC.136, obs

Llorens et Soler-Couteaux : si la question de l'achat éventuel d'un château et de son parc a été évoquée au cours d'une séance d'un conseil municipal, aucune délibération du conseil municipal n'a décidé cette acquisition ni autorisé le maire à y procéder ; « cette prétendue délibération doit donc être regardée comme un acte nul et de nul effet dont l'inexistence peut être constatée à tout moment »). L'autorité administrative (CE 29 déc. 1997, *Commune d'Hautmont*, Rec. tables 710), le juge administratif peuvent être ainsi amenés à constater qu'un acte n'existe pas, au sens banal du terme. La question ne soulève que des problèmes pratiques de preuve.

Dans l'affaire *Rosan Girard,* le ministre avait soutenu qu'il n'y avait pas eu, en fait, de proclamation publique des résultats électoraux, et que le procès-verbal qui en faisait état était un document purement fictif : en l'absence de tout commencement de preuve apporté à l'appui de ces allégations démenties formellement par le président du bureau, le Conseil d'État les a écartées.

3 ***B.*** — *L'inexistence juridique* est plus difficile à identifier lorsqu'un acte a été formellement adopté mais qu'il est cependant tenu pour inexistant. Les conditions de cette inexistence sont incertaines. L'acte inexistant est toujours un acte entaché d'une illégalité particulièrement grave et flagrante ; mais il n'est pas possible, dans l'état actuel de la jurisprudence, d'en donner une définition moins vague, qui énoncerait l'ensemble des conditions nécessaires et suffisantes applicables à toutes les hypothèses.

On s'est demandé si la théorie de l'inexistence avait le même champ d'application que celle de la voie de fait, qui a fait l'objet d'une jurisprudence abondante et précise (v. nos obs. sous TC 8 avr. 1935, *Action française*)*. Le Conseil d'État a rejeté cette assimilation, en considérant certains actes constitutifs d'une voie de fait comme illégaux, et non comme inexistants (CE Sect. 31 janv. 1958, *Société des établissements Lassalle-Astis*, Rec. 63 ; AJ 1958.II.90, chr. Fournier et Braibant). Mais le Tribunal des conflits a au contraire lié les deux notions : les décisions qui ont le caractère de voie de fait, c'est-à-dire celles qui portent atteinte au droit de propriété ou à une liberté fondamentale et qui sont manifestement insusceptibles de se rattacher à un pouvoir de l'administration, « doivent être regardées comme nulles et non avenues », ce qui revient à les tenir pour inexistantes (TC 27 juin 1966, *Guigon*, Rec. 830 – v. n° 51.8) ; et le Conseil d'État s'est conformé à cette solution (13 juill. 1966, *Guigon*, Rec. 476 ; D. 1966.669, note F.-G. Bertrand – pour un autre exemple de décision constitutive d'une voie de fait devant, par suite, être regardée comme nulle et non avenue : CE 11 mars 1998, *Ministre de l'intérieur c/Mme Auger*, Rec. 676).

Toutefois, il ne résulte pas de cette jurisprudence que les domaines respectifs de la voie de fait et de l'inexistence se recouvrent entièrement. D'une part, la voie de fait est constituée dans de nombreux cas non par une décision, mais par l'exécution matérielle d'une décision dans des conditions irrégulières, alors que seul un acte juridique peut être qualifié d'inexistant. D'autre part, le Conseil d'État considère comme inexistants des actes qui ne sont pas constitutifs d'une voie de fait ; comme il n'en a pas donné une définition générale, il faut se borner à faire l'inventaire des principaux cas dans lesquels il a écarté ou retenu cette solution.

4 L'inexistence d'un acte devant être soulevée d'office par le juge, le Conseil d'État l'écarte implicitement chaque fois qu'il rejette une requête ou qu'il annule l'acte attaqué pour simple illégalité. Dans certains cas, rares en pratique, l'argumentation des plaideurs l'a amené à écarter expressément l'inexistence ; c'est ce qu'il a fait, notamment, à propos de décisions prises à l'égard de fonctionnaires par un ministre autre que celui dont ils relèvent, ou sans le contreseing de ce dernier (CE Sect. 18 déc. 1953, *Welter*, Rec. 564 ; – 22 janv. 1954, *Pacha*, Rec. 46 et 17 mars 1954, *Dame Dardant*, Rec. 163 ; AJ 1954.II *bis*.5, chr. Gazier et Long), de nominations ou promotions intervenues malgré une condamnation pénale antérieure qui devait y faire obstacle (CE Ass. 10 févr. 1961, *Chabran*, Rec. 102, concl. Heumann), ou de l'expulsion du territoire français d'une personne de nationalité française (CE Sect. 4 juill. 1980, *Zemma*, Rec. 299, concl. Bacquet ; AJ 1980.640, chr. Feffer et Robineau). De même, « la triple circonstance que la délibération en litige... aurait porté sur une question non inscrite à l'ordre du jour, aurait été votée dans la confusion et que le registre des délibérations aurait été signé avec retard par les conseillers municipaux ne peut avoir pour effet de faire regarder cette délibération comme un acte inexistant » (CE 13 juin 1986, *Toribio et Bideau*, Rec. 161 ; AJ 1986.503, concl. Roux).

Quant aux décisions positives, on n'en trouve dans la jurisprudence que quelques exemples, intéressant presque tous le contentieux de la fonction publique : nominations ou promotions pour ordre, c'est-à-dire non suivies d'une affectation (CE Sect. 30 juin 1950, *Massonnaud*, Rec. 400, concl. J. Delvolvé ; S. 1951.3.57, note F.M. ; – Ass. 15 mai 1981, *Maurice*, Rec. 221 ; AJ 1982.86, concl. Bacquet ; D. 1981.IR. obs. P. Delvolvé ; D. 1982.147 note Blondel et Julien-Laferrière ; – Sect. 12 juin 1991, *Association professionnelle des magistrats et Pringuez*, AJ 1991.509, chr. Maugüé et Schwartz) ; actes pris, à l'égard d'un fonctionnaire qui a atteint la limite d'âge, en méconnaissance de la rupture des liens de ce fonctionnaire avec le service (CE Sect. 3 févr. 1956, *de Fontbonne*, Rec. 45 ; RDP 1956.859, note M. Waline ; AJ 1956.II.93, chr. Gazier).

A également été déclarée « nulle et non avenue » la décision du « conseil d'administration » d'une ville composé de la réunion du maire et des adjoints, auquel « aucune disposition de la loi, ou des règlements légalement faits, ne donne compétence... pour prendre collégialement, à la place du conseil municipal ou du maire, des décisions relatives à l'administration municipale » et qui constitue « un organisme dépourvu d'existence légale » (CE 9 nov. 1983, *Saerens*, Rec. 453).

5 Dans l'arrêt *Rosan Girard,* le Conseil d'État a adopté une motivation plus précise et doctrinale, en se fondant sur « la gravité de l'atteinte portée par l'autorité administrative aux attributions du juge de l'élection ». S'il a été moins explicite dans un arrêt du 20 mai 1988, *Madame Nardin*, Rec. 198, relatif à un arrêté préfectoral complétant la motivation d'un arrêté précédemment annulé pour insuffisance de motivation, la considération de la méconnaissance à la fois des attributions et des décisions du juge est sous-jacente : c'est parce que, du fait de son annulation, le premier arrêté n'avait plus d'existence juridique, que le second arrêté « doit être déclaré inexistant et réputé nul et de nul effet ». Dans un jugement du 24 avril 1990 (*Préfet de la région Auvergne c. Commune du Cendre*, Rec. 509), le Tribunal administratif de Clermont-Ferrand a regardé comme un acte nul et non avenu une délibération d'un conseil municipal interdisant les expulsions locatives et les saisies immobilières, « en raison de la gravité des illégalités dont (elle) est entachée, résultant de l'atteinte portée... tant aux attributions du législateur qu'à la force exécutoire des décisions de justice ».

Mais, de ces décisions, on ne peut déduire des conséquences générales. Il est des empiètements de l'administration sur les attributions du juge – qu'il s'agisse du juge disciplinaire, du juge du contrat, ou même, tout comme dans l'affaire *Rosan Girard,* du juge de l'élection – qui sont seulement qualifiés d'illégaux et annulés pour simple excès de pouvoir (v. par ex. : CE 29 mars 1950, *Torregrosa*, Rec. 194 ; – 26 mai 1950, *Chambre syndicale des agents de change, courtiers de la Réunion et autres*, Rec. 313 ; – 2 nov. 1957, *Société des hauts fourneaux de Rouen*, Rec. 580). Et la méconnaissance de la chose jugée, si elle constitue une illégalité, n'atteint pas, le plus souvent, le seuil de l'inexistence (v. nos obs. sous CE 8 juill. 1904, *Botta** ; 26 déc. 1925, *Rodière**).

La catégorie des actes inexistants comprend ainsi, actuellement, d'une part les décisions constitutives d'une voie de fait, et d'autre part les décisions et même les conventions (TA Versailles, 12 déc. 1991, *Préfet du Val d'Oise c. Commune de Goussainville, Compagnie des eaux de Goussainville*, CJEG 1992.126) gravement illégales auxquelles le juge veut refuser tout effet juridique.

6 **II.** — Les *effets* de l'inexistence sont mieux définis par la jurisprudence que ses caractéristiques.

Il est tout d'abord certain que l'acte juridiquement inexistant ne l'est pas au point de ne pouvoir faire l'objet d'un recours contentieux. Les intéressés peuvent l'attaquer, et le juge, l'examiner comme un acte ordinaire. La seule différence, de ce point de vue, tient à ce que l'acte inexistant sera déclaré « nul et non avenu », ou « nul et de nul effet », alors que l'acte illégal est annulé. C'est au demeurant une différence purement formelle, puisque, dans l'un et l'autre cas, la décision disparaît rétroactivement et qu'elle « est réputée n'être jamais intervenue » (v. pour les annulations pour excès de pouvoir, CE 26 déc. 1925, *Rodière**).

Plus importante est la règle selon laquelle l'inexistence constitue, en raison de sa gravité, un moyen d'ordre public, et doit, par suite, être soulevée d'office par le juge (cf. CE 5 mai 1971, *Préfet de Paris et ministre de l'intérieur*, Rec. 329 ; AJ 1972.301, note V.S.).

Bien plus, l'acte inexistant peut être remis en cause indéfiniment : il peut être déféré au juge sans condition de délai (CE 15 mai 1981, *Maurice*, précité ; – 28 févr. 1986, *Commissaire de la République des Landes*, précité) ; son inexistence peut être invoquée par voie d'exception à tout moment (*Rosan Girard* ; – 9 nov. 1983, *Saerens*, précité), alors que les recours contre les actes simplement illégaux doivent être exercés dans les délais de recours contentieux (13 juin 1986, *Toribio et Bideau*, précités), et que l'exception tirée de l'illégalité d'un acte individuel doit être soulevée dans ces mêmes délais (CE 10 mai 1957, *Enjalbert*, Rec. 304).

Le régime contentieux des actes inexistants se répercute sur leur statut propre : ils ne peuvent ni créer de droits ni devenir définitifs. Ils peuvent être retirés à tout moment par l'administration (CE 3 févr. 1956, *de Fontbonne*, précité), alors que les actes créateurs de droits ne peuvent l'être que dans certaines conditions (CE 26 oct. 2001, *Ternon**, avec nos obs.).

7 Ce sont précisément les effets de l'inexistence, que le juge administratif a lui-même définis, qui l'incitent à faire appel dans certains cas à cette notion lui permettant en effet d'échapper, lorsqu'il l'estime nécessaire, à la logique rigoureuse des délais de procédure et des règles du retrait (cf. Prosper Weil, *Une résurrection : la théorie de l'inexistence en droit administratif*, D. 1958, chr. 49). Il l'utilise dans des cas où il serait particulièrement choquant, voire scandaleux, qu'un acte crée des droits (nomination pour ordre) ou serve de base légale à un autre acte *(Rosan Girard)*, ou encore lorsque l'application des principes habituels risquerait de favoriser des abus qui, mineurs en eux-mêmes, deviendraient graves s'ils se généralisaient (jurisprudence sur les limites d'âge). Mais on comprend également que le recours à cette notion doive demeurer exceptionnel, faute de quoi le principe même de l'intangibilité des droits nés d'une décision individuelle deviendrait lettre morte.

La théorie de l'inexistence apparaît ainsi comme une construction essentiellement empirique : le juge en a une conception non pas doctrinale, mais utilitaire ; elle est pour lui un moyen pratique de renforcer, dans des cas tout à fait exceptionnels qu'il détermine lui-même, le contrôle juridictionnel qu'il exerce sur l'administration.

79

POUVOIR RÉGLEMENTAIRE PRINCIPES GÉNÉRAUX DU DROIT

CE Sect. 26 juin 1959, SYNDICAT GÉNÉRAL DES INGÉNIEURS-CONSEILS, Rec. 394

(RDP 1959.1004, concl. Fournier ; Rev. jur. et pol. d'outre-mer, 1960.441, concl. Fournier ; AJ 1959.I.153, chr. Combarnous et Galabert ; D. 1959.541, note L'Huillier ; Rev. Adm. 1959.381, note Georgel ; S. 1959.202, note R. Drago)

Sur les fins de non-recevoir opposés à la requête du syndicat général des ingénieurs-conseils par le ministre de la France d'outre-mer :

Cons., d'une part, que si, après avoir été publié au *Journal officiel* de la République française du 27 juin 1947, le décret attaqué n'a fait l'objet, antérieurement à la date d'introduction de la requête, d'aucune mesure de publication dans les territoires qui relevaient alors du ministère de la France d'outre-mer, cette circonstance ne faisait pas obstacle à ce que ledit décret fût attaqué par la voie du recours pour excès de pouvoir par les personnes auxquelles il était susceptible de devenir opposable par l'effet d'une publication ultérieure dans les territoires d'outre-mer :

Considérant, d'autre part, que le syndicat général des ingénieurs-conseils, dont un certain nombre de membres exercent, dans les territoires où le décret attaqué est susceptible d'être appliqué, une activité professionnelle que ledit décret tend à limiter au profit des personnes auxquelles le titre d'architecte est réservé, justifie, de ce fait, d'un intérêt lui donnant qualité pour poursuivre l'annulation de ce décret ; que, dès lors, la requête susvisée est recevable ;

Sur l'intervention du syndicat des entrepreneurs métropolitains de travaux publics travaillant aux colonies :

Cons. que ledit syndicat a intérêt à l'annulation du décret attaqué qui limite le choix des personnes auxquelles les maîtres d'ouvrage peuvent s'adresser pour diriger les travaux de construction ; que, dès lors, son intervention au soutien de la requête dirigée contre le décret précité par le syndicat susvisé est recevable ;

Sur la légalité du décret attaqué :

Cons. que le 25 juin 1947, alors que n'avait pas pris fin la période transitoire prévue par l'article 104 de la Constitution du 27 oct. 1946, le président du conseil des ministres tenait de l'article 47 de ladite Constitution le pouvoir de régler par décret, dans les territoires dépendant du ministère de la France d'outre-mer, en application de l'article 18 du sénatus-consulte du 3 mai 1854, les questions qui, dans la métropole, ressortissaient au domaine de la loi ; *que, dans l'exercice de ces attributions, il était cependant tenu de respecter, d'une part, les dispositions des lois applicables dans les territoires d'outre-mer, d'autre part, les principes généraux du droit qui, résultant notamment du préambule de la Constitution, s'imposent à toute autorité réglementaire même en l'absence de dispositions législatives ;*

Cons., en premier lieu, que la loi du 31 déc. 1940 n'était pas applicable dans les territoires visés par le décret attaqué ; que les dispositions du Code civil, ayant été introduites dans ces territoires par décret, y avaient seulement valeur réglementaire ; que, par suite, le syndicat requérant n'est pas fondé à soutenir que le décret attaqué serait entaché d'illégalité en tant qu'il méconnaîtrait les prescriptions de ces deux textes ;

Cons., en second lieu, qu'en réservant aux architectes, dans les territoires qu'il concerne, le soin de « composer tous les édifices, d'en déterminer les proportions, la structure, la distribution, d'en dresser les plans, de rédiger les devis et de coordonner l'ensemble de leur exécution » et en interdisant ainsi aux membres d'autres professions de se livrer à ces activités, le décret attaqué, s'il est intervenu dans une matière réservée dans la métropole au législateur, n'a porté à aucun des principes susmentionnés une atteinte de nature à entacher d'illégalité les mesures qu'il édicte ;... (Rejet).

OBSERVATIONS

1 I. — Selon le sénatus-consulte du 3 mai 1854, les colonies étaient régies par décret ; le gouvernement était ainsi, pour les colonies, investi du pouvoir de prendre des mesures ressortissant au domaine de la loi. Ce régime était encore en vigueur lorsque le président du conseil, agissant comme législateur colonial, prit, le 25 juin 1947, un décret réglementant la profession d'architecte dans les territoires relevant du ministère de la France d'outre-mer. Ce décret avait notamment pour effet d'instituer un monopole étendu au profit des architectes inscrits au tableau de l'ordre et de limiter la responsabilité des architectes par rapport à celle des entrepreneurs et fournisseurs ; c'est pourquoi il fut attaqué par le syndicat des ingénieurs-conseils, car ces derniers étaient lésés par le monopole, ainsi que par le syndicat des entrepreneurs de travaux publics travaillant aux colonies, qui étaient inquiets de voir leur responsabilité élargie.

Lorsque le Conseil d'État jugea cette affaire, en 1959, elle ne présentait qu'un intérêt pratique limité car le décret n'avait été rendu applicable qu'à de rares territoires (cf. pour la Polynésie, un arrêté gubernatorial du 19 août 1947).

Mais il arrive que des affaires qui, en fait, n'intéressent plus guère ni les requérants ni l'administration, posent des problèmes juridiques d'une grande importance ; et le Conseil d'État a souvent élaboré des jurisprudences fondamentales à l'occasion de litiges mineurs. Tel fut le cas de l'affaire des *Ingénieurs-conseils*. Les requérants invoquaient notamment, contre le décret attaqué, un moyen tiré de la violation du principe de la liberté du commerce et de l'industrie. Le Conseil d'État était ainsi conduit à préciser les limites des pouvoirs du législateur colonial. D'une façon plus générale, il devait rechercher, pour reprendre l'expression de son commissaire du gouvernement, « si l'autorité réglementaire, lorsqu'elle dispose d'un pouvoir autonome, qui ne se réduit pas à l'exécution des lois, est ou non limitée par des règles non écrites ».

La Constitution du 4 oct. 1958 donnait à cette question une importance particulière. Elle délimite en effet, notamment dans son art. 34, le domaine de la loi ; par son art. 37, elle confère au gouvernement, en dehors de ce domaine, un pouvoir réglementaire autonome, et lui permet, dans les matières qui échappent ainsi à la compétence du législateur, de modifier ou d'abroger les lois existantes.

Les actes pris en vertu de ce pouvoir réglementaire ont un caractère administratif et sont soumis au contrôle du juge, comme les réglements d'administration publique, les décrets en Conseil d'État, les décrets coloniaux et des décrets-lois non encore ratifiés (v. en ce sens CE Sect. 12 févr. 1960, *Société Eky*, Rec. 101 – v. n° 19.4 ; – 18 mai 1960, *Karle*, Rec. 333, concl. Fournier ; – Sect. 28 oct. 1960, *de Laboulaye*, Rec. 570 – v. n° 69.3).

Encore fallait-il rechercher quelles seraient en cette matière l'étendue des pouvoirs du gouvernement et l'efficacité du contrôle juridictionnel. Ou bien le gouvernement aurait le droit de tout faire en son domaine : dans la sphère de sa compétence, ses pouvoirs seraient illimités ; en ce cas, le risque d'arbitraire serait sérieux, et l'intervention du juge aurait un caractère purement formel. Ou bien au contraire le gouvernement devrait respecter, outre la Constitution elle-même, certains principes généraux dégagés par la jurisprudence ; le contrôle juridictionnel pourrait alors s'exercer utilement sur la validité des règlements autonomes et limiter ainsi l'extension des prérogatives de l'exécutif. C'est à ces questions que le Conseil d'État a apporté un commencement de réponse dans l'arrêt *Ingénieurs-conseils*.

2 **II.** — Cet arrêt, dont la motivation est concise et discrète, doit être éclairé par les conclusions du commissaire du gouvernement Fournier.

a) Celui-ci a rappelé tout d'abord que la jurisprudence avait déjà admis que certains principes généraux s'imposaient au « législateur colonial » (CE 23 nov. 1936, *Abdoulhoussen et autres*, Rec. 1015 ; S. 1937.3.25, note M.L.) : le gouvernement ayant, en la matière, le pouvoir de légiférer, cette jurisprudence ne pouvait s'expliquer que si une valeur supérieure à la loi, c'est-à-dire constitutionnelle ou quasi constitutionnelle, était reconnue aux principes généraux en question.

b) Le commissaire du gouvernement a estimé d'autre part que les règles non écrites dégagées par la jurisprudence ne sont pas toutes de même nature : les unes n'ont qu'une valeur législative ou réglementaire, les autres ont un caractère constitutionnel ; aux premières on donne depuis lors le nom de « règles », la dénomination de « principes » étant réservée aux secondes.

Les « règles », qui sont les plus nombreuses, sont simplement interprétatives ou supplétives. « Elles ne s'appliquent qu'à défaut de dispositions écrites contraires, et elles ont une simple valeur d'interprétation. Suivant la matière qu'elles concernent, elles s'inclineront devant la loi ou le règlement. Telles sont, par exemple, les règles générales de procédure applicables même sans texte devant toutes les juridictions administratives ». Il faudrait ainsi ranger dans cette catégorie, notamment, l'obligation de motiver les jugements et d'y mentionner le nom des juges, ou la faculté de former un recours administratif préalable au recours contentieux, ou encore les règles de calcul du quorum dans les organismes collégiaux.

Parmi les « principes » qui ont une valeur supérieure, une nouvelle distinction doit être faite entre les règles de compétence et les règles de fond.

Les règles de compétence fixent les pouvoirs respectifs du législateur et du gouvernement ; elles résultaient, avant 1958, de la « tradition constitutionnelle républicaine », rappelée notamment dans un avis du Conseil d'État en date du 6 févr. 1953 (RDP 1953.170) ; elles sont inscrites, aujourd'hui, dans la Constitution elle-même, notamment dans son art. 34. Ces règles, par définition, ne s'imposaient pas au législateur colonial, dont la compétence était définie par le sénatus-consulte du 3 mai 1854 ; et elles ne s'imposent pas au gouvernement dans l'exercice de la compétence qui lui est reconnue par l'art. 37 de la Constitution de 1958.

Quant aux règles de fond, « ce sont les principes généraux du droit proprement dits, posés par les déclarations des droits ou déduits par le juge de ces déclarations. Parmi ces principes fondamentaux, qui sont à la base de notre régime politique, il faut sans doute ranger l'égalité des citoyens, la garantie des libertés essentielles, la séparation des pouvoirs et l'autorité de la chose jugée, la non-rétroactivité des actes de la puissance publique et l'intangibilité des droits acquis, le droit pour le citoyen de contester les actes du pouvoir, droit qui a une forme passive (respect de la défense) et une forme active (faculté de former un recours pour excès de pouvoir). Il faut y ranger également, en contrepartie, le principe de la continuité des services publics, essentiel à la vie de la nation ». Ce sont ces principes « qui s'imposent à l'autorité réglementaire même lorsqu'elle n'est pas limitée par la loi ».

c) Le commissaire du gouvernement, après avoir posé ces distinctions, a considéré que l'évolution récente du droit ne permettait plus de ranger la liberté du commerce et de l'industrie parmi ces règles fondamentales, et qu'ainsi le législateur colonial pouvait la restreindre à son gré. Sur ce point, la jurisprudence ultérieure a cependant démenti les vues du commissaire du gouvernement (v. nos obs. sous l'arrêt *Daudignac** du 22 juin 1951).

3 **III.** — L'arrêt lui-même déclare que le gouvernement était tenu de respecter « les principes généraux du droit qui, résultant notamment du préambule de la Constitution, s'imposent à toute autorité réglementaire même en l'absence de disposition législative » ; d'autre part, dans des termes analogues à ceux d'une décision antérieure (CE Ass. 20 déc. 1935, *Établissements Vézia*, Rec. 1212, RDP 1936.119, concl. R. Latournerie, il estime qu'en l'espèce le décret attaqué « n'a porté à aucun de ces principes une atteinte de nature à entacher d'illégalité les mesures qu'il édicte ».

Sans doute cette rédaction laconique ne permet-elle pas de savoir exactement dans quelle mesure le Conseil d'État a entendu faire siennes les propositions formulées par son commissaire du gouvernement ; l'arrêt n'en revêt pas moins une grande importance, à la fois par la contribution qu'il apporte à la théorie des principes généraux du droit et par la volonté qu'il manifeste de soumettre le pouvoir réglementaire au respect de ces principes.

4 *1°)* L'arrêt *Syndicat général des ingénieurs-conseils* consacre et précise la notion de principes généraux du droit, qui joue un rôle essentiel dans la jurisprudence du Conseil d'État (v. notamment Ass. 25 juin 1948, *Société du journal « L'Aurore »** ; – Ass. 17 févr. 1950, *Ministre de l'agriculture c. Dame Lamotte** ; – Sect. 9 mars 1951, *Société des concerts du Conservatoire**).

Certes, il n'a pas reconnu expressément à ces principes une valeur constitutionnelle ; le Conseil d'État n'a donc pas démenti formellement les conceptions doctrinales qui les placent sur le même plan que la loi (cf. nos obs. sous l'arrêt *Société des concerts du Conservatoire** du 9 mars 1951) ; il avait d'ailleurs lui-même parlé de « principes généraux du droit ayant valeur législative » dans une décision du 7 févr. 1958 (*Syndicat des propriétaires de forêts de chênes-liège d'Algérie*, Rec. 74 ; AJ 1958.II.130, concl. F. Grévisse), et il a repris cette expression, postérieurement à l'arrêt *Ingénieurs-conseils,* dans deux décisions du 19 févr. 1960 (*Fédération algérienne des syndicats de défense des irrigants*, Rec. 129 et 130).

Mais, quelle que soit la terminologie employée, le Conseil d'État a certainement entendu, conformément aux conclusions de son commissaire du gouvernement, établir des distinctions entre les règles générales dégagées par la jurisprudence et réserver l'expression de « principes généraux du droit » aux règles de fond qui n'ont pas un caractère simplement interprétatif ou supplétif. Il a ainsi admis l'existence de principes d'une valeur supérieure, qui sont, pour l'essentiel, ceux qu'avait énumérés M. Fournier dans ses conclusions, et qui, seuls, s'imposent au pouvoir réglementaire autonome (pour une énumération plus complète, v. Braibant, *L'arrêt « Syndicat général des ingénieurs-conseils » et la théorie des principes généraux du droit,* EDCE 1962.67). Il a également, à côté de cette catégorie supérieure, reconnu l'existence de normes supplétives, qu'un texte même réglementaire peut écarter et auxquelles il réserve généralement l'appellation de « règles » : ainsi de l'obligation de motiver dans certains cas un acte administratif (CE Sect. 26 janv. 1973, *Garde des sceaux c. Lang*, Rec. 72 ; D. 1973.606, note Pacteau), ou des règles de fonctionnement des juridictions administratives, à l'exception, sans doute, du caractère contradictoire de la procédure (cf. Sect. 2 mars 1973, *Delle Arbousset*, Rec. 189 – v. nº 29.6 ; – v. nos obs. sous l'arrêt *Téry** du 20 juin 1913).

5 *2°)* En ce qui concerne les principes généraux du droit proprement dits, « il n'appartient qu'au législateur d'en déterminer l'étendue, d'en étendre ou d'en restreindre les limites » (CE Ass. 4 oct. 1974, *Dame David*, Rec. 464, concl. Gentot ; D. 1975.369, note J.M. Auby ; AJ 1974.525, chr. Franc et Boyon ; JCP 1975.II.19967, note R. Drago). En conséquence et pour reprendre la formule de l'arrêt *Ingénieurs-conseils,* « toute autorité réglementaire est tenue de les respecter ». En utilisant une formule aussi générale, le Conseil d'État a marqué sa volonté d'appliquer la même jurisprudence au pouvoir réglementaire nouveau qui résulte de l'art. 37 de la Constitution de 1958 (v., en ce sens, CE Sect. 28 oct. 1960, *de Laboulaye*, précité n° 79.1 ; – Ass. 13 juil. 1962, *Conseil national de l'Ordre des médecins*, Rec. 479 ; RDP 1962.739, concl. Braibant). Il l'a étendue également aux ordonnances prises par le gouvernement en matière législative en vertu de l'art. 38 de la Constitution (CE Ass. 24 nov. 1961, *Fédération nationale des syndicats de police*, Rec. 658 – v. nº 19.3), ou en vertu d'une habilitation consentie par une loi adoptée par référendum (CE Ass. 19 oct. 1962, *Canal** : cependant, la loi du 15 janv. 1963, votée par le Parlement, a reconnu aux ordonnances prises en vertu de la loi référendaire du 13 avr. 1962 le caractère législatif).

Le gouvernement ne peut donc pas, lorsqu'il prend des mesures relevant de sa compétence, méconnaître les principes généraux du droit. S'il entend, dans une matière réglementaire par nature, porter atteinte à l'un de ces principes, tels que la non-rétroactivité ou l'autorité de la chose jugée, il doit s'adresser au parlement et obtenir le vote d'une loi. C'est ainsi que le gouvernement n'a pas le droit de valider lui-même rétroactivement des décisions illégales qui sont déférées à la juridiction administrative ou qui ont déjà été annulées par elle, même si ces décisions ont été prises dans le domaine qui lui est réservé par l'art. 37.

Rendu à propos de mesures prises, au début de la IVe République, sur le fondement d'un texte de 1854, l'arrêt *Syndicat général des ingénieurs-conseils* a ainsi permis au Conseil d'État de dégager des principes fondamentaux applicables au fonctionnement des institutions de la Ve République.

IV. — La théorie des principes généraux du droit élaborée par le Conseil d'État a connu deux prolongements, l'un dans l'ordre juridique interne avec certains aspects de la jurisprudence du Conseil constitutionnel, l'autre dans l'ordre juridique communautaire.

1°) Le Conseil constitutionnel a eu recours à la notion de principe général du droit dans deux perspectives différentes :

6 *a)* Il lui est arrivé d'en faire usage à l'effet d'étendre par ce biais le domaine d'intervention de la loi : la décision *n° 69-55 L du 26 juin 1969* (Rec. 27 ; JCP 1969.I.229 chr. Voisset) énonce que « d'après un principe général de notre droit le silence gardé par l'administration vaut décision de rejet, et qu'en l'espèce, il ne peut y être dérogé que par une décision législative » ; la décision *n° 69-57 L du 24 oct. 1969* (Rec. 32), après avoir reconnu le caractère réglementaire de dispositions dispensant les anciens élèves de l'École polytechnique de rembourser à l'État leurs frais de scolarité, estime cependant que la disposition donnant un caractère *rétroactif* à la dispense de remboursement échappe pour ce motif à la compétence réglementaire ; la décision *n° 72-75 L du 21 déc. 1972* (Rec. 36) fait expressément référence au principe des droits de la défense à propos des règles de procédure à suivre devant les juridictions administratives.

7 *b)* Le Conseil constitutionnel a parfois fait figurer certains principes généraux du droit au nombre des normes qu'il oppose au législateur dans le cadre du contrôle de constitutionnalité des lois. La décision *n° 79-104 DC du 23 mai 1979* (Rec. 27 ; RDP 1979.1695, note Favoreu ; D. 1981.I.R.363, obs. L. Hamon) a conféré valeur constitutionnelle au principe de la séparation des pouvoirs sans le rattacher expressément à un texte. De façon plus significative, la décision *n° 79-105 DC du 25 juill. 1979* relative à l'exercice du droit de grève à la radiodiffusion-télévision française (Rec. 33 ; RDP 1979.1705, note Favoreu ; D. 1980.101, note Paillet ; AJ 1980.191, note Legrand ; RA Est. Fr. n° 18.77, note Jarnevic ; Dr. Soc. 1980.7, note Leymarie ; JCP 1981.II.19547, note Beguin) a énoncé, sans rattachement à un texte, que le principe de la continuité du service public est un principe de valeur constitutionnelle.

Il reste que l'usage qui est fait des principes généraux du droit est resté limité car le Conseil constitutionnel préfère fonder ses décisions sur des textes ayant eux-mêmes valeur constitutionnelle et non sur des principes non écrits afin de conforter sa position dans ses rapports avec le législateur. Ainsi, le principe d'égalité qui est pour le Conseil d'État un principe général du droit sera pour le juge constitutionnel un principe qui se déduit directement de l'article 6 de la Déclaration des droits de l'homme et du citoyen et de l'article 2 de la Constitution devenu, à la suite de la loi constitutionnelle du 4 août 1995, l'article 1er. De même, le Conseil constitutionnel rangera parmi les « principes fondamentaux reconnus par les lois de la République » mentionnés au Préambule de la Constitution de 1946 et réaffirmés par le Préambule de l'actuelle Constitution, des principes qui sont regardés par le Conseil d'État comme des principes généraux du droit. La liberté de l'enseignement participe de cette dualité selon qu'elle est appliquée par le juge administratif (CE Ass. 7 janv. 1942, *Union nationale des parents d'élèves de l'enseignement libre*, Rec. 2) ou par le juge constitutionnel (*n° 77-87 DC du 23 nov. 1977,* Rec. 42 ; AJ 1978.565, note Rivero ; RDP 1978.830, note Favoreu ; Gaz. Pal. 1978. Doct.1.293, note Flauss). Une observation identique peut être formulée à propos du principe des droits de la défense (cf. nos obs. sous l'arrêt *Dame veuve Trompier-Gravier**).

Certains auteurs en ont déduit que le Conseil d'État devrait désormais privilégier la source écrite des principes dont il fait application. Mais se trouveraient alors perdues de vue et l'originalité de la théorie des principes généraux du droit et sa parfaite adéquation au contrôle exercé par le juge administratif.

Au demeurant, lorsqu'il se réfère à des normes réglementaires soumises au contrôle du Conseil d'État, le Conseil constitutionnel souligne lui-même, en se plaçant sur un terrain identique à celui sur lequel se situe le juge administratif, que ce contrôle englobe le respect des principes généraux du droit (CC *n° 91-167 L du 19 déc. 1991*, Rec. 134 ; RFDC 1992.105, obs. Favoreu).

La jurisprudence du Conseil d'État, rendue à propos de l'appréciation de la légalité de délibérations des assemblées territoriales des territoires d'Outre-mer, reste fidèle à la théorie des principes généraux du droit, alors même que, par l'effet conjugué de l'art. 74 de la Constitution et du statut du territoire considéré, son assemblée territoriale peut régir des matières qui, en métropole, relèvent de la loi (CE Sect. 13 mai 1994, *Président de l'assemblée territoriale de la Polynésie française*, Rec. 234 ; AJ 1994.499, chr. Maugüé et Touvet ; RDP 1994.1557, concl. Scanvic ; Ass. 30 juin 1995, *Gouvernement du territoire de la Polynésie française*, Rec. 279 – v. n° 68.2).

8 *2°)* La notion de principes généraux du droit a également trouvé un prolongement dans la jurisprudence de la Cour de justice des Communautés européennes. Cette haute juridiction se réfère tant à des principes qui sont déduits par elle de la nature des traités instituant les Communautés qu'à des principes qui sont inspirés du droit des États membres. C'est à ce dernier titre que la conception française des principes généraux du droit a joué un rôle important. Dès

1960, l'avocat général Lagrange avait recommandé à la Cour, à défaut d'appliquer directement les règles de droit interne constitutionnelles, de « s'en inspirer éventuellement pour y voir l'expression d'un principe général du droit susceptible d'être pris en considération pour l'application du traité » de Rome (cf. concl. sur CJCE 15 juill. 1960, *Comptoirs de vente du charbon de la Ruhr*, Rec. 1960.890).

Ces différents exemples montrent le rôle précurseur joué par la jurisprudence du Conseil d'État.

80

POLICE MUNICIPALE - CINÉMA

CE Sect. 18 déc. 1959, SOCIÉTÉ « LES FILMS LUTETIA » et SYNDICAT FRANÇAIS DES PRODUCTEURS ET EXPORTATEURS DE FILMS, Rec. 693

(S. 1960.94, concl. Mayras ; AJ 1960.I.21, chr. Combarnous et Galabert ; D. 1960.171, note Weil ; JCP 1961.II.11898, note Mimin ; RA 1960.31, note Juret)

Cons. qu'en vertu de l'art. 1er de l'ordonnance du 3 juill. 1945 la représentation d'un film cinématographique est subordonnée à l'obtention d'un visa délivré par le ministre chargé de l'information ; qu'aux termes de l'art. 6 du décret du 3 juill. 1945 portant règlement d'administration publique pour l'application de cette ordonnance, « le visa d'exploitation vaut autorisation de représenter le film sur tout le territoire pour lequel il est délivré » ;

Cons. que, si l'ordonnance du 3 juill. 1945, en maintenant le contrôle préventif institué par des textes antérieurs, a, notamment, pour objet de permettre que soit interdite la projection des films contraires aux bonnes mœurs ou de nature à avoir une influence pernicieuse sur la moralité publique, cette disposition législative n'a pas retiré aux maires l'exercice, en ce qui concerne les représentations cinématographiques, des pouvoirs de police qu'ils tiennent de l'art. 97 de la loi municipale du 5 avr. 1884 ; *qu'un maire, responsable du maintien de l'ordre dans sa commune, peut donc interdire sur le territoire de celle-ci la représentation d'un film auquel le visa ministériel d'exploitation a été accordé mais dont la projection est susceptible d'entraîner des troubles sérieux ou d'être, à raison du caractère immoral dudit film et de circonstances locales, préjudiciable à l'ordre public :*

Cons. que l'arrêté attaqué, par lequel le maire de Nice a interdit la projection du film « Le feu dans la peau » constitue une décision individuelle ; que, dès lors, le moyen tiré par les requérants de ce que le maire aurait excédé ses pouvoirs en prenant, en l'espèce, un arrêté de caractère réglementaire est, en tout état de cause, inopérant ;

Cons. que le caractère du film susmentionné n'est pas contesté ; qu'il résulte de l'instruction que les circonstances locales invoquées par le maire de Nice étaient de nature à justifier légalement l'interdiction de la projection dudit film sur le territoire de la commune ;

Cons., enfin, que le détournement de pouvoir allégué ne ressort pas des pièces du dossier ;

Cons. qu'il résulte de tout ce qui précède que les requérants ne sont pas fondés à soutenir que c'est à tort que, par le jugement attaqué, le tribunal administratif a rejeté la demande de la Société « Les Films Lutetia » tendant à l'annulation de l'arrêté contesté du maire de Nice : ...(Rejet).

OBSERVATIONS

1 Par divers arrêtés de l'année 1954, le maire de Nice interdisait la projection, sur le territoire de la commune, de certains films revêtus du visa ministériel de contrôle, auxquels le maire reprochait d'être « contraires à la décence et aux bonnes mœurs » (*Le feu dans la peau, Avant le déluge, Le blé en herbe,* etc.). Ces mesures, prises sur l'intervention pressante de l'Union départementale des associations familiales, s'inséraient dans une vaste campagne menée par divers groupements contre le « libéralisme » de la commission de contrôle auquel, pensait-on, la rigueur des autorités locales de police pourrait seule porter remède.

En attaquant ces arrêtés devant le tribunal de Nice (TA Nice, 11 juill. 1955, D. 1956.13, note Weil), puis, en appel, devant le Conseil d'État, les sociétés productrices posaient le problème des pouvoirs des maires et des préfets à l'égard des films cinématographiques revêtus du visa ministériel de contrôle. C'est dire l'importance qu'a eue en son temps la décision de principe Société « Les films Lutetia » tant sur le plan juridique qu'en ce qui concerne le développement de l'industrie et de l'art cinématographiques en France.

Le contrôle de la production cinématographique est régi par une ordonnance du 3 juill. 1945, reprise en 1956 dans le code de l'industrie cinématographique. La représentation et l'exportation des films sont subordonnées à l'obtention de visas délivrés par le ministre chargé du cinéma après avis d'une commission de contrôle des films, dont la composition et les pouvoirs sont fixés par décret. Les textes ne précisent pas les motifs dont le ministre et la commission doivent s'inspirer, laissant ainsi à leur appréciation un caractère largement discrétionnaire. D'autre part, si le décret d'application prévoit que « le visa d'exploitation vaut autorisation de représenter le film sur tout le territoire pour lequel ce visa est délivré », l'intervention des autorités locales de police, une fois le visa ministériel accordé, n'est ni formellement prévue, ni expressément écartée.

Dans ces conditions deux questions se posaient sur le plan juridique :

1°) l'institution d'un contrôle confié au pouvoir central a-t-elle pour conséquence d'exclure l'exercice des pouvoirs de police des maires et des préfets ?

2°) dans la négative, quelle est l'étendue des pouvoirs des maires et des préfets et, notamment, pour quels motifs pourraient-ils interdire la projection de certains films ?

2 **I.** — Sur le premier point le problème ne faisait guère de difficultés. Comme l'a rappelé M. Mayras dans ses conclusions, « l'exer-

cice d'un pouvoir de police par l'autorité supérieure ne fait pas obstacle à l'intervention de l'autorité locale, et particulièrement du maire, lorsque des circonstances locales justifient qu'une mesure plus restrictive que celle qui vaut sur le plan national soit prise ». Appliqué d'abord au concours entre deux polices générales (CE 18 avr. 1902, *Commune de Néris-les-Bains** ; – 8 août 1919, *Labonne**), ce principe l'est également au concours d'une police spéciale et de la police générale du maire ou du préfet (CE Sect. 22 mars 1935, *Société Narbonne*, Rec. 379, pour la police des établissements dangereux, incommodes ou insalubres ; – 17 oct. 1952, *Syndicat climatique de Briançon*, Rec. 445, concl. Chardeau, pour la police sanitaire ; – Sect. 20 juill. 1971, *Méhu et autres*, Rec. 567 ; AJ 1972.251, note Moderne, pour la police des carrières). Le Conseil d'État avait déjà eu l'occasion d'appliquer ces principes à la police des films (25 janv. 1924, *Chambre syndicale de la cinématographie*, p. 94 ; D. 1924.3.30, note L.J.) Il n'a donc fait que confirmer une jurisprudence constante en décidant que, « si l'ordonnance du 3 juill. 1945... a, notamment, pour objet de permettre que soit interdite la projection de films contraires aux bonnes mœurs ou de nature à avoir une influence pernicieuse sur la moralité publique, cette disposition législative n'a pas retiré aux maires l'exercice, en ce qui concerne les représentations cinématographiques, des pouvoirs de police qu'ils tiennent de l'art. 97 de la loi municipale du 5 avr. 1884 ». Le pouvoir ainsi reconnu aux maires (et à Paris au préfet de police) appartient également aux préfets pour toutes les communes du département ou pour certaines d'entre elles (L. 5 avr. 1884, art. 99).

II. — Il restait alors à déterminer pour quels motifs les maires (et préfets) peuvent intervenir et quelle est l'étendue de leurs pouvoirs.

1. — En ce qui concerne les motifs de l'intervention des autorités locales, l'arrêt *Films Lutetia* en reconnaît deux, de caractère très différent.

3 *a)* Le premier est classique : c'est la menace de « troubles sérieux », c'est-à-dire de désordres matériels dus, par exemple, à des manifestations violentes d'hostilité de la part de certains habitants de la ville. On se trouve ici sur le terrain traditionnel du pouvoir de police municipale défini par l'arrêt du 19 mai 1933, *Benjamin** ; s'agissant d'un spectacle, le contrôle est moins rigoureux que pour une réunion ; mais la jurisprudence a employé, dans une série de décisions d'Assemblée du 19 avril 1963 (notamment *Ville de Dijon,* Rec. 227 ; AJ 1963.374, note A. de L. ; D. 1964.122, note Blaevoet ; JCP 1963.II.13237, note Mimin), l'expression « troubles matériels sérieux », qui est plus restrictive que « troubles sérieux ». L'éventualité de troubles dus à la projection d'un film est assez théorique. Aussi est-ce sur le second motif que l'attention doit être avant tout portée.

4 *b)* On se demandait en effet si le caractère immoral d'un film pouvait constituer un motif légal d'interdiction. Le doute était permis pour une double raison. D'une part, l'immoralité du film a déjà fait l'objet d'un examen par la commission de contrôle et par le ministre : or il était couramment admis que l'autorité de police générale ne peut intervenir que pour des motifs strictement locaux et qu'elle ne peut se fonder sur des considérations déjà retenues par l'autorité chargée de la police spéciale. D'autre part, on considérait généralement, comme l'a rappelé M. Mayras, que, « si la police administrative se définit par son but : le maintien de l'ordre public, il ne s'agit, selon l'expression d'Hauriou, que de l'ordre « matériel et extérieur » ; l'autorité de police ne peut prévenir les désordres moraux sans porter atteinte à la liberté de conscience : ou alors, elle tend à imposer l'ordre moral ». Aussi le commissaire du gouvernement concluait-il à l'annulation d'un arrêté fondé exclusivement sur le caractère immoral du film visé : « Il nous paraît impossible, dit-il, d'admettre que la seule atteinte à la moralité publique, c'est-à-dire le trouble dans les consciences, soit, en elle-même, un motif justifiant l'interdiction de représentation d'un film, s'il n'est pas établi que des désordres matériels risqueraient d'en résulter ». Et M. Mayras d'ajouter que derrière l'intervention des maires se profile en réalité celle de groupements plus ou moins privés qui, au lieu de recommander simplement à leurs adhérents de ne pas assister à la projection de certains films, pèsent sur l'autorité de police pour faire prévaloir leurs vues : ces « censures officieuses ou privées » ont certes « le droit de faire connaître leur opinion : mais leurs avis, leurs protestations, voire leurs mises en demeure ne peuvent lier l'autorité de police ».

Le Conseil d'État ne s'est pas arrêté à ces objections et a décidé que l'interdiction est légale lorsque la projection du film est susceptible « d'être, à raison du caractère immoral dudit film et de circonstances locales, préjudiciable à l'ordre public ». En d'autres termes, l'immoralité du film est un motif valable d'interdiction, mais à condition qu'elle soit accompagnée de circonstances locales.

La notion d'immoralité est évidemment difficile à cerner. Elle va au-delà de celles d'obscénité ou d'indécence, mais n'atteint pas l'immoralité abstraite, au sens philosophique du mot. En d'autres termes, le juge administratif ne s'est pas contenté du caractère immoral du film, non contesté pour le film *Le feu dans la peau,* pour admettre son interdiction : il a examiné si cette immoralité était de nature à justifier légalement l'interdiction compte tenu des circonstances locales. Celles-ci étaient assez vagues dans l'affaire *Société « Les Films Lutetia ».* Elles ont été examinées avec plus de précision dans la jurisprudence ultérieure (CE Sect. 14 oct. 1960, *Société « Les Films Marceau »*, Rec. 533 et Sect. 23 déc. 1960,

Union générale cinématographique, Rec. 731 ; RDP 1961.140, note M. Waline ; AJ 1961.80, chr. Galabert et Gentot : annulation de l'interdiction de projection à Nice du film *La neige était sale,* et rejet du recours contre l'interdiction de projeter à Nice le film *Avant le déluge*) – ce qui fut de nature à calmer les appréhensions de ceux qui craignaient de voir la morale en tant que telle considérée comme un but valable de police. Il n'en reste pas moins que l'appréciation de la moralité d'un film demeure assez largement subjective. Elle ne l'est cependant pas plus que celle du caractère monumental d'une perspective ou de l'utilité d'une quelconque mesure de police : on est ici en présence d'un exemple, significatif certes, mais non point exceptionnel, de contrôle de la qualification juridique des faits par le juge de l'excès de pouvoir (v. CE 4 avr. 1914, *Gomel** et nos obs.). Le trait le plus intéressant de ce contrôle demeure probablement le fait que pour chaque cas litigieux les membres de la formation de jugement se sont fait projeter le film en présence des avocats des parties.

5 Pour échapper au rôle de gardien de la morale en soi, le Conseil d'État a donc décidé que l'immoralité d'un film devait, pour justifier l'interdiction, être assortie de certaines « circonstances locales », dont le juge se réservait d'ailleurs le contrôle. L'arrêt *Films Lutetia* n'était certes pas très explicite sur ce point : son laconisme se comprend si l'on tient compte de ce que la seule « circonstance locale » invoquée par le maire de Nice était « la vague d'immoralité qui a déferlé sur la ville de Nice au début de l'année 1954 ».

La notion de circonstances locales a été précisée par onze arrêts d'assemblée du 19 avr. 1963, relatifs aux *Liaisons dangereuses 1960 :* les circonstances locales retenues dans ces affaires ont consisté, soit dans la « composition particulière de la population » (nombre exceptionnellement important des établissements scolaires à Senlis), soit dans les « protestations » émanant de « milieux locaux divers » ou dans « l'attitude prise par diverses personnalités représentant ces milieux » ; là où aucune de ces circonstances ne pouvait être relevée, l'interdiction de projection a été annulée.

Dans la ligne de cette jurisprudence plus libérale, le juge administratif a annulé l'interdiction de *La main chaude* à Nice (CE 23 févr. 1966, *Société Franco-London Film et Société « Les Films Gibe »*, Rec. 1121 ; JCP 1966.II.14608, concl. Rigaud), celle de *La jument verte* à Versailles (CE 25 févr. 1966, *Société nouvelle des établissements Gaumont*, Rec. 1121), celle du film *Le Pull-over rouge* à Aix-en-Provence (CE 26 juill. 1985, *Ville d'Aix-en-Provence c. société Gaumont-distribution et autres*, Rec. 236 ; RFDA 1986.439, concl. Genevois), et celle de *La dernière tentation du Christ* à Arcachon (TA Bordeaux 13 déc. 1990, *United International Pictures*, LPA 11 déc. 1991, note Pacteau).

A fortiori, une mesure d'interdiction générale d'une catégorie de films n'a pu qu'encourir la censure du juge (TA Amiens, 10 avr. 1973, *Chambre syndicale des producteurs de films français* Rec.

780 : annulation d'un arrêté du maire de Saint-Quentin interdisant sur le territoire de la ville « toutes projections de films à caractère érotique, pornographique ou licencieux »).

6 *2.* — Quant à l'étendue des pouvoirs des maires et préfets, la jurisprudence a eu jusqu'ici à se prononcer le plus souvent, comme dans l'arrêt rapporté, sur des cas d'interdiction totale de projection.

Les autorités locales peuvent-elles également, au lieu d'interdire complètement la projection d'un film, relever simplement l'âge d'admission dans les salles ? La section de l'intérieur du Conseil d'État avait répondu à cette question par la négative dans un avis du 9 mai 1950, et certains tribunaux administratifs avaient adopté la même solution (TA Grenoble, 7 févr. 1962, *Société les Films Marceau*, Rec. 725). Mais dans plusieurs des arrêts précités du 19 avr. 1963, l'assemblée plénière statuant au contentieux a estimé licite une telle mesure, qui est, somme toute, moins attentatoire à la liberté que l'interdiction pure et simple.

L'illégalité d'une interdiction partielle ou totale d'un film n'entraîne pas seulement son annulation en cas de recours. Elle est susceptible également d'engager la responsabilité de la commune sur le terrain de la faute simple (CE Sect. 25 mars 1966, Société *« Les Films Marceau »* Rec. 240 ; AJ 1966.254, concl. Rigaud).

III. — En fait, pour des raisons qui tiennent plus à l'évolution des mœurs qu'à la crainte de difficultés contentieuses, les maires ont renoncé à utiliser les pouvoirs qui leur avaient été reconnus, de sorte que la jurisprudence *Films Lutetia* s'est rapidement tarie.

Seul s'exerce sur le plan administratif le contrôle confié au ministre chargé du cinéma qui peut prendre la forme, soit du refus de visa d'exploitation ou de conditions mises à son octroi, soit du classement de certains films dans la catégorie des films pornographiques ou d'incitation à la violence.

7 *1.* — S'agissant de la délivrance des visas, le Conseil d'État a estimé que, si l'exercice de ce pouvoir n'est soumis par les textes à aucune condition de fond particulière, le ministre n'en est pas moins tenu de « concilier les intérêts généraux dont il a la charge avec le respect dû aux libertés publiques et notamment à la liberté d'expression » (CE Ass. 24 janv. 1975, *Ministre de l'information c. société Rome-Paris Films*, Rec. 57 ; JCP 1976.II.18 395, note Bazex ; RDP 1975.296, concl. Rougevin-Baville ; AJ 1975.131 chr. Franc et Boyon ; Gaz. Pal. 1975.1.350, note Mourgeon). Dans cette affaire, qui concernait le refus du visa d'exploitation demandé pour le film *Suzanne Simonin, la Religieuse de Diderot,* le Conseil d'État a jugé que « ni les situations, ni les comportements des personnages » n'étaient de nature à justifier légalement l'interdiction générale d'exploiter le film en France dont il avait été pendant un

temps l'objet. Est donc exercé un contrôle normal sur le fait de nature à justifier l'interdiction d'un film et seuls des intérêts généraux peuvent motiver légalement des restrictions à la liberté d'expression.

8 Une autre affaire concernant le film *Les Noces rouges* a donné l'occasion au Conseil d'État de préciser cette notion d'intérêts généraux (CE Ass. 8 juin 1979, *Chabrol et Société anonyme films La Boétie*, Rec. 271 ; AJ 1979 n° 10.24, chr. Robineau et Feffer ; RDP 1980.222, concl. Bacquet ; D. 1979.I.R.381, obs. P. Delvolvé ; D. 1979.634, note Julien-Laferrière). Ce film empruntait l'essentiel de son histoire et de ses personnages à une affaire criminelle dont la solution judiciaire n'était pas intervenue lorsque la commission de contrôle cinématographique et le ministre furent appelés à se prononcer sur les demandes de visas requis pour l'exploitation du film. Le ministre décida afin de ne pas nuire à la « sérénité du jugement à intervenir » que la validité du visa d'exploitation du film ne prendrait effet qu'après l'achèvement de l'instance pénale. Le Conseil d'État a confirmé la légalité de cette décision en soulignant que « ... lorsque la représentation publique d'un film cinématographique, eu égard notamment à la référence faite à des éléments d'un procès criminel en cours ou à des personnes qui y sont en cause, comporte le risque sérieux d'apporter un trouble grave à la sérénité de l'appréciation des faits par la juridiction devant laquelle le procès est porté, le ministre est fondé à prendre les mesures restrictives que rend nécessaire la protection des droits et intérêts essentiels des parties ». Cette décision consacre ainsi une interprétation assez large des pouvoirs conférés au ministre en matière d'autorisation d'exploitation de films.

Le contrôle du juge s'exerce sur l'octroi du visa dans les mêmes conditions que sur le refus (CE 9 mai 1990, *de Bénouville*, Rec. 117 ; D. 1990.374, concl. Stirn ; RA 1990.431, note Ruiz-Fabri).

9 Il s'agit donc d'un contrôle normal, qui a conduit le Conseil d'État, saisi d'un pourvoi dirigé contre la décision du ministre de la culture et de la communication d'accorder au film *Baise moi* un visa d'exploitation assorti uniquement d'une interdiction de diffusion aux mineurs de *seize ans* d'en prononcer l'annulation (CE Sect. 30 juin 2000, *Association Promouvoir M. et Mme Mazaudier*, Rec. 265, concl. Honorat ; AJ 2000.674, chr. Guyomar et Collin ; D. 2001.590, note Boitard ; RFDA. 2000.1282, note Canedo, et 1311, note J. Morange ; LPA 15 déc. 2000, note Lecuq ; « L'europe des libertés » n° 4, janv. 2001, note Wachsmann ; RDP 2001.367, note Guettier). La section du contentieux, dont les membres avaient au préalable vu le film en vidéo, a relevé qu'il était composé pour l'essentiel d'une succession de scènes de grande violence et de scènes de sexe non simulées, sans que les autres séquences traduisent l'intention, affichée par les réalisatrices, de dénoncer la violence faite aux femmes par la société. Elle en a déduit que ce film constituait un message pornographique et d'incitation à la violence susceptible d'être vu ou perçu par des mineurs, qui pourrait relever de l'incrimination prévue par l'article 227-24 du code pénal. La Section a jugé que dès lors que les dispositions du décret du 23 février 1990 définissant les pouvoirs du ministre chargé du cinéma ne prévoient pas qu'une œuvre cinématographique puisse être interdite de représentation aux mineurs de moins de *dix huit ans* autrement que par son inscription sur la liste des films pornographiques ou d'incitation à la violence, le film relevait de l'inscription sur cette liste. Faute d'avoir procédé à un tel classement, le visa d'exploitation délivré a encouru l'annulation.

10 *2.* — Postérieurement à la décision du Conseil d'État un décret du 12 juill. 2001 a introduit la possibilité d'assortir le visa accordé à un film d'une interdiction de représentation aux mineurs de dix-huit ans sans conduire pour autant à l'inscrire sur la liste des films pornographiques. Il en est résulté une harmonisation entre les dispositions du code pénal relatives à la protection des mineurs et les règles de délivrance des visas à des œuvres cinématographiques. Sur ce fondement, a pu être légalement accordé au film *Baise moi*, un visa d'exploitation assorti uniquement de l'interdiction de représentation aux mineurs de dix-huit ans (CE 14 juin 2002, *Association Promouvoir*, RFDA 2002.859).

11 **IV.** — On relèvera enfin qu'à l'échelon local, des considérations de moralité ont été mises en avant par certains maires pour interdire sur le territoire de leur commune soit la distribution gratuite de feuilles d'information comprenant de la publicité thématique à caractère licencieux, soit l'affichage publicitaire en faveur des « messageries roses ». Le Conseil d'État a confirmé l'annulation prononcée en premier ressort de mesures d'interdiction générale en la matière, en l'absence de circonstances locales les justifiant (CE 16 oct. 1996, *Commune de Taverny c/société Comareg Ile-de-France*, Rec. 1057 ; 8 déc. 1997, *Commune d'Arcueil c/Régie publicitaire des transports parisiens*, Rec. 482).

81

SAISIE DE JOURNAUX POLICE ADMINISTRATIVE ET POLICE JUDICIAIRE

CE Ass. 24 juin 1960, SOCIÉTÉ FRAMPAR et SOCIÉTÉ FRANCE ÉDITIONS ET PUBLICATIONS, Rec. 412, concl. Heumann

(RDP 1960.815, concl. Heumann ; AJ 1960.1.154, chr. Combarnous et Galabert ; D. 1960.744, note Robert ; JCP 1960.II.11743, note Gour ; S. 1960.348, note Ch. Debbasch)

Sur la compétence :

Cons. que, par les arrêtés attaqués en date des 29 déc. 1956 et 6 janv. 1957, le préfet d'Alger a ordonné la saisie des numéros en date des 30 et 31 déc. 1956 et des 6 et 7 janv. 1957 du journal « France-Soir » ; que, si lesdits arrêtés mentionnent, dans leurs visas, l'art. 80 du code pénal ainsi que l'art. 10 du code d'instruction criminelle et si, conformément à cette dernière disposition le préfet a avisé le procureur de la République de l'intervention des mesures ainsi prises et lui a transmis les pièces dans les vingt-quatre heures, *il résulte manifestement de l'ensemble des circonstances de chacune de ces affaires que les saisies litigieuses ont eu pour objet, non de constater des crimes ou délits contre la sûreté intérieure ou la sûreté extérieure de l'État et d'en livrer les auteurs aux tribunaux chargés de les punir, mais d'empêcher la diffusion dans le département d'Alger d'écrits insérés dans les numéros précités du journal sus-mentionné ; que dans ces conditions, nonobstant les visas des arrêtés qui les ont ordonnées et la transmission des pièces au parquet, les saisies dont s'agit présentent, en réalité, le caractère de mesures administratives ;* que, par suite, il appartient à la juridiction administrative de connaître de la demande tendant à l'annulation pour excès de pouvoir des arrêtés contestés du préfet d'Alger ; que, dès lors, les sociétés requérantes sont fondées à soutenir que c'est à tort que, par le jugement attaqué, le tribunal administratif d'Alger s'est déclaré incompétent pour statuer sur ladite demande :

Cons. que l'affaire est en état ; qu'il y a lieu de statuer immédiatement sur la demande sus-mentionnée des sociétés requérantes ;

Sur la légalité des arrêtés attaqués :

Sans qu'il soit besoin d'examiner les autres moyens invoqués par les sociétés requérantes à l'appui de leurs conclusions ;

Cons. qu'il résulte de l'instruction qu'en ordonnant par les arrêtés attaqués, la saisie des deux numéros susmentionnés du journal « France-Soir », le préfet d'Alger a eu pour but de prévenir les troubles que la diffusion de ces écrits dans le département d'Alger lui paraissait de nature à provoquer ; que, pour atteindre cette fin, le préfet aurait pu, s'il s'y était cru fondé, utiliser les pouvoirs qu'il détenait, par délégation du gouverneur général de l'Algérie, des dispositions combinées de l'art. 1er, 12° et de l'art. 10, 1er alinéa, du décret du 17 mars 1956 relatif aux mesures exceptionnelles tendant au rétablissement de l'ordre, à la protection des personnes et des biens et à la sauvegarde du territoire de l'Algérie ; que, comme le soutiennent les sociétés requérantes, en écartant cette procédure pour recourir à celle qui est prévue à l'art. 10 du code d'instruction criminelle et dont le champ d'application est limité, ainsi qu'il a été rappelé ci-dessus, aux actes nécessaires à l'effet de constater les crimes et délits contre la sûreté intérieure ou la sûreté extérieure de l'État et d'en livrer les auteurs aux tribunaux chargés de les punir, le préfet d'Alger a commis un excès de pouvoir ;

Sur les dépens de première instance :

Cons. que, dans les circonstances de l'affaire, il y a lieu de mettre les dépens de première instance à la charge de l'Algérie ;... (Annulation ; dépens de première instance à la charge de l'Algérie).

OBSERVATIONS

1 Pendant la guerre d'Algérie, l'administration a fréquemment ordonné la saisie de publications imprimées, et notamment de journaux. Peu de recours ont cependant été portés devant les tribunaux, car les intéressés craignaient, semble-t-il, outre l'inefficacité de sentences tardives, la complexité et l'incertitude des solutions juridiques. Assez paradoxalement, en effet, la matière n'avait fait l'objet que d'études peu nombreuses. Aussi une clarification s'imposait-elle, dès lors que les saisies se multipliaient. Sur le plan doctrinal, M. Galmot, auditeur au Conseil d'État, fit le point de la question, dans une étude sur *Le contrôle juridictionnel des saisies d'écrits imprimés* (EDCE 1959.67). Sur le plan jurisprudentiel, le Conseil d'État, par deux arrêts du 24 juin 1960 *(Société Frampar* et *SARL Le Monde*), a tranché d'importantes questions de principe qui étaient jusque-là obscures et confuses.

Par un arrêté du 29 déc. 1956, le préfet d'Alger avait ordonné la saisie du numéro de *France-Soir* daté des 30-31 déc. 1956 ; par un arrêté du 6 janv. 1957, le préfet d'Alger, sur les instructions télégraphiques du ministre résidant en Algérie, ordonnait la saisie des numéros des 6 et 7 janv. du *Monde,* de *France-Soir* et de *Paris-Presse.* Dans les deux cas, la totalité de l'édition destinée à la vente dans le département d'Alger fut saisie aux Messageries Hachette à Alger. Ces arrêtés visaient l'art. 10 c. instr. crim. (devenu art. 30 c. proc. pén., lui-même abrogé par la loi du 4 janv. 1993, art. 148), aux termes duquel « les préfets des départements et le préfet de police à Paris pourront, s'il y a urgence, faire personnellement ou requérir les officiers de police judiciaire, de faire tous actes nécessaires à l'effet de constater les crimes et délits contre la sûreté de l'État et d'en livrer les auteurs aux tribunaux chargés de les punir ». Ils se référaient en l'espèce à l'art. 80 c. pén. relatif au crime d'atteinte à la sûreté extérieure de l'État et précisaient que les écrits contenus dans les numéros saisis étaient de nature à porter atteinte à la sûreté extérieure de l'État. Conformément à l'art. 10 c. instr. crim., le préfet transmit, dans les 24 heures, les pièces au procureur de la République, lequel n'engagea cependant aucune poursuite.

Deux des quotidiens visés entamèrent alors diverses instances : actions en indemnité devant les tribunaux judiciaires, recours pour excès de pouvoir devant la juridiction administrative contre les arrêtés du préfet d'Alger en date des 29 déc. 1956 et 6 janv. 1957. Les tribunaux civils de la Seine et d'Alger rejetèrent les premières pour incompétence. Le tribunal administratif d'Alger s'étant de son côté déclaré incompétent au motif que les actes accomplis en vertu de l'art. 10 c. instr. crim. constituaient des actes de police judiciaire relevant de la compétence des tribunaux judiciaires, les deux journaux portèrent l'affaire en appel devant le Conseil d'État. Le journal *Le Monde* se contenta de demander l'annulation du jugement d'incompétence du tribunal d'Alger, alors que *France-Soir* réclamait également l'annulation des arrêtés préfectoraux de saisie.

I. — Pour bien comprendre la portée des arrêts du 24 juin 1960, il convient de rappeler les solutions admises jusque-là :

2 *a)* Si la saisie constituait une mesure de police administrative destinée à assurer l'ordre public, elle n'était légale qu'à une double condition (CE 10 déc. 1958, *Mezerna*, Rec. 628) :

– il fallait d'abord que la décision juridique de porter atteinte à la liberté de la presse fût fondée sur une menace suffisamment grave à l'ordre public compte tenu des circonstances de temps et de lieu : il y avait là une application de la jurisprudence classique en matière de police (CE 19 mai 1933, *Benjamin**, et nos obs. : – Sect. 23 nov. 1951, *Société nouvelle d'imprimerie, d'éditions et de publicité*, Rec. 553 ; v. n° 50.1) ;

– il fallait en second lieu que la saisie, mesure d'exécution d'office, fût justifiée par l'urgence, sinon elle était constitutive d'une voie de fait (TC 8 avr. 1935, *Action française**).

Si le juge administratif était compétent pour se prononcer sur la légalité d'un arrêté de saisie (*Mezerna*, précité), l'autorité judiciaire pouvait seule accorder une réparation pour une saisie illégale, celle-ci constituant une voie de fait.

3 *b)* Lorsque, au contraire, la saisie était ordonnée par le préfet sur la base de l'art. 10 c. instr. crim., elle était considérée comme constituant une mesure de police judiciaire (TC 25 mars 1889, *Dar-feuille*, Rec. 412), et cela d'autant plus qu'avec la transmission des pièces au parquet elle devenait partie intégrante de la procédure pénale (TC 3 nov. 1958, *Blanco*, Rec. 796). La compétence judiciaire était alors certaine sur le plan théorique, mais elle n'avait que peu d'effets pratiques, du fait de « la croyance très répandue dans l'opinion qu'il est impossible d'obtenir réparation des dommages causés par de tels actes » (Galmot, étude précitée ; – cf. Cass. civ. 23 nov. 1956, *Trésor public c. Giry*,* et nos obs.).

Dans ces conditions il était tentant pour l'administration d'invoquer toujours l'art. 10, puisque aussi bien elle s'assurait ainsi une immunité de fait : effectivement, la quasi-totalité des saisies pratiquées se fondait sur ce texte.

4 **II.** — C'est pour déjouer ce calcul et établir un contrôle juridictionnel plus efficace sur les mesures de saisies que le Conseil d'État s'est engagé, par les arrêts *Frampar* et *SARL Le Monde*, dans une voie nouvelle. Le commissaire du gouvernement, M. Heumann, lui demandait de ne pas tenir compte exclusivement du texte invoqué par l'administration : « l'aspect extérieur d'une mesure ne traduit pas nécessairement sa réalité profonde, et il convient, selon nous, de vérifier, en certains cas, la nature et l'objet de l'opération de police... Tendait-elle à constater une infraction, à réunir les preuves de celle-ci, à livrer les auteurs à la justice : c'est alors une mesure de police judiciaire. Tendait-elle au contraire à prévenir un trouble de l'ordre public : c'est une mesure de police administrative ». En l'espèce, les arrêtés n'avaient manifestement pas pour objet, en dépit du visa de l'art. 10, de constater une atteinte à la sûreté de l'État et d'en livrer les auteurs aux tribunaux : aucun des articles incriminés ne comportait la moindre infraction pénale ; aucune poursuite n'avait été engagée ; la saisie portait sur des éditions entières et non sur quelques numéros destinés à servir de preuve, etc... De toute évidence le but recherché était d'éviter que ne soient lus dans le département d'Alger des articles que l'administration considérait comme dangereux pour l'ordre public.

Conformément à ces conclusions, le Conseil d'État décida que, « dans ces conditions, nonobstant les visas des arrêtés qui les ont ordonnées et la transmission des pièces au parquet, les saisies dont s'agit présentent, en réalité, le caractère de mesures administratives » susceptibles d'un recours pour excès de pouvoir devant la juridiction administrative.

Sur le fond, M. Heumann proposait au Conseil d'État de rejeter le recours formé par la Société Frampar. Il estimait, en effet, que les mesures attaquées pouvaient être considérées comme ayant été valablement prises dans le cadre des pouvoirs spéciaux conférés à l'administration en Algérie par la loi du 16 mars 1956. Le Conseil d'État s'est refusé à pratiquer cette substitution de base légale et a censuré le détournement de procédure commis par le préfet d'Alger en se fondant sur l'art. 10 c. instr. crim. pour obtenir un résultat que seule la loi du 16 mars 1956 permettait d'atteindre (sur le détournement de procédure, v. nos obs. sous l'arrêt du 26 nov. 1875, *Pariset**).

III. — Depuis 1960 le Conseil d'État a eu l'occasion à plusieurs reprises d'appliquer les principes de la jurisprudence *Frampar* et d'en préciser la portée :

5 *a)* Le juge administratif applique rigoureusement le critère tiré de la finalité de l'acte pour qualifier la saisie. Pas plus que le visa de l'art. 30 du code de procédure pénale (qui reprenait l'article 10 du code d'instruction criminelle), la transmission du dossier au parquet ne suffit à donner à la saisie une coloration judiciaire, comme l'a montré la décision *Rodes* (CE 14 déc. 1965, Rec. 841 ; AJ 1966.377, note Moreau) : le préfet de la Guadeloupe avait ordonné la saisie de l'hebdomadaire *Le Progrès social ;* il avait mentionné l'article 30 dans son arrêté, avisé de la mesure le ministère public près la Cour de sûreté de l'État et transmis les pièces de l'affaire à cette autorité ; le Conseil d'État a considéré qu'en réalité, malgré ces circonstances, la saisie avait eu pour objet, non de constater un crime ou délit contre la sûreté de l'État et d'en livrer les auteurs à ladite Cour, mais d'empêcher la diffusion du numéro saisi ; elle avait ainsi le caractère d'une « mesure administrative » qui a été annulée pour détournement de procédure. De même, le Conseil d'État a jugé que l'art. 30 ne peut s'appliquer à une saisie qui a pour objet d'empêcher la diffusion d'un livre (CE 20 déc. 1967, *Ministre de l'intérieur c. Fabre-Luce*, Rec. 511).

Dans les affaires *Frampar* et *Rodes* le Conseil d'État a estimé que l'objet de la saisie résultait « manifestement » ou « clairement » des circonstances de l'affaire, parmi lesquelles figurait notamment le fait que la mesure avait porté sur la totalité de l'édition et non sur le petit nombre d'exemplaires nécessaires à la manifestation de la vérité devant le juge pénal.

Dans des hypothèses autres que la saisie de journaux, la situation de droit et de fait peut s'avérer plus complexe comme le montre la décision de section du 10 févr. 1984, *Ministre de l'agriculture c. Société « Les Fils de Henri Ramel »* (Rec. 54 et RFDA 1984.91, concl. Denoix de Saint Marc ; AJ 1984.403, obs. J. Moreau). Dans cette affaire, à la suite d'une analyse effectuée par un laboratoire relevant du service de la répression des fraudes sur des échantillons provenant d'un lot de vins importés d'Italie par une société, l'administration avait transmis le dossier au parquet, lequel avait provoqué l'ouverture d'une information pour infraction à la loi du 1er août 1905, et s'était en conséquence opposé à la commercialisation immédiate des vins en cause. Le Conseil d'État a estimé que l'analyse des vins comme la décision faisant obstacle à leur commercialisation se rattachaient à une procédure pénale relevant du juge judiciaire, bien que cette procédure ait été clôturée par une ordonnance de non-lieu et que les contrôles effectués par l'administration fussent inscrits dans le cadre d'une politique destinée à faire obstacle aux importations de vins en provenance d'Italie.

6 *b)* Dans le cas des saisies de presse, qui n'ont que l'apparence d'une mesure de police judiciaire, la juridiction administrative s'est reconnue compétente pour se prononcer sur une action en réparation du préjudice né d'une saisie (CE Sect. 4 nov. 1966, *Ministre de l'intérieur c. société « Le Témoignage Chrétien »*, Rec. 584 – v. n° 50.9). Cette solution n'était pas évidente ; le commissaire du gouvernement avait proposé d'admettre, soit que les deux ordres de juridiction sont parallèlement compétents pour indemniser les victimes d'une voie de fait comme ils le sont pour en constater l'illégalité depuis la décision *Guigon* (TC 27 janv. 1966, Rec. 830 – v. n° 50.8), soit que le juge administratif est compétent sur l'action en indemnité lorsqu'il a annulé la saisie pour excès de pouvoir. Le Conseil d'État n'a sans doute pas voulu retenir l'une ou l'autre de ces solutions ; pour demeurer dans la ligne des principes généraux de la répartition des compétences, il a considéré que la saisie ne constituait pas, en l'espèce, une voie de fait bien qu'elle n'ait pas eu un caractère d'urgence ; la décision, implicite sur la question de compétence, ne précise pas les motifs qui ont déterminé le juge administratif et ne permet pas d'apprécier exactement sa portée. Quant au fond, le Conseil d'État a indemnisé intégralement les pertes provoquées par la saisie et accordé en outre à l'éditeur du journal une somme symbolique d'un franc au titre de réparation du préjudice moral.

Si son fondement théorique est incertain, cette décision présente, sur le plan pratique, un double avantage : elle simplifie la répartition des compétences, en permettant au même juge de connaître du recours en annulation et de l'action en indemnité ; elle accroît les chances des victimes de saisies d'obtenir réparation, parce que, dans ce domaine, la juridiction administrative se montre plus audacieuse que la juridiction judiciaire.

7 **IV.** — Les tribunaux judiciaires ont, après quelques hésitations, adopté les principes de la jurisprudence *Frampar,* mais ils les ont appliqués dans un esprit très différent. Ils ont eu à se prononcer, notamment, sur le contentieux résultant de saisies de la publication *Témoignages et Documents* (TGI Seine 23 déc. 1959, JCP 1960.II.11586, note Mimin ; – CA Paris 22 févr. 1962, D. 1964.231, note Maestre), de l'hebdomadaire *France-Observateur* (TGI Seine 17 févr. 1960 et CA Paris 22 févr. 1962, D. 1964.231, note Maestre ; – Cass. civ. 22 juin 1965, JCP 1966.II.14545, note C. Debbasch ; – CA Orléans 15 juin 1966, JCP 1967.II.15104, note C. Debbasch) et du quotidien *Libération* (TGI Seine 8 mai 1963, D. 1964.231, note Maestre ; JCP 1963.II.13394, note Debbasch ; –

CA Paris 3 juin 1964, D. 1965.98, note Maestre ; JCP 1964.II.13833, note C. Debbasch).

Deux tendances se dégagent de cette jurisprudence. D'une part les tribunaux judiciaires admettent beaucoup plus largement que le Conseil d'État que les saisies de journaux se rattachent à la police judiciaire, même dans des cas où elles portaient sur la totalité de l'édition et avaient manifestement pour objet d'en empêcher la diffusion. D'autre part, tout en se référant aux principes du droit public conformément à la jurisprudence *Giry**, ils ont jugé, dans ces affaires, que les saisies litigieuses ne constituaient ni une faute personnelle, ni une faute de service ; le seul jugement allouant une indemnité aux victimes, celui rendu le 8 mai 1963 par le tribunal de la Seine, a été annulé en appel ; les Cours de Paris et d'Orléans ont refusé toute réparation aux propriétaires des journaux.

8 **V.** — Ces divergences des deux ordres de juridiction ne font que souligner l'importance de la jurisprudence Frampar.

En procédant à la *disqualification* des décisions qui lui étaient déférées, le Conseil d'État a illustré la conviction exprimée par son commissaire du gouvernement que « l'effort de la juridiction administrative doit tendre à faire prévaloir la réalité sur les apparences, à restituer aux actes leur nature véritable » ; comme dans l'arrêt *Barel** (CE Ass. 28 mai 1954), le juge a recherché les véritables motifs d'un acte derrière ceux invoqués par l'administration. M. Heumann ajoutait que « la censure du détournement de procédure est un élément indispensable de moralité administrative et de vérité juridique » ; le Conseil d'État l'a confirmé en annulant les arrêtés attaqués pour le seul motif qu'ils avaient été « camouflés » derrière une procédure judiciaire.

Sur le plan pratique, d'autre part, les arrêts du 24 juin 1960 constituent un avertissement pour l'administration. Celle-ci se voit découragée de faire usage des pouvoirs de police judiciaire qu'elle tient, non plus de l'art. 30 du code de procédure pénale abrogé par la loi du 4 janv. 1993, mais de textes spécifiques comme le code des douanes, à des fins de police administrative.

Enfin, le contentieux des saisies de journaux a montré que, dans certains domaines, les techniques du contentieux administratif permettent d'assurer une défense appropriée des libertés publiques.

82

RESPONSABILITÉ - PRÉJUDICE MORAL

CE Ass. 24 nov. 1961, MINISTRE DES TRAVAUX PUBLICS c. CONSORTS LETISSERAND, Rec. 661

(D. 1962.34, concl. Heumann ;
S. 1962.82, concl. Heumann, note Vignes ;
AJ 1962.22, chr. Galabert et Gentot ; JCP 1962.II.12425, note Luce ;
RDP 1962.330, note M. Waline)

... *En ce qui concerne le sieur Letisserand (Camille) :* Considérant que s'il n'est pas établi – ni même allégué – que le décès du sieur Letisserand (Paul) ait causé au sieur Letisserand (Camille) un dommage matériel ou ait entraîné des troubles dans ses conditions d'existence, *la douleur morale qui est résultée pour ce dernier de la disparition prématurée de son fils est par elle-même génératrice d'un préjudice indemnisable ;* qu'il sera fait une exacte appréciation des circonstances de l'affaire en allouant de ce chef au sieur Letisserand (Camille) une indemnité de 1 000 NF ;... (Annulation : indemnité).

OBSERVATIONS

1 Le 3 mai 1955, un camion des ponts et chaussées entra en collision avec une motocyclette conduite par le sieur Paul Letisserand et sur le tansad de laquelle avait pris place le jeune fils de ce dernier, âgé de sept ans. Les deux passagers de la motocyclette furent tués. Des demandes d'indemnité furent adressées à l'administration, d'une part par la dame Letisserand agissant tant en son nom personnel que comme tutrice de ses trois enfants mineurs, d'autre part par le sieur Camille Letisserand, père et grand-père des victimes. Si le principe même de la responsabilité du département de l'Allier, pour le compte duquel le camion des ponts et chaussées circulait, ne soulevait guère de difficulté, il en allait autrement pour certaines des demandes d'indemnité. Sans doute la dame Letisserand pouvait-elle faire état de divers dommages d'ordre matériel (frais de réparation de la motocyclette, privation des revenus du ménage, troubles dans ses conditions d'existence). Le père de la victime, en revanche, ne pouvait guère invoquer que la douleur morale, le chagrin, que lui avait causés la mort prématurée de son fils. Une indemnité pouvait-elle être accordée de ce chef ? Telle

est la question qu'avait à résoudre l'assemblée plénière statuant au contentieux.

2 **I.** — La jurisprudence administrative exige traditionnellement que, pour être susceptible de réparation, le préjudice subi soit évaluable en argent.

A. — Le Conseil d'État accepte cependant depuis longtemps de réparer, outre le dommage matériel proprement dit, certains préjudices immatériels qui lui paraissent susceptibles d'être appréciés en argent et qui constituent ce que le commissaire du gouvernement Fougère (concl. sur CE Ass. 29 oct. 1954, *Bondurand*, Rec. 565 ; D. 1954.767, note de Laubadère) a appelé la « *partie sociale du patrimoine moral* ». C'est ainsi qu'ont été réparés : le préjudice esthétique (CE Ass. 11 juill. 1947, *Salgues*, Rec. 315 ; – Sect. 23 mars 1962, *Caisse régionale de sécurité sociale de Normandie*, Rec. 211, concl. Heumann) ; – les atteintes à l'honneur (CE 8 déc. 1948, *Époux Brusteau*, Rec. 465 ; RDP 1949.228, concl. Chardeau, note Jèze : préjudice résultant de mentions diffamatoires contenues dans une décision administrative), à la réputation (CE Sect. 3 avr. 1936, *Sudre*, Rec. 452 ; D. 1936.3.57 : préjudice subi par un sculpteur qui avait fait don à son village natal d'une fontaine qui fut mal entretenue et dut finalement être démolie) ou aux convictions religieuses (CE 7 mars 1934, *Abbé Belloncle*, Rec. 309 : préjudice résultant pour un ministre du culte de sonneries de cloches illégalement ordonnées par le maire) ; – le préjudice moral résultant de la saisie d'un journal (CE Sect. 4 nov. 1966, *Ministre de l'intérieur c. Société « Le Témoignage Chrétien »*, Rec. 584 – v. n° 51.9). De même, après avoir refusé de réparer la souffrance physique *(pretium doloris),* le Conseil d'État accepta d'indemniser, d'abord la souffrance physique « exceptionnelle » (CE Ass. 24 avr. 1942 *Morell*, Rec. 136 ; RDP 1943.80, concl. Léonard, note Bonnard), puis toute souffrance physique « de nature à ouvrir droit à réparation », c'est-à-dire toute souffrance tant soit peu sérieuse (CE Sect. 6 juin 1958, *Commune de Grigny*, Rec. 323 ; S. 1958.319 et D. 1958.551, concl. Chardeau ; AJ 1958.II.313, chr. Fournier et Combarnous). Enfin, sous le couvert de la réparation des « troubles de toute nature apportés dans les conditions d'existence » du requérant, le Conseil d'État en était arrivé à indemniser des préjudices moraux fort proches de la simple douleur morale ; il avait ainsi accordé des indemnités aux parents, même naturels, d'un enfant mineur décédé dans un accident imputable à l'administration, alors que la perte de l'enfant ne leur causait aucun préjudice matériel (CE 17 déc. 1948, *Époux Marx*, Rec. 484 ; RDP 1949.232, concl. Gazier, note Jèze ; – 18 nov. 1960, *Savelli*, Rec. 640), ou à une jeune fille injustement soupconnée d'avoir transmis une maladie vénérienne et contrainte pour ce motif de se soumettre à un examen médical (CE

Sect. 5 juill. 1957, *Département de la Sarthe c. Dlle Artus*, Rec. 454 ; AJ 1957.II.320, concl. Tricot, et 395, chr. Fournier et Braibant ; D. 1958.188, note Blaevoet).

3 ***B.*** — Mais le Conseil d'État refusait traditionnellement d'aller plus loin et d'indemniser ouvertement la « *partie affective du patrimoine moral* », c'est-à-dire la douleur morale, le chagrin. Cette exclusion du *pretium affectionis* se fondait sur l'affirmation péremptoire que « la douleur morale, n'étant pas appréciable en argent, ne constitue pas un dommage susceptible de donner lieu à réparation ». Elle était d'autant plus vivement combattue que les tribunaux judiciaires acceptent depuis la fin du XIXe siècle de réparer la douleur morale et qu'ils admettent aujourd'hui l'indemnisation, non seulement pour la rupture des liens d'affection entraînée par la mort, mais aussi pour les inquiétudes et les angoisses causées aux proches parents par les blessures ou l'infirmité de la victime ou par le spectacle d'un être souffrant (Cass. civ. 22 oct. 1946, D. 1947.59). La position du Conseil d'État était tellement contestée qu'à plusieurs reprises des tribunaux administratifs prirent l'initiative d'accorder une réparation pour la douleur morale (TA Lille, 28 févr. 1958, *Dame Vve Cousinard*, Rec. 689 ; AJ 1958.II.105, concl. Delevallé ; S. 1958.153 et D. 1958.216, concl. Delevallé ; – TA Nantes 14 mars 1958, *Époux Rigollet*, Rec. 699 ; – TA Bordeaux 15 févr. 1961, *Meunier*, AJ 1961.361, concl. Luce ; RA 1961.154, concl. Luce, note Liet-Veaux). Le commissaire du gouvernement Fougère, concluant en 1954 devant l'assemblée plénière du Conseil d'État dans une affaire particulièrement douloureuse (un jeune homme avait perdu toute sa famille dans un accident d'automobile), demanda instamment l'abandon d'une jurisprudence dont il démontra la faiblesse : le Conseil d'État se contenta pourtant de reprendre son affirmation traditionnelle (CE Ass. 29 oct. 1954, *Bondurand*, précité).

La doctrine redoubla ses critiques contre une jurisprudence aussi peu défendable : il était difficile d'expliquer aux justiciables que le Conseil d'État se considérait comme incapable d'évaluer en argent un préjudice que les juges judiciaires réparaient depuis plus d'un demi-siècle ; pourquoi l'idée que « les larmes ne se monnayent pas » aurait-elle cours devant l'un des ordres juridictionnels et non devant l'autre ? Ces critiques furent notamment évoquées lors de débats parlementaires qui ont conduit à la loi du 31 déc. 1957 transférant aux tribunaux judiciaires le contentieux des accidents causés par des véhicules administratifs.

4 ***C.*** — Aussi le commissaire du gouvernement Heumann crut-il pouvoir faire une nouvelle tentative devant l'assemblée plénière du Conseil d'État dans l'affaire *Letisserand*. Il montra d'abord que l'indemnisation de la douleur morale était possible. En quoi est-il

plus difficile d'évaluer en argent le chagrin que la souffrance physique ? Sans doute la réparation pécuniaire n'effacera-t-elle jamais tout à fait l'atteinte aux sentiments d'affection ; mais « cette imperfection ne saurait cependant justifier le refus de toute indemnité, car mieux vaut une réparation imparfaite qu'une absence totale de réparation ». Au surplus, ajoutait M. Heumann, « il ne s'agit pas de remplacer, dans un patrimoine, un élément de valeur déterminée par une indemnité équivalente... L'octroi d'une somme en argent tend seulement à procurer une satisfaction, un plaisir, qui peut atténuer, voire même effacer, le sentiment de peine ». Mais une telle réparation ne heurte-t-elle pas le sentiment moral ? Le commissaire du gouvernement ne le pensait pas : « un avantage matériel peut procurer une diversion, améliorer un état moral ou psychique ébranlé par un bouleversement affectif ». Il n'y a d'ailleurs pas de différence fondamentale entre douleur morale et douleur physique : « l'une et l'autre entament la capacité de résistance de l'organisme et diminuent l'aptitude au travail ». Possible et légitime, le revirement de jurisprudence était également opportun : « En répudiant une théorie surannée, vous répondrez, après une longue attente, aux aspirations de la conscience juridique et remplirez ainsi, avec exactitude, la mission du juge qui est de dégager, le moment venu, la règle de droit destinée à donner à un besoin d'ordre social son expression juridique. »

Cette fois-ci le Conseil d'État se laissa fléchir : « s'il n'est pas établi, ni même allégué, que le décès du sieur Letisserand (Paul) ait causé au sieur Letisserand (Camille) un dommage matériel ou ait entraîné des troubles dans ses conditions d'existence, *la douleur morale qui est résultée pour ce dernier de la disparition prématurée de son fils est par elle-même génératrice d'un préjudice indemnisable* ».

L'arrêt *Letisserand* a été accueilli avec faveur par l'ensemble de la doctrine (outre les notes précitées, cf. Luce, *La question du préjudice moral dans la jurisprudence administrative,* JCP 1961.I.1645, et *Nouvelles réflexions sur la réparation du préjudice moral par le juge administratif,* JCP 1962.I.1685 ; – v. cependant, en sens contraire, G. Morange. *A propos d'un revirement de jurisprudence : la réparation de la douleur morale par le Conseil d'État,* D. 1962, chr., p. 15, qui estime que la « commercialisation des sentiments » est en « opposition absolue avec les valeurs fondamentales dont se réclame la civilisation occidentale »).

5 **II.** — Il laissait cependant ouvertes certaines questions et suscitait certaines interrogations.

6 ***A.*** — On pouvait d'abord se demander si la réparation de la douleur morale absorberait celle des *troubles apportés aux conditions d'existence.* A cette première question, l'arrêt *Letisserand* paraît bien apporter une réponse négative. D'une part, il accorde au père

de la victime une indemnité pour douleur morale en relevant que le requérant n'a subi ni préjudice matériel, ni trouble dans ses conditions d'existence. D'autre part, Madame Letisserand se voit octroyer une réparation non seulement pour les dommages matériels subis (réparation de la motocyclette, perte de revenus) mais pour les « troubles de toute nature que la disparition du chef de famille a créés dans la vie familiale » ainsi que ceux entraînés par la mort de son fils.

Tantôt, sous le chef des troubles dans les conditions d'existence, le Conseil d'État répare les modifications apportées au mode de vie des requérants en dehors même du dommage matériel et de la douleur morale (cf. CE 12 juin 1963, *Ministre des travaux publics c. Dame Féraud*, Rec. 361 : réparation d'une « gêne physique qui, si elle n'a pas empêché (la requérante) de retrouver son emploi antérieur..., apporte un trouble certain dans ses conditions d'existence ; l'indemnité due en raison de ce trouble ne dépend ni directement ni indirectement du montant des revenus professionnels de l'intéressé » ; – Sect. 13 mai 1983, *Mme Lefebvre*, Rec. 194 ; AJ 1983.476, concl. Boyon : indemnisation distincte de la douleur morale éprouvée par une mère du fait de la mort de son fils et des troubles dans les conditions de son existence).

Tantôt, si le chef des troubles dans les conditions d'existence et celui du préjudice moral sont distingués, ils donnent lieu à une indemnité indifférenciée, qui les couvre globalement (CE 9 juill. 1969, *Époux Pech*, Rec. 373 ; RTDSS 1970.81, concl. Morisot ; – Sect. 25 sept. 1970, *Commune de Batz-sur-mer et Dame Veuve Tesson*, Rec. 540 – v. n° 61.2 ; – 9 déc. 1988, *Bazin*, Rec. 1018 ; D. 1989.SC. 348 obs. Moderne et Bon).

Tantôt le chef des troubles dans les conditions d'existence couvre l'ensemble des préjudices subis, y compris la douleur morale (par ex. CE Sect. 14 juin 1963, *Époux Hébert*, Rec. 364, concl. Méric ; D. 1964.326, note Lalumière – accordant 25 000 F pour les troubles dans les conditions d'existence causés aux parents d'un garçon de quatorze ans qui avait trouvé la mort dans une piscine municipale à la suite de diverses fautes de l'administration).

Tantôt enfin la douleur morale est indemnisée seule, sans considération des troubles dans les conditions d'existence (par ex. CE 28 avr. 1978, *Commissariat à l'énergie atomique c. consorts Morawek*, Rec. 200).

7 **B.** — Le second problème apparaît plus délicat : il est de savoir *où s'étend le préjudice moral* susceptible de donner lieu à réparation. Il n'y a en général pas de doute en cas de perte d'un conjoint, d'un père ou d'une mère, d'un enfant mineur ou majeur (v. par ex. Sect. 4 nov. 1966, *Département de la Vendée et Consorts Alonzo Hoffmann*, Rec. 587 ; AJ 1967.35, chr. Lecat et Massot ; – Sect. 25 sept. 1970, *Commune de Batz-sur-mer et Dame Veuve Tesson*, précité ; – Ass. 14 févr. 1975, *Consorts Vimart*, Rec. 113, concl. Rougevin-

Baville ; RTDSS 1975.501, note Moderne), d'un frère ou d'une sœur, d'un grand-parent ou d'un petit-enfant (par ex. CE 2 juill. 1980, *Consorts Pasquier*, Rec. 884).

On peut trouver des cas-limites. Dans ses conclusions sur l'arrêt *Letisserand,* M. Heumann avait déjà fait allusion à la « comédie odieuse » que pourraient jouer certains requérants, qui demanderaient l'indemnisation d'un chagrin qu'ils n'auraient nullement éprouvé. M. Morange a, de son côté, évoqué l'hypothèse d'une jeune veuve à qui l'indemnité versée à la suite de la mort de son mari permettrait de se marier une seconde fois. Les tribunaux judiciaires ont eux-mêmes dû limiter les abus en excluant du droit à indemnité les parents trop éloignés ou les simples amis de la victime (cf. cependant Cass. Civ. 16 janv. 1962, S. 1962.281, note Foulon-Piganiol ; JCP 1962.II.12557, note Esmein : réparation du chagrin causé par la mort d'un cheval). Le Conseil d'État a dû poser des limites analogues et refuser, par exemple, toute indemnité au titre du *pretium doloris* à une femme qui vivait, depuis longtemps, séparée de son mari (CE Sect. 19 mai 1961, *Entreprise de travaux publics Daniel*, Rec. 354), ou à une belle-mère (mère de l'épouse ou de l'époux – CE Sect. 4 nov. 1966, *Département de la Vendée et Consorts Alonzo Hoffmann*, précité).

En revanche ont été réparés, sinon le préjudice moral, du moins les troubles dans les conditions d'existence d'un père de cinq enfants qui, après avoir perdu sa femme, s'était remarié (CE 29 nov. 1972, *Commune de Saint-Barthélémy-de-Vals*, Rec. t. 1231), le préjudice moral subi par le beau-père (ou second mari de la mère) de la victime qu'il avait élevée depuis son jeune âge (CE 9 déc. 1970, *Ministre de l'équipement et du logement c. Époux Losser*, Rec. 745), celui qu'a subi la belle-fille majeure de la victime (CE 23 juin 1986, *Centre hospitalier spécialisé de Maison-Blanche*, Rec. 720).

On ne peut, en ce domaine, recourir qu'à des présomptions, accompagnées d'évaluations plus ou moins fortaitaires, pour éviter des contestations sur l'existence et l'intensité du chagrin invoqué. Comme l'a dit M. Heumann, « c'est là une méthode empirique qui... permettra d'éviter des abus et aussi de proportionner l'indemnité à la nature des liens familiaux invoqués par le demandeur ».

8 *C.* — Il reste enfin à savoir si *l'indemnisation* de la douleur morale est faite largement ou si elle est calculée avec rigueur. L'arrêt *Letisserand* semble s'orienter vers la seconde hypothèse, puisque le Conseil d'État a borné la réparation accordée au père de la victime à la somme de 1 000 F, alors que le requérant avait demandé 5 000 F, somme qui ne paraissait « *nullement excessive* » au commissaire du gouvernement — ces sommes n'étant plus, de toute façon, significatives compte tenu de l'érosion monétaire.

Aujourd'hui, la jurisprudence accorde pour le préjudice moral proprement dit des sommes pouvant atteindre 100 000 francs, voire plus (v. CE Ass. 10 avr. 1992, *Époux V.** ; – Sect. 3 nov. 1997, *Hôpital Joseph Imbert d'Arles*, Rec. 412 – v. 101.4 ; — Sect. 27 oct. 2000, *Centre hospitalier de Seclin*, Rec. 478 ; D. 2001.1196, concl. Chauvaux ; AJ 2001.307, note Deguergue), 30 000 euros pour un préjudice esthétique, des souffrances physiques et des souffrances morales (CE Ass. 4 juill. 2003, *Mme Moya-Caville*, v. n° 6.6).

Ces évaluations peuvent être rapprochées de celles qu'accordent les juridictions judiciaires dans des cas analogues, auxquelles elles ne paraissent plus systématiquement inférieures.

La réforme de la loi du 31 déc. 1987 donnant normalement au Conseil d'État un rôle de juge de cassation dans le contentieux de la réparation, il n'a plus guère à statuer lui-même sur le quantum de l'indemnité et ne contrôle pas les appréciations du juge du fond en la matière (v. nos obs. sous l'arrêt du 2 févr. 1945, *Moineau**).

Il peut être cependant amené à rappeler ou reconnaître certaines règles juridiques. Ainsi, le préjudice moral est réparable aussi bien en cas de responsabilité sans faute que de responsabilité pour faute (CE 27 oct. 2000, *Centre hospitalier de Seclin*, précité). « *Le droit à la réparation d'un dommage, quelle que soit sa nature, s'ouvre à la date à laquelle se produit le fait qui en est directement la cause* » : en conséquence, « *si la victime du dommage décède avant d'avoir elle-même introduit une action en réparation, son droit, entré dans son patrimoine avant son décès, est transmis à ses héritiers* » ; ceux-ci peuvent demander réparation « *des préjudices tant matériels que personnels* » alors même que la victime « *n'avait, avant son décès, introduit aucune action tendant à la réparation des préjudices subis* » (CE Sect. 29 mars 2000, *Assistance publique — Hôpitaux de Paris c/ csorts Jacqué*, Rec. 147, concl. Chauvaux ; RFDA 2000.850, concl. Chauvaux ; D. 2000.563, note Bourel ; DA 2000 n° 122, obs. Esper ; JCP 2000.II. 10360, note Derrien). À ce sujet encore, le Conseil d'État a adopté la même solution que la Cour de cassation (Ch. mixte 30 avr. 1976, *Époux Wattelet c/ Petitcorps* ; du même jour, *Consorts Goubeau c/ Alizan*, Bull. civ. Ch. mixte n° 2, p. 1 ; D. 1977.185, note Contamine-Raynaud ; RTD civ. 1976.156, note Durry).

83

ACTES DE GOUVERNEMENT POUVOIRS SPÉCIAUX DU PRÉSIDENT DE LA RÉPUBLIQUE

CE Ass. 2 mars 1962, RUBIN DE SERVENS et autres, Rec. 143

(JCP 1962.II.12613, concl. Henry ; RDP 1962.294, concl. Henry ; AJ 1962.214, chr. Galabert et Gentot ; D. 1962.109, chr. G. Morange ; JCP 1962.I.1711, chr. Lamarque ; RDP 1962.288, note Berlia ; S. 1962.147, note Bourdoncle)

Cons. que, par décision en date du 23 avr. 1961, prise après consultation officielle du premier ministre et des présidents des assemblées et après avis du Conseil constitutionnel, le président de la République a mis en application l'art. 16 de la Constitution du 4 oct. 1958 ; *que cette décision présente le caractère d'un acte de gouvernement dont il n'appartient au Conseil d'État ni d'apprécier la légalité ni de contrôler la durée d'application ; que ladite décision a eu pour effet d'habiliter le président de la République à prendre toutes les mesures exigées par les circonstances qui l'ont motivée et, notamment, à exercer dans les matières énumérées à l'art. 34 de la Constitution le pouvoir législatif et dans les matières prévues à l'art. 37 le pouvoir réglementaire ;*

Cons. qu'aux termes de l'art. 34 de la Constitution « la loi fixe les règles concernant... la procédure pénale... la création de nouveaux ordres de juridiction » ; que la décision attaquée en date du 3 mai 1961, intervenue après consultation du Conseil constitutionnel, tend d'une part à instituer un tribunal militaire à compétence spéciale et à créer ainsi un ordre de juridiction au sens de l'art. 34 précité, et, d'autre part, à fixer les règles de procédure pénale à suivre devant le tribunal ; qu'il s'ensuit que ladite décision, qui porte sur des matières législatives et qui a été prise par le président de la République pendant la période d'application des pouvoirs exceptionnels, présente le caractère d'un acte législatif dont il n'appartient pas au juge administratif de connaître ;... (Rejet).

OBSERVATIONS

1 I. — Parmi les innovations apportées dans le droit public français en 1958, l'art. 16 de la Constitution du 4 oct. 1958 fut en son temps l'un des plus controversés. Disposant notamment que « lorsque les institutions de la République, l'indépendance de la Nation, l'intégrité de son territoire ou l'exécution de ses engagements internatio-

naux sont menacés d'une manière grave et immédiate et que le fonctionnement régulier des pouvoirs publics constitutionnels est interrompu, le Président de la République prend les mesures exigées par ces circonstances, après consultation officielle du Premier ministre, des présidents des assemblées ainsi que du Conseil constitutionnel », l'art. 16 de la Constitution a fort divisé la doctrine sur sa signification exacte comme sur sa portée éventuelle, et fit l'objet d'interprétations nettement divergentes ; aussi attendait-on avec curiosité l'attitude du Conseil d'État.

La tentative de putsch survenue à Alger au printemps 1961 fournit cette occasion : dès le 23 avril en effet, le Président de la République décida, après avoir procédé aux consultations prévues, de recourir à l'art. 16 ; le putsch s'effondra dans la nuit du 25 au 26 et, dès le 26, les autorités légales furent rétablies en Algérie ; l'art. 16 fut cependant maintenu en vigueur jusqu'au 29 sept. 1961, date à laquelle fut prise la décision d'en suspendre l'application.

De nombreuses « décisions » furent prises par le Président de la République durant cette période en vertu de l'art. 16. L'une d'elles, en date du 3 mai, portant création d'un tribunal militaire spécial chargé de juger « les auteurs et complices de crimes et délits contre la sûreté de l'État et contre la discipline des armées » et fixant les règles de procédure à suivre devant ce tribunal, fut la première à permettre au juge d'apporter son interprétation de l'art. 16 et des décisions prises sur son fondement. Deux requêtes furent en effet présentées aux fins d'annulation de cette décision, l'une par dix officiers du 1er R.E.P. – dont le sieur Rubin de Servens – l'autre par les sieurs Sabouret, Garat de Nedde et Dupont, tous jugés par ledit tribunal et condamnés à diverses peines. Ces requêtes s'articulaient autour de trois moyens. Le premier moyen invitait le juge à déclarer que les conditions mises par l'art. 16 à son application n'étaient pas réunies à la date du 3 mai, lorsque fut prise la décision attaquée, aucune menace grave et immédiate telle que celles prévues par l'art. 16 n'étant plus alors perceptible et les pouvoirs publics constitutionnels fonctionnant normalement à cette date ; le deuxième moyen était fondé sur la violation des principes généraux du droit pénal, particulièrement de la règle selon laquelle l'instruction des affaires criminelles est nécessairement confiée à un organe indépendant du pouvoir exécutif – principe que consacrent l'art. 68 du code de procédure pénale (L. 31 déc. 1957), l'art. 42 du code de justice militaire et même l'ordonnance du 2 janv. 1959 sur la Haute Cour, mais qu'ignorait la décision attaquée, dont les art. 8, 9 et 10 confiaient l'instruction au ministère public ; le troisième moyen était tiré du principe de non-rétroactivité de la loi pénale, la décision du 3 mai s'appliquant de toute évidence à des crimes et délits commis avant son entrée en vigueur et qui relevaient alors des tribunaux militaires.

2 La chambre criminelle de la Cour de cassation saisie par voie d'exception, se prononça dès le 21 août 1961 ; elle refusa d'apprécier la légalité interne de la décision attaquée et se limita à en examiner la légalité externe. L'arrêt relève que, l'art. 16 ayant été régulièrement appliqué, la légalité de la décision attaquée ne peut être contestée devant l'autorité judiciaire en raison de sa conformité à la Constitution ; la Cour note en effet qu'il a été procédé aux consultations prévues et même que l'avis du Conseil consitutionnel « énonce que les conditions exigées par la Constitution pour l'application de l'art. 16 se trouvent réunies », dépassant ainsi le simple contrôle de l'existence de la décision pour en esquisser un contrôle de légalité externe, d'ailleurs assez vain (Cass. crim. 21 août 1961, *Fohran,* Bull. crim. 1961.695 ; v. également Cass. crim. 10 mai 1962, *Dovecar et Piegts,* JCP 1962.II.12736, note Michaud).

Le Conseil d'État se trouva amené à se prononcer à son tour, à la fois sur sa propre compétence et sur la nature des décisions prises par le Président de la République en vertu de l'art. 16. Rendu par l'assemblée plénière du contentieux conformément aux conclusions de M. Henry, l'arrêt *Rubin de Servens* opère à cet égard une distinction capitale entre, d'une part, la décision initiale de recourir à l'art. 16 et, d'autre part, les décisions prises en vertu de l'art. 16 au cours de sa période d'application.

II. — La décision initiale de mettre en application l'art. 16 de la Constitution présente, affirme le Conseil d'État, le « caractère d'un acte de gouvernement », dont il ne lui appartient « ni d'apprécier la légalité, ni de contrôler la durée d'application ».

3 ***A.*** — La Constitution de 1958 attribue au Président de la République un certain nombre de « pouvoirs propres », qu'il exerce le plus souvent sans contreseing ministériel, parmi lesquels figurent ceux définis par l'art. 16, dont les origines et la signification font l'objet d'une minutieuse analyse par le commissaire du gouvernement. M. Henry souligne que tous les actes accomplis en vertu de ces pouvoirs propres ne sont pas nécessairement qualifiables d'actes de gouvernement : ainsi le Conseil d'État serait-il compétent pour statuer par exemple sur la légalité du tableau d'avancement des magistrats du siège, qu'arrête sous sa seule signature le Président de la République ; d'autre part, rappelle le commissaire du gouvernement, si le Conseil d'État se déclare aujourd'hui incompétent pour connaître de la décision de refuser une grâce, ce qui constitue un autre « pouvoir propre » du Président de la République, c'est parce qu'un tel acte relève du domaine judiciaire de l'exécution des peines et non plus parce qu'il constituerait un acte de gouvernement (CE 28 mars 1947, *Gombert*, Rec. 138 ; v. n° 3.2). Toutes les décisions prises par le Président de la République dans l'exercice de ses pouvoirs propres ne constituent donc pas pour autant des actes de gouvernement. Mais certains de ces pouvoirs intéressent les rapports du parlement et du gouvernement et, à ce titre, leur exercice n'est évidemment pas susceptible d'être critiqué devant le juge, qui n'hésitera pas à qualifier d'actes de gouvernement les actes pris en vertu de ces pouvoirs : c'est le cas des pouvoirs que le Président de la République tient de l'art. 16. L'arrêt *Rubin de Servens* apporte à cet égard une solution qui ne peut guère être contestée : dans la mesure où la décision de recourir à l'art. 16 réalise immédiatement une confusion organique des pouvoirs au profit du Président de la République, elle bouleverse *ipso facto* la répartition des compétences entre les pouvoirs constitutionnels, et se trouve dans le champ d'application classique de la notion d'acte de gouvernement (v. CE 19 févr. 1875, *Prince Napoléon** et nos obs.).

Il est remarquable qu'à cette occasion, le Conseil d'État ait employé les termes mêmes d'« acte de gouvernement », qu'il répugnait à utiliser et que l'on ne rencontrait jusqu'à présent que dans la jurisprudence du Tribunal des conflits (TC 12 févr. 1953, *Secrétaire du comité d'entreprise de la SNCASE*, Rec. 585 ; – 24 juin 1954, *Barbaran*, Rec. 712). Peut-être faut-il y voir la volonté de réaffirmer l'existence d'une notion combattue par la doctrine en tant que théorie originale, dans un cadre institutionnel propice à un tel renouveau (v. également CE Ass. 19 oct. 1962, *Brocas*, Rec. 553 ; v. n° 3.4).

S'interdisant ainsi d'apprécier la légalité interne de la décision du 23 avr. 1961 et de l'examiner au fond, le Conseil d'État note cependant qu'elle a été « prise après consultation officielle du Premier ministre et des présidents des assemblées et après avis du Conseil constitutionnel », marquant ainsi, comme la Cour de cassation, son désir d'en contrôler la régularité externe. Encore convient-il de souligner qu'il s'agit tout au plus d'une constatation de l'existence de la décision et faut-il marquer les limites d'un tel contrôle : le Conseil d'État n'apprécie pas en effet si les circonstances de fait permettaient le recours à l'art. 16 et si les conditions mises par celui-ci à son application étaient effectivement remplies ; de plus, la simple constatation de la régularité formelle de la décision ne constitue pas une garantie bien efficace : « tout contrôle intervenant *a posteriori* » de la part du Conseil d'État « serait ou inutile – si la décision d'appliquer l'art. 16 est conforme à la Constitution – ou dérisoire – si elle ne n'est pas » : on serait alors « en présence d'un coup d'État que le Parlement n'aurait pu éviter et il serait trop tard pour le condamner » (concl. Henry).

4 ***B.*** — Les mêmes considérations ont conduit le Conseil d'État à décider, comme le suggérait le commissaire du gouvernement, qu'il ne saurait pas davantage contrôler la durée d'application de l'art. 16. Le Conseil d'État s'est ainsi refusé à examiner le moyen tiré de la prolongation, estimée abusive par les requérants, de l'application de l'art. 16, écartant ainsi par avance sa compétence pour

apprécier la décision par laquelle le président de la République met un terme à l'application de cette disposition. La Haute assemblée n'a toutefois pas eu l'occasion de dire que cette décision avait le caractère d'un acte de gouvernement, sa jurisprudence ultérieure ayant seulement précisé que la décision du 29 sept. échappait à son contrôle en raison de sa nature législative, les décisions qu'elle maintenait en vigueur ayant elles-mêmes le caractère législatif (CE 13 nov. 1964, *Livet*, Rec. 534 ; D. 1965.668, note A. Demichel ; JCP 1965. II.14286, note Langavant ; AJ 1965.365, note A.H.).

5 ***C.*** — Ces précisions permettent de constater que, contrairement à certains commentaires doctrinaux de l'art. 16 présentés en 1958, le Conseil d'État a écarté l'idée d'une application possible, en ce domaine, de sa jurisprudence sur les circonstances exceptionnelles. Si cela avait été le cas, il eût en effet contrôlé non seulement l'existence d'une situation susceptible de justifier la mise en œuvre de l'art. 16 (donc si les conditions prévues à l'art. 16 étaient effectivement remplies), mais aussi la réalité de la persistance de ces circonstances jusqu'à la date où l'art. 16 cessa d'être appliqué ; de même aurait-il alors refusé toute valeur aux décisions maintenues en vigueur après cette date (v. CE Ass. 16 avr. 1948, *Laugier*, Rec. 161 ; S. 1948.3.36, concl. Letourneur ; – Sect. 7 janv. 1955, *Andriamisera*, Rec. 13 ; RDP 1955.709, note M. Waline ; RJPUF 1955.859, concl. Mosset ; – v. CE 28 juin 1918, *Heyriès** et nos obs.).

III. — Contrairement à la décision de recourir à l'art. 16, les décisions prises par le président de la République en cours d'application de l'art. 16 et en vertu de celui-ci ne constituent pas des actes de gouvernement ; le Conseil d'État ne pouvait en décider autrement, sauf à revenir à la théorie du mobile politique, abandonnée par la décision *Prince Napoléon**. Les conclusions du commissaire du gouvernement éclairent utilement les motifs et les modalités du contrôle juridictionnel dont l'arrêt *Rubin de Servens* définit ainsi les limites.

6 ***A.*** — Le Conseil d'État a adopté une solution moyenne ; s'il a en effet refusé d'exercer à propos de l'art. 16 le contrôle qu'il exerce – de façon indulgente sans doute mais dans sa plénitude – dans le cadre de sa théorie des circonstances exceptionnelles, il a également écarté la théorie selon laquelle la logique des institutions exigeait que toutes les décisions prises en vertu de l'art. 16 fussent soustraites à tout contrôle en qualité d'actes de gouvernement. Ce faisant, la haute assemblée a adopté ici son attitude traditionnelle à l'égard des décisions prises par une autorité au profit de laquelle est momentanément réalisée une confusion des pouvoirs. Or, dans le cas des décisions prises en vertu de l'art. 16 comme dans les hypothèses de confusion des pouvoirs déjà rencontrées dans le passé, il s'agit de décisions dont l'apparence formelle est toujours la même, bien qu'elles soient ou puissent être de natures fort diverses. Ainsi le président de la République a-t-il, entre le 23 avr. et le 29 sept. 1961, pris des mesures touchant à des domaines variés : création de tribunaux, modification de la procédure pénale, suspension de l'inamovibilité des magistrats du siège, décisions permettant la mise en congé ou la destitution de certains fonctionnaires ou militaires ou modifiant les règles d'avancement dans l'armée, décisions prévoyant l'interdiction de certains écrits périodiques ou restreignant la liberté individuelle. Comme il le fait traditionnellement lorsqu'il est en présence d'une confusion des pouvoirs législatif et exécutif entre les mains d'une même autorité, le Conseil d'État distingue, parmi les décisions prises, celles qui ont une nature législative et celles qui ont une nature réglementaire ; il avait déjà adopté cette solution, par exemple, pour les décrets du Premier Empire (30 juill. 1880, *Brousse*, concl. Chantegrellet, Rec. 704), pour ceux du Prince-Président après le coup d'État du 2 décembre 1851 (28 nov. 1873, *Élections de Maisons-Alfort*, Rec. 882) et pour ceux du gouvernement de la Défense nationale en 1870 (28 mars 1885, *Languellier*, Rec. 389, concl. Gomel). En l'espèce, sa tâche se trouve facilitée par le partage institué par les art. 34 et 37 de la Constitution entre les matières législatives et les matières réglementaires.

7 ***B.** — 1°)* Le Conseil d'État se déclare incompétent pour apprécier la légalité d'une décision présidentielle touchant aux matières énumérées à l'art. 34 de la Constitution, une telle décision ayant nécessairement valeur législative et ne pouvant par conséquent faire l'objet d'aucun recours ; cette attitude, conforme à la tradition, se justifie d'autant plus que le Parlement ne se trouve en aucune manière dépossédé du fait de la mise en œuvre de l'art. 16 et qu'il continue à exercer le pouvoir législatif dans sa plénitude.

Le Conseil d'État s'est donc déclaré incompétent pour apprécier la validité de la décision du 3 mai sitôt qu'il eut constaté que celle-ci, créant un nouvel ordre de juridiction « au sens de l'art. 34 » et instituant des règles particulières de procédure pénale, relevait incontestablement du domaine législatif : l'art. 34 de la Constitution dispose en effet que la loi fixe les règles concernant ces deux questions.

La solution de l'arrêt *Rubin de Servens* a été appliquée par la suite à plusieurs reprises, le Conseil d'État s'interdisant d'examiner la légalité des décisions considérées comme de nature législative telles que : la décision du 24 avril 1961 habilitant le ministre de l'intérieur à prendre des mesures restrictives de la liberté individuelle (CE 13 nov. 1964, *Livet*, précité n° 83-4) ; la décision du 27 avril 1961 autorisant les ministres de l'intérieur et de l'information à interdire par arrêté les écrits qui contenaient des informations considérées comme secrètes (CE Sect. 22 avr. 1966, *Société Union africaine de presse*, Rec. 276 ; JCP 1966.II.14805, concl. Galmot, note R. Drago) ; et même la décision du 29 sept. 1961 maintenant en vigueur jusqu'au 15 juill. 1962 la décision précitée du 24 avril, elle-même de nature législative (CE 13 nov. 1964, *Livet*, précité).

Le seul contrôle que le juge administratif accepte d'exercer sur les décisions de caractère législatif prises au titre de l'art. 16 de la Constitution est celui de l'existence et de l'entrée en vigueur de la décision, conformément à sa jurisprudence traditionnelle (CE 22 févr. 1946, *Botton*, Rec. 58 ; S. 1946.356, note P.H. ; – Ass. 1er juill. 1960, *Fédération nationale des organismes de sécurité sociale et Fradin*, Rec. 441 – v. nº 19.5).

La portée du contrôle que le Conseil d'État exerce sur les décisions de nature législative prises en application de l'art. 16 se trouve ainsi fort restreinte. La méconnaissance, par de telles décisions, des principes généraux du droit ne saurait, notamment, être censurée par le juge. De même ce dernier ne pourrait apprécier la régularité de ces décisions par rapport aux limites posées par l'art. 16, d'après lequel les mesures prises par le Président de la République doivent « être inspirées par la volonté d'assurer aux pouvoirs publics constitutionnels, dans les moindres délais, les moyens d'accomplir leur mission ». Bien mieux : porteraient-elles même atteinte à des dispositions expresses de la Constitution (v. par ex. l'inamovibilité des magistrats du siège en Algérie), les décisions de caractère législatif prises en application de l'art. 16 n'en demeureraient pas moins soustraites au contrôle du Conseil d'État.

8 *2°)* En revanche, sont soumises au contrôle du juge de l'excès de pouvoir les décisions que le Président de la République, dans le cadre du « dédoublement fonctionnel » institué par l'art. 16, prend en sa qualité d'autorité réglementaire. Cette solution était justifiée par M. Henry en fonction d'une conception stricte de la répartition des compétences entre la loi et le règlement qui a prévalu jusqu'à ce que le Conseil constitutionnel décide que l'empiétement du législateur sur le domaine du règlement n'est pas contraire à la Constitution (*n° 82-143 DC du 30 juill. 1982*, Rec. 57). Quoi qu'il en soit, pour justifier le contrôle sur les décisions présidentielles prises dans une matière réglementaire, le commissaire du gouvernement a tiré argument du fait que la décision du 29 sept. 1961 maintient en vigueur certaines des décisions prises durant la période d'application de l'art. 16, mais sous réserve expresse de « ce qui pourrait être décidé par la loi » : or, la loi ne pouvant, à son avis, modifier que les textes de caractère législatif, les décisions de nature réglementaire échapperaient à tout contrôle si le juge de l'excès de pouvoir se déclarait incompétent pour connaître de leur légalité.

La jurisprudence relative à cette période d'application de l'art. 16 n'offre cependant pas d'exemple de décision présidentielle de nature réglementaire soumise au contrôle du juge, la plupart des décisions prises ayant eu un caractère législatif. Mais on peut penser que le Conseil d'État exercerait, sur une telle décision, un contrôle inspiré de celui qu'il exerce dans le cadre de sa théorie des circonstances exceptionnelles. De même, pour éviter qu'une décision présidentielle comprenant à la fois des dispositions législatives et des dispositions réglementaires soit considérée comme législative et, comme telle, assurée de l'immunité juridictionnelle, le juge distinguerait vraisemblablement les unes des autres et exercerait son contrôle de légalité sur celles des dispositions qui auraient une nature réglementaire.

9 *3°)* Aussi est-ce, en fait, sur les mesures individuelles d'exécution des décisions prises au titre de l'art. 16 – que ces décisions soient de nature législative ou réglementaire – que le contrôle du juge de l'excès de pouvoir a le plus de chances de s'exercer efficacement. Encore faut-il souligner que, leur légalité s'appréciant par rapport à la décision présidentielle qui leur sert de fondement, le Conseil d'État n'en a pas toujours fourni une interprétation susceptible de donner une grande portée à son contrôle. Ainsi le juge tiendra nécessairement pour légale la mesure individuelle méconnaissant une disposition de nature législative ou un principe général du droit que la décision qui lui sert de fondement aura précisément entendu modifier ou écarter ; l'attitude inverse l'eût en effet conduit à censurer indirectement la décision dont la mesure critiquée n'est que l'application, alors qu'une telle décision a nécessairement, dans ces conditions, un caractère législatif (CE, 13 nov. 1964, *Livet*, précité n° 83-4 ; – Sect. 22 avr. 1966, *Société Union africaine de presse*, précité n° 83-4). Par contre, s'il résulte des termes de la décision présidentielle que la mesure individuelle prise pour son application contient une violation d'une règle législative ou d'un principe général du droit que la décision n'entendait pas écarter, le juge annulera la mesure comme illégale. Le cas s'est présenté à propos d'un décret du 10 oct. 1961 qui avait placé un militaire en position de congé spécial en application de la décision du 7 juin 1961 prévoyant de telles mesures, « nonobstant toute disposition législative ou réglementaire contraire », à l'encontre des personnels militaires de tous grades : le Conseil d'État a annulé ce décret comme illégal pour avoir été pris sans que l'intéressé eût été mis préalablement à même de prendre connaissance de son dossier, les circonstances à la date du décret ne justifiant pas l'omission d'une telle formalité et la décision du 7 juin n'en excluant pas expressément l'observation ; la haute assemblée s'est inspirée ici du contrôle qu'elle exerce dans le cadre de la théorie des circonstances exceptionnelles (CE, Ass. 23 oct. 1964, *d'Oriano*, Rec. 486 – v. n° 33.8).

10 Enfin, à plusieurs reprises, le Conseil d'État a été amené à restreindre encore la portée réelle de son contrôle juridictionnel, en estimant que les circonstances de l'époque justifiaient une interprétation extensive des décisions prises dans le cadre de l'art. 16. Ainsi a-t-il tranché une difficulté sur laquelle il ne s'était pas prononcé dans la décision *d'Oriano* : une décision du 8 juin 1961, identique à celle du 7 juin précitée (à ceci près qu'elle ne concernait pas les militaires, mais les fonctionnaires des services de police), prévoyait en effet la mise en congé spécial ou la radiation des cadres de ces fonctionnaires « eu égard aux circonstances ayant justifié la mise en œuvre de l'art. 16 de la Constitution ». Or, loin de s'en tenir à utiliser ces pouvoirs contre les fonctionnaires qui n'avaient pas fait preuve de loyalisme dans ces circonstances, le ministre de l'intérieur s'était cru habilité à les appliquer aux fonctionnaires manifestement « inférieurs à leur tâche », les « médiocres » ou « trop fréquemment absents » par « l'abus de congés de maladie répétés » et même les éthyliques (circulaire aux préfets du 16 juin 1961). Le Conseil d'État a eu ainsi à connaître d'un arrêté du ministre de l'intérieur du 4 sept. 1961 plaçant en congé spécial un fonctionnaire qui se trouvait, au mois d'avril 1961, en congé de convalescence à la suite de l'ablation d'un rein. Contrairement à l'interprétation donnée par le commissaire du gouvernement Kahn (et à celle de M. Michel Bernard dans ses conclusions sur l'affaire *d'Oriano*), le Conseil d'État a estimé que l'interprétation extensive du ministre se justifiait à l'égard des fonctionnaires « dont le comportement général comme l'aptitude professionnelle ou physique ne lui semblaient pas présenter les garanties suffisantes pour faire face, le cas échéant avec l'efficacité nécessaire, à des troubles de même nature que ceux qui ont affecté l'ordre public au cours du mois d'avril 1961 » (CE Ass. 13 juill. 1965, *Gauthier*, Rec. 436 ; AJ 1965.466, chr. Puybasset et Puissochet). Dans le même esprit, examinant des arrêtés ministériels et préfectoraux pris sur le fondement d'une décision présidentielle du 27 avr. 1961 dont l'art. 1er autorisait des mesures d'interdiction d'écrits « diffusant des informations secrètes d'ordre militaire et administratif », le Conseil d'État a estimé que cette disposition devait être « interprétée compte tenu des événements de l'époque et des circonstances locales » ; il a déclaré légales les mesures d'interdiction et de saisie prises en application de cette décision, écartant ainsi l'interprétation selon laquelle cette décision aurait eu pour seul objet de concerner la diffusion des secrets protégés par la loi pénale et estimant qu'elle visait en fait « la divulgation de renseignements que le gouvernement entendait éviter de rendre publics en raison des conséquences que cette divulgation pouvait avoir sur l'ordre public ou de la gêne qu'elle était susceptible d'apporter à la mise en œuvre de la politique gouvernementale » (CE Sect. 22 avr. 1966, *Société Union africaine de presse*, précité n° 83.7).

L'ensemble des décisions du Conseil d'État témoigne, en définitive, de son constant souci de concilier, tout en les préservant dans la mesure du possible, d'une part la nécessité de la liberté d'action que suppose l'art. 16 de la Constitution, d'autre part le principe du contrôle de légalité. On ne peut que souligner à cet égard que la jurisprudence inaugurée par la décision *Rubin de Servens* a permis, en appliquant des principes traditionnels à une situation nouvelle, d'établir un certain équilibre entre des exigences apparemment contradictoires.

84

RECOURS POUR EXCÈS DE POUVOIR ORDONNANCES DU PRÉSIDENT DE LA RÉPUBLIQUE CIRCONSTANCES EXCEPTIONNELLES PRINCIPES GÉNÉRAUX DU DROIT

CE Ass. 19 oct. 1962, CANAL, ROBIN ET GODOT, Rec. 552

(AJ 1962.612, chr. de Laubadère ;
JCP 1963.II.13068, note C. Debbasch ;
RA 1962.623, note Liet-Veaux)

Sur la fin de non-recevoir opposée par le ministre de la justice et le ministre des armées : – Cons. que l'art. 2 de la loi du 13 avr. 1962 adoptée par le peuple français par la voie du référendum, autorise le président de la République « à arrêter, par voie d'ordonnance ou, selon le cas, de décrets en conseil des ministres, toutes mesures législatives ou réglementaires relatives à l'application des déclarations gouvernementales du 19 mars 1962 » ; *qu'il résulte de ses termes mêmes que ce texte a eu pour objet, non d'habiliter le président de la République à exercer le pouvoir législatif lui-même, mais seulement de l'autoriser à user exceptionnellement, dans le cadre et dans les limites qui y sont précisées, de son pouvoir réglementaire, pour prendre, par ordonnances, des mesures qui normalement relèvent du domaine de la loi ; qu'il suit de là que l'ordonnance attaquée du 1er juin 1962, qui a été prise en application de l'art. 2 de la loi du 13 avr. 1962, conserve le caractère d'un acte administratif et est susceptible, comme tel, d'être déférée au Conseil d'État par la voie du recours pour excès de pouvoir ;*

Sur la recevabilité de l'intervention des sieurs Bonnefous, Lafay, Plait, Jager et André ; – Cons. que les sieurs Bonnefous, Lafay, Plait, Jager et André ont intérêt à l'annulation de l'ordonnance attaquée et que, par suite, leur intervention est recevable ;

Sur les conclusions de la requête tendant à l'annulation de l'ordonnance du 1er juin 1962 instituant une Cour militaire de justice ;

Sans qu'il soit besoin de statuer sur les autres moyens de la requête : – Cons. que, si l'art. 2 de la loi du 13 avr. 1962 précité a donné au président de la République de très larges pouvoirs en vue de prendre toutes mesures législatives en rapport avec les déclarations gouvernementales du 19 mars 1962 relatives à l'Algérie et si de telles mesures pouvaient comporter, notamment, l'institution d'une juridiction spéciale chargée de juger les auteurs des délits et des infractions connexes commis en relation avec les événements d'Algérie, *il ressort des termes mêmes aussi bien que de l'objet de la disposition législative précitée, que l'organisation et le fonctionnement d'une telle juridiction ne pouvaient légalement porter atteinte aux droits et garanties essentielles de la défense que dans la mesure où, compte tenu des circonstances de l'époque, il était indispensable de le faire pour assurer l'application des déclarations gouvernementales du 19 mars 1962 ;*

Cons. qu'*il ne résulte pas de l'instruction que, eu égard à l'importance et à la gravité des atteintes que l'ordonnance attaquée apporte aux principes généraux du droit pénal, en ce qui concerne, notamment, la procédure qui y est prévue et l'exclusion de toute voie de recours, la création d'une telle juridiction d'exception fût nécessitée par l'application des déclarations gouvernementales du 19 mars 1962 ;* que les requérants sont dès lors, fondés à soutenir que ladite ordonnance, qui excède les limites de la délégation consentie par l'art. 2 de la loi du 13 avr. 1962, est entachée d'illégalité ; qu'il y a lieu, par suite, d'en prononcer l'annulation ;... (Annulation).

OBSERVATIONS

1 **I.** — Les principes arrêtés par les « accords » conclus à Évian et les « déclarations gouvernementales » du 19 mars 1962 qui en publiaient les termes furent adoptés par le peuple français lors du référendum du 8 avr. 1962. Le texte soumis au référendum, devenu la loi du 13 avr. 1962, autorisait, dans son art. 2, le Président de la République à « arrêter par voie d'ordonnances ou, selon le cas, de décrets en conseil des ministres, toutes mesures législatives ou réglementaires relatives à l'application des déclarations gouvernementales du 19 mars 1962 ». Parmi les mesures prises par le Président de la République en vertu de cette disposition figurait notamment une ordonnance du 1er juin 1962 instituant et organisant une « Cour militaire de justice », juridiction d'exception remplaçant le Haut tribunal militaire créé par une décision prise en application de l'art. 16 de la Constitution et chargée de juger les auteurs et complices de certaines infractions commises en relation avec les événements d'Algérie.

Condamné à mort par cette Cour militaire de justice le 17 sept. 1962, le sieur Canal intenta devant le juge administratif, en même temps que les sieurs Robin et Godot également condamnés, un recours en annulation contre l'ordonnance du 1er juin 1962 ; à ce recours se joignirent, alléguant le dépouillement du pouvoir législatif, cinq sénateurs dont l'intervention fut accueillie par le Conseil d'État. Selon certaines informations, l'exécution du sieur Canal était prévue pour le 20 oct., et le Conseil d'État rendit son « verdict » le 19 oct.. L'arrêt *Canal,* rendu par l'assemblée plénière du contentieux sur les conclusions contraires du commissaire du gouvernement Chardeau, eut sur le champ un grand retentissement : la haute assemblée annula en effet l'ordonnance attaquée. Le raisonnement suivi par le juge s'analyse en deux étapes successives : il affirme d'abord que l'ordonnance attaquée reste un acte administratif susceptible, comme tel, d'être annulé par le juge de l'excès de pouvoir ; il établit ensuite qu'en l'occurrence, les circonstances n'excusant pas les graves atteintes qu'elle porte à des principes fondamentaux, cette ordonnance doit être annulée.

2 **II.** — L'arrêt *Canal* pose tout d'abord clairement le principe selon lequel les ordonnances que la loi du 13 avr. 1962 accordait au Président de la République le droit de prendre, dans les limites qu'elle précisait, conservaient leur caractère d'actes administratifs et pouvaient donc être attaquées devant le juge de l'excès de pouvoir.

Cette solution n'est que l'application des principes dégagés depuis plus d'un demi-siècle par la jurisprudence et constamment réaffirmés depuis que le Conseil d'État a abandonné la théorie de la « délégation législative ». Depuis 1907 en effet, le juge ne considère plus qu'en cas de délégation législative l'acte accompli par l'autorité qui a reçu délégation ait le même caractère que celui accompli par l'autorité délégante (v. nos obs. sous CE 6 déc. 1907, *Compagnie des chemins de fer de l'Est**) ; les actes pris par l'autorité administrative en vertu d'une délégation législative restent donc des actes administratifs. Cette jurisprudence a notamment été appliquée aux décrets-lois de la IIIe République (CE Ass. 25 juin 1937, *Union des véhicules industriels*, Rec. 619 ; S. 1937.397, note P. de F.R. ; D. 1937.333, note Rolland ; RDP 1937.501, concl. Renaudin, note Jèze) et aux décrets pris sur habilitation législative sous la IVe République (CE Ass. 15 juill. 1954, *Société des Établissements Mulsant*, Rec. 481 – v. no 19.3 ; – Ass. 16 mars 1956, *Garrigou*, Rec. 121 – v. no 19.3). Sous la Ve République, la même solution s'applique aux ordonnances prises sur habilitation législative en vertu de l'art. 38 de la Constitution, au moins avant leur ratification (CE Ass. 24 nov. 1961, *Fédération nationale des syndicats de police*, Rec. 658 ; v. n° 65.1). N'échappent à tout contrôle juridictionnel que les actes émanant de l'autorité investie par la Constitution du pouvoir législatif ou d'une autorité en faveur de laquelle la Constitution a prévu un transfert de la compétence législative ; dans le premier cas, il s'agit de lois proprement dites, parlementaires ou référendaires ; dans le second, il s'agit de décisions de nature législative prises par le pouvoir exécutif pendant une durée limitée, telles les ordonnances prises au cours de la période transitoire organisée par l'art. 92 de la Constitution (CE Sect. 12 févr. 1960, *Société Eky*, Rec. 101 ; v. n° 8.4) ou les décisions portant sur des matières législatives prises par le président de la République en application de l'art. 16 de la Constitution (CE Ass. 2 mars 1962, *Rubin de Servens**).

3 En l'occurrence, le Conseil d'État a considéré que le pouvoir exécutif ne pouvait être réputé avoir agi en qualité d'organe législatif. L'arrêt n'est pas très explicite sur les motifs qui ont entraîné la conviction de la Haute assemblée ; il indique seulement « qu'il résulte de ses termes mêmes » que la loi du 13 avr. 1962 a seulement autorisé le Président de la République à user exceptionnellement de son pouvoir réglementaire, dans le cadre et les limites précisés, pour prendre des mesures relevant du domaine législatif, et qu'elle ne l'a, en aucune manière, habilité à exercer le pouvoir législatif lui-même.

Le Conseil d'État a été frappé par la ressemblance existant entre les ordonnances telles que celle du 1er juin 1962 et celles qui peuvent être prises sur habilitation du parlement en vertu de l'art. 38 de la Constitution. Ainsi s'explique que la haute assemblée ait appliqué aux premières le régime juridique auquel elle soumet les secondes. De fait, ces deux catégories d'ordonnances présentent une certaine analogie : la détermination, par la loi d'habilitation du 13 avr. 1962, à la fois d'un moyen (prendre des mesures relevant du domaine législatif défini par l'art. 34 de la Constitution), d'un délai (jusqu'à la mise en place de l'organisation politique « éventuellement issue » du référendum d'autodétermination prévu) et d'un objectif (l'application des déclarations gouvernementales du 19 mars 1962) sont autant de modalités comparables à celles prévues par l'art. 38 de la Constitution, et autant d'arguments pour appliquer le même régime juridique dans les deux hypothèses. Le Conseil d'État a jugé qu'en l'absence de disposition constitutionnelle expresse à ce sujet, un véritable transfert de la compétence législative semblable à ceux prévus aux art. 16 et 92 de la Constitution ne se présume pas, et qu'il ne peut donc s'agir en l'espèce que d'une délégation comparable à celle de l'art. 38 ; du moins la répartition des compétences est-elle alors préservée et le contrôle du juge offre-t-il une appréciable garantie. Par une interprétation stricte, le Conseil d'État a considéré que le fait pour le Président de la République de pouvoir arrêter par ordonnance « toutes mesures législatives » n'impliquait pas que ces dernières avaient force de loi, mais seulement qu'elles pouvaient être prises en matière législative. L'absence de toute disposition relative à la ratification des mesures prises par le Président de la République en vertu de la loi du 13 avr. 1962 ne saurait condamner la solution de l'arrêt *Canal* sous prétexte que le parallèle doit être fait, non avec l'art. 38 de la Constitution qui prévoit une ratification, mais avec les art. 16 ou 92 qui organisent un véritable transfert de compétence et ne prévoient pas de ratification. C'est précisément l'intérêt majeur de la jurisprudence relative à l'art. 38 que de permettre, jusqu'à la ratification, un contrôle par le juge administratif sur les actes pris par l'exécutif sur le fondement de l'habilitation prévue par cette disposition. La décision *Canal* applique le même principe, et assure donc le contrôle du juge jusqu'à ce qu'intervienne une éventuelle ratification qui, lorsqu'elle n'est pas prévue, comme c'est le cas en l'espèce, n'en est pas pour autant exclue, le parlement pouvant parfaitement y procéder : de fait, cette décision aura eu pour effet d'inciter le gouvernement à faire voter par le parlement un texte de loi déclarant législatives les ordonnances prises sur le fondement de la loi du 13 avr. 1962 et de provoquer ainsi l'adoption d'un texte équivalant à une ratification (loi du 15 janv. 1963, v. *infra*). En d'autres termes, la décision *Canal* ne fait qu'appliquer aux ordonnances prises en vertu d'une habilitation référendaire le régime appliqué à celles prises sur habilitation parlementaire.

III. — Toujours guidé par les principes qui, de longue date, gouvernent sa jurisprudence, le Conseil d'État établit ensuite, par une appréciation des différents éléments entrant en ligne de compte, que les modalités de l'habilitation contenue dans la loi du 13 avr. 1962 ne permettaient pas la création d'une Cour militaire de justice telle que celle instituée le 1er juin 1962 et, en conséquence, il annule l'ordonnance attaquée.

4 ***A.*** — Le Conseil d'État examine tout d'abord les termes de la loi du 13 avr. 1962 et spécialement les limites qu'elle apporte à l'habilitation qu'elle accorde. Il constate ainsi que le Président de la République se voit confier de très larges pouvoirs, puisqu'il peut aller jusqu'à prendre des ordonnances en matière législative ; mais il se voit aussi imposer des limites impératives. Le Conseil d'État relève que le Président de la République ne peut exercer ces pouvoirs que dans un but précis : ils ne lui ont en effet été accordés que pour l'application des déclarations gouvernementales du 19 mars 1962. La haute assemblée constate qu'en soi « l'institution d'une juridiction spéciale chargée de juger les auteurs des délits et des infractions connexes commis en relation avec les événements d'Algérie » peut être considérée comme un moyen d'atteindre ce but.

Mais, selon les principes établis par la décision *Syndicat général des Ingénieurs-conseils** (CE Sect. 26 juin 1959) et appliqués notamment aux ordonnances prises sur le fondement de l'art. 38 de la Constitution (CE Ass. 24 nov. 1961, *Fédération nationale des syndicats de police*, Rec. 658, v. n° 65.1), tout pouvoir réglementaire est obligé de respecter les principes généraux du droit sauf à encourir la censure du juge, et l'on sait que, s'agissant des principes généraux du droit pénal et des droits de la défense, le juge administratif se montre particulièrement attentif (v. CE Sect. 5 mai 1944, *Dame veuve Trompier Gravier** et nos obs.). En l'occurrence, selon le Conseil d'État, l'ordonnance du 1er juin 1962 portait à ces principes d'importantes et graves atteintes « en ce qui concerne, notamment, la procédure qui y est prévue et l'exclusion de toute voie de recours » : l'art. 10 de l'ordonnance excluait en effet tout recours « contre toute décision quelconque de la Cour militaire de justice, de son président ou de son ministère public », tandis qu'en vertu de son art. 11, le seul fait que les auteurs des infractions définies à l'art. 1er soient déférés à la Cour militaire de justice entraînait de plein droit le dessaisissement des juridictions civiles ou militaires, interrompant au besoin les procédures engagées. Or, si le Conseil d'État admet que la création d'une juridiction d'exception entrait dans le cadre des pouvoirs que le président de la République était habilité à exercer par la loi du 13 avr. 1962, il n'accepte pas les atteintes portées aux principes généraux du droit par l'ordonnance du 1er juin.

5 ***B.*** — Il existe cependant une hypothèse dans laquelle une telle illégalité n'aurait pas suffi à entraîner l'annulation : dans le cadre de sa théorie des circonstances exceptionnelles, le Conseil d'État admet en effet traditionnellement que certaines illégalités puissent être commises sans pour autant encourir la censure du juge (v. nos observation sous CE 28 juin 1918, *Heyriès**). Encore faut-il pour cela que soient réunies un certain nombre de conditions, telle l'impossibilité pour l'autorité administrative d'agir légalement en raison des circonstances (CE Ass. 16 avr. 1948, *Laugier*, Rec. 161 ; S. 1948.3.36, concl. Letourneur). En l'occurrence, le Conseil d'État s'est placé clairement dans le cadre de cette théorie, puisque sa décision se réfère aux « circonstances de l'époque ». Mais, après avoir nettement posé que les graves illégalités contenues dans l'ordonnance du 1er juin 1962 auraient pu être excusées s'il s'était avéré qu'elles fussent indispensables pour que, dans ces circonstances, fût atteint l'objectif fixé – l'application des déclarations gouvernementales du 19 mars –, le Conseil d'État constate que les circonstances ne justifiaient pas des atteintes aussi importantes et aussi graves et que cet objectif pouvait être atteint sans qu'elles fussent commises. En conséquence, le Conseil d'État a annulé l'ordonnance du 1er juin 1962.

6 **IV.** — Rendue dans un climat passionnel, la décision *Canal* n'a pas manqué de connaître un retentissement inhabituel : annulant une ordonnance du président de la République dans un domaine particulièrement sujet à polémique, et ce quelques jours avant le référendum du 28 oct. 1962, elle fut naturellement considérée comme une prise de position politique et exploitée comme telle dans la campagne électorale. Rien n'indique pourtant que la décision du Conseil d'État porte la marque de ces passions ; le Conseil d'État est resté fidèle à des principes traditionnels de sa jurisprudence. L'appréciation qu'il a faite des circonstances de l'époque est certes beaucoup plus sévère que celle qu'il avait portée en des circonstances graves pendant la guerre de 1914-1918, mais, depuis trente ans, la jurisprudence évoluait en ce sens.

Dans le prolongement de ces réactions, la décision *Canal* eut également des répercussions juridiques : pour priver l'arrêt de toute portée pratique et rendre impossible un contrôle juridictionnel des ordonnances prises en vertu de l'art. 2 de la loi du 13 avr. 1962, le gouvernement a inséré dans son projet de loi relatif à la Cour de sûreté de l'État, et fait voter par le parlement, une disposition selon laquelle ces ordonnances « ont et conservent force de loi à partir de leur publication » (art. 50 de la loi du 15 janv. 1963) : on a souligné plus haut que cette disposition pouvait être considérée comme valant ratification, confirmant ainsi le parallèle établi avec le mécanisme de l'art. 38 de la Constitution.

7 Avec le recul du temps et en fonction de la jurisprudence du Conseil constitutionnel relative aux lois de validation (*n*° *80-119 DC du 22 juill. 1980,* Rec. 46 ; AJ 1980.602, note Carcassonne ; RDP 1980.1658, note Favoreu ; D. 1981.I.R.257, obs. L. Hamon ; JCP 1981.II.19603, note Nguyen Quoc Vinh ; RA 1980.497, obs. Bienvenu et Rials ; RA 1981.33, obs. de Villiers ; Gaz. Pal. 1981. Doct. 1.93, Comm. Plouvin), il est possible d'avancer que le fait pour le législateur d'avoir conféré valeur législative à l'ordonnance du 1er juin 1962, alors que celle-ci avait été annulée, a constitué une atteinte au principe constitutionnel de la séparation des pouvoirs. Pour le juge constitutionnel en effet « il n'appartient ni au législateur, ni au gouvernement de censurer les décisions des juridictions » (décision n° 80-119 DC précitée). Or, selon le juge constitutionnel, la validation par la loi de l'acte administratif qui a été annulé par une décision passée en force de chose jugée, équivaut à une censure de l'activité juridictionnelle (cf a contrario, *n*° *87-228 DC du 26 juin 1987,* Rec. 38, cons. n° 8).

85

COMPÉTENCE DE LA JURIDICTION ADMINISTRATIVE CONTRATS

TC 8 juill. 1963, SOCIÉTÉ ENTREPRISE PEYROT, Rec. 787

(D. 1963.534, concl. Lasry, note Josse ; RDP 1963.776, concl. Lasry ;
S. 1963.273, concl. Lasry ; AJ 1963.463, chr. Gentot et Fourré ;
AJ 1966.474, chr. Colin ; Gaz. Pal. 1964.2.58, note Blaevoet
JCP 1963.II.13375, note J.M. Auby ;
RDP 1964.767, note Fabre et Morin)

Cons. que la Société de l'autoroute Esterel-Côte d'Azur, concessionnaire, dans les conditions prévues à l'art. 4 de la loi du 18 avr. 1955, de la construction et de l'exploitation d'une autoroute, a passé avec l'Entreprise Peyrot un marché pour l'exécution de travaux nécessaires à la construction de cette autoroute ; que l'Entreprise Peyrot impute à la Société de l'autoroute Esterel-Côte d'Azur des manœuvres dolosives destinées à l'inciter à renoncer à ce marché et estime avoir subi de ce fait un préjudice dont elle demande réparation à cette société ;

Cons. qu'aux termes de l'art. 4 de la loi du 18 avr. 1955 portant statut des autoroutes, « L'usage des autoroutes est en principe gratuit. Toutefois, l'acte déclaratif d'utilité publique peut, dans des cas exceptionnels, décider que la construction et l'exploitation d'une autoroute seront concédées par l'État à une collectivité publique, ou à un groupement de collectivités publiques, ou à une chambre de commerce, ou à une société d'économie mixte dans laquelle les intérêts publics sont majoritaires. Dans ce cas, la convention de concession et le cahier des charges sont approuvés par décret pris en Conseil d'État, après avis des collectivités locales directement intéressées ; ils peuvent autoriser le concessionnaire à percevoir des péages pour assurer l'intérêt et l'amortissement des capitaux investis par lui, ainsi que l'entretien et, éventuellement, l'extension de l'autoroute » ;

Cons. que la construction des routes nationales a le caractère de travaux publics et appartient par nature à l'État ; qu'elle est traditionnellement exécutée en régie directe ; que, par suite, les marchés passés par le maître de l'ouvrage pour cette exécution sont soumis aux règles du droit public ;

Cons. qu'il doit en être de même pour les marchés passés par le maître de l'ouvrage pour la construction d'autoroutes dans les conditions prévues par la loi du 18 avr. 1955, sans qu'il y ait lieu de distinguer selon que la construction est assurée de manière normale directement par l'État, ou à titre exceptionnel par un concessionnaire agissant en pareil cas pour le compte de l'État, que ce concessionnaire soit une personne morale de droit public, ou une société d'économie mixte, nonobstant la qualité de personne morale de droit privé d'une telle société ; qu'ainsi, quelles que soient les modalités adoptées pour la construction d'une autoroute, les marchés passés avec les entrepreneurs par l'administration ou par son concessionnaire ont le caractère de marchés de travaux publics ; que, par suite, les contestations relatives à l'exécution de ces marchés sont au nombre de celles visées par les dispositions de l'art. 4 de la loi du 28 pluviôse de l'an VIII ; que, dès lors, l'action susanalysée engagée par l'Entreprise Peyrot contre la Société de l'autoroute Esterel-Côte d'Azur relève de la compétence de la juridiction administrative ;... (Juridictions de l'ordre administratif déclarées compétentes).

OBSERVATIONS

1 Une loi du 18 avr. 1955 a fixé le statut des autoroutes. Elle dispose dans son art. 4 que la construction et l'exploitation d'une autoroute peut, à titre exceptionnel, être concédée à une collectivité publique, à une chambre de commerce ou « à une société d'économie mixte dans laquelle les intérêts publics sont majoritaires ». La société de l'autoroute Esterel-Côte d'Azur a été constituée en application de ce texte ; elle a reçu la concession de l'autoroute par une convention approuvée par un décret en Conseil d'État du 21 mai 1957. La société a passé des marchés avec des entrepreneurs pour la construction de l'autoroute. L'un de ces contrats, conclu avec la société Entreprise Peyrot, a donné lieu à litige.

Celui-ci a été porté d'abord devant le tribunal de grande instance de Foix, qui s'est reconnu compétent ; la Cour d'appel de Toulouse a estimé au contraire que le litige relevait de la compétence de la juridiction administrative. S'inclinant devant cette décision, l'entreprise a saisi le tribunal administratif de Nice ; ce dernier, ayant une opinion contraire à celle de la Cour de Toulouse, a saisi le Tribunal des conflits en application des dispositions du décret du 25 juill. 1960 qui ont pour objet d'éviter la naissance d'un conflit négatif (aujourd'hui art. R. 771.1 CJA).

Le problème juridique soulevé par cette affaire se rattache au développement des nouveaux modes d'action de la puissance publique. De plus en plus souvent, l'État agit non pas directement, mais par personne interposée ; ses missions, même les plus traditionnelles, sont confiées à des organismes de statut privé, tels que des sociétés, associations, mutuelles ou syndicats. Dans le domaine des grands travaux et des opérations d'urbanisme, la technique le plus couramment utilisée est celle des sociétés d'économie mixte ; ces sociétés, dont beaucoup sont des filiales de la Caisse des dépôts et consignations, sont constituées par des capitaux publics et privés, les premiers étant souvent fortement majoritaires ; soumises à un contrôle étroit de l'État, elles sont chargées de missions d'études, de construction, d'exploitation. Il arrive aussi que les sociétés auxquelles recourent les collectivités publiques aient un capital entièrement privé. L'association de ces organismes privés, de forme commerciale, à l'exécution des services publics, pose inévitablement des questions de répartition entre, d'une part, le droit public et la compétence administrative et, d'autre part, le droit privé et la compétence judiciaire.

Le Tribunal des conflits a tranché en faveur de la compétence administrative par un arrêt dont le *fondement juridique* (I) et la *portée pratique* (II) ont donné lieu à discussion.

La solution qu'il donne à des contrats conclus entre personnes privées peut être mise en parallèle avec celle qu'il a adoptée ultérieurement pour les *contrats entre personnes publiques* (III).

2 **I.** — Le *fondement juridique* retenu, s'il dépasse les solutions antérieures (A), présente une certaine approximation (B).

A. — Selon la *jurisprudence antérieure*, il n'était pas douteux que le contrat conclu entre l'État et la société était administratif et les travaux de construction de l'autoroute, des travaux publics, mais aussi que le marché passé entre la société et l'entrepreneur gardait un caractère privé.

La convention passée par l'État avec la société d'économie mixte et les actes qui s'y rapportent ont un caractère administratif, conformément au droit commun des concessions. Le Conseil d'État a eu l'occasion de statuer sur un recours pour excès de pouvoir contre le décret approuvant la convention passée par l'État avec la société de l'autoroute Esterel-Côte d'Azur (CE Ass. 30 juin 1961, *Groupement de défense des riverains de la route de l'intérieur*, Rec. 452 ; AJ 1961.646, concl. Kahn ; D. 1961.663, concl. Kahn, note Josse ; S. 1961.344, concl. Kahn).

Les travaux exécutés par ces sociétés sont des travaux publics. Cette notion s'applique, en effet, selon la définition traditionnelle, aux travaux immobiliers exécutés dans un but d'intérêt général pour le compte d'une collectivité publique (CE 10 juin 1921, *Commune de Monségur**) ; il n'est pas nécessaire qu'ils soient exécutés directement par une collectivité publique, ils peuvent l'être aussi bien par une personne privée. Les autoroutes sont construites pour le compte de l'État, même lorsque les travaux sont confiés à une société concessionnaire ; il s'agit donc de travaux publics, et la juridiction administrative est compétente pour connaître des dommages qu'ils peuvent causer aux tiers ou aux usagers.

3 C'est pour la qualification des contrats passés par la société avec les entrepreneurs qu'apparaissent les difficultés. La jurisprudence a, en effet, posé en principe que seuls les contrats passés *par une personne publique* ont un caractère administratif ; ce n'est pas une condition suffisante, car le contrat doit, en outre, porter sur l'exécution du service public (CE 20 avr. 1956, *Époux Bertin**) ou contenir des clauses exorbitantes du droit commun (CE 31 juill. 1912, *Société des granits porphyroïdes des Vosges**) ou bien relever du droit public par détermination de la loi ; mais c'est une *condition nécessaire*. C'est ainsi que classiquement les contrats passés par

un concessionnaire de travaux publics ou de service public avec un entrepreneur, ou les contrats passés par l'entrepreneur avec ses sous-traitants, ses fournisseurs, ses assureurs, ses banquiers, sont toujours des contrats de droit privé (par ex. CE 18 oct. 1935, *Compagnie des chemins de fer du Nord*, Rec. 953 ; D. 1936.3.25, note P.L.J. ; – TC 17 déc. 2001, *Société Rue impériale de Lyon c. Société Lyon Parc Auto*, v. n° 27.4). Ce principe ne connaît traditionnellement qu'une exception, dans le cas où la personne privée qui a passé le contrat agit comme mandataire d'une personne publique : c'est ce qui a été jugé, par exemple, pour le contrat d'exploitation d'une plage, passé par un syndicat d'initiative au nom de la commune (CE Sect. 18 déc. 1936, *Prade*, Rec. 1124 ; D. 1938.370, note P.L.J. ; S. 1938.3.57, note Alibert), pour les marchés relatifs à la reconstruction d'une église, assurée par une coopérative de reconstruction dont la commune était membre (CE Sect. 2 juin 1961, *Leduc*, Rec. 365 ; AJ 1961.345, concl. Braibant) et récemment encore pour un contrat-emploi-solidarité conclu par une association pour le compte de l'État (CE av. 16 mai 2001, *Mlles Joly et Padroza*, JO p. 9930 ; RDP 2001.1513, note Cadeno).

Le Conseil d'État a d'abord appliqué ces principes aux marchés passés par les sociétés d'économie mixte avec les entrepreneurs pour la construction des autoroutes : il a décliné la compétence de la juridiction administrative pour connaître de ces contrats, par le motif qu'ils sont conclus entre deux personnes privées (CE 20 déc. 1961, *Société de l'autoroute Esterel-Côte d'Azur*, Rec. 724 ; AJ 1962.288, chr. Galabert et Gentot ; JCP 1962.II.12732, note Alexandre).

Dans sa décision *Entreprise Peyrot,* le Tribunal des conflits a adopté la solution inverse, à propos d'un autre marché passé par la même société pour la construction de la même autoroute.

Il a admis pourtant que les sociétés d'économie mixte, qui sont soumises au statut des sociétés anonymes, sont des organismes de droit privé.

4 ***B.*** — S'il a dérogé en l'espèce au principe selon lequel les contrats passés par des personnes privées ne peuvent avoir un caractère administratif, c'est essentiellement, semble-t-il, pour des *motifs d'opportunité*, qui ont été développés dans les conclusions du commissaire du gouvernement Lasry et dans le commentaire du président Josse. Il serait fâcheux que, pour des travaux de même nature, le régime juridique applicable soit différent selon qu'ils sont exécutés directement par l'État ou confiés à une société d'économie mixte ; il est souhaitable que ces travaux soient dans leur ensemble, quelle que soit la formule utilisée, soumis au droit public et que leur contentieux soit réglé par le juge administratif ; ils seront ainsi régis par les principes généraux des contrats administratifs, qui ont été posés par le Conseil d'État en fonction de préoccupations d'inté-

rêt général. Il s'agissait en somme d'éviter, sur le plan juridique, la « privatisation » des grands travaux de l'État.

Le commissaire du gouvernement a proposé de fonder cette solution sur la théorie du mandat en s'appuyant sur les caractères des sociétés d'économie mixte et sur la volonté du législateur.

Le Tribunal des conflits s'est placé sur un terrain quelque peu différent. Après avoir cité les termes de la loi de 1955, il a déclaré que « la construction des routes... appartient par nature à l'État » et que « les marchés passés pour cette exécution sont soumis au droit public » ; il ajoute « qu'il doit en être de même » pour les marchés passés pour la construction d'autoroutes quelles que soient les modalités adoptées, et même lorsque la construction est confiée à une société d'économie mixte, « agissant en pareil cas pour le compte de l'État ». Cette dernière expression ne constitue pas une référence suffisante à la notion juridique de mandat, qui ne pourrait d'ailleurs s'appliquer sans inconvénient dans ce domaine ; la société concessionnaire, en effet, n'est pas un véritable mandataire, au sens précis du terme ; les règles du mandat ne régissent pas ses relations avec l'État. Mais le Tribunal des conflits a estimé que la société était subtituée à l'État, et que ses contrats avaient le même caractère que s'ils avaient été passés par l'État lui-même, parce qu'ils se rattachent à l'exécution d'une mission qui appartient « par nature » à l'État. Il n'a donc pas mis l'accent, comme son commissaire du gouvernement, sur les caractères propres des sociétés d'économie mixte mais sur l'objet des contrats ; il a fait prévaloir la finalité de l'opération sur les techniques de mise en œuvre.

5 **II.** — Quelle est la *portée* de cet arrêt ? Les commentateurs se sont partagés : ils y ont vu une « solution d'espèce » (chr. Gentot et Fourré), un arrêt revêtant « une portée doctrinale bien plus grande que celle d'une simple décision d'espèce » (note Auby), ou un « tournant jurisprudentiel décisif » (note Josse). Sans permettre de vider le débat, qui est dû au caractère, qualifié par les auteurs d'« incertain » ou d'« assez flou », du fondement juridique de l'arrêt, la jurisprudence ultérieure est venue apporter des précisions d'où résultent à la fois l'*extension* (A) et les *limites* (B) de la jurisprudence *Peyrot*.

6 ***A.*** — L'on pouvait penser que la solution de l'arrêt *Peyrot* serait limitée étroitement à la construction d'autoroutes concédées à des sociétés d'économie mixte en application de la loi du 18 avr. 1955. Cette interprétation restrictive n'a pas prévalu.

1°) Tout d'abord la solution a été étendue à d'autres *travaux routiers,* même confiés à des *sociétés entièrement privées.*

La première extension a concerné les tunnels routiers, comme l'ont reconnu successivement la Cour d'appel de Paris (2 déc. 1964,

Société concessionnaire française pour la construction et l'exploitation du tunnel routier sous le Mont-Blanc, D. 1965.712, note Blaevoet ; JCP 1965.II.14357, note J.M. Auby), avec une formule plus large que celle de l'arrêt *Peyrot,* puis le Conseil d'État (CE 24 avr. 1968, même requérant, Rec. 256), et le Tribunal des conflits lui-même, en reprenant la rédaction de l'arrêt *Peyrot* (12 nov. 1984, *Société d'économie mixte du tunnel de Sainte-Marie-aux-Mines,* Rec. 666 ; AJ 1985.156, concl. Genevois ; JCP 1985.II.20508, note Abella ; RFDA 1985.353, note Llorens). Tous ces arrêts concernent la voirie nationale. Le cas des routes départementales ou communales n'a pas encore été expressément réglé. Mais il paraît devoir l'être dans le même sens que celui des routes nationales.

La seconde extension porte sur le statut de la société concessionnaire. L'arrêt *Peyrot* ne règle que l'hypothèse d'une société d'économie mixte. Restait à déterminer si la même solution devait s'appliquer aux sociétés entièrement privées. Une réponse positive est donnée par le Conseil d'État dans un arrêt de section du 3 mars 1989 (*Société des autoroutes de la Région Rhône-Alpes* (Rec. 69, concl. E. Guillaume ; AJ 1989.391, note J. Dufau ; JCP 1989.II.21323, note Level ; RFDA 1989.619, note Pacteau), qui prolonge les formules de l'arrêt *Peyrot* en considérant qu'« il doit en être de même pour le marché... conclu par le concessionnaire, agissant en pareil cas pour le compte de l'État et comme maître de l'ouvrage... *quel que soit le statut du concessionnaire* ». Dans ses conclusions, le commissaire du gouvernement E. Guillaume a souligné que la raison de cette solution « réside dans les considérants et la philosophie de la jurisprudence *Entreprise Peyrot*... Le Tribunal des conflits n'a pas fondé la compétence administrative sur le statut de société d'économie mixte à capitaux publics majoritaires mais sur l'objet du contrat, sur la nature même des travaux. Peu importe la personne publique ou privée titulaire de la concession... La décision *Entreprise Peyrot* a eu le grand mérite de défendre l'unité du régime des travaux publics face aux démembrements de l'action administrative dans un domaine qui relève fondamentalement de l'État ».

7 *2°)* Pour des *travaux publics autres que routiers,* l'objet du contrat, la nature des travaux sur lesquels il porte ne suffisent pas à justifier le caractère administratif du contrat conclu entre deux personnes privées.

La jurisprudence n'en a pas moins élargi la solution de l'arrêt *Peyrot* en considérant les *relations* existant entre l'un des cocontractants et une collectivité publique : lorsqu'elles font apparaître que le premier agit *pour le compte* de la seconde, le contrat qu'il passe avec une entreprise privée est administratif (CE Sect. 30 mai 1975, *Société d'équipement de la région montpelliéraine*, Rec. 326 ; AJ 1975.345, chr. Franc et Boyon ; D. 1976.3, note Moderne : marché passé avec une entreprise par une société concessionnaire d'une zone à urbaniser par priorité, qui avait pour objectif exclusif la construction de voies publiques selon un cahier des prescriptions spéciales dressé, vérifié et présenté par le service des ponts-et-chaussées et sous la direction de l'ingénieur en chef de ce service et qui était financé par les subventions attribuées pour cet objet aux collectivités locales, auxquelles devaient être remis les voies et ouvrages dès leur achèvement, avec le bénéfice de la garantie décennale ; – TC, 7 juill. 1975, *Commune d'Agde*, Rec. 798 ; D. 1977.8, note Bettinger ; JCP 1975.II.18171, note Moderne : marché conclu entre deux entreprises et une société concessionnaire de l'aménagement d'une station touristique dans des conditions voisines de celles de l'affaire précédente ; – TC 10 mai 1993, *Société Wanner Isofi Isolation et Société Nersa*, Rec. 400 ; CJEG 1994.86, concl. Ph. Martin, note Delpirou : un marché passé par une société dans laquelle EDF est majoritaire et dont le personnel français a le même statut que celui d'EDF, ayant pour objet la construction d'une centrale nucléaire devant être ensuite exploitée par EDF et concourant ainsi à la réalisation des mêmes objectifs que ceux d'EDF, doit être regardé comme passé pour le compte d'EDF – circonstances qui ne se retrouvaient pas pour la réalisation du Synchrotron : CE 17 déc. 1999, *Société Ansaldo Industria et SA Bouygues*, Rec. 424 ; BJCP 2000.136 et CJEG 2000.124, concl. Savoie).

Cette jurisprudence repose non, comme dans l'arrêt *Peyrot,* sur l'idée que l'objet du contrat relève par nature du droit public, mais sur celle « de représentation et de mandat administratif, qui est plus souple que celle du mandat civil » (Genevois, concl. précitées sur TC 12 nov. 1984, *Société d'économie mixte du tunnel de Sainte-Marie-aux-Mines*).

8 *3°)* Elle a été étendue en *dehors du domaine des travaux publics* à des prêts consentis par le Crédit foncier de France en vertu d'une convention passée avec l'État, sur des sommes provenant d'un compte ouvert dans les écritures du Trésor et géré par le ministre des finances, et dont l'utilisation était contrôlée par l'administration (CE Sect. 18 juin 1976, *Dame Culard*, Rec. 320 ; AJ 1976.579, note Durupty). Elle s'applique aux décisions unilatérales détachables du contrat que prend une personne privée dans le cadre de la mission qu'elle assume au nom et pour le compte d'une personne publique (TC 23 sept. 2002, *Sociétés Sotrame et Metalform c. GIE SESAM-Vitale*, AJ 2002.1437, chr. Donnat et Casas – V. nos obs. sous CE 4 août 1905, *Martin** et CE 31 juill. 1942, *Monpeurt**).

9 ***B.*** — Mais le *principe classique* subsiste : *un contrat entre deux personnes privées ne peut pas être administratif*, quels que soient son objet et son contenu.

1°) Il en est ainsi tout d'abord pour les contrats des sociétés concessionnaires d'autoroute portant sur des travaux ne concernant pas directement les ouvrages principaux ou accessoires de l'autoroute

(CE 9 févr. 1994, *Société des autoroutes Paris-Rhin-Rhône*, Rec. 63 ; D. 1995.SC.121, obs. Terneyre et *a fortiori* pour ceux qui ne portent pas sur des travaux (TC 2 mars 1987, *Commissaire de la République de Tarn-et-Garonne*, Rec. 445 : fourniture de matériaux).

10 *2°)* Il en est de même pour des contrats portant sur d'autres travaux publics. Le Tribunal des conflits l'a souligné particulièrement à propos des marchés de travaux passés par la SNCF lorsqu'elle était encore une société concessionnaire de l'État (TC 17 janv. 1972, *SNCF c. Entreprise Solon et Barrault*, Rec. 944 ; RDP 1972.465, concl. Braibant ; AJ 1972.353, note Dufau ; CJEG 1973.J.29, note Caron ; JCP 1973.II. 17312, note Moderne) ; mais cette jurisprudence a été rendue caduque par la loi d'orientation des transports intérieurs du 30 déc. 1982 qui a fait de la SNCF un établissement public, dont les contrats peuvent être désormais administratifs (en ce sens CAA Nantes 4 avr. 1990, *SNCF c. Perrera,* Rec. 435).

En revanche reste d'actualité le refus de reconnaître un caractère administratif à des contrats passés par des sociétés d'économie mixte pour l'exécution de travaux d'urbanisme ou d'aménagement du territoire (CE Sect. 5 mai 1972, *Société d'équipement de l'Indre et ministre de l'équipement et du logement c. Allain*, Rec. 341 ; Gaz. Pal. 1972.J.905, note Moderne ; JCP 1973.II.17481, note Pellet : aménagement d'une zone à urbaniser par priorité ; – 21 juill. 1972, *Société Entreprise Ossude*, Rec. 562 ; AJ 1973.47, note Moderne ; JCP 1973.II.17481, note Pellet : travaux de la Compagnie nationale d'aménagement du Bas-Rhône et du Languedoc ; – TC 25 juin 1973, *Société d'économie mixte d'aménagement et de gestion du marché d'intérêt national de Paris-La Villette*, Rec. 846 ; D. 1974.189, note Sabourin et Carcassonne ; JCP 1974.II.17769, concl. Blondeau ; AJ 1973.543, note Larger : construction des abattoirs de La Villette).

C'est ainsi un secteur important de marchés de grands travaux publics qui échappe encore à la compétence de la juridiction administrative et, du même coup, aux règles du droit administratif.

11 *3°)* Il en va encore de même pour tous les contrats passés entre personnes privées et qui ne portent sur aucun travail public, routier ou non, ni ne sont conclus pour le compte d'une personne publique.

Les organismes de droit privé chargés d'une mission de service public – alors qu'ils peuvent adopter des actes administratifs unilatéraux, réglementaires ou non – ne peuvent conclure avec d'autres personnes de droit privé que des contrats de droit privé, même s'ils se rattachent à une mission de service public (v. nos obs. sous les arrêts *Caisse primaire « Aide et protection »**, *Monpeurt** et *Bouguen**, et CE Sect. 15 mai 1991, *Association « Girondins de Bordeaux Football Club »*, Rec. 180, concl. Pochard ; AJ 1991.724, concl. Pochard ; D. 1992.4, note Lachaume ; RFDA 1992.203, note

Simon ; – TC 23 nov 1992, *Préfet de l'Yonne c. Gendreau et Association « Jeunesse Auxerroise »*, Rec. 493 ; D. 1993.IR.16, à propos de la « Charte du football professionnel »).

C'est ce qu'a jugé le Conseil d'État à propos des conventions passées par les caisses régionales de sécurité sociale avec les syndicats de praticiens les plus représentatifs (CE Sect. 13 déc. 1963, *Syndicat des praticiens de l'art dentaire du département du Nord et Merlin*, Rec. 623 ; S. 1964.57 et D. 1964.55, concl. Braibant ; AJ 1964.43, chr. Fourré et Puybasset), alors que les conventions identiques passées par les caisses nationales, qui sont des établissements publics, ont le caractère de contrats administratifs (CE Sect. 18 oct. 1974, *Confédération nationale des auxiliaires médicaux et paramédicaux et autres*, Rec. 495 ; AJ 1974.535, chr. Franc et Boyon).

Le Tribunal des conflits a adopté la même position pour les contrats des sociétés interprofessionnelles chargées d'intervenir pour régulariser les marchés par des opérations d'achat, de vente, de stockage, d'importation ou d'exportation (TC 3 mars 1969, *Société interprofessionnelle du lait et de ses dérivés « Interlait »*, Rec. 682 ; AJ 1969.307, concl. Kahn, note de Laubadère ; CJEG 1969.J.31, note A.C. ; RDP 1969.695, note M. Waline). Cette dernière décision, rendue contrairement aux conclusions du commissaire du gouvernement, est particulièrement significative : l'État intervenait sur les marchés des produits agricoles soit par l'intermédiaire du Fonds d'orientation et de régularisation des marchés agricoles (FORMA), soit par celui des sociétés professionnelles ou interprofessionnelles ; le Tribunal des conflits avait jugé que les contrats du FORMA, établissement public exerçant une action purement administrative, avaient un caractère administratif (TC 24 juin 1968, *Société « Distilleries bretonnes »* et *Société d'approvisionnements alimentaires*, Rec. 801, concl. Gégout – v. n° 75.4) ; alors que les sociétés professionnelles exercent exactement la même mission et qu'elles sont soumises à un contrôle étroit de l'État, le Tribunal des conflits, en raison de leur caractère d'« entreprise privée », a attribué leur contentieux contractuel aux tribunaux judiciaires.

Ainsi limitée, la jurisprudence *Entreprise Peyrot* illustre la distinction entre les missions appartenant « par nature » à l'État, comme la construction des routes, et ses activités nouvelles de caractère économique et social ; elle rappelle, par là, les motifs de la décision rendue quarante ans plus tôt dans l'affaire dite du bac d'Eloka (TC 28 janv. 1921, *Société commerciale de l'Ouest africain**), qui est à l'origine de la jurisprudence sur les services publics industriels et commerciaux.

12 **III.** — En revanche la jurisprudence a « rapatrié » dans le contentieux administratif *les contrats conclus entre personnes publiques*.

Pendant longtemps, elle a paru les soumettre aux mêmes critères que les contrats conclus entre une personne publique et une personne privée, en exigeant, pour qu'ils soient administratifs, la présence de clauses exorbitantes du droit commun ou la participation à l'exécution du service public (CE Ass. 13 févr. 1942, *Commune de Sarlat*, Rec. 49 – v. n° 74.5).

Désormais, en vertu d'un arrêt du Tribunal des conflits du 21 mars 1983, *Union des assurances de Paris*, (Rec. 537 ; AJ 1983.356, concl. Labetoulle ; D. 1984.33, note J.B. Auby et Hubrecht), « un contrat conclu entre deux personnes publiques revêt en principe un caractère administratif, impliquant la compétence des juridictions administratives pour connaître des litiges portant sur les manquements aux obligations en découlant, sauf dans le cas où, eu égard à son objet, il ne fait naître entre les parties que des rapports de droit privé ».

Ainsi constituent des contrats administratifs les contrats de plan conclus entre l'État et les régions (CE Ass. 8 janv. 1988, *Ministre chargé du plan et de l'aménagement du territoire c. Communauté urbaine de Strasbourg*, Rec. 3 – v. n° 16.9) et les contrats passés entre l'État et les collectivités locales soit en application de la loi du 2 mars 1982 pour la répartition des services (CE Sect. 31 mars 1989, *Département de la Moselle*, Rec. 105 ; RFDA 1989.466, concl. Fornacciari ; AJ 1989.315, chr. Honorat et Baptiste ; RA 1989.368, note Terneyre), soit plus généralement pour l'organisation d'un service public (CE 13 mai 1992, *Commune d'Ivry-sur-Seine*, Rec. 198 ; AJ 1992.480, chr. Maugüé et Schwartz).

13 La présomption du caractère administratif d'un contrat entre personnes publiques peut être renversée par la considération de son objet. Selon M. Labetoulle (concl. précitées), cet objet peut être la gestion du domaine privé. Mais, puisque la présence de clauses exorbitantes du droit commun dans un contrat entre une personne publique et une personne privée portant sur la gestion du domaine privé lui donne un caractère administratif (T.C 17 nov. 1975, *Leclert*, Rec. 800 – v. n° 27.2), elle aura *a fortiori* le même effet dans un contrat entre personnes publiques (TC 15 nov. 1999, *Commune de Bourisp*, Rec. 478 ; DA 2000. n° 29, note R.S.). Est évoquée aussi l'hypothèse de « contrats devant être regardés comme commerciaux ». Il s'agit sans doute de ceux que les collectivités publiques passent comme usagers d'un service public industriel et commercial exploité par une autre personne publique (par ex. contrat d'abonnement à EDF) et qui, comme ceux que passent les particuliers (v. nos obs. sous TC 22 janv. 1921, *Société commerciale de l'Ouest africain**), sont toujours des contrats de droit privé, quelles que soient leurs clauses (en ce sens CAA Bordeaux 8 févr. 1994, *Commune d'Ardin*, Rec. t. 1031).

14 Si la conclusion d'un contrat entre personnes publiques entraîne la présomption que celui-ci est administratif, il ne devrait pas être nécessaire de vérifier si sont satisfaits les critères matériels du contrat administratif (clauses exorbitantes du droit commun : CE

31 juill. 1912, *Société des granits porphyroïdes des Vosges* ; participation à l'exécution du service public : CE 20 avr. 1956, *Époux Bertin**) ; seule la présence d'un objet faisant naître des rapports de droit privé doit être examinée (Cass. 1ère Civ. 16 mars 1999, *Chambre de commune et d'industrie de Valence c/ Crédit local de France*, DA mars 2000. 7, note Lagrange). Tel est bien le cas dans certaines espèces (CE 11 mai 1990, *Bureau d'aide sociale de Blenod-lès-Pont-à-Mousson c/ OPHLM de Meurthe-et-Moselle*, Rec. 123 ; CJEG 1990.347, concl. Hubert ; AJ 1990.614, note Colly ; D. 1991.SC.141, obs. Llorens et Soler-Couteaux : contrat de location entre un bureau d'aide sociale et un office d'HLM). Mais il arrive que le caractère administratif d'une convention conclue entre personnes publiques soit motivé parce qu'elle « *a eu pour objet l'exécution même du service public* » (TC 7 oct. 1991, *Centre régional des œuvres universitaires et scolaires de l'académie de Nancy-Metz*, Rec. 472 ; AJ 1992.157, note Richer : contrat entre un office d'HLM et un CROUS) ; la présence de personnes publiques n'empêche pas d'examiner celle de clauses exorbitantes du droit commun ou d'une mission de service public (CE 1er mars 2000, *Commune de Morestel*, v. nº 27.3). La portée de la jurisprudence *UAP* s'en trouve limitée, comme l'est celle de la jurisprudence *Peyrot*.

86

CONVENTIONS INTERNATIONALES RESPONSABILITÉ SANS FAUTE – ÉGALITÉ DEVANT LES CHARGES PUBLIQUES

CE Ass. 30 mars 1966, COMPAGNIE GÉNÉRALE D'ÉNERGIE RADIO-ÉLECTRIQUE, Rec. 257

(RDP 1966.774, concl. Michel Bernard et 955, note M. Waline ;
AJ 1966.350, chr. Puissochet et Lecat ;
D. 1966.582, note Lachaume
JCP 1967.II.15000, note Dehaussy)

Cons. que, pour demander à l'État français la réparation du préjudice correspondant tant à la privation de jouissance de locaux réquisitionnés par l'armée d'occupation qu'à la perte d'industrie afférente à cette réquisition, la Compagnie générale d'énergie radioélectrique se fonde en premier lieu sur les dispositions de la loi du 30 avr. 1946, relative aux réclamations nées à l'occasion des réquisitions allemandes en matière de logement et de cantonnement :

Cons. qu'aux termes de l'art. 1er de ladite loi « le préfet statue sur les réclamations auxquelles donne lieu l'évaluation des indemnités de réquisitions exercées en vue du logement et du cantonnement des troupes allemandes » ; qu'il ressort des termes mêmes de cet article que ladite loi n'a mis à la charge de l'État français que les indemnités dues à raison de réquisitions prononcées pour satisfaire aux seuls besoins du logement ou du cantonnement des troupes allemandes ; qu'il est constant que la réquisition en 1940 par la puissance occupante des locaux et installations techniques de la station de radiodiffusion « Poste Parisien » dont la Compagnie générale d'énergie radio-électrique était propriétaire n'a pas été exercée en vue d'un tel objet ; qu'il s'ensuit que la compagnie requérante ne tient de la loi du 30 avril 1946 aucun droit à indemnité à l'encontre de l'État français :

Cons. en second lieu qu'aux termes de l'art. 53 de l'annexe jointe à la convention de La Haye du 18 oct. 1907 concernant les lois et coutumes de la guerre sur terre « tous les moyens affectés sur terre... à la transmission des nouvelles... peuvent être saisis, même s'ils appartiennent à des personnes privées, mais devront être restitués et les indemnités seront réglées à la paix » ; que la compagnie requérante soutient que les conditions d'exercice du droit de créance que l'art. 53 précité lui reconnaît à l'encontre de la puissance occupante ont été modifiées à son détriment par l'intervention de l'accord concernant les réparations à recevoir de l'Allemagne et l'institution d'une agence interalliée des réparations signé à Paris le 14 janv. 1946 et surtout par l'accord sur les dettes extérieures allemandes signé à Londres le 27 févr. 1953 entre les gouvernements alliés et la République fédérale d'Allemagne et dont l'art. 5, § 2, diffère « jusqu'au règlement définitif du problème des réparations l'examen des créances, issues de la deuxième guerre mondiale, des pays qui ont été en guerre avec l'Allemagne ou ont été occupés par elle... et des ressortissants de ces pays à l'encontre du Reich... » ; qu'en conséquence ladite compagnie prétend avoir droit au paiement d'une indemmité à la charge de l'État français, à raison du préjudice résultant de la rupture d'égalité devant les charges publiques que la signature par le gouvernement français d'accords internationaux entravant ou retardant le règlement de sa créance a entraînée pour elle ;

Cons. que *la responsabilité de l'État est susceptible d'être engagée, sur le fondement de l'égalité des citoyens devant les charges publiques, pour assurer la réparation de préjudices nés de conventions conclues par la France avec d'autres États et incorporées régulièrement dans l'ordre juridique interne, à la condition d'une part que ni la convention elle-même ni la loi qui en a éventuellement autorisé la ratification ne puissent être interprétées comme ayant entendu exclure toute indemnisation et d'autre part que le préjudice dont il est demandé réparation soit d'une gravité suffisante et présente un caractère spécial ;*

Cons. qu'il résulte de l'instruction que cette dernière condition n'est pas remplie en l'espèce ; qu'eu égard en effet à la généralité des accords susmentionnés et au nombre des ressortissants français victimes de dommages analogues au dommage allégué par la compagnie requérante, celui-ci ne peut être regardé comme présentant un caractère spécial de nature à engager la responsabilité sans faute de l'État envers ladite compagnie ;

Cons. qu'il résulte de tout ce qui précède que la société requérante n'est pas fondée à soutenir que c'est à tort que, par les jugements attaqués, le Tribunal administratif de Paris a rejeté sa demande d'indemnité ;... (Rejet).

OBSERVATIONS

1 **I.** — La Compagnie générale d'énergie radioélectrique était propriétaire des locaux et des installations de radiodiffusion du « Poste parisien », qui ont été utilisés par les Allemands pendant toute l'occupation. Après la guerre, elle demanda à l'État français une indemnité en réparation du préjudice que lui avaient causé la privation de jouissance des locaux réquisitionnés par l'armée d'occupation et l'arrêt d'exploitation de ses installations. N'ayant pu obtenir satisfaction, elle saisit le Tribunal administratif, puis, en appel, le Conseil d'État.

Devant ce dernier, la Compagnie invoquait deux moyens. Le premier, fondé sur une loi du 30 avr. 1946 qui avait mis à la charge de l'État français les « indemnités de réquisitions exercées en vue du logement et du cantonnement des troupes allemandes », ne pouvait qu'être rejeté, la réquisition du « Poste Parisien » en 1940 n'ayant manifestement pas eu ce caractère. Le second moyen soulevait, en revanche, des difficultés sérieuses.

L'annexe jointe à la Convention de La Haye du 18 oct. 1907 concernant les lois et coutumes de la guerre sur terre prévoyait que « tous les moyens affectés... à la transmission des nouvelles... peuvent être saisis même s'ils appartiennent à des personnes privées, mais devront être restitués et les indemnités seront réglées à la paix ». La Compagnie tenait, de ce texte, une créance sur l'Allemagne au lendemain de la guerre. Les accords signés entre les Alliés et la République fédérale allemande en 1946 et 1953 avaient cependant différé « jusqu'au règlement définitif du problème des réparations l'examen des créances, issues de la deuxième guerre mondiale, des pays qui ont été en guerre avec l'Allemagne ou ont été occupés par elle... et des ressortissants de ces pays à l'encontre du Reich ». La Compagnie prétendait qu'elle avait droit au paiement d'une indemnité à la charge de l'État français en raison du préjudice résultant de la rupture de l'égalité devant les charges publiques qu'avait entraînée pour elle la signature par le gouvernement français d'accords internationaux empêchant jusqu'à une date indéterminée toute réclamation de sa créance à l'égard de l'État allemand.

2 **II.** — Le Conseil d'État se trouvait ainsi saisi du problème de principe de la responsabilité de l'État français pour le préjudice que des conventions internationales auxquelles il est partie peuvent occasionner à des particuliers.

A ce problème une jurisprudence traditionnelle apportait une réponse fondée sur la théorie des actes de gouvernement (sur cette notion v. CE 19 févr. 1875, *Prince Napoléon**) : la signature par la France d'un accord international et les conditions dans lesquelles il a été appliqué « ont trait aux rapports de la France avec une puissance étrangère » et, partant, « ne peuvent pas servir de base à une action contentieuse devant le Conseil d'État » (CE 1er juin 1951, *Société des étains et wolfram du Tonkin*, Rec. 312 ; RJPUF 1951.254, note J.D.V.), ni sur le plan de l'excès de pouvoir ni sur celui de la responsabilité ; cette jurisprudence n'était d'ailleurs qu'une application du principe plus général selon lequel l'ensemble des actes ayant trait aux rapports internationaux de la France constituent des actes de gouvernement échappant à tout contrôle juridictionnel (v. nos obs. sous l'arrêt *Prince Napoléon**, précité).

Le commissaire du gouvernement Michel Bernard se demanda toutefois s'« il existe encore des raisons de refuser systématiquement toute réparation aux personnes qui subissent un préjudice du fait d'une convention internationale ».

En premier lieu, en effet, « la théorie des actes de gouvernement a subi depuis quelque vingt ans des transformations profondes ». Alors que naguère on s'entendait à y voir une « survivance de la raison d'État » (Gros) dépourvue de toute justification juridique, de nombreux auteurs pensent aujourd'hui que cette théorie « n'est plus une exception aux règles normales de compétence, mais qu'elle constitue l'application même de ces règles ».

C'est ainsi que l'incompétence du juge administratif à l'égard de l'activité diplomatique de l'État français s'explique, très simplement, par le fait qu'elle s'exerce dans le cadre international et relève du droit international ; elle cesse dès lors que cette activité « produit des effets dans l'ordre juridique interne et ne met pas en cause l'appréciation de la conduite des relations extérieures de l'État ».

A cette première évolution s'en est ajoutée une seconde, à savoir le rapprochement du régime juridique des conventions internationales régulièrement ratifiées et publiées avec celui des lois. Les Constitutions de 1946 et 1958 confèrent à ces conventions force de loi, et même une autorité supérieure à celle de la loi (Constitution de 1958, art. 55 : « les traités ou accords régulièrement ratifiés ou approuvés ont, dès leur publication, une autorité supérieure à celle des lois... »). Or le juge administratif a déjà tiré plusieurs conséquences de ce principe. Dans le domaine de l'excès de pouvoir, le moyen tiré de la violation d'un traité est recevable au même titre que celui tiré d'une violation de la loi (CE Ass. 30 mai 1952, *Dame Kirkwood*, Rec. 291 ; v. n° 3.8). Dans le domaine de la responsabilité contractuelle, le Conseil d'État a décidé que la disposition du contrat conclu entre la SNCF et l'État qui prévoyait une indemnisation au profit de la SNCF pour les réductions de tarifs qui lui seraient imposées par la « voie législative ou réglementaire » s'appliquait aux tarifs réduits résultant de conventions régulièrement ratifiées et publiées, car celles-ci ont « acquis force de loi et s'imposent par suite à la SNCF dans les mêmes conditions que les actes émanant des seules autorités françaises » (CE Sect. 22 déc. 1961, *Société nationale des chemins de fer français*, Rec. 738, concl. Combarnous ; AJ 1962.16, chr. Galabert et Gentot ; RDP 1962.646, chr. R.M. Chevallier). M. Michel Bernard proposait que cette assimilation des conventions internationales aux lois fût étendue de la responsabilité contractuelle à la responsabilité extra-contractuelle.

Une fois admis qu'une demande de réparation d'un préjudice causé par une convention internationale régulièrement ratifiée et publiée ne pouvait plus aujourd'hui être rejetée pour incompétence en application de la théorie des actes de gouvernement, il restait à rechercher quel devait être sur le fond le régime de responsabilité applicable à ce genre de préjudices.

Le commissaire du gouvernement rappela qu'en vertu de la jurisprudence *La Fleurette* (CE Ass. 14 janv. 1938, *Société anonyme des produits laitiers « La Fleurette »**), telle qu'elle a été précisée par les arrêts ultérieurs, et notamment par l'arrêt *Ministre de l'intérieur c. Bovero* (CE Sect. 25 janv. 1963, Rec. 53 – v. n° 53.3), le préjudice résultant d'une loi peut dans certaines conditions, ouvrir droit à réparation à la charge de l'État sur le fondement du principe de l'égalité des citoyens devant les charges publiques. M. Bernard proposa au Conseil d'État d'étendre purement et simplement le régime de la responsabilité du fait des lois élaboré par la jurisprudence *La Fleurette* à la responsabilité du fait des conventions internationales ayant force de loi.

III. — Le Conseil d'État a suivi en tous points son commissaire.

3 *a)* L'arrêt pose d'abord le principe, entièrement nouveau, que « la responsabilité de l'État est susceptible d'être engagée, sur le fondement de l'égalité des citoyens devant les charges publiques, pour assurer la réparation des préjudices nés de conventions conclues par la France avec d'autres États et incorporées régulièrement dans l'ordre juridique interne ».

b) La réparation est cependant subordonnée à deux conditions :

– il faut, en premier lieu, que « ni la convention elle-même ni la loi qui en a éventuellement autorisé la ratification ne puissent être interprétées comme ayant entendu exclure toute indemnisation » ;

– il faut, en second lieu, que « le préjudice dont il est demandé réparation soit d'une gravité suffisante et présente un caractère spécial ».

Dans le cas de l'espèce, le Conseil d'État a relevé qu'un grande nombre de ressortissants français étaient victimes de dommages analogues à celui allégué par la compagnie requérante : celui-ci ne pouvait donc être regardé comme présentant le caractère de spécialité requis. La demande de la société fut, en conséquence, rejetée.

IV. — L'arrêt *Compagnie générale d'énergie radio-électrique* est important à plusieurs titres ; sa portée doit cependant être bien mesurée.

4 *a)* En assimilant sur le plan de la responsabilité l'accord international à la loi interne, il confirme les principes consacrés par la Constitution en ce qui concerne les rapports entre le droit international et le droit interne. Il faut souligner que cette assimilation ne vaut que pour les conventions internationales « incorporées régulièrement dans l'ordre juridique interne », c'est-à-dire régulièrement ratifiées (ou approuvées) et publiées (CE Sect. 13 juill. 1979, *SA Compagnie de participations de recherches et d'exploitations pétrolières*, Rec. 319 ; AJ 1980.371, concl. Bacquet). Toutefois, le Conseil d'État a ultérieuremnt admis qu'une réparation pouvait être demandée en raison d'un préjudice résultant non seulement d'une convention internationale mais également d'« *une règle coutumière* reconnaissant aux États une immunité de juridiction pour certains des actes qu'ils accomplissent à l'étranger » (CE 4 oct. 1999, *Syndicat des copropriétaires du 14-16 boulevard Flandrin*, Rec. 297, JCP 2000.II.10387 note Faupin ; RGDIP 2000.263, note Poirat).

5 *b)* L'arrêt du 30 mars 1966 est important également au regard de la théorie des actes de gouvernement. Sans doute une convention internationale n'est-elle pas par elle-même un acte de gouvernement, car deux ou plusieurs États sont impliqués par elle et non un seul. Mais les actes qui concourent à son introduction dans l'ordre juridique interne ont pour la plupart le caractère d'actes de gouvernement en l'état actuel de la jurisprudence (cf. nos obs. sous l'arrêt *Prince Napoléon**). Or, avec l'arrêt *Compagnie générale d'énergie radio-électrique,* le juge administratif, sans pouvoir se prononcer sur la régularité de certaines décisions touchant aux relations internationales, ouvre la voie à une indemnisation de leurs conséquences dommageables sur le fondement du principe d'égalité des citoyens devant les charges publiques. L'évolution qui se dessine demeure limitée aux seules conventions internationales régulièrement introduites dans l'ordre juridique interne. Quant aux conventions non ratifiées (ou approuvées) ou non publiées, et aux autres actes diplomatiques, ils échappent toujours à toute discussion contentieuse, que ce soit sur le plan de l'indemnité ou sur celui de l'annulation. Les conclusions de M. Michel Bernard sont parfaitement claires sur ce point. Une extension ultérieure ne peut cependant être exclue.

6 *c)* Sur le plan pratique, l'exigence des deux conditions de gravité et de spécialité, empruntées à la jurisprudence relative à la responsabilité du fait des lois, laisse présager que rares seront les hypothèses où il y aura une condamnation effective de l'État. Cela n'avait pas échappé au commissaire du gouvernement qui soulignait que le législateur intervient dans les cas les plus graves, comme cela s'est produit pour ce qui concerne le reclassement et l'indemnisation des Français rapatriés d'outre-mer. De plus, la plupart des conventions internationales touchant un très grand nombre de personnes, la condition de spécialité se trouvera réalisée seulement dans des cas exceptionnels.

La jurisprudence postérieure à 1966 en apporte la confirmation. En une circonstance, la responsabilité de l'État du fait d'une convention internationale a été effectivement admise : empêchés par l'accord de siège passé entre la France et l'UNESCO de faire valoir en justice leurs droits contre le délégué permanent du Honduras à l'UNESCO auquel ils avaient loué un appartement à Paris, les propriétaires de cet appartement ont obtenu une indemnité sur la base de la rupture de l'égalité des citoyens devant les charges publiques, le Conseil d'État ayant constaté que ni l'accord de siège, ni la loi autorisant sa ratification n'avaient entendu exclure toute indemnisation et que la location avait été conclue à une date où les propriétaires ne pouvaient prévoir que leur locataire bénéficierait ultérieurement des immunités diplomatiques (CE Sect. 29 oct. 1976, *Ministre des affaires étrangères c. consorts Burgat*, Rec. 452 ; RDP 1977.213, concl. Massot ; AJ 1977.30, chr. Nauwelaers et Fabius ;

JCP 1977.II.18606, note Julien-Laferrière ; D. 1978.77, note Vier et Lamoureux).

Dans d'autres affaires, le Conseil d'État a rejeté le recours en indemnité, soit pour absence de lien de causalité entre l'application de la convention internationale et le préjudice invoqué (CE 1er juin 1984, *Ministre des relations extérieures c. Tizon et Millet*, Rec. 194 ; D. 1986.I.R.34 obs. Moderne ; RFDA 1985.117, note Bon), soit en raison du défaut de spécialité du préjudice (CE – 26 mars 2003 *Santinacci* : refus d'indemnisation du préjudice résultant de la minoration d'une pension de retraite libellée en francs de la coopération financière en Afrique centrale – francs CFA – du fait de la dévaluation de cette monnaie, décidée par le comité monétaire chargé de mettre en œuvre une convention du 23 nov. 1972 liant les États membres de la Banque des États de l'Afrique centrale et la République française).

7 *d)* Sur le plan théorique, l'arrêt du 30 mars 1966 confirme la tendance du Conseil d'État à décrocher en quelque sorte l'indemnisation des conséquences dommageables d'un acte ou d'une activité de l'appréciation de sa régularité. Non seulement la jurisprudence admet de plus en plus fréquemment que la responsabilité de l'administration puisse être engagée sans qu'aucune faute ne soit relevée à sa charge (v. nos obs., sur CE 28 mars 1919, *Regnault-Desroziers**), mais en outre la théorie de l'égalité des citoyens devant les charges publiques permet au juge administratif d'accorder une réparation pour les dommages causés par une décision dont il reconnaît explicitement qu'elle était parfaitement régulière, qu'il s'agisse d'une décision individuelle (CE 30 mars 1923, *Couitéas** ; – Sect. 15 févr. 1961, *Werquin*, Rec. 118 – v. nº 42.7) ou d'une décision réglementaire (CE Sect. 22 févr. 1963, *Commune de Gavarnie*, Rec. 113 – v. nº 42.7), ou bien par un acte dont il lui est impossible d'apprécier la régularité, telle une loi (*La Fleurette*, précité) ou aujourd'hui une convention internationale régulièrement introduite dans l'ordre juridique interne. L'arrêt du 30 mars 1966 marque une étape importante dans cette évolution, qui n'est sans doute pas achevée.

87

COMPÉTENCE – ACTE ADMINISTRATIF SERVICES PUBLICS INDUSTRIELS ET COMMERCIAUX

TC 15 janv. 1968, COMPAGNIE AIR FRANCE c. Époux BARBIER, Rec. 789, concl. Kahn

(Dr. ouvr. 1969.177, concl. Kahn, note Boitel ;
RDP 1968.893, note M. Waline et 1969.142, concl. Kahn ;
AJ 1968.225, chr. Massot et Dewost ; CJEG 1969.J.525, note A.C. ;
D. 1969.202, note J.M. Auby ; Dr. Soc. 1969.51, note J. Savatier)

Cons. que si la Compagnie Air France, chargée de l'exploitation de transports aériens, est une société anonyme, c'est-à-dire une personne morale de droit privé, et si, par suite, il n'appartient qu'aux tribunaux de l'ordre judiciaire de se prononcer au fond sur les litiges individuels concernant les agents non fonctionnaires de cet établissement, les juridictions administratives demeurent, en revanche, compétentes pour apprécier, par voie de question préjudicielle, la légalité des règlements émanant du conseil d'administration qui, touchant à l'organisation du service public, présentent un caractère administratif ; qu'aux termes du décr. n° 50.835 du 1er juin 1950 et de l'art. 143 du code de l'aviation civile et commerciale alors en vigueur, le personnel de la Compagnie Air France est soumis à un statut réglementaire, arrêté par le conseil d'administration et approuvé par le ministre chargé de l'aviation civile et commerciale et par le ministre des finances et des affaires économiques ; que, dès lors, en application de ces dispositions, combinées avec celles de l'art. 31 du Livre 1er du code du travail, les conditions de travail de ce personnel ne sont pas fixées par voie de convention collective ;

Cons. que le règlement, établi le 20 avr. 1959, dans le cadre des prescriptions ci-dessus analysées, par la Compagnie nationale Air France pour fixer les conditions de travail du personnel navigant commercial, comporte, notamment en son art. 72 – lequel dispose que le mariage des hôtesses de l'air entraîne, de la part des intéressées, la cessation de leurs fonctions – des dispositions qui apparaissent comme des éléments de l'organisation du service public exploité ; que ces dispositions confèrent audit acte dans son intégralité un caractère administratif et rendent compétentes les juridictions administratives pour apprécier sa légalité ;... (Juridictions administratives déclarées compétentes).

OBSERVATIONS

1 En 1959, la Compagnie Air France a introduit dans le règlement de son personnel des dispositions nouvelles concernant les hôtesses de l'air. Jusque-là elle n'acceptait de recruter ses hôtesses que parmi les femmes célibataires, veuves ou divorcées ; mais la question se posait de savoir si le mariage en cours de carrière entraînait la perte de l'emploi ; pour clore toute discussion, la compagnie a précisé, dans le règlement du 20 avr. 1959 relatif aux conditions de travail et de rémunération du personnel navigant commercial, que « pour les hôtesses le mariage entraîne cessation de fonctions de la part des intéressées. A la seule exception du remboursement des frais de formation, dont la période d'exigibilité est réduite dans ce cas, le mariage de l'hôtesse produit les mêmes effets que ceux prévus en cas de démission ».

Une hôtesse qui avait été engagée avant l'intervention du règlement de 1959 et qui s'est mariée après a été licenciée en application de ces dispositions nouvelles. Elle a demandé avec son mari au Tribunal de grande instance de la Seine de condamner la Compagnie à leur payer des indemnités pour rupture abusive du contrat de travail ; le tribunal les a déboutés ; la Cour d'appel leur a au contraire donné satisfaction en estimant que la clause de licenciement en cas de mariage était inapplicable aux hôtesses recrutées avant son adoption, et qu'elle était au surplus « nulle en son principe » comme « attentatoire à un droit fondamental de la personnalité » et aux « bonnes mœurs », et constitutive d'une « fraude à la loi » (CA Paris 30 avr. 1963, S. 1963.179, note Toulemon ; D. 1963.428, note Rouast). La Compagnie Air France a déféré cet arrêt à la Cour de cassation qui a vu une difficulté sérieuse de compétence dans le problème de la nature du règlement litigieux, et l'a renvoyée en conséquence au Tribunal des conflits en application du décr. du 25 juill. 1960 (Cass. Civ. 7 juin 1967, Bull. IV.387).

C'est une nouvelle illustration des problèmes nés de la diversification des interventions de l'État et des solutions que la jurisprudence a dû trouver en s'y adaptant (v. CE Ass. 13 mai 1938, *Caisse primaire « Aide et Protection »** et 31 juill. 1942, *Monpeurt**, avec nos obs.).

2 Le Tribunal des conflits a jugé, conformément aux conclusions du commissaire du gouvernement Kahn, que le règlement avait un caractère administratif et qu'ainsi les juridictions administratives étaient seules compétentes pour en apprécier la légalité.

Le commissaire du gouvernement avait affirmé, en premier lieu, que ni le caractère de personne morale de droit privé de la Compagnie Air France, ni la circonstance qu'elle gère un service public industriel ou commercial, ne faisaient obstacle à une telle solution : « la loi ou l'acte de concession peuvent conférer des prérogatives de puissance publique à des personnes morales de droit privé, et l'on ne voit pas au nom de quoi cette faculté leur serait refusée lorsque le service présente un caractère industriel ou commercial... Pour l'application des principes, on accordera plus facilement des prérogatives de puissance publique aux personnes chargées de la gestion d'un service administratif (parce que la gestion d'un tel service est en elle-même une prérogative de puissance publique), de même qu'on les accordera plus facilement aux personnes morales de droit public (dont c'est le rôle normal d'exercer de semblables prérogatives) ; mais, à l'égard des principes eux-mêmes, dès lors que ces prérogatives sont compatibles avec la nature industrielle du service et qu'elles sont également compatibles avec la nature privée de l'organisme chargé de son exécution, on ne voit pas comment ces deux compatibilités réunies pourraient former une incompatibilité... Rien n'empêche, en principe, qu'on reconnaisse le caractère d'actes administratifs aux décisions prises, dans certaines conditions, par les organes d'une personne morale de droit privé chargée de la gestion d'un service public industriel ou commercial. ». Le commissaire du gouvernement précisa ensuite la portée de cette proposition : le caractère administratif des règlements pris par de tels organes ne peut être reconnu que « dans la mesure et les limites où ils sont expressément habilités à prendre unilatéralement des décisions obligatoires », et seulement pour « les éléments de l'organisation du service public », au nombre desquels figure le règlement du personnel.

Ces conclusions, rapprochées des termes de l'arrêt, permettent de préciser la portée de la nouvelle jurisprudence, qui, plus de trente ans plus tard, a été encore expressément confirmée (TC 17 avr. 2000, *Collet et autres c. Air France*, AJ 2000.410, chr. Guyomar et Collin).

Elle établit un *lien entre l'organisation du service public et l'acte administratif réglementaire* (I) ; elle reconnaît des *liens entre l'acte administratif et le service public industriel et commercial* (II).

3 **I.** — *Le lien entre l'organisation du service public et l'acte administratif réglementaire est double.*

A. — Tout d'abord *les actes touchant à l'organisation du service public sont des actes administratifs*, dont l'appréciation ne peut appartenir qu'à la juridiction administrative.

Cela n'avait jamais fait de difficulté pour ceux qui émanent de personnes publiques. L'arrêt *Époux Barbier* le reconnaît explicitement pour ceux qu'adoptent des personnes privées.

L'arrêt *Monpeurt** avait déjà admis que les décisions prises par des organismes chargés de l'exécution d'un service public, sans pour autant être des établissements publics, constituent des actes administratifs, dès lors qu'elles sont prises dans la sphère de leurs attributions.

L'arrêt *Barbier* innove sur deux points : d'une part, la personne qui a adopté le règlement considéré est une véritable entreprise, à statut de société anonyme et exploitant une activité industrielle et commerciale ; d'autre part, c'est parce que ce règlement « comporte... des dispositions qui apparaissent comme des éléments de l'organisation du service exploité » « que ces dispositions confèrent audit acte dans son intégralité un caractère administratif et rendent compétentes les juridictions administratives pour en apprécier la légalité ».

La présence de certaines dispositions touchant à l'organisation du service public (en l'espèce notamment la clause relative au mariage des hôtesses de l'air) donne au règlement, dans son ensemble, un caractère administratif, de même qu'un contrat est entièrement administratif dès lors qu'il comporte une ou plusieurs clauses exorbitantes du droit commun (v. nos obs. sous l'arrêt CE 31 juill. 1912, *Société des granits porphyroïdes des Vosges**).

Comme la clause exorbitante d'ailleurs, l'organisation du service public relève des prérogatives de puissance publique, par son origine et par son objet.

Elle n'est réglée par l'auteur de l'acte qu'en vertu de l'habilitation qui lui a été donnée. Pour Air France, cette habilitation résultait de textes selon lesquels le statut du personnel est élaboré par la compagnie et soumis à l'approbation du ministre. Faute de disposer d'un tel pouvoir, une personne de droit privé, même si elle organisait un service public (à supposer qu'elle en assure un), ne prendrait pas d'acte administratif.

En elle-même, l'organisation du service public est une prérogative de puissance publique, qu'elle soit réglée par une personne privée ainsi habilitée, ou, *a fortiori*, par une personne publique. C'est ce qui ressort de l'arrêt rendu par le Tribunal des conflits quelque vingt ans plus tard dans l'affaire *Ville de Pamiers* (6 juin 1989, *Préfet de la région Ile-de-France*, Rec. 293 – v. n° 107.2 et nos obs. sous CC 23 janv. 1987*).

4 ***B.*** — En second lieu, *l'acte administratif touchant l'organisation du service public est un acte réglementaire.*

L'arrêt *Époux Barbier* n'a pas eu à prendre position sur ce point. Les dispositions régissant le statut du personnel d'Air France se présentaient elles-mêmes comme un règlement. Le problème était de savoir non s'il était un acte réglementaire, mais d'abord s'il était un acte administratif.

L'ordre des facteurs peut se trouver inversé : un acte peut apparaître administratif ; reste à savoir s'il est réglementaire ou non. Il arrive que le critère de l'organisation du service public soit retenu comme déterminant à la fois le caractère administratif et le caractère réglementaire (CE 12 nov. 1990, *Malher*, Rec. 321 ; AJ 1991.332, note Hecquard-Théron ; Dr. ouvr. 1991.340, note Saramito). Il arrive aussi qu'il joue seulement pour reconnaître le caractère réglementaire (par ex. CE Sect. 13 juin 1969, *Commune de Clefcy*, Rec. 308 : arrêté instituant une commission syndicale chargée de gérer les biens indivis entre plusieurs communes). La solution a été confirmée par le Conseil d'État à propos des dispositions statutaires régissant les conditions de travail d'Air France, que le conseil d'administration soumet à l'approbation des ministres de tutelle : « ces dispositions, qui apparaissent comme des éléments de l'organisation du service public exploité, présentent un caractère réglementaire alors même que les organisations syndicales seraient consultées sur leur teneur et qu'elles sont mentionnées dans les contrats de travail individuels » (CE 27 mars 1985, *Bourhis et autres*, Rec. 91).

Ce dernier arrêt d'ailleurs n'oppose pas seulement l'acte réglementaire à l'acte individuel, mais l'acte réglementaire à l'acte conventionnel.

5 Même lorsque l'organisation d'un service public fait l'objet, non d'un acte administratif unilatéral, mais d'une convention (CE 14 janv. 1998, *Syndicat départemental Interco 35 CFDT*, AJ 1999.164, note Petit ; DA 1998, n° 231, obs. J.C.B.), celles de ses « stipulations qui règlent l'organisation même du service public assuré ont un caractère réglementaire » (CE Sect. 18 mars 1977, *Chambre de commerce de La Rochelle*, Rec. 153, concl. Massot). Ainsi s'explique que les tiers puissent non seulement les invoquer à l'appui d'un recours pour excès de pouvoir (même arrêt), mais aussi désormais les attaquer par un tel recours (CE Ass. 10 juill. 1996, *Cayzeele*, Rec. 274 – v. n° 16.12 et nos obs. sous les arrêts CE 4 août 1905, *Martin* * et 21 déc. 1906, *Croix de Seguey-Tivoli* *).

Qu'elle permette d'identifier l'acte administratif ou l'acte réglementaire, la notion d'organisation du service public peut soulever certaines difficultés d'interprétation : on peut hésiter dans certains cas sur la question de savoir si une mesure concerne l'organisation ou seulement l'exécution (le fonctionnement peut relever de l'une ou de l'autre).

6 **II.** — La réponse commande notamment les relations qui peuvent s'établir entre *acte administratif et service public industriel et commercial.*

L'arrêt *Époux Barbier* peut surprendre à deux titres.

D'abord il étend la notion d'acte administratif à des décisions d'organismes qui relèvent tout à la fois du droit privé par leur forme et du secteur industriel et commercial par leur objet. Lorsque le législateur a confié aux juridictions administratives le soin de juger les recours pour excès de pouvoir formés contre les actes des diverses autorités administratives, il ne pensait sans doute pas que cette compétence s'étendrait un jour aux délibérations du conseil d'administration d'une société anonyme de transports.

Ensuite l'arrêt fait application du droit public à des services publics industriels et commerciaux, soumis en principe au droit privé et à la compétence judiciaire en vertu de la jurisprudence *Bac d'Eloka** (TC 22 janv. 1921), et à un litige concernant leurs agents, considérés comme des personnels de droit privé depuis l'arrêt *Robert Lafreygère** (CE 26 janv. 1923). Pourtant il ne remet pas en cause cette jurisprudence (v. nos obs. sous ces deux arrêts).

Il fait seulement apparaître le caractère irréductible de l'acte administratif, même à propos des services publics industriels et commerciaux.

Il faut distinguer à ce sujet entre les actes pris par des *autorités administratives extérieures* à ces services (A) et ceux qui sont pris par les *organes chargés de les gérer* (B).

7 ***A.*** — Les actes pris par *les autorités administratives extérieures au service public industriel et commercial* sont toujours administratifs, alors même qu'ils se rapportent à ce service, et sans distinguer selon leur caractère réglementaire ou individuel.

Ainsi les actes généraux concernant le statut des agents des services publics industriels et commerciaux émanant du chef du gouvernement ou d'un ministre ont toujours été considérés comme des règlements administratifs (par ex. CE Sect. 12 juill. 1955, *Fédération nationale des cadres des transports*, Rec. 427 ; – Ass. 2 juill. 1993, *Syndicat Fédération S.U.D. des P.T.T.*, Rec. 191. AJ 93.823, note Salon).

Il en va de même pour leurs actes individuels, et plus généralement non réglementaires. Les décrets de nomination des dirigeants des entreprises publiques sont toujours évidemment des actes administratifs. C'est aussi le cas d'autres mesures (par ex. CE Sect. 24 mai 1968, *Dame Bechu*, Rec. 332 : décision du conseil médical de l'aéronautique concernant des hôtesses de l'air ; – TC 2 juill. 1979, *Commissariat à l'énergie atomique c. Syndicat C.G.T. - F.O. du centre d'études nucléaires de Saclay*, Rec. 568 ; Dr. soc. 1980.21 note Moderne : décision d'un inspecteur du travail relative aux élections des délégués du personnel).

8 ***B.*** — La nature des actes pris par les *organes chargés du service public industriel et commercial* dépend de leur objet.

1°) S'ils portent sur *l'organisation du service public,* ils reçoivent la même qualification, quelle que soit la nature, privée ou publique, de l'institution en cause : ce sont des actes administratifs réglementaires.

Pour ceux des *organes privés*, la solution résulte expressément de l'arrêt *Époux Barbier*. En revanche les règlements qui ne touchent pas l'organisation du service public ne sont pas des actes administratifs. C'est ce qu'avait jugé le Tribunal des conflits à propos du régime de retraite du personnel de la SNCF, alors société de droit privé, qui n'était pas « un élément de l'organisation du service public concédé » (TC 12 juin 1961, *Rolland c. SNCF*, Rec. 866 ; AJ 1961.606, chr. Galabert et Gentot).

9 En ce qui concerne les *organes publics* (établissements publics industriels et commerciaux), la jurisprudence avait reconnu, dès avant l'arrêt *Époux Barbier,* le caractère administratif de leurs règlements sans considérer particulièrement leur relation avec l'organisation du service public (mais celle-ci n'était cependant pas absente). Ce fut le cas principalement à propos de la radiotélévision, lorsqu'elle était gérée par un établissement public, dont le caractère industriel et commercial n'était pas, à la vérité, très accentué (CE 10 nov. 1961, *Missa et Association les Résistants de la Radiodiffusion française*, Rec. 636 ; AJ 1962.40, concl. Ordonneau : décision du directeur général de la RTF instituant des groupes de travail paritaires pour l'examen de projets de contrats ; – Ass. 13 janv. 1967 *Syndicat unifié des techniciens de la RTF et autres*, Rec. 10 ; Dr. Soc. 1967.363, concl. Galabert ; AJ 1967.270, Lecat et Massot, et 296, note V.S. : décision du directeur général approuvant le règlement du travail du personnel). La même jurisprudence avait été également appliquée dans le cas d'une entreprise nationale ayant elle aussi le statut d'établissement public (CE Ass. 22 juin 1962, *Houillères de bassin*, Rec. 413).

Désormais, la jurisprudence s'attache particulièrement, même pour les établissements publics industriels et commerciaux, à la relation des actes avec l'organisation du service public pour y voir des actes administratifs. C'est le cas d'un arrêt du 26 juin 1989, *Association « Études et consommation CFDT. »* (Rec. 544 ; CJEG 1990.180, note Lachaume) : le Conseil d'État considère que les tarifs adoptés par la direction de la SNCF (qui a reçu de la loi du 30 déc. 1982 le statut d'établissement public industriel et commercial), touchant à l'organisation du service public, présentent un caractère administratif : le raisonnement est le même qu'à l'époque où la SNCF était encore une société (TC 26 oct. 1981, *Grostin c. SNCF*, Rec. 656).

Le Tribunal des conflits a jugé de même pour « les décisions d'Électricité de France relatives à l'organisation du service public et au statut du personnel de cet établissement » (22 juin 1992, *Abella*, Rec. 488 ; CJEG 1993.481, note Lachaume), la Cour de cassation pour « une note, relative à l'organisation du service public dont la société a la charge et prise en exécution (d'un) décret » par le président-directeur général de la SEITA (Cass. soc. 4 déc. 1990, *Soc. d'exploitation industrielle des tabacs et allumettes*, Bull. IV, nº 602, p. 363).

10 *2°)* Les *mesures individuelles,* et plus généralement non réglementaires, en toute hypothèse, ne sont jamais des actes administratifs et échappent donc à la compétence du juge administratif.

Il en est ainsi en principe de celles qui concernent *les usagers* :

(CE 21 avr. 1961, *Dame veuve Agnesi*, Rec. 253 – v. n° 17.3 ; – 20 janv. 1988, *S.C.I. « La Colline »*, Rec. 21 – v. n° 38.3 : refus de raccordement au service municipal de distribution d'eau ou d'assainissement ; – 26 juin 1989, *Association « Études et consommation CFDT »*, précité : application des tarifs du service à l'un de ses usagers.)

11 Les mesures prises à l'égard des *agents* du service, sauf exceptions, ne constituent pas des actes administratifs ; le juge administratif est incompétent pour en connaître. Le Conseil d'État l'avait encore jugé quelques jours avant l'arrêt *Époux Barbier* (Sect. 15 déc. 1967, *Level*, Rec. 501 – v. n° 40.2) à propos d'un recours dirigé contre la révocation par le président de la chambre de commerce de Paris d'un ouvrier grutier des services portuaires de Gennevilliers, lesdits services ayant un caractère industriel et commercial. Le Tribunal des conflits, par l'arrêt *Époux Barbier*, n'a pas remis en cause cette solution (par ex. TC 7 juin 1982, *Préfet de Paris c. Conseil de prud'hommes de Paris*, Rec. 562 : application individuelle des dispositions statutaires relatives aux agents de l'ORTF).

Mais, si à l'occasion d'un litige concernant ces mesures individuelles, est soulevée l'illégalité d'un acte administratif réglementaire, seule la juridiction administrative est compétente pour en connaître, comme l'a jugé l'arrêt *Époux Barbier*.

C'est ce qui a permis au Conseil d'État de déclarer illégales la clause du règlement intérieur d'Air France qui réservait au personnel navigant commercial masculin la possibilité de prolonger son activité en vol au-delà de 50 ans et jusqu'à 55 ans (CE Sect. 6 févr. 1981, *Mlle Baudet*, Rec. 53 ; AJ 1981.261, concl. Dondoux), celles du statut des relations collectives entre la SNCF et son personnel prévoyant des sanctions pécuniaires pour le personnel (CE Ass. 1er juill. 1988, *Billard et Volle*, Rec. 268 – v. n° 92.17) et des mesures discriminatoires à l'encontre de grévistes en matière d'avancement (CE 12 nov. 1990, *Mahler*, précité), en méconnaissance de principes généraux du droit du travail applicables aux entreprises publiques et qui ne sont pas incompatibles avec les nécessités de la mission de service public confiée à la SNCF.

88

ACTES ADMINISTRATIFS DIRECTIVES

CE Sect. 11 déc. 1970, CRÉDIT FONCIER DE FRANCE c. Demoiselle GAUPILLAT et Dame ADER, Rec. 750, concl. Bertrand

(AJ 1971.196, chr. H.T.C ; D. 1971.674, note Loschak ; JCP 1972.II.17232, note Fromont ; RDP 1971.1224, note M. Waline)

Cons. que le décret du 26 oct. 1945, portant règlement d'administration publique relatif au Fonds national d'amélioration de l'habitat, confie à une commission nationale et, suivant certaines conditions, à des commissions départementales d'amélioration de l'habitat l'emploi des disponibilités du Fonds national ; que l'art. 5 de l'arrêté du 27 avr. 1946 du ministre de la reconstruction et de l'urbanisme, pris en application de l'art. 7 dudit règlement d'administration publique, précise qu'il appartient à chaque commission « suivant les directives et sous le contrôle de la Commission nationale d'apprécier, selon les besoins régionaux ou locaux, tant au point de vue économique que social, le degré d'utilité des travaux auxquels peut être accordée l'aide financière du Fonds national » ;

Cons. que pour refuser l'allocation mentionnée à l'art. 6 du règlement général du 27 avr. 1946, la Commission nationale s'est référée aux normes contenues dans une de ses propres directives, par lesquelles elle entendait, sans renoncer à exercer son pouvoir d'appréciation, sans limiter celui des commissions départementales et sans édicter aucune condition nouvelle à l'octroi de l'allocation dont s'agit, définir des orientations générales en vue de diriger les interventions du fonds ; que la demoiselle Gaupillat et la dame Ader n'invoquent aucune particularité de leur situation au regard des normes susmentionnées, ni aucune considération d'intérêt général de nature à justifier qu'il y fût dérogé et dont la Commission nationale aurait omis l'examen ; qu'elles ne soutiennent pas davantage que la directive dont s'agit aurait méconnu les buts envisagés lors de la création du Fonds national d'amélioration de l'habitat ; que, dans ces conditions, une telle référence n'entachait pas la décision de refus d'une erreur de droit ; que le Crédit foncier de France, gestionnaire dudit Fonds en vertu de l'art. 292 du Code de l'urbanisme et de l'habitation, est, dès lors, fondé à soutenir que c'est à tort que, par le jugement attaqué, le Tribunal administratif de Paris a annulé la décision de la Commission nationale ;... (Annulation du jugement ; rejet de la demande de la demoiselle Gaupillat et de la dame Ader ; dépens à la charge de ces dernières).

OBSERVATIONS

1 Un décret du 26 oct. 1945 prévoyait que l'emploi des disponibilités financières du Fonds national d'amélioration de l'habitat (remplacé depuis lors par l'Agence nationale de l'habitat) serait effectué par une commission nationale et des commissions départementales et renvoyait, pour la détermination des conditions d'attribution et de versement de l'aide financière, à un règlement général établi par le ministre de la reconstruction ; ce règlement, édicté par un arrêté du 27 avr. 1946, précisait qu'il appartiendrait à chaque commission départementale, « suivant les directives et sous le contrôle de la commission nationale, d'apprécier selon les besoins régionaux ou locaux, tant au point de vue économique que social, le degré d'utilité des travaux auxquels peut être accordée l'aide financière du Fonds national ». Les conditions de l'octroi de l'aide ont ainsi été définies par les directives successives de la commission nationale en fonction des disponibilités du Fonds, du montant des revenus des propriétaires et de la nature des travaux. C'est en application de l'une de ces directives que la commission nationale, par une décision du 2 oct. 1964, n'accorda à la demoiselle Gaupillat et à la dame Ader, pour le ravalement de leur immeuble, qu'un prêt et leur refusa la subvention demandée. Les intéressées ayant déféré ce refus au Tribunal administratif de Paris, celui-ci l'annula au motif que la directive en question avait subordonné l'octroi des subventions à une condition plus rigoureuse que celles qui étaient prévues par la réglementation en vigueur et n'avait pu fournir une base légale à la décision attaquée, laquelle se trouvait dès lors entachée d'erreur de droit. Le Crédit foncier de France, chargé de la gestion du Fonds national d'amélioration de l'habitat, porta l'affaire en appel devant le Conseil d'État.

Celui-ci admit que la commission nationale avait pu par des *directives*, définir les normes au regard desquelles seraient prises les décisions du Fonds.

La solution s'explique par tout un *contexte* (I). Elle appelle des précisions sur le *statut* de l'acte ainsi reconnu (II).

2 **I.** — Le *contexte* est lié à la question, rappelée par le commissaire du gouvernement Bertrand « de savoir quelle valeur doit être reconnue aux circulaires, instructions ou directives, par lesquelles une autorité administrative investie du pouvoir de prendre de façon discrétionnaire des décisions individuelles soumet elle-même l'exercice de ce pouvoir à des règles de fond ».

La question n'était pas entièrement nouvelle (A), mais elle se posait en termes nouveaux (B).

A. — Dans le cadre de la jurisprudence relative aux *circulaires*, le Conseil d'État avait eu depuis longtemps à s'interroger sur la valeur juridique de celles par lesquelles un ministre se fixait à lui-même, ou fixait à ses subordonnés, la doctrine à la lumière de laquelle les cas individuels devaient être réglés.

Le problème n'était pas aisé à résoudre. Si le principe de l'égalité des citoyens devant la loi et la nécessité de la cohérence de l'action administrative justifiaient que soient fixées d'avance, par voie générale, les conditions auxquelles seraient pris des actes individuels, il n'était possible en revanche ni de passer outre le principe selon lequel l'administration doit procéder à un examen particulier de chacun des cas sur lesquels elle est appelée à se prononcer, ni de reconnaître au ministre un pouvoir réglementaire qu'il ne détient, en dehors d'une disposition expresse, que dans le cadre de la jurisprudence *Jamart* (v. nos obs. sous CE 7 févr. 1936, *Jamart**).

Pour concilier ces exigences contradictoires, le Conseil d'État (Sect.) avait déjà admis qu'une circulaire du ministre de la défense nationale précisât, pour l'avancement au choix des officiers, les principes dont il entendait s'inspirer dans l'examen des cas individuels mais à la condition qu'il ne s'estime pas lié par ces directives et que chaque situation particulière soit examinée séparément. Les conclusions dirigées directement contre la circulaire furent rejetées comme irrecevables puisque, n'étant pas impérative et n'édictant pas de règle nouvelle, elle n'avait pas de caractère réglementaire. Les conclusions dirigées contre le tableau d'avancement établi en vertu de cette circulaire furent rejetées au fond puisque le ministre ne s'était pas considéré comme lié par ses directives et qu'il avait procédé à un examen particulier de la situation de chaque officier (13 juill. 1962, *Arnaud*, Rec. 474 ; AJ 1962.545, chr. Galabert et Gentot).

3 ***B.*** — Ces solutions présentaient des inconvénients graves en *matière d'interventionnisme économique* se réalisant par la voie d'incitations, notamment par l'octroi d'avantages liés à des opérations déterminées : le pouvoir d'accorder ces avantages étant fréquemment conféré à des autorités déconcentrées, ou même à des collectivités décentralisées ou à des organismes privés, il devenait indispensable de permettre à l'administration de fixer d'avance, et de faire connaître aux intéressés, les critères objectifs qui allaient inspirer ses décisions.

Comme l'a souligné le commissaire du gouvernement, une telle définition est « indispensable autant pour assurer l'égalité des candidats et éviter les discriminations arbitraires entre eux que pour maintenir... la cohérence de l'action administrative, et même laisser place aux perspectives ouvertes par l'informatique ». Sans doute la détermination de tels critères pourrait-elle être réalisée par voie de décrets ; mais le caractère technique de la matière et la nécessité d'une adaptation constante aux fluctuations de la conjoncture s'accommodent mal de la forme rigide du décret et appellent plutôt le recours à des procédés plus souples.

La jurisprudence *Arnaud* satisfaisait mal à ces exigences, comme l'a dit M. Bertrand. D'une part, les décisions individuelles prises exclusivement par référence à des critères objectifs fixés d'avance devraient être annulées soit pour incompétence de l'auteur de la directive soit pour méconnaissance de la règle de l'examen individuel, ce qui revenait à exclure toute doctrine administrative. D'autre part, « le contrôle de légalité de la juridiction administrative, qui doit être ici d'autant plus vigilant que les décisions comportent davantage d'incidences sur la vie même du pays, risque de se trouver tout ensemble en porte-à-faux et dépourvu d'efficacité » : à quoi servirait-il en effet que le Conseil d'État ait reconnu au juge, par l'arrêt *Maison Genestal* (CE Sect. 26 janv. 1968, Rec. 62, concl. Bertrand – v. n° 73.6), le pouvoir d'exiger de l'administration qu'elle l'éclaire sur les motifs de fait et de droit qui l'ont conduite à prendre sa décision si celle-ci devait être annulée automatiquement pour erreur de droit chaque fois que ces motifs consistent dans l'application de critères objectifs fixés à l'avance ?

Pour remédier à cette situation, il aurait fallu reconnaître le pouvoir réglementaire aux ministres, et même aux autres autorités ou organismes investis d'un pouvoir discrétionnaire de décision. Bien qu'il y ait été vivement incité en 1969 par son commissaire du gouvernement, Mme Questiaux, le Conseil d'État refusa de s'engager sur cette voie, en raison des obstacles constitutionnels que comportait un élargissement aussi important – et qui n'aurait pu rester limité au domaine économique – du pouvoir réglementaire (CE Sect. 23 mai 1969, *Société Distillerie Brabant et Cie*, Rec. 264, concl. Questiaux – v. n° 51.5).

4 Aussi est-ce par une autre voie que M. Bertrand suggéra au Conseil d'État de résoudre le problème. S'inspirant d'une solution qui était admise par les jurisprudences belge et italienne, le commissaire du gouvernement proposa d'« admettre d'une manière générale que les motifs d'une décision individuelle puissent légalement consister en une référence à la doctrine que l'administration s'est donnée et qui, dès lors qu'elle est appliquée, doit l'être à toutes les situations semblables, à peine de méconnaissance de la règle de non-discrimination » ; cette solution devait toutefois être subordonnée à la double condition « que les directives invoquées, auxquelles s'étendrait naturellement le contrôle exercé par le juge sur les motifs des décisions individuelles, soient conformes aux fins poursuivies par le législateur ou l'autorité réglementaire, et qu'elles ne soient pas exclusives de dérogations justifiées par des circonstances particulières dont l'administration resterait tenue de rechercher dans chaque cas si elles existent ». Cette construction n'aboutit pas à conférer aux normes énoncées par l'administration une valeur réglementaire, elle ne conduit pas à « créer une catégorie nouvelle d'actes administratifs, au-dessous en quelque sorte du règlement, puisqu'elle ne fait en somme des directives qu'une sorte de codification des motifs susceptibles d'être invoqués par l'autorité administrative et que la valeur des normes énoncées ne serait reconnue qu'au plan de la motivation des décisions individuelles ».

Conformément à ces conclusions, le Conseil d'État décida que la décision de refus de subvention opposée par la commission nationale aux requérantes n'était pas entachée d'une erreur de droit pour le simple motif qu'elle était fondée sur les normes contenues dans une directive. L'arrêt prend soin de relever que, par cette directive, la commission « entendait, sans renoncer à exercer son pouvoir d'appréciation, sans limiter celui des commissions départementales et sans édicter aucune condition nouvelle à l'octroi de l'allocation dont s'agit, définir des orientations générales en vue de diriger les interventions du Fonds » ; il relève également que les intéressées « n'invoquent aucune particularité de leur situation au regard des normes susmentionnées, ni aucune considération d'intérêt général de nature à justifier qu'il y fût dérogé et dont la commission nationale aurait omis l'examen (et) qu'elles ne soutiennent pas davantage que la directive dont s'agit aurait méconnu les buts envisagés lors de la création du Fonds national d'amélioration de l'habitat ».

5 **II.** — L'arrêt *Crédit foncier de France* et la jurisprudence ultérieure permettent de préciser ce qu'on peut appeler *le statut de la directive*.

Celle qu'il régit doit être distinguée d'autres directives qui, sous la même appellation, correspondent à d'autres notions et à d'autres solutions : – directives communautaires (v. nos obs. sous les arrêts du 22 déc. 1978, *Cohn-Bendit* * et du 3 févr. 1989, *Compagnie Alitalia* *) ; – directives dont le législateur a prévu l'adoption dans l'exercice du pouvoir réglementaire du gouvernement (par ex. directives territoriales d'aménagement du territoire de la loi du 4 février 1995) ; – directives qui correspondent à des circulaires et qui sont reconnues comme des actes faisant grief dès lors qu'elles ont un caractère impératif (CE 18 déc. 2002, *Mme Duvignères** et nos obs.). À l'inverse, sous l'intitulé « circulaire », on trouve des dispositions qui correspondent à la directive de la jurisprudence *Crédit foncier de France* (CE Sect. 18 nov. 1977, *SA Entreprise Marchand*, Rec. 442, concl. Franc ; AJ 1978.654, note Mesnard).

Le statut de la directive *Crédit foncier de France* concerne tant sa *mise en place* (A) que sa *mise en œuvre* (B).

6 ***A.*** — Pour sa *mise en place*, il faut déterminer ses auteurs, son contenu, sa publicité.

1°) Les *autorités compétentes* pour l'adopter sont celles auxquelles a été remis un pouvoir d'instruction, dans les deux sens du terme.

Il s'agit d'abord de celui du supérieur à l'égard de ses subordonnés. Un ministre peut, dans l'exercice de son autorité hiérarchique, donner des directives à ses services quant à l'attitude à observer, en principe, à l'égard de certaines demandes, en réservant la possibilité d'examiner la situation individuelle des intéressés (CE 29 juill. 1994, *Ministre de l'éducation nationale c. Époux Gentilhomme*, Rec. 371). Une commission nationale chargée du contrôle de commissions départementales peut leur adresser des directives *(Crédit foncier de France).*

Le pouvoir d'examiner des situations individuelles comporte aussi celui de déterminer à l'avance les principes applicables. Il appartient tant à l'autorité chargée de prendre les décisions *(Crédit foncier de France)* qu'à un organisme consultatif : « rien ne s'oppose à ce que des organismes consultatifs chargés de donner leur avis sur des demandes présentées à l'administration procèdent à l'examen de ces demandes en fonction de critères objectifs susceptibles, notamment, d'établir des ordres de priorité entre les catégories de demandeurs » (CE 27 oct. 1972, *Ministre de la santé publique et de la sécurité sociale c. Delle Ecarlat*, Rec. 682 ; RDSS 1972.542, note Moderne).

7 *2°)* Le *contenu* de la directive s'apprécie négativement et positivement.

Il ne doit pas comporter de condition nouvelle par rapport aux dispositions applicables (*Delle Ecarlat*, précité ; – CE 14 déc. 1988, *SA « Gibert Marine »*, Rec. 444 ; AJ 1989.266, note J.B. Auby), ni méconnaître les buts définis par celles-ci (CE 20 janv. 1971, *Union départementale des sociétés mutualistes du Jura*, Rec. 45 ; D. 1971.673, note Loschak ; JCP 1972.II.17132, note Fromont ; – *SA « Gibert Marine »*, précité), ni violer d'autres principes en vigueur (CE Sect. 29 juin 1973, *Société Géa*, Rec. 453 ; AJ 1973.587, chr. Franc et Boyon et 589, note Vier ; D. 1974.141, note Durupty ; RDP 1974.547, note M. Waline), ni enfin lier le pouvoir d'appréciation de l'autorité chargée, en l'appliquant, de prendre les décisions individuelles (*Ministre de l'éducation nationale c. Époux Gentilhomme*).

Sous ces réserves, elle peut définir les orientations générales en vue de l'adoption des décisions individuelles, l'attitude à suivre en principe (*Ministre de l'éducation nationale c. Époux Gentilhomme*), les critères à mettre en œuvre normalement (*Société Géa*).

3°) L'arrêt *Société Géa* soustrayait les directives à la publication, pour la raison fondamentale qu'elles « n'avaient aucun caractère réglementaire, ne modifiaient pas, par elles-mêmes, la situation juridique des intéressés ». En dispensant l'administration de publier ses directives, le Conseil d'État privait sans doute ce procédé d'une partie de son utilité qui est, on l'a vu, de faire connaître par avance aux intéressés les conditions dans lesquelles l'administration entend en principe exercer son pouvoir d'appréciation : l'administré auquel a été opposée une décision de refus devait ainsi attaquer celle-ci alors qu'il était censé ignorer le contenu des « orientations générales » sur la base desquelles cette décision a été prise.

La loi du 17 juill. 1978 a renversé la solution en exigeant (art. 9) la publication régulière des directives autant que des instructions, circulaires, notes et autres documents analogues.

8 *B.* — Cela ne change pas les données de leur mise en œuvre.

La directive sert de *fondement* à des mesures (1°), mais elle peut être *écartée* (2°).

1°) Elle *constitue la norme* au regard de laquelle les décisions ultérieures sont adoptées.

Le fait qu'une décision individuelle octroyant ou refusant un avantage est prise par référence à « des orientations générales » définies par une directive n'entache pas cette décision d'une erreur de droit : tel est l'apport de l'arrêt *Crédit foncier de France,* dont la différence par rapport à l'arrêt *Distillerie Brabant* est, sur ce point, manifeste (v. en ce sens notamment *Entreprise Marchand*, précité, à propos des directives concernant l'utilisation du domaine maritime et fluvial ; *Gibert Marine*, à propos d'une directive relative à la coordination de l'action des pouvoirs publics en matière d'investissements privés : « en se fondant ainsi sur cette directive... le préfet n'a pas commis une erreur de droit »).

Les administrés doivent pouvoir revendiquer l'application d'une directive lorsque leur situation correspond à celle qu'elle a prévu. La solution était déjà impliquée par la jurisprudence. Elle est reprise par le décret du 28 nov. 1983, permettant à tout intéressé de « se prévaloir, à l'encontre de l'administration, des instructions, directives et circulaires publiées... lorsqu'elles ne sont pas contraires aux lois et règlements ».

L'administration ne peut pas ajouter des motifs à ceux que prévoyaient non seulement ces lois et règlements, mais la directive elle-même (CE 12 déc. 1997, *Oniflhor*, DA févr. 1998, concl. Stahl).

9 *2°)* Mais la directive peut être *écartée*, soit pour les circonstances propres à chaque affaire soit en raison de sa propre illégalité.

La directive n'impose pas absolument le respect des orientations qu'elle contient, sauf à se transformer en une circulaire impérative. Elle laisse aux autorités chargées de la mettre en œuvre un pouvoir d'appréciation, dont l'exercice comporte deux aspects :

– d'une part, l'auteur de la décision doit procéder à un examen de la situation individuelle du demandeur (*Ecarlat, Géa, Gibert Marine*) ; il y a là une nuance par rapport à l'arrêt *Crédit foncier de France,* lequel paraissait écarter l'obligation de l'examen cas par cas dans la mesure où les intéressés « n'invoquent aucune particularité de leur situation au regard des normes » contenues dans la directive ;

– d'autre part, il peut être dérogé aux normes dégagées par la directive en raison aussi bien de la particularité de la situation de l'intéressé que d'un motif d'intérêt général : ce sont là deux considérations qui permettent d'établir des différences de traitement (v. nos obs. sous l'arrêt CE 9 mars 1951, *Société des concerts du conservatoire**) et qui montrent que le principe d'égalité domine l'application des directives, comme l'avait souligné M. Bertrand.

La directive peut être écartée parce qu'elle est *elle-même illégale.*

N'étant pas un acte administratif faisant grief, car elle n'a pas de caractère impératif, ne modifie pas la situation juridique des intéressés, elle n'est pas susceptible de faire l'objet d'un recours pour excès de pouvoir (CE 18 oct. 1991, *Union nationale de la propriété immobilière*, Rec. 338). La légalité de la directive ne peut être appréciée que par voie d'exception, à l'occasion des recours dirigés contre les décisions qui en font application (même arrêt).

10 La directive de la jurisprudence *Crédit foncier de France* n'a peut-être pas eu l'avenir prometteur qu'on a prédit lorsque cet arrêt a été rendu. Elle n'en continue moins à connaître une application pratique et à réapparaître épisodiquement au contentieux. Elle a son équivalent en droit communautaire : « la Commission peut s'imposer des orientations pour l'exercice de ses pouvoirs d'appréciation par des actes comme les lignes directrices..., dans la mesure où ils contiennent des règles indicatives sur l'orientation à suivre par cette institution et où ils ne s'écartent pas des normes du Traité » (CJCE 20 oct. 2000, *Allemagne c. Commission*, aff. C – 288/96, Rec. I.8237 ; – 22 mars 2001, *France c. Commission*, aff. C – 17/99, Rec. I.2481).

89

EXPROPRIATION – NOTION D'UTILITÉ PUBLIQUE – CONTRÔLE DU JUGE DE L'EXCÈS DE POUVOIR

CE Ass. 28 mai 1971, MINISTRE DE L'ÉQUIPEMENT ET DU LOGEMENT c. FÉDÉRATION DE DÉFENSE DES PERSONNES CONCERNÉES PAR LE PROJET ACTUELLEMENT DÉNOMMÉ « VILLE NOUVELLE EST » Rec. 409, concl. Braibant

(AJ 1971.404, chr. Labetoulle et Cabanes et 463, concl. Braibant ; RA 1971.422, concl. Braibant ; CJEG 1972.J.38, note Virole ; D. 1972.194, note Lemasurier ; JCP 1971.II.16873, note Homont ; RDP 1972.454, note M. Waline)

Cons. qu'aux termes de l'art. 1er du décret n° 59-701 du 6 juin 1959 portant règlement d'administration publique relatif à la procédure d'enquête préalable à la déclaration d'utilité publique, à la détermination des parcelles à exproprier et à l'arrêté de cessibilité : « l'expropriant adresse au préfet pour être soumis à l'enquête un dossier qui comprend obligatoirement : I. Lorsque la déclaration d'utilité publique est demandée en vue de la réalisation de travaux ou d'ouvrages : 1° Une notice explicative indiquant notamment l'objet de l'opération ; 2° Le plan de situation ; 3° Le plan général des travaux ; 4° Les caractéristiques principales des ouvrages les plus importants ; 5° L'appréciation sommaire des dépenses. – II. Lorsque la déclaration d'utilité publique est demandée en vue de l'acquisition d'immeubles : 1° Une notice explicative indiquant notamment l'objet de l'opération ; 2° Le plan de situation ; 3° Le périmètre délimitant les immeubles à exproprier ; 4° L'estimation des acquisitions à réaliser » ;

Cons. que ces dispositions distinguent, en ce qui concerne la constitution du dossier soumis à l'enquête préalable à la déclaration d'utilité publique, d'une part, dans son paragraphe 1er, le cas où l'expropriation a pour objet la réalisation de travaux ou d'ouvrages, et d'autre part, dans son paragraphe 2, le cas où l'expropriation n'a d'autre objet que l'acquisition d'immeubles ;

Cons. que, si la création d'une ville nouvelle implique normalement, d'une part, l'acquisition de terrains et, d'autre part, la réalisation de travaux et d'ouvrages par la collectivité publique appelée à acquérir ces terrains, l'administration peut se borner à procéder, dans un premier temps, à la seule acquisition des terrains, au lieu de poursuivre simultanément les deux opérations, lorsqu'il apparaît qu'à la date d'ouverture de l'enquête préalable à la déclaration d'utilité publique, l'étude du programme des travaux et ouvrages n'a pu, en l'absence des éléments nécessaires, être suffisamment avancée ; qu'en pareil cas le dossier de l'enquête peut ne comprendre que les documents exigés par le paragraphe II de l'art. 1er du décret du 6 juin 1959 ;

Cons. qu'il résulte des pièces du dossier qu'à la date du 23 sept. 1967, à laquelle a été pris l'arrêté préfectoral ouvrant l'enquête prescrite en vue de la déclaration d'utilité publique de l'acquisition des immeubles nécessaires à la création de la ville nouvelle Est de Lille, l'administration ne possédait qu'une première esquisse du schéma de secteur d'aménagement et d'urbanisme applicable à la ville nouvelle ; que, notamment, ni les établissements universitaires qu'elle doit comporter, ni l'axe routier destiné à la desservir n'avaient fait l'objet, quant à leur implantation et à leurs caractéristiques, d'études précises ; qu'ainsi l'administration n'était pas en mesure de présenter à la date susindiquée un plan général des travaux ainsi que les caractéristiques des ouvrages les plus importants ; que, dès lors, elle pouvait, comme elle l'a fait, se borner à procéder à la seule acquisition des terrains nécessaires et a, par suite, pu légalement ne faire figurer au dossier de l'enquête préalable à la déclaration d'utilité publique que les documents exigés par l'art. 1er paragraphe II du décret du 6 juin 1959 précité ;

Cons. qu'il résulte de ce qui précède que c'est à tort que le tribunal administratif s'est fondé sur l'absence, dans le dossier d'enquête, de certains documents exigés par le paragraphe I de l'art. 1er de ce décret pour annuler, comme reposant sur une procédure irrégulière, l'arrêté susvisé du ministre de l'équipement et du logement ;

Cons. toutefois, qu'il appartient au Conseil d'État, saisi de l'ensemble du litige par l'effet dévolutif de l'appel, d'examiner les autres moyens soulevés par la « Fédération de défense des personnes concernées par le projet actuellement dénommé Ville Nouvelle Est » ;

Sur la compétence du ministre de l'équipement et du logement pour déclarer l'utilité publique de l'opération :

Cons. qu'il résulte des dispositions de l'art. 2 de l'ordonnance du 23 oct. 1958 et de l'art. 1er du décret no 59-680 du 19 mai 1959 que le ministre de l'équipement et du logement était compétent pour déclarer d'utilité publique l'acquisition des terrains nécessaires à la création de la ville nouvelle dès lors que l'avis du commissaire enquêteur était favorable ; que, si, selon ledit art. 1er du décret du 19 mai 1959, la construction d'une autoroute doit dans tous les cas être déclarée d'utilité publique par décret en Conseil d'État, le moyen tiré de ce qu'une telle voie de circulation figure dans les plans établis pour la ville nouvelle manque en fait ; que, si une partie des terrains à acquérir est destinée à des établissements d'enseignement supérieur, aucune disposition législative ou réglementaire n'impose que l'arrêté déclarant cette acquisition d'utilité publique soit signé par le ministre de l'éducation nationale ;

Sur la procédure d'enquête :

Cons. que l'art. 2 du décret du 6 juin 1959, selon lequel « Le préfet désigne par arrêté un commissaire enquêteur ou une commision d'enquête », laisse cette autorité libre de choisir l'une ou l'autre formule ; que la Fédération demanderesse n'est, par suite, pas fondée à soutenir qu'en raison de l'importance de l'opération, une commission aurait dû être désignée ;

Cons. qu'il ressort des pièces du dossier que les prescriptions de l'art. 2 du décret du 6 juin 1959 relatives à la publicité de l'arrêté ordonnant l'enquête ont été respectées ; qu'aucune disposition législative ou réglementaire ne prévoit que le rapport du commissaire enquêteur qui, selon les art. 8 et 20 de ce décret, est transmis au préfet ou au sous-préfet, doive être communiqué aux personnes visées par la procédure d'expropriation ;

Cons. qu'il ne ressort pas des pièces du dossier que, comme le soutient la Fédération demanderesse, l'évaluation du coût des acquisitions foncières jointe au dossier d'enquête ait été affectée d'une grave inexactitude ;

Sur l'utilité de l'opération :

Cons. qu'une opération ne peut être légalement déclarée d'utilité publique que si les atteintes à la propriété privée, le coût financier et éventuellement les inconvénients d'ordre social qu'elle comporte ne sont pas excessifs eu égard à l'intérêt qu'elle présente ;

Cons. qu'il ressort des pièces versées au dossier que l'aménagement de la zone sur laquelle porte la déclaration d'utilité publique a été conçu de telle sorte que les bâtiments universitaires qui doivent y trouver place ne soient pas séparés des secteurs réservés à l'habitation ; que l'administration justifie avoir dû, pour assurer un tel aménagement, englober dans cette zone un certain nombre de parcelles comportant des constructions qui devront être démolies ; que, dans ces conditions, et compte tenu de l'importance de l'ensemble du projet, la circonstance que son exécution implique que disparaissent une centaine de maisons d'habitations n'est pas de nature à retirer à l'opération son caractère d'utilité publique ;

Sur le détournement de pouvoir :

Cons. que le détournement de pouvoir allégué n'est pas établi ;... (Annulation du jugement ; rejet de la demande).

OBSERVATIONS

En 1966 le gouvernement décida une « expérience d'urbanisme » à Lille : en vue tout à la fois de « sortir l'enseignement supérieur du centre ville où il éclate » et de « réintégrer les étudiants dans la ville » en édifiant, à l'occasion d'un programme universitaire, un ensemble urbain nouveau, il adopta un projet de création, à l'est de Lille, d'un complexe universitaire destiné à accueillir plus de trente mille étudiants et d'une ville nouvelle de vingt à vingt-cinq mille habitants. Le projet, qui affectait cinq cents hectares et dont le coût était évalué à un milliard de francs, comportait l'expropriation et la démolition de deux cent cinquante maisons d'habitation dont certaines venaient d'être achevées en vertu de permis de construire délivrés l'année précédente. Devant les vives protestations que souleva cette intention des services de l'équipement de démolir des logements modestes édifiés récemment avec leur accord, l'administration modifia son projet de manière à ramener à quatre-vingt-huit le nombre des habitations à démolir ; elle écarta en revanche la solution que lui avait proposée une association de défense et qui consistait, en vue d'épargner encore quatre-vingts immeubles supplémentaires, à déplacer l'axe routier nord-sud prévu dans le projet. L'opération ayant été finalement déclarée d'utilité publique par un arrêté du ministre de l'équipement et du logement en date du 3 avr. 1968, l'association de défense déféra cet arrêté à la censure du juge de l'excès de pouvoir. A côté de plusieurs autres moyens de procédure et de fond, l'association soutenait que la destruction d'une centaine de logements, qu'un tracé différent de l'autoroute aurait permis d'éviter, constituait un prix trop élevé pour l'opération projetée : celle-ci était dès lors, selon la Fédération de défense, dépourvue d'utilité publique et l'arrêté du 3 avr. 1968 devait être annulé.

1 **I.** — Ce n'est évidemment pas la première fois que se trouvait posé devant le Conseil d'État le problème du contrôle du juge de l'excès de pouvoir sur l'utilité publique d'une opération d'expropriation. Traditionnellement le juge administratif vérifiait si l'opération correspondait en elle-même à un but d'utilité publique mais refusait d'examiner le contenu concret du projet et, notamment, le choix des parcelles à exproprier. Ainsi, par exemple, à l'occasion d'une expropriation en vue de la construction d'une autoroute, le juge se bornait à vérifier si la construction d'une autoroute était en elle-même – et indépendamment des caractères propres du projet en cause – d'utilité publique, mais, cela fait, refusait d'examiner le choix du tracé retenu par l'administration (CE Ass. 30 juin 1961, *Groupement de défense des riverains de la route de l'intérieur*, Rec. 452 ; D. 1961.663, concl. Kahn, note Josse ; AJ 1961.646, concl. Kahn). De même, une fois constaté que la création d'un aérodrome était en soi « une opération pouvant être légalement déclarée d'utilité publique », le Conseil d'État refusait d'en apprécier l'opportunité et relevait que « les circonstances, alléguées par les requérants, que l'opération poursuivie par la commune de l'Aigle ne serait pas suffisamment justifiée par les besoins de la population tant au regard du transport aérien qu'au regard de la pratique des sports aéronautiques et excéderait les moyens financiers de la commune ne sauraient être utilement invoquées devant le juge de l'excès de pouvoir » (CE 13 mai 1964, *Malby et Bedouet*, AJ 1965.35, note Laporte). De même encore, après avoir constaté que « les opérations... de construction... de logements nécessaires pour la réalisation d'une zone à urbaniser par priorité peuvent également faire l'objet d'une déclaration d'utilité publique », le Conseil d'État indiquait que « les critiques des requérants portant notamment sur le choix des terrains et la localisation prévue des ouvrages ont trait à l'opportunité des opérations envisagées et ne sauraient, dès lors, être utilement discutées devant le juge administratif » (CE 27 févr. 1970, *Chenu*, Rec. 148). Un examen concret de l'opération projetée n'intervenait que pour permettre au juge de déceler un éventuel détournement de pouvoir (par ex. CE 4 mars 1964, *Dame Vve Borderie*, Rec. 157 : création d'un centre hippique municipal destiné en fait à permettre l'installation d'un club hippique privé).

2 **II.** — Conforme à la distinction classique entre le contrôle de la qualification juridique des faits et celui de l'opportunité (v. nos obs. sous CE 4 avr. 1914, *Gomel* *), cette jurisprudence devait

conduire en pratique à un amenuisement considérable du rôle effectif du juge administratif à partir du moment où la notion d'utilité publique a été conçue de manière de plus en plus large, toute opération ayant un lien, même ténu, avec l'intérêt général étant désormais regardée comme d'utilité publique (voir par ex. CE Ass. 20 déc. 1938, *Cambieri*, Rec. 962 ; D. 1939.3.15, concl. Josse : construction d'une auberge de jeunesse ; – 12 avr. 1967, *Société nouvelle des entreprises d'hôtels*, Rec. 154 : construction d'un hôtel et d'un casino à Nice). Ce rétrécissement du contrôle juridictionnel sur l'utilité publique des opérations d'expropriation était d'autant plus regrettable que, dans le même temps, ces opérations changeaient progressivement de visage. A l'expropriation isolée de quelques parcelles rurales dans le but de construire une école ou de rectifier une route, ont succédé de vastes opérations d'urbanisme ou de construction d'autoroutes frappant des centaines de propriétés, et entraînant parfois la démolition de nombreux immeubles d'habitation.

En outre, l'expropriation peut être poursuivie aujourd'hui au bénéfice, non plus seulement d'une collectivité publique, mais d'une société d'économie mixte ou même, dans le cas de certaines opérations d'urbanisme, d'un promoteur privé. La distinction des intérêts publics et des intérêts privés s'estompe, l'intérêt général pouvant être satisfait dans certains cas par l'intermédiaire de la satisfaction d'intérêts purement privés (cf CE 20 juill. 1971, *Ville de Sochaux*, Rec. 561 ; AJ 1972.227, note Homont : « si la déviation de la route en question procure à la société automobiles Peugeot un avantage direct et certain, il est conforme à l'intérêt général de satisfaire à la fois les besoins de la circulation publique et les exigences du développement d'un ensemble industriel qui joue un rôle important dans l'économie régionale »).

Comme l'a dit le commissaire du gouvernement Braibant, « la situation se trouve ainsi modifiée et parfois même renversée : il n'y a plus seulement d'un côté la puissance publique et l'intérêt général, et de l'autre la propriété privée ; de plus en plus fréquemment divers intérêts publics se trouvent en présence derrière les expropriants et les expropriés ; et il peut même arriver que les intérêts privés qui bénéficieront de l'opération pèsent plus lourd dans le processus de décision que les intérêts publics auxquels elle est susceptible de nuire. Il n'est donc pas possible de s'en tenir à la question de savoir si l'opération présente par elle-même une utilité publique. Il faut encore mettre en balance ses inconvénients avec ses avantages, son coût avec son rendement, ou, comme diraient les économistes, sa désutilité avec son utilité ».

3 Aussi n'est-il guère étonnant qu'avant même l'intervention de la décision commentée le Conseil d'État ait accepté parfois d'aller au-delà de son contrôle traditionnel sur l'utilité publique *in abstracto* pour examiner la conformité avec l'intérêt général de l'opération envisagée concrètement.

C'est ainsi qu'il a admis l'utilité publique de l'extension de l'hippodrome de Cagnes-sur-Mer compte tenu de ce que cette opération avait « pour but de contribuer au développement économique et touristique des communes de Nice et de Cagnes-sur-Mer » (CE 10 févr. 1958, *Bô*, Rec. 918 ; AJ 1958.II.128, note J.G.). Il a de même admis la rénovation d'un îlot d'immeubles dans le centre de Firminy sans se borner à constater que la rénovation urbaine constituait en soi une opération d'utilité publique mais parce que cette rénovation « est susceptible, notamment par la création d'espaces et d'emplacements réservés au stationnement qui font actuellement défaut, de permettre une meilleure utilisation du centre de la ville de Firminy » (CE 27 mai 1964, *Groupement de défense de l'îlot de Firminy-centre*, Rec. 299 ; AJ 1964.432, concl. Rigaud ; RDP 1965.264, note M. Waline). Dans l'affaire dite des *« boues rouges de Cassis »*, le Conseil d'État ne s'est pas davantage borné à constater que la construction d'une canalisation destinée au transport des résidus chimiques d'une usine de la Compagnie Péchiney et à leur évacuation dans la baie de Cassis appartenait à une catégorie de travaux que la loi elle-même déclarait d'utilité publique ; il a tenu à relever « que le déversement des déchets doit s'effectuer dans une fosse marine d'au moins mille mètres de profondeur à plus de sept kilomètres de la côte... (et) qu'il ne résulte pas des pièces versées au dossier que... ce déversement serait de nature à porter atteinte à la santé publique ou à la faune et à la flore sous-marines ou à mettre en cause le développement économique et touristique des régions côtières ; que, par suite, les requérants ne sont pas fondés à soutenir que les risques graves que l'exécution des travaux projetés comporterait pour l'intérêt général auraient pour effet d'entacher la déclaration d'utilité publique d'illégalité » (CE 15 mars 1968, *Commune de Cassis*, Rec. 189). Dans le même ordre d'idées, le Conseil d'État a insisté sur l'obligation de faire figurer au dossier d'enquête d'une expropriation une appréciation sommaire des dépenses qui doit « permettre à tous les intéressés de s'assurer que les travaux ou ouvrages, compte tenu de leur coût total réel, tel qu'il peut être raisonnablement apprécié à l'époque de l'enquête, ont un caractère d'utilité publique » (CE Ass. 23 janv. 1970, *Époux Neel*, Rec. 44, concl. Baudouin ; AJ 1970.298, note Homont).

4 C'est cette évolution que M. Braibant proposa au Conseil d'État de mener à son terme en décidant que, dans chaque cas, l'utilité publique serait appréciée compte tenu de la balance des avantages et des inconvénients de l'opération. A ce titre, le juge devrait naturellement tenir compte, au premier chef, du coût financier de l'opération : « tel projet, valable à l'échelon d'une région ou d'une grande ville, ne le sera plus à celui d'une petite commune pour laquelle il constituerait une charge trop lourde ». Mais à côté du coût financier, il conviendrait aussi de prendre en considération le coût social de l'opération : « A un moment où il est beaucoup question... d'environnement et de cadre de vie, il faut éviter que des projets par ailleurs utiles viennent aggraver la pollution ou détruire une partie du patrimoine naturel et culturel du pays ; la tentation est grande de sacrifier la tranquillité des habitants d'une banlieue à un aérodrome, la forêt de Fontainebleau à une autoroute, ou les pavillons de Baltard à une station de métro. Il importe que, dans chaque cas, le pour et le contre soient pesés avec soin, et que l'utilité publique de l'opération ne masque pas son éventuelle nocivité publique. »

En l'espèce, ajoutait le commissaire du gouvernement, la destruction d'une centaine de logements était compensée par la construction d'un axe routier central d'un ensemble comprenant une ville nouvelle de vingt mille habitants et un complexe universitaire de trente mille étudiants : « l'importance de cette opération doit être mise en balance avec le nombre de logements à détruire ; il serait certainement déraisonnable de déloger cent familles pour en reloger cinquante ; il est déjà beaucoup plus normal de détruire cent logements dans le cas d'une opération qui doit permettre d'en construire plusieurs milliers ». Sans doute aurait-on pu déplacer l'axe routier, comme l'avait demandé la fédération requérante, mais on aurait alors séparé le complexe universitaire du reste de la ville, alors que l'opération avait précisément pour objet de les rapprocher.

Conformément à ces conclusions, l'assemblée du contentieux a posé en principe qu'« une opération ne peut être légalement déclarée d'utilité publique que si les atteintes à la propriété privée, le coût financier et éventuellement les inconvénients d'ordre social qu'elle comporte ne sont pas excessifs eu égard à l'intérêt qu'elle présente », et elle a décidé qu'en l'espèce, « compte tenu de l'importance de l'ensemble du projet, la circonstance que... disparaissent une centaine de maisons d'habitations n'est pas de nature à retirer à l'opération son caractère d'utilité publique ».

III. — Depuis l'arrêt *Ville nouvelle Est,* le contrôle du juge de l'excès de pouvoir sur l'utilité publique d'une opération a été précisé dans plusieurs directions.

5 *a)* Dans l'appréciation des avantages et inconvénients de l'opération, le Conseil d'État a fait entrer en ligne de compte « l'atteinte à d'autres intérêts publics » que l'opération est susceptible de comporter. Dans un arrêt d'assemblée du 20 octobre 1972, *Société civile Sainte-Marie de l'Asssomption* (Rec. 657, concl. Morisot ; RDP 1973.843, concl. Morisot ; AJ 1972.576, chr. Cabanes et Léger ; JCP 1973.II.17470, note B. Odent ; CJEG 1973.J.60, note Virole), le Conseil d'État a en effet eu à se prononcer sur l'utilité publique de la construction de l'autoroute nord de Nice destinée à relier la Provence à l'Italie en contournant l'agglomération niçoise, ainsi que sur celle des ouvrages destinés à relier cette autoroute à

la voirie urbaine de Nice grâce à une bretelle de raccordement et à un échangeur. Or cette opération menaçait l'hôpital psychiatrique Sainte-Marie, établissement privé faisant face pratiquement à lui seul, en l'absence de tout hôpital public de ce genre dans le département, aux besoins de ce dernier en matière de traitement des maladies mentales : l'autoroute elle-même entraînait la destruction d'un bâtiment de quatre-vingts lits ; la bretelle surplombait de près l'hôpital et interdisait tout projet d'extension ; l'échangeur imposait la démolition d'un réfectoire et privait l'hôpital de ses espaces verts et de son parc de stationnement. L'opération n'opposait donc pas seulement l'intérêt général à des intérêts privés, mais comportait un conflit entre deux intérêts publics : celui de la circulation et celui de la santé publique. Normalement c'est à l'administration qu'il appartient d'arbitrer en pareil cas entre les intérêts publics contradictoires ; mais le commissaire du gouvernement Morisot proposa au Conseil d'État d'inclure dans son contrôle de l'utilité publique l'équilibre réalisé entre eux ; cette extension s'imposait d'autant plus en l'espèce, souligna-t-il, que le ministre de la santé publique n'avait pas été consulté sur l'opération et qu'en cours d'instance il avait même fait connaître son opposition. Aussi M. Morisot demanda-t-il au Conseil de « refuser de reconnaître l'utilité publique d'une opération qui, quel que soit son intérêt, porte une atteinte grave à un autre intérêt public important ». Le Conseil d'État suivit son commissaire du gouvernement et effectua un arbitrage nuancé entre les deux intérêts publics en cause : la démolition d'un bâtiment de quatre-vingts lits ne lui parut pas constituer un inconvénient excessif par rapport à l'avantage attendu de la liaison autoroutière au nord de l'agglomération ; la construction de la bretelle de raccordement et de l'échangeur fut en revanche condamnée malgré l'intérêt de ces ouvrages pour la circulation, parce qu'elle aurait créé autour de l'hôpital une zone de circulation intense et, partant, de bruit, et qu'elle aurait privé l'établissement de ses espaces verts et de toute possibilité d'extension.

Le décret déclaratif d'utilité publique fut dès lors annulé en tant qu'il prévoyait la construction de la bretelle de raccordement et de l'échangeur : c'est la première fois que la jurisprudence *Ville nouvelle Est* conduisait à l'annulation d'une déclaration d'utilité publique.

Le principe est donc acquis qu'« une opération ne peut légalement être déclarée d'utilité publique que si les atteintes à la propriété privée, le coût financier et éventuellement les inconvénients d'ordre social ou l'atteinte *à d'autres intérêts publics* qu'elle comporte ne sont pas excessifs eu égard à l'intérêt qu'elle présente » : la formule de l'arrêt *Ville nouvelle Est* complétée par l'arrêt *Sainte-Marie de l'Assomption* se retrouve depuis lors dans de nombreux arrêts.

6 *b)* Dans la logique de l'examen concret de l'utilité publique, le juge administratif a été conduit à exercer un contrôle sur le choix de la localisation de l'opération projetée. La question s'est posée de manière précise au Conseil d'État dans une affaire jugée le 22 févr. 1974 par l'assemblée du contentieux, *Adam* (Rec. 145 ; D. 1974.430, note Gilli ; JCP 1975.II.18064, note B. Odent ; RDP 1975.486, concl. Gentot ; RDP 1974.1780, note M. Waline ; AJ 1974.197, chr. Franc et Boyon ; AJP.I. 1974.430, note Hostiou et Girod ; CJEG 1974.211, note Virole). L'administration, qui avait retenu initialement, pour l'autoroute reliant Freyming à Strasbourg, un tracé empruntant la vallée de la Zorn, couloir naturel où passent déjà la route nationale, la voie de chemin de fer et le canal de la Marne au Rhin, avait opté finalement pour un tracé plus au nord, à travers les collines qui dominent la vallée de la Zorn. Les requérants contestaient l'utilité publique de ce nouveau tracé qui brisait une zone agricole très productive et gênait le fonctionnement de nombreuses exploitations, alors que le passage par la vallée de la Zorn aurait certes été plus coûteux en raison des terrassements et des ouvrages qu'il exigeait mais aurait évité la coupure de l'espace agricole. Le commissaire du gouvernement Gentot admit qu'il est « impossible de faire la balance des avantages et des inconvénients de la construction d'un ouvrage routier ou autoroutier en faisant abstraction de son tracé. C'est, bien entendu, en tenant compte de la future implantation de l'ouvrage en cause que le juge peut apprécier l'importance ou la gravité des atteintes qui seront portées aux propriétés privées ; de même le coût de l'opération peut varier sensiblement... suivant que l'on choisit telle ou telle localisation et, s'agissant d'une autoroute, tel ou tel tracé. Ce n'est donc point affaire d'opportunité pour l'administration que de choisir un tracé ; la décision qu'elle prend à cet égard constitue un élément de la légalité de l'opération ». L'appréciation de l'administration redevient toutefois une question de pure opportunité lorsqu'elle choisit entre deux ou plusieurs tracés également d'utilité publique : « il reste, ajoutait en effet M. Gentot, que l'autorité compétente n'est nullement tenue de choisir le meilleur tracé possible, et qu'entre plusieurs tracés possibles, dont aucun ne met en cause l'utilité publique de l'ouvrage projeté, elle doit rester libre de son choix. Vous n'avez donc pas à rechercher... lequel des deux tracés réalise l'utilité publique optimale... ; entre deux décisions légales le gouvernement peut exercer son choix en toute opportunité ». En l'espèce, le tracé par les collines comme celui par la vallée pouvaient être également regardés, compte tenu de leurs avantages et de leurs inconvénients respectifs, comme étant d'utilité publique ; M. Gentot ne cachait pas que l'on pouvait déplorer le choix finalement effectué par l'administration, mais précisait-il, « ces regrets ne peuvent concerner que l'opportunité de la décision prise et non pas sa légalité ». Conformément à ces conclusions l'arrêt se borne à examiner si le tracé par les collines, retenu par l'administration, est conforme à l'utilité publique sans rechercher si celui par la vallée n'aurait pas présenté plus d'avantages ou moins d'inconvénients.

Ainsi le contrôle du juge de la légalité porte sur les avantages et inconvénients du tracé retenu par l'administration, sans contraindre celle-ci à adopter le tracé qui correspondrait à l'utilité publique optimum (cf dans le même sens, CE Ass. 28 mars 1997, *Fédération des comités de défense contre le tracé de l'antoroute A 28*, Rec. 123 ; RFDA 1997.754, concl. Delarue ; RDP 1997.1433, note J. Waline).

7 *c)* En amont même du contrôle du bilan, la jurisprudence s'est montrée plus stricte dans l'appréciation de l'utilité d'acquisitions de terrains par voie d'expropriation. Le Conseil d'État s'est attaché à vérifier que la collectivité expropriante ne possède pas elle-même des terrains qui lui permettraient de réaliser l'opération envisagée dans des conditions équivalentes (CE 20 nov. 1974, *Époux Thony*, Rec. 1009 ; RA 1975.373, concl. Labetoulle). A propos de l'extension des services municipaux de la ville de Sceaux, le juge administratif a considéré que la possession par la ville d'un jardin attenant aux locaux de la mairie ne lui permettait pas de réaliser l'opération projetée dans des conditions équivalentes (CE Sect. 29 juin 1979, *Malardel*, Rec. 294, concl. Dondoux ; AJ 1979.10.20 chr. Robineau et Feffer ; D. 1979.I.R.516, obs. Bon ; RDP 1980.1167, note M. Waline ; CJEG 1981.4, note P.L.). En revanche, a été annulée la déclaration d'utilité publique d'une nouvelle mairie d'une commune rurale dans une hypothèse où cette dernière était propriétaire de plusieurs parcelles lui permettant d'exécuter son projet dans des conditions équivalentes (CE 3 avr. 1987, *Consorts Métayer et Époux Lacour*, Rec. 121 ; AJ 1987.549, obs. Prétot ; CJEG 1987.790 concl. Vigouroux ; RFDA 1987.531, note Pacteau).

Le Conseil d'État n'a cependant pas été jusqu'à admettre que le fait qu'un site fasse déjà l'objet d'une protection en vertu de la loi du 2 mai 1930 ou du code de l'urbanisme s'oppose à ce que son acquisition au profit du Conservatoire du littoral puisse être déclarée d'utilité publique (CE 12 avril 1995, *Conservatoire de l'espace littoral et des rivages lacustres*, Rec. 162, AJ 1995.660, note Hostiou, LPA 1995, n° 86, note Rouvillois ; RJE 1995.477, note Inserguet-Brisset).

8 *d)* Une autre conséquence a été tirée du bilan « coût-avantage ». Dès lors qu'au regard de ce dernier, l'utilité publique est admise, l'opération en cause ne peut être valablement critiquée sur la base du principe d'égalité des citoyens devant les charges publiques (CE 9 déc. 1994, *Association des riverains de l'autoroute A 12*, Rec. 542 ; AJ 1995.153, concl. Fratacci).

9 *e)* Enfin, depuis la réforme du contentieux administratif opérée par la loi du 31 décembre 1987 le Conseil d'État, lorsqu'il est appelé à se prononcer en tant que juge de cassation sur un arrêt de cour administrative d'appel relatif à la légalité d'un acte déclaratif d'utilité publique, exerce un contrôle de qualification juridique sur la notion d'utilité publique (CE Sect. 3 juill. 1998, *Mme Salva-Couderc*, Rec. 297, AJ 1998.792, chr. Raynaud et Fombeur ; RFDA 1999.112, concl. Hubert, note Bourrel ; D. 1999.101, note Hostiou).

Il lui est même possible, une fois effectuée la censure d'un raisonnement erroné en droit conduit par une Cour administrative d'appel, d'examiner le litige au fond par application de l'art. 11 de la loi du 31 déc. 1987, repris à l'art. L 821.2 du code de justice administrative. À ce dernier titre, il a pu réaffirmer la jurisprudence issue de la décision *Ville de Sochaux* du 20 juill. 1971 (*supra* n° 89-2) en admettant l'utilité publique de l'extension d'une zone artisanale à Volvic destinée principalement à permettre l'accroissement des activités de la société des eaux de Volvic, en raison du rôle prépondérant joué par cette société dans l'économie locale (CE 2 juill. 1999. *Commune de Volvic*, Rec. 238, RFDA 1999.1185, note Hostiou).

IV. — Les annulations prononcées par le juge administratif sur le fondement de la théorie du bilan coûts-avantages, ont été relativement peu nombreuses.

10 *a)* Elles ont frappé le plus souvent des opérations de portée limitée : acquisition d'un hôtel particulier en vue du « desserrement » provisoire de l'école nationale des ponts et chaussées (CE 27 juill. 1979, *Delle Drexel-Dahlgren*, Rec. 349 ; D. 1979.538, note Richer) ou d'intérêt communal : création d'un aérodrome de catégorie D sur le territoire d'une commune d'un millier d'habitants à cinquante kilomètres de Poitiers (Sect. 26 oct. 1973, *Grassin*, Rec. 598 ; AJ 1973.586, chr. Franc et Boyon ; AJ 1974.34, concl. Antoine Bernard, note J.K.) ; aménagement d'un chemin communal causant aux riverains une gêne hors de proportion avec l'intérêt de l'opération (Sect. 4 oct. 1974, *Grimaldi* Rec. 465 ; AJ 1975.128, chr. Franc et Boyon) ; lotissement communal portant une atteinte excessive à l'environnement eu égard à l'intérêt de l'opération (CE 9 déc. 1977, *Ministre de l'équipement c. Weber*, Rec. 497 ; Rev. Jur. Env. 1978.181, note Flauss) ; réalisation d'une opération touristique dans un site inscrit portant une atteinte grave à l'environnement (CE 26 mars 1980, *Premier ministre c. Veuve Beau de Loménie*, Rec. 171) ; construction de logements sociaux empêchant l'extension d'un hôtel présentant pour la commune un intérêt économique et touristique (CE 20 févr. 1987, *Commune de Lozane*, Rec. 67 ; D. 1989.126, note Stéfanski ; RFDA 1987.533, note Pacteau ; JCP 1988.II.20.982, note Hervouet) ; réalisation d'une piste cyclable coupant en deux une importante exploitation maraîchère (CE 27 mai 1987, *Ville de Villeneuve-Tolosane*, Rec. 770) ; édification d'une place plantée d'arbres dans une commune de 300 habitants déjà riche en espaces verts (CE 25 nov. 1988, *Époux Perez*, Rec. 428 ; AJ 1989.198, note J.B. Auby ; D. 1990.258, note Philippe) ; rectification minime du périmètre d'un parc communal qui a pour effet d'entraîner la démolition d'un immeuble à usage d'habitation (CE 22 févr. 1993, *Ville de Courbevoie c/ consorts Sanse*, Rec. 821 ; D. 1994. S.C. 268, obs. Bon) ; élargissement d'une rue pour faciliter l'accès à une impasse ne présentant pas un intérêt général suffisant pour compenser les atteintes à la propriété privée (CE 7 oct. 1994, *Commune de Saint-Étienne*, Rec. 982) ; aménagement d'un créneau de dépassement sur une route nationale destiné à supprimer un carrefour dangereux mais ayant pour effet, faute de plan d'ensemble, un report de la circulation sur d'autres voies qui entraîne un danger permanent et des nuisances accrues pour la population locale (CE 19 mars 2003, *M. Ferrand*).

Le Conseil d'État a cependant annulé la déclaration d'utilité publique d'un projet d'autoroute reliant les villes d'Annemasse et de Thonon-les-Bains, sans perspective de développement au-delà de cette agglomération, alors que ces villes bénéficient déjà de liaisons routières et que le coût du projet autoroutier était particulièrement élevé au regard d'un trafic automobile attendu limité (CE Ass. 28 mars 1997, *Association contre le projet de l'autoroute transchablaisienne*, Rec. 121 ; RFDA 1997.740, concl. Denis-Linton, note Rouvillois ; JCP 1997.II.22.909, note Iacono ; RDP 1997.1433, note J. Waline).

11 *b)* Mais le plus souvent, et pour les opérations d'une ampleur significative au plan régional et *a fortiori* national, le Conseil d'État a considéré que le bilan n'était pas négatif : extension du champ de manœuvre et de tir de Fontevraud (CE 1er juin 1973, *Abraham*, Rec. 394 et CE Ass. 7 mars 1975, *Association des amis de l'abbaye de Fontevraud*, Rec. 179 ; AJ 1976.208, note Hostiou) ; extension du camp militaire du Larzac (CE Ass. 5 mars 1976, *Tarlier*, Rec. 130 ; JCP 1977.II.18650, note Truchet ; AJ 1976.253, note Colson) ; réalisation du train à grande vitesse Paris-Nord (CE 3 déc. 1990, *Ville d'Amiens*, Rec. 345 ; LPA 19 juin 1991, note Morand-Deviller) ; extension des capacités de retraitement des combustibles nucléaires du centre de la Hague (CE 10 déc. 1982, *Comité régional d'information et de lutte antinucléaire de Basse-Normandie*, Rec. 416) ; construction de l'autoroute A. 14 entre Orgeval et Nanterre (CE Ass. 3 mars 1993, *Commune de Saint-Germain-en-Laye*, Rec. 54, AJ 1993.340, chr. Maugüé et Touvet ; CJEG 1993.360, concl. Sanson ; RFDA 1994.310, note Morand-Deviller ; D. 1995.335, note Fines) ; travaux tendant à renforcer l'interconnexion des réseaux de transport d'électricité français et espagnols (CE Ass. 29 avr. 1994, *Association Unimate 65*, Rec. 203 ; AJ 1994.367, chr. Maugüé et Touvet ; CJEG 1994.443, concl. Frydman).

12 *c)* La dissymétrie ainsi observée ne doit pas conduire à inférer que la jurisprudence « Ville Nouvelle-Est », intéressante en théorie, serait inefficace en pratique. D'une part, elle a été largement diffusée aux services locaux par des circulaires ministérielles et la section des travaux publics du Conseil d'État s'y réfère lorsqu'elle est consultée sur les projets de déclarations d'utilité publique prononcées par décret. D'autre part, l'administration a pris, dans certains cas, l'engagement de mettre en œuvre des mesures destinées à atténuer les inconvénients écologiques ou sociaux de ses projets ; cet engagement a pris parfois la forme d'une « notice » annexée à la déclaration d'utilité publique et le juge en tient compte dans l'application de la jurisprudence *Ville nouvelle Est.*

13 **V.** — On relèvera enfin que la théorie du bilan a été étendue à d'autres domaines que l'expropriation : les dérogations aux plans d'urbanisme (CE Ass. 18 juill. 1973, *Ville de Limoges*, Rec. 530 ; D. 1975.49, note Collignon ; JCP 1973.II.17575, note Liet-Veaux ; RDP 1974.559, concl. Rougevin-Baville ; RDP 1974.259, note M. Waline ; AJ 1973.480, chr. Cabanes et Léger) ; la décision du préfet de faire figurer un projet d'intérêt général dans un plan d'occupation des sols communal (CE Sect. 30 oct. 1992, *Ministre des affaires étrangères et Secrétaire d'État aux grands travaux c. Association de sauvegarde du site Alma Champ de Mars*, Rec. 384 ; AJ 1992.821, concl. Lamy, note Jegouzo) ; les servitudes nécessaires à l'établissement d'une ligne électrique (CE Ass. 24 janv. 1975, *Gorlier et Bonifay*, Rec. 54 ; AJ 1975.128, chr. Franc et Boyon ; CJEG 1975.191, concl. Rougevin-Baville et note Carron) ; l'approbation d'un plan de servitudes aéronautiques (CE 5 mai 1993, *Association de défense des riverains de l'aéroport de Deauville-Saint-Gatien*, Rec. 1057) ; l'institution d'une zone de protection autour d'un site classé (CE Sect. 8 juill. 1977, *Dame Rié et autres* ; AJ 1977.620, chr. Nauwelaers et O. Dutheillet de Lamothe) – mais non le classement même du site, qui est soumis au contrôle normal de la qualification juridique des faits : CE Ass. 12 mai 1975, *Dame Ebri et autres*, Rec. 280 ; AJ 1975.314, concl. G. Guillaume). L'arrêt d'Assemblée *SAFER d'Auvergne** du 5 mai 1976, relatif aux autorisations de licenciement des représentants du personnel, s'inspire des mêmes principes. A côté de la notion d'erreur manifeste d'appréciation, retenue en 1961, et de la jurisprudence sur les directives, adoptée en 1970, la théorie du bilan apparaît ainsi comme l'un des instruments que le Conseil d'État a forgés dans la période contemporaine pour renforcer son contrôle sur le pouvoir discrétionnaire de l'administration.

90

RECOURS POUR EXCÈS DE POUVOIR
POUVOIRS DU JUGE
CONTRÔLE RESTREINT
ERREUR MANIFESTE D'APPRÉCIATION

CE Ass. 2 nov. 1973,
SOCIÉTÉ ANONYME « LIBRAIRIE FRANÇOIS MASPERO »,
Rec. 611

(JCP 1974.II.17642, concl. Braibant, note R. Drago ;
D. 1974.432, note Pellet ; Gaz. Pal. 1974.100, note Pacteau ;
AJ 1973.577, chr. Franc et Boyon)

En ce qui concerne le décret du 6 mai 1939 :

Cons. que le décret du 6 mai 1939, modifiant l'article 14 de la loi du 29 juill. 1881 sur la presse, pris en application de la loi du 19 mars 1939 qui a accordé des pouvoirs spéciaux au gouvernement, n'a pas fait l'objet d'une ratification législative ; que ni la modification ultérieure par voie législative d'autres dispositions de la loi du 29 juill. 1881 ni la référence faite à celle-ci par l'article 7 de la loi du 16 juill. 1949 sur les publications destinées à la jeunesse n'ont conféré de valeur législative au décret du 6 mai 1939, dont la légalité peut ainsi être discutée devant le juge administratif ;

Cons. que la loi du 19 mars 1939 a accordé des pouvoirs spéciaux au gouvernement et autorisé celui-ci à prendre par décret, jusqu'au 30 nov. 1939, les mesures nécessaires à la défense du pays ; que l'article 14 de la loi du 29 juill. 1881, modifié par le décret du 6 mai 1939, a donné au ministre de l'intérieur le pouvoir d'interdire, par voie de décision individuelle, la circulation, la distribution ou la mise en vente de journaux ou écrits, périodiques ou non, rédigés soit en langue étrangère, soit en langue française, s'ils sont de provenance étrangère : qu'en définissant ainsi les attributions du ministre de l'intérieur, le décret du 6 mai 1939 n'a pas subdélégué illégalement au ministre de l'intérieur les pouvoirs conférés au gouvernement par la loi précitée ;

Sur la légalité de l'arrêté attaqué :

Cons. que l'édition française de la revue *Tricontinental,* à l'égard de laquelle a été prise la mesure attaquée, porte le même titre que la revue éditée à Cuba et se donnant comme « l'organe théorique du secrétariat exécutif de l'organisation de solidarité des peuples d'Afrique, d'Asie et d'Amérique latine » ; que les deux publications ont une présentation semblable ; que la quasi-totalité des articles parus dans l'édition française sont la traduction de textes publiés dans la revue *Tricontinental* éditée à Cuba, dont la diffusion a été interdite en France ; que l'éditeur français a d'ailleurs expressément déclaré, dans le n° 1 de l'édition française, que celle-ci reproduisait les textes les plus importants, intégraux et sans modification, de l'édition cubaine interdite ; que la revue dont il s'agit se présente tantôt comme l'édition française de cette publication étrangère, tantôt comme l'édition française des textes et articles contenus dans cette publication ; que, dans ces conditions, et bien qu'il ne soit pas contesté que la société éditrice soit française, la revue *Tricontinental* éditée en France doit être regardée comme étant de provenance étrangère au sens de l'article 14 modifié de la loi du 29 juill. 1881 ;

Cons. qu'il résulte des pièces du dossier que l'arrêté du 27 janv. 1969, par lequel le ministre de l'intérieur a interdit la circulation, la distribution et la mise en vente de cette revue, n'est pas fondé sur des faits matériellement inexacts : *que, dès lors qu'elle n'est pas entachée d'erreur manifeste, l'appréciation à laquelle s'est livrée le ministre de l'intérieur du danger que la revue présentait pour l'ordre public ne peut pas être discutée devant la juridiction administrative ;*

Cons. enfin que le détournement de pouvoir allégué n'est pas établi ; ... (Rejet).

OBSERVATIONS

1 Les publications étrangères ont de longue date été soumises à un contrôle plus sévère que les publications nationales.

La loi du 29 juill. 1881, en posant le principe de la liberté de la presse, marque ainsi une différence entre la presse française, entièrement libre, et la presse étrangère pour laquelle on supprime l'autorisation préalable, mais qui peut, toutefois, être interdite. Le contrôle se base sur la désignation du lieu de publication : sont « étrangers » les « journaux ou écrits périodiques publiés à l'étranger ». Par la suite, le champ du contrôle s'élargit : au critère du lieu de publication s'ajoute le critère de la langue, la loi du 22 juill. 1895 visant les périodiques « publiés en France en langue étrangère ». Le décret du 6 mai 1939, procédant à une nouvelle extension, dispose que « la circulation, la distribution ou la mise en vente en France des journaux ou écrits, périodiques ou non, rédigés en langue étrangère, peut être interdite par décision du ministre de l'intérieur ». La même interdiction peut s'appliquer aux « journaux et écrits de provenance étrangère rédigés en langue française, imprimés à l'étranger ou en France ».

La société « Librairie Maspero » avait assuré la diffusion en France des éditions française et espagnole de la revue « Tricontinental » publiée en plusieurs langues par le secrétariat exécutif de l'organisation de solidarité des pays d'Afrique, d'Asie et d'Amérique latine, dont le siège se trouvait à la Havane. Le ministre de l'intérieur ayant interdit cette diffusion par un arrêté du 23 nov. 1968, la société saisit d'un recours en annulation le tribunal administratif de Paris, qui rejeta la demande par un jugement du 2 juill. 1969 (Rec. 646) non frappé d'appel.

En avr. 1968, la société Maspero lança une édition française de la revue « Tricontinental » qui reproduisait, ainsi que le précisait l'éditeur dans un avertissement, les « textes les plus importants – intégraux et sans aucune modification – de l'édition cubaine interdite en France ». Cette nouvelle édition fit également l'objet d'une mesure d'interdiction prise par arrêté du ministre de l'intérieur en date du 27 janv. 1969. Après l'avoir déféré au tribunal administratif de Paris, qui confirma la décision du ministre de l'intérieur par un jugement du 25 janv. 1971, la société Maspero fit appel devant le Conseil d'État.

Le Conseil d'État avait à examiner deux questions : la légalité du décret du 6 mai 1939 modifiant l'art. 14 de la loi du 29 juill. 1881 et, essentiellement, la légalité de son application en l'espèce, c'est-à-dire la légalité de la décision du ministre de l'intérieur.

2 **I.** — Le décret du 6 mai 1939, modifiant et complétant la loi sur la liberté de la presse du 29 juill. 1881, a été pris sur le fondement de la loi du 19 mars 1939 autorisant le gouvernement à prendre jusqu'au 30 nov. 1939 les mesures nécessaires à « la défense du pays ». La ratification législative qui devait, aux termes de la loi, intervenir avant le 31 déc. 1939, n'a jamais eu lieu et la légalité du décret pouvait ainsi être contestée.

Le Conseil d'État avait maintes fois admis la notion de ratification implicite d'un décret-loi à condition qu'elle résulte clairement de la volonté du Parlement lors d'une modification apportée au texte (CE Ass. 5 janv. 1945, *Bos et Cresp*, Rec. 5 ; CE Sect. 25 janv. 1957, *Société « Établissements Charlionnais et Cie »*, Rec. 54 ; RDP 1957.1057, note M. Waline). Il a adopté la même attitude à propos des ordonnances prises sur le fondement de l'art. 38 de la Constitution de 1958 (CE 10 juill. 1972, *Compagnie Air Inter*, Rec. 537 ; CC n° 72-73 L, 29 févr. 1972, Rec. 31 ; AJ 1972.638, note Toulemonde). En l'espèce, le Conseil d'État a considéré que ni la modification ultérieure par voie législative d'autres dispositions de la loi du 29 juill. 1881, ni la référence faite à celles-ci par l'article 7 de la loi du 16 juill. 1949 sur les publications destinées à la jeunesse n'ont conféré de valeur législative à ce décret qui conserve, en conséquence, le caractère d'acte administratif.

La légalité du texte a été appréciée par rapport à l'habilitation résultant de la loi du 19 mars 1939, sans que le Conseil ait eu à s'interroger sur la survie du texte à la suite de l'introduction en droit interne de la Convention européenne de sauvegarde des droits de l'homme et des libertés fondamentales qui a été opérée par des dispositions postérieures.

L'arrêt *« Librairie François Maspero »* conclut à la légalité du texte, tout en apportant une précision par rapport à la jurisprudence antérieure. Le Conseil d'État, qui considérait jusqu'ici que les lois d'habilitation n'autorisent pas le gouvernement à prendre par décrets simples ou par arrêtés des mesures qui doivent, lors de leur réalisation, déroger à des dispositions législatives ou contenues dans des règlements d'administration publique (CE Ass. 27 déc. 1938, *Amicale des anciens combattants des chemins de fer de l'État*, Rec. 983 ; DP 1939.3.57, concl. Roujou, note Rolland ; S. 1939.3.33, note Laroque), admet ici qu'en définissant les attributions du ministre de l'intérieur, le décret du 6 mai 1939 ne lui a pas subdélégué illégalement les pouvoirs spéciaux conférés au gouvernement par la loi du 19 mars 1939 dès lors qu'il s'agit de prendre, par voie de décision individuelle, certaines mesures d'interdiction dont il délimitait le champ d'application et définissait l'objet.

II. — La question concernant la légalité de l'arrêté du ministre de l'intérieur était plus délicate. Le Conseil d'État fut amené à se prononcer successivement sur la notion « d'écrits de provenance étrangère » et sur ce qui fait l'intérêt essentiel de l'arrêt *Librairie François Maspero,* l'étendue du contrôle du juge de l'excès de pouvoir.

3 ***A.*** — Le décret du 6 mai 1939 étend aux ouvrages non périodiques les dispositions applicables aux publications de provenance étrangère prévues à l'article 14 de la loi du 29 juill. 1881 modifiée. Mais la notion de provenance étrangère était restée vague : ainsi pouvaient être interdits tous les journaux et écrits périodiques rédigés en langue étrangère sans qu'il y ait à distinguer si l'écrit est ou non de provenance étrangère (CE 25 avr. 1956, *Société « Revue des partisans de la paix »*, Rec. 721). Le Conseil d'État a apporté une précision lorsqu'il a jugé qu'un ouvrage rédigé en langue française par un auteur français et imprimé à l'étranger n'est pas de « provenance étrangère » si « son élaboration et sa publication » n'ont pas été « permises ou facilitées par des concours étrangers » (CE Sect. 4 juin 1954, *Barbier*, Rec. 345). A l'inverse, il a qualifié d'écrit de provenance étrangère « la traduction en langue française du livre d'un auteur étranger » (CE 19 févr. 1958, *Société « Les éditions de la Terre de Feu »*, Rec. 114), ainsi qu'un ouvrage écrit en langue française par un réfugié étranger demeurant en France, et imprimé à l'étranger (CE 18 juill. 1973, *Monus*, Rec. 527).

Avec l'arrêt *Librairie François Maspero*, le Conseil d'État définit pour la première fois la notion de provenance étrangère dans le cas des écrits de caractère périodique et lui donne une acception très large. En l'espèce, il s'agit d'une édition imprimée sur le territoire français, publiée par un éditeur de nationalité française, reproduisant en français la majeure partie des articles publiés dans une édition étrangère. Le Conseil d'État a considéré que la revue *« Tricontinental »* qui se présente tantôt comme l'édition française de la revue « Tricontinental » publiée à Cuba, tantôt comme l'édition française des textes et articles contenus dans cette publication, devait être regardée comme étant de provenance étrangère au sens de l'article 14 modifié de la loi du 29 juill. 1881, les éléments d'identité entre la revue française « Tricontinental » et la revue éditée à Cuba l'emportant sur les éléments de différence : même titre, même format, typographie parfois identique, la revue française apparaît, comme le souligne le commissaire du gouvernement, « comme un démarquage direct et immédiat de l'édition cubaine qui conduirait normalement, s'il existait un conflit entre les deux éditeurs, à parler de contrefaçon ». Le Conseil d'État a ultérieurement précisé qu'un ouvrage intitulé « L'Ascension de Mobutu », rédigé en français par un avocat bruxellois, imprimé et publié en France, constituait un « écrit de provenance étrangère » dès lors que cet ouvrage était l'œuvre d'un auteur de nationalité étrangère, avait été rédigé à l'aide d'une documentation étrangère et révélait une inspiration étrangère (CE Ass. 30 janv. 1980, *Ministre de l'intérieur c. SA Librairie François Maspero*, Rec. 53 ; AJ 1980.242, concl. Genevois, note Jordan ; D. 1980.IR.304, obs. P. Delvolvé ; Gaz. Pal. 1980.2.586, note Julien-Laferrire).

B. — Si l'arrêt *Librairie François Maspero* est intéressant à plus d'un titre, – notamment lorsqu'il apporte des précisions sur le sens de l'expression « écrits de provenance étrangère » –, sa principale novation réside dans l'interprétation qu'il donne de l'étendue du contrôle du juge de l'excès de pouvoir.

4 *1°)* Le juge de l'excès de pouvoir contrôle la légalité des décisions administratives, c'est-à-dire leur conformité aux textes normatifs de portée générale. Il exerce en principe un contrôle normal, encore qualifié d'entier contrôle, sur les décisions administratives dont la légalité est subordonnée au respect des conditions légales fixées par un texte. Il y a en règle générale une adéquation entre l'existence d'une condition légale mise à l'exercice d'un pouvoir de l'administration et le fait que le juge administratif en contrôle le respect à travers l'examen de la qualification juridique des faits (cf nos obs. sous l'arrêt *Gomel**).

Mais lorsque les textes n'ont pas fixé les conditions dans lesquelles doit s'exercer l'action administrative, ou lorsque la décision attaquée revêt un caractère de technicité poussé, le juge ne contrôle pas la qualification juridique des faits, mais seulement la légalité du motif de la décision. Il s'est longtemps défendu de contrôler en même temps les appréciations de fait, mais la limite est assez imprécise entre le motif de la décision et le fait de nature à la justifier, dont le juge s'interdit de contrôler l'appréciation. Le juge a été ainsi amené à soumettre l'administration à un contrôle minimum portant sur l'appréciation des faits à laquelle elle se livre. En réalité le juge ne se prononce pas sur l'appréciation elle-même, mais sur l'erreur qui a pu entacher cette appréciation, lorsque cette erreur est évidente, lorsqu'elle pourrait être décelée par le simple bon sens, lorsqu'il s'agit d'une erreur manifeste qui dénature l'interprétation que fait l'administration de l'étendue des pouvoirs dont elle dispose.

C'est dans le domaine de la fonction publique que semble être situé le point de départ de cette jurisprudence. Revenant sur sa jurisprudence antérieure (CE Ass. 27 avr. 1951, *Mélaméde*, Rec. 226, concl. J. Delvolvé ; D. 1953.453, note P.L.J.), le Conseil d'État marque par une décision *Denizet* (13 nov. 1953, Rec. 489) sa volonté de fixer une limite au pouvoir d'appréciation de l'administration. C'est d'ailleurs dans le contentieux des équivalences d'emplois qu'on trouve le premier arrêt contenant le terme « manifeste » à propos du contrôle juridictionnel de ce pouvoir (CE Sect 15 févr. 1961, *Lagrange*, Rec. 121 ; AJ 1961.200, chr. Galabert et Gentot) et la première annulation d'une décision administrative pour erreur manifeste (CE 9 mai 1962, *Commune de Montfermeil*, Rec. 304).

La notion d'erreur manifeste est presque simultanément introduite dans le contentieux du remembrement rural (CE 13 juill. 1961, *Demoiselle Achart* Rec. 476). Le Conseil d'État annule pour erreur manifeste d'appréciation la décision d'une commission départementale méconnaissant l'exigence posée à l'art. 19 du code rural aux termes duquel « le nouveau lotissement doit rapprocher des bâtiments d'exploitation les terres qui constituent l'exploitation rurale » (CE 22 juill. 1966, *Consorts Quittat*, Rec. 867) ou la règle de l'équivalence entre apports et attributions (CE Sect. 6 nov. 1970, *Guyé*, Rec. 652 ; RDP 1971.517, concl. Baudouin, note M. Waline ; AJ 1971.33, chr. Labetoulle et Cabanes).

Appliqué à l'origine en matière de fonction publique et de remembrement rural, le contrôle de l'erreur manifeste avait, avant même l'intervention de l'arrêt *Librairie François Maspero* de 1973, gagné du terrain de façon ponctuelle : le Conseil d'État avait accepté d'envisager que soit entachée d'erreur manifeste l'appréciation à laquelle se livre un préfet pour accorder ou refuser l'autorisation de démolir des locaux d'habitation (CE Sect. 15 mars 1963, *Compagnie électro-mécanique*, Rec. 167) ; il avait estimé qu'en accordant un permis de construire pour un « immeuble barre » à proximité d'une plage naturelle, un préfet avait commis une erreur manifeste d'appréciation du caractère des lieux avoisinants (CE Ass. 29 mars 1968, *Société du lotissement de la plage de Pampelonne*, Rec. 211, concl. Vught ; AJ 1968.335, chr. Massot et Dewost).

5 *2°)* Pour compléter l'extension du champ d'application de cette jurisprudence, il fallait que l'erreur manifeste entrât dans le domaine de la haute police. C'est cette extension que consacre l'arrêt *Librairie François Maspero.*

Bien qu'il fût revenu sur le refus intransigeant qu'il opposait au siècle dernier à l'examen de la régularité des mesures prises au titre de la police des étrangers (pour un exemple CE 2 août 1836, *Naundorff*, Rec. 380), le Conseil d'État continuait de reconnaître à l'administration, dans ce domaine, un très large pouvoir discrétionnaire. Ainsi avait-il toujours refusé d'examiner l'appréciation par l'administration des raisons d'ordre public prises pour motiver l'expulsion d'un étranger (CE 13 juin 1952, *Meyer*, Rec. 312). Il ne contrôlait pas davantage les motifs d'interdiction d'accès en France d'un étranger (CE Sect. 21 nov. 1952, *Marcon*, Rec. 524), ni les raisons d'ordre ou de sécurité publics au nom desquelles une association étrangère s'était vu refuser ou retirer l'autorisation de constitution qui lui était nécessaire (CE Sect. 22 avr. 1955, *Association franco-russe dite Rousky-Dom*, Rec. 202 ; RA 1955.404, concl. Heumann ; Rev. crit. dr. int. privé 1957.34, note de Laubadère). La même position était observée en matière d'interdiction de publications étrangères ou de provenance étrangère pour lesquelles le juge ne contrôle pas l'appréciation du danger pour l'ordre public (ou la moralité publique) qu'elles pourraient présenter (CE 17 déc. 1958, *Ministre de l'intérieur c. Girodias et Société Olympia press*, S. 1959.69 et D. 1959.175, concl. Braibant).

Le Conseil d'État se contentait, en cette matière, de vérifier si les motifs retenus par l'autorité administrative n'étaient pas étrangers au champ d'application des textes servant de base légale aux mesures de police (CE Ass. 16 févr. 1955, *Dame Bourokba*, Rec. 590 ; v. n° 33.9 ; – Ass. 3 févr. 1956, *Keddar*, Rec. 46), notamment en matière d'interdiction d'une publication étrangère (CE 19 févr. 1958, *Société « Les éditions de la Terre de Feu »* précité n° 90.3). Comme le conseillait le commissaire du gouvernement, le moment était venu « d'aller au-delà de cette jurisprudence traditionnelle ». Cela n'implique pas que le juge doive substituer son appréciation à celle de l'autorité administrative lorsque celle-ci dispose d'un pouvoir discrétionnaire étendu ; mais, dans ce cas, le contrôle juridictionnel représente une garantie contre les débordements de pouvoir qui tentent l'administration. M. Braibant le soulignait dans ses conclusions : « le pouvoir discrétionnaire comporte le droit de se tromper, mais non celui de commettre une erreur manifeste, c'est-à-dire à la fois apparente et grave ». C'est pour obvier aux inconvénients sérieux résultant de ce type d'erreur que le Conseil d'État a généralisé le contrôle de l'erreur manifeste. En l'espèce, contrairement au commissaire du gouvernement, le Conseil d'État a estimé que le ministre de l'intérieur n'avait pas commis une telle erreur.

6 Au contraire, le Conseil d'État a considéré qu'était entachée d'erreur manifeste d'appréciation l'interdiction par le ministre de l'intérieur, pour des motifs d'ordre public, de la circulation, de la distribution et de la mise en vente de la sélection, éditée par une société belge, de la publication allemande « Signal », diffusée en France de 1940 à 1944 (CE 17 avr. 1985, *Ministre de l'intérieur et de la décentralisation c. Société « Les éditions des Archers »*, Rec. 100 ; RDP 1985.1363, concl. Stirn ; AJ 1985.508, obs. Richer).

III. — L'arrêt *Librairie François Maspero* a contribué à amplifier le recours au contrôle de l'erreur manifeste d'appréciation dans les hypothèses où l'administration exerce une compétence discrétionnaire sans être soumise à des conditions légales. Mais, en dépit de ce mouvement d'extension, le juge peut répugner en certains domaines à exercer un contrôle de l'erreur manifeste ou, à l'inverse, préférer dans certains cas procéder à un contrôle normal.

7 ***A.*** — Le contrôle de l'erreur manifeste a connu un incontestable développement.

Dans la filiation directe de l'arrêt *Maspero* ce contrôle s'exerce sur les mesures d'expulsion d'étrangers. Le Conseil d'État a ainsi annulé pour erreur manifeste d'appréciation des arrêtés d'expulsion fondés, suivant les cas, sur les conditions irrégulières d'entrée et de séjour en France d'un réfugié bulgare et sur le fait qu'il n'avait ni activité ni ressources normales (CE 3 févr. 1975, *Ministre de l'intérieur c. Pardov*, Rec. 83 ; AJ 1975.131, chr. Franc et Boyon), sur l'utilisation de faux papiers (CE Ass. 8 déc. 1978, *Ministre de l'intérieur c. Benouaret*, Rec. 502 ; D. 1979.339, concl. Hagelsteen), sur un agissement délicteux isolé (CE 17 janv. 1979, *Ministre de l'intérieur c. Ben Abdesselam*, RDP 1979.1766). Les mesures de reconduite à la frontière (CE Ass. 29 juin 1990, *Imanbaccus*, Rec. 192 ; RFDA 1990.530, concl. Faugère ; AJ 1990.709, chr. Honorat et Schwartz ; JCP 1991.II.21.657, note Guimezanes ; Rev. crit. dr. inter. pr. 1990.682, note Turpin), les mesures de police prises au titre de l'état d'urgence (CE 25 juill. 1985, *Mme Dagostini*, Rec. 226 ; AJ 1985.558, concl. Lasserre) ont été également soumises au contrôle de l'erreur manifeste.

8 Dans le droit de la fonction publique, le Conseil d'État applique la théorie de l'erreur manifeste, non seulement pour apprécier si un fonctionnaire possède l'aptitude requise pour bénéficier d'un avancement (CE Sect. 22 févr. 1963, *Maurel*, Rec. 119), mais également pour déterminer si une sanction disciplinaire est proportionnée à la gravité de la faute (CE Sect. 9 juin 1978, *Lebon*, Rec. 245 ; AJ 1978.573, concl. Genevois, note S.S. ; D. 1978.I.R.361 obs. P. Delvolvé ; D. 1979.30, note Pacteau ; JCP 1979.II.19159, note Rials ; RA 1978.634, note Moderne ; RDP 1979.227, note J.M. Auby ; Dr. soc. 1979.275, note Sinay ; Gaz. Pal. 1979.2.530, note anonyme), si la notation d'un fonctionnaire correspond à sa valeur professionnelle (CE Sect. 26 oct. 1979, *Leca*, Rec. 397 ; AJ 1979.12.44, concl. Massot), s'il en va de même de la note de stage d'un auditeur de justice en cours de scolarité à l'École nationale de la magistrature (CE Sect. 17 janv. 1992, *Mme Cacheux*, Rec. 27 ; AJ 1992.367, note Tchen) ou encore si un fonctionnaire stagiaire est apte à exercer ses fonctions (CE Sect. 16 mars 1979, *Ministre du travail c. Stephan*, Rec. 120 ; v. n° 57.4). Le contrôle concerne même les nominations effectuées au tour extérieur dans les corps d'inspection et de contrôle (CE Ass. 16 déc. 1988, *Association générale des administrateurs civils c. Dupavillon*, Rec. 450 ; du même jour, *Bléton*, Rec. 451, concl. Vigouroux ; JCP 1989.II.21228, note Gabolde ; RFDA 1989.522, concl. Vigouroux ; 532, note Baldous et Négrin ; 539, note Dietsch ; AJ 1989.102, chr.

Azibert et de Boisdeffre). Le contrôle peut porter sur des mesures de répartition prises par l'autorité compétente : répartition des sièges entre les organisations syndicales les plus représentatives (CE Sect. 15 févr. 1974, *Fédération nationale des syndicats de fonctionnaires de l'agriculture CFDT* Rec. 113) ; attribution des contingents d'heures de dispense de service (CE Sect. 18 mars 1977, *Ministre de l'éducation c. Syndicat national des lycées et collèges*, Rec. 156 ; AJ 1977.362, chr. Nauwelaers et Fabius).

9 En dehors de la police des étrangers et du droit de la fonction publique, le contrôle de l'erreur manifeste touche à des domaines variés d'exercice d'un pouvoir discrétionnaire non conditionné. Sur le fondement de l'erreur manifeste, le Conseil d'État a annulé la décision du secrétaire d'État aux Universités qui avait opéré, pour doter une nouvelle UER de sciences juridiques de l'Université de Paris V, un transfert massif d'emplois prélevés sur la seule UER de droit de l'Université de Nanterre (CE Sect. 30 mars 1979, *Université de Paris X-Nanterre et syndicat général de l'éducation nationale*, Rec. 144 ; AJ 1979.7 et 8.35, concl. Massot). Le contrôle de l'erreur manifeste est applicable à une sanction prise par le gouvernement à l'encontre d'un maire (CE Ass. 27 févr. 1981, *Wahnapo*, Rec. 111 ; AJ 1981.476, concl. Franc) ainsi qu'à la décision par laquelle le ministre chargé de la population refuse de libérer de ses liens d'allégeance avec la France un double-national (CE Sect. 25 juill. 1986, *Époux Djebbar*, Rec. 214 ; RFDA 1987.616, concl. Bonichot ; AJ 1986.556, chr. Azibert et de Boisdeffre ; JCP 1987.II.20777, note Pacteau ; – 15 juin 1987, *Layachi,* Rec. 567 ; RFDA 1987.623, concl. Schrameck).

Le Conseil d'État n'hésite pas non plus à avoir recours à l'erreur manifeste dans des affaires qui présentent pourtant un caractère technique accusé. Il exerce ainsi un contrôle restreint tant sur la définition des limites de l'aire de production d'un vin à appellation d'origine contrôlée (CE 2 mars 1979, *INAO c. Roussot*, Rec. 90) que sur un arrêté ministériel procédant à la modification du taux de remboursement de certains médicaments (CE 20 mai 1988, *Société Laboratoires de thérapeutique moderne*, Rec. 199 ; du même jour *Société Laboratoire Innothéra*, Rec. 200 ; AJ 1988.451, chr. Azibert et de Boisdeffre).

10 ***B.*** — Si fort que soit le développement de la théorie de l'erreur manifeste, il existe cependant quelques domaines où le juge administratif répugne à l'introduire : appréciation par un jury de la valeur des épreuves d'un candidat (CE 20 mars 1987, *Cambus*, Rec. 100 ; AJ 1987.550, obs. Prétot) ; appréciation des mérites d'un postulant à la Légion d'honneur (CE 10 déc. 1986, *Lorédon*, Rec. 516 ; AJ 1987.91, chr. Azibert et de Boisdeffre) ; choix d'un concessionnaire (CE 17 déc. 1986, *Société Hit TV*, Rec. 607 ; AJ 1987.80. chr. Azibert et de Boisdeffre ; RFDA 1987.19, concl. Fornacciari). Dans chaque cas des considérations de politique jurisprudentielle ont conduit le Conseil d'État à exercer seulement un contrôle que l'on peut qualifier d'infra-minimum.

11 **IV.** — L'arrêt : *Société anonyme « Librairie François Maspero »* n'en revêt pas moins une valeur de principe en ce qu'il a conduit à une extension très sensible du contrôle de l'erreur manifeste d'appréciation. Il convient cependant de souligner que la réglementation sur les publications de provenance étrangère dont il a fait application s'est progressivement heurtée aux dispositions de l'article 10 de la Convention européenne de sauvegarde des droits de l'homme et des libertés fondamentales consacrant la liberté d'expression. L'évolution en ce sens a connu trois étapes.

A. — Dans un premier temps, le Conseil d'État a procédé à une interprétation restrictive de l'étendue des pouvoirs conférés au ministre de l'intérieur par l'art. 14 modifié de la loi de 1881 en jugeant : « qu'à défaut de toute disposition législative définissant les conditions auxquelles est soumise la légalité des décisions d'interdiction prises sur le fondement de cet article, les restrictions apportées au pouvoir du ministre résultent de la nécessité de concilier les intérêts généraux dont il a la charge avec le respect dû aux libertés publiques, et notamment à la liberté de la presse » (CE Sect. 9 juill. 1997, *Association Ekin*, Rec. 300 ; RFDA 1997.1284, concl. Denis-Linton, note Pacteau ; AJ 1998.374, note Verdier ; D. 1998.317, note Dreyer ; RDP 1998.539, notes Wachsmann et Rabiller ; LPA 14 nov. 1997, note Tamion ; RUDH 1997.169, chr. Rouget).

Pour le même arrêt, il a soumis les mesures d'interdiction prises par le ministre non plus seulement à un contrôle restreint mais à un entier contrôle : « il appartient au juge administratif saisi d'un recours contre une mesure d'interdiction de rechercher si la publication interdite est de nature à causer [aux intérêts généraux dont le ministre a la charge] un dommage justifiant l'atteinte portée aux libertés publiques ».

Au prix de ce double encadrement des pouvoirs de l'administration, la section du contentieux avait admis que l'art. 14 modifié de la loi de 1881 n'était pas incompatible avec la Convention, en dépit des conclusions en sens inverse de son commissaire du gouvernement.

12 ***B.*** — L'Association Ekin ayant saisi à la suite de l'arrêt du Conseil d'État les organes de contrôle de la Convention européenne, il est revenu à la Cour de Strasbourg de préciser l'étendue des obligations pesant sur les États parties. Elle a considéré que l'arrêté d'interdiction pris par le ministre de l'Intérieur, qui avait été au demeurant annulé par le Conseil d'État, « ne répondait pas à un besoin social impérieux et n'était pas non plus proportionnel au but légitime poursuivi » et que, de façon générale, « l'ingérence que constitue l'article 14 de la loi de 1881 modifiée ne peut être considérée comme nécessaire dans une société démocratique » (CEDH 17 juill. 2001, *Association Ekin c. France* ; RTDH 2002.685, note de Fontbressin ; AJ 2002.52, note Julien-Laferrière ; LPA 22 fév. 2002, note Pech).

13 ***C.*** — Le juge administratif a tiré les conséquences de l'arrêt de la Cour européenne. La Cour administrative d'appel de Paris a conclu à la contrariété à la Convention de l'art. 14 de la loi (CAA Paris, 22 janv. 2002, *Reynouard* DA 2002, n° 85). Sur pourvoi du groupe d'information et de soutien des immigrés, le Conseil d'État a annulé, en se fondant sur l'article 10 de la Convention, la décision du Premier ministre refusant de faire droit à une demande d'abrogation du décret-loi du 6 mai 1939 relatif au contrôle de la presse étrangère, modifiant l'article 14 de la loi du 29 juill. 1881 sur la liberté de la presse (CE 7 févr. 2003, *Groupe d'information et de soutien des immigrés*, AJ 2003.996, note Julien-Laferrière ; RFDA 2003.418 ; RDP 2003.901, note Mouzet).

91

AUTORISATION DE LICENCIEMENT DES REPRÉSENTANTS DU PERSONNEL CONTRÔLE DU JUGE DE L'EXCÈS DE POUVOIR

CE Ass. 5 mai 1976, SOCIÉTÉ D'AMÉNAGEMENT FONCIER ET D'ÉTABLISSEMENT RURAL D'AUVERGNE ET MINISTRE DE L'AGRICULTURE c. BERNETTE, Rec. 232

(Dr. soc. 1976.345, concl. Dondoux, note Venezia ;
AJ 1976.304, chr. Nauwelaers et Fabius ;
D. 1976.563, note Sinay ;
JCP 1976.II.18429, note Machelon ;
Gaz. Pal. 1976.2. doctr. 520. chr. Moderne ;
Dr. ouvr. 1976.425, chr. Cohen)

....

Cons. qu'aux termes de l'article 16 de la loi du 16 avr. 1946 « tout licenciement d'un délégué du personnel titulaire ou suppléant, envisagé par la direction, devra être obligatoirement soumis à l'assentiment du comité d'entreprise. En cas de désaccord, le licenciement ne peut intervenir que sur la décision de l'inspecteur du travail dont dépend l'établissement » ; que les mêmes garanties sont accordées par l'article 22 de l'ordonnance du 22 févr. 1945, modifiée par celle du 7 janv. 1959, aux membres titulaires ou suppléants des comités d'entreprise et aux anciens membres de ces comités pendant les six mois qui suivent l'expiration de leur mandat ; que l'article 4 du décret du 7 janv. 1959 précise que le ministre du travail peut annuler ou réformer la décision de l'inspecteur ; qu'enfin ces dispositions législatives et réglementaires ont été étendues aux salariés des professions agricoles, au nombre desquels figurent les agents des sociétés d'aménagement foncier et d'établissement rural et les attributions qu'elles confèrent aux inspecteurs et au ministre du travail, dévolues, en ce qui concerne ces salariés, aux inspecteurs des lois sociales en agriculture et au ministre de l'agriculture par le décret du 7 mars 1959 et par la loi du 21 déc. 1971 ;

Cons. qu'en vertu de ces dispositions, les salariés légalement investis de fonctions représentatives bénéficient, dans l'intérêt de l'ensemble des travailleurs qu'ils représentent, d'une protection exceptionnelle ; que, lorsque le licenciement d'un de ces salariés est envisagé, ce licenciement ne doit pas être en rapport avec les fonctions représentatives normalement exercées ou l'appartenance syndicale de l'intéressé ; que, dans le cas où la demande de licenciement est motivée par un comportement fautif, il appartient à l'inspecteur du travail ou à l'inspecteur des lois sociales en agriculture saisi et, le cas échéant, au ministre compétent de rechercher, sous le contrôle du juge de l'excès de pouvoir, si les faits reprochés au salarié sont d'une gravité suffisante pour justifier son licenciement compte tenu de l'ensemble des règles applicables au contrat de travail de l'intéressé et des exigences propres à l'exécution normale du mandat dont il est investi ; qu'en outre, pour refuser l'autorisation sollicitée, l'autorité administrative a la faculté de retenir des motifs d'intérêt général relevant de son pouvoir d'appréciation de l'opportunité, sous réserve qu'une atteinte excessive ne soit pas portée à l'un ou l'autre des intérêts en présence ;

Cons. que le sieur Bernette, chef du service départemental de l'Allier de la Société d'aménagement foncier et d'établissement rural d'Auvergne, a été licencié le 26 oct. 1973 alors qu'il était délégué du personnel et qu'il avait cessé depuis moins de six mois d'appartenir au comité d'entreprise ; que ce licenciement, qui n'avait pas obtenu l'assentiment du comité d'entreprise, a été autorisé le 1er oct. 1973 par une décision du ministre de l'agriculture annulant, sur le recours hiérarchique de l'employeur, le refus opposé par l'inspecteur des lois sociales en agriculture ; que la décision d'autorisation est fondée sur le motif que le sieur Bernette aurait commis, dans l'exercice de son activité professionnelle, des fautes graves justifiant son licenciement ; qu'il résulte de l'instruction que les faits reprochés au sieur Bernette ne présentent pas un caractère suffisant de gravité pour justifier la décision du ministre de l'agriculture d'autoriser son licenciement ; que le ministre ne peut utilement, pour donner un fondement légal à sa décision, se prévaloir de la mission de service public des sociétés d'aménagement foncier et d'établissement rural ;

Cons. qu'il résulte de tout ce qui précède que la Société d'aménagement foncier et d'établissement rural et le ministre de l'agriculture ne sont pas fondés à soutenir que c'est à tort que le Tribunal administratif de Clermont-Ferrand a annulé la décision autorisant le licenciement du sieur Bernette ;... (Rejet).

OBSERVATIONS

1 **I.** — Depuis la Libération, le législateur a créé et aménagé un statut protecteur des représentants du personnel dans les entreprises. L'ordonnance du 22 févr. 1945 prévoyait que le licenciement d'un membre d'un comité d'entreprise devait être soumis à l'assentiment du comité et, en cas de désaccord, à l'autorisation de l'inspecteur du travail. Des dispositions analogues étaient prévues pour les délégués du personnel (loi du 16 avr. 1946), les représentants syndicaux au comité d'entreprise (loi du 18 juin 1966), les délégués syndicaux (loi du 27 déc. 1968), les membres des comités d'hygiène et de sécurité. L'ensemble de la matière a été aujourd'hui repris et aménagé par la loi du 28 oct. 1982 relative aux institutions représentatives du personnel dont les dispositions sont insérées dans le Livre IV du code du travail.

Une autorité administrative, l'inspecteur du travail, intervient ainsi dans les conflits de droit privé entre les employeurs et certains de leurs salariés. Sa décision peut faire l'objet d'un recours hiérarchique auprès du ministre du travail. Ces décisions sont naturellement soumises au contrôle du juge administratif. C'est la portée de ce contrôle qui a été profondément modifiée par la décision *SAFER d'Auvergne contre Bernette.*

M. Bernette était délégué du personnel à la SAFER d'Auvergne, après avoir été membre du comité d'entreprise. Les SAFER sont des sociétés à but non lucratif qui sont chargées d'une mission de service public : « acquérir des terres ou des exploitations agricoles » et les rétrocéder après les avoir éventuellement aménagées, afin « d'améliorer les structures agraires, d'accroître la superficie de certaines exploitations agricoles et de faciliter la mise en culture du sol et l'installation d'agriculteurs » (art. 15 de la loi du 5 août 1960). Chef d'un service départemental de la SAFER d'Auvergne, M. Bernette devait appliquer cette politique ; ses supérieurs lui reprochaient essentiellement d'avoir laissé faire dans son service une opération fortement déficitaire. C'est par ce motif, joint à quelques griefs plus anciens et moins sérieux, qu'ils entendaient justifier son licenciement ; le comité d'entreprise a refusé son accord et l'inspecteur des lois sociales en agriculture, son autorisation ; sur recours hiérarchique, le ministre de l'agriculture a donné satisfaction à l'employeur, mais sa décision a été annulée par un jugement du tribunal administratif de Clermont-Ferrand qui a été confirmé en appel. Le Conseil d'État a estimé en effet que les fautes reprochées à M. Bernette n'étaient pas suffisamment graves pour justifier l'autorisation de son licenciement.

Avant d'en arriver à cette conclusion d'espèce, le Conseil d'État a fait, dans un considérant de principe, la théorie de l'intervention de l'autorité administrative et du contrôle du juge de l'excès de pouvoir, dans la matière de la protection des représentants du personnel :

– le licenciement « ne doit pas être en rapport avec les fonctions représentatives normalement exercées ou l'appartenance syndicale de l'intéressé », et il appartient évidemment à l'administration de s'en assurer, sous le contrôle du juge ;

– dans le cas d'un licenciement disciplinaire, l'administration doit rechercher si les faits reprochés au salarié sont d'une gravité suffisante pour le justifier, et le juge exerce son entier contrôle sur cette qualification ;

– même si les fautes commises par l'intéressé sont de nature à justifier le licenciement, l'autorisation peut être refusée par l'administration pour « des motifs d'intérêt général relevant de son pouvoir d'appréciation de l'opportunité, sous réserve qu'une atteinte excessive ne soit pas portée à l'un ou l'autre des intérêts en présence ».

Ce sont les deux derniers points qui constituent d'importantes innovations et font l'intérêt de la décision.

2 **II.** — Les textes qui soumettaient le licenciement des salariés protégés à une autorisation administrative en cas de désaccord du comité d'entreprise ne précisaient pas dans quels cas et à quelles

conditions le licenciement peut être envisagé et l'autorisation accordée. C'est pour ce motif que, dans un premier temps, le Conseil d'État a considéré, malgré les conclusions contraires du commissaire du gouvernement Guionin, que l'appréciation des faits était, dans cette matière, une question de pure opportunité, échappant au contrôle du juge (CE Sect. 12 nov. 1949, *Société nancéienne d'alimentation*, Rec. 483 ; JCP 1950.II.5909, concl. Guionin, note B.H.). Par la suite, il a accepté d'introduire dans ce contrôle celui de l'erreur manifeste d'appréciation, conformément à sa jurisprudence générale (par ex. 10 juin 1966, *Ministre du travail c. Bisson*, Rec. 387 ; – v. nos obs. sous 2 nov. 1973 *Librairie François Maspero* *). En outre, il avait jugé que même dans le cas où le salarié avait commis une faute grave et où son licenciement avait été sans rapport avec son mandat électif, le ministre pouvait refuser son autorisation pour des « motifs d'intérêt général » dont l'appréciation « n'est pas susceptible d'être discutée au contentieux » (Ass. 29 mars 1968, *Manufacture française des pneumatiques Michelin*, Rec. 215, concl. Vught ; AJ 1968.335, chr. Massot et Dewost).

3 Ce contrôle très restreint avait incité la Chambre sociale de la Cour de cassation à admettre la possibilité pour l'employeur de demander directement aux tribunaux judiciaires de prononcer la résiliation du contrat de travail d'un salarié protégé, sans solliciter l'autorisation prévue par les textes et même dans les cas où cette autorisation était refusée (cinq arrêts du 21 févr. 1952, Bull. III. 104 à 107). Mais après plus de vingt ans de controverses, la Cour de cassation a abandonné la formule de la résiliation judiciaire du contrat de travail dans deux arrêts couramment dénommés « arrêts Perrier », parce qu'ils concernaient des salariés de la société qui exploite les eaux Perrier (21 juin 1974, *Castagné et autres c. Epry,* D. 1974.593 et JCP 1974.II.17801, concl. Touffait). Selon le premier de ces arrêts, « les dispositions législatives, soumettant à l'assentiment préalable du comité d'entreprise ou à la décision conforme de l'inspecteur du travail le licenciement des salariés légalement investis de fonctions représentatives, ont institué, au profit de tels salariés, et dans l'intérêt de l'ensemble des travailleurs qu'ils représentent, une protection exceptionnelle et exorbitante du droit commun qui interdit par suite à l'employeur de poursuivre par d'autres moyens la résiliation du contrat de travail ».

Le Conseil d'État s'est inspiré de cette formule dans sa décision *SAFER d'Auvergne c. Bernette,* qui est la suite directe sinon la conséquence des arrêts Perrier. En effet, dès lors que les juridictions de l'ordre judiciaire renonçaient à exercer leur contrôle sur le licenciement des salariés protégés en excluant la possibilité de la résiliation judiciaire du contrat de travail, se posait à nouveau le problème du contrôle des juridictions administratives sur les autorisations de l'inspecteur du travail.

4 Après avoir rappelé ce « renoncement » du juge judiciaire, le commissaire du gouvernement a exposé les modalités selon lesquelles le contrôle du juge administratif devrait être renforcé à deux niveaux. En ce qui concerne les faits justifiant le licenciement, il devrait s'exercer sur leur qualification juridique, que la mesure soit fondée sur des fautes commises par le salarié ou sur des motifs économiques tenant à la situation de l'entreprise. Sur ce point il a été suivi. Mais même dans le cas où le licenciement serait justifié, l'administration peut refuser de l'autoriser pour des motifs « d'intérêt général » qui peuvent être tirés, par exemple, d'une volonté d'apaisement social et du souci de ne pas laisser se développer dans une entreprise un climat de répression et le commissaire du gouvernement proposait également au Conseil d'État d'étendre son contrôle à ces motifs. Il a été suivi sur ce principe mais avec des modalités différentes de celles qu'il envisageait ; il avait en effet marqué sa préférence pour une solution analogue à celle qui a été retenue en matière de refus de visa d'un film et qui est fondée sur la recherche d'une conciliation entre les intérêts généraux et les libertés publiques en cause (CE Ass. 24 janv. 1975, *Ministre de l'information c. société Rome-Paris Films*, Rec. 57 ; v. n° 80.7) ; le Conseil d'État s'est plutôt inspiré de la théorie du bilan, qu'il avait adoptée pour accroître son contrôle sur les opérations d'expropriation (Ass. 28 mai 1971, *Ville nouvelle Est* *) : l'administration est libre de sa décision « sous réserve qu'une atteinte excessive ne soit pas portée à l'un ou l'autre des intérêts en présence » ; il s'agit moins de concilier les intérêts que de les peser, avec une marge de discrétion qui relève seulement du contrôle de l'excessif et de l'anormal ; c'est une nouvelle application de ce qu'on a appelé le « principe de proportionnalité ».

III. — La jurisprudence *Bernette* a été appliquée, précisée et développée par une série de décisions (cf en particulier, AJ 1979.8.25, chr. O. Dutheillet de Lamothe et Robineau ; AJ 1987.729, chr. Azibert et de Boisdeffre).

A. — S'agissant du licenciement pour faute, le Conseil d'État a été amené, non seulement à préciser les notions de faute de gravité suffisante et de motifs d'intérêt général pouvant justifier un refus d'autorisation, mais également à faire porter son contrôle de légalité sur des éléments qui n'étaient pas envisagés à l'origine.

1°) En ce qui concerne la notion de faute d'une gravité suffisante, il est possible de distinguer, comme le suggérait la rédaction de l'arrêt *Bernette,* la faute dans l'exécution du contrat de travail et celle qui se rattache à l'exercice du mandat représentatif.

5 *a)* Ont été considérées comme des fautes dans l'exécution du contrat de travail d'une gravité suffisante pour justifier légalement l'autorisation du licenciement : des injures publiques graves adressées par un délégué syndical à un chef de fabrication et au délégué général de l'entreprise (CE 23 nov. 1977, *Société Gallice*, Rec. 499) ; le refus répété de l'intéressé d'exécuter le travail qui lui est proposé par son employeur (CE 20 mars 1981, *Atoussi*, Rec. 162 ; D. 1981.I.R.81. obs. Pélissier) ; un acte d'indélicatesse vis-à-vis de l'employeur (CE 19 oct. 1988, *Société d'exploitation des magasins utilitaires Monoprix*, Rec. 351 ; LQJ 2-4 mai 1989, note Moderne) ou d'un tiers (CE 7 déc. 1990, *Centre d'aide par le travail Chanteclerc*, Rec. 355 ; AJ 1991.120, chr. Honorat et Schwartz).

En revanche, n'ont pas revêtu un caractère de gravité suffisante, des retards ou des absences irrégulières (CE 6 mars 1987, *Société « Les terreaux de France »*, Rec. 977 ; AJ 1987.613, obs. Prétot), des négligences commises lors de la vérification d'appareils (CE 26 mai 1989, *Société anonyme de télécommunications*, LQJ 27 janv. 1990, note Moderne) ou un acte d'indélicatesse isolé et d'ampleur dérisoire (CE 11 févr. 1998, *Société anonyme des Monoprix*, Rec. 53).

6 *b)* La gravité des fautes liées à l'exercice du mandat de salarié protégé fait l'objet d'une appréciation qui est fonction du poids des circonstances.

Lorsqu'un délégué syndical prend une part active dans la distribution de tracts au cours d'une manifestation organisée devant le siège de son entreprise, alors que ces documents contiennent des imputations graves et injurieuses à l'égard de son gérant ainsi que des affirmations visant à dénigrer cette entreprise auprès de sa clientèle, ce comportement qui ne peut être regardé comme se rattachant à « l'exercice normal » des fonctions représentatives est constitutif de fautes suffisamment graves pour justifier un licenciement (CE 17 juin 1979, *SARL Soviali*, Rec. 905). Ne peut davantage être rattaché à l'exercice normal des fonctions de délégué du personnel l'arrêt, au cours d'un conflit collectif, d'un matériel qui fonctionnait grâce à des agents non grévistes (CE 1er avr. 1992, *Moreau*, Rec. 148 ; Dr. Soc. 1992.689, concl. Kessler ; AJ 1992.338, chr. Maugüé et Schwartz ; Dr. Soc. 1993.51, Comm. Ray). La solution inverse a prévalu dans le cas d'un salarié protégé « ayant joué un rôle modérateur » lors d'un conflit social et ayant contribué, par sa participation aux discussions avec le directeur retenu dans son bureau, à ce que ces événements ne « dégénèrent pas en actes de violences ou de déprédations » (CE 17 juin 1979, *Manufacture française des pneumatiques Michelin*, Rec. 289 ; D. 1980.337, note Jeammaud). N'a pas non plus été regardée comme constituant une faute d'une gravité suffisante, la participation d'un salarié protégé à un piquet de grève qui n'entravait pas en fait la liberté du travail du personnel non gréviste (CE 2 févr. 1996, *Société Établissements Crocquet*, Rec. 26).

L'utilisation par l'intéressé du crédit d'heures qui lui est accordé pour l'exercice de ses fonctions de représentation pour se livrer à d'autres activités constitue un manquement grave (CE 22 févr. 1989, *Société Aliments Piéto*, Rec. 966 ; LQJ 6 juin 1989, note Moderne). La solution est différente pour un simple dépassement des heures de délégation (CE 26 mai 1989, *Société anonyme de télécommunications*, précité n° 91.5).

Si une indélicatesse à l'égard des autres salariés s'analyse en une faute d'une gravité suffisante (CE 25 avr. 1984, *Le Goff*, Rec. 762 ; LPA 16 juill. 1984, note Moderne), il en va différemment pour des anomalies d'importance mineure dans la tenue des comptes du comité d'entreprise ne dissimulant pas de détournement de fonds (CE 12 juill. 1989, *Société « Contrôle Mesure Régulation »*, LQJ 27 janv. 1990, note Moderne).

7 *c)* Même si une faute de gravité suffisante est relevée, l'administration peut refuser d'accorder l'autorisation de licenciement pour des motifs d'intérêt général, sous réserve de ne pas porter une atteinte excessive aux intérêts en présence. Le contrôle du juge administratif s'exerce sur chacune de ces deux appréciations.

Les motifs d'intérêt général susceptibles d'être retenus se rattachent le plus souvent au souci de préserver la paix sociale et d'éviter des troubles importants à l'ordre public. Après quelques hésitations, le Conseil d'État a admis que soit pris en compte le souci de maintenir une présence syndicale au sein de l'entreprise (CE 9 oct. 1987, *Ministre du travail, de l'emploi et de la formation professionnelle c. Société Corning France*, Rec. 308 ; AJ 1987.729, chr. Azibert et de Boisdeffre ; JCP 1988.II.20964, note Moderne). En revanche, ne peut valablement être invoqué par l'administration le souci de faire cesser une grève qui avait été organisée dans le seul but de protester contre un jugement ayant annulé de précédents refus d'autorisation de licenciements ; le Conseil d'État a craint qu'en pareil cas la chose jugée ne soit méconnue (CE 25 févr. 1987, *Ministre du travail c. Société Carnaud emballage*, Rec. 75 ; JCP 1987.II.20848, note Moderne).

L'appréciation du caractère excessif ou non de l'atteinte portée aux intérêts en présence dépend elle aussi des circonstances. A été jugé illégal le refus de licenciement de trois salariés protégés de la société des automobiles Citroën qui avaient personnellement et activement commis des voies de fait sur les lieux de travail (CE 9 oct. 1987, *Ghazi*, Rec. 309 ; AJ 1987.729, chr. Azibert et de Boisdeffre). Ultérieurement le Conseil d'État a même estimé que de tels faits étaient constitutifs d'un manquement à l'honneur de nature à faire obstacle à l'application d'une loi d'amnistie (CE Sect. 6 janv. 1989, *Société automobiles Citroën*, Rec. 5 – v. n° 2.7).

En sens inverse, n'a pas été considéré comme portant une atteinte excessive aux intérêts de l'entreprise le refus de licenciement opposé pour des motifs d'intérêt général dans une hypothèse où des salariés protégés avaient, à l'extérieur de l'entreprise, commis des atteintes aux biens (CE 9 oct. 1987, *Ministre du travail, de l'emploi et de la formation professionnelle c. Société Corning France*, précité).

2°) Le contrôle effectué par le juge administratif ne se limite pas à l'appréciation portée sur la faute alléguée et sur ses implications. Il est susceptible de prendre en compte d'autres éléments.

8 *a)* Outre la qualification juridique des faits le juge administratif contrôle si, en statuant sur une demande d'autorisation, l'administration a commis une erreur de droit (CE Ass. 3 mars 1978, *Soubourou*, Rec. 114 ; Dr. soc. 1978.51, concl. Dondoux ; D. 1978.610, note Jeammaud).

A l'occasion d'un licenciement fondé sur le refus de l'intéressé d'accepter un changement d'attribution, le Conseil d'État a en effet jugé que ce changement était la conséquence d'une mesure générale de réorganisation qui aurait dû être soumise au comité d'entreprise et il a considéré qu'en estimant, pour autoriser le licenciement, que cette consultation n'était pas légalement obligatoire, l'inspecteur du travail avait commis une erreur de droit.

Plus généralement est pris en compte l'ensemble des règles applicables au contrat de travail (CE 1er avril 1992, *Moreau*, préc. n° 91.6)

9 *b)* Le contrôle peut porter directement sur la régularité de la procédure d'autorisation de licenciement.

L'entreprise qui dépose une demande en ce sens doit mettre l'inspecteur du travail à même d'apprécier la gravité des faits reprochés à l'intéressé, compte tenu des exigences propres du mandat de salarié protégé (CE 22 juill. 1992, *Cirelli* ; Dr. Soc. 1993.49, concl. de Froment). Le juge contrôle si les consultations légalement requises ont été effectuées (CE Sect. 18 mai 1979, *Société Thomson Medical Telco*, Rec. 217 ; AJ 1979, n° 7 et 8.27, chr. O. Dutheillet de Lamothe et Robineau ; Gaz. Pal. 1980.1.59, note Moderne), y compris dans le cas de changement de circonstances (CE 17 mars 1989, *Ministre des affaires sociales et de l'emploi c. Mme Delaporte*, Rec. 965 ; D. 1990.498, concl. Laroque : nécessité d'une nouvelle demande à la suite d'un refus).

10 *c)* Le Conseil d'État a eu enfin à préciser comment s'articulaient les pouvoirs respectifs de l'inspecteur du travail et du ministre. Il a jugé que dans le cas où l'inspecteur a refusé l'autorisation de licenciement, la décision ainsi prise, qui a créé des droits au profit du salarié intéressé, ne peut être annulée ou réformée par le ministre que pour des motifs de légalité, compte tenu des circonstances de fait et de droit existant à la date à laquelle s'est prononcé l'inspecteur du travail (CE Sect. 6 juill. 1990, *Ministre du travail, de l'emploi et de la formation professionnelle c. Mattei*, Rec. 205 ; AJ 1991.230, note Belloubet-Frier ; D. 1991.SC.147, obs. Frossard).

B. — La jurisprudence *Bernette* a connu également une extension par rapport à son champ d'application initial.

11 *1°)* Le Conseil d'État a d'abord étendu les principes de l'arrêt *Bernette* à l'autorisation de licencier pour motif économique un salarié protégé. Elle est, elle aussi, subordonnée à deux conditions cumulatives : ce licenciement doit être dépourvu de tout rapport avec les fonctions représentatives normalement exercées ou l'appartenance syndicale (cf par exemple, CE 29 mars 1989, *Société Pradeau et Morin*, Rec. 100 ; LQJ 29 juin 1989, note Moderne) ; il doit en outre être justifié par la situation de l'entreprise. Dans ce cas « il appartient à l'inspecteur du travail et, le cas échéant, au ministre, de rechercher, sous le contrôle du juge de l'excès de pouvoir, si la situation de l'entreprise justifie le licenciement du salarié, en tenant compte notamment de la nécessité des réductions envisagées d'effectifs et de la possibilité d'assurer le reclassement du salarié dans l'entreprise » (CE Sect. 18 févr. 1977, *Abellan*, Rec. 97 ; AJ 1977.248, chr. Nauwelaers et Fabius ; Dr. Soc. 1977.166, concl. Dondoux ; Dr. ouvr. 1977. concl., note Cohen ; Gaz. Pal. 1977.2.509, note Moderne).

Dans cette recherche du véritabe motif du licenciement le juge attache une importance toute particulière au problème du reclassement de l'intéressé. Ainsi, dans l'affaire *Abellan*, le Conseil d'État a annulé l'autorisation en se fondant notamment sur le fait qu'une offre de reclassement, faite à l'intéressé, avait été ultérieurement retirée sans qu'un élément nouveau justifie ce revirement. Il a estimé, dans ces conditions, que « le projet de licenciement était en rapport avec l'exercice de son mandat ».

Il a ultérieurement précisé que les dispositions du règlement intérieur d'une entreprise fixant l'ordre des licenciements pour motif économique étaient applicables aux salariés protégés (CE 20 déc. 1985, *Société Bostik*, Rec. 794 ; Dr. soc. 1986.467, concl. Delon).

Même dans le cas où l'entreprise fait l'objet d'une procédure de règlement judiciaire, la possibilité de reclassement du salarié protégé doit être recherchée (CE 30 oct. 1995 *Soret*, Rec. 1064 ; LPA 1995, n° 150, concl. Arrighi de Casanova).

12 *2°)* Le juge administratif a par ailleurs admis que la protection dont bénéficient les représentants du personnel puisse être étendue en application de clauses des conventions collectives plus favorables que les dispositions du code du travail (CE Ass. 30 oct. 1980, *Ministre du travail et Consortium viticole et vinicole de Bourgogne*, Rec. 404 ; AJ 1980.643, chr. Feffer et Pinault ; Dr. soc. 1981.158, concl. M.A. Latournerie).

De même, la protection dont bénéficie le salarié subsiste pendant une période de suspension du contrat de travail provoquée par la mise en chômage partiel de l'intéressé (CE 13 nov. 1987, *Fonderies et acieries électriques de Feurs*, Rec. 369 ; Dr. Soc. 1988.120, concl. Robineau ; JCP 1988.II.21013, note Moderne). Elle n'est pas affectée par la circonstance que l'intéressé a accepté de bénéficier d'une convention de conversion (CE 3 mai 1993, *Di Chiaro*, Rec. 1067 ; AJ 1993.828 note Prétot).

Elle est également maintenue pendant une nouvelle durée de six mois à compter de la réintégration dans l'entreprise d'un salarié protégé dont le mandat était expiré (CE 13 mai 1992, *Ministre du travail, de l'emploi et de la formation professionnelle et Association « Ateliers de la Couronnerie » c. Bourrelier*, Rec. 200 ; Dr. soc. 1992.693, concl. de Froment).

13 *3°)* Revenant sur une jurisprudence antérieure contraire, le Conseil d'État a transposé les principes de la jurisprudence *Bernette* au licenciement des médecins du travail. Ainsi, lorsque le licenciement d'un de ces médecins est envisagé, l'administration doit s'assurer sous le contrôle du juge de l'excès de pouvoir, qu'il n'est pas « en rapport avec l'exercice normal par l'intéressé des fonctions de médecin du travail » (CE 5 févr. 1988, *Boutillon*, Rec. 44 ; Dr. soc. 1988.449, concl. Robineau ; JCP 1988.II.21151, note Moderne).

14 *4°)* Dans nombre d'hypothèses où le licenciement d'un salarié protégé repose sur une considération qui semble en apparence objective, le Conseil d'État applique, moyennant des adaptations plus ou moins importantes, les principes posés par l'arrêt *Bernette*.

Qu'il s'agisse d'un licenciement provoqué par une fin de chantier (CE Sect. 11 févr. 1983, *Société générale d'entreprises pour les travaux publics*, Rec. 142 ; Dr. soc. 1983.623, concl. Stirn), par une fin de spectacle (CE 25 oct. 1985, *Société Théâtre des Folies-Bergères*, Rec. 302 ; Dr. soc. 1986.107, concl. Massot), par l'inaptitude physique de l'intéressé (CE 11 juill. 1986, *Masseguin*, Rec. 743 ; Dr. soc. 1987.620, concl. E. Guillaume) ou par la survenance de la limite d'âge prévue par la convention collective (CE 6 mars 1987, *Mme Deboos*, Rec. 978 ; AJ 1987.558, obs. Prétot), l'administration doit s'assurer de la réalité du motif invoqué par l'employeur pour justifier la mesure et de son absence de lien avec l'exercice normal du mandat représentatif ou syndical. Dans la cas où le licenciement est motivé par des absences répétées pour faits de maladie, l'autorisation ne peut être accordée que pour autant que « les absences de l'intéressé sont d'une importance suffisante » pour le justifier « compte tenu de l'ensemble des règles applicables au contrat de travail et des conditions de fonctionnement de l'entreprise » (CE 6 mars 1987, *« Les terreaux de France »*, précité n° 91.5). Même dans l'hypothèse du licenciement d'un salarié protégé pour défaut des titres professionnels ayant servi de justification à son recrutement, l'administration doit vérifier la réalité de la fraude alléguée par l'employeur (CE 18 nov. 1988, *Association laïque pour l'éducation et la formation professionnelle des adolescents*, Rec. 411 ; LQJ 30 mai 1989, note Moderne).

Des exigences particulières s'imposent au cas où l'employeur allègue la *« perte de confiance »* vis-à-vis du salarié protégé. Celle-ci ne peut jamais constituer, par elle-même, un motif pouvant servir de base à une autorisation de licenciement. En pareil cas, l'administration doit vérifier, sous le contrôle du juge, si des éléments se rattachant au comportement de l'intéressé, sans caractériser l'existence d'une faute, mais qui rendent impossible selon l'employeur la poursuite du contrat de travail, présentent un caractère objectif et si, en raison du niveau élevé des responsabilités exercées par le salarié, ils peuvent, eu égard à l'ensemble des règles applicables au contrat de travail et compte tenu des atteintes susceptibles d'être portées au fonctionnement de l'entreprise, légalement justifier l'octroi d'une autorisation de licenciement (CE Sect. 7 déc. 2001, *Baumgarth* ; CJEG 2002.370, concl. Prada-Bordenave).

15 *5°)* Lorsqu'elle est entachée d'illégalité, l'autorisation de licencier un salarié protégé constitue une faute de nature à engager la responsabilité de la puissance publique, qu'elle que puisse être la responsabilité encourue par l'employeur à l'égard du salarié (CE Sect. 9 juin 1995, *Ministre des Affaires sociales et de l'emploi c. Lesprit*, Rec. 239 ; AJ 1995.745, concl. Arrighi de Casanova).

16 ***C.*** — Enfin, postérieurement à l'entrée en vigueur de la loi du 31 déc. 1987 le Conseil d'État, par des décisions de Section du 11 juin 1999, aux concl. du commissaire du gouvernement Bachelier (Rec. 1999 p. 180 et RFDA 2000.1332) a précisé le contrôle qu'il exerce en la matière en tant que juge de cassation – Il lui revient de vérifier, au titre de la qualification juridique que les faits reprochés à un salarié protégé sont d'une gravité suffisante pour justifier un licenciement (Sect. 11 juin 1999. *Mme Chicard* Rec. 198 ; AJ 1999.840, chr. Fombeur et Guyomar) – Un contrôle de même nature a été adopté sur la réalité du motif économique allégué par l'employeur, ayant conduit à la suppression du poste occupé par un salarié protégé (Sect. 11 juin 1999. *M Prouvost*, Rec. 179).

17 **IV.** — Cet ensemble de décisions constitue une excellente illustration de la notion de « politique jurisprudentielle ». Le Conseil d'État a dans un même mouvement, renforcé son contrôle juridictionnel sur un pouvoir qu'il considérait auparavant comme discrétionnaire et étendu l'emprise du droit public sur les relations entre les employeurs et les salariés. Cette jurisprudence a fait pénétrer le juge administratif au cœur même de l'entreprise, de ses tensions entre les patrons et le personnel et de la situation économique et sociale.

92

PRINCIPES GÉNÉRAUX DU DROIT
DROIT À UNE VIE FAMILIALE NORMALE

CE Ass. 8 déc. 1978, GROUPE D'INFORMATION ET DE SOUTIEN DES TRAVAILLEURS IMMIGRÉS et autres (GISTI), CFDT et CGT, Rec. 493

(Dr. soc. 1979.57, concl. Dondoux ;
AJ 1979(3)38, chr. O. Dutheillet de Lamothe et Robineau ;
D. 1979.661, note L. Hamon ; D. 1979.IR.94, obs. P. Delvolvé ;
Dr. ouvr. 1979.1, note Bonnechère)

Cons. que les requêtes du Groupe d'information et de soutien des travailleurs immigrés, de la Confédération française démocratique du travail et de la Confédération générale du travail sont dirigées contre le décret du 10 nov. 1977 ; qu'il y a lieu de les joindre pour qu'elles fassent l'objet d'une même décision ;

Sur la recevabilité des requêtes :

Cons. que la défense des intérêts matériels et moraux des travailleurs étrangers répond à l'objet de l'association et des organisations syndicales requérantes ; qu'ainsi le ministre du travail et de la participation n'est pas fondé à soutenir que les requérants ne justifient pas d'un intérêt suffisant pour demander l'annulation du décret attaqué ;

Sur la légalité du décret attaqué :

Sans qu'il soit besoin d'examiner les autres moyens des requêtes :

Cons. que le décret du 29 avr. 1976, relatif aux conditions d'entrée et de séjour en France des membres des familles des étrangers autorisés à résider en France, détermine limitativement, et sous réserve des engagements internationaux de la France, les motifs pour lesquels l'accès au territoire français ou l'octroi d'un titre de séjour peut être refusé au conjoint et aux enfants de moins de 18 ans d'un ressortissant étranger bénéficiant d'un titre de séjour qui veulent s'établir auprès de ce dernier ; que le décret attaqué du 10 nov. 1977 suspend, pour une période de trois ans, les admissions en France visées par ces dispositions mais précise que les dispositions du décret du 29 avr. 1976 demeurent applicables aux membres de la famille qui ne demandent pas l'accès au marché de l'emploi ; que le décret attaqué a ainsi pour effet d'interdire l'accès du territoire français aux membres de la famille d'un ressortissant étranger titulaire d'un titre de séjour à moins qu'ils ne renoncent à occuper un emploi ;

Cons. qu'il *résulte des principes généraux du droit et, notamment du Préambule de la Constitution du 27 oct. 1946 auquel se réfère la Constitution du 4 oct. 1958, que les étrangers résidant régulièrement en France ont, comme les nationaux, le droit de mener une vie familiale normale ;*

que ce droit comporte, en particulier, la faculté, pour ces étrangers, de faire venir auprès d'eux leur conjoint et leurs enfants mineurs ; que, s'il appartient au Gouvernement, sous le contrôle du juge de l'excès de pouvoir, et sous réserve des engagements internationaux de la France, de définir les conditions d'exercice de ce droit pour en concilier le principe avec les nécessités tenant à l'ordre public et à la protection sociale des étrangers et de leur famille, ledit gouvernement ne peut interdire par voie de mesure générale l'occupation d'un emploi par les membres des familles des ressortissants étrangers ; que le décret attaqué est ainsi illégal et doit, en conséquence, être annulé ;... (Annulation).

OBSERVATIONS

1 Le gouvernement avait institué, par décret du 29 avr. 1976, une réglementation libérale du séjour en France des membres de la famille immédiate d'un travailleur étranger régulièrement autorisé à séjourner en France, qui ne pouvaient se voir refuser l'accès au territoire français ou l'octroi d'un titre de séjour que pour des motifs limitativement énumérés, au nombre desquels figuraient la durée de résidence en France du chef de famille, l'inexistence de ressources suffisantes, les conditions de logement et les nécessités de l'ordre public. Les familles des immigrés bénéficiaient ainsi d'un véritable droit au séjour. Mais dix-huit mois plus tard, pour des motifs tirés de la situation de l'emploi, un décret du 10 nov. 1977 suspendit pour une période de trois ans l'application du décret de 1976, sauf à l'égard des membres de la famille d'un étranger résidant en France qui ne demandaient pas l'accès au marché de l'emploi.

Ce décret qui avait ainsi pour effet d'interdire la venue en France des membres de la famille d'un ressortissant étranger titulaire d'un titre de séjour, à moins qu'ils ne renoncent à occuper un emploi, fut attaqué par le Groupe d'information et de soutien des travailleurs immigrés (GISTI) ainsi que par la CFDT et la CGT Les requérants invoquaient notamment, contre le décret, un moyen tiré de la violation d'un des principes proclamés par le préambule de la Constitution de 1946 dans son dixième alinéa et selon lequel : « La nation assure à l'individu et à la famille les conditions nécessaires à leur développement. »

I. — Le Conseil d'État était ainsi conduit à rechercher, pour reprendre l'expression du commissaire du gouvernement Dondoux, « si un principe général comportant la reconnaissance d'un droit à une vie familiale normale et incluant notamment le droit au regroupement familial pouvait être dégagé de l'ensemble du droit public et en particulier du préambule de la Constitution de 1946 et si ce principe avait été méconnu par le décret attaqué ».

2 *1.* — Sur l'existence d'un principe général du droit comportant la reconnaissance du droit à une vie familiale normale, le commissaire du gouvernement n'éprouvait guère de doutes. Il estimait en effet que dans le préambule de la Constitution de 1946, un minimum de droits ont été proclamés s'agissant de la famille et il invitait le Conseil d'État à admettre « qu'il existe en vertu du préambule un principe qui a trait à l'existence même de la famille et qui reconnaît à tout individu le droit de mener, notamment en créant une famille et en vivant avec elle, une existence et une vie familiale normales ». M. Dondoux soulignait en outre que ce principe général du droit pouvait également être déduit d'autres dispositions écrites : d'une part de certaines des conventions internationales conclues par la France qui reconnaissent, comme la Charte sociale européenne par exemple, le droit au regroupement familial, et, d'autre part, de l'ensemble de la législation familiale française contenue pour l'essentiel dans le code civil et le code de la famille qui s'attache à protéger et assurer le développement de la famille et de l'aide sociale.

Il remarquait enfin que ce principe général du droit ne pouvait concerner exclusivement les nationaux français : « Pour l'essentiel le préambule a une portée beaucoup plus large. Fidèle à une tradition qui conduisait en son temps à déclarer solennellement les droits de l'homme et pas seulement ceux du citoyen, il proclame des principes qui, quant à leurs bénéficiaires, dépassent en général le cadre de nos frontières ». Suivant son commissaire, le Conseil d'État a admis l'existence « pour les étrangers résidant régulièrement en France, comme pour les nationaux », du droit « de mener une vie familiale normale ». Et il a dégagé ce principe « des principes généraux du droit et notamment, du préambule de la Constitution de 1946 auquel se réfère la Constitution de 1958 ».

Cette démarche juridique peut sembler nouvelle ; le juge administratif se bornait en effet jusqu'ici à affirmer l'existence d'un principe général du droit, que celui-ci soit ou non susceptible de se rattacher à un texte écrit : ainsi avait-il affirmé que « la faculté reconnue aux juges de prononcer une astreinte en vue de l'exécution tant de leurs décisions que des mesures qui en sont le préalable a le caractère d'un principe général du droit » (CE Ass. 10 mai 1974, *Barre et Honnet*, Rec. 276 ; AJ, 1974.525, chr. Franc et Boyon), ou encore que le « principe général de la publicité des débats judiciaires impose que ceux-ci se déroulent dans un lieu ouvert au public » (CE 16 janv. 1976, *Dreyfus*, Rec. 46). Dans la décision GISTI, le Conseil d'État en faisant référence « aux principes généraux du droit » semble avoir admis expressément l'existence d'un corps autonome de règles supérieures, qui se situe au-dessus du droit écrit positif, et dont le juge extrait en quelque sorte un principe général à caractère particulier. Ce principe peut toutefois trouver un appui dans des dispositions écrites, comme, en l'espèce, dans le préambule de la Constitution de 1946. Mais ces dispositions écrites ne constituent qu'un support à l'expression de principes généraux qui préexistent au droit écrit positif. Le contenu du principe affirmé par la décision GISTI reflète cette autonomie des principes généraux du droit. La démarche du juge administratif est donc originale par rapport à celle du Conseil constitutionnel qui, dans le cadre du contrôle de constitutionnalité des lois veille au respect par le législateur du dixième alinéa du Préambule de la Constitution de 1946, auquel renvoie le Préambule de la Constitution de 1958 (cf. la décision *n° 93.325 DC du 13 août 1993*, Rec. 224 ; RFDC 1995.583, note Favoreu ; RFDA 1993.871 note Genevois, GD n° 46, qui consacre le droit constitutionnel à une vie familiale normale). En effet, dans sa décision, le Conseil d'État n'a pas repris l'expression de « développement de la famille » contenue dans le préambule de 1946 ou encore celle « de regroupement familial », qui figure dans certaines conventions internationales, mais a consacré de manière prétorienne l'existence d'un droit plus large, celui de « mener une vie familiale normale qui comporte, *en particulier,* la faculté, pour les étrangers, de faire venir auprès d'eux leurs conjoints et leurs enfants mineurs ». Ainsi le principe général du droit reconnu par le Conseil d'État va plus loin que le droit à l'unité et au regroupement familial. Il comporte d'autres aspects, sur lesquels la décision reste silencieuse, mais au nombre desquels on pouvait peut-être ranger le droit de la famille aux conditions matérielles élémentaires nécessaires à son développement.

3 *2.* — Ce principe affirmé, il convenait de rechercher dans quelle mesure le décret attaqué l'avait méconnu. Le Conseil d'État a posé en principe qu'il « appartient au gouvernement, sous le contrôle du juge de l'excès du pouvoir, et sous réserve des engagements internationaux de la France, de définir les conditions d'exercice du droit à une vie familiale normale pour en concilier le principe avec les nécessités tenant à l'ordre public et à la protection sociale des étrangers et de leur famille ».

S'agissant du droit à mener une vie familiale normale, le Conseil d'État a d'abord relevé que la France s'étant engagée, par voie d'accords bilatéraux ou multilatéraux, à faciliter le regroupement de la famille des étrangers autorisés à s'établir sur le territoire national, ces engagements faisaient en tout état de cause obstacle à ce que le gouvernement suspende, par voie réglementaire, le droit qu'ont ces étrangers de se faire rejoindre par leur famille. Mais le Conseil d'État a, dans le même temps, admis que le droit au regroupement familial comportait des limites et qu'il devait se concilier avec les intérêts généraux auxquels il pourrait être de nature à porter atteinte. Ces intérêts généraux, tels qu'ils sont exprimés dans la décision, sont au nombre de deux : l'ordre public, d'une part, qui pourrait justifier que le gouvernement s'oppose à la venue en France des membres de la famille d'un étranger y séjournant régulièrement si cette venue était de nature à compromettre par exemple la sécurité ou la salubrité publique ; « la protection sociale de l'étranger et de sa famille » d'autre part, notion peu explicite, derrière laquelle il y a sans doute l'idée que la famille « rejoignante » doit, afin de pouvoir vivre dans des conditions « normales », être assurée d'un minimum de garanties matérielles, telles que des ressources suffisantes ou un logement convenable. Et le Conseil d'État a jugé qu'en allant au-delà de ces limites et en interdisant de façon générale l'occupation d'un emploi par les membres des familles des ressortissants étrangers, le décret du 10 nov. 1977 avait excessivement restreint la portée du droit au regroupement familial.

4 Il est intéressant de noter que, dans ses prémisses comme dans sa conclusion, l'arrêt *GISTI* s'inspire directement d'un avis rendu par le Conseil d'État le 27 oct. 1977 sur le projet de décret attaqué. Pour rejeter ce texte, l'assemblée générale l'avait examiné « au regard des conséquences juridiques que comporte, en ce qui concerne le regroupement en France des familles étrangères, l'application du principe général de notre droit qui reconnaît à tout individu le droit à la vie familiale » ; elle avait précisé que « les étrangers ayant régulièrement leur résidence en France ont un droit fondamental, comme les nationaux, à mener une vie familiale normale. Ce droit comporte en particulier la faculté de se faire rejoindre par leur conjoint et leurs enfants mineurs. Il n'a d'autre limite que celles qu'imposent, compte tenu des circonstances de temps et de lieu, les exigences de l'ordre public et de la protection sociale des étrangers et de leur famille » ; elle en avait déduit qu'il serait illégal « d'interdire d'une manière générale et absolue l'accès du marché du travail en France aux membres des familles étrangères qui ont rejoint, ou qui envisagent de rejoindre, dans le cadre de la procédure du regroupement familial, un étranger déjà établi sur notre territoire ».

Comme il en avait le droit, le gouvernement n'a pas suivi cet avis, mais il s'exposait ainsi à une annulation. L'avis n'ayant pas été rendu public à l'époque, le commissaire du gouvernement, qui ne l'ignorait évidemment pas, n'avait pu en faire état dans ses conclusions. Mais l'assemblée du contentieux en a repris l'économie générale et même certaines formules. Cet exemple montre à la fois comment le Conseil d'État utilise dans son rôle consultatif la théorie des principes généraux du droit et comment ses arrêts peuvent parfois relayer et confirmer ses avis.

II. — La décision *GISTI* a connu des prolongements importants. Elle doit d'abord être rapprochée de la jurisprudence administrative relative au « statut des étrangers » qui a contribué, sous l'effet conjugué de l'action du juge et des conventions internationales, à assurer aux non-nationaux un minimum de garanties et de protection. La décision *GISTI* est par ailleurs symptomatique de la reconnaissance par le juge administratif de principes généraux du droit à caractère social.

1. — Dans sa jurisprudence relative aux étrangers, le Conseil d'État a clairement manifesté le souci d'atténuer le caractère souvent précaire de la situation des non-nationaux résidant dans notre pays.

5 *a)* Il a d'abord condamné, à plusieurs reprises, la politique restrictive à l'égard de l'immigration menée dans le cadre de simples circulaires. Il a notamment annulé pour incompétence les circulaires Marcellin-Fontanet des 24 janv. et 23 févr. 1972 qui restreignaient les possibilités d'accès au séjour et au travail des étrangers (CE 13 janv. 1975, *Da Silva et Confédération française démocratique du travail*, Rec. 16 ; D. 1975.784, note Julien-Laferrière ; JCP 1976.II.18325, note Pellet ; AJ 1975.258, note André ; Dr. soc. 1975.273, concl. Dondoux). Il a pour le même motif déclaré illégal le régime dit d'« aide au retour » qui avait été institué par une simple note de service intervenue au début de l'année 1977 (CE 24 nov. 1978, *Mouvement contre le racisme, l'antisémitisme et pour la paix*, Rec. 464 ; Dr. ouvr. 1979, 1, note Bonnechère). Il censure à l'occasion celles des dispositions des circulaires qui ajoutent aux lois et règlements (CE 27 sept. 1985, *GISTI,* Rec. 260 ; – 27 sept. 1985, *GISTI,* Rec. 267). En particulier, a été annulée à ce titre, une circulaire qui instituait un visa de sortie pour les étrangers (CE 22 mai 1992, *GISTI* Rec. 669, RFDA 1993.567, concl. Abraham).

6 *b)* Le Conseil d'État a ensuite admis que, si les étrangers pris isolément n'ont pas à proprement parler de droit au séjour et au travail et sont soumis, sur ces deux plans, à un régime d'autorisation, ils ont néanmoins le droit de demander à accéder au séjour et au travail et cette demande doit faire l'objet d'un examen individuel (*Da Silva*, précité ; – 24 févr. 1984, *Ministre de l'intérieur c. Bouriah*, Rec. 88). Il en va ainsi en particulier pour la délivrance de la carte de commerçant étranger (Sect. 10 juill. 1987, *Lachger*, Rec. 252 et *Abarchich*, Rec. 253 ; AJ 1987.585, chr. Azibert et de Boisdeffre ; RFDA 1989.186, concl. de Clausade). Si des motifs tirés des nécessités de l'ordre public et de l'intérêt de la défense nationale peuvent légalement justifier un refus de carte de séjour (CE 22 juill. 1977, *Mytteis-Hager*, Rec. 366 ; JDI 1978.71, note Ruzié), le juge administratif censure pour erreur de droit un refus de titre de séjour fondé par exemple sur le motif que l'étranger ne disposerait pas de moyens d'existence suffisants alors qu'il exerçait l'activité de commerçant ambulant (CE 7 mars 1980, *Ministre de l'intérieur c. Diaw*, Rec. 127).

7 *c)* Ces règles ont évolué dans un sens plus protecteur de la situation des intéressés par l'effet des conventions internationales. Dans le cas des ressortissants des États membres de la Communauté européenne, le Conseil d'État a jugé que le refus de la délivrance d'un titre de séjour pour des motifs d'ordre public était soumis à un entier contrôle de la part du juge, car la libre circulation des per-

sonnes est garantie par le traité de Rome (CE 24 oct. 1990, *Ragusi*, Rec. 290 ; AJ 1991.322, concl. Abraham, note Julien-Laferrière ; RTDE 1991.301, concl. Abraham).

S'agissant des réfugiés politiques, le Conseil d'État, en faisant masse des stipulations de la Convention de Genève du 28 juill. 1951 et de la loi du 25 juill. 1952 instituant l'office français de la protection des réfugiés et apatrides, a posé en règle générale que ces textes « impliquent nécessairement que l'étranger qui sollicite la reconnaissance de la qualité de réfugié soit en principe autorisé à demeurer provisoirement sur le territoire jusqu'à ce qu'il ait été statué sur sa demande » (CE Ass. 13 déc. 1991, *Nkodia*, Rec. 439 ; du même jour. Ass. *Préfet de l'Hérault c. Dakoury*, Rec. 440 ; AJ 1992.114, chr. Maugüé et Schwartz ; RFDA 1992.90 et RUDH 1992.117, concl. Abraham ; D. 1992.447, note Julien-Laferrière ; Rev. crit. dr. inter. pr. 1992.455, note Crépeau).

En outre, des principes généraux du droit propres aux réfugiés politiques, y compris en ce qui concerne la reconnaissance de cette qualité aux membres de leur famille, ont été dégagés à partir de la Convention de Genève du 28 juillet 1951 (CE Ass. 2 déc. 1994, *Mme Agyepong*, Rec. 523, concl. Denis-Linton, RFDA 1995.86, concl. ; AJ 1994.915, chr. Touvet et Stahl).

Le Conseil d'État a admis par ailleurs que tout étranger pouvait se prévaloir des stipulations de l'art. 8 de la Convention européenne des droits de l'homme qui reconnaissent le droit de tout individu au respect de sa vie familiale, à l'encontre d'un refus de titre de séjour (CE Sect. 10 avr. 1992, *Marzini*, Rec. 154), comme d'un refus de visa (CE Sect. 10 avr. 1992, *Aykan*, Rec. 152 ; AJ 1992.332, chr. Maugüé et Schwartz ; Rev. Adm. 1992.416, note Ruiz-Fabri – sur ces deux arrêts, RFDA 1993.541, concl. Denis-Linton ; cf. également CE Sect. avis, 30 nov. 1998, *Berrad*, Rec. 451, RFDA 1999.511, concl. Lamy, note Guettier ; DA mars 1999, n° 19, note Traoré ; Rev. cr. dr. int. pr. 1999.504, note Guimezanes ; JCP 2001.II.10579, note Njimbam).

La convention internationale prend ici le relais du principe général du droit dégagé par le juge.

8 *d)* Quoi qu'il en soit, sur le fondement de la jurisprudence *GISTI*, les familles des étrangers installés en France ont droit au regroupement familial, dans des limites qui sont fixées, suivant leurs compétences respectives, par le Gouvernement, sous le contrôle du juge administratif (CE 26 sept. 1986, *GISTI* Rec. 219 ; D. 1987.S.C.192, obs. Llorens ; AJ 1987.54 note Richer) ou par le législateur, sous le contrôle du juge constitutionnel (cf. la décision n° 93.325 DC du 13 août 1993 précitée).

De façon audacieuse, le Conseil d'État a jugé, par application du principe général d'égalité, que les étrangers ne pouvaient pas du seul fait de leur nationalité être écartés du bénéfice d'une prestation sociale d'assistance (CE 30 juin 1989, *Ville de Paris et bureau d'aide sociale de Paris c. Lévy*, Rec. 157 ; Dr. soc. 1989.767, note Prétot ; RFDA 1990.575, concl. Lévis). Cette jurisprudence a eu un prolongement sur le plan constitutionnel (*n° 89-269 DC du 22 janv. 1990,* RFDA 1990.406, note Genevois ; AJ 1970.471, note Benoît-Rohmer ; Dr. soc. 1990.352, note Prétot ; RDSS 1990.437, note Prétot).

9 *e)* Une fois autorisés à séjourner et à travailler les intéressés ne peuvent faire l'objet d'une mesure d'éloignement que pour des motifs d'ordre public.

A cet égard, le Conseil d'État veille à ce que les arrêtés d'expulsion soient motivés en la forme comme l'exige la loi du 11 juill. 1979 (Sect. 24 juill. 1981, *Belasri*, Rec. 322 ; AJ 1981.473, chr. Tiberghien et Lasserre), même lorsqu'ils sont pris suivant la procédure d'urgence absolue (CE Sect. 13 janv. 1988, *Albina*, Rec. 5 ; AJ 1988.225, concl. Schrameck).

En principe, il exerce sur les motifs d'un arrêté d'expulsion un contrôle restreint (v. nos obs. sous CE Ass. 2 nov. 1973, *SA « Librairie François Maspero »* *). Il a jugé dans ce cadre que les infractions pénales commises par un étranger ne sauraient à elles seules justifier légalement une mesure d'expulsion et qu'elles ne dispensent en aucun cas l'autorité compétente d'examiner si la présence de l'intéressé sur le territoire français est de nature à porter atteinte à l'ordre public (CE Ass. 21 janv. 1977, *Ministre de l'intérieur c. Dridi*, Rec. 38 ; AJ 1977.133, chr. Nauwelaers et Fabius ; D. 1977.527, note Julien-Laferrière ; Gaz. Pal. 1977.1.340, concl. Genevois). Un manquement à la neutralité politique de la part d'un étranger ne peut justifier son expulsion que pour autant que sa présence constituerait une menace pour l'ordre public (CE Ass. 13 mai 1977, *Perregaux*, Rec. 216 ; AJ 1977.363, chr. Nauwelaers et Fabius ; JCP 1979.II.19213, note Legrand ; Rev. Ad. Est. France 1978, n° 9, 85, note Flauss ; RDP 1978.253, note Robert ; Gaz. pal. 1978.2.405, note Moderne). Il a été jugé également que la simple détention de faux papiers ne constituait pas à elle seule une menace pour l'ordre public (CE Ass. 8 déc. 1978, *Ministre de l'intérieur c. Benouaret*, Rec. 502 ; D. 1979.339, concl. Hagelsteen). A plus forte raison est entachée d'erreur de droit l'expulsion d'une étrangère ayant pour seul motif l'expulsion de son mari (CE 30 nov. 1979, *Ministre de l'intérieur c. Mme Ofendès*, Rec. 610).

10 Les conditions dans lesquelles l'administration a recours à la procédure d'urgence absolue qui lui permet de prendre la mesure d'éloignement sans que l'intéressé ait été à même de faire valoir sa défense, font l'objet d'un contrôle normal. La jurisprudence témoigne du souci du juge de limiter l'utilisation de cette procédure dérogatoire (CE Ass. 18 juin 1976, *Moussa Konaté*, Rec. 321 ; AJ 1976.582, concl. Genevois ; D. 1977.40, note Pacteau ; – Ass. 11 oct. 1991, *Ministre de l'Intérieur c. Diouri*, Rec. 1126 ; AJ 1991.890, chr. Maugüé et Schwartz ; RFDA 1991.978, concl. de Saint-Pulgent).

11 Le Conseil d'État a été conduit à exercer un contrôle restreint sur les décisions par lesquelles l'administration refuse d'abroger un arrêté d'expulsion (CE Sect. 16 mars 1984, *Ministre de l'intérieur c. Djaballah*, Rec. 115 ; RDP 1984.1403, concl. Genevois ; RA 1984.373, note Pacteau).

12 Il a cherché à faire porter son contrôle sur les mesures d'exécution d'un arrêté d'expulsion. Sous l'empire du régime des « sursis administratifs trimestriels renouvelables », qui consiste, après avoir notifié à un étranger son expulsion du territoire français, à l'autoriser à s'y maintenir à titre précaire, il a ouvert aux intéressés le droit de contester la décision par laquelle l'administration, en notifiant à nouveau l'arrêté d'expulsion, met fin au régime des sursis trimestriels (CE Sect. 4 juill. 1980, *Zemma*, Rec. 299, concl. Bacquet ; AJ 1980.640, chr. Feffer et Pinault). L'étranger peut de même contester devant la juridiction administrative la décision d'exécution d'un arrêté d'expulsion lorsqu'elle lui impose un pays de destination déterminé (CE Ass. 6 nov. 1987, *Buayi*, Rec. 348 ; AJ 1987.713, chr. Azibert et de Boisdeffre ; RFDA 1988.86, concl. Vigouroux ; Rev. crit. dr. intern. privé. 1988.523, concl. Vigouroux, note Turpin ; LPA 1988, n° 109, note Morand-Deviller ; CE, 1er déc. 1997, *Kechemir*, Rec. 457). Enfin les décisions de reconduite à la frontière peuvent être annulées pour erreur manifeste d'appréciation (CE Ass. 29 juin 1990, *Imanbaccus*, Rec. 192 ; v. n° 90.7).

13 *f)* La jurisprudence a précisé que l'annulation pour excès de pouvoir d'un arrêté d'expulsion a pour conséquence de faire revivre à la date de cet arrêté et pour la durée qui restait à courir le titre de séjour que l'expulsion avait abrogé (CE Sect. 4 nov. 1994, *Al Joujo*, Rec. 492 ; AJ 1995.231, concl. Abraham).

Elle a précisé également qu'en cas d'annulation d'un arrêté de reconduite à la frontière il incombe à l'administration, non seulement de munir l'intéressé d'une autorisation provisoire de séjour, mais aussi, de se prononcer sur son droit à un titre de séjour (CE Sect. 22 fév. 2002, *Dieng*, AJ 2002.415, chr. Guyomar et Collin ; RFDA 2003.1080, concl. Chauvaux ; RDP 2003.441, note Guettier).

14 *g)* Une étape supplémentaire dans la protection des étrangers a été franchie depuis que le Conseil d'État a jugé, comme l'avait fait antérieurement la Cour européenne des droits de l'homme (arrêt *Berrehab* du 21 juin 1988 et arrêt *Moustaquim* du 18 févr. 1991) que l'art. 8 de la Convention, sur le droit au respect de la vie familiale, doit être appliqué par l'administration lorsqu'elle enjoint à un étranger de quitter le territoire national. Le juge administratif exerce sur ce point un contrôle de proportionnalité entre la mesure portant atteinte au droit à la vie familiale et l'intérêt public, contrôle qui absorbe alors le contrôle restreint portant sur la menace à l'ordre public (CE Ass. 19 avril 1991, *Belgacem*, Rec. 152 ; du même jour, Ass. *Mme Babas*, Rec. 162 ; Rec. 152, RFDA 1991.497,

RGDIP 1991.800 et RUDH 1991.242, concl. Abraham ; AJ 1991.551, note Julien Laferrière ; Rev. Adm. 1991.239, note Ruiz-Fabri ; JCP 1991.II.21.757, note Nguyen Van Tuong ; Rev. cr. dr. inter. pr. 1991.677, note Turpin ; Cah. Dr. Eur. 1991.549, note Nguyen Van Tuong).

15 *2.* — Le principe général du droit affirmé dans l'arrêt *GISTI* doit également être rapproché d'autres principes généraux du droit dont le juge a consacré l'existence en matière sociale.

Le juge administratif, par l'édiction ou la reconnaissance de ces principes, cherche à protéger certaines catégories de travailleurs ou de personnes qui, en raison des lacunes de la législation ou de la réglementation, se trouvent privées de garanties élémentaires qu'il estime applicables à toute personne car ces garanties traduisent l'état minimum de droit auquel la société est parvenue à un moment donné. C'est ainsi que le Conseil d'État a reconnu que le principe général du droit, dont « s'inspire » le code du travail, selon lequel « un employeur ne peut, sauf dans certains cas, licencier un salarié en état de grossesse » s'applique aux femmes employées dans les services publics, « lorsque aucune nécessité propre à ces services ne s'y oppose » (CE Ass. 8 juin 1973, *Dame Peynet*, Rec. 406, concl. S. Grévisse ; AJ 1973.587, chr. Franc et Boyon ; JCP 1975. II.17957, note Saint-Jours). Dans cette affaire, et par-delà le cas de Mme Peynet, infirmière auxiliaire d'une collectivité locale, se trouvait posé le problème des agents non titulaires de l'État, des collectivités territoriales et de leurs établissements qui constituent, pour reprendre l'expression du commissaire du gouvernement Mme Grévisse « une troisième catégorie de travailleurs demeurés à l'écart des grands courants législatifs qui ont fait progresser et les garanties des fonctionnaires et la protection des salariés, et démunis de certains droits sociaux considérés comme élémentaires ». Mais le Conseil d'État n'a toutefois pas été aussi loin que le lui suggérait son commissaire du gouvernement, qui lui proposait de consacrer l'existence d'un principe selon lequel, lorsque les nécessités propres au service n'y font pas obstacle et qu'aucune disposition législative ne l'exclut expressément, les agents des collectivités locales et des organismes publics doivent bénéficier, quelle que soit la nature juridique du lien les unissant à leur employeur, de droits au moins équivalents à ceux que la législation du travail reconnaît à l'ensemble des salariés.

N'ayant pas adopté cette solution, sans doute parce qu'il craignait de reconnaître un principe dont toutes les applications pratiques ne pouvaient être mesurées avec précision, le Conseil d'État a été conduit par la suite à s'interroger au coup par coup sur le point de savoir si telle ou telle disposition du code du travail constituait une règle applicable aux seuls salariés entrant dans son champ d'application ou s'inspirait au contraire d'un principe général du droit applicable à tous les salariés. Pendant plusieurs années, après la décision *Peynet*, le Conseil d'État a manifesté une certaine réticence à utiliser la technique des principes généraux du droit dans le domaine social : il a ainsi refusé d'ériger en principe général le droit à une indemnité compensatrice de congés payés (CE 6 mars 1981, *Briand*, Rec. 122) ; il en a fait de même avec les dispositions de l'article L. 124.1 du code du travail qui interdisent à l'employeur de faire appel à du personnel de remplacement en cas de conflits collectifs du travail (CE Ass. 18 janv. 1980, *Syndicat CFDT des postes et télécommunications du Haut-Rhin*, Rec. 30 ; *supra* n° 66-14) ; il a enfin refusé, comme la Cour de cassation, d'appliquer au licenciement d'une stagiaire le principe dégagé dans sa décision de 1973 (CE 26 mai 1982, *Mme Caïus*, Rec. 188 ; Cass. soc., 30 mars 1971, Bull. V. 229).

16 Mais, et alors que l'on pouvait penser que la jurisprudence issue de la décision *Peynet* était tarie, le Conseil d'État, dans la ligne exacte de cette décision, a reconnu à des agents non titulaires d'une commune le droit de percevoir, en vertu « d'un principe général du droit, applicable à tout salarié et dont s'inspire l'article L. 141-2 du code du travail » un minimum de rémunération qui, en l'absence de dispositions plus favorables, « ne saurait être inférieur au salaire minimum interprofessionnel de croissance » (CE Sect. 23 avr. 1982, *Ville de Toulouse c. Mme Aragnou*, Rec. 152, concl. Labetoulle ; AJ 1982.440, chr. Tiberghien et Lasserre ; D. 1983.8, note J.B. Auby). Le commissaire du gouvernement avait souligné, dans ses conclusions sur cette affaire, la réticence manifestée par le juge à créer des principes généraux en matière sociale, qui s'explique par la difficulté d'appliquer dans cette matière une « théorie conçue surtout pour donner une valeur normative à des principes abstraits jusqu'alors latents dans la conscience juridique » alors que le droit social est au contraire caractérisé par le côté « concret, évolutif et souvent pointilliste de ses dispositions » ainsi que « par ses incidences économiques et financières ». Il estimait difficile, sinon impossible de régler le problème complexe de la rémunération des agents non titulaires de l'État et des collectivités locales par la simple affirmation prétorienne d'un principe général du droit. Comment en effet régler le cas des agents travaillant à temps incomplet, calculer les heures « effectives » de travail, tenir compte des avantages en nature ? Cette difficulté n'a pas arrêté le Conseil d'État. Sa décision audacieuse et d'une opportunité indiscutable est d'autant plus intéressante qu'elle consacre un principe général dont le respect concret exige la fixation, par l'autorité compétente, de modalités pratiques d'application.

17 Plus récemment, le juge administratif a consacré en tant que principe général, le principe en vertu duquel la nation assure à la famille les conditions nécessaires à son développement (CE Sect. 6 juin 1986, *Fédération des fonctionnaires agents et ouvriers de la fonction publique*, Rec. 158 ; Dr. soc. 1986.725, concl. Massot ; AJ 1986.421, chr. Azibert et de Boisdeffre ; D. 1986.I.R.354, obs.

Llorens ; RDSS 1987.124, obs. Moneger), la prohibition en droit du travail des amendes et sanctions pécuniaires infligées par l'employeur (CE Ass. 1er juill. 1988, *Billard et Volle*, Rec. 268 ; Dr. Soc. 1988.775, concl. Van Ruymbeke et 512, note Lachaume ; AJ 1988.592, chr. Azibert et de Boisdeffre ; RA 1989.136, note Pertek ; JCP 1989.II.21252, note Saint-Jours), l'interdiction faite à l'employeur d'édicter des mesures discriminatoires en matière de rémunérations et d'avantages sociaux (CE 12 nov. 1990, *Malher*, Rec. 321 ; AJ 1991.332, obs. Hecquard-Théron ; Dr. ouvr. 1991.340, note Saramito ; D. 1992.S.C.159, obs. Chelle et Prétot), l'interdiction de résilier le contrat de travail d'un salarié en raison de sa situation de famille (CE 27 mars 2000, *Mme Brodbeck*, Rec. 129 ; JCP 2000.II.10428, concl. Boissard), le principe faisant obligation de chercher à reclasser un salarié inapte physiquement à ses fonctions (CE 26 oct. 2002, *Chambre de commerce et d'industrie de Meurthe-et-Moselle*, AJ 2002.1294, concl. Piveteau, note de Montecler) ; le principe subordonnant la modification des éléments essentiels du contrat de travail à l'accord des parties (CE Ass. 29 juin 2001, *Berton* ; Dr. soc. 2001.948, concl. Boissard ; AJ 2001.648, chr. Guyomar et Collin ; CJEG 2002.84, concl. Boissard, note Maggi-Germain), ainsi que le principe de l'indépendance des inspecteurs du travail (CE 9 oct. 1996, *Union nationale CGT des affaires sociales*, Rec. 383 ; RDP 1997.894, concl. Maugüé ; RGDIP 1997.714, note Alland).

La reconnaissance des principes généraux du droit en matière sociale permet ainsi notamment d'étendre le champ d'application d'une protection instituée par un texte à des catégories de personnes que leur situation marginale avait placées en dehors des dispositions protectrices.

93

DIRECTIVES COMMUNAUTAIRES ET DROIT NATIONAL

CE Ass. 22 déc. 1978, MINISTRE DE L'INTÉRIEUR c. COHN-BENDIT, Rec. 524

(D. 1979.155, concl. Genevois, note Pacteau ; D. 1979.IR.89, obs. P. Delvolvé ; AJ 1979.27, chr. O. Dutheillet de Lamothe et Robineau ; JCP 1979.II.19158, note Kovar ; Gaz. Pal. 1979.1. Jur. 212, note Ruzié ; RA 1979.630, note Vincent ; JDI 1979.589, note Goldman ; RGDIP 1979.832, note Vallée ; Rev. crit. dr. int. pr. 1979.647, note Antoine Lyon-Caen ; RTDE 1979.169, concl. Genevois, note Dubouis ; Cah. dr. eur., 1979.265, note Isaac ; Rev. marché commun 1979.104, note Boulouis ; « Mélanges Reuter » comm. Pinto, p. 407 ; Europarecht 1979.294, note Bieber ; Common Market Law Review 1979.701, note Kapteyn ; Law Quaterly Review 1979.376, note Simon et Douvrick ; Europäiche Grundrechte Zeitschrift 1979.257, note Tomuschat ; Revue belge de droit international 1980.126, note Barav)

Cons. que l'arrêté du 20 déc. 1978, abrogeant la mesure d'expulsion dont le sieur Cohn-Bendit était l'objet depuis le 24 mai 1968, n'a pas eu pour effet de rapporter la décision, en date du 2 févr. 1976, par laquelle le ministre de l'intérieur avait refusé de mettre fin à cette mesure et que le sieur Cohn-Bendit a déférée au tribunal administratif de Paris ; qu'ainsi, ni la demande présentée par le sieur Cohn-Bendit devant le tribunal administratif, ni, par suite, l'appel interjeté par le ministre de l'intérieur du jugement rendu sur cette demande le 21 déc. 1977, ne sont devenus sans objet ; qu'il y a lieu, dès lors, pour le Conseil d'État, de statuer sur le recours du ministre de l'intérieur ;

Cons. que, d'après l'article 56 du traité instituant la Communauté économique européenne en date du 25 mars 1957, dont aucune stipulation n'habilite un organe des communautés européennes à prendre, en matière d'ordre public, des règlements directement applicables dans les États membres, la coordination des dispositions législatives et réglementaires « prévoyant un régime spécial pour les ressortissants étrangers et justifiées par des raisons d'ordre public, de sécurité publique et de santé publique » fait l'objet de directives du Conseil, arrêtées sur proposition de la Commission et après consultation de l'Assemblée ; qu'il ressort clairement de l'article 189 du traité du 25 mars 1957 que si ces directives lient les États membres « quant au résultat à atteindre » et si, pour atteindre le résultat qu'elles définissent, les autorités nationales sont tenues d'adapter la législation et la réglementation des États membres aux directives qui leur sont destinées, ces autorités restent seules compétentes pour décider de la forme à donner à l'exécution des directives et pour fixer elles-mêmes, sous le contrôle des juridictions nationales, les moyens propres à leur faire produire effet en droit interne ;

qu'ainsi, quelles que soient d'ailleurs les précisions qu'elles contiennent à l'intention des États membres, les directives ne sauraient être invoquées par les ressortissants de ces États à l'appui d'un recours dirigé contre un acte administratif individuel ; qu'il suit de là que le sieur Cohn-Bendit ne pouvait utilement soutenir, pour demander au tribunal administratif d'annuler la décision du ministre de l'intérieur en date du 2 févr. 1976, que cette décision méconnaîtrait les dispositions de la directive arrêtée le 25 févr. 1964 par le Conseil des communautés européennes en vue de coordonner, dans les conditions prévues par l'article 56 du traité de Rome, les mesures spéciales aux étrangers en matière de déplacement et de séjour justifiées par des raisons d'ordre public, de sécurité publique et de santé publique ; que, dès lors, *à défaut de toute contestation sur la légalité des mesures réglementaires prises par le gouvernement français pour se conformer aux directives arrêtées par le Conseil des communautés européennes, la solution que doit recevoir la requête du sieur Cohn-Bendit ne peut en aucun cas être subordonnée à l'interprétation de la directive du 25 févr. 1964 ;* que, par suite, sans qu'il soit besoin d'examiner les moyens du recours, le ministre de l'intérieur est fondé à soutenir que c'est à tort que, par le jugement attaqué en date du 21 déc. 1977, le tribunal administratif de Paris a renvoyé à la cour de justice des communautés européennes des questions relatives à l'interprétation de cette directive et sursis à statuer jusqu'à la décision de la cour ;

Cons. que, dans les circonstances de l'espèce, il y a lieu de renvoyer l'affaire devant le tribunal administratif de Paris pour être statué ce qu'il appartiendra sur la demande du sieur Cohn-Bendit ;... (Annulation du jugement ; renvoi.)

OBSERVATIONS

1 **I.** — Daniel Cohn-Bendit, qui fut l'une des figures marquantes des événements de mai 1968 en France, a donné son nom, dix ans plus tard, à un arrêt important relatif au droit communautaire. De nationalité allemande, il fut expulsé le 25 mai 1968 par un arrêté du ministre de l'intérieur, dont le Conseil d'État a admis la légalité (9 janv. 1970, Rec. 15). A la fin de 1975, ayant obtenu un contrat de travail avec une entreprise française d'édition et sans doute informé de la jurisprudence que venait de dégager la Cour de justice des communautés européennes et qui était favorable à sa démarche, il a demandé au ministre de l'intérieur d'abroger son arrêté d'expulsion. Cette demande a été rejetée par une décision du 2 févr. 1976 que M. Cohn-Bendit a déférée au tribunal administratif de Paris.

Le requérant soutenait, entre autres moyens, que la décision de refus était intervenue en violation de l'art. 6 de la directive du Conseil des communautés européennes n° 64/221 du 25 févr. 1964, relative à la coordination des mesures spéciales aux étrangers en matière de déplacement et de séjour justifiées par des raisons d'ordre public, de sécurité publique ou de santé publique. Selon cette disposition, les motifs d'une telle mesure « sont portés à la connaissance de l'intéressé, à moins que des motifs intéressant la sûreté de l'État ne s'y opposent ». Le tribunal administratif, par un jugement du 21 déc. 1977, a sursis à statuer, en application de l'art. 177 du traité de Rome, jusqu'à ce que la Cour de justice des communautés européennes, qui siège à Luxembourg, se soit prononcée sur cette question : le refus de mettre fin aux effets d'un arrêté d'expulsion constitue-t-il une « mesure spéciale » à laquelle s'applique la directive ? Dans l'affirmative, celle-ci est-elle respectée si les motifs de la mesure sont communiqués non au moment où la décision est notifiée, mais ultérieurement, lors de l'instruction du recours formé contre elle ?

On ne connaîtra pas la réponse de la Cour à ces questions. En effet, elles ne lui ont pas été transmises, sans doute parce que les intéressés et le tribunal lui-même ont jugé inutile de la saisir officiellement en raison de l'appel formé par le ministre de l'intérieur contre le jugement de renvoi ; et les questions ont perdu leur objet en raison de l'annulation de ce jugement par le Conseil d'État.

L'affaire a été inscrite au rôle de l'assemblée du contentieux du 22 déc. 1978 ; l'avant-veille, le ministre de l'intérieur avait donné satisfaction à M. Cohn-Bendit en abrogeant l'arrêté d'expulsion du 24 mai 1968 et en l'autorisant ainsi à revenir en France. Le litige perdait ainsi tout intérêt pratique ; mais il conservait son objet rétrospectif, en droit, pour la période pendant laquelle M. Cohn-Bendit avait été tenu éloigné du territoire français et qui était susceptible, en cas d'illégalité reconnue, de lui ouvrir droit à une indemnité. Au-delà de cette portée réduite, l'examen de cette affaire a surtout permis au Conseil d'État de se prononcer sur d'importants points de droit communautaire.

L'appel du ministre de l'intérieur était fondé sur le motif que la directive 64/221 ne s'appliquait pas au refus de mettre fin à un arrêté d'expulsion ; le ministre admettait ainsi que la directive était applicable en France, de façon générale, mais non au cas particulier. Le Conseil d'État, soulevant d'office une question préalable qui commandait la solution du litige, a adopté une solution beaucoup plus radicale : il a jugé qu'une directive communautaire n'a pas d'effet direct dans les États membres de la Communauté et qu'elle ne peut donc être invoquée par un particulier à l'appui d'un recours dirigé contre un acte administratif individuel ; il a en conséquence estimé inutile le renvoi de questions préjudicielles sur l'interprétation de la directive à la Cour de Luxembourg et annulé le jugement par lequel le tribunal avait procédé à ce renvoi. Saisi à nouveau de l'affaire par l'effet de cette décision, le tribunal administratif de Paris a rejeté la requête de M. Cohn-Bendit, par un jugement en date du 11 juill. 1979.

II. — Si l'arrêt *Cohn-Bendit* a eu un tel retentissement, c'est parce qu'il était contraire à la jurisprudence de la Cour de justice des communautés européennes et qu'il manifestait, une nouvelle fois, la volonté du Conseil d'État de préserver les pouvoirs des autorités et des juges nationaux par une interprétation stricte du traité de Rome.

2 ***A.*** — L'art. 189 de ce traité, devenu depuis le 1er mai 1999, date d'entrée en vigueur du traité d'Amsterdam, l'art. 249, énumère et définit les différentes catégories d'actes communautaires dans les termes suivants :

« Pour l'accomplissement de leur mission et dans les conditions prévues au présent traité, le conseil et la commission arrêtent des règlements et des directives, prennent des décisions et formulent des recommandations ou des avis.

« Le règlement a une portée générale. Il est obligatoire dans tous ses éléments et il est directement applicable dans tout État membre.

« La directive lie tout État membre destinataire quant au résultat à atteindre, en laissant aux instances nationales la compétence quant à la forme et aux moyens.

« La décision est obligatoire en tous ses éléments pour les destinataires qu'elle désigne.

« Les recommandations et les avis ne lient pas. »

L'art. 191, devenu l'art. 251, précise que les règlements sont publiés au *Journal officiel* des communautés européennes, alors que les directives et les décisions sont notifées à leurs destinataires.

Dans la pratique, la différence entre règlements et directives s'est estompée ; les secondes sont devenues de plus en plus précises et ont été généralement publiées au *Journal officiel.* Cette évolution a conduit la Cour, toujours soucieuse d'affirmer la primauté du droit communautaire et son rôle d'unification de la jurisprudence, à reconnaître aux directives, comme aux « décisions », un effet direct dans les ordres juridiques nationaux, non certes dans les relations des particuliers entre eux, mais au moins dans leurs relations avec les États, et à les autoriser à en invoquer les dispositions à l'appui de leurs recours.

Cette solution a été formulée d'abord dans deux arrêts de 1970 (pour les « décisions » : 6 oct. 1970, *Franz Grad,* Rec. 825, concl. Roemer ; pour les directives : 17 déc. 1970, *Société SACE,* Rec. 1213, concl. Roemer). Elle a été confirmée quelques années plus tard, à propos précisément de la directive de 1964 sur le déplacement et le séjour des étrangers, dans des termes particulièrement nets : « si, en vertu des dispositions de l'art. 189, les règlements sont directement applicables et, par conséquent, par leur nature, susceptibles de produire des effets directs, il n'en résulte pas que d'autres catégories d'actes visés par cet article ne peuvent jamais produire d'effets analogues ; il serait incompatible avec l'effet contraignant que l'art. 189 reconnaît à la directive d'exclure en principe que l'obligation qu'elle impose puisse être invoquée par des personnes concernées ; particulièrement, dans le cas où les autorités communautaires auraient, par directive, obligé les États membres à adopter un comportement déterminé, l'effet utile d'un tel acte se trouverait affaibli si les justiciables étaient empêchés de s'en prévaloir en justice et les juridictions nationales empêchées de la prendre en considération en tant qu'élément du droit communautaire ; l'art. 177, devenu l'art. 234, qui permet aux juridictions nationales de saisir la cour de la validité et de l'interprétation de tous les actes des institutions, sans distinction, implique d'ailleurs que ces actes soient susceptibles d'être invoqués par les justiciables devant lesdites juridictions ; il convient d'examiner, dans chaque cas, si la nature, l'économie et les termes de la disposition en cause sont susceptibles de produire des effets directs dans les relations entre les États membres et les particuliers » (4 déc. 1974, *Van Duyn,* Rec. 1337, concl. Mayras). La Cour avait, enfin, sur renvoi du tribunal administratif de Paris (16 déc. 1974, *Rutili,* Rec. 778), reconnu un effet direct à l'art. 6 de la directive de 1964, celui-là même qu'invoquait M. Cohn-Bendit (28 oct. 1975, *Rutili,* Rec. 1219, concl. Mayras).

Selon cette jurisprudence, fondée sur les notions d'« effet contraignant » et d'« effet utile », et excluant une interprétation littérale du traité de Rome, certaines directives, ou certaines de leurs dispositions, pouvaient « produire des effets directs dans les relations entre les États membres et les particuliers », en raison de leur nature, de leur économie et de leurs termes.

3 ***B.*** — C'est en toute connaissance de cause que le Conseil d'État a pris le contre-pied de cette jurisprudence.

Après la lui avoir rappelée de façon très précise et complète, le commissaire du gouvernement Genevois a évoqué les réserves qu'elle lui paraissait susciter, en réfutant les arguments de texte et de principe qui en sont le fondement. Il a fait valoir que le traité avait nettement distingué les règlements, qui sont directement applicables, et les directives, qui n'imposent aux États qu'une obligation de résultat, en leur laissant le choix de la forme et des moyens. En l'espèce, il a montré que la confusion était d'autant plus difficile à admettre que le traité n'autorisait les organes à prendre, en matière d'ordre public, que des directives et non des règlements.

De cette position de principe, le commissaire du gouvernement considérait que trois solutions concrètes pouvaient découler :

– ou bien malgré ses inconvénients, adopter purement et simplement la solution de la Cour de Luxembourg, en donnant à ses arrêts, en quelque sorte, « l'autorité de la chose interprétée », comme le Conseil d'État avait déjà eu l'occasion de le faire (Sect. 10 févr. 1967, *Société des Établissements Petitjean*, Rec. 63 ; AJ 1967.267, chr. Lecat et Massot ; RTDE 1967.681, concl. Questiaux) ;

– ou bien, retenir la solution inverse, en refusant d'appliquer directement à un litige individuel la directive 64/221, sans se préoccuper de la jurisprudence de la Cour de Luxembourg ;

– ou enfin, solution intermédiaire, lui renvoyer la question, par déférence et en espérant qu'elle modifierait sa position.

Le commissaire du gouvernement avait choisi cette « voie moyenne », en ajoutant : « à l'échelon de la Communauté européenne, il ne doit y avoir ni gouvernement des juges, ni guerre des juges. Il doit y avoir place pour le dialogue des juges ».

Il a été suivi dans son analyse, non dans sa proposition.

Le Conseil d'État a considéré en effet que les directives ne sont pas des règlements, que les autorités nationales sont seules compétentes pour assurer leur exécution et pour leur faire produire effet en droit interne, et qu'ainsi, « quelles que soient d'ailleurs les précisions qu'elles contiennent », elles « ne sauraient être invoquées... à l'appui d'un recours dirigé contre un acte administratif individuel ». Il a estimé que cette solution ressortait « clairement » de l'art. 189 du traité de Rome ; cette application nouvelle de la théorie de l'« acte clair » le dispensait de renvoyer à la Cour de Luxembourg, seule chargée par l'art. 177 d'interpréter le traité et ses mesures d'application, les questions qu'il avait à examiner, alors même qu'il leur apportait une réponse diamétralement opposée. Il reconnaissait ainsi la force de l'évidence à une solution que les juges européens avaient écartée de façon expresse et répétée.

En adoptant cette solution, le Conseil d'État a entendu éviter la confusion entre les règlements et les directives que le traité avait soigneusement distingués ; il a d'ailleurs souligné son souci de clarté par un arrêt du même jour dans lequel il fait application d'un règlement « qui, en vertu de l'art. 189 du traité instituant la Communauté économique européenne, s'intègre dès sa publication dans le droit interne les États membres » (Sect. 22 déc. 1978, *Syndicat viticole des Hautes-Graves de Bordeaux*, Rec. 826 ; D. 1979.125, note P. Delvolvé ; RTDE 1979.717, concl. Genevois).

4 **C.** — L'arrêt *Cohn-Bendit* a été très étudié et souvent critiqué, en France et en Europe. Les commentateurs ont utilisé pour qualifier l'attitude du Conseil d'État des expressions qui rappelaient curieusement les événements de 1968 auxquels M.Cohn-Bendit avait été mêlé et qui se trouvaient à l'origine de son action contentieuse : incident, provocation, fronde, révolte, rébellion, résistance, insurrection, affrontements, hostilité. A côté des critiques fondées sur la suprématie nécessaire du droit et du juge européens, d'autres se rattachaient à l'idée que la solution retenue par le Conseil d'État affaiblit la protection des étrangers en ne leur permettant pas de bénéficier directement des dispositions libérales de la directive de 1964.

Il convient, pour apprécier les enjeux de ces débats, de bien préciser la portée de l'arrêt *Cohn-Bendit*. Celui-ci, en effet, ne dénie pas tout effet juridique aux directives. Il admet que les États doivent les mettre en œuvre, « sous le contrôle des juridictions nationales » ; et il relève en l'espèce que l'intéressé n'avait pas contesté les mesures réglementaires prises par le gouvernement français pour l'application de la directive européenne et contenues dans un décret du 5 janv. 1970 plusieurs fois modifié et aujourd'hui remplacé par le décret du 11 mars 1994.

En l'espèce, M. Cohn-Bendit aurait pu soutenir que le décret du 5 janv. 1970 était illégal parce qu'il ne prévoyait pas que les mesures relatives au déplacement et au séjour des étrangers devaient être motivées, contrairement à la directive du 25 févr. 1964 ; il faut d'ailleurs observer que cette obligation a été imposée par la loi générale du 11 juill. 1979 sur la motivation des actes administratifs, de sorte que la contestation qui a conduit à l'arrêt Cohn-Bendit n'aurait sans doute aujourd'hui plus d'effet.

Les directives ont donc bien, selon l'arrêt du Conseil d'État, un effet juridique, mais indirect, médiatisé, à travers les mesures d'application.

III. — Les suites et prolongements de l'arrêt *Cohn-Bendit* ne sont pas moins instructifs.

5 ***A.*** — L'attitude adoptée par le Conseil d'État a, dans un premier temps tout au moins, fait des émules au sein de la Communauté économique européenne. En Italie, aussi bien le Conseil d'État (5 mai 1980, *Société Helen Curtis et Unipro c. Ministre de la santé,* Rec. 639) que la Cour de cassation (7 oct. 1981, *Ministre des finances c. société Cartiere Timavo*) ont dénié aux directives tout effet direct. En Allemagne fédérale, le Bundesfinanzhof (Cour fédérale financière) s'est par un arrêt du 16 juill. 1981 (RTDE 1981.779, note Autexier) déclaré expressément d'accord avec le Conseil d'État français. Il a maintenu cette attitude dans un arrêt du 25 avr. 1985, *Kloppenburg*, en allant jusqu'à ne pas se conformer à la réponse donnée par la Cour de justice de Luxembourg à une question préjudicielle dans la même affaire (CJCE 22 févr. 1984, *Kloppenburg*, aff. 70/83, Rec. 1075). Mais la Cour constitutionnelle de la République fédérale, qui a son siège à Karlsruhe, a condamné l'attitude adoptée par le Bundesfinanzhof, sur le fondement de l'article 101 de la Loi fondamentale selon lequel nul ne doit être privé de son « juge légal » (8 avr. 1987). Toutefois, avant d'aboutir à cette conclusion le juge constitutionnel allemand s'est reconnu le pouvoir de vérifier que l'évolution de la Communauté économique européenne et en particulier de la jurisprudence de la Cour de justice restait dans les limites du transfert de souveraineté tel que l'a accepté la République fédérale d'Allemagne en ratifiant les traités européens. En l'espèce, la Cour constitutionnelle a estimé que la jurisprudence de la Cour de justice sur les directives n'était pas insoutenable au regard de l'art. 189 du traité de Rome et n'allait

pas au-delà de ce qui est admissible au regard de la loi qui en a autorisé la ratification. La Cour de Karlsruhe a souligné dans les motifs de son arrêt, qu'il était arrivé au Conseil d'État français, avec le recours aux principes généraux du droit, de ne pas se borner à une application littérale des textes.

6 ***B.*** — Les réserves exprimées par l'arrêt *Cohn-Bendit* à l'égard de la jurisprudence de la Cour de Luxembourg sur les directives, ont conduit cette haute juridiction à en mieux préciser les contours. Alors qu'au début des années 1970 elle semblait vouloir conférer aux directives un effet direct, elle a adopté une nouvelle formulation à partir de l'arrêt du 5 avr. 1979, *Ratti* (aff. 148/78, Rec. 1629). L'accent a été mis sur le fait qu'un « État membre qui n'a pas pris dans les délais les mesures d'exécution imposées par la directive, ne peut opposer aux particuliers le non-accomplissement par lui-même des obligation qu'elle comporte ». C'est donc moins l'effet direct qu'une invocabilité de substitution à l'encontre d'un État défaillant que retient la Cour de Luxembourg. Elle en a déduit logiquement qu'une directive ne peut pas par elle-même créer d'obligations dans le chef d'un particulier (CJCE 14 juill. 1994, *Faccini Dori*, aff. 91/92 ; Rec. 3325).

La volonté de lutter contre la carence de l'État qui n'a pas transposé en temps utile une directive a conduit le juge communautaire à considérer que l'État défaillant était tenu de réparer les dommages découlant pour les particuliers de la non-transposition d'une directive (CJCE 19 nov. 1991, *Francovich et Mme Bonifaci* ; AJ 1992.143, note Le Mire ; LPA 29 janv. 1992, comm. de Guillenschmidt et Bonichot ; JDI 1992.426, note Constantinesco ; Europe, déc. 1991, note D. Simon ; JCP 1992.II.21.783, note Barav).

7 ***C.*** — De son côté, le Conseil d'État, tout en maintenant dans son principe la jurisprudence Cohn-Bendit et en jugeant en conséquence que l'État ne peut se prévaloir à l'encontre d'un particulier d'une directive qu'il n'a pas transposée (CE Sec. 23 juin 1995, *SA Lilly France*, Rec. 257, concl. Maugüé ; AJ 1995.496, chr. Stahl et Chauvaux ; RFDA 1995.1037, concl. Maugüé) a veillé néanmoins à ce que les autorités administratives et le législateur se conforment aux directives communautaires.

Le contrôle s'établit comme suit :

1°) En l'absence de transposition de la directive :

8 *a)* Tout intéressé peut inviter le gouvernement à prendre les règlements transposant une directive dans l'ordre interne ou à rectifier ceux qui étaient en vigueur et ne seraient pas compatibles avec elle, conformément aux principes de la jurisprudence *Despujol** (v. nos obs. sous l'arrêt *Compagnie Alitalia**).

b) Le Conseil d'État a veillé à ce que les autorités nationales ne prennent pas d'actes réglementaires contraires aux objectifs définis par une directive, alors même que celle-ci n'a pas fait l'objet d'une transposition en droit interne (CE 7 déc. 1984, *Fédération française des sociétés de protection de la nature*, Rec. 410 ; RFDA 1985.303, concl. O. Dutheillet de Lamothe ; AJ 1985.83, chr. Schoettl et Hubac ; RDP 1985.811, note J.M. Auby ; 9 juil. 1993, *Association Force-Ouvrière Consommateurs* ; Rec. 212 ; AJ 1994.155, obs. Prétot ; CJEG 1993.563, concl. Le Chatelier). A ainsi été annulé un décret pris en méconnaissance de l'obligation de consultation de la Commission des Communautés européennes résultant d'une directive, au motif qu'il y avait par là même méconnaissance des objectifs définis par la directive (CE Ass. 11 mars 1994, *Union des transporteurs en commun de voyageurs des Bouches-du-Rhône*, Rec. 116 ; RFDA 1994.1004, concl. du Marais ; D. 1995.49, note Pastorel ; Europe, janv. 1995, p. 8, obs. D. S).

9 *c)* Postérieurement à l'arrêt *Nicolo**, le Conseil d'État a accepté d'écarter l'application d'une disposition législative incompatible avec une directive antérieure, une fois passé le délai de transposition et d'en tirer comme conséquence que la responsabilité de l'État pouvait être engagée à raison de l'intervention d'un acte réglementaire pris sur le fondement d'une loi inapplicable du fait de son incompatibilité avec les objectifs d'une directive (CE Ass. 28 févr. 1992, *SA Rothmans International France et SA Philip Morris Fr.,* Rec. 81 ; du même jour, Ass., *Société Arizona Tobacco Products* et *SA Philip Morris Fr.,* Rec. 78 ; Gaz. Pal. 20-22 déc. 1992, AJ 1992.210, concl. Laroque ; AJ 1992.329, chr. Maugüé et Schwartz ; RFDA 1992.425, note Dubouis ; RDP 1992.1480, note Fines ; Europe, avril 1992, note D. Simon ; D. 1992.208, chron. Kovar ; CJEG 1992.525, note Sabourin ; JCP 1992.II.21859, note Teboul ; D. 1993.SC.141, obs. Bon et Terneyre, Gaz. Pal. 21 juill. 1993, note Clergerie).

10 *d)* Dans le contentieux de la légalité, le Conseil d'État, en faisant application de la jurisprudence *Nicolo**, a jugé que le pouvoir réglementaire avait l'obligation de ne pas prendre des mesures d'exécution d'une loi contraires aux objectifs définis par une directive (CE 24 févr. 1999, *Association de patients de la médecine d'orientation anthroposophique*, Rec. 29 ; AJ 1999.823, note R. Ricci) et a écarté l'application d'une loi qui avait pour effet de méconnaître l'interprétation donnée d'une directive par la jurisprudence de la Cour de Justice des Communautés européennes (CE Sect. 3 déc. 1999, *Association ornithologique et mammalogique de Saône et Loire et association France nature environnement**).

11 *e)* Si le Conseil d'État n'admet pas de confronter directement un acte administratif individuel à une directive, il permet cependant aux intéressés d'invoquer, *par la voie de l'exception*, la contrariété à une directive suffisamment précise de dispositions du droit interne qui servent de fondement à l'acte individuel contesté. L'incompatibilité de la loi peut même résulter de ce qu'elle ne comporte pas la disposition exigée par la directive communautaire, par exemple, une exonération fiscale (CE Ass. 30 octobre 1996, *SA Cabinet Revert et Badelon*, Rec. 397 ; Rev. Jur. Fisc. 1996.809, concl. Goulard ; RFDA 1997.1056, concl. ; AJ 1996.1044, chr. Chauvaux et Girardot). A également été admis que pouvait être invoquée l'incompatibilité du droit interne avec les objectifs d'une directive non transposée dans les délais, dans une hypothèse où les règles de droit interne résultaient non de la loi ou d'un règlement mais de la jurisprudence administrative sur les conditions d'octroi des concessions de travaux publics (CE Ass. 6 févr. 1998, *Tête*, Rec. 30, concl. Savoie ; AJ 1998.403, chr. Raynaud et Fombeur ; RFDA 1998.407, concl. Savoie ; CJEG 1998.283, concl., note Subra de Bieusses ; JCP 1998.II.1223, note Cassia ; CE Sect. 20 mai 1998, *Communauté de communes du Piémont de Barr*, Rec. 201, concl. Savoie ; AJ 1998.553, chr. Raynaud et Fombeur ; RFDA 1998.609, concl. Savoie).

2°) Une fois la transposition intervenue

12 *a)* Le contrôle s'exerce sur la légalité des actes administratifs qui procèdent à la transposition au regard des objectifs définis par la directive (CE 28 sept. 1984, *Confédération nationale des sociétés de protection des animaux de France et des pays d'expression française*, Rec. 512 ; AJ 1984.695, concl. Jeanneney ; RDP 1985.811, note J.M. Auby ; CE Ass. 20 février 1998, *Ville de Vaucresson*, Rec. 54 ; RFDA 1998.421, concl. Bergeal).

b) Une directive peut être invoquée à l'appui d'une exception d'illégalité soulevée à l'encontre d'une mesure réglementaire qui n'a procédé à sa transposition que de façon incomplète. Par ce moyen, peut être annulé un acte individuel d'application de la disposition réglementaire par hypothèse illégale (CE 8 juill. 1991, *Palazzi*, Rec. 276 ; AJ 1991.827, note Julien-Laferrière ; LPA 17 juill. 1992, note de Béchillon ; JCP 1992.II.21870, note Haim).

Ces diverses solutions font que la « guerre des juges » qu'appréhendait le commissaire du gouvernement Genevois, lors de l'affaire *Cohn-Bendit*, n'a pas eu lieu.

94

PROCÉDURE – POUVOIRS DU JUGE INJONCTION – ASTREINTE

CE Sect 17 mai 1985, Mme MENNERET, Rec. 149, concl. Pauti

(RFDA 1985.842, concl. Pauti ; AJ 1985.399, chr. Hubac et Schoettl ; D. 1985.583, note J.M. Auby ; JCP 1985.II.20448, note Morand-Deviller ; RA 1985.467, note Pacteau)

Cons. qu'aux termes des dispositions de l'article 2 de la loi susvisée du 16 juill. 1980 : « En cas d'inexécution d'une décision rendue par une juridiction administrative, le Conseil d'État peut, même d'office, prononcer une astreinte contre les personnes morales de droit public pour assurer l'exécution de cette décision » ;

Cons. que, par un jugement du 1er févr. 1977, le tribunal administratif de Limoges a annulé la délibération du conseil municipal de Maisonnais-sur-Tardoire en date du 17 septembre 1971 autorisant le maire à ne pas faire procéder à l'inscription du nom de M. Saumon, « mort pour la France », sur le monument aux morts de la commune, par le motif que cette délibération avait illégalement retiré la délibération, en date du 10 juill. 1971, qui avait décidé ladite inscription et était ainsi créatrice de droits ;

Cons. qu'à la date de la présente décision, le conseil municipal n'a pas pris les mesures propres à assurer l'exécution du jugement du 1er févr. 1977 ; qu'il y a lieu, compte tenu de toutes les circonstances de l'affaire, de prononcer contre la commune, à défaut pour elle de justifier de cette exécution dans un délai de deux mois à compter de la notification de la présente décision, une astreinte de 200 F par jour jusqu'à la date à laquelle le jugement précité aura reçu exécution ;... (dispositif en ce sens).

OBSERVATIONS

1 Mme Menneret, dont le père, M. Saumon, avait été tué à la Libération dans des circonstances mal éclaircies, a voulu obtenir sa réhabilitation. A sa demande, le conseil municipal de Maisonnais-sur-Tardoire décida, par une délibération du 10 juill. 1971, d'inscrire le nom de M. Saumon, « mort pour la France », sur le monument aux morts de la commune. Par une nouvelle délibération, prise le 17 sept. 1971, il autorisa le maire à ne pas procéder à cette inscription. Le tribunal administratif de Limoges, par un jugement du 1er févr. 1977, annula cette seconde délibération comme ayant illégalement retiré la première, qui était créatrice de droits (v. nos obs.

sous CE 26 oct. 2001, *Ternon**). Pour respecter l'autorité de la chose jugée, la commune aurait dû procéder à l'inscription (v. nos obs. sous l'arrêt CE 26 déc. 1925, *Rodière* *). Elle n'en fit rien, malgré les démarches de Mme Menneret. Celle-ci finit par demander au Conseil d'État, en vertu de la loi du 16 juill. 1980 – qui, outre les dispositions relatives à l'exécution des jugements condamnant l'administration au paiement d'une somme d'argent (v. nos obs. sous Cass. 21 déc. 1987, *BRGM**), permet de prononcer des astreintes à l'encontre de l'administration –, de condamner la commune à une astreinte de 200 F par jour jusqu'à l'exécution du jugement.

Par son arrêt du 17 mai 1985, le Conseil d'État a fait droit à cette demande. Il avait déjà condamné l'administration à une astreinte par un arrêt, non publié, de sous-sections réunies du 6 juill. 1984, *Mlle Geneviève Henry*. L'arrêt *Mme Menneret*, rendu en Section, donne à la solution un éclat particulier.

Antérieurement, le Conseil d'État avait déjà prononcé des condamnations sous astreinte à l'égard de parties privées (I) ; pour que la solution fût étendue à l'administration, il a fallu l'intervention du législateur (II).

I. — Injonction et astreinte en dehors de dispositions législatives

2 Pendant longtemps, le Conseil d'État s'est refusé à adresser à quiconque une injonction assortie d'astreinte. Un arrêt de section du 27 janv. 1933, *Le Loir* (Rec. 136 ; S. 1933.3.132, concl. Detton ; D. 1934.3.68, concl. Detton) est particulièrement net : « *s'il appartient au juge de constater les droits et obligations réciproques des parties et de fixer les dommages-intérêts auxquels elles peuvent éventuellement prétendre, il ne saurait intervenir dans la gestion du service public en adressant, sous une menace de sanction pécuniaire, des injonctions soit à l'administration, soit à ceux qui ont contracté avec elle, à l'égard desquels elle dispose des pouvoirs nécessaires pour assurer l'exécution dudit service* ».

Cette jurisprudence se fondait sur deux idées : les injonctions à l'administration constitueraient une ingérence dans le fonctionnement des services publics, qui est interdite au juge administratif comme au juge judiciaire ; les injonctions aux particuliers seraient inutiles, l'administration disposant à leur égard de pouvoirs suffisants pour arriver à ses fins.

La seconde idée a fini par apparaître fausse : des injonctions et astreintes ont donc pu être prononcées à l'égard de *parties privées* (A) ; mais la première a été maintenue : ces mêmes mesures ne pouvaient être prises à l'égard des *autorités administratives* (B).

3 ***A.*** — Il est des cas – exceptionnels il est vrai – où l'administration se trouve désarmée à l'égard de *personnes privées*, et spécialement de ses cocontractants.

L'affaire *Office public d'HLM du département de la Seine* jugée par le Conseil d'État (Sect.) le 13 juill. 1956, (Rec. 338, concl. Chardeau ; AJ 1956.II.312, concl. Chardeau et 398, chr. Fournier et Braibant ; RDP 1957.296, note M. Waline) en était la preuve. Un entrepreneur chargé de travaux de construction d'un groupe d'HLM, qui avait été mis en liquidation judiciaire et aux risques et périls duquel un nouveau marché avait été conclu pour l'achèvement des travaux, avait fait enlever du chantier des moules servant à la production de panneaux préfabriqués spécialement conçus pour la construction de ces immeubles : l'exécution des travaux se trouvait paralysée. L'Office d'HLM demanda, en référé, d'abord au tribunal administratif de Paris puis au Conseil d'État, d'ordonner sous astreinte à l'entrepreneur la restitution des moules. Le Conseil d'État fit droit à cette demande en considérant *« que, s'il n'appartient pas au juge administratif d'intervenir dans la gestion du service public en adressant, sous menace de sanctions pécuniaires, des injonctions à ceux qui ont contracté avec l'administration, lorsque celle-ci dispose à l'égard de ces derniers des pouvoirs nécessaires pour assurer l'exécution du marché, il en va autrement quand l'administration ne peut user des moyens de contrainte à l'encontre de son cocontractant qu'en vertu d'une décision juridictionnelle ; qu'en pareille hypothèse le juge du contrat est en droit de prononcer, à l'encontre du cocontractant de l'administration, une condamnation sous astreinte à une obligation de faire ; qu'en cas d'urgence le juge des référés peut de même, sans faire préjudice au principal, ordonner sous astreinte audit cocontractant, dans le cadre des obligations prévues au contrat, toute mesure nécessaire pour assurer la continuité du service public ».*

L'arrêt, rendu par défaut, fut confirmé sur opposition des entrepreneurs (CE Sect. 14 mars 1958, *Garnier*, Rec. 170 ; le même jour, l'arrêt *Revert*, Rec. 172, a été rendu dans le même sens à propos de matériaux spécialement approvisionnés pour la construction). La solution est d'autant plus remarquable qu'elle reconnaît au juge administratif le pouvoir d'adresser aux parties privées des injonctions sous astreinte non seulement à l'occasion de l'examen du fond, mais en référé en cas d'urgence. Elle trouve une application dans le cadre de la procédure de référé conservatoire défini aujourd'hui par l'article L. 521-3 CJA (CE 29 juill. 2002, *Centre hospitalier d'Armentières*, AJ 2002.1451, note J.-D. Dreyfus ; RFDA 2002.1015 – v. nos obs. sous CE 18 janv. 2001, *Commune de Venelles** et 5 mars 2001, *Saez**).

Le Conseil d'État pouvait d'autant plus facilement infléchir sa jurisprudence dans cette hypothèse qu'il s'était déjà reconnu depuis longtemps des pouvoirs larges en matière contractuelle ; c'est ainsi qu'il peut, à la place de l'administration, infliger une sanction au cocontractant (CE 26 déc. 1924, *Compagnie du chemin de fer métropolitain*, Rec. 1065 ; S. 1925.3.25, note Hauriou) ou décider que la résiliation prononcée par la collectivité publique « sortira son plein et entier effet » (CE Sect. 20 avr. 1956, *Ville de Nice*, Rec. 162 ; RDP 1956.582, concl. Long ; AJ 1956.II.266, note P. Weil). Il n'avait qu'un pas de plus à franchir pour se reconnaître le pouvoir de donner un ordre au cocontractant et d'assortir cet ordre d'une sanction pécuniaire ; il l'a franchi avec l'arrêt *Office public d'HLM*

4 Il est allé plus loin en se reconnaissant ce pouvoir à l'égard de toutes les personnes privées se trouvant dans une situation de droit public avec l'administration, non seulement en vertu d'un contrat administratif (CE Ass. 26 févr. 1965, *Société du vélodrome du Parc des princes*, Rec. 133 – v. n° 27.2), mais encore à d'autres titres. Il a notamment ordonné le cas échéant sous astreinte l'évacuation de personnes occupant indûment le domaine public (CE Sect. 25 mai 1960, *Dame Barbey*, Rec. 222, concl. Heumann), voire le domaine privé (CE Ass. 3 mars 1978, *Lecoq*, Rec. 116 ; AJ 1978.581, concl. Labetoulle, note F. de B.), l'interruption des travaux qu'elles y entreprennent sans titre (CE Sect. 25 janv. 1980, *Société des terrassements mécaniques et Mariani*, Rec. 49 ; AJ 1980.615, concl. Rougevin-Baville), la communication à l'administration des documents nécessaires à l'exercice de son contrôle (CE Sect. 9 juill. 1997, *Agence nationale pour la participation des employeurs à l'effort de construction,* Rec. 299 ; AJ 1997.701, concl. Arrighi de Casanova).

Mais le pouvoir d'injonction, assorti d'astreinte, du juge administratif s'arrête aux limites du pouvoir de l'administration elle-même. Lorsqu'elle dispose des moyens juridiques lui permettant de faire exécuter les obligations d'une personne privée, elle ne peut renoncer à les utiliser et demander au juge de prendre à sa place les mesures nécessaires. Ce principe, exprimé depuis longtemps (CE 30 mai 1913, *Préfet de l'Eure*, Rec. 583 ; S. 1915.39, note Hauriou) est réaffirmé dans l'arrêt *Office public d'HLM de la Seine*. Il est toujours actuel (21 juill. 1970, *Ministre de l'équipement c. Socotrap* Rec. 1110 ; AJ 1970.613, chr. Labetoulle et Cabanes : l'administration pouvait, après la résiliation d'un marché de travaux publics, procéder d'office à l'évacuation du matériel et des installations de l'entrepreneur ; – 31 janv. 1973, *Wuest*, Rec. 89 : l'administration disposait de sanctions coercitives pour faire assurer l'exécution du contrat).

5 ***B.*** — En revanche, le Conseil d'État a maintenu le principe selon lequel « il n'entre pas dans les pouvoirs du juge administratif d'adresser des injonctions à une autorité administrative » (CE 4 févr. 1976, *Elissonde*, Rec. 1069), ou encore « il n'appartient pas au juge administratif d'adresser des injonctions à l'administration » (CE 3 avr. 1987, *Consorts Heugel*, Rec. 119 ; AJ 1987.534, concl. Hubac).

La formule englobait non seulement les organes publics mais aussi les organes de droit privé chargés d'une mission de service public et dotés de prérogatives de puissance publique (v. nos obs.

sous CE 31 juill. 1942, *Monpeurt* *) : CE 4 nov. 1983, *Noulard*, Rec. 451 ; AJ 1984.531, chr. Schoettl et Hubac.

Ainsi le juge administratif ne pouvait ordonner à l'administration de communiquer des informations (CE 25 oct. 1978, *Ministre de l'économie c. dame Madre*, Rec. 391 ; D. 1979.IR.96, obs. P.D. et J. 576, note Lavialle), de déplacer un ouvrage (CE 16 oct. 1970, *Pierre*, Rec. 1161), de rétablir une ligne téléphonique (CE Sect. 29 juin 1979, *Mme Bourgeois*, Rec. 292), de restituer un bien (*Consorts Heugel*, précité).

C'est ce principe qui conduisait le Conseil d'État à refuser d'ordonner le sursis à exécution d'une décision de rejet (CE Ass. 23 janv. 1970, *Ministre d'État chargé des affaires sociales c. Amoros,* Rec. 51 – v. n° 113.4).

Mais le principe se trouve remis en cause.

6 Il l'est devant les juridictions judiciaires lorsqu'elles sont compétentes à l'égard de l'administration : elles peuvent lui adresser des injonctions et la condamner sous astreinte. Il en est ainsi notamment en cas de voie de fait (TC 17 juin 1948, *Manufacture de velours et peluches et Société Velvétia*, Rec. 513 ; D. 1948.377, note P.L.J. ; JCP 1948.II.4437, note George ; RDP 1948.541, note M. Waline) et aussi dans d'autres hypothèses (par ex. Cass. 2e Civ. 29 avr. 1998, *Commune de Biarritz, c/Mme Champierre de Villeneuve*, Bull. civ. II n° 144, p. 85). Le Conseil d'État a aussi reconnu, sans l'appui d'un texte, que les juridictions administratives peuvent adresser des injonctions à l'administration dans le cadre de l'instruction d'une affaire (v. nos obs. sous CE 28 mai 1954, *Barel**). Pour le surplus, c'est de la loi qu'elles tiennent un tel pouvoir.

II. — Injonction et astreinte en vertu de dispositions législatives

7 Le principe interdisant au juge d'adresser des injonctions à l'administration est un obstacle à l'effectivité de l'exécution de la chose jugée, dont la CEDH a souligné qu'elle constitue une garantie du droit à un procès équitable reconnu par l'article 6.1 de la Convention européenne de sauvegarde des droits de l'homme et des libertés fondamentales (19 mars 1997, *Hornsby c. Grèce*, Rec. I.495 ; AJ 1997.986, obs. Flauss ; D. 1998.74, note Fricero ; JCP 1997.II.22949, note Dugrip et Sudre ; RTD Civ. 1997.1009, note Marguénaud ; GACEDH. 260). En droit communautaire, a été reconnu à la CJCE le pouvoir de condamner les États sous astreinte à l'exécution de ses décisions (pour une première application CJCE 4 juill. 2000, *Commission c. Grèce*, aff. c. 387/97, Rec. I.5047).

Le législateur français a fini par permettre au juge administratif, lorsqu'il prononce une décision qui oblige l'administration à prendre une mesure d'exécution, de mettre en œuvre des pouvoirs d'injonction et d'astreinte. Ils lui ont été reconnus en deux temps.

La loi du 16 juill. 1980 relative aux astreintes prononcées en matière administrative et à l'exécution des jugements par les personnes morales de droit public, outre les modalités palliant la résistance ou l'inertie des personnes publiques en cas de condamnation au paiement d'une somme d'argent (v. nos obs. sous Cass. 21 déc. 1987, *BRGM**), a permis au Conseil d'État, « en cas d'inexécution d'une décision rendue par une juridiction administrative », de « prononcer une astreinte contre les personnes morales de droit public ou les organismes de droit privé chargés de la gestion d'un service public pour assurer l'exécution de cette décision » (art. 2). C'est en vertu de ce texte qu'a été rendu l'arrêt *Mme Menneret.*

La loi du 8 février 1995 relative à l'organisation des juridictions et à la procédure civile, pénale et administrative a étendu les pouvoirs d'injonction et d'astreinte à la fois des tribunaux administratifs, des cours administratives d'appel et du Conseil d'État en ajoutant à la loi de 1980 un article 6-1 et au code des TA-CAA les articles L. 8-2 à L. 8-4. Ces dispositions sont reprises aujourd'hui aux articles L. 911-1 et s. du code de justice administrative. Elles ouvrent au Conseil d'État, aux tribunaux administratifs et aux cours administratives d'appel (mais non aux juridictions administratives spécialisées), pour assurer l'exécution de leurs jugements ou arrêts, des pouvoirs d'injonction et d'astreinte à l'égard des personnes morales de droit public et des organismes de droit privé chargés de la gestion d'un service public.

Ces pouvoirs peuvent être exercés à différents moments (A). La jurisprudence en a précisé la portée (B).

8 ***A.*** — Ils peuvent être exercés *à deux stades* : dans la décision même qui statue sur un recours (1°) ou après cette décision (2°).

1°) L'innovation la plus importante de la loi de 1995 a été de reconnaître la possibilité de *prescrire*, « *par le même jugement ou le même arrêt* » que celui qui statue sur le fond, la mesure d'exécution qu'implique nécessairement ce jugement ou arrêt, et *d'assortir*, dans la même décision, cette injonction *d'une astreinte* – c'est-à-dire de la condamnation à payer une certaine somme par jour de retard.

Pour qu'injonction et astreinte soient prononcées, il faut évidemment que soient remplies les conditions de fond liées à la nécessité de l'exécution (v. *infra* B).

Il faut aussi que soit satisfaite une condition de procédure, tenant aux conclusions expresses d'une partie, demandant que le juge prononce l'injonction et l'astreinte.

Le tribunal administratif, la cour administrative d'appel, le Conseil d'État peuvent ordonner que soit prise dans un certain délai, par l'autorité compétente, la mesure nécessaire : ce peut être, selon les cas, une mesure déterminée (l'autorité compétente n'a pas le choix) ou, après une nouvelle instruction, une décision dont l'autorité compétente peut apprécier le contenu (elle est tenue d'examiner la question, mais la solution n'est pas univoque).

9 *2°)* En cas d'inexécution d'une décision précédemment rendue par une juridiction administrative, la loi du 16 juill. 1980 avait déjà permis de saisir le Conseil d'État pour qu'il ordonne l'adoption des mesures nécessaires. C'est ce dispositif qu'a mis à profit Mme Menneret et qui a abouti à l'injonction sous astreinte prononcée par l'arrêt du 17 mai 1985.

La loi du 8 févr. 1995 l'étend aux tribunaux administratifs et aux cours administratives d'appel.

Désormais c'est normalement à celle de ces juridictions qui a initialement statué que la partie intéressée doit s'adresser pour obtenir qu'elle ordonne à l'administration d'en assurer l'exécution.

Mais, d'une part, en cas d'appel, c'est la juridiction d'appel (cour administrative normalement, Conseil d'État dans certains cas) qui doit être saisie. D'autre part, le tribunal administratif ou la cour administrative d'appel ont la faculté de renvoyer la demande au Conseil d'État. Enfin le Conseil d'État reste exclusivement compétent pour l'exécution non seulement de ses propres arrêts mais encore, le cas échéant, des décisions rendues par des juridictions administratives spécialisées (c'est-à-dire autres que les tribunaux administratifs et les cours administratives : par ex. pour la commission départementale d'aide sociale, CE Sect. 5 mai 1995, *Mme Berthaux*, Rec. 200 ; AJ 1995.653, note Muller ; DA 1995.457, note C.M. ; JCP 1995.II.22453, note Breton).

Si les demandes sont présentées et jugées selon la procédure contentieuse, leur examen est plus administratif que contentieux. Au Conseil d'État, c'est la Section du rapport et des études qui accomplit les diligences nécessaires. La solution est recherchée plus par la persuasion que par la contrainte.

Ce n'est qu'en cas d'échec de ces démarches qu'est prononcé l'arrêt ou le jugement ordonnant, le cas échéant sous astreinte, la mesure qu'implique nécessairement l'exécution de la décision précédemment rendue. C'est ce qui s'est passé dans l'affaire *Mme Menneret.*

10 ***B.*** — *La portée* du pouvoir d'injonction et d'astreinte, déjà précisée sous la loi de 1980, l'a été davantage avec la loi de 1995, tant quant à l'identité du contentieux en cause (1°) qu'à l'appréciation des obligations qu'il permet de faire respecter (2°).

1°) Le contentieux de l'injonction est un *contentieux administratif de pleine juridiction.*

Son caractère administratif est tellement évident qu'il n'aurait pas besoin d'être souligné si, dans certains cas, l'exécution d'une décision d'une juridiction administrative ne comportait pas des aspects judiciaires : ils excluent la mise en œuvre du pouvoir d'injonction des juridictions administratives.

Comme l'a indiqué le Conseil d'État (Sect.) dans un avis contentieux du 13 mars 1998, *Mme Vindevogel* (Rec. 78 ; AJ 1998.408, chr. Raynaud et Fombeur), « *le pouvoir conféré par la loi au juge administratif, de prononcer... des injonctions aux fins d'assurer l'exécution de ses décisions, ne l'autorise pas à s'affranchir des règles de répartition des compétences entre les deux ordres de juridiction* ». En conséquence, « *s'il appartient au juge administratif de connaître des recours pour excès de pouvoir dirigés contre les délibérations par lesquelles les collectivités locales ou les établissements publics qui exploitent ou concèdent le service d'assainissement, instituent la redevance et en fixent le tarif, il n'est pas compétent pour enjoindre la restitution d'une somme mise à la charge d'un usager et qui constitue la rémunération des prestations d'un service public industriel et commercial* » (v. nos obs. sous TC 22 janv. 1921, *Société commerciale de l'Ouest africain**).

Quand le juge administratif est saisi d'une demande d'injonction, il doit « *toujours (se) comporter comme un juge de pleine juridiction, quand bien même le litige principal sur lequel se greffe la demande d'injonction ressortit au contentieux de l'excès de pouvoir* » (R. Abraham, concl. sur CE 4 juill. 1997, *Époux Bourezak*, RFDA 1997.815). En conséquence, il appartient au juge, « *lorsqu'il est saisi, sur le fondement des dispositions précitées, de conclusions tendant à ce que soit prescrite une mesure d'exécution dans un sens déterminé, de statuer sur ces conclusions en tenant compte de la situation de droit et de fait existant à la date de sa décision* » (même arrêt, Rec. 278 ; AJ 1997.584, chr. Chauvaux et Girardot ; RDP 1998.271, note Wachsmann ; – CE Sect. av. 30 nov. 1998, *Berrad*, RFDA 1999.511, concl. Lamy, note Guettier ; DA mars 1999, p. 19, note Traoré). Il en est ainsi aussi bien quand il est statué sur la demande d'injonction dans la décision même qui statue sur le recours principal que dans celle qui est rendue postérieurement à une première décision. Dans les deux cas, une instruction peut être nécessaire.

11 *2°)* Elle permet d'apprécier « *si, au vu de cette situation de droit ou de fait, il apparaît toujours que l'exécution du jugement ou de l'arrêt implique nécessairement une mesure d'exécution* » ; c'est seulement dans l'affirmative qu'« *il incombe au juge de la prescrire à l'autorité compétente* » (*Berrad*, précité).

Tantôt le jugement ou l'arrêt, même s'il annule l'acte attaqué, « *n'implique pas nécessairement* » par lui-même que soit prise une mesure déterminée (CE 7 avr. 1995, *Grekos*, Rec. 159 : l'annulation du refus de renouveler un professeur associé dans ses fonctions n'implique pas nécessairement le renouvellement), ou, en raison d'un changement dans les circonstances de droit ou de fait, « *n'implique plus nécessairement la prise d'une décision dans un sens déterminé* » (CE 4 juill. 1997, *Leveau*, Rec. 282 ; RFDA 1997.819, concl. Stahl ; AJ 1997.584, chr. Chauvaux et Girardot : même si le refus d'attribuer un local à un conseiller municipal minoritaire est annulé, il n'y a plus lieu d'ordonner de le lui attribuer dès lors qu'à la suite de nouvelles élections, l'intéressé n'appartient plus à la minorité).

Tantôt le commencement d'exécution entrepris par l'administration ne rend pas nécessaire l'usage du pouvoir d'injonction.

Tantôt l'inertie de l'administration justifie une injonction sans qu'une astreinte doive y être ajoutée (par ex. *Époux Bourezak*).

Tantôt sa résistance est telle qu'il faut à la fois injonction et astreinte (par ex. *Mme Menneret*). L'astreinte est alors prononcée à titre provisoire. Elle est liquidée après que l'exécution est effectivement réalisée.

La jurisprudence illustre non seulement la variété des solutions mais leur application dans des domaines d'importance diverse et dans des affaires parfois sensibles.

Ainsi ont été ordonnées : l'adoption de décrets (CE Ass. 26 juill. 1996, *Association lyonnaise de sauvegarde des locataires*, Rec. 293, concl. Maugüé ; RFDA 1996.768, concl. Maugüé ; – Ass. 28 mars 1997, *Union nationale des associations familiales*, Rec. 124 ; RFDA 1998.165, concl. Maugüé ; DA 1997, n° 328, note C.M.) ; à la suite de l'annulation d'un acte détachable d'un contrat, la saisine du juge du contrat pour lui en faire reconnaître la nullité (v. nos obs. sous CE 4 août 1905, *Martin**) ; la dépose d'une ligne électrique (CE Sect. 29 janv. 2003, *Syndicat départemental de l'électricité et du gaz des Alpes-Maritimes et commune de Clans*, RFDA 2003.477, concl. Maugüé, note Lavialle ; AJ 2003.784, note Sablière ; DA avr. 2003, note Maugüé ; JCP 2003.10118, note Noël ; JCP A 2003, n° 1342, note Dufau ; LPA 21 mai 2003, note Bougrab). Dans ces trois cas, par le biais du pouvoir d'injonction, se trouvent ébranlés des îlots de résistance au juge, tenant soit à l'autonomie du pouvoir réglementaire, soit à celle du contentieux contractuel, soit au principe d'intangibilité de l'ouvrage public. Le pouvoir d'injonction contribue ainsi, non seulement à assurer l'exécution des décisions de la juridiction administrative, mais à faire évoluer le fond même du droit administratif.

*
* *

12 Sa reconnaissance a incité le juge administratif, sans aller jusqu'à adresser une injonction à l'administration, parce que celle-ci ne lui a pas été expressément demandée à lui indiquer les obligations qui résultent de sa décision. Il peut les préciser dans les motifs, et dans le dispositif, non seulement annuler la décision attaquée, mais encore ajouter que cette « annulation comporte les obligations énoncées aux motifs ».

Cette formule se trouve pour la première fois dans l'arrêt du Conseil d'État (Sect.) du 25 juin 2001, *Société à objet sportif « Toulouse Football Club »* (LPA 28 sept. 2001, concl. De Silva ; AJ 2001.887, note Simon ; RFDA 2003.47, note Duval ; RRJ 2003.1513, note Blanco), à propos de l'organisation des compétitions de la Ligue nationale de football. Elle a été reprise ultérieurement, par exemple pour l'effacement, à la suite de lois d'amnistie ou de décisions de réhabilitation, des condamnations, sanctions etc. figurant dans des fichiers (CE 5 mars 2003, *Titran*, AJ 2003.1008, note Damarey ; RFDA 2003.626).

Sans être repris dans le dispositif, parce que celui-ci ne prononce pas d'annulation, les motifs peuvent indiquer les mesures que l'administration est tenue de prendre dans un délai raisonnable, sauf à commettre une illégalité (ainsi à propos du pacte civil de solidarité : CE Ass. 28 juin 2002, *Villemain*, v. n° 44.4). Formellement, il n'y a pas d'injonction. Mais quant au fond, la solution est équivalente.

95

COMPÉTENCE DE LA JURIDICTION ADMINISTRATIVE FONDEMENT CONSTITUTIONNEL DROITS DE LA DÉFENSE

CC n° 86-224 DC du 23 janv. 1987
(loi transférant à la juridiction judiciaire le contentieux des décisions du Conseil de la concurrence), Rec. 8

(AJ 1987.345, note J. Chevallier ; JCP 1987.II.20854, note Sestier ; LPA 12 févr. 1987, note Sélinsky ; Gaz. Pal. 1987. Doct. 1.209, comm. Lepage-Jessua ; RFDA 1987.287, note Genevois ; RFDA 1987.301, note Favoreu ; RDP 1987.1341, note Y. Gaudemet ; D. 1988.117, note F. Luchaire ; RA 1988.29, note Sorel)

Le Conseil constitutionnel,

....

Sur la procédure législative :

....

12. Cons. que la loi soumise à l'examen du Conseil constitutionnel modifie les articles 12 et 15 de l'ordonnance du 1er déc. 1986 prise, dans le cadre de l'article 38 de la Constitution, en vertu de la loi du 2 juill. 1986, alors que cette dernière loi accordait au gouvernement l'autorisation de statuer par voie d'ordonnances jusqu'à une date postérieure à celle à laquelle la loi présentement examinée a été votée ;

13. Cons. que l'article 41 de la Constitution dispose : « S'il apparaît au cours de la procédure législative qu'une proposition ou un amendement n'est pas du domaine de la loi ou est contraire à une délégation accordée en vertu de l'article 38, le gouvernement peut opposer l'irrecevabilité. En cas de désaccord entre le gouvernement et le président de l'assemblée intéressée, le Conseil constitutionnel, à la demande de l'un ou l'autre, statue dans un délai de huit jours » ;

14. Cons. qu'au cours de la discussion devant le Parlement de la proposition de loi qui est à l'origine de la loi présentement examinée, le gouvernement n'a opposé aucune irrecevabilité comme il aurait eu la faculté de le faire ; qu'ainsi la procédure législative suivie n'a comporté aucune méconnaissance de la Constitution ;

Sur le transfert à la juridiction judiciaire du contrôle des décisions du conseil de la concurrence :

15. *Cons. que les dispositions des articles 10 et 13 de la loi des 16 et 24 août 1790 et du décret du 16 fructidor An III qui ont posé dans sa généralité le principe de séparation des autorités administratives et judiciaires n'ont pas en elles-mêmes valeur constitutionnelle ; que, néanmoins,*

conformément à la conception française de la séparation des pouvoirs, figure au nombre des « principes fondamentaux reconnus par les lois de la République » celui selon lequel, à l'exception des matières réservées par nature à l'autorité judiciaire, relève en dernier ressort de la compétence de la juridiction administrative l'annulation ou la réformation des décisions prises, dans l'exercice des prérogatives de puissance publique, par les autorités exerçant le pouvoir exécutif, leurs agents, les collectivités territoriales de la République ou les organismes publics placés sous leur autorité ou leur contrôle ;

16. *Cons. cependant que, dans la mise en œuvre de ce principe, lorsque l'application d'une législation ou d'une réglementation spécifique pourrait engendrer des contestations contentieuses diverses qui se répartiraient, selon les règles habituelles de compétence, entre la juridiction administrative et la juridiction judiciaire, il est loisible au législateur, dans l'intérêt d'une bonne administration de la justice, d'unifier les règles de compétence juridictionnelle au sein de l'ordre juridictionnel principalement intéressé ;*

17. Cons. que, si le conseil de la concurrence, organisme administratif, est appelé à jouer un rôle important dans l'application de certaines règles relatives au droit de la concurrence, il n'en demeure pas moins que le juge pénal participe également à la répression des pratiques anticoncurrentielles sans préjudice de celle d'autres infractions intéressant le droit de la concurrence ; qu'à des titres divers le juge civil ou commercial est appelé à connaître d'actions en responsabilité ou en nullité fondées sur le droit de la concurrence ; que la loi présentement examinée tend à unifier sous l'autorité de la Cour de cassation l'ensemble de ce contentieux spécifique et ainsi à éviter ou à supprimer des divergences qui pourraient apparaître dans l'application et dans l'interprétation du droit de la concurrence ;

18. Cons. dès lors que cet aménagement précis et limité des règles de compétence juridictionnelle, justifié par les nécessités d'une bonne administration de la justice, ne méconnaît pas le principe fondamental ci-dessus analysé tel qu'il est reconnu par les lois de la République ;

19. Mais cons. que la loi déférée au Conseil constitutionnel a pour effet de priver les justiciables d'une des garanties essentielles à leur défense ;

20. Cons. en effet que le troisième alinéa de l'article 15 de l'ordonnance du 1er déc. 1986 dispose que le recours formé contre une décision du conseil de la concurrence « n'est pas suspensif » ; que cette disposition n'aurait pas fait obstacle à ce que, conformément à l'article 48 de l'ordonnance nº 45-1708 du 31 juill. 1945 et au décret nº 63-766 du 30 juill. 1963, le Conseil d'État pût, à la demande du requérant, accorder un sursis à l'exécution de la décision attaquée si son exécution risquait d'entraîner des conséquences difficilement réparables et si les moyens énoncés dans la requête paraissaient sérieux et de nature à justifier l'annulation de la décision attaquée ;

21. Cons. au contraire, que la cour d'appel de Paris, substituée par la loi présentement examinée au Conseil d'État, saisie d'un recours contre une décision du conseil de la concurrence, ne pourrait prononcer aucune mesure de sursis à exécution ; qu'en effet, la loi a laissé subsister dans son intégralité le troisième alinéa de l'article 15 de l'ordonnance du 1er déc. 1986 et n'a pas donné à la cour d'appel le pouvoir de différer l'exécution d'une décision de caractère non juridictionnel frappée d'un recours auquel est dénié tout effet suspensif, et ceci quelle que soit la gravité des conséquences de l'exécution de la décision et le sérieux des moyens invoqués contre celle-ci ;

22. *Cons. que, compte tenu de la nature non juridictionnelle du conseil de la concurrence, de l'étendue des injonctions et de la gravité des sanctions pécuniaires qu'il peut prononcer, le droit pour le justiciable formant un recours contre une décision de cet organisme de demander et d'obtenir, le cas échéant, un sursis à l'exécution de la décision attaquée constitue une garantie essentielle des droits de la défense ;*

23. Cons. dès lors que les dispositions de l'article 2 de la loi présentement examinée ne sont pas conformes à la Constitution ; que, les dispositions de l'article 1er n'en étant pas séparables, la loi doit, dans son ensemble, être regardée comme non conforme à la Constitution ;

Sur les dispositions de l'ordonnance du 1er déc. 1986 :

24. Cons. qu'en principe il n'est pas exclu que la ratification de tout ou partie des dispositions d'une des ordonnances visées à l'article 38 de la Constitution puisse résulter d'une loi qui, sans avoir cette ratification pour objet direct, l'implique nécessairement ; que, saisi d'une loi de cette nature, il appartiendrait au Conseil constitutionnel de dire si la loi comporte effectivement ratification de tout ou partie des dispositions de l'ordonnance en cause et, dans l'affirmative, si les dispositions auxquelles la ratification confère valeur législative sont conformes à la Constitution ;

25. Mais, cons. en l'espèce que la déclaration de non conformité à la Constitution qui doit, pour les raisons sus-énoncées, être prononcée à l'encontre de la loi présentement examinée prive celle-ci d'effet ; que, dès lors, en tout état de cause, l'ordonnance du 1er déc. 1986 est et demeure dans sa totalité, jusqu'à l'intervention d'une loi la ratifiant, un texte de valeur réglementaire dont la régularité juridique ne peut être appréciée par le Conseil constitutionnel ;

Décide :

Article premier – La loi transférant à la juridiction judiciaire le contentieux des décisions du conseil de la concurrence est contraire à la Constitution.

OBSERVATIONS

1 Émanant du Conseil constitutionnel et non d'une juridiction administrative, la décision du 23 janv. 1987 n'en intéresse pas moins au premier chef la jurisprudence administrative.

Une loi du 2 juill. 1986, dans son article 1er, habilitait le gouvernement à modifier ou abroger, par voie d'ordonnance et dans les conditions prévues à l'article 38 de la Constitution, « certaines dispositions de la législation économique relatives aux prix et à la concurrence » à l'effet de définir « un nouveau droit de la concurrence ». Sur ce fondement, l'ordonnance du 1er déc. 1986 a notamment créé un organisme administratif, le Conseil de la concurrence, en le dotant de pouvoirs importants en ce qui concerne la répression des pratiques anticoncurrentielles. Il détient en particulier le pouvoir d'infliger des sanctions pécuniaires. Dans sa rédaction initiale l'ordonnance disposait que les décisions du Conseil de la concurrence pouvaient faire l'objet d'un recours de pleine juridiction devant le

Conseil d'État de la part de l'entreprise sanctionnée ou du ministre chargé de l'économie.

A l'initiative de plusieurs députés le Parlement a adopté, peu après la publication de l'ordonnance, une loi donnant compétence à la Cour d'appel de Paris pour connaître des décisions du Conseil de la concurrence. Ce texte, une fois voté et avant sa promulgation, a été déféré par plus de soixante députés au Conseil constitutionnel. Était alléguée la violation tant du principe de la séparation des pouvoirs affirmé par l'article 16 de la Déclaration des droits de l'homme et du citoyen que des dispositions de la loi des 16 et 24 août 1790 sur l'organisation judiciaire.

L'intérêt majeur de la décision rendue par le Conseil constitutionnel résulte de la réponse donnée à cette argumentation. Mais celle-ci doit retenir également l'attention par l'application qu'elle fait du principe des droits de la défense.

I. — La réponse faite par le Conseil constitutionnel à l'argumentation des députés qui l'avaient saisi tient en quatre propositions dont chacune appelle un commentaire particulier.

2 ***A.*** — Le point de départ du raisonnement effectué par le juge constitutionnel a consisté à affirmer que « les dispositions des articles 10 et 13 de la loi des 16 et 24 août 1790 et du décret du 16 fructidor an III qui ont posé dans sa généralité le principe de séparation des autorités administratives et judiciaires n'ont pas en elles-mêmes valeur constitutionnelle ».

Est ainsi nié que le principe de séparation des autorités puisse avoir, « dans sa généralité » tout au moins, valeur constitutionnelle. Cela implique que ce principe ne constitue pas un corollaire nécessaire du principe de la séparation des pouvoirs proclamé par l'article 16 de la Déclaration des droits de l'homme et du citoyen et dont la valeur constitutionnelle a été antérieurement reconnue par le Conseil constitutionnel (cf. la décision *n° 79-104 DC du 23 mai 1979*, Rec. 27 ; RDP 1979.1695, note Favoreu ; D. 1981.I.R.363, obs. L. Hamon).

La défense faite aux tribunaux judiciaires de troubler les opérations des corps administratifs ou de connaître des actes d'adminitration résulte de textes qui ont formellement valeur législative (article 13 de la loi des 16-24 août 1790 et décret du 16 fructidor an III). De tels textes n'ont donc pas en eux-mêmes valeur constitutionelle. Tout au plus peuvent-ils être à l'origine d'une tradition législative permettant de dégager un principe fondamental reconnu par les lois de la République au sens donné à cette dernière notion par le Préambule de la Constitution de 1946, auquel renvoie le Préambule de la Constitution de 1958.

3 ***B.*** — C'est dans cette perspective que se situe la deuxième proposition de la décision. Pour le Conseil constitutionnel, en effet, « conformément à la conception française de la séparation des pouvoirs, *figure au nombre des « principes fondamentaux reconnus par les lois de la République » celui selon lequel, à l'exception des matières réservées par nature à l'autorité judiciaire, relève en dernier ressort de la compétence de la juridiction administrative l'annulation ou la réformation des décisions prises, dans l'exercice des prérogatives de puissance publique, par les autorités exerçant le pouvoir exécutif, leurs agents, les collectivités territoriales de la République ou les organismes publics placés sous leur autorité ou leur contrôle ».*

Cette motivation fait apparaître aussi bien le fondement constitutionnel de la compétence de la juridiction administrative que l'ampleur que revêt, sur le plan constitutionnel, cette compétence.

1°) Le fondement constitutionnel de la compétence du juge administratif procède d'un double rattachement.

Il y a d'abord une référence « à la conception française de la séparation des pouvoirs ». Le juge constitutionnel prend ici acte du fait que si la séparation des autorités administratives et judiciaires n'est pas la conséquence nécessaire de la séparation des pouvoirs, il n'en existe pas moins dans la tradition juridique française une filiation entre les deux notions, qui est d'ailleurs couramment admise en doctrine.

C'est justement la référence à une telle tradition qui a permis au Conseil constitutionnel de rattacher la compétence du juge administratif dans le contentieux de la légalité des actes administratifs aux « principes fondamentaux reconnus par les lois de la République ». Semblable notion a son siège dans le Préambule de la Constitution de 1946 par lequel le peuple français a réaffirmé « solennellement les droits et les libertés de l'homme et du citoyen consacrés par la Déclaration des droits de 1789 et les principes fondamentaux reconnus par les lois de la République ».

Au nombre de ces principes, la jurisprudence du Conseil d'État a, dès 1956, fait figurer la liberté d'association (CE Ass. 11 juill. 1956, *Amicale des Annamites de Paris*, Rec. 317 ; AJ 1956.II.400, chr. Fournier et Braibant). Pour sa part, et avant même sa décision du 23 janv. 1987, le Conseil constitutionnel a rangé parmi les principes fondamentaux reconnus par les lois de la République, non seulement la liberté d'association (décision *n° 71-44 DC du 16 juill. 1971*, Rec. 29), mais également la liberté de l'enseignement (*n° 77-87 DC du 23 nov. 1977*, Rec. 42), le principe des droits de la défense (*n° 76-70 DC du 2 déc. 1976*, Rec. 39), l'indépendance de la juridiction administrative, rattachée par la décision *n° 80-119 DC du 22 juill. 1980* (Rec. 46) aux dispositions de la loi du 24 mai 1872 qui ont substitué la justice déléguée à la justice retenue, ainsi que le principe de l'indépendance des enseignants du supérieur (*n° 83-165 DC du 20 janv. 1984*, Rec. 30).

Le principe fondamental reconnu par les lois de la République apparaît ainsi comme un principe essentiel posé par le législateur républicain, touchant à l'exercice des droits et libertés et qui a reçu application avec une constance suffisante dans la législation antérieure à la Constitution du 27 oct. 1946. (cf. observ. sous l'arrêt *Koné* *).

Nul doute que dans la perspective tracée par la jurisprudence constitutionnelle, l'existence même d'une juridiction administrative compétente pour censurer les actes illégaux de la puissance publique constitue une garantie pour la défense des droits et libertés des individus.

2°) La décision a précisé le contenu du principe qu'elle dégage. Deux points doivent à cet égard être soulignés.

D'une part, la décision fait état du cas des « matières réservées par nature à l'autorité judiciaire ». Il y a là un renvoi global aux règles de répartition des compétences entre les deux ordres de juridiction qui privilégient traditionnellement la compétence des tribunaux judiciaires dans les domaines touchant à la liberté individuelle, au droit de propriété, à l'état et à la capacité des personnes ainsi qu'au fonctionnement des services judiciaires.

D'autre part, et plus fondamentalement, la décision identifie le domaine de compétence spécifique de la juridiction administrative à l'aide de critères organiques et formels. Ne relèvent de la juridiction administrative en vertu d'un principe de valeur constitutionnelle que ceux des recours contentieux tendant à l'annulation ou à la réformation des décisions prises « par les autorités exerçant le pouvoir exécutif, leurs agents, les collectivités territoriales de la République ou les organismes publics placés sous leur autorité ou leur contrôle » (critère organique) « dans l'exercice des prérogatives de puissance publique » (critère formel).

La primauté conférée aux critères organiques et formels n'implique cependant pas que ces derniers doivent jouer un rôle exclusif dans la répartition des compétences. L'analyse suivie par le Conseil constitutionnel se situe uniquement sur un plan constitutionnel et n'interdit en rien que d'autres critères de compétence, comme la notion de service public, puissent recevoir application en dehors de l'idée de puissance publique.

4 ***C.*** — Une fois affirmée en tant que principe de valeur constitutionnelle, l'existence même de la juridiction administrative et sa compétence propre, le Conseil constitutionnel a reconnu au législateur la possibilité d'aménager à la marge les contours du principe. C'est ce qu'énonce le seizième considérant de la décision de façon très explicite : « Lorsque l'application d'une législation ou d'une réglementation spécifique pourrait engendrer des contestations conten-

tieuses diverses qui se répartiraient, selon les règles habituelles de compétence, entre la juridiction administrative et la juridiction judiciaire, il est loisible au législateur, dans l'intérêt d'une bonne administration de la justice, d'unifier les règles de compétence juridictionnelle au sein de l'ordre juridictionnel principalement intéressé » (cf. dans le même sens n° 96-378 DC du 23 juill. 1996).

Il y a là une illustration de l'idée de « blocs de compétences » dont il est arrivé au Tribunal des conflits de faire application dans la mise en œuvre de la loi des 16 et 24 août 1790 (cf par exemple, en matière de droits de douane, TC 12 nov. 1984, *Société Sogedis*, Rec. 451 ; RFDA 1985.445, concl. Picca).

5 ***D.*** — Cet élément de souplesse a joué dans le cas du contentieux des décisions prises par le Conseil de la concurrence.

Sans doute cet organisme est-il de nature administrative et ses décisions s'analysent-elles juridiquement en des décisions à caractère administratif qui constituent l'exercice de prérogatives exorbitantes du droit commun.

Mais, comme l'a relevé le Conseil constitutionnel dans sa décision, les pratiques anticoncurrentielles susceptibles d'être sanctionnées par le Conseil de la concurrence, du chef de l'entreprise qui en est l'auteur, ont ou peuvent avoir des prolongements judiciaires car elles sont frappées de nullité sur le plan civil (cf article 9 de l'ordonnance du 1er déc. 1986) et sont constitutives d'une infraction pénale de la part de la personne physique qui, frauduleusement, a pris une part personnelle et déterminante dans leur conception, leur organisation ou leur mise en œuvre (cf article 17).

Le Conseil constitutionnel a estimé dans ces conditions que n'était pas contraire au principe fondamental dégagé par sa décision, un aménagement « précis et limité » des règles de compétence juridictionnelle qui était justifié par les nécessités d'une bonne administration de la justice.

6 **II.** — Tout en admettant en l'espèce que le transfert de compétence opéré par la loi n'était pas inconstitutionnel, le Conseil constitutionnel n'en a pas moins déclaré le texte soumis à son examen contraire à la Constitution pour violation des droits de la défense.

Le principe des droits de la défense a été dégagé par la jurisprudence du Conseil d'État en tant que principe général du droit (v. nos obs. sous l'arrêt *Dame veuve Trompier-Gravier* *). Il implique en matière administrative qu'une mesure individuelle d'une certaine gravité, reposant sur l'appréciation d'une situation personnelle, ne puisse être prise par l'administration sans entendre au préalable la personne qui est susceptible d'être lésée dans ses intérêts moraux ou matériels par cette mesure, sauf si celle-ci constitue par nature une mesure de police. En cas de recours juridictionnel, les droits de la défense s'expriment à travers le principe du caractère contradictoire de la procédure. (v. l'arrêt *Téry* *).

Principe général du droit pour le juge administratif, le principe des droits de la défense a été considéré par le Conseil constitutionnel comme un principe fondamental reconnu par les lois de la République ayant à ce titre valeur constitutionnelle. Le champ d'application du principe était initialement le même dans la jurisprudence constitutionnelle et dans la jurisprudence administrative (CC *n° 72-75 L du 21 déc. 1972*, Rec. 36 : en matière contentieuse ; CC *n° 77-83 DC du 20 juill. 1977*, Rec. 39 et *n° 80-117 DC du 22 juill. 1980*, Rec. 42 : en matière administrative non contentieuse).

Au vu des règles ainsi dégagées, tant les pouvoirs reconnus au Conseil de la concurrence que les voies de recours contre ses décisions n'apparaissaient pas critiquables. Le prononcé d'une sanction par le Conseil de la concurrence ne peut intervenir sans respect des droits de la défense. L'exercice d'un recours contre les décisions de ce conseil donne lieu à une procédure contradictoire.

Mais le Conseil constitutionnel a, en raison de l'ampleur des sanctions susceptibles d'être prononcées par le Conseil de la concurrence (amendes pouvant aller jusqu'à 5 p. 100 du montant du chiffre d'affaires ou 10 millions de F. si le contrevenant n'est pas une entreprise), estimé que le principe des droits de la défense rendait nécessaire l'institution d'une procédure de sursis à exécution à l'encontre des décisions du Conseil de la concurrence. Alors qu'une semblable procédure existe devant le Conseil d'État en vertu des dispositions de l'article 48 de l'ordonnance du 31 juill. 1945, elle faisait défaut devant la Cour d'appel de Paris dans l'hypothèse envisagée par la loi soumise à l'examen du juge constitutionnel.

Pour ce motif, la loi a été déclarée inconstitutionnelle, ce qui a eu pour effet immédiat de ne conférer force de loi à aucune des dispositions de l'ordonnance du 1er déc. 1986.

Postérieurement à la décision, une loi du 6 juill. 1987 a donné compétence à la Cour d'appel de Paris, tout en instituant devant cette juridiction une procédure de sursis à exécution des décisions du Conseil de la concurrence.

III. — La position adoptée par le Conseil constitutionnel sur le problème de la répartition des compétences entre les deux ordres de juridiction a connu deux prolongements importants.

7 ***A.*** — La question s'est posée de savoir jusqu'à quel point s'étendait la compétence du Conseil de la concurrence et de la Cour d'appel de Paris à l'égard des personnes publiques.

Le changement par la ville de Pamiers de l'entreprise chargée du service public municipal de distribution d'eau potable a été à l'origine d'un contentieux qui a permis d'apporter des éléments de réponse à cette question. La Société d'exploitation et de distribution d'eau (SAEDE), qui était chargée du service dans le cadre d'un contrat de gérance, a en effet contesté la délibération du conseil municipal confiant par contrat d'affermage le service à la Société lyonnaise des eaux, au moyen d'une double action, l'une portée devant le Tribunal administratif de Toulouse, l'autre devant le Conseil de la concurrence. Il était demandé à ce dernier, d'une part, de prendre des mesures conservatoires et, d'autre part, d'annuler le contrat d'affermage passé entre la ville et la Société lyonnaise des eaux. Le Conseil de la concurrence a estimé que la délibération d'un conseil municipal décidant de conclure un contrat d'affermage n'était pas au nombre des mesures dont il lui appartenait de connaître. Une telle décision n'a pas, en effet, le caractère d'un acte de production, de distribution ou de services entrant dans le champ des prévisions des dispositions de l'article 53 de l'ordonnance du 1er déc. 1986, qui fixent le champ d'application de ce texte.

Statuant sur les mesures conservatoires, la Cour d'appel de Paris a, par un arrêt en date du 30 juin 1988, décidé au contraire de réintégrer la SAEDE dans le contrat la liant à la ville de Pamiers, ce qui a suscité une importance controverse doctrinale (cf. Paris 1re ch. 30 juin 1988, Gaz. Pal. 1988.2.656, notes Richer et Marchi ; AJ 1988.744, note Bazex ; LPA 20 juill. 1988, obs. Sélinsky ; RFDA 1989.80, note Chapus ; cf également les études de Mme Boutard-Labarde, Gaz. Pal. 1988, Doct. 2.733 ; Llorens et Soler-Couteaux, D. 1989, chr. 67 et P. Bouzat, RTD Com. 1989.167).

Le conflit ayant été ultérieurement élevé, le Tribunal des conflits s'est prononcé dans le sens de la compétence administrative par un arrêt du 6 juin 1989, *Préfet de la région Ile-de-France*, Rec. 293, rendu conformément aux conclusions du commissaire du gouvernement Stirn (RFDA 1989.457 et Gaz. Pal. 1989.2.582) et qui a été abondamment commenté en doctrine (AJ 1989.431, chr. Honorat et Baptiste ; AJ 1989.467, note Bazex ; JCP 1990.II.21395 note Terneyre ; Juris. P.T.T., n° 18 p. 71 note Courtois ; RDP 1989.1780, note Y. Gaudemet ; D. 1990. SC. 101, obs. Gavalda et Lucas de Leyssac).

Pour le Haut tribunal, il résulte de l'article 53 de l'ordonnance du 1er déc. 1986 que les règles qui y sont définies ne s'appliquent aux personnes publiques « qu'autant que celles-ci se livrent à des activités de production, de distribution et de services ». Or, selon la décision, échappent à ces prévisions aussi bien « l'organisation du service public de la distribution de l'eau à laquelle procède un conseil municipal » que « l'acte juridique de dévolution de l'exécution de ce service » qui n'est pas, par lui-même, « susceptible d'empêcher, de restreindre ou de fausser le jeu de la concurrence sur le marché ». Par suite, « il n'appartient qu'aux juridictions de l'ordre intéressé », c'est-à-dire de l'ordre administratif, de vérifier la validité de l'acte de dévolution du service au regard des dispositions de l'article 9 de l'ordonnance qui frappent de nullité les conventions se rapportant à une pratique prohibée. Ainsi que le relevait dans ses conclusions le commissaire du gouvernement Stirn, la compétence judiciaire cesse lorsque les personnes publiques « font usage des prérogatives de puissance publique dont elles disposent pour l'accomplissement de leurs missions de service public ».

8 Le Tribunal des conflits a confirmé par la suite sa position à propos de l'exercice par la ligue nationale de football de prérogatives de puissance publique (TC 4 nov. 1996, *Société Datasport c/ ligue nationale de football,* Rec. 552 ; JCP 1997.II.22802, concl. Arrighi de Casanova ; AJ 1997.203, chr. Chauvaux et Girardot) ainsi que de l'usage fait par « Aéroports de Paris » de prérogatives de puissance publique pour la gestion du domaine public qui lui est affecté (TC 18 oct. 1999, *Aéroports de Paris*, Rec. 469, concl. Schwartz ; JCP 2000.II.10.143 et CJEG 2000.18, concl. Schwartz ; AJ 1999.996, chr. Guyomar et Collin, et 1029, note Bazex ; RFDA 2000.567, note Laidié ; LPA 27 avril 2000, note Guedj).

9 Quoi qu'il en soit, le droit de la concurrence ne peut pas être appliqué sans nuances à un service public. La chambre commerciale de la Cour de cassation l'a rappelé par un arrêt du 12 déc. 1995 (AJ 1996.131, note Bazex ; CJEG 1996.180, note Idot ; RFDA 1996.360, note R. Drago), en censurant un arrêt de la cour d'appel de Paris qui avait regardé comme un abus de position dominante le fait pour la Météorologie nationale de refuser de fournir les messages d'assistance météorologique à la navigation aérienne destinés aux pilotes, à une société qui entendait s'en servir sur le marché de l'information météo visant le grand public.

10 ***B.*** — De son côté, le Conseil constitutionnel a eu l'occasion de faire application à plusieurs reprises des principes posés par la décision du 23 janv. 1987 et, en particulier, à propos d'une loi relative aux conditions de séjour et d'entrée des étrangers en France, qui a donné lieu à la décision *n° 89-261 DC du 28 juill. 1989* (Rec. 81 ; RFDA 1989.621, note Genevois ; AJ 1989.619, note J. Chevallier ; D. 1990.161, note Prétot).

La loi soumise à l'examen du juge constitutionnel avait donné compétence au tribunal de grande instance pour annuler les arrêtés par lesquels le préfet ordonne la reconduite à la frontière d'un étranger en situation irrégulière. Le Conseil constitutionnel, en reprenant les principes qu'il avait posés dans sa décision du 23 janv. 1987 a censuré cette attribution de compétence pour le motif que, s'agissant de l'usage par une autorité exerçant le pouvoir exécutif ou par un de ses agents de prérogatives de puissance publique, les recours tendant à l'annulation des décisions administratives relatives à l'entrée et au séjour en France des étrangers relèvent de la compétence de la juridiction administrative.

96

PERSONNES PUBLIQUES
VOIES D'EXÉCUTION

Cass. 1re civ., 21 déc. 1987, Bureau de recherches géologiques et minières (BRGM) c. Société Lloyd Continental, Bull. civ., I, n° 348, p. 249

(RFDA 1988.771, concl. Charbonnier, note Pacteau ;
CJEG 1988.J.107, note Richer ;
JCP 1989.II.21183, note Nicod ; RTD Civ. 1989.145, obs. Perrot)

Vu l'article 537, alinéa 2, du Code civil ;

Vu le principe général du droit suivant lequel les biens des personnes publiques sont insaisissables ;

Vu la loi n° 80-539 du 16 juillet 1980 ;

Attendu qu'il résulte du premier de ces textes que les biens n'appartenant pas à des personnes privées sont administrés et aliénés dans les formes et suivant les règles qui leur sont particulières ; que, s'agissant des biens appartenant à des personnes publiques, même exerçant une activité industrielle et commerciale, le principe de l'insaisissabilité de ces biens ne permet pas de recourir aux voies d'exécution de droit privé ; qu'il appartient seulement au créancier bénéficiaire d'une décision juridictionnelle passée en force de chose jugée et condamnant une personne publique au paiement, même à titre de provision, d'une somme d'argent, de mettre en œuvre les règles particulières issues de la loi du 16 juillet 1980 ;

D'où il suit qu'en validant des saisies-arrêts pratiquées à l'encontre du Bureau de recherches géologiques et minières, établissement public à caractère industriel et commercial qui avait été condamné par une décision juridictionnelle passée en force de chose jugée à payer une indemnité provisionnelle à la compagnie d'assurance Lloyd continental, la cour d'appel a violé les textes et le principe susvisés ;

Par ces motifs, et sans qu'il y ait lieu de statuer sur les autres branches du moyen,

Casse et annule l'arrêt rendu le 18 mars 1986, entre les parties, par la cour d'appel de Paris ; remet, en conséquence, la cause et les parties dans l'état où elles se trouvaient avant ledit arrêt et, pour être fait droit, les renvoie devant la cour d'appel de Reims.

OBSERVATIONS

1 Le Bureau de recherches géologiques et minières (BRGM), établissement public industriel et commercial, avait été condamné par les juridictions judiciaires, pour réparer les désordres d'un ensemble

immobilier dont il avait étudié les sols, au paiement d'une indemnité au profit de la compagnie d'assurances subrogée dans les droits du maître de l'ouvrage. La somme due n'ayant pas été versée, la compagnie engagea une procédure de saisie-arrêt contre le BRGM Par un arrêt du 18 mars 1986 (D. 1987.310, note Nicod), la Cour d'appel de Paris, confirmant le jugement du tribunal de grande instance, valida les saisies-arrêts pratiquées par la compagnie.

C'est cet arrêt que casse et annule la Cour de cassation le 21 déc. 1987, en considérant notamment « que, s'agissant des biens appartenant à des personnes publiques, même exerçant une activité industrielle et commerciale, le principe de l'insaisissabilité de ces biens ne permet pas de recourir aux voies d'exécution de droit privé ».

La solution n'est pas sans *précédents* (I), elle trouve des *justifications* (II) et connaît des *prolongements* (III).

2 **I.** — *Depuis longtemps*, il est admis que les voies d'exécution du droit commun ne peuvent être utilisées contre les personnes publiques (A) ; la remise en cause n'a concerné que certains établissements publics (B).

A. — Pour l'État, le principe n'a jamais été discuté. Le Tribunal de cassation (16 thermidor an X, *Metz,* S. 1791 - an XII, p. 677), puis la Cour de cassation (31 mars 1819, *Enregistrement c. Jousselin,* S. 1819-1821.51) l'ont très tôt appliqué. Il a été étendu aux collectivités locales (par exemple Cass. 2e Civ., 16 déc. 1965, *Commune d'Azay-le-Rideau c. Lepert,* Bull. civ. II, n° 1038, p. 734).

Pour les établissements publics, le Tribunal des conflits avait eu l'occasion d'en faire application dans l'affaire du *Canal de Gignac**, jugée le 8 déc. 1899 : les associations syndicales de propriétaires « présentent les caractères essentiels d'établissements publics, vis-à-vis desquels ne peuvent être suivies les voies d'exécution instituées par le code de procédure civile pour le recouvrement des créances sur des particuliers ».

3 ***B.*** — La question a été renouvelée par la création d'établissements publics industriels et commerciaux, dont non seulement l'activité, mais le statut même sont profondément marqués par le droit commun (v. nos obs. sous TC 22 janvier 1921, *Société commerciale de l'Ouest africain* *).

Des auteurs en avaient déduit que le privilège dont bénéficient les autres personnes publiques ne pouvait leur être appliqué et que, comme les entreprises, ils devaient pouvoir faire l'objet des voies d'exécution du droit commun.

Cette doctrine a été reçue par certaines juridictions, à propos de la Société nationale des entreprises de presse (SNEP) (CA Aix, 30 nov. 1949, JCP 1950.II.5245 *bis*, note Lavau), de la SNCF, devenue établissement public industriel et commercial en vertu de la loi du 30 déc. 1982 (CA Paris, 11 juill. 1984, *SNCF c. Groupement régional des ASSEDIC de la région parisienne,* AJ 1984.615, note Bazex ; D. 1985.175, note Denoix de Saint Marc ; G.P. 1984.2.565, chr. Y. Gaudemet ; JCP 1986.I.3236, chr. Amselek ; RFDA 1985.85, note P. Delvolvé) et du BRGM (CA Paris, 18 mars 1986, précité).

La Cour de cassation s'y est toujours opposée : par deux arrêts du 9 juill. 1951, *SNEP* (D. 1952.141, note Blaevoet ; S. 1952.1.125, note R. Drago), la chambre civile (section commerciale) a considéré que, la SNEP constituant un établissement public, une saisie-arrêt sur les sommes dues par elle n'avait pu être validée (dans le même sens, pour un autre établissement public industriel et commercial, Cass. 1ère Civ. 5 janv. 1965, JCP 1965.II.14038, concl. Lindon).

Le Conseil d'État, s'il n'a pas eu, au contentieux, à connaître des voies d'exécution contre les personnes publiques, a toujours considéré, dans ses avis, qu'elles leur sont inapplicables (avis du 6 févr. 1979, relatif aux offices publics d'HLM et aux offices publics d'aménagement et de construction, EDCE 1979-1980, nº 31, p. 216) et en a déduit, dans ses arrêts, que les débiteurs de l'administration ne peuvent compenser leurs dettes par les créances qu'ils ont sur elle (CE 8 mars 1961, *Soc. Air Couzinet-Transocéanic*, Rec. 162).

L'arrêt du 21 déc. 1987 vient donc confirmer une jurisprudence bien établie, que la loi du 9 juill. 1991 sur la réforme des procédures civiles d'exécution a implicitement consacrée en disposant (art. 1er alinéa 3) : « l'exécution forcée et les mesures conservatoires ne sont pas applicables aux personnes qui bénéficient d'une immunité d'exécution ».

4 **II.** — La soustraction des personnes publiques aux voies d'exécution du droit commun a plusieurs *justifications* venant de textes (A) et de principes (B).

A. — Certaines d'entre elles sont tirées de *textes* remontant à la Révolution et à l'Empire. Les uns interdisent expressément de saisir les biens et deniers de l'État et des communes (loi des 22 nov. - 1er déc. 1790 ; décret du 22 août 1791, titre XII, art. 9 ; instructions ministérielles du 17 messidor an VIII ; arrêté du 19 ventôse an X ; avis du Conseil d'État des 26 mai et 12 août 1813). L'article 537 alinéa 2 du code civil, visé par la Cour de cassation dans l'arrêt du 21 déc. 1987, est plus général : « les biens qui n'appartiennent pas à des particuliers, sont administrés et ne peuvent être aliénés que dans les formes et suivant les règles qui leur sont particulières ».

Un autre texte est plus général encore : c'est l'article 13 de la loi des 16-24 août 1790, visé par la Cour de cassation dans ses arrêts du 9 juill. 1951, interdisant aux juges de « troubler de quelque manière que ce soit, les opérations des corps administratifs ». Cette disposition, en établissant la séparation des autorités administrative et judiciaire, ne se rapporte pas seulement à la compétence (ou plutôt l'incompétence) des juridictions judiciaires en matière administrative ; elle détermine aussi des solutions de fond. Elle s'oppose à des voies d'exécution qui, dirigées contre l'administration, ont évidemment pour objet et pour effet de « troubler », d'une manière ou d'une autre, ses opérations.

5 ***B.*** — Au-delà des textes, « le *principe général du droit* », également visé par l'arrêt du 21 déc. 1987, « selon lequel les biens des personnes publiques sont insaisissables », ne permet pas de recourir contre elles aux voies d'exécution du droit privé.

L'insaisissabilité des biens des personnes publiques fait ainsi partie des principes généraux du droit (v. nos obs. sous l'arrêt CE 9 mars 1951, *Société des concerts du conservatoire**).

Il est exclusivement lié à la personnalité publique. Il ne joue pas pour les organismes privés chargés d'une mission de service public (Cass. civ. 2e 15 nov. 1995, *Cusset c. Caisse régionale d'assurance-veillesse d'Alsace-Moselle*, Bull. civ. II, nº 284, p. 168).

Il n'est pas nécessaire pour les personnes publiques d'invoquer le statut du domaine public, ni celui du service public, ni celui de la comptabilité publique et des deniers publics, puisque l'insaisissabilité joue aussi bien pour les biens du domaine privé, en dehors de tout service public, pour les personnes non soumises aux règles de la comptabilité publique (chambres de commerce par exemple) et pour leurs fonds qui n'auraient pas la qualité de deniers publics. La personnalité publique comporte un élément irréductible : la puissance publique. Selon le droit français, les personnes publiques peuvent exercer cette puissance à l'égard d'autrui ; cette puissance ne peut être retournée contre elles.

On pourrait contester qu'une personnalité de droit public soit attribuée à des institutions qui, profondément mêlées à la vie industrielle et commerciale, sont de véritables entreprises. L'exploitation d'activités industrielles et commerciales est en principe soumise au droit commun (v. nos obs. sous l'arrêt TC 22 janv. 1921, *Société commerciale de l'Ouest africain* *). Les privilèges du droit public paraissent injustifiés pour des personnes qui n'assurent pas un service public.

La jurisprudence n'a pas cru pouvoir cependant éliminer les conséquences qui lui ont paru résulter nécessairement de la personnalité publique. L'impossibilité d'exercer les voies d'exécution du droit commun n'est pas la seule.

6 **III.** — La personnalité publique a en effet des *prolongements* en dehors des voies d'exécution (A) ; pour ces dernières, elle a conduit le législateur à des aménagements particuliers (B).

A. — Elle entraîne des *conséquences*, négatives et positives.

Elle exclut, non seulement les voies d'exécution, mais, plus généralement, les procédures « collectives » (autrefois, la faillite, aujourd'hui, le redressement et la liquidation judiciaires : en ce sens notamment CA Paris 15 févr. 1991, *Centre national des bureaux régionaux de fret*, v. n° 7.5), et, plus particulièrement, le recours à l'arbitrage. Cette interdiction, qu'impliquaient les articles 83 et 1004 de l'ancien code de procédure civile et qu'impose l'article 2060 du code civil, vaut même pour les établissements publics industriels et commerciaux : à leur sujet, l'argument tiré de la particularité de leur statut et des nécessités de leur activité n'a pas prévalu (CE Ass. 13 déc. 1957, *Société nationale de vente des surplus*, Rec. 677 ; D. 1958.517, concl. Gazier et note L'Huillier ; Dr. soc. 1958.89, concl. Gazier ; AJ 1958.II.91, chr. Fournier et Braibant ; JCP 1958.II.10800, note Motulski ; RPDA, 1958.80, note Borella). Seule une loi peut permettre le compromis et la clause compromissoire. Aujourd'hui il en existe un assez grand nombre qu'énumère l'art. L. 311-6 CJA (par ex. loi du 30 déc. 1982, pour la SNCF ; loi du 19 août 1986, art. 9, à propos de certains contrats conclus avec des sociétés étrangères pour la réalisation d'opérations jugées d'intérêt national telles que Disneyland ; art. 2060 al. 2 C. civ. et décr. du 8 janv. 2002 notamment pour EDF et GDF). La jurisprudence judiciaire admet aussi l'arbitrage pour les contrats de droit privé touchant au commerce international passés par des personnes publiques (Cass. 1re Civ. 14 avr. 1964, *ONIC c. Capitaine du San Carlo,* D. 1964.637, note Jean Robert ; S. 1964.93, note Planqueel ; JCP 1965.II.14406, note P.L. ; – 2 mai 1966, *Trésor public c. Galakis,* D. 1966.575, note Jean Robert ; JCP 1966.II.14798, note Ligneau).

7 La personnalité publique permet l'application de certaines solutions de droit public auxquelles elle est liée. Ainsi, les établissements publics, même industriels et commerciaux, « peuvent en leur qualité de personnes morales de droit public » recourir à l'expropriation pour cause d'utilité publique (CE Ass. 17 mars 1972, *Ministre de la santé publique et de la sécurité sociale c. Levesque*, Rec. 230 ; RDP 1972.705, concl. A. Bernard ; AJ 1973.329, note Heymann) ; ils peuvent être propriétaires de dépendances du domaine public (CE 21 mars 1984, *Mansuy*, Rec. 616 – v. n° 76.6) ; ils peuvent passer des contrats administratifs (v. nos obs. sous TC 8 juill. 1963, *Entreprise Peyrot* *), réaliser ou faire réaliser des travaux publics (v. nos obs. sous TC 28 mars 1955, *Effimieff* *). La qualité de personne publique n'est pas suffisante pour entraîner ces qualifications ; mais elle est en principe nécessaire.

L'arrêt *BRGM* donne une illustration de l'importance accordée en certaines matières au *critère organique* (v. aussi nos obs. sous CE 6 déc. 1907, *Compagnie des chemins de fer de l'Est**).

8 ***B.*** — Il souligne aussi les *difficultés* qui en résultent *pour les créanciers* de l'administration. Autant on doit finalement admettre que les voies d'exécution du droit commun ne peuvent être diligentées contre elle, autant on ne peut admettre qu'elle n'honore pas ses dettes. A l'égard des collectivités locales et des établissements publics, la procédure d'inscription d'office a été admise depuis longtemps, même sans texte (pour les chambres de commerce : CE 20 nov. 1908, *Chambre de commerce de Rennes*, Rec. 941 ; S. 1910.3.12, note M. Hauriou ; – 27 mai 1909, *Delalande*, Rec. 553 ; S. 1911.3.165). Le législateur a dû prolonger ces solutions.

La loi du 16 juill. 1980 (reprise à l'article L. 911-9 CJA) a permis non seulement au Conseil d'État de prononcer des astreintes contre une autorité administrative en cas d'inexécution d'une décision d'une juridiction administrative (v. nos obs. sous CE 17 mai 1985, *Mme Menneret* *), mais à tout justiciable d'obtenir effectivement les sommes d'argent qu'une personne publique a été condamnée à lui payer.

Elle y met des conditions. Il faut une décision juridictionnelle passée en force de chose jugée et fixant elle-même le montant de la somme due : une décision de principe, une décision non définitive (alors qu'elle est exécutoire) ne suffisent pas. Mais toute condamnation à l'encontre de laquelle les voies de recours sont épuisées ou expirées, qu'elle émane d'une juridiction judiciaire ou d'une juridiction administrative, permet d'engager la procédure instituée par la loi de 1980 et ses décrets d'application (12 mai 1981, 11 avr. 1988 et 15 mai 1990).

La personne publique condamnée doit procéder à l'ordonnancement ou au mandatement de la somme due dans un délai qui est normalement de quatre mois à compter de la notification de la décision. Son inertie peut être vaincue par des modalités qui varient selon qu'il s'agit de l'État ou d'une autre personne publique.

Si c'est l'État, le justiciable peut saisir le comptable d'une demande de paiement, qui doit être honorée sur présentation de la décision de justice revêtue de la formule exécutoire.

Si c'est une collectivité locale ou un établissement public, le justiciable peut saisir l'autorité de contrôle (préfet, notamment), pour qu'elle procède d'office au mandatement de la dépense, après avoir créé, le cas échéant, les ressources nécessaires.

La particularité des mécanismes comptables ainsi mis en œuvre a fait penser que la loi de 1980 ne s'appliquait pas aux établissements publics industriels et commerciaux non soumis aux règles de la comptabilité publique. L'arrêt *BRGM* écarte cette objection en considérant, de manière générale, « qu'il appartient seulement au créancier bénéficiaire d'une décision juridictionnelle passée en force de chose jugée et condamnant une personne publique au paiement d'une somme d'argent, de mettre en œuvre les règles particulières issues de la loi du 16 juill. 1980 ».

Outre les procédures de contrainte aménagées par la loi de 1980, la Section du rapport et des études du Conseil d'État contribue, par ses diligences, à assurer, à la demande des justiciables, l'exécution des décisions de justice prononcées contre l'administration. Et, pour les collectivités locales, les règles générales de contrôle aménagées par la loi du 2 mars 1982 peuvent être mises en œuvre indépendamment de la loi de 1980 afin d'assurer le paiement de leurs dettes, quelle qu'en soit l'origine (CE avis de la Section de l'intérieur du 5 janv. 1989, EDCE 1989-1990, n° 41, p. 243 ; RFDA 1990.513).

Si les voies d'exécution du droit commun restent exclues contre les personnes publiques, celles-ci n'en sont pas moins soumises à des procédures qui aboutissent à l'exécution de leurs obligations pécuniaires. A défaut de voies d'exécution du droit commun, il existe, aujourd'hui plus sans doute qu'autrefois, ce que le commissaire du gouvernement Teissier appelait en 1904 des « voies d'exécution administratives » (concl. sur CE 17 juin 1904, *Hospice du Saint-Esprit*, S. 1906.3.119).

97

RÈGLEMENTS ILLÉGAUX – ABROGATION DIRECTIVES COMMUNAUTAIRES

CE Ass. 3 févr. 1989, COMPAGNIE ALITALIA, Rec. 44

(RFDA 1989.391, concl. Chahid-Nourai, notes Beaud et Dubouis ; AJ 1989.387, note Fouquet ; RTDE. 1989.509, note Vergès)

Cons. que l'autorité compétente, saisie d'une demande tendant à l'abrogation d'un règlement illégal, est tenue d'y déférer, soit que ce règlement ait été illégal dès la date de sa signature, soit que l'illégalité résulte de circonstances de droit ou de fait postérieures à cette date ; qu'en se fondant sur les dispositions de l'article 3 du décret du 28 novembre 1983 concernant les relations entre l'administration et les usagers, qui s'inspirent de ce principe, la compagnie Alitalia a demandé le 2 août 1985 au Premier ministre d'abroger l'article 1er du décret nº 67-604 du 27 juillet 1967, codifié à l'article 230 de l'annexe II au code général des impôts, et les articles 25 et 26 du décret nº 79-1163 du 29 décembre 1979, codifiés aux articles 236 et 238 de l'annexe II au code général des impôts au motif que leurs dispositions, pour le premier, ne seraient plus, en tout ou partie, compatibles avec les objectifs définis par la sixième directive du Conseil des communautés européennes et, pour les seconds, seraient contraires à ces objectifs ; que le Premier ministre n'ayant pas répondu à cette demande dans le délai de quatre mois, il en est résulté une décision implicite de rejet, que la compagnie Alitalia a contesté pour excès de pouvoir dans le délai du recours contentieux ;

Cons. qu'il ressort clairement des stipulations de l'article 189 du traité du 15 mars 1957 que les directives du Conseil des communautés économiques européennes lient les États membres « quant au résultat à atteindre » ; que si, pour atteindre ce résultat, les autorités nationales qui sont tenues d'adapter leur législation et leur réglementation aux directives qui leur sont destinées, restent seules compétentes pour décider de la forme à donner à l'exécution de ces directives et pour fixer elles-mêmes, sous le contrôle des juridictions nationales, les moyens propres à leur faire produire leurs effets en droit interne, ces autorités ne peuvent légalement, après l'expiration des délais impartis, ni laisser subsister des dispositions réglementaires qui ne seraient plus compatibles avec les objectifs définis par les directives dont s'agit, ni édicter des dispositions réglementaires qui seraient contraires à ces objectifs ;

Cons. que si les dispositions de l'article 230 de l'annexe II au code général des impôts comme celles des articles 236 et 238 de la même annexe ont été édictées sur le fondement de l'article 273 paragraphe I du code général des impôts issu de la loi du 6 janvier 1966, la demande de la compagnie Alitalia n'a pas pour objet, contrairement à ce que soutient le

Premier ministre, de soumettre au juge administratif l'examen de la conformité d'une loi nationale aux objectifs contenus dans une directive mais tend seulement à faire contrôler par ce juge la compatibilité avec ces objectifs des décisions prises par le pouvoir réglementaire, sur le fondement d'une habilitation législative, pour faire produire à ladite directive ses effets en droit interne ;

Cons., d'une part, que l'article 1er de la sixième directive adoptée par le Conseil des communautés européennes le 17 mai 1977 et concernant l'harmonisation des législations des États membres relatives aux taxes sur le chiffre d'affaires, fixait comme objectif aux États membres de prendre avant le 1er janvier 1978 les dispositions législatives, réglementaires et administratives nécessaires pour adapter leur régime de taxe sur la valeur ajoutée aux dispositions figurant dans cette directive ; que la neuvième directive du 26 juin 1978 a repoussé au 1er janvier 1979 le délai ainsi imparti ;

Cons., d'autre part, que l'article 17 paragraphe 2 de la sixième directive précitée prévoit la déduction par l'assujetti de la taxe ayant grevé les biens et les services utilisés par lui « dans la mesure » où ils le sont « pour les besoins de ses opérations taxées » ; qu'il résulte de cette disposition que la déduction de la taxe sur la valeur ajoutée payée en amont par un assujetti concerne la taxe due ou acquittée pour les biens qui lui ont été livrés et les services qui lui ont été rendus dans le cadre de ses activités professionnelles ;

Cons., enfin, que l'article 17 paragraphe 6 de la même directive dispose que : « Au plus tard avant l'expiration d'une période de quatre ans à compter de la date d'entrée en vigueur de la présente directive, le Conseil statuant à l'unanimité sur proposition de la Commission, déterminera les dépenses n'ouvrant pas droit à déduction de la taxe sur la valeur ajoutée. En tout état de cause, seront exclues du droit à déduction les dépenses de luxe, de divertissement et de représentation. Jusqu'à l'entrée en vigueur des règles visées ci-dessus, les États membres peuvent maintenir toutes les exclusions prévues par leur législation nationale au moment de l'entrée en vigueur de la présente directive » ; qu'il résulte clairement de ces dispositions, d'une part, qu'elles visent les exclusions du droit à déduction particulières à certaines catégories de biens, de services ou d'entreprises et non pas les règles applicables à la définition même des conditions générales d'exercice du droit à déduction et, d'autre part, qu'elles fixent comme objectif aux autorités nationales de ne pas étendre, à compter de l'entrée en vigueur de la directive, le champ des exclusions du droit à déduction de la taxe sur la valeur ajoutée prévues par les textes nationaux applicables à cette date ;

Sur la légalité de l'article 1er du décret no 67-604 du 27 juillet 1967 codifié à l'article 230 paragraphe 1 de l'annexe II au code général des impôts : – Cons. que l'article 271 paragraphe I du code général des impôts issu des dispositions de la loi du 6 janvier 1966 prévoit que « la taxe sur la valeur ajoutée qui a grevé les éléments du prix imposable est déductible de la taxe sur la valeur ajoutée applicable à cette opération » que l'article 273 du même code, issu des dispositions de la même loi, dispose que « 1. Des décrets en Conseil d'État déterminent les conditions d'application de l'article 271... 2. Ces décrets peuvent édicter des exclusions ou des restrictions et définir des règles particulières soit pour certains biens ou services, soit pour certaines catégories d'entreprises » ; que l'article 230 paragraphe 1 de l'annexe II au code général des impôts, issu de l'article 1er du décret du 27 juillet 1967 pris sur le fondement de ces dispositions a prévu que « la taxe sur la valeur ajoutée ayant grevé les biens et services que les assujettis à cette taxe acquièrent ou qu'ils se livrent à eux-mêmes n'est déductible que si ces biens et services sont nécessaires à l'exploitation et sont affectés de façon exclusive à celle-ci » ; que les dispositions précitées de l'article 17 paragraphe II de la sixième directive prévoient, ainsi qu'il a été dit ci-dessus, la déduction par l'assujetti de la taxe ayant grevé les biens et les services utilisés par lui « dans la mesure » où ils le sont « pour les besoins de ses opérations taxées » ; qu'il suit de là que la première condition de déductibilité figurant à l'article 230 paragraphe 1 de l'annexe II précitée et tenant au caractère nécessaire à l'exploitation des biens et services concernés n'est pas incompatible avec l'objectif fixé sur ce point par la sixième directive et n'est donc pas devenue illégale à la date limite définie ci-dessus ; qu'en revanche, la deuxième condition posée par l'article 230 paragraphe 1 de l'annexe II et tenant à l'affectation exclusive à l'exploitation des biens et services pouvant ouvrir droit à déduction n'est pas compatible avec l'objectif défini par la sixième directive dans la mesure où elle exclut de tout droit à déduction les biens et les services qui font l'objet d'une affectation seulement partielle à l'exploitation alors même que ces biens et services sont utilisés pour les besoins des opérations taxées ; que, dans cette mesure, les dispositions de l'article 230 paragraphe 1 de l'annexe II sont devenues illégales et que la compagnie requérante était fondée à en demander l'abrogation ;

Sur la légalité de l'article 25 du décret n° 79-1163 du 29 décembre 1979, codifié à l'article 236 de l'annexe II au code général des impôts : – Cons. que sur le fondement des dispositions déjà citées de l'article 273 du code général des impôts, issues de la loi du 6 janvier 1966, le gouvernement a pris le 29 décembre 1979 un décret modifiant l'annexe II au code général des impôts en ce qui concerne le droit à déduction de la taxe sur la valeur ajoutée ; que l'article 25 de ce décret, codifié à l'article 236 de l'annexe II au code général des impôts, qui exclut du droit à déduction certains biens ou services « tels que le logement ou l'hébergement, les frais de réception, de restaurant, de spectacle ou toute dépense ayant un lien direct ou indirect avec les déplacements ou la résidence », s'il reprend les dispositions figurant précédemment aux articles 7 et 11 du décret du 27 juillet 1967 qui concernaient les dirigeants et le personnel de l'entreprise, étend les exclusions du droit à déduction de la taxe sur la valeur ajoutée aux « biens et services utilisés par des tiers » à l'entreprise ; que, dans cette mesure, ledit article méconnaît l'objectif de non-extension des exclusions existantes, défini à l'article 17 paragraphe 6 précité de la sixième directive, et est entaché d'illégalité ;

Sur la légalité de l'article 26 du décret n° 79-1163 du 29 décembre 1979 codifié à l'article 238 de l'annexe II au code général des impôts : – Cons. que les dispositions de l'article 238 de l'annexe II au code général des impôts, telles qu'elles résultent de l'article 26 du décret du 29 décembre 1979, et qui excluent du droit à déduction les biens cédés et les services rendus « sans rémunération ou moyennant une rémunération très inférieure à leur prix normal » ne se sont pas bornées à regrouper et à reprendre sous une rédaction différente les dispositions figurant antérieurement à l'article 10 du décret du 27 juillet 1967, mais ont aligné pour les services les conditions d'exclusion du droit à déduction de la taxe sur la valeur ajoutée sur celles, plus extensives, qui étaient prévues antérieurement pour certains biens, objets ou denrées, en supprimant le critère de libéralité, c'est-à-dire de non-conformité aux intérêts de l'entreprise, auquel était précédemment subordonnée pour les services l'exclusion du droit à déduction ; qu'ainsi, le champ des exclusions du droit à déduction de la taxe sur la valeur ajoutée s'est trouvé étendu en ce qui concerne les services par cette disposition, contrairement à l'objectif de non-extension des exclusions existantes défini à l'article 17 paragraphe 6 précité de la sixième directive ; que la disposition attaquée est par suite, dans cette mesure, illégale ;

Cons. qu'il résulte de tout ce qui précède que le Premier ministre a illégalement refusé dans les limites ci-dessus précisées de déférer à la demande de la compagnie Alitalia tendant à l'abrogation de l'article 1er du décret du 27 juillet 1967 et des articles 25 et 26 du décret du 29 décembre 1979 ;... (annulation de la décision attaquée en tant que cette décision refuse l'abrogation : – de l'article 1er du décret du 27 juillet 1967..... ; – de l'article 25 du décret du 29 décembre 1979..... ; – de l'article 26 du même décret..... ; rejet du surplus des conclusions).

OBSERVATIONS

1 Le code général des impôts (articles 230, 236 et 238 de l'annexe II), dans des dispositions issues respectivement les premières d'un décret du 27 juill. 1967, les deux autres, d'un décret du 29 déc. 1979, limitait la possibilité de déduction de la taxe sur la valeur ajoutée.

La sixième directive du Conseil des communautés européennes concernant l'harmonisation des législations des États membres relatives aux taxes sur le chiffre d'affaires, adoptée le 17 mai 1977, a prévu la déduction de la T.V.A. pour les biens livrés et les services rendus à l'assujetti dans le cadre de ses activités professionnelles, et limité le champ des exclusions du droit à déduction établies par les textes nationaux. Elle a fixé comme objectif aux États membres de prendre avant le 1er janv. 1978 les dispositions législatives, réglementaires et administratives nécessaires pour adapter leur régime de TVA à ses propres dispositions. La neuvième directive du 26 juin 1978 a repoussé au 1er janv. 1979 le délai ainsi imparti.

Postérieurement à cette date, la compagnie Alitalia, comme d'autres compagnies aériennes, s'était vue opposer les dispositions du code général des impôts à l'occasion de demandes de remboursement de la TVA pour des prestations assurées aux passagers en transit. Elle a engagé une procédure de plein contentieux fiscal.

Elle a également utilisé une autre voie, en se fondant sur l'article 3 du décret du 28 nov. 1983 concernant les relations entre l'administration et ses usagers, ainsi rédigé : « l'autorité compétente est tenue de faire droit à toute demande tendant à l'abrogation d'un règlement illégal, soit que le règlement ait été illégal dès la date de sa signature, soit que l'illégalité résulte de circonstances de droit ou de fait postérieures à cette date ».

Soutenant que les articles 230 et 238 de l'annexe II du CGI étaient illégaux au regard des directives communautaires, la compagnie a demandé au Premier ministre leur abrogation. Le silence du Premier ministre gardé pendant quatre mois valait décision de rejet.

C'est cette décision que la compagnie a déférée au Conseil d'État par la voie du recours pour excès de pouvoir.

L'affaire soulevait deux questions : celle de l'obligation pour l'administration de faire droit à une demande d'abrogation d'un règlement illégal (I) ; celle de l'obligation pour l'administration d'appliquer les directives communautaires (II).

2 **I.** — La reconnaissance de *l'obligation pour l'administration de faire droit à une demande d'abrogation d'un règlement illégal* avait connu des *précédents* (A) ; elle fait désormais l'objet d'un *principe* (B).

A. — Les *précédents* étaient d'abord jurisprudentiels ; ils ont été aménagés par voie réglementaire.

1°) Le Conseil d'État avait déjà admis, dans l'arrêt *Despujol** du 10 janv. 1930, qu'en cas de *changement des circonstances* qui avaient motivé un règlement, tout intéressé pouvait demander à son auteur de le modifier ou de l'abroger et, en cas de refus, saisir le juge de l'excès de pouvoir ; la jurisprudence ultérieure devait préciser et affiner le contenu et la portée de cette solution (v. nos obs.).

La question de l'obligation d'abroger un règlement se pose aussi lorsque celui-ci est *illégal dès sa signature*.

Cette illégalité n'est pas seulement sanctionnée par une annulation prononcée par le juge de l'excès de pouvoir. Le Conseil d'État a reconnu depuis longtemps que l'exception d'illégalité est perpétuelle contre les règlements (CE 29 mai 1908, *Poulin*, Rec. 580), plus tardivement, que l'administration doit spontanément s'abstenir d'appliquer un règlement illégal (CE Sect. 14 nov. 1958, *Ponard*, Rec. 554), et, a *fortiori*, qu'elle ne commet pas d'illégalité en ne l'appliquant pas (CE Sect. 3 janv. 1960, *Laiterie Saint Cyprien*, Rec. 10 ; – Sect. 8 nov. 1968, *Ministre des finances c. Menez*, Rec. 557). Il n'en reste pas moins que ces sanctions de l'illégalité, qu'on peut qualifier d'indirectes, laissent subsister le règlement lui-même et l'éventualité de son application.

De là l'intérêt de reconnaître le droit pour les administrés d'en demander l'abrogation et le devoir pour l'administration de leur donner satisfaction.

3 Le Conseil d'État a eu pourtant à ce sujet une jurisprudence nuancée. Il a d'abord considéré que l'administration n'est pas tenue, après l'expiration du délai de recours, d'abroger un règlement illégal (Sect. 6 nov. 1959, *Coopérative laitière de Belfort*, Rec. 581). Puis il a jugé plus généralement « que l'auteur d'un règlement illégal ou son supérieur hiérarchique, saisi d'une demande tendant à l'abrogation de ce règlement, est tenu d'y déférer » (12 mai 1976, *Leboucher et Tarandon*, Rec. 246 ; AJ 1977.261, note Ceoara ; CJEG 1976.167, note Virole). Mais un arrêt de section du 30 janv. 1981, *Ministre du travail et de la participation c. Société Afrique*

France Europe transaction, (Rec. 32, concl. Hagelsteen ; AJ 1981.245, chr. Feffer et Pinault ; D. 1981.IR.277 obs. P.D. ; D. 1982.37, note J.M. Auby ; Dr. ouvr. 1981.265, note Loschak) est venu limiter la portée de la formule : les administrés ne sont plus recevables à demander l'abrogation du règlement après l'expiration du délai de recours.

C'est donc essentiellement la considération de ce délai qui a conduit le Conseil d'État à écarter l'obligation de faire droit à une demande d'abrogation d'un règlement illégal *ab initio*.

On pouvait observer une certaine contradiction dans la jurisprudence : l'exception d'illégalité contre un règlement est perpétuelle, l'obligation de l'abroger, non ; l'illégalité d'un règlement par suite d'un changement de circonstances oblige l'administration à satisfaire une demande d'abrogation, son illégalité initiale n'impose cette obligation que si la demande est présentée dans le délai de recours.

4 *2°)* Le décret du 28 nov. 1983 a voulu faire échec à cette jurisprudence en obligeant l'administration à faire droit, *sans condition de délai,* à toute demande d'abrogation d'un règlement illégal, que cette illégalité ait existé dès l'origine ou qu'elle résulte d'un changement de circonstances.

Ce décret, délibéré en conseil des ministres, posait lui-même une question de légalité : le Président de la République, dans l'exercice de son pouvoir réglementaire, pouvait-il édicter une telle obligation ? La question se dédoublait.

Le décret concerne toute autorité compétente, sans distinction, et donc aussi bien les organes des collectivités locales que ceux de l'État. Or « les principes fondamentaux de la libre administration des collectivités locales » ne peuvent, selon l'article 34 de la Constitution, être déterminés que par la loi.

Plus généralement, le pouvoir réglementaire peut-il remettre en cause une solution dégagée par la jurisprudence du Conseil d'État, alors que c'est le Conseil d'État qui contrôle l'exercice du pouvoir réglementaire (v. nos obs. sous l'arrêt CE 26 juin 1959, *Syndicat général des ingénieurs-conseils**) ?

Dans les deux premières affaires où le décret de 1983 a été en cause, le Conseil d'État l'avait écarté non pour illégalité mais comme ne pouvant s'appliquer à un refus d'abrogation antérieur à son entrée en vigueur (CE 8 févr. 1988, *Société nouvelle des établissements Gargantua*, inédit) ni faire échec à l'application d'une disposition législative spéciale (CE 15 avr. 1988, *Société civile Le Tahiti*, Rec.140).

En revanche, un arrêt de sous-sections réunies du 20 avr. 1988, *Conseil national de l'Ordre des médecins* (Rec. 146) a reproduit et appliqué le décret de 1983, sans soulever le problème de sa légalité.

L'affaire *Alitalia* a permis au commissaire du gouvernement, M. Chahid-Nouraï, de le poser devant l'assemblée du contentieux, et à celle-ci de le résoudre par la reconnaissance d'un véritable principe.

5 ***B.*** — L'arrêt reprend presque les mêmes termes que ceux de l'article 3 du décret du 28 nov. 1983. Mais il les élève au niveau d'un *principe* dont le contenu doit être précisé.

1°) Ce n'est pas la première fois évidemment que le Conseil d'État reconnaît l'existence d'un principe : la formule des principes généraux du droit est utilisée depuis longtemps (v. nos obs. sous l'arrêt du 9 mars 1951, *Société des concerts du conservatoire**).

On observera que l'arrêt *Alitalia* parle non de principe général du droit, comme le font d'autres arrêts (par ex. CE 26 juin 1959, *Syndicat général des ingénieurs-conseils* *), mais de principe tout court. Cela signifie-t-il qu'il est moins général, ou moins important que d'autres, concernant non la philosophie juridique auxquels seraient liés les principes généraux (la liberté, l'égalité essentiellement), mais la technique juridique, pour laquelle on ne parlerait que de principes ? La seconde réponse peut se prévaloir de précédents dans lesquels le Conseil d'État a reconnu, dans des matières de pure technique juridique, des principes dont s'inspirent certaines dispositions (par exemple les principes relatifs à la responsabilité des architectes et entrepreneurs, dont s'inspirent les articles 1792 et 2270 du code civil : CE Ass. 2 févr. 1973, *Trannoy*, Rec. 95, concl. Rougevin-Baville – v. n° 1.7).

On peut observer aussi que le commissaire du gouvernement avait parlé, en l'espèce, de principe général du droit et que l'arrêt se limite au mot principe. Toujours est-il que la caractéristique d'un principe, général ou non, est de s'imposer indépendamment et au-delà d'un texte.

La manière dont est reconnu le principe de l'obligation de faire droit à une demande d'abrogation d'un règlement illégal en est une particulière illustration. L'arrêt formule d'abord le principe, pour considérer ensuite que les dispositions de l'article 3 du décret du 28 nov. 1983 s'en inspirent. Le principe préexistait au décret ; ce texte ne fait que le rappeler. Le raisonnement est ici différent de celui qui conduit, dans d'autres domaines, à reconnaître l'existence de principes à partir de textes : ainsi c'est la formulation par le code du travail de l'interdiction de licencier une salariée en état de grossesse qui révèle l'existence d'un principe général, applicable en dehors de ce texte (CE Ass. 8 juin 1973, *Dame Peynet*, Rec. 406, concl. S. Grévisse – v. n° 92.15) ; de même en interdisant, dans ce même code, aux employeurs d'infliger des amendes ou sanctions pécuniaires, « le législateur a énoncé un principe général du droit du travail » (CE Ass. 1er juill. 1988, *Billard et Volle*, Rec. 268 – v. n° 92.17).

La formulation du principe permet, en même temps, de déterminer sa valeur. Certes l'arrêt ne l'indique pas expressément. Mais sa rédaction, éclairée par les conclusions de M. Chahid-Nouraï, l'implique nécessairement. Le mot « principe » lui-même n'est pas fortuit : si l'arrêt avait parlé de « règle », la norme exprimée n'aurait eu qu'une valeur réglementaire ; un principe se situe à un niveau plus élevé. L'affirmation de la norme en cause avant de considérer les dispositions du décret qui s'en inspirent confirme que le principe est non seulement antérieur mais supérieur au décret (le commissaire du gouvernement reconnaissait expressément sa valeur législative).

En même temps se trouvent sauvées les dispositions du décret. Si elles avaient contredit une norme qui, pour être d'origine jurisprudentielle, avait valeur législative, elles auraient été illégales. Ne faisant que reprendre un principe préexistant, elles sont légales ; on peut même dire qu'elles sont inutiles, puisqu'elles n'ajoutent rien à l'état du droit préexistant.

6 *2°)* L'affirmation du principe n'en était pas moins nécessaire compte tenu des incertitudes voire des contradictions de la jurisprudence antérieure.

Désormais l'obligation de déférer à une demande d'abrogation d'un *règlement* illégal est certaine. Elle s'impose :

– à propos de l'abrogation (c'est-à-dire de la suppression de l'acte pour l'avenir), non du retrait (c'est-à-dire de sa suppression rétroactive) (v. nos obs. sous l'arrêt du 26 oct. 2001, *Ternon**) ;

– si une demande a été adressée à l'administration ; il n'est pas dit que l'administration a l'obligation d'abroger spontanément un règlement illégal ; mais elle peut toujours abroger de son propre chef un règlement, qu'il soit d'ailleurs légal ou illégal ;

– si le règlement est illégal ; mais il n'y a pas lieu de distinguer selon que cette illégalité affecte le règlement dès sa signature ou qu'elle résulte de changement de circonstances ;

– sans considération de délai : la demande peut être présentée à tout moment (en revanche la demande de retrait doit étre présentée dans le délai de recours contentieux : CE 25 oct. 1985, *Tabel c. Ville de Villeneuve-sur-Lot*, Rec. 489 ; RFDA 1986.601, concl. Stirn).

Restait à savoir si la demande peut être présentée par toute personne sans condition d'intérêt. Le commissaire du gouvernement ne le pensait pas. L'arrêt ne prend pas parti sur ce point. Mais ultérieurement, le Conseil d'État n'a admis la recevabilité d'un recours contre un refus d'abroger un règlement illégal que parce que les requérants « justifient... d'un intérêt leur donnant qualité pour demander l'annulation du refus » (Ass. 20 déc. 1995, *Mme Vedel et M. Jannot*, Rec. 440 ; CJEG 1996.215 et RFDA 1996.313, concl. Delarue ; AJ 1996.124, chr. Stahl et Chauvaux). Il a reconnu en même temps que si la matière sur laquelle porte le règlement relève désormais du domaine de la loi, le Premier ministre reste compétent pour procéder à l'abrogation.

De manière générale, c'est à la date à laquelle l'autorité se prononce sur la demande d'abrogation dont elle a été saisie qu'il convient de se placer pour apprécier si elle devait faire droit à cette demande (CE 10 mars 1997, *Association seine-et-marnaise de sauvegarde de la nature*, Rec. 669 ; BJDU 1997.315, concl. Bonichot, obs. Touvet).

7 L'arrêt CE Sect. 30 nov. 1990 (*Association « Les Verts »*, Rec. 339 ; RFDA 1991.571, concl. Pochard ; AJ 1991.114, chr. Honorat et Schwartz) a étendu les principes de l'arrêt *Alitalia* aux *actes non réglementaires* : « il appartient à tout intéressé de demander à l'autorité compétente de procéder à l'abrogation d'une décision illégale non réglementaire qui n'a pas créé de droits, si cette décision est devenue illégale à la suite de changements dans les circonstances de droit ou de fait postérieurs à son édiction ». La solution n'est cependant pas exactement identique à celle que dégage l'arrêt *Alitalia* pour les actes réglementaires :

– elle ne vise que le cas d'une décision devenue illégale par suite d'un changement de circonstances, non d'une décision illégale dès l'origine ;

– elle ne s'applique qu'à une décision non créatrice de droits : les droits acquis ne peuvent être remis en cause (v. nos obs. sous l'arrêt CE 26 oct. 2001, *Ternon**).

Ainsi, saisie d'une demande tendant à l'abrogation ou au retrait d'une décision créatrice de droits illégale, l'autorité compétente ne peut faire droit à cette demande que si le délai du retrait n'est pas expiré (CE 21 janv. 1991, *Pain*, Rec. 692).

En revanche, elle doit accueillir la demande d'abrogation d'un acte non réglementaire (individuel ou non), soit, lorsque cet acte est illégal dès l'origine, si la demande est présentée dans le délai du retrait, soit, lorsque cet acte devient illégal par suite du changement de circonstances, s'il n'a pas créé de droits, sans condition de délai.

Si elle ne satisfait pas à cette demande et que son refus est annulé, le pouvoir d'injonction désormais reconnu au juge administratif lui permet d'ordonner à l'autorité compétente, le cas échéant sous astreinte, de prendre dans un certain délai la mesure d'abrogation nécessaire (CE 21 févr. 1997, *Calbo*, Rec. 1018 ; DA 1997, n° 218, obs. R.S. ; JCP 1997.II.22866, note Lascombes – v. nos obs. sous l'arrêt *Mme Menneret** du 17 mai 1985).

Ainsi précisé, le régime des demandes d'abrogation des actes illégaux permet d'assurer le respect de la légalité.

8 **II.** — L'arrêt *Alitalia* sanctionne aussi *l'obligation d'appliquer les directives communautaires*.

Celles-ci, selon l'article 189 du traité de Rome (devenu l'art. 249 avec le traité d'Amsterdam), lient les États membres quant aux résultats à atteindre, tout en laissant aux autorités nationales la compétence quant à la forme et aux moyens.

Le Conseil d'État n'avait pas nié leur autorité en droit français avant l'arrêt *Alitalia* (v. nos obs. sous l'arrêt du 22 déc. 1978, *Cohn-Bendit**).

L'arrêt *Alitalia* n'innove donc pas en rappelant l'interdiction d'édicter des dispositions réglementaires qui seraient contraires aux objectifs d'une directive et en censurant un règlement adopté après une directive et, plus précisément, après l'expiration du délai qu'elle impose pour sa transposition (en l'espèce la 6e directive relative à la TVA, adoptée le 17 mai 1977, devait faire l'objet d'une transposition à une date repoussée par la 9e directive du 26 juin 1978 au 1er janv. 1979 ; le décret d'où étaient résultés les articles 236 et 288 de l'annexe II du C.G.I. était du 29 déc. 1979).

L'innovation tient à ce que les autorités nationales « ne peuvent, après l'expiration des délais impartis,... laisser subsister des dispositions réglementaires qui ne seraient plus compatibles avec les objectifs définis par les directives dont s'agit ». La question se posait en l'espèce pour l'article 230, issu d'un décret du 27 juill. 1967, antérieur de plus de dix ans à la date d'expiration du délai de transposition de la directive.

La formule a une double portée. D'une part, le délai imparti par la directive aux autorités nationales pour procéder à la transposition s'impose en lui-même. D'autre part, l'expiration du délai entraîne, même sans mesure de transposition, l'illégalité des dispositions réglementaires antérieures qui ne sont pas compatibles avec les objectifs de la directive.

Ainsi désormais, les contradictions entre une directive et des dispositions réglementaires sont sanctionnées non seulement pour les dispositions nouvelles mais aussi pour les dispositions anciennes.

La sanction peut consister en une exception d'illégalité et, pour les nouveaux règlements, en une annulation par la voie du recours pour excès de pouvoir.

Elle consiste aussi, tant pour les anciennes dispositions que pour les nouvelles, dans l'obligation pour l'autorité compétente de déférer à une demande tendant à leur abrogation pour incompatibilité ou contrariété avec les objectifs de la directive (par ex. CE 27 juill. 2001, *CAMIF* v. n° 107.9).

Ainsi le principe relatif à l'obligation de satisfaire une demande d'abrogation d'un règlement illégal trouve une application directe à propos des directives. En l'espèce le refus d'abrogation a été annulé à la fois en ce qui concerne le règlement antérieur (article 230) et le règlement postérieur (articles 236 et 238). Le gouvernement en a tiré les conséquences en aménageant, par un décret du 14 déc. 1989, les conditions de récupération de la TVA, évitant les difficultés que son inertie aurait entraînées.

L'arrêt *Alitalia* a constitué ainsi une étape importante dans la solution des problèmes liés à l'autorité et aux effets des directives communautaires en droit français (v. nos obs. sous l'arrêt *Cohn Bendit* *).

98

TRAITÉS INTERNATIONAUX SUPRÉMATIE SUR LA LOI

CE Ass. 20 oct. 1989, NICOLO, Rec. 190, concl. Frydman

(concl. Frydman, JCP 1989.II.21371, RFDA 1989.812, RTDE. 1989.771, RGDIP 1989.1041, Rev. crit. dr. int. pr. 1990.125 ; RUDH 1989.262 ; Gaz. Pal. 12-14 nov. 1989, obs. Chabanol ; Rev. Jur. Fisc. 1989.656, note ; AJ 1989, chr. Honorat et Baptiste, 756, et note Simon, 788 ; RFDA 1989.824, note Genevois, 993, note Favoreu, 1000, note Dubouis ; RFDA 1990.267 obs. Ruzié ; LPA 15 nov. 1989, note Gruber, 11 déc. 1989, comm. Lebreton, 7 févr. 1990, Comm. Flauss ; JCP 1990.I.3429, Comm. Calvet ; Vie Jud. 29 janv. 4 févr. 1990, comm. Foyer ; RTDE. 1989.787, note Isaac ; D. 1990, chr. Kovar, 57, et note Sabourin, J. 135 ; JDI, 1990.5. chr. Dehaussy ; RGDIP 1990.91, note Boulouis, Rev. crit. dr. int. pr. 1990.139, note Lagarde ; Rev. Marché commun, 1990.384, note Lachaume ; RDP 1990.801, note Touchard ; AFDI 1989.91, comm. Rambaud)

Vu la Constitution, notamment son article 55 ; le Traité en date du 25 mars 1957, instituant la Communauté économique européenne ; la loi n° 77-729 du 7 juillet 1977 ; le code électoral ; l'ordonnance n° 45-1708 du 31 juillet 1945, le décret n° 53-934 du 30 septembre 1953 et la loi n° 87-1127 du 31 décembre 1987 ; [...]

Cons. qu'aux termes de l'article 4 de la loi n° 77-729 du 7 juillet 1977 relative à l'élection des représentants à l'Assemblée des communautés européennes « le territoire de la République forme une circonscription unique » pour l'élection des représentants français au Parlement européen ; qu'en vertu de cette disposition législative, combinée avec celles des articles 2 et 72 de la Constitution du 4 octobre 1958, desquelles il résulte que les départements et territoires d'outre-mer font partie intégrante de la République française, lesdits départements et territoires sont nécessairement inclus dans la circonscription unique à l'intérieur de laquelle il est procédé à l'élection des représentants au Parlement européen ;

Cons. qu'aux termes de l'article 227-1 du traité en date du 25 mars 1957 instituant la Communauté économique européenne : « Le présent traité s'applique... à la République française » ; *que les règles ci-dessus rappelées, définies par la loi du 7 juillet 1977, ne sont pas incompatibles avec les stipulations claires de l'article 227-1 précité du traité de Rome ;*

Cons. qu'il résulte de ce qui précède que les personnes ayant, en vertu des dispositions du chapitre 1er du titre 1er du livre 1er du code électoral, la qualité d'électeur dans les départements et territoires d'outre-mer ont aussi cette qualité pour l'élection des représentants au Parlement européen ; qu'elles sont également éligibles, en vertu des dispositions de l'article L.O. 127 du code électoral rendu applicable à l'élection au Parlement européen par l'article 5 de la loi susvisée du 7 juillet 1977 ; que, par suite, M. Nicolo n'est fondé à soutenir ni que la participation des citoyens français des départements et territoires d'outre-mer à l'élection des représentants au Parlement européen, ni que la présence de certaines d'entre eux sur des listes de candidats auraient vicié ladite élection ; que, dès lors, sa requête doit être rejetée ; ... (Rejet).

OBSERVATIONS

1 De façon cursive et en apparence anodine, l'arrêt Nicolo marque une étape décisive de la jurisprudence du Conseil d'État relative à la place respective de la loi et du traité dans l'ordre juridique interne. Il s'agit là d'une question difficile qui s'est posée dans de nombreux pays et a reçu des réponses variées.

Le contentieux de la désignation des représentants de la France à l'Assemblée des communautés européennes, devenue le Parlement européen, ressortit à la compétence directe du Conseil d'État en vertu de la loi n° 77-729 du 7 juill. 1977. Cette dernière a fixé les modalités d'application d'un mode d'élection au suffrage universel qui a son siège dans un engagement international dont l'approbation a été autorisée par une loi du 30 juin 1977.

M. Nicolo, agissant en qualité d'électeur, a contesté la régularité des opérations électorales qui ont eu lieu le 18 juin 1989 en raison de la participation au scrutin des citoyens français des départements et territoires d'outre-mer. Pour le requérant il y avait là une violation tant de la loi du 7 juill. 1977 que du traité de Rome du 25 mars 1957 car, selon lui, ce dernier vise seulement le territoire européen de la France.

Comme l'a souligné dans ses conclusions le commissaire du gouvernement Frydman, une telle argumentation ne résiste pas à l'analyse. D'une part, la loi du 7 juill. 1977 dispose que « le territoire de la République forme une circonscription unique », ce qui englobe, en vertu de la Constitution de 1958, les départements et territoires d'outre-mer. D'autre part, le traité de Rome s'applique, aux termes de son article 227-1, devenu depuis l'entrée en vigueur du traité d'Amsterdam l'art. 299-1, « à la République française » et, s'il est vrai que les paragraphes 2 et 3 de ce même article ont soumis les départements et territoires d'outre-mer à des règles particulières, ils n'excluent pas pour autant ces collectivités de toute application du traité. La Cour de justice des communautés européennes s'est d'ailleurs prononcée en ce sens (CJCE 10 oct. 1978, *Hansen* aff. 148/77, Rec. 1787 ; 26 mars 1987, *Coopérative agricole d'approvisionnement des Avirons*, aff. 58/86, D. 1987.564, note Simon et Soler-Couteaux).

L'argumentation du requérant, bien que non fondée, soulevait cependant une difficulté sur le plan de la motivation. Le Conseil d'État devait-il écarter le moyen dont il était saisi en se fondant uniquement sur la loi du 7 juill. 1977 sans avoir à en vérifier la compatibilité avec le traité de Rome, suivant en cela sa jurisprudence antérieure, ou n'y avait-il pas lieu d'innover, comme le proposait M. Frydman, « en considérant que cette loi n'est applicable que parce qu'elle est précisément conforme à ce traité » ?

Toute l'importance de la décision vient de ce que le Conseil d'État a suivi son commissaire du gouvernement, acceptant ainsi l'éventualité d'écarter l'application d'une loi qui serait incompatible avec un traité, quand bien même cette loi serait postérieure.

La solution que consacre l'arrêt *Nicolo* rompt avec une jurisprudence à laquelle le Conseil d'État paraissait très attaché. Mais cette rupture se produit, comme l'attestent les conclusions du commissaire du gouvernement, au vu de solides justifications. Elle fait peser sur la juridiction administrative des responsabilités nouvelles dans un environnement juridique renouvelé par l'effet notamment de la construction européenne.

2 **I.** — La hiérarchie qui s'établit entre le traité international et la loi est définie par l'article 55 de la Constitution aux termes duquel : « Les traités ou accords régulièrement ratifiés ou approuvés ont, dès leur publication, une autorité supérieure à celle des lois, sous réserve, pour chaque accord ou traité, de son application par l'autre partie ».

Dans la mesure où la primauté du traité sur la loi a un fondement constitutionnel, le Conseil d'État a été enclin à considérer que son respect pouvait, dans certains cas, soulever un problème de constitutionnalité.

Sans doute, avant même l'arrêt *Nicolo,* le Conseil d'État n'a pas éprouvé de difficulté à faire prévaloir un traité sur une loi qui lui est antérieure (CE 15 mars 1972, *Dame veuve Sadok Ali*, Rec. 213). Mais en cas de conflit entre le traité et une loi *postérieure*, le Conseil d'État estimait que se trouvait par là même soulevé un problème de constitutionnalité échappant à la compétence de la juridiction administrative. En pareil cas en effet, il peut être soutenu que le législateur, en adoptant une loi contraire à un traité préexistant, a méconnu la hiérarchie des normes fixées par l'article 55 de la Constitution (CE Sect. 1er mars 1968, *Syndicat général des fabricants de semoules de France*, Rec. 149 ; AJ 1968.235, concl. Questiaux ; D. 1968.285, note M.L. ; Rev. crit. dr. int. pr. 1968.516, note Kovar ; RTDE. 1968.399, note Constantinides-Mégret ; RGDIP 1968.1128, obs. C. Rousseau ; – Ass. 22 oct. 1979, *Union Démocratique du Travail*, Rec. 384 ; RDP 1980.531, concl. Hagelsteen ; AJ 1980.39, note B.G. ; Mélanges Charlier. 131, comm. Buisson et F. Hamon).

Or le juge administratif s'est toujours refusé à exercer un contrôle de constitutionnalité de la loi, de crainte d'entrer en conflit avec le législateur (CE Sect. 6 nov. 1936, *Arrighi*, Rec. 966 – v. nº 19.4).

Conscient du fait que la position qui était la sienne pouvait ne pas permettre une pleine application de l'article 55 de la Constitution, le Conseil d'État avait cherché à en atténuer les effets. Chaque fois que cela était possible il interprétait la loi postérieure comme réservant l'application des traités dans les cas prévus par ces derniers (par ex. CE Ass. 2 mai 1975, *Mathis*, Rec. 279). Il en allait ainsi en particulier lorsque les termes de la loi postérieure pouvaient se concilier avec le respect dû aux traités (CE 19 nov. 1986, *Société SMANOR*, Rec. 260 ; AJ 1986.681, chr. Azibert et de Boisdeffre ; LPA 1er avr. 1987 et JCP 1987.II.20822, concl. Lasserre).

Néanmoins, en cas de conflit irréductible entre le traité et la loi postérieure, le Conseil d'État considérait qu'il lui fallait s'incliner devant la loi. Semblable attitude était d'ailleurs conforme à celle qui avait été adoptée pendant longtemps par le juge judiciaire (Cass. Civ. 22 déc. 1931, S. 1932.1.257, concl. Matter, note Niboyet).

II. — Si fortes que soient ces considérations, elles se heurtaient à des objections tant sur le plan juridique que sur celui de la politique jurisprudentielle.

3 *1°)* Sur le plan juridique, la position traditionnelle du Conseil d'État pouvait être contestée en raison de l'évolution de la jurisprudence du Conseil constitutionnel comme de celle de la Cour de cassation.

Dans un premier temps, le Conseil constitutionnel a, par une décision *n° 74-54 DC du 15 janvier 1975* (Rec. 19 ; AJ 1975.134, note Rivero ; D. 1975.529, note L. Hamon ; JDI 1975.249, note Ruzié ; RDP 1975.185, comm. Favoreu et Philip ; Cah. Dr. Eur. 1975.608, note Rideau ; R. int. dr. comp. 1975.873, note Robert ; JCP 1975.II.18030, note Bey ; Rev. Marché Commun, juin 1975, comm. Druesne ; Gaz. Pal. 1976.1.25, note Pellet) posé en principe qu'une loi contraire à un traité ne serait pas pour autant contraire à la Constitution et il s'est refusé en conséquence à faire figurer les traités parmi les normes de référence du contrôle de constitutionnalité des lois. Cette prise de position repose sur l'idée que les décisions qu'il prend dans la cadre de ce contrôle revêtent un caractère absolu et définitif alors que la supériorité des traités sur les lois affirmée par l'article 55 de la Constitution « présente un caractère à la fois relatif et contingent, tenant d'une part, à ce qu'elle est limitée au champ d'application du traité et, d'autre part, à ce qu'elle est subordonnée à une condition de réciprocité dont la réalisation peut varier selon le comportement du ou des États signataires du traité et le moment où doit s'apprécier le respect de cette condition ».

La doctrine a pu faire observer que ce raisonnement était, comme l'a écrit le professeur Rivero, entaché d'un porte-à-faux en ce que le juge constitutionnel l'a appliqué à la Convention européenne des droits de l'homme alors que celle-ci n'a ni caractère relatif, car elle crée des obligations pour l'État vis-à-vis de l'ensemble des personnes soumises à sa juridiction, ni caractère contingent, car il s'agit d'une convention humanitaire pour laquelle l'obligation de réciprocité est sans objet.

Le Conseil constitutionel n'en a pas moins confirmé par la suite sa jurisprudence car les traités ne sont pas assimilables à la Constitution. Sous réserve d'hypothèses de caractère exceptionnel où la Constitution précise par avance qu'une norme interne déterminée devra se conformer à une décision communautaire à venir (CC *n° 92.312 DC du 2 sept. 1992*, Rec. 76 ; RFDA 1992.937, note Genevois, et 1993.47, note Picard : à propos de la reconnaissance du droit de vote et d'éligibilité aux élections municipales des ressortissants des États membres de la Communauté européenne), le juge constitutionnel considère que si, dans certains cas, la méconnaissance des traités par la loi peut soulever un problème de constitutionnalité, celui-ci n'est qu'indirect. Au surplus, le Conseil constitutionnel, au stade du contrôle de constitutionnalité des lois, n'est pas le mieux placé pour le résoudre en raison de la brièveté des délais qui lui sont impartis pour statuer (un mois en principe et huit jours en cas d'urgence) et des difficultés d'interprétation inhérentes aux engagements internationaux, spécialement lorsqu'il s'agit du droit communautaire.

Le refus du Conseil constitutionnel d'englober, sauf cas exceptionnel, les traités dans les normes de référence du contrôle de constitutionnalité des lois a incité le juge judiciaire à se reconnaître compétent pour appliquer le droit communautaire et plus généralement le droit international conventionnel aux lieu et place de la loi, même si cette dernière est postérieure à l'introduction en droit interne de la norme internationale (Cass. Ch. mixte, 24 mai 1975, *Société des cafés Jacques Vabre,* D. 1975.497, concl. Touffait ; Gaz. Pal. 1975.2.470, concl. et note R.C. ; AJ 1975.567, note Boulouis ; JDI 1975.802, note Ruzié ; Rev. cr. dr. int. pr. 1976.347, note J. Foyer et D. Holleaux ; RGDIP 1976.690, obs. C. Rousseau ; C. Dr. Eur. 1975.655, note Kovar ; Rev. Marché Commun, sept. 1975, comm. Druesne).

De son côté le Conseil constitutionnel a précisé davantage sa jurisprudence.

Par une décision *n° 86-216 DC du 3 sept. 1986* (Rec. 135 ; RFDA 1987.120, note Genevois ; JDI 1987.289, note Pinto), il a posé en principe que le respect de la règle posée par l'article 55 de la Constitution « s'impose même dans le silence de la loi » et qu'« il appartient aux divers organes de l'État de veiller à l'application » des conventions internationales « dans le cadre de leurs compétences respectives ».

Au titre du contrôle de constitutionnalité des lois, le juge constitutionnel s'est assuré que le législateur ne méconnaissait pas de façon *directe* l'article 55. Tel est le cas d'une loi qui restreint le domaine d'application du principe posé par l'article 55 aux seuls traités ou accords dûment ratifiés et non dénoncés, alors que cet article vise l'ensemble des traités et engagements internationaux, y compris ceux qui ne sont pas soumis à ratification (cf la décision n° 86-216 DC précitée).

Surtout, menant à son terme la logique issue de sa décision du 15 janv. 1975, le Conseil constitutionnel a jugé qu'il lui appartient en tant que juge électoral de ne pas faire application d'une loi qui serait contraire à un traité et ceci bien qu'il ne puisse, dans le contentieux électoral, apprécier par la voie de l'exception la constitutionnalité d'une loi (CC 21 oct. 1988, *Ass. nat. Val d'Oise, 5e circ.*, Rec. 183 ; RFDA 1988.908, note Genevois ; AJ 1989.128, note Wachsmann ; D. 1989.285, note F. Luchaire).

Au fur et à mesure que se précisait la jurisprudence du Conseil constitutionnel, s'est progressivement développée au sein de la doctrine l'idée selon laquelle l'article 55 de la Constitution, tel qu'il est interprété par le juge constitutionnel, habilite implicitement le juge administratif comme le juge judiciaire à assurer le respect de la hiérarchie des normes qu'il édicte.

4 *2°)* Le commissaire du gouvernement a invité le Conseil d'État à faire sienne cette analyse juridique, tout en mettant également en évidence les considérations d'opportunité qui militaient en faveur du renversement de sa jurisprudence antérieure.

Il a pu évoquer en particulier, le « vide juridictionnel » qui, compte tenu des positions respectives du Conseil d'État et du Conseil constitutionnel, aboutit « à priver... de toute sanction efficace la violation de l'article 55 de la Constitution ». A été souligné également le fait que la divergence existant entre le juge administratif et le juge judiciaire conduit à conférer des conséquences inattendues au principe de séparation des autorités administratives et judiciaires. Qui plus est, dès lors que les juridictions judiciaires ont su s'affranchir du respect dû à l'autorité législative, pour faire prévaloir celle des traités, il y a « quelque paradoxe à voir le Conseil d'État refuser d'entrer dans une telle logique par humilité face au législateur, alors que de simples tribunaux d'instance contrôlent chaque jour, par ce biais, la validité des lois qu'ils ont à appliquer ».

5 *3°)* Ces considérations tant juridiques que pratiques ont emporté la conviction du Conseil d'État dans la mesure où l'arrêt Nicolo ne fait application de la loi du 7 juill. 1977 qu'après s'être assuré qu'elle n'est pas contraire aux stipulations du traité de Rome concernant la situation des départements et territoires d'outre-mer.

Le fondement juridique de la solution adoptée n'apparaît cependant que de façon discrète à travers la mention, dans les visas de la décision, de l'article 55 de la Constitution.

III. — En acceptant de faire prévaloir le traité sur la loi postérieure le Conseil d'État s'est trouvé par là même conduit à assumer des responsabilités nouvelles. Cela est sensible au regard du droit internationale général, du droit communautaire et du droit international des droits de l'homme.

A. — Consécutivement à l'arrêt *Nicolo*, le statut des traités dans l'ordre interne a fait l'objet d'un réexamen par la jurisprudence.

1°) La question s'est posée de savoir si le juge administratif devait vérifier que les conditions mises à la supériorité des traités sur la loi par l'art. 55 de la Constitution étaient réunies : exigence d'une ratification régulière et réserve de réciprocité.

6 *a)* Comme l'avait pressenti la doctrine, le Conseil d'État a été conduit à exercer un conrôle sur la *régularité de la procédure d'introduction des traités dans l'ordre interne*. La jurisprudence traditionnelle excluait que le Conseil d'État statuant au contentieux exerce un contrôle sur la régularité de l'approbation ou de la ratification d'un traité par référence à la notion d'acte de gouvernement (CE 5 février 1926, *Dame Caraco*, Rec. 125 ; D. 1927.3.1, note Devaux). Depuis une décision rendue en assemblée le 18 déc. 1998. *SARL du Parc d'activités de Blotzheim* (Rec. 483 – v. n° 3.8) le Conseil d'État accepte de contrôler le respect par l'exécutif des dispositions constitutionnelles qui exigent que pour certains traités, tels ceux qui modifient des dispositions législatives, la ratification soit autorisée par le Parlement.

Le Conseil d'État a même admis qu'une irrégularité de ce type puisse être invoquée par voie d'exception, à l'occasion d'un litige mettant en cause l'application de l'engagement international (CE Ass. 5 mars 2003, *Aggoun*, AJ 2003.726, chr. Donnat et Casas).

7 *b)* L'arrêt Nicolo n'a en revanche pas conduit à un changement d'attitude du juge vis à vis de la condition de réciprocité énoncée par l'article 55. Il a été soutenu en doctrine que réciprocité et supériorité du traité étant intimement liés, il incomberait au juge de veiller systématiquement au respect de la condition de réciprocité. La jurisprudence du Conseil d'État ne s'est pas engagée dans cette voie, même postérieurement à l'arrêt Nicolo. À la suite de la doctrine, elle considère que la condition de réciprocité est sans objet pour les conventions à caractère humanitaire, pour les conventions conclues sous l'égide de l'Organisation internationale du travail et pour le droit communautaire. Elle estime que la condition de réciprocité n'est pas une question d'ordre public que le juge devrait soulever d'office (CE Sect. 22 janv. 1963, *Costa*, Rec. 47 ; AJ 1963.285, note Homont). Si le non respect de la condition est soulevé par l'une des parties au litige, le Conseil d'État a jugé qu'en cas de doute il devait saisir à titre préjudiciel le ministre des affaires étrangères (CE Ass. 9 avril 1999, *Mme Chevrol Benkeddach* – v. n° 100.5 et nos obs. sous CE 29 juin 1990, *GISTI* *).

8 *2°)* Le Conseil d'État a eu aussi à s'interroger sur le point de savoir s'il devait, alors qu'il n'y est pas requis par les parties à une instance, soulever d'office l'absence de compatibilité d'une loi ou d'un décret avec un engagement international. Il a jugé que n'était pas d'ordre public la compatibilité d'un texte réglementaire avec les orientations d'une directive communautaire (CE Sect. 11 janv. 1991, *Soc. Morgane*, Rec. 9 ; AJ 1991.111, chr. Honorat et Schwartz ; Rev. jur. fisc. 1991.83 et RFDA 1991.652, concl. Hagelsteen).

En revanche, il a assoupli sa jurisprudence sur les conditions dans lesquelles peut être soulevée l'illégalité d'un règlement par la voie de l'exception, lorsque ce dernier est assorti de sanctions pénales et qu'il est contraire au droit communautaire (CE sect. 24 janv. 1992, *Association des centres distributeurs E. Leclerc*, Rec. 40 ; AJ 1992.336, chr. Maugüé et Schwartz ; RFDA 1992.499, concl. Hubert).

9 *3°)* L'arrêt *Nicolo* a conduit le juge à s'interroger plus fréquemment que par le passé sur le point de savoir si les stipulations d'un engagement international sont susceptibles d'être invoquées par les particuliers devant la juridiction administrative. Si la réponse est en principe affirmative (CE Ass. 30 mai 1952, *Dame Kirkwood*, Rec. 291 ; RDP 1952.781. concl. Letourneur, note M. Waline) des exceptions résultent soit de l'intention des Parties à un traité, soit du contenu pour trop imprécis de ce texte. La convention de New-York du 26 janv. 1990 relative aux droits de l'enfant fait l'objet d'une appréciation cas par cas de l'applicabilité directe de ses stipulations. Le Conseil d'État a admis l'effet direct de l'art. 3.1 qui accorde une « considération primordiale » à « l'intérêt supérieur de l'enfant » dans toutes les décisions le concernant (CE 22 sept 1997, *D*[elle] *Cinar*, Rec. 319 ; D. 1998.297, note Desnoyer ; RFDA 1998.562, concl. Abraham ; J. Dr. Int. 1998.721 ; note Barrière Brousse ; RGDIP 1998.208, note Alland) mais non à d'autres articles par lesquels les États reconnaissent le droit de l'enfant à la santé, à la sécurité sociale ou à un niveau de vie suffisant (CE Sect. 23 avril 1997. *G.I.S.T.I.*, Rec. 142, concl. Abraham ; RFDA 1997-585, concl. ; AJ 1997.482, chr. Chauvaux et Girardot ; RGDIP 1998.208, note Alland).

10 *4°)* S'est posé également le délicat problème de la compatibilité entre elles de plusieurs conventions internationales invoquées simultanément devant le juge. Après quelques hésitations (cf. note Lafay, JCP 1993.II.22004), le Conseil d'État a décidé qu'un accord bilatéral conclu entre la France et l'Algérie ne pouvait faire échec à l'application de la Convention européenne des droits de l'homme (CE 22 mai 1992, *Mme Larachi*, Rec. 203 ; RDP 1992.1793, concl. Abraham).

Par la suite, il a posé en principe que « dans le cas de concours de plusieurs engagements internationaux il y a lieu d'en définir les modalités d'application respectives conformément à leurs stipulations et en fonction des principes du droit coutumier relatifs à la combinaison entre elles des conventions internationales », ce qui renvoie implicitement à la convention de Vienne du 23 mai 1969 sur le droit des traités (CE 21 avril 2000, *Zaidi*, Rec. 159). En vertu de ce mode de raisonnement, il a estimé qu'il n'y avait pas incompatibilité entre l'application de l'accord franco-algérien du 27 déc. 1968 (cf. nos observ. sous CE 29 juin 1990 *GISTI**) et la convention de Schengen du 19 juin 1990.

11 *B.* — C'est en matière de droit communautaire que les prolongements de la jurisprudence Nicolo ont été les plus significatifs.

1°) Le Conseil d'État a admis que le principe de suprématie posé par l'art. 55 de la Constitution vaut aussi bien pour le droit communautaire originaire, c'est-à-dire pour les traités instituant les Communautés (CE 5 mai 1995, *Ministre de l'équipement des transports et du tourisme c. SARL Der*, Rec. 192, RDP 1995.1102, concl. Scanvic ; AJ 1995.936, note Hamoniaux), qu'en ce qui concerne le droit communautaire dérivé.

Il a ainsi affirmé la priorité des règlements communautaires sur les lois nationales (CE 24 sept. 1990, *Boisdet*, Rec. 251 ; AJ 1990.863, chr. Honorat et Schwartz ; LPA 12 oct. 1990, concl. Laroque ; RFDA 1991.172, note Dubouis ; RGDIP 1991.964, note Rousseau).

Depuis deux décisions d'assemblée du 28 févr. 1992 rendues dans des affaires relatives à la fixation du prix du tabac (cf. n° 93-9), le juge administratif fait prévaloir les objectifs d'une directive communautaire sur la loi nationale, même postérieure. Il en a tiré la conséquence que la responsabilité de l'État pouvait être engagée à raison de l'intervention d'un acte réglementaire pris sur le fondement d'une loi inapplicable du fait de son incompatibilité avec les objectifs d'une directive.

2°) Le Conseil d'État a estimé qu'un arrêt de la Cour de Justice des Communautés européennes condamnant la France pour manquement à ses obligations communautaires du fait de la contrariété d'un règlement national avec une directive, avait pour conséquence de rendre ce règlement *de plano* inapplicable (CE 23 mars 1992, *Société Klöckner France*, Rec. 133).

12 *C.* — La jurisprudence *Nicolo* a ouvert la possibilité de contester l'applicabilité de lois au motif qu'elles seraient contraires à des engagements internationaux protecteurs des droits de l'homme. Dans la mesure où nombre de droits garantis par ces engagements ont leur équivalent comme principe de valeur constitutionnelle, le contrôle de « conventionnalité » de la loi peut aboutir à ce que le juge administratif se trouve confronté à des problèmes touchant à la garantie des droits et libertés analogues à ceux qui ont pu être soulevés devant le Conseil constitutionnel avant la promulgation d'une loi.

Pareille éventualité s'est présentée, en particulier, à propos de la législation sur l'interruption volontaire de grossesse, que le Conseil constitutionnel a déclarée non contraire à la Constitution (CC *n° 74-54 DC* préc.). Appelé à apprécier si la même loi ne méconnaissait pas les stipulations de la Convention européenne des droits de l'homme aux termes desquelles « le droit de toute personne à la vie est protégé par la loi », le Conseil d'État s'est prononcé dans le sens de la négative en s'appuyant sur les dispositions législatives qui garantissent le respect de tout être humain dès le commencement de la vie et qui spécifient qu'il ne saurait être porté atteinte à ce principe qu'en cas de nécessité et selon les conditions et limites définies par la loi (CE Ass. 21 déc. 1990, *Confédération nationale des associations familiales catholiques*, Rec. 369, concl. Stirn ; RFDA 1990.1065, concl. Stirn ; AJ 1991.91, chr. C.M., F.D. et Y.A. ; RDP 1991.525, note J.M. Auby ; D. 1991.283, note Sabourin ; RUDH 1991.1, note Ruiz-Fabri).

Le contrôle de « conventionnalité » peut aboutir à ce que le Conseil d'État recherche si des dispositions législatives – comme celles de la loi du 19 juill. 1977 qui prohibent la publication de sondages d'opinion la semaine précédant une consultation électorale – ne sont pas devenues incompatibles avec la Convention européenne des droits de l'homme par suite d'un changement dans les circonstances de droit (CE Sect. 2 juin 1999, *Meyet* Rec. 160 ; LPA 8 juin 1999, concl. Bonichot ; AJ 1999, 560, chr. Raynaud et Fombeur ; RDP 2000.371 obs. Guettier et 563, note Desmoulin ; RFDC n° 42.2000 p. 359 note Verpeaux).

La position ainsi adoptée par le Conseil d'État était en harmonie avec la jurisprudence dégagée par la Cour de Cassation (Cass. Crim. 14 mai 1996, Bull. n° 204). Mais le juge judiciaire a conclu ultérieurement à l'inconventionnalité de la loi eu égard à la durée excessive de la période d'interdiction de publication (Cass. Crim. 4 sept. 2001, *Amaury* ; Bull. crim. n° 170 ; JCP 2001.II.10623, concl. Commaret, note Lepage ; RFDC 2001, p. 793, note Verpeaux ; LPA 26 sept. 2001, note Pansier et Charbonneau). Le législateur est finalement intervenu pour limiter la période d'interdiction de la publication à « la veille de chaque tour de scrutin » ainsi que le jour de celui-ci (loi du 19 févr. 2002).

IV. — Le Conseil d'État a même été invité à aller au-delà de l'arrêt *Nicolo* en faisant prévaloir le droit international non conventionnel sur la loi ainsi que les engagements internationaux de la France sur la Constitution.

13 ***A.*** — La Constitution de 1958, si elle comporte des dispositions relatives aux traités et accords internationaux (titre VI) et aux communautés européennes et à l'Union européenne (titre XV ajouté par la loi constitutionnelle du 25 juin 1992) est muette au sujet du droit international non conventionnel, qu'il s'agisse des « principes généraux de droit » ou de la coutume internationale. Toutefois, la doctrine s'accorde à reconnaître que la coutume est implicitement visée par le renvoi opéré par le Préambule de l'actuelle Constitution au Préambule de la Constitution de 1946 dont le 14e alinéa proclame que « la République se conforme aux règles du droit public international ».

Par là même, le constituant a entendu consacrer la coutume internationale à laquelle le juge judiciaire s'est parfois référé, dès lors du moins qu'elle n'était pas mise en échec par la loi.

Le Conseil d'État a manifesté traditionnellement une relative réserve face à la coutume dont certains internationalistes eux-mêmes soulignent qu'il s'agit d'une norme « énigmatique dans sa création » et « difficile dans son identification » (cf. P.M. Martin, LPA 6 février 1998). En raison de l'incertitude qui affecte cette notion, la Haute Assemblée a jugé postérieurement à l'arrêt *Nicolo*, que ni l'article 55 de la Constitution, ni aucune autre disposition constitutionnelle « ne prescrivent ni n'impliquent que le juge administratif fasse prévaloir la coutume internationale sur la loi en cas de conflit entre ces deux normes ». L'existence de la coutume est ainsi reconnue mais non la possibilité pour le juge administratif d'en assurer la primauté. (CE Ass. 6 juin 1997, *Aquarone*, Rec. 206, concl. Bachelier ; AJ 1997.630, chr. Chauvaux et Girardot ; RFDA 1997.1068, concl. ; RGDIP 1997.1053, note Alland ; JCP 1997.II.22945, note Teboul ; LPA 6 fév 1998, note P.M. Martin).

Un raisonnement identique a été adopté pour la combinaison de la loi et des principes généraux de droit international, autre catégorie de norme internationale non conventionnelle (CE 28 juill. 2000 *Paulin*, Rec. 317 ; Dr. fisc. 2001, comm. 163. p. 357, concl. Arrighi de Casanova ; D. 2001.411, note Tixier ; RGDIP 2001.239, note Poirat).

14 ***B.*** — Pas davantage le Conseil d'État n'a estimé possible d'écarter l'application de la Constitution au profit d'un traité (cf. nos obs. sous l'arrêt *Sarran et Levacher* du 30 octobre 1998).

[Il reste que même limité aux conflits entre le traité et la loi, la jurisprudence *Nicolo* a une portée considérable car elle a donné naissance à un contrôle de « conventionnalité »] (cf. nos obs. sous l'arrêt *Ministre de la défense c. Diop du 30 nov. 2001**).

99

PROCÉDURE – AVIS SUR RENVOI RESPONSABILITÉ – ATTROUPEMENTS

CE Ass., avis, 6 avr. 1990, Compagnie financière et industrielle des autoroutes (COFIROUTE), Rec. 95, concl. Hubert

(RDP 1990.1145, concl. Hubert ; LPA 1er août 1990, note Prélot ; RFDA 1991.562, note Letteron)

Aux termes de l'article 92 de la loi du 7 janvier 1983 relative à la répartition des compétences entre les communes, les départements, les régions et l'État : « L'État est civilement responsable des dégâts et dommages résultant des crimes et délits commis, à force ouverte ou par violence, par des attroupements ou rassemblements armés ou non armés, soit contre les personnes, soit contre les biens... ».

Il résulte des dispositions précitées, qui n'énoncent aucune restriction quant à la nature des dommages indemnisables, que l'État est responsable des dégâts et dommages de toute nature qui sont la conséquence directe et certaine des crimes et délits visés par lesdites dispositions. La responsabilité de l'État peut ainsi être engagée, sur le fondement de ces dispositions, non seulement à raison de dommages corporels ou matériels, mais aussi, le cas échéant, lorsque les dommages invoqués ont le caractère d'un préjudice commercial consistant notamment en un accroissement de dépenses d'exploitation ou en une perte de recettes d'exploitation.

Le présent avis sera notifié au tribunal administratif de Paris, à la Société « Compagnie financière et industrielle des autoroutes » et au ministre de l'intérieur.

OBSERVATIONS

1 Des manifestants avaient occupé des postes de péage d'une autoroute et laissé passer les automobilistes sans payer. Il en était résulté pour la société concessionnaire des pertes de recettes dont elle a demandé à l'État réparation sur le fondement d'une disposition législative (art. 92 de la loi du 7 janv. 1983, repris aujourd'hui à l'article L. 2216-3 du code général des collectivités territoriales), rendant « l'État... civilement responsable des dégâts et dommages résultant des crimes et délits commis à force ouverte ou par violence, par des attroupements ou des rassemblements armés ou non armés, soit contre les personnes, soit contre les biens ».

L'État considérait que ce texte ne s'appliquait pas aux dommages autres que les dégâts matériels.

La société saisit le tribunal administratif de Paris. Celui-ci, avant de statuer au fond, soumit au Conseil d'État, en application de la loi du 31 déc. 1987 portant réforme du contentieux administratif, la question de savoir si l'article 92 de la loi du 7 janv. 1983 s'applique aux dommages ayant le caractère de frais supplémentaires d'exploitation ou de pertes de recettes.

Dans une autre affaire, des viticulteurs avaient occupé les installations d'une gare de chemin de fer et avaient empêché la circulation des trains : il en était résulté pour la Société nationale des chemins de fer français des frais supplémentaires d'exploitation et des pertes de recettes dont elle avait demandé réparation à l'État. Saisi du litige, le tribunal administratif a également demandé au Conseil d'État si la loi couvrait ce type de dommages.

Le Conseil d'État a répondu par l'affirmative dans deux « avis » du 6 avr. 1990, rendus dans les mêmes termes.

Ils constituent une des premières applications de *la procédure de renvoi* (I) ; ils élargissent *la responsabilité de l'État du fait des attroupements* (II).

I. — Les « avis » de la loi du 31 décembre 1987

2 De tels avis présentent des particularités (A) ayant conduit à les soumettre à certaines conditions (B).

A. — Ils ne doivent pas être confondus avec ceux que le Conseil d'État, dans ses formations administratives, peut être amené à donner en réponse aux questions du gouvernement (par exemple, l'avis de l'Assemblée générale du Conseil d'État, en date du 27 nov. 1989, sur le port de signes d'appartenance religieuse, EDCE 1990.239 – v. n° 26.6).

Ils sont rendus par le Conseil d'État dans une *formation contentieuse* (ici, l'assemblée du contentieux), à la suite d'une question posée par un tribunal administratif (en l'occurrence celui de Paris) ou une cour administrative d'appel, en vertu de l'article 12 de la loi du 31 déc. 1987 (aujourd'hui art. L. 113-1 CJA), ainsi rédigé : « Avant de statuer sur une requête soulevant une question de droit nouvelle, présentant une difficulté sérieuse et se posant dans de nombreux litiges, le tribunal administratif ou la cour administrative d'appel peut, par un jugement qui n'est susceptible d'aucun recours, transmettre le dossier de l'affaire au Conseil d'État, qui examine, dans un délai de trois mois, la question soulevée. Il est sursis à toute décision sur le fond de l'affaire jusqu'à un avis du Conseil d'État ou, à défaut, jusqu'à l'expiration de ce délai ».

Cette procédure originale a pour objet « de permettre au Conseil d'État de régler très précisément, et rapidement, un point de droit, décelé par le juge initial, et dont la solution doit être rapidement donnée, pour remédier à un encombrement momentané des juridictions administratives par des litiges de même nature » (M. Laroque, concl. sur l'avis du 7 juill. 1989, *Mlle Cale,* citées plus loin).

Elle n'est pas sans précédent dans les rapports entre ordres de juridictions différents : les juridictions judiciaires, lorsqu'elles sont incompétentes pour apprécier la légalité d'un acte administratif (v. nos obs. sous TC 16 juin 1923, *Septfonds**) doivent surseoir à statuer jusqu'à ce que la question ait été tranchée par le juge administratif, saisi par les parties elles-mêmes ; la solution inverse se produit lorsque le juge administratif rencontre une question préjudicielle ne pouvant être tranchée que par une juridiction judiciaire ; en vertu de l'article 177 du traité de Rome (devenu l'article 233 avec le traité d'Amsterdam), les juridictions nationales peuvent, et, dans certains cas (cours suprêmes), doivent demander à la Cour de justice des communautés européennes de statuer sur l'interprétation du traité, la validité ou l'interprétation des actes qui en sont dérivés ; depuis la réforme de 1960, le Tribunal des conflits peut être saisi soit obligatoirement par une juridiction de l'un ou l'autre ordre pour prévenir un conflit négatif, soit facultativement par le Conseil d'État ou la Cour de cassation (ou toute autre juridiction statuant souverainement) pour décider sur une question de compétence soulevant une difficulté sérieuse et mettant en cause la séparation des autorités administratives et judiciaires. Dans tous ces cas, la juridiction à laquelle est renvoyée la question posée rend un véritable jugement ou arrêt.

Le projet de loi relatif à la réforme du contentieux administratif s'est inspiré de ces précédents pour permettre aux tribunaux administratifs et aux cours administratives d'appel de poser au Conseil d'État des questions de droit auxquelles il aurait répondu par de véritables arrêts. Au cours des travaux préparatoires, cette formule a paru excessive. Le législateur a donc décidé que le Conseil d'État rendrait en la matière des « avis ». Il a repris la formule pour le même type de procédure institué devant la Cour de cassation par la loi du 15 mai 1991. Le décret du 2 sept. 1988 (aujourd'hui art. R. 113-1 et s. CJA) renvoie, pour l'essentiel, aux dispositions régissant la procédure contentieuse devant le Conseil d'État, y compris en ce qui concerne le rôle des avocats au Conseil d'État.

Quelques particularités doivent cependant être observées, formellement et matériellement. L'avis ne précise pas que le Conseil d'État statue « au nom du peuple français » et « au contentieux ». Il ne comporte pas l'énoncé des moyens des parties. Le raisonnement ne prend pas la forme de considérants, ni le dispositif, celle d'une décision. L'avis est d'abord notifié à la juridiction qui l'a demandé ; il peut mentionner qu'il sera publié au Journal officiel. Quant au fond, n'ayant pas la nature d'une décision, il n'est pas susceptible de recours (CE 17 nov. 1997, *Mme Doukouré*, Rec. 426 ; DA 1998, n°63, note M.C.) ; n'ayant pas l'autorité de la chose jugée, il ne s'impose ni à la juridiction qui l'a demandé, ni, *a fortiori*, aux autres. Mais, réglant une question présentant une difficulté sérieuse rencontrée par la juridiction qui l'a demandé et se posant dans de nombreux litiges, il paraît difficile, en fait sinon en droit, qu'il ne soit pas suivi.

3 ***B.*** — Les *conditions* d'une demande d'avis sont, selon l'article 12 de la loi de 1987, cumulativement l'existence d'« une question de droit nouvelle, présentant une difficulté sérieuse et se posant dans de nombreux litiges ». Leur application stricte aurait pu conduire le Conseil d'État à refuser de donner un « avis » si elles ne sont pas exactement réunies (comme le fait la Cour de cassation dans le cadre de la loi du 15 mai 1991 (v. chr. Stahl et Chauvaux, AJ 1995.875).

Il ne s'est pas engagé dans cette voie. Il a choisi une politique jurisprudentielle favorable à l'exercice et au développement du recours à l'article 12.

S'agissant de *questions de droit nouvelles*, elles peuvent porter sur des problèmes de compétence juridictionnelle (répartition des compétences entre juridictions administrative et judiciaire : CE Sect., avis, 10 avr. 1992, *SARL Hofmiller*, Rec. 159 – v. n° 38.3, ou à l'intérieur de la juridiction administrative : CE, avis 28 avr. 1993, *Commune de Royan*, Rec. 139 ; RFDA 1994.230, concl. Vigouroux et note Pouyaud ; D. 1994.SC.271, obs. Bon), de procédure contentieuse (notamment à propos du droit de timbre : CE avis 29 juill. 1994, *Commission nationale des comptes de campagne et des financements politiques c. Mme Piccarreta*, Rec. 397 ; RFDA 1995.1108, concl. Abraham ; – 28 juill. 1995, *Mme Tourteaux*, Rec. 334, RFDA 1995.1126, concl. Abraham – ; à propos de l'exercice du pouvoir d'injonction du juge administratif (CE Sect. 13 mars 1998, *Mme Vindevogel*, Rec. 78 – v. n° 94.10 ; – Sect. 30 nov. 1998, *Berrad*, Rec. 451 – v. n° 94.10), autant que sur des problèmes de fond (par ex. les questions d'indemnisation soulevées dans les affaires *Cofiroute* et *SNCF*).

« La nouveauté d'une question de droit... réside moins dans son apparition récente que dans l'absence de décision lui ayant apporté une réponse avec l'autorité qui s'attache (aux) précédents jurisprudentiels » (concl. Abraham sur CE Sect., avis, 9 oct. 1992, *Abihilali*, Rec. 363 et RFDA 1993.175 ; AJ 1992.885, chr. Maugüé et Schwartz ; D. 1993.251, note Maillard ; JCP 1993.II.22025, note Laroche-Gisserot ; JDI 1993.103, note Julien-Laferrière ; Rev. crit. dr. int. pr. 1993.25, note P.L. : à propos du « mariage blanc » des étrangers).

Même si une question peut trouver une réponse dans des arrêts récents, elle est recevable (CE avis, 7 juill. 1989, *Compagnie financière et industrielle des autoroutes*, Rec. 162 ; RFDA 1989.909, concl. Ph. Martin ; AJ 1989.606, chr. Honorat et Baptiste). Ce n'est que parce qu'un arrêt a annulé un décret et que la demande d'avis sur la légalité de celui-ci a été examinée le même jour qu'elle a été déclarée sans objet (CE Ass. avis, 27 oct. 1989, *Préfet de l'Essonne c. Commune de Marcoussis*, Rec. 221).

Sur le *caractère sérieux de la difficulté* en cause, le Conseil d'État n'a pas manifesté de réticence. Au contraire, dès son premier avis (Ass. 7 juill. 1989, *Mlle Cale*, Rec. 160 ; RFDA 1989.897, concl. M. Laroque ; AJ 1989.606, chr. Honorat et Baptiste), il a admis d'élargir l'examen de la question qui lui était mal posée à celle qui faisait vraiment difficulté (légalité de l'article 2 alinéa 1er, et non pas seulement alinéa 2, d'un décret du 2 mai 1983 relatif à l'indemnité de logement des instituteurs).

Quant au *nombre de litiges* dans lesquels la question se pose, il peut être difficile à apprécier. Il arrive que leur multiplicité soit patente (par ex. à propos du droit des fonctionnaires à un supplément familial de traitement : CE Sect., avis, 29 mai 1992, *Mme Ferrand*, Rec. 220 ; AJ 1992.530, note Salon), mais aussi que les litiges pendants soient très limités (par ex. à propos du ministère d'avocat devant les tribunaux administratifs de Papeete et Nouméa : CE Sect. avis, 25 févr. 1994, *Mme Peters*, Rec. 97). La recevabilité de la demande d'avis est admise aussi bien dans le second cas que dans le premier.

Le Conseil d'État n'a cependant pas admis qu'un tribunal administratif lui pose une question à propos de laquelle celui-ci avait déjà rendu plusieurs jugements, suivis d'arrêts de la cour administrative d'appel faisant eux-mêmes l'objet d'un pourvoi en cassation : « eu égard aux instances en cours et aux décisions déjà intervenues, la demande d'avis... ne peut être regardée comme répondant à l'objet assigné par le législateur à l'article 12 de la loi du 31 déc. 1987 » (CE Sect. avis 6 oct. 1995, *Chevillon*, Rec. 350, RFDA 1996.353, concl. Denis-Linton ; AJ 1995.882, chr. Stahl et Chauvaux) : la procédure d'avis ne peut pas « court-circuiter » les procédures contentieuses dans de telles circonstances.

Dans l'affaire *Cofiroute*, le Tribunal administratif de Paris avait très exactement posé la question à résoudre, quant à la responsabilité de l'État du fait des attroupements ; elle était sérieuse et concernait de nombreux litiges en cours ; elle se posait dans des conditions nouvelles.

La réponse du Conseil d'État a contribué à préciser le régime de responsabilité du fait des attroupements.

II. — La responsabilité de l'État du fait des attroupements

4 Le Conseil d'État avait déjà eu à connaître de la responsabilité des collectivités publiques à l'occasion de rassemblements ou d'émeutes, en application des règles normales de compétence. Il a pu ainsi appliquer les principes de la responsabilité administrative, pour faute ou sans faute, du fait des décisions ou opérations de police interdisant ou dispersant les attroupements, ou du refus de prendre les mesures nécessaires pour les empêcher ou les faire cesser (v. nos obs. sous CE 10 févr. 1905, *Tomaso Grecco** et 30 nov. 1923, *Couitéas**).

Mais la responsabilité pour les dommages causés par les manifestants eux-mêmes est régie depuis longtemps par des textes spéciaux (loi du 10 vendémiaire an IV, loi du 5 avr. 1884, loi du 16 avr. 1914, repris aux art. L. 133-1 à L. 133-8 du code des communes), qui ont attribué, en la matière, compétence aux juridictions judiciaires, pour condamner les communes, sauf à celles-ci à se retourner, au moins pour partie, vers l'État. Toute une jurisprudence de la Cour de cassation et du Tribunal des conflits a précisé les conditions d'application de ces textes, tant sur la compétence que sur le fond.

L'article 92 de la loi du 7 janv. 1983 est venu rendre l'État « responsable des dégâts et dommages résultant des crimes et délits commis, à force ouverte ou par violence, par des attroupements ou rassemblements... » (aujourd'hui art. L. 2216-3 du code général des collectivités territoriales). Puis une loi du 9 janv. 1986, par l'abrogation des articles L. 133-1 à L.133-8 du code des communes, a reconnu compétence aux juridictions administratives.

Ce double transfert – à l'État, de la charge de la responsabilité, aux juridictions administratives, de la connaisance des litiges – n'a pas nécessairement rendu obsolète la jurisprudence antérieure du Tribunal des conflits et des juridictions judiciaires dans la mesure où les nouvelles dispositions, sauf la personne responsable et les juridictions compétentes, reprennent les précédentes.

Mais il a conduit désormais le juge administratif à apprécier *les conditions* dans lesquelles la responsabilité de l'État se trouve engagée (A) et *quel préjudice* il doit réparer (B).

5 ***A.*** — Pour reconnaître la responsabilité de l'État, la loi fixe *trois conditions* : lorsqu'elles sont réunies, l'existence de cette responsabilité constitue un moyen d'ordre public, qui doit être soulevé d'office par le juge (CE 30 juin 1999, *Foucher*, Rec. 233).

Deux d'entre elles ne soulèvent en général pas de difficulté : celle de crimes et délits, celle de force ouverte ou de violences. La troisième, relative aux attroupements ou rassemblements, dont l'accomplissement n'était pas contesté dans les affaires Cofiroute et SNCF s'agissant d'occupation de gares routières ou ferroviaires par des manifestants, peut être plus délicate à apprécier dans certaines circonstances. La loi a voulu essentiellement couvrir des dommages résultant des attroupements ou rassemblements eux-mêmes. Elle ne couvre ni ceux qui sont commis de manière isolée (par ex. actions de *« commandos »* : CE 16 juin 1997, *Caisse centrale de réassurance*, Rec. 241) ni ceux que l'attroupement ou le rassemblement n'avait d'autre but que de réaliser (opérations de *« casseurs »* par ex.).

Mais on peut trouver des situations intermédiaires, que la jurisprudence a voulu traiter en combinant à la fois l'esprit de la loi et le sens du réalisme. Ainsi, *« lorsqu'un dommage... a été causé à l'occasion d'une série d'actions concertées... sur l'ensemble du territoire ou une partie substantielle de celui-ci », « ce régime d'indemnisation n'est applicable que si le dommage résulte de manière directe et certaine de crimes et délits déterminés commis par des rassemblements ou attroupements précisément identifiés »* (CE Ass. avis 20 févr. 1998, *Société d'études et construction de sièges pour automobiles*, Rec. 60 ; RFDA 1998.584, concl. Arrighi de Casanova ; AJ 1998.1029, note Poirot-Mazères ; JCP 1998.II. 10062, note Moniolle). Si les dommages ont été causés, non au cours d'une manifestation, mais à l'issue d'un rassemblement spontané qui a dégénéré, le régime d'indemnisation s'applique (CE Sect. 29 déc. 2000, *Assurances générales de France*, Rec. 679 ; AJ 2001.164, chr. Guyomar et Collin ; – Sect. 13 déc. 2002, *Compagnie d'assurances Les Lloyd's de Londres*, AJ 2003.398, concl. Olson ; RFDA 2003.202). En l'adaptant à de nouveaux comportements, *« le juge administratif permet ainsi à la puissance publique de rester le garant efficace de la solidarité sociale »* (chr. précitée).

B. — Dans les affaires *Cofiroute* et *SNCF*, il lui a permis de l'être pour *toute sorte de préjudice.*

La loi parle « des dégâts et dommages ». Leur lien avec les « crimes ou délits commis... soit contre les personnes, soit contre les biens » peut faire penser qu'il s'agit de dommages corporels ou de dommages matériels comme les destructions ou dégradations de biens. Les textes successifs ont essentiellement couvert cette hypothèse.

Les préjudices commerciaux tels que les frais d'exploitation et pertes de recettes sont-ils également réparables ?

La jurisprudence antérieure était plutôt négative.

Le Tribunal des conflits notamment avait considéré que « le préjudice commercial subi par (une société) du fait de l'arrêt forcé de son entreprise durant le conflit opposant les marins-pêcheurs... à leurs armateurs... et qui constitue le seul dommage dont elle demande réparation en l'imputant aux effets des barrages qui ont interdit la circulation des véhicules industriels dans la zone portuaire, ne présente pas le caractère d'un dégât ou dommage envers une propriété en rapport direct et certain avec les délits qu'auraient commis les marins-pêcheurs en établissant ces barrages » (7 juin 1982, *Préfet du Pas-de-Calais*, Rec. 457 ; D. 1982.637, concl. Picca ; ces solutions s'expliquaient sans doute plus par le caractère du préjudice (qui n'était ni direct, ni certain) que par sa nature. Elles comportaient au moins une certaine ambiguïté.

L'affaire *Cofiroute* a permis au Conseil d'État de la lever. Le rassemblement comportait occupation d'installations de l'entreprise. Le Conseil d'État rappelle la condition que le préjudice, pour être réparable, doit être direct et certain. Mais il admet qu'il peut être « de toute nature », y compris commerciale, et notamment consister « en un accroissement de dépenses d'exploitation ou en une perte de recettes d'exploitation ».

Plus tard a été admis que cette responsabilité pouvait peser sur l'État à l'égard des communes (ou communautés urbaines) elles-mêmes (CA Nantes 3 mai 1995, *Ministre de l'intérieur et de l'aménagement du territoire*, AJ 1995.799, note Cadenat ; JCP 1996.II.22612, note Dupont-Marillia ; – CE 18 nov. 1998, *Commune de Roscoff*, DA 1999, n° 21, note L.T.) : on est loin de l'époque où la responsabilité du fait des attroupements et émeutes pesait sur les communes seules.

L'attribution au juge administratif d'un contentieux précédemment dévolu au juge judiciaire n'a pas conduit à une réduction de la responsabilité de l'État, mais a au contraire permis de faire évoluer une jurisprudence qui était plutôt restrictive dans le sens d'une interprétation large du texte.

100

TRAITÉS INTERNATIONAUX INTERPRÉTATION COMPÉTENCE DU JUGE ADMINISTRATIF

CE Ass. 29 juin 1990, Groupe d'information et de soutien des travailleurs immigrés (GISTI), Rec. 171, concl. Abraham

(concl. Abraham, AJ 1990.621, RGDIP 1990.879 et Rev. Crit. dr. int. pr. 1991.61 ; AJ 1990.631, note Teboul ; RFDA 1990.923, note Lachaume ; RDP 1990.1579, note Sabiani ; D. 1990.560, note Sabourin ; JCP 1990.II.21.579, note Tercinet ; JDI 1990.965, note Julien-Laferrière ; Rev. Jur. Fisc. 1990.626, note ; LPA, 19 sept. 1990, note Flauss ; Rev. crit. dr. int. pr. 1991.79, note Lagarde ; RGDIP 1991.109, comm. Buffet-Tchakaloff ; RGDIP 1991.753, note C. Rousseau ; Revue de recherche juridique et de droit prospectif, 1991.441, comm. Ghevontian)

Vu l'ordonnance du 2 novembre 1945 ; le code du travail ; *la convention européenne de sauvegarde des droits de l'homme* ; l'accord franco-algérien du 27 décembre 1968 modifié par l'avenant et le protocole du 22 décembre 1985 ; l'ordonnance n° 57-1708 du 31 juillet 1945, le décret n° 53-934 du 30 septembre 1953 et la loi n° 87-1127 du 31 décembre 1987 ;

Sur les conclusions tendant à l'annulation des 7e et 10e alinéas du paragraphe 2.2.1.2 de la circulaire du 14 mars 1986 : – CONSIDÉRANT que si l'article 7 de la déclaration de principes relative à la coopération économique et financière entre la France et l'Algérie du 19 mars 1962 reconnaît aux ressortissants algériens résidant en France les mêmes droits qu'aux nationaux français à l'exception des droits politiques, les conditions d'entrée et de séjour des ressortissants algériens en France sont régies par l'accord franco-algérien du 27 décembre 1968 et les conventions qui l'ont modifié ; qu'aux termes de l'article 7 b) dudit accord dans la rédaction issue de son premier avenant du 22 décembre 1985 : « Les ressortissants algériens désireux d'exercer une activité professionnelle salariée reçoivent, après le contrôle médical d'usage et sur présentation d'un contrat de travail visé par les services du ministre chargé des travailleurs immigrés un certificat de résidence valable un an pour toutes professions et toutes régions, renouvelable et portant la mention "salarié" ; cette mention constitue l'autorisation de travail exigée par la législation française » ; qu'en précisant que, pour l'application de cette disposition l'autorisation de travail serait délivrée selon les instructions applicables aux étrangers relevant du régime général et en tenant compte notamment, comme le prévoit l'article R.341-4 du code du travail, de la situation de l'emploi, les auteurs de la circulaire attaquée se sont bornés à interpréter exactement les stipulations de l'accord ; que, les dispositions critiquées de la circulaire étant ainsi dépourvues de caractère réglementaire, le Groupe d'information et de soutien des travailleurs immigrés n'est pas recevable à en demander l'annulation ;

Sur les conclusions tendant à l'annulation du 24e alinéa du paragraphe 2.2.1.2. relatif aux autorisations provisoires de travail accordées aux étudiants algériens : – Cons. que le protocole annexé au premier avenant à l'accord franco-algérien du 27 décembre 1968 ne comporte, en ce qui concerne les ressortissants algériens admis à séjourner en France comme étudiants, aucune stipulation qui, lorsqu'ils entendent exercer une activité salariée à titre accessoire, en même temps qu'ils poursuivent leurs études, subordonne l'exercice de cette activité à l'autorisation de travail exigée par la législation française ; qu'en prévoyant que les étudiants algériens voulant travailler seraient soumis à un régime comportant des autorisations provisoires de travail délivrées dans les conditions fixées par les circulaires des 24 février 1976 et 1er août 1985, lesquelles disposent qu'il sera tenu compte notamment de la situation de l'emploi, et en abrogeant sur ce point la circulaire du 12 mars 1979 qui constatait qu'ils étaient dispensés d'une telle autorisation par l'article 7 de la déclaration de principes du 19 mars 1962, la circulaire a édicté une règle contraire aux conventions internationales applicables aux intéressés ; que le Groupe d'information et de soutien des travailleurs immigrés est, par suite, recevable et fondé à en demander l'annulation sur ce point ;

Sur les conclusions tendant à l'annulation des dispositions du premier alinéa du paragraphe 3.1.1. en tant qu'elles incluent, parmi les membres de la famille susceptibles de bénéficier du regroupement familial, les « enfants mineurs de dix-huit ans » : – Cons. qu'aux termes du premier alinéa de l'article 4 de l'accord franco-algérien du 27 décembre 1968, dans la rédaction résultant du premier avenant audit accord : « Les membres de la famille qui s'établissent en France sont en possession d'un certificat de résidence de même durée de validité que celui de la personne qu'ils rejoignent » ; qu'aux termes du premier alinéa du titre II du protocole annexé audit avenant : « Les membres de la famille s'entendent du conjoint d'un ressortissant algérien, de ses enfants mineurs ainsi que des enfants de moins de dix-huit ans dont il a juridiquement la charge en vertu d'une décision de l'autorité judiciaire algérienne » ; *qu'il ressort des pièces du dossier que les auteurs dudit avenant et du protocole annexé n'ont pas entendu modifier les stipulations antérieurement en vigueur de l'accord du 27 décembre 1968 qui s'appliquaient au conjoint et aux enfants mineurs de moins de dix-huit ans* ; que, par suite, en indiquant qu'il fallait entendre par enfants mineurs les enfants mineurs de 18 ans, et non ceux de 19 et 21 ans conformément au droit algérien, les auteurs de la circulaire attaquée se sont bornés à interpréter exactement les termes de la convention franco-algérienne ; que la circulaire est donc sur ce point dépourvue de caractère réglementaire ; que le Groupe d'information et de soutien des travailleurs immigrés n'est, par suite, pas recevable à en demander l'annulation ;

Sur les conclusions tendant à l'annulation des dispositions du troisième alinéa du paragraphe 2.2.1.1. et de l'avant-dernier alinéa du paragraphe 2.2.4. de la circulaire attaquée relatives au refus de délivrance d'un certificat de résidence d'un an ou un certificat de résidence de 10 ans si la présence en France de l'intéressé constitue une menace pour l'ordre public : – Cons. qu'aucune disposition de l'accord franco-algérien du 27 décembre 1968 modifié par le premier avenant et le protocole du 22 décembre 1985 ne prive l'administration française du pouvoir qui lui appartient, en application de la réglementation générale relative à l'entrée et au séjour des étrangers en France, de refuser l'admission au séjour d'un ressortissant algérien en se fondant sur la circonstance que sa présence en France constitue une menace pour l'ordre public ; qu'ainsi, et alors même que l'accord susmentionné ne prévoyait pas une telle possibilité, les auteurs de la circulaire attaquée n'ont édicté sur ce point aucune règle nouvelle dont le Groupe d'information et de soutien des travailleurs immigrés serait recevable à contester la légalité :

Sur les autres dispositions de la circulaire attaquée : – Cons. que si l'association requérante soutient que l'ensemble de la circulaire devrait être annulé en raison de l'incompétence des ministres signataires, elle ne précise pas les dispositions de ladite circulaire, autres que celles précédemment analysées, qui auraient un caractère réglementaire ; qu'elle n'est par suite, pas recevable à demander cette annulation ; ... (annulation du 24e alinéa du paragraphe 2.2.1.2. de la circulaire ; rejet du surplus des conclusions de la requête).

OBSERVATIONS

1 I. — De la même façon qu'il avait contesté la légalité d'un décret du 10 nov. 1977 relatif au regroupement de la famille immédiate d'un travailleur étranger autorisé à séjourner en France (cf. nos observ. sur l'arrêt du 8 déc. 1978, *GISTI**), le Groupement d'information et de soutien des travailleurs immigrés a déféré au Conseil d'État une circulaire interministérielle (intérieur et affaires sociales) du 14 mars 1986 relative aux conditions de circulation, d'emploi et de séjour en France des ressortissants algériens et de leur famille. Cette circulaire procédait non à l'interprétation d'une loi ou d'un décret mais à celle d'un engagement international à savoir un accord franco-algérien du 27 déc. 1968, tel qu'il a été profondément modifié par un avenant et un protocole du 22 déc. 1985 publiés par décret du 7 mars 1986.

Alors que dans le cadre du litige qui a donné lieu à l'arrêt précité du 8 déc. 1978 la constestation portait sur le point de savoir si un décret contrevenait à un principe général du droit, il était reproché à la circulaire du 14 mars 1986 d'avoir méconnu sur plusieurs points le sens et la portée de l'engagement international qu'elle entendait mettre en œuvre.

Dirigée contre une circulaire interprétative, la requête du GISTI ne pouvait être regardée comme recevable que si et dans la mesure où l'interprétation donnée de l'accord franco-algérien était effectivement erronée. Envisagée sous cet angle, la décision rendue par le Conseil d'État le 29 juin 1990 frappe par son classicisme. Le pourvoi est déclaré recevable et fondé en tant qu'il mettait en cause le régime des autorisations provisoires de travail accordées aux étudiants algériens. En effet, la procédure d'autorisation prévue en pareil cas par la circulaire ne trouvait aucun fondement dans les stipulations de l'accord franco-algérien. Sur tous les autres points contestés, le Conseil d'État considère que les auteurs de la circulaire ont interprété exactement les termes de la convention franco-algérienne.

Mais la décision ne se borne pas à faire application d'une jurisprudence alors bien établie. Il se trouve en effet que, parmi les stipulations de la convention, une difficulté d'interprétation très sérieuse se présentait s'agissant de la détermination des membres de la famille des ressortissants algériens bénéficiaires du regroupement familial car l'accord franco-algérien vise sans autre précision les « enfants mineurs ». Pour le GISTI, cette notion devait s'apprécier en fonction de la loi algérienne qui fixe la majorité à 19 ans pour les garçons et à 21 ans pour les filles. La circulaire du 14 mars 1986 considérait au contraire que l'accord avait entendu viser les « enfants mineurs de moins de dix-huit ans ».

En présence de cette difficulté, le Conseil d'État, s'il s'en était tenu à sa jurisprudence traditionnelle, aurait dû s'en remettre à l'interprétation donnée par le ministre des affaires étrangères, qui avait d'ailleurs pris position dans le cadre de l'instruction du pourvoi. Toutefois, ce n'est pas ce cheminement qui a été choisi par le juge. L'originalité de la décision vient de ce que l'Assemblée du contentieux a omis de mentionner expressément la position du Quai d'Orsay pour, se référant aux « *pièces du dossier* », dégager elle-même la portée à conférer à la notion d'enfants mineurs au sens de la convention.

La conception retenue par la circulaire a – comme le proposait dans ses conclusions le commissaire du gouvernement Abraham – été entérinée au motif notamment que la nouvelle convention n'avait pas entendu modifier les stipulations antérieurement en vigueur de l'accord du 27 déc. 1968 qui s'appliquaient au conjoint et aux enfants de moins de dix-huit ans.

En procédant de la sorte le Conseil d'État a opéré un important revirement de jurisprudence en ce qui concerne la *détermination de l'autorité compétente pour interpréter une convention internationale* dont le contenu est ambigu ou incertain.

II. — L'ampleur du changement apparaît à la lecture des conclusions du commissaire du gouvernement Abraham. Celui-ci, après avoir rappelé la jurisprudence traditionnelle qui déniait au juge administratif la possibilité d'interpréter de sa propre autorité une convention internationale, a exposé les raisons qui militaient en faveur de son abandon.

2 ***A.*** — Partant de l'idée que l'activité diplomatique ne participe pas de l'action administrative soumise au contrôle du juge de l'excès de pouvoir, le Conseil d'État considérait que l'interprétation des conventions internationales relevait en cas de difficulté du ministre des affaires étrangères.

Selon la distinction faite par le commissaire du gouvernement

Ettori dans ses conclusions sur un arrêt du 3 juill. 1933, *Karl et Toto Samé* (Rec. 727 ; S. 1932.3.129, concl. Ettori, note C. Rousseau), si le juge administratif a compétence pour *appliquer* une convention internationale dont les termes sont clairs, il doit, en cas de difficulté d'interprétation, en référer au ministre des affaires étrangères. Le renvoi à titre préjudiciel au Quai d'Orsay trouve sa justification dans le fait que ce département est informé des conditions dans lesquelles un traité a été négocié et peut, si besoin est, solliciter le point de vue de l'autre partie à l'effet de dégager une interprétation uniforme. Par là même, il peut être coupé court à toute complication sur le plan international.

3 ***B.*** — Pour inviter le Conseil d'État à abandonner la pratique du renvoi préjudiciel au ministre, M. Abraham s'est appuyé sur plusieurs ordres de considérations.

1°) Il a montré tout d'abord que les raisons invoquées en faveur de l'interprétation ministérielle n'étaient pas pleinement convaincantes. En particulier, l'argument selon lequel le juge n'a pas directement accès aux travaux préparatoires de la convention perd de sa force pour nombre de conventions multilatérales négociées dans le cadre des organisations internationales, dont les débats font l'objet d'une large publicité. Qui plus est, dans le cas de la convention européenne des droits de l'homme, l'examen de la jurisprudence des organes institués par ladite convention (Commission et Cour européenne des droits de l'homme) est plus utile qu'un renvoi au ministre des affaires étrangères, comme l'avait vu de façon prémonitoire le commissaire du gouvernement Labetoulle dans ses conclusions sur une décision de la section du contentieux du 27 oct. 1978, *Debout* (Rec. 395 – v. n° 110.3).

Mais, même pour ce qui est des accords bilatéraux, M. Abraham contestait que l'interprétation juridictionnelle soit vouée à être « plus souvent erronée que l'interprétation ministérielle » alors surtout que le juge peut être éclairé par les observations du ministre et qu'il lui est loisible de mettre en œuvre les techniques d'interprétation résultant des principes généraux du droit international public.

2°) Le commissaire du gouvernement n'a pas manqué non plus de relever que la technique du renvoi préjudiciel au ministre n'avait pas d'équivalent en droit comparé et pouvait même être contestée au regard des exigences du droit européen telles qu'elles ressortent de la convention européenne des droits de l'homme. Pour M. Abraham, dans la mesure où l'art. 6 de la convention garantit le droit pour le demandeur d'obtenir une décision d'un juge, il fait obstacle « à ce que le juge abandonne son pouvoir de décision au profit d'une autorité non juridictionnelle ».

La Cour européenne des droits de l'homme devait d'ailleurs ultérieurement prendre position en ce sens (CEDH 24 nov. 1994,

Consorts Beaumartin c. France, RUDH 1994.405 ; D. 1995.273, note Prétot).

3°) Par ailleurs, se référant à la pleine application depuis l'arrêt *Nicolo** du 20 oct. 1989, du principe constitutionnel de suprématie du traité sur la loi, le commissaire du gouvernement a tiré argument du fait que le recours à l'interprétation ministérielle, s'il était maintenu, aurait pour conséquence que le pouvoir que tire le juge de l'art. 55 de la Constitution d'écarter l'application d'une loi contraire à un traité, se trouverait « en quelque sorte... délégué à une autorité gouvernementale ».

III. — La position adoptée par le Conseil d'État à propos de l'interprétation de l'accord franco-algérien du 22 déc. 1985 concrétise le renversement de jurisprudence préconisé par M. Abraham. La nouvelle jurisprudence emporte de nombreuses implications : certaines concernent directement le Conseil d'État, d'autres lui sont extérieures.

A. — Diverses implications de la décision peuvent être dégagées à partir de la logique qui lui sert de fondement, à savoir l'affirmation de la compétence du juge par rapport à la mission impartie à l'autorité administrative, et à la lumière de la jurisprudence postérieure.

4 *1°)* La suppression du renvoi préjudiciel au ministre des affaires étrangères demeure sans incidence sur les règles d'interprétation propres au droit communautaire. Pour ce dernier, le renvoi préjudiciel à la Cour de justice des communautés européennes en cas de difficulté d'interprétation s'impose en vertu des engagements internationaux souscrits par la France : art. 177 du traité instituant la Communauté économique européenne devenu, depuis l'entrée en vigueur du traité d'Amsterdam l'art. 234 du traité instituant la Communauté européenne ; art. 150 du traité sur l'Euratom ; art. 41 du traité sur la Communauté européenne du charbon et de l'acier tel que l'a interprété la Cour de Luxembourg (CJCE 22 févr. 1990, *Faillite Acciaerie e Ferriere Busseni*, Rec. 495).

5 *2°)* Contrairement à l'attente d'une partie de la doctrine, le Conseil d'État a maintenu l'éventualité d'un renvoi préjudiciel au ministre des affaires étrangères pour apprécier si la condition de réciprocité exigée par l'art. 55 de la Constitution était satisfaite au stade de l'application du traité. Initiée en 1981 à propos des accords d'Evian conclus entre la France et l'Algérie (CE Ass. 29 mai 1981, *Rekhou*, Rec. 220 ; RDP 1981.1707, concl. J.F. Théry ; AJ 1981.485, chr. Tiberghien et Lasserre ; JDI 1982.410, note Blumann ; D. 1981.IR.531, obs. P. Delvolvé ; D. 1982.137, note Calonec ; JDI 1982.440, note Chappez ; RGDIP 1982.410, note Blumann ; Rev. crit. dr. int. pr. 1982.78, note

Lagarde), cette jurisprudence est restée inchangée postérieurement à la décision *GISTI* de 1990 (CE Ass. 9 avril 1999, *Mme Chevrol-Benkeddach*, Rec. 115 ; RFDA 1999.937, note Lachaume ; AJ 1999.401, chr. Raynaud et Fombeur) au motif que l'appréciation à porter sur le comportement de l'autre partie à un traité est plus politique que juridique.

Une évolution dans un sens différent n'est cependant pas exclue dans la mesure où la Cour européenne des droits de l'homme a jugé contraire à l'article 6 de la Convention le renvoi opéré au ministre des affaires étrangères, assimilé par elle à une ingérence du pouvoir exécutif dans la fonction juridictionnelle (CEDH 13 févr. 2003, *Chevrol* ; AJ 2003.308, obs. Montecler ; D. 2003.931 note Moutouh).

6 *3°)* Dans son domaine d'application, la jurisprudence *GISTI* ne doit pas conduire le juge, lorsqu'il lui faut interpréter un traité, à s'abstenir de recueillir l'opinion de l'autorité ministérielle qui dispose d'éléments d'information relatifs à l'élaboration de traité : ministre des Affaires étrangères en règle générale, ministre des finances pour les conventions fiscales. Mais l'opinion exprimée par le minsitre compétent est dépourvue de caractère obligatoire à l'égard du juge.

C'est ainsi que le Conseil d'État a pu donner toute sa portée à l'assimilation au traitement national pour l'exercice d'une profession prévue par une convention franco-espagnole (CE 21 déc. 1994, *Serra-Garriga*, Rec. 569, Rev. cr. dr. int. pr. 1995.292, note Lagarde) alors qu'antérieurement l'interprétation donnée de la même convention par le ministre des Affaires étrangères avait conduit à exiger des intéressés l'obtention de la carte de commerçant étranger (CE Ass. 18 mars 1955, *Franco* ; Rec. 167).

7 *4°)* Les méthodes d'interprétation des conventions internationales utilisées par le juge administratif devraient s'inspirer des principes applicables en cette matière en vertu de la convention de Vienne du 23 mai 1969 sur le droit des traités. Expressément préconisée par le commissaire du gouvernement dans ses conclusions sur l'affaire *GISTI*, cette orientation a été ultérieurement suivie (CE 22 mai 1992, *X*, D. 1992.415, concl. Abraham). Elle peut obliger le juge administratif à combiner entre elles des conventions internationales qui entrent en concurrence comme par exemple un accord bilatéral et la convention européenne des droits de l'homme (CE 22 mai 1992, *Mme Larachi*, Rec. 203, RDP 1992.1793, concl. Abraham). Il revient également au juge, en fonction des mêmes sources, d'apprécier si les stipulations d'une convention créent uniquement des obligations dans les rapports d'État à État ou peuvent être invoquées par des particuliers devant lui (CE Sect. 29 janv. 1993, *Mme Bouilliez*, Rec. 15 ; AJ 1993.364, note Mme Burdeau ; RFDA 1993.794, concl. Scanvic, note Ruzié ; RGDIP 1993.801, note Alland).

Toutefois, c'est par référence aux règles gouvernant la hiérarchie des normes dans l'ordre interne que le Conseil d'État a jugé qu'une convention d'extradition devait être interprétée comme respectant les principes qui découlent de la Constitution (CE Ass. 3 juill. 1996, *Koné**).

8 *5°)* Tant pour la Convention européenne des droits de l'homme que pour le Pacte de New York sur les droits civils et politiques existent, au plan international, des organismes habilités à veiller à leur respect : Cour européenne des droits de l'homme dans le premier cas ; Comité des droits de l'homme des Nations unies, dans le second. La jurisprudence dégagée par ces instances devrait servir de référence au juge national.

a) S'agissant de la Convention européenne des droits de l'homme, le Conseil d'État, en revenant au besoin sur sa jurisprudence antérieure, s'est progressivement rallié aux interprétations données par la Cour de Strasbourg sans que l'on puisse exclure qu'il marque un jour sa différence, dans les cas , nécessairement exceptionnels, où une jurisprudence par trop prétorienne entraverait le bon fonctionnement de nos institutions.

b) S'agissant de la doctrine du Comité des droits de l'homme des Nations-Unies, les points d'interférence avec le juge administratif ont été jusqu'ici limités.

Le Conseil d'État a donné toute sa portée à la consécration par le Pacte des Nations unies sur les droits civils et politiques de la règle *non bis idem* qui interdit de poursuivre plus d'une fois la même personne à raison des mêmes faits (CE Sect. 9 déc. 1983, *Gasparini*, Rec. 495 ; JCP 1984.II.20193, conl. Genevois) alors que le Comité en limite l'application à la condamnation prononcée par un même État (CDH, avis du 2 nov. 1987).

A l'inverse, le Conseil a été moins loin que le Comité à propos de l'art. 26 du Pacte sur les droits civils et politiques qui prohibe les discriminations. Alors que dans un avis du 3 avril 1989, le Comité avait opté pour une application très générale de la prohibition, le Conseil d'État a jugé qu'elle ne s'appliquait qu'aux droits garantis par le Pacte. (CE Ass. (avis) 15 avril 1996, *Mme Doukouré,* Rec. 126 ; AJ 1996.565, chr. Chauvaux et Girardot ; RFDA 1996. 808, concl. Ph. Martin ; RFDA 1996. 1239, note Dhommeaux et 1997.966, note Sudre)

9 ***B.*** — Comme l'a souligné la doctrine, la décision *GISTI* est susceptible de déborder du cadre du contentieux administratif et d'intéresser au premier chef le juge judiciaire.

Dans ses formations civiles la Cour de cassation reconnaît traditionnellement aux tribunaux le droit d'interpréter les stipulations d'un traité « dès lors qu'elles ne mettent pas en cause l'ordre public international » et juge que, dans le cas contraire, il doit y avoir renvoi préjudiciel au ministre des affaires étrangères (cf. par ex. Cass. Civ.

1re Ch. 7 juin 1989, JCP 1990.II.21448, note Remery). La Chambre criminelle est plus prudente encore. Suivant la formule de nombre de ses arrêts, « les conventions internationales sont des actes de haute administration qui ne peuvent être interprétés, s'il y a lieu, que par les puissances entre lesquelles elles sont intervenues » (Cass. Crim. 3 juin 1985, Bull. 542). Mais cette réserve est absente de la jurisprudence pénale relative à l'application de la convention européenne des droits de l'homme.

Avec la décision *GISTI* du 29 juin 1990, le Conseil d'État a ouvert à la Cour de cassation une perspective d'évolution de sa jurisprudence. Dans un arrêt du 19 déc. 1995, *Banque africaine de développement* (Gaz. Pal. 29 juin 1996, note Cohen-Jonathan ; RGDIP 1996. 599, comm. Alland) sa 1ère chambre civile a abandonné toute distinction entre les conventions internationales et en a interprété une sans se demander si elle mettait en cause l'ordre public international.

101

RESPONSABILITÉ
SERVICES MÉDICAUX ET CHIRURGICAUX

CE Ass. 10 avr. 1992, ÉPOUX V., Rec. 171, concl. Legal

(AJ 1992.355, concl. Legal ; RFDA 1992.571, concl. Legal ; D. 1993. SC. 146, obs. Bon et Terneyre ; JCP 1992.II.21881, note Moreau ; LPA 3 juill. 1992, note Haïm)

Sur le principe de la responsabilité : – Cons. que Mme V. a subi, le 9 mai 1979, quelques jours avant le terme de sa grossesse, à l'hôpital clinique du Belvédère à Mont-Saint-Aignan (Seine-Maritime), une césarienne pratiquée sous anesthésie péridurale ; qu'au cours de l'opération, plusieurs chutes brusques de la tension artérielle se sont produites, suivies d'un arrêt cardiaque ; que Mme V. a pu être réanimée sur place, puis soignée au centre hospitalier régional de Rouen, où elle a été hospitalisée jusqu'au 4 juillet 1979 ; qu'elle demeure atteinte d'importants troubles neurologiques et physiques provoqués par l'anoxie cérébrale consécutive à l'arrêt cardiaque survenu au cours de l'intervention du 9 mai 1979 ;

Cons. qu'il résulte de l'instruction et, notamment, de l'ensemble des rapports d'expertise établis tant en exécution d'ordonnances du juge d'instruction que du jugement avant-dire-droit du tribunal administratif de Rouen en date du 4 avril 1986, que la césarienne pratiquée sur Mme V. présentait, en raison de l'existence d'un placenta praevia décelé par une échographie, un risque connu d'hémorragie pouvant entraîner une hypotension et une chute du débit cardiaque ; qu'il était par ailleurs connu, à la date de l'intervention, que l'anesthésie péridurale présentait un risque particulier d'hypotension artérielle ;

Cons. que le médecin anesthésiste de l'hôpital a administré à Mme V., avant le début de l'intervention, une dose excessive d'un médicament à effet hypotenseur ; qu'une demi-heure plus tard une chute brusque de la tension artérielle, accompagnée de troubles cardiaques et de nausées a été constatée ; que le praticien a ensuite procédé à l'anesthésie péridurale prévue et a administré un produit anesthésique contre-indiqué compte tenu de son effet hypotenseur ; qu'une deuxième chute de la tension artérielle s'est produite à onze heures dix ; qu'après la césarienne et la naissance de l'enfant, un saignement s'est produit et a été suivi, à onze heures vingt-cinq, d'une troisième chute de tension qui a persisté malgré les soins prodigués à la patiente ; qu'à douze heures trente, du plasma décongelé mais insuffisamment réchauffé a été perfusé provoquant immédiatement une vive douleur suivie de l'arrêt cardiaque ;

Cons. que *les erreurs ainsi commises, qui ont été selon les rapports d'expertise la cause de l'accident survenu à Mme V., constituent une faute médicale de nature à engager la responsabilité de l'hôpital* ; que par suite,

M. et Mme V. sont fondés à demander l'annulation du jugement attaqué du 4 avril 1986 en tant que par ce jugement, le tribunal administratif de Rouen a rejeté les conclusions de M. et Mme V. ;

Sur l'évaluation du préjudice : – Cons. qu'à la suite de l'accident d'anesthésie dont a été victime Mme V., alors âgée de 33 ans, celle-ci reste atteinte de graves séquelles à la jambe gauche et, dans une moindre mesure, au membre supérieur gauche ; qu'elle souffre de graves troubles de la mémoire, d'une désorientation dans le temps et l'espace, ainsi que de troubles du caractère ; qu'elle a dû subir une longue période de rééducation ; que, du fait de son handicap physique, elle subit un préjudice esthétique ; qu'enfin, si elle n'apporte aucun commencement de preuve d'une perte de salaire effective, il est établi qu'avant son accident, elle exerçait la profession de maître auxiliaire dans un collège d'enseignement secondaire et qu'elle a perdu toute perspective de reprendre une activité professionnelle correspondant à ses titres universitaires ; qu'il sera fait une juste appréciation de l'ensemble de ces éléments du préjudice, en lui allouant une indemnité d'un montant d'un million de francs ;

Cons. que M. V., mari de la victime, subit un préjudice moral du fait de l'état de sa femme et, qu'ayant trois enfants à charge, il subit des troubles dans ses conditions d'existence ; qu'il sera fait une juste appréciation de ce préjudice en lui allouant une indemnité de 300 000 F ;

Cons. que M. et Mme V. ont droit aux intérêts des indemnités qui leur sont accordées à compter du 12 novembre 1982, date de réception par l'hôpital clinique du Belvédère de la demande d'indemnité qu'ils lui ont présentée ;

Cons. que M. et Mme V. ont demandé le 2 juin 1986 puis le 28 février 1990 la capitalisation des intérêts ; qu'à chacune de ces dates, il était dû au moins une année d'intérêts ; que, dès lors, conformément aux dispositions de l'article 1154 du code civil, il y a lieu de faire droit à ces demandes ;

Sur les frais d'expertise exposés en première instance : – Cons. qu'il y a lieu, dans les circonstances de l'affaire, de mettre à la charge de l'hôpital clinique du Belvédère les frais d'expertise exposés en première instance ; ... (annulation du jugement attaqué en tant qu'il a rejeté les conclusions de M. et Mme V et mis à leur charge les frais d'expertise ; condamnation de l'hôpital clinique du Belvédère à verser à Mme V., la somme d'un million de francs et à M. V., la somme de 300 000 F, ces sommes portant intérêts au taux légal, à compter du 12 novembre 1982, les intérêts échus les 2 juin 1986 et 28 février 1990 étant capitalisés à ces dates pour produire eux-mêmes intérêts ; frais d'expertise exposés en première instance mis à la charge de l'hôpital clinique du Belvédère ; rejet du surplus des conclusions de la requête).

OBSERVATIONS

1 A l'occasion d'un accouchement par césarienne pratiquée dans un hôpital public sous anesthésie péridurale, Madame V. fut victime d'une série de mesures médicales : alors que la césarienne elle-même présentait un risque connu d'hémorragie pouvant entraîner une hypotension et une chute du débit cardiaque, et que l'anesthésie péridurale comportait aussi un risque particulier et connu d'hypotension artérielle, une dose excessive d'un médicament à effet hypoten-

seur fut administrée à la patiente avant le début de l'intervention ; une demi-heure plus tard fut constatée une chute brusque de la tension artérielle, accompagnée de troubles cardiaques et de nausées ; le praticien a ensuite procédé à l'anesthésie péridurale prévue et administré un produit anesthésique contre-indiqué compte tenu de son effet hypotenseur ; la tension artérielle chuta une deuxième fois ; après la césarienne et la naissance de l'enfant, s'est produit un saignement suivi d'une troisième chute de tension qui a persisté malgré les soins prodigués ; enfin du plasma décongelé mais insuffisamment réchauffé a été perfusé, provoquant immédiatement une vive douleur suivie de l'arrêt cardiaque.

Une réanimation fut entreprise. Après appel du SAMU, Madame V. fut transportée dans un service de réanimation d'un autre hôpital, où elle fut sauvée. Mais l'arrêt cardiaque d'une demi-heure a entraîné une anoxie cérébrale avec coma de plusieurs jours, troubles respiratoires, hémiplégie gauche initialement massive. Il en est resté des séquelles importantes d'ordre neurologique.

Alors qu'en première instance, le tribunal administratif avait considéré que n'avait pas été commise une faute lourde, seule de nature, selon la jurisprudence antérieure, à engager la responsabilité des services publics hospitaliers pour leurs activités médicales ou chirurgicales, le Conseil d'État a considéré en appel « que les erreurs ainsi commises... consituent une faute médicale de nature à engager la responsabilité de l'hôpital » : ainsi la faute lourde n'est plus jugée nécessaire.

L'arrêt est le point d'orgue de toute l'évolution de la responsabilité en matière médicale (I). L'exigence de la faute lourde a été également abandonnée ou limitée en d'autres domaines (II).

2 **I.** — *La responsabilité des services publics hospitaliers* n'était pas régie par des règles uniformes avant l'arrêt *Époux V* (A). Avec cet arrêt, elle peut être engagée par une faute simple (B). Elle peut même, le cas échéant, l'être sans faute (C).

A. — La *jurisprudence antérieure* distinguait entre l'organisation et le fonctionnement du service public hospitalier d'une part et les activités médicales et chirurgicales proprement dites d'autre part.

L'organisation et le fonctionnement du service public hospitalier ne présentent pas de difficulté particulière. En conséquence, la jurisprudence reconnaît depuis longtemps qu'une simple faute suffit pour engager la responsabilité du service à ce titre (CE Sect. 8 nov. 1935, *Dame Vion, Dame Philipponeau*, deux arrêts, Rec. 1019 et 1020). Elle a été amenée à entendre largement ce qui entre dans la notion d'organisation et de fonctionnement. Celle-ci ne couvre pas seulement ce qui se rapporte aux aspects administratifs de l'hôpital (par ex. CE Sect. 11 janv. 1991, *Mme Biancale*, Rec. 12 ; RDSS 1991.269, concl. Hubert ; AJ 1991.479, obs. Prétot : défaut d'information d'un malade sur les conséquences financières de son transfert dans une unité de long séjour). Elle s'applique aussi à des activités comportant déjà un aspect médical : d'une part, l'organisation et la préparation de l'activité médicale (CE 7 avr. 1967, *Centre hospitalier régional d'Orléans c. Fichon*, Rec. 300 : absence du personnel médical nécessaire) ; d'autre part, les actes de soins courants pouvant être exécutés sans l'intervention ou la surveillance personnelle d'un médecin (CE Sect. 26 juin 1959, *Rouzet*, Rec. 405 ; AJ 1959.273, concl. Fournier), tels que piqûres, injections, perfusions (par ex. CE 9 janv. 1980, *Mme Martins*, Rec. 4).

C'est au titre de la faute simple également qu'a été reconnue la responsabilité de l'État du fait de l'organisation du service public de la transfusion sanguine (CE Ass. 9 avr. 1993, *D.*, Rec.110, concl. Legal ; D. 1993.312 et RFDA 1993.583, concl. Legal ; AJ 1993.344, chr. Maugüé et Touvet ; D. 1994.56.63, obs. Bon et Terneyre ; JCP 1993.II.110, note Debouy ; RA 1993.561, note Fraissex).

Pour les actes médicaux proprement dits, la jurisprudence continuait à exiger une faute lourde, qu'il s'agisse du diagnostic (CE 6 mai 1988, *Administration générale de l'Assistance publique à Paris c. consorts Leone*, Rec. 186 ; AJ 1988.555, note Moreau), de la prescription ou de l'absence de prescription d'analyses (CE Sect. 19 déc. 1984, *Boehrer*, Rec. 433, concl. Stirn ; AJ 1985.90, chr. Schoettl et Hubac), du traitement et des soins (CE 16 oct. 1987, *Mlle Richard*, Rec. 283), de l'opération chirurgicale (CE Ass. 28 mai 1971, *Centre hospitalier de Reims*, Rec. 418).

La rigueur de cette jurisprudence n'en était pas moins tempérée par un raisonnement considérant que la gravité des conséquences d'une intervention bénigne révélait une faute dans l'organisation et le fonctionnement du service (CE Ass. 7 mars 1958, *Secrétaire d'État à la santé publique c. Dejous*, Rec. 153 – v. n° 36.9), ce qui déplaçait la responsabilité du terrain de l'acte médical à celui de l'organisation et du fonctionnement du service ou même permettait de présumer la faute.

3 ***B.*** — Les glissements progressifs de la jurisprudence administrative ont conduit à abandonner la condition de la faute lourde pour les actes médicaux et chirurgicaux.

C'est ce qu'a fait le Conseil d'État dans l'arrêt *Époux V.*

Dans ses conclusions, M. Legal a souligné que « l'état actuel du droit positif se caractérise par un rétrécissement du domaine de l'acte médical et, au sein de ce domaine, par une banalisation de la faute lourde », et « qu'il existe une certaine incohérence entre les décisions qui s'en tiennent à l'exigence d'une faute lourde classique et d'autres qui restreignent en fait à l'hypothèse d'une simple erreur non fautive le refus d'engager la responsabilité ». « Dans ces conditions,... une simplification est nécessaire... si le maintien de la faute qualifiée n'est pas juridiquement nécessaire, le passage à la faute simple constituerait une avancée raisonnable ».

Dans différents domaines, la jurisprudence est passée du principe de l'irresponsabilité à la responsabilité pour faute manifeste et d'une particulière gravité, puis à la responsabilité pour faute lourde et enfin à la responsabilité pour faute simple – sans compter les hypothèses de présomption de faute ou de responsabilité pour risque. « La faute lourde inscrite dans ce schéma... paraît former un composé juridique très instable... ».

Même si le maintien de son exigence en matière médicale pouvait se justifier au plan théorique, « dans le contentieux de la réparation, le juge ne peut être indifférent à l'évolution de la sensibilité de ses concitoyens » : or les malades, les médecins, le public en général comprennent mal qu'une faute lourde soit nécessaire pour engager la responsabilité hospitalière. A cela s'ajoute l'évolution de la pratique thérapeutique, dans laquelle se démultiplient les possibilités de traitement et les choix opératoires, et corrélativement s'accroît la difficulté de distinguer ce qui relève de la faute lourde et de la faute simple.

Dans le cas de Mme V., une suite d'erreurs a été commise ; mais aucune ne pouvait, sans forcer les mots, être qualifiée de faute lourde. En considérant, conformément aux conclusions du commissaire de gouvernement, qu'elles « constituent une faute médicale de nature à engager la responsabilité de l'hôpital », le Conseil d'État a simplifié et unifié le régime de la responsabilité hospitalière.

Cela n'a d'effet pour autant, selon M. Legal, « ni de transformer l'obligation de moyens en obligation de résultat ni d'assimiler la faute médicale à d'autres fautes... Il s'agit d'une faute spécifique régie par les lois particulières de la discipline en cause ». A cet égard, une erreur n'est pas toujours fautive. La faute, appréciée *in concreto*, reste nécessaire. La jurisprudence ultérieure devait le confirmer (CE 27 juin 1997, *Mme Guyot*, Rec. 267 ; D. 1999. S.C. 49, obs. Bon et Béchillon).

Elle a étendu le régime de la faute simple au service d'aide médicale d'urgence (CE Sect. 20 juin 1997, *Theux*, Rec. 254, concl. Stahl ; RFDA 1998.82, concl. Stahl ; DA, n°358, obs. Esper).

4 *C.* — Elle a également admis que, dans certaines circonstances, la responsabilité hospitalière peut être engagée sans faute, sur le fondement du risque.

Dans un arrêt du 9 avr. 1993, *Bianchi* (Rec. 126, concl. Daël ; RFDA 1993.573. concl. Daël ; AJ 1993.344. chr. Maugüé et Touvet ; D. 1994.S.C.65, obs. Bon et Terneyre ; JCP 1993.II.22061, note Moreau ; RDP 1993.1099, note Paillet ; RA 1993.561, note Fraissex), le Conseil d'État (Ass.) a jugé que, même si « aucune faute ne peut être relevée », « lorsqu'un acte médical nécessaire au diagnostic ou au traitement du malade présente un risque dont l'existence est connue mais dont la réalisation est exceptionnelle et dont aucune raison ne permet de penser que le patient y soit particulièrement exposé, la responsabilité du service public hospitalier est engagée si l'exécution de cet acte est la cause directe de dommages sans rapport avec l'état initial du patient comme avec l'évolution prévisible de cet état, et présentant un caractère d'extrême gravité ». Cette solution a été admise « alors même que l'acte médical a été pratiqué lors d'une intervention dépourvue de fin thérapeutique » (en l'espèce circoncision rituelle) (CE Sect. 3 nov. 1997, *Hôpital Joseph-Imbert d'Arles*, Rec. 412 ; RFDA 1998.90, concl. Pécresse ; AJ 1997.959, chr. Girardot et Raynaud ; D. 1998.J.146, note Chrestia et 1999.SC.45, obs. Bon et Béchillon ; DA 1998 n° 32, note Esper ; G.P. 1998.I.1, note Bonneau et 31, note Hermon ; JCP 1998.II.10016, note Moreau ; RDP 1998.891, note J.M. Auby ; R.D.S.S. 1998.519, note Clément).

La Cour de cassation n'a pas transposé en droit privé la jurisprudence *Bianchi* : elle s'en tient à la condition de la faute (Cass. 1re Civ. 8 nov. 2000, Bull. civ. I. n° 287, p. 186 ; JCP 2001.II.10493, rapport Sargos, note Chabas). Mais elle exige que le médecin informe le patient sur les risques d'une intervention, même s'ils sont exceptionnels (Cass. 1re. Civ. 7 oct. 1998, deux arrêts, Bull. civ. I. n° 287, p. 199, et n° 291, p. 202 ; JCP 1998.II. 10179, concl. Sainte Rose, note Sargos ; D. 1999.145, note Porchy ; RTD civ. 1999.111, obs. Jourdain). Le Conseil d'État a exprimé la même exigence (CE Sect. 5 janv. 2000, *consorts Telle, Assistance publique-Hôpitaux de Paris*, Rec. 5, concl. Chauvaux ; RFDA 2000.641, concl. Chauvaux, note Bon ; Gaz. Pal. 28-29 juin 2000, concl. Chauvaux ; AJ 2000.137, chr. Guyomar et Collin ; DA 2000.46, note Esper ; JCP 2000.II. 10271, note J. Moreau ; RDP 2001.412, note Guettier ; RDSS 2000.357, note Dubouis).

La responsabilité des hôpitaux a également été reconnue sans faute en tant que gestionnaires d'un centre de transfusion sanguine, « eu égard tant à la mission qui leur est ainsi confiée par la loi qu'aux risques que présente la fourniture de produits sanguins » (CE Ass. 26 mai 1995, *Consorts Nguyen, Jouan, consorts Pavan*, Rec. 221 – v. n° 36.6), et, en tant que dispensateurs de prestations médicales, en cas de défaillance des produits et appareils de santé utilisés (CE 9 juill. 2003, *Assistance publique-Hôpitaux de Paris c. Mme Marzouk*).

5 Le législateur a pensé améliorer la situation des victimes par des dispositions de la loi du 4 mars 2002 relative aux droits des malades et à la qualité du système de santé, complétées par la loi du 30 décembre 2002 relative à la responsabilité civile médicale, mais il est revenu à certains égards sur l'acquis jurisprudentiel.

D'une part, selon le § I de l'article L. 1142-1 nouveau du code de la santé publique, « ... les professionnels de santé... ainsi que tout établissement, service ou organisme dans lesquels sont réalisés des actes individuels de prévention, de diagnostic ou de soins ne sont responsables des conséquences dommageables (de ces actes) qu'en cas de faute » – ce qui exclut la responsabilité pour risque admise dans certains cas par le Conseil d'État. Toutefois, pour les dommages résultant d'infections nosocomiales (contractées au cours d'une hospitalisation), les établissements, services ou organismes sont responsables « sauf s'ils rapportent la preuve d'une cause étrangère » (le Conseil d'État admettait que la contamination révélait une faute dans l'organisation et le fonctionnement du service : CE 31 mars 1999, *Assistance publique à Marseille*, Rec. 114) ; à partir d'un certain seuil, ces dommages sont pris en charge au titre de la solidarité nationale, comme ceux qui sont réparés en vertu du § II du même article.

D'autre part en effet, selon ce § II, si la responsabilité des professionnels ou des institutions (hôpitaux, cliniques) n'est pas engagée (les conditions définies au § I n'étant pas remplies), « un accident médical, une affection iatrogène ou une infection nosocomiale ouvre droit à la réparation au titre de la solidarité nationale, lorsqu'ils sont directement imputables à des actes de prévention, de diagnostic ou de soin et qu'ils ont eu pour le patient des conséquences anormales au regard de son état de santé comme de l'évolution prévisible de celui-ci et présentent un caractère de gravité... » – ce qui rejoint les formules de l'arrêt *Bianchi*. Mais le droit à réparation n'est ouvert que pour les préjudices correspondant à un taux d'incapacité permanente déterminé par décret (alors que précédemment le préjudice indemnisable devait être évalué dans les conditions de droit commun) ; et la réparation est prise en charge par un Office national créé sous forme d'établissement public de l'État à caractère administratif (alors que précédemment elle devait l'être par l'institution au sein de laquelle le préjudice avait trouvé son origine).

6 **II.** — L'exigence de la faute lourde *a été abandonnée ou limitée* dans d'autres domaines. Les motifs de trois ordres qui, comme le rappelait M. Legal dans ses conclusions dans l'affaire *Epoux V.*, pouvaient la justifier (« la difficulté technique de l'activité, la nature régalienne du service, le souci moral d'effacer les effets d'un comportement scandaleux ») ne jouent plus nécessairement.

A. — La considération de *la difficulté de l'activité exercée* prédominait à propos des services de tutelle ou de contrôle (v. nos obs. sous CE 29 mars 1946, *Caisse départementale d'assurances sociales de Meurthe-et-Moselle**) et des services de police (v. nos obs. sous CE 10 févr. 1905, *Tomaso Grecco**) : mais aujourd'hui seules certaines de leurs activités relèvent du régime de responsabilité pour faute lourde ; d'autres engagent la responsabilité de l'administration pour faute simple ou sans faute.

Des services chargés de la sécurité ou du maintien de l'ordre, peuvent être rapprochés les *services pénitentiaires* : la difficulté de leurs fonctions n'est pas douteuse. Elle justifie encore l'exigence d'une faute lourde (CE Sect. 5 févr. 1971 ; *Ministre de la justice c. dame veuve Picard*, Rec. 101 ; AJ 1971.147, chr. Labetoulle et

Cabanes ; D. 1971.503, note Moderne ; JCP 1973.III.1517, note Fransès-Magre ; – CAA Bordeaux 29 mai 1995, *Ministre de la justice,* D. 1996.39, note Mallol). Mais les méthodes modernes adoptées par le législateur en vue de favoriser la réinsertion sociale des délinquants ont conduit le Conseil d'État à adopter dans cette hypothèse un régime de responsabilité pour risque (v. nos obs. sous l'arrêt du 28 mars 1919, *Regnault-Desroziers**).

La même solution vaut pour la responsabilité des établissements psychiatriques lorsqu'ils recourent à des méthodes thérapeutiques créant un risque spécial pour les tiers (v. nos obs. sous le même arrêt). Dans le cas contraire, la faute lourde a pu être exigée pour leurs activités proprement médicales (par ex. CE 7 déc. 1977, *Directeur général de l'Assistance publique de Paris*, Rec. 489). Mais il est admis depuis longtemps que le défaut d'organisation et le défaut de surveillance sont de nature à engager la responsabilité de l'établissement, sans qu'il soit besoin de justifier d'un degré particulier de faute (par ex. CE Sect. 30 juin 1978, *Hôpital psychiatrique départemental de Rennes c. dame Clotault*, Rec. 288 – v. n° 36.5), et l'abandon de la faute lourde en matière médicale par l'arrêt *Époux V.* devrait s'appliquer aux hôpitaux psychiatriques comme aux autres hôpitaux (le régime de la faute simple est déjà appliqué au placement d'office d'un malade mental : CE 14 avr. 1999, *Société Assurances Générales de France c. commune d'Anctoville*, Rec. 1007 ; DA 1999, n° 180, obs. L.T.).

7 ***B.*** — La *nature régalienne du service* est inhérente à celui de la *justice*. Elle a longtemps été un obstacle à la reconnaissance de la responsabilité de l'État en ce domaine. Le recours à la faute lourde a permis de le surmonter.

Pour la justice judiciaire, le législateur a lui-même aménagé un régime de responsabilité lié, selon la loi du 5 juill. 1972, à la faute lourde ou au déni de justice (art. L. 781-1 du code de l'organisation judiciaire), et selon la loi du 17 juill. 1970 régissant l'indemnisation à raison d'une détention provisoire, à un préjudice qui, jusqu'à la loi du 30 déc. 1996, devait être « manifestement anormal et d'une particulière gravité » (v. nos obs. sous l'arrêt Cass. 23 nov. 1956, *Trésor public c. Giry**).

Ces textes ne s'appliquent pas à la justice administrative, comme l'a reconnu le Conseil d'État (CE Ass. 29 déc. 1978, *Darmont*, Rec. 542 ; AJ 1979 n° 11.45, note Lombard ; D. 1979.279, note Vasseur ; RDP 1979.1742, note J.M. Auby). Il a jugé en même temps qu'« en vertu des principes généraux régissant la responsabilité de la puissance publique, une faute lourde, commise dans l'exercice de la fonction juridictionnelle par une juridiction administrative, est susceptible d'ouvrir droit à une indemnité », mais que « l'autorité qui s'attache à la chose jugée s'oppose à la mise en jeu de cette responsabilité, dans le cas où la faute lourde alléguée résulterait du contenu même de la décision juridictionnelle et où cette décision serait devenue définitive ». En revanche, au regard tant du droit à un jugement « dans un délai raisonnable » reconnu par l'article 6-1 de la Convention européenne de sauvegarde des droits de l'homme et des libertés fondamentales que « des principes généraux qui gouvernent le fonctionnement des juridictions administratives », la durée excessive d'une procédure constitue une faute de nature à engager la responsabilité de l'État (CE Ass. 28 juin 2002, *Garde des sceaux, Ministre de la justice c. Magiera*, RFDA 2002.756, concl. Lamy ; AJ 2002.596, chr. Donnat et Casas ; D. 2003.23, note Holderbach-Martin). Le caractère excessif de la durée ne signifie pas que la faute est lourde ; il conditionne simplement l'existence de la faute. Il s'apprécie « de manière globale... et concrète », en tenant compte de la complicité de l'affaire, du comportement des parties, de l'intérêt qu'il peut y avoir à ce que le litige, en raison des circonstances et de sa nature même, soit tranché rapidement.

Les services du *fisc* sont un autre aspect de l'activité régalienne de l'État. Pendant longtemps leur responsabilité n'était engagée que pour « faute manifeste et d'une particulière gravité ». Cette exigence a été abaissée d'un degré et ramenée à celle de la faute lourde par deux arrêts CE Sect. 21 déc. 1962, *dame Husson-Chiffre* (Rec. 701 ; AJ 1963.106, chr. Gentot et Fourré ; D. 1963.588, note Lemasurier). Pour rester difficile, cette condition ne s'en est pas moins trouvée plusieurs fois satisfaite (par ex. CE 11 juill. 1984, *Société industrielle de Saint-Ouen*, Rec. 272 ; G.P. 14 déc. 1984, concl. Fouquet ; JCP 1985.II.20394, note Louit ; RFDA 1985.120, note Bon : cas d'un contrôle fiscal particulièrement sommaire et « léger » ayant conduit à des redressements très importants à la suite desquels l'entreprise a dû cesser son activité, alors que l'administration a, par la suite, prononcé le dégrèvement intégral des impositions en cause).

L'exigence d'une faute lourde n'est pas restée générale. Elle ne vaut en principe que pour les *services d'assiette et de recouvrement*, mais, même pour eux, une faute simple suffit dès lors que l'appréciation de la situation du contribuable ne présente pas de difficulté particulière (CE Sect. 27 juill. 1990, *Bourgeois*, Rec. 242 ; RFDA 1990.899, concl. Chahid-Nouraï ; Rev. jur. fisc. 1990.548, concl. Chahid-Nouraï ; AJ 1991.53, note Richer ; D. 1991.346, note R. Debbasch : « erreurs... relevées dans la saisie et le traitement informatisé des déclarations et dans l'exécution automatique des prélèvements mensuels » ; Sect. 29 déc. 1997, *Commune d'Arcueil*, Rec. 512 ; CJEG 1998.159, RFDA 1998.97 et RJF 1998.81, concl. Goulard ; D. 1999.SC.53, obs. Bon et Béchillon, concl. Goulard ; AJ 1998.112, chr. Girardot et Raynaud : absence d'assujettissement d'une entreprise à la patente, puis à la taxe professionnelle, au détriment d'une commune). Les autres activités fiscales, « qui ne se rattachent pas aux difficultés de la mise en œuvre, à l'égard des contribuables, des procédures d'établissement et de recouvrement de l'impôt » relèvent toutes du régime de la faute simple (Sect. 7 févr. 1986, *Ministre du budget c. commune de Tallard*, Rec. 36 ; Dr. fisc. 1986.1332, concl. Fouquet ; D. 1986.IR.465, obs. Moderne et Bon : répartition des impôts entre collectivités locales).

8 ***C.*** — L'exigence d'une faute lourde ne doit pas toujours être considérée comme une gêne pour les victimes. Elle peut leur être favorable.

D'une manière générale, la reconnaissance d'une faute lourde constitue pour l'administration une appréciation sévère.

Elle permet aussi de tourner les régimes d'irresponsabilité. Elle a servi à la jurisprudence pour faire évoluer non seulement ceux qu'elle avait elle-même primitivement admis (par ex. en matière de police), mais encore ceux qui résultent de dispositions législatives : par exemple lorsque le Conseil d'État était compétent à l'égard du service postal, il a limité la disposition du code des P et T exonérant ce service de toute responsabilité, d'une part en la cantonnant au domaine précis de la perte du courrier ou de son acheminement et de sa distribution et en l'écartant pour l'organisation du service, d'autre part, même dans le domaine où elle devait s'appliquer, en ne l'appliquant pas au cas de faute lourde (CE 17 oct. 1986, *Ministre des PTT c. Erhardt*, Rec. 240 ; AJ 1986.694, chr. Azibert et Boisdeffre ; RA 1986.569, note Terneyre) – solution qu'a reprise la Cour de cassation après le transfert du contentieux postal au juge judiciaire (Cass. Ass. plén. 30 juin 1998, *Cabane c. Air France*, CJEG 1999.47, rapport Apollis). Cette évolution est dans la ligne de la jurisprudence du Conseil constitutionnel qui a donné valeur constitutionnelle au principe de responsabilité.

De plus, dans la responsabilité contractuelle, la faute lourde d'une partie ne lui permet pas de se prévaloir d'une clause l'exonérant de sa responsabilité.

Ainsi, si l'abandon de la faute lourde constitue généralement une simplification favorable aux victimes, son utilisation ne leur est pas systématiquement contraire. Comme d'autres notions du droit administratif, la faute lourde est un instrument permettant au juge de tenir compte des « besoins du service » et de « concilier les droits de l'État avec les droits privés » (*Blanco**). Lorsqu'elle ne joue plus ce rôle, le juge peut y renoncer ; lorsqu'elle reste utile, il continue à y recourir.

102

ACTE DÉTACHABLE DES RELATIONS INTERNATIONALES – REJET D'UNE DEMANDE D'EXTRADITION

CE Ass. 15 oct. 1993, ROYAUME-UNI DE GRANDE-BRETAGNE ET D'IRLANDE DU NORD ET GOUVERNEUR DE LA COLONIE ROYALE DE HONG KONG, Rec. 267, concl. Vigouroux.

(concl. Vigouroux, RFDA 1993.1179 et RUDH 1994.217 ; AJ 1993.848, chr. Maugüé et Touvet ; R.G.-D.I.P. 1994.1016, note Alland ; JDI 1994.89, note Chappez ; JCP 1994.II.22253, note Espuglas ; RDP 1994.525, note Fines ; D.1994.108, note Julien-Laferrière ; Gaz. Pal. 1994.1.102, note Chabanol ; Rev. Sc. Crim. 1994.498, comm. Rolin ; RFDA 1994.21, étude Labayle)

Sur la compétence de la juridiction administrative : – CONSIDÉRANT *que la décision rejetant une demande d'extradition est détachable de la conduite des relations diplomatiques de la France avec l'État dont émane cette demande ; que, par suite, la juridiction administrative est compétente pour connaître de la requête ;*

Sur la compétence du Conseil d'État statuant en premier et dernier ressort : – Cons. que le refus opposé à une demande d'extradition a un champ d'application qui s'étend au-delà du ressort d'un seul tribunal administratif ; que, dès lors, par application de l'article 2-3° du décret du 30 septembre 1953, le Conseil d'État est compétent en premier et dernier ressort pour statuer sur la requête ;

Sur la recevabilité de la requête : – Cons. que la décision du Garde des sceaux a été prise sur le recours gracieux conjointement formé au nom du gouvernement du Royaume-Uni de Grande-Bretagne et d'Irlande du Nord et du gouverneur de la colonie royale de Hong Kong ; *que les requérants justifient d'un intérêt leur donnant qualité pour contester le refus opposé à leur demande par le Garde des sceaux ;* que leur requête n'avait à être précédée d'aucune démarche auprès du Premier ministre ; qu'elle pouvait être présentée par un avocat aux conseils ; qu'il suit de là que le Garde des sceaux et M. Sanimam ne sont pas fondés à soutenir qu'elle était irrecevable.

Sur la légalité : – Cons. qu'en vertu de ses articles 27 et 28 la convention européenne d'extradition du 13 décembre 1957 ne s'applique pas au territoire de la colonie royale de Hong Kong où demeure en vigueur la convention franco-britannique d'extradition modifiée du 14 août 1876 applicable, aux termes de son article 16 « dans les colonies et autres possessions étrangères des deux hautes parties contractantes » au nombre desquelles figure la colonie royale de Hong Kong possédée par la Grande-Bretagne en vertu du traité modifié du 29 août 1842 signé avec la Chine ;

Cons. que la demande d'extradition a été adressée, comme l'exige la convention du 14 août 1876, par le gouvernement britannique ; qu'il ressort des pièces du dossier qu'elle a, conformément à l'article 6 de ladite convention, été présentée par un agent diplomatique ;

Cons. que, par un arrêt en date du 30 octobre 1990, la chambre d'accusation de la cour d'appel de Versailles, statuant sur la demande d'extradition de M. Saniman, a émis un avis défavorable en ce qui concerne vingt-huit des trente-trois chefs d'inculpation le concernant et un avis favorable en ce qui concerne les cinq autres chefs ;

En ce qui concerne les chefs d'inculpation 5 et 9 : – Cons. que sous ces chefs d'inculpation il est reproché à M. Saniman d'avoir joué un rôle décisif dans la création de sociétés fictives au bénéfice desquelles des emprunts auraient été consentis en dissimulant l'identité des véritables bénéficiaires desdits emprunts, et dans le versement desdites sommes à ces sociétés ; que la circonstance, à la supposer établie, que certaines des manœuvres frauduleuses imputées à M. Saniman auraient été postérieures aux versements précités est sans influence sur la qualification juridique, des faits, qui seraient constitutifs d'une entente en vue de commettre une escroquerie, punissable tant en droit français qu'en droit britannique et figurant à l'article 3 de la convention d'extradition franco-britannique du 14 août 1876 ; qu'en refusant, en ce qui concerne lesdits chefs, l'extradition de M. Saniman, le ministre de la justice a entaché sa décision d'une erreur de droit ;

En ce qui concerne les chefs d'inculpation 21, 22 et 23 : – Cons. que si les faits reprochés à M. Saniman qualifiés, dans une première demande d'extradition de « vol d'un droit incorporel de créance », ont donné lieu à un avis défavorable de la chambre d'accusation de la cour d'appel de Paris en date du 4 novembre 1987 la nouvelle demande d'extradition fondée sur l'inculpation d'appropriation de biens par tromperie contenait des faits nouveaux concernant notamment la qualité de mandataire de M. Bin Saniman, et sa qualité de supérieur hiérarchique de la personne qui a concouru aux faits reprochés ; qu'eu égard à l'importance de ces faits nouveaux c'est à bon droit que, par son avis précité, la chambre d'accusation de la cour d'appel de Versailles a regardé les faits reprochés à M. Saniman comme constitutifs d'un abus de confiance, et émis, en ce qui les concernent un avis favorable à la demande d'extradition des autorités britanniques ; qu'en s'estimant sur ces points lié par l'avis défavorable antérieur de la chambre d'accusation de la cour d'appel de Paris, le ministre de la justice a entaché sa décision d'une erreur de droit ;... (annulation de la décision portant refus de la demande d'extradition de M. Saniman, notifiée par note verbale du 20 mars 1992, ensemble la décision implicite de rejet résultant du silence gardé pendant plus de quatre mois par le Garde des sceaux, ministre de la justice, sur le recours gracieux formé contre cette décision).

OBSERVATIONS

1 **I.** — Le présent arrêt marque une étape importante dans le contentieux administratif de l'extradition ainsi qu'un recul de la notion d'acte de gouvernement.

On a coutume de définir l'extradition comme une procédure d'entraide pénale internationale par laquelle un État (l'État requis) sur le territoire duquel se trouve un individu, remet ce dernier à un autre État (l'État requérant) afin qu'il le juge ou lui fasse exécuter sa peine.

En l'absence de traité, les conditions, la procédure et les effets de l'extradition sont déterminés par la loi du 10 mars 1927. Même si les sources du droit de l'extradition se trouvent de plus en plus dans des conventions bilatérales ou dans des engagements multilatéraux comme par exemple la convention européenne d'extradition du 13 déc. 1957, la loi de 1927 régit les modalités d'intervention de l'acte par lequel le gouvernement français accorde ou refuse l'extradition. La loi prévoit que la demande d'extradition est soumise à l'avis de la chambre d'accusation. Si l'avis est défavorable, l'extradition ne peut être accordée. Dans le cas contraire, le ministre de la justice propose, s'il y a lieu, au Premier Ministre un décret autorisant l'extradition.

Longtemps considérés comme des actes de gouvernement, les décrets d'extradition sont, depuis 1937, susceptibles d'être attaqués par la voie du recours pour excès de pouvoir (CE Ass. 28 mai 1937, *Decerf*, Rec. 534, 5.1937.3.73, note Laroque, et nos observ. sous CE 18 févr. 1875 *Prince Napoléon**). Le pourvoi formé devant le Conseil d'État émane dans la généralité des cas de la personne dont l'extradition est autorisée (cf. par exemple Ass. 3 juill. 1996, *Koné**).

L'originalité de l'affaire qui a donné lieu à l'arrêt commenté tient à ce que le Conseil d'État admet la compétence de la juridiction administrative pour connaître, à la demande d'un État étranger, de la légalité d'un refus d'extradition opposé à cet État. Mieux même, suivant intégralement les conclusions du commissaire du gouvernement Vigouroux, l'arrêt *Royaume-Uni* annule pour erreur de droit la décision de refus.

2 **II.** — Les faits qui sont à l'origine du litige concernent la situation de M. Saniman, ressortissant malais, accusé d'avoir commis à Hong Kong un nombre élevé d'infractions financières. L'intéressé ayant une résidence en France, son extradition a été demandée aux autorités françaises par le Royaume-Uni agissant pour le compte de Hong Kong et par le gouverneur de ce territoire (qui est demeuré possession de la couronne britannique jusqu'au 30 juin 1997). Une première demande a fait l'objet d'un avis défavorable à l'extradition rendu en 1987 par la chambre d'accusation de la cour d'appel de Paris. Mais, à la suite d'éléments nouveaux, la chambre d'accusation de la cour d'appel de Versailles a rendu en 1990 un avis favorable à l'extradition pour 5 des 33 chefs d'inculpation, avis dont la validité a été admise par la Cour de Cassation (Cass. Crim. 12 mars 1991, *Saniman*, Bull. Crim. n° 123, D. 1991.276, obs. G. Azibert).

Néanmoins, le 20 mars 1992, le ministre des affaires étrangères a fait connaître à l'ambassade de Grande-Bretagne le refus d'extrader. Pour deux des cinq chefs d'inculpation les autorités françaises estimaient qu'il n'était pas satisfait à la règle dite de la double incrimination en vertu de laquelle l'extradition ne peut être accordée que pour des faits punissables tant par la loi de l'État requérant que par celle de l'État requis. Or, s'agissant des chefs d'inculpation 5 et 9, le ministre de la justice considérait qu'ils n'étaient pas punis par la loi française. En outre, pour les trois autres chefs d'inculpation, le refus était motivé par l'existence de l'avis défavorable à l'extradition formulé en 1987 par la chambre d'accusation de la cour d'appel de Paris.

Après rejet d'un recours gracieux, le gouvernement du Royaume-Uni s'est pourvu devant le Conseil d'État aux fins d'obtenir l'annulation du refus d'extrader.

III. — Le commissaire du gouvernement Vigouroux a mis en évidence que la décision déférée était entachée d'erreur de droit dans la mesure où, d'une part, les chefs d'inculpation n°s 5 et 9 répondaient bien à la définition du délit d'escroquerie donnée par le code pénal français et où, d'autre part, le gouvernement s'était cru à tort lié par l'avis défavorable de la cour de Paris de 1987, en raison de la survenance, postérieurement à cet avis, de faits nouveaux. Mais l'essentiel des conclusions du commissaire a consisté à faire admettre par le Conseil d'État sa compétence pour apprécier, à la demande d'un État étranger, la légalité d'un refus d'extradition de la part du gouvernement français.

3 ***A.*** — Plusieurs considérations militaient dans le sens de l'incompétence de la juridiction administrative au motif que le litige opposant le gouvernement du Royaume-Uni à la France se rattachait à des rapports d'État à État.

1°) Tout d'abord, dans une affaire où les États-Unis avaient demandé à la France l'extradition d'un ressortissant colombien accusé de trafic de drogue, la Conseil d'État avait jugé que la « note verbale » par laquelle le Quai d'Orsay avait informé l'ambassade de Colombie de son intention de mettre à exécution le décret d'extradition au profit des États-Unis avec une possibilité de réextrader l'intéressé au profit de la Colombie n'était pas susceptible « en raison de la nature de la décision attaquée » d'être portée devant la juridiction administrative (CE 26 juill. 1985, *Mme Solis-Estarita*, Rec. 230, A. J. 1985.628, note Richer ; D. 1986.IR.14, obs. Waquet et Julien-Laferrière). Or, dans cette espèce, la décision contestée équivalait à refuser une extradition directe au profit de la Colombie.

2°) Ensuite, on peut faire valoir qu'il existe une différence importante entre le décret accordant l'extradition, qui est au premier chef opposable à l'individu extradé et un refus d'extradition directement opposé d'État à État. Dans le premier cas, le juge peut plus aisément admettre l'accès à son prétoire de la personne dont l'extradition est autorisée car cette décision met en cause sa liberté. Le recours ouvert à l'intéressé permet d'ailleurs au Conseil d'État d'exercer un contrôle étendu, non seulement au regard des conditions de fond de l'extradition, mais également en fonction des principes généraux du droit et du respect de l'ordre public français (cf. nos observ. sous CE 3 juill. 1996 *Koné**). Dans l'autre hypothèse, le débat qui s'instaure entre les États peut faire intervenir des considérations d'ordre purement diplomatique.

3°) Enfin, l'intervention d'un État étranger devant les juridictions françaises pose, par elle-même, problème.

Il a été affirmé en doctrine que « l'État étranger ne saurait apparaître devant les juges administratifs en position de demandeur. Car s'il émet une revendication juridique à l'encontre de la puissance publique française... il s'agit d'un différend interétatique, qui ne peut le cas échéant trouver de solution que par un mode international de règlement » (cf. J. Dehaussy, JDI 1991.109).

Dans le domaine de l'extradition, la Cour de cassation avait pour sa part jugé, comme le rappelait M. Vigouroux, qu'aucun texte n'autorise un État étranger – fut-il constitué partie civile devant les juridictions répressives établies sur son territoire – à intervenir dans la procédure soumise aux chambres d'accusation françaises à la suite d'une demande d'extradition (Cass. Crim. 11 févr. 1965, *Gouvernement du Viêt-nam*, Gaz. Pal. 1965.273).

4 ***B.*** — Dans ses conclusions, M. Vigouroux a fait justice de ces divers arguments.

1°) Il a écarté du débat la décision Solis Estarita de 1985 au motif qu'elle statuait moins sur un refus d'extradition que sur des discussions internationales entre la France et deux pays concurrents pour obtenir la livraison du même individu.

2°) Il a surtout insisté sur le fait que le droit de l'extradition est de plus en plus régi par des conventions internationales dont certaines, comme la convention européenne du 13 déc. 1957, font – si les conditions sont réunies – de l'octroi de l'extradition la règle et du refus l'exception. Le commissaire du gouvernement y a vu la « marque de l'évolution de l'acte de souveraineté vers l'acte de juridiction et du pouvoir discrétionnaire vers la compétence encadrée par des conditions légales ».

Dès lors que le juge veille au respect de ces conditions en cas d'octroi de l'extradition, pourquoi n'en irait-il pas de même en cas de refus ?

3°) Quant à la circonstance que le requérant est un État étranger, elle ne constitue pas davantage un obstacle car, comme le soulignait M. Vigouroux, la recevabilité de la requête dépend non de la nature étatique ou non, française ou étrangère du requérant, mais d'abord de la nature de l'acte attaqué et éventuellement du droit invoqué. Or, le Royaume-Uni vient devant le juge administratif français parce qu'il conteste un acte administratif français au nom du droit français.

Au demeurant, le Conseil d'État avait déjà admis que le Land de Sarre était recevable à contester une décision autorisant le rejet des effluents de la centrale nucléaire de Cattenom (CE 30 juin 1989, *Ministre de l'industrie, des P et T et du tourisme c. l'État de Sarre*, Rec. 155 ; CJEG 1989.333, concl. Fornacciari et note Hétier ; RFDA 1989.857, note Dubouis ; RJE 1990.109, note Colson).

C. — Pour toutes ces raisons, l'Assemblée du contentieux a suivi son commissaire du gouvernement, en relevant expressément que le refus d'extradition est « détachable de la conduite des relations diplomatiques », que le Royaume-Uni et le gouverneur de la colonie royale de Hong Kong justifient d'un intérêt leur donnant qualité pour agir, et que le refus d'extradition était en l'espèce entaché d'erreur de droit.

Postérieurement à l'arrêt du 15 oct. 1993, le gouvernement a pris à l'encontre de M. Saniman un décret autorisant son extradition, décret dont le Conseil d'État a admis la légalité (CE 29 juill. 1994, *Saniman*, Rec. 368).

IV. — L'intérêt de la jurisprudence issue de l'arrêt Royaume-Uni se manifeste aussi bien au regard du droit de l'extradition que par rapport à la notion d'acte de gouvernement.

5 ***A.*** — La décision du 15 oct. 1993 illustre la soumission de l'extradition à un processus de juridictionnalisation dont les implications sont diverses.

1°) La solution adoptée par le Conseil d'État est, si l'on se réfère aux conclusions du commissaire du gouvernement, largement motivée par l'encadrement de la décision d'extradition par des conventions internationales. En l'absence de convention entre la France et l'État requérant, la nature du refus d'extradition ne se trouve pas modifiée. On reste en présence d'un acte administratif susceptible de recours pour excès de pouvoir. Mais l'intensité du contrôle exercé par le juge pourrait ne pas être le même car les normes de référence du contrôle ne sont pas identiques. La loi du 10 mars 1927 laisse à l'exécutif une latitude plus grande pour décider de ne pas extrader que la convention européenne d'extradition de 1957.

2°) Dans la mesure où la suite donnée à des demandes d'extradition venant en concurrence est le plus souvent régie par des conventions internationales, ou, à défaut par la loi du 10 mars 1927 (art. 6), le Conseil d'État ne sera-t-il pas conduit à admettre sa compétence sur ce point, contrairement à ce qu'il avait jugé en 1985 dans l'affaire Solis Estarita ?

3°) Certains commentateurs se sont demandés également si le juge administratif, après avoir admis la possibilité pour l'État requérant de contester un refus d'extradition, adopterait la même solution s'il était saisi par une personne agissant en qualité de victime de l'infraction dont est accusé l'individu pour lequel l'extradition est sollicitée.

Sans aller jusqu'à répondre par l'affirmative à cette délicate question, le Conseil d'État a admis que l'association, « SOS Attentats » justifiait d'un intérêt pour intervenir au soutien d'une requête du gouvernement suisse dirigée contre le retrait de décrets qui avaient autorisé, à la demande de ce gouvernement, l'extradition de deux ressortissants iraniens accusés de l'assassinat d'un opposant au régime iranien réfugié en Suisse (CE 14 déc. 1994, *Confédération Hélvétique*, Rec. 549 ; AJ 1995.56, concl. Vigouroux, RFDA 1995.109 note Labayle ; RDP 1995.781, note Chappez ; JDI 1995.369, note Julien-Laferrière ; JCP 1995.II 22.389, note Nguyen Van Tuong RGDIP 1995.705, note Alland).

4°) Dans cette dernière affaire, le Conseil d'État a précisé l'étendue de son contrôle au regard des stipulations de la conventions européenne d'extradition sur la décision rapportant les décrets qui avaient antérieurement autorisé l'extradition des deux ressortissants iraniens réclamés par la Suisse.

Lorsque le retrait des décrets a été porté à la connaissance du chargé d'affaires suisse à Paris par le ministère des Affaires étrangères, a été invoqué « l'intérêt supérieur de l'État français ». Le même jour, les deux ressortissants iraniens étaient expulsés vers leur pays d'origine. Devant le Conseil d'État, le gouvernement s'est borné à soutenir que des circonstances postérieures à la signature des décrets en rendaient l'exécution illégale. Mais faute pour lui de fournir aucune précision sur la nature de ces circonstances, le Conseil d'État a estimé que la décision de retrait était intervenue en violation de la convention européenne d'extradition. Il faut voir là l'indice d'un entier contrôle de la part du juge. Ce dernier n'exclut pas, comme l'a relevé M. Vigouroux dans ses conclusions, que dans des affaires très délicates, le gouvernement puisse se prévaloir d'un état de nécessité justifiant qu'il n'exécute pas pleinement ses obligations internationales.

En outre, dans la mesure où l'obligation qui pèse sur le gouvernement trouve sa source dans une convention internationale, le non respect par l'autre Partie de ses propres engagements, pourrait fonder légalement une décision de refus de la part des autorités françaises (cf. en ce sens, J. Chappez, RDP 1995.790).

6 ***B.*** — L'audace dont a fait preuve le Conseil d'État dans le contrôle des refus d'extradition traduit une réduction du domaine d'intervention de l'acte de gouvernement, mais non sa disparition.

Aussi bien, a-t-il décliné sa compétence pour connaître de la décision du Président de la République de procéder en préalable à la négociation d'un traité international, à la reprise d'une série d'essais nucléaires, au motif qu'une telle décision n'est pas détachable de la conduite des relations internationales de la France (CE Ass. 29 sept. 1995 – *Association Greenpeace-France*, Rec. 348, – v. 3.7).

A l'inverse, a le caractère d'un acte administratif détachable des relations internationales, une décision refusant d'abroger le décret du 14 janv. 1964, qui concerne l'organisation et les conditions d'engagement des forces aériennes stratégiques (CE 8 déc. 1995, *Lavaurs*, Rec. 433).

On mesure à travers ces différents exemples que la notion d'acte détachable des relations diplomatiques n'est guère propice à des systématisations doctrinales. Elle dépend avant tout de la politique jurisprudentielle qu'entend mener le juge administratif.

103

MESURES D'ORDRE INTÉRIEUR

CE Ass. 17 févr. 1995, HARDOUIN et MARIE, Rec. 82 et 85, concl. Frydman

(AJ 1995.379, chr. Touvet et Stahl ; D. 1995.381, note Belloubet-Frier ; JCP 1995.II.22426, note Lascombe et Bernard ; LPA 28 avr. 1995, note Vlachos, 9 juin 1995 note Nguyen Van Tuong, 4 août 1995, note Otekpo ; Gaz. Pal. 30-31 août 1995, note Otekpo)

I. *Hardouin*

Cons. qu'aux termes du dernier alinéa de l'article 30 du décret du 28 juill. 1975 modifié portant règlement de discipline générale dans les armées : « A l'exception de l'avertissement, les sanctions disciplinaires font l'objet d'une inscription motivée au dossier individuel ou au livret matricule » ; que l'article 31 du même décret, dans sa rédaction résultant du décret du 21 août 1985 dispose : « les arrêts sanctionnent une faute grave ou très grave ou des fautes répétées de gravité moindre. Le militaire effectue son service dans les conditions normales mais il lui est interdit, en dehors du service de quitter son unité ou le lieu désigné par son chef de corps (...). Le nombre de jours d'arrêt susceptibles d'être infligés est de un à quatre. Pendant l'exécution de cette punition, le militaire ne peut prétendre au bénéfice d'une permission » ; *que, tant par ses effets directs sur la liberté d'aller et venir du militaire, en dehors du service, que par ses conséquences sur l'avancement ou le renouvellement des contrats d'engagement, la punition des arrêts constitue une mesure faisant grief, susceptible d'être déférée au juge de l'excès de pouvoir* ; que M. Hardouin est, dès lors, fondé à demander l'annulation du jugement attaqué, par lequel le tribunal administratif de Rennes a rejeté comme non recevables ses conclusions tendant à l'annulation de la décision du 14 mars 1986 par laquelle le ministre de la défense a rejeté son recours contre la punition de dix jours d'arrêts qui lui a été infligée le 8 nov. 1985 par le commandant de son unité ;

Cons. qu'il y a lieu d'évoquer et de statuer immédiatement sur la demande présentée par M. Hardouin devant le tribunal administratif de Rennes ;

Cons. qu'il ressort des pièces du dossier que, conformément aux dispositions de l'article 33 du décret du 28 juill. 1975 modifié, M. Hardouin a été mis à même de s'expliquer devant son chef de corps avant qu'une punition ne lui soit infligée ;

Cons. que si M. Hardouin, se fondant sur les dispositions de la loi du 11 juill. 1979, soutient que la décision par laquelle le ministre de la défense a rejeté son recours hiérarchique contre la décision qui lui avait infligé des arrêts, est irrégulière faute d'être motivée, l'obligation de motivation des sanctions posées par cette loi concerne la décision infligeant la sanction et non la décision qui se borne à rejeter la réclamation contre cette sanction ;

Cons. qu'il est établi que, lors de son retour le 8 nov. 1985 vers 0 h 45 sur l'unité navale sur laquelle il servait, M. Hardouin, alors maître timonier manifestait des signes d'ébriété ; qu'il a refusé de se soumettre à l'épreuve d'alcootest ; que ces faits étaient de nature à justifier une punition disciplinaire et qu'en infligeant une punition de 10 jours d'arrêt, l'autorité militaire n'a pas commis d'erreur manifeste d'appréciation ;

Cons. qu'il résulte de tout ce qui précède que M. Hardouin n'est pas fondé à soutenir que la décision du ministre de la défense, en date du 14 mars 1986, est entachée d'excès de pouvoir ;... (Rejet).

II. *Marie*

Cons. qu'aux termes de l'article D. 167 du code de procédure pénale : « La punition de cellule consiste dans le placement du détenu dans une cellule aménagée à cet effet et qu'il doit occuper seul ; sa durée ne peut excéder quarante-cinq jours... » ; que l'article D. 169 du même code prévoit que « La mise en cellule de punition entraîne pendant toute sa durée, la privation de cantine et des visites. Elle comporte aussi des restrictions à la correspondance autre que familiale... » ; qu'en vertu de l'article 721 du même code, des réductions de peine peuvent être accordées aux condamnés détenus en exécution de peines privatives de liberté « s'ils ont donné des preuves suffisantes de bonne conduite » et que les réductions ainsi octroyées peuvent être rapportées « en cas de mauvaise conduite du condamné en détention » ; *que, eu égard à la nature et à la gravité de cette mesure, la punition de cellule constitue une décision faisant grief susceptible d'être déférée au juge de l'excès de pouvoir ;* que M. Marie est, dès lors, fondé à demander l'annulation du jugement attaqué, par lequel le tribunal administratif de Versailles a rejeté comme non recevable sa demande tendant à l'annulation de la décision du 29 juin 1987 par laquelle le directeur de la maison d'arrêt de Fleury-Mérogis lui a infligé la sanction de mise en cellule de punition pour une durée de huit jours, avec sursis, ainsi que de la décision implicite du directeur régional des services pénitentiaires rejetant son recours hiérarchique contre cette décision ;

Cons. qu'il y a lieu d'évoquer et de statuer immédiatement sur la demande présentée par M. Marie devant le tribunal administratif de Versailles ;

Cons. qu'aux termes de l'article D. 262 du code de procédure pénale, « Les détenus peuvent, à tout moment, adresser des lettres aux autorités administratives et judiciaires françaises (...) Les détenus qui mettraient à profit la faculté qui leur est ainsi accordée soit pour formuler des outrages, des menaces ou des imputations calomnieuses, soit pour multiplier des réclamations injustifiées ayant déjà fait l'objet d'une décision de rejet, encourent une sanction disciplinaire, sans préjudice de sanctions pénales éventuelles » ;

Cons. que, pour infliger à M. Marie la sanction de huit jours, avec sursis, de cellule de punition, le directeur de la maison d'arrêt de Fleury-Mérogis s'est fondé sur ce que la lettre du 4 juin 1987 adressée par ce détenu au chef du service de l'inspection générale des affaires sociales, pour se plaindre du fonctionnement du service médical de l'établissement, avait le caractère d'une réclamation injustifiée ;

Cons. qu'il ne ressort pas des pièces du dossier et qu'il n'est du reste pas allégué, que cette réclamation, à la supposer injustifiée, ait fait suite à de précédentes plaintes ayant fait l'objet de décisions de rejet ; que si le garde des sceaux, ministre de la justice soutient que cette réclamation comportait des imputations calomnieuses, un tel grief ne figure pas dans les motifs de la décision attaquée et qu'au surplus, si la lettre de M. Marie énonce des critiques dans des termes peu mesurés, elle ne contient ni outrage, ni menace, ni imputation pouvant être qualifiés de calomnieux ; que, dès lors, en prenant la décision attaquée, le directeur de la maison d'arrêt dont la décision a été implicitement confirmée par le directeur régional des services pénitentiaires, s'est fondé sur des faits qui ne sont pas de nature à justifier une sanction ; que, par suite, et sans qu'il soit besoin d'examiner les autres moyens de la requête, M. Marie est fondé à demander l'annulation de ces décisions ;... (Annulation).

OBSERVATIONS

1 **I.** — Le 8 novembre 1985, vers 0 h 45, le maître timonier Philippe Hardouin, en service sur le navire de guerre « le Vauquelin », qui faisait escale aux Canaries, était en état d'ivresse et a refusé de se soumettre à une épreuve d'alcootest ; il a été puni, pour ce motif, de dix jours d'arrêt.

M. Pascal Marie, détenu à la prison de Fleury-Mérogis a écrit au chef du service de l'inspection générale des affaires sociales pour se plaindre d'un refus de soins dentaires. En raison de cette plainte, il s'est vu infliger par le directeur de l'établissement, le 29 juin 1987, une sanction de mise en « cellule de punition » pour une durée de huit jours, avec sursis.

Ces deux affaires banales et mineures ont provoqué un important revirement de jurisprudence inscrit dans deux décisions rendues le même jour par l'Assemblée du contentieux.

En effet, ceux qui avaient fait l'objet de ces sanctions les ont déférées aux tribunaux administratifs de Rennes et de Versailles territorialement compétents. Ces deux juridictions ont rejeté les requêtes comme irrecevables, en appliquant une jurisprudence absolument constante du Conseil d'État selon laquelle de telles punitions constituent des « mesures d'ordre intérieur » qui ne sont pas susceptibles de faire l'objet d'un recours contentieux.

Sur l'appel des intéressés, le Conseil d'État a abandonné cette jurisprudence. Il a considéré que la punition frappant M. Hardouin pouvait être attaquée par la voie du recours pour excès de pouvoir en raison de « ses effets directs sur la liberté d'aller et venir du militaire, en dehors du service » et de « ses conséquences sur l'avancement ou le renouvellement des contrats d'engagement ». Il a adopté la même solution pour la punition de cellule infligée à M. Marie, « eu égard à la nature et à la gravité de cette mesure ». Mais les sorts des deux requérants diffèrent en ce qui concerne le fond de l'affaire : la sanction infligée au militaire est jugée légale, en raison des fautes qu'il a commises, alors que celle dont le prisonnier a fait l'objet est annulée parce que les critiques qu'il avait formulées contre l'administration pénitentiaire, même si elles étaient énoncées en termes peu mesurés, ne contenaient ni outrage, ni menace, ni imputation calomnieuse.

2 **II.** — Le Conseil d'État a suivi les conclusions du commissaire du gouvernement Patrick Frydman. La jurisprudence antérieure était fondée principalement sur deux idées : les mesures d'ordre intérieur étant d'importance minime, le juge ne devait pas en être saisi en vertu du vieil adage latin *de minimis non curat praetor* ; et l'intervention du contrôle juridictionnel aurait risqué d'affaiblir la discipline nécessaire, notamment dans l'armée, les prisons et les écoles. Le commissaire du gouvernement a proposé de la faire évoluer en invoquant notamment cinq arguments :

– « on ne peut manquer d'être sensible aux conséquences préjudiciables qui s'attachent, pour les personnes concernées, au prononcé de sanctions disciplinaires et corrélativement, au considérable progrès du droit que représenterait la soumission de telles mesures au contrôle du juge... les punitions infligées tant aux détenus qu'aux militaires comportent en réalité des effets de droit et de fait qui, non seulement, s'avèrent plus sensibles que ceux de bien d'autres actes dont le juge administratif examine chaque jour la légalité, mais, surtout, rendent à nos yeux indispensable la soumission de telles sanctions à un contrôle juridictionnel... l'on ne peut, de ce point de vue, s'empêcher de voir dans votre jurisprudence actuelle une manifestation d'archaïsme, sinon constitutive – comme il a parfois été dit – d'un véritable déni de justice, du moins difficilement compatible avec les principes de l'État de droit tel qu'il est aujourd'hui entendu » ;

– « le revirement jurisprudentiel ainsi rendu nécessaire nous apparaît par ailleurs facilité, en deuxième lieu, par l'évolution récente qu'a connue notre droit en direction d'un rétrécissement du domaine des mesures d'ordre intérieur... La méthode que vous avez adoptée pour ce faire consiste précisément à exclure de cette catégorie les décisions ayant en réalité pour effet de porter une atteinte substantielle aux droits et libertés ou à la situation juridique ou statutaire de leurs destinataires » ;

– « le renversement de votre position traditionnelle nous paraît impliqué, en troisième lieu, par un facteur juridique qui n'est d'ailleurs pas sans lien avec cette évolution plus générale du droit des mesures d'ordre intérieur :... les obligations, résultant de certains engagements souscrits par la France et, tout particulièrement, de la Convention européenne de sauvegarde des droits de l'homme et des libertés fondamentales du 4 novembre 1950 » ;

– « parmi les éléments qui militent fortement en faveur de la recevabilité des recours dirigés contre les sanctions disciplinaires figure également, en quatrième lieu, le constat suivant lequel de tels recours sont possibles... dans la plupart des États comparables au nôtre » ;

– « ce renversement nous paraît par ailleurs favorisé, en cinquième lieu, par la notable évolution sociologique qu'ont connue le milieu pénitentiaire et l'armée dans les dernières décennies, et qui les a conduits tout à la fois à mieux reconnaître les droits de l'individu et à s'ouvrir à un contrôle extérieur ».

Cette forte argumentation reprenait des critiques formulées depuis une vingtaine d'années par une partie de la doctrine contre une jurisprudence séculaire. Il est intéressant de constater qu'elle s'appuie en outre sur des considérations de droit international et sur des éléments de droit comparé : ce sont là des attitudes nouvelles pour le juge administratif, qui s'est situé pendant très longtemps dans un cadre purement et spécifiquement français.

3 **III.** — Ainsi que l'a souligné le commissaire du gouvernement, la catégorie des mesures d'ordre intérieur était en voie de rétrécissement, tout comme l'autre grand secteur des actes insusceptibles de recours, celui des actes de gouvernement (CE 19 févr. 1875, *Prince Napoléon**).

Pour s'en tenir aux principales décisions d'ordre individuel, le Conseil d'État avait accepté d'examiner les recours dirigés contre les notes attribuées aux fonctionnaires (Sect. 23 nov. 1962, *Camara*, Rec. 627 ; AJ 1962.666, chr. Gentot et Fourré), aux magistrats (Ass. 31 janv. 1975, *Volff,* Rec. 70 ; v. 74.3) ou aux militaires (Sect. 22 avr. 1973, *Pierron,* Rec. 184 ; AJ 1977.360, chr. Nauwelaers et Fabius ; RA 1977.378, note Darcy), ou encore des mesures prises en matière de résultats de compétitions sportives (Sect. 25 janvier 1991, *Vigier,* Rec. 29 ; AJ 1991.389, concl. Leroy ; D. 1991.611, note Fernandez-Maublanc ; LQJ 6 juill. 1991, note Maligner).

4 La principale avancée jurisprudentielle dans ce domaine a concerné le secteur de l'éducation nationale. Alors que l'interdiction de porter un insigne à l'école était considérée comme une mesure d'ordre intérieur (CE Sect. 21 oct. 1938, *Lote,* Rec. 786), l'affaire dite du « foulard islamique » a conduit le Conseil d'État à abandonner cette jurisprudence : désormais, le règlement intérieur d'une école qui interdit « le port de tout signe distinctif, vestimentaire ou autre, d'ordre religieux, politique ou philosophique », et l'exclusion des élèves qui avaient porté un foulard couvrant leur chevelure sont des décisions susceptibles de recours (CE 21 nov. 1992, *Kherouaa,* Rec. 389 ; v. 26.6).

5 En revanche, la jurisprudence demeurait ferme dans le domaine des punitions militaires (CE Sect. 11 juill. 1947, *Dewavrin,* Rec. 307) et pénitentiaires (Ass. 27 janv. 1984, *Caillol,* Rec. 28 ; AJ 1984.72, chr. Lasserre et Delarue ; RDP, 1984.483, concl. Genevois ; RFDA 1984, n° 0, note Moderne). Cette dernière décision, rendue en Assemblée du contentieux contrairement aux conclusions du commissaire du gouvernement, était particulièrement caractéristique : le juge administratif refusait en effet d'examiner la mesure par laquelle un détenu avait été

placé en « quartier de plus grande sécurité ». Il n'acceptait pas non plus de connaître de telles décisions par la voie d'une action en responsabilité, malgré une décision demeurée isolée (CE Sect. 9 juin 1978, *Spire,* Rec. 237). Tout au plus avait-il, dans un arrêt passé inaperçu, accepté de connaître d'une punition militaire par le biais des effets d'une loi d'amnistie (CE 2 déc. 1959, *Lacaze,* Rec. 641).

Le maintien de cette jurisprudence rigoureuse était d'autant plus difficile que les punitions en question revêtaient parfois une certaine gravité et, que dans l'armée, elles coexistaient avec des sanctions dites statutaires comme le retrait d'emploi, qui ont toujours fait l'objet d'un contrôle juridictionnel.

IV. — Il reste à préciser la portée de la nouvelle jurisprudence.

Le commissaire du gouvernement a indiqué qu'elle ne devrait pas concerner toutes les punitions infligées dans les prisons ou dans l'armée, mais seulement celles « qui entraîneraient soit une atteinte sensible à des libertés ou droits protégés – critère qui intégrerait d'ailleurs notamment l'éventuelle aggravation sensible des conditions de vie de la personne punie, soit une atteinte substantielle à la situation statutaire ou administrative de l'intéressé – critère qui couvrirait en particulier, pour sa part, les éventuelles conséquences de la mesure sur les perspectives de carrière ».

Dans ses décisions du 17 févr. 1995, comme dans des affaires ultérieures, le Conseil d'État a retenu ces limites.

6 *1°)* S'agissant des *militaires*, dans la décision *Hardouin*, il a pris en considération les effets de la punition sur la liberté d'aller et venir de l'intéressé et sur sa carrière ultérieure. Par la suite, il a admis que d'une façon générale une « punition disciplinaire » telle qu'un blâme peut faire l'objet d'un recours pour excés de pouvoir (CE 12 juill. 1995 *Monfroy*, Rec. 304)

7 *2°)* S'agissant des *détenus*, la décision *Marie* se fonde « sur la nature et la gravité » de la mesure pour estimer qu'elle est susceptible de faire l'objet d'un recours contentieux. Il a été estimé ultérieurement, que pouvait être contestée par là même voie une décision de l'administration pénitentiaire relative à la procédure d'acquisition par les détenus d'un centre, de matériel informatique (CE 18 mars 1998, *Druelle*, Rec. 98 ; RFDA 1999. 227, concl. Bonichot). En revanche, le Conseil d'État a estimé qu'une mesure de mise à l'isolement d'un détenu demeure au nombre des mesures d'ordre intérieur, faute d'exercer une influence sur la situation juridique du détenu (CE 28 févr. 1996, *Fauqueux*. Rec. 52 ; D. 1996.IR.134). Il s'est prononcé dans le même sens à propos de la décision de placement d'un détenu en cellule disciplinaire à titre préventif (CE 12 mars 2003, *Ministre de la justice c/ Frérot*, AJ 2003.1271, concl. contr. Olson ; D.2003.1585, note Péchillon).

Il faudra de nouvelles affaires pour que le Conseil d'État précise davantage la portée de la jurisprudence *Marie*.

D'ores et déjà l'intervention d'un décret du 2 avril 1996 et la jurisprudence des tribunaux administratifs traduisent une évolution du droit disciplinaire pénitentiaire vers une meilleure prise en considération des droits des détenus (cf. M. Herzog-Evans et JP. Céré « La discipline pénitentiaire ; naissance d'une jurisprudence » D. 1999.50 et le commentaire par les mêmes auteurs de jugements de tribunaux administratifs relatifs au permis de visite à un détenu, LPA 11 sept. 2000).

104

DIGNITÉ DE LA PERSONNE HUMAINE ORDRE PUBLIC – POLICE

CE Ass. 27 oct. 1995, COMMUNE DE MORSANG-SUR-ORGE, Rec. 372, concl. Frydman

(RFDA 1995.1204, concl. Frydman ; RFDD 1996, n° 3, p. 85, concl. Frydman, obs. Vigouroux ; RTDH 1996.657, concl. Frydman, note Deffains ; AJ 1995.878, chr. Stahl et Chauvaux ; D. 1996.177, note G. Lebreton ; JCP 1996.II.22630, note F. Hamon ; RDP 1996.536, notes Gros et Froment)

Vu le code des communes et notamment son article L. 131-2 ; la Convention européenne de sauvegarde des droits de l'homme et des libertés fondamentales ; le code des tribunaux administratifs et des cours administratives d'appel ; l'ordonnance n° 45-1708 du 31 juillet 1945, le décret n° 53-934 du 30 septembre 1953 et la loi n° 87-1127 du 31 décembre 1987 ;...

Sans qu'il soit besoin d'examiner les autres moyens de la requête :

Cons. qu'aux termes de l'article L. 131-2 du code des communes : « La police municipale a pour objet d'assurer le bon ordre, la sûreté, la sécurité et la salubrité publique » ;

Cons. qu'il appartient à l'autorité investie du pouvoir de police municipale de prendre toute mesure pour prévenir une atteinte à l'ordre public ; que *le respect de la dignité de la personne humaine est une des composantes de l'ordre public ;* que *l'autorité investie du pouvoir de police municipale peut, même en l'absence de circonstances locales particulières, interdire une attraction qui porte atteinte au respect de la dignité de la personne humaine* ;

Cons. que l'attraction de « lancer de nain » consistant à faire lancer un nain par des spectateurs conduit à utiliser comme un projectile une personne affectée d'un handicap physique et présentée comme telle ; que, *par son objet même, une telle attraction porte atteinte à la dignité de la personne humaine ;* que *l'autorité investie du pouvoir de police municipale pouvait, dès lors, l'interdire même en l'absence de circonstances locales particulières et alors même que des mesures de protection avaient été prises pour assurer la sécurité de la personne en cause et que celle-ci se prêtait librement à cette exhibition, contre rémunération ;*

Cons. que, pour annuler l'arrêté du 25 octobre 1991 du maire de Morsang-sur-Orge interdisant le spectacle de « lancer de nains » prévu le même jour dans une discothèque de la ville, le tribunal administratif de Versailles s'est fondé sur le fait qu'à supposer même que le spectacle ait porté atteinte à la dignité de la personne humaine, son interdiction ne pouvait être légalement prononcée en l'absence de circonstances locales particulières ; qu'il résulte de ce qui précède qu'un tel motif est erroné en droit ;

Cons. qu'il appartient au Conseil d'État saisi par l'effet dévolutif de l'appel, d'examiner les autres moyens invoqués par la société Fun Production et M. Wackenheim tant devant le tribunal administratif que devant le Conseil d'État ;

Cons. que *le respect du principe de la liberté du travail et de celui de la liberté du commerce et de l'industrie ne fait pas obstacle à ce que l'autorité investie du pouvoir de police municipale interdise une activité même licite si une telle mesure est seule de nature à prévenir ou faire cesser un trouble à l'ordre public ;* que tel est le cas en l'espèce, eu égard à la nature de l'attraction en cause ;

Cons. que le maire de Morsang-sur-Orge ayant fondé sa décision sur les dispositions précitées de l'article L. 131-2 du code des communes qui justifiaient, à elles seules, une mesure d'interdiction du spectacle, le moyen tiré de ce que cette décision ne pouvait trouver sa base légale ni dans l'article 3 de la Convention européenne de sauvegarde des droits de l'homme et des libertés fondamentales, ni dans une circulaire du ministre de l'Intérieur, du 27 novembre 1991, est inopérant ;

Cons. qu'il résulte de tout ce qui précède que c'est à tort que, par le jugement attaqué, le tribunal administratif de Versailles a prononcé l'annulation de l'arrêté du maire de Morsang-sur-Orge en date du 25 octobre 1991 et a condamné la commune de Morsang-sur-Orge à verser aux demandeurs la somme de 10 000 F ; que, par voie de conséquence, il y a lieu de rejeter leurs conclusions tendant à l'augmentation du montant de cette indemnité ;... (annulation du jugement et rejet de la demande).

OBSERVATIONS

1 Le « lancer de nain » est un « jeu » consistant à projeter le plus loin possible un nain revêtu d'un costume permettant à la fois de le saisir par des poignées et de le protéger dans sa chute sur un tapis de réception. Cette pratique a commencé à se développer en France au début des années 1990, essentiellement dans des discothèques, où elle a donné lieu à une exploitation commerciale à laquelle se prêtait la personne même en faisant l'objet.

Le maire de Morsang-sur-Orge a pris un arrêté interdisant ce spectacle dans une discothèque de sa commune. Celui d'Aix-en-Provence a pris la même mesure quelques mois plus tard. Les tribunaux administratifs de Versailles (25 févr. 1992, *Société Fun Productions, M. Wackeneim c. Commune de Morsang-sur-Orge,* AJ 1992.525, note Vimbert ; RFDA 1992.1026, note Flauss) et de Marseille (8 oct. 1992, mêmes requérants c. *Ville d'Aix-en-Provence*) en prononcèrent l'annulation comme excédant les pouvoirs de police du maire. Le Conseil d'État en a admis au contraire la légalité par deux arrêts rendus le 27 oct. 1995 dans les mêmes termes, aux conclusions de M. Patrick Frydman. Le Comité des droits de l'Homme des Nations unies a confirmé cette position (26 juill. 2002, *Wackeneim*, RTDH 2003-1017, note Levinet).

Le Conseil d'État a reconnu « *le respect de la dignité de la personne humaine* » (I) comme « *une des composantes de l'ordre public* » (II) qu'il revient aux maires d'assurer dans l'exercice de leur *pouvoir de police* (III).

2 **I.** — *Le respect de la dignité humaine* fait pour la première fois l'objet d'une reconnaissance dans la jurisprudence administrative (A) pour être appliqué à une activité qui lui porte atteinte (B).

A. — Il a un fondement essentiellement philosophique, lié à la conception de la nature humaine. Sa traduction dans l'ordre juridique est relativement récente. La Déclaration des droits de l'homme et du citoyen ne le mentionne pas, même si l'on peut considérer que « les droits naturels, inaliénables et sacrés » qu'elle proclame sont inséparables d'une dignité qui, pour ne pas être exprimée, est au moins sous-jacente. Ce sont les atteintes dont elle a fait l'objet à l'époque contemporaine qui ont conduit à lui donner une formulation juridique.

Plusieurs instruments internationaux en ont reconnu des éléments. Le Pacte international sur les droits civils et politiques du 16 déc. 1966, auquel la France a adhéré en vertu de la loi du 25 juin 1980, reconnaît « que ces droits découlent de la dignité inhérente à la personne humaine ». La Convention européenne de sauvegarde des droits de l'homme et des libertés fondamentales du 4 nov. 1950 interdit notamment, dans son article 3, les « traitements inhumains ou dégradants » ; selon la Cour européenne des droits de l'homme (22 nov. 1995, *SW c. Royaume-Uni*, Série A 335 B, § 44), l'essence même de la Convention est « le respect de la dignité et de la liberté humaines ». La Charte des droits fondamentaux de l'Union européenne lui a consacré son article 1er.

La Cour de justice des Communautés européennes place dans les principes généraux du droit communautaire le « droit fondamental à la dignité humaine » (9 oct. 2001, *Pays-Bas c. Parlement et Conseil*, aff. C-377/98, Rec. I.7079, concl. Jacobs).

Le législateur français, dans la loi du 30 sept. 1986 relative à la liberté de communication, a limité celle-ci « dans la mesure requise... par le respect de la personne humaine ». La loi du 29 juill. 1994 relative au respect du corps humain introduit dans le code civil un article 16 selon lequel « la loi assure la primauté de la personne, interdit toute atteinte à la dignité de celle-ci et garantit le respect de l'être humain dès le commencement de sa vie ».

A cette occasion, le Conseil constitutionnel (94-343/344 DC 27 juill. 1994, Rec. 100 ; D.1995.J.237, note Mathieu et SC 299, obs. Favoreu ; RDP 1994.1647, comm. F. Luchaire ; RFDA 1994.1019, comm. Mathieu ; RFDC 1994.799, comm. Favoreu ; GD no 47), en s'appuyant sur la première phrase du préambule de la Constitution de 1946, a considéré « que la sauvegarde de la dignité de la personne humaine contre toute forme d'asservissement et de dégradation est un principe à valeur constitutionnelle ».

Le Conseil d'État lui-même avait déjà souligné la nécessité de préserver « la dignité... de la personne » à l'occasion des contrôles exercés sur les salariés (11 juill. 1990, *Ministre des affaires sociales et de l'emploi c. Syndicat CGT de la Société Griffine-Maréchal*, Rec. 215), et rappelé « les principes déontologiques fondamentaux relatifs au respect de la personne humaine, qui s'imposent au médecin dans ses rapports avec son patient (et) ne cessent de s'appliquer avec la mort de celui-ci » (Ass. 2 juill. 1993, *Milhaud*, Rec. 194, concl. Kessler ; RDSS 1994.52, concl. Kessler ; RFDA 1993.1002, concl. Kessler ; AJ 1993.530, chr. Maugüé et Touvet ; D. 1994.74, note Peyrical ; JCP 1993.II.22133, note Gonod – dans un sens voisin, Cass. 1re Civ. 20 déc. 2000, Bull. civ. I. n° 341, p. 220, D. 2001.1990, obs. Lepage, à propos de la publication de la photographie du corps de la victime d'un assassinat).

L'affirmation du « respect de la dignité de la personne humaine » par les arrêts *Commune de Morsang-sur-Orge* et *Ville d'Aix-en-Provence* ne constitue ainsi qu'un prolongement de solutions bien établies en droit positif.

3 ***B.*** — La nouveauté tient aux circonstances à propos desquelles elle est ici émise. Jusqu'à présent, ce sont les atteintes aux personnes par les pouvoirs, publics ou privés, qui avaient été essentiellement visées. Dans l'affaire du « lancer de nain », elles résultent du comportement de simples particuliers avec l'accord de l'intéressé.

Les organisateurs du spectacle (discothèques, société produisant le « jeu »), les spectateurs procédant ou assistant au « lancer » se livrent aux pratiques contestées sans exercer de contrainte sur celui qui en fait l'objet. Celui-ci y consent pleinement, trouvant dans cette activité une rémunération substantielle : en l'espèce, il contestait les arrêtés municipaux qui, interdisant l'une, le privaient de l'autre.

Ces considérations ne sont pas suffisantes pour établir qu'une telle pratique ne porte pas atteinte à la dignité humaine. Celle-ci n'a pas seulement à être respectée par les autorités ; elle doit l'être tout autant par les individus dans leurs rapports entre eux et par chacun pour soi-même. On ne peut consentir à sa propre dégradation.

Or le lancer de nain fait d'une personne exactement un objet entre les mains des autres. Bien plus, le handicap dont elle est atteinte est en lui-même un élément de l'attraction, non seulement parce que son poids facilite le lancer mais parce que sa difformité suscite curiosité voire perversité.

Le Conseil d'État a donc considéré, conformément à la démonstration de M. Frydman, « que l'attraction de "lancer de nain" consistant à faire lancer un nain par des spectateurs conduit à utiliser comme un projectile une personne affectée d'un handicap physique et présentée comme telle ; que, par son objet même, une telle attraction porte atteinte à la dignité de la personne humaine ».

4 **II.** — Encore faut-il, pour que le pouvoir de police puisse s'exercer, que le respect de la dignité de la personne humaine fasse partie de *l'ordre public* qu'il a pour but d'assurer. Les *composantes* en sont souvent présentées de manière limitative (A). Elle englobent pourtant dans une certaine mesure la moralité publique (B) et, à coup sûr, la dignité humaine (C).

A. — La trilogie des éléments qui, selon la présentation courante, constituent l'ordre public a pour origine les formules de lois anciennes (1789-1790, 1884), reprises à l'article L. 131-2 du code des communes et, aujourd'hui à l'article L. 2212-2 du code général des collectivités territoriales, qui couvrent, « le bon ordre », « la sûreté, la sécurité et la salubrité publiques ». La sûreté et la sécurité concernent essentiellement, outre la liberté individuelle, la protection des personnes et des biens contre les risques divers dont ils peuvent être victimes ; la salubrité est liée à l'hygiène et à la santé ; s'y ajoute « la tranquillité publique », que peuvent perturber notamment les manifestations et autres tumultes.

Aucun de ces aspects n'était atteint par le lancer d'un nain : celui-ci « se prêtait librement à cette exhibition » ; des précautions, dans sa tenue et dans le tapis le recevant, le protégeaient contre les accidents (« des mesures de protection avaient été prises pour assurer la sécurité ») ; ni l'hygiène ni la santé de l'intéressé ou des spectateurs n'étaient menacés ; la tranquillité publique ne l'était pas non plus, puisque l'exercice ne provoquait pas par lui-même de tumulte extérieur : si des nuisances peuvent être causées au voisinage, c'est par la sonorité de la « musique » des discothèques (par ex. CE 12 mars 1986, *Préfet de police de Paris c. Metzler*, Rec. 70 ; D. 1986.422, note Terneyre), non par le lancer de nain lui-même.

Reste « le bon ordre » dans son sens général et imprécis. On peut se demander s'il englobe des aspects distincts des précédents.

5 ***B.*** — La question se pose spécialement à propos de la *moralité publique.*

Celle-ci dépasse « l'ordre matériel et extérieur », que, selon M. Hauriou, couvre seulement l'ordre public. Elle peut rejoindre l'ordre moral, qu'un État libéral se refuse à imposer.

Pourtant la jurisprudence a déjà eu l'occasion de tenir compte de considérations morales en liaison avec d'autres.

Dans l'arrêt du 18 déc. 1959, *Société « les films Lutetia »**, le Conseil d'État a admis que la projection d'un film peut être interdite notamment « à raison du caractère immoral dudit film et de circonstances locales » : à lui seul, le caractère immoral ne serait pas suffisant. L'arrêt (Sect.) du 30 juin 2000, *Association Promouvoir, M. et Mme Mazaudier* (v. n° 80.9) a annulé la décision accordant un visa d'exploitation au film « Baise-moi » car celui-ci, « composé pour l'essentiel d'une succession de scènes de grande violence et de scènes de sexe non simulées », « constitue ainsi un message pornographique et d'incitation à la violence... qui pourrait relever des dispositions de l'article 227.24 du code pénal » (v. nos obs. sous CE 6 déc. 1996, *Société Lambda**). Si « la moralité publique » a également justifié des mesures de police pour lutter contre la prostitution, c'est en liaison avec « le bon ordre » (CE 17 déc. 1909, *Chambre syndicale de la corporation des marchands de vins et liquoristes de Paris*, Rec. 990), « l'ordre, la santé » (CE 11 déc. 1946, *dames Hubert et Crépelle*, Rec. 300), en tant qu'elles sont nécessaires pour « faire cesser un trouble apporté à l'ordre public » (CE 30 sept. 1960, *Jauffret*, Rec. 504). De même un maire a pu « prescrire les mesures nécessaires pour assurer le maintien du bon ordre et de la décence sur le rivage de la mer » (CE Sect. 30 mai 1930, *Beaugé*, Rec. 582). La mention du « bon ordre » à côté de celle de la moralité ou de la décence peut apparaître purement formelle.

Elle disparaît dans certains cas, pour ne laisser place qu'à celle de la moralité. En prononçant l'interdiction de combats de boxe comme « contraires à l'hygiène morale », le maire de Châlons-sur-Marne s'est fondé sur des motifs « qui ne peuvent être regardés comme étrangers à l'ordre public » (CE 7 nov. 1924, *Club indépendant sportif du châlonnais*, Rec. 863). Encore « le caractère brutal et parfois sauvage » de ces combats était-il associé aux motifs retenus. La considération de la sécurité reste sous-jacente.

M. Frydman a reconnu, se référant à de bons auteurs (R. Chapus), que « selon la jurisprudence, la moralité publique est la quatrième composante de la notion d'ordre public ».

C. — L'arrêt ne va pas jusque-là. Alors que M. Frydman soutenait « que le respect de la dignité humaine constitue lui-même l'une des composantes essentielles de la moralité publique », le Conseil d'État considère directement « que le respect de la dignité de la personne humaine est une des composantes de l'ordre public », sans mentionner la moralité publique.

Il évite ainsi de faire référence à une notion approximative et difficile à manier en matière de police.

Il n'en donne que plus de force à l'insertion du respect de la dignité de la personne humaine dans la notion d'ordre public : par lui-même, sans référence à la moralité et *a fortiori* à la morale, ce respect fait partie intégrante de l'ordre public.

Celui-ci ne peut cependant être défini comme purement « matériel et extérieur ». Il ne se limite pas à la sûreté, à la sécurité, à la salubrité et à la tranquillité publiques. Il couvre une conception de l'homme, que la société doit respecter et les pouvoirs publics, faire respecter.

6 **III.** — Il n'était pourtant pas absolument évident qu'il revînt aux maires de le faire en prenant, dans l'exercice de leur *pouvoir de police générale* (A), une mesure aussi grave que *l'interdiction* (B).

A. — *Le pouvoir de police générale* des maires s'exerce normalement en l'absence de polices spéciales et en présence de circonstances locales.

Or, s'agissant de lancer de nain, il existe une police spéciale et il n'existe pas de circonstances locales.

Cela n'empêche pas que le maire puisse agir.

1°) Les spectacles sont régis par une ordonnance du 13 oct. 1945. Elle les soumet à « une législation spéciale » et les classe en six catégories, dans la dernière desquelles figurent les « spectacles forains, exhibitions de chants et de danse dans les lieux publics et tous spectacles de curiosités ou de variétés », qui à l'époque étaient « soumis à une autorisation du maire ».

Il n'est pas douteux que le lancer de nain est un spectacle de curiosité (malsaine) pour lequel une autorisation aurait dû être demandée au maire. Si elle l'avait été, le maire n'aurait eu qu'à la refuser (comme celui de Châlons-sur-Marne avait pu le faire, sur le fondement d'un texte antérieur, mais identique à celui de 1945, pour les combats de boxe : CE 7 nov. 1924, *Club indépendant sportif du châlonnais*, précité).

L'existence d'une police spéciale peut exclure l'intervention des autorités de police générale, soit parce qu'elle porte sur un objet étranger à la police générale, soit parce qu'elle est entièrement substituée à la police générale. En l'espèce, l'objet particulier de la police des spectacles n'empêche pas qu'elle s'exerce pour des motifs d'ordre public et par une autorité identiques à ceux de la police générale, comme l'a souligné M. Frydman. Mais, puisque le législateur a permis l'adoption de mesures particulières (le refus d'une autorisation), y avait-il lieu d'en prendre une autre au titre de la police générale (interdiction) ? Deux raisons conduisaient à l'admettre. La première, de fait, tient à ce qu'aucune demande d'autorisation n'ayant été demandée, le maire n'avait pas été mis à même de la refuser en vertu du pouvoir spécial qui lui est attribué. La seconde, de droit, est que la législation spéciale sur les spectacles de curiosité, en exigeant une autorisation du maire, fait de l'interdiction le principe, et de l'autorisation, l'exception. En interdisant le spectacle en vertu de son pouvoir de police générale, le maire n'a fait que rejoindre le principe du dispositif de la législation spéciale : la police générale vient ainsi à l'appui de la police spéciale. Cet aspect n'a pas été exprimé par l'arrêt (qui n'a pas eu « besoin d'examiner les autres moyens de la requête ») ni même souligné ailleurs.

N'en est pas moins confirmée la possibilité de combiner police spéciale et police générale (v. nos obs. sous CE 18 déc. 1959, *Société « Les films Lutetia »**). Cette possibilité peut se trouver renforcée à propos des spectacles depuis que la loi du 18 mars 1999 a abrogé l'article 13 de l'ordonnance de 1945, qui exigeait une autorisation pour les « spectacles forains... et tous spectacles de curiosités ou de variétés ».

7 *2°)* Le pouvoir de police générale du maire lui est attribué pour faire face aux circonstances qui se produisent sur le territoire de sa commune : celles-ci lui permettent d'aggraver les dispositions prises par d'autres autorités de police, générale (CE 18 avr. 1902, *Commune de Néris-les-Bains** ; – 8 août 1919, *Labonne**) ou spéciale (*Société « Les films Lutetia »**), en raison de particularités propres à la commune. C'est ce qu'avait relevé le Conseil d'État dans l'arrêt précité du 30 mai 1930, *Beaugé* : « le maire de Biarritz, en raison de la disposition naturelle et de la fréquentation des plages et falaises de cette commune, a pu, sans excès de pouvoir, interdire aux baigneurs de se déshabiller et de se rhabiller sur lesdites plages ou falaises ».

Or, s'agissant de lancer de nain, il n'existait ni à Morsang-sur-Orge ni à Aix-en-Provence de circonstance particulière. Certes l'annonce du spectacle avait suscité des protestations. Mais elles n'étaient pas spécifiques à ces deux communes. En réalité, le spectacle était contesté en lui-même, en quelque lieu que ce fût : c'est au niveau national que le problème se posait.

La solution aurait pu être donnée par les autorités chargées des pouvoirs de police à ce niveau, c'est-à-dire normalement aujourd'hui le Premier ministre (8 août 1919, *Labonne**). Mais, outre qu'il n'était pas évident juridiquement qu'elles auraient dû l'adopter (puisque l'exigence d'une autorisation pour ce type de spectacle équivaut déjà à une interdiction de principe), elles ne l'avaient pas fait.

L'absence de mesure au niveau national pour une atteinte à l'ordre public qui peut se produire sur tout le territoire ne peut priver les autorités locales de police du pouvoir de prendre, dans le ressort dont elles ont la charge, celles qui sont nécessaires pour assurer l'ordre public si une activité lui porte atteinte.

C'est ce que reconnaît expressément l'arrêt : « l'autorité investie du pouvoir de police municipale pouvait, dès lors, l'interdire même en l'absence de circonstances locales particulières ».

8 ***B.*** — La mesure de police la plus grave est par là-même admise : *l'interdiction* pure et simple.

Car il n'y avait ni libertés qui puissent s'y opposer, ni autre solution qui pût être adoptée.

1°) Les autorités de police doivent tenir compte des libertés dont bénéficie une activité et les respecter dans toute la mesure du possible (v. nos obs. sous CE 19 mai 1933, *Benjamin**).

En l'espèce, au profit du « lancer de nain » pouvaient en être invoquées plusieurs, négativement et positivement.

Aucune incrimination pénale n'existe à son sujet : c'est donc une activité licite. Cela est sans conséquence en matière de police. Des activités protégées par la loi peuvent donner lieu à des mesures de police (par ex. les réunions : cf. *Benjamin**), *a fortiori*, d'autres, pour lesquelles la protection du législateur ne peut être invoquée : « une activité même licite » n'est pas exclue du pouvoir de police.

Plus positivement, la liberté individuelle pouvait être invoquée par celui qui se prête à l'exhibition : peut-on être protégé contre soi-même, alors qu'au cas d'espèce il n'y a même pas de danger pour la sécurité (*supra* II.A) ? Déjà le Conseil d'État avait écarté l'argument à propos de l'obligation du port de la ceinture de sécurité, en considérant qu'elle a pour objet de « réduire les conséquences des accidents de la route » (CE 4 juin 1975, *Bouvet de la Maisonneuve et Millet*, Rec. 330) – ce qui laissait une place à la considération des intérêts de la société. L'atteinte à la dignité de la personne humaine, à laquelle nul ne peut consentir (*supra* I.B), constitue une atteinte à la société puisque le respect de cette dignité fait partie de l'ordre public (II.C).

La liberté du travail, si importante qu'elle soit, *a fortiori* la liberté du commerce et de l'industrie (v. CE 22 juin 1951, *Daudignac**) ne peuvent non plus faire obstacle à ce qu'une telle activité soit interdite, si cette mesure « est seule de nature à prévenir ou faire cesser un trouble à l'ordre public ».

2°) Par cette formule est soulignée la gravité de l'interdiction.

C'est le degré suprême de la décision de police, qui ne peut être atteint qu'en cas de nécessité absolue, à défaut de toute autre solution possible (v. nos obs. sous les arrêts *Benjamin** et *Daudignac**).

Or, en la matière, on ne voit pas d'autre solution puisque par sa nature même, quelles que soient les précautions prises en matière de sécurité, le « lancer de nain » porte atteinte à la dignité de la personne humaine.

La seule mesure adéquate est l'interdiction.

L'arrêt ne reconnaît pas seulement le pouvoir de la prendre. Il implique le devoir de le faire car « il appartient à l'autorité investie du pouvoir de police de prendre toute mesure pour prévenir une atteinte à l'ordre public ». L'obligation de prendre des mesures de police avait déjà été admise a contrario, sur le terrain de la légalité (CE 23 oct. 1959, *Doublet*, Rec. 540, RDP 1959.1235, concl. A. Bernard et 1960.802, note M. Waline) et sur celui de la responsabilité (par ex. CE Sect. 13 mai 1983, *Mme Lefebvre*, Rec. 194 – v. n° 15.4). Elle paraît s'imposer particulièrement en cas d'atteinte à la dignité de la personne humaine.

Le respect de celle-ci se trouve ainsi garanti par les pouvoirs et les devoirs de police.

105

PRINCIPES FONDAMENTAUX RECONNUS PAR LES LOIS DE LA RÉPUBLIQUE

CE. Ass. 3 juill. 1996, KONÉ, Rec. 255

(RFDA 1996. 870 et RTDH. 1997.747, concl. Delarue ; RFDA 1996.882, notes Favoreu, Gaïa, Labayle, P. Delvolvé ; AJ 1996.722, Chr. Chauvaux et Girardot ; D. 1996.509, note Julien-Laferrière ; JCP 1996. II. 22 720, note Prétot ; RDP 1996. 1751, note Braud ; RGDIP 1997.237, note Alland ; RTDH. 1997. 762, note Pierucci ; Rev. belge de dr. const. 1997.123, note Larsonnier LPA 27 déc. 1996, note Guiheux ; LPA 20 déc. 1997, note Pélissier)

— (...) *Vu la Constitution* : – Vu l'Accord de coopération en matière de justice entre la France et le Mali du 9 mars 1962 ; – Vu la loi du 10 mars 1927 relative à l'extradition des étrangers ; – Vu l'ordonnance n° 46-1708 du 31 juillet 1945, le décret n° 53-934 du 30 septembre 1953 et la loi n° 87-1127 du 31 décembre 1987 ; (...)

Considérant que le décret attaqué accorde l'extradition de M. Koné, demandée à la France par les autorités maliennes pour l'exécution d'un mandat d'arrêt délivré par le Président de la Chambre d'instruction de la Cour suprême du Mali le 22 mars 1994 dans le cadre de poursuites engagées à son encontre pour les faits de « complicité d'atteinte aux biens publics et enrichissement illicite » relatifs aux fonds transférés hors du Mali provenant de trafics d'hydrocarbures susceptibles d'avoir été réalisés à l'aide de faux documents douaniers par Mme Mariam Cissoko et son frère M. Cissoko ;

Considérant que l'erreur matérielle figurant dans le décret attaqué sur le nom matrimonial de Mme Cissoko, qui n'est pas de nature à faire naître un doute sur la véritable identité de l'intéressée, mentionnée dans la demande d'extradition comme dans l'avis de la Chambre d'accusation de la Cour d'appel de Paris, est sans incidence sur la légalité dudit décret ;

Considérant qu'aux termes de l'article 48 de l'Accord de coopération en matière de justice entre la France et le Mali du 9 mars 1962 susvisé : « La demande d'extradition sera adressée par la voie diplomatique... Les circonstances des faits pour lesquels l'extradition est demandée,... la qualification légale et les références aux dispositions légales qui leur sont applicables seront indiquées le plus exactement possible. Il sera joint également une copie des dispositions légales applicables... » ;

Considérant que la demande d'extradition adressée à la France par le Mali le 27 mars 1994 répond à ces prescriptions ; qu'elle précise notamment que les faits reprochés à M. Koné constituent les infractions de « complicité d'atteinte aux biens publics et enrichissement illicite » prévues et réprimées par la loi malienne n° 82-39/AN-RM du 26 mars 1982 et l'ordonnance n° 6/CMLN du 13 février 1974, dont la copie figure au dossier, d'une peine d'emprisonnement de trois à cinq années ; que l'erreur matérielle sur la date de ladite ordonnance dans l'une de ces copies n'est pas de nature à entacher d'irrégularité le décret attaqué ;

Considérant qu'il ne ressort pas des pièces du dossier que le requérant puisse encourir la peine capitale à raison des faits qui lui sont reprochés ;

Considérant qu'aux termes de l'article 44 de l'Accord de coopération franco-malien susvisé : « L'extradition ne sera pas exécutée si l'infraction pour laquelle elle est demandée est considérée par la partie requise comme une infraction politique ou comme une infraction connexe à une telle infraction » ; *que ces stipulations doivent être interprétées conformément au principe fondamental reconnu par les lois de la République, selon lequel l'État doit refuser l'extradition d'un étranger lorsqu'elle est demandée dans un but politique* ; qu'elles ne sauraient dès lors limiter le pouvoir de l'État français de refuser l'extradition au seul cas des infractions de nature politique et des infractions qui leur sont connexes ; que, par suite, M. Koné est, contrairement à ce que soutient le Garde des sceaux, fondé à se prévaloir de ce principe ; qu'il ne ressort toutefois pas des pièces du dossier que l'extradition du requérant ait été demandée dans un but politique ;

Considérant qu'il résulte de tout ce qui précède que M. Koné n'est pas fondé à demander l'annulation du décret attaqué.

Décide (Rejet).

OBSERVATIONS

1 Cet arrêt concerne la situation d'un ressortissant malien, M. Koné, qui a fait l'objet de la part des autorités de son pays d'une demande d'extradition pour complicité d'atteinte aux biens publics à raison de transferts de fonds provenant d'un trafic d'hydrocarbures. L'extradition ayant été accordée par le gouvernement français l'intéressé a déféré le décret pris à cette fin au Conseil d'État en faisant valoir notamment que les autorités maliennes, en sollicitant sa remise, avaient entendu le sanctionner pour les liens d'amitié qu'il avait noués avec les dirigeants au pouvoir dans son pays d'origine avant leur renversement en mars 1991.

M. Koné en déduisait qu'il y avait eu violation par les autorités françaises des dispositions de l'article 5 (2°) de la loi du 10 mars 1927 qui prohibent l'extradition, non seulement à raison d'infractions politiques, mais aussi lorsqu'elle est demandée « dans un but politique ».

Le ministre de la justice soutenait que le moyen ainsi invoqué était inopérant dans la mesure où les règles de fond régissant l'extradition entre la France et le Mali sont régies non par la loi de 1927 mais par une convention bilatérale conclue le 9 mars 1962, dont l'article 44 interdit l'extradition pour une infraction politique ou une infraction qui lui est connexe, mais non en fonction du mobile de la demande.

Tout en reconnaissant que l'argumentation de l'administration correspondait au dernier état de la jurisprudence qui assure la suprématie d'une convention d'extradition sur la loi interne (CE 23 oct.

1991, *Urdiain Cirizar*, Rec. 347 ; AJ 1992-82, note Julien-Laferrière) le commissaire du gouvernement J.M. Delarue n'en invitait pas moins le Conseil d'État à « contourner cette jurisprudence, en reconnaissant l'existence d'un *principe général du droit* de l'extradition, selon lequel l'État requis refuse l'extradition lorsqu'elle est demandée dans un but politique ».

L'assemblée du contentieux a admis l'invocabilité d'un tel principe tout en estimant dans le cas de M. Koné qu'il ne résultait pas des pièces du dossier que son extradition ait été demandée dans un but politique. Mais au lieu de voir dans cette norme un principe général du droit comme le proposait son commissaire du gouvernement, le Conseil d'État a rattaché le principe en cause aux *principes fondamentaux reconnus par les lois de la République*, ce qu'on appelle parfois par raccourci PFRLR. Il s'agit de principes qui, en raison de leur ancrage dans le texte du Préambule de la Constitution de 1946, auquel se réfère le Préambule de la Constitution de 1958, ont valeur constitutionnelle.

L'apport de l'arrêt Koné est triple : il rappelle que le Conseil d'État dispose d'un pouvoir d'interprétation des normes dont il fait application ; il précise la place respective dans la hiérarchie des normes des principes généraux du droit, de la Constitution et des conventions internationales ; il traduit enfin un accroissement des garanties des personnes faisant l'objet d'une procédure d'extradition.

I. — L'arrêt Koné et le pouvoir d'interprétation des normes par le juge administratif

Le pouvoir d'interprétation du Conseil d'État se manifeste tant au regard de la Constitution que des conventions internationales.

2 ***A.*** — Les principes fondamentaux reconnus par les lois de la République ont leur ancrage dans la Constitution. Cette notion tire en effet son origine d'une expression figurant dans le Préambule de la Constitution du 27 octobre 1946. Le Conseil d'État s'y était référé sous la IVe République, pour consacrer sur son fondement, la valeur constitutionnelle de la liberté d'association et en reconnaître le bénéfice aux ressortissants de l'Union française (CE Ass. 11 juill. 1956, *Amicale des Annamites de Paris*, Rec. 317 ; AJ 1956.II 400, chr. Fournier et Braibant).

La position ainsi adoptée par le juge administratif a constitué une source d'inspiration privilégiée pour le Conseil constitutionnel lorsque celui-ci a jugé par sa célèbre décision n° 71-44 DC du 16 juill. 1971 (Rec. p. 29) qu'au nombre des principes fondamentaux reconnus par les lois de la République, il y a lieu de ranger la liberté d'association. Par la suite, le Conseil constitutionnel a fait figurer également parmi ces principes, la liberté de l'enseignement (n° 77-87 DC du 23 nov. 1977, Rec. p. 42), l'indépendance des professeurs de l'enseignement supérieur (n° 83-165 DC du 20 janv. 1984, Rec. p. 39), l'indépendance de la juridiction administrative (n° 80-119 DC du 22 juill. 1980, Rec. p. 46) et sa compétence dans le contentieux de l'annulation (n° 86-224 DC du 23 janv. 1987*), ainsi que la compétence de l'autorité judiciaire en matière de protection de la propriété immobilière (n° 89-256 DC du 25 juill. 1989, Rec. p. 53). Le juge constitutionnel a, en outre, précisé les critères d'identification d'un tel principe : il doit s'agir d'un principe essentiel posé par le législateur républicain et auquel ce dernier n'a pas lui-même dérogé antérieurement au Préambule de la Constitution de 1946 (cf. n° 88-244 DC du 20 juill. 1988, Rec. p. 119).

Une partie de la doctrine a contesté la possibilité pour le juge administratif de faire application d'un principe fondamental qui n'aurait pas été au préalable dégagé par le Conseil constitutionnel. Une telle prise de position n'emporte pas la conviction. Dans la tradition juridique française, comme l'exprime déjà l'article 4 du code civil, le juge ne peut se retrancher derrière l'obscurité de la loi pour refuser de dire le droit sauf à commettre un déni de justice. Le texte de la Constitution a vocation à être appliqué et interprété par l'ensemble des juridictions. Si le Conseil constitutionnel dispose seul du pouvoir de déclarer une loi contraire à la Constitution, il n'y a pas dans le texte de notre Charte fondamentale d'article qui lui confère un monopole d'interprétation en cas de difficulté.

Le véritable débat doit porter sur le point de savoir si le principe consacré par l'arrêt Koné répond aux critères habituels d'identification des principes fondamentaux. La position adoptée par l'assemblée du contentieux s'inspire d'un point de vue déjà exprimé par un avis de l'assemblée générale du Conseil d'État le 9 novembre 1995 dont il ressort que « le principe selon lequel l'État doit se réserver le droit de refuser l'extradition pour les infractions qu'il considère comme des infractions à caractère politique constitue un principe fondamental reconnu par les lois de la République » (cf. EDCE 1995.395 ; gr. av. 359). En raison de l'importance et de la constance de ce principe qui figure dans la loi du 10 mars 1927 comme dans toutes les conventions d'extradition conclues par la France, on peut penser qu'il satisfait aux critères d'identification des principes fondamentaux. Sans doute, l'arrêt Koné va-t-il plus loin en ce qu'il range parmi de tels principes la prohibition de l'extradition lorsque la demande est présentée « dans un but politique ». Mais, comme l'a relevé M. Delarue, le droit français de l'extradition permet la remise à l'État étranger d'un délinquant et non celle, comme le relevait le rapporteur de la loi de 1927, au Sénat, d'un « adversaire » politique. De ce point de vue les demandes présentées pour un but politique tout comme celles concernant les infractions politiques conduisent à mettre en doute l'impartialité de la répression dans l'État requérant.

3 ***B.*** — Le pouvoir d'interprétation dont dispose le Conseil d'État à l'égard de la Constitution s'exerce également vis-à-vis des conventions internationales.

Antérieurement à la décision du 29 juin 1990, *GISTI**, l'application par le Conseil d'État de la théorie de l'acte clair le conduisait le plus souvent à privilégier une interprétation littérale et par là même étroite du texte des conventions internationales. Mais dès cette époque il lui était arrivé d'enrichir le contenu d'un traité à la lumière des principes généraux du droit. Ainsi l'arrêt d'assemblée du 1er avr. 1988 *Bereciartua-Echarri* (Rec. 135 ; JCP 1988.II, 20 071, concl. Vigouroux ; AJ 1988.322, chr. Azibert et de Boisdeffre D. 1988.413, note Labayle ; Gaz. Pal. 1988.2.549, note Julien-Laferrière ; RFDA 1988.499, note Genevois ; RGDIP 1990.159, obs. C. Rousseau) a jugé que « les principes généraux du droit applicables aux réfugiés résultant notamment » de la définition du réfugié politique donnée par la Convention de Genève du 28 juillet 1951, « font obstacle à ce qu'un réfugié soit remis, de quelque manière que ce soit, par un État qui lui reconnaît cette qualité, aux autorités de son pays d'origine ».

[Avec l'arrêt Koné le Conseil d'État considère qu'une convention internationale doit être interprétée à la lumière des principes de valeur constitutionnelle, de la même manière que la loi est interprétée en fonction du respect des principes généraux du droit] (cf. nos obs. sous CE Ass. 17 février 1950, *Ministre de l'agriculture c/Dame Lamotte**).

II. — L'arrêt Koné et la hiérarchie des normes

La solution retenue par le Conseil d'État, partiellement divergente de celle proposée par son commissaire du gouvernement, a fait naître une double interrogation.

4 ***A.*** — Plusieurs commentateurs n'ont pas manqué de relever la préférence donnée aux principes fondamentaux reconnus par les lois de la République sur les principes généraux du droit et ils se sont interrogés sur les rapports existant entre ces deux notions.

[Par principes généraux du droit, il y a lieu d'entendre des principes qui ne figurent pas nécessairement dans des textes, mais que la jurisprudence administrative reconnaît comme devant être respectés par les autorités administratives, leur violation constituant une illégalité.]

Dans le cas où un principe général se déduit d'une interprétation d'un texte, il peut être soutenu que sa valeur juridique est identique à celle du texte interprété.

Lorsqu'un principe général est dégagé sans aucun rattachement à un texte sa place dans la hiérarchie des normes prête davantage à controverse. Une partie de la doctrine considère qu'un pareil cas la valeur du principe est législative. Mais, dès lors qu'on admet que les principes généraux préexistent à l'intervention du juge, leur valeur juridique peut être plus élevée. De toute façon quelle que soit leur valeur, le juge administratif, qui n'est pas juge de la constitutionnalité de la loi, ne peut que s'incliner devant la volonté exprimée sans ambiguité par le législateur sauf si le principe est repris par un traité (cf. nos obs. sous l'arrêt *Nicolo**).

Ces nuances et incertitudes ne se retrouvent pas à propos des principes fondamentaux.

Un principe de ce type a toujours, en raison de son ancrage dans un texte auquel renvoie la Constitution, valeur constitutionnelle.

Les deux catégories de principes n'ont donc pas nécessairement la même valeur juridique. Mais il peut se produire qu'une même norme, par exemple le principe des droits de la défense, puisse être regardée à la fois comme un principe général du droit par le Conseil d'État et comme un principe constitutionnel par le Conseil constitutionnel. Le recoupement entre les deux notions aboutit alors à une promotion du principe général du droit. Toutefois, des recoupements de ce type, possibles pour certains principes, ne se vérifient pas pour d'autres principes, par exemple, pour le principe de non-rétroactivité des actes administratifs.

Ainsi s'explique la divergence observée entre les conclusions du commissaire du gouvernement et l'arrêt. Pour le Conseil d'État, la consécration d'un principe général du droit de valeur législative ne suffisait pas à justifier que soit retenue une interprétation restrictive des stipulations de la convention franco-malienne d'extradition. Au contraire, la reconnaissance d'un principe fondamental reconnu par les lois de la République, ayant par définition une valeur constitutionnelle, justifiait plus aisément la solution adoptée.

5 ***B.*** — La démarche consistant à interpréter une convention internationale à la lumière de principes constitutionnels repose sur l'idée qu'une convention internationale doit normalement se conformer à de tels principes. L'option ainsi choisie par le Conseil d'État sera précisée par la décision du 30 oct. 1998 *Sarran, Levacher* et *autres** qui est commentée plus avant.

III. — L'arrêt Koné et le droit de l'extradition

Le débat doctrinal qu'a suscité l'arrêt Koné au regard des pouvoirs du juge administratif et de la conception de la hiérarchie des normes sous-jacente à son raisonnement, ne doit pas occulter son apport au droit de l'extradition.

Il est révélateur d'une orientation de la jurisprudence tendant à accroître en cette matière les droits des individus.

6 ***A.*** — Antérieurement à l'arrêt Koné, le Conseil d'État avait annulé un décret d'extradition qui avait accordé à l'Espagne, sous l'empire du régime franquiste, l'extradition d'un militant séparatiste basque pour une infraction de droit commun, en raison de la violation des dispositions de l'article 5 (2°) de la loi du 10 mars 1927 qui prohibent l'extradition lorsqu'il résulte des circonstances qu'elle est demandée dans un but politique (CE Ass. 24 juin 1977 *Astudillo-Calleja*, Rec. 290 ; – v. n° 3.9).

Avec la décision d'assemblée du 26 sept. 1984, *Lujambio Galdeano* (Rec. 380 ; JCP 1984.II 20 346, concl. Genevois ; AJ 1984.669, Chr. Schoettl et Hubac ; Rev. sc. crim. 1984.804, note Lombois ; RFDA 1985.183, note Labayle) avait déjà été dégagé comme principe général du droit de l'extradition, le principe selon lequel le système juridique de l'État requérant doit respecter les droits et libertés fondamentaux de la personne humaine.

On a vu également que depuis l'arrêt du 1er avr. 1988, *Bereciartua-Echarri*, les réfugiés politiques bénéficient d'une protection particulière.

Dans le même ordre d'idées, on relèvera que le Conseil d'État a annulé comme contraire à l'ordre public français un décret extradant un ressortissant turc à destination de son pays d'origine, dans lequel la peine de mort est toujours en vigueur, motif pris de ce que le gouvernement français n'avait pu obtenir des autorités turques l'assurance que la peine capitale ne serait pas exécutée au cas où elle viendrait à être prononcée à l'encontre de l'intéressé (CE Sect., 27 févr. 1987, *Fidan*, Rec. 84 ; D. 1987.305, concl. Bonichot).

Ainsi, le Conseil d'État en érigeant en principe constitutionnel, la prohibition de l'extradition lorsqu'elle est demandée dans un but politique est resté fidèle à sa jurisprudence antérieure.

7 ***B.*** — Participe du même souci de protection des droits de l'individu, l'annulation par le juge administratif, pour méconnaissance des stipulations de la Convention des Nations unies du 10 décembre 1984 contre la torture, d'un décret accordant aux autorités turques l'extradition d'un de leurs ressortissants au motif qu'il ressort de l'ensemble des pièces du dossier et, en particulier, des précisions apportées par l'intéressé quant aux sévices graves dont il déclare avoir fait l'objet lors de son arrestation à Istanboul, qu'il existe des motifs sérieux de croire qu'il risque, au cas où il serait remis aux autorités turques, d'être soumis à la torture (CE 15 févr. 1999, *Cimpoesu* ; Rec. 602).

C. — Doit enfin être soulignée la reconnaissance par le Conseil d'État, en tant que principe général du droit, du principe selon lequel l'extradition d'un étranger peut être refusée si elle est susceptible d'avoir des conséquences d'une gravité exceptionnelle pour la personne réclamée, notamment en raison de son âge ou de son état de santé. A été annulé pour violation de ce principe, un décret accordant aux autorités de la Fédération de Russie l'extradition d'un de leurs ressortissants qui était atteint d'une affection diabétique grave, faute pour le Gouvernement français d'avoir obtenu de l'État requérant des garanties appropriées de nature à faire en sorte que l'extradition n'engendrerait pas pour l'intéressé des conséquences d'une gravité exceptionnelle (CE 13 oct. 2000. *Kozirev*, Rec. 419 ; RFDA 2001.1042, concl. de Silva).

106

DROIT ADMINISTRATIF ET DROIT PÉNAL, FONCTIONNAIRES ET ENTREPRISES PRIVÉES

CE. Ass. 6 déc. 1996, SOCIÉTÉ LAMBDA, Rec. 466, concl. Piveteau

(RFDA 1997. 173, concl. Piveteau ; AJDA 1997. 152, chr. Chauvaux et Girardot ; D. 1997. 57, note Dobkine ; JCP 1997. II. 22 752, note Hérisson ; R.A. 1997. 27, note Lemoyne de Forges, et 155, note Degoffe ; RDP 1997. 567, note J.M. Auby)

Sur la fin de non-recevoir tirée du défaut d'intérêt à agir de la société Lambda :

Cons. que la Société Lambda présente, en sa qualité d'actionnaire du Crédit Foncier de France, un intérêt lui donnant qualité pour agir contre la décision portant nomination de l'un des dirigeants de cette société ;

Sur la fin de non-recevoir tirée du défaut de qualité pour agir de M. Géniteau :

Cons. que M. Géniteau, en sa qualité de gérant de la société civile Lambda a qualité pour représenter ladite société en justice ;

Cons. qu'il résulte de ce qui précède que les fins de non-recevoir susmentionnées doivent être écartées ;

Sur les conclusions dirigées contre le décret du 29 décembre 1994 :

Sans qu'il soit besoin d'examiner les autres moyens de la requête :

Cons. que les dispositions de l'article 432-13 du code pénal interdisent à toute personne ayant été chargée, en tant que fonctionnaire public, à raison même de sa fonction, d'assurer la surveillance ou le contrôle d'une entreprise privée ou d'exprimer son avis sur les opérations effectuées par une entreprise privée, d'occuper un emploi dans ladite entreprise avant l'expiration d'un délai de cinq ans suivant la cessation des fonctions de surveillance ou de contrôle susmentionnées ; qu'elles *font également obstacle à ce que l'autorité administrative nomme un fonctionnaire dans un poste où, quelle que soit la position statutaire qu'il serait amené à occuper, il contreviendrait à ces dispositions* ; que la circonstance que les dispositions de l'article 72 de la loi n° 84-16 du 11 janvier 1984 relative à la fonction publique de l'État et des textes pris pour son application ne s'appliquent pas aux fonctionnaires détachés est sans influence sur l'application des dispositions mentionnées ci-dessus de l'article 432-13 du code pénal ;

Cons. que, *eu égard à son statut juridique de droit privé et à la composition de son capital, le Crédit Foncier de France est une entreprise privée* ; que M. Beaufret, avant sa nomination au poste de sous-gouverneur au Crédit Foncier de France, exerçait, en sa qualité de chef du service des affaires monétaires et financières à la direction du Trésor, un contrôle direct sur cet établissement ; qu'ainsi, la Société Lambda est fondée à soutenir que le décret nommant M. Beaufret sous-gouverneur du Crédit Foncier de France est entaché d'excès de pouvoir ;

Sur les conclusions dirigées contre l'arrêté du 3 mai 1995 :

Cons. que l'arrêté du 3 mai 1995 du Premier ministre, du ministre de l'économie et des finances et du ministre du budget maintenant M. Beaufret en position de détachement en qualité de sous-gouverneur du Crédit Foncier de France, pour une durée maximale de trois ans à compter du 9 janvier 1995, a été publié au Journal Officiel du 6 mai 1995 ; qu'aucune disposition légale et réglementaire ni aucun principe n'imposaient à l'administration de notifier cette décision à la Société Lambda ; que les conclusions tendant à son annulation n'ont été enregistrées au Conseil d'État que le 23 octobre 1996 ; qu'elles sont donc tardives et par suite irrecevables ;

Sur les conclusions de M. Beaufret tendant à l'application de l'article 75-I de la loi du 10 juillet 1991 :

Cons. que les dispositions de l'article 75-I de la loi du 10 juillet 1991 font obstacle à ce que la Société Lambda, qui n'est pas dans la présente instance la partie perdante, soit condamnée à payer à M. Beaufret la somme de 12 000 F qu'il demande au titre des frais exposés par lui et non compris dans les dépens ;

(Annulation du décret nommant M. Beaufret sous-gouverneur du Crédit foncier.)

OBSERVATIONS

1 L'arrêt *Société Lambda* a eu un certain retentissement et provoqué une certaine émotion. Une société, dont le nom fantaisiste révèle une organisation et une personne voulant dénoncer systématiquement toute violation du droit, notamment dans le domaine des affaires, avait acquis quelques actions du Crédit foncier de France. Cela suffisait à lui donner qualité pour agir contre le décret nommant un sous-gouverneur de cet établissement (sur l'intérêt pour agir, v. nos obs. sous l'arrêt *Casanova** du 29 mars 1901). Le nouveau sous-gouverneur était précédemment chef d'un service de la direction du Trésor exerçant un contrôle direct sur le Crédit foncier. Or l'article 432-13 du nouveau code pénal institue le délit de prise illégale d'intérêt (appelé naguère délit d'ingérence selon l'article 175 de l'ancien code pénal), consistant pour un fonctionnaire, notamment, à occuper un emploi dans une entreprise privée qui était antérieurement sous son contrôle. Le Conseil d'État juge que cette disposition est violée par le décret nommant le nouveau sous-gouverneur du Crédit foncier dès lors que l'un contrôlait l'autre et que l'autre est une entreprise privée.

On a vu dans cet arrêt une immixtion du juge administratif dans des appréciations d'ordre pénal et une trop large conception de la notion d'entreprise privée.

Pourtant il ne fait que confirmer *les rapports entre droit pénal et légalité* (I) et retenir des *critères stricts de l'entreprise privée* (II).

I. — Droit pénal et légalité

2 L'arrêt *Société Lambda* n'est pas le premier qui établisse une relation entre le droit pénal et la légalité : il avait des précédents (A). La solution qu'il adopte en l'espèce (B) ne comporte pas d'appréciation d'ordre pénal.

A. — Les *précédents* révèlent une continuité des interférences du droit pénal et de la légalité. Le juge judiciaire lui-même tient compte de la légalité pour appliquer le droit pénal (1°). Le juge administratif, de son côté, considère le droit pénal pour déterminer la légalité (2°).

1°) Le *juge judiciaire* répressif s'est vu reconnaître une compétence pour apprécier la légalité des actes administratifs servant de fondement aux poursuites et à la défense, d'abord par la jurisprudence pour les actes réglementaires (TC 5 juill. 1951, *Avranches et Desmarets*, Rec. 638 – v. n° 41.3), ensuite par le législateur tant pour les actes individuels que pour les actes réglementaires (art. 111-5 du nouveau code pénal, entré en vigueur le 1er mars 1994).

Cette compétence s'est exercée pendant longtemps surtout pour les règlements de police, dont la violation est punie de peines contraventionnelles.

Elle se manifeste aujourd'hui pour des actes à l'occasion desquels peuvent être commis des infractions telles que, récemment, le délit de favoritisme dans la passation des marchés publics et conventions de délégation de service public (art. 432-14 c. pén.) et, plus anciennement, le délit d'ingérence, devenu le délit de prise illégale d'intérêt, dont la définition était en cause dans l'affaire Société Lambda.

Pour déterminer si une infraction a été commise, le juge judiciaire est ainsi conduit à examiner si des actes administratifs ont été légalement adoptés, et à faire application du droit administratif. Il a, dans certains litiges de caractère civil, l'occasion de le faire sur le terrain de la responsabilité (v. Cass. civ. 23 nov. 1956, *Trésor public c. Giry**, et nos obs.). Dans les procès pénaux, il peut pénétrer sur celui de la légalité — ce qui peut poser des problèmes de concordance avec les solutions que, pour les mêmes actes, adopte le juge administratif (v. par ex. à propos d'un décret d'amnistie, jugé légal par la Cour de cassation, dans un arrêt du 14 nov. 1963, Bull. crim. n° 322, p. 680 ; D. 1964. 265, note C.D., puis annulé par le Conseil d'État dans un arrêt (Sect.) du 22 nov. 1963, *Dalmas de Polignac*, Rec. 565 ; RDP 1964. 692, concl. Henry ; AJ 1964.23, chr. Fourré et Puybasset ; D. 1964.161, note C. Debbasch).

3 *2°)* Le *juge administratif*, lui, peut être amené à prendre en compte le droit pénal, non pour dire si une infraction a été commise ni pour prononcer une condamnation, mais pour déterminer si un acte administratif a respecté les prescriptions établies par ce droit.

L'arrêt *Société Lambda* n'innove pas.

Le Conseil d'État avait déjà eu l'occasion d'examiner la légalité d'actes administratifs au regard du code pénal. Il a ainsi annulé, comme contraires à l'article 378, punissant la violation du secret professionnel par le personnel médical, des mesures imposant aux médecins de préciser le diagnostic de la maladie des patients bénéficiant de l'aide médicale gratuite, (Sect. 9 nov. 1928, *Bertrand*, Rec. 1149 ; D. 1929. 3. 26, concl Dayras), de communiquer au fisc des renseignements permettant d'identifier les maladies de leurs clients (Ass. 12 mars 1982, *Conseil national de l'Ordre des médecins*, Rec. 109, concl. Verny ; AJ 1982. 375, chr. Tiberghien et Lasserre). De même a été annulée une directive du Premier ministre définissant les opérations auxquelles seraient inapplicables les articles 187-2 et 416-1 du code pénal, punissant ceux qui auront rendu plus difficile l'exercice d'une quelconque activité économique par toute personne en raison de son origine nationale ou de son appartenance à une ethnie, à une race ou à une religion déterminée (CE Ass. 18 avr. 1980, *Société Maxi-Librati création*, Rec. 186 ; AJ 1981. 233, note Goyard ; D. 1981. 3, note Bismuth ; JCP 1981. II. 19644, note Laveissière). Un arrêté municipal ordonnant la visite des véhicules des nomades a été également annulé, comme méconnaissant l'inviolabilité du domicile consacrée par l'article 184 du code pénal (CE 2 déc. 1983, *Ville de Lille*, Rec. 470).

La prise en considération du délit d'ingérence avait elle-même conduit plusieurs fois à censurer des actes administratifs violant la disposition qui l'établit. Par un arrêt (Ass.) du 27 janvier 1969, (CE) *Ministre du travail c/ Syndicat national des cadres des organismes sociaux* (Rec. 39 ; Dr. soc. 1969. 275, concl. Baudouin ; D. 1969. 440, note Dutheil de la Rochère), le Conseil d'État, après avoir rappelé que l'article 175 du code pénal interdit à tout fonctionnaire public chargé du contrôle d'une entreprise privée, d'occuper un emploi dans ladite entreprise, et que *« les caisses de sécurité sociale sont des établissements privés »* (v. CE 13 mai 1938, *Caisse primaire « Aide et Protection »**), a considéré qu'un inspecteur d'une direction régionale de sécurité sociale avait, en cette qualité exercé un contrôle direct sur une caisse primaire, et annulé l'arrêté interministériel prononçant le détachement de l'intéressé pour exercer les fonctions de directeur de cette caisse. La même censure a frappé la nomination d'un inspecteur des lois sociales en agriculture en qualité de directeur d'une caisse de mutualité sociale agricole sur laquelle il exerçait auparavant un contrôle direct du fait de ses fonctions (CE 31 janv. 1975, *Syndicat national des directeurs de la mutualité sociale agricole*, Rec. 73).

4 ***B.*** — L'espèce *Société Lambda* ne se présentait pas dans des conditions très différentes de celles des précédentes (1°). Elle est jugée par le Conseil d'État sur le strict terrain de la légalité (2°).

1°) Le service des affaires monétaires et financières de la direction du Trésor avait à l'époque, parmi ses attributions, *« le financement du logement et le secteur immobilier »* ; à ce titre, lui était confiée *« la tutelle du Crédit foncier »*.

Cette fonction relevait particulièrement d'un bureau d'une sous-direction du service.

Entre le chef du service des affaires monétaires et financières et le Crédit foncier s'interposaient deux niveaux (celui de la sous-direction et celui du bureau). Le chef du service n'exerçait sans doute pas personnellement et continuellement la tutelle du Crédit foncier. Il n'en tenait pas moins de sa position hiérarchique une fonction consistant à *« assurer la surveillance ou le contrôle »* de l'entreprise, selon les termes de l'article 432-13 du code pénal.

Pour écarter celui-ci, ont été invoquées les dispositions de l'article 72 de la loi du 11 janvier 1984 relative à la fonction publique de l'État et des textes pris pour son application : elles définissent les activités privées qu'en raison de leur nature, un fonctionnaire ayant cessé définitivement ses fonctions ou étant mis en disponibilité ne peut exercer, mais ne prévoient pas le cas du détachement (position dans laquelle le fonctionnaire, s'il est placé hors de son corps d'origine, continue à bénéficier dans ce corps de ses droits à l'avancement et à la retraite). On pouvait soutenir aussi que le détachement d'un fonctionnaire est expressément prévu auprès d'organismes tels que le Crédit foncier. Les textes sur la fonction publique, ne reprenant pas l'interdiction formulée par l'article 432-13 du code pénal et prévoyant même le détachement auprès d'une institution comme le Crédit foncier, auraient donc permis le détachement au Crédit foncier d'un fonctionnaire en ayant précédemment exercé la surveillance.

Le Conseil d'État n'a pu accepter cette argumentation car les textes sur la fonction publique ont un objet propre et un champ d'application limité. Ce n'est pas parce qu'ils ont aménagé certaines solutions qu'ils ont écarté le code pénal : celui-ci a une portée générale. L'article 432-13 ne se limite d'ailleurs pas aux fonctionnaires, il désigne aussi *« tout agent ou préposé d'une administration publique »*, sans distinction : ainsi sont couvertes des personnes qui n'ont pas la qualité de fonctionnaire et parmi celles qui ont la qualité de fonctionnaire, tous les fonctionnaires, sans distinction de leur position.

On pouvait observer aussi que le chef du service des affaires monétaires et financières n'avait pas pris lui-même l'initiative de sa nomination au Crédit foncier. Il ne l'avait pas demandée. C'est le Gouvernement qui la lui avait proposée voire imposée. L'intéressé n'était pour rien dans une ingérence dont il a été plus la victime que l'auteur.

5 *2°)* Aussi n'a-t-il pas commis le délit de prise illégale d'intérêt et l'arrêt ne comporte-t-il aucune condamnation à son égard. Comme l'a souligné le commissaire du gouvernement Piveteau dans ses conclusions, son *« intégrité personnelle... n'est pas en cause »* ; *« tout commentaire qui s'appuierait sur* (la) *décision* (du Conseil) *pour flétrir sa conduite, serait, sur ce fondement une imputation diffamatoire ».*

Le Conseil d'État a statué, non en juge pénal, mais en juge administratif. Il n'a pas sanctionné une personne, il a annulé un acte. Il n'a pas condamné l'intéressé pour un délit, il a seulement censuré sa nomination pour excès de pouvoir.

Il a statué exclusivement sur le terrain de la légalité. Celle-ci n'est pas seulement constituée par les normes régissant spécialement l'administration. Elle englobe toutes celles qui, quel que soit leur objet, déterminent l'ordonnancement juridique. Il revient par exemple à l'administration de respecter les dispositions du code civil relatives à l'état des personnes (CE, Sect. 22 mars 1996, *Mmes Paris et Roignot*, Rec. 99 ; RDP 1996. 893, concl. Schwartz ; AJ 1996. 362, chr. Stahl et Chauvaux ; DA juin 1996, obs. R.S.), ou encore relatives aux obligations, par ex. à la cause (CE 29 déc. 2000, *Beule*, Rec. 655 ; JCP 2001.II.10486, note Bigot et Vincent), les règles du droit de la concurrence qui s'imposent aux entreprises (v. 3 nov. 1997, *Société Million et Marais** avec nos obs.), celles du droit de la consommation (CE Sect. 11 juill. 2001, *Société des eaux du Nord*, à propos de clauses abusives).

De la même manière, les prescriptions dont la violation est sanctionnée pénalement s'imposent autant à l'administration qu'aux administrés. Si les administrés les violent, ils sont passibles d'une condamnation. Si c'est l'administration, ses actes encourent l'annulation.

C'est ainsi qu'a été annulée la décision accordant un visa d'exploitation au film « Baise-moi », car celui-ci « constitue... un message pornographique et d'incitation à la violence susceptible d'être vu ou perçu par des mineurs et... pourrait relever des dispositions de l'article 227-4 du code pénal » (CE Sect. 30 juin 2000, *Association Promouvoir, M. et Mme Mazaudier*, Rec. 265, concl. Honorat, v. n° 80.9).

L'article 432-13 du code pénal interdit à un fonctionnaire d'occuper un emploi dans une entreprise qu'il a contrôlée. Il interdit à l'autorité administrative de l'y nommer.

Le Conseil d'État avait déjà annulé des décisions nommant ou détachant des fonctionnaires dans des établissements privés (cf. les arrêts du 27 janv. 1969 et du 31 janv. 1975 cités plus haut). Il n'a fait que prolonger ces décisions antérieures en annulant le décret nommant sous-gouverneur du Crédit foncier un fonctionnaire précédemment chargé du contrôle direct de celui-ci.

Il a contribué aussi à identifier la nature de cet établissement en le qualifiant expressément d'*« entreprise privée ».*

II. — Droit administratif et entreprise privée

6 L'article 432-13 du code pénal n'établit le délit de prise illégale d'intérêt que lorsque l'entreprise précédemment contrôlée par un fonctionnaire, dans laquelle il prend un emploi, est une entreprise privée. Ni la notion d'entreprise ni celle d'entreprise privée ne sont exactement précisées, en droit pénal ou en droit privé. L'entreprise ne correspond pas à une catégorie juridique homogène ; du moins peut-on la reconnaître dans une organisation destinée à assurer la production et l'échange de biens ou de services. Son caractère, privé ou public, est parfois délicat à reconnaître, compte tenu du rôle que les pouvoirs publics jouent dans sa création, son organisation et son fonctionnement, comme c'est le cas pour le Crédit foncier de France.

Le Conseil d'État avait déjà, dans un avis de sa section des finances du 23 mars 1993 (EDCE 1994, n° 45, p. 357), considéré, que l'État ne détenant aucune participation à son capital, et d'autres participations publiques, à hauteur d'environ 15 %, ne donnant à leurs détenteurs aucun pouvoir prépondérant, le Crédit foncier n'était pas soumis au contrôle de la Cour des comptes. L'arrêt *Société Lambda* va plus loin en qualifiant expressément le Crédit foncier d'*« entreprise privée »*.

Il s'attache seulement à deux critères (A) ; les autres considérations sont inopérantes (B).

7 ***A.*** — Pour qualifier le Crédit foncier d'*« entreprise privée »*, deux critères sont retenus : son *« statut juridique de droit privé »* (1°), *« la composition de son capital »* (2°).

1°) Le statut juridique de droit privé est en l'espèce celui *« d'une société commerciale »*, comme le Conseil d'État l'avait déjà reconnu dans l'arrêt *Dame Culard* du 18 juin 1976 (Rec. 320 ; AJ 1976. 579, note Durupty). C'est effectivement, le plus souvent, celui d'une entreprise privée. Mais on ne peut exclure que d'autres formes soient utilisées, telles celles de société civile voire d'association. L'essentiel, dans tous les cas, est que la personnalité de l'institution relève du droit privé.

A contrario, un organisme qui a un statut de droit public ne peut évidemment pas être une entreprise privée, même s'il exerce une activité industrielle et commerciale. Il en est ainsi notamment des établissements publics industriels et commerciaux, tels EDF, GDF., la SNCF En reconnaissant dans la Banque de France *« une personne publique »*, sans préciser pour autant qu'elle est un établissement public, le Tribunal des conflits a exclu qu'elle puisse être tenue pour une entreprise privée (TC 16 juin 1997, *Société La Fontaine de Mars, M. et Mme Muet*, Rec. 532 ; CJEG 1997. 363 et RFDA 1997. 823, concl. Arrighi de Casanova).

8 *2°)* S'il est une condition nécessaire à la qualification d'entreprise privée, le statut de droit privé n'est pas une condition suffisante : il faut encore considérer *la composition du capital.*

Le Conseil d'État avait déjà jugé qu'appartiennent au secteur public (outre les personnes de droit public) les sociétés dans lesquelles des personnes publiques (État, collectivités locales, établissements publics) détiennent, ensemble ou séparément, directement ou indirectement (par l'intermédiaire de filiales), plus de la moitié du capital social (CE Ass. 24 nov. 1978, *Syndicat national du personnel de l'énergie atomique CFDT* ; du même jour *Schwartz* ; Rec. 465 et 467 ; AJ mars 1979. 34, chr. O. Dutheillet de Lamothe et Robineau, et 42, concl. M.A. Latournerie et note Bazex ; Ass. 22 déc. 1982, *Comité central d'entreprise de la Société française d'équipement pour la navigation aérienne*, Rec. 436 ; RDP 1983. 497, concl. Bacquet, note J.M. Auby ; AJ 1983. 172, chr. Lasserre et Delarue ; D. 1983. IR. 277, obs. P. Delvolvé, et J. 373, note Durupty ; D. 1984. 261, note Amiel ; Dr. soc. 1983. 676, note Dubois ; JCP 1983. II. 20 072, note Lombard). La question restait posée de savoir si, à la majorité du capital, devait s'ajouter la majorité des droits de vote.

L'arrêt *Société Lambda* ne précise pas que le capital du Crédit foncier est majoritairement détenu par des personnes privées. Mais M. Piveteau avait souligné dans ses conclusions que *« plus de 80 % du capital du Crédit foncier était détenu à l'époque par des investisseurs privés »*, et avait invité le Conseil *« pour cette première fois où (il avait) à qualifier une entreprise d'entreprise "privée", à considérer non pas la stricte répartition du capital, mais plus généralement sa composition, c'est-à-dire également les droits de vote qui s'attachent aux actions détenues »*.

Le Conseil d'État a suivi ces propositions en ayant égard, pour reconnaître dans le Crédit foncier une entreprise privée, à la composition de son capital.

On peut se demander si le critère de la composition du capital l'emporte sur celui de la répartition du capital. Dans un avis du 17 sept. 1998 (EDCE 1999, n° 50, p. 220), la section des finances du Conseil d'État a considéré que *« les cas d'espèce tranchés jusqu'ici ne permett(e)nt pas de déterminer avec certitude si..., dans tous les cas, la détention directe ou indirecte par une personne morale de droit public de plus de la moitié du capital d'une entreprise était la condition à la fois nécessaire et suffisante de l'appartenance de cette entreprise au secteur public »*. Elle a conclu *« qu'il n'y a pas lieu de considérer que la détention par le secteur public de la majorité des droits de vote aux assemblées d'actionnaires suffit à qualifier l'entreprise en cause d'entreprise du secteur public »*. Certes la réponse n'est donnée qu'au regard des lois du 2 juillet et du 6 août 1986 sur les privatisations, mais elle pourrait avoir une portée plus large.

Elle peut aussi être inversée : la détention par des personnes privées de la majorité des droits de vote aux assemblées d'actionnaires pourrait ne pas suffire à qualifier l'entreprise en cause d'entreprise privée.

9 ***B.*** — S'il en est ainsi, la considération de la majorité des droits de vote fait partie de celles qui sont indifférentes pour identifier une entreprise privée.

Les pouvoirs dont dispose l'État à l'égard des organes d'une entreprise ne sont pas suffisants pour en faire une entreprise publique. Les statuts du Crédit foncier de France sont fixés par décret, ses trois principaux dirigeants sont nommés par le Président de la République, comme le sont ceux des entreprises publiques. Cela ne l'empêche pas d'être une entreprise privée. Les différents contrôles que l'État peut exercer sur une entreprise, non seulement par des dispositions générales, mais en vertu de dispositions qui lui sont propres, n'en font pas une entreprise publique.

De même, une entreprise peut servir de relai à l'État pour exercer certaines missions (le Crédit foncier, pour accorder des aides à la construction et à l'accession à la propriété), éventuellement même les exercer pour le compte de l'État (ainsi le Crédit foncier, pour l'octroi de certains prêts aux rapatriés, comme l'a reconnu l'arrêt *Dame Culard*, précité). Elle peut être chargée d'une mission de service public. Elle apparaît alors comme un organisme privé chargé d'une mission de service public mais reste une personne privée (v. nos obs. sous les arrêts *Caisse primaire « Aide et Protection** et *Monpeurt**).

La sphère publique et la sphère privée restent ainsi délimitées.

Cela ne veut pas dire qu'elles soient séparées. Les pouvoirs publics peuvent être amenés à prendre à l'égard des entreprises privées des mesures qui sont autant d'actes administratifs soumis au contrôle du juge administratif. L'arrêt *Société Lambda* en donne un bon exemple.

107

DROIT ADMINISTRATIF ET DROIT DE LA CONCURRENCE

CE Sect. 3 nov. 1997, SOCIÉTÉ MILLION ET MARAIS, Rec. 406, concl. Stahl

(CJEG 1997. 441, concl. Stahl ; RFDA 1997. 1228, concl. Stahl ; AJ 1997. 945, chr. Girardot et Raynaud, et 1998. 247, note Guézou ; RDP 1998. 256, note Y. Gaudemet ; Rev. conc. et cons. 1997, n° 100, p. 46, note Maigre)

Cons. que par un arrêt du 10 mars 1993, la cour d'appel d'Orléans, saisie d'un litige opposant la société Million et Marais et la société des Pompes Funèbres Générales, a sursis à statuer jusqu'à ce que la juridiction administrative se soit prononcée sur la validité du contrat signé le 26 novembre 1987 par le maire de Fleury-les-Aubrais accordant à la société des Pompes Funèbres Générales la concession du service extérieur des pompes funèbres dans cette commune ; que la société Million et Marais fait appel du jugement du 9 mars 1995 par lequel le tribunal administratif d'Orléans a rejeté ses conclusions tendant à ce que le contrat de concession soit déclaré non valide ;

Sur la régularité du jugement :

Cons. qu'il ressort de la minute du jugement attaqué que ses visas comportent la mention et l'analyse de l'ensemble des mémoires échangés ; qu'il a été suffisamment répondu au moyen tiré de la méconnaissance de l'article 86 du traité instituant la communauté européenne ;

Sur les conclusions relatives à la délibération du conseil municipal de Fleury-les-Aubrais du 30 novembre 1987 :

Cons. qu'il n'appartient pas à la juridiction administrative, saisie sur renvoi préjudiciel ordonné par l'autorité judiciaire, de trancher des questions autres que celles qui ont été renvoyées par ladite autorité ; qu'il ressort des énonciations de l'arrêt de la cour d'appel d'Orléans que celle-ci a entendu surseoir à statuer seulement jusqu'à ce que la juridiction administrative se soit prononcée sur la validité du contrat de concession passée entre la commune de Fleury-les-Aubrais et la société Million et Marais ; que, par suite, les conclusions de la requête tendant à ce que soit prononcée l'illégalité de la délibération du 30 novembre 1987 par laquelle le conseil municipal de Fleury-les-Aubrais a approuvé le contrat et autorisé le maire à le signer ne sont pas recevables ;

Sur la validité du contrat de concession :

Cons. que la cour d'appel n'a renvoyé au juge administratif que l'appréciation du bien-fondé des moyens tirés d'une part de la méconnaissance des règles de la concurrence tant communautaires qu'internes et d'autre part de l'incompétence du maire pour signer le contrat ; que, par suite, la société Million et Marais n'est pas recevable à soumettre à la juridiction administrative des moyens tirés de l'absence d'existence légale de la société des

Pompes Funèbres Générales au moment de la signature du contrat, de l'illégalité de la concession à la société des Pompes Funèbres Générales en ce qu'elle lui attribue le monopole d'exploitation du service extérieur des pompes funèbres de la commune et de l'absence d'appel public à la concurrence préalable à la signature du contrat de concession ;

Cons., en premier lieu, qu'il ne ressort pas des pièces du dossier que le contrat de concession du service extérieur des pompes funèbres de la commune de Fleury-les-Aubrais ait été signé par le maire avant la transmission au préfet de la délibération du 30 novembre 1987 par laquelle le conseil municipal de Fleury-les-Aubrais a autorisé le maire à le signer ;

Cons., en deuxième lieu, qu'aux termes de l'article 9 de l'ordonnance du 1er décembre 1986 : « Est nul tout engagement, convention ou clause contractuelle se rapportant à une pratique prohibée par les articles 7 et 8 » ; qu'*est prohibée, notamment, en vertu de l'article 8, l'exploitation abusive par une entreprise ou un groupe d'entreprise d'une position dominante sur le marché intérieur ou une partie substantielle de celui-ci* ; que, toutefois, aux termes de l'article 10 : « Ne sont pas soumises aux dispositions des articles 7 et 8 les pratiques : 1. Qui résultent de l'application d'un texte législatif ou d'un texte réglementaire pris pour son application » ; qu'il résulte de ces dispositions que *si le contrat par lequel une commune a concédé à une entreprise le service extérieur des pompes funèbres ne saurait être utilement critiqué à raison du droit exclusif d'exploitation du service public conféré à cette entreprise en vertu de l'article L. 362-1 précité du code des communes, les clauses de ce contrat ne peuvent légalement avoir pour effet de placer l'entreprise dans une situation où elle contreviendrait aux prescriptions susmentionnées de l'article 8 ;*

Cons. que si le contrat litigieux, en attribuant à la société des Pompes Funèbres Générales un droit exclusif sur les prestations du service extérieur des pompes funèbres de la commune, a créé au profit de cette entreprise une position dominante au sens des dispositions de l'article 8 de l'ordonnance, la durée de six ans, renouvelable une fois par décision expresse, de cette convention ne met pas la société en situation de contrevenir aux dispositions précitées de l'ordonnance du 1er décembre 1986 ; que le contrat litigieux ne contient aucune clause relative aux conditions de reprise des stocks ou à l'exploitation d'une chambre funéraire ; que la société Million et Marais n'est, dès lors, pas fondée à soutenir que, sur ces deux points, le contrat permettrait à la société des Pompes Funèbres Générales d'abuser de sa position dominante ;

Cons., en troisième lieu, qu'aux termes de l'article 86 du traité instituant la Communauté européenne : « Est incompatible avec le marché commun et interdit, dans la mesure où le commerce entre États membres est susceptible d'en être affecté, le fait pour une ou plusieurs entreprises d'exploiter de façon abusive une position dominante sur le marché commun ou dans une partie substantielle de celui-ci » ; qu'aux termes de l'article 90 : « Les États membres, en ce qui concerne les entreprises publiques et les entreprises auxquelles ils accordent des droits spéciaux ou exclusifs, n'édictent ni ne maintiennent aucune mesure contraire aux règles du présent traité, notamment à celles prévues aux articles 7 et 85 à 94 inclus » ;

Cons. qu'*à supposer que le contrat litigieux ait contribué, en raison du droit exclusif qu'il comporte, à assurer à la société des Pompes Funèbres Générales une position dominante sur une partie substantielle du marché commun des prestations funéraires et soit susceptible d'affecter les échanges intracommunataires, ses clauses ne seraient incompatibles avec l'article 86 du traité que si l'entreprise était amenée, par l'exercice du droit exclusif dans les conditions dans lesquelles il lui a été conféré, à exploiter sa position dominante de façon abusive ;* que la durée d'exploitation stipulée par le contrat litigieux ne constitue pas un abus de nature à mettre la société Million et Marais en situation de contrevenir aux stipulations précitées du traité instituant la Communauté européenne ;

Cons. qu'il résulte de tout ce qui précède que la société Million et Marais n'est pas fondée à se plaindre de ce que le tribunal administratif d'Orléans a déclaré non fondée l'exception d'illégalité du contrat de concession passé entre la commune de Fleury-les-Aubrais et la société des Pompes Funèbres Générales ;

Sur les conclusions tendant à l'application de l'article 75-I de la loi du 10 juillet 1991 :

Cons. que les dispositions de l'article 75-I de la loi du 10 juillet 1991 font obstacle à ce que la commune de Fleury-les-Aubrais et la société des Pompes Funèbres Générales, qui ne sont pas dans la présente instance les parties perdantes, soient condamnées à payer à la société Million et Marais la somme de 10 000 F qu'elle demande au titre des frais exposés par elle et non compris dans les dépens ; qu'il n'y a pas lieu, dans les circonstances de l'espèce, de faire droit aux conclusions de la société des Pompes Funèbres Générales et de condamner la société Million et Marais à lui payer la somme de 12 000 F qu'elle demande au titre des frais exposés par elle et non compris dans les dépens ; (rejet).

OBSERVATIONS

1 La Société des Pompes funèbres générales, concessionnaire du service extérieur des pompes funèbres de la commune de Fleury-les-Aubrais avait engagé une action en responsabilité devant les juridictions judiciaires contre la Société Million et Marais pour avoir exercé une activité relevant, selon la société concessionnaire, du droit exclusif qu'elle détenait de son contrat de concession. La Société Million et Marais a soutenu que ce droit exclusif était contraire aux dispositions de l'article 8 de l'ordonnance du 1er déc. 1986 relative à la liberté des prix et de la concurrence et aux stipulations de l'article 86 du traité de Rome interdisant l'abus de position dominante (devenu art. 82 depuis l'entrée en vigueur du traité d'Amsterdam). La Cour d'appel d'Orléans a, en vertu de la jurisprudence *Septfonds** (TC 16 juin 1923), sursis à statuer jusqu'à ce que la juridiction administrative ait apprécié la légalité de la clause contestée. Le Tribunal administratif d'Orléans a déclaré non fondée l'exception d'illégalité. Le Conseil d'État, qui, selon la réforme du 31 déc. 1987, reste compétent pour statuer en appel sur les recours en appréciation de légalité, confirme ce jugement.

Ce droit est constitué notamment (mais non exclusivement) par l'ordonnance du 1er déc. 1986 (reprise aujourd'hui aux articles L. 410-1 et s. du nouveau code de commerce). Sont interdites en particulier les ententes (art. 7 de l'ord. ; art. L. 420-1 du code), l'exploitation abusive d'une position dominante ou d'une situation de dépendance économique (art. 8 de l'ord., art. L. 420-2 du code). « *Est nul tout engagement, convention ou clause contractuelle se rapportant à une pratique prohibée* » par ces dispositions. Le Conseil de la concurrence est chargé de veiller à leur respect : il peut infliger aux entreprises des sanctions et leur adresser des injonctions, qui sont autant de décisions administratives, prises dans l'exercice de prérogatives de puissance publique. Mais, comme l'a admis le Conseil constitutionnel dans sa décision du 23 janv. 1987, *Conseil de la concurrence**, le législateur, « *dans l'intérêt d'une bonne administration de la justice* », a pu en attribuer le contentieux à la Cour d'appel de Paris par la loi du 6 juill. 1987.

Ces règles s'appliquent « *à toutes les activités de production, de distribution et de services, y compris celles qui sont le fait de personnes publiques, notamment* (selon un ajout de la loi du 8 févr. 1995) *dans le cadre de conventions de délégation de service public* » (art. 53 de l'ord. ; art. L. 410-1 c. com.).

2 Par un arrêt du 6 juin 1989, *Préfet de la région Île-de-France*, dit plus couramment *Ville de Pamiers* (Rec. 293 – v. n° 95.7), le Tribunal des conflits a jugé « *que l'organisation du service public de la distribution de l'eau à laquelle procède un conseil municipal n'est pas constitutive d'une telle activité ; que l'acte juridique de dévolution de ce service n'est pas, par lui-même, susceptible d'empêcher, de restreindre ou de fausser le jeu de la concurrence sur le marché, et qu'il n'appartient en conséquence qu'aux juridictions de l'ordre intéressé* » (c'est-à-dire la juridiction administrative) « *de vérifier la validité de cet acte au regard des dispositions de l'article 9 de l'ordonnance susvisée* ».

Le Conseil d'État, prolongeant la jurisprudence du Tribunal des conflits, a considéré que les règles de l'ordonnance de 1986 ne pouvaient être opposées à l'acte de dévolution d'un service public, tel que l'attribution d'un affermage (CE 23 juill. 1993, *Compagnie générale des eaux*, Rec. 226 ; RFDA 1994. 252, note Terneyre).

Ainsi la réserve de la compétence de la juridiction administrative pour connaître du contentieux des actes administratifs paraissait soustraire ces mêmes actes au respect des règles de la concurrence édictées par l'ordonnance de 1986 – ce qui a suscité une vive controverse à la fois sur la compétence, puisque ces actes échapperaient au contentieux transféré par le législateur à la Cour d'appel de Paris, et sur le fond, puisqu'ils échapperaient aux dispositions sur la concurrence édictées par ce même législateur.

Le commissaire du gouvernement Stahl, dans ses conclusions, a démontré que la compétence du juge administratif n'excluait pas l'application par celui-ci du droit de la concurrence, pour contrôler son respect par les autorités administratives. Le Conseil d'État a effectivement examiné si les concessions de service public dont il lui était demandé d'apprécier la validité l'avaient observé.

Il a ainsi considéré que *la dissociation partielle du droit de la concurrence et de la compétence juridictionnelle* (I) n'empêche pas *la combinaison du droit de la concurrence et de la légalité* (II).

I. — Droit de la concurrence et compétence juridictionnelle

3 Si le droit de la concurrence est souvent en cause dans des litiges relevant de la *compétence judiciaire* (A), il n'est pas leur monopole. Il peut aussi faire l'objet d'un contentieux relevant de la *compétence administrative* (B).

A. — Droit de la concurrence et compétence judiciaire

La compétence judiciaire pour connaître de litiges relatifs à la concurrence n'a rien que de normal lorsqu'aucun acte administratif n'est invoqué ou contesté (1°) ; c'est par exception qu'elle a été reconnue à l'égard des décisions du Conseil de la concurrence (2°).

1°) La concurrence, en matière économique, oppose des entreprises, qui sont en compétition pour vendre des produits et des services. Ce sont elles qui sont d'abord visées par le droit de la concurrence. C'est entre elles que naissent essentiellement des litiges relatifs à leur application. Leurs différends relèvent très normalement des juridictions judiciaires.

Cette compétence ne présente aucune difficulté lorsqu'ils opposent des entreprises privées. Elle peut prêter à discussion lorsqu'une personne publique est en cause. Mais, dès lors que celle-ci exerce une activité de production, de distribution et de services, elle est non seulement soumise à ce titre aux règles résultant de l'ordonnance de 1986, comme le précise son article 53, mais les litiges s'y rapportant le sont aux juridictions judiciaires. Le Tribunal des conflits l'a expressément jugé dans plusieurs arrêts avant comme après l'arrêt *Société Million et Marais* (TC 4 nov. 1991, *Coopérative de consommation des adhérents de la Mutuelle assurance des instituteurs de France*, Rec. 476 : demande tendant *« seulement à obtenir réparation de certaines pratiques commerciales imputées »* à l'Union des groupements d'achats publics, établissement public industriel et commercial ; – 19 janv. 1998, *Union française de l'Express c/ La Poste,* Rec. 534 ; D. 1998. 329, concl. Arrighi de Casanova ; RFDA 1999. 189, note Seiller : demande de sociétés commerciales *« tendant à la cessation et à la réparation des dommages occasionnés par des pratiques commerciales »* imputées à La Poste (qui, sous l'appellation « exploitant public », est un établissement public industriel et commercial) et ses filiales de droit privé, *« susceptibles, selon les demandes, de fausser le jeu de la concurrence, tant en droit interne qu'en droit communautaire »* : *« ce litige, qui ne met pas en cause l'exercice des prérogatives de puissance publique du service postal, ressortit à la compétence des juridictions de l'ordre judiciaire »*).

Il s'agit d'une illustration de la jurisprudence *Société commerciale de l'Ouest africain** (TC 22 janv. 1921), reconnaissant compétence aux juridictions judiciaires pour statuer sur les litiges concernant les services publics industriels et commerciaux.

4 *2°)* C'est parce que le contentieux de la concurrence est principalement un contentieux judiciaire que le Conseil constitutionnel, dans sa décision du 23 janv. 1987*, a admis que le législateur cherche *« à unifier sous l'autorité de la Cour de cassation l'ensemble de ce contentieux spécifique et ainsi à éviter ou à supprimer des divergences qui pourraient apparaître dans l'application et dans l'interprétation du droit de la concurrence »*, et confie à la Cour d'appel de Paris les recours dirigés contre les décisions du Conseil de la concurrence, qui, émanant *« d'un organisme administratif »* agissant *« dans l'exercice des prérogatives de puissance publique »*, sont des actes administratifs.

Cette compétence (qui a effectivement été transférée par la loi du 6 juill. 1997) peut s'exercer pleinement lorsque ces décisions sont prises à l'égard d'entreprises privées ou à l'égard de personnes publiques pour leurs activités de production, de distribution ou de services.

Ainsi le Conseil de la concurrence et, après lui, la Cour d'appel de Paris peuvent examiner *« des pratiques anticoncurrentielles reprochées à EDF sur le marché de l'électricité »*, *« apprécier, au regard du droit de la concurrence et de la réglementation spécifique de la production et de la distribution d'électricité, le caractère éventuellement anticoncurrentiel des pratiques mises en œuvre par EDF »* (CA Paris 27 janv. 1998, *Électricité de France c/Société auxiliaire de chauffage*, AJ 1998. 435, note Adam et Blazzy).

À travers la décision (administrative) du Conseil de la concurrence qui lui est déférée, la Cour d'appel de Paris (juridiction judiciaire) examine en réalité le comportement d'opérateurs économiques.

Mais sa compétence s'arrête au seuil des actes administratifs (autres que la décision du Conseil de la concurrence) dont la légalité serait remise en cause à l'occasion de l'examen des pratiques anticoncurrentielles et de la décision du Conseil de la concurrence.

Car leur appréciation appartient seulement à la juridiction administrative.

B. — Droit de la concurrence et compétence administrative

5 La compétence du juge administratif continue à s'exercer pour certains actes pris en vertu de l'ordonnance de 1986 (1°) et *a fortiori* pour ceux qui ne sont pas pris sur son fondement (2°).

1°) Le contrôle de la concurrence n'a pas été confié entièrement au Conseil de la concurrence. Si celui-ci prend lui-même les décisions à l'encontre des ententes et abus de position dominante ou de dépendance économique, il n'émet qu'un avis en matière de concentration économique. C'est le ministre de l'économie qui le lui demande et qui, ensuite, éventuellement avec le ministre duquel dépend le secteur d'activité concerné, prend la décision (par ex. acceptation d'un projet de concentration ; injonction de ne pas donner suite à ce projet, de rétablir la situation de droit antérieur, de modifier ou compléter l'opération ou de prendre toute mesure propre à assurer ou à rétablir la concurrence ; sanctions). Sa décision ne peut être contestée que devant la juridiction administrative selon le droit commun du contentieux administratif (normalement tribunal administratif en premier ressort ; éventuellement compétence directe du Conseil d'État dans les cas particuliers où celle-ci est prévue).

C'est ainsi que le Conseil d'État a été amené à statuer sur le recours contre un arrêté du ministre de l'économie et du ministre de l'agriculture enjoignant à la Société Coca-Cola de renoncer à l'acquisition des actifs du groupe Pernod-Ricard relatifs aux boissons « Orangina » : après une analyse précise des marchés pertinents à prendre en compte, il a considéré que l'opération projetée aurait des effets anti-concurrentiels, et que les ministres s'y étaient à juste titre opposés (Sect. 9 avr. 1999, *Société The Coca-Cola Company* Rec. 119 ; CJEG 1999.214 et RFDA 1999.777, concl. Stahl ; AJ 1999.611, note Bazex et Thiry ; D. aff. 2000.J.157, note Troianello). Lorsque le projet a été repris dans de nouvelles conditions, il a considéré qu'elles ne suffisaient pas à supprimer les effets anti-concurrentiels (CE Sect. 6 oct. 2000, *Société Pernod-Ricard*, Rec. 398 ; CJEG 2001.33, concl. Touvet ; RFDA 2001.409, concl. Touvet).

Dans une autre affaire, il a jugé que les conditions mises par le ministre de l'économie à l'autorisation d'une prise de contrôle d'une société par EDF, pour prévenir les atteintes à la concurrence que cette opération pouvait entraîner, étaient justifiées (CE 11 juill. 2001, *Syndicat CGT de la société Clemessy*, CJEG 2002.539, concl. Seners, note M. Barthélémy ; DA avr. 2002, p. 15, note Delelis).

Ce faisant, le Conseil d'État procède à un examen de la qualification juridique des faits, comme il le fait depuis l'arrêt *Gomel** du 4 avr. 1914. La nouveauté tient seulement aux dispositions de l'ordonnance de 1986 sur le fondement desquelles les actes attaqués ont été pris et au regard desquelles ils doivent être contrôlés.

6 *2°)* Dans d'autres circonstances, des actes administratifs ne sont pas pris directement en vertu de l'ordonnance de 1986. Ils relèvent de la compétence du juge administratif selon les règles ordinaires qui la déterminent.

Car ils ne sont pas eux-mêmes des activités de production, de distribution et de services, pour lesquelles, seules, a été aménagée la compétence particulière du Conseil de la concurrence et de la Cour d'appel de Paris.

C'est ce qu'a jugé le Tribunal des conflits dans l'arrêt précité *Ville de Pamiers* du 6 juin 1989 à propos de la dévolution d'un service public.

Il l'a confirmé à propos de décisions prises dans l'accomplissement d'une mission de service public au moyen de prérogatives de puissance publique, même si elles émanent d'un organisme de droit privé (4 nov. 1996, *Société Datasport c/ Ligue nationale de football*, Rec. 552 – v. n° 95.8 : décision de la Ligue nationale de football d'unifier la billetterie informatique des clubs participant aux manifestations sportives qu'elle organise) — conformément à la jurisprudence *Monpeurt** du 31 juill. 1942, ou d'un établissement public ayant à certains égards des activités industrielles et commerciales (18 oct. 1999, *Aéroports de Paris*, Rec. 469, concl. Schwartz – v. n° 95.8 : décisions d'Aéroports de Paris relatives aux activités de compagnies aériennes à Orly, « *qui se rattachent à la gestion du domaine public, constituent l'usage de prérogatives de puissance publique* »).

La Cour de cassation statue dans le même sens (Cass. com. 12 déc. 1995, *Direction de la météorologie nationale*, Bull. civ. IV. n° 301, p. 276 ; AJ 1996. 131, note Bazex ; CJEG 1996.180, note Idot ; JCP éd. E. 1996.II.810, note Berlin et Calvet ; RFDA 1996. 360, note R. Drago : décision prise dans la gestion du service public de la météorologie aérienne, indépendamment d'une commercialisation auprès du grand public ; — 19 nov. 2002, *Société Au Lys de France*, Bull. IV, n° 170, p. 194 : décision relative à la gestion du domaine public, portant sur la fixation des redevances d'occupation temporaire).

Les actes en cause peuvent être aussi bien des actes administratifs unilatéraux, comme c'était le cas dans les arrêts que l'on vient de citer, que des contrats administratifs, comme ce l'était dans les affaires *Société Million et Marais* et celles qui ont été jugées le même jour (*Société intermarbres, Société Yonne funéraire*, Rec. 393).

Leur contentieux appartient au juge administratif tant par voie d'action que par voie d'exception (TC 19 janv. 1998, *Union française de l'Express c/ La Poste*, précité, qui remet en cause la solution contraire qu'avait retenue la Cour de cassation dans un arrêt du 6 mai 1996, *France Télécom c/ Société Communication Media Services*, AJ 1996.1033, note Bazex ; RFDA 1996, 1161, note Seiller). Dans le premier cas, ni le Conseil de la concurrence ni la Cour d'appel de Paris ne peuvent statuer sur les recours dirigés contre de tels actes. Dans le second, si à l'occasion d'un litige relevant de leur compétence est soulevée une question relative à la validité de ces actes, la Cour d'appel doit surseoir à statuer jusqu'à ce que la question ait été tranchée par la juridiction administrative. Pour n'avoir pas à le faire dans l'arrêt précité du 27 janv. 1998, *Électricité de France c/ Société auxiliaire de chauffage*, elle a soigneusement souligné « que ne se trouvent pas en cause... les contrats conclus par EDF ni même les refus individuels de contracter de l'établissement public, mais un comportement global caractérisé par un ensemble de pratiques générales, détachables des contrats administratifs et des litiges individuels entre EDF et producteurs autonomes, indépendants des modalités d'organisation du service public », « ne se confondant pas avec des actes administratifs unilatéraux », et pour l'appréciation duquel ni le Conseil de la concurrence ni elle-même ne sont conduits à se substituer « au juge du contentieux de la légalité ».

L'exception d'illégalité peut également être soulevée devant les juridictions judiciaires à l'occasion de litiges relatifs à la concurrence autres que ceux qui donnent lieu à la saisine du Conseil de la concurrence et, sur recours, de la Cour d'appel de Paris. Elle donne lieu à sursis à statuer jusqu'à ce que le juge administratif l'ait tranchée. Tel était le cas dans les affaires *Société Million et Marais*, et autres, pour des différends opposant les titulaires de concessions à des entreprises empiétant sur l'activité que ces concessions leur réservaient, en vertu de clauses dont la validité était contestée au regard du droit de la concurrence.

II. — Droit de la concurrence et légalité

7 La légalité à laquelle est soumise l'administration n'est pas constituée exclusivement par le droit qui régit son organisation et son fonctionnement (par ex. les dispositions établissant le statut d'autorités administratives, ou les principes, tels ceux d'égalité et de continuité des services publics). Elle comporte l'ensemble des normes qui prescrivent, limitent ou interdisent certains comportements, quel que soit leur objet. Elle englobe par exemple celles que sanctionnent le code pénal (v. nos obs. sous l'arrêt CE 6 déc. 1996, *Société Lambda**) ou le droit de la consommation (CE Sect. 11 juill. 2001, *Société des eaux du Nord*, BJCP 2001.519, concl. Bergeal ; CJEG 2001.496, concl. Bergeal ; AJ 2001.853, chr. Guyomar et Collin, et 893, note Guglielmi ; ACCP 2001, n° 3, p. 15, note Nicinski ; D. 2001.2810, note Amar ; JCP 2001.I.370, obs. Ghestin). Elle inclut aussi bien le droit de la concurrence, qu'il soit extérieur à l'ordonnance de 1986 (A) ou qu'il résulte de celle-ci (B).

A. — Le droit de la concurrence extérieur à l'ordonnance de 1986

Le juge administratif a fait application du droit de la concurrence indépendamment de l'ordonnance de 1986, tant en droit interne (1°) qu'en droit communautaire (2°).

1°) En droit interne, le principe de liberté du commerce et de l'industrie et son corollaire, le principe de libre concurrence sont à la base de la jurisprudence sur la création par les collectivités publiques de services industriels et commerciaux concurrençant les entreprises privées (v. nos obs. sous CE 30 mai 1930, *Chambre syndicale du commerce en détail de Nevers**).

Des dispositions imposent à l'administration une mise en concurrence pour la conclusion des marchés publics (code des marchés publics) et des conventions de délégation de service public (loi du 29 janv. 1993). Une jurisprudence abondante a été rendue au sujet de leur application. Le Conseil d'État a examiné par exemple si les conditions de passation du contrat de délégation de service public portant sur la constitution et la mise à jour d'une base de données juridiques n'avaient pas avantagé illégalement un candidat (CE 29 juill. 1998, *Éditions Dalloz-Sirey, ORT*, Rec. 330 ; AJ 1999, 250, note Subra de Bieusses).

De même, l'Autorité de régulation des télécommunications, créée par la loi du 26 juill. 1996, devant attribuer *« aux opérateurs et aux utilisateurs, dans des conditions objectives, transparentes et non discriminatoires, les ressources en fréquences et en numérotations nécessaires à l'exercice de leur activité »* (art. L. 36–7 du code des postes et télécommunications), le Conseil d'État a vérifié que ces conditions avaient été exactement observées pour l'attribution des préfixes téléphoniques (Ass. 26 juin 1998, *Société AXS Télécom, France*, Rec. 248 ; CJEG 1998, 879, concl. Hubert : AJ 1998, 565, chr. Raynaud et Fombeur). S'il a rejeté dans cette affaire le moyen tiré de la méconnaissance des articles 85 et 86 du traité instituant la Communauté européenne, c'est parce qu'il n'était pas assorti de précisions suffisantes permettant d'en apprécier le bien-fondé. *A contrario*, il aurait pu l'examiner.

8 *2°)* C'est que le droit communautaire de la concurrence, comme le droit communautaire en général (v. nos obs. sous les arrêts 22 déc. 1978, *Cohn-Bendit**, 20 oct., *Nicolo**), fait partie des normes que les autorités administratives doivent respecter et le juge administratif, appliquer.

Il peut s'agir de disposition spéciales applicables à certaines types d'actes comme les marchés publics et les concessions de travaux publics, pour la passation desquels des directives ont aménagé des conditions de mise en concurrence. Le Conseil d'État a plusieurs fois censuré des actes qui ne les avait pas respectées (pour une concession de travaux : Ass. 6 févr. 1998, *Tête*, Rec. 30, concl. Savoie – v. n° 93.11 ; pour un marché de service au sens communautaire : 20 mai 1998, *Communauté de communes du Piémont-de-Barr*, Rec. 202, concl. Savoie – v. n° 93.11).

Les règles générales de concurrence formulées par le traité de Rome sont également sanctionnées par le juge administratif. Il ne s'agit pas seulement de celles qui régissent les aides accordées par les États (art. 92 et s., devenus art. 87 et s. depuis l'entrée en vigueur du traité d'Amsterdam), et qui ont conduit par exemple à annuler, en tant qu'il avait été pris avant que la Commission européenne en ait admis la compatibilité avec le marché commun, un arrêté instituant des taxes parafiscales au profit du comité central des pêches maritimes (CE Ass. 26 oct. 1990, *Fédération nationale du commerce extérieur des produits alimentaires*, Rec. 94 ; RFDA 1991, 159, concl. Fouquet ; 2 juin 1993, mêmes requérants, Rec.

165 ; Dr. fisc. 1993, n° 44, comm. 2097, concl. Fouquet). Il s'agit aussi de celles qui sont applicables aux entreprises, notamment pour leur interdire les ententes (art. 85) et les abus de position dominante (art. 86), (aujourd'hui art. 81 et 82).

En particulier, dans un arrêt du 8 nov. 1996, *Fédération française des sociétés d'assurances* (Rec. 441 ; AJ 1997.142, chr. Chauvaux et Girardot, le Conseil d'État (Sect.) a annulé des dispositions d'un décret relatif à un régime facultatif d'assurance-vieillesse, *« incompatibles avec les dispositions combinées des articles 86 et 90 du traité »*.

Dans les arrêts *Société Million et Marais, Société Intermarbres, Société Yonne funéraire*, le Conseil d'État a d'ailleurs expressément examiné au regard de l'article 86 les contrats de concession dont il avait à apprécier la validité.

Or les articles 85 et 86 du traité de Rome (devenus les articles 81 et 82) ont directement inspiré les articles 7 et 8 de l'ordonnance du 1er déc. 1986, qui établissent dans l'ordre interne des interdictions de même type (ententes, abus de position dominante) que celles qui s'imposent dans l'ordre communautaire. Il était difficile d'admettre que les actes administratifs fussent contrôlés au regard des articles 85 et 86 du traité, non au regard des articles 7 et 8 de l'ordonnance.

Cette considération a joué pour intégrer l'ordonnance de 1986 dans la légalité à laquelle doit se conformer l'administration.

B. — Le droit de la concurrence établi par l'ordonnance de 1986

9 Par l'arrêt *Société Million et Marais*, le Conseil d'État a expressément admis l'applicabilité de l'ordonnance de 1986 à l'examen de la légalité des actes administratifs (1°). Son application peut révéler des illégalités à plusieurs titres (2°).

1°) L'arrêt *Ville de Pamiers*, en considérant que *« l'acte juridique de dévolution de l'exécution »* (d'un service public) *« n'est pas, par lui-même, susceptible d'empêcher de restreindre ou de fausser le jeu de la concurrence sur le marché »*, en déduisait *« qu'il n'appartient en conséquence qu'aux juridictions de l'ordre intéressé »* (c'est-à-dire l'ordre administratif) *« de vérifier la validité de cet acte au regard des dispositions de l'article 9 de l'ordonnance susvisée »* (déclarant nuls les engagements, conventions ou clauses contraires aux articles 7 ou 8). Il y avait peut-être une contradiction dans l'affirmation qu'un acte administratif n'est pas par lui-même contraire à la concurrence mais pouvait cependant être examiné par le juge administratif au regard des dispositions sanctionnant les atteintes à la concurrence.

Cette contradiction a été levée en un certain sens par le Conseil d'État lorsque, considérant, comme le Tribunal des conflits, que les actes administratifs ne sont pas des activités de production, de distribution et de services, il a jugé que les règles définies par l'ordonnance ne s'appliquaient pas (cf. l'arrêt déjà cité du 23 juill. 1993, *Compagnie générale des eaux*).

Apparaissait ainsi une dichotomie dans le champ d'application de l'ordonnance à l'égard des personnes publiques : entre leurs activités économiques (applicabilité) et leurs actes administratifs (inapplicabilité).

Le Conseil d'État s'est montré plus nuancé lorsqu'il a jugé qu'un refus d'autorisation d'une vente au déballage, opposé par un maire à une entreprise sur le fondement de la loi du 30 déc. 1906, n'est pas susceptible de constituer une pratique anticoncurrentielle au sens des articles 7 et 8 de l'ordonnance de 1986, et que le moyen tiré de leur violation est donc inopérant (10 juin 1996, *Étienne*, Rec. t. 768). Il a fait un pas de plus lorsqu'il a considéré que, si l'ordonnance ne s'applique pas à un décret confiant à une entreprise l'exploitation d'un oléoduc d'intérêt général *« dans celles de ses dispositions qui se bornent à autoriser un opérateur à occuper et à exploiter le domaine public pour y exercer une activité privée »*, ses *« autres dispositions ont pour objet d'éviter que cet opérateur n'exerce cette activité en violation de l'ordonnance précitée dont elles ne méconnaissent aucune disposition »* (13 juin 1997, *Société des transports pétroliers par pipe-line*, Rec. 230 ; AJ 1997. 794, concl. Bergeal) : si le moyen n'était pas fondé, il était opérant.

L'arrêt *Société Million et Marais* procède à une analyse systématique de la validité d'un contrat de concession au regard de l'ordonnance de 1986, et particulièrement de ses articles 8 et 9.

De nouvelles avancées ont été réalisées selon l'avis contentieux (Sect. 22 nov. 2000, *Société L et P Publicité SARL*, Rec. 492, concl. Austry – v. n° 69.3), l'autorité de police doit, dans l'adoption des mesures nécessaires à la sauvegarde de l'ordre public, « *prendre en compte la liberté du commerce et de l'industrie et les règles de concurrence* ». L'arrêt du 27 juill. 2001, *CAMIF*, BJCP 2001.497, concl. Bergeal, rappelle, outre « les exigences de l'égal accès aux marchés publics », « le principe de libre concurrence », découlant tant de l'ordonnance du 1er déc. 1986 que des stipulations du traité ayant institué la Communauté européenne.

Ainsi désormais, la solution est acquise : l'ordonnance de 1986 fait partie des dispositions dont le respect conditionne la légalité des actes administratifs, unilatéraux autant que contractuels.

10 *2°)* Sa violation peut se réaliser dans plusieurs hypothèses. Les unes tiendraient à la méconnaissance des dispositions par lesquelles elle encadre la liberté des prix et de la concurrence dans leur ensemble (mais cela était déjà acquis avant l'arrêt *Société Million et Marais*), les autres, à la méconnaissance de ses articles 7 et 8 (art. L. 420-1 et 2 c. com.) interdisant les ententes et les abus de position dominante ou de dépendance économique.

Cette seconde série se dédouble elle-même.

Les articles 7 ou 8 (L. 420-1 ou 2) seraient violés tout d'abord par un acte administratif s'il mettait une entreprise dans une situation constitutive d'une entente ou d'un abus de position dominante ou de dépendance économique : c'est parce que l'entreprise méconnaîtrait, en raison de l'acte administratif la concernant, l'interdiction formulée par ces articles que cet acte administratif serait illégal. L'hypothèse rejoindrait celle d'un acte administratif conduisant un administré à tomber sous le coup d'une incrimination pénale (v. nos obs. sous l'arrêt *Société Lambda** du 6 déc. 1996). Elle est particulièrement illustrée à propos de l'abus de position dominante : ce n'est pas l'existence d'une position dominante qu'interdit l'article 8 de l'ordonnance, ni l'attribution par l'administration à une entreprise d'une position dominante (par ex. sous forme d'un droit exclusif) qui constitue une illégalité ; c'est l'abus de cette position qui est répréhensible et l'acte administratif permettant cet abus qui est illégal. Dans l'affaire *Société Million et Marais*, le Conseil d'État a considéré que *« si le contrat litigieux, en attribuant à la Société des pompes funèbres générales un droit exclusif sur des prestations du service extérieur des pompes funèbres de la commune, a créé au profit de cette entreprise une position dominante au sens des dispositions de l'ordonnance, la durée de dix ans, renouvelable une fois par décision expresse, de cette convention ne met pas la société en situation de contrevenir aux dispositions précitées de l'ordonnance du 1er déc. 1986 »*, et qu'aucune clause relative à d'autres conditions n'avait lieu d'être contestée : en conséquence, il ne pouvait être soutenu que *« le contrat permettrait à la société... d'abuser d'une position dominante »*.

Peu de temps après, dans un arrêt du 17 déc. 1997, *Ordre des avocats à la Cour de Paris* (Rec. 491 – v. n° 45.7), le Conseil d'État, statuant expressément *« sur les moyens tirés du droit de la concurrence »* invoqués à l'encontre du décret du 31 mai 1996 relatif au service public des bases de données juridiques, a considéré *« qu'alors même que... le recours à un concessionnaire conférerait à celui-ci une position dominante, aucune des dispositions du décret attaqué – au respect desquelles, et notamment de celles... de son article 10, tant le contrat de concession que la mise en œuvre de celui-ci par le concessionnaire devront se conformer – n'a pour effet de le placer dans une situation d'abus de position dominante au sens tant des dispositions des articles 8 et 9 de l'ordonnance du 1er déc. 1986... que des articles 86 et 90 du traité... instituant la Communauté européenne »*. C'est un rappel à l'ordre.

Le pas de l'annulation a été franchi par l'arrêt du 29 juill. 2002, *Société Cegedim* (CJEG 2003.16, concl. Maugüé ; AJ 2002.1072, note Nicinski ; D. 2003.901, obs. Gonzalez ; DA 2002, n° 173, noté Bazex et Blazy), censurant l'arrêté qui établissait les tarifs de vente des fichiers de l'INSEE, parce qu'il mettait celui-ci en situation d'abuser automatiquement de sa position dominante sur le marché.

Ces analyses rejoignent celles de la Cour de justice des Communautés européennes : si une position dominante, attribuée ou non par un État à une entreprise, n'est pas en soi contraire à l'article 82 (ex 86) du traité de Rome, celui-ci est violé lorsqu'une mesure place un service dans une position dominante telle qu'il sera automatiquement et nécessairement conduit à en abuser (CJCE 23 avr. 1991, *Höfner et Elser*, aff C – 41/90, Rec. I. 1979 ; – 10 déc. 1991, *Merci Convenzionali Porto di Genova*, aff. C – 179/90, Rec. I. 5889).

11 Les articles 7 et 8 (L. 420-1 et 2) seraient violés, en second lieu, plus directement encore si un acte administratif, par lui-même, constituait une entente ou un abus de position dominante. Il peut s'agir dans le premier cas de l'agrément que l'administration donne à une entente entre professionnels, pouvant résulter par exemple d'une convention collective dont les clauses ont pour effet d'empêcher, restreindre ou fausser le jeu de la concurrence (CE Sect. 30 avr. 2003, *Syndicat professionnel des exploitants indépendants des réseaux d'eau et d'assainissement*, AJ 2003.1150, chr. Donnat et Casas ; ACCP juill.-août 2003, p. 71, note Richer ; RFDA 2003.636), dans le second cas, d'une décision d'une autorité chargée de la gestion du domaine public imposant des modalités et conditions de son occupation en faisant un abus de la position dominante qu'elle détient. C'est cette hypothèse qu'a développée M. Stahl dans ses conclusions sur les arrêts (Sect.) du 26 mars 1999, *Société Hertz ; Société EDA* (Rec. 96, concl. Stahl ; AJ 1999.427, concl. Stahl et note Bazex ; CJEG 1999.264, concl. Stahl ; D. 2000.204, note Markus ; RDP 1999.1545, note Manson, et 2000.353, obs. Guettier ; RFDA 1999.977, note Pouyaud) : alors que *« le raisonnement de la décision Million et Marais saisissait l'acte administratif au travers de la situation d'une entreprise qu'est le concessionnaire de service public »*, *« ici, il n'est stricto sensu pas d'entreprise qui serait en situation d'abuser d'une position dominante »* ; c'est une autorité administrative qui est elle-même abusive dans l'adoption d'une mesure qui lui est propre. Le Conseil d'État a considéré dans l'arrêt *Société EDA* que l'autorité administrative affectataire des dépendances du domaine public doit, *« lorsque, conformément à l'affectation de ces dépendances, celles-ci sont le siège d'activités de production, de distribution ou de services,... prendre en considération les diverses règles, telles que le principe de la liberté du commerce et de l'industrie ou l'ordonnance du 1er déc. 1986, dans le cadre desquelles s'exercent ces activités ; qu'il revient alors au juge de l'excès de pouvoir, à qui il appartient d'apprécier la légalité des actes juridiques de gestion du domaine public, de s'assurer que ces actes ont été pris compte tenu de l'ensemble de ces principes et de ces règles et qu'ils en ont fait, en les combinant, une exacte application »*. Pour apprécier les moyens tirés notamment de la méconnaissance des dispositions de l'article 8 de l'ordonnance de 1986, il a sursis à statuer pour

« demander au Conseil de la concurrence des éléments d'appréciation sur ces questions » – ce qui constitue une première.

Ainsi, avec et depuis l'arrêt *Société Million et Marais,* se réalise ce qu'on peut appeler une « réconciliation » du droit administratif et du droit de la concurrence. À vrai dire, ils n'avaient jamais été vraiment dissociés puisqu'avant et en dehors de l'ordonnance de 1986, bien des questions de concurrence avaient été résolues par le droit et le juge administratifs. L'ordonnance de 1986 et, peut-être plus encore, la loi du 6 juill. 1987 qui l'a modifiée en donnant compétence à la Cour d'appel de Paris pour connaître des recours contre les décisions du Conseil de la concurrence, ont introduit des perturbations d'ordre juridictionnel qui ont affecté le fond même du droit.

Désormais, les deux ordres de juridiction ont à appliquer également les règles du droit de la concurrence dans les litiges relevant de leurs compétences propres. Si l'on a pu voir un conflit entre droit de la concurrence et droit administratif, que sous-tendait peut-être un conflit entre ordre judiciaire et ordre administratif, l'arrêt *Société Million et Marais* y met un terme.

108

PRIMAUTÉ DE LA CONSTITUTION DANS L'ORDRE INTERNE

CE. Ass. 30 oct. 1998, SARRAN, LEVACHER ET AUTRES

(RFDA 1998. 1081, concl. Maugüé, note Alland, et 1999. 57, notes Dubouis, Mathieu et Verpeaux, Gohin ; AJ. 1998. 962, chr. Raynaud et Fombeur ; Europe, mars 1999 p. 4, note Simon ; D. 2000.153, note Aubin ; RDP 1999.919, note Flauss ; LPA 23 juill. 1999, note Aubin ; JDI 1999.675, note Dehaussy)

Sur les conclusions à fin d'annulation du décret attaqué :

Considérant que l'article 76 de la Constitution, dans la rédaction qui lui a été donnée par l'article 2 de la loi constitutionnelle du 20 juillet 1998 énonce, dans son premier alinéa, que : « Les populations de la Nouvelle-Calédonie sont appelées à se prononcer avant le 31 décembre 1998 sur les dispositions de l'accord signé à Nouméa le 5 mai 1998 et publié le 27 mai 1998 au Journal officiel de la République française » ; qu'en vertu du deuxième alinéa de l'article 76 : « Sont admises à participer au scrutin les personnes remplissant les conditions fixées à l'article 2 de la loi n° 88-1028 du 9 novembre 1988 » ; qu'enfin, aux termes du troisième alinéa de l'article 76 : « Les mesures nécessaires à l'organisation du scrutin sont prises par décret en Conseil d'État délibéré en Conseil des ministres » ; que le décret du 20 août 1998 a été pris sur le fondement de ces dernières dispositions ;

En ce qui concerne les moyens de légalité externe :

Quant au défaut de consultation du Conseil constitutionnel :

Considérant que selon l'article 60 de la Constitution : « Le Conseil constitutionnel veille à la régularité des opérations de référendum et en proclame les résultats » ; qu'à ce titre, il doit notamment, comme le prescrit l'article 46 de l'ordonnance du 7 novembre 1958 portant loi organique, être « consulté par le gouvernement sur l'organisation des opérations de référendum » ; qu'en vertu de l'article 3 de la Constitution, « la souveraineté nationale appartient au peuple qui l'exerce par ses représentants et par la voie du référendum » ;

Considérant qu'il ressort de ces dispositions que seuls les référendums par lesquels le peuple français exerce sa souveraineté, soit en matière législative dans les cas prévus par l'article 11 de la Constitution, soit en matière constitutionnelle comme le prévoit l'article 89, sont soumis au contrôle du Conseil constitutionnel ;

Considérant qu'il suit de là que le décret attaqué, dont l'objet est limité à l'organisation d'une consultation des populations intéressées de Nouvelle-Calédonie, n'avait pas à être précédé de l'intervention du Conseil constitutionnel, alors même que ladite consultation trouve son fondement dans des dispositions de valeur constitutionnelle ;

Quant au défaut de consultation du Congrès du territoire :

Considérant que, selon le deuxième alinéa de l'article 74 de la Constitution, dans sa rédaction issue de la loi constitutionnelle du 25 juin 1992 : « Les statuts des territoires d'outre-mer sont fixés par des lois organiques qui définissent, notamment, les compétences de leurs institutions propres et modifiés, dans la même forme, après consultation de l'assemblée territoriale intéressée » ; que le troisième alinéa du même article dispose que : « Les autres modalités de leur organisation particulière sont définies et modifiées par la loi après consultation de l'assemblée territoriale intéressée » ;

Considérant que la fixation par voie de décret en Conseil d'État délibéré en Conseil des ministres des mesures de nature réglementaire nécessaires à l'organisation du scrutin prévu par l'article 76 de la Constitution, dans sa rédaction issue de la loi constitutionnelle du 20 juillet 1998, n'entre pas dans le champ des prévisions des dispositions susmentionnées de l'article 74 de la Constitution ; qu'en conséquence, l'avis du Congrès du territoire de Nouvelle-Calédonie n'était pas requis préalablement à l'intervention du décret attaqué ;

En ce qui concerne les moyens de légalité interne :

Quant aux moyens dirigés contre les articles 3 et 8 du décret attaqué :

Considérant que l'article 3 du décret du 20 août 1998 dispose que : « Conformément à l'article 76 de la Constitution et à l'article 2 de la loi du 9 novembre 1988 (...) sont admis à participer à la consultation du 8 novembre 1998 les électeurs inscrits à cette date sur les listes électorales du territoire et qui ont leur domicile en Nouvelle-Calédonie depuis le 6 novembre 1988 » ; qu'il est spécifié que : « Sont réputées avoir leur domicile en Nouvelle-Calédonie alors même qu'elles accomplissent le service national ou poursuivent un cycle d'études ou de formation continue hors du territoire, les personnes qui avaient antérieurement leur domicile dans le territoire » ; que l'article 8 du décret précise dans son premier alinéa, que la commission administrative chargée de l'établissement de la liste des personnes admises à participer à la consultation, inscrit sur cette liste les électeurs remplissant à la date de la consultation la condition de domicile exigée par l'article 2 de la loi du 9 novembre 1988 ;

Considérant qu'ainsi qu'il a été dit ci-dessus, le deuxième alinéa de l'article 76 de la Constitution dispose que : « Sont admises à participer au scrutin les personnes remplissant les conditions fixées à l'article 2 de la loi n° 88-1028 du 9 novembre 1988 » ; que ce dernier article exige que les intéressés soient domiciliés en Nouvelle-Calédonie depuis le 6 novembre 1988, sous réserve des exceptions qu'il énumère dans son second alinéa et qui sont reprises par l'article 3 du décret attaqué ; qu'ainsi, les articles 3 et 8 dudit décret, loin de méconnaître l'article 76 de la Constitution en ont fait une exacte application ;

Considérant que *l'article 76 de la Constitution ayant entendu déroger aux autres normes de valeur constitutionnelle relatives au droit de suffrage, le moyen tiré de ce que les dispositions contestées du décret attaqué seraient contraires aux articles 1er et 6 de la Déclaration des droits de l'homme et du citoyen*, à laquelle renvoie le préambule de la Constitution *ou à l'article 3 de la Constitution ne peut qu'être écarté* ;

Considérant que si l'article 55 de la Constitution dispose que « les traités ou accords régulièrement ratifiés ou approuvés ont, dès leur publication, une autorité supérieure à celle des lois sous réserve, pour chaque accord ou traité, de son application par l'autre partie », *la suprématie ainsi conférée aux engagements internationaux ne s'applique pas, dans l'ordre interne, aux dispositions de nature constitutionnelle ; qu'ainsi, le moyen tiré de ce que le décret attaqué, en ce qu'il méconnaîtrait les stipulations d'engagements internationaux régulièrement introduits dans l'ordre interne, serait par là même contraire à l'article 55 de la Constitution, ne peut lui aussi qu'être écarté ;*

Considérant que si *les requérants invitent le Conseil d'État à faire prévaloir les stipulations des articles 2, 25 et 26 du pacte des Nations unies sur les droits civils et politiques, de l'article 14 de la Convention européenne de sauvegarde des droits de l'homme et des libertés fondamentales et de l'article 3 du protocole additionnel n° 1 à cette convention, sur les dispositions de l'article 2 de la loi du 9 novembre 1988, un tel moyen ne peut qu'être écarté dès lors que par l'effet du renvoi opéré par l'article 76 de la Constitution aux dispositions dudit article 2, ces dernières ont elles-mêmes valeur constitutionnelle* ;

Considérant enfin que, dans la mesure où les articles 3 et 8 du décret attaqué ont fait une exacte application des dispositions constitutionnelles qu'il incombait à l'auteur de ce décret de mettre en œuvre, ne sauraient être utilement invoquées à leur encontre ni une méconnaissance des dispositions du code civil relatives aux effets de l'acquisition de la nationalité française et de la majorité civile ni une violation des dispositions du code électoral relatives aux conditions d'inscription d'un électeur sur une liste électorale dans une commune déterminée ;

Quant aux moyens dirigés contre l'article 13 du décret attaqué : (...) (Rejet)

OBSERVATIONS

1 S'il fait intervenir le Conseil d'État en sa qualité de juge de la légalité d'un acte administratif, l'arrêt *Sarran*, par les solutions qu'il consacre, déborde du cadre du droit administratif. Cela tient à ce que le décret contesté devant le juge de l'excès de pouvoir a été pris sur le fondement de dispositions constitutionnelles. Il s'agit de l'article 76 de la Constitution, dans sa rédaction issue de la loi constitutionnelle du 20 juillet 1998. L'article 76 nouveau, poursuit un triple objet. Il énonce que les populations de la Nouvelle-Calédonie sont appelées à se prononcer avant le 31 décembre 1998 sur les dispositions de l'accord signé à Nouméa le 5 mai 1998. Il se réfère pour la détermination des personnes admises à participer à ce scrutin au corps électoral qui avait été défini par l'article 2 de la loi du 9 novembre 1988, c'est-à-dire à un corps électoral restreint en raison d'une condition de domicile de dix ans dans le territoire. Il renvoie enfin à un décret le soin de fixer « les mesures nécessaires à l'organisation du scrutin ». À ce titre, a été pris le décret du 20 août 1998, dont plusieurs personnes domiciliées en Nouvelle-Calédonie, mais non admises à participer à la consultation fixée par le décret, au 8 novembre 1998, ont contesté la légalité. Il était soutenu notamment que l'institution d'un corps électoral restreint était contraire à plusieurs dispositions constitutionnelles et méconnaissait en outre, les engagements internationaux de la France.

Le Conseil d'État a statué sur les pourvois par une décision rendue le 30 octobre 1998, soit à une date antérieure à celle de la consultation. Conformément aux conclusions de Mme Maugüé, commissaire du gouvernement, il en a prononcé le rejet. Il lui a fallu par là même prendre position et sur le point de savoir s'il peut écarter l'application d'une loi constitutionnelle au motif qu'elle serait incompatible avec un traité (I), et sur la portée de plusieurs dispositions de la Constitution (II).

I. — Le juge administratif ne peut écarter l'application de la Constitution

Depuis l'arrêt *Nicolo** du 20 oct 1989, le Conseil d'État, en s'appuyant sur les dispositions de l'article 55 de la Constitution, accepte de faire prévaloir un engagement international, même à l'égard d'une loi interne qui lui est postérieure.

Les requérants invitaient le juge administratif à aller plus avant en écartant l'application de l'article 76 de la Constitution au motif qu'il méconnaîtrait le principe d'égalité consacré par plusieurs engagements internationaux et en particulier le Pacte des Nations unies sur les droits civils et politiques, et la Convention européenne de sauvegarde des droits de l'homme et des libertés fondamentales.

L'Assemblée du contentieux a refusé de s'engager dans cette voie. Après avoir cité le texte de l'article 55 de la Constitution, elle s'est bornée à constater que la suprématie conférée par cet article aux engagements internationaux « ne s'applique pas, dans l'ordre interne, aux dispositions de nature constitutionnelle ».

A. — La motivation adoptée revêt une double signification.

2 *1°)* L'accent mis sur le fait que la portée du traité est appréhendée « dans l'ordre interne » implique que le Conseil d'État n'a pas entendu remettre en cause le « principe fondamental en droit international de la prééminence de ce droit sur le droit interne » (cf. avis de la Cour internationale de Justice du 26 avril 1988, Accord de siège États-Unis-ONU). Mais ce principe ne déploie son plein effet que dans l'ordre juridique international. Le juge national ne peut en imposer le respect que dans la mesure où son propre ordre juridique, dans lequel la Constitution tient une place essentielle, lui confère un titre l'habilitant à faire prévaloir la norme internationale sur la norme interne quelle qu'elle soit.

3 *2°)* Or force est pour le Conseil d'État de constater que l'article 55, s'il consacre la suprématie du traité sur « les lois », ne vise pas la loi constitutionnelle.

L'arrêt *Sarran* procède ainsi à une lecture « quasi-notariale du texte constitutionnel qui ne saurait être très favorable à la norme internationale » (cf. L. Dubouis, RFDA 1999.58).

Tout en reconnaissant qu'il était difficile pour le Conseil d'État de statuer autrement sans entrer en conflit avec le pouvoir constituant, plusieurs commentateurs ont estimé que le Conseil aurait dû se référer, non seulement aux dispositions de l'article 55, mais aussi à celles du 14e alinéa du Préambule de la Constitution de 1946. Aux termes de ce texte, « La République française, fidèle à ses traditions, se conforme aux règles du droit public international ». Or le Conseil constitutionnel a jugé qu'au nombre de celles-ci, figure « la règle *Pacta sunt servanda* qui implique que tout traité en vigueur lie les parties et doit être exécuté par elles de bonne foi » (no 92-308 DC du 9 avr. 1992, Rec. 55).

Mais le silence de la décision sur ce point ne saurait surprendre. Outre le fait que les dispositions du Préambule de la Constitution de 1946 n'étaient pas invoquées par les requérants, il est douteux que le Conseil d'État aurait accepté d'y voir une habilitation à écarter l'application de la Constitution. Antérieurement à l'arrêt *Sarran*, il avait jugé que, si les dispositions du 14e alinéa du Préambule consacraient la place de la coutume internationale, elles ne l'habilitaient pas à faire prévaloir cette dernière sur la loi en cas de conflit entre ces deux normes (CE Ass. 6 juin 1997 *Aquarone*, Rec. 206 – v. 98.13).

4 On relèvera que la Cour de cassation lorsqu'elle a été appelée à connaître d'un problème semblable à celui tranché par le Conseil d'État ne s'est pas non plus référée au Préambule de la Constitution de 1946. Le juge judiciaire a été en effet invité à se prononcer sur la conventionnalité d'une part des dispositions de l'art. 77 de la Constitution issues de la loi constitutionnelle du 20 juillet 1998 qui prévoient également, par référence à l'accord de Nouméa du 5 mai 1998, un corps électoral restreint pour les élections au congrès du territoire de Nouvelle Calédonie et, d'autre part, de la loi organique du 19 mars 1999 prise sur leur fondement. Il s'est refusé à exercer un tel contrôle, non seulement à l'égard de la Constitution mais aussi, ce qui est moins évident, de la loi organique, dont les termes il est vrai reprenaient en substance les dispositions de valeur constitutionnelle relatives au corps électoral restreint (Cass. ass. plén. 2 juin 2000, *Mlle Fraisse*, RDP 2000. 1037, note Prétot ; Europe août sept. 2000. p. 3, note Simon ; RGDIP 2000 p. 811, note Poirat et p. 985, comm. Ondoua ; D. 2000. 865, note Mathieu et Verpeaux ; LPA 11 déc. 2000, note Jan ; Gaz. Pal. 24-28 déc. 2000, note Flauss ; JCP 2001.II.10454, note de Foucauld).

B. — Les implications de la position adoptée par le Conseil d'État

5 *1°)* Il a été souligné que le Conseil d'État dès lors qu'il assure par son attitude la primauté de la Constitution sur le traité peut, par là même contribuer à ce que la responsabilité internationale de la France se trouve, le moment venu, engagée. Mme Maugüé n'a pas manqué de le relever dans ses conclusions, tout en indiquant que les engagements internationaux dont la violation était invoquée garantissent le droit à des élections libres à une assemblée législative, mais sans ouvrir un droit général à participer à une consultation référendaire.

6 *2°)* En revanche, rien n'indique que le Conseil d'État ait entendu sur un plan général se faire juge de la conformité d'un traité à la Constitution, ou que la position qu'il a adoptée doive le conduire à terme à se faire juge de la constitutionnalité des lois par la voie de l'exception.

a) Par l'arrêt *Sarran* le Conseil d'État a jugé qu'il ne pouvait écarter l'application de la loi constitutionnelle en s'appuyant sur les engagements internationaux souscrits par la France. Mais cela ne signifie nullement qu'à l'avenir il n'assurera la primauté d'un traité sur la loi qu'après vérification préalable de la conformité de ce traité à la Constitution.

Il est vrai que par un arrêt postérieur (Ass. 18 déc. 1998, *SARL du Parc d'activités de Blotzheim* ; Rec. 483, – v. n° 3.8) le Conseil d'État a contrôlé le respect par l'exécutif des dispositions constitutionnelles qui exigent que pour certains traités, tels ceux qui modifient des dispositions législatives, la ratification soit autorisée par le Parlement. Mais un tel contrôle porte sur la régularité de la procédure suivie par l'exécutif pour introduire un traité dans l'ordre interne au regard de l'article 53 de la Constitution, et non sur la conformité du traité au texte constitutionnel (CE 8 juill. 2002, *Commune de Porta*, AJ 2002.1005, chr. Donnat et Casas).

b) Il est donc hasardeux d'avancer que le Conseil d'État se pose désormais en « censeur des traités » et par là même en « censeur des lois ». Postérieurement à l'arrêt Sarran, le Conseil d'État a d'ailleurs continué d'affirmer qu'il ne lui appartient pas au contentieux d'apprécier la conformité de la loi à la Constitution (Ass. 5 mars 1999, *Rouquette*, Rec. 37 – v. n° 106.3).

Si l'arrêt *Nicolo** a ouvert la voie à un contrôle de conventionnalité de la loi, ce dernier ne doit pas être confondu avec le contrôle de constitutionnalité dont le Conseil constitutionnel est seul investi en vertu de l'article 61 de la Constitution de 1958.

7 *2°)* Les termes de l'arrêt *Sarran* ne réservant pas un sort particulier au droit communautaire, la suprématie de ce dernier ne saurait prévaloir, dans l'ordre interne, sur la Constitution (CE 3 déc. 2001, *Syndicat national de l'industrie pharmaceutique*, DA 2002, n° 55, note Cassia ; Europe avril 2002, note Rigaux et Simon ; AJ 2002.1219, note Valembois ; RMCUE 2002.595, note Chaltiel ; RTDE 2003.197, art. Castaing).

II. — L'interprétation des dispositions de la Constitution

L'arrêt Sarran ne se borne pas à juger que le Conseil d'État ne peut écarter l'application de la Constitution. En statuant sur les autres moyens invoqués par les requérants, il précise sur plusieurs points la portée de notre Charte fondamentale.

8 ***A.*** — Les requérants avaient critiqué le fait que le Conseil constitutionnel n'ait pas été consulté préalablement à l'intervention du décret attaqué alors que l'article 60 de la Constitution le charge de veiller à la régularité des opérations de référendum. Or, était-il soutenu, la consultation des populations de Nouvelle-Calédonie prévue par l'article 76 de la Constitution, qui a un caractère décisionnel, est assimilable à un référendum.

Dans ses conclusions Mme Maugüé a fait valoir que les consultations entrant dans le champ des prévisions de l'article 60 de la Constitution sont les référendums *nationaux* prévus par ses articles 11 et 89, mais non les consultations des populations intéressées par la cession d'un territoire (article 53, alinéa 3 de la Constitution) ou par l'évolution de la Nouvelle-Calédonie (article 76).

Le Conseil d'État a fait sienne cette analyse en jugeant que l'article 60 vise uniquement les référendums par lesquels le peuple français « exerce sa souveraineté », soit « en matière *législative* » dans les cas prévus par l'article 11 de la Constitution, soit « en matière *constitutionnelle* », comme le prévoit l'article 89. La rédaction implique que la procédure de l'article 11 ne permet pas de réviser la Constitution.

La solution retenue correspond à l'interprétation que le Conseil d'État, dans ses formations administratives, a toujours donné de la Constitution de 1958. Un projet de révision constitutionnelle ne peut être soumis au référendum que selon les règles fixées par l'article 89 (avis de l'Assemblée générale du 1er octobre 1962). Et si l'article 6 sur le mode d'élection du Président de la République a été modifié par un référendum intervenu sur le fondement de l'article 11 et en dehors de l'article 89, le peuple français a simplement couvert dans un cas particulier un vice de procédure, sans que se trouve par là même instituée une coutume constitutionnelle (avis de l'Assemblée générale des 15-17 mars 1969).

B. — Les requérants avaient également cherché à minorer à un double titre la portée de l'article 76 de la Constitution.

9 *1°)* Selon eux, cet article n'aurait pas permis de déroger à des dispositions aussi essentielles que celles de l'article 6 de la Déclaration des droits de l'homme et du citoyen qui proclament l'égalité devant la loi ou celles de l'article 3 de la Constitution relatives à l'égalité du suffrage.

Le Conseil d'État a écarté cette argumentation en relevant que l'article 76 de la Constitution a entendu « *déroger* aux autres normes de valeur constitutionnelle relatives au droit de suffrage ».

La loi de révision constitutionnelle a ainsi la même valeur juridique que la Constitution, ce que le Conseil constitutionnel a également admis (nº 99-410 DC du 15 mars 1999 ; Rec. 51, AJ 1999, 324 comm. Schoettl).

10 *2°)* Les requérants avaient soutenu enfin que les dispositions de la loi du 9 novembre 1988 qui sont mentionnées dans la nouvelle rédaction de l'article 76 de la Constitution n'avaient pas elles-mêmes valeur constitutionnelle. Ils en inféraient que le Conseil d'État devait, en tout état de cause, en écarter l'application sur le fondement de la jurisprudence *Nicolo**.

Dans ses conclusions, Mme Maugüé n'a pas exclu qu'une loi adoptée par voie de référendum en une matière législative, comme c'était le cas de la loi du 9 novembre 1988, puisse être écartée par le juge au motif qu'elle serait incompatible avec un engagement international. En effet, le principe de la suprématie du traité sur les lois posé par l'article 55 de la Constitution ne distingue pas suivant que le texte législatif a été adopté par le Parlement ou par voie de référendum. Mais elle ajoutait que l'argumentation développée par les requérants se heurtait au fait que la loi constitutionnelle du 20 juillet 1998 avait conféré valeur constitutionnelle aux dispositions de l'article 2 de la loi du 9 novembre 1988. C'est ce point de vue qu'entérine l'arrêt commenté.

En définitive, si l'on se garde d'extrapoler son contenu, l'arrêt *Sarran* traduit tout simplement la fidélité du Conseil d'État à la Constitution.

109

ACTES PARLEMENTAIRES COMPÉTENCE ADMINISTRATIVE

CE Ass. 5 mars 1999, PRÉSIDENT DE L'ASSEMBLÉE NATIONALE Rec. 42, concl. Bergeal

(CJEG 1999. 181, concl. Bergeal ; RFDA 1999. 333, concl. Bergeal ; AJ 1999.409, chr. Raynaud et Fombeur ; D. 1999.627, note Brunet ; DA déc. 1999, chr. Haquet ; JCP 1999. II. 10090, note Desclodures ; Rev. adm. 1999. 164, note Molandin ; RDP 1999.1785, note Thiers ; RFDC 1999.615, note Trémeau)

Sur la compétence de la juridiction administrative :

Cons. que *les marchés conclus par les assemblées parlementaires en vue de la réalisation de travaux publics ont le caractère de contrats administratifs* ; que, dès lors, et sans qu'y fassent obstacle les dispositions de l'article 8 de l'ordonnance du 17 novembre 1958 susvisée, *il appartient à la juridiction administrative de connaître des contestations relatives aux décisions par lesquelles les services de ces assemblées procèdent au nom de l'État à leur passation ; qu'il en va de même des décisions relatives aux marchés conclus en vue de l'exploitation des installations des assemblées lorsque ces marchés ont le caractère de contrats administratifs ;*

Cons. que les demandes introduites devant le tribunal administratif par la société Gilaudy électronique tendaient à l'annulation de décisions relatives à la passation de deux marchés portant respectivement sur l'installation et sur l'exploitation des équipements audiovisuels de l'Assemblée nationale ; qu'il résulte de ce qui a été dit ci-dessus que le président de l'Assemblée nationale n'est pas fondé à soutenir que la juridiction administrative n'est pas compétente pour connaître de telles demandes ;

Sur la légalité des décisions contestées :

Cons. *qu'en l'absence de réglementation particulière édictée par les autorités compétentes de l'Assemblée nationale, les contrats litigieux sont régis par les prescriptions du code des marchés publics ;*

Cons., s'agissant du marché relatif à l'installation des équipements audiovisuels, qu'aux termes de l'article 97 du code des marchés publics, dans sa rédaction applicable à la date des décisions attaquées : « L'administration ne peut rejeter des offres dont le prix lui semble anormalement bas, sans avoir demandé, par écrit, des précisions sur la composition de l'offre et sans avoir vérifié cette composition en tenant compte des justifications fournies » ; qu'il ressort des pièces du dossier que le prix de l'offre de la société Gilaudy électronique a été regardé comme anormalement bas par l'administration de l'Assemblée nationale, sans que cette décision ait été précédée d'une demande écrite de précision à la société Gilaudy électronique ; qu'ainsi la décision du 8 octobre 1991 par laquelle le président de l'Assemblée nationale a déclaré infructueux l'appel d'offres lancé en vue de la passation de marchés publics d'installation d'équipements audiovisuels et de gestion de ces équipements est intervenue à la suite d'une procédure irrégulière ; que l'irrégularité de cette décision entraîne par voie de conséquence l'illégalité de celle par laquelle le président de l'Assemblée nationale, après avoir déclaré infructueux l'appel d'offres, a procédé par voie de marché négocié à la conclusion du contrat relatif à l'installation de ces équipements ; que le président de l'Assemblée nationale n'est, par suite, pas fondé à soutenir que c'est à tort que, par le jugement attaqué, le tribunal administratif de Paris a annulé la décision du 8 octobre 1991 ainsi que sa décision de passer le marché d'installation des équipements audiovisuels de l'Assemblée nationale ;

Cons., s'agissant du marché relatif à l'exploitation de ces équipements, que selon l'article 94 *ter* du code des marchés publics, dans sa rédaction applicable à la date de la décision attaquée : « Le délai accordé pour remettre les offres ne peut être inférieur à vingt et un jours à compter de l'envoi de l'avis. En cas d'urgence ne résultant pas de son fait, la personne responsable du marché peut décider de ramener ce délai à quinze jours au moins » ; que, pour fixer à une durée inférieure à vingt et un jours le délai accordé aux entreprises pour remettre leurs offres, les services de l'Assemblée nationale se sont fondés sur des impératifs résultant de la date d'ouverture de la session parlementaire ; qu'il leur appartenait de prendre en temps utile les mesures nécessaires pour que les marchés en cause fussent passés avant cette date ; que la circonstance invoquée n'est ainsi pas de nature à constituer un cas d'urgence au sens des prescriptions de l'article 94 *ter* du code des marchés publics ; que le président de l'Assemblée nationale n'est, par suite, pas fondé à soutenir que c'est à tort que, par le jugement attaqué, le tribunal administratif de Paris a annulé sa décision de passer le marché d'exploitation des équipements audiovisuels de l'Assemblée nationale ;

Cons., enfin, que, si la demande de la société Gilaudy électronique devant le tribunal administratif tendait à l'annulation des décisions, détachables des marchés, de passer ceux-ci, elle n'était pas dirigée contre les marchés eux-mêmes ; que le tribunal administratif a, dès lors, statué au-delà des conclusions dont il était saisi en prononçant l'annulation de ces marchés ; que le président de l'Assemblée nationale est fondé à demander sur ce point l'annulation de son jugement ; (annulation du jugement en tant qu'il annule les marchés ; confirmation du jugement en tant qu'il annule les décisions détachables des marchés).

OBSERVATIONS

1 Pour rénover le système audio-visuel de l'hémicycle et permettre à toutes les chaînes de télévision de diffuser ainsi les séances publiques, les services de l'Assemblée nationale ont lancé un appel d'offres restreint en vue de la passation de marchés relatifs l'un à l'installation, l'autre à la gestion d'équipements audio-visuels.

Cet appel d'offres ayant été déclaré infructueux, le président de l'Assemblée nationale a procédé par voie de marché négocié à la conclusion de chacun des deux contrats. La société qui exploitait précédemment les installations avait présenté une offre, qui fut rejetée comme anormalement basse. Elle attaqua par la voie du recours pour excès de pouvoir devant le Tribunal administratif de Paris, en vertu de la jurisprudence *Martin** du 4 août 1905 (v. nos obs.), les actes détachables des contrats que constituaient le rejet de son offre, la déclaration du caractère infructueux de l'appel d'offres, les décisions de passer les marchés. Le tribunal administratif, après s'être reconnu compétent, annula non seulement les actes attaqués, mais aussi les marchés eux-mêmes. Le président de l'Assemblée nationale s'est pourvu devant le Conseil d'État, encore compétent en appel pour statuer sur les recours pour excès de pouvoir à la date où il a été saisi.

Encore fallait-il qu'il fût compétent, comme le tribunal administratif en premier ressort, pour statuer sur des mesures prises par une autorité parlementaire.

C'est la question centrale que posait l'affaire. Le Conseil d'État l'a tranchée positivement.

Il restait encore à déterminer si les règles de la passation des marchés de l'Assemblée nationale étaient celles des marchés de l'État et si elles avaient été respectées. Le Conseil d'État répond qu'en l'espèce les règles du code des marchés publics devaient s'appliquer et qu'elles avaient été violées : en conséquence les décisions attaquées devaient être annulées.

L'arrêt constitue une avancée remarquable dans le contrôle des actes parlementaires, analogue à celle qui a été réalisée par d'autres arrêts pour les actes de gouvernement (v. nos obs. sous CE 19 févr. 1875, *Prince Napoléon** et 15 oct. 1993, *Royaume-Uni**). Il reconnaît la compétence de la juridiction administrative pour les contrôler.

Il ne se comprend que par *les solutions antérieures* (I). *L'innovation* qu'il réalise comporte encore certaines particularités (II).

I. — Les solutions antérieures

2 Les actes adoptés par le Parlement sont traditionnellement soustraits à tout contrôle de la juridiction administrative en raison d'une incompétence qui a longtemps paru absolue (A). La reconnaissance progressive de la compétence du juge administratif (B) a abouti au présent arrêt.

A. — *L'incompétence de la juridiction administrative* a été fondée sur deux sortes de considérations : la première tient à la « souveraineté » du Parlement, qui serait incompatible avec le contrôle de quelque juridiction que ce soit ; la seconde vient de ce que le juge administratif, compétent à l'égard des autorités administratives, ne peut l'être envers les autorités parlementaires, dont le statut et les fonctions relèvent du législatif. Ces raisons ont prévalu non seulement pour les actes adoptés par les assemblées elles-mêmes (1°) mais pour ceux qui émanaient seulement de certains de leurs organes (2°).

1°) Parmi les actes adoptés par les assemblées elles-mêmes figurent au premier rang les lois, qui, adoptées exactement dans l'exercice du pouvoir législatif, ne peuvent être contrôlées par le juge administratif, non plus que par le juge judiciaire, ni par voie d'action ni par voie d'exception. En particulier l'exception d'inconstitutionnalité n'a jamais prospéré devant les juridictions de droit commun (par ex. CE Sect. 6 nov. 1936, *Arrighi*, Rec. 966 – v. n° 19.4 ; – Ass. 20 oct. 1989, *Roujansky*, v. n° 19.4).

L'incompétence du juge administratif pour apprécier la validité d'une loi tient moins à ce que celle-ci émane des assemblées parlementaires qu'à son statut même de loi. On en a la preuve avec des actes qui, bien que n'étant pas votés par le Parlement, ont valeur législative et, à ce seul titre, échappent au contrôle du juge, administratif ou judiciaire : textes sur lesquels le Gouvernement engage sa responsabilité en vertu de l'article 49 al. 3 de la Constitution, et qui sont considérés comme adoptés par l'Assemblée nationale en l'absence de vote d'une motion de censure ; actes pris par des organes exécutifs exerçant, dans certaines circonstances, un véritable pouvoir législatif (v. les exemples donnés dans nos obs. sous CE 6 déc. 1907, *Compagnie des chemins de fer de l'Est**).

3 D'autres actes sont votés par les assemblées parlementaires sans être pour autant des lois : il s'agit de leurs règlements, par lesquels elles précisent les modalités de leur organisation et de leur fonctionnement. Ils échappent au contrôle des juridictions de droit commun, non plus en tant qu'actes législatifs, mais véritablement en tant qu'actes parlementaires.

La Constitution de 1958 (art. 61) a innové en soumettant au Conseil constitutionnel, soit dans tous les cas (lois organiques, règlements) soit par une saisine particulière (lois), les actes émanant ainsi du Parlement. S'il en était besoin, la compétence spéciale du Conseil constitutionnel pour les contrôler confirmerait l'incompétence générale des juridictions de droit commun pour le faire.

Elles peuvent cependant écarter des dispositions législatives qui violent une convention internationale, comme le Conseil d'État l'a admis, pour sa part, dans l'arrêt *Nicolo** du 20 oct. 1989 (v. nos obs. sous cet arrêt).

4 *2°)* Certaines mesures sont prises, non par les assemblées parlementaires elles-mêmes, mais par les organes dont elles se dotent : président, bureau, questeurs. Ils ont la charge d'assurer l'organisation et le fonctionnement de tous les services dont disposent les assemblées, d'en recruter et diriger les agents, d'en assurer la gestion. Ils font par exemple procéder à des travaux, passent des contrats (comme c'était le cas dans l'affaire jugée par le Conseil d'État le 5 mars 1999), prennent des décisions.

Aucun des actes ni aucune des activités ici en cause n'ont de nature législative ni même, au sens strict, parlementaire.

Ils n'en ont pas moins pendant longtemps été considérés, parce qu'émanant d'organes parlementaires, comme échappant à ce seul titre à la compétence du juge administratif (et *a fortiori* du juge judiciaire).

Telle fut la position du Conseil d'État, peu de temps après avoir été rétabli par la loi du 24 mai 1872, dans un arrêt du 15 nov. 1872, *Carrey de Bellemare* (Rec. 591 ; S. 1873. 2. 189, concl. Perret), à propos de décisions d'une commission de l'Assemblée nationale révisant les grades des officiers. Alors que le commissaire du gouvernement leur avait reconnu *« tous les caractères d'un acte d'administration »*, pris dans l'exercice d'*« attributions... administratives par nature »* par une commission dont *« l'origine ne peut faire obstacle à ce que ses décisions soient attaquées par la voie du recours pour excès de pouvoir »*, le Conseil d'État a jugé *« que les décisions de cette commission ne sont pas, par leur nature, susceptibles d'être attaquées par la voie contentieuse »*.

Cette nature a été explicitée, au moins négativement, dans la jurisprudence ultérieure. Ainsi, dans un arrêt du 31 mai 1957, *Girard* (Rec. 360 ; D. 1957. 430 et S. 1957. 247, concl. Guldner ; AJ 1957. II. 270, chr. Fournier et Braibant), le Conseil d'État (Ass.), considère qu'un arrêté prononçant la radiation d'un fonctionnaire des cadres de l'administration de l'Assemblée nationale, *« pris par le Président et les questeurs de l'Assemblée nationale, n'émane pas d'une autorité administrative ; qu'ainsi il n'est pas susceptible de faire l'objet d'un recours pour excès de pouvoir devant la juridiction administrative »*. Dans le même arrêt, il considère au contraire que lorsqu'un ministre avait mis cet agent en disponibilité, il avait *« agi comme autorité administrative »* et que son arrêté était, lui, susceptible de faire l'objet d'un recours pour excès de pouvoir devant le Conseil d'État.

C'est donc le critère organique, strictement entendu, qui a été déterminant (ainsi que peut-être, au moins en 1872, le désir de ne pas entrer en conflit avec une assemblée qui n'avait rétabli le Conseil d'État qu'avec une certaine réticence).

Il entraînait l'incompétence du juge administratif pour statuer non seulement sur les recours pour excès de pouvoir dirigés contre les actes parlementaires, mais aussi sur les autres recours contentieux mettant en cause les actes ou les activités parlementaires, notamment les recours en indemnité (par ex. CE 15 déc. 1952, *Compagnie d'assurances générales*, Rec. 580 ; D. 1953. 78, note C. Morange ; Rec. Penant 1955. 246, note de Soto).

Cette *« discrétion à l'égard des assemblées parlementaires »* pouvait entraîner de *« graves inconvénients »*, comme l'a souligné M. Guldner dans l'affaire *Girard*, et même un déni de justice, comme l'a rappelé Mme Bergeal, à la suite de plusieurs auteurs, dans la présente affaire.

Cela a contribué à admettre la compétence du juge administratif.

5 **B.** — *La reconnaissance de la compétence administrative* à l'égard d'actes parlementaires a été progressive. Elle est résultée de textes (1°). Elle a été reconnue au-delà des textes avant l'arrêt du 5 mars 1999 (2°).

1°) L'ordonnance du 17 nov. 1958 (ayant valeur de loi) relative au fonctionnement des assemblées parlementaires comporte, dans son article 8, deux sortes de dispositions.

D'une part, en matière de responsabilité, elle reconnaît *« l'État... responsable des dommages de toute nature causés par les services des assemblées parlementaires », « les actions en responsabilité »* devant être *« portées devant les juridictions compétentes pour en connaître ».* La solution vaut autant pour la responsabilité contractuelle que pour la responsabilité extra-contractuelle. Selon les cas, la compétence est administrative (dommage de travaux publics, exécution d'un marché de travaux publics par ex.) ou judiciaire (accident de véhicules, exécution d'un contrat de droit privé).

D'autre part, pour les agents titulaires des assemblées, l'article 8 prévoit l'adoption d'un statut. Il ajoute : *« la juridiction administrative est appelée à connaître de tous les litiges d'ordre individuel concernant ces agents ».*

Cette attribution de compétence au juge administratif (et éventuellement au juge judiciaire en matière de responsabilité) pour des litiges concernant le *« fonctionnement des assemblées parlementaires »*, selon le titre de l'ordonnance, pouvait être considérée comme une exception confirmant le principe de l'incompétence des juridictions, administrative ou judiciaire, pour tout autre contentieux parlementaire.

Mme Bergeal, dans ses conclusions, a démontré que cette interprétation restrictive ne s'imposait pas.

6 *2°)* Déjà, avant l'ordonnance de 1958, on avait pu observer certaines solutions, qualifiées par le Président Odent de *« timides tentatives ».* L'*« audace »* du Conseil d'État à avoir reconnu sa compétence pour statuer sur trois recours indemnitaires (en 1899, 1921, 1934) était atténuée par leur rejet au fond. Elle est allée plus loin lorsque le Conseil d'État a jugé, dans l'arrêt *Girard* du 31 mai 1957, déjà cité, que la décision d'un ministre, agissant comme autorité administrative, à l'égard d'un fonctionnaire parlementaire, était illégale et devait être annulée, et que la décision prise par le secrétaire général de la questure, qui n'a fait qu'assurer l'exécution de la décision prise par ledit ministre, devait être également contrôlée et annulée.

L'ordonnance de 1958 elle-même a été interprétée et appliquée plus loin que sa lettre.

En matière de responsabilité, elle a permis d'agir en justice non seulement aux victimes *« des dommages causés par les services des assemblées parlementaires »*, mais aux organes des assemblées parlementaires : le Conseil d'État s'est ainsi reconnu compétent pour une action en responsabilité décennale dirigée par le président de l'Assemblée nationale contre les constructeurs d'un immeuble destiné à cette assemblée (CE 3 juin 1987, *Assemblée nationale*, Rec. 193).

À l'égard des agents des assemblées, l'ordonnance a été mise à profit d'une part, par voie d'action, non seulement pour les titulaires, mais aussi pour les stagiaires et les candidats aux concours d'entrée, d'autre part, par voie d'exception : le Conseil d'État a expressément considéré dans un arrêt du 19 janv. 1996, *Escriva*, Rec. 10, où était en cause le règlement intérieur de l'Assemblée nationale, qu'*« il appartient au juge administratif, saisi d'un recours pour excès de pouvoir tendant à l'annulation d'une mesure à caractère individuel, d'(en) apprécier par voie d'exception la légalité »*.

Un pas plus important est franchi avec l'arrêt du 5 mars 1999.

II. — L'innovation de l'arrêt

7 L'arrêt *Président de l'Assemblée nationale* comporte une double innovation. La plus remarquable est évidemment la reconnaissance de *la compétence de la juridiction administrative* pour statuer sur un recours dirigé contre un acte parlementaire (A). Il ne faut pas sous-estimer *les particularités* qu'elle présente (B).

A. — L'arrêt ne développe pas de considérant de principe *« sur la compétence de la juridiction administrative »*. C'est peut-être une manifestation de prudence ou de réserve dans un domaine où jusqu'à présent, l'incompétence était le principe.

Néanmoins les conclusions de Mme Bergeal ont développé de manière convaincante les raisons pour lesquelles la juridiction administrative peut être reconnue compétente pour des litiges mettant en cause l'administration parlementaire.

Certaines sont particulières (1°), d'autres, plus générales (2°).

8 *1°)* Les premières tiennent d'abord au droit communautaire, et plus particulièrement aux directives relatives aux marchés publics : les marchés dont la conclusion était contestée sont de ceux dont la Cour de justice des communautés européennes a déjà eu l'occasion de reconnaître qu'ils en relèvent. Dans un arrêt du 17 sept. 1998, *Commission c/ Belgique*, aff. C-323/96, Rec. I. 5063, concl. Alber, elle a expressément jugé que ces directives s'appliquent aux marchés du Parlement flamand. Il en va nécessairement de même pour ceux du Parlement français. Or ces directives imposent aux États-membres d'aménager des recours pour garantir l'effectivité de leur mise en œuvre, ce que la Cour a également eu l'occasion de rappeler (17 sept. 1997, *Dorsch consult*, aff. C-54/96 ; Rec. I. 4961, concl. Tesauro). En ne reconnaissant pas la compétence de la juridiction administrative pour statuer sur un recours relatif à un marché public, la France manquerait aux obligations résultant du Traité de Rome.

Indépendamment du droit communautaire, on pouvait relever le paradoxe qu'il y avait pour le juge administratif à s'estimer compétent pour connaître de la responsabilité du fait des lois (CE 14 janv. 1938, *Société des produits laitiers La Fleurette**), pour écarter une loi comme contraire à un traité international (CE 20 oct. 1989,

*Nicolo**), et incompétent pour statuer sur des litiges de moins grande importance, à la fois théorique et pratique, ne mettant en cause aucune disposition législative.

9 *2°)* Plus généralement, et sans même qu'il soit nécessaire d'invoquer la Convention européenne de sauvegarde des droits de l'homme, le droit à un recours juridictionnel a été reconnu par le juge administratif puis par le juge constitutionnel.

Le Conseil d'État, dans l'arrêt *Dame Lamotte** du 17 févr. 1950, a jugé que le recours pour excès de pouvoir *« est ouvert même sans texte contre tout acte administratif »*, afin *« d'assurer, conformément aux principes généraux du droit, le respect de la légalité »*.

Le Conseil constitutionnel a déclaré contraire à la Constitution une disposition législative qui *« a pour effet de priver de tout droit au recours devant le juge de l'excès de pouvoir la personne qui entend contester la légalité d'un acte »* (CC n° 96-373 DC 9 avr. 1996, Rec. 43 – v. n° 65.3).

Encore faut-il que cet acte soit administratif.

C'est seulement en tant qu'un acte pris par un organe parlementaire est un acte administratif que la compétence de la juridiction administrative pouvait être admise.

Le « contentieux administratif », pour lequel compétence est donnée aux juridictions administratives (aujourd'hui par le code de justice administrative) ne se limite pas aux actes et activités relevant du pouvoir exécutif. Il englobe toute contestation d'actes ou d'activités relevant du service public et de la puissance publiques (v. nos obs. sous TC 8 févr. 1873, *Blanco**).

Le Conseil constitutionnel, dans sa décision du 23 janv. 1987*, a identifié, comme constituant le noyau en principe irréductible de la compétence administrative, « *l'annulation ou la réformation des décisions prises, dans l'exercice de prérogatives de puissance publique, par les autorités exerçant le pouvoir exécutif, leurs agents, les collectivités territoriales de la République ou les organismes placés sous leur autorité ou leur contrôle* ». La compétence administrative, sauf disposition législative contraire, va pourtant plus loin que le seul contentieux de l'exécutif : elle couvre tout litige d'ordre administratif, quel que soit l'organe duquel émane l'acte ou l'activité contestés.

10 « Les actes des diverses autorités administratives », contre lesquels peuvent être intentés « les recours en annulation pour excès de pouvoir », selon les termes de la loi du 24 mai 1872 et de l'ordonnance du 31 juill. 1945 (non repris aujourd'hui par le code de justice administrative), ne sont pas seulement ceux de l'exécutif, même largement entendus. Ils peuvent être adoptés par des organismes de droit privé (CE 31 juill 1942, *Monpeurt**, et nos obs.), par des organes judiciaires (CE Ass. 17 avr. 1953, *Falco et Vidaillac*, Rec. 175 – v. n° 65.1 – v. nos obs. sous TC 27 nov. 1952,

*Préfet de la Guyane**). Avec l'arrêt *Président de l'Assemblée nationale*, ils peuvent l'être aussi par des organes parlementaires.

La notion « d'autorité administrative » perd un peu plus de son aspect organique. Certes une autorité administrative est un organe, mais son caractère administratif tient, non pas à son statut, mais à son objet : la « matière administrative », identifiée à travers les notions de service public et de puissance publique.

L'arrêt du 5 mars 1999 pourtant ne dit expressément ni que les décisions contestées du Président de l'Assemblée nationale sont des actes administratifs ni qu'elles ont été prises par une autorité administrative. Ces qualifications sont seulement impliquées par la jurisprudence antérieure.

Le Conseil d'État a préféré justifier sa compétence par un raisonnement plus limité.

11 ***B.*** — C'est une des *particularités* de l'arrêt. Elles ne se limitent pas au titre de compétence qui a été retenu (1°). Elles concernent aussi le fond du droit applicable (2°).

1°) Pour la *compétence administrative,* le Conseil d'État s'est fondé sur le caractère administratif des contrats auxquels se rapportaient les décisions attaquées pour le reconnaître à celles-ci.

Il n'y a rien de singulier dans la qualification des deux marchés. Pour chacun d'eux, le critère organique, tenant à la présence d'une personne publique, était satisfait puisque l'Assemblée nationale est un organe de l'État, au nom duquel elle agit (sur le critère organique des contrats administratifs, v. nos obs. sous TC 8 juill. 1963, *Entreprise Peyrot**). Pour le marché relatif à l'installation des équipements, le critère matériel lié à la réalisation de travaux publics était rempli. Le marché relatif à leur exploitation (qui apparaît comme un marché de service) ne pouvait être administratif (avant que la loi du 11 déc. 2001 fasse de tous les marchés relevant du code des marchés publics, des contrats administratifs) qu'en raison soit de clauses exorbitantes du droit commun soit de l'exécution d'une mission de service public (v. nos obs. sous CE 31 juill. 1912, *Société des granits porphyroïdes des Vosges** et 20 avr. 1956, *Époux Bertin**) ; l'arrêt ne précise pas lequel des deux critères a prévalu, mais il admet implicitement que l'un ou l'autre a été satisfait.

De ce que ces marchés étaient administratifs, il déduit « qu'il appartient à la juridiction administrative de connaître des décisions relatives » à leur passation. C'est à ce sujet qu'apparaît une singularité dans le raisonnement. Classiquement les actes unalitéraux détachables des contrats, pris par les autorités administratives, sont administratifs même si les contrats auxquels ils se rapportent sont des contrats de droit privé (par ex. la délibération d'un conseil municipal autorisant la vente d'un immeuble communal : v. notamment CE Sect. 7 oct. 1994, *Époux Lopez*, Rec. 430, concl. Schwartz – v. n° 16.6). Ici les décisions du Président de l'Assemblée nationale relatives à la passation des marchés sont administratives parce que les marchés le sont.

La formule s'explique peut-être par une certaine prudence : le Conseil d'État n'a pas voulu d'emblée affirmer la compétence de la juridiction administrative à l'égard des actes parlementaires, il ne l'a reconnue qu'en raison du contentieux des marchés dont il était saisi.

Il n'a pas voulu l'admettre pour des décisions liées au « statut du parlementaire, dont les règles particulières résultent de la nature de ses fonctions » car « ce statut se rattache à l'exercice de la souveraineté nationale par les membres du Parlement » ; « eu égard à la nature de cette activité, il n'appartient pas au juge administratif de connaître des litiges relatifs au régime de pensions parlementaires » (CE Ass. 4 juill. 2003, *Papon*, RFDA 2003 n° 5, concl. Vallée ; AJ 15 sept. 2003, chr. Donnat et Casas).

12 *2°)* Il n'a pas voulu non plus, quant *au fond*, affirmer que les marchés de l'Assemblée nationale relevaient systématiquement du champ d'application du code des marchés publics. Cela aurait pu être admis pour le seul motif que ce code régit les marchés de l'État et que l'Assemblée nationale est un organe de l'État : les marchés de l'Assemblée nationale seraient donc *ipso facto* soumis au régime des marchés de l'État. Mme Bergeal avait d'ailleurs conclu en ce sens.

Le Conseil d'État a eu un raisonnement plus restrictif : « en l'absence de réglementation particulière édictée par les autorités compétentes de l'Assemblée nationale, les contrats litigieux sont régis par les prescriptions du code des marchés publics ». Celui-ci ne s'applique que par défaut. Les autorités compétentes de l'Assemblée nationale (le bureau) auraient pu adopter une réglementation distincte de celle du code des marchés publics. Il reste que celle-ci devrait respecter d'une part les directives communautaires sur les marchés publics, d'autre part, en droit interne, les principes régissant les marchés, et notamment ceux d'égalité, de publicité et de concurrence, dont le code des marchés ne fait que préciser la mise en œuvre.

La solution peut être rapprochée de celle qui s'applique au statut des personnels des assemblées parlementaires. Il est adopté par les autorités compétentes de chaque assemblée. Mais, selon un ajout de la loi du 13 juill. 1983 à l'article 8 de l'ordonnance du 17 nov. 1958, les litiges individuels au sujet desquels est reconnue compétence à la juridiction administrative, doivent être examinés « au regard des principes généraux du droit et des garanties fondamentales reconnues à l'ensemble des fonctionnaires civils et militaires ». Cela implique que les autorités parlementaires doivent elles-mêmes respecter ces principes et garanties.

Ainsi est recherché un équilibre entre l'autonomie administrative des assemblées parlementaires et l'application des normes qui régissent leur activité administrative.

L'arrêt *Président de l'Assemblée nationale*, en soumettant de manière mesurée les actes parlementaires au contrôle du juge administratif et à l'application du droit administratif, contribue à la réalisation de cet équilibre.

110

PRINCIPE D'IMPARTIALITÉ CONVENTION EUROPÉENNE DE SAUVEGARDE DES DROITS DE L'HOMME ET DES LIBERTÉS FONDAMENTALES

CE Ass. 3 déc. 1999, DIDIER, Rec. 399

(RFDA 2000.584, concl. Seban ; AJ 2000.126, chr. Guyomar et Collin ; JCP 2000.II.10267, note Sudre ; RDP 2000.349, note Guettier ; RA 2000.43, note Brière ; RTD com. 2000.405, note N.R.)

Sur le moyen tiré de la méconnaissance de l'article 6-1 de la Convention européenne de sauvegarde des droits de l'homme et des libertés fondamentales : – CONSIDÉRANT qu'au vu d'un rapport d'enquête établi par ses inspecteurs, la Commission des opérations de bourse a saisi le Conseil des marchés financiers en vue de l'ouverture d'une procédure disciplinaire à l'encontre de M. Didier, qu'à l'issue de cette procédure, le Conseil des marchés financiers a retiré à ce dernier sa carte professionnelle pour une période de six mois et lui a infligé une sanction pécuniaire de cinq millions de francs ; que M. Didier soutient que la participation du rapporteur aux débats et au vote du Conseil des marchés financiers a méconnu les stipulations de l'article 6-1 de la Convention européenne de sauvegarde des droits de l'homme et des libertés fondamentales ;

Cons. qu'aux termes de l'article 6 de la Convention européenne de sauvegarde des droits de l'homme et des libertés fondamentales susvisée : « 1. Toute personne a droit à ce que sa cause soit entendue équitablement, publiquement et dans un délai raisonnable, par un tribunal indépendant et impartial, établi par la loi, qui décidera soit des contestations sur ses droits et obligations de caractère civil, soit du bien-fondé de toute accusation en matière pénale dirigée contre elle » ;

Cons. que, *quand il est saisi d'agissements pouvant donner lieu aux sanctions prévues par l'article 69 de la loi susvisée du 2 juillet 1996, le Conseil des marchés financiers doit être regardé comme décidant du bien-fondé d'accusations en matière pénale au sens des stipulations précitées de la Convention européenne de sauvegarde des droits de l'homme et des libertés fondamentales ;* que, compte tenu du fait que sa décision peut faire l'objet d'un recours de plein contentieux devant le Conseil d'État, la circonstance que la procédure suivie devant le Conseil des marchés financiers ne serait pas en tous points conforme aux prescriptions de l'article 6-1 précité n'est pas de nature à entraîner dans tous les cas une méconnaissance du droit à un procès équitable ; que, cependant, et *alors même que le Conseil des marchés financiers siégeant en formation disciplinaire n'est pas une juridiction au regard du droit interne, le moyen tiré de ce qu'il aurait statué dans des conditions qui ne respecteraient pas le principe d'impartialité rappelé à l'article 6-1 précité peut, eu égard à la nature, à la composition et aux attributions de cet organisme, être utilement invoqué à l'appui d'un recours formé devant le Conseil d'État à l'encontre de sa décision ;*

Cons. que l'article 2 du décret susvisé du 3 octobre 1996 dispose : « Lorsque le conseil agit en matière disciplinaire, le président fait parvenir à la personne mise en cause, par lettre recommandée avec demande d'avis de réception ou remise en main propre contre récépissé, un document énonçant les griefs retenus, assorti, le cas échéant, de pièces justificatives ; il invite la personne mise en cause à faire parvenir ses observations écrites dans un délai qui ne peut être inférieur à dix jours ; l'intéressé est également informé qu'il peut se faire assister par toute personne de son choix » ; qu'aux termes de l'article 3 du même décret : « Les observations produites par la personne mise en cause sont communiquées au commissaire du gouvernement et à l'auteur de la saisine du conseil » ; qu'enfin, l'article 4 est ainsi rédigé : « Le président désigne, pour chaque affaire, la formation saisie et un rapporteur parmi les membres de celle-ci. Le rapporteur, avec le concours des services du Conseil des marchés financiers, procède à toutes investigations utiles. Il peut recueillir des témoignages. Il consigne le résultat de ces opérations par écrit. Les pièces du dossier sont tenues à la disposition de la personne mise en cause » ;

Cons. qu'il résulte des dispositions précitées que le rapporteur, qui n'est pas à l'origine de la saisine, ne participe pas à la formulation des griefs ; qu'il n'a pas le pouvoir de classer l'affaire ou, au contraire, d'élargir le cadre de la saisine ; que les pouvoirs d'investigation dont il est investi pour vérifier la pertinence des griefs et des observations de la personne poursuivie ne l'habilitent pas à faire des perquisitions, des saisies ni à procéder à toute autre mesure de contrainte au cours de l'instruction ; qu'en l'espèce, M. Ferri ayant été désigné rapporteur de la procédure disciplinaire ouverte à l'encontre de M. Didier après saisine du Conseil des marchés financiers par le président de la Commission des opérations de bourse, il n'est pas établi, ni même allégué, qu'il aurait, dans l'exercice de ses fonctions de rapporteur, excédé les pouvoirs qui lui ont été conférés par les dispositions rappelées ci-dessus, et qui ne diffèrent pas de ceux que la formation disciplinaire collégiale du Conseil des marchés financiers aurait elle-même pu exercer ; que, dès lors, il n'est résulté de sa participation aux débats et au vote à l'issue desquels il a été décidé d'infliger une sanction à M. Didier aucune méconnaissance du principe d'impartialité rappelé à l'article 6-1 de la Convention européenne de sauvegarde des droits de l'homme et des libertés fondamentales ;

Sur le moyen tiré de la violation des droits de la défense : – Cons. que le moyen tiré de l'absence au dossier communiqué à M. Didier de la note de service de l'inspection du Conseil des marchés financiers sur « l'impact financier » de l'opération litigieuse manque en fait ; que les versions préliminaires de ce document n'avaient pas à y figurer ;

Cons. qu'il ne résulte pas de l'instruction qu'une intervention aurait été faite par le Conseil des marchés financiers auprès de la société Dynabourse ; qu'elle ne pouvait donc, en tout état de cause, figurer au dossier ;

Cons. que les courriers adressés par le président du Conseil des marchés financiers au président du « Crédit agricole Indosuez Chevreux » [CAIC] sont sans relation avec la situation personnelle de M. Didier ; que le courrier en date du 19 mai 1998 par lequel le président de la Commission des opérations de bourse [COB] a adressé au président du Conseil des marchés financiers le rapport d'enquête des services de la COB sur la société Dynabourse ne comprend aucun élément qui ne soit contenu dans ledit rapport dont M. Didier a reçu communication ; qu'il en va de même d'une lettre d'information adressée au commissaire du gouvernement ; qu'il suit de là que M. Didier n'est pas fondé à soutenir que l'absence de ces documents au dossier annexé à ce rapport aurait vicié la procédure engagée à son encontre ;

Cons. que l'article 4 du décret précité du 3 octobre 1996 dispose que le rapporteur « peut recueillir des témoignages. Il consigne le résultat de ces opérations par écrit. Les pièces du dossier sont tenues à la disposition de la personne mise en cause » ; que ces dispositions n'ont ni pour objet ni pour effet d'exiger que soient versés au dossier des documents sans rapport avec la procédure en cours ou ne comprenant aucun élément nouveau par rapport aux documents qui ont été communiqués à la personne poursuivie ;

Cons. qu'il résulte de tout ce qui précède que M. Didier n'est pas fondé à soutenir que la procédure suivie par le Conseil des marchés financiers aurait entraîné une méconnaissance du principe des droits de la défense ;

Sur le moyen tiré de l'erreur de fait : – Cons. qu'il résulte de l'instruction que la télécopie adressée, le 20 mars 1998, par la personne chargée des fonctions de négociateur à la table d'arbitrage de la société Dynabourse au service conservation de ladite société, constituait un ordre d'apport de 4 089 000 actions à l'offre publique d'achat dont la date de clôture avait précisément été fixée au 20 mars 1998 ; que son annulation, postérieurement à cette date, constitue dès lors une révocation de cet ordre, décidée en infraction avec l'article 5-2-11 du règlement général du Conseil des bourses de valeurs qui dispose que « les ordres peuvent être révoqués à tout moment jusque et y compris le jour de la clôture de l'offre » ; qu'il suit de là que le Conseil des marchés financiers n'a pas commis d'erreur de fait en fondant la décision attaquée sur la révocation irrégulière de l'ordre passé le 20 mars 1998 ;

Sur le moyen tiré de l'erreur de droit qu'aurait commise le Conseil des marchés financiers dans l'application de l'article 69 de la loi du 2 juillet 1996. – Cons. qu'aux termes du III de l'article 69 de la loi susvisée du 2 juillet 1996 : « Les personnes placées sous l'autorité ou agissant pour le compte des prestataires de services d'investissement, des entreprises de marché et des chambres de compensation sont passibles des sanctions prononcées par le Conseil des marchés financiers à raison des manquements à leurs obligations professionnelles définies par les lois et règlements en vigueur (...) Les sanctions applicables sont l'avertissement, le blâme et le retrait temporaire ou définitif de la carte professionnelle. En outre, le Conseil des marchés financiers peut prononcer, soit à la place soit en sus de ces sanctions, une sanction pécuniaire dont le montant ne peut être supérieur à 400 000 F ou au triple du montant des profits éventuellement réalisés » ;

Cons. que, pour déterminer le plafond de la sanction pécuniaire encourue par M. Didier, c'est à bon droit que le Conseil des marchés financiers a pris pour base le montant des profits réalisés lors de la revente par la SNC Dynabourse arbitrage des titres non apportés à l'offre publique d'achat, en le rapportant à la part détenue par M. Didier dans le capital de cette société ;

Cons. qu'il résulte de tout ce qui précède que M. Didier n'est pas fondé à demander l'annulation de la décision du 27 janvier 1999 par laquelle le Conseil des marchés financiers lui a retiré sa carte professionnelle pour une période de six mois et lui a infligé une sanction pécuniaire de 5 millions de francs ;... (rejet de la requête).

OBSERVATIONS

1 M. Didier, responsable des activités d'*« arbitrage »* dans une société de bourse, a fait l'objet, pour des opérations qui lui étaient reprochées, d'une décision du Conseil des marchés financiers statuant en matière disciplinaire, lui retirant sa carte professionnelle pour une période de six mois et lui infligeant une sanction pécuniaire de cinq millions de francs. Il a attaqué cette décision devant le Conseil d'État, compétent en premier et dernier ressort, par un recours de plein contentieux (sur la distinction de celui-ci et du recours pour excès de pouvoir, v. nos obs. sous CE 8 mars 1912, *Lafage**). Il soutenait notamment que la participation du rapporteur aux débats et au vote du Conseil des marchés financiers avait méconnu les stipulations de l'article 6-1 de la Convention européenne de sauvegarde des droits de l'homme et des libertés fondamentales, reconnaissant le droit de toute personne à un procès équitable, et en particulier à un tribunal impartial. Le Conseil d'État (Ass.), tout en admettant que cet article pouvait utilement être invoqué, a considéré que le rapporteur, compte tenu de son rôle, avait pu participer aux débats et au vote *« sans aucune méconnaissance du principe d'impartialité rappelé à l'article 6-1 »*. M. Didier a ensuite saisi la Cour européenne des droits de l'homme pour violation de l'article 6-1 tant par le Conseil d'État que par le Conseil des marchés financiers. La Cour a rejeté sa requête (27 août 2002, RA 2003.159 note Gambier ; RDP 2003.697 obs. Gonzalez).

Statuant également en assemblée le 3 déc. 1999, sur un recours pour excès de pouvoir dirigé contre un avertissement adressé par la Commission nationale de l'informatique et des libertés à une caisse de crédit mutuel au sujet des informations nominatives contenues dans ses fichiers, le Conseil d'État a considéré d'une part, que l'article 6-1 ne pouvait être invoqué, mais aussi, *« d'autre part, que la participation du rapporteur au débat et au vote qui ont conduit à l'adoption de la délibération attaquée n'a constitué une méconnaissance ni du principe d'impartialité ni de celui des droits de la défense »* (*Caisse de crédit mutuel de Bain-Tresbœuf*, Rec. 397 ; RFDA 2000.574, concl. Combrexelle ; AJ 2000.126, chr. Guyomar et Collin ; JCP 2000.II.10267, note Sudre).

Le même jour encore, mais en Section (*Leriche*, Dr. soc. 2000.194, concl. Schwartz, et mêmes références à l'AJ et au JCP), saisi d'un pourvoi en cassation contre une sanction infligée au requérant par la section disciplinaire de l'Ordre des médecins (v. nos obs. sous CE 2 févr. 1945, *Moineau** et 2 avr. 1943, *Bouguen**), le Conseil d'État a considéré que les dispositions relatives au rapporteur *« n'ont pas pour effet de lui conférer des fonctions qui, au regard de l'article 6-1 de la Convention européenne de sauvegarde des droits de l'homme et des libertés fondamentales, feraient obstacle à sa participation au délibéré de la section disciplinaire »*.

Ces arrêts ont ainsi été rendus à propos d'organismes échappant à la hiérarchie administrative classique, les uns, déjà anciens, tels les ordres professionnels, les autres, plus nouveaux, participant de la fonction de *« régulation »* et rangés dans la catégorie des autorités administratives indépendantes (Conseil des marchés financiers, Commission nationale de l'informatique et des libertés).

À la même époque, les juridictions de l'ordre judiciaire ont été amenées à trancher des questions identiques pour d'autres autorités administratives indépendantes, dont le contentieux leur a été attribué par le législateur (v. nos obs. sous CC 23 janv. 1987*) : Commission des opérations de bourse (Cass. Ass. Plén. 5 févr. 1999, *COB c/ Oury*, Bull. civ. A.P., n° 1, p. 1 ; Gaz. Pal. 24-25 févr. 1999, concl. Lafortune, note Degueldre, Gramblat et Herbière ; JCP 1999.10060, note Matsopoulou ; CA Paris 7 mars 2000, *KPMG-Fiduciaire de France*, JCP 2000.II.10408, note R. Drago), Conseil de la concurrence (Cass. com. 5 oct. 1999, *SNC Campenon Bernard SGE*, Bull. civ. IV, n° 158, p. 133 ; JCP 2000.II.10255, note Cadou).

Par ses trois arrêts du 3 déc. 1999, le Conseil d'État a contribué à déterminer en matière administrative à la fois le champ d'application de l'article 6-1 (I) et les exigences du principe d'impartialité (II).

I. — L'article 6-1 de la Convention européenne en matière administrative

2 L'article 6-1 n'est pas la seule clause de la Convention européenne de sauvegarde des droits de l'homme et des libertés fondamentales dont la jurisprudence administrative ait eu à connaître (v. nos obs. sous CE 30 nov. 2001, *Diop**).

Il a soulevé des difficultés particulières en raison de la rédaction de sa première phrase :

« Toute personne a droit à ce que sa cause soit entendue équitablement, publiquement et dans un délai raisonnable, par un tribunal indépendant et impartial, établi par la loi, qui décidera, soit des contestations sur ses droits et obligations de caractère civil, soit du bien-fondé de toute accusation en matière pénale dirigée contre elle ».

Pris à la lettre, ces termes pourraient exclure de leur champ d'application le contentieux administratif aussi bien matériellement (A) qu'organiquement (B).

A. — *Matériellement*, dans la conception française, les droits et obligations régis par le droit administratif n'ont pas *« de caractère civil »* et la répression administrative ne relève pas de la *« matière pénale »*. L'article 6 n'aurait donc pas à s'y appliquer. Cette conception restrictive a été condamnée par la Cour européenne des droits de l'homme, considérant que les expressions de l'article 6 correspondent à des notions autonomes, indépendantes des conceptions nationales, de telle sorte qu'elles aient une application à la fois uniforme et large dans tous les pays (par ex. 16 juill. 1971, *Ringeisen*, série A n° 13 ; AFDI 1974.334, note Pelloux ; RGDIP 1974.864, note Vallée, pour la matière civile ; 8 juin 1976, *Engel*, série A n° 22 ; AFDI 1977.481, note Pelloux ; Cah. dr. eur. 1978.368, note Cohen-Jonathan, pour la matière pénale).

3 *1°)* S'agissant des *droits et obligations à caractère civil*, l'arrêt *Blanco** a écarté, pour *« la responsabilité qui peut incomber à l'État »*, *« les principes qui sont établis dans le code civil, pour les rapports de particulier à particulier »*, marquant ainsi l'autonomie du droit administratif par rapport au droit civil.

La Cour européenne n'en considère pas moins que, même relevant du droit administratif, des droits et obligations gardent un caractère civil au sens de l'article 6-1, dès lors qu'ils mettent en cause la situation *« privée »* d'une personne, notamment du point de vue patrimonial.

Cela couvre au premier chef les droits et obligations à caractère pécuniaire, relevant soit d'un régime de responsabilité, contractuelle ou extra-contractuelle, soit d'un système particulier d'indemnisation ou de prestations, soit encore d'un mécanisme de rémunération.

Ainsi, revenant sur sa jurisprudence antérieure (CE 17 mars 1993, *Mme Gabeur*, Rec. 541 ; RDSS 1993.493, concl. Le Chatelier), le Conseil d'État a admis que le contentieux des prestations d'aide sociale relève des contestations relatives à *« des droits et obligations de caractère civil, au sens des stipulations précitées de l'article 6-1 »* (Sect. 29 juill. 1994, *Département de l'Indre*, Rec. 363 – v. n° 29.4). Il en va de même des litiges portant sur les relations financières entre l'État et les établissements d'enseignement privé sous contrat en ce qui concerne la prise en charge des cotisations de sécurité sociale (CE Ass., avis, 5 déc. 1997, *Ministre de l'éducation nationale, de la recherche et de la technologie c/ O.G.E.C. de Saint-Sauveur-le-Vicomte*, Rec. 464, concl. Touvet – v. n° 14.5).

Elle se rapporte d'ailleurs à l'exercice d'une profession. À ce sujet, toute mesure pouvant le compromettre (telle qu'une suspension, une interdiction) est considérée par la Cour européenne des droits de l'homme comme touchant à ces droits et obligations – ce qui couvre en particulier les sanctions disciplinaires infligées par les juridictions ordinales (23 juin 1981, *Le Compte, Van Leuven et De Meyere c. Belgique*, série A n° 43 – v. n° 67.5). Le Conseil d'État a d'abord eu une interprétation différente (Sect. 27 oct. 1978, *Debout*, Rec. 395, concl. Labetoulle ; RDSS 1979.59, note Dubouis, et 210, note J.M. Auby ; JCP 1979.II.19259, note Schultz ; – Ass. 11 juill. 1984, *Subrini*, Rec. 259 ; D. 1985.150, concl. contr. Genevois ; AJ 1984.534, chr. Schoettl et Hubac ; RA 1984.482, note Pacteau ; RDSS 1985.25, note Dubouis).

La persistance de la position de la Cour européenne (26 sept. 1995, *Diennet c. France*), à laquelle a adhéré la Cour de cassation (par ex. Cass. 1er Civ. 10 janv. 1984, Bull. civ. I. nº 8, p. 6), a incité le Conseil d'État à changer la sienne par son arrêt (Ass.) du 14 févr. 1996, *Maubleu* (Rec. 34, concl. Sanson ; RFDA 1996.1186, concl. Sanson ; AJ 1996.358, chr. Stahl et Chauvaux ; JCP 1996.II.22669, note Lascombe et Vion ; RTDH 1998.365, note Andriantsimbazovina). L'arrêt *Leriche* du 3 déc. 1999 en est un prolongement, puisqu'il examine le fonctionnement d'une juridiction ordinale (la section disciplinaire du conseil national de l'ordre des médecins) au regard des exigences de l'article 6-1.

4 *2°)* Si les sanctions ne se rapportent pas seulement à l'exercice d'une activité professionnelle, mais comportent une *« coloration pénale »* résultant notamment de leur caractère punitif et de leur sévérité (en ce sens CEDH 8 juin 1976, *Engel et autres*, précité ; 24 févr. 1994, *Bendenoun c/ France*, série A nº 284 ; Dr. fisc. 1994.878, note Le Gall et Gérard ; JCP 1995.II. 22372, note Frommel ; LPA 11 mai 1994, note Flauss ; RFDA 1995.1182, note Maublanc et Maublanc-Fernandez), elles relèvent de la *« matière pénale »*.

Celle-ci ne couvre donc pas seulement les poursuites devant les tribunaux répressifs de l'ordre judiciaire. Elle englobe le contentieux de la répression devant les tribunaux administratifs (en particulier pour les contraventions de grande voirie) ou les juridictions financières (amendes prononcées par la Cour des comptes : CE 16 nov. 1998, *SARL Deltana et Perrin*, Rec. 415, la Cour de discipline budgétaire ou financière : CE Sect. 30 oct. 1998, *Lorenzi*, Rec. 374 ; RFDA 1999. 1022, note Surrel). Elle concerne aussi les sanctions pécuniaires infligées par des autorités administratives, telles que *« des majorations d'imposition... en cas de manœuvres frauduleuses qui, dès lors qu'elles présentent le caractère d'une punition tendant à empêcher la réitération des agissements qu'elles visent et n'ont pas pour objet la seule réparation pécuniaire d'un préjudice »* (CE Sect., avis, 31 mars 1995, *Ministre du budget c/ SARL Autoroute-Industrie Méric*, Rec. 154 ; Rev. jur. fisc. 1995.327, concl. Arrighi de Casanova ; AJ 1995.739, note Dreifuss ; RFDA 1995.1185, note Maublanc et Maublanc-Fernandez) ou encore, pour les mêmes raisons, la contribution spéciale due à l'Office des migrations internationales par un employeur occupant illégalement un travailleur étranger (CE Sect. 28 juill. 1999, *GIE Mumm-Perrier-Jouët*, Rec. 257, concl. Bonichot ; LPA 1999, nº 44, concl. Bonichot ; AJ 1999.783, chr. Fombeur et Guyomar), ainsi que la réduction du nombre de points affecté au permis de conduire à la suite d'une condamnation pénale ou du paiement d'une amende forfaitaire (CEDH 23 sept. 1998, *Malige c. France*, Rec. 1998.VII ; Gaz. Pal. 1999, nº 328-329, p. 38, note Couzinet ; JCP 1999.II. 10086, note Sudre ; CE, avis, 23 sept. 1999, *Rouxel*, Rec. 280).

En revanche ne relèvent pas de *« la matière pénale »* les simples mesures de discipline (par ex. en matière sportive : CE 27 oct. 1999, *Fédération française de football*, JCP 2000.II. 10376, note Piastra), le jugement des comptes des comptables publics (CE Sect. 3 avr. 1998, *Mme Barthélémy*, Rec. 130 ; RFDA 1998.1039, concl. Lamy), les déclarations de gestion de fait (CE Sect. 6 janv. 1995, *Nucci*, Rec. 7 ; JCP 1996.II.22592, note Degoffe ; RA 1995.258, note Fabre), le contrôle de l'emploi des ressources collectives par les organismes faisant appel à la générosité publique (CE 19 janv. 2000, *Société International Developpement Communication, Société Distribleu*, Rec. 20 ; AJ 2000.358, concl. Schwartz ; JCP 2000.II.10381, note Damarey). Même si elles ont un caractère répressif, les sanctions infligées à des agents, tels les magistrats, participant, de par leurs fonctions, à l'exercice de la puissance publique, ne relèvent pas du champ d'application de l'article 6-1, selon une exception reconnue par la Cour européenne des droits de l'homme (8 déc. 1999, *Pellegrin*, Rec. 1999-VIII ; RDP 2000.617, note Prétot et 711, note Gonzalez ; RFDA 2000.1268, note Kissangoula ; GACEDH 171).

Dans ses arrêts cités plus haut, la Cour de cassation a admis que la Commission des opérations de bourse, le Conseil de la concurrence, infligeant des sanctions pécuniaires d'un montant élevé pour punir les auteurs de faits contraires aux normes de la bourse ou de la concurrence et à dissuader des opérateurs de se livrer à de telles pratiques, relèvent du champ d'application de l'article 6.

Dans l'arrêt *Didier*, le Conseil d'État considère aussi *« que, quand il est saisi d'agissements pouvant donner lieu aux sanctions prévues par l'article 69 de la loi... du 2 juillet 1996, le Conseil des marchés financiers doit être regardé comme décidant du bien-fondé d'accusations en matière pénale au sens des stipulations précitées de la Convention européenne des droits de l'homme et des libertés fondamentales »*.

5 ***B.*** — Encore fallait-il, pour qu'elles s'appliquent, que le Conseil des marchés financiers soit regardé comme un *« tribunal »* – puisque, *organiquement*, cette condition est formulée par l'article 6-1.

Or, selon le droit français, cette qualification n'est reconnue qu'à des organes répondant à des caractéristiques tenant à leur statut, leurs fonctions, leur organisation, leur procédure (v. CE 20 juin 1913, *Téry** ; – Ass. 12 déc. 1953, *de Bayo*, Rec. 544 – v. 56.2). Elle s'applique à des juridictions disciplinaires comme la section disciplinaire du Conseil national de l'ordre des médecins, dont le fonctionnement était en cause dans l'affaire *Leriche*. Elle ne s'applique pas à des institutions telles que le Conseil de la concurrence, la Commission des opérations de bourse, qui ont d'ailleurs expressément été reconnues comme des autorités administratives par le Conseil constitutionnel (CC 23 janv. 1987* ; n° 89-260 DC 28 juill. 1989, Rec. 71 ; RFDA 1989.671, note Genevois), et a fortiori au

Conseil des marchés financiers, auquel le législateur a reconnu la personnalité juridique.

Le Conseil d'État, considérant d'abord que l'article 6-1 *« n'est applicable qu'aux procédures contentieuses suivies devant les juridictions »* (Sect., avis, 31 mars 1999, *Ministre du budget c/ SARL Autoroute-Industrie Méric*, précité), l'a écarté pour des autorités administratives infligeant des sanctions, telles que deux conseils antérieurs au Conseil des marchés financiers (le Conseil des bourses de valeurs : CE Ass. 1er mars 1991, *Le Cun*, Rec. 71 ; RFDA 1991.612, concl. Saint Pulgent ; le Conseil du marché à terme : CE 4 mai 1998, *Société de bourse Wargny*, Rec. 192), ou encore le Conseil supérieur de l'audiovisuel (CE 19 oct. 1996, *Association « Ici et Maintenant »*, Rec. 401).

La Cour européenne des droits de l'homme a une conception plus large et, à ce sujet encore, ne s'arrête pas aux définitions nationales. Un organisme doté de plusieurs attributions, administratives, consultatives, répressives, (comme c'est le cas de nombreuses autorités administratives indépendantes en France) peut se voir reconnaître la qualité de *« tribunal »* pour certaines d'entre elles (CEDH 30 nov. 1987, *H. c/ Belgique*, série A no 127) ; *« un "tribunal" se caractérise au sens matériel par son rôle juridictionnel : trancher, sur la base de normes du droit et à l'issue d'une procédure organisée, toute question relevant de sa compétence »* (CEDH 27 août 1991, *Demicoli c/ Malte*, série A no 210).

La Cour de cassation a admis, dans les arrêts déjà cités, que la Commission des opérations de bourse et le Conseil de la concurrence, quoique n'étant pas des juridictions, sont soumis aux stipulations de l'article 6-1.

Par l'arrêt *Didier*, le Conseil d'État admet aussi, *« alors même que le Conseil des marchés financiers siégeant en formation disciplinaire n'est pas une juridiction au regard du droit interne »*, que le moyen tiré de la violation d'un principe rappelé à l'article 6-1, *« peut, eu égard à la nature, à la composition et aux attributions de cet organisme, être utilement invoqué à l'appui d'un recours formé devant le Conseil d'État à l'encontre de sa décision »*. La Cour européenne des droits de l'homme a dit plus nettement que le Conseil des marchés financiers « doit être regardé comme un "tribunal" au sens des dispositions » en cause (27 août 2002, *Didier*, précité). Le Conseil d'État a repris la formule à propos de la Commission de contrôle des assurances lorsqu'elle prononce une sanction à l'encontre d'une entreprise d'assurance (CE 28 oct. 2002, *Laurent*, AJ 2002.1492, note D. Costa).

Ces avancées ne conduisent pas pour autant à considérer tout organisme collégial remplissant notamment des fonctions de contrôle comme entrant dans le champ de l'article 6-1.

C'est ainsi que, dans l'arrêt *Caisse de crédit mutuel de Bain-Tresbœuf*, le Conseil d'État considère que l'avertissement adressé par la Commission nationale de l'informatique et des libertés à une banque *« n'émane pas d'un tribunal au sens de l'article 6-1 »*.

Cela n'empêche pas qu'elle doive observer le principe d'impartialité.

II. — Le principe d'impartialité en matière administrative

6 Dans l'arrêt *Didier*, le Conseil d'État examine si *« le principe d'impartialité rappelé à l'article 6-1 précité »* a été respecté par le Conseil des marchés financiers. Il révèle ainsi la généralité du principe (A) et en précise les exigences (B).

A. — Le principe d'impartialité apparaît comme un principe général, affirmé indépendamment et au-delà de l'article 6-1.

1°) Le Conseil d'État a depuis longtemps veillé au respect du principe d'impartialité, tantôt sans employer l'expression (par ex. 11 août 1864, *Ville de Montpellier*, Rec. 767 ; – Sect. 20 juin 1958, *Louis*, Rec. 368 ; – Sect. 2 mars 1973, *Dlle Arbousset*, Rec. 190 – v. n° 29.6) tantôt en la formulant (CE 17 juin 1927, *Vaulot*, Rec. 683 ; – Sect. 9 nov. 1966, *Commune de Clohars-Carnoët*, Rec. 591 ; D. 1967.92, concl. Braibant ; AJ 1967.34, chr. Lecat et Massot ; RDP 1967.334, note M. Waline : « *garanties d'impartialité auxquelles tout candidat* (à un concours) *est en droit de prétendre* » ; – 14 juin 1991, *Association Radio Solidarité*, Rec. 232, à propos du Conseil supérieur de l'audiovisuel).

Ce principe peut être relié à celui d'égalité devant le service public (v. nos obs. sous CE 9 mars 1951, *Société des concerts du conservatoire**) et constitue comme lui un principe général du droit (en ce sens CE 29 avr. 1949, *Bourdeaux*, Rec. 188 ; – 27 oct. 1999, *Fédération française de football*, précité).

L'*« obligation d'impartialité »* a été soulignée également par le Conseil constitutionnel (28 juill. 1989, précité).

Elle ne s'impose pas seulement aux organes juridictionnels au sens du droit français (comme dans les affaires *Ville de Montpellier, Louis, Arbousset*) ou aux tribunaux au sens de l'article 6-1 de la Convention européenne (comme dans l'affaire *Didier*), mais à des organes hors du champ d'application de l'article 6-1 soit parce que, bien qu'ils soient purement administratifs (comme la C.N.I.L. dans l'affaire *Caisse de crédit mutuel de Bain-Tresbœuf*) soit parce que, bien qu'ils soient juridictionnels, ils ne statuent ni sur des droits et obligations de caractère civil ni sur des accusations en matière pénale (comme les juridictions financières prononçant la gestion de fait : CE Ass. 23 févr. 2000, *Société Labor Métal*, Rec. 83, concl. Seban – v. n° 29.6).

7 *2°)* C'est bien pourquoi, dans l'arrêt *Didier*, le Conseil d'État parle du *« principe d'impartialité rappelé à l'article 6-1 précité »*, et, dans l'arrêt *Leriche « du principe d'impartialité* (et) *des autres stipulations de l'article 6-1 »*, pour souligner que le principe est à la fois antérieur et extérieur à l'article 6-1, même si l'article 6-1 en impose le respect.

On trouve donc aujourd'hui deux séries de cas :

— dans la première, le principe d'impartialité s'impose à la fois en raison du droit interne et de l'article 6-1. Il en est ainsi par exemple pour la Commission des opérations de bourse, pour laquelle d'une part le Conseil constitutionnel avait affirmé qu'elle *« est, à l'instar de tout organe administratif, soumise à une obligation d'impartialité pour l'examen des affaires qui relèvent de sa compétence »* (28 juill. 1989, précité), d'autre part la Cour de cassation veille au respect du principe d'impartialité sur le fondement de l'article 6-1, ou encore pour des juridictions comme la section disciplinaire des ordres professionnels *(Leriche)* ou des organismes comme le Conseil des marchés financiers *(Didier)* ;

— dans la seconde série, le principe d'impartialité s'impose exclusivement en vertu du droit interne : organismes *« purement »* administratifs, comme la CNIL (*Bain-Tresbœuf*), et plus généralement autorités et agents publics ; organismes consultatifs (CE 2 oct. 2002, *SARL Even Media, SARL Copper communication*, AJ 2002.1499, note Nicinski) ; juridictions *« purement »* administratives, comme les juridictions des comptes (*Labor Métal*).

Mais, dans les deux séries de cas, il ne devrait pas avoir une portée différente.

8 ***B.*** — Ses exigences ont surtout été mises en valeur à propos de la participation du rapporteur à un organisme collégial. Elles ne se limitent pas à cet aspect.

1°) Dans l'affaire *Didier*, comme dans les affaires *Leriche* et *Caisse de crédit mutuel de Bain-Tresbœuf* du même jour, la question principale était de savoir si la participation à la formation prenant la décision, du rapporteur ayant joué un rôle en amont, était contraire au principe d'impartialité.

Si dans la troisième affaire (ne relevant pas de l'article 6-1), le Conseil d'État a répondu laconiquement par la négative (cf *supra* 1), dans les deux premières il est arrivé à la même conclusion après une analyse détaillée du rôle du rapporteur, tel qu'il est établi par les textes (impartialité objective) et qu'il a été exercé en fait (impartialité subjective), comme le montrent les passages de l'arrêt reproduits en italique ci-dessus, et ceux de l'arrêt *Leriche* ci-après : *« si en application des dispositions* (applicables)... *un des membres composant la section disciplinaire est désigné comme rapporteur et peut procéder, dans le cadre et pour les besoins du débat contradictoire entre les parties, à des mesures d'instruction qui ont pour objet de vérifier la pertinence des griefs et observations des parties et dont les résultats sont versés au dossier pour donner lieu à communication contradictoire, de telles attributions ne diffèrent pas de celles que la formation collégiale de jugement pourrait elle-même exercer et ne confèrent pas au rapporteur le pouvoir de décider par lui-même de modifier le champ de la saisine de la juridiction ; qu'ainsi et alors même qu'il incombe par ailleurs au rapporteur... de faire à l'audience un exposé des faits consistant en une présentation de l'affaire, l'ensemble de ces dispositions n'ont pas pour effet de lui conférer des fonctions qui... feraient obstacle à sa participation au délibéré de la section disciplinaire* » ; au surplus « *il n'est pas allégué que le rapporteur désigné en l'espèce aurait exercé ses fonctions en méconnaissance des dispositions* (applicables) *ou manqué à l'obligation d'impartialité qui s'imposait à lui* ». C'est donc à la fois au regard des dispositions régissant les fonctions du rapporteur et de la manière dont il les a remplies qu'est vérifié le respect du principe d'impartialité (dans le même sens, pour la participation du rapporteur au Conseil supérieur de la magistrature : CE 6 nov. 2002, *Wargniez*, RDP 2003.463, note Guettier).

Ces analyses ne divergent pas fondamentalement, en dépit des apparences, de celles qu'ont entreprises la Cour de cassation et la Cour d'appel de Paris, à propos du rapporteur dans d'autres organismes collégiaux. Pour la COB, la Cour de cassation, dans son arrêt précité du 5 févr. 1999, a considéré « *que l'un des membres de la Commission, nommé rapporteur, a été chargé de procéder à une instruction sur les faits avec le concours des services administratifs et à toutes investigations utiles ; que, c'est, dès lors, à bon droit que la cour d'appel a décidé qu'il ne pouvait pas participer au délibéré* ». Pour le Conseil de la concurrence, elle a jugé encore, dans son arrêt précité du 5 oct. 1999, « *que la participation du rapporteur au délibéré, serait-ce sans voix délibérative, dès lors que celui-ci a procédé aux investigations utiles pour l'instruction des faits dont le Conseil est saisi, est contraire au principe évoqué* ». La généralité des considérants pourrait faire penser qu'ils sont plus rigoureux que ceux du Conseil d'État et contredisent sa position. En réalité, dans les deux cas jugés par la Cour de cassation, le rapporteur ne se limite pas à un rôle d'instruction destiné à éclairer la formation collégiale : il prend des initiatives dans l'identification des griefs et la détermination des poursuites, qui sont déjà des prises de position. Ces précisions apparaissent dans l'arrêt de la Cour de cassation (1er Civ.) du 23 mai 2000, *P...* (Bull. I, n° 151, p. 99 ; AJ 2000.762, obs. Sargos) relatif au rôle du bâtonnier, qui détient « *le pouvoir d'apprécier les suites à donner à l'enquête à laquelle il procède lui-même, ou dont il charge un rapporteur, en décidant soit du renvoi devant le conseil de l'ordre, soit du classement de l'affaire* » : « *eu égard à cette attribution particulière, il ne peut dès lors ni présider la formation disciplinaire ni participer au délibéré »*.

Le Conseil d'État arrive à une solution semblable dans des circonstances comparables. Ainsi, selon l'arrêt (Ass.) du 6 avr. 2001, *SA Entreprise Razel frères, Le Leuch* (LPA 7 août 2001, concl. Seban ; RFDA 2001.1299, concl. Seban ; AJ 2001.453, chr. Guyomar et Collin ; DA 2001.145, note Descheemaker ; RA 2001.361, note Ruelle), les pouvoirs d'investigation du rapporteur d'une chambre régionale des comptes l'empêchent de participer à la formation de jugement. En revanche, selon l'arrêt (Ass.) du 14 déc. 2001, *Société Réflexions, Médiations, Ripostes* (AJ 2001.127, chr. Guyomar et Collin), le rapporteur devant la Cour des comptes statuant en appel, qui n'a exercé aucun pouvoir d'investigation, peut participer au délibéré.

9 *2°)* Le débat sur le rôle du rapporteur s'élargit à celui de la composition des organismes collégiaux. Si des fonctionnaires peuvent, ès qualités, participer à une juridiction, c'est à condition qu'ils ne participent pas à des activités donnant lieu à des questions qui lui sont soumises (CE Ass. 6 déc. 2002, *Trognon*, RDSS 2003.92, concl. Fombeur ; RFDA 2003.694, concl. Fombeur ; JCP A 2003.380, note Jean-Pierre ; du même jour, Sect. *Aïn-Lhout*, RDSS 2003.163, concl. Séners ; RFDA 2003.705, concl. Séners ; AJ 2003.489, chr. Donnat et Casas).

Un organisme ou un agent ayant pris une position sur une question ne peut ensuite prendre une décision, *a fortiori* un jugement sur la même question. C'est ce qu'avait déjà jugé le Conseil d'État dans des arrêts plus anciens (v. *supra* n° 5). C'est ce qu'il a encore censuré plusieurs fois, par exemple : – lorsque la Cour des comptes, après avoir dénoncé une irrégularité dans son rapport public, a prononcé ensuite une gestion de fait dans la même affaire (CE Ass. 23 févr. 2000, *Société Labor Métal*, précité) ; – lorsque la Commission bancaire, qui a le droit de se saisir d'office et de porter à la connaissance d'un établissement de crédit les faits qui lui sont reprochés, a présenté « *pour établis les faits dont elle faisait état et en prenant parti sur leur qualification d'infractions à différentes dispositions législatives et réglementaires* », avant même d'avoir jugé l'établissement (CE Sect. 20 oct. 2000, *Société Habib Bank Ltd*, Rec. 433, concl. Lamy ; JCP 2001.II.10459, concl. Lamy ; AJ 2000.101, chr. Guyomar et Collin, et 1071, note Subra de Bieusses ; D. 2001.2665, note Louvaris ; RDP 2001.407, note Guettier) ; – lorsqu'un chef de cour, qui a attiré l'attention du garde des sceaux, ministre de la justice, sur la manière de servir d'un juge d'instruction, a siégé au Conseil supérieur de la magistrature statuant sur le cas de celui-ci (CE 29 juill. 2002, *Mme R.*, AJ 2002.1394, note D. Costa). La Cour d'appel de Paris a rendu un arrêt semblable à propos des prises de position successives de la Commission des opérations de bourse dans une même affaire (7 mars 2000, précité).

Le principe d'impartialité est encore violé si un agent public a un intérêt particulier dans une affaire au sujet de laquelle il doit prendre une décision (CE 13 nov. 1970, *Moreau*, précité ; 17 févr. 1993, *Desmon*, Rec. 649).

Par leurs apports successifs, la jurisprudence administrative, la jurisprudence judiciaire et la jurisprudence européenne contribuent à la réalisation d'une administration et d'une justice impartiales.

111

MOYENS D'ASSURER LA SUPRÉMATIE DU DROIT COMMUNAUTAIRE SUR LA LOI

CE Sect. 3 déc. 1999. Association ornithologique et mammalogique de Saône-et-Loire et Rassemblement des opposants à la chasse.
CE Sect. 3 déc. 1999. Association ornithologique et mammalogique de Saône-et-Loire et association France nature environnement, Rec. 379, concl. Lamy

(RFDA 2000.59, concl. Lamy, 409, note Dubouis, 664, note Favoreu, 668, note B.G., 676, note Béchillon et 678, note Carcassonne ; AJ 2000.120, chr. Guyomar et Collin ; D. 2000.272, note G. Toulemonde ; JCP 2000.II.10.319, note Évain ; RA 2000.359, note Favre ; RDP 2000.1, obs. Camby, et 289 note Cassia et Saulnier ; Rev. M.C. et de l'U.E. 2000.533, note Chaltiel ; LPA 11 févr. 2000, note Romi ; LPA 7 mars 2000, note Roblot)

I. *Association ornithologique et mammalogique de Saône-et-Loire et Rassemblement des opposants à la chasse*

Sur l'intervention de l'Union nationale des fédérations départementales de chasseurs :

Considérant que l'Union nationale des fédérations départementales de chasseurs a intérêt au maintien des décisions attaquées ; que son intervention en défense est, dès lors, recevable ;

Sur la compétence de la juridiction administrative :

Considérant que *la décision par laquelle le Premier ministre refuse d'engager la procédure prévue au second alinéa de l'article 37 de la Constitution pour procéder par décret à la modification d'un texte de forme législative se rattache à l'exercice du pouvoir réglementaire et revêt ainsi le caractère d'une décision administrative susceptible de faire l'objet d'un recours pour excès de pouvoir* ; qu'ainsi, contrairement à ce que soutiennent l'Union nationale des fédérations départementales de chasseurs et le ministre de l'aménagement du territoire et de l'environnement, les requêtes dirigées contre les décisions implicites nées du silence gardé pendant quatre mois par le Premier ministre sur les demandes de l'Association ornithologique et mammalogique de Saône-et-Loire et du rassemblement des opposants à la chasse *tendant à ce que, sous réserve de la constatation par le Conseil Constitutionnel du caractère réglementaire des dispositions de la loi du 15 juillet 1994 fixant les dates de clôture de la chasse aux oiseaux migrateurs, ces dispositions soient par décret abrogées et remplacées par de nouvelles règles, relèvent de la compétence de la juridiction administrative ;*

Sur la légalité des décisions implicites attaquées :

Considérant que si, eu égard aux exigences inhérentes à la hiérarchie des normes ainsi qu'à *l'obligation pour les autorités nationales d'assurer l'application du droit communautaire*, il incombait au Premier ministre, saisi de demandes en ce sens, de tirer les conséquences de ce que, en l'état des connaissances scientifiques, la quasi-totalité des dispositions de la loi du 15 juillet 1994 fixant les dates de clôture de la chasse aux oiseaux migrateurs étaient incompatibles avec les objectifs de l'article 7 paragraphe 4 de la directive n° 79-409/CEE du 2 avril 1979, telle que celle-ci a été interprétée par l'arrêt de la cour de justice des communautés européennes du 19 janvier 1994, le *Premier ministre disposait pour ce faire d'un large pouvoir d'appréciation quant à, notamment, la détermination de la date et de la procédure appropriées pour parvenir à cette fin* ; qu'il ne ressort pas des pièces du dossier qu'aux dates auxquelles elles sont intervenues les décisions implicites nées du silence gardé pendant quatre mois par le Premier ministre sur les demandes dont il avait été saisi les 20 juillet et 1er août 1994 aient été entachées d'une erreur manifeste d'appréciation ;

Considérant qu'il résulte de ce qui précède que les associations requérantes ne sont pas fondées à demander l'annulation des décisions attaquées (Intervention admise ; rejet des requêtes)

II. *Association ornithologique et mammalogique de Saône-et-Loire et association France nature environnement*

Sur les interventions de l'Union nationale des fédérations départementales de chasseurs et de la Fédération départementale des chasseurs de Saône-et-Loire :

Considérant que l'Union nationale des Fédérations départementales de chasseurs et la Fédération départementale des chasseurs de Saône-et-Loire ont intérêt au maintien des décisions attaquées ; que, par suite, leurs interventions en défense sont recevables ;

Sur la recevabilité des requêtes :

Considérant que l'Association ornithologique et mammalogique de Saône-et-Loire et l'Association France nature environnement ont demandé au ministre de fixer au 1er septembre 1998 la date d'ouverture anticipée de la chasse au gibier d'eau dans différents départements métropolitains ; que, par lettres du 30 juillet et du 20 août 1998, le ministre de l'aménagement du territoire et de l'environnement a refusé de faire droit à ces demandes au motif que la loi du 3 juillet 1998 lui avait retiré la compétence qu'il détenait antérieurement en la matière ; que, contrairement à ce qui est soutenu par les intervenantes, ces refus ont le caractère d'actes administratifs et sont susceptibles d'être déférés devant le juge administratif par la voie du recours pour excès de pouvoir ; que, par suite, les fins de non-recevoir qui ont été opposées aux requêtes doivent être écartées ;

Sur la légalité des décisions attaquées :

Considérant qu'aux termes du premier alinéa de l'article L. 224-2 du code rural, lequel alinéa a été repris et maintenu par la loi du 3 juillet 1998 : « Nul ne peut chasser en dehors des périodes d'ouverture de la chasse fixées par l'autorité administrative » ; qu'aux termes de l'article R. 224-6 du code rural : « Le ministre chargé de la chasse peut, par arrêté (...) autoriser la chasse au gibier d'eau avant la date d'ouverture générale et jusqu'à celle-ci : 1° : en zone de chasse maritime ; 2° : sur les fleuves, rivières, canaux, réservoirs, lacs, étangs et dans les marais non asséchés (...) » ; que toutefois, les dispositions introduites au second alinéa de l'article L. 224-2 du code rural par la loi du 3 juillet 1998 ont entendu fixer elles-mêmes, selon les modalités retracées par le tableau annexé à ce second alinéa, les dates d'ouverture anticipée et de clôture temporaire de la chasse au gibier d'eau sur l'ensemble du territoire métropolitain à l'exception des départements du Bas-Rhin, du Haut-Rhin et de la Moselle ;

Considérant qu'il résulte clairement des stipulations de l'article 189 du traité des communautés européennes que les directives du Conseil des communautés européennes lient les États-membres « quant aux résultats à atteindre » ; que si, pour adapter, ainsi qu'elles y sont tenues, la législation et la réglementation des États membres aux directives qui leur sont destinées, les autorités nationales sont seules compétentes pour décider de la forme à donner à cette exécution et pour fixer elles-mêmes, sous le contrôle des juridictions nationales, les moyens propres à leur faire produire leurs effets en droit interne, ces autorités ne peuvent édicter des dispositions qui seraient incompatibles avec les objectifs définis par ces directives ;

Considérant qu'il ressort des pièces du dossier qu'en l'état des connaissances scientifiques les dispositions introduites au second alinéa de l'article L. 224-2 du code rural par la loi du 3 juillet 1998 sont, dans leur quasi-totalité, incompatibles avec les objectifs de préservation des espèces de l'article 7 paragraphe 4 de la directive n° 79-409/CEE du 2 avril 1979 telle que celle-ci a été interprétée par l'arrêt de la cour de justice des communautés européennes du 19 janvier 1994 ; *que, ces dispositions du second alinéa de l'article L. 224-2 du code rural étant ainsi inapplicables, elles ne pouvaient légalement justifier que, saisi d'une demande en ce sens, le ministre chargé de la chasse refusât d'exercer, dans le respect des objectifs de la directive, la compétence réglementaire qu'il tenait des dispositions combinées du premier alinéa de l'article L. 224-2 du code rural et de l'article R. 224-6 du même code ;*

Considérant qu'il résulte de ce qui précède que les associations requérantes sont fondées à demander l'annulation des décisions des 30 juillet et 20 août 1998 par lesquelles le ministre de l'aménagement du territoire et de l'environnement a refusé de fixer les dates d'ouverture de la chasse au gibier d'eau ; (Interventions admises ; Annulation)

OBSERVATIONS

1 Les décisions rendues par la Section du contentieux le 3 décembre 1999 à la suite de requêtes introduites par des associations de protection de la nature visant à rendre inapplicables des dispositions législatives intervenues en méconnaissance d'une directive communautaire relative à la protection des oiseaux sauvages ont eu un retentissement certain. Intervenant sur un sujet politiquement sensible, quelques jours avant la célébration du bicentenaire du Conseil d'État, elles ont parfois été interprétées comme traduisant la volonté de la Haute Assemblée d'affirmer sans nuance son autorité. En réalité, une lecture attentive des arrêts comme des conclusions conformes du commissaire du gouvernement Lamy montre que le Conseil d'État s'est efforcé d'assurer dans la ligne de la jurisprudence *Nicolo** la suprématie des engagements interna-

tionaux de la France sur la loi, en coupant court à des obstacles mis à la possibilité de le saisir.

Une directive n° 79-409/CEE du 2 avril 1979 concernant la conservation des oiseaux sauvages a institué un régime de protection variable selon les espèces en enjoignant aux États membres, lorsqu'il s'agit d'espèces migratoires, de veiller « à ce que les espèces auxquelles s'applique la législation de la chasse ne soient pas chassées pendant leur période de reproduction et pendant leur trajet de retour vers leur lieu de nidification ».

Le respect de l'objectif ainsi fixé, lequel est opposable aux actes réglementaires dès l'expiration de la date prévue pour la transposition de la directive (cf. nos obs. sous CE Ass. 22 déc. 1978, *Ministre de l'intérieur c/ Cohn-Bendit**) n'a pas été pleinement assuré car le ministre chargé de la chasse, et, lorsque le pouvoir de décision a été déconcentré, des préfets, ont fixé, soit des dates d'ouverture trop précoces (CE 7 oct. 1988, *Rassemblement des opposants à la chasse et autres*, Rec. 334 ; AJ 1989.34, concl. E. Guillaume) soit des dates de clôture trop tardives (CE 25 mai 1990, *Ministre de l'environnement et Fédération Rhône-Alpes de protection de la nature*, Rec. 133 ; AJ 1990.730, note Le Mire).

De son côté, la Cour de Justice des Communautés européennes a, par un arrêt du *19 janv. 1994* (AJ 1994.334, note P.P) interprété la directive comme imposant aux États membres de fixer la date de clôture de la chasse des oiseaux de passage « d'une manière qui rende possible une *protection complète* des oiseaux pendant la migration prénuptiale », ce qui n'ouvre que des possibilités très limitées de fixation de dates de clôture échelonnées dans le temps et différentes selon les espèces.

2 Au lieu de se conformer à cette interprétation, le Parlement a cherché à y faire obstacle en adoptant successivement deux lois. Une loi du 15 juillet 1994 a inscrit dans le code rural comme date de clôture pour la plupart des espèces, le dernier jour du mois de février, tout en ouvrant à l'autorité administrative la possibilité de l'avancer. Une loi du 3 juillet 1998 a elle-même fixé les dates d'ouverture et de fermeture en autorisant la chasse aux oiseaux migrateurs du 14 juillet au 28 février pour la plupart des espèces. Ce dernier texte en supprimant la possibilité pour l'autorité administrative de déroger à ses prescriptions avait pour but d'empêcher que naissent des décisions administratives susceptibles de lier le contentieux devant le juge de l'excès de pouvoir.

Faisant preuve de beaucoup de ténacité, des associations de défense de l'environnement ont entrepris une double démarche. L'une a consisté, dès l'intervention de la loi de 1994, à demander au Premier ministre d'engager, conformément à l'article 37 de la Constitution, la procédure de déclassement des dispositions de nature réglementaire figurant dans cette loi. L'autre a tendu à ce que le ministre de l'environnement, responsable de la police de la chasse, exerce la compétence qui continue de lui être reconnue par le code rural, de fixer les périodes d'ouverture de la chasse. Les refus opposés à ces demandes ont été déférés au Conseil d'État.

Les arrêts rendus par la Section du contentieux reconnaissent aux intéressés la possibilité de lier le contentieux devant le juge administratif (I) tout en adaptant le degré de contrôle exercé à la marge d'appréciation dont dispose l'autorité compétente (II).

I. — La liaison du contentieux

Chacune des décisions commentées écarte une fin de non recevoir opposée aux requérants. Dans la première affaire, était soulevée l'incompétence de la juridiction administrative par référence à la théorie des actes de gouvernement. Dans le second litige, était invoquée l'absence d'acte administratif faisant grief. La Section du contentieux n'a pas suivi cette double argumentation.

A. — L'admission de la compétence du Conseil d'État en cas de refus d'exercice du pouvoir réglementaire

3 *1°)* Le juge administratif a compétence pour connaître des recours pour excès de pouvoir formés contre les actes des diverses autorités administratives, au nombre desquelles figure le Premier ministre. Il est fréquent que le Conseil d'État connaisse de pourvois mettant en cause la légalité du refus du chef du Gouvernement de prendre les mesures d'application d'une loi (par ex. CE 28 juill. 2000, *Association France nature environnement*, Rec. 322 ; LPA 17 novembre 2000, note Laquièze ; RFDA 2003.116, note Deffigier).

Une particularité résultait cependant de ce que les associations requérantes situaient leur action dans le cadre de l'article 37 de la Constitution du 4 octobre 1958. Cet article, après avoir posé en principe dans son premier alinéa que les matières autres que celles qui sont du domaine de la loi ont un caractère réglementaire, organise dans son second alinéa une procédure de déclassement des textes de forme législative intervenus dans une matière réglementaire. Compétence est donnée au décret en Conseil d'État pour opérer le déclassement, sous la réserve, s'agissant de textes qui interviendraient après l'entrée en vigueur de la Constitution, de la constatation de leur caractère réglementaire par le Conseil constitutionnel.

Dans la mesure où était en cause le refus du Premier ministre de modifier un texte de forme législative postérieur à la Constitution (la loi du 15 juillet 1994), l'exercice du pouvoir réglementaire impliquait que le Conseil constitutionnel fut saisi pour constater le caractère réglementaire de la fixation des dates de clôture de la chasse pour certaines espèces migratoires.

4 *2°)* Le Conseil d'État a admis la compétence de la juridiction administrative au motif que « la décision par laquelle le Premier ministre refuse d'engager la procédure prévue au second alinéa de l'article 37 de la Constitution pour procéder par décret à la modification d'un texte de forme législative *se rattache à l'exercice du pouvoir réglementaire* et revêt ainsi le caractère d'une décision administrative susceptible de faire l'objet d'un recours pour excès de pouvoir ».

3°) Certains commentateurs ont critiqué cet aspect de la décision en estimant que la décision du Premier ministre de ne pas saisir le Conseil constitutionnel sur le fondement de l'article 37, alinéa 2, touche à la sphère de compétence du Conseil constitutionnel au point d'obliger le Conseil d'État à décliner la sienne.

Le grief ne paraît pas fondé car le juge administratif reconnaît sa compétence pour contrôler la légalité d'une décision du Premier ministre sans préjuger ce que pourrait être la décision du Conseil constitutionnel s'il était effectivement saisi. La compétence du Conseil constitutionnel reste donc entière et souveraine, même si on peut penser qu'il n'y a guère de probabilité qu'il consacre la compétence du législateur pour connaître des dates de clôture de la chasse au canard colvert ou à l'oie cendrée.

A été émise également la crainte que le Conseil d'État ne s'immisce dans la procédure législative en contestant l'usage fait de l'article 41 de la Constitution au cours des débats parlementaires en cas d'amendement empiétant sur la compétence réglementaire, ou la saisine du Conseil constitutionnel sur le fondement de l'article 61, après le vote de la loi et avant sa promulgation. La crainte ainsi exprimée est excessive tant il paraît évident que les actes en cause touchent aux rapports entre le Gouvernement et le Parlement et échappent par leur nature au contrôle de la juridiction administrative (cf. nos obs. sous l'arrêt *Prince Napoléon**).

B. — L'absence de dessaisissement de l'autorité administrative

5 Dans la seconde affaire, le Conseil d'État a estimé que le ministre chargé de la chasse ne se trouvait nullement dessaisi de ses pouvoirs pour la fixation des dates d'ouverture et de clôture de la chasse des oiseaux migrateurs et ceci en fonction de deux ordres de considérations.

D'une part, la loi du 3 juillet 1998 ayant procédé à la réécriture de la disposition du code rural selon laquelle « nul ne peut chasser en dehors des périodes d'ouverture de la chasse fixées par l'autorité administrative », la compétence du ministre, rappelée au demeurant dans la partie réglementaire du code, subsistait.

D'autre part, même si la loi déterminait les dates d'ouverture et de clôture de la chasse des oiseaux migrateurs, les dispositions ainsi prévues étaient inapplicables car elles sont dans leur quasi-totalité incompatibles avec les objectifs de la directive du 2 avril 1979.

La recevabilité des requêtes mettant indirectement en cause la loi du 3 juillet 1998 aurait été plus difficile à admettre si le texte n'avait pas rappelé la compétence de principe de l'autorité administrative. S'il s'était abstenu de le faire, le contentieux n'aurait pu être lié par analogie avec la première affaire, qu'à travers la contestation du défaut de mise en œuvre de la procédure de l'article 37, alinéa 2, appliquée à la loi de 1998.

II. — L'étendue du contrôle du juge

Appréciant la légalité de chacune des décisions qui lui était déférée en fonction de la situation de droit et de fait existant au jour de son intervention, le Conseil d'État a été conduit, dans le premier cas, à écarter au fond les conclusions des associations requérantes tout en y faisant droit dans la seconde affaire.

6 ***A.*** — C'est à *un contrôle restreint* que s'est livré le Conseil d'État sur le refus opposé par le Premier ministre. Dans le cadre ainsi défini, il a admis la légalité des décisions implicites attaquées devant lui.

1°) La première des deux décisions commentées rappelle « l'obligation pour les autorités nationales d'assurer l'application du droit communautaire » et souligne qu'il incombait au Premier ministre, saisi de demandes en ce sens, de tirer les conséquences de ce que, en l'état des connaissances scientifiques, la quasi-totalité des dispositions de la loi du 15 juillet 1994 étaient incompatibles avec les objectifs de la directive du 2 avril 1979.

Mais le Conseil d'État relève que le Premier ministre disposait pour ce faire « d'un large pouvoir d'appréciation quant à, notamment, la détermination de la date et de la procédure appropriées pour parvenir à cette fin ».

Sur ce point, comme sur les autres questions soulevées par les requêtes, la Section du contentieux a suivi son commissaire du gouvernement qui estimait, compte tenu de « la liberté du choix des moyens » dont dispose le Premier ministre qu'un « délai raisonnable » devait lui être reconnu pour mettre en conformité la loi contraire à un traité ou à une directive, et qu'en l'espèce, ce délai n'était pas expiré puisque les refus attaqués étaient intervenus moins de cinq mois après le vote de la loi de 1994.

7 *2°)* Postérieurement aux décisions rendues le 3 déc. 1999, le Conseil d'État a eu l'occasion de préciser l'étendue de son contrôle sur la mise en œuvre de la procédure de déclassement de l'article 37 (al. 2).

a) Il l'a fait tout d'abord à propos de l'examen de la légalité d'un décret qui, sur le fondement de cet article, aménageait des dispositions de nature réglementaire contenues dans une loi locale demeurée en vigueur dans les départements du Haut-Rhin, du Bas-

Rhin et de la Moselle et relatives au mode d'élection aux chambres de métiers locales.

Par une décision du 21 juin 2000, *Weber et Centonze* (Rec. 281), le Conseil d'État a estimé qu'il était loisible au Premier ministre d'apprécier si, à la faveur d'une modification des règles édictées pour les départements autres que ceux du Haut-Rhin, du Bas-Rhin et de la Moselle, il convenait ou non de mettre un terme aux règles particulières demeurées applicables dans ces derniers départements. Et il a jugé que le fait pour le Gouvernement de procéder à un simple aménagement, n'était constitutif « ni d'une erreur de droit, ni d'une erreur manifeste d'appréciation » dès lors que « les dispositions maintenues en vigueur ne sont pas entachées d'illégalité ».

b) Une décision du 29 avr. 2002 *Ullmann* (RFDA 2003.135, concl. Piveteau ; AJ 2002.691, note Raimbault) a jugé légal le refus du Premier ministre d'engager la procédure prévue par le second alinéa de l'art. 37 afin de modifier des dispositions de la loi du 17 juill. 1978 relatives à l'étendue du droit d'accès aux documents administratifs, au motif que celles-ci concernent les garanties fondamentales accordées aux citoyens pour l'exercice des libertés publiques et portent ainsi sur des matières réservées à la loi par l'art. 34 de la Constitution.

8 ***B.*** — Dans la seconde affaire tranchée par la Section du contentieux, la solution adoptée pour admettre la recevabilité des requêtes — qui a consisté à nier que le ministre chargé de la chasse fût dessaisi de sa compétence — a eu comme prolongement logique l'*annulation du refus* d'exercer cette compétence.

L'arrêt, après avoir relevé que la loi du 3 juillet 1998 était inapplicable au motif que dans sa quasi-totalité elle est incompatible avec les objectifs de la directive de 1979, souligne que le ministre chargé de la chasse se devait d'exercer sa compétence réglementaire « dans le respect des objectifs de la directive ».

En définitive, les décisions rendues illustrent l'efficacité des instruments de la procédure contentieuse administrative à l'effet d'assurer le respect de la hiérarchie des normes découlant de l'article 55 de la Constitution. La position adoptée par le Conseil d'État a finalement conduit à l'adoption de la loi n° 2000-698 du 26 juillet 2000 qui tend à mieux assurer le respect de l'objectif de protection des oiseaux poursuivi par la directive communautaire de 1979.

112

NATURE JURIDIQUE DES GROUPEMENTS D'INTÉRÊT PUBLIC

TC 14 févr. 2000, Groupement d'intérêt public « Habitat et interventions sociales pour les mal-logés et les sans abris » c/ Mme Verdier

(AJ 2000. 465, chr. Guyomar et Collin ; JCP 2000 II 10301, note Eveno ; AJFP juill. août 2000. 13 comm. Mekhantar ; LPA 4 janv. 2001, note Gégout et 24 juill. 2001, note Demaye ; Rev. trim. dr. com. 2000. 602, obs. Orsoni)

Considérant que le Groupement d'intérêt public « Habitat et interventions sociales pour les mal-logés et les sans-abris », constitué entre, comme personnes publiques, l'État et le Fonds d'action sociale pour les travailleurs immigrés et leurs familles, et des personnes privées ayant vocation à promouvoir le logement social, a pour objet, en région Île-de-France, de contribuer au relogement de familles et de personnes sans toit ou mal logées au sens de l'article 1er de la loi n° 90-449 du 31 mai 1990 visant à la mise en œuvre du droit au logement ; que, d'après sa convention constitutive, approuvée par arrêté interministériel du 12 mars 1993, ce groupement d'intérêt public est régi, en premier lieu, par l'article 21 de la loi n° 82-610 du 15 juillet 1982 qui, bien que ne visant initialement que le domaine de la recherche et du développement technologique, a été étendu par des lois ultérieures à la plupart des autres groupements d'intérêt public, en deuxième lieu, par l'article 22 de la loi n° 87-571 du 23 juillet 1987 qui a ouvert la possibilité de créer de tels groupements, à l'initiative d'au moins une personne publique, dans le domaine de l'action sanitaire et sociale et, enfin, par les décrets du 7 novembre 1988 et du 31 mars 1992 qui précisent le régime juridique applicable aux groupements d'intérêt public institués dans ce dernier domaine ;

Considérant qu'en vertu de l'article 21 de la loi du 15 juillet 1982, les groupements d'intérêt public qui sont dotés de la personnalité morale et de l'autonomie financière ont pour objet de permettre l'association d'une ou plusieurs personnes morales de droit public ou de droit privé pour l'exercice en commun, pendant une durée déterminée, d'activités qui ne peuvent donner lieu à la réalisation ou au partage de bénéfices ; qu'un tel groupement est constitué par une convention soumise à l'approbation de l'autorité administrative ; que les personnes morales de droit public, les entreprises nationales et les personnes morales de droit privé chargées de la gestion d'un service public doivent disposer ensemble de la majorité des voix dans l'assemblée du groupement et dans le conseil d'administration qu'elles désignent ; qu'un Commissaire du gouvernement est nommé auprès du groupement ;

Considérant qu'il résulte de l'ensemble de ces dispositions, éclairées par les travaux préparatoires de la loi, *que le législateur a entendu faire des groupements d'intérêt public des personnes publiques soumises à un régime spécifique ; que ce dernier se caractérise, sous la seule réserve de l'application par analogie à ces groupements des dispositions de l'article 34 de la Constitution qui fondent la compétence de la loi en matière de création d'établissements publics proprement dits, par une absence de soumission de plein droit de ces groupements aux lois et règlements régissant les établissements publics ;*

Considérant qu'en raison de son objet comme de ses modalités d'organisation et de fonctionnement, le groupement d'intérêt public « habitat et interventions sociales pour les mal-logés et les sans-abris » *assure la gestion d'un service public à caractère administratif ; que les personnels non statutaires travaillant pour le compte d'une personne publique gérant un service public à caractère administratif sont soumis, dans leurs rapports avec cette personne et quel que soit leur emploi, à un régime de droit public* ; que n'emporte pas dérogation à l'application de ce principe, le fait que l'article 21 de la loi du 15 juillet 1982 ait prévu que la convention par laquelle est constitué un groupement d'intérêt public indique les conditions dans lesquelles les membres de ce groupement mettent à la disposition de celuici des personnels rémunérés par eux ;

Considérant qu'il résulte de ce qui précède que la juridiction administrative est compétente pour connaître du litige opposant Mme Verdier, agent du groupement d'intérêt public « habitat et interventions sociales pour les mal-logés et les sans-abris » à ce dernier ;... (Juridictions administratives déclarées compétentes).

OBSERVATIONS

1 Les groupements d'intérêt public, souvent désignés par le sigle GIP, ont fait une entrée discrète dans notre droit. Leur origine remonte à l'article 21 de la loi du 15 juillet 1982 d'orientation et de programmation pour la recherche et le développement technologique, en vertu duquel de tels groupements « dotés de la personnalité morale et de l'autonomie financière » peuvent être constitués entre une ou plusieurs personnes morales de droit public ou de droit privé pour exercer pendant une durée déterminée, des activités de recherche et de développement technologique.

Cantonnée à l'origine au domaine de la recherche et du développement, la possibilité de créer ces groupements a été étendue par la suite aux secteurs les plus variés. À titre d'exemples, on peut mentionner : l'enseignement supérieur (article 45 de la loi du 26 janvier 1984), l'action sanitaire et sociale (article 22 de la loi du 23 juillet 1987) ; les agences régionales de l'hospitalisation (ordonnance du 24 avril 1996) ; les « maisons des services publics » de taille importante prévues par la loi du 12 avril 2000 relative aux droits des citoyens dans leurs relations avec les administrations.

Toutefois, faute pour le législateur d'avoir prévu un statut d'ensemble des GIP, ont subsisté des incertitudes quant à leur nature juridique.

Ces incertitudes étaient à l'origine de la question de compétence que la Cour de cassation a soumise au Tribunal des conflits et qui a donné lieu à l'arrêt du 14 février 2000.

Le juge judiciaire avait été saisi d'un litige opposant le groupement d'intérêt public pour le logement des sans abris et des mal logés en Île de France (en abrégé GIP-HIS) à un de ses agents. Ce groupement a été institué dans le cadre de dispositions législatives (article 22 de la loi du 23 juillet 1987 sur le mécénat et loi du 31 mai 1990 relative à la mise en œuvre du droit au logement) et de dispositions réglementaires (décret du 31 mars 1992) prévoyant que des groupements d'intérêt public peuvent être constitués afin de gérer un fonds de solidarité pour le logement.

Le GIP-HIS, qui comprend l'État, le Fonds d'action sociale pour les travailleurs immigrés et leurs familles, lequel est un établissement public à caractère administratif, ainsi que divers organismes ayant vocation à promouvoir le logement social, est régi par une convention approuvée par arrêté interministériel. La convention pose le principe de la soumission du personnel propre du GIP à un statut arrêté par le Conseil d'administration, tout en organisant des procédures de détachement, de mise à disposition et même de transfert en provenance des organismes parties au groupement.

Madame Verdier figurait parmi les personnels engagés initialement par la Fédération d'associations pour le relogement en Île-de-France, qui avaient été transférés au GIP. Elle avait contesté devant le juge judiciaire le bien fondé de la mesure de licenciement prise à son encontre par son nouvel employeur.

Alors que le Conseil de Prud'hommes et la Cour d'appel de Paris avaient admis leur compétence, au motif que la qualification de droit public d'un GIP ne résulte pas nécessairement de la loi, la chambre sociale de la Cour de cassation a estimé qu'il y avait une difficulté sérieuse de compétence qu'elle a choisi de soumettre au Tribunal des conflits. L'arrêt rendu par le Haut Tribunal déclare que les juridictions de l'ordre administratif sont compétentes pour connaître du litige entre Mme Verdier et son employeur.

À certains égards, l'arrêt se borne à reprendre des solutions déjà dégagées par la jurisprudence. Il en va ainsi tout d'abord de l'affirmation suivant laquelle « en raison de son objet comme de ses modalités d'organisation et de fonctionnement le GIP-HIS "assure la gestion d'un service public administratif" (cf. nos obs. sous TC *Société commerciale de l'Ouest africain*)*. Ne constitue pas davantage une innovation l'application faite de la jurisprudence issue de la décision du 25 mars 1996 *Berkani* (v. n° 40.7) en vertu de laquelle les personnels non statutaires travaillant pour le compte d'une personne publique gérant un service public à caractère administratif sont soumis à un régime de droit public.

L'apport de l'arrêt se situe sur d'autres plans. Il réside dans l'affirmation du caractère de personnes publiques des GIP (I). Il provient également de la soumission de ces groupements à un régime juridique spécifique distinct de celui applicable aux établissements publics (II).

I. — Les groupements d'intérêt public sont des personnes publiques

Pour déterminer si le GIP-HIS avait le caractère d'une personne publique, le Tribunal des conflits a fait application des critères qui ont permis par le passé de distinguer les établissements publics des établissements d'utilité publique.

2 ***A.*** — L'origine de la distinction remonte à un arrêt de la Cour de cassation du 5 mars 1856 *Caisse d'épargne de Caen* (DP 1856.1.121) qui juge que les caisses d'épargne, quoique créées dans un but d'intérêt général et d'utilité publique, n'en sont pas moins des établissements privés.

La démarche du juge consiste à rechercher l'intention du législateur lorsqu'il a institué un organisme déterminé, soit que celle-ci apparaisse d'elle-même, soit qu'il faille la dégager à partir d'un « faisceau d'indices ». Ces indices sont eux-mêmes assez divers : initiative de la création selon qu'elle est publique (CE 22 mars 1903, *Caisse des écoles du 6e arrondissement de Paris*, Rec. 390, concl. Romieu ; S. 1905.3.33 note Hauriou) ou privée (CE 21 juin 1912 *Delle Pichot*, Rec. 711, concl. Blum) ; octroi ou non de prérogatives de puissance publique (TC 9 décembre 1899. *Association syndicale du canal de Gignac**) ; nature de la tâche assumée ; règles d'organisation et de fonctionnement de l'institution, en particulier en ce qui concerne le degré de contrôle auquel elle est soumise et la détermination de l'origine de ses ressources.

3 ***B.*** — Faisant application de ces règles, le Tribunal des conflits a reconnu aux groupements d'intérêt public en général, le caractère de personnes publiques en s'appuyant sur « l'ensemble » des dispositions de l'article 21 de la loi du 15 juillet 1982 « éclairées par les travaux préparatoires de la loi ».

1°) L'arrêt du 14 février 2000 énumère celles des dispositions contenues dans la loi du 15 juillet 1982 qui justifient la solution adoptée.

a) Les groupements d'intérêt public ont pour *objet* de permettre l'association d'une ou plusieurs personnes morales de droit public ou de droit privé pour l'exercice en commun, pendant une durée déterminée, d'activités qui ne peuvent donner lieu à la réalisation ou au partage de bénéfices. Par là même, les GIP se distinguent nécessairement des sociétés.

b) Un GIP est constitué par une convention soumise à *l'approbation* de l'autorité administrative.

S'il est vrai que le recours à une convention pour la création d'une personne morale correspond plutôt à un procédé de droit privé, cette technique n'est pas inconnue en droit public. Ainsi, en va-t-il de la création sur une base consensuelle d'un syndicat de communes ou d'un syndicat mixte (CE 23 juillet 1974, *Commune de Cayeux sur Mer*, Rec. 435, RDP 1976. 985, comm. Zoller). L'essentiel est l'exigence d'une approbation de la part de l'autorité publique.

c) Le droit de regard de la puissance publique est encore accentué par deux autres éléments relevés par le Tribunal des conflits. D'une part, les personnes morales de droit public, les entreprises nationales et les personnes morales de droit privé chargées de la gestion d'un service public doivent disposer ensemble de la majorité des voix dans l'assemblée du groupement et dans le Conseil d'administration qu'elles désignent. D'autre part, un commissaire du gouvernement est nommé auprès du groupement.

d) La décision ne mentionne pas deux autres aspects du régime des GIP découlant de la loi du 15 juillet 1982, qui n'ont pas paru déterminants aux yeux du juge des conflits. L'un est le contrôle exercé par la Cour des comptes. S'il est vrai qu'un semblable contrôle s'exerce essentiellement à l'égard des personnes publiques, il peut également être étendu par la loi à des organismes privés. Par ailleurs, le fait que la loi ait prévu, de façon inhabituelle dans le cadre d'un régime de droit public, que « la transformation de tout autre personne morale en GIP n'entraîne ni dissolution, ni création d'une personne morale nouvelle » ne suffisait pas à lui seul à remettre en cause l'économie générale du texte.

4 *2°)* Au soutien de la solution adoptée, le Tribunal des conflits a mentionné également « les travaux préparatoires du texte ».

a) Lors du vote de la loi du 15 juillet 1982, le législateur a manifesté son choix en faveur de la création d'une personne morale de droit public. C'est en ce sens que s'est exprimé le ministre de la recherche et de la technologie tant devant le Sénat en première lecture que devant l'Assemblée nationale en réponse à des amendements. Un point de vue analogue a été exprimé par le rapporteur du texte devant le Sénat à la suite d'une nouvelle lecture consécutive à l'échec de la commission mixte paritaire.

b) Une confirmation de cette prise de position se trouve dans des textes ultérieurs. Il s'agit de l'article 45 de la loi du 26 janvier 1984 pour les GIP de l'enseignement supérieur et de l'article 8 de la loi du 25 juillet 1994 pour les GIP de formation européenne des fonctionnaires, auxquels est reconnue la personnalité morale administrative.

II. — Les groupements d'intérêt public sont soumis à un régime juridique spécifique

L'arrêt du 14 février 2000 se réfère à la loi du 15 juillet 1982 et à ses travaux préparatoires, non seulement pour affirmer que les GIP sont des personnes publiques, mais aussi pour énoncer que ces organismes sont soumis à un régime juridique spécifique. Cette prise de position, qui prend le contre-pied d'une partie de la doctrine, ne peut que retenir l'attention.

5 ***A.*** — Le rattachement des GIP à la catégorie générique des établissements publics pouvait se recommander de deux types d'argument : l'un fondé sur des exigences constitutionnelles ; l'autre sur un souci de cohérence.

1°) Sur le plan constitutionnel, on note que la Constitution de 1958 ne reconnaît expressément que trois catégories de personnes publiques : l'État, les collectivités territoriales de la République et les établissements publics. Selon l'article 34 du texte constitutionnel, il revient à la loi de fixer les règles concernant « la création de catégories d'établissements publics » et de déterminer les principes fondamentaux « de la libre administration des collectivités locales, de leurs compétences et de leurs ressources ».

2°) Le souci de ne pas multiplier les catégories juridiques au nom de la cohérence d'ensemble du droit a également été mis en avant par la doctrine. Tout en admettant que les GIP sont des personnes publiques, nombre d'auteurs estimaient que leurs particularités, tenant notamment à la place du contrat dans leur création, n'étaient pas telles qu'elles excluent de les ranger dans la catégorie des établissements publics qui constitue elle-même un ensemble large et peu homogène.

6 ***B.*** — Le Tribunal des conflits n'en a pas moins retenu la thèse de la spécificité du régime des GIP, qui « se caractérise, sous la seule réserve de l'application par analogie à ces groupements des dispositions de l'article 34 de la Constitution qui fondent la compétence de la loi en matière de création d'établissements publics proprement dits, par une absence de soumission de plein droit de ces groupements aux lois et règlements régissant les établissements publics ».

1°) La motivation adoptée répond à l'objection tirée de ce que la Constitution ne reconnaîtrait que trois catégories de personnes publiques. Sur ce point, le juge des conflits s'est rallié au raisonnement tenu par la Section de l'Intérieur du Conseil d'État dans un avis du 15 octobre 1985, aux termes duquel les GIP « doivent être regardés, *pour l'application de l'article 34* de la Constitution, comme assujettis aux mêmes règles que les établissements publics proprement dits » (cf. G. av. 1re éd. 211).

2°) La solution retenue se recommande également de l'intention du législateur, qui repose elle-même sur des considérations d'ordre pratique.

a) Devant le Sénat, le ministre de la recherche et de la technologie a présenté le GIP comme « une *nouvelle* personne de droit public » (J.O. Déb. Sénat, 13 mai 1982, p. 199).

Au demeurant, c'est le caractère novateur de l'institution qui avait conduit l'Assemblée générale du Conseil d'État à disjoindre du projet de loi d'orientation sur la recherche les dispositions sur les GIP « faute de pouvoir se prononcer, dans les délais qui lui étaient impartis, sur les très nombreuses et délicates questions soulevées par l'institution d'une *nouvelle catégorie* de personnes morales de droit public créées par voie de convention » (Avis du 30 mars 1982. n° 331-157).

b) La volonté des rédacteurs des textes était d'écarter la formule de l'établissement public en raison des rigidités qu'elle était susceptible d'entraîner dans des hypothèses où sont engagées par l'autorité administrative des actions déterminées en partenariat avec d'autres intervenants. Il est apparu que « le prêt à porter » établissement public ne s'imposait pas dans le cas des GIP qui appelle plutôt du « sur mesures » à partir des règles générales définies à l'article 21 de la loi du 15 juillet 1982.

En définitive, le Tribunal des conflits est venu clarifier le régime juridique des groupements d'intérêt public en consacrant l'existence dans notre droit d'une nouvelle catégorie de personnes publiques. Le succès que rencontre cette institution nouvelle dans les domaines les plus variés devrait conduire le législateur à la doter d'un statut d'ensemble. Un avant-projet de loi en ce sens a d'ailleurs été adopté par l'Assemblée générale du Conseil d'État le 27 juin 1996.

113

PROCÉDURES D'URGENCE

CE Sect. 18 janv. 2001, COMMUNE DE VENELLES
CE 5 mars 2001, SAEZ

I. *Commune de Venelles*

Rec. 18, concl. Touvet

(CJEG 2001.161, concl. Touvet ; RFDA 2001.378, concl. Touvet, et 681, note Verpeaux ; AJ 2001.153, chr. Guyomar et Collin ; LPA 12 févr. 2001, note Chahid-Nouraï et Lahami-Dépinay)

Cons. qu'aux termes du premier alinéa de l'article L. 521-2 du code de justice administrative : « Saisi d'une demande en ce sens justifiée par l'urgence, le juge des référés peut ordonner toutes mesures nécessaires à la sauvegarde d'une liberté fondamentale à laquelle une personne morale de droit public ou un organisme de droit privé chargé de la gestion d'un service public aurait porté, dans l'exercice d'un de ses pouvoirs, une atteinte grave et manifestement illégale. Le juge des référés se prononce dans un délai de quarante-huit heures » : que, selon l'article L. 523-1 du même code : « Les décisions rendues en application des articles L. 521-1, L. 521-3, L. 521-4 et L. 522-3 sont rendues en dernier ressort. Les décisions rendues en application de l'article L. 521-2 sont susceptibles d'appel devant le Conseil d'État dans les quinze jours de leur notification. En ce cas, le président de la section du contentieux du Conseil d'État ou un conseiller délégué à cet effet statue dans un délai de quarante-huit heures et exerce le cas échéant les pouvoirs prévus à l'article L. 521-4 » :

Sur la fin de non-recevoir opposée par les intimés :

Cons. qu'il résulte tant de la nature même de l'action en référé ouverte par les dispositions précitées du code de justice administrative, qui ne peut être intentée qu'en cas d'urgence et ne permet, en vertu de l'article L. 511-1 du même code, que de prendre des mesures présentant un caractère provisoire, que de la brièveté du délai imparti pour saisir le Conseil d'État d'une ordonnance rendue en première instance sur le fondement de ces dispositions, que le maire peut se pourvoir au nom de la commune contre une telle ordonnance sans avoir à en demander l'autorisation au conseil municipal : que par suite, et si M. Morbelli, maire de la commune de Venelles (Bouches-du-Rhône), n'a pas qualité pour faire appel, en son nom personnel, de l'ordonnance par laquelle le juge des référés du tribunal administratif de Marseille a enjoint au maire de cette commune, sur le fondement de l'article L. 521-2 du code de justice administrative, de convoquer le conseil municipal en vue de délibérer sur la désignation des délégués communaux au conseil de la communauté d'agglomération du pays d'Aix, il est en revanche recevable à contester cette ordonnance au nom de la commune, alors même que la délégation que lui avait consentie le conseil municipal en application du 16e de l'article L. 2122-22 du code général des collectivités territoriales lui avait été retirée et qu'il n'a pas demandé audit conseil l'autorisation d'introduire la présente instance : que la fin de non-recevoir opposée à la requête de la commune de Venelles doit, dès lors, être écartée :

Au fond :

Cons. en premier lieu, que, *si le principe de libre administration des collectivités territoriales, énoncé par l'article 72 de la Constitution est au nombre des libertés fondamentales auxquelles le législateur a ainsi entendu accorder une protection juridictionnelle particulière, le refus opposé par le maire de Venelles aux demandes qui lui avaient été présentées en vue de convoquer le conseil municipal pour que celui-ci délibère sur l'objet mentionné ci-dessus ne concerne que les rapports internes au sein de la commune et ne peut, par suite, être regardé comme méconnaissant ce principe :* qu'il suit de là que le juge des référés du tribunal administratif de Marseille a méconnu la portée des dispositions précitées de l'article L. 521-2 du code de justice administrative en faisant droit sur le fondement de ce texte, aux demandes dont il avait été saisi en vue d'enjoindre au maire de convoquer à cette fin le conseil municipal :

Cons. en second lieu, que le refus de convocation en cause ne porte, contrairement à ce qu'ont soutenu les demandeurs de première instance, aucune atteinte à la liberté d'expression des conseillers municipaux ou au droit d'expression de la démocratie locale, non plus qu'au droit de vote et de représentation ;

Cons. qu'il résulte de tout ce qui précède que la commune de Venelles est fondée à demander l'annulation de l'ordonnance attaquée ;

Cons. que la présente décision ne fait pas obstacle à ce que les intéressés, s'ils s'y croient recevables et fondés, présentent devant le tribunal administratif un recours pour excès de pouvoir contre la décision de refus du maire et saisissent le juge des référés de ce tribunal de conclusions tendant, sur le fondement des dispositions de l'article L. 521-1 du code de justice administrative, à ce qu'il en ordonne la suspension et assortisse le prononcé de cette mesure de l'indication des obligations qui en découleront pour le maire ;

... (annulation de l'ordonnance du juge des référés du tribunal administratif de Marseille ; rejet des demandes présentées au juge des référés).

II. *Saez*

(CTI juill. 2001, concl. Touvet)

Cons. que le maire de Venelles a refusé le 14 décembre 2000 de faire droit à la demande, présentée par 10 des 29 conseillers municipaux, de réunir son conseil pour délibérer sur le remplacement des délégués de la commune au conseil de la communauté d'agglomération du pays d'Aix ; que, déférant à l'injonction prononcée le 4 janvier 2001 par une ordonnance du juge des référés du tribunal administratif de Marseille, le maire a convoqué son conseil pour délibérer sur ladite question le 18 janvier à 17 h 30 ; que cependant, ayant pris connaissance au début de cette séance de la décision du même jour par laquelle le Conseil d'État avait annulé l'ordonnance du 4 janvier 2001, fondée à tort sur l'article L. 521-2 du code de justice administrative, le maire leva la séance avant qu'ait pu être débattue la question susmentionnée ;

Cons. que, saisi le 19 janvier 2001 d'une nouvelle demande de suspension, fondée cette fois sur l'article L. 521-1 du code de justice administrative, le juge des référés du tribunal administratif de Marseille a, par ordonnance du 24 janvier 2001, rejeté cette demande comme irrecevable au motif que, en convoquant son conseil pour la réunion du 18 janvier, le maire aurait rapporté sa décision litigieuse du 14 décembre ; qu'il résulte toutefois des conditions dans lesquelles s'est tenue la réunion du 18 janvier, telles que décrites dans le mémoire produit par le maire devant le juge des référés, que la décision litigieuse du 14 décembre ne pouvait plus être regardée comme retirée lorsque a été rendue l'ordonnance attaquée ; qu'ainsi M. Saez est fondé à soutenir que cette ordonnance est entachée d'erreur de droit et à en demander l'annulation ;

Cons. qu'aux termes de l'article L. 821-2 du code de justice administrative, le Conseil d'État, s'il prononce l'annulation d'une décision d'une juridiction administrative statuant en dernier ressort, peut « régler l'affaire au fond si l'intérêt d'une bonne administration de la justice le justifie » ; que, dans les circonstances de l'espèce, il y a lieu de régler l'affaire au titre de la procédure de référé engagée ;

Cons. qu'aux termes du premier alinéa de l'article L. 521-1 du code de justice administrative : « Quand une décision administrative, même de rejet, fait l'objet d'une requête en annulation ou en réformation, le juge des référés, saisi d'une demande en ce sens, peut ordonner la suspension de l'exécution de cette décision, ou de certains de ces effets, lorsque l'urgence le justifie et qu'il est fait état d'un moyen propre à créer, en l'état de l'instruction, un doute sérieux quant à la légalité de la décision » ;

Cons. que les requérants ont saisi le tribunal administratif de Marseille d'une requête tendant à l'annulation de la décision de refus en date du 14 décembre 2000 ;

Cons., d'une part, qu'en vertu de l'article L. 2121-9 du code général de collectivités territoriales, le maire est tenu de convoquer le conseil municipal dans un délai maximum de trente jours quand la demande motivée lui en est faite par le tiers au moins de membres du conseil municipal en exercice dans les communes de 3 500 habitants et plus ; que saisi par dix conseillers municipaux, le maire de Venelles a refusé de convoquer le conseil municipal afin de délibérer sur la question du remplacement des délégués de la commune siégeant à la communauté d'agglomération du pays d'Aix ; qu'en l'état de l'instruction, *le moyen tiré de la méconnaissance des dispositions de l'article précité du code général des collectivités territoriales est de nature à créer un doute sérieux sur la légalité du refus opposé le 14 décembre 2000 par le maire à cette demande ;*

Cons., d'autre part, que pour nier l'existence d'une urgence à satisfaire la demande de faire délibérer le conseil municipal sur l'éventuel remplacement des délégués de la commune au conseil de la communauté d'agglomération, le maire s'est borné à soutenir que la démarche des dix conseillers auteurs de cette demande était purement politique et qu'il n'y avait pas lieu de penser que la majorité du conseil serait disposée à désigner de nouveaux délégués, comme l'article L. 2121-33 du code général des collectivités territoriales lui en donne la faculté ; que cette argumentation n'est pas de nature à justifier une méconnaissance par le maire de Venelles du délai d'un mois, qui en l'espèce était largement dépassé et qui est imparti par le législateur pour faire respecter l'exigence de liberté du débat démocratique au sein des conseils municipaux ; qu'ainsi, *la réunion du conseil municipal de Venelles afin qu'il délibère sans plus attendre de la question de la désignation de ses délégués à la communauté d'agglomération du pays d'Aix présente, en l'espèce, un caractère d'urgence ;*

Cons. qu'il résulte de ce qui précède qu'il y a lieu de suspendre la décision susmentionnée du 14 décembre 2000 et d'assortir le prononcé de cette suspension d'une injonction consistant, dans les circonstances de l'espèce, à enjoindre au maire de Venelles de réunir le conseil municipal au plus tard le mercredi 7 mars 2001 à 18 heures afin de délibérer sur la question du remplacement éventuel des délégués de la commune siégeant à la communauté d'agglomération du pays d'Aix ; qu'en revanche il n'y a pas lieu, contrairement à ce que demande le requérant, d'assortir cette injonction d'une astreinte ;

... (annulation de l'ordonnance du juge des référés du tribunal administratif de Marseille ; suspension de la décision du maire de Venelles ; injonction au maire de convoquer le conseil municipal avant le mercredi 7 mars 2001 à 18 heures).

OBSERVATIONS

1 L'arrêt *Commune de Venelles*, du 18 janv. 2001, et l'arrêt *Saez*, du 5 mars 2001, font partie des premières décisions mettant en œuvre les nouvelles dispositions de la loi du 30 juin 2000 relative au référé devant les juridictions administratives, entrée en vigueur le 1er janvier 2001.

Dix conseillers municipaux de la commune de Venelles avaient demandé au maire de convoquer le conseil municipal pour désigner les délégués communaux au conseil de la communauté d'agglomération dont fait partie la commune. Le maire ayant refusé, ils ont saisi le président du tribunal administratif de Marseille, selon la procédure de référé établie par l'article L. 521-2 du code de justice administrative pour *« la sauvegarde d'une liberté fondamentale »*, afin que soit enjoint au maire de convoquer le conseil municipal.

Le président du tribunal administratif a fait droit à cette demande. En appel, le Conseil d'État admet que l'article L. 521-2 pourrait s'appliquer en cas d'atteinte au principe de libre administration des collectivités territoriales, qui *« est au nombre des libertés fondamentales auxquelles le législateur a ainsi entendu accorder une protection juridictionnelle particulière »* ; mais le refus du maire, ne concernant que les rapports internes au sein de la commune, ne peut être regardé comme méconnaissant ce principe ; l'article L. 521-2 ne peut s'appliquer. L'ordonnance du président du tribunal administratif est donc annulée. Mais l'arrêt réserve la possibilité de mettre en œuvre les dispositions de l'article L. 521-1, relatif au référé-suspension.

Les conseillers municipaux ont effectivement engagé contre le refus du maire à la fois un recours pour excès de pouvoir et une procédure de référé-suspension. Le président du tribunal administratif a rejeté la demande pour absence d'urgence. Saisi d'un pourvoi en cassation, le Conseil d'État, par l'arrêt *Saez* du 5 mars 2001, a considéré qu'étaient satisfaites à la fois la condition de l'urgence et celle d'un doute sérieux sur la légalité de la décision du maire. Il a donc non seulement suspendu celle-ci mais enjoint au maire de réunir le conseil municipal avant le 7 mars 2001 à dix-huit heures. Les requérants ont ainsi pu obtenir par la procédure de référé-suspension ce qu'ils n'avaient pu avoir par celle du référé-liberté.

Ces décisions permettent de mesurer les principales innovations résultant de la loi du 30 juin 2000.

Celle-ci, à l'élaboration de laquelle le Conseil d'État a directement contribué, a voulu améliorer le référé devant les juridictions administratives, pallier le reproche de lenteur ou d'inefficacité qui leur a été plusieurs fois adressé, et empêcher les dérives de juridictions judiciaires saisies et statuant en référé dans des matières administratives (sous prétexte de voie de fait).

Les procédures d'urgence n'étaient pourtant pas absentes du contentieux administratif. Celle du sursis à exécution, dont l'arrêt *Ouatah* du 20 déc. 2000 (Rec. 643, concl. Lamy ; RFDA 2001.371, concl. Lamy ; AJ 2001.146, chr. Guyomar et Collin ; LPA 19 mars 2001, note Maillol) a jeté les derniers feux, faisait partie du droit commun. Elle a été illustrée particulièrement par l'arrêt (Ass.) du 12 nov. 1938, *Chambre syndicale des constructeurs de moteurs d'avions* (Rec. 840 ; D. 1939.3.12, concl. Dayras ; S. 1939.3.65, concl. Dayras) et par d'autres arrêts en admettant l'extension, notamment au profit des étrangers (pour un arrêté d'expulsion, CE Ass. 23 juill. 1974, *Ferrandiz Gil Ortega*, Rec. 447 ; AJ 1974.423, chr. Franc et Boyon ; RDP 1975.278, note R. Drago ; Gaz. Pal. 1975.1.231, note Pacteau ; JDI 1975.234, note Aymond). Le législateur en avait aménagé d'autres, par une sorte d'empilement successif, dont la clarté n'était pas le principal mérite.

2 La loi du 30 juin 2000 a institué deux nouvelles procédures de référés en urgence, celle du référé-suspension (art. L. 521-1 du code de justice administrative), et celle du référé-liberté (art. L. 521-2). Elle a également repris des procédures qui existaient déjà, soit de manière générale, comme le *« référé-conservatoire »*, qui fait aujourd'hui l'objet de l'article L. 521-3, soit de manière spéciale, par exemple le référé précontractuel (art. L. 551-1) ou le référé accompagnant le déféré préfectoral contre des actes des collectivités locales (devenu la suspension sur déféré – art. L. 554-1 et 2). Elle a aussi adopté des dispositions d'ensemble : l'une (art. L. 511-1) souligne que *« le juge des référés statue par des mesures qui présentent un caractère provisoire. Il n'est pas saisi du principal et se prononce dans les meilleurs délais »* ; l'autre (art. L. 511-2) désigne comme juges des référés les présidents des tribunaux administratifs et des cours administratives d'appel, le président de la section du Conseil d'État, ou les conseillers qu'ils désignent – la compétence de chacune de ces juridictions restant déterminée par les règles de répartition des compétences à l'intérieur de la juridiction administrative (CE ord., 21 mars 2001, *Syndicat Lutte pénitentiaire de l'Union régionale Antilles-Guyane*). Il est possible que l'affaire soit renvoyée en formation collégiale, comme cela a été le cas dans les deux affaires concernant la commune de Venelles (18 janv. 2001 ; 5 mars 2001).

L'article L. 522-3 permet au juge des référés de rejeter selon une procédure simplifiée les demandes ne présentant pas un caractère d'urgence, ou apparaissant manifestement comme ne relevant pas de la compétence de la juridiction administrative, irrecevables ou mal fondées. Mais cette faculté ne peut plus être utilisée quand a été engagée la procédure normale (CE Sect. 26 févr. 2003, *Société Les belles demeures du Cap Ferrat*, AJ 2003, chr. Donnat et Casas).

C'est surtout à propos du référé-suspension (art. L. 521-1) et du référé-liberté (art. L. 521-2) que la jurisprudence a eu, dès les premiers jours de l'année 2001, à préciser les conditions d'application de la loi.

Avant de le faire pour chacun des deux référés, elle a eu à déterminer s'ils pouvaient être engagés par une même requête. Cela aurait pu contribuer à la souplesse recherchée par le législateur. Mais les mécanismes procéduraux des deux référés s'y opposent, car, outre que le référé-suspension doit accompagner un recours au fond, ce qui n'est pas nécessaire pour un référé-liberté, les décisions du président du tribunal administratif dans le cadre du référé-suspension sont rendues en dernier ressort et ne sont donc susceptibles que d'un pourvoi en cassation (art. L. 523-1 alinéa 1) (v. nos obs. sous CE 2 févr. 1945, *Moineau**), alors que celles qui sont rendues dans le cadre du référé-liberté sont, en règle générale, susceptibles d'appel devant le Conseil d'État dans les quinze jours de leur notification (art. L. 523-1 alinéa 2). Le Conseil d'État a donc jugé qu'il n'était pas possible de présenter, dans une même requête, des conclusions au titre des deux référés, même à titre subsidiaire (CE Sect. 28 févr. 2001, *Philippart et Lesage*, Rec. 111 ; RFDA 2001.390, concl. Chauvaux). Un seul des deux peut être engagé alors que l'autre aurait pu aussi bien l'être (CE ord., 27 mars 2001, *Ministre de l'intérieur c/ Djalout*, JCP 2002.II.10003, note Lichère). Les deux peuvent être engagés parallèlement, voire successivement, comme le montrent les arrêts *Commune de Venelles-Saez*. Chacun d'entre eux n'en reste pas moins l'objet d'une appréciation et peut arriver à des résultats distincts, comme cette même affaire le révèle encore. Car « en distinguant les deux procédures..., le législateur a entendu répondre à des situations différentes ; les conditions... ne sont pas les mêmes, non plus que les pouvoirs dont dispose le juge des référés » (CE ord. 28 févr. 2003, *Commune de Perthuis*, AJ 2003. 1171, note Cassia et Béal). Elles sont plus rigoureuses dans le référé-liberté que dans le référé-suspension : c'est pourquoi celui-là prospère plus souvent que celui-ci.

I. — Le référé-suspension

3 Selon l'article L. 521-1 alinéa 1 du code de justice administrative, *« Quand une décision administrative, même de rejet, fait l'objet d'une requête en annulation ou en réformation, le juge des référés,* *saisi d'une demande en ce sens, peut ordonner la suspension de l'exécution de cette décision, ou de certains de ses effets, lorsque l'urgence le justifie et qu'il est fait état d'un moyen propre à créer, en l'état de l'instruction, un doute sérieux quant à la légalité de la décision. »*

L'établissement de ce régime de suspension de droit commun a soulevé la question de sa combinaison avec les régimes spéciaux de suspension aménagés par d'autres textes. La jurisprudence est guidée par la recherche de l'efficacité.

Tantôt le régime spécial exclut l'application du régime de droit commun. Ainsi la suspension sur déféré préfectoral (art. L. 554-1 et 2) reste soumise au recours en appel qui lui est propre, et non au recours en cassation (CE 14 mars 2001, *Centre de gestion de la fonction publique territoriale du Vaucluse*) et peut être prononcée sans que soit exigée la condition d'urgence ; le régime particulier de suspension des arrêtés de reconduite à la frontière empêche d'engager contre eux la procédure de l'art. L. 521-1 (CE ord. 26 janv. 2001, *Gunes*, Rec. 38). Mais, hors du champ d'application de ces procédures spéciales, la procédure de droit commun peut s'appliquer : si elle ne peut être dirigée contre un arrêté de reconduite à la frontière, elle peut l'être contre la décision distincte fixant le pays de destination (CE 6 nov. 2002, *Ministre de l'intérieur, de la sécurité intérieure et des libertés locales c. Markarov*, AJ 2003.93, note Julien-Laferrière).

Tantôt le régime spécial n'exclut pas le régime de droit commun.

Soit les conditions de l'un s'insèrent dans la procédure de l'autre : ainsi la suspension pour absence d'étude d'impact (CE 14 mars 2001, *Commune de Goutrens*, RFDA 2001.832, concl. Chauvaux).

Soit les deux peuvent se succéder : ainsi l'existence d'une procédure de sursis de paiement en matière fiscale n'empêche pas le contribuable qui a saisi le juge de l'impôt de conclusions tendant à la décharge d'une imposition, de demander la suspension de la mise en recouvrement de celle-ci (CE Sect. 25 avr. 2001, *Ministre de l'économie, des finances et de l'industrie c/ SARL Janfin*, Dr. fisc. 2001.581 et RFDA 2001.837, concl. Bachelier ; RA 2001.273, comm. Fouquet ; Rev. jur. fisc. 2001.611, chr. Maia).

Soit les deux procédures peuvent jouer cumulativement, mais les requérants doivent les engager distinctement : ainsi le référé précontractuel de l'art. L. 551-1 n'exclut pas le référé-suspension contre un acte préalable à la conclusion du contrat, mais le requérant ne peut y procéder simultanément dans une même requête (CE 29 juill. 2002, *Ville de Nice c. SARL Loisirs et Innovations*, BJCP 2002.476, concl. Piveteau, obs. C.M. ; AJ 2002.926, note J.-D. Dreyfus).

4 ***A.*** — Le référé-suspension peut porter sur *toute décision administrative, même de rejet.*

En parlant de décision administrative, le législateur fait référence à l'ensemble des actes administratifs unilatéraux, tels que la jurisprudence a eu l'occasion de les identifier depuis longtemps. En sont exclus les faits matériels, les mesures unilatérales *« qui ne font pas grief »*, les décisions juridictionnelles (qui sont susceptibles d'autres procédure).

Les décisions administratives peuvent être explicites ou implicites.

Ces dernières, résultant principalement de l'expiration d'un certain délai à la suite de la présentation d'une demande à l'administration, sont soit des décisions d'acceptation (la loi du 12 avr. 2000 relative aux droits des citoyens dans leurs relations avec les administrations en prévoit l'accroissement dans son article 22) soit des décisions de rejet (au bout de 4 mois avant l'entrée en vigueur de cette même loi ; au bout de 2 mois, selon son article 21).

Explicite ou implicite, une décision de rejet a pendant longtemps été considérée par la jurisprudence comme insusceptible de faire l'objet d'un sursis à exécution. L'arrêt (Ass.) du 23 janv. 1970, *Ministre d'État chargé des affaires sociales c. Amoros* (Rec. 51 ; AJ 1970.174, note Delcros ; RDP 1970.1035, note M. Waline) exprime à ce sujet une position de principe : les juridictions administratives *« n'ont pas le pouvoir d'ordonner qu'il sera sursis à l'exécution d'une décision de rejet »*. En conséquence les demandes de sursis à exécution des décisions de rejet étaient irrecevables.

Cette position était fondée sur deux principes. Le premier est lié à la notion de décision exécutoire. Si *« le caractère exécutoire est la règle fondamentale du droit public »* (CE Ass. 2 juill. 1982, *Huglo*, Rec. 257 ; AJ 1982.657, concl. Biancarelli, note Lukascewiez ; D. 1983.IR.270, obs. P. Delvolvé, et J. 327, note Dugrip ; RA 1982.627, note Pacteau), en ce que les autorités administratives peuvent, par leurs décisions, modifier l'état du droit, en imposant des obligations ou en donnant des droits aux administrés, une décision de refus, même si elle méconnaît la légalité, n'apparaît pas, le plus souvent, comme modifiant par elle-même l'ordonnancement juridique : ne changeant rien, elle n'est pas *« exécutoire »* ; dès lors, il n'y a pas matière à en ordonner le sursis à exécution.

Un deuxième principe, rappelé par l'arrêt *Amoros*, tient à ce que *« le juge administratif n'a pas qualité pour adresser des injonctions à l'administration »*. Ce principe, qui avait une portée générale (v. nos obs. sous CE 17 mai 1985, *Mme Menneret**), aurait été méconnu par le sursis à exécution d'une décision de rejet : ordonner le sursis à exécution d'un refus équivaudrait à ordonner à l'administration de prendre la décision contraire.

Cette jurisprudence, critiquée par plusieurs auteurs, a cédé devant deux considérations.

L'une est que les décisions de rejet ont des effets sur les administrés (le Conseil d'État, dans l'arrêt *Amoros*, avait réservé l'hypothèse où elles entraîneraient par elles-mêmes une modification dans la situation de droit ou de fait des intéressés).

D'autre part l'évolution de la législation sur l'injonction en matière administrative, notamment avec la loi du 8 févr. 1995, a permis au juge administratif d'ordonner à l'administration de prendre les mesures qu'implique nécessairement l'exécution d'un jugement ou d'un arrêt (v. nos obs. sous CE 17 mai 1985, *Mme Menneret**).

Par l'arrêt *Ouatah* du 20 déc. 2000, le Conseil d'État a abandonné la formule selon laquelle *« les juridictions administratives n'ont pas le pouvoir d'ordonner qu'il sera sursis à l'exécution d'une décision de rejet »*. À une demande de sursis à exécution d'un refus de délivrer un visa, il n'oppose plus l'irrecevabilité comme il le faisait précédemment. Il examine l'affaire au fond.

Ainsi, s'agissant des décisions de rejet, l'arrêt *Ouatah* aligne le sursis à exécution sur le référé-suspension, quelques jours avant que le second se substitue au premier.

Depuis le 1er janvier 2001, la demande de référé-suspension est recevable à l'égard de décisions de rejet, en vertu des termes de l'article L. 521-1. Elle le serait à l'encontre d'un refus de visa, comme dans l'affaire *Ouatah*.

Un tel refus doit aujourd'hui, en vertu d'un décret du 10 nov. 2000, faire l'objet d'un recours administratif non suspensif préalablement à un recours contentieux. Dans des cas de ce genre la question s'est posée de la possibilité d'engager devant le juge la procédure de référé – suspension sans attendre l'issue du recours administratif : considérant « *que l'objet même du référé... est de permettre, dans tous les cas où l'urgence le justifie, la suspension dans les meilleurs délais d'une décision administrative* », le Conseil d'État a répondu par l'affirmative (Sect. 12 oct. 2001, *Société Produits Roche*, RFDA 2002.315, concl. Fombeur ; AJ 2002.123, chr. Guyomar et Collin ; JCP 2002.II.20020, note Cristol).

5 ***B.*** — Les *conditions* du référé-suspension n'ont pas été changées par rapport à celles du sursis à exécution en ce qui concerne la combinaison d'une requête au fond et d'une requête en urgence. La demande de suspension n'est recevable que si la décision administrative sur laquelle elle porte fait l'objet d'un recours, en annulation ou en réformation, devant la juridiction administrative : il s'agit donc encore d'une procédure accessoire à une procédure principale et distincte de celle-ci.

Mais, alors que pour le sursis à exécution, il fallait que *« l'exécution de la décision attaquée risque d'entraîner des conséquences difficilement réparables »* et que *« les moyens énoncés dans la requête paraissent, en l'état de l'instruction, sérieux et de nature à justifier l'annulation »*, le référé-suspension peut jouer *« lorsque l'urgence le justifie et qu'il est fait état d'un moyen propre à créer, en l'état de l'instruction, un doute sérieux quant à la légalité de la décision* ». Si la formule est assouplie, elle n'en comporte pas pour autant une rupture radicale avec les solutions antérieures, d'autant plus que l'arrêt *Ouatah* aménage la transition.

1°) La condition de *l'urgence*, si elle n'était pas formellement exprimée pour le sursis à exécution, n'en était pas moins liée à celle des conséquences qu'entraînerait l'exécution de la décision. La jurisprudence avait déjà atténué sa rigueur en passant d'un « *préjudice irréparable* » (par ex. CE 2 nov. 1889, *Jugy*, Rec. 874) à « *un état de fait qui entraînerait des changements importants... et qu'il serait pratiquement très difficile de modifier...* » (CE 12 nov. 1938, *Chambre syndicale des moteurs d'avions*, précité), ou, de manière plus générale, à des « *conséquences difficilement réparables* » selon la formule reprise à l'article 54 du décret du 30 juillet 1963. Il en était ainsi notamment pour l'exécution de décisions entraînant, soit pour l'état des lieux, soit sur un plan social, soit encore en matière de libertés, des conséquences sur lesquelles il aurait été difficile par la suite de revenir. C'est en cela qu'il était urgent d'empêcher l'exécution d'une décision. Mais lorsqu'une mesure n'avait que des effets financiers, elle ne paraissait guère difficilement réparable, puisqu'une indemnisation reste toujours possible.

Désormais l'article L. 521-1 formule expressément la condition de l'urgence. Mais il ne la définit pas. La jurisprudence contribue à l'identifier de manière générale tout en imposant une appréciation cas par cas. L'arrêt rendu par le Conseil d'État (Sect.) le 19 janv. 2001, *Confédération nationale des radios libres* (Rec. 29 ; RFDA 2001.378, concl. Touvet ; AJ 2001.150, chr. Guyomar et Collin ; D. 2001.1414, note Seiller) comporte cette double démarche. D'une part, il considère qu'il résulte des dispositions de l'article L. 521-1, « *comparées, notamment à celles de l'article 54 du décret du 30 juill. 1963 qu'elles ont remplacées, que la condition de l'urgence à laquelle est subordonné le prononcé d'une mesure de suspension doit être regardée comme remplie lorsque la décision administrative contestée préjudicie de manière suffisamment grave et immédiate à un intérêt public, à la situation du requérant ou aux intérêts qu'il défend* ». D'autre part, il souligne « *qu'il appartient au juge des référés, saisi d'une demande tendant à la suspension d'une telle décision, d'apprécier concrètement, compte tenu des justifications fournies par le requérant, si les effets de celle-ci sur la situation de ce dernier ou, le cas échéant, des personnes concernées sont de nature à caractériser une urgence justifiant que, sans attendre le jugement de la requête au fond, l'exécution de la décision soit suspendue* ».

Ainsi l'urgence s'apprécie à la fois « *objectivement et compte tenu de l'ensemble des circonstances de chaque espèce* », c'est-à-dire « *globalement* » (CE Sect. 28 févr. 2001, *Préfet des Alpes-maritimes et Société Sud-Est Assainissement*, Rec. 109 ; AJ 2001.461, chr. Guyomar et Collin). C'est une illustration de la théorie du bilan (v. nos obs. sous CE 28 mai 1971, « *Ville Nouvelle Est* »*).

Par rapport aux « *conséquences difficilement réparables* » exigées naguère, l'assouplissement du référé-suspension est marqué par l'arrêt *Confédération nationale des radios libres*, puisqu'il admet que la condition d'urgence peut être remplie « *alors même que cette décision n'aurait un objet ou des répercussions que purement financiers et que, en cas d'annulation, ses effets pourraient être effacés par une réparation pécuniaire* ».

6 La condition de l'urgence a été considérée comme satisfaite à propos de décisions aussi diverses que le refus de l'ordre des chirurgiens-dentistes d'accorder à deux praticiens l'autorisation d'exercer leur profession à une nouvelle adresse (CE Sect. 28 févr. 2001, *Philippart et Lesage*, précité), le refus de convoquer un conseil municipal (CE 5 mars 2001, *Saez*), les mesures relatives à l'enseignement en immersion en langue bretonne (CE 30 oct. 2001, *Syndicat national des enseignants du second degré*, D.2001.601, note Koubi et Guglielmi), des arrêtés du ministre chargé de l'environnement relatifs aux dates d'ouverture ou de fermeture de la chasse (par ex. 1er août 2002, *Association France Nature environnement*, AJ 2002.1140, note Fonbaustier), l'autorisation d'exécuter les travaux d'une section d'autoroute non conformes à la déclaration d'utilité publique (CE 3 juill. 2002, *Commune de Beauregard-de-Terrasson*, AJ 2002.751, concl. Chauvaux), l'autorisation d'importer des cellules souches humaines d'origine embryonnaire et de procéder à des recherches sur elles (CE 13 nov. 2002, *Association Alliance pour les droits de la vie*, AJ 2002.1506, concl. Chauvaux ; D.2003.89, note Moutouh ; LPA 3 avr. 2003, note Pauvert), l'interdiction d'installer des antennes-relais de téléphonie mobile (CE 22 août 2002, *Société SFR c. Commune de Vallauris*, AJ 2002.1300, note Binczak ; JCP 2002.II.10012, note P. Moreau ; RDP 2003.345, note Delhoste).

Deux cas doivent particulièrement être relevés. L'un est l'ordre financier, s'agissant de la mise en recouvrement d'une imposition pesant sur une société, « *eu égard à sa situation financière, au montant de l'imposition litigieuse et à l'étendue des mesures susceptibles d'être mises en œuvre par le comptable chargé du recouvrement* » (CE Sect. 25 avr. 2001, *Ministre de l'économie, des finances et de l'industrie c. SARL Janfin*, précité).

L'autre concerne les étrangers (CE Sect. 14 mars 2001, *Ministre de l'intérieur c/ Mme Ameur*, RFDA 2001.673, concl. De Silva : la « *condition d'urgence sera en principe constatée dans les cas d'un refus de renouvellement du titre de séjour, comme d'ailleurs d'un retrait de celui-ci* », mais « *dans les autres cas, il appartient au requérant de justifier de circonstances particulières caractérisant la nécessité pour lui de bénéficier à très bref délai d'une mesure provisoire* ») – ce qui n'était pas le cas en l'espèce.

L'urgence n'a pas été admise non plus à propos d'un arrêté d'extension d'un accord professionnel, *« eu égard notamment à la circonstance que les cotisations mises à la charge des entreprises... ne portent sur leur masse salariale qu'au taux de 0,9 % »* (CE 19 janv. 2001, *Confédération nationale des radios libres*, précité), d'un arrêté autorisant l'exploitation d'un centre de stockage de déchets ménagers, faute, à la fois, *« d'éléments précis relatifs à la réalité de risques sérieux pour l'environnement »* et de *« toute autre solution permettant, à court terme, de stocker une telle quantité de déchets dans le département »* (CE 28 févr. 2001, *Préfet des Alpes-Maritimes et Société Sud-Est Assainissement*, précité), de la décision ministérielle mettant fin au mécanisme d'ajustement de la TIPP (taxe intérieure de consommation des produits pétroliers), la perspective de nombreuses contestations contentieuses que son illégalité nécessiterait ne caractérisant pas une situation d'urgence (CE Sect. 18 déc. 2002, *Migaud*, RFDA 2003.520, note Y. Gaudemet).

Lorsque la condition de l'urgence n'est pas satisfaite, il n'est pas nécessaire d'examiner la question de la légalité de la décision.

7 *2°)* Si elle l'est, il faut encore, selon l'article L. 521-1, qu'il existe *« un moyen propre à créer... un doute sérieux quant à la légalité de la décision »*. La formule est moins forte que, précédemment, pour le sursis à exécution (*« moyens sérieux et de nature à justifier l'annulation »*). Certes, dans les deux cas, l'appréciation de la légalité se fait *« en l'état de l'instruction »*. Aujourd'hui comme hier (par ex. CE Sect. 9 déc. 1983, *Ville de Paris*, Rec. 499, concl. Genevois ; AJ 1984.82, chr. Lasserre et Delarue), elle ne préjuge donc pas la solution qui sera rendue au fond. Mais elle peut être moins rigoureuse aujourd'hui que naguère, sauf au juge des référés à s'en tenir exactement à l'état du droit en vigueur (cf concl. Chauvaux, précitées, sur (CE 28 févr. 2001, *Philippart et Lesage*).

Il est des cas où l'illégalité est tellement évidente qu'il n'y a même pas de doute sérieux, par exemple lorsqu'un texte réglementaire reprend une disposition législative abrogée (CE ord. 20 mars 2001, *Synd. national des horlogers, bijoutiers, joailliers,...*) ; elle peut être une quasi-certitude, par exemple lorsqu'un maire refuse de convoquer le conseil municipal en dépit de la réalisation des conditions le lui imposant (CE 5 mars 2001, *Saez*). D'autres affaires peuvent laisser place à une difficulté : il suffit que le doute soit sérieux pour que la suspension puisse être ordonnée (par ex. CE 28 févr. 2001, *Philippart et Lesage*). Mais même *« une approche très souple du doute sur la légalité »*, selon l'expression de Mme De Silva dans ses conclusions précitées sur l'arrêt du 14 mars 2001, *Ministre de l'intérieur c. Mme Ameur*, ne permet pas de retenir tout moyen. Il en est ainsi notamment, « eu égard à l'office du juge des référés », de la question non encore résolue par un juge du fond de la compatibilité d'une loi avec les stipulations d'un traité (CE 30 déc. 2002, *Ministre de l'aménagement du territoire c. Carminati*, DA 2003, n° 74, note M.G. ; RFDA 2003.179).

8 *C.* — Lorsque les conditions du référé-suspension sont réunies, il appartient au juge de prendre les *mesures appropriées.*

Il garde à ce sujet le pouvoir d'appréciation que le Conseil d'État avait reconnu à propos du sursis à exécution, dans l'arrêt (Ass.) du 13 févr. 1976, *Association de sauvegarde du quartier Notre-Dame à Versailles* (Rec. 100 ; RA 1976.381, concl. Morisot ; AJ 1976.300, chr. Nauwelaers et Fabius ; D. 1977.115, note Pellet ; RDP 1976.303, note R. Drago). Le verbe *« pouvoir »*, qui figurait dans les textes régissant le sursis (« *le sursis* peut *être ordonné* »), se retrouve dans celui qui aménage le référé-suspension (« *le juge des référés...* peut *ordonner...* »). Cela permet d'éviter de prendre une mesure de suspension dans des circonstances où, d'une part, il pourrait être remédié à l'illégalité en cause, et, d'autre part, l'intérêt général serait gravement compromis. Si l'intérêt général peut commander la suspension, comme cela a été relevé par l'ordonnance précitée du 20 mars 2001, *Synd. national des horlogers, bijoutiers, joailliers...*, il peut s'y opposer. Cette hypothèse sera sans doute aussi rare pour la suspension qu'elle l'a été pour le sursis. Elle n'en doit pas moins être réservée. Si elle n'a pas été explicitement mise en œuvre dans l'arrêt *Préfet des Alpes-maritimes et Société Sud-Est Assainissement* du 28 févr. 2001, elle est sous-jacente dans la considération que la condition d'urgence n'est pas satisfaite. L'atteinte portée par une mesure à l'intérêt général peut ne pas être suffisante pour justifier sa suspension (ainsi pour la décision mettant fin au mécanisme d'ajustement de la TIPP, CE 18 déc. 2002, *Migaud*, précité).

La mesure essentielle que peut prononcer le juge des référés est évidemment la *suspension* de la décision contestée.

Encore faut-il être conscient qu'il ne s'agit que d'une mesure provisoire, qui ne peut donc valoir annulation. C'est pourquoi lorsque le juge du fond n'a pas de pouvoir d'annulation, le juge du référé ne peut prononcer la suspension (ainsi pour une mesure prise par l'administration à l'égard de son co-contractant, CE 24 juin 2002, *Société Laser*, BJCP 2002.465, concl. Bergeal). Il s'agit seulement d'empêcher l'exécution : lorsque la décision est entièrement exécutée, il n'y a plus lieu d'en suspendre l'exécution ; tel est le cas pour une décision relative à la conclusion d'un contrat, dont l'exécution est effective par la conclusion même de celui-ci (CE 27 nov. 2002, *Région Centre*, BJCP 2003.150 concl. Le Chatelier).

Lorsque la suspension est possible, elle peut être limitée à certains des effets de la décision.

Si elle porte sur une décision de rejet, « *il appartient au juge des référés, même en l'absence de conclusions expresses, d'assortir la mesure de suspension de l'indication des obligations qui en découlent* » (CE 27 juill. 2001, *Ministre de l'emploi et de la solidarité c. Vedel*, RFDA 2001.1140).

Peut être utilisé, dans le cadre du référé-suspension, le pouvoir d'injonction reconnu au juge administratif pour ordonner à l'administration de prendre les mesures qu'impose nécessairement l'exécution du jugement ou de l'arrêt (v. nos obs. sous CE 17 mai 1985, *Mme Menneret**). Ainsi, par l'arrêt *Philippart et Lesage*, le Conseil d'État, après avoir suspendu la décision refusant aux intéressés l'autorisation de s'installer, fait injonction au Conseil national de l'ordre des chirurgiens-dentistes de leur délivrer, « *sous un délai de huit jours à compter de la notification de la présente décision, une autorisation provisoire d'installation* ». Le caractère provisoire de cette autorisation est lié au caractère provisoire de la procédure de référé au titre de laquelle il ordonne de l'accorder. Dans l'affaire de Venelles, l'arrêt *Saez*, après avoir suspendu la décision du maire refusant de convoquer le conseil municipal lui ordonne de le réunir avant le 7 mars 2001 à 18 heures : il ne s'agit plus d'une mesure provisoire, mais elle se limite à un moment donné.

Le retournement de la jurisprudence *Amoros* réalisé par l'arrêt *Ouatah* est ainsi complet avec cette nouvelle jurisprudence : l'absence du pouvoir d'injonction empêchait le sursis à exécution d'une décision de rejet ; désormais la suspension d'une décision négative peut entraîner l'injonction de prendre la décision positive contraire.

II. — Le référé-liberté

9 Selon l'article L. 521-2 du code de justice administrative,

« *Saisi d'une demande en ce sens justifiée par l'urgence, le juge des référés peut ordonner toutes mesures nécessaires à la sauvegarde d'une liberté fondamentale à laquelle une personne morale de droit public ou un organisme de droit privé chargé de la gestion d'un service public aurait porté, dans l'exercice de ses pouvoirs, une atteinte grave et manifestement illégale. Le juge des référés se prononce dans un délai de quarante-huit heures* ».

Si cette disposition n'est sans doute pas de nature à supprimer totalement la théorie et le régime de la voie de fait (TC 23 oct. 2000, *Boussadar*, v. n° 50.2), elle doit contribuer à les limiter, en permettant au juge administratif d'assurer lui-même par une procédure d'urgence la sauvegarde des libertés publiques, comme il l'a fait en statuant au fond, notamment par la voie du recours pour excès de pouvoir (cf par ex. CE 19 févr. 1909, *Abbé Olivier** ; 19 mai 1933, *Benjamin** ; 29 juill. 1950, *Comité de défense des libertés professionnelles des experts-comptables brevetés par l'État** ; 22 juin 1951, *Daudignac** ; 28 mai 1954, *Barel** ; 24 juin 1960, *Société Frampar**).

Ce n'est donc pas la première fois que la jurisprudence administrative connaît d'atteintes à des libertés. Depuis le 1er janvier 2001, elle a dû préciser dans quelle mesure peut s'exercer le référé-liberté (A) et quelles mesures celui-ci permet de prendre (B).

10 ***A.*** — Le référé-liberté a été aménagé pour protéger les libertés fondamentales (1°) lorsqu'il leur est porté atteinte gravement par l'administration (2°).

1°) « La notion de liberté fondamentale inscrite à l'article L. 521-2 du code est une des plus délicates de celles issues de la loi du 30 juin 2000 » (L. Touvet, concl. précitées sur CE 18 janv. 2001, *Commune de Venelles* et 19 janv. 2001, *Confédération nationale des radios libres*). L'article 34 de la Constitution de 1958 parle de *« liberté publiques », « pour l'exercice »* desquelles il revient au législateur de fixer les règles concernant *« les garanties fondamentales accordées aux citoyens »* (ce qui, à la lettre, exclurait les étrangers). L'article 66 parle de *« la liberté individuelle »*, dont il fait *« l'autorité judiciaire » « la gardienne »*. L'article 34 encore parle *« de la libre administration des collectivités territoriales »*, dont *« la loi détermine des principes fondamentaux »*, alors que l'article 72 dispose que *« ces collectivités s'administrent librement par des conseils élus »*. Les libertés ont pu également être identifiées au titre des principes fondamentaux reconnus par les lois de la République, des principes généraux du droit. Elles ont été enrichies par les droits économiques et sociaux.

S'agit-il dans tous les cas de libertés fondamentales au sens de l'article L. 521-2 ? Une conception trop stricte limiterait leur protection. Une acception trop large risquerait de dénaturer, voire d'engorger, la nouvelle procédure.

Les décisions rendues depuis le 1er janvier 2001 font apparaître le lien entre les libertés fondamentales au sens de l'article L. 521-2 et les libertés ayant fait l'objet d'une reconnaissance et d'une protection au niveau constitutionnel, international ou législatif.

Vient en premier la liberté individuelle. Une ordonnance du juge des référés du Conseil d'État a pu, dès le 9 janv. 2001, *Deperthes*, Rec. 1, reconnaître sans difficulté que *« la liberté d'aller et de venir, laquelle comporte le droit de se déplacer hors du territoire français,... constitue une liberté fondamentale au sens de l'article L. 521-2 précité »* – comme l'avait déjà reconnu l'arrêt (Ass.) du 8 avr. 1987, *Ministre de l'intérieur et de la décentralisation c. Peltier* (Rec. 128, concl. Massot ; AJ 1987.327, chr. Azibert et Boisdeffre ; JCP 1987.II.20905, note Debène ; RFDA 1987.608, note Pacteau ; RA 1987.237, note Terneyre).

À la liberté individuelle se rattachent « *la liberté qu'a toute personne de vivre avec sa famille », « le droit de mener une vie familiale normale* » (CE Sect. 30 oct. 2001, *Ministre de l'intérieur c. Mme Tliba*, RFDA 2002.324, concl. De Silva ; AJ 2001.1054, chr. Guyomar et Collin) – déjà reconnus par le Conseil d'État au titre des principes généraux du droit (8 déc. 1978, GISTI*) et par le Conseil constitutionnel en vertu du préambule de la Constitution (13 août 1993, Rec. 224 – v. 92.2), ainsi *que « le droit pour le patient majeur de donner, lorsqu'il se trouve en état de l'exprimer,* *son consentement à un traitement médical »*, conformément aux dispositions introduites par le législateur dans le code civil (art. 16-3), et le code de la santé publique (art. L. 1111-4) (CE ord. 16 août 2002, *Mmes Feuillatey*, Gaz. Pal. 21-22 mai 2003, note Bonneau ; LPA 26 mars 2003, note Clément).

Les libertés économiques comme le droit de propriété et la liberté d'entreprendre, dont la valeur constitutionnelle a été reconnue (CC 16 janv. 1982, Rec. 18 – v. n° 69.3), constituent des libertés fondamentales au sens de l'art. L. 521-2 ; l'un, non seulement pour *« la libre disposition de son bien par le propriétaire »* (CE ord. 23 mars 2003, *Société Lidl)*, mais dans son ensemble (CE 29 mars 2002, *SCI Stephaur*, AJ 2003.345, note Grosieux ; D.2003.1115, note Martin ; JCP 2002.II.10179, note Zarka ; RFDA 2003.370, notes Lequette et Pez) ; l'autre, avec sa « composante » la liberté du commerce et de l'industrie (CE ord. 12 nov. 2001, *Commune de Montreuil-Bellay*, DA 2002, n° 41, note Lombard). Toutefois cette dernière ne peut être invoquée comme liberté fondamentale au sens de l'art. L. 521-2 pour des activités réglementées dont l'exercice est subordonné par la loi à l'octroi d'une autorisation (CE ord. 10 févr. 2003, *Société d'exploitation AOM-Air Liberté*, DA 2003, n° 95). *A fortiori* l'occupation du domaine public pour y exercer une activité commerciale ne relève pas d'une liberté fondamentale (CE ord. 16 sept. 2002, *EURL La Cour des miracles*, JCP 2003.II.10037, note Soulié).

11 Plusieurs libertés collectives ont été reconnues comme fondamentales au titre du référé : « *la libre expression du suffrage* » (CE ord. 7 févr. 2001, *Commune de Pointe-à-Pitre*) ; « *le principe du caractère pluraliste de l'expression des courants d'opinion et de pensée* » (CE ord. 24 févr. 2001, *Tibéri*, Rec. 85 ; D. 2001.1748, note Ghevontian ; RFDA 2001.629, note Malignier), selon la formule du Conseil constitutionnel (n° 84-181 DC 10-11 oct. 1984, Rec. 73 ; GD n° 36) ; la liberté de réunion, à laquelle s'attache le droit pour un parti politique légalement constitué de tenir des réunions (CE ord. 19 août 2002, *Front National, Institut de formation des élus locaux*, v. n° 48.5).

En revanche le droit au logement n'a pas été reconnu parmi les libertés fondamentales relevant de l'art. L. 521-2, car d'une part, si le Conseil constitutionnel, dans une décision du 29 juillet 1998, a qualifié d'objectif de valeur constitutionnelle la possibilité pour toute personne de disposer d'un logement décent, il n'a pas consacré l'existence d'un droit au logement ayant rang de principe constitutionnel, et d'autre part, les stipulations de conventions internationales relatives à l'accès des particuliers au logement ne créent d'obligation qu'entre les États parties et ne produisent pas d'effet direct à l'égard des personnes privées (CE ord. 3 mai 2002, *Association de réinsertion sociale du Limousin*, AJ 2002.818, note Deschamps ; LPA 26 sept. 2002, note Jan).

Le cas des étrangers a donné lieu à une abondante jurisprudence.

Dès les premiers jours d'application de la réforme des procédures d'urgence, le Conseil d'État a précisé que « *la notion de "liberté fondamentale" englobe, s'agissant des ressortissants étrangers qui sont soumis à des mesures spécifiques réglementant leur entrée et leur séjour en France, et qui ne bénéficient donc pas, à la différence des nationaux, de la liberté d'entrée sur le territoire, le droit constitutionnel d'asile, qui a pour corollaire le droit de solliciter le statut de réfugié, dont l'obtention est déterminante pour l'exercice par les personnes concernées des libertés reconnues de façon générale aux ressortissants étrangers* » (CE ord., 12 janv. 2001, *Mme Hyacinthe*, Rec. 12 ; AJ 2001.589, note Morri et Slama – qui reprend des termes de CC n° 93-325 DC 13 août 1993, Rec. 224 – v. 92.1). « *L'exercice des droits et libertés dont* (ils) *peuvent jouir... sur le territoire français est subordonné à la régularité de leur entrée et de leur séjour au regard des lois et règlements et des conventions internationales applicables* » ; en conséquence, « *eu égard à l'irrégularité de sa situation* », « *un étranger ne saurait prétendre au libre exercice d'une profession sur le territoire français et au bénéfice des droits sociaux qui en découlent* » ; « *le retard apporté à l'examen de sa demande de titre de séjour* », « *si regrettable qu'il soit* », ne constitue pas une atteinte à une liberté fondamentale (CE ord. 5 mars 2001, *Préfet de l'Hérault c/ Hajjaj*). En revanche, les étrangers en situation régulière bénéficient de libertés dont la protection est garantie par l'article L. 521-2 (CE ord. 11 juin 2002, *Aït Oubba*, AJ 2002.764, note Tavernier).

Les libertés paraissant essentiellement bénéficier aux particuliers, on pouvait hésiter à reconnaître comme « *fondamentales* » celles des collectivités locales. Le Conseil d'État, dans l'arrêt *Commune Venelles*, du 18 janv. 2001, constate cependant que « *le principe de libre administration des collectivités territoriales, énoncé par l'article 72 de la Constitution, est au nombre des libertés fondamentales auxquelles le législateur a ainsi entendu accorder une protection juridictionnelle particulière* ».

12 *2°)* Encore faut-il qu'il y soit porté *atteinte* dans certaines conditions.

Il faut d'abord que cette atteinte émane d'une personne morale de droit public ou d'un organisme de droit privé chargé de la gestion d'un service public, dans l'exercice de ses pouvoirs. La mention des organismes de droit privé autant que des personnes publiques est un écho de la jurisprudence *Monpeurt** du 31 juill. 1942. Celle de l'exercice des pouvoirs paraît ne couvrir que des comportements actifs. La question se pose de savoir si l'abstention des pouvoirs publics est éventuellement visée (par ex. la carence de services de police en cas de violences commises par des particuliers). Elle a fait jusqu'à présent l'objet d'une réponse négative (CE ord. 20 juill. 2001, *Commune de Mandelieu-La-Napoule*, RFDA 2001.1138).

En tout cas, l'atteinte à une liberté fondamentale peut résulter d'un comportement de fait aussi bien que d'une décision. C'est pourquoi, contrairement au référé-suspension, le référé-liberté peut être engagé indépendamment de tout recours contre une décision.

Mais, dans tous les cas, l'atteinte doit être, d'une part, réelle, d'autre part, grave et manifestement illégale.

Il n'y a pas d'atteinte à une liberté fondamentale lorsque la mesure contestée a un objet qui lui est étranger. Ainsi dans l'affaire *Commune de Venelles*, le refus du maire de convoquer le conseil municipal « *ne concerne que les rapports internes au sein de la commune et ne peut, par suite être regardé comme méconnaissant (le) principe* » de libre administration des collectivités territoriales. Au contraire celui-ci est mis en cause lorsqu'un établissement public de coopération communale commence d'exercer, aux lieu et place des communes qu'il englobe, des compétences qui doivent lui être transférées ultérieurement (CE 12 juin 2002, *Commune de Fauillet*, AJ 2002.590, chr. Donnat et Casas) – ce qui montre que les libertés des collectivités territoriales doivent être défendues non seulement contre l'État mais entre ces collectivités elles-mêmes.

Ou encore les décisions relatives au recrutement ou à l'exclusion d'un agent public, même si elles sont illégales, ne constituent pas par elles-mêmes une atteinte à une liberté fondamentale, mais leurs motifs pourraient révéler une telle atteinte (CE Sec. 28 févr. 2001, *Casanovas*, Rec. 107 ; RFDA 2001.399, concl. Fombeur ; AJ 2001.971, note Legrand et Janicot ; ord. 27 juin 2002, *Centre hospitalier général de Troyes*, AJ 2002.965, note Royer). Il en serait ainsi par exemple du refus d'admettre un candidat à concourir en raison de ses opinions politiques (cf. CE 28 mai 1954, *Barel**).

13 La condition d'atteinte grave à une liberté fondamentale et celle d'illégalité manifeste sont deux conditions distinctes, qui doivent se cumuler, comme le souligne notamment l'arrêt précité du 30 oct. 2001, *Ministère de l'intérieur c/ Mme Tliba*, qui, après avoir considéré l'accomplissement de la première, considère que la seconde n'est pas remplie, et rejette en conséquence la demande de référé. Elles peuvent être constatées par une même analyse (par ex. *Aït Oubla, Front National*).

La gravité de l'atteinte s'apprécie à la fois au regard de la situation personnelle de l'intéressé et de la liberté invoquée. Ainsi, il est porté une atteinte grave : – à la liberté de vivre avec sa famille par l'expulsion d'un étranger qui est dépourvu de toute famille dans son pays d'origine (*Ministre de l'intérieur c/ Mme Tliba*) ; – au droit de demander l'asile par le refus du titre de séjour nécessaire pour le demander (*Hyacinthe, Ministre de l'intérieur c. M. et Mme Sulaimanov*), non par l'inutilisation d'une possibilité d'examen d'une demande d'asile qui pouvait faire l'objet d'une autre procédure (CE 3 mai 2001, *Ministre de l'intérieur c/ Dziri*, D. 2001.3479, note Julien-Laferrière) ; – au droit de propriété par le refus d'exécuter une décision judiciaire ordonnant l'expulsion d'occupants d'un immeuble (*SCI Stephaur*), non par l'exercice par une collectivité publique d'un droit de préemption qu'avaient prévu les parties (*Commune de Montreuil-Bellay*).

Le caractère manifeste de l'illégalité de la mesure peut donner lieu à une analyse précise soit pour l'écarter (*Ministre de l'intérieur c. Mme Tliba*) soit pour l'admettre (*Front National*).

14 ***B.*** — Les *mesures* que peut prendre le juge des référés doivent être justifiées par l'urgence (1°) et permettre la sauvegarde de la liberté à laquelle il a été porté atteinte (2°).

1°) On retrouve, à propos de l'*urgence*, une condition déjà rencontrée dans le référé-suspension. Elle est plus forte dans le référé-liberté, « *impliquant... qu'une mesure... doive être prise dans les 48 heures* » (CE 28 févr. 2003, *Commune de Perthuis*, précité). Elle doit, comme dans le référé-suspension, être appréciée de façon globale et concrète ; elle doit tenir à des « circonstances particulières », qui peuvent résulter de la nature même de l'affaire ou de son contexte (par ex. en cas de refus d'entrée sur le territoire français, les difficultés rencontrées par les intéressés pour être admis au séjour dans un pays autre que leur pays d'origine : CE 25 mars 2003, *Ministre de l'intérieur c. M. et Mme Sulaimanov*).

La carence de l'administration à prendre certaines mesures peut provoquer une situation d'urgence (*Aït Oubla*), les négligences des administrés empêcher de la reconnaître (*Deperthes, Société Lidl* ; 3 janv. 2003, *Ministre de l'intérieur c/ Société Kerry*, AJ 2003.342, note Gilli, à propos de l'expulsion d'occupants d'immeubles).

2°) Le juge des référés peut ordonner *les mesures nécessaires à la sauvegarde* de la liberté en cause. La formule est large et permet au juge des référés d'adapter le contenu de sa décision aux circonstances de l'affaire.

Toutefois, *« de telles mesures doivent, ainsi que l'impose l'article L. 511-1 du même code, présenter un "caractère provisoire" ; il suit de là que le juge des référés ne peut, sans excéder sa compétence, prononcer l'annulation d'une décision administrative »* (CE ord. 1er mars 2001, *Paturel*).

Il peut en ordonner la suspension, comme dans le référé de l'article L. 521-1. Il peut adresser des injonctions à l'administration, non pas seulement comme une conséquence de la suspension de la décision, mais isolément (d'autant plus qu'il peut ne pas y avoir de décision). Dans l'affaire *Hyacinthe*, suspension de refus d'un titre de séjour et injonction de le délivrer auraient été ordonnées si l'administration n'avait décidé, en cours de procédure, d'enregistrer la demande d'asile de l'intéressée. Dans l'affaire *Aït Oubla*, a été imparti au préfet un délai de quinze jours pour statuer sur le droit de l'intéressé à un titre de séjour. Dans celle du *Front natio-*

nal, il a été enjoint aux autorités communales et communautaires de ne pas faire obstacle, sauf circonstances de droit et de fait nouvelles, à l'exécution du contrat de réservation de l'hôtel où devait se tenir la réunion.

La décision *Tibéri* révèle à la fois la diversité et la subtilité des mesures que le référé-liberté permet de prendre. Si elle rejette la requête, c'est « *sous réserve pour le Conseil supérieur de l'audiovisuel de poursuivre, en liaison avec Canal+, la recherche des solutions les plus appropriées à l'exigence d'un traitement équitable des candidats* ». Cela revient à ordonner de rechercher ces solutions.

Ainsi, en quelques mois après l'entrée en vigueur des nouvelles procédures de référé devant la juridiction administrative, celle-ci a réussi à en préciser le régime, à en assurer l'efficacité et à en éviter l'abus.

114

PROCÉDURE DEVANT LE JUGE ADMINISTRATIF ET EXIGENCES DU PROCÈS ÉQUITABLE

CEDH 7 juin 2001, KRESS c. FRANCE

(AJ 2001. 675, note Rolin, D. 2003. 152, chr. Guinchard ; JCP 2001. II. 10578, note Sudre ; RDP 2001. 895, comm. Maubernard ; 983, note Prétot ; 2002.684, obs. Gonzalez ; D. 2001. 2611, note Andriantsimbazovina ; D. 2001. 2619, note R. Drago ; RFDA 2001. 991, note Genevois ; RFDA 2001. 1000, note Autin et Sudre ; le Journal des droits de l'homme, suppl. au journal « Les Annonces légales de la Seine » 9 août 2001, note Favreau ; RTDE 2001. 727, note Benoit-Rohmer ; RTDH 2002-223, note Sermet ; Gaz.Pal. 4-5 oct. 2002, note Cohen-Jonathan).

La Cour :

....

En droit :

Sur la violation alléguée de l'article 6 § 1 de la Convention au regard de l'équité de la procédure :

....

A. Argumentation des parties.

(...)

B. Appréciation de la Cour

63. La requérante se plaint, sous l'angle de l'article 6 § 1 de la Convention, de ne pas avoir bénéficié d'un procès équitable devant les juridictions administratives. Ce grief se subdivise en deux branches : la requérante ou son avocat n'a pas eu connaissance des conclusions du commissaire du gouvernement avant l'audience et n'a pu y répondre après, car le commissaire du gouvernement parle en dernier ; en outre, le commissaire assiste au délibéré, même s'il ne vote pas, ce qui aggraverait la violation du droit à un procès équitable résultant du non-respect du principe de l'égalité des armes et du droit à une procédure contradictoire.

1. Rappel de la jurisprudence pertinente

64. La Cour relève que sur les points évoqués ci-dessus, la requête soulève, *mutatis mutandis*, des problèmes voisins de ceux examinés par la Cour dans plusieurs affaires concernant le rôle de l'avocat général ou du procureur général à la Cour de cassation ou à la Cour suprême en Belgique, au Portugal, aux Pays-Bas et en France (voir les arrêts Borgers c/ Belgique du 30 octobre 1991, série A n° 214-B, Vermeulen c/ Belgique et Lobo Machado c/ Portugal du 20 février 1996, Recueil 1996-I, Van Orshoven c/ Belgique du 25 juin 1997, Recueil 1997-III, et les deux arrêts J.J. et K.D.B.

c/ Pays-Bas du 27 mars 1998, Recueil 1998-II ; voir également l'arrêt Reinhardt et Slimane-Kaïd c/ France du 31 mars 1998, ibidem).

65. Dans toutes ces affaires, la Cour a conclu à la violation de l'article 6 § 1 de la Convention à raison de la non-communication préalable soit des conclusions du procureur général ou de l'avocat général, soit du rapport du conseiller rapporteur, et de l'impossibilité d'y répondre. La Cour rappelle en outre que, dans son arrêt Borgers, qui concernait le rôle de l'avocat général devant la Cour de cassation dans une procédure pénale, elle avait conclu au non-respect de l'article 6 § 1 de la Convention, en se fondant surtout sur la participation de l'avocat général au délibéré de la Cour de cassation, qui avait emporté violation du principe de l'égalité des armes (voir paragraphe 28 de l'arrêt).

Ultérieurement, la circonstance aggravante de la participation aux délibérés du procureur ou de l'avocat général n'a été retenue que dans les affaires Vermeulen et Lobo Machado, où elle avait été soulevée par les requérants (arrêts précités, respectivement 34 et 32) ; dans tous les autres cas, la Cour a mis l'accent sur la nécessité de respecter le droit à une procédure contradictoire, en relevant que celui-ci impliquait le droit pour les parties à un procès de prendre connaissance de toute pièce ou observation présentée au juge, même par un magistrat indépendant, et de la discuter.

Enfin, la Cour rappelle que les affaires Borgers c/ Belgique, J.J. c/ Pays-Bas et Reinhardt et Slimane-Kaïd c/ France concernaient des procédures pénales ou à connotation pénale. Les affaires Vermeulen c/ Belgique, Lobo Machado c/ Portugal et K.D.B. c/ Pays-Bas avaient trait à des procédures civiles ou à connotation civile tandis que l'affaire Van Orshoven c/ Belgique concernait une procédure disciplinaire contre un médecin.

2. Quant à la spécificité alléguée de la juridiction administrative

66. Aucune de ces affaires ne concernait un litige porté devant les juridictions administratives et la Cour doit donc examiner si les principes dégagés dans sa jurisprudence, telle que rappelée ci-dessus, trouvent à s'appliquer en l'espèce.

67. Elle observe que, depuis l'arrêt Borgers de 1991, tous les gouvernements se sont attachés à démontrer devant la Cour que, dans leur système juridique, leurs avocats généraux ou procureurs généraux étaient différents du procureur général belge, tant du point de vue organique que fonctionnel. Ainsi, leur rôle serait différent selon la nature du contentieux (pénal ou civil, voire disciplinaire), ils ne seraient pas partie à la procédure ni l'adversaire de quiconque, leur indépendance serait garantie et leur rôle se limiterait à celui d'un *amicus curiae* agissant dans l'intérêt général ou pour assurer l'unité de la jurisprudence.

68. Le gouvernement français ne fait pas exception : il soutient, lui aussi, que l'institution du commissaire du gouvernement au sein du contentieux administratif français diffère des autres institutions critiquées dans les arrêts précités, parce qu'il n'existe aucune distinction entre siège et parquet au sein des juridictions administratives, que le commissaire du gouvernement, du point de vue statutaire, est un juge au même titre que tous les autres membres du Conseil d'État et que, du point de vue fonctionnel, il est exactement dans la même situation que le juge rapporteur, sauf qu'il s'exprime publiquement mais ne vote pas.

69. La Cour admet que, par rapport aux juridictions de l'ordre judiciaire, la juridiction administrative française présente un certain nombre de spécificités, qui s'expliquent par des raisons historiques.

Certes, *la création et l'existence même de la juridiction administrative peuvent être saluées comme l'une des conquêtes les plus éminentes d'un État de droit*, notamment parce que la compétence de cette juridiction pour juger les actes de l'administration n'a pas été acceptée sans heurts. Encore aujourd'hui, les modalités de recrutement du juge administratif, son statut particulier, différent de celui de la magistrature judiciaire, tout comme les spécificités du fonctionnement de la justice administrative (paragraphes 33-52 ci-dessus) témoignent de la difficulté qu'éprouva le pouvoir exécutif pour accepter que ses actes soient soumis à un contrôle juridictionnel.

Pour ce qui est du commissaire du gouvernement, la Cour en convient également, il n'est pas contesté que son rôle n'est nullement celui d'un ministère public ni qu'il présente un caractère *sui generis* propre au système du contentieux administratif français.

70. Toutefois, la seule circonstance que la juridiction administrative, et le commissaire du gouvernement en particulier, existent depuis plus d'un siècle et fonctionnent, selon le gouvernement, à la satisfaction de tous, ne saurait justifier un manquement aux règles actuelles du droit européen (voir arrêt Delcourt du 17 janvier 1970, série A n° 11, § 36). La Cour rappelle à cet égard que la Convention est un instrument vivant à interpréter à la lumière des conditions de vie actuelles et des conceptions prévalant de nos jours dans les États démocratiques (voir, notamment, l'arrêt Burghartz c/ Suisse du 22 février 1994, série A. n° 280-B, § 28).

71. *Nul n'a jamais mis en doute l'indépendance ni l'impartialité du commissaire du gouvernement*, et la Cour estime qu'au regard de la Convention, son existence et son statut organique ne sont pas en cause. Toutefois, la Cour considère que l'indépendance du commissaire du gouvernement et le fait qu'il n'est soumis à aucune hiérarchie, ce qui n'est pas contesté, ne sont pas en soi suffisants pour affirmer que la non-communication de ses conclusions aux parties et l'impossibilité pour celles-ci d'y répliquer ne seraient pas susceptibles de porter atteinte aux exigences d'un procès équitable.

En effet, il convient d'attacher une grande importance au rôle réellement assumé dans la procédure par le commissaire du gouvernement et plus particulièrement au contenu et aux effets de ses conclusions (voir, par analogie et parmi beaucoup d'autres, l'arrêt Van Orshoven précité, § 39).

3. En ce qui concerne la non-communication préalable des conclusions du commissaire du gouvernement et l'impossibilité d'y répondre à l'audience

72. La Cour rappelle que le principe de l'égalité des armes – l'un des éléments de la notion plus large de procès équitable – requiert que chaque partie se voit offrir une possibilité raisonnable de présenter sa cause dans des conditions qui ne la placent pas dans une situation de net désavantage par rapport à son adversaire (voir, parmi beaucoup d'autres, l'arrêt Nideröst-Huber c/ Suisse du 18 février 1997, Recueil 1997-I, § 23).

73. Or, indépendamment du fait que, dans la majorité des cas, les conclusions du commissaire du gouvernement ne font pas l'objet d'un document écrit, la Cour relève qu'il ressort clairement de la description du déroulement de la procédure devant le Conseil d'État (paragraphes 40 à 52 ci-dessus) que le commissaire du gouvernement présente ses conclusions pour la première fois oralement à l'audience publique de jugement de l'affaire et que tant les parties à l'instance que les juges et le public en découvrent le sens et le contenu à cette occasion.

La requérant ne saurait tirer du droit à l'égalité des armes reconnu par l'article 6 § 1 de la Convention le droit de se voir communiquer, préalablement à l'audience, des conclusions qui ne l'ont pas été à l'autre partie à l'instance, ni au rapporteur, ni aux juges de la formation de jugement (voir l'arrêt Nideröst-Huber, précité, § 23). Aucun manquement à l'égalité des armes ne se trouve donc établi.

74. Toutefois, la notion de procès équitable implique aussi en principe le droit pour les parties à un procès de prendre connaissance de toute pièce ou observation soumise au juge, fût-ce par un magistrat indépendant, en vue d'influencer sa décision, et de la discuter (voir les arrêts précités Vermeulen c/ Belgique, § 33, Lobo Machado c/ Portugal, § 31, Van Orshoven c/ Belgique, § 41, K.D.B. c/ Pays-Bas, § 44 et Nideröst-Huber c/ Suisse, § 24).

75. Pour ce qui est de l'impossibilité pour les parties de répondre aux conclusions du commissaire du gouvernement à l'issue de l'audience de jugement, la Cour se réfère à l'arrêt Reinhardt et Slimane-Kaïd du 31 mars 1998 (précité). Dans cette affaire, elle avait constaté une violation de l'article 6 § 1 du fait que le rapport du conseiller rapporteur, qui avait été communiqué à l'avocat général, ne l'avait pas été aux parties (voir paragraphe 105 de l'arrêt). En revanche, s'agissant des conclusions de l'avocat général, la Cour s'est exprimée comme suit au paragraphe 106 de son arrêt : « L'absence de communication des conclusions de l'avocat général est pareillement sujette à caution. De nos jours, certes, l'avocat général informe avant le jour de l'audience les conseils des parties du sens de ses propres conclusions et, lorsque, à la demande desdits conseils, l'affaire est plaidée, ces derniers ont la possibilité de répliquer aux conclusions oralement ou par une note en délibéré (...). Eu égard au fait que seules des questions de pur droit sont discutées devant la Cour de cassation et que les parties y sont représentées par des avocats hautement spécialisés, une telle pratique est de nature à offrir à celles-ci la possibilité de prendre connaissance des conclusions litigieuses et de les commenter dans des conditions satisfaisantes. Il n'est toutefois pas avéré qu'elle existât à l'époque des faits de la cause ».

76. Or, à la différence de l'affaire Reinhardt et Slimane-Kaïd, il n'est pas contesté que *dans la procédure devant le Conseil d'État, les avocats qui le souhaitent peuvent demander au commissaire du gouvernement, avant l'audience, le sens général de ses conclusions. Il n'est pas davantage contesté que les parties peuvent répliquer, par une note en délibéré, aux conclusions du commissaire du gouvernement, ce qui permet*, et c'est essentiel aux yeux de la Cour, *de contribuer au respect du principe du contradictoire*. C'est d'ailleurs ce que fit l'avocat de la requérante en l'espèce (paragraphe 26 ci-dessus).

Enfin, *au cas où le commissaire du gouvernement invoquerait oralement lors de l'audience un moyen non soulevé par les parties, le président de la formation de jugement ajournerait l'affaire pour permettre aux parties d'en débattre* (paragraphe 49 ci-dessus).

Dans ces conditions, la Cour estime que la procédure suivie devant le Conseil d'État offre suffisamment de garanties au justiciable et qu'aucun problème ne se pose sous l'angle du droit à un procès équitable pour ce qui est du respect du contradictoire.

Partant, il n'y a pas eu violation de l'article 6 § 1 de la Convention à cet égard.

4. En ce qui concerne la présence du commissaire du gouvernement au délibéré du Conseil d'État

77. Sur ce point, la Cour constate que l'approche soutenue par le gouvernement consiste à dire que, puisque le commissaire du gouvernement est un membre à part entière de la formation de jugement, au sein de laquelle il officie en quelque sorte comme un deuxième rapporteur, rien ne devrait s'opposer à ce qu'il assiste au délibéré, ni même qu'il vote.

78. Le fait qu'un membre de la formation de jugement ait exprimé en public son point de vue sur l'affaire pourrait alors être considéré comme participant à la transparence du processus décisionnel. Cette transparence est susceptible de contribuer à une meilleure acceptation de la décision par les justiciables et le public, dans la mesure où les conclusions du commissaire du gouvernement, si elles sont suivies par la formation de jugement, constituent une sorte d'explication de texte de l'arrêt. Dans le cas contraire, lorsque les conclusions du commissaire du gouvernement ne se reflètent pas dans la solution adoptée par l'arrêt, elles constituent une sorte d'opinion dissidente qui nourrira la réflexion des plaideurs futurs et de la doctrine.

La présentation publique de l'opinion d'un juge ne porterait en outre pas atteinte au devoir d'impartialité, dans la mesure où le commissaire du gouvernement, au moment du délibéré, n'est qu'un juge parmi d'autres et que sa voix ne saurait peser sur la décision des autres juges au sein desquels il se trouve en minorité, quelle que soit la formation dans laquelle l'affaire est examinée (sous-section, sous-sections réunies, Section ou Assemblée). Il est d'ailleurs à noter que, dans la présente affaire, la requérante ne met nullement en cause l'impartialité subjective ou l'indépendance du commissaire du gouvernement.

79. Toutefois, la Cour observe que cette approche ne coïncide pas avec le fait que, si le commissaire du gouvernement assiste au délibéré, il n'a pas le droit de voter. La Cour estime qu'en lui interdisant de voter, au nom de la règle du secret du délibéré, le droit interne affaiblit sensiblement la thèse du gouvernement, selon laquelle le commissaire du gouvernement est un véritable juge, car un juge ne saurait, sauf à se déporter, s'abstenir de voter. Par ailleurs, il serait difficile d'admettre qu'une partie des juges puisse exprimer publiquement leur opinion et l'autre seulement dans le secret du délibéré.

80. En outre, en examinant ci-dessus le grief de la requérante concernant la non-communication préalable des conclusions du commissaire du gouvernement et l'impossibilité de lui répliquer, la Cour a accepté que le rôle joué par le commissaire pendant la procédure administrative requiert l'application de garanties procédurales en vue d'assurer le respect du principe du contradictoire (paragraphe 76 ci-dessus). La raison qui a amené la Cour à conclure à la non-violation de l'article 6 § 1 sur ce point n'était pas la neutralité du commissaire du gouvernement vis-à-vis des parties mais le fait que la requérante jouissait de garanties procédurales suffisantes pour contrebalancer son pouvoir. La Cour estime que ce constat entre également en ligne de compte pour ce qui est du grief concernant la participation du commissaire du gouvernement au délibéré.

81. Enfin, *la théorie des apparences doit aussi entrer en jeu :* en s'exprimant publiquement sur le rejet ou l'acceptation des moyens présentés par l'une des parties, le commissaire du gouvernement pourrait être légitimement considéré par les parties comme prenant fait et cause pour l'une d'entre elles.

Pour la Cour, un justiciable non rompu aux arcanes de la justice administrative peut assez naturellement avoir tendance à considérer comme un adversaire un commissaire du gouvernement qui se prononce pour le rejet de son pourvoi. À l'inverse, il est vrai, un justiciable qui verrait sa thèse appuyée par le commissaire le percevrait comme son allié.

La Cour conçoit en outre qu'un plaideur puisse éprouver un sentiment d'inégalité si, après avoir entendu les conclusions du commissaire dans un sens défavorable à sa thèse à l'issue de l'audience publique, il le voit se retirer avec les juges de la formation de jugement afin d'assister au délibéré dans le secret de la chambre du conseil (voir, *mutatis mutandis*, l'arrêt Delcourt c/ Belgique du 17 janvier 1970, série A n° 11, p. 17, § 30).

82. Depuis l'arrêt Delcourt, la Cour a relevé à de nombreuses reprises que, si l'indépendance et l'impartialité de l'avocat général ou du procureur général auprès de certaines cours suprêmes n'encouraient aucune critique, la sensibilité accrue du public aux garanties d'une bonne justice justifiait l'importance croissante attribuée aux apparences (voir l'arrêt Borgers précité, § 24).

C'est pourquoi la Cour a considéré que, indépendamment de l'objectivité reconnue de l'avocat général ou du procureur général, celui-ci, en recommandant l'admission ou le rejet d'un pourvoi, devenait l'allié ou l'adversaire objectif de l'une des parties et que sa présence au délibéré lui offrait, fût-ce en apparence, une occasion supplémentaire d'appuyer ses conclusions en chambre du conseil, à l'abri de la contradiction (voir les arrêts Borgers, Vermeulen et Lobo Machado précités, respectivement 26, 34 et 32).

83. La Cour ne voit aucune raison de s'écarter de la jurisprudence constante rappelée ci-dessus, même s'agissant du commissaire du gouvernement, dont l'opinion n'emprunte cependant pas son autorité à celle d'un ministère public (voir, *mutatis mutandis*, arrêts J.J. et K.D.B. c/ Pays-Bas du 27 mars 1998, Recueil 1998-II, respectivement 42 et 43).

84. La Cour observe en outre qu'il n'a pas été soutenu, comme dans les affaires Vermeulen et Lobo Machado, que la présence du commissaire du gouvernement s'imposait pour contribuer à l'unité de la jurisprudence ou pour aider à la rédaction finale de l'arrêt (voir, *mutatis mutandis*, arrêt Borgers, précité, § 28). Il ressort des explications du gouvernement que la présence du commissaire du gouvernement se justifie par le fait qu'ayant été le dernier à avoir vu et étudié le dossier, il serait à même pendant les délibérations de répondre à toute question qui lui serait éventuellement posée sur l'affaire.

85. De l'avis de la Cour, *l'avantage pour la formation de jugement de cette assistance purement technique est à mettre en balance avec l'intérêt supérieur du justiciable, qui doit avoir la garantie que le commissaire du gouvernement ne puisse pas, par sa présence, exercer une certaine influence sur l'issue du délibéré. Tel n'est pas le cas dans le système français actuel.*

86. La Cour se trouve confortée dans cette approche par le fait qu'à la Cour de justice des Communautés européennes, l'avocat général, dont l'institution s'est étroitement inspirée de celle du commissaire du gouvernement, n'assiste pas aux délibérés, en vertu de l'article 27 du règlement de la CJCE.

87. *En conclusion, il y a eu violation de l'article 6 § 1 de la Convention, du fait de la participation du commissaire du gouvernement au délibéré* de la formation de jugement.

(...)

OBSERVATIONS

1 L'arrêt commenté présente l'originalité d'émaner d'une juridiction internationale. Il n'en touche pas moins de près au fonctionnement de la justice administrative en France. Il montre que l'introduction de la Convention européenne de sauvegarde des droits de l'homme et des libertés fondamentales dans notre droit interne ne conduit pas uniquement le Conseil d'État à en faire application aux litiges portés devant lui (cf. nos observations sous les arrêts *Didier** et *Ministre de la défense c. Diop**) mais également à voir son activité jugée au regard de celle-ci.

La requérante, Mme Kress, avait recherché successivement devant le tribunal administratif de Strasbourg, la cour administrative d'appel de Nancy et le Conseil d'État, la condamnation des hospices civils de Strasbourg à réparer le préjudice subi par elle postérieurement à une intervention chirurgicale. Au terme d'une procédure engagée en 1986 et close en juillet 1997, elle avait obtenu l'allocation d'une indemnité en réparation d'une brûlure à l'épaule consécutive au renversement d'une tasse de thé lors de son hospitalisation. En revanche, elle avait été déboutée des conclusions visant à obtenir l'indemnisation de graves complications postopératoires, en l'absence de faute de l'établissement hospitalier.

Dans sa requête adressée à la Cour européenne des droits de l'homme, elle ne contestait pas l'appréciation portée sur le fond du litige par les juridictions françaises. Elle dénonçait la durée excessive de la procédure contentieuse, point qui n'était guère contestable, ainsi que le déroulement de celle-ci. Elle se plaignait à ce titre de l'absence de communication avant l'audience des conclusions du commissaire du gouvernement et de n'avoir pu y répliquer. Elle faisait valoir en outre que le commissaire, qui avait conclu au rejet de son pourvoi en cassation, avait participé au délibéré de la formation de jugement. Sur l'un et l'autre de ces points, il était soutenu par l'intéressée qu'elle avait été privée des garanties d'un procès équitable en violation des dispositions de l'article 6 de la Convention. L'argumentation de la plaignante aboutissait ainsi, au delà de sa situation personnelle, à mettre en cause la procédure suivie habituellement par le Conseil d'État, les cours administratives d'appel et les tribunaux administratifs.

Une pareille éventualité, qui paraissait devoir être exclue lorsque la Convention fut introduite en droit interne, n'en était pas moins devenue une réalité en raison du caractère évolutif de la jurisprudence de la Cour européenne des droits de l'homme (I). La Cour qui a statué sur la requête de Mme Kress, en grande chambre, a écarté à l'unanimité l'argumentation fondée sur la non-communication préalable des conclusions du commissaire du Gouvernement et l'impossibilité d'y répondre à l'audience. En revanche, à la majorité de 10 voix contre 7, elle a condamné la participation du commissaire au délibéré (II). Les suites données à l'arrêt par le Conseil d'État doivent également retenir l'attention (III).

I. — L'évolution jurisprudentielle ayant conduit à la mise en cause de la procédure suivie par le conseil d'état.

2 L'introduction de la Convention en droit interne a paru pendant longtemps n'affecter en rien le rôle particulier joué par le commissaire du Gouvernement auprès des formations de jugement du Conseil d'État. Des interrogations ne sont nées qu'en raison de l'évolution de la jurisprudence européenne.

A. — La convergence initiale des jurisprudences

1. — Malgré sa dénomination le commissaire du Gouvernement devant les juridictions administratives de droit commun n'est pas le représentant du Gouvernement. Ainsi que l'énonce le Conseil d'État dans un arrêt du 10 juillet 1957 *Gervaise* (Rec. 466 ; A.J. 1957, II. 394, chron. Fournier et Braibant) « il a pour mission d'exposer [à la formation de jugement] les questions que présente à juger chaque recours contentieux et de faire connaître, en formulant en toute indépendance ses conclusions, son appréciation, qui doit être impartiale, sur les circonstances de fait de l'espèce et les règles de droit applicable ainsi que son opinion sur les solutions qu'appelle, suivant sa conscience, le litige soumis à la juridiction ».

En tant que membre de la juridiction chargé d'éclairer celle-ci, en toute indépendance, sur la solution à apporter à un litige le commissaire du Gouvernement n'est pas une partie à l'instance. Au moment où il se lève pour prononcer à l'audience ses conclusions, l'instruction contradictoire entre le demandeur et le défendeur a déjà eu lieu. C'est en ce sens que son intervention se situe hors du contradictoire et n'affecte pas les droits des parties.

2. — Une pareille analyse se trouvait confortée par un arrêt de la Cour européenne du 17 janvier 1970, *Delcourt* (Cah. dr. eur. 1971, 190, note Marcus-Helmons) rendu à propos du rôle joué par le procureur général près la Cour de cassation de Belgique, et plus encore par une décision de la Commission européenne des droits de l'homme du 3 septembre 1991 dans une affaire *Bazerque c. France*, relevant que les conclusions du commissaire du Gouvernement « présentent seulement le caractère d'un document de travail interne... non communiqué aux parties et mis à la disposition des juges appelés à se prononcer sur une affaire ».

B. — L'évolution de la jurisprudence de la Cour européenne

3 La Cour européenne a cependant infléchi la jurisprudence *Delcourt*, ce qui n'a pas manqué de rejaillir sur la mission dévolue au commissaire du Gouvernement.

1. — Par un arrêt *Borgers* du 30 octobre 1991, (RTDH 1992, 204, note Callewaert) la Cour européenne a jugé contraire à l'article 6 de la Convention l'intervention du parquet de la Cour de cassation belge en retenant cumulativement deux motifs : le fait qu'aucune note ne soit reçue après que le ministère public eut présenté ses conclusions et la circonstance que ce même ministère public avait le droit d'assister au délibéré « eu égard aux exigences des droits de la défense et de l'égalité des armes ainsi qu'au *rôle des apparences* dans l'appréciation de leur respect ».

Rendue dans un litige d'ordre pénal, la solution de l'arrêt *Borgers* a été étendue par la suite aux contestations portant sur des droits et obligations de caractère civil (CEDH 20 février 1996, *Vermeulen*, RTDE 1997.373, note Benoît-Rohmer). Franchissant un pas supplémentaire, la Cour européenne a condamné la procédure suivie devant la Cour de cassation française par un arrêt du 31 mars 1998, *Reinhardt et Slimane Kaïd* (JCP 1999, II, 10074, note Soler), en fondant sa position sur deux éléments : d'une part, sur le « déséquilibre » résultant de l'absence de communication au demandeur du rapport du conseiller-rapporteur et du projet d'arrêt préparé par celui-ci, alors que l'avocat général, sans être membre de la formation de jugement, est destinataire de ces documents ; d'autre part, sur l'absence de communication des conclusions de l'avocat général aux parties.

4 *2.* — L'évolution de la jurisprudence a suscité une double réaction.

a) L'une de la part du Conseil d'État qui s'est attaché dans un arrêt *Mme Esclatine* du 29 juillet 1998 (Rec. 320, concl. Chauvaux ; D. 1999-85, concl. Chauvaux ; JCP. 1998, I. 176, obs. Bonichot et Abraham ; A.J. 1999-69, note Rolin) à souligner que le commissaire du Gouvernement « participe à la fonction de juger dévolue à la juridiction dont il est membre » et que l'exercice de cette fonction n'est pas soumis au principe du contradictoire applicable à l'instruction des pourvois.

b) L'autre réaction est venue de la Cour de justice des Communautés européennes qui, par une ordonnance du 4 février 2000 *Emesa Sugar* (RFDA, 2000.415, note P.D. ; RTDH, 2000.582, note Spielman), a estimé que les conclusions de ses avocats généraux n'avaient pas à faire l'objet d'une communication préalable aux parties, et que ces dernières n'avaient pas à être invitées à y répondre.

C'est dans ce contexte, riche de conflits potentiels, qu'a été rendu l'arrêt *Kress*.

II. — Le sens des solutions adoptées par la Cour européenne

5 L'arrêt du 7 juin 2001 juge conforme à la Convention la procédure suivie devant le Conseil d'État, dans ses dispositions essentielles. La Cour condamne cependant, au nom de la « théorie des apparences », la participation du commissaire du gouvernement au délibéré de la formation de jugement.

A. — *L'absence d'atteinte au principe du contradictoire*

A partir de prémisses différentes de celles du Conseil d'État, la Cour de Strasbourg n'en estime pas moins que la non-communication préalable aux parties des conclusions et l'impossibilité d'y répondre à l'audience, ne heurte pas le droit à un procès équitable.

1. — Les raisonnements du Conseil et de la Cour procèdent de points de départ différents.

a) Pour le Conseil d'État ainsi que l'a rappelé l'arrêt *Mme Esclatine*, le principe du contradictoire s'applique à la phase *d'instruction* des requêtes, laquelle est close au moment où le commissaire du Gouvernement expose oralement ses conclusions.

b) Pour la Cour, « la notion de procès équitable implique... en principe le droit pour les parties à un procès de prendre connaissance de toute pièce ou observation soumise au juge, fût-ce par un magistrat indépendant, en vue d'influencer sa décision et de la discuter. »

2. — L'intervention à l'audience publique du commissaire du Gouvernement n'est pas pour autant condamnée, en fonction de trois ordres de considération mentionnés par la Cour.

a) L'arrêt relève tout d'abord « que dans la procédure devant le Conseil d'État, les avocats qui le souhaitent peuvent demander au commissaire du Gouvernement, avant l'audience, le sens général de ses conclusions ».

b) L'arrêt souligne ensuite « que les parties peuvent répliquer, par une note en délibéré, aux conclusions du commissaire du Gouvernement, ce qui permet,... de contribuer au respect du principe du contradictoire. »

c) Enfin, l'arrêt retient l'obligation faite au juge, pour le cas où le commissaire du Gouvernement invoquerait un moyen non soulevé par les parties, de permettre à celles-ci d'en débattre. Il s'agit là d'une obligation applicable à tout moyen susceptible d'être relevé d'office par la formation de jugement remontant à un décret du 22 janvier 1992, présentement codifié à l'article R. 611-7 du code de justice administrative.

3. — Au vu de ces différents éléments, la Cour estime que « *la procédure suivie devant le Conseil d'État offre suffisamment de garanties au justiciable* et qu'aucun problème ne se pose sous l'angle du droit à un procès équitable pour ce qui est du respect du contradictoire ».

B. — La participation du commissaire du gouvernement au délibéré

6 La Cour condamne, au nom de la « théorie des apparences » la participation du commissaire du Gouvernement au délibéré.

a) La théorie des apparences est antérieure dans la jurisprudence de la Cour européenne à l'arrêt *Kress*. Elle tire son origine d'un adage énoncé par un juriste britannique, Lord Hewart, selon lequel, « justice must not only be done ; it must also be seen to be done ». La justice ne doit pas seulement être rendue, mais il doit être visible qu'elle est rendue.

b) Alors que dans l'affaire *Delcourt*, le juge européen des droits de l'homme, tout en citant cet adage, n'en avait pas inféré que l'assistance du procureur général au délibéré de la Cour de cassation belge, méconnaissait la Convention, il s'est prononcé dans un sens différent dans l'affaire *Kress*, conformément à l'orientation de sa jurisprudence la plus récente.

L'arrêt établit le bilan suivant. Si, selon les explications du Gouvernement français la présence du commissaire du Gouvernement se justifie par le fait qu'ayant été le dernier à avoir vu et étudié le dossier, il serait à même pendant les délibérations de répondre à toute question qui lui serait éventuellement posée, « l'avantage de cette assistance purement technique est à mettre en balance avec l'intérêt supérieur du justiciable, qui doit avoir la garantie que le commissaire du Gouvernement ne puisse pas, par sa présence, exercer une certaine influence sur l'issue du délibéré ».

III. — Les suites de l'arrêt

7 Le Conseil d'État a tiré plusieurs conséquences de l'arrêt *Kress*. Il a cherché à valoriser les usages ayant conduit la Cour à ne pas soumettre à une stricte procédure contradictoire les conclusions du commissaire du Gouvernement. Il en a minoré la portée s'agissant de la participation du commissaire au délibéré.

A. — L'ébauche d'une réplique aux conclusions

Le Conseil d'État a systématisé sur deux points les usages ayant permis à la Cour d'écarter l'argumentation fondée sur la non-communication préalable des conclusions et sur l'impossibilité d'y répondre à l'audience.

1. — Une directive d'ordre interne du président de la Section du contentieux a demandé aux commissaires du Gouvernement de faire connaître, avant l'audience, le sens général de leurs conclusions, non seulement aux avocats au Conseil d'État qui en font la demande, mais également à toute partie, même non représentée. Le principe d'égalité entre justiciables se trouve ainsi pleinement respecté.

2. — La note en délibéré, simple usage permettant aux avocats postérieurement à l'audience de compléter leurs observations orales et de répondre aux conclusions du commissaire du Gouvernement a vu son statut officialisé par un arrêt du Conseil d'État du 12 juillet 2002, *M. et Mme Leniau* (RFDA, 2003.307, concl. Piveteau).

B. — Une présence du commissaire du gouvernement au délibéré exclusive de toute participation

8 Si dans le texte de l'arrêt *Kress*, la Cour européenne emploie indifféremment les notions de « présence » et de « participation » du commissaire au délibéré, le dispositif de l'arrêt ne prononce de condamnation sur ce point qu'en raison de la « participation » du commissaire au délibéré.

L'arrêt a donc été interprété comme prohibant la participation du commissaire du Gouvernement au délibéré de la formation de jugement et non l'assistance à celui-ci. Semblable interprétation est conforme à une tradition bien établie et qui a fait la preuve de son utilité.

Le président Odent, qui a présidé la Section du contentieux de 1967 à 1976, rappelait que « le commissaire du Gouvernement assiste au délibéré ; il peut y intervenir, il est d'usage qu'il le fasse avec une grande modération ». Concrètement l'assistance au délibéré présente un double avantage. D'une part, si besoin est, le commissaire qui a vu le dossier le dernier peut, à la demande du président de la formation de jugement, préciser un élément de fait. D'autre part, elle lui offre la possibilité de mieux comprendre les raisons pour lesquelles la formation de jugement se rallie à son point de vue ou à l'inverse s'en sépare. La connaissance qu'il acquiert des motivations du juge lui permettra dans des conclusions ultérieures de rendre fidèlement compte de la jurisprudence, ou, s'il n'a pas été convaincu, de proposer à l'avenir son infléchissement. La doctrine comme les justiciables ne peuvent qu'en tirer profit.

115

ACTES ADMINISTRATIFS
RETRAIT - ABROGATION

CE Ass. 26 oct. 2001, TERNON

(RFDA 2002.77, concl. Séners, note P. Delvolvé ; AJ 2001.1034, chr. Guyomar et Collin, et 2002.738, note Y. Gaudemet ; DA 2001, n° 253, note Michallet ; LPA 2002, n° 31, p. 7, note Chaltiel ; RGCT 2001.1183, note Laquièze)

Cons. que, par délibération du 16 déc. 1983, le conseil régional du Languedoc-Roussillon a adopté un statut général du personnel de l'établissement public régional ; que, par arrêtés en date du 30 déc. 1983, le président de ce conseil a titularisé à compter du 1er janv. 1984 de nombreux agents contractuels dans des emplois prévus par ce statut, et en particulier M. Eric Ternon, nommé au grade d'attaché régional de première classe, 1er échelon ; que la délibération réglementaire du 16 déc. 1983 ayant été annulée le 14 nov. 1984 par le tribunal administratif de Montpellier, le président du conseil régional a pris le 14 janv. 1986 des arrêtés titularisant à nouveau les intéressés dans les conditions prévues par des délibérations réglementaires en date du 14 févr. et du 7 nov. 1985 ; qu'à la demande du préfet de région, le tribunal administratif de Montpellier a annulé ces arrêtés, par jugement en date du 25 mars 1986 devenu définitif ; que le président du conseil régional a ensuite, en premier lieu, par arrêté du 31 déc. 1987, nommé M. Ternon à compter du 1er janv. 1988 en qualité d'agent contractuel de la région, puis a, en deuxième lieu, par lettre du 25 mars 1988, refusé de l'intégrer en qualité de fonctionnaire territorial et a, en troisième lieu, par arrêté du 7 janv. 1991, licencié M. Ternon pour faute disciplinaire ; que M. Ternon se pourvoit en cassation contre l'arrêt en date du 26 mars 1988 par lequel la cour administrative d'appel de Bordeaux a refusé d'annuler ces trois décisions ;

Sans qu'il soit besoin d'examiner les autres moyens du pourvoi ;

Cons. que la cour, après avoir relevé que M. Ternon soutenait que ces trois décisions méconnaissaient les droits acquis qu'il estimait tenir de l'arrêté de titularisation du 30 déc. 1983, a jugé qu'il n'était pas fondé à se prévaloir de tels droits dès lors que, par lettre du 16 févr. 1984 adressée au président du conseil régional dans le délai du recours contentieux, il avait exprimé son refus d'être titularisé et sa volonté de rester contractuel ; qu'il ressort toutefois du dossier soumis aux juges du fond qu'à supposer que cette lettre du 16 févr. 1984 ait constitué un recours administratif contre l'arrêté du 30 déc. 1983, ce recours n'a pas été accueilli avant que l'intéressé n'y ait renoncé, en entreprenant dès mars 1985 de faire valoir les droits qu'il estimait tenir du caractère définitif de cet arrêté ; que par suite la cour a dénaturé les pièces du dossier en estimant que les deux premières décisions répondaient aux vœux de M. Ternon et que, pour les mêmes motifs, la troisième n'avait pas à respecter les garanties prévues en faveur des fonctionnaires titulaires ; que dès lors M. Ternon est fondé à demander l'annulation de l'arrêt attaqué ;

Cons. qu'aux termes de l'article L. 821-2 du code de justice administrative, le Conseil d'État, s'il prononce l'annulation d'une décision d'une juridiction administrative statuant en dernier ressort, peut « régler l'affaire au fond si l'intérêt d'une bonne administration de la justice le justifie » ; que, dans les circonstances de l'espèce, il y a lieu de régler les affaires au fond ;

Cons. que les deux requêtes d'appel de M. Ternon, qui sont relatives à sa situation, doivent être jointes pour y être statué par une seule décision ;

En ce qui concerne l'arrêté du 31 déc. 1987 :

Cons. que par décision du 2 mars 1994, le Conseil d'État statuant au contentieux a rejeté les conclusions de M. Ternon dirigées contre cet arrêté ; que l'autorité de chose jugée qui s'attache à cette décision s'oppose à ce que M. Ternon conteste à nouveau le même arrêté par des moyens relevant de la même cause juridique ; que M. Ternon n'est par suite pas fondé à soutenir que c'est à tort que le tribunal administratif a refusé d'annuler cet arrêté ;

En ce qui concerne la décision du 25 mars 1988 :

Cons. que si l'arrêté du 31 décembre 1987, devenu définitif, n'a eu ni pour objet ni pour effet de retirer l'arrêté en date du 30 déc. 1983 par lequel M. Ternon a acquis un droit à être titularisé dans la fonction publique territoriale, telle a été la portée de la décision du 25 mars 1988 par laquelle la région a refusé de régulariser la situation de M. Ternon ; que l'arrêté en date du 25 oct. 1995 par lequel le président du conseil régional a retiré l'arrêté du 30 déc. 1983 n'a fait que confirmer cette décision de retrait ;

Cons. que, sous réserve de dispositions législatives ou réglementaires contraires, et hors le cas où il est satisfait à une demande du bénéficiaire, l'administration ne peut retirer une décision individuelle explicite créatrice de droits, si elle est illégale, que dans le délai de quatre mois suivant la prise de cette décision ;

Cons. que si M. Ternon a demandé le 26 févr. 1984 à l'administration de retirer l'arrêté susmentionné du 31 déc. 1983, il a ensuite, ainsi qu'il a déjà été dit, expressément abandonné cette demande ; que, par suite, le président du conseil régional ne pouvait pas légalement prononcer ce retrait, comme il l'a fait par sa décision du 25 mars 1988, réitérée le 25 oct. 1995 ; que M. Ternon est donc fondé à soutenir que c'est à tort que le tribunal a refusé d'annuler cette décision ;

En ce qui concerne le licenciement du 7 janv. 1991 :

Cons. que l'arrêté du 31 déc. 1983 a conféré la qualité de fonctionnaire territorial à M. Ternon, lequel devait par suite bénéficier des garanties statuaires prévues par la loi susvisée du 26 janv. 1984 ; que M. Ternon est dès lors fondé à soutenir que son licenciement disciplinaire a été prononcé irrégulièrement, faute d'avoir été précédé de l'avis préalable de la commission administrative paritaire siégeant en conseil de discipline exigé par l'article 89 de cette loi, et que c'est à tort que le tribunal a refusé d'annuler la décision du 7 janv. 1991 ;

Sur les conclusions tendant à ce qu'il soit enjoint à la région de régulariser la situation de fonctionnaire territorial de M. Ternon :

Cons. qu'aux termes de l'article L. 911-1 du code de justice administrative, « lorsque sa décision implique nécessairement qu'une personne morale de droit public (...) prenne une mesure d'exécution dans un sens déterminé, la juridiction, saisie de conclusions en ce sens, prescrit, par la même décision, cette mesure assortie, le cas échéant, d'un délai d'exécution » ; qu'aux termes de l'article L. 911-3 du même code, « saisie de conclusions en ce sens, la juridiction peut assortir, dans la même décision, l'injonction prescrite en application des articles L. 911-1 et L. 911-2 d'une astreinte qu'elle prononce dans les conditions prévues au présent livre et dont elle fixe la date d'effet » ;

Cons. que l'annulation de la décision du 25 mars 1988 susmentionnée implique nécessairement que la région Languedoc-Roussillon reconstitue la carrière de l'intéressé et procède à sa réintégration ; que si la région fait valoir qu'elle a explicitement retiré l'arrêté du 30 déc. 1983 par l'arrêté du 25 oct. 1995 susmentionné, cette décision, purement confirmative de celle du 25 mars 1988, est sans effet sur la situation juridique de M. Ternon et ne fait donc pas obstacle à ce qu'il soit maintenant procédé à sa réintégration ; qu'il y a lieu d'enjoindre à la région, d'une part, de procéder à la réintégration juridique de M. Ternon en qualité de fonctionnaire territorial, après avoir reconstitué sa carrière par comparaison avec la progression moyenne des autres agents qu'elle a titularisés dans le grade d'attaché régional par des arrêtés du 31 déc. 1983, d'autre part, de l'affecter dans un emploi correspondant au grade résultant de cette reconstitution, sans préjudice de l'application éventuelle des dispositions de l'article 97 de la loi du 26 janv. 1984 ; que, compte tenu de toutes les circonstances de l'affaire, il y a lieu de prononcer contre la région, à défaut pour elle de justifier de cette exécution dans un délai de trois mois à compter de la notification de la présente décision, une astreinte de 1 000 F par jour jusqu'à la date à laquelle elle aura reçu exécution ;

Sur les conclusions de M. Ternon tendant à ce que le Conseil d'État ordonne la suppression des passages des mémoires de la région qui mettraient en cause sa dignité :

Cons. que M. Ternon invoque à l'appui de ses conclusions les dispositions de l'article 41 de la loi du 29 juill. 1881, reproduites à l'article L. 741-2 du code de justice administrative, qui permettent aux tribunaux, dans les causes dont ils sont saisis, de prononcer la suppression des écrits injurieux, outrageants ou diffamatoires ; que les mémoires de la région Languedoc-Roussillon ne comportent pas de passages présentant ces caractères ; que les conclusions de M. Ternon doivent par suite être rejetées sur ce point ;

Sur l'application de l'article L. 761-1 du code de justice administrative :

Cons. qu'il y a lieu, en application des dispositions de cet article, de condamner la région Languedoc-Roussillon à verser à M. Ternon la somme de 5 880 F qu'il demande au titre des frais exposés par lui, non compris dans les dépens et de rejeter les conclusions présentées par la région sur ce point ;

(annulation des décisions du président du conseil régional du 25 mars 1988 refusant d'intégrer M. Ternon comme fonctionnaire territorial et du

7 janv. 1991 procédant à son licenciement, astreinte de mille francs par jour à l'encontre de la Région si elle ne justifie pas avoir, d'une part, dans les trois mois suivant la notification de la présente décision, procédé à la réintégration juridique de M. Ternon en qualité de fonctionnaire territorial après avoir reconstitué sa carrière, d'autre part, l'avoir affecté dans un emploi correspondant au grade résultant de cette reconstitution).

OBSERVATIONS

1 L'arrêt *Ternon* modifie le régime du retrait des actes administratifs qui résultait de l'arrêt du Conseil d'État, *dame Cachet* du 3 nov. 1922 (Rec. 790 ; RDP 1922.552, concl. Rivet ; S. 1925.3.9., note Hauriou).

Il a été rendu dans une affaire compliquée, ayant donné lieu à plusieurs décisions et plusieurs contestations, concernant un agent de la Région Languedoc-Roussillon, M. Ternon. Si l'on se limite à l'essentiel, celui-ci avait été titularisé par arrêté du 30 déc. 1983 ; il a demandé le 16 févr. 1984 à l'administration de retirer cet arrêté, ce qu'elle n'a pas fait avant que, se ravisant, il entreprenne des démarches faisant valoir le caractère définitif de l'arrêté et des droits en résultant pour lui, pour obtenir la régularisation de sa situation ; par une décision du 25 mars 1988, le président du conseil régional a refusé de le faire, ce qui équivalait au retrait de l'arrêté du 30 déc. 1983.

C'est ce *retrait* qu'annule notamment l'arrêt du 26 oct. 2001 et c'est à ce sujet qu'il revient sur la jurisprudence *dame Cachet*. Il ne se prononce pas expressément sur *l'abrogation*, mais au moins indirectement il contribue à en préciser le régime.

Dans les deux cas, il s'agit de mettre fin à un acte antérieur. Le retrait y procède pour le passé, dès l'origine, l'abrogation seulement pour l'avenir.

Le retrait comporte donc un effet rétroactif, contraire au principe de non-rétroactivité des actes administratifs (v. nos obs. sous CE 25 juin 1948, *Société du journal l'Aurore**), que n'a pas l'abrogation. Dans les deux cas, apparaissent des exigences contradictoires : si l'acte initial est illégal, cette illégalité justifie qu'il soit remis en cause ; mais les droits acquis qu'il a pu créer, même illégalement, ne doivent pas pouvoir l'être indéfiniment, sauf à compromettre la sécurité juridique. Il faut donc chercher un équilibre entre légalité et sécurité.

A cet égard, si l'arrêt *Ternon* innove par rapport à l'arrêt *dame Cachet* dans la solution qu'il adopte, il se situe dans la même ligne que lui par l'esprit qui l'anime.

Il ne régit pas toutes les hypothèses de retrait et d'abrogation. S'y ajoutent non seulement d'autres décisions de jurisprudence mais des dispositions législatives : l'ensemble détermine des solutions d'une grande complexité. Le système ne peut s'expliquer qu'à partir de distinctions.

I. — Les distinctions

2 Si la distinction principale concerne la portée dans le temps de la décision revenant sur un acte antérieur (retrait : dès le passé ; abrogation : pour l'avenir), elle doit se combiner avec des distinctions concernant l'acte initial sur lequel l'administration veut revenir, et portant sur sa nature, sa portée, sa valeur.

A. — La *nature de l'acte initial* doit être identifiée matériellement et formellement.

1°) Selon le premier aspect, l'acte peut être *réglementaire* ou *non réglementaire*.

Il est réglementaire lorsqu'il établit des dispositions générales et impersonnelles (par ex. CE 21 oct. 1966, *Société Graciet*, Rec. 560 – v. n° 63.7), particulièrement lorsqu'il régit l'organisation d'un service public (v. nos obs. sous TC 15 janv. 1968, *Epoux Barbier c. Compagnie Air France**).

Non réglementaire, il est le plus souvent individuel, en désignant une personne déterminée (par ex. une nomination, comme c'était le cas dans l'affaire *Ternon*). Il peut n'être ni réglementaire (car n'établissant pas de norme générale et impersonnelle) ni individuel (car ne visant personne) : cet acte particulier est parfois appelé acte intermédiaire (concl. Laurent, AJ 1955. II. 290) ou décision d'espèce (l'exemple classique est celui de la déclaration d'utilité publique : CE Ass. 22 févr. 1974, *Adam*, Rec. 145 – v. n° 89.6).

2°) Selon le second aspect, l'acte est le plus souvent *explicite*, formalisé par un document écrit (ex. des décrets, arrêtés).

Les textes ont développé les décisions *implicites*, acquises à l'expiration d'un certain délai pendant lequel l'administration a gardé le silence sur une demande d'un administré.

Pendant longtemps il s'est agi seulement de décisions implicites de *rejet*, dont le délai de formation était fixé à quatre mois. La loi du 12 avril 2000 relative aux droits des citoyens dans leurs relations avec l'administration a ramené ce délai en principe à deux mois (art. 21). Mais, dans certains cas, l'expiration de ce délai peut valoir *acceptation* (art. 22, qui renvoie à des décrets en Conseil d'État et permet de fixer si nécessaire un délai différent).

3 ***B.*** — La *portée de l'acte initial* est déterminée en considération des droits qu'il crée ou non au profit des intéressés. La distinction est une des plus délicates qui soient. Elle apparaît souvent plus à travers ses conséquences que par des critères spécifiques. Elle est plus facile à illustrer par des exemples qu'à systématiser par une définition.

1°) Sont *créateurs de droits* les actes qui donnent aux intéressés une situation sur laquelle il n'est pas possible en principe à l'administration de revenir : ces droits sont acquis aux bénéficiaires et ne peuvent en principe être remis en cause. Ils ne peuvent résulter que d'actes individuels.

Le bénéficiaire est le plus souvent la personne même qui fait l'objet de la décision (par ex. le fonctionnaire qui est nommé) ; il peut s'agir le cas échéant de tiers (ainsi le refus de nommer des personnes dans un corps de fonctionnaires peut créer des droits au profit des fonctionnaires appartenant déjà à ce corps : CE Sect. 12 juin 1959, *Syndicat chrétien du ministère de l'industrie et du commerce*, Rec. 360 ; AJ 1960. II. 62, concl. Mayras ; le retrait d'un permis de construire peut créer des droits au profit des voisins : CE Sect. 4 mai 1984, *Epoux Poissonnier*, Rec. 162 ; AJ 1984. 511, concl. Labetoulle ; D. 1985.246, note Fernandez).

Les exemples classiques d'actes créateurs de droits sont ceux de nominations, d'autorisations, d'octroi de décorations comme celles de la Légion d'honneur (CE Sect. 24 févr. 1967, *de Maistre*, Rec. 91 ; JCP 1967. II. 15068, concl. Rigaud ; AJ 1967.342, obs. Peiser). Il faut y ajouter aujourd'hui les actes pécuniaires. La distinction entre ceux qui étaient accordés dans l'exercice d'une compétence liée, et n'étaient pas jugés créateurs de droits (CE Sect. 15 oct. 1976, *Buissière*, Rec. 419, concl. Labetoulle ; AJ 1976.557, chr. Nauwelaers et Fabius), et ceux qui étaient pris à la suite d'une appréciation discrétionnaire, jugés créateurs, a été abandonnée par l'arrêt (Sect.) du 6 nov. 2002, *Mme Soulier* (RFDA 2003.225, concl. Austry, note P. Delvolvé ; AJ 2002.1434, chr. Donnat et Casas ; DA juill. 2003, p. 6, notes Noguellou et Perdu ; AJFP 2003, n° 2, p. 20, note Fuchs ; RDP 2003.408, note Guettier) : *« une décision administrative crée des droits au profit de son bénéficiaire alors même que l'administration avait l'obligation de refuser cet avantage »*. La généralité de la formule rejoint la solution spéciale qui prévalait déjà en matière de pensions (CE Ass. 2 mai 1958, *Lassale*, Rec. 255 ; Sect. 26 févr. 2003, *Nègre*, AJ 2003.490, chr. Donnat et Casas ; RFDA 2003.250), et renoue avec celle de l'arrêt *dame Cachet*, qui ne faisait aucune distinction entre les actes pécuniaires.

Les décisions pour le bénéfice desquelles l'administration soumet les intéressés à l'exécution de certaines conditions (décisions conditionnelles) sont créatrices de droits dès lors que sont exécutées ces conditions (par ex. CE 25 juill. 1986, *Société Grandes Distilleries « les fils d'Auguste Peureux »*, Rec. 340 ; RFDA 1987.454, concl. Fouquet), non dans le cas contraire (par ex. CE Sect. 10 mars 1967, *Ministre de l'économie et des finances c/ Société Samat*, Rec. 113 ; AJ 1967.280 ; concl. Galmot).

4 *2°)* D'autres actes ne sont pas créateurs de droits, en ce sens que les intéressés n'ont pas droit à leur maintien. Cela n'empêche que ces actes, tant qu'ils sont en vigueur, ont des *effets de droit*, et

que les intéressés ont droit à leur application. En ce sens on pourrait dire que ce sont des actes créateurs de droit (sans s). C'est le cas de tous les *actes réglementaires* et, parmi les actes non réglementaires, des *actes particuliers* (ou décisions d'espèce).

La difficulté d'identification des actes à simple effet de droit concerne les actes individuels. Elle ne peut être levée que par des exemples.

Viennent au premier rang les autorisations de police (CE Ass. 4 juill. 1958, *Graff*, Rec. 414 ; RDP 1959.315, concl. Long ; AJ 1958. II. 314, chr. Fournier et Combarnous ; Sect. 1er févr. 1980, *Rigal*, Rec. 64 ; AJ 1981.43, concl. Bacquet), les nominations à des emplois à la discrétion (aujourd'hui « à la décision ») du gouvernement (CE Ass. 22 déc. 1989, *Morin*, Rec. 279 ; AJ 1990.90, chr. Honorat et Baptiste). L'aménagement d'un régime particulier de recours hiérarchique contre certains actes peut retarder le caractère définitif de leurs effets (CE Ass. 29 mars 1968, *Manufacture française des pneumatiques Michelin*, Rec. 214, concl. Vught – v. n° 91.2).

Il faut mettre à part d'autres actes qui ont, eux aussi, des effets de droit tant qu'ils sont en vigueur, mais qui peuvent être remis en cause plus radicalement que les précédents. Il s'agit d'une part des actes obtenus par fraude (CE Sect. 29 nov. 2002, *Assistance publique-Hôpitaux de Marseille*, RFDA 2003.234, concl. Bachelier, note P. Delvolvé ; AJ 2003.276, chr. Donnat et Casas), d'autre part des actes simplement déclaratifs (ou recognitifs), qui se bornent à tirer les conséquences d'une situation voire à la constater : il en est ainsi des mesures de liquidation d'une créance née d'une décision prise antérieurement (CE 6 nov. 2002, *Mme Soulier*, précité), de décisions concernant certaines décorations (CE 12 déc. 1941, *Mayer*, Rec. 213 ; 6 mai 1957, *Leseigneur*, Rec. 285), d'actes de délimitation du domaine public (CE 19 mars 1980, *Delmas et Sibille*, DA 1980, n° 136 ; 26 juill. 1991, *Consorts Lecuyer*, Rec. 306 ; CJEG 1992.113, concl. Stirn ; AJ 1992.92, note Teboul).

3°) Enfin n'ont *aucun effet de droit* les actes inexistants, en raison de la gravité même des vices dont ils sont atteints (v. nos obs. sous CE 31 mai 1957, *Rosan Girard**).

5 ***C.*** — On touche là un autre élément de distinction à prendre en compte : celui de *la valeur de l'acte initial*. S'il est légal, il n'existe pas de motif tenant à la légalité qui justifie que l'administration le fasse disparaître.

En revanche, s'il est illégal (a fortiori s'il est inexistant), le principe de légalité voudrait qu'il puisse être supprimé. Encore faut-il tenir compte du moment où l'acte apparaît illégal : tantôt il l'est dès l'origine, tantôt il ne le devient que par suite du changement de circonstances (v. nos obs. sous CE 10 janv. 1932, *Despujol** et 3 févr. 1989, *Compagnie Alitalia**). Il faut tenir compte aussi de la sécurité juridique, à laquelle les administrés ont droit autant qu'à la légalité, et qui est finalement elle-même un élément de la légalité.

C'est en combinant tous ces éléments de distinction qu'ont pu être adoptées les solutions.

II. — Les solutions

6 La distinction du retrait et de l'abrogation constitue la base des solutions.

A. — Celles qui concernent *le retrait* (dès le passé) sont déterminées par la combinaison de la portée de l'acte (créant des droits ou ayant seulement des effets de droit) et de la valeur de l'acte (légale ou illégale). On peut dire que plus l'acte est fort par sa portée et par sa valeur, moins il peut être retiré, et inversement.

1°) Pour *les décisions créatrices de droits*, le retrait ne peut être admis lorsqu'elles sont légales (sous réserve éventuellement de dispositions législatives). Seule leur illégalité peut le justifier.

L'arrêt *dame Cachet* avait lié les conditions de leur retrait à celles du recours dont elles peuvent faire l'objet :

« *Cons. que, d'une manière générale, s'il appartient aux ministres, lorsqu'une décision administrative ayant créé des droits est entachée d'une illégalité de nature à en entraîner l'annulation par la voie contentieuse, de prononcer eux-mêmes d'office cette annulation, ils ne peuvent le faire que tant que les délais du recours contentieux ne sont pas expirés ; que, dans le cas où un recours contentieux a été formé, le ministre peut encore, même après l'expiration de ces délais et tant que le Conseil d'État n'a pas statué, annuler lui-même l'acte attaqué dans la mesure où il a fait l'objet dudit recours, et en vue d'y donner satisfaction, mais qu'il ne saurait le faire que dans les limites où l'annulation a été demandée par le requérant et sans pouvoir porter atteinte aux droits définitivement acquis par la partie de la décision qui n'a dans les délais été ni attaquée ni rapportée* ».

La solution avait sa logique : tant que l'acte peut être annulé par le juge, il doit pouvoir être retiré par l'administration. La logique a été poussée à l'extrême lorsque, en l'absence de publicité adéquate, le délai de recours ne courant pas, le retrait restait toujours possible : l'arrêt *Ville de Bagneux* (Ass. 6 mai 1966, Rec. 303 ; RDP 1967.339, concl. Braibant ; AJ 1966.485, chr. Puissochet et Lecat) a ainsi admis que le retrait d'un permis de construire notifié au bénéficiaire restait possible tant que, faute de publication, les tiers pouvaient l'attaquer. La sécurité et la stabilité juridiques pouvaient s'en trouver compromises.

Les textes et les arrêts ont cherché à remédier à ces excès. Le décret du 28 nov. 1983 concernant les relations entre l'administration et les usagers dispose dans son article 9 (repris aujourd'hui à l'art. R. 421-5 CJA) : « les délais de recours ne sont opposables qu'à la condition d'avoir été mentionnés ainsi que les voies de recours, dans la notification de la décision ». Si le délai de retrait est, selon l'arrêt *dame Cachet*, lié au délai de recours, il suffirait à l'administration de ne pas préciser les délais et voies de recours de sa décision pour se ménager une possibilité indéfinie de retrait. Le décret de 1983 se retournerait contre les intéressés. Le Conseil d'État y a mis bon ordre dans son arrêt (Ass.) du 24 oct. 1997, *Mme de Laubier*, Rec. 371 : RFDA 1998.527, concl. Pécresse ; AJ 1997.936, chr. Girardot et Raynaud ; D. 1998.202, note Brisson ; Gaz. Pal. 2000, nº 40-41, p. 31, note Suarès : « l'auteur de l'acte... ne saurait... invoquer le bénéfice de ces dispositions pour retirer, de sa propre initiative, une décision individuelle créatrice de droits au-delà d'un délai de deux mois après sa notification, alors même que cette décision serait illégale ».

Pour les décisions qui n'avaient pas à faire l'objet d'une publicité, le Conseil d'État a considéré que l'administration se trouvait dessaisie à l'expiration du délai de décision implicite, et qu'il n'était donc plus possible de les retirer, à quelque moment que ce soit, même si elles étaient illégales (CE Sect. 14 nov. 1969, *Eve*, Rec. 498, concl. Bertrand ; RDP 1970.784, M. Waline ; AJ 1969.683, chr. Denoix de Saint Marc et Labetoulle). Le besoin de stabilité l'emportait ainsi sur l'exigence de légalité.

La loi du 12 avr. 2000 est venue elle-même renverser la solution de l'arrêt *Eve* en permettant le retrait des décisions implicites d'acceptation non soumises à publicité dans un délai de deux mois à compter de leur adoption.

7 L'arrêt *Ternon* prolonge ce mouvement mais rompt avec la jurisprudence *dame Cachet* en procédant au découplage du retrait et du recours : « *l'administration ne peut retirer une décision individuelle explicite créatrice de droits, si elle est illégale, que dans le délai de quatre mois suivant la prise de décision* ».

Désormais le délai de retrait se différencie de celui du recours, à la fois par sa durée (quatre mois et non deux) et son point de départ (la date d'adoption de la décision et non celle de la publicité dont celle-ci doit faire l'objet). Le début du délai de retrait est le même que celui des effets créateurs de droits : l'acte les produit dès sa signature, avant même d'avoir été notifié au bénéficiaire (CE Sect. 19 déc. 1952, *Dlle Mattei*, Rec. 594 ; Ass. 14 mai 1954, *Clavel*, Rec. 270, concl. Laurent ; RDP 1954.801, note M. Waline).

Pour importante que soit l'innovation de l'arrêt *Ternon*, elle n'a pas une portée générale : elle ne vaut que pour les *décisions individuelles explicites créatrices de droits*.

Elle ne s'impose pas si la demande de retrait est présentée par le bénéficiaire (dans l'affaire *Ternon*, si l'intéressé avait demandé le retrait de la décision, il avait lui-même retiré sa demande avant que l'administration y fasse droit).

L'arrêt réserve la possibilité non seulement pour le législateur mais aussi pour le pouvoir réglementaire d'adopter des solutions différentes.

Il ne règle pas le cas des *décisions implicites*. Pour celles qui valent *acceptation*, l'article 22 de la loi du 12 avr. 2000 distingue selon qu'elles font l'objet d'une publicité ou non ; dans le premier cas, le régime du retrait reste lié à celui du recours, selon la formule de l'arrêt *dame Cachet* ; dans le second, le retrait n'est possible que pendant un délai de deux mois à compter de la décision (alors qu'il est de quatre mois dans les cas couverts par l'arrêt Ternon).

Pour les décisions implicites de *rejet*, ni la législation ni la jurisprudence ne sont revenues sur l'arrêt *dame Cachet*, qui devrait donc encore s'appliquer à elles – mais rares sont celles qui pourraient être créatrices de droit.

8 *2°)* Elles n'ont le plus souvent qu'un simple *effet de droit*. L'arrêt *Ternon*, ne désignant que des décisions créatrices de droits, ne couvre pas celles qui ne le sont pas. Du moins la condition d'*illégalité* qu'il pose peut-elle aussi guider le régime de leur retrait.

Lorsqu'elle est remplie, le retrait doit être possible dans tous les cas sans condition de délai. C'est ce qui a été jugé explicitement pour les décisions obtenues par fraude (29 nov. 2002, *Assistance publique-Hôpitaux de Marseille*, précité) et implicitement pour les mesures de liquidation (6 nov. 2002, *Mme Soulier*, précité). Il doit en aller de même pour tous les actes simplement recognitifs (ou déclaratifs), voire pour ceux qui, allant plus loin, ne créent pas de droits (autorisations de police, nominations à des emplois à la discrétion du gouvernement).

Mais lorsque ces actes ont été légalement adoptés, il n'y a pas de raison d'en permettre le retrait. Tout au plus le Conseil d'État l'a-t-il admis pour un règlement n'ayant donné lieu à aucun commencement d'application (CE 21 oct. 1966, *Société Graciet*, précité).

9 ***B.*** — L'*abrogation* d'un acte (pour l'avenir) ne se heurte pas, comme le retrait, au principe de non-rétroactivité des actes administratifs. Elle doit être facilitée pour permettre à l'administration de s'adapter à des situations nouvelles. Elle ne peut être entravée que par la considération des droits acquis.

1°) Elle est toujours possible pour *les actes à simple effet de droit*, sans condition de légalité, pour simple opportunité.

La solution est constante pour les règlements : si les intéressés ont droit à leur application tant qu'ils sont en vigueur, ils n'ont pas droit à leur maintien. Un règlement peut même être abrogé avant le terme qu'il s'est fixé, sans qu'un principe de confiance légitime puisse s'y opposer au regard du droit interne (CE 25 juin 1954, *Syndicat national de la meunerie à seigle*, Rec. 379 ;

D. 1955.49, concl. Jean Donnedieu de Vabres ; – Sect. 27 janv. 1961, *Vannier*, Rec. 60, concl. Kahn).

Il en va de même pour les actes non réglementaires, individuels (CE 22 déc. 1989, *Morin*, précité ; 4 juill. 1958, *Graff*, précité) ou non (22 févr. 1974, *Adam*). En particulier les actes obtenus par fraude peuvent être aussi bien abrogés que retirés sans condition de délai. (CE 29 nov. 2002, *Assistance publique – Hôpitaux de Marseille*).

La considération de l'illégalité entre en ligne de compte pour transformer la faculté d'abroger en une obligation. Selon la jurisprudence *Compagnie Alitalia**, l'administration, saisie d'une demande d'abrogation d'un règlement illégal est tenue d'y faire droit, que le règlement ait été illégal dès l'origine ou qu'il le soit devenu par suite du changement de circonstances. Pour les actes non réglementaires, cette obligation ne s'impose sans délai qu'en cas d'illégalité consécutive à un changement de circonstances (CE Sect. 30 nov. 1990, *Association « Les Verts »*, Rec. 339 – v. nº 97.7) ; si l'acte était illégal dès l'origine, l'obligation ne joue que si la demande a été présentée dans le délai de retrait.

2°) La solution rejoint alors celle qui prévaut pour *les actes créateurs de droits*.

Seule *leur illégalité* peut justifier leur abrogation, mais celle-ci doit être limitée, comme le retrait, par les droits acquis qui en sont résultés.

C'est pourquoi le régime de leur abrogation doit être le même que celui de leur retrait (quatre mois à partir de la prise de décision pour les décisions explicites selon l'arrêt *Ternon* ; solutions particulières pour les autres, cf. supra).

Mais il reste une particularité pour les actes pécuniaires dont l'octroi est soumis à des conditions liant l'administration. La reconnaissance par l'arrêt *Mme Soulier* de leur caractère *créateur de droits* n'a pas empêché le Conseil d'État, d'admettre, dans le même arrêt, que, lorsque ces conditions ne sont plus remplies, l'administration peut supprimer pour l'avenir l'avantage accordé indûment au bénéficiaire : ainsi, si la voie du retrait s'est fermée, celle de l'abrogation reste ouverte. La formule pourrait valoir pour d'autres actes dont l'adoption est soumise à certaines conditions. Elle limite sensiblement la portée de la notion d'acte créateur de droits.

Une autre limite apparaît même pour ceux qui ont été *adoptés légalement*. Ils peuvent être abrogés selon le système dit de l'acte contraire, étroitement soumis à des conditions de compétence, de procédure et de fond, dont on trouve une illustration avec la révocation d'un fonctionnaire, qui peut être considérée comme l'abrogation (pour l'avenir) de sa nomination initiale : elle ne peut être prononcée que pour une faute grave à la suite d'une procédure disciplinaire.

Si l'arrêt *Ternon* marque une évolution importante du régime gouvernant la fin des actes administratifs, en revenant sur la jurisprudence *dame Cachet*, il ne s'en écarte pas dans son esprit, n'écarte pas non plus totalement son application et ne régit entièrement ni le retrait ni l'abrogation.

La diversité des actes et des intérêts en présence conduit à une diversification des solutions, marquée par une trop grande complexité.

La jurisprudence et la législation devront chercher à atteindre une plus grande simplicité et une plus grande unité. Mais elles resteront guidées, comme les arrêts *dame Cachet* et *Ternon*, par les exigences à la fois de la légalité et de la sécurité, dont la conciliation n'est pas aisée.

116

PENSIONS DES ANCIENS COMBATTANTS ÉTRANGERS - CONTRÔLE DE CONVENTIONNALITÉ

CE Ass. 30 nov. 2001, Ministre de la défense C/M. Diop, Ministre de l'économie, des finances et de l'industrie C/M. Diop

(RFDA 2002.573, concl. Courtial ; AJ. 2001.1039, chr. Guyomar et Collin ; RDSS 2002.611, note Daugareilh ; LPA 12 avril 2002, note Vial ; LPA 18 juin 2002, note Févrot ; Revue de jurisprudence sociale 2002.109, note Lhernould ; RGDIP 2002.207, note Geslin ; RTDH 2003.299, note Wachsmann)

(...)

Considérant qu'aux termes de l'article 71 de la loi n° 59-1454 du 26 décembre 1959, rendu applicable aux ressortissants sénégalais par l'article 14 de la loi n° 79-1102 du 21 décembre 1979, modifié par l'article 22 de la loi n° 81-1179 du 31 décembre 1981 : « I– A compter du 1er janvier 1961, les pensions, rentes ou allocations viagères imputées sur le budget de l'État ou d'établissements publics, dont sont titulaires les nationaux des pays ou territoires ayant appartenu à l'Union française ou à la Communauté ou ayant été placés sous le protectorat ou sous la tutelle de la France, seront remplacées pendant la durée normale de leur jouissance personnelle par des indemnités annuelles en francs, calculées sur la base des tarifs en vigueur pour lesdites pensions ou allocations à la date de leur transformation... » ;

Considérant qu'il ressort des pièces du dossier soumis aux juges du fond que M. Amadou Diop, a été engagé dans l'armée française à compter du 4 février 1937, qu'il a été titularisé comme auxiliaire de gendarmerie le 1er juillet 1947 et rayé des contrôles avec le rang de sergent-chef le 1er avril 1959 ; qu'en rémunération de ses services, une pension militaire de retraite lui a été concédée à compter de cette date au taux proportionnel en vigueur pour tous les agents ; que, toutefois, après qu'à la suite de l'accession du Sénégal à l'indépendance il eut perdu la nationalité française, sa pension a, en application des dispositions législatives précitées, été remplacée, à compter du 2 janvier 1975, par une indemnité insusceptible d'être revalorisée dans les conditions prévues par le code des pensions civiles et militaires de retraite ; que le Ministre de la Défense et le Ministre de l'Économie, des Finances et de l'Industrie demandent l'annulation de l'arrêt du 7 juillet 1999, par lequel la cour administrative d'appel de Paris a annulé la décision implicite du ministre de la défense lui refusant la revalorisation de sa pension militaire à concurrence des montants dont il aurait bénéficié s'il avait conservé la nationalité française ainsi que le versement des arrérages qu'il estimait lui être dus, augmentés des intérêts capitalisés ;

Sur la recevabilité du moyen tiré, devant la cour administrative d'appel, de la méconnaissance des stipulations de l'article 14 de la convention européenne de sauvegarde des droits de l'homme et des libertés fondamentales, combinées avec celles de l'article 1er du premier protocole additionnel à cette convention :

Considérant que le moyen présenté en appel, tiré par M. Diop de ce que les dispositions précitées de l'article 71 de la loi du 26 décembre 1959 seraient à l'origine d'une différence de traitement entre les anciens agents publics selon leur nationalité, qui ne serait pas compatible avec les stipulations de l'article 14 de la convention européenne de sauvegarde des droits de l'homme et des libertés fondamentales combinées avec celles de l'article 1er de son 1er protocole additionnel, procédait de la même cause juridique que le moyen développé devant le tribunal administratif, tiré de l'incompatibilité de ces mêmes dispositions avec le Pacte international relatif aux droits civils et politiques, ouvert à la signature à New York le 19 décembre 1966, qui mettait également en cause la légalité interne de l'acte attaqué ; que la cour n'a pas commis d'erreur de droit en jugeant que ce moyen ne constituait pas une demande nouvelle irrecevable en appel ;

Sur le bien-fondé du refus de revalorisation de la pension de M. Diop :

Considérant qu'aux termes de l'article 1er de la convention européenne de sauvegarde des droits de l'homme et des libertés fondamentales, ratifiée par la France en application de la loi du 31 décembre 1973 et publiée au Journal officiel par décret du 3 mai 1974 : « Les Hautes parties contractantes reconnaissent à toute personne relevant de leur juridiction les droits et libertés définis au titre I de la présente convention » ; qu'aux termes de l'article 14 de la même convention : « La jouissance des droits et libertés reconnus dans la présente convention doit être assurée, sans distinction aucune, fondée notamment sur le sexe, la race, la couleur, la langue, la religion, les opinions politiques ou toutes autres opinions, l'origine nationale ou sociale, l'appartenance à une minorité nationale, la fortune, la naissance ou toute autre situation » ; qu'en vertu des stipulations de l'article 1er du 1er protocole additionnel à cette convention : « Toute personne physique ou morale a droit au respect de ses biens. Nul ne peut être privé de sa propriété que pour cause d'utilité publique et dans les conditions prévues par la loi et les principes généraux du droit international. Les dispositions précédentes ne portent pas atteinte au droit que possèdent les États de mettre en vigueur les lois qu'ils jugent nécessaires pour réglementer l'usage des biens conformément à l'intérêt général ou pour assurer le paiement des impôts ou d'autres contributions ou des amendes » ;

Considérant qu'en vertu de l'article L. 1 du code des pensions civiles et militaires de retraite, dans sa rédaction issue de la loi du 20 septembre 1948, applicable en l'espèce, les pensions sont des allocations pécuniaires, personnelles et viagères auxquelles donnent droit les services accomplis par les agents publics énumérés par cet article, jusqu'à la cessation régulière de leurs fonctions ; que, dès lors, la cour n'a pas commis d'erreur de droit en jugeant que ces pensions constituent des créances qui doivent être regardées comme des biens au sens de l'article 1er, précité, du premier protocole additionnel à la convention européenne de sauvegarde des droits de l'homme et des libertés fondamentales ;

Considérant qu'*une distinction entre des personnes placées dans une situation analogue est discriminatoire, au sens des stipulations précitées de l'article 14 de la convention européenne* de sauvegarde des droits de l'homme et des libertés fondamentales, *si elle n'est pas assortie de justifications objectives et raisonnables, c'est-à-dire si elle ne poursuit pas un objectif d'utilité publique, ou si elle n'est pas fondée sur des critères objectifs et rationnels en rapport avec les buts de la loi* ;

Considérant qu'il ressort des termes mêmes de l'article 71, précité, de la loi du 26 décembre 1959, que les ressortissants des pays qui y sont mentionnés reçoivent désormais, à la place de leur pension, en application de ces dispositions, une indemnité non revalorisable dans les conditions prévues par le code des pensions civiles et militaires de retraite ; que, dès lors, et quelle qu'ait pu être l'intention initiale du législateur manifestée dans les travaux préparatoires de ces dispositions, la cour n'a pas commis d'erreur de droit en jugeant que cet article créait une différence de traitement entre les retraités en fonction de leur seule nationalité ;

Considérant que *les pensions de retraite constituent, pour les agents publics, une rémunération différée destinée à leur assurer des conditions matérielles de vie en rapport avec la dignité de leurs fonctions passées* ; que la différence de situation existant entre d'anciens agents publics de la France, selon qu'ils ont la nationalité française ou sont ressortissants d'États devenus indépendants, ne justifie pas, eu égard à l'objet des pensions de retraite, une différence de traitement ; que, s'il ressort des travaux préparatoires des dispositions précitées de l'article 71 de la loi du 26 décembre 1959 qu'elles *avaient* notamment *pour objectif de tirer* les *conséquences de l'indépendance des pays mentionnés à cet article et de l'évolution désormais distincte de leurs économies et de celle de la France*, qui privait de justification la revalorisation de ces pensions en fonction de l'évolution des traitements servis aux fonctionnaires français, *la différence de traitement qu'elles créent, en raison de leur seule nationalité, entre les titulaires de pensions, ne peut être regardée comme reposant sur un critère en rapport avec cet objectif ; que, ces dispositions étant, de ce fait, incompatibles avec les stipulations précitées de l'article 14 de la convention européenne* de sauvegarde des droits de l'homme et des libertés fondamentales, la cour n'a pas commis d'erreur de droit en jugeant qu'elles ne pouvaient justifier le refus opposé par le Ministre de la Défense à la demande présentée par M. Diop en vue de la revalorisation de sa pension ;

Considérant qu'il résulte de tout ce qui précède que le Ministre de la Défense et le Ministre de l'Économie, des Finances et de l'Industrie ne sont pas fondés à demander l'annulation de l'arrêt attaqué ;

..., (rejet des recours...).

OBSERVATIONS

Par cet arrêt le Conseil d'État approuve la Cour administrative d'appel de Paris d'avoir écarté l'application d'une disposition législative limitant les droits à pension des personnes ayant perdu la nationalité française du fait de la décolonisation, en la jugeant incompatible avec les stipulations de la Convention européenne de sauvegarde des droits de l'homme et des libertés fondamentales et de son premier Protocole additionnel.

L'arrêt *ministre de la Défense c/ Diop* constitue une manifestation très frappante du contrôle de conventionnalité de la loi dans un contexte marqué par l'application sur une longue période d'un dispositif législatif très rigoureux, qui n'a pu être remis en cause sur le plan juridique qu'au prix d'une adhésion du juge administratif à une interprétation extensive de la Convention donnée par la Cour européenne des droits de l'homme.

I. — Le mécanisme de cristallisation des pensions institué par le législateur

1 M. Diop, de nationalité sénégalaise, est un ancien militaire de carrière de l'armée française, tombant sous le coup des dispositions de l'article 71 de la loi de finances pour 1960 (n° 59-1454 du 26 décembre 1959) dont l'application a été généralisée par des lois ultérieures, en dépit de certains engagements internationaux.

A. — Le dispositif législatif

Selon l'article 71 de la loi de finances pour 1960, les pensions publiques de retraite ou d'invalidité, dont étaient titulaires les « nationaux des pays ou territoires ayant appartenu à l'Union française ou à la Communauté ou ayant été placés sous le protectorat ou la tutelle de la France » seront remplacées « pendant la durée normale de leur jouissance personnelle par des indemnités annuelles... calculées sur la base des tarifs en vigueur pour lesdites pensions... à la date de leur transformation » sous réserve de dérogations accordées par décret.

1°) Le mécanisme ainsi institué est très rigoureux. À la différence des pensions versées aux citoyens français qui sont périodiquement revalorisées en fonction du traitement des fonctionnaires en activité (règle dite du rapport constant posée par une loi du 20 septembre 1948), les allocations servies au titre de la loi de 1959 ne sont pas indexées. En outre, elles ne donnent pas lieu à réversion au profit du conjoint survivant en cas de décès du bénéficiaire, celui-ci disposant seulement d'un droit de « jouissance personnelle ». Si des mécanismes de revalorisation par décret sont prévus, leur mise en œuvre est à la discrétion du Gouvernement.

2°) Les accords d'Evian, dans la mesure où ils ont valeur d'engagement international, permirent de maintenir au profit des ressortissants algériens des droits à pension révisables et non cristallisés (C E 15 mars 1972. *Dame veuve Sadok Ali*, Rec. 213). Mais une loi de finances rectificative du 3 août 1981 fit échec à la jurisprudence en cristallisant les « pensions » des intéressés.

De même, s'il fut un temps possible d'écarter les règles de cristallisation pour les nationaux des pays africains qui avaient adhéré à la Communauté, instituée par la constitution de 1958 comme cela fut jugé à propos des ressortissants sénégalais (CE Sect. 15 fév.

1974, *Dame veuve Tamba Samoura*, Rec. 116), la disparition de la Communauté autorisa le législateur à étendre aux pensionnés sénégalais les règles posées en 1959, avec effet rétroactif au 1er janvier 1975 (cf. art. 22 de la loi de finances rectificative du 31 décembre 1981).

3°) Plusieurs ressortissants sénégalais saisirent le Comité des droits de l'homme des Nations unies en soutenant que la législation française était constitutive à leur égard d'une méconnaissance de l'article 26 du Pacte des Nations unies relatif aux droits civils et politiques, qui prohibe toute discrimination dans l'application de la loi, notamment en fonction de l'origine nationale.

Si le Comité leur donna gain de cause (3 avril 1989, *Gueye c/ France* ; RUDH 1989.62), le Conseil d'État ne se rangea pas à cette analyse faute pour les droits à pension de figurer dans la catégorie des droits protégés par le Pacte relatif aux droits civils et politiques (CE Ass. (avis) 15 avr. 1996, *Mme Doukouré*, Rec. 126, RFDA 1996.808, concl. Ph. Martin AJ 1996.565 Chr. Chauvaux et Girardot ; RFDA 1996.1239, note Dhommeaux et 1997.966, note Sudre).

B. — Son application

2 *1°)* Cet état du droit ne pouvait qu'affecter de façon défavorable la situation de M. Amadou Diop. En tant qu'ancien militaire de carrière ayant servi dans les rangs de l'armée française lui avait été reconnu le droit à une pension proportionnelle à sa durée de service. Mais la pension qui lui avait été servie à compter du 1er avril 1959, fut cristallisée au 2 janvier 1975. Une demande de revalorisation dont il avait saisi le Premier ministre le 2 août 1994, fut implicitement rejetée. Il contesta ce refus en se prévalant de l'article 26 du Pacte des Nations unies relatif aux droits civils et politiques. Le Tribunal administratif de Paris rejeta sa demande par un jugement reprenant le raisonnement fait par le Conseil d'État dans l'affaire *Mme Doukouré*.

2°) Dans l'appel interjeté contre le jugement, le requérant songea alors à dénoncer le caractère discriminatoire de la législation sur la cristallisation au regard de l'article 14 de la Convention européenne de sauvegarde des droits de l'homme prohibant les discriminations, combiné avec le premier Protocole additionnel, dont l'article 1er énonce que « Toute personne physique ou morale a droit au respect de ses biens. Nul ne peut être privé de sa propriété que pour cause d'utilité publique et dans les conditions prévues par la loi et les principes généraux du droit international ».

Conformément aux conclusions de son commissaire du Gouvernement, le juge d'appel fit droit à la requête (CAA Paris 7 juill. 1999, *Diop*, Rec. 530 ; RFDA 2000.843, concl. Phémolant).

3°) L'arrêt de la Cour a fait l'objet d'un pourvoi en cassation de la part non seulement du ministre de la Défense, mais aussi du ministre de l'économie, des finances et de l'industrie en raison de l'incidence sur les finances publiques de la reconnaissance d'un droit à pension revalorisable au profit de personnes soumises jusque là aux règles de cristallisation. Il en allait ainsi bien que l'article L. 58 du code des pensions civiles et militaires de retraite subordonne l'octroi d'une pension à la qualité de ressortissant français, car le raisonnement fait par le juge d'appel impliquait l'inconventionnalité de l'article L. 58.

II. — L'adhésion du Conseil d'État à la jurisprudence de la Cour européenne des droits de l'homme

Concluant devant l'Assemblée du contentieux, le commissaire du Gouvernement Courtial souligna que le raisonnement suivi par la Cour administrative d'appel pouvait se recommander de plusieurs jurisprudence dégagées par la Cour européenne auxquelles le Conseil d'État s'était d'ores et déjà rallié. Il n'en proposa pas moins l'annulation de l'arrêt au motif que la Cour avait à tort conclu à une « incompatibilité indivisible et absolue » de la loi nationale avec la Convention, alors qu'une interprétation de la loi privilégiant un critère de résidence des intéressés en dehors du territoire français permettait de relativiser et de limiter l'étendue de la contrariété apparente des normes en présence.

Le Conseil d'État a suivi le premier temps du raisonnement. Il s'est séparé de son commissaire dans sa proposition d'annulation de l'arrêt contesté.

A. — La confirmation de jurisprudences antérieures

3 *1°)* Comme l'a souligné M. Courtial, étaient en cause la portée à conférer à l'article 14 de la Convention et à l'article 1er de son Protocole additionnel.

a) Aux termes de l'article 14, « la jouissance des droits et libertés reconnus dans la présente Convention doit être assurée, sans distinction aucune, fondée notamment sur le sexe, la race, la couleur, la langue, la religion, les opinions politiques ou toutes autres opinions, *l'origine nationale* ou sociale, l'appartenance à une minorité nationale, la fortune, la naissance ou toute autre situation ».

Le commissaire du Gouvernement a rappelé que selon la jurisprudence de la Cour de Strasbourg, l'article 14 n'est pas conçu comme un principe général abstrait ayant une existence indépendante et qu'il fait « partie intégrante de chacune des dispositions » de la Convention et de ses protocoles (CEDH, 23 juill. 1968, *Affaire linguistique belge*). A été souligné également le fait que la prohibition des discriminations selon « l'origine nationale » s'appliquait à des discriminations fondées sur la nationalité des intéressés (CEDH 16 septembre 1996, *Gaygusuz c/Autriche*, D. 1998. 438, note Marguenaud et Mouly ; Dr-Soc. 1999.215, note Favard). Enfin, l'accent a été mis sur le fait que d'après la jurisprudence de la Cour « une inégalité de traitement dans une situation donnée est acceptable, ou prohibée, au regard de la Convention, selon qu'elle est, ou n'est pas, justifiée de manière *objective et raisonnable* ».

Sur ces différents points et en particulier le dernier, la jurisprudence du Conseil d'État était en harmonie avec celle de la Cour européenne (CE Ass. 5 mars 1999, *Rouquette*, Rec. 37 ; AJ 1999.420 chr. Raymond et Fombeur ; RFDA, 1999.372, note de Béchillon et Terneyre ; RDP 1999.1223, obs. Camby).

b) Plus délicat était le rattachement à la notion de respect des biens édictée par l'article 1er du Protocole additionnel, du droit de jouissance d'une pension publique.

Le commissaire du Gouvernement s'est prononcé dans le sens de l'affirmative en montrant que la notion de « biens » dans la jurisprudence de la Cour européenne a connu une interprétation extensive, incluant celle d'intérêts patrimoniaux et englobant même les droits de créances à condition d'être suffisamment établis pour être exigibles. Au demeurant, le Conseil d'État a admis que l'article 1er du Protocole additionnel s'applique à des créances constituées par des primes de qualification et de service perçues par les militaires (CE Ass. 11 juill. 2001 *Ministre de la défense c/Préaud*, RFDA 2001.1047, concl. Bergeal ; AJ 2001.841, chr. Guyomar et Collin ; RTDH 2003.1043, note Kissangoula).

2°) Sur ces différents points la décision de l'Assemblée du contentieux est conforme aux conclusions du commissaire du Gouvernement.

a) Le Conseil d'État estime ainsi que les pensions civiles et militaires de retraite « sont des allocations pécuniaires personnelles et viagères, auxquelles donnent droit les services accomplis par les agents publics » et qu'ainsi la Cour administrative d'appel n'a pas commis d'erreur de droit en jugeant que « ces pensions constituent des *créances qui doivent être regardées comme des biens* au sens de l'art. 1er... du Premier Protocole additionnel à la Convention ».

b) De même, l'arrêt relève qu'une distinction entre des personnes placées dans une situation analogue est discriminatoire au sens des stipulations de l'article 14 de la Convention « si elle n'est pas assortie de justifications objectives et raisonnables, c'est-à-dire si elle ne poursuit pas un objectif d'utilité publique, ou si elle n'est pas fondée sur des critères objectifs et rationnels en rapport avec les buts de la loi ».

B. — L'inconventionnalité du critère servant de fondement à la cristallisation des pensions

4 *1°)* Deux ordres de considérations ont conduit le commissaire du Gouvernement à recommander au Conseil d'État d'interpréter la loi interne à l'effet de la rendre compatible avec la norme internationale.

a) Sur un plan général, il est arrivé que le Conseil choisisse d'interpréter la norme d'origine interne à la lumière des exigences découlant de la Convention plutôt que de constater son incompatibilité avec elle. La Section du contentieux s'est prononcée en ce sens à deux reprises. D'abord, à propos du régime des publications de provenance étrangère par une décision du 9 juillet 1997 *Association Ekin* (v. nº 90-11) même si dans la même affaire la Cour de Strasbourg a préféré assurer avec plus de netteté le respect des exigences de la Convention (CEDH 17 juillet 2001 *Association Ekin c/France*, v. nº 90.12). Ensuite, s'agissant de la confrontation à l'article 1er du Premier Protocole additionnel des dispositions de l'article L. 160-5 du code de l'urbanisme qui posent le principe de la non-indemnisation des servitudes d'urbanisme. Moyennant une extension des exceptions susceptibles d'être apportées au principe de non-indemnisation, la Section du contentieux a pu conclure à l'absence d'incompatibilité avec le Protocole de l'article L. 160-5 (CE Sect. 3 juill. 1998, *Bitouzet*, Rec. 288, concl. Abraham ; RFDA 1998. 1243 ; CJEG 1998.441 et BJDU nº 5/98, concl. Abraham ; RFDA 1999.841, note de Béchillon).

b) Au cas particulier, il semblait possible au commissaire du Gouvernement d'interpréter les dispositions de la loi de finances pour 1960 comme fondant la différence de traitement qu'elle instaure au détriment des titulaires étrangers de droit à une pension publique non seulement sur le critère de la nationalité, mais aussi sur un critère, déduit des travaux préparatoires de la loi, de résidence à l'étranger. Or, le coût de la vie n'est pas le même selon le lieu de résidence. Ainsi, bien que l'allocation servie à M. Diop n'atteigne que 34 % de celle qui lui serait versée en cas de décristallisation, le pouvoir d'achat de cette allocation représente cinq fois le revenu moyen national au Sénégal.

2°) L'Assemblée du contentieux n'a pas été aussi loin. Il lui a semblé que les termes mêmes de la loi s'opposaient à l'adjonction par le juge d'un critère de résidence là où le législateur ne retenait que la nationalité. Qui plus est, il aurait été nécessaire de déterminer à quelle date apprécier la condition de résidence. Si la prise en compte de la date d'ouverture des droits à pension apparaît comme la solution la plus logique, elle peut s'avérer inéquitable en cas de changement ultérieur de résidence.

Le Conseil d'État a donc relevé que s'il ressort des travaux préparatoires des dispositions de l'article 71 de la loi du 26 décembre 1959 « qu'elles avaient notamment pour objectif de tirer les conséquences de l'indépendance des pays mentionnés à cet article et de l'évolution désormais distincte de leurs économies et de celle de la France, qui privait de justification la revalorisation [des] pensions en fonction de l'évolution des traitements servis aux fonctionnaires français, la différence de traitement qu'elles créent, *en raison de leur seule nationalité*, entre les titulaires de pensions, ne peut être regardée comme reposant sur un critère en rapport avec cet objectif ».

*
* *

5 Par sa motivation, l'arrêt *Ministre de la Défense c/ Diop*, illustre bien la façon dont le Conseil d'État applique la Convention européenne de sauvegarde des droits de l'homme et des libertés fondamentales. Il reste fidèle à l'approche qu'avait préconisée le commissaire du gouvernement Labetoulle, dans ses conclusions sur l'affaire *Debout* jugée le 27 oct. 1978 (Rec. 403 – v. n° 110.3). Selon lui, l'interprétation par le Conseil de la Convention se doit de concilier « dans la mesure du possible, deux préoccupations : d'une part, éviter toute solution qui serait radicalement incompatible avec la jurisprudence de la Cour ; d'autre part, éviter aussi toute solution qui sur un point marquerait une rupture avec le droit national antérieur ». Dans cet esprit, si l'arrêt du 30 nov. 2001 se conforme à la jurisprudence de la Cour, il laisse la possibilité au législateur de fonder une éventuelle différence de traitement par référence à la notion de résidence du titulaire du droit à pension en dehors du territoire national.

117

RESPONSABILITÉ
FAUTE PERSONNELLE ET FAUTE DE SERVICE
ACTION RECURSOIRE
RÉGIME DE VICHY

CE Ass. 12 avr. 2002, PAPON

(RFDA 2002.582, concl. Boissard ; AJDA 2002.423, chr. Guyomar et Collin ; LPA 28 mai 2002, concl. Boissard, note E. Aubin ; D. 2003.647, note Delmas Saint-Hilaire ; JCP 2002.II.10161, note Momolle ; Gaz. Pal. 28-30 juill. 2002.27, note Petit ; RDP 2002.1511, note Degoffe, et 1531, note Alvés ; RDP 2003.470, note Guettier)

Considérant que M. Papon, qui a occupé de juin 1942 à août 1944 les fonctions de secrétaire général de la préfecture de la Gironde, a été condamné le 2 avril 1998 par la cour d'assises de ce département à la peine de dix ans de réclusion criminelle pour complicité de crimes contre l'humanité assortie d'une interdiction pendant dix ans des droits civiques, civils et de famille ; que cette condamnation est intervenue en raison du concours actif apporté par l'intéressé à l'arrestation et à l'internement de plusieurs dizaines de personnes d'origine juive, dont de nombreux enfants, qui, le plus souvent après un regroupement au camp de Mérignac, ont été acheminées au cours des mois de juillet, août et octobre 1942 et janvier 1944 en quatre convois de Bordeaux à Drancy avant d'être déportées au camp d'Auschwitz où elles ont trouvé la mort ; que la cour d'assises de la Gironde, statuant le 3 avril 1998 sur les intérêts civils, a condamné M. Papon à payer aux parties civiles, d'une part, les dommages et intérêts demandés par elles, d'autre part, les frais exposés par elles au cours du procès et non compris dans les dépens ; que M. Papon demande, après le refus du ministre de l'intérieur de faire droit à la démarche qu'il a engagée auprès de lui, que l'État soit condamné à le garantir et à le relever de la somme de 4 720 000 F (719 559 euros) mise à sa charge au titre de ces condamnations ;

Sur le fondement de l'action engagée :

Considérant qu'aux termes du deuxième alinéa de l'article 11 de la loi du 13 juillet 1983 portant droits et obligations des fonctionnaires : « Lorsqu'un fonctionnaire a été poursuivi par un tiers pour faute de service et que le conflit d'attribution n'a pas été élevé, la collectivité publique doit, dans la mesure où une faute personnelle détachable de l'exercice de ses fonctions n'est pas imputable à ce fonctionnaire, le couvrir des condamnations civiles prononcées contre lui » ; que pour l'application de ces dispositions, *il y a lieu – quel que soit par ailleurs le fondement sur lequel la responsabilité du fonctionnaire a été engagée vis-à-vis de la victime du dommage – de distinguer trois cas ; que, dans le premier, où le dommage pour lequel l'agent a été condamné civilement trouve son origine exclusive dans une faute de service, l'administration est tenue de couvrir intégralement l'intéressé des condamnations civiles prononcées contre lui ; que, dans le deuxième, où le dommage provient exclusivement d'une faute personnelle détachable de l'exercice des fonctions, l'agent qui l'a commise ne peut au contraire, quel que soit le lien entre cette faute et le service, obtenir la garantie de l'administration ; que, dans le troisième, où une faute personnelle a, dans la réalisation du dommage, conjugué ses effets avec ceux d'une faute de service distincte, l'administration n'est tenue de couvrir l'agent que pour la part imputable à cette faute de service ; qu'il appartient dans cette dernière hypothèse au juge administratif, saisi d'un contentieux opposant le fonctionnaire à son administration, de régler la contribution finale de l'un et de l'autre à la charge des réparations compte tenu de l'existence et de la gravité des fautes respectives ;*

Sur l'existence d'une faute personnelle :

Considérant que l'appréciation portée par la cour d'assises de la Gironde sur le caractère personnel de la faute commise par M. Papon, dans un litige opposant M. Papon aux parties civiles et portant sur une cause distincte, ne s'impose pas au juge administratif statuant dans le cadre, rappelé ci-dessus, des rapports entre l'agent et le service ;

Considérant qu'il ressort des faits constatés par le juge pénal, dont la décision est au contraire revêtue sur ce point de l'autorité de la chose jugée, que M. Papon, alors qu'il était secrétaire général de la préfecture de la Gironde entre 1942 et 1944, a prêté son concours actif à l'arrestation et à l'internement de 76 personnes d'origine juive qui ont été ensuite déportées à Auschwitz où elles ont trouvé la mort ; que si l'intéressé soutient qu'il a obéi à des ordres reçus de ses supérieurs hiérarchiques ou agi sous la contrainte des forces d'occupation allemandes, il résulte de l'instruction que M. Papon a accepté, en premier lieu, que soit placé sous son autorité directe le service des questions juives de la préfecture de la Gironde alors que ce rattachement ne découlait pas de la nature des fonctions occupées par le secrétaire général ; qu'il a veillé, en deuxième lieu, de sa propre initiative et en devançant les instructions venues de ses supérieurs, à mettre en œuvre avec le maximum d'efficacité et de rapidité les opérations nécessaires à la recherche, à l'arrestation et à l'internement des personnes en cause ; qu'il s'est enfin attaché personnellement à donner l'ampleur la plus grande possible aux quatre convois qui ont été retenus à sa charge par la cour d'assises de la Gironde, sur les 11 qui sont partis de ce département entre juillet 1942 et juin 1944, en faisant notamment en sorte que les enfants placés dans des familles d'accueil à la suite de la déportation de leurs parents ne puissent en être exclus ; *qu'un tel comportement, qui ne peut s'expliquer par la seule pression exercée sur l'intéressé par l'occupant allemand, revêt, eu égard à la gravité exceptionnelle des faits et de leurs conséquences, un caractère inexcusable et constitue par là-même une faute personnelle détachable de l'exercice des fonctions ;* que la circonstance, invoquée par M. Papon, que les faits reprochés ont été commis dans le cadre du service ou ne sont pas dépourvus de tout lien avec le service est sans influence sur leur caractère de faute personnelle pour l'application des dispositions précitées de l'article 11 de la loi du 13 juillet 1983 ;

Sur l'existence d'une faute de service :

Considérant que si la déportation entre 1942 et 1944 des personnes d'origine juive arrêtées puis internées en Gironde dans les conditions rappelées ci-dessus a été organisée à la demande et sous l'autorité des forces d'occupation allemandes, la mise en place du camp d'internement de Mérignac et le pouvoir donné au préfet, dès octobre 1940, d'y interner les ressortissants étrangers « de race juive », l'existence même d'un service des questions juives au sein de la préfecture, chargé notamment d'établir et de tenir à jour un fichier recensant les personnes « de race juive » ou de confession israélite, l'ordre donné aux forces de police de prêter leur concours aux opérations d'arrestation et d'internement des personnes figurant dans ce fichier et aux responsables administratifs d'apporter leur assistance à l'organisation des convois vers Drancy – tous actes ou agissements de l'administration française qui ne résultaient pas directement d'une contrainte de l'occupant – ont permis et facilité, indépendamment de l'action de M. Papon, les opérations qui ont été le prélude à la déportation ;

Considérant que si l'article 3 de l'ordonnance du 9 août 1944 relative au rétablissement de la légalité républicaine sur le territoire continental constate expressément la nullité de tous les actes de l'autorité de fait se disant « gouvernement de l'État français » qui « établissent ou appliquent une discrimination quelconque fondée sur la qualité de juif », *ces dispositions ne sauraient avoir pour effet de créer un régime d'irresponsabilité de la puissance publique à raison dès faits ou agissements commis par l'administration française dans l'application de ces actes, entre le 16 juin 1940 et le rétablissement de la légalité républicaine sur le territoire continental ;* que, tout au contraire, les dispositions précitées de l'ordonnance ont, en sanctionnant par la nullité l'illégalité manifeste des actes établissant ou appliquant cette discrimination, nécessairement admis que les agissements auxquels ces actes ont donné lieu pouvaient revêtir un caractère fautif ;

Considérant qu'il résulte de tout ce qui précède que la faute de service analysée ci-dessus engage, contrairement à ce que soutient le ministre de l'intérieur, la responsabilité de l'État ; qu'il incombe par suite à ce dernier de prendre à sa charge, en application du deuxième alinéa de l'article 11 de la loi du 13 juillet 1983, une partie des condamnations prononcées, appréciée en fonction de la mesure qu'a prise la faute de service dans la réalisation du dommage réparé par la cour d'assises de la Gironde ;

Sur la répartition finale de la charge :

Considérant qu'il sera fait une juste appréciation, dans les circonstances de l'espèce, des parts respectives qui peuvent être attribuées aux fautes analysées ci-dessus en condamnant l'État à prendre à sa charge la moitié du montant total des condamnations civiles prononcées à l'encontre du requérant le 3 avril 1998 par la cour d'assises de la Gironde ;... [condamnation de l'État à prendre à sa charge la moitié du montant total des condamnations civiles ; rejet du surplus des conclusions]

OBSERVATIONS

1 Le 2 avril 1998, la cour d'assises de la Gironde a condamné M. Maurice Papon à une peine de dix ans de réclusion criminelle pour complicité de crimes contre l'humanité, tenant à l'arrestation et la séquestration, en 1942 et 1944, à une époque où il était secrétaire général de la préfecture de la Gironde, de soixante-seize personnes en raison de leur appartenance à la « race juive » ou à la religion israélite.

Le lendemain, statuant sur les intérêts civils, elle l'a condamné à payer aux parties civiles (ayants-cause des victimes, organisations s'étant associées à leur action) une somme globale de 4,72 millions de francs (près de 720 000 euros), correspondant à 3,2 MF au titre des frais exposés et 1,6 au titre des dommages-intérêts.

M. Papon, invoquant l'article 11 de la loi du 13 juill. 1983 sur les droits et obligations des fonctionnaires, a demandé au ministre de l'intérieur de le couvrir des condamnations civiles prononcées contre lui. Sa demande ayant été rejetée, il a saisi la juridiction administrative pour qu'elle condamne l'État. S'agissant d'un litige relatif à la situation individuelle d'un fonctionnaire nommé par décret du Président de la République, le Conseil d'État était compétent pour statuer en premier et en dernier ressort.

Par son arrêt du 12 avr. 2002, il a condamné l'État à prendre à sa charge la moitié du montant total des condamnations civiles prononcées à l'encontre du requérant par la cour d'assises.

Ni la sécheresse du rappel des faits ni la rigueur de l'analyse juridique ne peuvent faire oublier *« l'immensité des souffrances de celles et de ceux qui ont été jetés dans (les) convois et précipités vers la mort »*, comme l'a souligné Mme Boissard dans ses conclusions.

Si l'on s'en tient au terrain du droit administratif, l'arrêt *Papon* illustre particulièrement l'action récursoire qu'un agent peut engager contre le service (I). Il empêche d'admettre l'irresponsabilité de l'État au prétexte de la succession des régimes politiques (II).

2 **I. —** Les actions récursoires de l'administration contre ses agents et inversement des agents contre leur administration ont donné lieu aux arrêts de principe du Conseil d'État du 28 juill. 1951, *Laruelle**, *Delville**.

L'arrêt *Laruelle* admet qu'une collectivité publique peut se retourner contre ses agents pour le préjudice qu'ils lui ont causé en raison de leurs fautes personnelles, détachables de l'exercice de leurs fonctions. L'arrêt *Delville* admet en sens inverse qu'un agent condamné par les juridictions judiciaires à indemniser la victime d'un préjudice dont elles le jugent responsable peut se retourner contre son administration en raison de la faute de service qu'elle a commise et qui a contribué à la réalisation du préjudice.

L'arrêt *Papon* se situe exactement dans la ligne de la jurisprudence *Delville*, mais, outre l'illustration qu'il lui donne en raison du caractère dramatique des faits de la cause, il en systématise les principes par une rédaction rigoureuse.

Il précise dans quels cas un agent peut se retourner contre son administration (A) et dans quelle mesure celle-ci doit contribuer à la réparation (B).

3 ***A.*** — L'arrêt rappelle les dispositions de la loi du 13 juill. 1983 portant droits et obligations des fonctionnaires (art. 11 alinéa 2) faisant obligation à l'administration, au cas où un fonctionnaire a été poursuivi par un tiers pour faute de service et où le conflit d'attribution n'a pas été élevé, de le couvrir des condamnations civiles prononcées contre lui dans la mesure où une faute personnelle détachable de l'exercice de ses fonctions ne lui est pas imputable. Des formules semblables avaient déjà été introduites dans les textes antérieurs établissant le statut général des fonctionnaires (« loi » du 14 sept. 1941, art. 24 ; loi du 19 oct. 1946, art. 14 ; ord. du 4 févr. 1959, art. 11). Elles ne font que consacrer un principe général du droit s'appliquant même sans texte (CE Sect. 26 avr. 1963, *Centre hospitalier de Besançon*, Rec. 243 – v. n° 68.7).

Elles conduisent à distinguer trois cas.

1°) « *Dans le premier,... le dommage pour lequel l'agent a été condamné civilement trouve son origine exclusive dans une faute de service* ». On peut être surpris qu'il puisse en être ainsi car, normalement, le fonctionnaire ne peut être tenu personnellement responsable des conséquences dommageables d'une faute de service, même si c'est lui qui l'a commise (TC 30 juill. 1873, *Pelletier**) ; s'il est poursuivi pour cette faute de service devant les tribunaux judiciaires, le conflit doit être élevé.

Pourtant il peut arriver qu'un fonctionnaire soit condamné par les juridictions judiciaires pour une faute de service. Il peut en être ainsi tout d'abord lorsque l'administration a omis, volontairement ou par négligence ou ignorance, d'élever le conflit. Cela peut résulter aussi de l'impossibilité où s'est trouvée l'administration d'élever le conflit, les textes s'y opposant (l'ordonnance du 1er juin 1828 interdit d'élever le conflit en matière criminelle).

La reconnaissance de la responsabilité personnelle de l'agent par les juridictions judiciaires pour une faute qui lui est reprochée ne lie pas la juridiction administrative. Celle-ci peut estimer que *« la faute ainsi commise présente essentiellement le caractère d'une faute de service à l'exclusion de toute faute personnelle détachable des fonctions »* (*Centre hospitalier de Besançon*) ; s'il en est ainsi, *« l'administration est tenue de couvrir intégralement l'intéressé des condamnations civiles prononcées contre lui »* (*Papon*).

4 *2°)* Le deuxième cas est celui *« où le dommage provient exclusivement d'une faute personnelle détachable de l'exercice des fonctions »*.

Il peut lui-même se décomposer en plusieurs hypothèses.

La plus radicale est celle d'une faute personnelle qui est totalement dépourvue de lien avec le service : l'agent n'a commis sa faute ni dans le service ni hors service avec des moyens qui en auraient permis ou même seulement facilité la réalisation. La victime n'aurait pu rechercher la responsabilité de l'administration ; seul l'agent était responsable envers elle.

Plus nuancée est l'hypothèse d'une faute personnelle qui, tout en étant la seule faute commise, a été réalisée dans le service, ou, même accomplie hors du service, n'est pas dépourvue de tout lien avec lui. La jurisprudence *Lemonnier** (26 juillet 1918), *Mimeur* (18 nov. 1949, Rec. 492 – v. n° 34.5) aurait permis à la victime de demander réparation à l'administration car, même si celle-ci n'a pas commis de faute, elle doit répondre des conséquences dommageables de la faute personnelle de son agent non dépourvue de tout lien avec le service. Mais la victime a pu aussi bien rechercher la responsabilité personnelle de l'agent devant les juridictions judiciaires, et celles-ci ont pu justement le condamner puisque sa faute était une faute personnelle.

Dans les deux cas de figure, aucune faute de service ne peut être reprochée à l'administration, ni par la victime ni par l'agent. Celui-ci ne peut exercer d'action récursoire contre l'administration.

La solution est exactement l'inverse de celle qui prévaut lorsque n'a été commise qu'une faute de service. Ici, puisque la seule faute est la faute personnelle de l'agent, *« l'agent qui l'a commise ne peut..., quel que soit le lien entre cette faute et le service, obtenir la garantie de l'administration »*. L'arrêt *Papon* formule à ce sujet un principe qui avait déjà été plusieurs fois appliqué (CE 19 févr. 1954, *Consorts Delaprée*, Rec. 117 ; 9 oct. 1970, *Commune de Lusignan*, Rec. 477 ; 28 déc. 2001, *Valette*, AJ 2002.359, concl. Schwartz).

3°) Reste le troisième cas, *« où une faute personnelle a, dans la réalisation du dommage, conjugué ses effets avec ceux d'une faute de service distincte »*.

Il s'était déjà présenté dans l'affaire *Delville**, un accident étant imputable à la fois à l'état d'ébriété de l'agent (faute personnelle) et au mauvais état des freins du camion qu'il conduisait (faute de service). Le Conseil d'État avait alors rappelé que *« la victime peut demander à être indemnisée de la totalité du préjudice subi soit à l'administration, devant les juridictions administratives, soit à l'agent responsable, devant les juridictions judiciaires »*.

Devant les juridictions administratives, elle recherche la responsabilité de l'administration non pas tant parce que la faute personnelle n'est pas dépourvue de tout lien avec le service, qu'en raison de la faute de service elle-même (CE 3 févr. 1911, *Anguet**) ; l'administration peut ensuite se retourner contre son agent pour le couvrir des conséquences dommageables pour elle de la faute personnelle qu'il a commise (CE 28 juill. 1951, *Laruelle**).

Les victimes peuvent préférer mettre en cause à leur égard la faute personnelle de l'agent et obtenir des juridictions judiciaires sa condamnation à réparer la totalité du préjudice subi. C'est ce qu'elles ont fait dans l'affaire *Papon* : elles se sont portées parties civiles contre lui pour obtenir sa condamnation à la fois sur le plan pénal et sur le plan civil, et l'intéressé a effectivement été condamné par la cour d'assises sur ces deux plans.

Mais, en raison de l'existence d'une faute de service qui, conjuguée avec la faute personnelle, a contribué à la réalisation du dommage, l'agent peut se retourner contre l'administration pour en obtenir le remboursement des indemnités qu'il a lui-même dû payer. C'est ce qu'avait admis l'arrêt *Delville**.

C'est exactement ce que reprend l'arrêt *Papon*, tout en précisant plus fortement : *« l'administration n'est tenue de couvrir l'agent que pour la part imputable à cette faute de service »*.

5 ***B.*** — Ainsi doit être déterminée sa contribution à la dette. Tout autant que l'action récursoire de l'administration contre l'agent (*Laruelle*), celle de l'agent contre l'administration (*Delville, Papon*) relève de la compétence de la juridiction administrative car il s'agit de statuer, dans un cas comme dans l'autre, sur les rapports de droit public entre les parties.

« Il appartient dans cette... hypothèse au juge administratif de déterminer la contribution finale de l'un(e) et de l'autre à la charge des réparations, compte tenu de l'existence et de la gravité des fautes respectives ». Il lui revient de statuer sur l'existence d'une faute personnelle, celle d'une faute de service et la répartition finale de la charge entre l'agent et le service.

1°) S'agissant de la faute personnelle, le juge administratif n'est pas lié par la position des juridictions judiciaires. L'analyse de la faute personnelle par le juge judiciaire n'engage pas le juge administratif, pour deux raisons.

La première tient aux limites de l'autorité de la chose jugée : celle-ci ne s'impose qu'en cas d'identité d'objet, de cause et de parties, en droit administratif comme en droit privé (par ex. CE Sect. 26 févr. 1937, *Société des ciments Portland de Lorraine*, Rec. 254 ; Sect. 16 mars 1962, *Compagnie d'assurances l'Urbaine et la Seine*, Rec. 182).

En cas d'action récursoire de l'agent contre l'administration, le juge judiciaire a statué sur un litige opposant les victimes à l'agent, le juge administratif statue sur un litige opposant l'agent à l'administration (il n'y a donc pas identité de parties) ; le juge judiciaire a condamné l'agent pour sa faute personnelle, le juge administratif est appelé à condamner l'administration pour sa faute de service (il n'y a donc pas identité de cause).

Ainsi « *l'appréciation portée par la cour d'assises de la Gironde sur le caractère personnel de la faute commise par M. Papon, dans un litige opposant M. Papon aux parties civiles et portant sur une cause distincte, ne s'impose pas au juge administratif statuant dans le cadre, rappelé ci-dessus, des rapports entre l'agent et le service* ».

En second lieu, plus profondément, la faute personnelle ne s'apprécie pas nécessairement de la même manière dans les rapports entre l'agent et la victime d'une part, entre l'agent et l'administration d'autre part. Lorsque c'est l'administration qui engage une action récursoire contre ses agents, elle peut reprocher à ces derniers une faute personnelle que la victime n'aurait pu invoquer contre eux, comme l'a montré l'affaire *Moritz-Jeannier* (TC 26 mai 1954, Rec. 708, CE Sect. 22 mars 1957, Rec. 196 – v. n° 70-4). A l'inverse, la faute reconnue personnelle dans des rapports de la victime et de l'agent ne l'est pas nécessairement dans ceux de l'agent et du service. Elle peut à cette occasion être tenue exclusivement pour une faute de service (supra A.3°).

L'autonomie de la faute personnelle se manifeste aussi par rapport à la faute pénale : la faute pénale n'est pas forcément une faute personnelle (TC 14 janv. 1935, *Thépaz**). En cas de condamnation pénale, la *qualification* des faits par le juge répressif ne s'impose pas au juge administratif ; seule la *constatation* des faits relève de l'autorité de la chose jugée : « *en principe, l'autorité de la chose jugée au pénal ne s'impose aux autorités et juridictions administratives qu'en ce qui concerne les constatations de fait que les juges répressifs ont retenues et qui sont le support nécessaire de leurs décisions* » (CE Ass. 8 janv. 1971, *Ministre de l'intérieur c/ dame Desamis*, Rec. 19, AJ 1971.297, concl. J. Théry ; CJEG 1972.1, note J.V.).

C'est donc à partir « *des faits constatés par le juge pénal, dont la décision est... revêtue sur ce point de l'autorité de la chose jugée* », que le Conseil d'État rappelle dans l'arrêt le rôle de M. Papon. Au terme de son analyse, il conclut « *qu'un tel comportement, qui ne peut s'expliquer par la seule pression exercée sur l'intéressé par l'occupant allemand, revêt, eu égard à la gravité exceptionnelle des faits et de leurs conséquences, un caractère inexcusable et constitue par là même une faute personnelle détachable de l'exercice des fonctions* ». Au-delà du cas d'espèce, l'arrêt contribue à préciser les critères de la faute personnelle (v. nos obs. sous TC 30 juill. 1873, *Pelletier**).

Il confirme que, même commise dans le service ou a fortiori non dépourvue de tout lien avec le service, la faute de l'agent n'en reste pas moins, en raison de ses caractères propres, une faute personnelle.

6 *2°)* Elle peut se cumuler avec une faute de service (*Anguet**).

Celle-ci peut émaner d'un agent exactement identifié : on pourrait parler de faute « individuelle » de service en ce qu'elle est commise par l'agent (individuelle) tout en n'étant que « de service » (commise par un « administrateur plus ou moins sujet à erreur ») – par opposition à la faute personnelle, commise par l'agent et se détachant du service.

La faute de service peut être anonyme, et émanant d'une administration dans son ensemble. Elle apparaît alors comme la faute *du* service. Elle peut résulter d'un ensemble de mesures.

Cette hypothèse se trouve réalisée en l'espèce. L'arrêt analyse les « actes ou agissements de l'administration française » (« l'existence même d'un service des questions juives », « l'ordre donné aux forces de police de prêter leur concours aux opérations d'arrestation et d'internement ») pour aboutir à la constatation d'une faute de service.

L'existence de celle-ci ne suffit pas au succès de l'action récursoire de l'agent contre l'administration. De la même manière qu'en cas d'action récursoire de l'administration contre l'agent (*Laruelle**), celui-ci ne peut pas se prévaloir d'une faute de service provoquée par ses propres manœuvres, il ne peut invoquer la faute de service que dans la mesure où il ne l'a pas fomentée et où elle a contribué, en sus de la faute personnelle, à la réalisation des dommages subis par les victimes.

C'est ce qui s'est produit ici : les *« actes ou agissements de l'administration française... ont permis et facilité, indépendamment de l'action de M. Papon, les opérations qui ont été le prélude à la déportation »*.

Il en résulte *« que la faute de service analysée ci-dessus engage... la responsabilité de l'État »*.

7 *3°)* Reste à savoir dans quelle proportion : c'est la question de la répartition finale de la charge.

Tenu à une obligation portant sur la totalité de la dette à l'égard des victimes, l'agent peut demander que l'administration en supporte la charge *« en fonction de la mesure qu'a prise la faute de service dans la réalisation du dommage »*.

Cette mesure peut être délicate à apprécier et laisser prise à une certaine subjectivité. C'est pourtant par une analyse cherchant à identifier la cause adéquate de chaque faute dans la réalisation des dommages que le juge administratif détermine la part de responsabilité devant revenir à chaque auteur des fautes. La méthode n'est pas propre aux actions récursoires, elle est appliquée par le Conseil d'État dans toutes les hypothèses de responsabilité où plusieurs causes ont contribué à la réalisation du dommage : est imputée à chaque coauteur la part de réparation correspondant à l'importance de son rôle. Il en est ainsi en cas d'action récursoire de l'administration contre ses agents (cf. l'affaire *Moritz-Jeannier*). Il en va de même pour l'action inverse.

En l'espèce, Mme Boissard proposait de reconnaître la « responsabilité prépondérante » de M. Papon et, sur les 720 000 euros auxquels il avait été condamné par la cour d'assises, de n'en mettre que 200 000 à la charge de l'État. Le Conseil d'État a préféré « une juste appréciation » admettant l'égale part des fautes commises, et condamné l'État à prendre à sa charge la moitié du montant total des condamnations civiles prononcées à l'encontre du requérant.

Par là-même, il a reconnu la responsabilité de l'État pour des faits du régime de Vichy.

8 **II.** — *Il a ainsi écarté une solution d'irresponsabilité* qu'avait retenue la jurisprudence dans des circonstances voisines.

A. — Elle avait été fondée sur la nullité constatée à la Libération de *« tous les actes constitutionnels, législatifs ou réglementaires ainsi que les arrêtés pris pour leur exécution... promulgués sur le territoire continental postérieurement au 16 juin 1940 et jusqu'au rétablissement du gouvernement provisoire de la République française »* (ordonnances des 9 août 1944 et 31 mars 1945).

Le Conseil d'État en avait tiré la conséquence que *« cette constatation de nullité vaut pour les effets découlant de l'application »* de ces actes, et qu'une mesure en ayant fait application *« doit être regardée comme constituant un acte dépourvu de base juridique »*, ne pouvant donner lieu à réparation en l'absence de texte législatif (CE Ass. 4 janv. 1952, *Epoux Giraud*, Rec. 14 ; RDP 1952.151, note M. Waline ; Sect. 25 juill. 1952, *Dlle Remise*, Rec. 401 ; 11 févr. 1959, *Vincent*, Rec. t. 1095).

On peut faire un rapprochement entre cette jurisprudence et la position de certains gouvernements selon lesquels les dettes d'un régime n'engagent pas le régime suivant ; et même le Conseil d'État avait, sous la Restauration, refusé de connaître d'une réclamation portant sur une rente de la famille Bonaparte (1er mai 1822, *Laffitte*, Rec. 1821-1825.202 - v. n° 3.1).

De tels raisonnements, outre qu'ils aboutissent à un déni de justice pour les personnes auxquelles elles empêchent de faire valoir leurs droits, sont viciés pour deux raisons : d'une part, ils méconnaissent l'unité et la continuité de l'État, quelles que soient les variations de son organisation ; d'autre part, ils contredisent le lien nécessaire entre violation de la légalité et faute. Dès lors que toute illégalité est fautive (CE Sect. 26 janv. 1973, *Ville de Paris c. Driancourt*, Rec. 78 – v. n° 15.4), tout acte « nul et non avenu » l'est a fortiori. Si un acte inexistant est « nul et de nul effet » (v. nos obs. sous CE Ass. 31 mai 1957, *Rosan Girard**), l'absence d'effet se situe sur le terrain de la légalité (absence de droit acquis, absence de délai de recours), non sur celui de la responsabilité :

l'acte « inexistant » ne peut pas l'être au point de ne pas avoir existé en fait et de ne pas avoir entraîné de conséquences dommageables.

Les arrêts de 1952 et 1959 n'avaient pas de fondement juridique solide (en ce sens notamment la note précitée de M. Waline). Ils ne pouvaient s'expliquer que par une sorte d'assimilation des dommages causés par le régime de Vichy aux dommages de guerre et, comme pour ces derniers, par l'inapplicabilité du régime de droit commun de la responsabilité de la puissance publique et la nécessité d'une législation spéciale, à laquelle indirectement ils font appel.

9 ***B.*** — Des textes ont effectivement été adoptés par voie législative (par ex. ordonnances des 14 nov. 1944 et 21 avr. 1945 pour les victimes de spoliations ; loi du 20 sept. 1948 pour les déportés et internés politiques) et même par voie réglementaire. Ainsi un décret du 13 juill. 2000 a institué une mesure de réparation pour les orphelins dont les parents ont été victimes de persécutions antisémites. Saisi d'un recours contre ce décret, le Conseil d'État a considéré qu'*« il ne modifie pas les conditions dans lesquelles les personnes qui s'y croient fondées peuvent engager des actions en responsabilité contre l'État »* (Ass. 6 avr. 2001, *Pelletier*, RFDA 2001.712, concl. Austry – v. n° 68.5). C'était exactement reconnaître l'applicabilité du régime de droit commun de la responsabilité de la puissance publique.

L'innovation n'est pas entière. Déjà, avant 1952, le Conseil d'État, avait indemnisé une personne ayant fait, sous Vichy, l'objet d'un arrêté d'internement (Ass. 30 janv. 1948, *Toprower*, Rec. 48 ; S. 1948.3.48, concl. Célier) ; toutefois en soulignant que le préjudice de la victime *« est imputable aux conditions de vie et aux traitements auxquels (elle) a été soumis(e) »* pendant son internement et que *« ces faits constituent une faute de service public, détachable de l'exécution de l'arrêté d'internement »*, l'arrêt paraît réserver le cas du préjudice né de cette mesure elle-même. Une telle restriction a disparu de l'arrêt du 22 févr. 1950, *Duez* (Rec. 118) relatif à un accident causé par un véhicule de la « milice française » : *« quel que fût l'objet de ce groupement, il revêtait le caractère d'un service supplétif de police ; ainsi les fautes commises par ses membres dans l'accomplissement de ce service sont de nature à engager la responsabilité de l'État »*. Il n'est fait référence ni explicitement ni implicitement à l'acte ayant créé la milice.

L'arrêt *Papon* renoue avec cet arrêt, mais en tranchant expressément la question de la portée des dispositions constatant la nullité des actes du gouvernement de Vichy : elles *« ne sauraient avoir pour effet de créer un régime d'irresponsabilité de la puissance publique » ; « tout au contraire », « en sanctionnant par la nullité l'illégalité manifeste »* de ses actes, elles *« ont... nécessairement admis que les agissements auxquels ces actes ont donné lieu pou-*

vaient revêtir un caractère fautif » et engager la responsabilité de l'État, même si celui-ci est aujourd'hui doté d'un régime républicain totalement différent de celui qui les a adoptés. La formulation est nouvelle, mais elle ne fait qu'appliquer des solutions anciennes en ce qui concerne tant l'identification de la faute par rapport à la légalité que l'imputation de la responsabilité par rapport aux changements dans l'État.

Ainsi l'arrêt *Papon*, s'il est remarquable à la fois par les faits auxquels il se rapporte et par la rédaction qu'il comporte, est très classique par son application des principes de la responsabilité, quant à la distinction et la combinaison de la faute personnelle et de la faute de service et quant à la reconnaissance de la responsabilité de l'État.

On peut dire aussi que, par son classicisme même, c'est un arrêt pacificateur au regard de la tragédie qui en a été l'occasion.

118

ACTES ADMINISTRATIFS - CIRCULAIRES

CE Sect. 18 déc. 2002, Mme DUVIGNÈRES

(RFDA 2003.274, concl. Fombeur, et 510, note Petit ; AJ 2003.487, chr. Donnat et Casas ; JCP A 2003, n° 5, comm. J. Moreau ; LPA 23 juin 2003, note Combeau)

Cons. que la demande de Mme Duvignères, à laquelle la lettre du 23 février 2001 du garde des sceaux, ministre de la justice, dont l'annulation est demandée, a opposé un refus, doit être regardée, contrairement à ce qui est soutenu en défense, comme tendant à l'abrogation, d'une part, du décret du 19 déc. 1991 portant application de la loi du 10 juill. 1991 relative à l'aide juridique et, d'autre part, de la circulaire du 26 mars 1997 relative à la procédure d'aide juridictionnelle en tant que ces deux textes n'excluent pas l'aide personnalisée au logement des ressources à prendre en compte pour l'appréciation du droit des intéressés au bénéfice de l'aide juridictionnelle ;

Sur les conclusions tendant à l'annulation de la lettre du 23 févr. 2001 en tant qu'elle porte refus d'abroger partiellement le décret du 19 déc. 1991 :

Cons. que la loi du 10 juill. 1991 relative à l'aide juridique prévoit que cette dernière est accordée sous condition de ressources ; que son article 5 dispose que « sont exclues de l'appréciation des ressources les prestations familiales ainsi que certaines prestations à objet spécialisé selon des modalités prévues par décret en Conseil d'État » ; que l'article 2 du décret du 19 déc. 1991, pris sur le fondement de ces dispositions, indique que sont exclues des ressources à prendre en compte pour apprécier le droit au bénéfice de l'aide juridictionnelle « les prestations familiales énumérées à l'article L. 511-1 du code de la sécurité sociale ainsi que les prestations sociales à objet spécialisé énumérées à l'article 8 du décret du 12 déc. 1988 (...) » ; que le premier de ces textes mentionne l'allocation de logement familiale mais non l'aide personnalisée au logement instituée par l'article L. 351-1 du code de la construction et de l'habitation ; que cette dernière prestation n'est pas non plus au nombre de celles que retient l'article 8 du décret du 12 déc. 1988 relatif à la détermination du revenu minimum d'insertion ; qu'il résulte ainsi de l'article 2 du décret du 19 déc. 1991 que l'aide personnalisée au logement doit, à la différence de l'allocation de logement familiale, être prise en compte parmi les ressources permettant d'apprécier le droit au bénéfice de l'aide juridictionnelle ;

Cons. que le principe d'égalité ne s'oppose pas à ce que l'autorité investie du pouvoir réglementaire règle de façon différente des situations différentes ni à ce qu'elle déroge à l'égalité pour des raisons d'intérêt général, pourvu que la différence de traitement qui en résulte soit, dans l'un comme l'autre cas, en rapport avec l'objet de la norme qui l'établit et ne soit pas manifestement disproportionnée au regard des différences de situation susceptibles de la justifier ;

Cons. qu'il résulte des dispositions précitées de la loi du 10 juill. 1991 que le législateur a entendu, d'une part, exclure l'allocation de logement familiale des ressources à prendre en compte pour apprécier le droit au bénéfice de l'aide juridictionnelle, d'autre part, laisser au pouvoir réglementaire le soin de définir les modalités suivant lesquelles certaines « prestations sociales à objet spécialisé » doivent être retenues au même titre ; qu'ainsi, la possibilité de traiter de manière différente les personnes demandant le bénéfice de l'aide juridictionnelle, suivant qu'elles perçoivent l'aide personnalisée au logement ou l'allocation de logement familiale, résulte, dans son principe, de la loi ;

Cons., toutefois, que l'aide personnalisée au logement et l'allocation de logement familiale, qui sont exclusives l'une de l'autre, poursuivent des finalités sociales similaires ; qu'en outre, l'attribution à une famille de la première ou de la seconde dépend essentiellement du régime de propriété du logement occupé et de l'existence ou non d'une convention entre le bailleur et l'État ; que, par suite, le décret contesté ne pouvait, sans créer une différence de traitement manifestement disproportionnée par rapport aux différences de situation séparant les demandeurs d'aide juridictionnelle suivant qu'ils sont titulaires de l'une ou de l'autre de ces prestations, inclure l'intégralité de l'aide personnalisée au logement dans les ressources à prendre en compte pour apprécier leur droit à l'aide juridictionnelle ; qu'ainsi, le décret du 19 déc. 1991 méconnaît, sur ce point, le principe d'égalité ; que, dès lors, Mme Duvignères est fondée à demander l'annulation de la décision contenue dans la lettre du 23 févr. 2001 par laquelle le garde des sceaux a refusé de proposer l'abrogation partielle de ce décret ;

Sur les conclusions tendant à l'annulation de la lettre du 23 févr. 2001 en tant qu'elle porte refus d'abroger partiellement la circulaire du 26 mars 1997 :

Cons. que l'interprétation que par voie, notamment, de circulaires ou d'instructions l'autorité administrative donne des lois et règlements qu'elle a pour mission de mettre en œuvre n'est pas susceptible d'être déférée au juge de l'excès de pouvoir lorsque, étant dénuée de caractère impératif, elle ne saurait, quel qu'en soit le bien-fondé, faire grief ; qu'en revanche, les dispositions impératives à caractère général d'une circulaire ou d'une instruction doivent être regardées comme faisant grief, tout comme le refus de les abroger ; que le recours formé à leur encontre doit être accueilli si ces dispositions fixent, dans le silence des textes, une règle nouvelle entachée d'incompétence ou si, alors même qu'elles ont été compétemment prises, il est soutenu à bon droit qu'elles sont illégales pour d'autres motifs ; qu'il en va de même s'il est soutenu à bon droit que l'interprétation qu'elles prescrivent d'adopter, soit méconnaît le sens et la portée des dispositions législatives ou réglementaires qu'elle entendait expliciter, soit réitère une règle contraire à une norme juridique supérieure ;

Cons. que si la circulaire contestée du 26 mars 1997 se borne à tirer les conséquences de l'article 2 du décret du 19 déc. 1991, elle réitère néanmoins, au moyen de dispositions impératives à caractère général, la règle qu'a illégalement fixée cette disposition ; que, par suite, Mme Duvignères est recevable et fondée à demander l'annulation de la lettre du

23 févr. 2001, en tant qu'elle porte refus d'abroger dans cette mesure la circulaire contestée ;

(annulation de la décision du garde des sceaux, ministre de la justice, du 23 févr. 2001 rejetant la demande d'abrogation partielle du décret du 19 déc. 1991 et de la circulaire du 26 mars 1997).

OBSERVATIONS

1 L'arrêt *Mme Duvignères* éclaircit le régime contentieux des circulaires, jusque-là aménagé dans la ligne de l'arrêt du Conseil d'État (Ass.) du 29 janv. 1954, *Institution Notre-Dame du Kreisker* (Rec. 64 ; RPDA 1954.50, concl. Tricot ; AJ 1954. II bis. 5 chr. Gazier et Long ; RDP 1955.175, note M. Waline).

Il a été rendu au sujet des limites à l'aide juridictionnelle résultant du décret du 19 déc. 1991 et de la circulaire du garde des sceaux, ministre de la justice, du 26 mars 1997 en rappelant le dispositif.

La loi du 10 juill. 1991 relative à l'aide juridique (qui remplace l'ancienne aide judiciaire) distingue l'aide juridictionnelle et l'aide à l'accès au droit. Elle en subordonne l'octroi à un plafond de ressources. Du calcul de celles-ci, elle exclut les prestations familiales ainsi que certaines prestations à objet spécialisé selon des modalités prévues par décret en Conseil d'État. Parmi celles que le décret du 19 déc. 1991 a déterminées figure l'allocation de logement familiale, mais non l'aide personnalisée au logement. La circulaire du 26 mars 1997 a réitéré cette solution.

Mme Duvignères, qui avait demandé le bénéfice de l'aide juridictionnelle, a essuyé un refus au motif que ses ressources, au nombre desquelles était comptée l'aide personnalisée au logement qu'elle percevait, dépassait le plafond conditionnant l'octroi de l'aide juridictionnelle.

Elle a alors demandé au garde des sceaux l'abrogation du décret du 19 déc. 1991 et de la circulaire du 26 mars 1997 en tant qu'ils n'excluent pas l'aide personnalisée au logement des ressources à prendre en compte pour l'appréciation du droit des intéressés au bénéfice de l'aide juridictionnelle. Sa demande ayant été rejetée, elle a saisi le Conseil d'État par la voie du recours pour excès de pouvoir.

Sur le fond, l'arrêt qu'il a rendu fait une application intéressante du principe d'égalité (v. nos obs. sous CE 9 mars 1951, *Société des concerts du conservatoire**). Il en rappelle d'abord les limites : *« le principe d'égalité ne s'oppose pas à ce que l'autorité investie du pouvoir réglementaire règle de façon différente des situations différentes ni à ce qu'elle déroge à l'égalité, pourvu que la différence de traitement qui en résulte soit, dans l'un comme dans l'autre cas, en rapport avec l'objet de la norme qui l'établit et ne soit pas manifestement disproportionnée au regard des différences* *de situation susceptibles de la justifier* ». La formule reprend celles du Conseil constitutionnel (par ex. CC 87-232 DC 7 janv. 1988, Rec. 17). Si celui-ci peut censurer la loi comme contraire à la Constitution, le Conseil d'État doit l'appliquer : c'est pourquoi il relève en l'espèce que le législateur a entendu lui-même exclure l'allocation de logement familiale des ressources à prendre en compte pour apprécier le droit au bénéfice de l'aide juridictionnelle ; mais, si la loi a laissé au pouvoir réglementaire le soin de déterminer en outre les solutions applicables aux prestations à objet spécialisé, il doit respecter le principe d'égalité. D'une comparaison entre l'allocation de logement familiale et l'aide personnalisée au logement, il apparaît que leurs différences ne sont pas suffisantes pour exclure l'une et non l'autre du calcul du plafond de ressources pour l'octroi de l'aide juridictionnelle : en incluant l'aide personnalisée au logement dans les ressources à prendre en compte, le décret du 19 déc. 1991 a méconnu le principe d'égalité ; le refus du garde des sceaux, ministre de la justice d'en assurer l'abrogation sur ce point est donc annulé.

Cette annulation, donnant satisfaction à la requérante, aurait pu être considérée comme suffisante et rendre inutile l'examen de la circulaire du 26 mars 1997, qui ne faisait que reprendre le dispositif du décret du 19 déc. 1991. N'ajoutant rien à ce décret, elle aurait pu être considérée comme ne faisant pas grief et donc comme insusceptible d'être attaquée par la voie du recours pour excès de pouvoir : celui-ci aurait été jugé irrecevable autant contre le refus d'abroger la circulaire que contre la circulaire elle-même.

C'est à ce sujet que l'arrêt *Mme Duvignères* réalise une innovation importante : il admet que la circulaire, étant impérative, peut être déférée au juge administratif et, étant illégale, doit être annulée, ainsi que le refus de l'abroger.

Il règle ainsi le régime contentieux d'un grand nombre de mesures qui, sous des intitulés divers (circulaires, instructions, voire directives), sont prises par les chefs de service, et notamment les ministres, à l'égard de leur administration pour encadrer l'activité des bureaux – et auxquelles ces derniers attachent souvent plus d'importance qu'aux dispositions législatives et réglementaires à appliquer. Comme le disait M. Tricot dans ses conclusions sur l'arrêt *Institution Notre Dame du Kreisker*, « *la circulaire est un pavillon qui peut recouvrir toutes sortes de marchandises : ordres du jour, conseils, recommandations, directives d'organisation et de fonctionnement, règles de droit* ». Il faut donc faire un tri pour déterminer les simples documents qui n'ont pas lieu d'être contestés et ceux qui doivent pouvoir l'être. Deux écueils doivent être évités : admettre trop largement le recours pour excès de pouvoir au point d'encombrer inutilement la juridiction administrative ; le restreindre au point de méconnaître l'importance pratique des circulaires dans la vie administrative et leurs effets sur les administrés.

L'arrêt *Mme Duvignères* réalise un nouvel équilibre en admettant que toute circulaire impérative fait grief (1) et peut donc faire l'objet d'un contrôle de légalité par la voie du recours pour excès de pouvoir (II).

2 **I.** — *« Les dispositions impératives à caractère général d'une circulaire ou d'une instruction doivent être regardées comme faisant grief ».*

Par cette formule, l'arrêt dépasse la distinction des circulaires interprétatives et des circulaires réglementaires qui prévalait depuis l'arrêt *Notre-Dame du Kreisker* (A) pour ne retenir que l'autorité qu'entend y attacher leur auteur (B).

A. — La distinction des circulaires interprétatives et des circulaires réglementaires qui a longtemps prévalu pouvait paraître simple et par là même satisfaisante (1°). Pourtant cette dichotomie a progressivement été ébranlée (2°).

1°) Les circulaires *interprétatives*, qui commentent un texte, rappellent une solution, voire recommandent un certain comportement sans l'exiger, ont longtemps été considérées comme ne faisant pas grief et donc comme insusceptibles de recours parce qu'elles n'ajoutent rien à l'état du droit.

Ont donc été déclarés irrecevables les recours contre les circulaires par lesquelles le ministre se borne à faire connaître la façon dont il comprend les dispositions qu'il est chargé d'appliquer ou de faire appliquer par les services (CE 10 juill. 1995, *Association « Un Sysiphe »*, Rec. 292 ; AJ 1995.644, concl. Schwartz ; DA févr. 1996, note Lajartre ; JCP 1995.II.22519, note Ashworth : « par sa circulaire du 20 sept. 1994, le ministre de l'éducation nationale s'est borné, après avoir donné son interprétation du principe de laïcité, à demander aux chefs d'établissement destinataires de ladite circulaire de proposer aux conseils d'administration de leurs établissements une modification des règlements intérieurs conforme à cette interprétation ; une telle instruction ne contient, par elle-même, aucune disposition directement opposable aux administrés susceptible d'être discutée par la voie du recours pour excès de pouvoir »). Il en était de même des circulaires par lesquelles le ministre adresse à ses subordonnés des directives sur la façon d'utiliser les pouvoirs reconnus à son administration dans une matière déterminée (CE Ass. 23 déc. 1959, *Freyssinet, UNEF et Union des grandes écoles*, Rec. 707 ; S. 1960.227, note Lamarque ; AJ 1960.I.43, chr. Combarnous et Galabert : directives du ministre des armées en vue de guider les services de recrutement dans l'accomplissement de leur mission en matière de sursis d'incorporation).

3 En revanche, sont *réglementaires* et pouvaient donner lieu à un recours pour excès de pouvoir les circulaires qui créent une véri-

table règle de droit opposable aux intéressés (CE Ass. 1er avr. 1949, *Chaveneau*, Rec. 161 – v. nº 51.3 : circulaire décidant la suppression des services d'aumônerie dans les lycées, privant ainsi les élèves internes de la possibilité de pratiquer leur culte et de recevoir un enseignement religieux ; – CE Ass. 29 janv. 1954, *Institution Notre Dame du Kreisker*, précité : circulaire du ministre de l'éducation nationale fixant des règles nouvelles pour la constitution de dossiers de demandes de subvention adressées aux départements par des établissements privés d'enseignement secondaire).

La distinction de l'interprétatif et du réglementaire ne valait pas seulement pour les circulaires entre elles ; elle traversait les circulaires elles-mêmes, leurs dispositions pouvant être les unes seulement interprétatives, les autres réglementaires ; parmi ces dernières, une nouvelle distinction pouvait s'ouvrir selon qu'elles sont légales ou illégales (CE 13 janv. 1975, *Da Silva et CFDT*, Rec. 16 ; Dr. soc. 1975-273, concl. Dondoux ; AJ 1975.258, note André ; D. 1975.784, note Julien-Laferrière ; JCP 1976.II.18325, note Pellet).

4 *2°)* Claire dans son principe, la distinction des circulaires interprétatives et des circulaires réglementaires n'en était pas moins malaisée à mettre en œuvre. Son application n'était ni absolument constante ni toujours indiscutable.

Certains arrêts relevaient que le ministre s'était borné à interpréter les dispositions d'une loi ou d'un règlement, ou à donner à ses subordonnés des directives pour leur application, alors que l'examen de la circulaire litigieuse faisait apparaître qu'en réalité le ministre avait posé des règles de droit nouvelles. C'est ainsi qu'a été considérée comme non réglementaire, une circulaire prévoyant la prise en compte d'un critère additionnel relatif à l'emploi pour l'attribution des marchés publics, qui n'aurait constitué qu'une simple déclaration d'intention sans créer un nouveau critère de choix, alors qu'elle incitait au moins à attacher de l'importance à une telle déclaration (CE 10 mai 1996, *Fédération nationale des travaux publics*, Rec. 164 ; CJEG 1996.433 et RFDA 1997.13, concl. Fratacci ; AJ 1997.196, note Maljean-Dubois ; D. 1997.SC.110, obs. Terneyre). De telles décisions risquaient d'avoir pour effet de donner aux ministres la possibilité de s'attribuer par voie de circulaires un véritable pouvoir réglementaire de fait, dépassant le cadre limité de la jurisprudence *Jamart** et soustrait à tout contrôle juridictionnel.

5 Ces inconvénients ont conduit le Conseil d'État à resserrer son contrôle sur des circulaires, par étapes dont Mlle Fombeur a montré la succession dans ses conclusions sur l'arrêt *Mme Duvignères*.

Il est allé, pour déterminer si une circulaire est un acte susceptible de recours pour excès de pouvoir, jusqu'à commencer par examiner si elle est conforme à la légalité : de la réponse dépend la nature de la circulaire. Si elle est légale, elle ne fait pas grief ;

c'est sa légalité qui la fait apparaître interprétative ; en revanche, si elle est illégale, elle est réglementaire : elle peut être attaquée et doit être annulée. Le raisonnement est très net dans l'arrêt du 15 mai 1987, *Ordre des avocats à la Cour de Paris*, Rec. 175 ; RFDA 1988.145, concl. Marimbert ; on le retrouve dans l'arrêt *GISTI** du 29 juin 1990 et dans l'arrêt (Sect.) du 2 juin 1999, *Meyet*, Rec. 161 – v. nº 98.12.

Une étape nouvelle a été franchie par l'arrêt du 18 juin 1993, *Institut français d'opinion publique*, Rec. 178 ; RA 1993.322, concl. Scanvic : « l'interprétation par l'autorité administrative des lois et règlements qu'elle a pour mission de mettre en œuvre, au moyen de dispositions impératives à caractère général, n'est susceptible d'être directement déférée au juge de l'excès de pouvoir que si et dans la mesure où ladite interprétation méconnaît le sens et la portée des prescriptions législatives ou réglementaires qu'elle se propose d'expliciter ou contrevient aux exigences inhérentes à la hiérarchie des normes juridiques ».Ainsi le caractère interprétatif et le caractère impératif d'une circulaire sont pris également en considération : mais c'est seulement dans la mesure où l'interprétation donnée par la circulaire est contraire à la légalité qu'elle peut faire l'objet d'un recours pour excès de pouvoir.

L'examen de la légalité de l'interprétation a donné lieu à deux courants jurisprudentiels ainsi résumés par Mlle Fombeur : pour l'un, *« le juge doit tenir compte de l'ensemble du droit applicable pour vérifier que la circulaire en donne une correcte interprétation »* ; pour l'autre, *« la circonstance que le texte interprété par la circulaire serait illégal n'est pas de nature à conférer un caractère réglementaire à la circulaire »*.

L'arrêt *Villemain* du 28 juin 2002 (v. nº 44.4) est allé dans le sens du premier courant. En modifiant la place de la formule désignant les *« dispositions impératives »* pour la mettre au début du considérant de principe (« l'interprétation que l'autorité administrative donne au moyen de dispositions impératives à caractère général des lois et règlements... »), il insiste sur le caractère impératif ; en examinant la circulaire attaquée au regard d'une loi créant une situation juridique nouvelle qui, sans rendre illégaux les textes réglementaires en vigueur, imposent d'apporter, dans un délai raisonnable, les modifications rendues nécessaires par les exigences inhérentes à la hiérarchie des normes, il révèle que l'interprétation donnée par la circulaire doit être examinée par rapport à la légalité dans son ensemble. Si la formation de jugement qui l'a rendu (l'Assemblée du contentieux) lui donne une autorité particulière, elle avait été saisie plus au sujet des conséquences à tirer de la loi sur le pacte civil de solidarité qu'à propos du statut contentieux des circulaires.

6 ***B.*** — C'est cette seule question qui a justifié l'examen en Section de l'affaire *Mme Duvignères*. Il y est répondu par référence à la

volonté de l'auteur de la circulaire (1°) et non plus à l'état du droit en vigueur (2°).

1°) C'est sur les circulaires ou instructions par lesquelles une autorité administrative donne l'interprétation des lois et règlements qu'elle a mission de mettre en œuvre que se prononce l'arrêt. On pourrait dire qu'il s'agit de circulaires interprétatives si l'expression ne risquait d'introduire une confusion avec la signification qu'elle avait dans la jurisprudence antérieure, refusant d'y voir des actes faisant grief.

Car désormais, ce n'est pas parce qu'une circulaire donne une interprétation des textes applicables qu'elle ne fait pas grief : la solution dépend non de son objet (l'interprétation) mais de son effet (l'obligation) :

– lorsqu'elle est *« dénuée de caractère impératif »*, *« elle ne saurait... faire grief »* ;

– en revanche, *« les dispositions impératives... doivent être regardées comme faisant grief »*.

La première n'est donc pas susceptible de faire l'objet d'un recours pour excès de pouvoir, les secondes, si. C'est précisément le cas de la circulaire contestée du 26 mars 1997, qui, *« au moyen de dispositions impératives de caractère général »*, inclut l'aide personnalisée au logement dans les ressources à prendre en compte pour l'examen des demandes d'aide juridictionnelle.

La distinction des circulaires impératives et des circulaires non impératives se substitue donc à celle des circulaires réglementaires et des circulaires interprétatives.

Elle ne la contredit pas complètement, car des dispositions impératives à caractère général sont en réalité des dispositions réglementaires. De plus, on peut hésiter, comme dans le cadre de la jurisprudence *Notre Dame du Kreisker*, sur le degré d'autorité que l'auteur d'une circulaire attache à celle-ci. Si des formules catégoriques ne soulèvent pas de difficulté, d'autres peuvent rester ambiguës : le juge devra s'attacher comme naguère à identifier ce qui constitue une prescription et ce qui reste une opinion. En outre, au sein d'un même document, pourront encore se trouver des dispositions impératives et d'autres qui ne le sont pas. La ligne de partage des clauses, claire dans son principe, pourra comporter en pratique des sinuosités.

Elle n'épuise pas tous les cas de circulaires puisque l'arrêt *Mme Duvignères*, comme l'arrêt *IFOP*, ne vise que celles donnant une interprétation des lois et règlements.

Or les circulaires peuvent avoir un objet autre : l'exemple le plus simple est donné par celles que les chefs de service et notamment les ministres prennent pour assurer l'organisation et le fonctionnement des services placés sous leur autorité en application de la jurisprudence *Jamart** du 7 févr. 1936, sans donner explicitement ou implicitement aucune interprétation des textes. Mais, dès lors qu'elles comportent des dispositions impératives à caractère général, ce sont des circulaires réglementaires, faisant grief autant sinon plus que celles qui ont pour objet une interprétation. On peut trouver aussi des circulaires de chefs de service qui ne portent pas sur une interprétation sans prescrire un comportement (par ex. une simple recommandation sur la manière d'accueillir le public).

Cette catégorie de circulaires, si elle n'est pas formellement évoquée par la jurisprudence *IFOP-Duvignères*, n'en doit pas moins être englobée dans les distinctions qu'elle commande : il existe d'une part des circulaires non impératives, portant ou non sur une interprétation, et qui donc ne font pas grief, d'autre part des circulaires impératives, imposant une solution, que celle-ci soit liée ou non à l'interprétation du droit – et quelle que soit cette interprétation par rapport à l'état du droit antérieur.

7 *2°)* A cet égard l'arrêt *Mme Duvignères* lève les ambiguïtés que la jurisprudence pouvait comporter.

En principe une décision qui ne fait que reprendre une décision antérieure, n'ayant aucun effet de droit nouveau, ne fait pas grief et ne peut donc être attaquée par la voie du recours pour excès de pouvoir. On en trouve des exemples en dehors des circulaires avec les décisions « confirmatives » (CE Ass. 12 oct. 1979, *Rassemblement des nouveaux avocats de France*, Rec. 391 ; JCP 1980. II 19288, concl. Franc, note Boré ; AJ 1980.248, note Debouy ; D. 1979. J. 606, note Benabent : articles du nouveau code de procédure civile qui se bornent à reproduire, sous réserve de modifications de pure forme, les articles de décrets toujours en vigueur). C'est également parce qu'elles n'ajoutaient rien aux textes applicables que des circulaires étaient considérées comme interprétatives, et donc comme ne faisant pas grief, par la jurisprudence *Notre Dame du Kreisker*.

Toutefois les solutions n'étaient pas constantes. En dehors des circulaires, des décisions nouvelles peuvent faire grief (ainsi un décret qui, concernant le champ d'application d'une imposition, *« n'a pas fixé de règles nouvelles »* : CE 19 déc. 1979, *Société de droit anglais Hoverlooyd Limited*, Rec. 474 ; un décret qui, rappelant les articles limitant les droits à indemnité, *« s'est borné à faire application des règles de l'expropriation »* : CE Ass. 16 janv. 1981, *Fédération des associations de propriétaires et agriculteurs de l'Ile-de-France et Union nationale de la propriété immobilière*, Rec. 19) : même si elles n'ajoutent rien au fond, ces mesures présentent un aspect nouveau en ce qu'elles sont prises pour l'application d'un texte antérieur et supérieur.

Il en va de même désormais pour les circulaires impératives : elles aussi, même si quant au fond, elles n'ajoutent rien aux textes qu'elles interprètent, en commandent l'application. A cet égard elles ont un effet d'autant plus fort que des fonctionnaires leur accordent plus d'importance ou, en tout cas, leur apportent plus d'attention qu'aux textes qu'elles reprennent. *« C'est par souci de réalisme et d'efficacité »* (chr. Donnat et Casas) que l'arrêt *Mme Duvignères* admet qu'elles peuvent faire l'objet d'un recours pour excès de pouvoir même si elles ne font que réitérer une règle.

A vrai dire, il ne parle de cette réitération qu'à propos du caractère illégal de la règle. Mais ce n'est pas parce que la règle réitérée est illégale que la circulaire la réitérant est un acte faisant grief : elle fait grief d'abord en ce qu'elle est impérative ; l'illégalité de la règle qu'elle réitère a seulement pour effet d'entraîner sa propre illégalité.

8 **II.** — Le recours formé à l'encontre des circulaires impératives permet d'en examiner la légalité et doit être accueilli au fond (et non plus seulement quant à la recevabilité) si elle la viole. L'illégalité est examinée en elle-même (A) ; elle peut tenir à plusieurs chefs (B).

A. — L'évolution de la jurisprudence *Notre-Dame du Kreisker* avait conduit à lier la recevabilité du recours contre une circulaire à son illégalité (supra I.A.2° et les arrêts du 15 mai 1987, *Ordre des avocats à la Cour de Paris*, du 29 juin 1990, *GISTI**, et du 2 juin 1999, *Meyet*, précités). La solution était sans doute satisfaisante en fait car elle permettait de vérifier la légalité des circulaires interprétatives. Mais elle n'était pas pleinement cohérente en droit car elle inversait l'ordre des facteurs : saisi d'un recours, le juge doit successivement examiner s'il est recevable, puis fondé.

L'arrêt *Mme Duvignères* rétablit la cohérence juridique et juridictionnelle sans renoncer aux avantages pratiques : ceux-là résultent de l'admission de la recevabilité du recours contre toute circulaire impérative ; celle-ci est satisfaite par la succession de l'examen de la recevabilité et du fond.

B. — Les chefs d'illégalité d'une circulaire impérative sont énumérés par l'arrêt dans une formule synthétique essayant de couvrir tous ceux qui peuvent se rencontrer. Ils peuvent être décomposés en distinguant la fixation d'une règle nouvelle (1°) ou la réitération d'une règle existante (2°).

1°) La règle nouvelle fixée par la circulaire peut d'abord être illégale pour incompétence de son auteur. Il faut rappeler à ce sujet que le pouvoir réglementaire n'appartient qu'aux autorités désignées par la Constitution ou par la loi et que les ministres n'en disposent, en dehors d'un texte, que comme chefs des services placés sous leur autorité (v. nos obs. sous l'arrêt *Jamart** du 7 févr. 1936). Après comme avant l'arrêt *Mme Duvignères*, risquent de se rencontrer nombre de circulaires illégales comme comportant des dispositions réglementaires que leur auteur était incompétent pour adopter.

Même si l'auteur de la circulaire est compétent pour la prendre, la circulaire peut être illégale *« pour d'autres motifs »*. L'arrêt n'est guère explicite à ce sujet. Il paraît même impliquer que ces autres motifs se distinguent de l'illégalité consistant à donner des dispositions législatives ou réglementaires une interprétation méconnaissant leur sens et leur portée. En réalité tous ces motifs se ramènent à l'erreur de droit et à la violation de la règle de droit, soit celle que contiennent les dispositions interprétées par la circulaire soit d'autres qui lui sont extérieures voire supérieures. L'arrêt *Mme Duvignères* ne reprend pas la formule réservant l'hypothèse où la circulaire *« contrevient aux exigences inhérentes à la hiérarchie des normes juridiques »* qui figurait dans les arrêts *IFOP – Villemain*. Mais la solution ne fait pas de doute : toute norme juridique que viole la circulaire, que ce soit celle qu'elle interprète ou une autre, en entraîne l'illégalité, autant quand elle établit une règle nouvelle que lorsqu'elle reprend une règle pré-existante.

9 *2°)* La réitération d'une illégalité est elle-même une illégalité.

On a vu qu'en tant qu'une circulaire ne fait que rappeler l'état du droit antérieur, elle a pendant longtemps été considérée comme seulement interprétative, ce qui conduisait le Conseil d'État à rejeter comme irrecevable le recours dirigé contre elle – et à laisser ainsi subsister éventuellement des circulaires illégales.

La solution, si elle avait une apparence de logique, pouvait avoir des effets d'autant plus néfastes que les fonctionnaires attachent de l'importance aux circulaires et qu'ils pouvaient d'autant plus s'appuyer sur elles que les recours dirigés contre elles avaient été rejetés.

La logique n'était pas satisfaite puisque déjà une circulaire appliquant un décret déclaré illégal est elle-même illégale (CE 28 déc. 2001, *Syndicat CNT des PTE*, AJ 2002.542, note Seiller) et que plus généralement l'administration est tenue de ne pas appliquer un règlement illégal alors même qu'il n'a été ni attaqué et annulé par la voie du recours pour excès de pouvoir (CE Sect. 14 nov. 1958, *Ponard*, Rec. 554).

Il n'y avait qu'un pas de plus à faire pour admettre que la circulaire impérative réitérant une règle illégale peut être à la fois attaquée et annulée.

C'est ce que fait l'arrêt *Mme Duvignères*. Après avoir annulé le refus d'abroger le décret du 19 déc. 1991 en tant qu'il inclut l'aide personnalisée au logement dans les ressources à prendre en compte pour l'octroi de l'aide juridictionnelle, il annule le refus d'abroger la circulaire du 26 mars 1997, car *« si elle se borne à tirer les conséquences... du décret..., elle réitère néanmoins, au moyen de dispositions impératives à caractère général, la règle qu'a illégalement fixée cette disposition »*.

INDEX DES ARRÊTS

Les arrêts reproduits et commentés sont indiqués par un astérisque ; leur numéro est indiqué en italique gras. Pour les arrêts cités dans les commentaires, le premier chiffre correspond au numéro des arrêts reproduits et commentés, le second au numéro de paragraphe en marge du commentaire.

JURIDICTIONS ADMINISTRATIVES ET TRIBUNAL DES CONFLITS

A

Abadie (CE) : **38**.7
Abarchich (CE) : **92**.6
Abbé Belloncle (CE) : **82**.2
Abbé Bouchon (CE) : **11**.3, 4
Abbé Bouteyre* (CE) : ***26***, **73**.2
Abbé Coiffier (CE) : **44**.2
Abbé Déliard (CE) : **8**.1
Abbé Marzy (CE) : **21**.2
Abbé Olivier* (CE) : **4**.5, ***21***, **33**.1, **44**.2, **48**.4, **113**.9
Abdoulhoussen et autres (CE) : **79**.2
Abella (TC) : **66**.12, **87**.9
Abellan (CE) : **91**.11
Abihilali : **99**.3
Abisset (CE) : **8**.6
Abraham (CE) : **89**.11
Achart (Demoiselle) (CE) : 94, 4
Action française* (TC) : **2**.4, **2**.7, **11**.2, **11**.5, **11**.6, **41**.2, ***50***, **70**.2, **78**.2, **81**.2
Adam (CE) (1974) : **89**.6, **115**.2, **115**.9
Adam (CE) (2001) : **4**.5
Administration générale de l'Assistance publique à Paris c. consorts Leone (CE) : **101**.2
Aéroports de Paris (CE) (1999) : **107**.6
Aéroports de Paris (TC) : **95**.8
Affortit (CE) : **40**.1, **40**.7, **75**.3
Agence nationale pour la participation des employeurs à l'effort de construction (CE) : **94**.4
Aggoun (CE) : **98**.6
Agnesi (Dame Vve) (CE) : **17**.3, **87**.10
Agyepong (Mme) (CE) : **92**.7
Ah Won (CE) : **44**.5, **44**.8
Aillères* (d') (CE) : **56**.3, **58**.1, **58**.2, ***61***, **65**.4
Aimé et Louis Martinod (CE) : **42**.2
Aïn-Lhout (CE) : **110**.9
Aït Oubla (CE) : **113**.11, **113**.14
Al Joujo (CE) : **92**.13
Albina (CE) : **92**.9
Albout (CE) : **30**.9
Aldana-Barrena (CE) : **25**.3
Aldebert (CE) : **15**.5
Aldige (Melle) (CE) : **52**.4
Alexis et Wolff (TC) : **33**.6
Allain (CE) (1989) : **3**.4
Allain (CE) (1992) : **3**.3
Allegretto (CE) : **55**.8, **57**.3
Ambrosini (CE) : **36**.1
Améon (CE) : **15**.4, **59**.3
Amicale des anciens combattants des chemins de fer de l'État (CE) : **90**.2
Amicale des Annamites de Paris (CE) : **95**.3, **105**.2
Amoros : v. Ministre d'État chargé des affaires sociales c. Amoros (CE)
Amoudruz (Consorts) (CE) : **15**.4
Andrade (CE) : **13**.6
Andréani et Desfont (CE) : **33**.6
Andriamisera (CE) : **33**.7, **83**.5
Anduran (CE) : **11**.4
Anguet* (CE) : **2**.8, ***24***, **34**.2, **34**.4, **60**.9, **70**.2, **70**.11, **117**.4, **117**.6
Ansar (CE) : **68**.2
Antunes (Consorts) : **49**.2
Appert-Collin (CE) . **60**.7
Aquarone (CE) : **98**.13, **108**.3
Aragon (CE) : **60**.3, **77**.9
Aramu (CE) : **30**.3, **57**.2, **68**.1
Arbez-Gindre (CE) : **74**.7
Arbousset (Delle) (CE) : **29**.6, **79**.4, **110**.6
Arcival et autres c. SAFALT et SAFER de Bourgogne c. époux Soyer et Valla (TC) : **55**.11
Arcueil (Commune d') c/Régie publicitaire des transports parisiens (CE) : **80**.11
Arfi (CE) : **43**.2

Arnaud (CE) : **88**.2
Arnoux (TC) : **49**.3, **49**.4
Arrighi (CE) : **19**.4, **98**.2, **109**.2
Assemblée des présidents des conseils généraux de France (CE) : **63**.7
Assemblée nationale (CE) : **109**.6
Assistance publique à Marseille (CE) : **101**.5
Assistance publique-Hôpitaux de Marseille (CE) : **115**.4, **115**.8, **115**.9
Assistance publique – Hôpitaux de Paris (CE) : **101**.4
Assistance publique – Hôpitaux de Paris c. consorts Jacqué (CE) : **82**.9
Assistance publique – Hôpitaux de Paris c. Mme Marzouk (CE) : **101**.4
Association Alliance pour les droits de la vie (CE) : **113**.6
Association « Choisir la vie » (CE) : **51**.4
Association « Défense des intérêts des lecteurs de la Bibliothèque nationale » (CE) : **17**.3
Association amicale du personnel de l'administration centrale du ministère de l'agriculture (CE) : **18**.2
Association Bretagne Europe (CE) : **31**.5
Association contre le projet de l'autoroute transchablaisienne (CE) : **89**.10
Association cultuelle des Israélites nord-africains de Paris (CE) : **37**.2
Association de défense des agents publics (CE) : **18**.8
Association de défense des intérêts des étudiants de l'Université de Paris XIII (CE) : **14**.4
Association de défense des riverains de l'Aéroport de Deauville. Saint-Gatien (CE) : **13**.13
Association de réinsertion sociale du Limousin (CE) : **113**.11
Association de sauvegarde du quartier Notre-Dame à Versailles (CE) : **113**.8
Association départementale pour l'aménagement des structures agricoles du Rhône (CE) : **1**.5, **55**.12
Association des amis de l'abbaye de Fontevraud (CE) : **89**.11
Association des amis de l'Île de Groix (CE) : **29**.3
Association des centres distributeurs E. Leclerc (CE) : **98**.8
Association des combattants de la paix et de la liberté (CE) : **48**.4
Association des concerts Colonne et autres (CE) : **45**.5
Association des délégués et auditeurs du Conservatoire national des arts et métiers (CE) : **17**.2
Association des élèves de l'École nationale d'administration (CE) : **63**.7
Association des employés civils du ministère des colonies (CE) : **18**.5
Association des fonctionnaires de l'administration centrale des postes et télégraphes (CE) : **18**.5
Association des fonctionnaires de la marine (CE) : **43**.3
Association des habitants du littoral du Morbihan (CE) : **58**.3
Association des instituts spécialisés de l'ouest et École technique Saint-Joseph (CE) : **61**.5
Association des magistrats de la Cour des comptes (CE) : **4**.9
Association des maires de France (CE) : **68**.2
Association des marais d'Olonne c/ ministre de l'environnement (CAA) : **53**.6
Association des patients de la médecine d'orientation anthroposophique : **93**.10
Association des pêcheurs aux filets et engins. Garonne, Isle et Dordogne maritimes (CE) : **69**.3
Association des présidents de chambre régionale des comptes (CE) : **13**.6
Association des professeurs agrégés des disciplines artistiques (CE) : **63**.7
Association des riverains de l'autoroute A 12 (CE) : **89**.8
Association des riverains de l'Herrengenie (CE) : **29**.3
Association dite Comité pour léguer l'esprit de la Résistance (CE) : **37**.3
Association Ekin (CE) : **30**.7, **90**.11, **116**.4
Association Enbata (CE) : **48**.4
Association Études et consommation CFDT (CE) (1987) : **17**.4
Association Études et consommation CFDT (CE) (1989) : **38**.10, **87**.9, **87**.10
Association Eurolat, Crédit Foncier de France (CE) : **23**.4, **75**.4
Association familiale de l'externat Saint Joseph : **48**.7
Association familiale rurale de circuit et de transport des élèves de la région de Meslay-du-Maine (CE) : **55**.7, **55**.8
Association Force-Ouvrière Consommateurs (CE) : **93**.8
Association française des banques (CE) : **44**.3
Association France Nature environnement (CE) : (2000) : **111**.3
Association franco-russe dite Rousky-Dom (CE) : **30**.7, **90**.5

Association générale des administrateurs civils (CE) : **13**.6
Association générale des administrateurs civils c. Dupavillon (CE) : **90**.8
Association « Girondins de Bordeaux Football club » (CE) : **54**.5, **55**.7, **85**.11
Association greenpeace France (CE) : **3**.7, **102**.6
Association « Ici et Maintenant » (CE) : **110**.5
Association internationale pour la conscience de Krisna (CE) : **21**.3
Association laïque pour l'éducation et la formation professionnelle des adolescents (CE) : **91**.14
Association « Les amis de la terre » (CE) : **16**.4
Association « Les Verts » (CE) : **3**.7, **44**.6, **97**.7, **115**.9
Association lyonnaise de sauvegarde des locataires (CE) : **94**.11
Association maison des jeunes et de la culture Boris Vian (TC) : **50**.3
Association nationale de la meunerie (CE) : **55**.7, **55**.8
Association nationale des usagers de l'électricité (CE) : **8**.5
Association nationale pour la formation professionnelle des adultes c. Mme Vve Arend (TC) : **27**.6
Association ornithologique et mammalogique de Saône et Loire et association France Nature environnement* (CE) : **93**.10, ***111***
Association ornithologique et mammalogique de Saône et Loire et Rassemblement des opposants à la chasse* (CE) : **3**.7, ***111***
Association pour la défense et l'aménagement d'Auxerre (CE) : **30**.3
Association pour le développement de l'aquaculture en région Centre (CE) : **53**.6
Association professionnelle des banques (CE) : **63**.6
Association professionnelle des magistrats et Pringuez (CE) : **78**.4
Association Promouvoir (CE) : **80**.10
Association Promouvoir, M. et Mme Mazaudier (CE) : **30**.3, , **80**.9, **104**.5, **106**.5
Association Radio Solidarité (CE) : **110**.6
Association Saint Pie V et Saint Pie X de l'Orléanais (CE) : **76**.8
Association seine-et-marnaise de sauvegarde de la nature (CE) : **97**.6
Association syndicale de Meilhan (CE) : **62**.1
Association syndicale de reconstruction de Dunkerque (CE) : **62**.2
Association syndicale du Canal de Gignac* (TC) : *7*, **54**.3, **54**.4, **55**.5, **96**.2, **112**.2
Association syndicale nationale des médecins exerçant en groupe ou en équipe (CE) : **56**.2, **67**.4
Association Unimate 65 (CE) : **89**.11
Assurances générales de France (CE) : **99**.5
Association « Un Sysiphe » (CE) : 118.2
Astudillo Calleja (CE) : **3**.9, **30**.3, **105**.6
Atoussi (CE) : **91**.5
Attane (CE) : **40**.1
Aubergé et Dumont (Dame) (CE) : **64**.4
Aubert (TC) : **11**.6
Aublant : **47**.5
Aubry (Dame Veuve)* (CE) : **1**.6, ***62***
Audouin (CE) : **59**.5
Audouin (TC) : **59**.5
Augé (CE) : **47**.2
Aurran (CE) : **32**.3
Automobile Club de Monaco (CE) : **55**.12
Auvray (CE) : **33**.5
Avranches et Desmarets (TC) : **41**.3, **69**.7, **106**.2
Aykan (CE) : **92**.7

B

B. Mme (CE) : **50**.9
Ba (Mme) (CE) : **3**.4
Babas (Mme) (CE) : **30**.7, **92**.14
Bac d'Éloka* (TC) : v. Société commerciale de l'Ouest africain
Bachimont (CE) : **74**.5
Bagot (CE) : **59**.7
Ballande (CE) : **16**.3
Balzano Melle (CE) : **61**.4
Bamba Dieng (CE) : **108**.6
Barbaran (TC) : **3**.10, **83**.3
Barbaza (Dame Vve) (CE) : **38**.9
Barbey (Dame) (CE) : **94**.1
Barbier (CE) : **43**.2, **90**.3
Barbier (Époux) : v. Compagnie Air France c. Époux Barbier*
Barbotin (Mme) (CE) : **56**.6
Barbou (TC) : **38**.8
Barel* (CE) : **3**.2, **4**.5, **26**.2, **31**.4, 70.7, **72**.2, *73*, **81**.8, **94**.6, **113**.9, **113**.12
Barinstein (TC) : **41**.2, **50**.2
Barre et Honnet (CE) : **68**.7, **92**.2
Barthélémy (Mme) (CE) : **110**.4
Baud (Consorts) (CE) : **64**.5, **64**.6, **71**.4, **77**.6
Baudet (Melle) (CE) : **52**.5, **87**.11

Baudin (Dame) (CE) : **56**.6
Baudrand (Dame) (CE) : **47**.6
Bauhain (CE) : **71**.3
Baumann (CE) : **28**.5
Baumgarth (CE) : **91**.14
Bayo (de) (CE) : **56**.2, 3, **58**.1, **61**.4, **110**.5
Bayret (Mme) (CE) : **44**.6
Bazin (CE) : **82**.6
Beaufort (CE) : **68**.2
Beaugé (CE) : **104**.5
Beaumont et Meley (CE) : **46**.2
Bech (CE) : **29**.5
Bechu (Dame) (CE) : **87**.7
Beha (CE) : **48**.2
Belasri (CE) : **92**.9
Belgacem (CE) : **30**.7, **92**.14
Ben Abdulaziz Al Saoud (CE) : **4**.2
Benjamin* (CE) : **30**.4, **30**.10, **44**.2, **45**.3, *48*, **69.1**, **69**.5, **80**.3, **81**.2, **104**.8, **104**.9, **113**.9
Benne (CE) : **59**.8
Bénouville (de) (CE) : **80**.8
Bereciartua-Echarri (CE) : **105**.3, **105**.6
Berge (CE) : **28**.5
Bergeon (CE) : **8**.1
Berger (CE) : **38**.7
Berkani (TC) : **40**.7, **112**.1
Bernadas c. Buisson (Dame Vve) (TC) : **2**.6
Bernadet (CE) : **66**.5
Bernard (CE) : **24**.2
Bernard (Mme) (CE) : **6**.6
Bernardi c. Association hospitalière Sainte-Marie (TC) : **1**.5
Berrad (CE) : **92**.7, **94**.10, **94**.11, **99**.3
Berrandou (CE) : **64**.4, **64**.5
Berthaux (Mme) (CE) : **94**.9
Berthier (CE) : **76**.7
Bertin* (Époux) (CE) : **12**.5, **22**.4, **27**.2, **40**.7, **54**.3, **71**.2, *75*, **76**.6, **85**.14, **109**.11
Berton (CE) : **92**.17
Bertrand (CE) (1928) : **106**.3
Bertrand (CE) (1973) : **33**.7
Bertrand (Dame) (TC) : **27**.9, **38**.4
Béry (Dame) (CE) : **28**.6
Bes (CE) : **4**.3
Bessis (Mme) (CE) : **16**.12
Besthelsemer (CE) : **24**.5
Beucher (CE) : **8**.3
Beule (CE) : **106**.5
Biales (CE) : **2**.6
Biancale (Mme) (CE) : **101**.2
Bianchi (CE) : **6**.7, **101**.5, **101**.4
Biberon (CE) : **46**.3, **68**.2, **69**.6
Bierge (CE) : **25**.2
Biget (CE) : **63**.2
Billard et Volle (CE) : **87**.11, **92**.17, **97**.5
Billiard (CE) : **40**.1
Binet (M. et Mme) (TC) : **16**.5
Bitouzet (CE) : **116**.4
Blanc (CE) : **45**.7
Blanc, Argaing et Bezié (CE) : **25**.5
Blanchard et Dachary (CE) : **1**.5, **4**.5
Blanco (TC-1958) : **81**.3
Blanco* (TC) : ***1***, **10**.2, **10**.3, **15**.1, **22**.3, **27**.1, **54**.1, **55**.8, **70**.6, **70**.7, **77**.3, **101**.8, **109**.9, **110**.34
Bléton (CE) : **4**.9, **90**.8
Blum (CE) : **48**.2
Bluteau (CE) : **4**.3
Bô (CE) : **89**.3
Bobard* (Delle) (CE) : **30**.11, *52*, **68**.2
Boddaert (CE) : **72**.8
Boehrer (CE) : **101**.2
Boglione (CE) : **40**.1
Boileau (CE) : **58**.2
Boisdet (CE) : **98**.11
Bollecker (CE) : **76**.9
Bolusset (Consorts) (CE) : **76**.8
Bonabeau (CE) : **20**.5
Bondurand (CE) : **82**.2, **82**.3
Bongert (CE) : **20**.4
Borderie (Dame Vve) (CE) : **4**.2, **89**.1
Bos et Cresp (CE) : **90**.2
Bosshard (Delle) (CE) : **59**.3
Bossuyt (CE) : **60**.5
Botta* (CE) : ***14***, **63**.6, **78**.5
Botton (CE) : **19**.4, **83**.7
Bouchez (CE) : **48**.2
Bouchot-Plainchant c. Fédération départementale des chasseurs de l'Allier (TC) : **55**.7, **55**.9
Bouguen* (CE) : **7**.4, **19**.3, **54**.2, *56*, **58**.1, **61**.1, **67**.1, **67**.4, **71**.2, **85**.10, **110**.1
Bouilliez Mme (CE) : **100**.7
Boulanger (Delle) (CE) : **28**.7
Bourdeaux (CE) : **68**.1, **110**.6
Bourezak (Époux) (CE) : **94**.10, **94**.11
Bourgeois (CE) : **101**.7
Bourgeois (Mme) (CE) : **94**.5
Bourhis et autres (CE) : **87**.4
Bourokba (Dame) (CE) : **33**.9, **57**.6, **90**.5
Bourrageas et Moullot (CE) : **45**.8
Bousmaha Djalloul et Bousmaha ben Charkit c. Fourquet (TC) : **2**.4
Boussadar (TC) : **50**.2, **113**.9
Boussel dit Lambert (CE) : **48**.4
Boussuge* (CE) : ***28***
Boutillon (CE) : **91**.13
Bouvet (CE) : **38**.3
Bouvet de la Maisonneuve et Millet (CE) : **37**.3, **104**.8
Bouzanquet (CE) : **72**.7
Brac de la Perrière (CE) : **19**.2
Brasseur (CE) : **4**.2
Braut (CE) : **15**.2, **42**.2

Bréart de Boisanger (CE) : **4**.3, **14**.3, **43**.4
Bridet (Consorts) (CE) : **6**.2
Brocas (CE) : **3**.4, **3**.6, **3**.11, **8**.4, **83**.3
Brodbeck (Mme) (CE) : **92**.1
Brouant (CE) : **71**.9
Brousse (CE) : **83**.6
Brun (CE) : **76**.6
Brunet (CE) : **61**.4
Brusteau (Époux) (CE) : **82**.2
Buayi (CE) : **92**.12
Bucard (CE) : **48**.2
Bucciero (CE) : **62**.5
Buffevant (Dame Vve) (CE) : **34**.4
Bugnet (CE) : **61**.1
Buissière (CE) : **115**.3
Bujadoux (CE) : **48**.1
Bunoz (CE) : **54**.5
Bureau d'aide sociale de Blemod-lès-Pont à Mousson (CE) : **85**.14
Butin (CE) : **44**.5, **44**.8

C

Cachet* (Dame) (CE) : **44**.1, **44**.6, **63**.7, **78**.6, **94**.1, **97**.6, **97**.7, **115**.1, **115**.3, **115**.6, **115**.7, **115**.9
Cacheux (Mme) (CE) : **90**.8
Cadilhac (CE) : **25**.4
Cadot* (CE) : **3**.2, ***5***, **12**.2
Caillol (CE) : **71**.5, **103**.5
Cailloux (TC) : **55**.12
Caisse centrale de réassurance (CE) : **99**.5
Caisse de compensation de l'ORGANIC (CE) : **61**.4
Caisse de compensation pour la décentralisation de l'industrie aéronautique (CE) : **4**.3
Caisse de crédit mutuel de Bain-Tresbœuf (CE) : **110**.1, **110**.5, **110**.6, **110**.7, **110**.8
Caisse départementale d'assurances sociales de Meurthe-et-Moselle c. État* (CE) : **15**.3, ***59***, **101**.6
Caisse des écoles de la Courneuve (CE) : **38**.7
Caisse des écoles du 6e arrondissement de Paris (CE) : **112**.2
Caisse d'allocations familiales de Paris (CE) : **30**.3
Caisse primaire « Aide et Protection »* (CE) : **7**.4, **46**.6, ***54***, **55**.1, **55**.2, **55**.4, **55**.5, **55**.9, **85**.10, **87**.1, **106**.3, 9
Caisse primaire centrale de sécurité sociale de la région parisienne (CE) : **36**.7
Caisse primaire d'assurance maladie c. Soulard (CE) : **36**.9
Caisse primaire d'assurance maladie de l'Essonne (CE) : **62**.4
Caisse primaire de sécurité sociale de Mulhouse et Kormann (CE) : **60**.5
Caisse régionale de sécurité sociale de Normandie (CE) : **82**.2
Caïus (Mme) (CE) : **92**.15
Calbo (CE) : **97**.7
Cale (Mme) (CE) : **99**.1, 3
Calmette (TC) : **27**.8
Camara (CE) : **103**.3
Cambieri (CE) : **89**.2
Cambus (CE) : **90**.10
Cames* (CE) : ***6***, **36**.8, **36**.10, **42**.8, **60**.1, **60**.3
CAMIF (CE) : **97**.9, **107**.9
Camino* (CE) : **3**.2, **30**.2, **30**.3, **30**.6, ***31***, **58**.6
Canal* (CE) : **19**.3, **33**.8, **65**.4, **79**.5, ***84***
Canal de Gignac (TC) : v. Association syndicale du Canal de Gignac*
Canasse (Dame Vve) c. SNCF (TC) : **38**.4
Canavaggia (CE) : **31**.4
Capus (CE) : **55**.11
Caraco (Dame) (CE) : **3**.9, **98**.6
Carlier (CE) : **50**.7
Carrey de Bellemare (CE) : **109**.4
Caruelle (TC) : **34**.6
Casanova* (CE) : **3**.2, ***8***, **13**.1, **16**.3, **17**.1, **17**.2, **45**.3
Casanovas (CE) : **113**.12
Castanet (CE) : **6**.5
Caubel (CE) : **66**.11
Caucheteux et Desmonts (CE) : **14**.3, **62**.2
Caussidéry (CE) : **43**.3
Cayzeele (CE) : **16**.12, **17**.3, **17**.4, **87**.5
Centre communal d'action sociale de la Rochelle (CE) : **68**.6
Centre d'action pharmaceutique c. Union des pharmaciens de la région parisienne (TC) : **27**.6
Centre d'aide par le travail Chantcclerc (CE) : **91**.5
Centre d'études marines avancées (CE) : **55**.5
Centre de gestion de la fonction publique territoriale du Vaucluse (CE) : **113**.3
Centre hospitalier d'Armentières (CE) : **94**.3
Centre hospitalier de Besançon (CE) : **2**.2, **68**.7, **70**.8, **117**.3
Centre hospitalier de Lisieux c. Harel (CE) : **62**.6
Centre hospitalier de Reims (CE) : **101**.2
Centre hospitalier de Seclin (CE) : **82**.8

Centre hospitalier du Faucigny (CE) : **58**.9
Centre hospitalier général de Firminy c. Mme Chapuis (CE) : **57**.2
Centre hospitalier général de Troyes (CE) : **113**.12
Centre hospitalier régional d'Orléans c. Fichon (CE) : **101**.2
Centre hospitalier spécialisé de Maison-Blanche (CE) : **82**.7
Centre patronal d'études et d'actions professionnelles (CE) : **68**.4
Centre régional de lutte contre le cancer « Eugène Marquis » (CE) : **7**.9
Centre régional de lutte contre le cancer « Eugène Marquis » (TC) : **7**.9, **54**.5
CFDT (CE) : **30**.3, **52**.4
CFDT et CGT (CE) : **30**.3
Centre régional des œuvres universitaires et scolaires de l'académie de Nancy-Metz (CE) : **85**.14
Chabot (CE) : **8**.1
Chabran (CE) : **78**.4
Chabrol et Société anonyme films La Boétie (CE) : **80**.8
Chaigneau (CE) (1954) : **56**.6
Chaigneau (CE) (1975) : **4**.7
Chambre de commerce d'Annecy (CE) : **28**.6
Chambre de commerce de la Rochelle (CE) : **16**.9, **17**.5
Chambre de commerce de Rennes (CE) : **96**.8
Chambre de commerce de Tamatave (CE) : **16**.2
Chambre de commerce et d'industrie de Meurthe-et-Moselle (CE) : **92**.17
Chambre de commerce et d'industrie de Saint-Étienne (CE) : **33**.7
Chambre de commerce et d'industrie de Toulon et du Var (CE) : **46**.5
Chambre syndicale de la cinématographie (CE) : **80**.2
Chambre syndicale de la corporation des marchands de vins et liquoristes de Paris (CE) : **104**.5
Chambre syndicale de la propriété bâtie de la Baule (CE) : **18**.3
Chambre syndicale des agents de change, courtiers de la Réunion et autres (CE) : **78**.5
Chambre syndicale des constructeurs de moteurs d'avions (CE) : **113**.1, **113**.5
Chambre syndicale des entrepreneurs concessionnaires des services des pompes funèbres (CE) : **69**.8
Chambre syndicale des experts en objets d'art (CE) : **67**.1
Chambre syndicale des industries et du commerce des armes, munitions et articles de chasse (CE) : **45**.2
Chambre syndicale des maîtres buandiers de Saint-Étienne (CE) : **45**.7
Chambre syndicale des marchands de reconnaissance du Mont-de-Piété (CE) : **53**.1
Chambre syndicale des producteurs de films français (TA) : **80**.5
Chambre syndicale du commerce d'importation en Indochine (CE) : **33**.7
Chambre syndicale du commerce en détail de Nevers* (CE) : **8**.1, **30**.10, **38**.2, **38**.5, ***45***, **69**.8, **107**.7
Chambre syndicale nationale des fabricants de spécialités chimiques destinées à l'horticulture (CE) : **18**.4
Chamley et Perret (CE) : **63**.3
Chardon (CE) : **74**.2
Chardon (de) (CE) : **8**.5
Chardon (TC) : **40**.7
Chatelier (CE) : **60**.2
Chauveau (CE) : **13**.1
Chavat (CE) : **60**.1, **60**.7
Chaveneau (CE) : **51**.3, **68**.7, **118**.3
Chedru (CE) : **70**.9
Chemins de fer de l'Est* (CE) : **3**.2, v. Compagnie des chemins de fer de l'Est*
Chenu (CE) : **33**.1
Chevallier (CE) : **13**.5
Chevassier (CE) : **7**.5, **40**.5, **55**.12
Chevillon (CE) : **99**.3
Chevrol Benkeddach (Mme) (CE) : **98**.7, **100**.5
Chicard (Mme) (CE) : **58**.7, **91**.16
Chilloux et Isaad Stimane (TC) : **2**.3
Chouard et autres (CE) : **45**.4
Chulliat (Dame Vve) (TC) : **49**.4
Ciejka (CE) : **66**.9
Cimpoesu (CE) : **105**.7
Cinar (Delle) (CE) : **98**.9
Cirelle (CE) : **91**.9
Claire (TC) : **49**.2
Clavel (CE) : **115**.7
Clef (CE) : **15**.1
Clément (CE) : **30**.11
Club indépendant sportif du châlonnais (CE) : **104**.5, **104**.6
Cochenet (CE) : **47**.2, **47**.4
Codos (CE) : **59**.5
COFIROUTE : v. Compagnie financière et industrielle des autoroutes
Cohen (CE) : **56**.6
Cohn-Bendit (CE-1970) : **93**.1
Cohn-Bendit (CE) (1978) : v. Ministre de l'intérieur c. Cohn-Bendit
Colas (CE) : **36**.2

Collet et autres c/ Air France (TC) : **87**.2
Colombes (Commune de) (CE) : **70**.7
Colombier c. Ministre de l'intérieur Mme (CE) : **15**.6
Colonie de la Côte d'Ivoire c. Société commerciale de l'Ouest africain* (TC) (Bac d'Éloka) : v. Société commerciale de l'Ouest africain
Colonie du Sénégal (CE) : **19**.3
Colonna (CE) : **43**.5
Comité central d'entreprise de la société française d'équipement pour la navigation aérienne (CE) : **18**.3, **106**.8
Comité contre la guerre en Irak (CE) : **3**.7
Comité de défense des libertés professionnelles des experts-comptables (CE) : **67**.3
Comité de défense des libertés professionnelles des experts-comptables brevetés par l'État (CE)* : **56**.5, ***67***, **68**.7, **113**.9
Comité de défense des riverains de l'aéroport Paris-Nord et autres (CE) : **68**.3
Comité régional d'information et de lutte antinucléaire de Basse-Normandie (CE) : **89**.11
Commissaire de la République de l'Ariège (CE) : **68**.6
Commissaire de la République de la région Alsace et autres (TC) : **50**.6
Commissaire de la République de Tarn-et-Garonne (TC) : **85**.9
Commissaire de la République des Landes (CE) : **78**.2, **78**.6
Commissaire de la République du département d'Eure-et-Loir (TA) : **48**.5
Commissariat à l'énergie atomique c. consorts Morawek (CE) : **82**.6
Commissariat à l'énergie atomique c. Syndicat CGT-FO du centre d'études nucléaires de Saclay (TC) : **87**.7
Commission nationale des comptes de campagne et des financements politiques c. Mme Piccarreta (CE) : **99**.3
Communauté d'agglomération Saint-Etienne Métropole (CE) : **58**.5, **58**.8
Communauté de communes du Piémont de Barr (CE) : **93**.11, **107**.8
Commune d'Agde (TC) : **85**.7
Commune d'Arcueil (CE) : **101**.7
Commune d'Arcueil c/ Régie publicitaire des transports parisiens (CE) : **80**.11
Commune d'Hautmont (CE) : **78**.2
Commune d'Huez (CE) : **32**.3
Commune d'Ivry-sur-Seine (CE) : **85**.12
Commune d'Ussel (CE) : **70**.5
Commune de Batz-sur-Mer et Dame veuve Tesson (CE) : **60**.2, **60**.3, **60**.9, **82**.6
Commune de Beauregard-de-Terrasson (CE) : **113**.6
Commune de Béthoncourt c. Consorts Barbier (CE) : **58**.8
Commune de Bouchemaine (CE) : **4**.9
Commune de Bourisp (CE) : **85**.1
Commune de Cabourg (CE) : **29**.4
Commune de Cassis (CE) : **89**.3
Commune de Cayeux sur Mer (CE) : **112**.3
Commune de Chamonix-Mont-Blanc (CE) : **30**.3
Commune de Champigny-sur-Marne (CE) : **59**.6, **59**.7, **59**.8
Commune de Chateauneuf-sur-Loire (CE) : **59**.7
Commune de Chonville-Malaumont (CE) : **34**.6
Commune de Clefcy (CE) : **87**.4
Commune de Clermont-l'Hérault c. Begnes (CE) : **60**.2, **60**.3
Commune de Clohars-Carnoët (CE) : **52**.3, **110**.5
Commune de Coggia (CE) : **60**.6, **60**.8
Commune de Comblanchien : **27**.2
Commune de Digne (CE) : **16**.2
Commune de Domme (CE) : **15**.4, **36**.9
Commune de Dourgne (CE) : **59**.7
Commune de Dreux (CE) : **68**.6
Commune de Fauillet (CE) : **113**.12
Commune de Fougerolles : **45**.11
Commune de Gavarnie (CE) : **42**.7, **53**.3, **72**.5, **86**.7
Commune de Gennevilliers (CE) : **68**.6
Commune de Gorre (CE) : **16**.3
Commune de Gouloux (CE) : **60**.7
Commune de Goutrens (CE) : **113**.3
Commune de Grand-Bourg de Marie Galante (CE) : **16**.11
Commune de Grigny (CE) : **60**.2, **60**.3, **60**.8, **77**.1, **82**.2
Commune de Hannapes (CE) : **15**.4
Commune de Houilles (CE) : **47**.6
Commune de Kintzheim c. Office natio nal des forêts (CE) : **15**.4
Commune de Kintzheim c. Office national des forêts (TC) : **38**.6
Commune de la Hérie (CE) : **60**.3
Commune de Lauterbourg (CE) : **4**.6, **28**.6
Commune de Lavaur (CE) : **78**.2
Commune de Levallois-Perret (CE) : **76**.6
Commune de Liffre c. Carlier (CE) : **17**.2
Commune de Lozane (CE) : **89**.10
Commune de Lusignan (CE) : **117**.4
Commune de Mandelieu-la-Napoule (CE) : **113**.12

Commune de Maromme (CE) : **9**.2
Commune de Mercœur c. Morand (CE) : **45**.4, **45**.5
Commune de Merfy (CE) : **15**.3
Commune de Merville-Franceville (CE) : **45**.4
Commune de Monségur* (CE) : ***39***, **74**.2, **74**.3, **75**.6, **85**.2
Commune de Montagnac (CE) : **32**.6
Commune de Montaut (CE) : **60**.3
Commune de Montfermeil (CE) : **90**.4
Commune de Montreuil-Bellay (CE) : **69**.3, **113**.10, **113**.13
Commune de Morestel (CE) : **27**.3, **85**.14
Commune de Morsang-Sur-Orge* (CE) : **30**.3, ***104***
Commune de Néris-Les-Bains* (CE) : ***10***, **10**.4, **37**.4, **59**.6, **80**.2, **104**.7
Commune de Perthuis (CE) : **113**.2, **113**.14
Commune de Pointe-à-Pitre (CE) : **113**.11
Commune de Porta (CE) : **3**.8, **108**.6
Commune de Ramatuelle (CE) : **58**.8
Commune de Romainville (CE) : **68**.6
Commune de Roscoff : **99**.6
Commune de Rueil-Malmaison (TC) : **50**.3
Commune de Saint-Barthélémy-de-Vals (CE) : **82**.7
Commune de Saint-Blancard (CE) : **10**.6
Commune de Saint-Étienne (CE) : **89**.10
Commune de Saint-Géréon (CE) : **76**.2
Commune de Saint-Germain en Laye (CE) : **89**.11
Commune de Saint-Germain-Langot (CE) : **60**.5
Commune de Saint-Just-Chaleyssin (TC) : **11**.6, **50**.3
Commune de Saint-Léger-en-Yvelines (CE) : **4**.7
Commune de Saint-Nom-la-Bretèche (CE) : **60**.7
Commune de Saint-Priest-la-Plaine* : **1**.7, **6**.7, **36**.8, **36**.10, ***60***, **77**.1
Commune de Saint-Quay-Portrieux (CE) : **58**.3
Commune de Saint-Rémy de Provence (CAA Lyon) : **60**.5
Commune de Saint-Servan (CE) : **59**.4
Commune de Sainte Marie (CE) : **16**.11
Commune de Saintes (CE) : **63**.4
Commune de Sarlat (CE) : **74**.5
Commune de Sauve (TC) : **27**.4, **85**.12
Commune de Soisy-sous-Montmorency (CE) : **16**.7
Commune de Soultz (TC) : **74**.4
Commune de Staffelfelden (CE) : **32**.7
Commune de Taverny c/société Camareg Île-de-France (CE) : **80**.11
Commune de Toulon et Compagnie des eaux et de l'ozone (CE) : **38**.10
Commune de Toulouges (CE) : **58**.7
Commune de Triconville (CE) : **11**.4
Commune de Tursac (CE) : **32**.4
Commune de Venelles* (CE) : **48**.5, **58**.3, **69**.3, **94**.3, ***113***
Commune de Vigneux-sur-Seine (CE) : **10**.6
Commune de Volvic (CE) : **89**.9
Compagnie Air France c. Époux Barbier* (TC) : **38**.9, **40**.3, **40**.4, **54**.7, **55**.7, **55**.8, **55**.9, ***87***, **115**.2
Compagnie Air Inter (CE) : **90**.2
Compagnie Alitalia* (CE) : **44**.7, **88**.5, **93**.8, ***97***, **115**.5, **115**.9
Compagnie d'aménagement des côteaux de Gascogne (CE) : **16**.10
Compagnie d'assurances générales (CE) : **25**.3, **109**.4
Compagnie d'assurances Les Lloyd's de Londres (CE) : **99**.5
Compagnie d'assurances l'Urbaine et la Seine (CE) : **60**.4, **60**.9, **117**.5
Compagnie d'assurances maritimes, aériennes et terrestres (CE) : **75**.10
Compagnie d'assurances Rhin et Moselle (CE) : **75**.10
Compagnie d'assurances Zurich International (CE) : **15**.4
Compagnie de navigation Denis frères (CE) : **20**.3, **20**.5
Compagnie de navigation Fraissinet (CE) : **53**.4
Compagnie de navigation mixte* : ***20***
Compagnie de navigation Sud-Atlantique (CE) : **9**.3
Compagnie départementale des eaux (CE) : **9**.4
Compagnie des bateaux à vapeur du Nord (TC) : **1**.6
Compagnie des chemins de fer de l'Est* (CE) : **16**.8, ***19***, **84**.2, **96**.7, **109**.2
Compagnie des chemins de fer du Nord (CE) : **85**.3
Compagnie des chemins de fer économiques du Nord (CE) : **23**.1
Compagnie des chemins de fer PLM (CE) : **28**.4
Compagnie des messageries maritimes* (CE) : ***20***, **32**.4
Compagnie des mines de Falimé-Gambie (CE) : **27**.2
Compagnie des tramways de Cherbourg (CE) : **20**.6, **32**.7, **44**.1
Compagnie des transports électriques de Limoges (CE) : **53**.5
Compagnie du chemin de fer métropolitain (CE) : **94**.3

Compagnie du gaz de Bordeaux (CE) : **9**.1
Compagnie du gaz de la Ferté-Milon (CE) : **20**.3
Compagnie du gaz de Lens (CE) : **9**.1
Compagnie électro-mécanique (CE) : **90**.4
Compagnie Fabre et Société générale de transports maritimes (TC) : **75**.4
Compagnie fermière du casino municipal de Constantine (CE) : **76**.7
Compagnie financière et industrielle des autoroutes (1989) : **99**.3
Compagnie financière et industrielle des autoroutes (CE)* (1990) : ***99***
Compagnie française d'éclairage et de chauffage par le gaz (CE) : **9**.1
Compagnie française des automobiles de place (CE) : **62**.1
Compagnie française des câbles télégraphiques (CE) : **32**.3, **32**.6
Compagnie générale d'éclairage de Bordeaux* (CE) : **20**.6, ***32***, **44**.1, **44**.3, **54**.3
Compagnie générale d'énergie radioélectrique* (CE) : **1**.7, **3**.10, **6**.7, **42**.8, **53**.3, **64**.3, ***86***
Compagnie générale de grande pêche (CE) : **53**.4
Compagnie générale des automobiles postales (CE) : **32**.2
Compagnie générale des eaux (CE) (1927) : **74**.2
Compagnie générale des eaux (CE) (1933) : **23**.2
Compagnie générale des eaux* (CE) (1947) : **1**.7, ***62***
Compagnie générale des eaux (CE) (1993) : **107**.2, **107**.9
Compagnie générale des eaux c. Dame Veuve Berluque (CE) : **39**.4
Compagnie générale française des tramways* (CE) : **16**.7, ***23***, **54**.3
Compagnie générale transatlantique* : ***20***
Compagnie la Providence et dame Grima (TC) : **34**.6
Compagnie luxembourgeoise de télédiffusion (CE)(1986) : **16**.2, **16**.3, **16**.10
Compagnie luxembourgeoise de télévision (CE) (1998) : **16**.8
Compagnie maritime de l'Afrique orientale (CE) : **46**.4, **54**.2, **55**.4, **69**.8, **76**.10
Compagnie marseillaise de navigation à vapeur Fraissinet (CE) : **3**.3
Compagnie méditerranéenne d'exploitation des services d'eau : **45**.9, **45**.10
Compagnie nationale Air France (CE) : **68**.2
Compagnie nationale du Rhône c. EDF (TC) : **75**.4
Compagnie nouvelle du gaz de Deville-lès-Rouen* (CE) : ***9***, **23**.2, **23**.4, **44**.1, **54**.3
Compagnie PLM (CE) : **53**.1
Compagnie pour l'exploitation et l'achat de rondins (CE) : **7**.8
Compagnie Union et le Phénix Espagnol (CE) : **1**.6
Comptoir agricole et commercial (CE) : **19**.7
Confédération de l'artisanat et des petites entreprises du bâtiment (CE) : **18**.8
Confédération des syndicats médicaux français et Conseil départemental du Morbihan de l'Ordre des médecins. (CE) : **16**.4
Confédération française de l'encadrement CGC (CE) : **30**.8
Confédération générale des petites et moyennes entreprises (CE) : **75**.8
Confédération générale des planteurs de betteraves (CE) : **63**.7
Confédération Hélvétique (CE) : **102**.5
Confédération nationale des associations familiales catholiques (CE) : **98**.12
Confédération nationale des auxiliaires médicaux et paramédicaux et autres (CE) : **85**.11
Confédération nationale des radios libres (CE) : **113**.5
Confédération nationale des sociétés de protection des animaux de France et des pays d'expression française (CE) : **93**.12
Conseil central des pharmaciens d'officine (Section A) (CE) : **58**.2
Conseil de la région parisienne des experts-comptables et comptables agréés (CE) : **63**.4
Conseil départemental de l'Ordre des médecins de l'Essonne (CE) : **56**.5
Conseil national de l'Ordre des médecins (CE) : **68**.3, **79**.5, **97**.4, **106**.3
Conseil national de l'Ordre des médecins c. Grunberg (CE) : **56**.7
Conseil régional de l'ordre des architectes de Picardie (CE) : **8**.5
Conseil régional de l'ordre des pharmaciens de la circonscription d'Aquitaine (CE) : **29**.3
Conseil régional de Paris de l'Ordre des experts-comptables (CE) : **56**.5
Conservatoire de l'espace littoral et des rivages lacustres (CE) : **89**.7
Consorts Amoudruz (CE) : v. Amoudruz
Consorts Baud (CE) : v. Baud
Consorts Dastrevigne (CE) : **74**.2
Consorts Delaprée (CE) : **117**.4
Consorts Lecomte (CE) : v. Lecomte

Consorts Lecuyer (CE) : **115**.4
Consorts Métayer et Époux Lacour (CE) : **89**.7 ; v. Métayer (consorts) et Époux Lacour
Consorts Nguyen, Jouan, consorts Pavan (CE) : v. Nguyen, Jouan, Pavan
Consorts Noualek (TC) : **71**.4
Consorts Pressigout (CAA) : **15**.3
Consorts Tayeb (TC) : **64**.5, **71**.4
Consorts Touron (CE) : **71**.5
Constantin (Dame) (CE) : **4**.9, **30**.4
Contamine (CE) : **39**.2
Contessoto (CE) : **63**.7
Coopérative agricole de la région d'Ablis (TC) : **27**.9
Coopérative de consommation des adhérents de la Mutuelle assurance des instituteurs de France (TC) : **107**.3
Coopérative laitière de Belfort (CE) : **97**.3
Coquand (Delle) (CE) : **66**.5, **72**.7
Cordelet (CE) : **73**.2
Corderoy du Tiers (CE) : **30**.11
Cordier (TC) : **56**.8
Costa (CE) : **98**.7
Costier (Delle) (CE) : **56**.4, **56**.7
Cottes (CE) : **56**.5
Couach (TC) : **11**.4
Couespel du Mesnil (CE) : **73**.3
Cougrand (CE) : **30**.11
Couitéas* (CE) : **1**.7, **6**.7, *42*, **53**.11, **64**.2, **68**.2, **71**.5, **86**.7, **99**.4
Courrent (CE) : **33**.5
Courtet (Mme) c. commune de Guidel (CE) : **16**.6
Cousinard (Dame Vve) (TA Lille) : **82**.3
Cozic-Savoure (Dame) (CE) : **57**.8
Cramencel (Dame) (CE) : **3**.7
Crédit foncier de France c. Delle Gaupillat et Dame Ader* (CE) : **51**.5, *88*
Crespin (CE) : **33**.5
Croissant (CE) : **3**.9
Croix de Seguey-Tivoli*. : V. Syndicat des propriétaires et contribuables du quartier Croix-de-Serguey-Tivoli
Crouzel et Chambre de commerce et d'industrie de Périgueux c. cons. Boisseau (TC) : **38**.6
Cru (CE) : **43**.6
Crumeyrolle (CE) : **13**.5
Cuaz (CE) : **58**.3
Culard (Dame) (CE) : **85**.3
Culard (Dame) (TC) : **106**.7, **106**.9
Curtol (Mme) (CE) : **1**.6

D

D. (CE) : **58**.5, **58**.7, **58**.10, **101**.2
Da Silva et Confédération française démocratique du travail (CE) : **8**.6, **18**.2, **92**.5, **92**.6, **118**.3
Dagostini (Mme) (CE) : **33**.9, **90**.7
Dalleau (CE) : v. Ministre de l'équipement et du logement c. Dalleau
Dalmas de Polignac (CE) : **71**.5, **106**.2
Damasio (CE) : **8**.2, **8**.6
Damazière et autres (CE) : **48**.3
Daramy (CE) : **64**.1, **64**.2, **64**.5, **64**.6
Dardant (Dame) (CE) : **78**.4
Darfeuille (TC) : **81**.3
Darmont (CE) : **56**.7, **101**.7
Darracq (CE) : **71**.7
Dastrevigne (Consorts) (CE) : **39**.2, **74**.2
Daudignac* (CE) : **30**.4, **30**.10, **45**.2, **45**.3, **50**.1, *69*, **79**.2, **104**.8, **104**.9, **113**.9
Dauphin (CE) : **76**.6
David (Dame) (CE) : **8**.6, **29**.3, **68**.7, **79**.5
Deberles* (CE) : *47*
Debizet (CE) : **48**.4
Deboos (Mme) (CE) : **91**.14
Debout (CE) : **100**.3, **110**.3, **116**.5
Decerf (CE) : **3**.9, **102**.1
Decuty (CE) : **16**.3
Defaux (CE) : **34**.5
Defix, épouse Gaillard (Dame) (CE) : **52**.2
Degraix (Delle) (CE) : **45**.7
Dehaene* (CE) : **17**.4, **51**.3, *66*, **68**.7, **73**.8
Delage (CE) : **66**.11
Delahaye, Villard et ministre du Travail c. Duflot (CE) : **10**.5
Delaître c. Bouquet (TC) : **49**.5
Delalande (CE) : **96**.3
Delansorme (CE) : **45**.5, **45**.7
Delecluse-Dufresne (Dame) (CE) : **13**.4
Delhommeau (CAA Nantes) : **60**.3
Delmas (CE) : **3**.5, **58**.10
Delmas et Sibille (CE) : **115**.4
Delmotte (CE) : **35**.1, **35**.2
Delprat (CE) : **46**.4
Deltel (Époux) (CE) : **3**.9, **65**.1
Delville* (CE) : **24**.4, *70*, **77**.3, **117**.2, **117**.4, **117**.5
Denizet (CE) : **90**.4
Denoyez et Chorques (CE) : **38**.8, **68**.3
Département de l'Aveyron et Société Jean-Claude Decaux (CE) : **16**.3
Département de l'Eure (CE) : **38**.8
Département de l'Indre (CE) : **29**.4, **58**.3, **110**.3
Département de l'Isère (CE) : **62**.2
Département de la Creuse (CE) : **16**.2, **16**.3
Département de la Meuse c. Poilera (CE) : **45**.2
Département de la Moselle (CE) (1967) : **36**.4

Département de la Moselle (CE) (1989) : **85**.12
Département de la Sarthe (CE) : **16**.11
Département de la Sarthe c. Dlle Artus (CE) : **82**.2
Département de la Vendée c. consorts Alonzo Hoffmann (CE) : **62**.4, **82**.7
Département des Côtes-du-Nord et Ducos (CE) : **32**.9
Département des Hautes-Pyrénées c. Soc. Sofilia (CE) : **32**.6
Département du Loir-et-Cher : **30**.10
Département du Puy de Dôme c. Bouchon (CE) : **68**.3
Département du Var c. Entreprise Bec frères (CE) : **6**.7
Deperthes (CE) : **113**.10, **113**.11, **113**.14
Deplanque (CE) : **9**.3, 4
Desmon (CE) : **110**.9
Despujol* (CE) : **32**.10, ***44***, **46**.4, **93**.8, **115.5**
Desreumeaux (CE) : **3**.3
Dessay (CE) : **30**.1
Desseaux (CE) : **61**.4
Dévé (CE) : **56**.6
Deveze (Dame Vve) (CE) : **36**.2
Devouge (CE) : **4**.5, **67**.1, **67**.2, **67**.3
Dewavrin (CE) : **103**.5
Di Chiaro (CE) : **91**.12
Didier* (CE) : **29**.6, ***110***
Diebolt Mme (CE) : **52**.5
Diemert. Union nationale des organisations syndicales des transporteurs routiers automobiles (CE) : **19**.7
Dieng (CE) : **92**.13
Dio (CE) : **58**.7
Diop (CAA Paris) : **116**.2
Diot (CE) : **56**.3, **56**.5
Directeur général de l'Assistance publique à Paris (CE) : **101**.6
Directeur régional de la sécurité sociale d'Orléans c. Blanchet (TC) : **55**.7, **55**.8
Directeur régional de la sécurité sociale de Nancy c. Dame Léotier (TC) : **55**.8
Distillerie de Magnac-Laval (CE) : **16**.8, **23**.4
Djebbar (Époux) (CE) : **90**.9
Dol et Laurent* (Dames) (CE) : **30**.10, ***35***, **45**.3
Domenech (Époux) (CE) : **15**.2, **33**.1, **33**.6, 35, **48**.4, **64**.2
Dorly (CE) : **71**.3
Doublet (CE) : **15**.2, **44**.6, **59**.4, **104**.9
Douieb c. Stokos (TC) : **49**.6
Doukouré (Mme) (CE) 1996 : **100**.8
Doukouré (Mme) (CE) 1997 : **99**.2, **116**.1, **116**.2
Doyen de la faculté de médecine de Clermont-Ferrand (CE) : **13**.5
Drexel-Dahlgren (Delle) (CE) : **89**.10
Druelle (CE) : **103**.7
Du Puy de Clinchamps (TC) : **40**.5
Du Verne (TC) : **1**.2
Dubois (CE) : **25**.5, **58**.2, **58**.3
Dubouloz (Consorts) (CE) : **58**.6
Duc d'Aumale et Michel Lévy (CE) : **3**.1
Duchâtelet (CE) : **53**.1
Duez (CE) : **117**.9
Dufour (CE) : **8**.1, **8**.3
Dumas (CE) : **47**.4
Dumont (CE) : **8**.3
Dumont (TC) : **11**.3, **50**.3
Dussol (Mlle) (CE) : **6**.6
Duvignères* (Mme) (CE) : **68**.5, **88**.5, ***118***
Duxent (Dame) (CE) : **24**.3

E

Ebri et autres (Dame) (CE) : **30**.3, **89**.13
École nationale d'administration (CE) : **18**.9
EDF c. Entreprise « Pignetta et Repetti » (CE) : **74**.4
EDF c. Farsat (CE) : **1**.5, **42**.6
Éditions Dalloz-Sirey (CE) : **107**.7
Effimieff* (TC) : **7**.3, ***74***, **75**.6, **75**.7, **96**.7
Église de scientologie de Paris (CE) : **31**.5
Egloff (Mlle) (TC) : **55**.12
Eidel (CE) : **76**.7
Élections de Maisons-Alfort (CE) : **83**.6
Électricité de France (1952) (CE) : **20**.4, **20**.5
Électricité de France (CE) : **61**.5
Électricité de Strasbourg c. Schaub (CE) : **71**.5
Elissonde (CE) : **94**.5
Elkoubi (CE) : **76**.9
Enard (CE) : **4**.5
Enjalbert (CE) : **78**.6
Entreprise Chagnaud (CE) : **63**.6
Entreprise Chemin (CE) : **11**.2, **33**.7
Entreprise de travaux publics Daniel (CE) : **82**.7
Entreprise Eugène Revert (CE) : **74**.3
Entreprise Peyrot* (TC) : **1**.5, **19**.1, **27**.6, **54**.7, **55**.12, **74**.8, ***85***, **96**.7, **109**.11
Entreprises maritimes Léon Vincent (CE) : **44**.3
Eon (CE) : **56**.2
Époux V.* : v. V.* (Époux)
Escaltine (Mme) (CE) : **114**.4, **114**.5
Escriva (CE) : **109**.6

Esdras et autres (CE) : **68**.4
Espie c. Institut national de la consommation (TC) : **38**.7
Espieu (Mme) (CE) : **30**.9
Établissement Delannoy (CE) : **36**.3
Établissement public d'aménagement de la ville nouvelle de Saint-Quentin-en-Yvelines (CE) : **32**.9
Établissements Campanon-Rey (CE) : **27**.9, **38**.4
Établissements Descours et Cabaud (CE) : **20**.3
Établissements Vézia (CE) : **7**.4, **46**.6, **54**.2, **79**.3
Étienne (CE) : **107**.9
Ève (CE) : **115**.6
EURL La Cour des miracles (CE) : **113**.10

F

Fabrègue (CE) : **4**.2
Falco et Vidaillac (CE) : **65**.1, **71**.1, **71**.3, **109**.10
Falola (CE) : **58**.8
Faulcon (TC) : **40**.2
Fauqueux (CE) : **103**.7
Fauquier (CE) : **40**.1
Faure (CE) : **60**.1, **60**.7, **66**.11
Fédération algérienne des syndicats de défense des irrigants (CE) : **79**.4
Fédération CFTC des personnels de l'environnement, de l'équipement et du logement, des transports et du tourisme (CE) : **66**.7
Fédération des associations de propriétaires et agriculteurs de l'Ile de France et Union nationale de la propriété immobilière (CE) : **118**.7
Fédération des comités de défense contre le tracé de l'autoroute A 28 (CE) : **89**.6
Fédération des fonctionnaires, agents et ouvriers de la fonction publique (CE) : **92**.17
Fédération des industries françaises d'articles de sport (CE) : **7**.6, **54**.5, **55**.7, **55**.9
Fédération d'action nationale et européenne (CE) : **57**.7
Fédération des parents d'élèves de l'enseignement public (CE) : **17**.4
Fédération des syndicats chrétiens de cheminots (CE) : **51**.1, **66**.7, **66**.12
Fédération des syndicats de marins (CE) : **44**.4
Fédération des syndicats généraux de l'éducation nationale et de la recherche (CE) : **52**.5
Fédération française d'haltérophilie, musculation et disciplines associées (CE) : **4**.2
Fédération française de cyclisme (CE) : **7**.6, **56**.8
Fédération française de football (CE) : **110**.4, **110**.6
Fédération française des sociétés d'assurances (CE) : **107**.8
Fédération française des sociétés de protection de la nature (CE) : **93**.8
Fédération française des syndicats professionnels des pilotes maritimes (CE) : **46**.4
Fédération générale agro-alimentaire (CE) : **30**.8
Fédération générale des syndicats chrétiens de fonctionnaires (CE) : **18**.7
Fédération générale des syndicats de la police CGT (CE) : **52**.3
Fédération nationale de l'aviation civile (CE) : **66**.13
Fédération nationale des associations des usagers des transports (CE) : **17**.5
Fédération nationale des cadres des transports (CE) : **87**.7
Fédération nationale des déportés et internés résistants et patriotes (CE) : **19**.7
Fédération nationale des élus républicains (CE) : **68**.3
Fédération nationale des huileries métropolitaines (CE) : **7**.6, **28**.6, **55**.7, **55**.9
Fédération nationale des organismes de sécurité sociale et Fradin (CE) : **19**.5, **83**.7
Fédération nationale des syndicats de fonctionnaires de l'agriculture CFDT (CE) : **90**.8
Fédération nationale des syndicats de police (CE) : **19**.3, **65**.1, **79**.5, **84**.2, **84**.4
Fédération nationale des syndicats de police de France et d'outre-mer (CE) : **25**.3
Fédération nationale des syndicats du personnel des industries de l'énergie électrique, nucléaire et gazière (CE) : **84**.4
Fédération nationale des syndicats d'agents généraux d'assurance (CE) : **45**.10
Fédération nationale des travailleurs de l'État CGT (CE) : **51**.3
Fédération nationale des travaux publics (CE) : **118**.4

Fédération nationale du commerce extérieur des produits alimentaires (CE) : **107**.8
Fenaille (CE) : **8**.2
Fentrouci (TC) : **41**.4
Fermaud (CE) : **25**.2
Ferrand (M.) (CE) : **89**.10
Ferrand (Mme) (CE) : **99**.3
Ferrandiz Gil Ortega (CE) : **113**.1
Fettelian (CE) : **20**.3
Feuillatey (Mmes) (CE) : **113**.10
Feutry (TC) : **12**.2, **22**.2, **27**.1, **34**.1
Fiat (TC) : **40**.2
Fidan (CE) : **105**.6
Flavigny (TC) : **11**.6, **50**.3
Fondation Cousteau (TC) : **50**.2
Fondation d'Heucqueville (CE) : **57**.3
Fonderies et acieries électriques de Feurs (CE) : **91**.12
Fontaine (CE) : **43**.5
Fontbonne (de) (CE) : **78**.4, **78**.6
Foucher-Créteau (CE) : **73**.3
Fouéré (CE) : **30**.11
Fourcade (CE) : **63**.5
Fraisse (CE) : **72**.6
Franchini (TC) : **40**.6
Franco (CE) : **100**.6
Frerot (CE) : **51**.3
Freyssinet, UNEF et Union des grandes écoles (CE) : **118**.2, **118**.4
Fromassol (CE) : **32**.2, **32**.3
Front national, Institut de formation des élus locaux (CE) : **48**.5, **113**.11, **113**.13, **113**.14
Froustcy (CE) : **53**.7, **56**.4

G

Gabeur (Mme) (CE) : **110**.3
Gacon (Delle) (CE) : **25**.7
Gadiaga (CE) : **29**.6, **69**.6
Gaebelé (CE) : **8**.2, **8**.3
Gagnant (TC) : **40**.5
Gaillard (CE) : **60**.2, **60**.3, **60**.8
Galandou Diouf (CE) : **8**.1
Galland (Dame) (TC) : **75**.10
Galtié (Mme) (CE) : **60**.2, **60**.6
Galy (CE) : **78**.2
Gamba (TC) : **38**.3, **75**.10, **76**.6
Gambini (TC) : **38**.3
Gambus (CE) : **30**.7
Ganiayre (CE) : **59**.2
Garagnon (Mme) (CE) : **15**.2
Garde des sceaux c. Lang (CE) : **79**.4
Garde des sceaux, ministre de la justice c. Banque populaire de la région économique (CE) : **36**.4
Garde des Sceaux, ministre de la justice c. Magiera (CE) : **56**. 7, **101**.7
Garde des sceaux, ministre de la justice c. Pelle (CE) : **36**.3
Garde des sceaux, ministre de la justice c. Theys (CE) : **36**.4
Garde des sceaux, ministre de la justice c. Vizier (CE) : **73**.7
Garde des sceaux, ministre de la justice et ministre de la santé c. Société de construction et de fabrication pour le bâtiment, l'industrie et l'agriculture (CE) : **36**.5
Garnero (Dame) (CE) : **1**.5
Garnett (CE) : **55**.4
Garnier (CE) : **94**.3
Garrigou (CE) : **19**.3, **63**.3, 4, **84**.2
Garrigues (CE) : **71**.7
Gasparini (CE) : **100**.8
Gaudino (TC) : **50**.1
Gauthier (CE) : **83**.10
Gavillet (TC) : **2**.10
Gaz de Bordeaux (CE) : V. Compagnie générale d'éclairage de Bordeaux*
Gaz de Deville-lès-Rouen* (CE) : v. Compagnie nouvelle du gaz de Deville-lès-Rouen*
Gaz de Poissy (CE) : **32**.2
Gény (CE) : **3**.7
Georger et Teivassigamany (CE) : **3**.5
Gervaise (CE) : **114**.2
Gestin (CE) : **44**.3
Gevrey (Époux) (CE) : **36**.8
Ghazi (CE) : **91**.7
Ghez (CE) : **19**.4
Gicquel (CE) : **8**.2
GIE Brousse-Cardell (CE) : **54**.6
GIE Mumm-Perrier-Jouët (CE) : **110**.4
Girard (CE) : **109**.4, 6
Giraud (Epoux) (CE) : **117**.8
Girodet c. Morizot (TC) : **2**.6
GISTI* (CE) (1978) : **58**.7, ***92***, **100**.1, **113**.10
GISTI (CE) (1985) : **92**.5
GISTI (CE) (1986) : **92**.7
GISTI* (CE) (1990) : **3**.8, **98**.7, **98**.10, ***100***, **105**.3, **118**.5, **118**.8
GISTI (CE) (22 mai 1992) : **92**.5
GISTI (CE) (23 sept. 1992) : **3**.7
GISTI (CE) (1997) : **98**.9
GISTI (CE) (2003) : **90**.13
Gliksmann (CE) : **29**.7
Glon (CE) : **43**.3
Gombert (CE) : **3**.2, **71**.5, **83**.3
Gomel* (CE) : **3**.2, ***30***, **31**.1, **31**.5, **31**.6, **58**.7, **80**.4, **89**.2, **90**.4
Gonfond (CE) : **6**.3, **60**.5
Gonthier (CE) : **75**.5
Gorlier et Bonifay (CE) : **89**.13

Gouazé (CE) : **58**.3
Goubert (Consorts) (CE) : **62**.1
Gouelo (CE) : **58**.10
Gouvernement du territoire de la Polynésie française (CE) : **68**.2, **79**.7
Gozzoli (Dame) (CE) : **76**.7
Graff (CE) : **115**.4, **115**.9
Grange (CE) : **73**.3
Grange (de la) (CE) : **22**.4, **75**.3
Grasset (CE) : **71**.4
Grassin (CE) : **89**.10
Grekos (CE) : **94**.11
Grenet (Époux) (CE) : **74**.3
Gribelhauer (CE) : **57**.5
Griesmar (CE) : **52**.6
Grimaldi (CE) : **89**.10
Grimouard (CE) : v. Ministre de l'agriculture c. consorts Grimouard*
Grizivatz (TC) : **50**.6
Grostin c. SNCF (TC) : **87**.9
Groupe d'intervention et de soutien des immigrés (CE) : **90**.13
Groupement de défense de l'îlot de Firminy-centre (CE) : **89**.3
Groupement de défense des riverains de la route de l'intérieur (CE) : **85**.2, **89**.1
Groupement d'intérêt économique du groupe Victoire (CE) : **29**.7
Groupement d'intérêt public « Habitat et interventions sociales pour les mal-logés et les sans-abris » c/ Mme Verdier* (TC) : **7**.4, ***112***
Guetre (CE) : **74**.5
Guez c. Chambre nationale de discipline des commissaires aux comptes (CE) : **56**.8
Gugel (CE) : **3**.2
Guibert (CE) : **7**.3
Guichon (CE) : **43**.4, **47**.3
Guiderdoni (Dame) (CE) : **28**.5
Guieysse (CE) : **68**.2
Guigon (CE) : **43**.6, **78**.3
Guigon (TC) : **81**.5
Guigonis (CE) : **6**.4
Guille (CE) (1954) : **72**.2, **72**.3
Guille (CE) (1959) : **43**.4, **47**.2
Guillec (M. et Mme) (CE) : **4**.2
Guillemet (CE) : **4**.4
Guillemot (CE) : **62**.5
Guiller (CE) : **21**.3
Guiol (CE) : **62**.2
Guis (TC) : **38**.6
Gunes (CE) : **113**.3
Guyé (CE) : **90**.4
Guyot (Mme) (CE) : **101**.3

H

H. (époux), Président du conseil général des Yvelinés, époux (CE) : **30**.9
Halbwax (CE) : **51**.4
Hardouin* (CE) : ***103***
Haut-Commissaire de France en Indochine c. Hauger (CE) : **47**.4
Hébert (Époux) (CE) : **82**.6
Hechter (CE) : **61**.4
Helouis (CE) : **47**.5
Hénin et autres (CE) : **71**.6
Hénin et autres (TC) : **71**.6
Henry (Geneviève) : **94**.1
Hervé (TC) : **2**.3
Heugel (Consorts) (CE) : **94**.5
Heyriès* (CE) : **11**.2, **30**.10, *33*, **33**.5, **35**.2,37.2, **42**.2, **45**.3, **48**.4, **83**.5, **84**.5
Hirschowitz (CE) : **3**.5
Hoang Van Ngoc (CE) : **20**.4, **20**.5
Hoffer (CE) : **14**.6
Hofmann (M. et Mme) (CE) : **65**.3
Hôpital Joseph-Imbert d'Arles (CE) : **82**.8, **101**.4
Hôpital psychiatrique départemental de Rennes c. Dame Clotault (CE) : **36**.5, **101**.6
Hôpital-Hospice d'Aulnay-sur-Odon (CE) : **70**.6
Hôpital-Hospice de Chauny (CE) : **23**.3
Hôpital-hospice de Vernon (CE) : **60**.2
Hospice de Chateauneuf-du-Pape et Commune de Chateauneuf-du-Pape c. Jeune (TC) : **1**.8, **70**.6
Hospice du Saint-Esprit (CE) : **96**.8
Houillères de bassin (CE) : **87**.9
Houphouët-Boigny (CE) : **48**.3
Hubersen (CE) : **31**.2
Hubert et Crépelle (Dame) (CE) : **57**.6, **104**.5
Hublin (CE) : **66**.6, **66**.8
Huc (Dame Vve) (CE) : **4**.3
Huet (CE) : **68**.4
Huglo (CE) : **113**.4
Huguet (CE) : **28**.7
Husson-Chiffre (CE) : **101**.7
Hyacinthe (Mme) (CE) : **113**.11, **113**.13

I

Idée (CE) : **46**.4
Imanbaccus : **90**.7, **92**.12
Imbert-Quaretta : **72**.6
INAO c. Roussot (CE) : **90**.9
Ingremeau (CE) : **36**.5
Institut français d'opinion publique (CE) : **118**.5, **118**.6, **118**.8
Institution Notre-Dame du Kreisker (CE) : **51**.3, **118**.1, **118**.2, **118**.3, **118**.6, **118**.7, **118**.8
Iossifoglu (CE) : **22**.4, **75**.3
Isnardon (CE) : **66**.13

J

Jacquinot (CE) : **87**.4
Jalenques de Labeau (CE) : **40**.1
Jamart* (CE) : **17**.3, **26**.1, **37**.2, ***51***, **66**.6, **88**.3, **118**.4, **118**.6, **118**.8
Jamet (Delle) (CE) : **72**.4
Jannès (CE) : **72**.7
Jaouen (CE) : **29**.3
Jardin (CE) : **71**.6
Jary (CE) : **25**.2
Jauffret (CE) : **104**.5
Jean-Louis, Sévère et Caraman (CE) : **63**.7
Jeannier (CE) : **2**.9, **70**.4, **70**.6, **70**.8, **70**.10, **70**.11
Jeissou (CE) : **38**.7
Jobard (CE) : **71**.6
Joly et Padroza (Mlles) (CE) : **85**.3
Joseph Rivière (CE) : **19**.6
Jourde et Maleville (CE) : **68**.2
Jugeau (CE) : **72**.1
Jugy (CE) : **113**.5
Jung (CE) : **64**.2

K

Kalck (CE) : **43**.6
Kampmann (CE) : **59**.2
Karl et Toto Samé (CE) : **3**.8, **100**.2
Karle (CE) : **79**.1
Kechemir (CE) : **92**.12
Keddar (CE) : **4**.4, **90**.5
Kessler (TC) : **2**.6
Kherouaa (CE) : **26**.6, **103**.4
Kirkwood (Dame) (CE) : **3**.8, **3**.9, **86**.2, **98**.9
Klein (Dame) (CE) : **11**.6
Konaté (CE) : **31**.3, **31**.4
Koné* (CE) : **3**.9, **68**.7, **95**.3, **100**.7, **102**.1, ***105***
Korber (CE) : **71**.5
Kouyoumdjian (Dame) (TC) : **1**.6
Kowalewski (Dame) (CE) : **72**.7
Kozirev (CE) : **105**.8
Krier (Dame) (CE) : **47**.4
Krivine (CE) : **57**.6

L

Labrosse (Mlle) c. Gaz de France (TC) : **38**.9
L'Étang (CE) : **61**.4, **65**.4, **71**.3
L'Herbier (CE) : **38**.9, **40**.2
La Fleurette* (CE) : v. Société anonyme des produits laitiers La Fleurette*
Labonne* (CE) : **10**.1, ***37***, **80**.2, **104**.7
Laboulaye (de) (CE) : **69**.3, **79**.1, **79**.5
Lacaze (CE) : **103**.5
Lachger (CE) : **92**.6
Lacombe (CE) : **14**.4, **53**.7, **53**.8, **57**.9
Lacroix (Consorts) (CE) : **24**.3
Lafage* (CE) : ***25***, **110**.1
Laffitte (CE) : **3**.1, **117**.8
Lafitte (Dame) (CE) : **76**.2
Lafont (CE) : **15**.4
Lagrange (CE) : **30**.11, **90**.4
Laiterie Saint Cyprien (CE) : **97**.2
Lallée (Mme) (CE) : **36**.5
Lamar (CE) : **17**.2
Lambert (CE) : 1970 : **4**.5
Lambert (CE) 1982 : **13**.5
Lamotte* (Dame) (CE) : V. Min. de l'Agriculture c. Dame Lamotte
Landsmann (CE) : **58**.2
Langlais (CE) : **56**.5
Languellier (CE) : **83**.6
Lannoy (Vve) (TC) : **1**.7
Lansier et Herem (CE) : **78**.1
Laplace (CE) : **25**.5
Laplace (Mme) (CE) : **13**.6
Laquière (CE) : **71**.6
Laquière (TC) : **71**.6
Lara (CE) : **71**.7, 489
Larachi (Mme) CE : **98**.10, **100**.7
Larrouturou (CE) : **3**.6
Laruelle* (CE) : **2**.8, **34**.8, **59**.8, ***70***, **77**.3, **117**.2, , **117**.4, **117**.5, **117**.6
Lasry : **56**.5
Lassale (CE) : **115**.3
Laubier (de) (Mme) (CE) : **115**.6
Laudy (CE) : **8**.4
Laugier (CE) : **33**.3, **33**.7, **83**.5, **84**.5
Laumonnier-Carriol (CE) : **4**.1, **4**.3
Laumonnier-Carriol (TC) : **9**.5
Launey (CE) : **60**.5
Laurens (CE) : **46**.4
Laurent (CE) : **110**.5
Laurent (Dame) (CE) : **4**.5
Lauriau (Dame) (CE) : **76**.7
Lauthier (CE) : **40**.7
Lavabre : **45**.5
Lavaud (CE) : **42**.7, **72**.1
Layachi (CE) : **90**.9
Le Bigot (CE) : **63**.2
Le Cachey (TC) : **40**.7
Le Cun (CE) : **25**.2, **110**.5
Le Goff (CE) : **91**.6
Le Jan (CE) : **30**.11
Le Loir (CE) : **9**.4, **94**.2
Le Moult et Syndicat « Union des navigants de ligne » (CE) : **66**.13
Le Regroupement national (CE) : **3**.6
Leblanc (CE) : **59**.4
Lebon (CE) : **30**.8, **90**.8
Leboucher et Tarandon : **97**.3
Lebourg (Dame Vve) (CE) : **62**.4

Leca (CE) : **90**.8
Leclerc (CE) : **72**.6
Leclert (TC) : **27**.2, **27**.8, **85**.13
Lecocq (1944) (CE) : **33**.4, **33**.6, **33**.7
Lecomte (Consorts) (CE)* : **1**.7, **6**.7, **15**.5, ***64***, **77**.7
Lecoq (1978) (CE) : **94**.4
Leduc (CE) : **74**.4, **85**.3
Lefebvre Mme (CE) : **15**.4, **82**.3
Legastelois (CE) : **21**.3
Legrand (CE) : **66**.10
Legrand (Dame) (CE) : **52**.2
Legros (CE) : **3**.9
Lemonnier* (Époux) (CE) : **1**.7, **2**.8, **24**.1, **24**.4, ***34***, **60**.9, **70**.2, **117**.4
Leniau (M. et Mme) (CE) : **114**.7
Léoni (CE) : **45**.4
Leostic (CE) : **32**.3
Lepetit (CE) : **8**.3
Lepouse (CE) : **66**.5, **66**.7
Lepreux (CE) : **15**.1
Leriche (CE) : **110**.1, **110**.3, **110**.5, **110**.6, **110**.7, **110**.8
Leroux (CE) : **61**.1
Lesbats (CE) : **4**.1
Lethairon (CE) : **62**.1
Letisserand : v. Ministre des travaux publics c. Consorts Letisserand
Leveau (CE) : **94**.11
Level (CE) : **38**.4, **40**.2, **87**.11
Lévêque (CE) : **40**.4, **42**.6
Levrat (CE) : **6**.6
Lévy (CE) (1955) : **73**.2
Leygues (CE) : **60**.2
Lezzerio (Époux) (CE) : **52**.5
Librairie François Maspero* (CE) : v. Société anonyme Librairie Maspero
Librairie Hachette (CE) : **34**.4
Liénart (CE) : **47**.3
Ligue des contribuables de la Martinique et Benoit (CE) : **4**.6
Ligue islamique du Nord (CE) : **26**.6, **30**.10
Ligue nationale contre l'alcoolisme (CE) : **18**.2
Ligue pour la protection des mères abandonnées (CE) : **57**.3
Limetti (Dame veuve) c. Ville de Paris (TC) : **49**.5
Lingois (CE) : **30**.11, **73**.2
Linné (CE) : **71**.5
Litzler (Dame Vve) (CE) : **2**.6, **34**.7
Livet (CE) : **83**.4, **83**.7, **83**.9
Lopez (Époux) (CE) : **16**.6, **109**.11
Lorédon (CE) : **90**.10
Lorenzi (CE) : **29**.4, **110**.3
Lot* (CE) : **8**.1, **8**.2, **10**.3, ***13***, **13**.4, **17**.2
Lote (CE) : **103**.4
Louis (CE) : **110**.6
Louvard (CE) : **4**.6
Louys (Dame) (CE) : **52**.2
Loyeux (CE) : **15**.2
Lujambio Galdeano (CE) : **105**.6
Lyon-Caen (CE) : **71**.3

M

M'Paye. N'Gom et Moumie (CE) : **48**.4
Madaci et Youbi (TC) : **11**.2, **50**.4
Madhaoui (TC) : **41**.4
Magisson (CE) : **20**.7
Magnier (CE) : **54**.5, **55**.5, **55**.7, **55**.9
Magnin (CE) : **72**.7
Mahler : **87**.4, **87**.11
Maillard (CE) : **42**.2
Maire de Thionville (CE) : **10**.4
Maison Genestal : v. Société Maison Genestal
Maistre (de) (CE) : **115**.3
Malardel (CE) : **89**.7
Malbeau (CE) : **71**.5
Malby et Bedouet (CE) : **89**.1
Malglaive (CE) : **3**.7
Malher (CE) : **92**.17
Mansuy (CE) : **76**.6, **96**.8
Manufacture de velours et peluches et Société Velvétia (TC) : **94**.6
Manufacture française d'armes et de cycles (CE) : **53**.4
Manufacture française des pneumatiques Michelin (CE) : **30**.11, **91**.2, **91**.6, **115**.4
Marchon (Époux) (CE) : **64**.4
Marcon (CE) : **90**.5
Marcotte (CE) : **43**.3
Mardirossian (Mme) (CE) : **55**.7, **55**.9
Marécar (CE) : **76**.2
Marie* (CE) : ***103***
Marini (CE) : **3**.5
Marion (CE) : **33**.4, **33**.6, **33**.7
Marmagne (CE) : **56**.5
Marteaux Mlle (CE) : **26**.5
Martel Mlle (CE) : **52**.4
Martin* (1905) (CE) : ***16***, **17**.3, **85**.8, **87**.5, **94**.11, **109**.1
Martin (CE) (1988) : **53**.6
Martin (TC) : **39**.2
Martin (Dame Vve) (CE) : **62**.5
Martin (Époux) (CE) : **6**.5, **36**.8
Martin-Justet (CE) : **24**.2
Martins (Mme) (CE) : **101**.2
Marx (Époux) (CE) : **82**.2
Marzini (CE) : **92**.7
Mas-Gayet (CE) : **32**.2
Masetti (CE) : **64**.5, **71**.4
Masseguin (CE) : **91**.14
Masson (CE) : **48**.2

Massonaud (CE) : **4**.9, **78**.4
Massot (CE) : **30**.3
Mathian (CE) : **11**.2
Mathis (CE) : **98**.2
Mattéi (Delle) (CE) : **115**.7
Maubleu (CE) : **29**.4, **110**.3
Maugendre, (CE) : **48**.3
Maurel (CE) : **19**.3, **90**.8
Maurice (CE) : **78**.4, **78**.6
Mayer (CE) : **115**.4
Mazerand (Dame vve) (TC) : **40**.7
Mbakam (CE) : **25**.4
Meaux (Dame) (CE) : **56**.8
Mégevand (CE) : **78**.2
Mégret (CE) : **3**.6
Mégret et Mekhantar : **3**.7
Méhu et autres (CE) : **80**.2
Mélaméde (CE) : **90**.4
Méline (Delle) (CE) : **76**.4
Mélinette (Dame) (TC) : **38**.4
Mendès (Mme) (CE) : **62**.3
Menneret* (Mme) (CE) : **14**.3, **16**.6, ***94***, **96**.8, **97**.7, **113**.4, **113**.8
Menu (Mme) et SA des établissements Gurdebeke et Office national des forêts (TC) : **39**.3, **75**.7
Merdrignac (M. et Mme) (CAA Nantes) : **36**.3
Mestral (de) (CE) : **23**.4
Métayer (consorts) et Époux Lacour : **4**.8
Metge (CE) : **63**.3
Meunier (TA Bordeaux) : **82**.3
Meyer (CE) : **90**.5
Meyet (CE) (1979) : **17**.2
Meyet (CE) (1991) : **17**.3
Meyet (CE) (1999) : **44**.2, 3, **98**.12, **118**.5, **118**.8
Meyet et Bouget (CE) : **3**.3
Mezerna (CE) : **81**.2
Mezgier (CE) : **39**.4
Mézy (CE) : **45**.5
Michaud (CE) : **76**.6
Michel (CE) : **52**.3
Michel (Dame) (CE) : **4**.3
Michelix (CE) : **50**.6
Migaud (CE) : **113**.6, **113**.8
Milbergue (CE) : **29**.7
Milhaud (CE) : **56**.3, 6, **58**.10, **67**.4, **104**.2
Million et Marais : v. Société Million et Marais*
Mimeur (Delle) (CE) : **2**.8, **24**.2, **24**.4, **34**.5, **34**.6, **34**.7, **49**.5, **60**.9, **70**.2, **117**.4
Mimouni (CE) : **74**.5, **75**.7
Minaire (Delle) et autres (CE) : **40**.3.
Minart (CE) : **28**.7
Ministre chargé du plan et de l'aménagement du territoire c. Communauté urbaine de Strasbourg (CE) : **3**.9, **16**.9, **85**.12
Ministre d'État chargé des affaires sociales c. Amoros (CE) : **94**.5, **113**.4, **113**.8
Ministre d'État, ministre des transports c. Compagnie Touraine Air Transport et Société Condor Flugdienst (CE) : **42**.5
Ministre de l'agriculture c. Barcons et Commune de Vernet-les-Bains (CE) : **60**.2
Ministre de l'agriculture c. consorts Grimouard* (CE) : **22**.4, **71**.2, **74**.5, **74**.7, **74**.8, **76**.6
Ministre de l'agriculture c. Dame Lamotte* (CE) : **14**.6, **61**.6, ***65***, **68**.7, **79**.4, **105**.3, **109**.9
Ministre de l'agriculture c. Gauthier (CE) : **36**.9, **60**.5
Ministre de l'agriculture c. Latour (CE) : **57**.9
Ministre de l'agriculture c. Mornet (CE) : **40**.7
Ministre de l'agriculture c. Simonnet (CE) : **32**.10, **44**.3
Ministre de l'agriculture c. société coopérative d'insémination artificielle de la Vienne (CE) : **57**.3, **57**.9
Ministre de l'agriculture c. société « Les Fils de Henri Ramel » (CE) : **71**.4, **81**.5
Ministre de l'air c. Société d'études et entreprises générales de construction (CE) : **20**.2
Ministre de l'aménagement du territoire c. Carminati (CE) : **113**.7
Ministre de l'aménagement du territoire, de l'équipement et du logement (CE) : **42**.6
Ministre de l'aménagement du territoire, de l'équipement, du logement et du tourisme c. Schwetzoff (CE) : **16**.2
Ministre de l'économie c. dame Madre (CE) : **94**.5
Ministre de l'économie c. Société Sagmar (CE) : **69**.4
Ministre de l'économie et des finances c. Bonnebaigt (CE) : **57**.5
Ministre de l'économie et des finances c. Melle Jean (CE) : **27**.8
Ministre de l'économie et des finances c. Société Samat (CE) : **115**.3
Ministre de l'économie et des finances et Ville de Bordeaux c. Sastre (CE) : **42**.6
Ministre de l'économie, des finances et de l'industrie c. SARL Janfin (CE) : **113**.3, **113**.6
Ministre de l'éducation c. Delle Bachelier (CE) : **52**.3

Ministre de l'éducation c. Syndicat national des lycées et collèges (CE) : **90**.8
Ministre de l'éducation nationale c. Dame Saulze (CE) : **36**.8
Ministre de l'éducation nationale c. Dlle Rabdeau (CE) : **43**.4
Ministre de l'éducation nationale c. École privée de filles de Pradelles (CE) : **28**.2
Ministre de l'éducation nationale c. Époux Gentilhomme (CE) : **88**.6, **88**.7
Ministre de l'éducation nationale c. Mazuel (CE) : **60**.7
Ministre de l'éducation nationale c. Mme Buret (CE) : **52**.4
Ministre de l'éducation nationale c. Organisme de gestion du collège privé de l'Abbaye de Saint-Sauveur le Vicomte (CE) : **14**.5, **110**.3
Ministre de l'éducation nationale c. Sudaka et Lamas (CE) : **73**.2
Ministre de l'éducation nationale c/M. et Mme Ait Ahmad (CE) : **26**.6
Ministre de l'emploi et de la solidarité c. Vedel (CE) : **113**.8
Ministre de l'environnement c. M. Plan (CE) : **53**.6
Ministre de l'environnement c. société SPECHINOR (CE) : **25**.3
Ministre de l'environnement et Fédération Rhône Alpes de protection de la nature (CE) : **111**.1
Ministre de l'équipement c. Société des Établissements Rière-Remolins (CE) : **62**.3
Ministre de l'équipement c. Socotrap (CE) : **94**.4
Ministre de l'équipement c. Weber (CE) : **89**.10
Ministre de l'équipement, des transports et du logement c. Commune de Roquebrune. Cap Martin (CE) : **59**.3
Ministre de l'équipement des transports et du tourisme c. SARL Der (CE) : **98**.11
Ministre de l'équipement, du logement et de la mer c. Époux Cala (CE) : **36**.2, **58**.7
Ministre de l'équipement, du logement et des transports c. commune de Saint-Germain-en-Laye (CE) : **30**.3
Ministre de l'équipement et du logement c. Baron (CE) : **4**.2
Ministre de l'équipement et du logement c. Dalleau (CE) : **36**.2, **36**.9
Ministre de l'équipement et du logement c. Époux Losser (CE) : **82**.7
Ministre de l'équipement et du logement c. Fédération de défense des personnes concernées par le projet actuellement dénommé « Ville Nouvelle Est » : V. Ville nouvelle Est
Ministre de l'équipement et du logement c. Gougeon (CE) : **73**.4
Ministre de l'économie, des finances et de l'industrie c. Kechichian (CE) : **59**.3
Ministre de l'industrie, des P et T et du tourisme c. l'État de Sarre (CE) : **102**.4
Ministre de l'information c. société Rome-Paris Films (CE) : **80**.7, **91**.4
Ministre de l'intérieur (CE) : **10**.2
Ministre de l'Intérieur c. association « Communauté tibétaine en France et ses amis » (CE) : **21**.4
Ministre de l'intérieur c. Ben Abdesselam (CE) : **90**.7
Ministre de l'intérieur c. Benouaret (CE) : **90**.7, **92**.9
Ministre de l'intérieur c. Bouriah (CE) : **92**.6
Ministre de l'intérieur c. Bovero (CE) : **53**.3, **53**.9, **86**.2
Ministre de l'intérieur c/ Castellan (CE) : **73**.7
Ministre de l'intérieur c. Cohn-Bendit* (CE) : **3**.8, **88**.5, ***93***, **97**.8, **107**.8, **111**.1
Ministre de l'intérieur c. Commune de Saint-Florent (CE) : **59**.3
Ministre de l'intérieur c. Compagnie Air Inter (CE) : **15**.2
Ministre de l'intérieur c. consorts Chauche (CE) : **53**.9
Ministre de l'intérieur c. Dame Desamis (CE) : **117**.5
Ministre de l'intérieur c. Diaw (CE) : **92**.6
Ministre de l'intérieur c. Diouri (CE) : 96 10
Ministre de l'intérieur c. Djaballah (CE) : **92**.11
Ministre de l'intérieur c. Djalout (CE) : **113**.2
Ministre de l'intérieur c. Dridi (CE) : **30**.7, **92**.9
Ministre de l'intérieur c. Dziri (CE) : **113**.13
Ministre de l'intérieur c. El Mouhaden (CE) : **58**.7
Ministre de l'intérieur c. Époux Leroy (CE) : **69**.5
Ministre de l'intérieur c. Époux Rigollet (CE) : **64**.4
Ministre de l'intérieur c. Fabre-Luce (CE) : **81**.5
Ministre de l'intérieur c. Girodias et Société Olympia press (CE) : **90**.5

Ministre de l'intérieur c. Massamba (CE) : **58**.3

Ministre de l'intérieur c. Mme Ameur (CE) : **113**.6, **113**.7

Ministre de l'intérieur c. Mme Auger (CE) : **78**.3

Ministre de l'intérieur c. Mwinyl (CE) : **50**.4

Ministre de l'intérieur c. Mme Ofendès (CE) : **92**.9

Ministre de l'intérieur c. M. et Mme Sulaimanov (CE) : **113**.13, **113**.14

Ministre de l'intérieur c. Pardov (CE) : **90**.7

Ministre de l'intérieur c. Rohmer et Faist (CE) : **57**.3

Ministre de l'intérieur c. Mme Tliba (CE) : **113**.10, **113**.13

Ministre de l'intérieur c. société anonyme « Librairie François Maspero » (CE) (1980) : **57**.6, **90**.3

Ministre de l'intérieur c. société Kerry (CE) : **113**.14

Ministre de l'intérieur c. société « Le Témoignage Chrétien » (CE) : **50**.9, **81**.6, **82**.2

Ministre de l'intérieur et de l'aménagement du territoire (CAA Nantes) : **99**.6

Ministre de l'intérieur et de la décentralisation c. Peltier (CE) : **30**.4, **30**.11, **113**.10

Ministre de l'intérieur et de la décentralisation c. Société « Les éditions des Archers » (CE) : **90**.6

Ministre de l'intérieur et de la décentralisation et ministre de l'éducation nationale c. École Notre-Dame de Kernitron (CE) : **59**.5

Ministre de l'intérieur, de la sécurité intérieure et des libertés locales c. Markarov (CE) : **113**.3

Ministre de l'urbanisme, du logement et des transports c. ville de Paris (CE) : **76**.5

Ministre de la culture c. Genty (CE) : **53**.6

Ministre de la défense c. Amar (CE) : **14**.3

Ministre de la défense c. consorts Lacourcelle (CE) : **6**.3

Ministre de la défense c. Diop* (CE) : **98**.14, **110**.2, **114**.1, ***116***

Ministre de la défense c. époux Raszewski (CE) : **34**.6

Ministre de la défense c. Préaud (CE) : **14**.6, **116**.3

Ministre de la défense c. Stefani (CE) : **6**.4, **58**.5

Ministre de la guerre (CE) : **32**.3

Ministre de la guerre c. Nadaud (CE) : **32**.9

Ministre de la Jeunesse et des Sports et association nouvelle des Girondins de Bordeaux (CE) : **57**.8

Ministre de la justice (CAA Bordeaux) : **101**.6

Ministre de la justice c. Compagnie d'assurances La Zurich (CE) : **36**.7

Ministre de la justice c. dame veuve Picard (CE) : **101**.6

Ministre de la justice c. Frérot (CE) : **103**.7

Ministre de la justice c. Société d'assurances modernes et Nemoz (CE) : **36**.5

Ministre de la justice c. Thouzellier (CE) : **36**.3, **36**.4, **36**.7

Ministre de la justice c. Trouillet (CE) : **36**.7

Ministre de la qualité de la vie c. Vauxmoret (CE) : **55**.7

Ministre de la reconstruction (CE) : **20**.5

Ministre de la santé c. Prat (CE) : **31**.3

Ministre de la santé publique et de la sécurité sociale c. Delle Ecarlat (CE) : **88**.6, **88**.7, **88**.9

Ministre de la santé publique et de la sécurité sociale c. Levesque (CE) : **96**.7

Ministre des affaires étrangères c. consorts Burgat (CE) : **90**.6

Ministre des affaires étrangères c. époux Laurent (CE) : **34**.6

Ministre des affaires étrangères et Secrétaire d'État aux grands travaux c. Association de sauvegarde du site Alma-Champ de Mars (CE) : **89**.13

Ministre des affaires sociales c. Société d'études, de réalisations, de gestion immobilière et de construction (CE) : **12**.5

Ministre des affaires sociales et de l'emploi c. Lesprit (CE) : **59**.3, **91**.15

Ministre des Affaires sociales et de l'emploi c. Mlle Lopez (CE) : **57**.8

Ministre des affaires sociales et de l'emploi c. Mme Delaporte (CE) : **91**.9

Ministre des affaires sociales et de l'emploi c. Syndicat CGT de la Société Griffine-Maréchal (CE) : **104**.2

Ministre des affaires sociales et de la solidarité nationale c. Leblanc et Tissier (CE) : **63**.7

Ministre des armées c. Audibert (CE) : **66**.9

Ministre des armées c. Compagnie d'assu-

rances « la Prévoyance » et Société des laboratoires Berthier-Derol (CE) : **2**.6
Ministre des armées c. consorts Occelli (CE) : **24**.3
Ministre des armées c. Hocdé (CE) : **72**.5
Ministre des armées c. Ruffin (CE) : **10**.5
Ministre des armées c. SNCF (CE) : **36**.2
Ministre des Armées-Air c. Dame Veuve Coppier de Chanrond (CE) : **1**.6
Ministre des finances (CE) : **10**.2
Ministre des finances c. Achard (CE) : **59**.2
Ministre des finances c. Lafon (CE) : **25**.6
Ministre des finances c. Leblanc (CE) : **72**.7
Ministre des finances c. Lemaire (CE) : **60**.2, **60**.3, **60**.9
Ministre des finances c. Menez (CE) : **97**.2
Ministre des finances c. Société financière d'exploitations industrielles (CE) : **23**.6
Ministre des PTT c. Erhardt (CE) : **101**.8
Ministre des PTT c. Garysas (CE) : **57**.2
Ministre des postes et télécommunications c. Frischmann (CE) : **72**.9
Ministre des postes et télécommunications c. Merkling (CE) : **43**.5
Ministre des relations extérieures c. Tizon et Millet (CE) : **86**.6
Ministre des transports c. Kichenin (CE) : **36**.3
Ministre des travaux publics c. Consorts Letisserand* (CE) : **1**.7, **6**.6, *82*
Ministre des travaux publics c. Dame Féraud (CE) : **82**.6
Ministre du budget c. commune de Tallerd (CE) : **101**.7
Ministre du budget c. Mme Emard (CE) : **66**.15
Ministre du budget c. SARL Auto-Industrie Méric : **110**.4, **110**.5
Ministre du travail c. Bisson (CE) : **91**.2
Ministre du travail c. Société Carnaud emballage (CE) : **91**.7
Ministre du travail c. Société « Peintures Corona » (CE) : **48**.7
Ministre du travail c. Stephan (CE) : **57**.4, **90**.8
Ministre du travail c. Syndicat national des cadres des organismes sociaux (CE) : **106**.3
Ministre du travail, de l'emploi et de la formation professionnelle c. Mattei (CE) : **91**.10
Ministre du travail, de l'emploi et de la formation professionnelle et Association de la Couronnerie c. Bourrelier (CE) : **91**.12
Ministre du travail et Consortium viticole et vinicole de Bourgogne (CE) : **91**.12
Ministre du travail et de la participation c. Société Afrique France Europe transaction (CE) : **97**.3
Ministre du travail, de l'emploi et de la formation professionnelle c. Société Corning France (CE) : **91**.7
Mirambeau (CE) : **57**.5
Mironneau (CE) : **46**.2
Missa et Association les Résistants de la Radiodiffusion française (CE) : **87**.9
Moehrlé (CE) : **13**.6
Mohamed (Mlle) c. Ministre de l'Intérieur (TC) : **50**.7
Moine (CE) : **2**.6, **70**.8, **70**.10
Moineau* (CE) : **56**.6, *58*, **61**.1, **110**.1, **113**.2
Moisan (CE) : **15**.4, **36**.9
Mollet (CE) : **45**.5
Monfroy (CE) : **103**.6
Monier (CE) : **13**.4
Monnet (CE) : **72**.6
Monpeurt* (CE) : **7**.4, **19**.3, **54**.2, **54**.7, **54**.8, *55*, **56**.1, **56**.2, **67**.1, **71**.2, **85**.8, **85**.10, **87**.1, **87**.3, **94**.5, **106**.9, **107**.6, **109**.10, **113**.12
Montaignac (CE) : **31**.6
Monus (CE) : **90**.3
Moon Sun Myung (CE) : **73**.3
Morand (CE) : **55**.7, **55**.12
Moreau (CE) : **91**.6, **91**.8, **110**.9
Moreau, (TA Grenoble) : **16**.5
Morel et autres (CE) : **21**.1
Morel et Rivière (CE) : **48**.4
Morell (CE) : **82**.2
Morin (CE) : **72**.6, **115**.4, **115**.9
Moritz (CE) : **70**.4, **70**.10, **117**.5, **117**.7
Moritz (TC) : **2**.9, **70**.4, **70**.5, **70**.6, **117**.5, **117**.7
Moroge (CE) : **53**.1
Motsch (TC) : **64**.5
Mouesca (CE) : **51**.3
Moulis (Dame Vve) (CE) : **71**.5
Moussa Konaté (CE) : **92**.10
Mouton (CE) : **24**.3
Mouvement contre le racisme, l'antisémitisme et pour la paix (CE) : **92**.5
Moya-Caville (Mme) (CE) : **6**.3, **6**.6, **82**.8
Mulsant (CE) : **30**.5, **73**.7
Murette (Dame de la) (TC) : **2**.10, **33**.6, **50**.5
Muselier (Consorts) (CE) : **50**.7
Mutuelle assurance des commerçants et industriels de France c. Syndicat de

copropriétaires du centre commercial de la Lézarde (TC) : **74**.3
Mutuelle générale des personnels des collectivités locales (CE) : **10**.6
Mytteis-Hager (CE) : **92**.6

N

Naliato (TC) : **38**.3, **75**.8
Narcy (CE) : **54**.4
Nardin (Mme) (CE) : **78**.5
Naud (CE) : **48**.3
Naundorff (CE) : **90**.5
Navizet (CE) : **7**.4
Neel (Époux) (CE) : **89**.3
Nègre (CE) (1949) : **72**.1
Nègre (CE) (1956) : **57**.2, **57**.9, **72**.6
Nègre (CE) (2003) : **115**.3
Nériny (CE) : **25**.2
Nguyen, Jouan, Pavan (consorts) (CE) : **36**.6, **36**.9, **58**.5, **58**.10, **101**.4
Nicol (CE) : **64**.2
Nicolaï (Mme) (CE) : **60**.6
Nicolas (CE) : **20**.3
Nicolo* (CE) : **3**.8, **19**.5, **44**.3, **52**.6, **87**.10, ***98***, **100**.3, **105**.4, **107**.8, **108**.1, **108**.6, **108**.10, **109**.3
Nicot (CE) : **36**.1
Nkodia (CE) : **92**.7
Noualek (Consorts) (TC) : **64**.5, **71**.4
Nucci (CE) : **110**.4

O

Obrégo (Delle) (CE) : **71**.3, **72**.9
Œuvre de Saint-Nicolas (CE) : **25**.2
Office national des forêts c. Abamonte (CE) : **39**.3, **76**.8
Office national des forêts c. Béraud et entreprise Machari (TC) : **39**.3, **75**.7
Office national des forêts c. Delle Dupouy (CE) : **39**.2, **75**.7
Office public d'H.L.M. d'Avignon c. Guichard (CE) : **9**.5
Office public d'H.L.M. de la ville d'Alès c. Brasseau (CE) : **23**.6
Office public d'H.L.M. du département de la Seine (CE) : **94**.3, **94**.4
Office public d'habitation à loyers modérés de Nancy (CE) : **74**.7
Office publicitaire de France (TC) : **11**.2, **33**.6, **50**.7
Offner (CE) : **56**.6
Olivier (Consorts) (CE) : **53**.7
Oniflhor (CE) : **88**.8
Ordonneau (CE) : **25**.7
Ordre des avocats à la Cour d'appel de Paris et autres (CE) (1981) : **61**.5
Ordre des avocats à la Cour de Paris (CE) (15 mai 1987) : **118**.5, **118**.8
Ordre des avocats à la Cour de Paris (CE) (17 déc. 1987) : **45**.7, **107**.10
Ordre des avocats du barreau de Tours (TC) : **71**.6
Oriano (d') (CE) : **33**.8, **57**.2, **83**.9, **83**.10
Oster (Dame Vve) (CE) : **52**.2
Ouatah (CE) : **113**.1, **113**.4, **113**.5, **113**.8
Ouzeneau (CE) : **62**.2

P

Pacha (CE) : **78**.4
Pain (CE) : **97**.7
Palazzi (CE) : **93**.12
Palem (CE) : **57**.4
Pandajopoulos (CE) : **4**.6
Pantaloni (CE) : **60**.8
Papon* (CE) (2002) : **2**.6, **24**.4, **49**.5, **70**.3, **70**.5, **70**.11, ***117***
Papon (CE) (2003) : **109**.11
Paris (Mme) c. M. Gaudichon, Mme Naturel (TC) : **2**.3
Paris de Bollardière (CE) : **3**.7
Paris et Roignot (Mmes) (CE) : **106**.5
Pariset* (CE) : **3**.2, ***4***, **30**.1, **81**.4
Parti des travailleurs (CE) : **72**.10
Pascau (Mme) (CE) : **55**.12
Pasquier (CE) : **73**.4
Pasquier (Consorts) (CE) : **82**.7
Pasteau (Delle) (CE) : **73**.2, **75**.3
Paturel (CE) : **113**.12
Paulin (CE) : **98**.13
Paumier (Dame Vve) (CE) : **34**.4, **70**.3
Paya Monzo (CE) : **61**.4
Pébeyre (CE) : **72**.10
Pech (Époux) (CE) : **82**.6
Pedoussaut (CE) : **47**.2
Pelé (Époux) (TC) : **11**.6, **50**.3
Pelletier et autres (CE) : **68**.5, **117**.9
Pelletier* (TC) : ***2***, **34**.2, **34**.8, **60**.9, **70**.2, **70**.4, **70**.11, **117**.3, **117**.5
Pellizari (Époux) c. Caisse régionale de crédit agricole (TC) : **85**.8
Penicaud (CE) : **69**.2
Perez (Époux) (CE) : **89**.10
Perrault (Mme) (CE) : **52**.5
Perregaux (CE) : **92**.9
Perruche (CE) : **6**.5, **36**.8
Peschaud c. Groupement du football professionnel (TC) : **54**.5
Peters (Mme) (CE) : **99**.3
Petit (CE) : **64**.2
Petit-Perrin (CE) : **68**.5
Pétronelli (CE) : **69**.6

Peynet (Dame) (CE) : **92**.15, **97**.5
Philiponneau (dame) : **101**.2
Philippart et Lesage (CE) : **113**.2, **113**.6, **113**.7, **113**.8
Picard (CE) : **16**.9
Pichot (CE) : **112**.2
Pierron (CE) : **103**.3
Pinguet (CE) : **60**.8, **77**.2
Piollet (Mme), M. Anson (CE) : **36**.4
Plenel (CE) : **72**.7
Ploix (CE) : **57**.5
Poirrez (CE) : **17**.5
Poissonnier (Époux) (CE) : **115**.3
Ponard (CE) : **97**.2, **118**.9
Poplin (CE) : **74**.5
Port autonome de Marseille (CE) : **15**.2, **15**.5, **42**.5
Portmann (CE) : **58**.10
Pothier (CE) : **2**.6, **34**.7
Poulin (CE) : **44**.8, **97**.2
Pourcelet (CE) : **56**.7
Pourcin (TC) : **74**.4
Poursines (CE) : **70**.2
Pouzenc (CE) : **66**.12
Prade (CE) : **85**.3
Préfet de l'Essonne (1999) (TC) : **40**.6
Préfet de l'Essonne c. Commune de Marcoussis (CE) : **99**.3
Préfet de l'Essonne c/ TGI d'Evry (2000) (TC) : **75**.4
Préfet de l'Eure (CE) : **94**.4
Préfet de l'Hérault c. Hajjaj (CE) : **113**.11
Préfet de l'Hérault c. Dakoury : **92**.7
Préfet de l'Yonne c. Gendreau et Association « Jeunesse Auxerroise » (CE) : **85**.11
Préfet de la Corse, Préfet de la Corse du sud (TC) : **11**.2
Préfet de la Gironde c. Mahmedi (CE) : **3**.7, **3**.8
Préfet de la Guyane* (TC) : **19**.4, **19**.5, **64**.5, ***71***, **77**.2, **109**.10
Préfet de la Guadeloupe (TC) : **50**.3
Préfet de la Haute-Loire c. Tribunal correctionnel du Puy-en-Velay (TC) : **1**.6
Préfet de la Manche c. Société Nouvelle Entreprise Henry (CE) : **44**.8
Préfet de la région Auvergne c. Commune du Cendre (CE) : **78**.5
Préfet de la région d'Île-de-France, Préfet de Paris c. Fédération syndicale Sud PTT (TC) : **38**.9, **40**.2
Préfet de la région Île-de-France (Ville de Pamiers) (TC) : **38**.10, **87**.3, **95**.7, **107**.2, **107**.6, **107**.9
Préfet de Paris c. Conseil de prud'hommes de Paris (TC) : **87**.11
Préfet de Paris et COFACE c. Compagnie financière CIC (TC) : **3**.9
Préfet de Paris et ministre de l'intérieur (CE) : **78**.6
Préfet de police c. Alcaraz (CE) : **69**.5
Préfet de police c. Chambre syndicale patronale des enseignants de la conduite des véhicules à moteur (CE) : **69**.5
Préfet de police c. Guez (CE) : **48**.4
Préfet de police c. Tribunal de grande instance de Paris (TC) (1997) : **50**.4
Préfet de police c. Tribunal de grande instance de Paris et Dulangi (TC) (1994) : **50**.4
Préfet de police de Paris c. Metzler (CE) : **104**.4
Préfet de police et ministre de l'intérieur (CE) : **78**.6
Préfet de Tarn-et-Garonne c. Gineste (TC) : **49**.3
Préfet des Alpes maritimes et Société Sud-Est Assainissement (CE) : **113**.5, **113**.6, **113**.8
Préfet des Bouches-du-Rhône (TC) : **39**.1
Préfet des Deux-Sèvres c. Commune de Neuvy-Bouin (CE) : **10**.6
Préfet des Hauts-de-Seine c. Conseil des prud'hommes de Boulogne-Billancourt (TC) : **40**.6
Préfet du Pas-de-Calais (TC) : **99**.6
Préfet du Tarn c. Cour d'appel de Toulouse (TC) : **49**.3, **49**.5
Préfet du Val d'Oise c. Commune de Goussainville, Compagnie des eaux de Goussainville (TA Versailles) : **78**.5
Préfet du Val d'Oise et ministre de l'intérieur c. commune de Montmagny (CE) : **45**.7
Premier ministre c. Veuve Beau de Loménie (CE) : **89**.10
Premier ministre c. Vicat-Blanc (CE) : **73**.5
Président de l'Assemblée nationale* (CE) : **19**.5, ***109***
Président de l'Assemblée territoriale de la Polynésie française (CE) : **69**.6, **79**.7
Pressigout (CE) : v. Consorts Pressigout
Preyval (CE) : **56**.4, **56**.7
Prince Napoléon* (CE) : ***3***, **83**.3, **83**.5, **86**.2, **86**.5, **102**.1, **103**.3, **109**.1, **111**.4
Princeteau (CE) : **13**.5
Privat (CE) : **56**.6
Procopio (CE) : **63**.6
Procureur de la République c. Pirozelli (CE) : **57**.4
Prothée (CE) : **21**.2

Prouvost (CE) : **58**.7, **58**.8, **91**.16
Prunet c. Le Bras (TC) : **74**.5
Puisoye (CE) : **43**.6
Puys de Clinchamps (du) (TC) : **40**.5

Q

Quériaud (CE) : **43**.3
Quesnel (Dlle) (CE) : **34**.4
Quintyn (CE) : **9**.5
Quittat (Consorts) (CE) : **90**.4

R

R. (Mme) (CE) : **110**.9
Rabot (CE) : **4**.6
Rabut (Mme) (CE) : **16**.8, **40**.7, **40**.8
Radiodiffusion française (TC) : **3**.7
Ragusi (CE) : **30**.7, **92**.7
Ranchon (CE) : **76**.6
Randon et autres (TC) : **2**.4, **50**.7, **50**.10
Raoult (CE) : **30**.5, **30**.11, **73**.7
Rascol (CE) : **13**.3
Rassemblement des nouveaux avocats de France (CE) : **29**.3, **118**.7
Rassemblement des opposants à la chasse et autres (CE) : **111**.1
Rastouil (CE) : **21**.2
Rauby (TC) : **74**.3
Rault (Delle) (CE) : **4**.2
Raux (CE) : **71**.6
Rebatel (CE) : **15**.2
Rebeuf (CE) : **3**.5
Rebora (CE) : **15**.4
Région Centre (CE) : **113**.8
Région Midi-Pyrénées c. Syndicat de l'architecture de la Haute-Garonne (CE) : **12**.5
Regnault-Desroziers* (CE) : **6**.5, **6**.7, ***36***, **42**.8, **64**.3, **86**.7, **101**.6
Rekhou (CE) · **100**.5
Remise (Dlle) (CE) : **117**.8
Rémy (CE) : **8**.1, **30**.11
Réunion des assureurs maladie des exploitants agricoles (CE) : **51**.1
Revert (CE) : **94**.3
Rey (TC) : **71**.4
Reynouard (CAA Paris) : **90**.13
Ribault et Clouet (CE) : **71**.3
Ribot (CE) : **1**.7
Richard (Mlle) (CE) : **101**.2
Richemond (CE) : **8**.1
Richemont (Époux de) (CE) : **42**.2
Ricordel (CE) : **45**.7
Rié (Dame) et autres (CE) : **89**.13
Rigal (CE) : **115**.4
Rigollet (TA) : **82**.3
Rioux (CE) : **4**.2, **4**.5, **73**.3
Riscarrat et Rouquairol (CE) : **51**.2
Robert (CE) : **15**.2
Robert (Mme) c. Crous de Rennes (TC) : **40**.7
Robert Lafrégeyre (de)* (CE) : **27**.9, **38**.9, ***40***, **75**.4, **87**.6
Rochard (Mme) (CE) : **58**.10
Rochaix (CE) : **72**.6
Rodde (CE) : **43**.3
Rodes (CE) : **33**.6, **81**.5
Rodière* (CE) : **13**.3, **14**.3, ***43***, **63**.7, **78**.5, **78**.6, **94**.1
Roffé (CE) : **71**.6
Rolin (CE) : **54**.6
Rolland c. SNCF (TC) : **87**.8
Rosan Girard* (CE) (1957) : **4**.9, ***78***, **115**.4, **117**.8
Rosan Girard (CE) (1959) : **78**.1
Rosenblatt (Mme) (CE) : **66**.6
Rotschild (CE) : **1**.2
Roty, Demaret et Beaune (CE) : **13**.3
Rouché (CE) : **3**.3
Rouillon, Pommeret et Sion (CE) : **17**.2
Roujansky (CE) : **19**.4, **109**.2
Rouquette (CE) : **108**.6, **116**.3
Rousseau (CE) : **58**.7, **71**.3
Rousset (CE) : **66**.5, **66**.9
Rouve (CE) : **72**.8
Rouxel (CE) : **110**.4
Rouzet (CE) : **101**.2
Royaume-Uni de Grande-Bretagne et d'Irlande du Nord et Gouverneur de la Colonie Royale de Hong Kong* (CE) : **3**.9, ***102***, **109**.1
Rubin de Servens* (CE) : **3**.2, **3**.10, **19**.3, **19**.4, **33**.8, ***83***, **84**.2
Russol (CE) : **6**.3
Rutili (TA) : **93**.2

S

SA : v. également Société anonyme
SA Bureau Véritas (CE) : **1**.5, **7**.8, **28**.6, **54**.7, **55**.10, **84**.6
SA Cabinet Revert et Badelon (CE) : **93**.11
SA Carmag (CE) : **69**.6
SA Compagnie de participations de recherches et d'exploitations pétrolières (CE) : **86**.4
SA d'étude, de participation et de développement (CE) : **23**.2
SA de crédit à l'industrie française (CALIF) (CE) : **27**.2
SA de livraisons industrielles et commerciales (CE) : **16**.7

SA des sablières modernes d'Aressy (CE) : **23**.8
SA Dragages et travaux publics c. Escota (CE) : **32**.3
SA Entreprise Marchand (CE) : **88**.5, **88**.8
SA « Entreprise Razel frères » (CE) : **62**.2, **110**.8
SA Établissements Charbonneaux-Brabant (CE) : **53**.6
SA Gibert Marine (CE) : **88**.7, **88**.8, **88**.9
SA Lilly France (CE) : **93**.7
SA Méribel 92 (CE) : **23**.7, **58**.5
SA Rothmans International France et SA Philip Morris Fr., (CE) : **93**.9
SA Victor Delforge (CE) : **15**.2, **15**.5, **42**.5
Sabaty (CE) : **16**.12
Sablayrolles (Dame Vve) (CE) : **42**.2, **71**.5
Saboureau (CE) : **31**.4
Sadok Ali (Dame Vve) (CE) : **98**.2, **116**.1
Sadoudi (CE) : **6**.7, **34**.6, **34**.7
Saerens (CE) : **78**.4, **78**.6
Saez* (CE) : **58**.3, **94**.3, ***113***
SAFER d'Auvergne c. Bernette* (CE) : **30**.11, **58**.7, **89**.13, ***91***
SAFER de Bourgogne c. époux Soyer et Valla (TC) : **55**.11
Sagherian (CE) : **56**.5
Salan (CE) : **71**.4
Salgues (CE) : **82**.2
Salva-Couderc (Mme) (CE) : **58**.7, **58**.8, **89**.9
Salvi et Couchoud (CE) : **43**.2
Sanglier (CE) : **73**.3
Saniman (CE) : **102**.4
Santinacci (CE) : **86**.6
Sarda (CE) : **60**.1
SARL Cartigny (CE) : **58**.7, **58**.8
SARL Chocolat de régime Dardenne (CE) : **51**.4
SARL Cinq-sept (CE) : **59**.8
SARL Compagnie téléphonique (CE) : **44**.3
SARL Delplanque (CE) : **54**.6, **55**.9
SARL Deltana et M. Perrin (CE) : **110**.4
SARL du parc d'activité de Blotzheim (CE) : **3**.8, **98**.6, **108**.6
SARL Étude Ravalement Constructions (CE) : **58**.3
SARL Even Média, SARL Copper communication : **110**.7
SARL Hofmiller (CE) : **38**.3, **99**.3
SARL Hydroélectrique Menges (CE) : **30**.11
SARL Le Monde (CE) : **81**.1, **81**.4
SARL niçoise pour l'extension de l'aéroport (CE) : **20**.3, **20**.7
SARL Pore Gestion et JLP (CE) : **27**.2
SARL Promo Conseil International (CE) : **25**.4
SARL Restaurant Nicolas (CE) : **37**.2
SARL Soviali (CE) : **91**.6
Sarrabay (Delle) (CE) : **57**.8
Sarran (CAA) : **29**.6
Sarran, Levacher et autres* (CE) : **19**.5, **98**.14, **105**.5, ***108***
Saussié (CE) : **29**.5
Savelli (CE) : **82**.2
Schlemmer (CE) : **25**.2
Schwartz (CE) (1978) : **106**.8
Schwartz (CE) (1980) : **4**.6
SCI Adal d'Arvor (CE) : **8**.5
SCI de la vallée de Chevreuse (CE) : **53**.5
SCI du Chemin vert (CE) : **63**.5
SCI Foncière Cannes-Benefiat et ministre de l'aménagement du territoire, de l'équipement, du logement et du tourisme (CE) : **59**.5
SCI La Charmille de Montsoult (CE) : **30**.3
SCI la Colline (CE) : **17**.3, **38**.3, **38**.4, **87**.10
SCI Le Panorama (CE) : **15**.3
SCI Les jardins de Bibemus (CE) : **58**.7, **58**.8, **58**.9
SCI Stephaur (CE) : **113**.10, **113**.13
Secrétaire d'État à l'agriculture c. Union des pêcheurs à la ligne et au lancer de Grenoble et du département de l'Isère (CE) : **16**.3
Secrétaire d'État à la défense (CE) : **32**.9
Secrétaire d'État à la guerre c. Coulon (CE) : **73**.3
Secrétaire d'État à la santé publique c. Dejous (CE) : **36**.9, **101**.2
Secrétaire d'État auprès du ministre des transports chargé de la mer c. Société Sealink UK limited, et c. Société « Jokelson et Handstaen » (CE) : **42**.5
Secrétaire d'État auprès du Premier ministre, chargé de l'environnement c. Bodié (CE) : **25**.4
Secrétaire d'État aux finances et ministre des finances et affaires économiques c. Jacquier (CE) : **63**.3
Secrétaire d'État aux forces armées c. Chambouvet (CE) : **23**.8
Secrétaire d'État aux Universités c. Mme Toledano-Abitbol (CE) : **14**.4
Secrétaire du comité d'entreprise de la SNCASE (TC) : **83**.3
Section syndicale CFDT du Centre psychothérapeutique de Thuir : **51**.2

Ségur (de) (CE) : **36**.1
Sellier (CE) : **66**.2
Sempé (CE) : **76**.2
Septfonds* (TC) : ***41***, **77**.5, **99**.1, **107**.1
Serra-Garriga (CE) : **100**.6
Si Moussa (Dame) (CE) : **51**.4
Simon (CE) : **58**.9
Simon (Dame) (CE) : **24**.3
Simonet (CE) : **65**.1
SNCF (CE) (1945) : **36**.2
SNCF (CE) (1953) : **76**.2
SNCF (CE) (1961) : **86**.2
SNCF c. Entreprise Solon et Barrault (TC) : **74**.4, **74**.8, **85**.10
SNCF c. Perrera (CAA Nantes) : **85**.10
SNCF c. Ville de Paris (CE) : **58**.8, **58**.9
Société à objet sportif « Toulouse Football Club » (CE) : **94**.12
Société à responsabilité limitée : v. SARL
Société aérienne de recherches minières (CE) : **45**.5, **45**.10
Société agricole de stockage de la région d'Ablis (TC) : **27**.2, **27**.9, **38**.9
Société Air Couzinet Transocéanic (CE) : **96**.3
Société albigeoise de spectacles (CE) : **8**.5
Société Aliments Piéto (CE) : **91**.6
Société anonyme : v. également SA
Société anonyme coopérative d'habitation à bon marché de Vichy (CE) : **57**.5
Société anonyme de livraisons industrielles et commerciales (CE) : **68**.3
Société anonyme des automobiles Berliet (CE) : **14**.3
Société anonyme des logements économiques (CE) : **42**.2
Société anonyme des Monoprix (CE) : **91**.5
Société anonyme des produits laitiers « La Fleurette »* (CE) : **1**.7, **6**.2, **6**.7, **14**.4, **42**.8, ***53***, **64**.3, **68**.2, **86**.2, **86**.7, **109**.8
Société anonyme de télécommunications (CE) : **91**.5, **91**.6
Société anonyme Librairie François Maspero* (CE) (1973) : **4**.9, **17**.5, **26**.2, **30**.7, **31**.5, **33**.9, **56**.5, **58**.9, ***90***, **91**.2, **92**.9 – v. Ministre de l'intérieur c – (CE) (1980)
Société anonyme minière (CE) : **27**.8
Société anonyme Ferme de Rumont (CE) : **57**.5
Société Ansaldo Industria et SA Bouygues (CE) : **85**.7
Société Arizona Tobacco-Product et SA Philip Morris France (CE) : **93**.9
Société Assurances Générales de France c. commune d'Anctoville : **101**.6
Société Aticam (CE) : **58**.5
Société Automobiles Citroën (CE) : **2**.7, **91**.7
Société auxiliaire d'entreprise (CE) : **32**.8
Société AXS Télécom, France (CE) : **107**.7
Société Baxter (CE) : **68**.3
Société Bostik (CE) : **91**.11
Société Bouchara c. Ville de Strasbourg (CE) : **69**.6
Société Boulangerie de Kourou (TC) : **38**.9, **75**.5
Société Bourgogne-Bois (TC) : **1**.5, **7**.8
Société Cegedim (CE) : **107**.10
Société Chapron frères (CE) : **20**.3
Société Chardon et Cie (CE) : **53**.4
Société civile immobilière : v. SCI
Société civile Le Tahiti (CE) : **97**.4
Société civile Sainte-Marie de l'Assomption (CE) : **31**.5, **89**.5
Société Claude Publicité (CE) : **53**.6
Société Clichy Dépannage (CE) : **58**.8
Société commerciale de l'Ouest africain* (TC) : **1**.5, **12**.5, **17**.3, **22**.5, **27**.9, ***38***, **54**.1, **55**.1, **77**.3, **85**.11, **85**.13, **87**.6, **94**.10, **96**.2, **96**.5, **107**.3, **112**.1
Société Compagnie française d'entreprise (CE) : **23**.3
Société Contrôle Mesure Régulation (CE) : **91**.6
Société coopérative agricole « La Prospérité fermière » (CE) : **27**.2
Société coopérative d'habitation à loyer modéré « Notre Cottage » (TC) : **74**.3
Société Datasport c/Ligue nationale de football (TC) : **7**.6, **95**.8, **107**.6
Société de bourse Wargny (CE) : **110**.5
Société de droit anglais Hoverlooyd Limited (CE) : **118**.7
Société de l'autoroute Esterel-Côte d'Azur (CE) : **85**.3
Société de protection intégrale du bâtiment (CE) : **9**.4
Société d'affichage Giraudy (CE) : **46**.3
Société d'aménagement et de développement de Briançon-Montgenèvre c. commune de Montgenèvre (TC) : **23**.5
Société d'approvisionnements alimentaires et Société « Distilleries bretonnes » (TC) : **38**.6, **75**.4, **85**.11
Société d'assurance la Nantaise et l'Angevine réunies (CE) : **58**.4, **58**.8
Société d'économie mixte d'aménagement de la ville de Martigues (CE) : **58**.5

Société d'économie mixte d'aménagement et de gestion du marché d'intérêt national de Paris-La Villette (TC) : **85**.10
Société d'économie mixte du tunnel de Sainte-Marie-aux-Mines (CE) : **85**.6, **85**.7
Société d'électricité de Dives (CE) : **20**.3
Société d'équipement de la région montpelliéraine (CE) : **85**.7
Société d'équipement de l'Indre et ministre de l'équipement et du logement c. Allain (CE) : **85**.10
Société d'études et de construction de sièges pour automobiles (CE) : **99**.5
Société d'études et de réalisation des applications du froid (CE) : **9**.4
Société d'exploitation AOM Air Liberté (CE) : **69**.4, **113**.10
Société d'exploitation des Établissements Pathé-Cinéma (CE) : **53**.5
Société d'exploitation des établissements Roger Revellin (CE) : **1**.6
Société d'exploitation des magasins utilitaires Monoprix (CE) : **91**.5
Société d'exploitation électrique de la rivière du Sant (CE) : **7**.7, **27**.3, **27**.9, **38**.9
Société d'exploitation touristique de la Haute-Maurienne (TC) : **27**.2
Société des alcools du Vexin (CE) : **23**.4
Société des amis de l'École polytechnique (CE) : **18**.4
Société des Ateliers du Cap Janet (CE) : **42**.7, **53**.3
Société des autobus antibois* (CE) : ***46***, **69**.8
Société des autoroutes de la Région Rhône-Alpes (CE) : **85**.6
Société des autoroutes du Nord et de l'Est de la France (CE) : **38**.7
Société des autoroutes Paris-Rhin-Rhône (CE) : (1994) : **85**.9
Société des autoroutes Paris-Rhin-Rhône (CE) : (1996) : **58**.9
Société des bateaux de la Côte d'Émeraude (CE) : **64**.3
Société des ciments français (CE) : **68**.2
Société des ciments Portland de Lorraine (CE) : **117**.5
Société des concerts du Conservatoire* (CE) : **4**.8, **17**.4, **57**.1, **63**.1, ***68***, **79**.4, **88**.9, **96**.5, **97**.5, **110**.6, **118**.1
Société des eaux du Nord (CE) : **17**.4, **106**.5, **107**.7
Société des Établissements Aupinel (CE) : **53**.4
Société des Établissements Cruse (CE) : **57**.5
Société des Établissements Lacaussade (CE) : **53**.3, **53**.10
Société des Établissements Lassalle-Astis (CE) : **78**.3
Société des Établissements Mulsant (CE) : **19**.3, **84**.2
Société des Établissements Pernod (CE) : **62**.3
Société des Établissements Petitjean (CE) : **93**.3
Société des Établissements Saupiquet (CE) : **33**.2
Société des Établissements Serfati (CE) : **20**.3
Société des étains et wolfram du Tonkin (CE) : **3**.7, **86**.2
Société des grands travaux de Marseille (CE) : **16**.8
Société des granits porphyroïdes des Vosges* (CE) : **1**.5, **7**.8, **12**.5, **22**.4, ***27***, **38**.1, **40**.7, **54**.1, **75**.2, **75**.5, **77**.3, **85**.3, **85**.14, **87**.3, **109**.11
Société des hauts fourneaux de Rouen (CE) : **78**.5
Société des pétroles Shell-Berre et autres (CE) (1964) : **69**.4
Société des pétroles Shell-Berre (CE) (2002) : **58**.9
Société des plastiques d'Alsace (CE) : **57**.3
Société des téléphériques du massif du Mont-Blanc (CE) : **23**.6, **23**.7
Société des terrassements mécaniques et Mariani (CE) : **94**.4
Société des tramways Lille-Roubaix-Tourcoing (CE) : **24**.3
Société des transports en commun de la région d'Hanoï (CE) : **3**.7
Société des transports pétroliers par pipeline : **107**.9
Société des travaux et carrières du Maine (CE) : **29**.3, **58**.2
Société Desaveine (CE) : **46**.4
Société Distillerie Brabant et Cie (CE) : **51**.5, **88**.3, **88**.8
Société Distilleries Bretonnes et Société d'approvisionnements alimentaires (TC) : **38**.6, **75**.4, **85**.11
Société DMS, Préfontaine (CE) : **62**.3
Société Dockès frères (CE) : **28**.2
Société du canal de Provence (CE) : **27**.6
Société du gaz de La Ciotat (CE) : **9**.3
Société du journal L'Aurore* (CE) : ***63***, **68**.7, **79**.4, **115**.1
Société du lotissement de la plage de Pampelonne (CE) : **90**.4
Société du port de pêche de Lorient (CE) : **23**.6

Société du vélodrome du parc des princes (CE) : **27**.2, **76**.6, **94**.4
Société du vélodrome du parc des princes (TC) : **27**.2, **76**.6
Société EDA (CE) : **46**.5, **107**.11
Société Eky (CE) : **8**.4, **19**.4, **79**.1, **84**.2
Société « Électricité et Eaux de Madagascar » (CE) : **17**.3
Société Elido World Corporation (TC) : **41**.2
Société Entreprise coopérative française (CE) : **20**.2, **20**.7
Société Entreprise Ossude (CE) : **85**.10
Société Entreprise Peyrot* (TC) : v. Entreprise Peyrot*
Société Entreprise Thireau-Morel (CE) : **32**.9
Société Établissements Charlionnais et Cie (CE) : **90**.2
Société Établissements Crocquet (CE) : **91**.6
Société Établissements Michel Aubrun (CE) : **23**.8
Société Établissements Omer Decugis (CE) : **42**.6
Société Eurybia (CE) : **69**.6
Société fiduciaire nationale d'expertise comptable Fiducial (CE) : **67**.3
Société financière de France (CE) : **29**.5
Société Frampar* (CE) : **4**.4, **71**.4, ***81***, **113**.9
Société française des revues SFR (CE) : **57**.7
Société française des transports Gondrand frères (CE) : **75**.5, **75**.9, **75**.10
Société française Radio-Atlantique et Compagnie Carcassonnaise : **46**.4
Société France 5 (CE) : **16**.8
Société France 5 et Association des fournisseurs de la Cinq (CE) : **23**.5
Société Franco-London Film et Société « Les Films Gibe » (CE) : **80**.5
Société franco-tunisienne d'armement (TC) : **22**.4
Société Fun Productions, M. Wackeneim c. Commune de Morsang-sur-Orge (TA Versailles) : **104**.1
Société Fun Productions, M. Wackeneim c. Ville d'Aix-en-Provence (TA Marseille) : **104**.1
Société Gallice (CE) : **91**.5
Société Gantois (CE) : **48**.7
Société Géa (CE) : **88**.7, **88**.9
Société générale d'armement (CE) : **38**.2
Société générale d'entreprises pour les travaux publics (CE) : **91**.14
Société générale des travaux cinématographiques (CE) : **69**.2
Société Graciet (CE) : **63**.7, **115**.2, **115**.8
Société Grandes Distilleries « Les fils d'Aguste Peureux » (CE) : **115**.3
Société Habib Bank (CE) : **58**.10, **110**.9
Société Hertz (CE) : **16**.6, **107**.11
Société Hit TV (CE) : **90**.10
Société Hit TV, Syndicat de l'Armagnac et des vins du Gers (CE) : **31**.5
Société Hôtel du Vieux Beffroi (TC) : **41**.2
Société immobilière de Saint-Just* (TC) : ***11***, **33**.1, **41**.2, **50**.2, **113**.11
Société industrielle de Saint-Ouen (CE) : **101**.7
Société industrielle Teinture et Apprêts (CE) : **48**.7
Société Interbrew France (CE) : **57**.5
Société Intermarbres (CE) : **107**.8
Société International Développement Communication, Société Distribleu (CE) : **110**.4
Société interprofessionnelle du lait et de ses dérivés « Interlait » (TC) : **85**.11
Société Jean-Louis Bernard Consultants (CE) : **45**.9, **45**.10
Société Klöckner France (CE) : **98**.11
Société L'Alcool dénaturé (CE) : **68**.2
Société L'Alfa (CE) : **3**.3
Société Laboratoire Innothéra (CE) : **90**.9
Société Laboratoires de thérapeutique moderne (CE) : **90**.9
Société « Laboratoires Geigy » (CE) : **57**.6
Société Labor Métal (CE) : **29**.6, **110**.6, **110**.7, **110**.9
Société La cartonnerie et l'imprimerie Saint-Charles (CE) : **42**.2
Société La Fontaine de Mars, M. et Mme Muet (TC) : **106**.7
Société La Huta (CE) : **68**.7
Société « La Maison des Isolants-France » (CE) : **75**.5
Société Lambda* (CE) : **1**.7, **104**.5, ***106***, **107**.7, **107**.10
Société La plage de la forêt (CE) : **45**.4
Société Laser (CE) : **113**.8
Société « Le Béton »* (CE) : **46**.2, **74**.7, ***76***
Société l'Énergie industrielle, (CE) : **16**.5
Société « Le Profil » c. ministre de l'intérieur (TC) : **71**.4
Société « Les affréteurs réunis » (CE) : **38**.8
Société Les belles demeures du Cap Ferrat (CE) : **113**.2
Société « Les éditions de la Terre de Feu » (CE) : **90**.3, **90**.5
Société Les Films Lutetia* (CE) : **37**.4, ***80***, **104**.5, **104**.6, **104**.7

Société « Les Films Marceau » (CE) (1960) : **80**.4
Société « Les Films Marceau » (CE) (1966) : **15**.4, **80**.6
Société « Les Films Marceau » (TA Grenoble) (1962) : **80**.6
Société Les fils de Henri Ramel (CE) : **42**.7
Société « Les Grands Moulins de Strasbourg » (CE) : **58**.7
Société « Les terreaux de France » (CE) : **91**.5, **91**.14
Société L et P Publicité SARL (CE) : **69**.3, **107**.9
Société « Le yacht-club international de Bormes-les-Mimosas », (CE) : **16**.5
Société Lidl (CE) : **113**.10, **113**.14
Société L'Union hydroélectrique ouest constantinois (CE) : **17**.3
Société lyonnaise des eaux et de l'éclairage c. Commune de Talence (CE) : **75**.3
Société lyonnaise des transports (CE) : **76**.6
Société Maison Genestal (CE) : **31**.4, **73**.6, **88**.3
Société MAJ Blanchisseries de Pantin (CE) : **27**.4
Société Marius Martin et société des Établissements Botton (CE) : **25**.2
Société Maxi-Librati création (CE) : **106**.3
Société Mayol Cinéma (CE) : **30**.11
Société Million et Marais* (CE) : **1**.7, **38**.10, **45**.10, **69**.3, **69**.8, **106**.5, ***107***
Société Mines de Joudreville (CE) : **53**.1
Société Montalev (CE) : **18**.6
Société MORAI (CE) : **25**.3
Société Morgane (CE) : **98**.8
Société Nachfolger Navigation (CE) : **3**.9
Société nancéienne d'alimentation (CE) : **91**.2
Société Narbonne (CE) : **80**.2
Société nationale d'éditions cinématographiques (CE) : **46**.3
Société nationale des chemins de fer français : v. SNCF
Société nationale de vente des surplus (CE) : **96**.6
Société navale des Chargeurs Delmas Vieljeux (CE) : **15**.2
Société Navigator (CE) : **3**.8
Société NERSA (CE) : **28**.6
Société nouvelle des entreprises d'hôtels (CE) : **89**.2
Société nouvelle des établissements Gargantua (CE) : **97**.4
Société nouvelle des établissements Gaumont (CE) : **14**.3, **80**.5
Société nouvelle d'imprimerie d'édition et de publicité (CE) : **48**.4, **50**.1, **81**.2
Société NRJ, SA (CE) : **57**.8
Société Pernod-Ricard (CE) : **107**.5
Société « Pierre et Cristal » (CE) : **77**.5
Société pour le traitement industriel du bois et l'équipement de la montagne (CE) : **16**.8
Société Pradeau et Morin (CE) : **91**.11
Société Premier et Henry (CE) : **53**.1
Société Produits Roche (CE) : **113**.4
Société Propetrol (CE) : **9**.4, **20**.2, **32**.5, **32**.6
Société Radio MonteCarlo (CE) : **30**.3
Société Réflexions, Médiations, Ripostes (CE) : **110**.8
Société Revlon (CE) : **31**.3
Société « Revue des partisans de la paix » (CE) : **90**.3
Société Roger Grima (CE) : **44**.4, **63**.7
Société Rol-Lister (CE) : **20**.4
Société routière Colas (CE) : **32**.4
Société Rue impériale de Lyon c. Société Lyon Parc Auto (TC) : **27**.4, **85**.3
Société SFR c. commune de Vallauris (CE) : **113**.6
Société SMANOR (CE) : **69**.4, **98**.2
Société Sogedis (TC) : **95**.4
Société Stambouli frères (CE) : **53**.4
Société Tapis Saint Maclou (CE) : **11**.4
Société Textron (CE) : **7**.6, **55**.9
Société Théâtre des Folies-Bergères (CE) : **91**.14
Société The Coca-Cola Company (CE) : **107**.5
Société Thomson Médical Telco (CE) : **91**.9
Société Townsend car ferries (CE) : **42**.5
Société Trans-Union (CE) : **30**.7
Société Transurba (CE) : **58**.7
Société Trystram (TC) : **50**.3
Société TV 6 (CE) : **16**.7, **16**.8, **23**.5, **23**.6
Société Union africaine de presse (CE) : **48**.4, **83**.7, **83**.9, **83**.10
Société Unipain (CE) : **45**.8
Société Unitchadienne (CE) : **36**.2
Société Vinalmar (CE) : **42**.7
Société Wanner Isofi Isolation et Société Nersa (TC) : **85**.7
Société Yonne Funéraire (CE) : **107**.8
Sociétés Sotrame et Metalform c. GIE SESAM-Vitale (TC) : **85**.8
Sohr (CE) : **3**.7
Soldani (CE) : **31**.5
Solis-Estarita (Mme) (CE) : **102**.3
Soret (CE) : **91**.11
Soubourou (CE) : **91**.8
Souchon (CE) : **34**.4
Soulier (Delle) (CE) : **4**.2

Soulier (Mme) (CE) : **115**.3, **115**.4, **115**.8, **115**.9
Sous-préfet de Pontoise (CE) : **59**.4
Soyer (CE) : **42**.2
Spagnol (TA Paris) : **26**.4
Spire (CE) : **6**.7, **103**.5
Spiteri et époux Krehl (CE) : **38**.3, **76**.6
Stein (CE) : **27**.2
Stiegler (CE) : **8**.3
Storch (CE) : **8**.1
Subrini (CE) : **110**.3
Sudre (CE) : **82**.2
Syndicat autonome des enseignants de médecine (CE) : **18**.8
Syndicat autonome des inspecteurs généraux et inspecteurs de l'administration (CE) : **4**.2, **4**.5
Syndicat autonome du personnel enseignant des facultés de droit et de sciences économiques de l'État (CE) : **13**.5
Syndicat CFDT chimie énergie Lorraine : **52**.6
Syndicat CFDT des postes et télécommunications du Haut Rhin (CE) : **66**.14, **92**.15
Syndicat CFDT du ministère des affaires étrangères : **51**.3
Syndicat CFDT du ministère des relations extérieures (CE) : **13**.4
Syndicat CGT de la société Clemessy (CE) : **107**.5
Syndicat CGT des employés communaux de la mairie de Nîmes (CE) : **18**.5
Syndicat CGT des Hospitaliers de Bédarieux (CE) : **10**.6
Syndicat chrétien du corps des officiers de police (CE) : **52**.3
Syndicat chrétien du ministère de l'industrie et du commerce (CE) : **18**.5, **115**.3
Syndicat climatique de Briançon (CE) : **80**.2
Syndicat CNT des PTE de Paris (CE) : **14**.3, **118**.9
Syndicat d'initiative de Nevers et Benjamin (CE) : **48**.1, **48**.5
Syndicat de la boucherie de la ville de Châteauroux (CE) : **45**.3
Syndicat de la raffinerie de soufre française (CE) (1951) : **4**.5
Syndicat de la raffinerie de soufre française (CE) (1954) : **16**.2
Syndicat de l'Armagnac et des vins du Gers (CE) : **16**.10
Syndicat départemental de l'électricité et du gaz des Alpes-Maritimes et commune de Clans (CE) : **94**.11
Syndicat départemental des industriels en lentilles de la Haute-Loire (CE) : **69**.2
Syndicat départemental Interco 35 (CE) : **16**.12
Syndicat départemental Interco 35 CFDT (CE) : **87**.5
Syndicat des avocats de France (CE) : **18**.2, **29**.6
Syndicat des cadres et agents de maîtrise de l'aéroport de Paris CGC (CE) : **66**.12
Syndicat des co-propriétaires du 14-16 boulevard Flandrin (CE) : **86**.4
Syndicat des épiciers détaillants de Toulon (CE) : **44**.2
Syndicat des exploitants de cinématographes de l'Oranie (CE) : **45**.4
Syndicat des métaux CFDT, CFTC des Vosges et autres (CE) : **18**.6
Syndicat des patrons-coiffeurs de Limoges* (CE) : **8**.2, **13**.1, **16**.3, ***18***
Syndicat des praticiens de l'art dentaire du département du Nord et Merlin (CE) : **85**.11
Syndicat des producteurs de miel de France (CE) : **30**.11
Syndicat des propriétaires de forêts de chênes-liège d'Algérie (CE) : **79**.4
Syndicat des propriétaires et contribuables du quartier Croix-de-Seguey-Tivoli* (CE) : **8**.1, **8**.2, **16**.7, **16**.9, *17*, **87**.5
Syndicat du commerce des blés, seigles, avoines et orges (CE) : **53**.5
Syndicat du personnel de l'Assemblée de l'Union française (CE) : **68**.2
Syndicat du personnel soignant de la Guadeloupe (CE) : **69**.3
Syndicat fédéral des fonctionnaires malgaches et assimilés (CE) : **68**.7
Syndicat Fédération SUD des PTT (CE) : **87**.7
Syndicat général CGT du personnel des affaires sociales et union syndicale CFDT des affaires sociales (CE) : **66**.12
Syndicat général de la navigation aérienne (CE) : **66**.7
Syndicat général des fabricants de semoules de France (CE) : **98**.2
Syndicat général des fonctionnaires des impôts FO et syndicat national des agents de direction, de contrôle et de perception des douanes de France et d'outre-mer (CE) : **66**.7
Syndicat général des ingénieurs-conseils* (CE) : **19**.3, **68**.1, **68**.7, *79*, **84**.4, **97**.4, **97**.5

Syndicat général des patrons laitiers de la ville de Lyon (CE) : **69**.2
Syndicat Inter-Co-C.F.D.T. de la Vendée (CE) : **18**.5
Syndicat intercommunal à vocation multiple du canton d'Accous (CE) : **4**.4
Syndicat intercommunal d'organisation de la station de Peyresourde-Balestas (CE) : **9**.4
Syndicat intercommunal des eaux de la Dhuy (CE) : **58**.8
Syndicat Lutte pénitentiaire de l'Union régionale Antilles-Guyane (CE) : **113**.2
Syndicat national autonome des policiers en civil (CE) : **13**.6
Syndicat national autonome du cadre d'administration générale des colonies (CE) : **52**.2
Syndicat national autonome du personnel de la Banque de France c. Banque de France (CE) : **7**.4
Syndicat national CFDT de l'A.N.I.-F.O.M. (CE) : **51**.4
Syndicat national de l'enseignement technique agricole public (CE) : **16**.2, **16**.3, **16**.4
Syndicat national de la meunerie à seigle (CE) : **115**.9
Syndicat national de l'industrie pharmaceutique (CE) : **108**.7
Syndicat national de producteurs et sélectionneurs de greffes d'asperges (CE) : **63**.5
Syndicat national de radiodiffusion et de télévision (CE) : **66**.8, **66**.12
Syndicat national des automobilistes (CE) : **46**.4
Syndicat national des cadres des bibliothèques (CE) : **44**.4
Syndicat national des chemins de fer de France et des colonies (CE) : **33**.1, **66**.2
Syndicat national des directeurs de la mutualité sociale agricole (CE) : **106**.3
Syndicat national des enseignants du second degré (CE) : **113**.6
Syndicat national des entreprises de diffusion (CE) : **45**.5
Syndicat national des fonctionnaires et agents des préfectures et sous-préfectures de France et d'outre-mer (CE) : **66**.7
Syndicat national des fonctionnaires et agents du groupement des contrôles radio-électriques (CE) : **66**.7
Syndicat national des horlogers, bijoutiers, joailliers... (CE) : **113**.7, **113**.8
Syndicat national des industriels de l'alimentation animale (CE) : **38**.6
Syndicat national des ingénieurs des études et de l'exploitation civile (CE) : **51**.2
Syndicat national des journalistes Section ORTF (CE) : **13**.6, **18**.5
Syndicat national des médecins des établissements pénitentiaires (CE) : **51**.3
Syndicat national des personnels administratifs des lycées et établissements secondaires (CE) : **13**.5
Syndicat national des personnels de préfecture CGT-FO (CE) : **51**.3
Syndicat national des transporteurs aériens (CE) : **69**.4
Syndicat national du commerce en gros des équipements, pièces pour véhicules et outillages (CE) : **68**.3
Syndicat national du personnel de l'énergie atomique CFDT (CE) : **106**.8
Syndicat national « Force ouvrière » du ministère de la reconstruction et de l'urbanisme (CE) : **66**.11
Syndicat professionnel des exploitants indépendants des réseaux d'eau et d'assainissement : **107**.11
Syndicat régional des quotidiens d'Algérie (CE) : **30**.4, **73**.8
Syndicat Sud Travail (CE) : **72**.5
Syndicat unifié de radio et de télévision CFDT (CE) : **66**.8, **66**.12
Syndicat unifié des techniciens de l'O.R.T.F. (CE) : **66**.8, **66**.12
Syndicat unifié des techniciens de la RTF (CE) : **66**.4, **66**.6, **66**.12
Syndicat unifié des techniciens de la Radiodiffusion Télévision française et autres (CE) : **38**.9, **87**.9
Syndicat viticole des Hautes-Graves de Bordeaux (CE) : **93**.3

T

Tabaka (CE) : **3**.4
Tabel c. Ville de Villeneuve-sur-Lot (CE) : **97**.6
Tabouret et Laroche (CE) : **4**.9, **30**.4
Taillandier (Delle) (CE) : **46**.2, **46**.3
Tallagrand (CE) : **3**.3
Talleyrand-Périgord (de) (Dame) (CE) : **28**.3
Tamba Samoura (Dame Vve) (CE) : **116**.1
Tarlier (CE) : **89**.11
Tayeb (Consorts) (TC) : **64**.5, **71**.4
Teissier* (CE) : **26**.3, **30**.3, *72*, **73**.8
Telle (consorts) (CE) : **101**.4
Ternon* (CE) : **44**.1, **44**.6, **63**.7, **78**.6, **94**.1, **97**.6, **97**.7, *115*

Terrail (CE) : **72**.9
Terrier* (CE) : **1**.5, *12*, **22**.2, **22**.3, **22**.4, **27**.1, **38**.1, **54**.1, **55**.8
Territoire de la Polynésie française (CE) : **69**.3
Téry* (CE) : *29*, **58**.2, **61**.1, **79**.4, **95**.6, **110**.4
Tête (CE) (1998) : **93**.11, **107**.8
Tête (CE) (2000) : **8**.3
Teyssier (CE) : **56**.6
Thépaz* (TC) : **2**.7, *49*, **50**.10, **70**.2, **117**.5
Théron (CE) : **71**.5
Thérond* (CE) : **12**.2, *22*, **27**.1, **55**.8, **75**.2, **75**.3
Theux (CE) : **101**.3
Thévenet (CE) : **24**.2, **34**.3
Thibault (CE) : **30**.3
Thomas (CE) : **76**.6
Thomasson (TC) : **59**.5
Thony (Époux) (CE) : **89**.7
Thouzellier (CE) : v. Ministre de la justice c. Thouzellier
Tibéri (CE) : **113**.11, **113**.14
Tilhaud (CE) : **34**.4
Titran (CE) : **94**.12
Tixier (CE) : **3**.5
Tomaso Grecco* (CE) : *15*, **59**.2, **59**.3, **64**.1, **64**.6, **99**.4, **101**.5
Toni (CE) : **30**.7
Toprower (CE) : **117**.9
Toribio et Bideau (CE) : **78**.4, **78**.6
Torregrosa (CE) : **78**.5
Torrent (Mme) (CE) : **38**.7
Touchebeuf et Mme Royer (CE) : **17**.4
Touron (Consorts) (CE) : **71**.5
Tourteaux (Mme) (CE) : **99**.3
Tramways de Cherbourg (CE) : v. Compagnie les tramways de Cherbourg
Trannoy (CE) : **1**.7, **97**.5
Trany (CE) : **29**.6
Trépont (CE) : **31**.2
Trognon (CE) : **110**.9
Trompier-Gravier* (Dame Vve) (CE) : **29**.8, *57*, **68**.7, **79**.7, **84**.4, **95**.6
Trotel (CE) : **8**.5
Trottier (CE) : **1**.7, **1**.8

U

Ullmann (CE) : **111**.7
UNAPEL (CE) : v. Union nationale des associations des parents d'élèves de l'enseignement libre
Union de la propriété bâtie de France (CE) : **63**.5
Union Démocratique du Travail (CE) : **98**.2
Union départementale des sociétés mutualistes du Jura (CE) : **88**.7
Union des assurances de Paris (TC) : **85**.12, **85**.14
Union des chambres syndicales d'affichage et de publicité extérieure (CE) : **37**.3
Union des groupements d'achats publics (TC) : **27**.4, **27**.10
Union des groupements de cadres supérieurs de la fonction publique (CE) : **18**.8, **63**.3
Union des syndicats ouvriers de la région parisienne CGT (CE) : **21**.4
Union des transporteurs en commun de voyageurs des Bouches-du-Rhône (CE) : **93**.8
Union des transports publics urbains et régionaux (CE) : **23**.2, **23**.3
Union des véhicules industriels (CE) : **19**.3, **84**.2
Union française de l'Express c/ La Poste (TC) : **38**.4, **107**.3
Union générale cinématographique (CE) : **80**.4
Union interfédérale des syndicats de la préfecture de police et de la sûreté nationale (CE) : **18**.7, **68**.2
Union nationale CGT des affaires sociales : **92**.17
Union nationale de la propriété immobilière (CE) : **88**.10
Union nationale des associations familiales (CE) (1953) : **19**.6
Union nationale des associations familiales (CE) (1997) : **94**.11
Union nationale des caisses d'allocations familiales (CE) : **63**.7
Union nationale des grandes pharmacies de France (CE) : **56**.2, **56**.5, **67**.4
Union nationale des organisations syndicales des transporteurs routiers automobiles (CE) : **19**.7
Union nationale des parents d'élèves de l'enseignement libre (CE) (1941) : **18**.2
Union nationale des parents d'élèves de l'enseignement libre (CE) (1942) : **79**.7
Union nationale des parents d'élèves de l'enseignement libre (CE) (1961) : **51**.4
Union nationale écologiste (CE) : **3**.5
Union nationale intersyndicale des enseignants de la conduite (CE) : **68**.5
Union pour le recouvrement des cotisations de sécurité sociale et d'allocations familiales des Alpes-maritimes (CE) : **44**.6
Union syndicale des industries aéronautiques (CE) : **38**.3, **38**.7

United International Pictures (TA Bordeaux) : **80**.5
Université de Dijon c. Mmes Picard et Brachet (CE) : **58**.5
Université de Paris X-Nanterre et syndicat général de l'éducation nationale (CE) : **90**.9
Urban (Delle) c. Mouche et État (TC) : **49**.3
Urdiain Cirizar (CE) : **105**.1
Ursot (TC) : **38**.8
Urtiaga Martinez (CE) : **58**.3

V

V*. (Époux) (CE) : **1**.7, **2**.7, **6**.6, **6**.7, **15**.3, **59**.3, **82**.8, ***101***
V. sieur (CE) : **47**.5
Vacher-Desvernais (CE) : **13**.2
Vacqué (CE) : **71**.5
Vaillant (CE) : **29**.6
Valette (CE) : **2**.6, **117**.4
Vannier (CE) : **17**.4, **51**.3, **53**.3, **53**.10, **115**.9
Vaulot (CE) : **110**.6
Vedel (Mme) et Jannot (M.) (CE) : **97**.6
Veillard (Époux) (CE) : **59**.2
Verbanck (TC) : **1**.8
Verheyde (CE) : **59**.2
Vernet (TC) : **49**.3, 4
Véron-Réville (CE) : **43**.4, **47**.1, **47**.2, **71**.3
Veyre (CE) : **17**.2, **17**.3
Viauroux (Dame) (CE) : **52**.2
Vicat-Blanc (TA Paris) : **73**.5
Vidal (CE) : **47**.2
Vidy (Mme) (CE) : **16**.8
Vigier (CE) : **30**.7, **103**.3
Viguier (CE) : **33**.2
Villa (CE) : **3**.8, **30**.7
Villard (CE) : **63**.5
Ville d'Aix en Provence (CE) : **104**.1, **104**.2
Ville d'Aix-en-Provence c. société Gaumont-distribution et autres (CE) : **80**.5
Ville d'Amiens (CE) : **89**.11
Ville d'Amiens et Société d'exploitation du parc de stationnement de la gare routière d'Amiens (CE) : **23**.8
Ville d'Armentières (CE) : **72**.7
Ville d'Avignon (CE) (1899) : **28**.1
Ville d'Avignon (CE) (1963) : **32**.3, **32**.4, **32**.9
Ville d'Elbeuf (CE) : **32**.3, **32**.9, **53**.5
Ville de Bagneux (CE) : **115**.6
Ville de Bastia (CE) : **53**.8
Ville de Bordeaux (CE) : **38**.9, **46**.3
Ville de Cannes (CE) (1882) : **28**.1
Ville de Cannes (CE) (1968) : **36**.2
Ville de Castelmoron-sur-Lot (CE) : **20**.4
Ville de Courbevoie c. consorts Sanse (CE) : **89**.10
Ville de Dijon (CE) : **80**.3
Ville de Dôle (CE) : **15**.4
Ville de Douai (CE) : **62**.3
Ville de Fréjus (CE) : **6**.7
Ville de Genève (CE) : **8**.5
Ville de Grenoble (CE) : **76**.6
Ville de la Courneuve (CE) : **31**.3
Ville de Lille (CE) : **106**.3
Ville de Lille c. Ackermann (CE) : **48**.4
Ville de Limoges (CE) : **89**.13
Ville de Lisieux (CE) (1947) : **63**.2
Ville de Lisieux (CE) (1998) : **16**.12, **40**.8
Ville de Lyon (CE) : **63**.2
Ville de Marseille (CE) : **47**.3
Ville de Montpellier (CE) : **110**.6
Ville de Nanterre (CE) : **45**.4
Ville de Nantes (CE) : **20**.5
Ville de Nemours c. Mme Marquis (CE) : **63**.4
Ville de Nice (CE) (1951) : **23**.2
Ville de Nice (CE) (1956) : **76**.2, **94**.3
Ville de Nice c. SARL Loisirs et Innovations (CE) : **113**.3
Ville de Nice c. Société industrielle des travaux d'assainissement urbain (CE) : **32**.9
Ville de Nîmes c. Pabion (CE) : **10**.4, **59**.4, **59**.7
Ville de Nîmes c. Soc. fermière des tramways de Nîmes (CE) : **20**.2
Ville de Pamiers (TC) : v. Préfet de la région Ile-de-France (ville de Damiers)
Ville de Paris (CE) (1983) : **30**.3, **113**.7
Ville de Paris (CE) (1992) : **10**.5
Ville de Paris c. Driancourt (CE) : **15**.4, **117**.8
Ville de Paris c. Duvinage (CE) : **42**.5
Ville de Paris c. Marabout (CE) : **15**.3
Ville de Paris c. Michon (CE) : **32**.1
Ville de Paris c. Soc. H. Faure et Baffrey-Hennebique (CE) : **23**.4
Ville de Paris c. Société Sodevam (CE) : **42**.6
Ville de Paris et bureau d'aide sociale de Paris c. Lévy (CE) : **4**.8, **92**.8
Ville de Paris, Société des mobiliers urbains pour la publicité et l'information (CE) : **16**.7, **16**.8
Ville de Puteaux (CE) : **20**.4
Ville de Rouen (CE) : **69**.5
Ville de Saint-Dié (CE) : **71**.3
Ville de Saint-Malo (CE) : **23**.7
Ville de Saint-Ouen (CE) : **76**.6
Ville de Saverne (CE) : **16**.2, **16**.3
Ville de Senlis (CE) : **60**.1
Ville de Sochaux (CE) : **4**.6, **89**.2, **89**.9

Ville de Strasbourg (CE) : **52**.2
Ville de Strasbourg et SCI du Marais (CE) : **58**.8
Ville de Thiais (TC) : **74**.5
Ville de Toulon (1944) (CE) : **20**.2
Ville de Toulon (CE) (1949) : **32**.3
Ville de Toulouse (CE) : **76**.6
Ville de Toulouse c. Mme Aragnou (CE) : **92**.16
Ville de Vaucresson (CE) : **93**.12
Ville de Vichy (CE) : **28**.6
Ville de Villeneuve-Tolosane (CE) : **89**.10
Ville de Viry-Chatillon (CE) : **4**.3
Ville nouvelle Est* (CE) : **4**.8, **30**.4, **30**.11, **58**.7, *89*, **91**.4, **113**.5
Villes (CE) : **29**.2, **61**.1
Villemain (CE) : **44**.4, **44**.6, **44**.7, **94**.12, **118**.5, **118**.8
Vimart (Consorts) (CE) : **82**.7
Vincent (CE) : **19**.4, **117**.8
Vindevogel (Mme) (CE) : **94**.10, **99**.3
Vingtain et Affortit (CE) : **40**.1, **40**.7, **75**.3
Vinolay (CE) : **30**.8
Vion (dame) (CE) : **101**.2
Vion de Gayon (Delle de) (TC) : **50**.6
Virmaux Mme (CE) : **15**.2
Vo Thanh Nghia (CE) : **3**.9
Volff et Exertier (CE) : **71**.3, **72**.8, **103**.3
Vuillaume (CE) : **13**.4

W

Wahnapo (CE) : **90**.9
Wajs (CE) : **17**.2
Wajs et Monnier (Mme) (CE) : **17**.2, **17**.3, **17**.4
Wargniez (CE) : **110**.8
Weber et Centouze (CE) : **111**.7
Weisgal (Dame) (CE) : **72**.10
Welter (CE) : **78**.4
Werling c. Ministre de l'agriculture (TC) : **7**.6
Werquin (CE) : **15**.5, **42**.7, **86**.7
White (Consorts) (CE) : **4**.3
Winkell (CE) : **40**.3, **66**.2
Wittwer (CE) : **40**.2
Wodel (CE) : **48**.2
Woetglin (CE) : **61**.4
Wolff (CE) : **11**.6
Wuest (CE) : **94**.4

X

X (CE) : **100**.7
X. c. Jouvent et Fifis (TC) : **2**.3
Xavier Vallat (CE) : **48**.1

Y

Yener (Consorts) (CE) : **3**.9, **15**.2
Ymain (Dame) (CE) : **74**.3

Z

Zaidi (CE) : **98**.10
Zaoui (Époux) (TC) : **38**.7
Zemma (CE) : **78**.4, **92**.12
Zénard (CE) : **45**.5
Zervudacki (CE) : **57**.5
Zimmermann (TC) : **11**.6
Zurmely (CE) : **29**.4

Avis et notes des formations administratives du Conseil d'État

26 mai 1813 : **96**.4
12 août 1813 : **96**.4
9 mai 1950 (Intérieur) : **80**.6
6 févr. 1953 (AG) : **79**.2
1er oct. 1962 (AG) : **108**.8
15-17 mars 1969 (AG) : **108**.8
21 sept. 1972 (AG) : **26**.4
27 oct. 1977 (AG) : **92**.4
6 févr. 1979 (Travaux publics) : **96**.3
30 mars 1982 (AG) : **112**.6
15 oct. 1985 (Intérieur) : **112**.6
5 janv. 1989 (Intérieur) : **96**.8
27 nov. 1989 (AG) : **26**.6, **99**.2
15 juill. 1992 (Travaux publics) : **45**.6
23 mars 1993 (Finances) : **106**.6
7 juill. 1994 (AG) : **45**.6
9 nov. 1995 (AG) : **105**.2
3 déc. 1997 (Rapport et études) : **16**.5
17 sept. 1998 (Finances) : **106**.8
24 sept. 1998 (Travaux publics) : **23**.7

JURIDICTIONS JUDICIAIRES

16 thermidor an X (Trib. cass.) : **96**.2
31 mars 1819 (Cass.) : **96**.2
5 mars. 1856 (Cass. civ.) : **112**.2
24 oct. 1917 (Cass. civ.) : **41**.1
22 déc. 1922 (Cass. civ.) : **58**.2
28 mars 1930 (Cass. crim.) : **49**.2
22 déc. 1931 (Cass. civ.) : **98**.2
4 déc. 1934 (Trib. corr. Seine) : **66**.2
13 juill. 1941 (Cass. crim.) : **35**.1
24 mars 1942 (Cass. req.) : **62**.6
23 avr. 1942 (Cass. crim.) : **49**.2
22 oct. 1946 (Cass. civ.) : **82**.3
16 févr. 1948 (Cass. civ.) : **62**.6
11 mai 1949 (Cass. crim.) : **11**.3
30 nov. 1949 (CA Aix) : **96**.3
8 mars 1950 (Cass. civ.) : **39**.1
7 nov. 1950 (Cass. civ.) : **76**.1
9 juill. 1951 (Cass. civ.) : **7**.3, **96**.3
21 févr. 1952 (Cass. soc.) : **91**.3
28 nov. 1952 (Trib. civ. Seine) : **77**.1
2 févr. 1955 (CA Paris) : **77**.1
27 janv. 1956 (Cass. soc.) : **66**.12
2 févr. 1956 (Cass. crim.) : **66**.13
7 nov. 1956 (Cass. crim.) : **69**.7
23 nov. 1956 (Cass. civ.) : Trésor public c. Giry* : **1**.7, **1**.8, **6**.2, **32**.2, **59**.2, **60**.9, **71**.8, *77*, **81**.3, **101**.7, **106**.2
23 déc. 1959 (TGI Seine) : **81**.7
17 févr. 1960 (TGI Seine) : **81**.7
25 janv. 1961 (Cass. crim.) : **1**.8, **49**.2
15 févr. 1961 (Cass. civ.) : **40**.7
21 août 1961 (Cass. crim.) : **83**.2
20 nov. 1961 (Trib. civ. Lyon) : **64**.6
3 janv. 1962 (CA Douai) : **77**.7
16 janv. 1962 (Cass. civ.) : **82**.7
22 févr. 1962 (CA Paris) : **81**.7
28 mars 1962 (CA Lyon) : **64**.6
10 mai 1962 (Cass. crim.) : **83**.2
30 avr. 1963 (CA Paris) : **87**.1
8 mai 1963 (TGI Seine) : **81**.7
14 nov. 1963 (Cass. crim.) : **106**.2
8 janv. 1964 (Cass. civ.) : **1**.6
27 janv. 1964 (Cass. civ.) : **62**.6
14 avr. 1964 (Cass. civ.) : **96**.6
3 juin 1964 (CA Paris) : **77**.7, **81**.7
2 déc. 1964 (CA Paris) : **85**.6
5 janv. 1965 (Cass. civ.) : **96**.3
11 févr. 1965 (Cass. crim.) : **102**.3
22 juin 1965 (Cass. civ.) : **81**.7
16 déc. 1965 (Cass. civ.) : **96**.2
25 févr. 1966 (Cass. ass. plén.) : **41**.5
2 mai 1966 (Cass. civ.) : **96**.6
15 juin 1966 (CA Orléans) : **77**.7, **81**.7
7 juin 1967 (Cass. civ.) : **87**.1
13 nov. 1968 (Cass. civ.) : **77**.7
9 mars 1970 (TGI Seine) : **77**.7
13 mai 1970 (TGI Paris) : **77**.7
30 mars 1971 (Cass. soc.) : **92**.15
16 mars 1972 (Cass. civ.) : **77**.7
21 juin 1974 (Cass. ch. mixte) : **91**.3
6 nov. 1974 (Cass. ch. mixte) : **62**.6
24 mai 1975 (Cass. ch. mixte) : **98**.3
30 avr. 1976 (Cass. ch. mixte) : **82**.9
20 juill. 1976 (Cass. civ.) : **41**.5
11 janv. 1979 (Cass. civ.) : **62**.6
28 oct. 1981 (Cass. crim.) : **2**.2
10 janv. 1984 (Cass. civ.) : **110**.2
11 juill. 1984 (CA Paris) : **96**.3
28 nov. 1984 (Cass. civ.) : **50**.6
3 juin 1985 (Cass. crim.) : **100**.9
19 juin 1985 (Cass. civ.) : **41**.5
18 mars 1986 (CA Paris) : **96**.1, **96**.3
10 juin 1986 (Cass. civ.) : **64**.6, **77**.9
14 mai 1987 (Cass. soc.) : **41**.4
21 déc. 1987 (Cass. civ.), BRGM* : **7**.1, **94**.1, **94**.7, *96*

4 févr. 1988 (Cass. soc.) : **41**.4
30 juin 1988 (CA Paris) : **95**.7
13 juill. 1988 (CA Paris) : **77**.5
7 juin 1989 (Cass. crim.) : **100**.9
12 juill. 1989 (CA Paris) : **77**.5
4 déc. 1990 (Cass. soc.) : **87**.9
30 janv. 1991 (Cass. crim.) : **69**.7
15 févr. 1991 (CA Paris) : **7**.5, **96**.6
12 mars 1991 (Cass. crim.) : **102**.2
29 mars 1991 (Cass. ass. plén.) : **36**.4
18 févr. 1992 (Cass. civ.) : **27**.2
8 avr. 1992 (Cass. crim.) : **69**.7
7 oct. 1992 (Cass. soc.) : **38**.3
18 nov. 1992 (Cass. civ.) : **27**.9
26 oct. 1993 (Cass. com.) : **77**.5
7 déc. 1993 (Cass. soc.) : **41**.5
12 janv. 1994 (CA Paris) : **77**.5
9 févr. 1994 (Cass. civ.) : **41**.4
16 mars 1994 (CA Paris) : **77**.5
6 avr. 1994 (CA Paris) : **59**.2, **77**.5
12 avr. 1995 (Cass. civ.) : **36**.6
15 nov. 1995 (Cass. civ.) : **96**.5
12 déc. 1995 (Cass. com.) : **95**.9, **107**.6
19 déc. 1995 (Cass. civ.) : **100**.9
30 janv. 1996 (Cass. civ.) : **6**.2, **60**.9, **77**.9
28 mars 1996 (CA Riom) : **16**.6
6 mai 1996 (Cass. com.) : **41**.4
19 févr. 1997 (Cass. civ.) : **36**.5
27 janv. 1998 (CA Paris) : **107**.4
2 avr. 1998 (C. ass. Bordeaux) : **117**.1
29 avr. 1998 (Cass. civ.) : **94**.6
19 mai 1998 (Cass. soc.) : **66**.14
30 juin 1998 (Cass. ass. plén.) : **101**.8
30 sept. 1998 (Cass. crim.) : **49**.2
7 oct. 1998 (Cass. civ.) : **101**.4
13 oct. 1998 (Cass. civ.) : **60**.3
12 nov. 1998 (Cass. civ.) : **16**.6
5 févr. 1999 (Cass. ass. plén.) : **110**.1, **110**.7
9 mars 1999 (Cass. civ.) : **77**.8
16 mars 1999 (Cass. civ.) : **85**.14
5 oct. 1999 (Cass. com.) : **110**.1, **110**.7
25 févr. 2000 (Cass. ass. plén.) : **2**.10
7 mars 2000 (CA Paris) : **110**.1, **110**.8
26 avr. 2000 (Cass. crim.) : **41**.5
16 mai 2000 (Cass. com.) : **107**.6
18 mai 2000 (Cass. civ.) : **2**.10
23 mai 2000 (Cass. civ.) : **110**.7
2 juin 2000 (Cass. ass. plén.) : **108**.4
8 nov. 2000 (Cass. civ.) : **101**.4
20 déc. 2000 (Cass. civ.) : **104**.2
23 févr. 2001 (Cass. ass. plén.) : **77**.8
9 mai 2001 (Cass. civ.) : **36**.6
4 sept. 2001 (Cass. crim.) : **44**.3, **98**.12
14 déc. 2001 (Cass. ass. plén.) : **49**.4
26 févr. 2002 (Cass. com) : **38**.10
4 juin 2002 (Cass. crim.) : **49**.4
6 juin 2002 (Cass. civ.) : **36**.5
13 nov. 2002 (Cass. civ.) : **70**.3
19 nov. 2002 (Cass. com) : **107**.6
24 janv. 2003 (Cass. ass. plén.) : **14**.5

CONSEIL CONSTITUTIONNEL

26 juin 1969, nº 69-55 L : **79**.6
24 oct. 1969, nº 69-57 L : **79**.6
16 juill. 1971, nº 71-44 DC : **95**.3, **105**.2
29 févr. 1972, nº 72-73 L : **19**.4, **90**.2
21 déc. 1972, nº 72-75 L : **79**.6, **95**.6
15 janv. 1975, nº 74-54 DC : **14**.6, **98**.3, **99**.12, **105**.2
3 mars 1976, nº 76-87 L : **69**.3
2 déc. 1976, nº 76-70 DC : **29**.9, **57**.10, **95**.3
12 janv. 1977, nº 76-75 DC : **48**.6
20 juill. 1977, nº 77-83 DC : **57**.10, **95**.6
23 nov. 1977, nº 77-87 DC : **79**.7, **95**.3, **105**.2
23 mai 1979, nº 79-104 DC : **79**.7, **95**.2
25 juill. 1979, nº 79-105 DC : **66**.4, **66**.8, **79**.7
9 janv. 1980, nº 79-109 DC : **63**.6
22 juill. 1980, nº 80-119 DC : **14**.5, **84**.7, **95**.3, **95**.6, **105**.2
11 juin 1981, Delmas : **3**.11
16 janv. 1982, nº 81-132 DC : **69**.3, **113**.10
30 juill. 1982, nº 82-143 DC : **83**.8
30 déc. 1982, nº 82-155 DC : **63**.6
20 janv. 1984, nº 83-165 DC : **95**.3, **105**.2
18 janv. 1985, nº 84-185 DC : **23**.5, **4**.11
25 janv. 1985, nº 85-187 DC : **33**.9
23 août 1985, nº 85-197 DC : **3**.11
16 janv. 1986, nº 85-200 DC : **69**.4
3 sept. 1986, nº 86-216 DC : **98**.3
18 sept. 1986, nº 86-217 DC : **10**.5, **66**.8
23 janv. 1987*, nº 86-224 DC : **1**.6, **7**.8, **61**.5, **77**.5, ***95***, **105**.2, **107**.1, **107**.4, **109**.9, **110**.5
26 juin 1987, nº 87-228 DC : **84**.7
30 déc. 1987, nº 87-237 DC : **63**.6
20 juill. 1988, nº 88-244 DC : **105**.2
21 oct. 1988, AN Val d'Oise : **98**.3
4 juill. 1989, nº 89-254 DC : **69**.4
25 juill. 1989, nº 89-256 DC : **105**.2
25 juill. 1989, nº 89-257 DC : **18**.9
28 juill. 1989, nº 89-260 DC : **110**.5
28 juill. 1989, nº 89-261 DC : **1**.6, **95**.10
29 déc. 1989, nº 89-268 DC : **29**.9
22 janv. 1990, nº 89-267 DC : **7**.2
22 janv. 1990, nº 89-269 DC : **92**.8
19 déc. 1991, nº 91-167 L : **79**.7

9 avr. 1992, n° 92-308 DC : **108**.3
2 sept. 1992, n° 92-312 DC : **98**.3
12-13 août 1993, n° 93-325 DC : **11**.2, **92**.2, **92**.8, **113**.10, **113**.11
13 janv. 1994, n° 93-332 DC : **14**.5
21 janv. 1994, n° 93-335 DC : **65**.3
27 juill. 1994, n°s 94-343/344 DC : **104**.2
10-11 oct. 1994, n° 84-181 DC : **113**.10
18 janv. 1995, n° 94-352 DC : **21**.4, **48**.6
8 juin 1995, Bayeurte : **3**.11
9 avr. 1996, n° 96-373 DC : **65**.3, **109**.9, **113**.10
23 juill. 1996, n° 96-378 DC : **95**.4
10 juill. 1997, Abraham : **3**.11
29 juill. 1998, n° 98-403 DC : **42**.3
18 déc. 1998, n° 98-404 DC : **63**.6
15 mars 1999, n° 99-410 DC : **108**.8
21 déc. 1999, n° 99-422 DC : **14**.6
29 déc. 1999, n° 99-425 DC : **14**.6
20 juill. 2000, n° 2000-434 DC : **37**.3
25 juill. 2000, Hauchemaille : **3**.11
10 janv. 2001, n° 2000-440 DC : **53**.11

JURIDICTIONS COMMUNAUTAIRES

CJCE 15 juill. 1960, Comptoir de vente du charbon de la Ruhr : **79**.8
CJCE 6 oct. 1970, Franz Grad : **93**.2
CJCE 17 déc. 1970, Société SACE : **93**.2
CJCE 4 déc. 1974, Van Duyn : **93**.2
CJCE 28 oct. 1975, Rutili : **93**.2
CJCE 10 oct. 1978, Hansen : **98**.1
CJCE 5 avr. 1979, Ratti : **93**.6
CJCE 13 mai 1981, International Chemical Corporation : **41**.5
CJCE 22 févr. 1984, Kloppenburg : **93**.5
CJCE 15 mai 1986, Marguerite Johnston : **65**.2
CJCE 26 mars 1987, Coopérative agricole d'approvisionnement des avirons : **98**.1
CJCE 30 juin 1988, Commission c. France : **52**.4
CJCE 22 févr. 1990, Faillite Acciarie e Ferriere Busseni : **100**.4
CJCE 23 avr. 1991, Höfner et Elser Genova : **107**.10
CJCE 19 nov. 1991, Francovich et Mme Bonifaci : **93**.6
CJCE 10 déc. 1991, Merci Convenzionali Porto de Genova : **107**.10
CJCE 19 mai 1993, Corbeau : **45**.11
CJCE 1er janv. 1994 : **111**.1
CJCE 27 avr. 1994, Commune d'Almelo : **45**.11
CJCE 14 juill. 1994, Faccini Dori : **93**.6
CJCE 17 sept. 1997, Dorsch consult : **109**.8
CJCE 23 oct. 1997, Commission c. France : **45**.11
CJCE 9 déc. 1997, Commission c. France : **42**.4
CJCE 17 sept. 1998, Commission c. Belgique : **109**.8
CJCE 18 nov. 1999, Teckal : **45**.8
CJCE 4 févr. 2000, Emesa Sugar : **114**.4
CJCE 4 juill. 2000, Commission c. Grèce : **94**.7
CJCE 20 oct. 2000, Allemagne c. Commission : **88**.10
CJCE 6 mars 2001, Connoly c. Commission : **72**.5
CJCE 22 mars 2001, France c. Commission : **88**.10
CJCE 9 oct. 2001, Pays-Bas c. Parlement et Conseil : **104**.2
CJCE 29 nov. 2001, Griesmar : **52**.6
CJCE 13 déc. 2001, Mouflin : **52**.6
TPI 27 févr. 1997, Fédération française des sociétés d'assurance : **45**.11

COUR EUROPÉENNE DES DROITS DE L'HOMME

CEDH 23 juill. 1968, Affaire linguistique belge : **116**.3
CEDH 17 janv. 1970, Delcourt : **114**.2, **114**.3, **114**.6
CEDH 16 juill. 1971, Reingeisen : **110**.2
CEDH 8 juin 1976, Engel : **110**.2, **110**.4
CEDH 23 juin 1981, Le Compte, Van Leuven et De Meyere c. Belgique : **67**.5, **110**.3
CEDH 28 août 1986, Glasenapp c. RFA : **73**.8
CEDH 30 nov. 1987, H. c. Belgique : **110**.5
CEDH 21 juin 1988, Berrehab : **92**.14
CEDH 18 févr. 1991, Moustaquim : **92**.14
CEDH 27 août 1991, Demicoli c. Malte : **110**.5

CEDH 30 oct. 1991, Borgers : **114**.3
CEDH 18 févr. 1994, Moustaquim : **92**.14
CEDH 24 févr. 1994, Bendenoun c. France : **110**.4
CEDH 24 nov. 1994, Consorts Beaumartin c. France : **100**.3
CEDH 9 déc. 1994, Raffineries grecques Stran et Stratis Andreadis c. Grèce : **23**.9
CEDH 26 sept. 1995, Diennet c. France : **110**.3
CEDH 26 sept. 1995, Vogt c. Allemagne : **73**.8
CEDH 28 sept. 1995, Procola c. Luxembourg : **29**.6
CEDH 22 nov. 1995, SW c. Royaume-Uni : **104**.2
CEDH 16 sept. 1996, Gaygusuz c. Autriche : **116**.3
CEDH 20 févr. 1996, Vermeulen : **114**.3
CEDH 19 mars 1997, Hornsby c. Grèce : **42**.3, **94**.7
CEDH 31 mars 1998, Reinhardt et Slimane Kaïd c. France : **114**.3
CEDH 23 sept. 1998, Malige c. France : **110**.4
CEDH 28 oct. 1999, Zielenski et autres c. France : **14**.5
CEDH 8 déc. 1999, Pellegrin : **110**.4
CEDH 15 févr. 2001, Mme Dahlab c. Suisse : **26**.5
CEDH 7 juin 2001, Kress c. France : ***114***
CEDH 17 juill. 2001, Association Ekin c. France : **90**.12, **116**.4
CEDH 27 août 2002, Didier : **110**.1, **110**.5
CEDH 13 févr. 2003, Chevrol : **100**.5
Com. EDH 3 sept. 1991, Bazerque c. France : **114**.2

JURIDICTIONS ÉTRANGÈRES

Cour suprême de la Côte d'Ivoire, 14 juin 1970, Société des Centaures routiers : **38**.8
Cour suprême des États-Unis, 1979, Carter c. Goldwater : **3**.11
Cour Fédérale financière d'Allemagne, 16 juill. 1981 : **93**.5
Cour Fédérale financière d'Allemagne, 25 avr. 1985, Kloppenburg : **93**.5
Cour const. allemande, 8 avr. 1987 : **93**.5
CE italien, 5 mai 1980, Société Helen Curtis et Unipro c. ministre de la santé : **93**.5
Cour de cassation italienne, 7 oct. 1981, ministre des finances c. Société Cartiere Timavo : **93**.5
Cour const. italienne, 26 sept. 1990 : **57**.10

COUR INTERNATIONALE DE JUSTICE

26 avr. 1988 : **108**.2

COMITÉ DES DROITS DE L'HOMME DES NATIONS UNIES

2 nov. 1987 : **100**.8
3 avr. 1989, Gueye : **100**.8, **116**.1
26 juill. 2002, Wackeneim : **104**.1

INDEX ALPHABÉTIQUE DES MATIÈRES

Les chiffres en gras renvoient aux numéros des arrêts reproduits et commentés, les chiffres en maigre aux numéros en marge des commentaires.

Acte administratif :
Abrogation : **40.**2 et 3, **44**, **97**, **115**.
Appréciation de validité et interprétation V. *Compétence*.
Changement de circonstances : **32.**10, **44**, **97**.
Circulaires : **52.**2, **68.**6, **88**, **96.**5.
Critère : **7.**6, **19**, **55.**7, **56.**6 à 9, **57.**2, **83**, **88.**2 et 3, **87**, **88**, **109**, **111**.
Directives : **52.**5, **76.**11, **88**.
Entrée en vigueur V. *Rétroactivité :* **43**, **63**.
Exécution, privilège du préalable : **118.**4, **98.**4.
Exécution forcée : **11**, **33.**6, **43.**1, **50**.
Inexistence : **40.**3, **78**.
Interprétation : V. *Compétence*.
Mesures d'ordre intérieur : **103**.
Motivation : **40.**3 et 7, **58.**7, **81.**5, **97.**97.
Notion d'acte administratif : **19**, **56.**6 à 9, **57.**2, **87**, **109**.
Retrait : **45.**6, **58.**8, **64.**7, **101.**7, **115**.
Rétroactivité : **63**, **70.**7, **83.**2.
Validité : V. *Inexistence. Recours pour excès de pouvoir.*
Actes chirurgicaux, médicaux : V. *Médecine, Responsabilité.*
Actes de gouvernement :
Notion : **3**, **83**, **90.**2, **106.**1.
Indemnisation : **86**.
Actes détachables : 3.6 et 9, **16**, **106.**4, **114.**1.
Actes juridiciaires : V. aussi Compétence (services judiciaires) : 3.2, **71**.
Actes législatifs : V. *Loi.*
Actes parlementaires (V. aussi Parlement) : **109**.
Action récursoire : 70.
Administration :
Relations avec les usagers : **58.**7.
Aéroports : 38.3 et 6, **47.**5, **80.**6.
Affaires courantes : 30.4.
Affectation : V. *Domaine public. Fonctionnaires et agents publics.*
Agents publics : V. *Fonctionnaires et agents publics.*
Agriculture :
Appellations d'origine contrôlée : **30.**11, **94.**9.
Chasse : **56.**7, **111.**11.
Cultures : **55.**6, **56.**5.
Domaines agricoles : **4.**8, **30.**4, **65**.
Domaine privé, travaux publics : **75**.
Forêts : **38.**6, **75**, **80.**8.
FORMA : **38.**6.
ONIC : **38.**6.
Remembrement : **94.**4 et 11.
SAFER : **8.**4, **56.**11, **91**.
Terres incultes : **65**.
Vins : **94.**9.
Apatrides : V. *Étrangers.*
Appréciation de la légalité par les tribunaux judiciaires : 41, **71.**7, **110.**2, **112.**1.
Arbitrage : 100.6.
Armes : V. *Responsabilité (risque).*
Association :
Dissolution : **49.**4, **58.**6.
Intérêt pour agir : **18**.
Liberté d'– : **49.**4, **99.**3, **109.**2.
— étrangère : **94.**5.
— syndicale de propriétaires : **7**, **78.**1, **78.**2, **78.**7.
— syndicale de reconstruction : **7**, **78.**1, **78.**2, **78.**7, **79.**6.
Assurances : 38.2, **38.**8.
Office supérieur des — : **62.**1.
V. *Sécurité sociale.*
Astreinte : 44.6, **70.**7, **94**.
Attroupements : 99.
Autorités administratives indépendantes : 110.
Autoroutes : 78.8, **85**, **93.**5, **93.**6, **99**.
Avis (du Conseil d'État) : 99.
Banques (contrôle des) : 60.2, **62.**4.
Bilan (contrôle du) : V. *Recours pour excès de pouvoir.*
Cassation (recours en) :
Théorie générale : **58**.
Caractère de droit commun : **58**, **62.**6, **67.**4, **84**.
Chose jugée : **14**.
Contrôle des faits : **59.**6 à 9, **95.**16.
Erreur de droit : **59.**5.

Vice de forme : **59**.2.
Violation de la loi : **59**.5.
Changement de circonstances :
V. *Acte administratif ; Contrat administratif (imprévision).*
Chasse : 56.7, **111**.
Chose jugée : 4.3, **14**, **44**.3, **72**.5, **82**.5, **88**.7, **94**, **100**.8, **103**.2.
Cimetières : 51.3, **80**.2.
Cinéma : 30.3, **80**, **95**.4, **108**.5, **110**.5.
Circonstances exceptionnelles :
Art. 16, Constitution de 1958 : V. *Constitution.*
État de siège, d'urgence : **2**.1, **33**.9, **35**.
Guerre : **33**, **35**.
Théorie générale : **33**, **35**, **87**.6, **84**.
— et voie de fait : V. *Voie de fait.*
Circulaires : 52.2, **68**.6, **88**, **96**.5, **118**.
Circulation : V. *Police, Véhicules, Voies de.*
Classement : V. *Domaine public (critère).*
Clause abusive : 17.4, **110**.5.
Clause exorbitante : V. *Contrat administratif.*
Code civil : 1, **47**.5, **64**.2, **77**, **100**.4 et 6, **101**.5, **110**.5.
Code :
— de commerce : **46**.10, **112**.1.
— de déontologie : **57**.5, **67**.
— de justice administrative : **29**.4, **65**.4, **98**.7, **103**.2, **113**.
— de l'environnement : **37**.2.
— de la route : **11**.2, **37**.
— d'instruction criminelle : **74**.4, **81**.
— des communes : **103**.4, **108**.4.
— forestier : **11**.2.
— général des collectivités territoriales : **37**.2, **46**.11, **60**.5, **61**.2, **71**.1, **103**.1, **103**.4, **108**.4, **113**.
— général des impôts : **97**.
— pénal : **11**.3, **42**.3, **49**, **54**.1, **61**.2 et 8, **68**.2, **85**.1, **108**.5, **106**, **112**.7.
— de l'organisation judiciaire : **81**.8.
— de procédure civile : **28**.5, **81**.3, **100**.6.
— de procédure pénale : **4**.4, **50**.6, **74**.8, **81**.7, **81**, **87**.1.
— de la route : **11**.2, **37**.
— du travail : **49**.5, **91**, **96**.15, **101**.5.
Collaborateurs occasionnels ou permanents du service public :
V. *Responsabilité (risque).*
Commerce et industrie :
Chambre de commerce : **38**.3, **38**.6, **41**.2, **91**.11.
Comités d'organisation : **55**.
Halles et marchés : **28**, **80**.6.
Liberté : **45**, **46**, **69**, **79**.
Monopole : **4**.1 et 3, **46**.5, **47**.5, **54**.1.
Position dominante : **107**.
Production industrielle, organisation : **55**.
Publicité : **54**.6, **71**.6.
Commissaire du gouvernement : 111.13, **114**.
Communauté européenne : 93, **97**, **98**, **104**.4, **112**.7, **112**.8, **112**.11.
Commune :
Compétence : V. *Compétence (communes et départements).*
Conseil municipal : **78**.
Contrats : **5**, **22**, **27**, **32**, **46**.
Crédit municipal : **59**.
Domaine : **46**, **80**.6 et 7.
Fonctionnaires et agents : **4**.2, **41**.7.
Maire : **10**, **33**.4, **34**, **37**.2, **72**.6, **84**.1, **104**.
Médecin communal : **8**.
Police : V. *Police.*
Responsabilité : **34**.
Services publics économiques : **45**.
Transports : V. *Transports.*
Tutelle : **10**, **59**.
Compétence administrative et judiciaire :
Actes parlementaires : **109**.
Action publique et action civile : **50**.5.
Agents de droit public et de droit privé : **38**.4 et 9, **40**.
Appréciation de validité et interprétation des actes administratifs : **41**, **71**.7, **110**.2, **112**.4.
Atteintes à la liberté individuelle : **11**.6, **33**.6, **51**.5.
Bloc de compétence : **99**.4.
Communes et départements (litiges des –) : **5**, **12**, **22**.
Contrats : V. *Contrats (critère).*
Critère général de compétence : **1**, **12**, **22**, **38**, **54**, **55**, **56**, **71**, **87**, **95**, **107**, **109**.
Emprise : V. *Emprise.*
État débiteur (théorie de l') : **1**.2.
Faute personnelle et faute de service : **2**, **24**, **34**, **49**, **50**, **70**, **117**.
Fondement constitutionnel : **95**.
Gestion publique et gestion privée : **1**.5, **12**, **22**.4, **27**.1, **38**.4 et 5.
Interprétation des actes administratifs : **41**.
Liaison de la compétence et du fond (principe de la) : **1**.4 et 8, **72**.6, **77**.
Liberté individuelle : **11**.6, **33**.6, **35**.2, **49**.5, **51**.5, **99**.3, **118**.10.
Ordres professionnels : **56**, **67**.
Organismes d'économie dirigée : **55**.

Puissance publique : **1**.5, **7**, **27**, **55**.4 et 7, **56**.9 et 12, **57**.1, **95**, **114**.9.
Responsabilité des agents de droit public envers l'administration : **2**.9, **70**.
Séparation des pouvoirs : **14**.5, **83**.7, **95**.
Service public (comme critère de compétence) : **1**, **12**, **22**, **27**, **39**.3, **54**, **55**, **56**, **74**, **75**, **87**, **99**.7, **114**.9.
Service public de la justice : **71**, **77**.
Services publics industriels et commerciaux : **1**.5, **12**.5, **22**.4, **38**, **40**, **87**.
Travaux publics : **39**, **74**, **75**.
Véhicules (accidents causés par les) : **1**.6, **34**.6, **49**, **70**.
Voie de fait : V. *Voie de fait*.
Compétences des agents publics :
Circonstances exceptionnelles : **33**.2 à 4.
Police : **37**, **80**, **104**.
Comptes :
Commissaires aux – : **62**.1.
Cour des – : **14**, **110**.8.
Experts-comptables, ordres professionnels : **67**.
Concession : 9, **17**, **19**, **20**, **23**, **32**, **85**, **94**.10, **107**.
Concours :
Avancements sur – : **44**.2.
Candidature : **26**, **30**.5, **73**.
Égalité : **52**, **70**.2, **73**.
Organisation : **30**.9.
Concurrence : 8, **45**, **46**, **95**, **107**.
Conseil constitutionnel : 3.5, **3**.6, **3**.11, **19**.4, **33**.9, **49**.6, **71**.9, **83**.7, **95**, **102**.12, **109**.2, **111**.
Conseil de la concurrence : 62.5, **95**, **107**.
Conseil d'État : 5.
Conseil économique et social :
Désignation des membres, éligibilité : **67**.1, **73**.2.
Conseil municipal : 78, **113**.
Conseil supérieur de la magistrature : 62.4, **67**.1, **74**.1, **74**.3.
Consommation : 17.4, **110**.5.
Constitution :
Primauté : **108**.
1. De l'an III ; art. 189 : **74**.1.
2. De l'an VIII : art. 75 : **2**.
3. De 1875 : **32**, **36**.
4. De 1946 : Préambule : **53**.2, **68**.3, **70**.7, **75**.3, **77**.8, **83**.7, **92**, **99**.2, **108**.2, **109**.2.
Art. 52 : **73**.1.
Art. 84 : **65**.1, **74**.1.
5. De 1958 : Préambule : **68**.4, **83**.7, **99**.2, **113**.3.
Art. 2 : **83**.7.
Art. 3 : **113**.8.
Art. 11 : **113**.7.
Art. 16 : **3**.4, **19**.3, **33**.8, **83**, **88**.2.
Art. 21 : **37**.3.
Art. 34 : **37**.3, **71**.34, **83**.2, **87**.6 et 7.
Art. 36 : **33**.8.
Art. 37 : **19**.3 et 6, **37**.3, **65**, **1**, **83**.1, **83**.2, **83**.5, **87**.6.
Art. 38 : **19**.3 et 4, **67**.1, **83**.5, **88**.2 et 3, **99**.1.
Art. 41 : **95**.
Art. 53 : **113**.7.
Art. 55 : **90**.2, **98**, **104**.5, **108**.
Art. 49 : **114**.2.
Art. 60 : **108**.
Art. 61 : **113**.6, **114**.3.
Art. 64 : **65**.1.
Art. 74 : **108**.
Art. 76 : **108**.
Art. 89 : **108**, **7**.
Art. 92 : **19**.4, **88**.2.
Continuité du service public :
V. *Contrat (imprévision), Grève, Principes généraux du droit, Service public*.
Contradictoire (principe du –) :
V. *Défense*.
Contrat administratif :
Clause exorbitante du droit commun : **7**.7, **27**, **41**.7, **79**.5, **80**.6, **91**.3.
Contentieux : **16**.
Contrat de fonction publique : **41**.3 à 9.
Contrat de louage de services : **79**.3.
Contrat des organismes privés gérant un service public : **55**.7, **56**.12, **89**.11.
Contrat des services publics industriels et commerciaux : **38**.4 et 9.
Critère : **7**.7, **12**, **22**, **27**, **75**, **85**.
Domaine public : **1**.8, **81**.3.
Équation financière : **23**.
Fait du prince : **32**.3.
Force majeure : **20**, **32**.3, **32**.7.
Imprévision : **32**, **45**.3.
Interprétation : **9**.2, **59**.8 et 9.
Modification unilatérale : **9**, **23**.
Mutabilité : **9**, **23**, **45**.1.
Recours pour excès de pouvoir : **16**.
Résiliation : **23**.4, **58**.5.
Régime exorbitant : **27**.3, **79**.5.
Sanctions : **23**.3 à 5, **32**.5, **98**.3.
Service public : **12**, **22**, **75**.
Contribuable : 8, **16**.3.
Contrôle de cassation : 58.

Convention internationale : 3.7, **86**, **98**, **100**, **102**, **108**.
Responsabilité du fait d'une – : **43.**8, **86**.
Convention européenne de sauvegarde des droits de l'homme : 14.5, **29.**4, **67.**2, **69.**5, **77.**8, **94.**11, **96.**7, **104.**3 et 8, **108**, **114.**9, **110**.
Conventionnalité (contrôle de –) : 98.
Cour de justice des communautés européennes : 42.5, **43.**4, **46.**11, **83.**8, **93**.
Cour des comptes : 14.
Cour européenne des droits de l'homme : 29.6, **43.**3, **69.**5, **77.**8, **96.**14, **104.**3, **111.**4 et s., **115.**2 et s., **116**.
Cour internationale de justice : 3.7.
Cour militaire de justice : 33.8, **67.**4, **84**.
Cour de sûreté de l'État : 19.3, **88.**6.
Cultes :
Aumônerie : **52.**3, **76.**7.
Églises : **39**, **80.**8.
Libertés des – ; manifestations extérieures : **21**, **45.**2.
Ministre du culte (accès à l'enseignement public) : **26**.
Service public (non) : **39.**1.
Travaux publics (églises) : **39**.
Décisions de justice : 4.3, **42**, **43**, **94**, **105.**7.
Décrets : 19, **79**.
V. *Règlements*.
Décisions explicites, implicites : 115.2, **115.**7.
Déclaration des droits de l'homme et du citoyen : 26.1, **43.**1, **67.**3, **77.**8, **83.**7, **99.**2, **113.**8.
Déclaration d'utilité publique : 40.3, **45.**6, **89**.
Décret-loi : V. *Règlement*.
Défense (droits de la) : 29, **57**, **88.**4, **99.**6.
Défense nationale :
1. Personnel militaire :
Congé spécial : **33.**8, **87.**10.
Conseil de révision : **10.**5, **62.**4.
Discipline : **103**.
Fautes : **24.**3, **70**.
Grève : **68.**4.
Incorporation : **76.**6.
Pensions : **6**.
Primes : **14.**5.
Statut : **13.**4.
2. Justice militaire : **33.**8, **67.**4, **83**, **84**.
3. Période militaire : V. *Grève*.
4. Réquisition militaire : V. *Réquisition*.
5. Responsabilité : **24.**3, **36**, **70**.
V. aussi *Circonstances exceptionnelles*.
Délégation de pouvoirs : 19, **84**, **94.**2.
V. *Loi ; Constitution de 1958 (art. 38)*.
Département :
Agent de préfecture, grève : **66**.
V. *Compétence, Police, Responsabilité, Tutelle*.
Dérogations : 92.9, **93.**13.
Détournement de pouvoir :
V. *Recours pour excès de pouvoir*.
Détournement de procédure :
V. *Recours pour excès de pouvoir*.
Dignité de la personne humaine : 59.10, **104**.
Directives : 52.5, **76.**11, **88**.
Directives communautaires : 45.5, **93**, **97**, **102.**11.
Discipline : V. *Défense nationale, Fonctionnaires, Professions*.
Domaine privé :
Compétence : **12.**4.
Contrats : **27.**8, **89.**13.
– et travaux publics : **39.**2, **79.**7.
Domaine public :
Critère : **76**.
– et service public : **46**, **78.**7, **76**.
– et travaux publics : **39.**1.
Contrats comportant occupation du – : **1.**8, **81.**3.
Égalité : **70.**2.
Occupation sans titre : **98.**4.
Usage du – : **46**, **71.**9, **80.**10.
Domicile : 11.6, **51.**7, **110.**3.
Douanes :
Agents des – : **34.**6, **68.**7.
Collaborateurs occasionnels des – : **61.**2 et 3.
Droits de – : **99.**4.
Droit administratif :
Autonomie : **1**, **77**, **95**.
Application par les tribunaux judiciaires : **1.**3, **66.**6, **77**.
Droit acquis :
Actes individuels : **115.**3 et s.
Actes inexistants : **78**, **115.**4.
Actes réglementaires : **115.**4.
Date de création : **115.**7.
Exécution des annulations contentieuses : **43**.
Retrait : **115.**6 et s.
Droit communautaire : 93, **97**, **98**, **107**, **114.**8.
Droits de la défense : V. *Défense*.
Droits de l'homme : V. *Constitution (préambule) ; Déclaration des – : Libertés*.
Droit de propriété : V. *Propriété*.

Économie dirigée : V. aussi *Commerce et industrie.*
Activités économiques des collectivités publiques : **38**, **45**, **100**.3, **107**.
Agrément, contrôle du juge : **88**.
Détournement de pouvoir : **4**.5.
Directives : **88**.
Législation économique, amende : **25**.2.
Responsabilité : **54**.5 et 6.
Réglementation économique, changement : **45**.3.
Organismes d'économie dirigée : **55**.6, **55**.
Services publics économiques : **38**, **45**.
Égalité : V. *Déclaration de 1789, Domaine public, Fonction publique, Principes généraux du droit, Responsabilité.*
Église : V. *Cultes.*
Électeur : 8.4.
Élections :
Contentieux électoral : **3**.5, **78**.
Législatives : **3**.5 et 7.
Emprise : 42.2.
Enseignement :
– secondaire, agrégation : **26**.
supérieur : **26**.1, **99**.3.
Examens : **33**.7, **94**.10.
Grades universitaires : **13**.5, **70**.2.
Laïcité : **16**.5.
Liberté : **99**.3, **109**.2.
Procédure disciplinaire : **29**.
Professeur : **13**.5, **99**.3, **109**.2.
Ententes : V. *Concurrence.*
Entreprises privées : 110.6 à 9.
Entreprises publiques : 87.
Air France : **87**.
SNCF : **52**.1, **68**.7 et 12, **80**.2, **89**.10, **90**.2, **91**.8, **91**.9, **91**.11, **100**.3, **103**.1.
Épuration administrative : 30.3.
Contrôle du juge : **30**.3, **58**.2.
Déchéance : **61**.
Responsabilité : **60**.5.
Équation financière : V. *Contrat administratif.*
Erreur, erreur manifeste : V. *Recours pour excès de pouvoir, Cassation.*
Établissement public :
Critère : **7**, **55**.3, **56**.5, **117**.2.
– administratif : **38**.6.
– industriel et commercial : **38**.5, **100**.3.
Personnel, grève : **68**.12.
Voies d'exécution : **96**.
État exécutoire : 25.4.
État de siège, état d'urgence :
V. *Circonstances exceptionnelles.*
Étrangers :
Expulsion, extradition : **3**.9, **30**.3, **82**.4, **94**.7, **96**.9 et s., **105**.
Familles : **92**, **100**.
Police des : **30**.8, **94**.7, **92**.
Publications étrangères : **90**.
Réfugiés : **75**, **96**.7, **118**.10.
Exactitude des faits : V. *Recours pour excès de pouvoir, Cassation.*
Exécution d'office, exécution forcée : 11, **33**.6.
Exception d'illégalité : 41, **45**.8, **101**.2.
Expropriation : 4.3, **4**.4, **7**.3, **30**.4, **43**.6, **89**, **100**.7.
Expulsion : – d'occupants : 42, **98**.4 ; – d'étrangers : V. *Étrangers.*
Extradition : V. *Étrangers.*
Fait du prince : V. *Contrat.*
Faits (contrôle des –) : V. *Cassation, Recours pour excès de pouvoir.*
Famille : 92, **100**.
Fisc (Responsabilité) : 105.7.
Fiscalité :
Circonstances exceptionnelles : **33**.4.
Contribuable : V. *Recours pour excès de pouvoir (intérêt pour agir).*
Égalité devant l'impôt : **70**.2.
Receveur, détournement : **60**.6.
Textes fiscaux, non-rétroactivité : **64**.3.
Fonctionnaires et agents publics :
Accès à la fonction publique : **26**, **52**, **73**.
Agents de droit public et de droit privé : **38**.4, **40**.
Agents des services publics industriels et commerciaux : **38**.4, **40**, **87**.
Ancienneté : **44**.2.
Aptitude physique : **30**.11, **58**.2.
Avancement : **44**.2.
Collaborateurs occasionnels : **6**.7, **60**, **77**.
Communication du dossier : **29**, **57**.
Concours : V. *Concours.*
Contrats de fonction publique : **41**.3 à 8.
Contractuels : **41**.3 à 8, **79**.3.
Détachement : **106**.
Discipline : **29**, **30**.3, **33**, **58**.2, **72**.
Effet des annulations contentieuses : **43**, **47**.
Égalité : **73**.
Égalité des fonctionnaires d'un même corps : **70**.2.
Égalité des sexes : **52**.
Emplois à la discrétion du gouvernement : **58**.2, **72**.
ENA : **75**.2, **72**.

Entreprises privées : **106**.
Faute : V. *Responsabilité*.
Fonctionnaire de fait : **33**.4.
Garantie des fonctionnaires : **2**.1.
Grève : V. *Grève*.
Intérêt pour agir : **13**.
Liberté d'opinion : **26**, **72**, **73**.
Licenciement, révocation : **4**.2, **47**, **72**.
Nomination : **40**.2, **40**.6, **40**.7, **43**, **64**.4, **82**.4, **94**.8.
Notation : **94**.8.
Obligation de réserve : **72**.
Qualité pour agir en justice : **72**, **10**, **13**.
Reconstitution de carrière : **43**.
Rémunération : **25**, **47**, **68**.11, **96**.16.
Responsabilité : V. *Responsabilité*.
Sanctions : **57**, **72**, **94**.8.
Statut de Vichy : **68**.2.
Statut de 1946 : **53**.2, **68**.3.
Statut de 1959 : **53**.3, **68**.4.
Statut de 1983 : **53**.4, **68**.4, **75**.3.
Force majeure : 20, **32**.7.
V. *Circonstances exceptionnelles*.
Forêts : V. *Agriculture*.
Fraude : 40.6.
Gestion publique et gestion privée :
V. *Compétence (gestion publique et gestion privée)*.
Gouvernement :
Rapports avec le Parlement : **3**.3 et s.
Rapports internationaux : **3**.7 et s.
Grâce : 3.2, **74**.5, **87**.3.
Grève : 20, **52**.1, **66**.
– avec occupation : **43**.2, **68**.10.
– et force majeure : **20**.
– et services publics : **66**.
Réquisition : **68**.13.
Groupements (intérêt pour agir) : 18.
Groupements d'intérêt public : 112.
Guerre :
Bénéfices de – : **62**.1.
Dommages de – : **36**.10.
Force majeure : **20**.3, **23**.8.
Pouvoirs de – : V. *Circonstances exceptionnelles*.
Préjudice de carrière subi pendant la – : **44**.2.
Halles et marchés : V. *Commerce*.
Haute Cour : 62.3.
Hiérarchie des normes : 79, **93**, **97**, **98**, **105**, **108**, **111**, **115**.
Hygiène : V. *Médecine, Santé*.
Immeubles : V. *Emprise, Travaux publics, Voie de fait*.
Impartialité : 29, **110**.
Imprévision : 20.7, **32**, **45**.1.
Indépendance :
– des enseignants : **99**.3.
– de la juridiction administrative : **99**.3, **114**.
Inexistence : 4.9, **40**.3 et 6, **78**.
Injonction : 44.6, **65**.4, **94**, **97**.7, **113**.8, **113**.14.
Instruction : V. *Circulaires, Directives, Juridictions administratives (pouvoirs du juge). Preuve*.
Intérêt pour agir : 8, **10**, **13**, **17**, **18**, **101**.6, **110**.1.
Intérêt financier : 4.3 et 7.
Intérêt général, intérêt public : 4, **7**.2, **39**.1, **46**.4 et s., **54**.5, **55**.6, **70**.3, **78**.2, **89**, **95**.4 et 7, **118**.8.
Intérêt privé : 4.2 et 6, **7**.2, **93**.2.
Internement :
Circonstances exceptionnelles : **33**.6.
Éducation surveillée, évasion : **36**.3 et s.
– politique : **4**.4.
– psychiatrique : **36**.4, **51**.9.
Juge de l'application des peines : **74**.5.
Prisons, détenus : **103**.
Prisons, personnel : **68**.4.
Service pénitentiaire : **74**.5.
Interprétation :
– des actes administratifs : **41**.
– des traités internationaux : **100**.
Interventionnisme : V. *Économie dirigée*.
Jugement :
Contrariété : **60**.5.
Exécution : **4**.3, **42**, **94**, **96**.
Responsabilité : **57**.7, **105**.7.
Juridictions administratives :
Cassation : V. *Cassation*.
– de droit commun : **5**.
Définition et critère : **29**, **57**.3, **61**.
Indépendance : **99**.3.
Pouvoirs du juge : **25**.3, **44**.6, **65**.4, **77**.2 à 4, **94**, **105**, **113** V. *Plein contentieux. Recours pour excès de pouvoir*.
Procédure : **29**, **59**.2 et 3, **115**.6 à 9.
Responsabilité : **105**.7.
Sursis à exécution : V. *Sursis à exécution, Suspension*.
Juridiction d'exception : 83, **84**.
Juridictions disciplinaires : 29, **57**.6.
Juridictions judiciaires : V. *Compétence, Décision de justice, Justice, Responsabilité, Service public*.
Pouvoirs d'appréciation, d'interprétation : **41**, **59**.2 et 4.
Juridictions militaires : 83, **84**.
Juridictions non répressives : 41.
Juridictions répressives : 42.3, **115**.2 et s.
Justice : 71. V. *Décision de*.

Justice déléguée, retenue : 5.
Laïcité : 26.
Légalité : V. *Acte administratif, Circonstances exceptionnelles, Police, Principes généraux du droit, Règlements et pouvoir réglementaire, Recours pour excès de pouvoir.*
Libertés : (V. aussi : *Circonstances exceptionnelles*).
Théorie générale : **48**, **50**, **80**, **81**, **91**.4, **104**.
Censure : **80**.
Compétence législative : **69**.3.
Contentieux des atteintes à la liberté : **11**.6, **33**.6, **48**, **50**, **80**, **113**.9.
Liberté de :
– aller et venir : **35**, **103**.6, **113**.10.
– association : **48**.4, **95**.3, **105**.2.
– commerce et industrie : **35**.2, **45**, **46**, **69**, **79**, **104**.8, **107**.7, **113**.10.
– concurrence : **45**, **107**.9.
– conscience, cultes : **21**, **26**, **68**.7, **72**.3.
– enseignement : **79**.7, **95**.3, **105**.2.
– entreprendre : **69**.3, **113**.10.
– expression : **67**, **72**, **80**.
– opinion : **67**, **72**, **73**, **113**.11.
– presse : **48**.4, **50**, **81**, **90**.
– réunion : **35**.1, **48**, **113**.11.
Liberté fondamentale : 11.6, **50**.2, **113**.10,.
Liberté individuelle (V. aussi *Internement*) : **33**.6, **67**, **95**.3, **104**.8, **113**.10.
Licenciement :
– des salariés protégés : **30**.11, **91**.
– pour cause économique : **91**.11.
Logement :
Amélioration de l'habitat : **88**.
Construction : **74**.
Droit au – : **113**.11.
Expulsion : **42**.2, **50**.3, **53**.9, **113**.14.
HLM : **20**.4, **40**.7, **74**.3, **94**.3, **96**.3.
Permis de construire : **30**.
Réquisition : V. *Réquisition.*
Loi : (V. aussi : *Constitution. Référendum, Règlement, Recours pour excès de pouvoir.*).
Actes ayant valeur de loi : **19**.4, **83**, **84**.
Application : **19**.
Délégation : **19**, **84**.2 et 3, V. *Constitution (art. 38). Référendum.*
Domaine législatif : V. *Constitution (art. 16 ; art. 34).*
Dommages, responsabilité du fait de la – : **42**.8, **53**, **86**.2 et 7.
– du gouvernement de Vichy : **19**.4, **58**.1, **65**.1, **117**.8.
Immunité juridictionnelle : **19**.4, **84**.2, **108**.6.
Intention du législateur : **53**.4, **65**.4, **86**.3.
Loi référendaire : **19**.4, **33**.9, **79**.5, **83**.5, **84**.
Procédure législative : **3**.3, **3**.4, **111**.4.
Rapports avec les traités : **98**, **111**.
Suspension par décret : **33**.
Loisirs, Sports :
Camping : **8**.6, **15**.2, **45**.4.
Cinéma : V. *Cinéma.*
Courses de chevaux : **60**.5.
Fêtes locales : **60**.
Lancer de nain : **104**.
Piscines, plages : **15**.4, **46**.4, **76**.7, **104**.5.
Promenades publiques, squares : **76**.7.
Stades : **76**.6.
V. *Spectacle, Sport.*
Magistrature : 71.
Conseil supérieur de la – : **61**.4, **65**.1, **65**.4, **71**.
Devoir de réserve : **72**.7, **72**.8, **72**.9.
Grève : **66**.
Nomination : **71**.3.
Notation : **71**.3.
Sanctions : **71**.3, **72**.9.
Maire : V. *Commune, Police.*
Mandat : 85.
Manifestations : 15.2, **21**.3, **21**.4, **99**.
Marchés : 27, **85**, **109**.1, **109**.11.
Médecine :
Communale : **8**, **45**.2.
Médicaments : **90**.9.
Moralité : **58**.1.
Mutualiste : **56**.6.
Notoriété médicale : **10**.5.
Ordre professionnel : **56**, **58**, **61**.1, **67**.
Recours intenté par des médecins : **25**, **77**.
Responsabilité : **2**.3, **36**.8, **101**.
Transfusion sanguine : **36**.6, **58**.10, **60**.3.
Mesures d'ordre intérieur : 103.
Ministre : 51.
Ministre-juge : 3.2, **5**.
Modification unilatérale :
V. *contrat administratif.*
Monnaie : 8.4, **38**.3.
Monopole : 4, **45**.5, **46**.4, **46**.5, **53**.6.
Monuments et sites :
Caractère, contrôle du juge : **30**, **89**.13.
— historiques : **74**.5.
Moralité : 80, **104**.
Motifs :
Des décisions juridictionnelles : **29**.7, **58**.2, **58**.3.

V. aussi : *Détournement de pouvoir, Motivation, Pouvoir discrétionnaire, Recours pour excès de pouvoir.*
Motivation : 57.7, **58.**2, **58.**3, **88**, **92.**9, **93.**4.
Mutabilité : V. *Contrats.*
Navigation :
Office national de la – : **38.**6, **76**.
Ports, domaine public : **76**.
Voies navigables : **42.**5, **46.**4.
Nomination pour ordre : 4.9, **40.**6, **78**.
V. *Inexistence.*
Oiseaux : 111.
Opportunité : V. *Pouvoir discrétionnaire, Recours pour excès de pouvoir (pouvoir d'appréciation du juge).*
Ordonnances :
Du CFLN et du gouvernement provisoire : **19.**5.
De l'art. 38 de la Constitution de 1958 : **19.**5, **79.**5, **84.**2, **95.**1.
De l'art. 92 de la Constitution de 1958 : **19.**5, **84.**2.
Du président de la République (délégation référendaire) : **19.**5, **33.**8, **65.**4, **84**.
Ordre de versement : 25.4.
Ordre public : 37, **48**, **69**, **80**, **104**.
V. *Commerce et industrie (liberté), Cultes, Jugement (exécution), Manifestations, Police.*
Ordres professionnels : V. *Professions.*
Organismes privés chargés d'une mission de service public, dotés de prérogatives de puissance publique : 1.5, **7.**4, **7.**5, **7.**6, **19.**3, **54**, **55**, **85.**11, **94.**5.
Ouvrage public : 74.7, **94.**11.
Parlement : 109.
Délégation : V. *Constitution de 1958 (art. 38), Règlements (décret-loi).*
Élections : **3.**5, **3.**11.
Inéligibilité : **61**.
Procédure législative : **3.**3, **3.**4.
Parlementaire en mission : 3.6.
Parti politique : 48.3, **72.**5, **73**.
Pensions : 6, **109.**11, **116**.
Permission de voirie : V. *Domaine.*
Personne humaine : 58.10, **104**.
Personnes publiques et personnes privées : 7, **54**, **85**, **94.**3, **96**, **112**.
Plein contentieux : 25, **94.**10.
Police :
– administrative : **21**, **37**, **48**, **64.**5, **80**, **81**, **104**.
– de la chasse : **111**.
– de la circulation : **37.** V. *Véhicules.*
– du domaine : V. *Domaine.*
– des établissements dangereux, incommodes ou insalubres : **4**, **25.**3.
– judiciaire : **64.**5, **71.**4, **77.**7, **81**.
Collaborateurs occasionnels : **6.**7, **60**, **77**.
Concurrence des pouvoirs de – : **10**, **37**, **80**, **104**.
Contrôle du pouvoir de police : **30.**4, **30.**7, **48**, **80**, **90**, **104**.
Limites des pouvoirs de – : **21**, **30.**4, **44.**2, **48**, **50**, **69**, **81**, **90**, **104**.
Mesure de – : abrogation, retrait : **115.**4, **44**, **115.**8.
Responsabilité : **15**, **34**, **42**, **50**, **64**, **77**.
Titulaires du pouvoir de police : **37**, **104**.
Ports : V. *Navigation.*
Position dominante : V. *Concurrence.*
Postes, PTT :
Agents : **24**, **34.**4, **52.**2.
Caractère : **38.**8.
Conventions : **68.**3.
Grève : **66.**7, **66.**14.
Responsabilité : **101.**8.
Syndicalistes : **72.**9.
Pouvoir discrétionnaire : 26, **30**, **31.**3, **73**, **88**, **90**.
Pouvoir réglementaire : V. *Règlements et pouvoir réglementaire.*
Pouvoirs du juge : V. *Juridictions administratives.*
Pouvoirs exceptionnels : 3.4, **33**, **35**, **83**.
Préambule : V. *Constitution.*
Préfet : V. *Département.*
Préjudice : 53.8, **53.**9, **53.**10, **62**, **64.**3, **82**, **86.**3, **99**, **113.**5.
Prérogatives de puissance publique :
Établissement public : **7**.
Organisme privé : **7.**4, **54.**4, **54.**7.
V. *Compétence, Contrats, Puissance publique.*
Président de la République :
Droit de grâce : **3.**2.
Élection : **3.**5.
« Pouvoirs propres » : **33**, **37**, **83**.
V. *Constitution de 1958 (art. 16).*
Pouvoir réglementaire : **33**, **37**.
Recours au référendum : **3.**6.
Présomption : V. *Preuve.*
– de contrat administratif : **85.**12.
– de légalité : **4.**5.
Presse :
AFP, directeur : **72.**1.
Caractère licencieux : **30.**3.
Interdiction : **48.**4, **57.**6, **83.**9.
Presse étrangère : **30.**7, **90**.
Saisie : **2**, **4.**4, **50**, **77.**7, **81**.
Preuve : 31.4, **73**.

Principes fondamentaux reconnus par les lois de la République : 57.10, **79.**7, **95**, **105**.
Principes généraux du droit :
Théorie générale : **68**, **73**, **79**, **84**, **92**, **96.**5, **97.**5, **105.**3, **105.**4.
Continuité des services publics : **66**, **73.**8, **79.**7.
Droits de la défense : **29**, **33**, **57**, **79.**7, **84**, **95.**6, **105.**4.
Égalité devant les services publics : **26**, **42**, **52**, **63**, **68**, **73**, **79.**7, **92.**8.
Liberté du commerce et de l'industrie : **45**, **46**, **69**, **79**, **107.**9.
Non-rétroactivité : **63**.
Recours en cassation : **61**.
Recours pour excès de pouvoir : **65**.
Respect des – par les décrets et ordonnances pris en vertu d'une loi d'habilitation spéciale : **84**.
Respect des – par les règlements pris en vertu de l'art. 37 de la Constitution de 1958 : **79**.
Prisons : 101.6, **103** : V. *Service public (Services judiciaires).*
Privilège du préalable : 113.4.
Prix :
Blocage : **53.**5.
Contrat, indexation : **32.**9.
Hausse des – et imprévision : **32**.
Procédés exorbitants : V. *Contrats, Puissance publique.*
Procédure : V. *Astreinte, Avis, Cassation, Juridictions administratives. Preuve, Principes généraux du droit (droits de la défense), Urgence, Recours pour excès de pouvoir, Référé, Renvoi, Sursis.*
Procès équitable : 114.
Professions et ordres professionnels :
Défense des intérêts professionnels : **18**
Ordres professionnels : **56**, **58**, **67**.
Organismes professionnels : **55**.
Risque professionnel : **6**, **36.**8.
Propriété privée :
Atteinte à la – : **11.**6, **41.**2, **50.**3, **78.**3, **95.**3, **113.**10.
Expropriation : **4.**2, **4.**6, **30.**4, **30.**11, **89**.
Groupements de propriétaires : **7**, **18.**3.
Pillage : **34.**4, **36.**8.
V. aussi : *Emprise, Travaux publics, Voie de fait.*
Puissance publique : 1.5, **7**, **12.**3, **54.**4, **55.**9, **56**, **57**, **95**, **96**.
Qualification juridique des faits :
V. *Cassation. Recours pour excès de pouvoir.*
Qualité pour agir : V. *Intérêt pour agir.*
Questions préjudicielles : 41.
Radiodiffusion et télévision :
1. Radiodiffusion, brouillage : **3.**7.
Orchestre national : **45.**5.
Réquisition : **86**.
Utilisation, égalité : **68**.
2. RTF et ORTF, grève : **66.**4, **66.**6, **66.**8.
Rapports internationaux : V. *Relations internationales.*
Ratification :
– des décrets-lois : **90.**2.
– des ordonnances : **19.**3, **114.**3.
– des traités : **3.**8, **98.**6, **108.**6.
Reconstitution de carrière : 43.
Recours en cassation : V. *Cassation.*
Recours de plein contentieux : 25.
Recours pour excès de pouvoir :
Actes susceptibles de – : **3**, **16**, **19**, **55**, **83**, **84**, **88**, **102**, **103**.
Caractère de droit commun : **61.**6, **65**, **83**, **84**.
Circonstances exceptionnelles : V. *Circonstances exceptionnelles.*
Contrôle minimum : **30.**7, **31.**3, **73.**2, **90**.
Contrôle des motifs : **4.**8, **30**, **31**, **48**, **80**, **89**, **91**.
Contrôle du bilan : **89**, **91**.
Définition et domaine : **25**, **28**.
Délai : **25.**5, **45.**1, **101.**3, **101.**4.
Détournement de pouvoir : **4**, **31.**3, **73.**2.
Détournement de procédure : **4.**4, **81**.
Effet des annulations contentieuses : **43**, **47**, **94**.
Erreur de droit : **4.**8, **31.**3, **73.**2, **91.**8, **102.**1.
Erreur de fait : **31**, **73.**2.
Erreur manifeste : **4.**9, **30.**7, **31.**5, **90**.
Incompétence : **33.**2, **33.**3.
Intérêt pour agir : **8**, **10**, **13**, **17**, **18**, **97.**6.
Opportunité : **30**, **31**.
Pouvoirs d'appréciation du juge : **30**, **31**, **48.**4, **73**, **89**, **90**.
Qualification juridique des faits : **30**, **31**, **48.**4, **73.**7, **80**, **89**, **90**, **91**.
Recours parallèle : **25**.
Tierce opposition : **28**.
Vice de forme : **33.**5.
Violation de la loi : **4.**8, **14.**3.
Violation d'un traité international : **3.**8, **86.**2, **98**.
Référé : 113.

Référé-liberté : 113.9 à **113.**14.
Référé-suspension : 113.3 à **113.**8.
Référendum :
Application de la loi référendaire : **84.**
Contrôle de la régularité des opérations : **3.**4, **3.**6, **3.**11, **108.**8.
Organisation : **3.**4, **3.**6, **8.**4, **108.**
Réfugiés : V. *Étrangers.*
Règlements et pouvoir réglementaire :
Abrogation : **97**, **115.**9.
Appréciation de validité et interprétation : V. *Compétence.*
Changement de circonstances : **44**, **97.**
Circulaires réglementaires : **51.**2, **52.**2, **66.**6, **91.**5, **118.**
Décrets-lois et décrets pris en vertu d'une habilitation spéciale : **19.**3, **53.**3, **84.**2, **90.**2.
Décrets coloniaux : **19.**3, **53.**3, **79.**
Distinction des règlements et des actes individuels : **18.**2, **18.**4, **44.**6, **83.**8, **83.**9, **87**, **97.**6, **97.**7.
Effets : **115.**4.
Pouvoir réglementaire du chef de l'État : **19**, **33**, **37.**
– du chef du gouvernement : **19**, **37.**
– du gouvernement : **66**, **79.**
– des ministres : **51**, **88.**
– des ordres professionnels : **56.**5, **67.**
– des organismes d'économie dirigée : **55.**8, **55.**9.
Responsabilité du fait des règlements : **42.**7, **53.**3.
Retrait :**115.**8
V. aussi : *Constitution de 1958, art. 34 et 37. Ordonnances.*
Règlements d'administration publique : 19.
Règlement et loi sous l'empire de la Constitution de 1958 : 79.
Règlements communautaires : 93.2, **93.**3, **98.**11.
Rejet (décision de –) : 113.4, **115.**2, **115.**7.
Relations internationales : 3.7, **3.**8, **3.**9, **102.**
Protectorat : **42.**
V. *Conventions internationales.*
Rentes : 63.6.
Renvoi : 41, **99**, **100.**
Réparation du préjudice causé par les règlements : 42.7, **53.**3.
Représentants du personnel : V. *Licenciement.*
Réquisitions :
Allemandes : **86.**
Civiles (loi de 1938) : **11.**2, **33.**5, **50.**3, **66.**2, **66.**13.
De logement : **11.**3, **41.**2, **50.**3.
De marchandises : **4.**4.
Militaires : **11.**2.
De personnes : **4.**4, **60.**7, **61.**1, **66.**2, **66.**13, **77.**1.
Résiliation : V. *Contrat administratif.*
Respect de la dignité : 104.
Responsabilité (pour les problèmes de compétence, V. *Compétence*).
1. Faute personnelle et faute de service : **2**, **24**, **34**, **49**, **50.**10, **70**, **117.**
Cumul : **24**, **34**, **70**, **117.**
Partage de responsabilité entre la collectivité publique et son agent : **2**, **70**, **117.**
2. Responsabilité des agents publics :
– envers les tiers : **2**, **34**, **49**, **117.**
– envers les collectivités publiques : **2.**5, **2.**6, **70.**
3. Responsabilité de la puissance publique :
Principes : **1.**
Égalité devant les charges publiques : **6.**7, **15.**5, **42**, **53**, **77.**9, **86.**
Abstention des autorités de police : **15.**2, **42.**2.
Adoption de décisions administratives : **42.**7.
Conventions internationales : **42.**8, **86.**
Inexécution des décisions de justice : **42.**
Inexécution d'une décision administrative : **42.**7.
Loi : **42.**8, **53.**
Faute : **1.**5, **42.**2, **101.**
– lourde : **2.**7, **15**, **59**, **64.**1, **71.**8, **77.**8, **101.**
– pénale : **49**, **117.**
Atteintes à la liberté : **50.**1.
Contentieux de la fonction publique : **47.**
Contrôle : **59**, **101.**6.
Fisc : **101.**6.
Instituteurs publics : **2.**10.
Police : **15**, **42**, **64.**
Services hospitaliers : **101.**
Services judiciaires : **71.**8, **77**, **101.**7.
Tutelle : **59**, **101.**6.
Véhicules administratifs : V. *Véhicules.*
Risque :
Théorie générale : **6.**
Activités dangereuses : **6**, **36.**3 à **36.**6.
Armes dangereuses : **6.**7, **64.**
Attroupements : **99.**
Choses dangereuses : **36.**2.
Collaborateurs des services publics : **6**, **60**, **77.**
Médecine : **6.**7, **101.**4.

Police : **64**.
Risque social : **36.**10.
Situations dangereuses : **36.**8.
Travaux publics : **6.**7, **36.**2.
Réparation : **62**, **82**.
4. Responsabilité des ordres professionnels : **56.**7.
5. Responsabilité de l'État législateur : **42.**8, **53**.
6. Responsabilité du fait des conventions internationales : **42.**8, **86**.
7. Responsabilité du fait des services judiciaires : **71.**8, **77**, **101.**7.
8. Responsabilité du fait des services médicaux : **101**.
9. Responsabilité contractuelle et quasi délictuelle : **75.**10. V. *Contrat.*
10. Préjudice indemnisable : **47**, **53.**8, **62**, **64.**3, **82**, **99**.
Retrait : 78.6, **97.**7, **115**.
Rétroactivité : 40., **43.**4, **63**, **79.**5, **79.**6, **115**.
Réunion (liberté de) : 35, **48**.
Risque : V. *Responsabilité.*
Routes : 74.8, **85**, **89.**2.
Safer : 55.11, **91**.
Saisie : 50, **74.**4, **81**.
(V. aussi *Presse*).
Sanctions : 11.3, **30.**3, **30.**8, **57**, **71**, **103**.
Santé publique :
Centres de lutte contre le cancer : **7.**9, **54.**5.
Établissements de soins, de recherche : **7.**9.
Épidémies, contagion : **36.**8.
Fourrière : **22**.
Produits, médicaments thérapeutiques : **30.**7.
Services communaux de santé : **8**, **45.**4.
Services de santé, responsabilité : **2.**3, **36.**9, **101**.
Vaccination : **36.**10.
V. *Médecine, Transfusion sanguine.*
Sécurité sociale :
Assurances sociales : **54**.
Caisses de – : **54**, **85.**11
Invalidité, accident du travail : **6**.
Séparation des autorités administrative et judiciaire : V. *Compétence.*
Séparation des pouvoirs : 79.7, **84.**7, **95**.
V. *Compétence.*
Service public :
1. Comme critère de compétence : V. *Compétence (service public).*
2. Notion : **12**, **54**, **55**, **56**, **60.**2, **75**, **87**.
3. Continuité : **66**, **73.**8.
4. Services publics industriels et commerciaux :
Théorie générale, critères, définition : **38**.
Régime : **38.**4, **77.**3, **87**.
Agents : **38.**4, **38.**9, **40**.
Création : **45**.
Contrats : **27.**9, **38.**4, **38.**9.
Responsabilité : **38.**9.
Travaux : **74.**4.
Usagers : **17**, **38.**4, **85.**13, **87.**10.
5. Services publics sociaux : **38.**3.
6. Services judiciaires : **64.**5, **71**, **77**.
7. Services législatifs : **109**.
8. Service public et domaine public : **46**, **76**.
9. Service public et travail public : **39**, **74**, **75**.
10. Services publics économiques : **55**.
11. Service public et personnes privées : **7**, **8**, **54**, **55**, **85.**12.
12. Collaborateurs des services publics : **6**, **60**, **77**.
13. Usagers du service public : **17**, **36.**9, **38.**4, **60.**5, **68.**6, **85.**13, **87.**10.
Sida : V. *Transfusion sanguine.*
Sinistres :
Incendie : **15.**4, **60.**2, **60.**4, **60.**5.
V. aussi : *Guerre.*
Sites : V. *Monuments et sites.*
Sociétés d'économie mixte : 85.
Spectacles et jeux :
Cinéma : **8.**5, **45.**4, **53.**5, **80**.
Concerts : **46.**5.
Feux d'artifice : **15.**4, **36.**9, **60**.
Théâtre : **45.**4.
Tirs forains : **34**.
Sport : 54.5, **55.**7, **60.**5, **94.**12.
Rugby : **36.**9, **60.**5.
Stationnement : 44, **46**.
Substitution : 59.4.
Pouvoir de : **10.**4, **59.**4.
Subventions :
– à l'enseignement privé . **51.**3, **118.**3.
– à une entreprise : **25.**2.
– aux groupements de communes : **68.**3.
Demande de – : **51.**3, **88**.
Sursis à exécution : 48.5, **58.**3, **95.**5, **94.**6, **113.**1, **113.**5, **113.**7.
Sursis d'incorporation : V. *Défense nationale.*
Sursis à statuer : 41.
Syndicats :
Agent public, fonction syndicale : **72.**8, **72.**9.
Qualité pour agir en justice : **18**.

Représentativité : **30**.3, **30**.8.
Tierce opposition : 4.6, **28**.
Tiers : 6.7, **36**.4, **38**.4, **64**.4.
Tradition républicaine : 79.
Traités internationaux : 3.7, **86**, **98**, **100**, **102**, **105**, **108**.
Interprétation : **100**.
Traité de Rome : 46.11, **93**, **98**.
Ex Art. 85, 86 : **107**.8, **107**.10.
Ex Art. 92 : **107**.8.
Ex Art. 177 : **93**, **99**.2, **100**.4.
Ex Art. 189 : **93**, **98**.
Transfusion sanguine : 36.9, **58**.10, **60**.3, **101**.5.
Transports :
1. aériens :
Air France : **87**.
Personnel : **87**.
2. ferroviaires : **19**, **23**, **66**.2.
SNCF : **51**.1, **66**.7, **86**.2, **87**.8, **96**.6, **99**.1.
3. fluviaux : V. *Navigation*.
4. maritimes : **20**, **46**.5, (V. aussi : *Navigations*).
5. routiers : **46**, V. *Routes*.
6. urbains : **23**, **46**.
Travail :
Accident du – : **6**.
Travail public :
Notion : **39**, **74**, **75**, **85**.
Dommages : **36**.2, **38**.4, **39**, **49**.6.
Exécution défectueuse : **49**.6.
Imprévision : **32**.1.
Tribunal : 110.5.
Tribunal militaire : 83, **84**.
Tutelle :
– administrative : **10**, **59**, **63**.7, **101**.6.
– financière : **4**.3.
Urbanisme : 8.5, **30**, **89**, **90**.4.
Urgence : 11.2, **30**.3, **33**, **51**.5, **60**.8, **90**.7, **92**.9, **92**.10, **113**.1, **113**.5, **113**.14.
V. aussi : *Circonstances exceptionnelles. Exécution d'office*.
Usagers des services publics : 17, **36**.2, **36**.9, **38**.4, **68**.2, **68**.6, **85**.13, **87**.10.
Utilité publique : 89.
Vaccinations : 36.9, **36**.10.
Validations : 14.5, **65**.1, **79**.5, **84**.7.
Véhicules :
1. Notion de – au sens de la loi de 1957 : **1**.6, **38**.8.
Accidents causés par les – : **1**.6, **2**.10, **70**, **77**.3.
Responsabilité : **24**.3, **34**.5, **34**.8, **49**, **70**, **77**.3.
2. Circulation : **15**.2, **37**.3, **46**, **70**.
3. Conduite des – : **37**.
4. Fouille : **49**.6.
5. Stationnement : **44**, **45**.5, **45**.7.
Vichy : 117.
Vie familiale : 92, **113**.10.
Voie de fait :
Théorie générale : **11**.6, **50**, **94**.6.
– et circonstances exceptionnelles : **33**.6, **50**.5.
– et exécution forcée : **11**.6, **42**.2, **50**.3, **85**.2.
– et faute de service : **2**.4, **50**.
– et inexistence : **81**.3.
– et responsabilité : **2**.4, **50**, **81**.6.
Voies de communications : 38.6, **38**.8, **85**, **89**, **89**.1, **89**.2, **93**.6.
Voies d'exécution : 96.

Photocomposition Nord Compo
Villeneuve-d'Ascq

705 180(1) OSB-T 50 g NOR
Imprimé en France

Achevé d'imprimer en août 2003
dans les ateliers de Normandie Roto Impression s.a.s.
61250 Lonrai
N° d'impression : 03-2089
Dépôt légal : septembre 2003